KB037648

# 주역

# 주역 周易

윤재근 풀어 씀

上經

**The Book of Changes**

동학사

# 머리말

서른 전에 『주역(周易)』을 외우(畏友) 즉 두려운[畏] 벗[友]으로 받들어 모시고 삶을 일구어간다면 그보다 더한 행운은 없다. 『주역』을 두려운 벗으로 모시라 함은 『주역』을 잠시라도 옛 벗으로 여기지 말라는 의미다. 『주역』의 경문(經文)은 일출신어(日出新語) 즉 날마다[日] 새로운[新] 말씀을[語] 드러내주기[出] 때문이다. 이에 『주역』의 경문을 외우지 말라 한다. 어제 일로 얽매이지 말라 한다. 오늘 일로 말미암아 내일모레 일들과 더불어 앞날의 삶이 어떻게 드러날지 스스로 삼가 역수(逆數)하라 함이다. 『주역』의 경문은 오로지 자신에게만 들려주는 말씀이다. 오로지 자신의 삶을 스스로 역수(逆數) 즉 미리미리 서둘러[逆] 헤아려보라[數]는 것으로, 우리의 선대(先代)는 후손(後孫)에게 『주역』의 경문을 외우지 말라고 경책(警策)으로 삼아 주었다. 물론 이런 경책이 없어진 지 이미 오래되었다. 이어서 『주역』이 마치 점쟁이가 점치는 낡은 서적에 불과하다는 오해를 사고 말았다. 이는 아주 그릇된 처사(處事)이다. 삶의 변화가 하루가 다르게 극심한 오늘날 『주역』은 더없는 외우(畏友)임을 믿을수록, 자신의 삶을 스스로 이끌어갈 수 있는 지남(指南) 즉 길잡이[指南]를 맞이할 수 있다. 『주역』은 이론서가 아니니 첫 면(面)부터 차례로 읽는 책이 아니다. 아무데나 열어서 정성껏 정독한다면 『주역』의 경문이 오로지 자신의 삶을 스스로 역수(逆數)하도록 이끌어준다. 이에 서른 전에 『주역』을 외우(畏友)로 삼으라는 선대의 말씀은 지극히 유효하다.

AI 세상은 저마다 미래를 일구어가라고 요구한다. AI 세상은 과거를 근거로 하는 권위의 세상을 접었다. AI 세상은 무엇을 해왔느냐가 아니라 앞으로 무엇을 새롭게 할 것인가를 근거로 사람을 저울질한다. 무엇이든 새롭게 생각하고 새로운 일을 할 수 있는 사람을 환영한다. 새롭게 생각해야 사물에서 변화의 실마리를 찾아내고, 따라서 지래(知來)하여 미래를 일구어낼 수 있다고 요구한다. 새롭게 생각하기를 갈고 닦을 수 있는 으뜸의 길을 스스로 마련할 수 있도록 『주역』의 경문이 말한다. 『주역』에는 지래(知來) 즉 다가올 앞날을[來] 알아보는[知] 저마다의 길을 넓혀가라는 지남(指南)의 말씀이 있기 때문이다.

그러나 지금 우리는 『주역』을 읽어도 통화(通話)가 되지 못한다. 지난 20세기에 『주역』과 통화할 수 있는 통어(通語)를 잃어서 잊어버렸기 때문이다. 그래서 『주역』이 미래의 세상을 마주하게 하는 마음가짐을 위해 으뜸가는 경전(經典)인 줄 몰라 외면당하고 있다. 물론 『주역』이 그렇다는 것을 안다고 한들 『주역』과 내통(內通)하기가 거의 불가능한 지경이다. 왜냐하면 지금 우리는 우리 본래의 사유방도(思惟方道)를 버리고 서구의 사고방식(思考方式)만을 좇고 있기 때문이다. 이것[是]과 저것[彼]을 둘로 나누는 서구의 사고(thinking)로는 『주역』과 통화할 수 없다. 피시(彼是)를 하나로 어울리게 하는 우리 본래의 생각이라야 『주역』과 통화할 수 있다. 그러니 『주역』과 친밀하게 통화하여 역수(逆數)하자면 우리 본래의 술어(術語)로 돌아와야 본래사유(本來思惟)로 되돌아올 수 있다. 인문(人文)이란 저마다의 술어로 이어져 내려와야 한다. 그러자면 잊어버린 우리의 통어(通語)를 찾아가 다시 사귀어야 한다.

20세기 전반 일제강점기 탓이 컸지만 우리는 선대의 학문을 잇지 않고 외면한 엄청난 잘못을 범하고 있는 중이다. 설령 일제가 우리를 선대와 잇지 못하게 해코지했다 하더라도 제정신을 차렸더라면 우리의 인문이 지금처럼 선대와 통하지 못하는 현실을 당하지는 않을 터이다. 선대와의 통학(通學)을 끊었기에 통어(通語)를 잃었다. 통어(通語)를 잃었기에 통리(通理)가 안 되고, 통리(通理)가 안 되니 통의(通意)가 안 되고, 통의(通意)가 안 되니 통념(通念)이 안 되고, 통념(通念)이 안 되니 통변(通變)이 안 되어, 우리는 남의 생각을 흉내내는 짓을 하면서도 그런 줄 모르고 착시현상을 면하지 못해 아류(亞流)가 얼마나 부끄러운 짓인지도 모른 척하는 중이다.

미래의 세상에서 왜 『주역』인가? 『주역』이 저마다의 삶에서 변화(變化)의 실마리를 찾아내 미래를 만들어 넓혀서 확보하게 하는 신사(神思)를 샘솟게 하기 때문이다. 신사(神思)하라. 이는 곧 변화하게 하는 짓[神]을 찾아내도록 생각하라[思] 함이다. 『주역』에는 신사(神思)를 솟구쳐 샘솟게 하는 짓[象]과 말씀[辭]이 알쏭달쏭 걸려 있다. 그 말씀들은 시비(是非)-분별(分別)의 논란으로는 풀 수 없는 암호 같고 수수께끼 같다. 『주역』의 말씀들은 〈1+1=2〉라고 답해주지 않고 〈1+1=∞(무한대)〉로 짓하고[象] 말할[辭] 뿐이다. 그러므로 『주역』의 짓[象]과 말씀[辭]을 깨닫고 통화하자면 〈1+1=∞(무한대)의 사유(思惟)〉로 회로(回路)가 마련되어야 한다. 그러나 지난 20세기 우리는 〈1+1=∞(무한대)의 사유(思惟)〉를 팽개치고 〈1+1=2의 사고(思考 : thinking)〉를 흉내내기에 급급해 온 탓으로 『주역』과 내통하는 융화(融和)의 역수(逆數)를 잃은 셈이다.

『주역』의 상(象)-사(辭)는 사람 따라 짓하고 말하므로 『주역』의 상(象)-사(辭)를 무한대(∞)의 짓[象]과 말씀[辭]이라 여기는 것이 좋다. 이에 『주역』의 온 경문(經文)을 나로 하여금 역수(易數)하게 하는 시(詩) 같다고 믿어도 된다. 『주역』이란 무엇인가? 『주역』은 역수(逆數)하라 함이다. 과거를 헤아릴 것이 아니라 거슬러[逆] 헤아려[數] 보라 함이 역수(逆數)이다. 이에 『주역』과 친밀하면 온갖 사물을 마주할 때마다 거기서 변화할 꼬투리를 스스로 찾아내 남달리 살피고 남달리 새기고 남달리 헤아리고 남달리 따져 남달리 가늠하고 생각하기를 갈고 닦을 수 있다.

이런 연유로 『주역』의 경문은 암호(暗號) 같다는 느낌을 갖게 한다. 『주역』의 경문은 알쏭달쏭 알아듣기 어렵게 대해준다. 『주역』의 경문을 고문(古文)의 원형(原形)으로 여겨도 된다. 『주역』의 시대에는 종이도 붓도 먹도 없었다. 죽간(竹簡) 즉 대쪽[竹簡]에다 칠즙(漆汁) 즉 옻나무[漆] 즙(汁)을 날카로운 꼬챙이에 묻혀 기록했기에 골자(骨字)만 있고 사정없이 삭제된 것이 고문체(古文體)이다. 죽간(竹簡)이라는 공간이 좁아 극도로 글자를 줄여서 기록했던 셈이다. 이런 연유로 『주역』의 경문이 몹시 심한 생략문(省略文)으로 드러난다. 이에 생략해버린 내용을 보충해 『주역』의 경문을 재구성(再構成)하여 오늘날 산문(散文)이 될 수 있게 하여, 『주역』의 경문과 저마다 통화해볼 수 있도록 안간힘을 썼다. 이는 『주역』의 경문을 우리가 알아채고 저마다 스스로 역수(逆數)해 보기 위하여 몸부림친 셈으로 여기고 혜량(惠諒)하여 주기를 바랄 뿐이다.

끝으로 한 번 더 당부해두고 싶은 것은 『주역』은 지식으로써 해독되지 않고 세심(洗心), 즉 지식의 얽매임을 떠난 깨끗한[洗] 마음[心]으로 경문과 밀담(密談)하기를 바라므로 수많은 석학(碩學)의 『주역』에 관한 온갖 주석(註釋)을 몰라도 상관없음을 말해두고 싶다.

『주역상하경(周易上下經)』을 선뜻 출판해주신 동학사(東學社) 유재영 사장님께 감사드리고, 『주역상하경(周易上下經)』을 정성껏 살펴주신 박기화 님께 감사하며, 오랜 세월 『주역(周易)』 작업을 지켜준 김부영 교수가 한없이 고맙다.

계묘년(癸卯年) 尹在根

# 일러두기

『주역(周易)』의 「일러두기」를 읽기가 불편할 수도 있다는 생각이 앞선다. 심하다 싶게 국한문(國漢文) 병용을 고집했기 때문이다. 한글은 우리글이고 한문(漢文)은 중국의 글이라는 생각은 단견(短見)에 속한다. 정해진 원음(原音)을 갖지 않고 한국은 한국식으로 발음하고 중국은 중국식으로 발음하고 일본은 일본식으로 발음하면 되는 글자가 뜻글인 한자(漢字)이다. 이 뜻글은 비록 중국에서 만들어졌다고 한들 이미 한문자(韓文字)-한문자(漢文字)-일문자(日文字) 등으로 한중일(韓中日) 문화권에서 함께 더불어 쓰인다. 그런 공용문자(共用文字)를 외면할수록 우리만 외톨이가 되어버린다. 이뿐만 아니라 한글만으로는 결코 우리의 선대(先代)가 이어준 상생(相生)-상성(相成)-상형(相形)-상경(相傾)-상화(相和)-상수(相隨)라는 융화의 사유(思惟)를 본받아 이어갈 수가 없다. 우리 선대가 물려준 사유(思惟)의 술어(術語)는 거의 모두 한글로 기록되어 있지 않기 때문이다. 더구나 우리의 선대가 누렸던 융화(融和)의 사유(思惟)가 미래의 세상이 요구하는 사유방도(思惟方道)로 통할 수 있는데도 불구하고, 미래의 세상에서 그 사유(思惟)를 누리기 어렵게 하는 한글 전용 고집은 참으로 어처구니없는 꼴이다. 한글은 세계에서 가장 뛰어난 〈우리글〉이지 〈한글이 곧 우리말〉은 아니라고 생각한다.

여러 글자를 거느리는 말일수록 강력한 말로 거듭나는 법이다. 그러니 한글만으로 쉽게 읽기만 고집하지 말고 좀 어렵고 귀찮더라도 국한문(國漢文)이 혼용된 문장에 익숙해져 한자(漢字)와 익숙해지기를 바라는 마음이 앞선다. 씹기 쉬운 것만 씹으면 잇몸이 썩고 만다는 옛말이 새삼스럽다. 지금 우리가 『주역(周易)』을 읽고 저마다 지래(知來)의 길을 넓혀갈 수 있도록 〈주역(周易)의 통어(通語)〉를 실었다. 〈주역(周易)의 통어(通語)〉를 숙지하고서 『주역(周易)』의 경문(經文)을 만나야 64괘(卦)의 계사(繫辭)와 384효(爻)의 계사(繫辭)가 암시하는 바를 따라가면서 저마다 나름대로 지래(知來) 즉 미래를[來] 헤아려 알아볼[知] 수 있다.

### 1. 역(易)의 음양(陰陽)

역(易)은 음양(陰陽)으로 시작한다. 그 음양(陰陽)을 낳는 것을 태극(太極) 또는 무극(無極)이라 하고 한마디로 〈도(道)〉라 한다. 〈도생일(道生一)〉 즉 〈도가[道] 하나를[一] 낳는다[生]〉라는 말을 떠올리면 된다. 〈도생일(道生一)의 일(一)〉은 음양(陰陽)을 하나로 묶어서 밝힌 것으로 여긴다. 물론 도생일(道生一)은 여러 가지로 새겨 풀이되는 말씀이다. 음양(陰陽)은 음기(陰氣)와 양기(陽氣)를 줄인 말이다. 음기(陰氣 : --)와 양기(陽氣 : —)가 역(易)이라는 변화(變化)의 힘[氣]이다.

음(陰)과 양(陽)은 둘[二]이면서 따로 갈라서는 둘[二]이 아니다. 음(陰)은 늘 음(陰)이고 양(陽)은 늘 양(陽)이 아니라는 말이다. 음(陰)이 양(陽)을 낳기도 하고 양(陽)이 음(陰)을 낳기도 하니, 음양(陰陽)은 하나[一] 즉 태극(太極)인 셈이다. 부부(夫婦)는 남녀(男女)로 본다면 둘[二]이지만, 자녀를 낳는 부모(父母)로 본다면 하나[一]가 된다. 남녀를 음양으로 보면 사내[男]는 양(陽)이고 여자[女]는 음(陰)이지만, 모자(母子)를 음양으로 묶어서 보면 모자는 음(陰)으로서 여(女)이고, 모자를 나누어서 둘로 보면 어머니[母]가 양(陽)이고 아들[子]은 사내[男]이지만 음(陰)이다. 하늘[天]은 늘 양(陽)이고 땅[地]은 늘 음(陰)은 아니다. 따뜻하고 밝은 하늘[晴天]은 양(陽)이지만, 흐리고 어두운 하늘[曇天]은 음(陰)이다. 따뜻하고 밝은 땅[陽地]은 양(陽)이지만, 흐리고 어두운 땅[陰地]은 음(陰)이다. 청천(晴天)이 양(陽)이고 담천(曇天)이 음(陰)이듯, 양지(陽地)는 양(陽)이고 음지(陰地)는 음(陰)이다. 이처럼 음(陰)과 양(陽)은 절대(絶對)로서 나누어 갈라져 있는 관계가 아니라 상호(相

互)로서 서로 함께하는 관계이다. 그러므로 음양(陰陽)은 교류하며 변화시키는 기운(氣運)이다. 그래서 역(易)의 음양(陰陽)은 온갖 사물에 미치는 역(易)을 살피고[觀] 새겨[玩] 점(占)쳐 지변(知變)하여 지래(知來)하게 하는 통어(通語)가 된다.

---

註 도생일(道生一) : 도가[道] 하나를[一] 낳는다[生]. 『노자(老子)』 42장(章)



## 2. 음양(陰陽)과 사상(四象)

음(陰) 저 하나만으로는 짓하지 못하고, 양(陽) 또한 저 하나만으로는 짓하지 못한다. 음(陰)과 양(陽)은 둘[二]이 짝하여 하나[一]가 되면서 변화의 짓[象]이 시작한다. 양(陽 : ⚊)은 양(陽 : ⚊)과 짝하여 노양(老陽 : ⚌)을 낳고, 음(陰 : ⚋)과 짝하여 소음(少陰 : ⚍)을 낳는다. 음(陰 : ⚋)은 음(陰 : ⚋)과 짝하여 노음(老陰 : ⚏)을 낳고, 양(陽 : ⚊)과 짝하여 소양(少陽 : ⚎)을 낳는다. 이를 사상(四象)이라 한다. 〈일생이(一生二)〉 즉 〈하나가[一] 둘을[二] 낳는다[生]〉라는 말을 떠올리면 된다. 물론 일생이(一生二) 역시 여러 가지로 새겨 풀이되는 말씀이다. 양(陽)이라는 하나[一]가 노양(老陽)-소음(少陰)이라는 둘[二]을 낳고, 음(陰)이라는 하나[一]가 노음(老陰)-소양(少陽)이라는 둘[二]을 낳는다.

사상(四象)부터는 음(陰)-양(陽)의 자리를 살펴야 한다. 아랫자리의 것이 오는 것[來者]이고, 윗자리의 것이 가는 것[往者]이기 때문이다. 내자(來者)는 새것이고 왕자(往者)는 헌것이다. 새것이 오고 헌것이 가는 것을 일러 역(易) 즉 변화(變化)라 하고 변화는 새것[來者]이 이끈다.

변화하는 짓을 일러 〈상(象)〉이라 한다. 그러므로 사상(四象)이란 네 가지의 변화하는 짓[象]을 말한다. 노양(老陽 : ⚌)-소음(少陰 : ⚍)에서는 양(陽 : ⚊)이 변화를 이끄는 상(象)이고, 노음(老陰 : ⚏)-소양(少陽 : ⚎)에서는 음(陰 : ⚋)이 변화를 이끄는 짓[象]이다. 그러므로 노음(老陰)-노양(老陽)의 〈노(老)〉와 소음(少陰)-소양(少陽)의 〈소(少)〉는 변화의 짓[象]을 깊이 새겨보게 한다. 노소(老少)는 종시(終始)를 떠올린다. 노음(老陰)-노양(老陽)의 〈노(老)〉는 변화의 끝[終]을 떠올리게 하고, 소음(少陰)-소양(少陽)의 〈소(少)〉는 변화의 처음[始]을 떠올리게 한다. 그래서 노음(老陰)-노양(老陽)의 〈노(老)〉는 새로운 변화를 생각하게 하고, 소음

(少陰)-소양(少陽)의 〈소(少)〉 역시 새로운 변화를 생각하게 한다. 그래서 음양(陰陽)과 사상(四象)은 온갖 사물에 미치는 역(易)을 살피고[觀] 새겨[玩] 점(占)쳐 지변(知變)하여 지래(知來)하게 하는 통어(通語)가 된다.



註 일생이(一生二) : 하나가[一] 둘을[二] 낳는다[生]. 『노자(老子)』 42장(章)

### 3. 사상(四象)과 팔괘(八卦)

노양(老陽 : ⚌)은 양(陽 : ⚊)으로 말미암아 건(乾 : ☰)을 낳고, 음(陰 : ⚋)으로 말미암아 태(兌 : ☱)를 낳는다. 소음(少陰 : ⚍)은 양(陽 : ⚊)으로 말미암아 이(離 : ☲)를 낳고, 음(陰 : ⚋)으로 말미암아 진(震 : ☳)을 낳는다. 소양(少陽 : ⚎)은 양(陽 : ⚊)으로 말미암아 손(巽 : ☴)을 낳고, 음(陰 : ⚋)으로 말미암아 감(坎 : ☵)을 낳는다. 노음(老陰 : ⚏)은 양(陽 : ⚊)으로 말미암아 간(艮 : ☶)을 낳고, 음(陰 : ⚋)으로 말미암아 곤(坤 : ☷)을 낳는다. 사상(四象)이 낳은 건(乾 : ☰)-태(兌 : ☱)-이(離 : ☲)-진(震 : ☳)-손(巽 : ☴)-감(坎 : ☵)-간(艮 : ☶)-곤(坤 : ☷)을 팔괘(八卦)라 한다. 이처럼 사상(四象)은 팔괘(八卦)를 낳는다.

팔괘는 『노자(老子)』 42장(章)에 나오는 〈이생삼(二生三)〉 즉 〈둘이[二] 셋을[三] 낳는다[生]〉를 상기시킨다. 물론 〈이생삼(二生三)〉은 여러 가지로 새겨 풀이되는 말씀이다. 하지만 〈이생삼(二生三)〉이 사상과 팔괘를 풀이함은 분명하다. 사상에서는 음양(陰陽)이 둘[二]로써 변화를 짓[象]하지만, 팔괘에서는 음양이 셋[三]으로써 변화를 상(象)함을 주목한다면, 〈이생삼(二生三)〉의 말씀을 새겨 헤아릴 수 있다. 〈이생삼(二生三)〉 이는 사상이 팔괘를 낳음[生]이라는 말이다. 사상은 음양이 둘[二]로 되고, 팔괘는 음양이 셋[三]으로 된다. 팔괘에서 〈삼(三)〉은 양(陽)이 짝[二]이면 음(陰)은 홀[一]임을 뜻하고, 음(陰)이 짝[二]이면 양(陽)이 홀[一]임을 뜻한다.

사상(四象)의 〈상(象)〉은 구체적으로 드러나지 않지만, 팔괘(八卦)는 구체적인 현상(現象)을 나타낸다. 그래서 팔괘의 건(乾 : ☰)을 하늘 건(乾)이라 하고, 팔괘의 태(兌 : ☱)를 못 태(兌)라 하며, 팔괘의 이(離 : ☲)를 불 이(離)라 하고, 팔괘의 진(震 : ☳)을 우레 진(震)이라 하며, 팔괘의 손(巽 : ☴)을 바람 손(巽)이라 하고,

팔괘의 감(坎 : ☵)을 물 감(坎)이라 하며, 팔괘의 간(艮 : ☶)을 산 간(艮)이라 하고, 팔괘의 곤(坤 : ☷)을 땅 곤(坤)이라 한다. 나아가 이 팔괘로써 자연현상과 인간사를 매우 다양하게 나타내기도 한다. 그래서 사상(四象)과 팔괘(八卦)는 온갖 사물에 미치는 역(易)을 살피고[觀] 새겨[玩] 점(占)쳐 지변(知變)하여 지래(知來)하게 하는 통어(通語)가 된다.

### 4. 효(爻)와 괘(卦)

음양(陰陽)을 나타내는 최소 단위를 이름하여 〈효(爻)〉라 한다. 음(陰)과 양(陽)은 한 개의 효로 나타내고, 사상(四象)의 노양(老陽)-소음(少陰)과 노음(老陰)-소양(少陽)은 각각 두 개의 효로 나타낸다. 팔괘(八卦)의 건(乾)-태(兌)-이(離)-진(震)-손(巽)-감(坎)-간(艮)-곤(坤)은 각각 세 개의 효로 나타낸다. 팔괘에서 건(乾)은 양효(陽爻) 셋으로 이루어지고 곤(坤)은 음효(陰爻) 셋으로 이루어지지만, 태(兌)-이(離)-손(巽)의 괘(卦)에서는 양효(陽爻)가 짝수이고 음효(陰爻)가 홀수이며, 진(震)-감(坎)-간(艮)에서는 음효(陰爻)가 짝수이고 양효(陽爻)가 홀수이다.

음(陰)이라는 효의 기호는 〈--〉이다. 양(陽)이라는 효의 기호는 〈—〉이다. 마치 2진 기수법(記數法)에서 0 또는 1을 각각 하나의 비트(bit)라 하듯이 음양의 기호법을 일러 〈효(爻)〉라고 한다. 물론 효가 비트와 같다는 말은 아니다. 비트에서 〈0〉은 늘 〈0〉이고 〈1〉은 늘 〈1〉로 따로따로 나누어진다. 그러나 음양은 위에서 보았듯이 둘[二]로 나누어 따로 있지 않고 서로 교류하여, 양(陽)이 음(陰)을 낳기도 하고 음(陰)이 양(陽)을 낳기도 한다. 그래서 효(爻)와 괘(卦)는 온갖 사물에 미치는 역(易)을 살피고[觀] 새겨[玩] 점(占)쳐 지변(知變)하여 지래(知來)하게 하는 통어(通語)가 된다.

### 5. 팔괘(八卦)와 64괘(卦)

삼효(三爻)로 이루어진 팔괘(八卦)를 소성괘(小成卦)라 하고, 육효(六爻)로 이루어지는 64괘(卦)를 대성괘(大成卦)라 한다. 대성괘 64괘는 소성괘 팔괘를 거듭해서 만들어진다. 팔괘만으로는 복잡하고 미묘한 자연현상과 인간사를 다 나타낼 수 없기 때문에 팔괘를 자승(自乘)하여 64괘를 만든 것이다. 물론 64괘로만 자연현상과 인간사를 모조리 다 나타낼 수 있는 것은 아니다. 64괘의 자승(自乘)으로써 4,096괘를 만들어 자연현상과 인간사의 변화를 나타낼 수 있다. 물론 삼라만상(森羅萬象)의 변화를 64괘로써 다 나타낼 수 있는 것은 아니다. 64괘에서 64×64의 4,096괘가 필요하고, 4,096×4,096의 16,777,216괘 등으로 확장될 수 있다. 말하자면 3효의 괘-6효의 괘-12효의 괘-24효의 괘 등으로 확장하여 자연현상과 인간사의 변화를 나타낼 수 있다. 오늘날 디지털 기술(Digital Technology)이 킬로바이트(KB)-메가바이트(MB)-기가바이트(GB)-테라바이트(TB) 등으로 비트(bit)를 확장하여 프로그램 작성(programming)을 확장하는 발상은 이미 수천 년 전 역(易)을 만들었던 성인(聖人)의 작법(作法)을 닮은 셈이다. 그래서 팔괘(八卦)와 64괘(卦)는 온갖 사물에 미치는 역(易)을 살피고[觀] 새겨[玩] 점(占)쳐 지변(知變)하여 지래(知來)하게 하는 통어(通語)가 된다.

### 6. 대성괘(大成卦)의 내외괘(內外卦)

대성괘(大成卦)는 소성괘(小成卦) 두 개를 상하(上下)로써 구성된다. 아래의 소성괘를 하괘(下卦) 또는 내괘(內卦)라 하고, 위의 소성괘를 상괘(上卦) 또는 외괘(外卦)라 한다. 대성괘를 이루는 육효(六爻)의 순서는 아래에서 위로 잡는다. 맨 밑의 효를 초효(初爻)라 하고, 맨 위의 효를 상효(上爻)라 한다. 그래서 대성괘의 육효(六爻)를 초효(初爻) → 이효(二爻) → 삼효(三爻) → 사효(四爻) → 오효(五爻) → 상효(上爻)라고 구별하여 부른다. 대성괘 육효의 순서에 음효(陰爻)와 양효(陽爻)를 표시하여 구별할 때는 음양(陰陽)으로 호칭하기도 하고, 수(數)로써 호칭하기도 한다. 양효를 수로 표시할 때는 〈구(九)〉이고, 음효를 수로 표시할 때는 〈육(六)〉이다. 초효가 양효이면 초구(初九) 또는 초양(初陽)이라 하고, 초효가 음효이면 초륙(初六) 또는 초음(初陰)이라 한다. 상효가 양효이면 상구(上九) 또는 상양(上陽)이라 하고, 상효가 음효이면 상륙(上六) 또는 상음(上陰)이라 한다. 그래서 대성괘(大成卦)의 내외괘(內外卦)는 온갖 사물에 미치는 역(易)을 살피고[觀] 새겨[玩] 점(占)쳐 지변(知變)하여 지래(知來)하게 하는 통어(通語)가 된다.

---

註 대성괘의 건괘(乾卦)와 곤괘(坤卦) 그리고 미제괘(未濟卦)에서 육효(六爻)의 순서에 따른

표시는 아래와 같다.

| | |
|---|---|
| 건괘(乾卦) | 초구(初九) → 구이(九二) → 구삼(九三) → 구사(九四) → 구오(九五) → 상구(上九)<br>초양(初陽) → 이양(二陽) → 삼양(三陽) → 사양(四陽) → 오양(五陽) → 상양(上陽) |
| 곤괘(坤卦) | 초륙(初六) → 육이(六二) → 육삼(六三) → 육사(六四) → 육오(六五) → 상륙(上六)<br>초음(初陰) → 이음(二陰) → 삼음(三陰) → 사음(四陰) → 오음(五陰) → 상음(上陰) |
| 미제괘(未濟卦) | 초륙(初六) → 구이(九二) → 육삼(六三) → 구사(九四) → 육오(六五) → 상구(上九)<br>초음(初陰) → 이양(二陽) → 삼음(三陰) → 사양(四陽) → 오음(五陰) → 상양(上陽) |





## 7. 대성괘(大成卦)의 효순(爻順)

대성괘(大成卦) 효(爻)의 순서는 아래[下]에서부터 위[上]로 순서를 잡는다. 맨 아래의 효를 초효(初爻)라 하고, 맨 위의 효를 상효(上爻)라 한다. 하(下)에서 순차(順次)대로 초효(初爻) → 이효(二爻) → 삼효(三爻) → 사효(四爻) → 오효(五爻) → 상효(上爻)로 순서를 잡는다. 효의 음양(陰陽)을 표시할 때는 초효(初爻)가 양효(陽爻)이면 초양(初陽)이라 하고 음효(陰爻)이면 초음(初陰)이라 하며, 상효(上爻) 역시 양효이면 상양(上陽)이라 하고 음효이면 상음(上陰)이라 한다. 이효(二爻)가 양효이면 이양(二陽)이라 하고 음효이면 이음(二陰)이라 한다. 삼효(三爻)-사효(四爻)-오효(五爻) 역시 매양 같이 한다. 음효(陰爻)와 양효(陽爻)를 수(數)로써 밝힐 때는 음효면 〈육(六)〉으로 하고 양효면 〈구(九)〉로 한다. 초효(初爻)가 음효이면 초륙(初六)이라 하고 양효이면 초구(初九)라 하며, 상효(上爻)가 음효이면 상륙(上六)이라 하고 양효이면 상구(上九)라 한다. 이효(二爻)가 음효이면 육이(六二)라 하고 양효이면 구이(九二)라 한다. 삼효(三爻)-사효(四爻)-오효(五爻) 역시 똑같이 한다. 초효(初爻)-이효(二爻)-삼효(三爻)까지를 내괘(內卦) 또는 하괘(下卦)라 하고, 사효(四爻)-오효(五爻)-상효(上爻)를 외괘(外卦) 또는 상괘(上卦)라 한다. 그래서 대성괘(大成卦)의 효순(爻順)은 온갖 사물에 미치는 역(易)을 살피고[觀] 새겨[玩] 점(占)쳐 지변(知變)하여 지래(知來)하게 하는 통어(通語)가 된다.

## 8. 중정(中正)의 중(中)과 정(正)

대성괘(大成卦)에서 둘째 효(爻)를 내괘(內卦)의 〈중(中)〉이라 하고, 다섯째 효

(爻)를 외괘(外卦)의 〈중(中)〉이라 한다. 중정(中正)은 중위이정위(中位而正位)의 줄임이다. 즉 가운데[中] 자리이면서[位而] 바른[正] 자리[位]를 줄여 중정(中正)이라 한다. 따라서 『중용(中庸)』 등에 나오는 중정(中正)과 다른 『주역(周易)』의 술어(術語)이다. 대성괘에서 양효(陽爻)가 양효의 위치인 초효(初爻)-삼효(三爻)-오효(五爻)의 자리에 있고, 음효(陰爻)가 음효의 위치인 이효(二爻)-사효(四爻)-상효(上爻)의 자리에 있으면 〈정(正)이라 한다. 특히 내외괘(內外卦)의 중효(中爻)가 정위(正位)에 있을 때 이를 〈중정(中正)〉이라 하여 〈길(吉)하다〉 하고, 그렇지 못할 때는 대개 〈흉(凶)하다〉 한다. 〈중(中)〉과 〈정(正)〉이 가장 이상적인 괘(卦)는 63번째 〈기제괘(旣濟卦 : ䷾)〉이다. 그래서 중정(中正)의 중(中)과 정(正)은 온갖 사물에 미치는 역(易)을 살피고[觀] 새겨[玩] 점(占)쳐 지변(知變)하여 지래(知來)하게 하는 통어(通語)가 된다.

### 9. 정응(正應)과 불응(不應)

대성괘(大成卦)를 이루는 여섯 효(爻)의 상호관계를 밝히는 술어(術語)가 〈응(應)〉과 〈비(比)〉이다. 하괘(下卦)의 초효(初爻)와 상괘(上卦)의 초효(初爻), 하괘(下卦)의 이효(二爻)와 상괘(上卦)의 이효(二爻), 하괘(下卦)의 상효(上爻)와 상괘(上卦)의 상효(上爻)는 상응(相應)한다고 하는데, 서로[相] 호응하는[應] 두 효(爻)가 각각 음(陰)과 양(陽)이면 〈정응(正應)〉이라 하지만 둘 다 음(陰)이거나 양(陽)이면 〈불응(不應)〉이라 한다. 그래서 정응(正應)과 불응(不應)은 온갖 사물에 미치는 역(易)을 살피고[觀] 새겨[玩] 점(占)쳐 지변(知變)하여 지래(知來)하게 하는 통어(通語)가 된다.

### 10. 대성괘(大成卦)의 비(比)

대성괘(大成卦)에서 서로 이웃하는 두 효(爻)가 음(陰)-양(陽)의 관계일 때 이것을 〈비(比)〉 즉 〈이웃의 사귐[比]〉이라 하여 길(吉)한 것으로 본다. 초효(初爻)와 이효(二爻), 이효(二爻)와 삼효(三爻), 삼효(三爻)와 사효(四爻), 사효(四爻)와 오효(五爻), 오효(五爻)와 상효(上爻)가 서로 음(陰)-양(陽)으로 이웃할 때 〈비(比)〉라 한다. 〈비(比)〉가 가장 이상적인 괘(卦)는 63번째 〈기제괘(旣濟卦 : ䷾)〉이다. 그래서 대성괘(大成卦)의 비(比)는 온갖 사물에 미치는 역(易)을 살피고[觀] 새겨[玩] 점(占)쳐 지변(知變)하여 지래(知來)하게 하는 통어(通語)가 된다.

### 11. 팔괘(八卦)의 지사(指事)

사상(四象)이 팔괘(八卦)로 발전하고 팔괘가 거듭하여 64괘(卦)가 이루어지는 것이므로, 대성괘(大成卦)에서 괘효(卦爻)의 상(象)을 살펴 뜻하는 바를 헤아리자면 팔괘가 가리켜 보이는 것[指事]들을 살펴야 한다. 팔괘의 지사(指事)를 〈형태(形態)-성질(性質)-인간(人間)-신체(身體)-동물(動物)-사물(事物)-계절(季節)-시각(時刻)-방위(方位)〉 등으로 살핀다면, 대성괘 64괘에서 괘효(卦爻)의 짓[象]을 통해서 괘사(卦辭)-효사(爻辭)로써 온갖 일[每事]의 변화를 저마다 역수(逆數) 즉 미리미리[逆] 헤아려[數], 지래(知來) 즉 다가올 것을[來] 알아챌[知] 수 있다. 물론 이러한 팔괘의 지사(指事)라는 것은 괘효사(卦爻辭)를 즐겨 새김질하여[玩] 나름대로 저마다 지래(知來)하게 하는 도움닫기일 뿐이다. 매사(每事)는 사람의 짓으로 말미암아 길흉(吉凶)으로 드러난다. 그래서 매사를 무사(無私)로 살펴 이끌 수 있다면 길흉의 헷갈림이란 없다. 그러나 사람은 제 것[私]-제 몫[欲] 때문에 길흉의 판단을 헷갈리고 만다. 이러한 헷갈림을 극복하는 데 팔괘의 지사가 도움닫기가 되어준다. 따라서 역(易)의 64괘는 무사(無私)-무욕(無欲)해야 하는 길[道]을 미리 살펴 헤아리게 한다. 매사를 무사(無私)-무욕(無欲)으로 이끌자면 팔괘의 지사들이 그 도(道) 즉 이치[道]를 찾아 밟아가게 하는 표식(標識)이 되어준다. 그래서 팔괘(八卦)의 지사(指事)는 온갖 사물에 미치는 역(易)을 살피고[觀] 새겨[玩] 점(占)쳐 지변(知變)하여 지래(知來)하게 하는 통어(通語)가 된다.

## 12. 팔괘(八卦) 건(乾)의 지사(指事)

| 건(乾 : ☰) | | | | | |
|---|---|---|---|---|---|
| 형태 | 하늘[天] | 성질 | 강건(剛健) | 인간 | 사내[男]<br>아버지[父] |
| 신체 | 머리[首] | 동물 | 말[馬] | 사물 | 큰 내[大川]<br>큰 들[大平原] |
| 계절 | 늦가을[晩秋]<br>초겨울[孟冬] | 시각 | 21~23시(時) | 방위 | 서북쪽[西北] |

## 13. 팔괘(八卦) 태(兌)의 지사(指事)

| 태(兌 : ☱) | | | | | |
|---|---|---|---|---|---|
| 형태 | 연못[澤] | 성질 | 기쁨[喜]<br>따뜻함[溫和] | 인간 | 소녀(少女)<br>친구[朋友] |
| 신체 | 입[口] | 동물 | 양(羊) | 사물 | 골짜기[谷]<br>들머리[入口] |
| 계절 | 가을[秋] | 시각 | 21시(時) | 방위 | 서쪽[西] |

## 14. 팔괘(八卦) 이(離)의 지사(指事)

| 이(離 : ☲) | | | | | |
|---|---|---|---|---|---|
| 형태 | 불[火] | 성질 | 뜨거움[熱]<br>밝음[光]<br>아름다움[美] | 인간 | 가운데 딸 |
| 신체 | 눈[目] | 동물 | 꿩[雉] | 사물 | 문서(文書)<br>편지[書簡] |
| 계절 | 여름[夏] | 시각 | 12시(時) | 방위 | 남쪽[南] |

## 15. 팔괘(八卦) 진(震)의 지사(指事)

| 진(震 : ☳) | | | | | |
|---|---|---|---|---|---|
| 형태 | 우레[雷] | 성질 | 결단(決斷)<br>분발(奮發) | 인간 | 맏아들[長男] |
| 신체 | 발[足] | 동물 | 용(龍) | 사물 | 나무[木]<br>수레[車] |
| 계절 | 봄[春] | 시각 | 5시(時) | 방위 | 동쪽[東] |

## 16. 팔괘(八卦) 손(巽)의 지사(指事)

| 손(巽 : ☴) | | | | | |
|---|---|---|---|---|---|
| 형태 | 바람[風] | 성질 | 우유부단<br>(優柔不斷) | 인간 | 맏딸[長女]<br>장사꾼[商人] |
| 신체 | 넓적다리[股] | 동물 | 닭[鷄] | 사물 | 풀[草]<br>나무[木] |
| 계절 | 늦봄[晩春]<br>초여름[孟夏] | 시각 | 7~9시(時) | 방위 | 동남쪽[東南] |

## 17. 팔괘(八卦) 감(坎)의 지사(指事)

| 감(坎 : ☵) | | | | | |
|---|---|---|---|---|---|
| 형태 | 물[水] | 성질 | 머묾[定着]<br>슬기[智慧] | 인간 | 젊은 사내[靑年] |
| 신체 | 귀[耳] | 동물 | 돼지[豕] | 사물 | 술[酒]<br>약(藥) |
| 계절 | 겨울[冬] | 시각 | 24시(時) | 방위 | 북쪽[北] |

## 18. 팔괘(八卦) 간(艮)의 지사(指事)

| 간(艮 : ☶) | | | | | |
|---|---|---|---|---|---|
| 형태 | 뫼[山] | 성질 | 멎음[止]<br>고요[靜] | 인간 | 작은아들<br>소년(少年) |
| 신체 | 손[手] | 동물 | 개[狗] | 사물 | 집[家]<br>성(城) |
| 계절 | 초봄[孟春] | 시각 | 1~2시(時) | 방위 | 동북쪽[東北] |

## 19. 팔괘(八卦) 곤(坤)의 지사(指事)

| 곤(坤 : ☷) | | | | | |
|---|---|---|---|---|---|
| 형태 | 땅[地] | 성질 | 온순(溫順)<br>고요함[靜默] | 인간 | 어머니[母]<br>여자[女] |
| 신체 | 배[腹] | 동물 | 소[牛] | 사물 | 마루<br>음식(飮食) |
| 계절 | 늦여름[晩夏]<br>초가을[孟秋] | 시각 | 13~16시(時) | 방위 | 서남쪽[西南] |

## 20. 본서법(本筮法)의 사영(四營)-십팔변법(十八變法)

본서법(本筮法)이란 『십익(十翼)』 「계사전(繫辭傳)」에 적혀 있는 가장 정통적인 복점(卜占)의 방법이라고 말할 수 있다. 본서법은 사상(四象)의 수(數) 〈육(六)-칠(七)-팔(八)-구(九)〉 중 어느 하나씩을 얻어내는 과정을 여섯 차례 반복하여 여섯 개[六箇]의 효(爻)를 얻어내 대성괘(大成卦)를 얻어낸다. 하나의 효를 얻어내는 과정을 사영(四營)-삼변(三變)이라 하고, 효 6개를 얻어내야 하므로 본서법의 전과정을 사영(四營)-십팔변법(十八變法)이라고 한다. 사영(四營)-삼변(三變)은 서죽(筮竹) 즉 점대 오십개(五十箇)로 시작한다. 그 오십(五十)을 대연지수(大衍之數)라 한다. 대연지수 오십은 〈하도(河圖)〉 중궁(中宮)의 생수(生數) 오(五)와 성수(成數) 십(十)을 곱한[乘] 수라고 믿으면 된다.

서죽(筮竹) 오십개(五十箇)에서 하나[一]를 뽑아내 태극(太極)으로 삼아 따로 떼어둔다. 남은 사십구개(四十九箇)의 점대를 무작위로 무심(無心)히 이분(二分)하여 왼손에 쥔 점대를 천책(天策)으로 삼아[爲] 쥐고, 나머지 점대를 상(床) 위에 놓아 지책(地策)으로 삼는다[爲]. 이러한 점대의 이분(二分)을 상양(象兩)이라 한다. 상양(象兩)은 〈천지(天地)-음양(陰陽)을 본받음[象]〉을 뜻한다. 이러한 상양(象兩)이 본서법에서 제일영(第一營)에 해당된다.

천책(天策)을 왼손에 쥐고 지책(地策)에서 점대 한 개[一]를 꺼내 인책(人策)으로 삼아 왼손의 새끼손가락과 무명지 사이에 끼워둔다. 이렇게 하여 상삼(象三)이 된다. 상삼(象三)의 삼(三)은 천책(天策)-지책(地策)-인책(人策) 즉 삼재(三才)를 뜻한다. 상삼(象三)은 상삼재(象三才)를 줄인 셈이고 〈삼재(三才)를 본받음[象]〉을 뜻한다. 이러한 상삼(象三)이 본서법에서 제이영(第二營)에 해당된다.

천책(天策)의 점대에서 넷[四]씩 덜어낸다. 이렇게 덜어내기를 제삼영(第三營)의 전반(前半)이라 한다. 그렇게 덜어내고 나면 나머지가 남을 것이다. 만일 천책을 넷[四]으로 덜어내고 나머지가 없을 때는 나머지를 넷으로 친다. 넷으로 덜어내 나머지를 구함은 상윤(象閏) 즉 윤년(閏年)의 윤월(閏月)을 본뜸[象]이다. 이렇게 얻어낸 천책의 나머지를 왼손의 장지(長指)와 무명지(無名指) 사이에 끼워둠이 제사영(第四營)의 전반(前半)이다.

상(床) 위에 놓아둔 지책(地策)의 점대들을 천책에서 한 것과 똑같이 넷씩 덜어냰다. 넷으로 덜어내 나머지를 구함은 상윤 즉 윤년의 윤월을 본뜸이다. 이렇게 덜어내기를 제삼영(第三營)의 후반(後半)이라 한다. 그렇게 덜어내고 나면 나머지가 남을 것이다. 나머지가 없을 때는 나머지를 넷으로 친다. 지책의 나머지를 왼손의 가운데손가락과 둘째손가락 사이에 끼워둠이 제사영(第四營)의 후반(後半)이다.

천책을 넷씩 덜어내고 남은 나머지[餘]와 지책을 넷씩 덜어내고 남은 나머지[餘]를 새끼손가락과 무명지(無名指) 사이에 끼워둔 인책(人策) 하나[一]와 합(合)한 점대(筮竹)의 수는 반드시 오(五) 아니면 구(九)가 된다. 이를 제일변(第一變)이라 한다.

제일변(第一變)으로 얻어낸 오(五) 또는 구(九)를 따로 떼어두고, 나머지 점대로 먼저와 똑같이 사영(四營)을 되풀이하면 손가락 사이에 낀 점대는 사(四) 아니면 팔(八)이 된다. 이를 제이변(第二變)이라 한다.

제이변(第二變)으로 얻어낸 사(四) 또는 팔(八)을 따로 떼어두고 나머지 점대로 먼저와 똑같이 사영(四營)을 되풀이하면 손가락 사이에 낀 점대는 사(四) 아니면 팔(八)이 된다. 이를 제삼변(第三變)이라 한다.

제일변(第一變)으로 얻은 수 오(五) 또는 구(九), 제이변(第二變)으로 얻은 수 사(四) 또는 팔(八), 제삼변(第三變)으로 얻은 수 사(四) 또는 팔(八)을 합하면 반드시 이십오(二十五)-이십일(二十一)-십칠(十七)-십삼(十三) 중의 어느 한 경우의 수가 된다.

태극(太極)을 뺀 점대 사십구개(四十九箇)에서 이십오(二十五)-이십일(二十一)-십칠(十七)-십삼(十三)의 수(數)를 빼면, 이십사(二十四)-이십팔(二十八)-삼십이(三十二)-삼십육(三十六) 중의 어느 한 수가 될 것이다. 이 이십오(二十五)-이십일(二十一)-십칠(十七)-십삼(十三)의 수를 효책(爻策)이라 한다.

이렇게 얻어진 이십사(二十四)-이십팔(二十八)-삼십이(三十二)-삼십육(三十六)을 사(四)로 나눈다. 물론 여기서 넷으로 나눔은 상윤 즉 윤년의 윤월을 본뜸[象]이다. 이십사(二十四)를 넷으로 나누면 육(六)이고 그 육(六)은 노음(老陰 : ⚏)이고, 이십팔(二十八)을 넷으로 나누면 칠(七)이고 그 칠(七)은 소양(少陽 : ⚎)이고, 삼십이(三十二)를 넷으로 나누면 팔(八)이고 그 팔(八)은 소음(少陰 : ⚍)이고, 삼십륙(三十六)을 넷으로 나누면 구(九)이고 그 구(九)는 노양(老陽 : ⚌)이다. 이렇게 사상(四象)이 된다.

비로소 그 사상(四象)으로 초효(初爻)가 결정된다. 노음(老陰 : ⚏)의 육(六)이거나 소양(少陽 : ⚎)의 칠(七)이면 초효(初爻)는 음효(陰爻 : --)가 된다. 소음(少陰 : ⚍)의 팔(八)이거나 노양(老陽 : ⚌)의 구(九)이면 초효(初爻)는 양효(陽爻 : ㅡ)가 된다. 이렇게 해서 여섯 개의 효를 얻자면 똑같은 과정을 십팔(十八)번 거듭하게 된다. 그래서 본서법을 십팔변법(十八變法)이라 한다.

본서법으로 얻어진 대성괘는 앞으로 어떤 괘로 변화할 운명을 타고 있음을 명심해야 한다. 지금이 길(吉)하거나 흉(凶)하다면 앞으로는 어떠할까? 이를 알아보려 함이 변효(變爻)와 지괘(之卦)를 찾게 되는 것이다.

변효(變爻)란 효(爻)가 바뀐다는 것이고, 지괘(之卦)란 변효(變爻)로 말미암아 새로 얻어질 괘(卦)를 말한다. 본서법을 거쳐 얻어진 효가 노음(老陰)의 육(六)이라면 그 노음(老陰)의 효는 장차 양(陽)의 효로 변할 운명에 있고, 노양(老陽)의 구(九)라면 그 노양(老陽)의 효는 장차 음(陰)의 효로 변할 운명에 있다. 그래서 노음(老陰)의 효와 노양(老陽)의 효를 변효(變爻)라 하고, 변효로써 이루어진 괘를 지괘(之卦)라 한다. 그러므로 본서법으로 하나의 대성괘를 얻었을 때는 반드시 여섯 개(箇)의 효 중에서 노음(老陰)-노양(老陽)의 효가 있는지 유념하고 변효(變爻)와 지괘(之卦)를 찾아내 그 괘효상(卦爻象)과 괘효사(卦爻辭)를 살펴[觀] 새기고[玩] 헤아려[擬] 따져[議] 판단해[斷] 보아야 한다.

---

註 사상(四象)에서는 변효(變爻)와 지괘(之卦)를 유념해야 한다. 본서법(本筮法)의 사영(四營)-삼변(三變)을 거쳐 얻은 사상(四象)에서 노음(老陰)의 수(數) 육(六)을 얻었다면 음효(陰爻)를 얻었지만 그 음효(陰爻)는 양효(陽爻)로 바뀔 수 있고, 노양(老陽)의 수(數) 구(九)를 얻었다면 양효(陽爻)를 얻었지만 음효(陰爻)로 바뀔 수 있음을 명심해야 한다. 이는 노음(老陰)은 양(陽)으로 변화할 운명이고, 노양(老陽)은 음(陰)으로 변화할 운명인 까닭이다. 이러한 노음(老陰)과 노양(老陽)을 변효(變爻)라 하고, 변효(變爻)로 이루어질 괘(卦)를 지괘(之卦)라 한다. 그러므로 사상(四象)의 수(數) 중에서 육(六)과 구(九)는 변효(變爻)-지괘(之卦)의 수(數)이다.

## 21. 변효(變爻)와 지괘(之卦)

본서법(本筮法)으로 얻어진 대성괘(大成卦)란 정(定)해진 대성괘가 아니라 변(變)할 수 있는 괘(卦)임을 잊지 말아야 한다. 역(易)이란 변화(變化)의 이어감[繼續]이라는 점을 상기한다면 본서법으로 얻어진 대성괘 역시 정(定)해진 괘로 될 수 없다. 변화란 끊임없이 통(通)한다. 그래서 통하면 오래간다[久]. 통(通)의 구(久)란 확정될 수 없음을 뜻하여 동적(動的)이니 운명(運命)이니 하는 것이다. 사상(四象) 중에서 노양(老陽)은 양(陽)이 궁(窮)한 상(象)이므로 장차 음효(陰爻)로 변화할 운명이고, 노음(老陰)은 음(陰)이 궁(窮)한 상(象)이므로 장차 양효(陽爻)로 변화할 운명이다. 이러한 노양(老陽)과 노음(老陰)을 변효(變爻)라 하고, 변효로 이루어질 괘를 지괘(之卦)라 한다. 변효(變爻)란 효(爻)가 바뀐다[變] 함이요, 지괘(之卦)란 효가 바뀌므로 괘도 바뀔 터이니 바뀔 괘로 찾아가라 함이 바로 지괘(之卦)의 〈지(之)〉 즉 〈갈 지(之)〉이다. 그러므로 지괘(之卦)의 〈지(之)〉를 〈갈 지(之)〉로 새겨도 되고, 〈이 지(之)-그 지(之)〉로 새겨 이 괘에서 저 괘로 가라[之]는 뜻으로 지괘(之卦)를 새기면 된다.

예를 들어 본서법으로 환괘(渙卦 : ䷺)를 얻었는데 초효(初爻)의 음효(--)는 노음(老陰)으로 얻어진 것이고 상효(上爻)의 양효(—)는 노양(老陽)으로 얻어진 것이라면, 절괘(節卦 : ䷻)로 찾아가 절괘(節卦)의 상(象)마저도 살펴 절괘(節卦)의 효상(爻象)과 효사(爻辭)를 살펴[觀] 새기고[玩] 헤아려[擬] 따져[議] 판단해[斷] 보아야 한다. 이렇기 때문에 본서법으로 얻어진 노양(老陽)의 양효(—)와 노음(老陰)의 음효(--)를 변효(變爻)라 하고, 변효의 효위(爻位)에 따라 바뀌는 괘를 지괘(之卦)라 한다. 나아가 하나의 대성괘로써 지래(知來)하고자 할 때 셋의 대성괘를 살펴보게 된다. 하나의 대성괘에는 두 개의 호괘(互卦)가 포함되어 있기 때문이다. 그러므로 변효(變爻)와 지괘(之卦)라는 것은 하나의 대성괘일지라도 네 개의 대성괘로 여기고 찾아 관완(觀玩)-의의(擬議)하여 경문(經文)이 암시하는 바를 판단하여 역수(逆數) 즉 미리[易] 헤아려보라[數]는 것이다. 그래서 변효(變爻)와 지괘(之卦)는 온갖 사물에 미치는 역(易)을 살피고[觀] 새겨[玩] 점(占)쳐 지변(知變)하여 지래(知來)하게 하는 통어(通語)가 된다.

## 22. 중효(中爻)와 호괘(互卦)

64괘(卦)의 대성괘(大成卦)가 하괘(下卦) 즉 내괘(內卦)와 상괘(上卦) 즉 외괘(外卦)로 이루어지는 것은 팔괘(八卦) 즉 소성괘(小成卦)를 거듭해 생겨나기 때문이다. 소성괘를 이루는 세 효(爻) 중에서 가운데 것을 중효(中爻)라 한다. 그래서 대성괘를 이루는 여섯 효 중에서 둘째 효와 다섯째 효가 대성괘의 중효(中爻)가 된다. 환괘(渙卦 : ䷺)와 절괘(節卦 : ䷻)가 각각 호괘(互卦)를 간직하고 있음을 환기한다면 본서법으로 얻어낸 대성괘가 변효(變爻)를 갖게 된 경우에는 대성괘 네 개의 효상(爻象)과 괘효사(卦爻辭)를 살펴보게 되는 경우가 생긴다. 예를 들자면 네 개의 경우란 〈환괘(渙卦)와 호괘(互卦)-절괘(節卦)와 호괘(互卦)〉를 두루 살펴보아야 한다는 말이다. 물론 모든 대성괘는 호괘를 지니고 있다. 그러므로 호괘란 본서법을 거친 노음(老陰)의 효와 노양(老陽)의 효 때문에 생기는 것만은 아니다. 대성괘의 둘째 효-셋째 효-넷째 효가 내호괘(內互卦)를 이루고, 대성괘의 셋째 효-넷째 효-다섯째 효가 외호괘(外互卦)를 이룬다. 그래서 대성괘는 모두 내호괘(內互卦)와 외호괘(外互卦)를 간직하고, 이를 줄여 그냥 호괘(互卦)라고 한다. 대성괘의 괘효상(卦爻象)을 살피면서 더불어 호괘의 것마저 살피는 것이 극수(極數) 즉 남김없이[極] 헤아려봄[數]에 해당되고, 그렇게 하여 지래(知來)할 수 있게 된다. 괘(卦)와 효(爻) 사이의 운수(運數) 즉 움직임의[運] 헤아림[數]을 더없이 살피면[極] 앞일을[來] 안다[知]. 극수(極數)의 수(數)는 운수(運數)-변수(變數)이고, 온갖 변화의 경우를 헤아려봄을 〈수(數)〉라고 밝힌 셈이다. 그래서 중효(中爻)와 호괘(互卦)는 온갖 사물에 미치는 역(易)을 살피고[觀] 새겨[玩] 점(占)쳐 지변(知變)하여 지래(知來)하게 하는 통어(通語)가 된다.

## 23. 괘사(卦辭)와 효사(爻辭)

대성괘(大成卦) 64괘(卦)에는 괘사(卦辭)와 효사(爻辭)가 있다. 이 두 사(辭)를 묶어 계사(繫辭)라고 한다. 계사란 괘(卦)나 효(爻)에 붙여둔[繫] 말씀[辭]이라는 『주역(周易)』의 술어(術語)이다. 괘사와 효사는 역(易)을 맨 처음 만든 성인(聖人)의 말씀[辭]이다. 괘사(卦辭)는 주문왕(周文王)이 괘(卦)마다에 붙여둔 말[辭]이고, 효사(爻辭)는 주공(周公)이 효(爻)마다에 붙여둔 말[辭]이다. 〈사(辭)〉는 오로지 나하고 괘효(卦爻)가 서로 만나서[相接] 오로지 나에게만 내자(來者) 즉 다가올[來] 일[者]을 들려주는 통정(通情) 즉 속마음을 통하게 하는[通情] 말[辭]이다. 그래서 〈무사불상접(無辭不相接)〉 즉 〈속마음을 여는 말이[辭] 없다면[無] 서로[相] 마음을 주고받지 못한다[不接]〉라고 한다.

괘효(卦爻)의 말씀[辭]은 훈시(訓示)도 교시(敎示)도 아니다. 역(易)은 무엇 하나 일방적으로 가르쳐 말해주지 않는다. 내 마음을 열고 오로지 나하고 괘효(卦爻)와 통화(通話)하게 하는 말씀[辭]이 곧 괘사(卦辭)-효사(爻辭) 즉 계사(繫辭)이다. 그래서 괘효사(卦爻辭)를 시(詩)로 여기고 만나야 한다. 시(詩)가 가르쳐주지 않고 스스로 생각하여 살펴 헤아려보라고 하듯이 괘효사(卦爻辭)도 역시 스스로 살펴 헤아려 생각해보라 한다. 남에게서 해답을 구하고자 한다면 괘효사는 먹통이 되어 버린다. 그래서 점쟁이 손에 들린『주역(周易)』은 위서(僞書) 즉 거짓[僞] 책[書]이 된다고 한다. 역(易)에는 이것은 이것이고 저것은 저것이라고 답해주지 않는다. 이를 역무사(易無思)-역무위(易無爲)라 한다. 〈역에는[易] 생각해주는 것이[思] 없고[無] 역에는[易] 해주는 것도[爲] 없다[無]〉는 것이다. 그래서 역(易)에는 오로지 〈짓[象]〉만 있다. 〈짓[象]〉은 무엇을 답해주지 않는다. 온갖 조짐을 살펴 그 속내가 암시하는 바를 자기 자신이 손수 찾아내보라고 할 뿐이다. 괘효(卦爻)가 드러내주는 상(象)을 저마다 나름대로 정성껏 헤아리고 새겨 풀어보아야 괘효사(卦爻辭)와 통정(通情)하고 통화(通話)할 수 있어서 저마다 지래(知來)하여 현명(賢明)한 삶을 누릴 수 있다.

〈상(象)〉은 어디까지나 낌새[徵]이고 조짐[兆]이지 어떤 하나를 찍어서 나타내는 것[標識]은 아님을 기억해야 한다. 상(象)이란 징조(徵兆)이지 표식(標識)이 아니다. 그래서 상(象)을 짓[象]이라 한다. 역(易)에서 괘효사는 오로지 〈짓[象]〉만 한다. 그래서 암시한다고 한다. 다만 괘효사의 짓[象]을 남의 것으로 여기고 살피지 말고 내 처지의 것으로 여기고 숨김없이 새기고 헤아리고 살펴보라 함이 관상(觀象)하여 완사(玩辭)하라 함이다. 그래서 괘사(卦辭)와 효사(爻辭)는 온갖 사물에 미치는 역(易)을 살피고[觀] 새겨[玩] 점(占)쳐 지변(知變)하여 지래(知來)하게 하는 통어(通語)가 된다.

## 24. 관상(觀象)과 완사(玩辭)

관상(觀象)은 〈관괘효지상(觀卦爻之象)〉을 줄임이다. 괘효(卦爻)의[之] 짓을[象] 살펴보라[觀] 함이다. 물론 관상(觀象)의 〈상(象)〉을 〈신지상(神之象)〉의 줄임으로 보아도 된다. 괘효(卦爻)란 천지가 변화하는 짓[象]을 나타내게 성인(聖人)이 창작한 부호(符號)이기 때문이다. 괘효(卦爻)의[之] 짓을[象] 또는 신(神)의[之] 짓을[象] 살핀다[觀]를 관상(觀象) 즉 〈짓을[象] 살핀다[觀]〉라고 줄인 것이다. 괘(卦)와 효(爻)의 상(象)은 역(易)을 가장 간명하게 밝힌다. 역(易)은 쉼 없는 변화(變化) 바로 그것이므로 멈춤이란 없다. 온갖 것[萬物]은 역(易)을 떠날 수 없으므로 가만히 변하지 않는 것은 하나도 없다. 그런 변화를 짓하고 있는 신(神) 즉 온갖 변화의 짓[神]을 암시함을 〈상(象)〉이라 한다. 〈상(象)〉이란 〈끊임없고 쉼 없는 변화가 진행하고 있는 짓[神]의 낌새〉를 말한다. 그 짓[神]의 낌새를 살피고 살펴라 함이 관상(觀象)이다.

관상(觀象)은 짓을[象] 샅샅이 살펴봄[觀]이다. 왜 시상(視相)하라 않고 관상(觀象)하라 하는가? 드러나 보이는 것[相]만 보면 되는 것이 시(視)이다. 드러나 눈에 보이고 귀에 들리고 감촉되는 것을 상(相)이라 한다. 가지 끝에 달린 꽃만 보는 눈길은 시상(視相)이다. 그러나 꽃을 보고 그 나무의 잎-줄기-가지-등걸-뿌리를 거쳐 그 나무가 뿌리를 내린 흙을 생각하고 나무가 서 있는 허공에서 내리쬐는 햇볕을 생각하는 경우라면 꽃을 바라만 보는 것이 아니라 그 꽃을 관상(觀象)하는 것이다. 그냥 꽃만을 바라보는 것[視]이 아니라 꽃이 하는 짓[象]을 헤아리고 살펴봄[觀]이다. 눈에 보이지 않는 것마저도 보라 함이 관(觀)이다. 〈관(雚)〉이란 왕골밭 속에 있는 황새이다. 왕골은 키가 큰 풀이다. 그 속에 황새[雚]가 있는 것을 찾아내 보라 함이 관(觀)이다. 어떤 짓[象]을 살펴 헤아려 새기자면 왕골밭 속에 있는 황새를 찾아내 살펴보듯이 하라 함이 관상(觀象)이다. 앞서 밝힌 효(爻) 자리[位]의 중(中)-정(正)-응(應)-비(比) 등을 살펴서 괘효(卦爻)의 짐짓해주는 짓들[象]을 헤아려 새김이 관상(觀象)이다.

완사(玩辭)는 〈완관상지사(玩觀象之辭)〉를 줄임이다. 관상(觀象)의[之] 말을[辭] 즐긴다[玩] 이를 〈말을[辭] 즐긴다[玩]〉라고 줄인 것이다. 관상의 말[辭]은 역(易)을 가장 간명하게 밝힌다. 만물은 역(易)을 떠날 수 없으므로 가만히 변하지 않는 것은 하나도 없음이 완사(玩辭)의 사(辭)이다. 완사(玩辭)의 〈사(辭)〉란 끊임없고 쉼 없는 변화가 진행함을 말해주는 말씀이다. 그 말[辭]을 즐겨 가까이하라는 것이 완사(玩辭)이다.

완사(玩辭)는 말씀을[辭] 절로 즐겨 새김질함[玩]이다. 괘효사(卦爻辭)의 〈사(辭)〉를 논의(論意)하지 말고 즐겨[樂] 가까이 친해보라[親] 함이 완사(玩辭)의 〈완(玩)〉이다. 괘효사(卦爻辭)의 〈사(辭)〉는 어린애가 가지고 노는 장난감 같은 것이다. 즐겁게 가까이해야 하는 말씀[辭]이지 삼가 경계하라는 말씀이 아니다. 어린애는 장난감과 수작하거나 흥정하지 않아 무엇 하나 감추거나 숨기지 않고 즐겁게 함께 놀면서 친하다. 무엇을 바라고 괘효사(卦爻辭)를 만나지 말라 함이다. 무슨 속셈을 갖고 말을 듣는다면 즐거이 속을 트고 그 말을 듣지 못한다. 숨김이나 감춤 없이 말을 들으면 들리는 말이 듣는 이로 하여금 여러 가지로 헤아려보게 하여 절로 자신의 생각하는 바를 즐겨 누리게 된다. 그러면 생각하는 바가 깊어지고 넓어지고 밝아진다. 이러한 보람을 누리게 함이 완사(玩辭)의 〈완(玩)〉이다. 그러므로 괘효(卦爻)의 말씀[辭]을 어린애가 가지고 노는 장난감 같다고 여기면 된다. 그래서 관상(觀象)과 완사(玩辭)는 온갖 사물에 미치는 역(易)을 살피고[觀] 새겨[玩] 점(占)쳐 지변(知變)하여 지래(知來)하게 하는 통어(通語)가 된다.

## 25. 관변(觀變)과 완점(玩占)

관변(觀變)은 관상(觀象)의 상(象)을 〈변(變)〉이라고 풀이한다. 관변(觀變)의 〈변(變)〉은 괘효(卦爻)의 상(象)을 무엇이라고 단정(斷定)할 수도 없고 정의(定義)할 수도 없음을 밝힌다. 그래서 계사(繫辭)를 수시취의(隨時取義) 즉 때를[時] 따라[隨] 뜻을[意] 취하는[取] 말씀[辭]이라고 한다. 예를 들자면 울음을 두고 슬픔이나 기쁨이라고 단정할 수 없다. 울음만 보지 말고 왜 우는가를 살펴봐야 그 울음이란 짓[象]의 실마리를 살필 수 있다. 기뻐서 울면 기쁨의 눈물이고 슬퍼서 울면 슬픔의 눈물이다.

관변(觀變)의 〈변(變)〉은 변화(變化)를 말한다. 변화(變化)의 〈변(變)〉은 갈 것[往者]과 올 것[來者]이 함께함이고, 〈화(化)〉는 왕자(往者)는 물러가고[退] 내자(來者)는 이름[至]이다. 물러가는 왕자(往者)는 헌것이고 내자(來者)는 새것이다. 헌것에 매달리지 말고 새것을 미리미리 찾아내 임(臨) 즉 마주하라[臨] 함이 관변(觀變)이다. 요새는 트렌드(trend)를 추적하라면 알아듣겠다고 끄덕인다. 하지만 먼저 관변(觀變)할 수 있어야 기류(嗜流, trend)를 좇을 수 있다. 지식시대는 왕자(往者)를 주로 삼았지만 정보시대는 내자(來者)를 주로 삼음을 이제는 누구도 부인하지 않는다. 지식을 구하자면 먼저 관례(觀例)하지만, 정보를 구하고 싶다면 먼저 관변(觀變)해야 한다. 참으로 〈AI〉의 시대를 앞서서 잡아내기란 관변(觀變) 여하에 달려 있다. 왕래(往來)하는 것[變]에 숨겨진 새것[化]을 살펴 찾아내라 함이 관변(觀變)이다. 헌것이 숨겨 감추고 있는 새것을 살펴 찾아내라 함이 관변(觀變)이다.

완점(玩占)은 완사(玩辭)의 사(辭)를 점(占)이라고 풀이한다. 완점(玩占)의 〈점(占)〉은 괘효(卦爻)의 사(辭)가 무엇을 단정(斷定)해서 정의(定義)해 주지 않음을 암시한다. 예를 들자면 곤괘(坤卦)의 초효(初爻)에 〈이상(履霜)〉이란 말씀[辭]이 있다. 〈서리를[霜] 밟는다[履]〉라고 해서 그 서리[霜]가 초겨울 아침 서리를 뜻하는 것은 아니다. 이상(履霜)이 살펴[觀] 가까이하게[玩] 하는 짓[象]의 실마리를 시처인(時處人)의 상황을 통해 오만 가지 뜻을 불러일으킨다. 어떤 일[事]이든 때[時]-곳[處]-사람[人]이 엮이고 얽혀 일어나는 앞일을 정성껏 가까이하게 함이 완점(玩占)의 완(玩)이다. 완점(玩占)의 〈점(占)〉은 복점(卜占)의 줄임이요 복문(卜問)과 같다. 점치기[占]를 즐겨 가까이하라[玩]. 여기서 완점(玩占)은 극수(極數)-호정(好貞)으로 통한다. 괘(卦)와 효(爻) 사이의 운수(運數) 즉 변화의 움직임을[運] 헤아려서[數] 더없이 살펴[極] 앞일을 정갈히 점쳐보기를[貞] 기꺼이함[好]이 완점(玩占)이다. 역(易)에서 〈정(貞)〉이란 그냥 〈곧고 바른 마음의 진실한 미더움[貞]〉만이 아니라 〈앞을 점쳐 정성껏 물어보는 마음가짐[貞]〉을 뜻하기도 한다. 일을 마주할[臨事] 때 늘 그 일을 제멋대로 단정하지 말고 그 일의 앞을 정성껏 기꺼이 미리미리 헤아려보라는 것이 점쳐보라[占]는 것이지, 복전을 내고 점쟁이를 찾아가 점을 치라는 것은 아니다. 점쟁이를 찾아가려는 사람에게 괘효사(卦爻辭)는 아무 말도 해주지 않는다. 이런 임사(臨事)의 마음가짐[志]을 극수(極數)-호정(好貞)의 완점(玩占)이라 한다. 예를 들자면 앞서 살핀 〈이상(履霜)〉을 조짐해주는[象] 말씀[辭]으로 아껴 듣고 곰곰이 이리저리 기꺼이 살펴 그 숨은 짓[象]을 찾아내야지, 글자대로 뜻풀이하지 않음이 완점(玩占)이다. 왜 〈천지불인(天地不仁) 이만물위추구

(以萬物爲芻狗)〉라 하는가? 이 말씀은 천지에서는 사람이나 지렁이나 푸성귀나 다 똑같지 사람이라 해서 귀한 것이 아님을 말한다. 하물며 어찌 천지가 나만 편애해줄 것인가? 복(福)을 먼저 빌지 말라. 복을 빌려면 그 전에 먼저 삶의 일을 진실로 미덥게[貞] 미리미리 헤아림[占]을 다하라. 이러함이 완점(玩占)이다. 그러면 누구나 극수(極數)하여 지래(知來)할 수 있다. 그래서 관변(觀變)과 완점(玩占)은 온갖 사물에 미치는 역(易)을 살피고[觀] 새겨[玩] 점(占)쳐 지변(知變)하여 지래(知來)하게 하는 통어(通語)가 된다.

---

註 천지불인(天地不仁) 이만물위추구(以萬物爲芻狗) : 천지는[天地] 사랑하지 않고[不仁] 온갖 것을[萬物] 가지고[以] 풀강아지로[芻狗] 친다[爲]. 『노자(老子)』 5장(章)



## 26. 괘효사(卦爻辭)의 추요(樞要)

64괘(卦)의 모든 괘효사(卦爻辭)는 역(易)을 관상(觀象)하고 완사(玩辭)하여 관변(觀變)하고 완점(玩占)하게 한다. 그 모든 괘효사를 관류(貫流)하고 관통(貫通)하면서 가장 긴요하고 종요로운[樞要] 말씀[辭]은 건괘(乾卦)의 괘사(卦辭)인 〈원형리정(元亨利貞)〉 이 네 마디 말씀[辭]이다. 물론 이 네 마디 사(辭)를 둘로 묶어서 원형(元亨)-이정(利貞) 두 마디 말씀으로 새겨 헤아려 가까이해도[玩] 된다. 괘효사(卦爻辭)를 만나서 통정(通情)하고 통화(通話)하자면 〈원형리정(元亨利貞)〉 이 네 마디를 꼭꼭 새겨두지 않으면 안 된다. 『주역(周易)』의 모든 괘효사는 〈원형리정(元亨利貞)〉 이 네 마디를 떠나거나 벗어날 수 없다고 타이른다. 그래서 괘효사(卦爻辭)의 추요(樞要)인 원형리정(元亨利貞)은 온갖 사물에 미치는 역(易)을 살피고[觀] 새겨[玩] 점(占)쳐 지변(知變)하여 지래(知來)하게 하는 통어(通語)가 된다.

## 27. 건곤(乾坤)의 원(元)

원(元)은 기(氣)이다. 원(元) 즉 기(氣)는 천지지대덕(天地之大德)을 한 마디로 묶은 말씀이다. 하늘땅[天地]의[之] 큰[大] 덕(德)을 한 마디로 원(元) 또는 기(氣)라 하며 묶어서 원기(元氣)라 한다. 큰 덕[大德]이란 무엇인가? 온갖 것[萬物]을 낳고 낳음[生生]을 말한다. 천지(天地)가 만물을 낳는 힘을 일러 원(元)이니 기(氣)니 원기(元氣)라고 한다. 그 원(元)을 풀이하여 처음[始]이니 뿌리[本]니 착함[善]이니 아름다움[美]이니 큼[大]이니 으뜸[首]이니 오램[長]이니 하나[一]니 등으로써 하늘땅[天地]의 대덕(大德)을 받들어 높임을 밝힌다. 그러므로 천지지대덕(天地之大德)을 원기(元氣)라 하고 한 마디로 원(元)이라 함을 잊어서는 안 된다. 그 대덕(大德)을 한 자(字)로 〈원(元)〉이니 〈기(氣)〉니 말한다. 그래서 원시(元始)-원본(元本)-원미(元美)-원대(元大)-원수(元首)-원장(元長)-원일(元一)-원기(元氣) 등으로 하늘땅의 큰 덕[天地之大德]을 밝히는 말씀들이다. 쉽게 말하여 온갖 것이 태어나 목숨을 누리게 하는 자연[天地]의 기운을 〈원(元)〉이라 한다.

원(元)은 처음[始]이다. 원(元)은 뿌리[本]이다. 원(元)은 착하다[善]. 원(元)은 아름답다[美]. 원(元)은 크다[大]. 원(元)은 으뜸[首]이다. 원(元)은 오래다[長]. 원(元)은 하나[一]이다. 이런 말씀들은 모두 만물을 낳고 낳는 하늘땅의 큰 덕[大德]을 원(元) 한 글자로 풀이하고, 천기(天氣)-지기(地氣)를 한 마디로 하여 〈원(元)〉이라 한다. 온갖 것은 모조리 하늘땅의 기운이라는 큰 덕[大德]임을 잊지 말라 함이 〈원(元)〉이라고 새겨도 된다. 원(元)을 쉽게 풀이하여 〈춘작(春作)〉이라 한다. 봄에는[春] 싹이 튼다[作]. 무엇이 무엇을 싹트게 한다는 것인가? 하늘땅이 싹틔우기를 시작한다. 봄이면 만물이 하늘땅의 기운을 받아 저마다 싹을 낸다. 이는 생생(生生)의 시작이다. 이를 두고 어질고[仁] 굳세다[剛] 한다. 그래서 춘작(春作)으로 풀이되는 원(元)은 인(仁)으로 통하고 강(剛)으로 통한다. 이러한 인강(仁剛)의 원(元)은 자연[天地]을 좇는 원(元)이고 순역(順易)의 원(元)이다. 그래서 건곤(乾坤)의 원(元)은 온갖 사물에 미치는 역(易)을 살피고[觀] 새겨[玩] 점(占)쳐 지변(知變)하여 지래(知來)하게 하는 통어(通語)가 된다.

---

註 자연의 원(元)을 떠나 나[私]만을 앞세우는 〈원(元)〉을 일러 〈인화물(人化物)의 원(元)〉이라 한다. 인간이[人] (변해서) 물건이[物] 되어버린다[化]. 요샛말로 하자면 인간의 물질화(物質化)가 곧 인화물(人化物)이다. 〈인화물(人化物)의 원(元)〉이라면 곧장 불선(不善)-불미(不美)-부장(不長) 등으로 돌변하여 궁(窮)해지고 만다. 궁해지면 〈흉(凶)〉해진다. 인화물(人化物)의 원(元)을 일러 불경(不敬)-불구(不懼)라 한다. 뻔뻔하고[不敬] 당돌하다[不懼]. 그래서 『노자(老子)』에 〈절인(絶仁)하라〉라는 말씀이 나온다. (인간만의) 인을[仁] 끊어라[絶]. 이는 배역(背易) 곧 천지의 역(易) 즉 변화를[易] 거역하지[背] 말라는 말씀이다.

## 28. 건곤(乾坤)의 형(亨)

형(亨)은 막히지 않고 통함[通]이다. 원기(元氣)를 통하게 함이 형통(亨通)이다. 천지지대덕(天地之大德)이 통하게 함을 한 마디로 묶은 말씀이 형(亨)이다. 하늘땅[天地]의[之] 큰 덕[大德]이 통하는 기(氣)를 한 마디로 형(亨)이라 한다. 여기서 큰 덕[大德]이란 무엇인가? 온갖 것[萬物]의 목숨이 저마다 통하게 함을 말한다. 천지가 만물을 자라게 하는 힘을 일러 형(亨)이라 한다. 그 형(亨)을 풀이하여 〈가지회(嘉之會)〉 즉 〈온갖 아름다움[嘉]이[之] 통한다[會]〉라고 한다. 형(亨)은 회통(會通)이다. 어찌 하늘땅의 큰 덕이란 기운이 이것은 자라게 하고 저것은 못 자라게 하겠는가. 천지가 온갖 것을 하나같이 자라게 함이 형(亨)이다. 그래서 원형(元亨)은 따로따로 떨어지지 않고 하나로 이어진다.

형(亨)은 원(元)이 통함을 말한다. 원기(元氣)가 이어져 열려감을 일러 형(亨)이라 한다. 아름다움[嘉]의 회통(會通)이란 원(元)의 이어받음이다. 처음[始]과 뿌리[本]를 이어받고 착함[善]과 아름다움[美]을 이어받고 크고[大] 으뜸[首]을 이어받고 오램[長]과 하나[一]를 이어받음을 일러 〈목숨[命脈]〉이라고 한다. 모든 목숨이 통하게 함을 일러 형(亨)이라 한다. 온갖 것이 천기(天氣)-지기(地氣)를 누림이 곧 형(亨)이다. 형(亨)을 쉽게 풀이하여 〈하장(夏長)〉이라 한다. 여름에는[夏] 자라게 한다[長]. 무엇이 무엇을 자라게 한다는 것인가? 하늘땅이 목숨을 자라게 한다. 여름이면 만물이 하늘땅의 기운을 받아 저마다 자라게 된다. 이는 원(元)을 이어 열어가는 자람이다. 이러한 자람을 두고서 어질다[仁] 하고 굳세다[剛] 한다. 그래서 하장(夏長)을 들어 풀이되는 형(亨)도 인(仁)으로 통하고 강(剛)으로 통한다. 이러한 인강(仁剛)의 형(亨)은 자연[天地]을 좇는 형(亨)이고 순역(順易)의 형(形)이다. 그래서 건곤(乾坤)의 형(亨)은 온갖 사물에 미치는 역(易)을 살피고[觀] 새겨[玩] 점(占)쳐 지변(知變)하여 지래(知來)하게 하는 통어(通語)가 된다.

---

註 자연의 형(亨)을 떠나 나[私]만을 앞세우는 〈형(亨)〉을 일러 〈인화물(人化物)의 형(亨)〉이라 한다. 인간이[人] (변해서) 물건이[物] 되어버린다[化]. 〈인화물(人化物)의 형(亨)〉이라면 곧장 불통(不通)-가지산(嘉之散) 등으로 돌변하여 궁(窮)해지고 만다. 궁해지면 〈흉(凶)〉해진다. 인화물(人化物)의 형(亨)을 일러 궁색(窮塞)-간난(艱難)이라 한다. 오도 가도 못하고[窮塞] 막막하다[艱

難]. 그래서 〈절인(絶仁)하라〉라는 말씀이 생겼다. (인간만의) 인을[仁] 끊어라[絶]. 이 역시 배역(背易)하지 말라는 말씀이다.



## 29. 건곤(乾坤)의 이(利)

이(利)는 화(和)이다. 원형(元亨)을 의롭게 함이 이화(利和)이다. 천지지대덕(天地之大德)이 어우러짐을 한 마디로 묶은 말씀이 이(利)이다. 하늘땅[天地]의[之] 큰 덕[大德]이 어울리는 기(氣)를 한 마디로 이(利)라 한다. 여기서 큰 덕[大德]이란 무엇인가? 온갖 것[萬物]으로 하여금 삶의 덕을 완수하게 함을 말한다. 천지가 만물로 하여금 결실하게 하는 힘을 일러 이(利)라 한다. 그 이(利)를 풀이하여 〈수생지덕(遂生之德)〉 즉 〈삶[生]의[之] 덕을[德] 완수한다[遂]〉라고 한다. 만물로 하여금 삶의 덕을 완수하게 함이 이화(利和) 즉 열매요 새끼요 자식이다. 어찌 하늘땅의 큰 덕이란 기운이 이것은 열매를 맺게 하고 저것은 열매를 못 맺게 하겠는가. 천지가 온갖 것을 하나같이 생지덕(生之德)을 다하게 함이 이(利)이다. 삶[生]의[之] 덕(德)이란 여기선 원형(元亨)이 완수(完遂)되었음을 말한다. 그래서 원형리(元亨利)는 따로따로 떨어지지 않고 하나로 이어진다.

이(利)는 원형(元亨)이 어울림을 말한다. 원형(元亨)이 완수되어 결실을 거둠을 이(利)라 한다. 그러니 생지덕(生之德)이란 원형(元亨)의 이어받음이다. 처음[始]과 뿌리[本]를 이어받아 완수하고 착함[善]과 아름다움[美]을 이어받아 완수하고 크고[大] 으뜸[首]을 이어받아 완수하고 오램[長]과 하나[一]를 이어받아 완수함을 일러 〈열매[結實]〉라고 한다. 모든 목숨이 누리는 결실(結實)을 일러 이(利)라 한다. 온갖 것이 천기(天氣)-지기(地氣)를 받아 완수함이 곧 이(利)이다. 이(利)를 쉽게 풀이하여 〈추렴(秋斂)〉이라 한다. 가을에는[秋] 거두어들인다[斂]. 무엇이 무엇을 거두어들이게 한다는 것인가? 하늘땅이 열매를 거두어들인다. 가을이면 만물이 하늘땅의 기운을 받아 저마다 열매를 거두어들인다. 이는 원형(元亨)을 이어 열어서 완수한 거두어들임이다. 이러한 거두어들임을 두고서 어울린다[和]-좋다[吉]-마땅하다[宜] 한다. 이러한 이(利)를 두고 의롭다[義] 하고 부드럽다[柔] 한다. 그래서 추렴(秋斂)을 들어 풀이되는 이(利)는 의(義)로 통하고 유(柔)로 통한다. 이러한 의유(義柔)의 이(利)는 자연[天地]을 좇는 이(利)이고 순역(順易)의 이(利)이다.

그래서 건곤(乾坤)의 이(利)는 온갖 사물(事物)에 미치는 역(易)을 살피고[觀] 새겨[玩] 점(占)쳐 지변(知變)하여 지래(知來)하게 하는 통어(通語)가 된다.

---

註 자연의 이(利)를 떠나 나[私]만을 앞세우는 〈이(利)〉를 일러 〈인화물(人化物)의 이(利)〉라고 한다. 인간이[人] 변해서 물건이[物] 되어버린다[化]. 그러면 〈이(利)〉는 곧장 불화(不和)-불길(不吉)-불의(不宜)로 돌변하여 궁(窮)해지고 만다. 궁해지면 〈흉(凶)〉해진다. 이런 인화물(人化物)의 이(利)를 일러 탐하고[貪] 구하고[求] 취하고[取] 꾀부린다[巧]고 한다. 그래서 〈기리(棄利)〉란 말씀이 생겼다. (나만의) 이익을[利] 버려라[棄]. 이 또한 배역(背易)하지 말라 함이다.





### 30. 건곤(乾坤)의 정(貞)

정(貞)은 정(正)이다. 원형리(元亨利)를 이어 바르게 함[正]이 정정(貞正)이다. 천지지대덕(天地之大德)이 바름[正]을 한 마디로 묶은 말씀이 정(貞)이다. 하늘땅[天地]의[之] 큰 덕[大德]이 바른[正] 기(氣)임을 한 마디로 정(貞)이라 한다. 여기서 큰 덕[大德]이란 무엇인가? 온갖 것[萬物]으로 하여금 삶의 덕을 바르게 함[貞]을 말한다. 천지가 만물로 하여금 바르게 함[正]을 일러 정(貞)이라 한다. 그 정(貞)을 풀이하여 〈문사지정(問事之正)〉 즉 〈일[事]이[之] 바른가를[正] 묻는다[問]〉라고 한다. 만물로 하여금 삶의 덕이 바른지[正] 묻게 함[問]이 정(貞)이다. 어찌 하늘땅의 큰 덕이라는 기운이 이것은 정(正)하게 하고 저것은 부정(不正)하게 하겠는가. 천지가 온갖 것을 하나같이 정(正)하게 함이 정(貞)이다. 일[事]이[之] 바른지[正] 물음[問]이란 여기선 원형리(元亨利)를 따름[從]이 바른지[正] 스스로 지성껏 물어봄[問]을 말한다. 그래서 원형리정(元亨利貞)은 따로따로 떨어지지 않고 하나로 이어진다. 이 원형리정(元亨利貞)이야말로 역(易)의 생생(生生)을 고스란히 풀이하고 있는 추요(樞要)의 말씀이다.

그래서 정(貞)은 정직(正直)-정정(定靜)-의당(宜當)-신성(信誠) 등으로 풀이된다. 이렇기 때문에 정(貞)을 두고 〈복문(卜問)하라는 것〉으로 밝힌다. 점쳐[卜] 묻다[問]. 이는 일[事]의 앞을 물어봄[問]이 정(貞)이어야 함을 말한다. 감추거나 숨김이 없음이 정직(正直)이고, 사사로운 욕심이 없어 고요함이 정정(定靜)이며, 떳떳하고 당당함이 의당(宜當)이고, 무엇 하나 부끄러움 없이 하늘땅을 마주함이 신성(信誠)이다. 이런 정직(正直)-정정(定靜)-의당(宜當)-신성(信誠) 등을 한 자(字)로 묶은 말씀이 곧 정(貞)인 셈이다. 이러한 정(貞)이라야 명징(明徵)할 수 있다. 징조를[徵] 밝힘[明]이 곧 복문(卜問)이며 이 복문이라야 곧 지래(知來)로 이어진다. 미래를[來] 알고자[知] 복문(卜問)함이 정(貞)이다.

정(貞)을 쉽게 풀이하여 〈동장(冬臧)〉이라 한다. 겨울에는[冬] 간직한다[藏]. 무엇이 무엇을 간직하게 한다는 것인가? 하늘땅이 원형리(元亨利)를 간직한다. 겨울이면 만물이 하늘땅의 기운을 받아 저마다 열매를 간직한다. 이는 새로운 원형리(元亨利)를 위하여 고스란히 정직(正直)-정정(定靜)-의당(宜當)-신성(信誠)하게 간직함이다. 이렇게 간직함으로써 미리 헤아려[卜] 물으니[問] 그 정(貞)을 두고 의롭다[義] 하고 부드럽다[柔] 한다. 그래서 동장(冬臧)을 들어 풀이되는 정(貞)은 의(義)로 통하고 유(柔)로 통한다, 이러한 의유(義柔)의 정(貞)은 자연[天地]을 좇는 정(貞)이고 순역(順易)의 정(貞)이다. 그래서 건곤(乾坤)의 정(貞)은 온갖 사물(事物)에 미치는 역(易)을 살피고[觀] 새겨[玩] 점(占)쳐 지변(知變)하여 지래(知來)하게 하는 통어(通語)가 된다.

---

註 자연을 좇는 정(貞)을 떠나 나[私]만을 앞세우는 〈욕(欲)〉을 일러 〈인화물(人化物)의 〈욕(欲)〉이라고 한다. 인간이[人] 변해서 물건이[物] 되어버린다[化]. 그러면 〈정(貞)〉은 사라지고 〈욕(欲)〉이 부상하여 곧장 부정(不正)-난정(亂定)-부당(不當)-불신(不信)-불성(不誠)으로 돌변하여 궁(窮)해지고 만다. 궁해지면 〈흉(凶)〉해진다. 이런 인화물(人化物)의 욕(欲)을 일러 사악(邪惡)하다 한다. 그래서 〈기의(棄義)〉란 말씀이 생겼다. (나만이) 옳다 함을[義] 버려라[棄]. 이 또한 배역(背易)하지 말라 함이다.

註 절인기의(絶仁棄義) : {인위(人爲)의} 인을[仁] 끊고[絶] {인위(人爲)의} 의를[義] 버려라[棄].

『노자(老子)』 19장(章)

## 31. 천존(天尊)과 지비(地卑)

천존지비(天尊地卑) 여기서 온갖 생각의 실마리가 비롯된다. 온갖 것[萬物]-온갖 일[萬事]에는 본말(本末)-종시(終始)-선후(先後)가 있다. 이러한 생각이 천존지비(天尊地卑)로부터 비롯한다. 높을 존(尊) 낮을 비(卑)는 사람이 차별(差別)로 여기는 귀천(貴賤)이 아니다. 존귀(尊貴)-비천(卑賤)이라 하여 차별하여 둘[二]로 갈라 따지는 것은 사람의 짓이지 하늘땅[天地]의 짓은 아니다. 하늘땅은 만물(萬物)-만사(萬事)를 차별하지 않는다. 그러므로 천존지비(天尊地卑)의 존비(尊卑) 즉 높고[尊]-낮음[卑]을 헤아리는 마음가기[志]는 생각을 새롭게 이끌어 미래를 알아채게 하는 첫발을 내딛게 한다. 미래를 알아채게 함을 지래(知來)라 한다. 온갖 사물마다 존비(尊卑)의 값이 숨어 있고, 그 값을 살펴내 새겨가야 지래(知來)의 첫발을 내디딜 수 있다. 온갖 사물에 숨어 있는 존비 그것은 지래(知來)의 실마리가 된다. 존비란 가치(價置)를 따져 차별함이 아니고, 변화하게 하는 본말(本末)-종시(終始)-선후(先後)를 밝히는 길잡이이다. 그래서 천존(天尊)-지비(地卑)는 온갖 사물에 미치는 역(易)을 살피고[觀] 새겨[玩] 점(占)쳐 지변(知變)하여 지래(知來)하게 하는 통어(通語)가 된다.

## 32. 건곤(乾坤)의 정(定)

건곤정의(乾坤定矣)는 건정(乾定)과 곤정(坤定)을 합친 통어(通語)가 된다. 건정(乾定)은 건(乾)이란 천존(天尊)으로 정리(定理)됨을 뜻하고, 곤정(坤定)은 곤(坤)이란 지비(地卑)로 정리(定理)됨을 뜻한다. 하늘[天]은 높다[尊] 함을 건(乾)이라 하고, 땅[地]은 낮다[卑] 함을 곤(坤)이라 하는 근거가 곧 천존지비(天尊地卑)로써 이루어진다.

온갖 것-온갖 일은 모두 건곤(乾坤)의 역리(易理)를 본받는[法] 사물(事物)일 뿐이다. 그러니 나라고 하는 것도 존비(尊卑)의 것이다. 나는 존(尊)하기도 하고 비(卑)하기도 하다. 그러니 나는 존귀(尊貴)하고 너는 비천(卑賤)하다고 생각하면 안 된다. 천지(天地)가 미리 만물을 차별해서 정해준 서열(序列)-계급(階級)이란 없다. 모든 것은 존비로 정리되며, 존귀한 것 따로 비천한 것 따로 분별하는 짓은 사람의 짓이지 자연[天地]의 짓은 아니다. 그래서 건곤(乾坤)의 정(定)은 존비(尊卑)가 둘[二]로 나누어지는 차별이 아니라 하나[一]로 어울리게 하여, 온갖 사물에 미치는 역(易)을 살피고[觀] 새겨[玩] 점(占)쳐 지변(知變)하여 지래(知來)하게 하는 통어(通語)가 된다.

## 33. 동정(動靜)의 상(常)

동정유상(動靜有常)의 동정(動靜)은 하늘땅[天地]의 기운(氣運)을 말한다. 동(動)과 정(靜)을 나누어 둘[二]로 생각하지 않고, 동(動)은 정(靜)이 될 것이니 이를 동중정(動中靜)이라 하고, 정(靜)은 동(動)이 될 것이니 이를 정중동(靜中動)이라 한다. 그러니 동(動)과 정(靜)은 둘[二]이 아니라 하나[一]라는 통어(通語)가 된다. 동(動)은 동중정(動中靜)하고 정(靜)은 정중동(靜中動)함은 멈추지 않는다[不息]. 늘 불식(不息)하므로 한결같은 상(常)이라고 풀이한다. 그래서 동정(動靜)의 상(常)은 줄곧 동(動)은 정(靜)으로 정(靜)은 동(動)으로 변화해 감을 뜻하여, 온갖 사물(事物)에 미치는 역(易)을 살피고[觀] 새겨[玩] 점(占)쳐 지변(知變)하여 지래(知來)하게 하는 통어(通語)가 된다.

### 34. 강유(剛柔)의 단(斷)

강유단의(剛柔斷矣)의 강유(剛柔)는 천지(天地)가 보여주는 변화(變化)의 짓[象]을 말한다. 하늘[天]이 보여주는 건(乾)이 짓는 동중정(動中靜)의 변화는 굳세고[剛], 땅[地]이 보여주는 곤(坤)이라는 정중동(靜中動)의 변화는 부드럽다[柔]. 이렇게 건곤(乾坤)이라는 기운(氣運)이 늘 그침 없이 변화함을 단정[斷]하여 풀이함을 강유(剛柔)라 한다. 그러므로 동정(動靜)도 천지(天地)-건곤(乾坤)의 기운 즉 음양(陰陽)을 말하고, 강유(剛柔)도 천지-건곤의 기운 즉 음양을 말하니, 강(剛)은 양(陽)의 동(動)을 풀이하는 셈이고, 유(柔)는 음(陰)의 정(靜)을 풀이하는 셈이다. 음양(陰陽)-동정(動靜)-강유(剛柔)는 삼라만상(森羅萬象)은 모두 다 변화함을 밝힘이 곧 강유(剛柔)의 단(斷)이다. 그래서 강유(剛柔)의 단(斷)은 온갖 변화의 짓[象]을 판단하게 하여, 온갖 사물에 미치는 역(易)을 살피고[觀] 새겨[玩] 점(占)쳐 지변(知變)하여 지래(知來)하게 하는 통어(通語)가 된다.

### 35. 길흉(吉凶)의 생(生)

길흉(吉凶)이 생김[生]은 방이류취(方以類聚)하고 물이군분(物以群分)하기 때문이다. (언제 어디서나) 방향을[方] 이용하여[以] 끼리끼리[類] 모여들고[聚] 사물을[物] 이용하여[以] 무리가[群] 나뉘어[分] 좋음과[吉] 나쁨이[凶] 생기는 것[生]이다. 방향[方]-사물[物]에 따라 무리[群類]가 모이고[聚] 나뉜다[分]. 무리[群]는 중자(衆者)이고 잡종(雜種)이며 인간은 〈나-너-우리〉로 무리를 짓고 서로 나누어져, 인간사의 변화가 천지지도(天地之道) 즉 역지도(易之道)를 따르기도 하고 어기기도 한다. 인간사가 순역(順易)하기도 하고 배역(背易)하기도 한다. 그 때문에 인간사에는 길흉이 생기고 만다. 방향[方]과 사물[物]이 한결같다면 옳다[是]거니 그르다[非]거니 길하다[吉]거니 흉하다[凶]거니 따져, 좋고[好] 싫고[惡]를 가려 선악(善惡)으로 갈라지지 않을 것이다. 그러나 인간은 한사코 제 것[私]을 떠나지 못하기 때문에 만사의 끝[終]이 길흉으로 드러나고 만다. 그래서 길흉생(吉凶生)을 인간사로써 새긴다면 어떤 일[事]의 끝맺음[終]을 뜻한다. 사람의 일[事]이 빚어내는 끝[終] 즉 미래(未來)는 길흉으로 마무리되어 드러남을 일러 길흉생(吉凶生)이라고 일컫는다. 모든 일[萬事]에는 처음[始]이 있고 끝[終]이 있다. 일의 처음에서 보면 그 일의 끝이란 그 일의 미래가 된다. 사람의 일[事]에서는 그 끝마감이 좋게 드러나기도 하고 나쁘게 드러나기도 한다. 그래서 사람은 일마다 시작하면서 그 일의 미래가 잘 마무리되기를 바란다. 그러나 일마다[每事] 길흉이 생겨 성패로 나누어져 매사의 미래는 길흉이 생기는 것으로 드러난다. 그래서 길흉(吉凶)의 생(生)은 온갖 사물에 미치는 역(易)을 살피고[觀] 새겨[玩] 점(占)쳐 지변(知變)하여 지래(知來)하게 하는 통어(通語)가 된다.

### 36. 변화(變化)의 현(見)

하늘땅[天地]이 하는 모든 일[萬事]에는 처음[始]이 있고 끝[終]이 있다. 일[事]의 처음[始]에서 보면 그 일의 끝[終]이란 그 일의 미래(未來)가 되고 그 미래는 변화(變化)로써 이루어진다. 시종(始終)이 없는 사물이란 없기 때문에 변화하지 않는 것[事物]이란 없다. 사람의 일[事] 역시 다름 아니다.

왜 모든 일에서 변화(變化)가 드러나는 것[見]인가? 재천성상(在天成象)하고 재지성형(在地成形)하기 때문이다. 하늘[天]에서는[在] (하늘[天]이) 짓을[象] 이루고[成] 땅[地]에서는[在] (땅[地]이) 몸을[形] 이루어[成] 변화가[變化] 드러난다[見]. 성상은[成象] 하늘이[天] 이룬다[成]고 함은 〈짓[象]〉은 양기(陽氣)의 몫이라는 말이고, 성형은[成形] 땅이[地] 이룬다[成]고 함은 〈몸[形]〉은 음기(陰氣)의 몫이라는 말이다. 짓[象]은 동(動)하고 몸[形]은 정(靜)하다. 그래서 상-형(象-形)은 곧 천지(天地)의 동정(動靜)이다. 특히 〈짓 상(象)〉을 잘 알아채야 괘효(卦爻)의 말씀[辭]을 나름대로 헤아리고 새길 수 있다. 역(易)은 상(象)으로 드러내지 진술(陳述)하지 않는다. 드러나는[見] 몸-짓[形-象]을 살펴[觀] 실마리를 따라 풀어가듯이 역(易)의 말씀[辭]을 스스로 새겨야 한다. 그래서 몸-짓[形-象]을 두고 〈변화현(變化見)〉이라고 한다. 형-상(形-象)은 변화가[變化] 드러나는 것[見]임을 늘 명심해야 한다. 변화는 변이화(變而化)를 줄인 어투이다. 변한다[變]. 그래서[而] 화한다[化]. 이를 줄여 변화(變化)라 한다. 즉 변(變)하여 화(化)한다고 말한다. 하루를 예로 들어 변화를 풀이하자면 저녁[夕]과 새벽[曉]은 변(變)이고 밤과 낮은 화(化)이다. 저녁[夕]에는 낮[晝]은 가는 것[往者]이고 밤[夜]은 오는 것[來者]이다. 이처럼 저녁에는 왕자(往者)와 내자(來者)가 함께 있다. 새벽[曉]에는 밤[夜]은 가는 것[往者]이고 낮[晝]은 오는 것[來者]이다. 이처럼 새벽에는 왕자(往者)와 내자(來者)가 함께 있다. 석효(夕曉)에서처럼 왕자(往者)와 내자(來者)가 함께하면서 갈[往] 것[者]은 가고 올[來] 것[者]이 옴을 변(變)이라 한다. 새벽에서 밤은 갔고 올 것인 낮[晝]만 있고, 저녁에서 낮은 갔고 올 것인 밤[夜]만 있다. 갈 것[往者]은 갔고 올 것[來者]이 와 있음을 화(化)라 한다. 그래서 변화(變化)는 새로[變] 된다[化]고 새길 수 있다. 변화는 천기(天氣) 즉 양기(陽氣)가 성상(成象)하고, 지기(地氣) 즉 음기(陰氣)가 성형(成形)하여 이루어진다. 그래서 변화(變化)의 현(見)은 온갖 사물에 미치는 역(易)을 살피고[觀] 새겨[玩] 점(占)쳐 지변(知變)하여 지래(知來)하게 하는 통어(通語)가 된다.

## 37. 대시(大始)와 성물(成物)

변화가 드러나게 하는 성상(成象)을 역(繹)하여 대시(大始)라 하고, 변화가 드러나게 하는 성형(成形)을 풀이하여[繹] 성물(成物)이라 한다. 앞서 살핀 성상(成象)은 크나큰[大] 시작[始]으로 역(繹)되고, 성형(成形)은 온갖 것을[物] 이룸[成]으로 풀이된다[繹]. 그러므로 대시(大始)는 천(天)-건(乾)-양기(陽氣)가 하는 일이고, 성물(成物)은 지(地)-곤(坤)-음기(陰氣)가 하는 일이다. 그래서 건지대시(乾知大始)라 하고 곤작성물(坤作成物)이라 한다. 건은[乾] 크나큰[大] 시작을[始] 차지하고[知], 곤은[坤] 이루어진[成] 것을[物] 길러낸다[作]. 그래서 건지대시(乾知大始)의 대시(大始)와 곤작성물(坤作成物)의 성물(成物) 역시 변화가[變化] 드러나게[見] 하여, 온갖 사물(事物)에 미치는 역(易)을 살피고[觀] 새겨[玩] 점(占)쳐 지변(知變)하여 지래(知來)하게 하는 통어(通語)가 된다.

---

註 건지대시(乾知大始)의 지(知)는 여기선 안다[識]는 뜻이 아니고 차지한다[主]는 뜻이며, 곤작성물(坤作成物)의 작(作)은 여기선 짓는다[制]는 뜻이 아니라 길러낸다[生]는 뜻이다.



### 38. 이지(易知)와 간능(簡能)

건괘(乾卦)와 곤괘(坤卦)를 왜 늘 살펴야 하는가? 건괘(乾卦)로써 성상(成象)-대시(大始)를 쉽게 알 수 있어[易知] 하늘땅이 드러내는 변화를 쉽게 견색(見賾)할 수 있기 때문이고, 곤괘(坤卦)로써 성형(成形)-성물(成物)을 쉽게 알 수 있어[簡能] 하늘땅이 드러내는 변화를 간명히 견색(見賾)할 수 있는 까닭이다. 견색(見賾)이란 숨이 있는 것을[賾] 남달리 찾아보라[見] 함이다. 이를 건이이지(乾以易知)라 하고 곤이간능(坤以簡能)이라 한다. 그래서 건이이지(乾以易知)의 이지(易知)와 곤이간능(坤以簡能)의 간능(簡能) 역시 변화가[變化] 드러나게[見] 하여, 온갖 사물에 미치는 역(易)을 살피고[觀] 새겨[玩] 점(占)쳐 지변(知變)하여 지래(知來)하게 하는 통어(通語)가 된다.

### 39. 건곤(乾坤)의 이간(易簡)

변화(變化)의 흐름을 견색(見賾)하고 싶다면 속셈을 깔고 복잡하게 흥정하지 말라. 그러면 이간(易簡)의 마음가기[志]가 앞선다. 그 이간(易簡)의 지(志)라야 꼭꼭 숨어 있는 변화지도(變化之道) 즉 색(賾)을 찾아낸다[見]. 새로 될 것[變化]의[之] 이치[道]를 외면하면 창의력은 용출(湧出)하지 못한다. 자연[天地-乾坤]의 짓[神]을 본받는[法] 이간(易簡)의 마음가기[志]를 벗어나면 창의력은 말라버린다. 이간(易簡)의 이(易)는 이즉이지(易則易知)의 이(易)이고, 이간(易簡)의 간(簡)은 간즉이종(簡則易從)의 간(簡)이다. 이러한 이간(易簡)이란 천지(天地)-건곤(乾坤)처럼 마음가기[志]를 걸림 없이 하고[易] 간명히 하라[簡] 함이다. 여기서 이간(易簡)함이란 무위(無爲)-무사(無私)-무아(無我) 즉 사욕(私欲)을 없애라 함이다. 창의력이란 사욕을 버린 이간지(易簡志)에서 용출(湧出)한다. 그러면 천(天)-건(乾)처럼 성상(成象)-대시(大始)를 알아채기[知] 쉽고[易], 지(地)-곤(坤)처럼 성형(成形)-성물(成

物)을 알아채기[知] 간명하다[簡]는 말이다.

앞서 언급했듯이 변화의 흐름을 알아채고 싶다면 속셈을 깔고 복잡하게 흥정하지 말라. 그러면 쉽고[易]-간명한[簡] 마음가기[志]가 앞장선다. 이에 순식간에 창의력이 용솟음쳐 변화지도(變化之道)를 알아채 누구나 지변자(知變者)가 될 수 있다. 변화를[變] 알아채는[知] 사람[者]이 되고 싶다면 무엇보다 먼저 이간지(易簡志)가 앞서야 한다. 그러므로 이즉이지(易則易知)-간즉이종(簡則易從)이 밝히는 이간지(易簡志)라야 변화의 흐름을 잡아챈다. (하늘[乾]같이) 쉽게 하면[易] 곧[則] 쉽게[易] 알고[知] (땅[坤]같이) 간명히 하면[簡] 곧[則] 쉽게[易] 따른다[從]. 그래서 이즉이지(易則易知)-간즉이종(簡則易從)의 이간(易簡)은 온갖 사물(事物)에 미치는 역(易)을 살피고[觀] 새겨[玩] 점(占)쳐 지변(知變)하여 지래(知來)하게 하는 통어(通語)가 된다.

## 40. 계사(繫辭)의 사(辭)

계사(繫辭)는 〈계관상지사어괘효(繫觀象之辭於卦爻)〉를 줄임이다. 괘효(卦爻)에[於] 관상(觀象)의[之] 말을[辭] 매다[繫]. 이를 계사(繫辭) 즉 〈말을[辭] 매다[繫]〉라고 줄인 것이다. 관상(觀象)의 말[辭]은 역(易) 즉 변화(變化)를 가장 간명하게 밝히는 말씀이다. 만물은 역(易)을 떠날 수 없으므로 가만히 변(變)하지 않는 것은 하나도 없음을 성인(聖人)이 말함[言]을 달아둔 것이 계사(繫辭)이다. 계사(繫辭)의 〈사(辭)〉란 끊임없고 쉼 없이 변화가 이루어짐을 말하는[言] 말씀[辭]이다. 괘효(卦爻)에 맨[繫] 사(辭)는 성인(聖人)의 말씀[辭]이다. 공자(孔子)가 성인지언(聖人之言)을 두려워하라[畏]고 밝힌 그 말씀[言]이 곧 관상계사(觀象繫辭)의 바로 그 사(辭)일 터이다. 왜 성인의 말씀을 외(畏)해야 하는가? 성인의 말씀[言]은 늘 법어(法語) 즉 본받게[法] 말해둠[語]이기 때문이다. 성인의 계사(繫辭)야말로 법어(法語) 즉 성인께서 나에게 말해준 것을[語] 본받아야[法] 함이다. 논란(論難)의 직언(直言)이 법어(法語)이기 때문이다. 자연이 하는 일[事]에는 논란거리가 없다. 그래서 자연사(自然事)는 늘 통(通)할 뿐이지 궁(窮)함의 멈춤이란 없다. 그러나 인간이 하는 일[事]에는 논란거리로 바람 잘 날이 없어 열리기[通]보다 막히기[窮] 일쑤이다. 그래서 계사(繫辭)의 사(辭)는 온갖 사물에 미치는 역(易)을 살피고[觀] 새겨

[玩] 점(占)쳐 지변(知變)하여 지래(知來)하게 하는 통어(通語)가 된다.





### 41. 길흉(吉凶)의 명(明)

계사(繫辭)의 사(辭)는 무엇을 논란(論難)하여 직언(直言)하는가? 그 사(辭)의 직언을 명길흉(明吉凶)한다. 성인(聖人)이 괘효(卦爻)에 묶어둔 말씀[辭]은 길흉(吉凶)을 밝혀주는[明] 말씀[辭]이다. 길흉이란 다가올[來] 일[事物]이 끝나서[終] 드러남[形]이다. 하늘땅[天地]이 하는 일[事物]이 있고 사람[人]이 하는 일[事物]이 있다. 물론 물(物)은 자연의 짓이고 사(事)는 사람이 하는 짓이라고 여기고 만사(萬事)를 마주해도 된다. 다가올[來] 사물을 사람을 위해서 성인이 밝혀둔 계사(繫辭)이므로 그 말씀[辭]이 길흉을 밝혀준다[明]. 행복[吉]을 누리고 싶은가? 그렇다면 괘효사(卦爻辭)를 본받아라[法]. 불행[凶]을 피하고 싶은가? 그렇다면 괘효사를 본받아라. 그래서 길흉(吉凶)의 명(明)은 온갖 사물에 미치는 역(易)을 살피고[觀] 새겨[玩] 점(占)쳐 지변(知變)하여 지래(知來)하게 하는 통어(通語)가 된다.

### 42. 변화(變化)의 생(生)

온갖 것에서 왜 변화(變化)가 일어나는가[生]? 음양(陰陽)이 상추(相推)하고 강유(剛柔)가 상추하며 인의(仁義)가 상추하여 생변화(生變化)한다. 음양(陰陽)의 상추(相推)는 일음일양(一陰一陽)으로 풀이되고, 강유(剛柔)의 상추는 일강일유(一剛一柔)로 풀이되며, 인의(仁義)의 상추는 일인일의(一仁一義)로 풀이된다. 음양(陰陽)-강유(剛柔)-인의(仁義)는 만사에서 변화를 일으키는 힘[氣]을 풀이하는 말씀이다. 「설괘전(說卦傳)」에 나오는 〈입천지도왈음여양(立天之道曰陰與陽) 입지지도왈유여강(立地之道曰柔與剛) 입인지도왈의여인(立人之道曰義與仁)〉을 환기하면 된다. 하늘[天]의[之] 이치를[道] 세워[立] 음(陰)과[與] 양이라[陽] 하고[曰], 땅[地]의[之] 이치를[道] 세워[立] 유(柔)와[與] 강이라[剛] 하며[曰], 사람[人]의[之] 이치를[道] 세워[立] 의(義)와[與] 인이라[仁] 한다[曰]. 음(陰)이 양(陽)이 되고 양(陽)이 음(陰)이 되어 변화(變化)가 일어나듯이, 강(剛)이 유(柔)가 되고 유(柔)가 강(剛)이 되어 변화가 일어나고, 의(義)가 인(仁)이 되고 인(仁)이 의(義)가 되어 변화가 일어난다. 이를 음양(陰陽)의 상추(相推)-강유(剛柔)의 상추-인의(仁義)의 상추라 한다. 상추(相推)란 서로[相] 옮겨감[推]을 말한다. 그래서 변화(變化)의 생(生)은 온갖 사물에 미치는 역(易)을 살피고[觀] 새겨[玩] 점(占)쳐 지변(知變)하여 지래(知來)하게 하는 통어(通語)가 된다.

### 43. 실득(失得)의 상(象) : 길흉자(吉凶者)

실득(失得)의 상(象)은 대성괘(大成卦)에서 효(爻)의 자리[位]를 따라서 살펴볼 수 있다. 이 때문에 길흉(吉凶)이라는 것을 실득지상(失得之象)이라고 한다. 그러나 실득지상(失得之象)의 상(象)이 뜻하는 바를 터득하자면 무엇을 잃거나[失] 취함[得]에 따라 길(吉)할 수도 있고 흉(凶)할 수도 있는지 알아채야 한다. 효상(爻象)이 길한[吉] 것[者]도 실득(失得)의[之] 짓[象]이고[也] 흉한[凶] 것[者]도 실득(失得)의[之] 짓[象]이다[也]. 그렇다면 무엇을 잃고[失] 얻음[得]이라는 것인가? 대성괘에서 효(爻)의 자리가 제자리를 얻는[得] 상(象)인지 잃는[失] 상(象)인지를 살펴보아야 효상(爻象)의 길흉이 드러난다. 그래서 대성괘에서는 효(爻)의 자리를 먼저 살펴야 한다. 대성괘에는 일삼오(一三五)-이사륙(二四六)의 육위(六位)가 있다. 그 일삼오(一三五)는 양효(陽爻)의 자리[位]이고 이사륙(二四六)은 음효(陰爻)의 위(位)이다. 대성괘에서 양효(陽爻)가 일삼오(一三五) 즉 홀수[奇數]의 위(位)에 있으면 길상(吉象)이고, 음효(陰爻)가 이사륙(二四六) 즉 짝수[偶數]의 자리[位]에 있으면 길상(吉象)이다. 음효(陰爻)가 일삼오(一三五)의 자리에 있으면 흉상(凶象)이고, 양효(陽爻)가 이사륙(二四六)의 자리에 있으면 흉상(凶象)이다. 괘(卦)에서 양효(陽爻)-음효(陰爻)가 제자리를 잡고 있음이 길상(吉象)이고 그렇지 못함이 흉상(凶象)이다. 물론 이러한 효(爻)의 정위(正位)를 본받는[法] 마음가기[志]이면 정(貞)한 지(志)로서 길(吉)하여 선(善)하고, 그렇지 못하다면 부정(不貞)한 지(志)로서 흉(凶)하여 불선(不善)하다. 그러므로 대성괘를 관상(觀象)하고 관변(觀變)하여 길흉(吉凶)을 판단하자면 그 효위(爻位)가 매우 긴요함을 알 수 있다. 그래서 실득(失得)의 상(象)은 온갖 사물에 미치는 역(易)을 살피고[觀] 새겨[玩] 점(占)쳐 지변(知變)하여 지래(知來)하게 하는 통어(通語)가 된다.

## 44. 우려(憂慮)의 상(象) : 회린자(悔吝者)

우려지상(憂慮之象)의 상(象)이 회린자(悔吝者)임을 터득하자면 무엇을 우려(憂慮)하나에 따라 회린(悔吝)할 수 있고 없는지 알아챌 수 있다. 강유상추(剛柔相推)하여 선(善)의 실득(失得)을 우려(憂慮)하는 짓[象]이면 회린(悔吝)하는 것[者]임을 알아챌 수 있다. 선(善)하다면 뉘우쳐[悔] 부끄러워할[吝] 것[者]이 없을 터이고, 불선(不善)하다면 회린(悔吝)할 터이다. 강유상추(剛柔相推) 즉 굳셈과[剛] 부드러움이[柔] 서로[相] 옮겨간다[推]면 선(善)하기를 취함[取]인지라 뉘우치고[悔] 부끄러워할[吝] 리 없을 터이고, 강유상추(剛柔相推)하기를 잃는다[失]면 불선(不善)함을 취함[取]인지라 회린(悔吝)하게 될 것이다. 그렇기 때문에 우려지상(憂慮之象)이란 강유상추(剛柔相推)를 잃을까[失] 우려하는[憂慮之] 짓[象]이 곧 회린하는[悔吝] 것[者]임을 새겨 알아챌 수 있다. 그러므로 뉘우침[悔]도 우려의 짓[象]이고, 부끄러워함[吝]도 우려의 짓[象]임을 간파하게 된다. 그래서 우려(憂慮)의 상(象)은 온갖 사물에 미치는 역(易)을 살피고[觀] 새겨[玩] 점(占)쳐 지변(知變)하여 지래(知來)하게 하는 통어(通語)가 된다.

## 45. 진퇴(進退)의 상(象) : 변화자(變化者)

변화자(變化者)는 변이화자(變而化者)의 줄임말이다. 변해[變]서[而] 화하는[化] 것[者]이라고 새겨보면 변(變)이 뜻하는 바를 주목한다. 변화(變化)란 왕래(往來)함이다. 그 왕래(往來)를 터득하자면 밤낮의 하루보다 더 좋은 사례는 없을 터이다. 하루보다 더 변(變)과 화(化)를 살펴보게 하는[觀] 짓[象]은 없다. 낮이 오면[進] 밤이 가고[退] 밤이 오면[進] 낮이 간다[退]. 이 밤낮의 하루로써 변화의 살핌[觀]이 얼마나 이지(易知)하고 간능(簡能)한가! 이는 아무런 사욕 없이 하루의 진퇴를 살피는 까닭이다. 변화(變化)의 〈변(變)〉이란 저녁과 새벽인 셈이고, 변화(變化)의 〈화(化)〉란 밤과 낮인 셈이다. 왕래(往來)가 함께 함이 〈변(變)〉이고, 갈 것[往]은 가버리고[退] 올 것[來]이 드러남[進]이 〈화(化)〉이다. 저녁은 낮이 왕자(往者)이고 밤이 내자(來者)이다. 새벽은 밤이 갈 것[往者]이고 낮이 올 것[來者]이다. 이처럼 변화란 가고-옴[往來]을 상추(相推)한다. 그런 옮김[相推]의 짓[象]이 변화라는 것이다. 이것이 곧 일음일양(一陰一陽)의 역(易)이라는 이치[道] 즉 역지도(易之道)

이다. 여기서 왜 역(易)의[之] 이치[道]를 일러 생생(生生)이라 하는지 알아챌 수 있다. 쉼 없고 그침 없는 왕래의 변화를 일러 생생(生生)이라 한다. 온갖 것[萬物]-온갖 일[萬事]에 미치는 역(易)이란 왕래의 진퇴가 생생하는 변화이다. 그래서 진퇴(進退)의 상(象)은 온갖 사물에 미치는 역(易)을 살피고[觀] 새겨[玩] 점(占)쳐 지변(知變)하여 지래(知來)하게 하는 통어(通語)가 된다.

### 46. 주야(晝夜)의 상(象) : 강유자(剛柔者)

낮[晝]의 짓[象]으로써 온갖 사물(事物)에 미치는 강(剛)의 상(象)을 살펴[觀] 새길[玩] 수 있고, 밤[夜]의 짓[象]으로써 온갖 사물에 미치는 유(柔)의 상(象)을 살펴 새길 수 있다. 이를 줄여서 주야지상(晝夜之象)은 강유자(剛柔者)라 한다. 강유자(剛柔者)의 〈강(剛)〉은 하늘[天]의 이치[道]를 뜻해 양(陽)-인(仁)-동(動)을 뜻하고 밝음[明]을 뜻한다. 그래서 강(剛)은 낮[晝]의 짓[象]으로써 살펴 새길 수 있다. 강건(剛健)하라. 이는 위에서 아래로 뻗치는 천기(天氣) 즉 신(神)의 짓[象]을 본받아라[法] 함이다. 강유자(剛柔者)의 〈유(柔)〉는 땅[地]의 이치[道]를 뜻해 음(陰)-의(義)-정(靜)을 뜻하고 어둠[暗]을 뜻한다. 그래서 유(柔)는 밤[夜]의 짓[象]으로써 살펴 새길 수 있다. 유순(柔順)하라. 이는 아래에서 위로 뻗치는 지기(地氣) 즉 귀(鬼)의 짓[象]을 본받아라[法] 함이다. 그러므로 강유자(剛柔者)는 〈솔신거귀(率神居鬼)〉를 늘 상기해야 한다. 위에서 아래로 뻗어나는 기운을[神] 좇아 따르고[率] 아래에서 위로 뻗어나는 기운을[鬼] 좇아 따름[居]이 또한 강유자(剛柔者)이다. 그래서 주야(晝夜)의 상(象)은 온갖 사물에 미치는 역(易)을 살피고[觀] 새겨[玩] 점(占)쳐 지변(知變)하여 지래(知來)하게 하는 통어(通語)가 된다.

### 47. 육효(六爻)의 동(動) : 삼극(三極)의 도(道)

육효지동(六爻之動)에서 〈육효(六爻)〉는 대성괘(大成卦)를 이루는[成] 여섯 개의 효(爻)를 말한다. 육효지동(六爻之動)의 〈동(動)〉은 〈진퇴지상(進退之象)〉을 달리 밝힌 것이다. 그러므로 여기서 〈동(動)〉은 변동(變動)을 뜻한다. 육효지동(六爻之動)의 〈동(動)〉을 〈누천(屢遷)〉이라 부른다. 〈누천(屢遷)〉이란 초효(初爻)는 그 〈동(動)〉의 시(始)이고, 상효(上爻)는 그 〈동(動)〉의 종(終)이라는 뜻을 담고 있다.

아래[下]로부터 위[上]로 누차(屢次) 즉 차례로 위로 옮겨감[屢次]을 일러 육효지동(六爻之動)이라 한다. 육효지동(六爻之動)의 〈동(動)〉은 대성괘(大成卦)의 육효(六爻)가 제자리를 잡고 멈춰 있음이 아니라 아래에서 위로 옮겨감을 뜻한다. 삼극지도(三極之道)에서 〈삼극(三極)〉이란 천지인(天地人)을 말하므로 육효지동(六爻之動)은 천지인(天地人)의 이치[道]를 나타낸다. 육효지동(六爻之動)은 천(天)-지(地)-인(人)을 따로따로 따르는 것이 아님을 주목하게 한다. 온갖 것[萬物]으로 말미암은 온갖 일[萬事]이란 다 삼극(三極)의 도(道)를 벗어날 수 없으니, 효(爻)의 동(動)은 물지변동(物之變動)-사지변동(事之變動)을 뜻한다. 통해서[通] 변하는[變] 일[事]을 살펴 새겨서 점치게 하는 것이 효(爻)의 동(動)이다. 효(爻)가 일[事]의 변동(變動)을 짓[象]하기 때문에 〈효자언호변자(爻者言乎變者)〉라고 한다. 효라는[爻] 것은[者] 변하는[變] 것[者]을[乎] 말한다[言]. 그 〈언호변자(言乎變者)〉가 〈삼극지도(三極之道)〉를 좇아 따른다. 그래서 삼극(三極)의 도(道)를 드러내는 육효(六爻)의 동(動)은 온갖 사물에 미치는 역(易)을 살피고[觀] 새겨[玩] 점(占)쳐 지변(知變)하여 지래(知來)하게 하는 통어(通語)가 된다.

### 48. 역(易)의 서(序) : 군자(君子)의 거안(居安)

역지서(易之序)의 〈서(序)〉는 역(易)의 이치[道]를 풀이한다. 천지운행(天地運行)의 질서(秩序)를 좇는 생생(生生)을 일컫는 말이다. 그 〈서(序)〉란 앞서 살핀 〈변화자진퇴지상(變化者進退之象)〉에서 〈진퇴지상(進退之象)〉을 환기하면 된다. 변해서[變] 새로 되는[化] 것이란[者] 나아감과[進] 물러감[退]의[之] 짓[象]임을 상기한다면 역리(易理)인 〈서(序)〉를 알아챌 것이다. 이러한 진퇴(進退)의 상(象)은 천지(天地)가 보여주는 사시(四時)에서 간명(簡明)하게 드러난다. 역지서(易之序)의 〈서(序)〉란 왕래(往來)-진퇴(進退)-변화(變化)의 순환임을 잊지 말아야 역명(易命)을 좇아 숨겨진 변화를 살펴 새김질하여 지래(知來)할 수 있다. 왜 군자(君子)의 삶은 편안한가? 군자는 역리(易理)인 진퇴지상(進退之象)의 질서를 살펴 새김질하여 만사에 응변(應變)할 줄 알기 때문이다. 물론 군자의 응변은 반드시 의지여차(義之與此) 즉 옳음인[義之] 이것과[此] 함께[與]하므로 소인(小人)의 그것과 다르다. 오로지 의(義)와 함께[與] 일[事]의 변통(變通)을 따르기[此] 때문에 군자의 응변은는 인의상추(仁義相推)의 삶을 누린다. 그러나 소인(小人)은 사지여차(私之與此) 즉 사사로움인[私之] 이것과[此] 함께[與]하므로 역리(易理)를 어기는 응변이기 때문에 행험(行險)으로 드러나고 만다. 역(易)의 가르침[命]을 두고 순리(順理)라 함은 군자가 좇는[從] 역지서(易之序)를 두고 한 말씀이다. 그래서 역(易)의 서(序)는 온갖 사물에 미치는 역(易)을 살피고[觀] 새겨[玩] 점(占)쳐 지변(知變)하여 지래(知來)하게 하는 통어(通語)가 된다.

### 49. 단자(彖者) : 언호상자(言乎象者)

단자(彖者)는 괘상(卦象)의 〈상(象)〉을 풀이한다. 괘상(卦象)의 〈상(象)〉은 변화(變化)의 조짐[兆]을 드러내는 것이고, 그 조짐을 판단하게 함을 〈단(彖)〉이라 한다. 그래서 단자(彖者)를 단사(彖辭)라 하고, 단사(彖辭)를 괘사(卦辭)라고도 한다. 괘사(卦辭)란 괘(卦)의 〈상(象)〉을 본받게[法] 하는 말씀[辭]이다. 단자(彖者)의 〈단(彖)〉은 〈판단할 단(斷)〉과 같다. 그러므로 단자(彖者)=단사(彖辭)=괘사(卦辭)는 일[事]이 변해서[變] 새로 됨[化]을 살펴보고 판단하게 하는 말씀[辭]이다.

언호상자(言乎象者)의 〈언(言)〉은 사물(事物)에 미치는 변화를 짓하는[象] 것[者]을 저마다 나름대로 스스로 살펴 즐겨 판단하게 함을 말한다. 언(言)은 논란하지 않는 말하기를 뜻하고, 어(語)는 논란하여 변별(辨別)하는 말하기를 뜻한다. 그러므로 무엇을 언지(言之)한다 함은 사물을 스스로 새겨 헤아려가는 침묵으로 통한다. 그래서 언(言)을 직언(直言)의 말하기[言之]라고 한다. 여기서 상자(象者)는 괘지상자(卦之象者)를 줄인 말이다. 물론 상자(象者)의 상(象)은 괘효(卦爻)의 짓[象]을 뜻하고, 그 짓[象]이란 온갖 것[萬物]-온갖 일[萬事]에 미치는 변화의 조짐[兆]을 살펴 새겨내게 함을 뜻한다. 그래서 상자(象者)의 상(象)은 온갖 사물에 미치는 변화의 조짐[兆]을 미리 쉽게[易] 알아서[知] 간명히[簡] 할 수 있게 함[能]이다. 그러한 조짐[兆]-낌새[徵]의 짓[象]을 판단하게 함이 단(彖)이다. 그러므로 단자(彖者)의 단(彖)이란 저마다 스스로 살펴 절로 즐겨 새김질하게 하여 스스로 판단하게 한다. 그래서 괘(卦)의 상(象)을 살펴 새김질하여 말하게 하는[言] 단자(彖者)는 온갖 사물에 미치는 역(易)을 살피고[觀] 새겨[玩] 점(占)쳐 지변(知變)하여 지래(知來)하게 하는 통어(通語)가 된다.

### 50. 효자(爻者) : 언호변자(言乎變者)

효자(爻者)는 음효(陰爻 : --)와 양효(陽爻 : —)를 말한다. 효자(爻者)는 음양(陰陽)의 기호(記號)라고 여겨도 된다. 64괘(卦)를 일러 대성괘(大成卦)라 하고, 64괘(卦)를 이루는 팔괘(八卦)를 소성괘(小成卦)라 한다. 소성괘를 자승(自乘)하여 64개의 대성괘를 이룬다. 8×8=64인 셈이다. 효자(爻者) 셋[三]이 하나의 소성괘가 된다. 대성괘는 소성괘 둘[二]로 이루어지므로 효자(爻者) 여섯[六]으로 이루어진다. 대성괘마다 괘사(卦辭)가 있고 여섯 개의 효마다 효사(爻辭)가 있다. 이 괘효사(卦爻辭)를 묶어 계사(繫辭)라 한다. 그래서 하나의 대성괘에는 1개의 괘사(卦辭)와 6개의 효사(爻辭)가 있다. 효상(爻象)과 효사(爻辭)을 묶어 효자(爻者)로 여기면 된다. 효자는 〈궁(窮)〉 즉 막혀 있음[窮]을 말하지 않고, 〈변(變)〉 즉 헌것이 새것으로 옮겨감[變]을 말한다. 효자(爻者)를 일러 변자(變者)라고 말하는 것[言]이다. 궁(窮)은 변화(變化)를 그친 것이고, 변(變)은 새로 되는[化] 일[事]이다. 변화가 다하여 그친[窮] 일[事]을 왕사(往事) 또는 왕자(往者)라 하고, 변화할 일[事]을 내사(來事) 또는 내자(來者)라 한다. 변자(變者)는 내사(來事)를 뜻하고, 그 변자를 직언(直言)하게 하는 것[言]이 효자(爻者)-효상(爻象)이다. 그러므로 변자(變者)를 효자(爻者)가 말한다[言] 함은 그 변자를 두고 시비(是非)의 논란(論難)을 하지 말라는 것이다. 언(言)을 직언(直言)의 말하기[言之]라고 함은 시비의 논란을 범하지 않음을 뜻한다. 이러한 효자(爻者)는 내사(來事)의 길흉(吉凶)을 저마다 스스로 판단하게 한다[彖]. 그래서 효자(爻者)는 변자(變者)로서 단사(彖辭)이고, 저마다 살펴 새김질하여 지래(知來)하게 하는 효상(爻象)이다. 이에 효자(爻者)는 온갖 사물에 미치는 역(易)을 살피고[觀] 새겨[玩] 점(占)쳐 지변(知變)하여 지래(知來)하게 하는 통어(通語)가 된다.

### 51. 회린자(悔吝者) : 언호기소자(言乎其小疵)

회린자(悔吝者)의 〈회(悔)〉란 일[事]을 끝낸 뒤에서야 마음가짐[意]에 잘못[過]이 있었음을 알아채고[知] 한스러워함[恨]이다. 그래서 〈회(悔)〉는 〈지과(知過)하여 개과지심(改過之心)하는 의(意)〉이다. 허물을[過] 알아채고[知] 허물을 범한[過之] 마음을[心] 고침[改]이 곧 뉘우침[悔]이다. 그러므로 〈회(悔)〉는 〈개과(改過)〉를 뜻한다. 선사자(善事者)는 일을 마주할 때마다 일이 끝났을 때 뉘우치지[悔] 않고자 하기 때문에 〈회(悔)〉는 곧 흠[疵]을 작게 하는 것[小]이다. 흠을 작게 함[小疵]이란 허물을 빨리 고침을 말한다. 대성괘(大成卦)에서 관상(觀象)하고 관변(觀變)함이란 소자(小疵) 즉 허물을 재빨리 고침으로 이어진다. 그래서 하괘(下卦)의 효상(爻象)을 일러 회(悔)의 상(象)이라 일컫고, 상괘(上卦)를 일러 인(吝)의 상(象)이라 일컫는다. 대성괘를 관상하여 관변할 때면 늘 하괘(下卦)의 초효(初爻)-이효(二爻)-삼효(三爻)로부터 관상-관변을 시작하여 상괘(上卦)의 사효(四爻)-오효(五爻)-상효(上爻)로 관상-관변을 하게 된다. 그러므로 먼저 뉘우치는[悔] 마음가기[志]가 앞서야[先] 하고 부끄러워하는[吝] 지(志)가 뒤따라야[後] 소자(小疵) 즉 잘못을[疵] 줄임[小]으로 이어짐을 알 수 있다.

회린자(悔吝者)의 〈인(吝)〉이란 일[事]을 끝낸 뒤에서야 마음가짐[意]에 잘못[過]이 있었음을 알아채고[知] 부끄러워함[恥]이다. 그래서 〈인(吝)〉 역시 〈지과(知過)하여 개과지심(改過之心)하는 의(意)〉이다. 허물을[過] 알아채고[知] 허물을 범한[過之] 마음을[心] 고침[改]이 곧 부끄러워함[吝]이다. 그러므로 〈인(吝)〉 역시 〈개과(改過)〉를 뜻한다. 선사자(善事者)는 일을 마주할 때마다 일이 끝났을 때 부끄럽지[吝] 않고자 하기 때문에 〈인(吝)〉은 곧 흠[疵]을 작게 하는 것[小]이다. 그래서 회린자(悔吝者)는 온갖 사물에 미치는 역(易)을 살피고[觀] 새겨[玩] 점(占)쳐 지변(知變)하여 지래(知來)하게 하는 통어(通語)가 된다.

### 52. 무구자(无咎者) : 선보과(善補過)

무구자(无咎者) 그것은 밝고[明] 맑아[淸] 빈 방[虛室] 같은 마음가기[志]라고 여기면 된다. 깨끗한 거울 속에 든 풍경처럼 하는 일[事]을 그냥 그대로 마주하고 정성껏 할 수 있는 마음가기[志]라면 그 심지(心之)가 곧 무구자(无咎者)일 수 있다. 그러나 무구자가 곧 무과자(無過者)라는 것은 아니다. 성인(聖人)이 아니고선 허물[過] 없는[無] 사람[者]은 없다. 현자(賢者)께도 과(過)가 있을 수 있는데 하물며 허물[過] 없는 사람이 어디 있겠는가? 다만 범한 허물을 뉘우쳐[悔] 부끄러워[吝] 그 과오(過誤)를 고쳐[改] 선(善)하게 바뀌는 사람이 있을 뿐이다. 이를 개과천선(改過遷善) 즉 〈허물을[過] 고쳐[改] 선으로[善] 옮겨간다[遷]〉라고 한다. 천선(遷

善)하는 사람의 마음가기[志]를 두고 무구자(无咎者)라 한다. 그래서 무구자를 선보과(善補過)라 한다. 잘못을[過] 잘[善] 보수한다[補]고 함은 선으로[善] 옮겨감[遷]을 뜻한다. 이는 곧 스스로 짓고 부린 사욕(私欲)을 회린(悔吝)함이다. 무구자는 대성괘(大成卦)의 효상(爻象)을 살펴 길흉(吉凶)의 실득(失得)을 절로 새김질하여 잘[善] 관변(觀變)하고, 따라서 범했거나 범하는 허물[咎]을 잘[善] 보수(補修)하여 천선(遷善) 즉 선으로[善] 옮겨감[遷]을 스스로 행한다. 그러므로 무구자는 선보과(善補過)이고 선보과는 곧 천선자(遷善者)이다. 지은 허물[過]을 고쳐라[改]. 그러면 잘못을[過] 잘[善] 고친[補] 무구자의 마음가기[志]를 누린다. 그래서 무구자(无咎者)의 선보과(善補過)는 온갖 사물에 미치는 역(易)을 살피고[觀] 새겨[玩] 점(占)쳐 지변(知變)하여 지래(知來)하게 하는 통어(通語)가 된다.

### 53. 열귀천자(列貴賤者) : 존호위(存乎位)

열귀천자(列貴賤者)의 〈열(列)〉은 존호위(存乎位)의 위(位) 즉 있는 자리[位]로써 풀이된다. 열귀천자(列貴賤者)는 육효지열귀천자(六爻之列貴賤者)에서 보충될 수 있는 내용이므로 〈육효지(六爻之)〉를 생략한 말투의 구문이고, 존호위(存乎位)는 존호륙효지위(存乎六爻之位)에서 보충될 수 있는 내용이므로 〈육효지(六爻之)〉를 생략한 말투의 구문이다. 대성괘(大成卦)의 육효(六爻)가 귀천(貴賤)을 나열하는[列] 것[者]은 육효(六爻)의 자리[位]에 있다. 이는 온갖 것[萬物]-온갖 일[萬事]에 귀천(貴賤)이 결정되어 있지 않음을 밝힌다. 왜냐하면 대성괘에서 육효의 자리는 정해진[定] 자리[位]가 아니라 누천(屢遷) 즉 순차 따라[屢] 옮겨가는[遷] 위(位)이기 때문이다. 대성괘에서 효위(爻位)는 아래로부터 위로 옮겨가기[遷]를 여러 번 할[屢] 자리[位]이지 멈춰 있는 위(位)가 아니다. 말하자면 초효(初爻)는 새로 등장하는 자리에 있고 상효(上爻)는 사라질 자리에 있다. 양효(陽爻)가 일삼오(一三五) 자리에 있다면 귀(貴)함을 나열하고[列], 음효(陰爻)가 이사륙(二四六) 자리에 있다면 귀(貴)함을 열(列)하며, 음효가 일삼오(一三五) 자리에 있다면 천(賤)한 자리이고, 양효(陽爻)가 이사륙(二四六)의 자리에 있다면 천(賤)한 자리이다. 그러므로 옮겨간 자리에 따라 그 효(爻)가 천(賤)하기도 하고 귀(貴)하기도 함을 열귀천자(列貴賤者)의 열(列)이 뜻해, 존호위(存乎位)의 〈존(存)〉은 〈있을 재(在)-살필 찰(察)〉로 여기고 새기게 된다. 그래서 열귀천자(列貴賤者)의 존호위(存乎位)는 온갖 사물에 미치는 역(易)을 살피고[觀] 새겨[玩] 점(占)쳐 지변(知變)하여 지래(知來)하게 하는 통어(通語)가 된다.

### 54. 제소대자(齊小大者) : 존호괘(存乎卦)

제소대자(齊小大者)에서 〈제(齊)〉는 여기선 〈언변(言辨)과 정(定)〉과 같고, 〈소대(小大)〉는 〈음상(陰象)과 양상(陽象)〉을 나타낸다. 음상(陰象)이란 음기지상(陰氣之象) 즉 음기의[陰氣之] 짓[象]을 줄임이고 그 음상(陰象)을 〈소(小)〉라 한다. 양상(陽象)이란 양기지상(陽氣之象) 즉 양기의[陽氣之] 짓[象]을 줄임이고 그 양상(陽象)을 〈대(大)〉라 한다. 음양지기(陰陽之氣)의 짓[象]을 일컬어 〈소대(小大)〉라고 한 것이 〈제소대자(齊小大者)의 소대(小大)〉이다. 그러므로 〈제소대자(齊小大者)〉를 〈제음양지상자(齊陰陽之象者)〉라고 여기고 〈대성괘(大成卦)에는[乎] 음양의[陰陽之] 짓을[象] 정하는[齊] 것이[者] 있다[存]〉라고 옮겨 새겨도 된다. 음상(陰象)을 〈소(小)〉라고 할 때 그 〈소(小)〉는 〈작을 소(小)〉가 아니라 〈유약(柔弱)이라는 소(小)〉이고, 양상(陽象)을 〈대(大)〉라고 할 때 그 〈대(大)〉는 〈클 대(大)〉가 아니라 〈강강(强剛)이라는 대(大)〉임을 환기하면서 〈제소대자존호괘(齊小大者存乎卦)〉라는 말씀을 새기고 헤아려 가늠하게 된다. 여기서 〈제(齊)〉는 〈분변을[辨] 말하여[言] 정한다[定]〉라는 뜻을 지닌다. 그래서 제소대자(齊小大者)의 존호괘(存乎卦)는 온갖 사물에 미치는 역(易)을 살피고[觀] 새겨[玩] 점(占)쳐 지변(知變)하여 지래(知來)하게 하는 통어(通語)가 된다.

### 55. 변길흉자(辯吉凶者) : 존호사(存乎辭)

변길흉자(辯吉凶者)의 〈변(辯)〉은 밝혀줄 명(明)과 같고, 〈길흉(吉凶)〉은 일[事]의 종시(終始)가 드러남[顯著]이다. 무엇이 길(吉)이고 무엇이 흉(凶)이라고 밝힐[辯] 뿐이지 길흉(吉凶)을 괘효(卦爻)가 결정해주는 것은 아니기 때문에, 괘효사(卦爻辭)를 절로 즐겨 새김질해야 함을 밝혀 〈변(辯)〉이라 말한다. 물론 여기서의 〈변(辯)〉은 논란(論難)의 논변(論辯)이 아니라 직언(直言)의 명변(明辯)이다. 괘효사는 성인(聖人)의 말씀[言]이다. 성인의 언(言)을 법어지언(法語之言)이라 한다. 본받게[法] 말해주는[語之] 말씀[言]을 스스로 풀이하여[繹] 밝힘[明]이 명변(明辯)이다. 그래서 변길흉자(辯吉凶者)의 변(辯)은 자명(自明)의 명(明)과 같다. 스스로[自] 밝혀[明] 가름함[辯]이 변길흉자(辯吉凶者)의 변(辯)이다.

존호사(存乎辭)의 〈사(辭)〉는 괘(卦)와 효(爻)에 묶어둔 성인지언(聖人之言)을 말한다. 성인은 늘 지래(知來)하게 말하지, 왕사(往事)를 두고 시비(是非)를 가림하게[辯] 말하지 않는다. 왜 공자(孔子)께서 성인지언(聖人之言)을 두려워하라[畏]고 밝혔겠는가? 성인의 말씀[言]은 늘 지래(知來)의 법어지언(法語之言)이기 때문이다. 그래서 변길흉자(辯吉凶者)의 존호사(存乎辭)는 온갖 사물에 미치는 역(易)을 살피고[觀] 새겨[玩] 점(占)쳐 지변(知變)하여 지래(知來)하게 하는 통어(通語)가 된다.

### 56. 우회린자(憂悔吝者) : 존호개(存乎介)

우회린자(憂悔吝者)의 〈우(憂)〉는 회린(悔吝)하지 않았는지 우려(憂慮)하라 함이다. 이는 해온 일을 되돌아보기를 피하거나[忌] 싫어하지[厭] 말라 함이다. 왜 대성괘(大成卦)의 하괘(下卦)를 일컬어 〈정(貞)〉이라 하는지 환기한다면 우회린자(憂悔吝者)의 〈우(憂)〉를 더 잘 간파할 수 있다. 〈정(貞)〉이란 정성껏 복문(卜問)함이다. 점쳐[卜] 묻기[問]를 정성껏 함이 복문(卜問)의 〈정(貞)〉이다. 이는 하괘(下卦)의 효사(爻辭)를 두려워하고[畏] 정성껏 계의(稽疑)하라 함이다. 의심나면 묻기를 미루지 않고 정성껏 심문(審問)함이 계의(稽疑)이다. 효사(爻辭)를 정성껏 새김하여[玩] 관변(觀變)해서 점쳐보기를 친밀히 했는지 걱정할[憂]수록 후회(後悔)하지 않아도 된다. 일이 끝나서 후회할세라 두려워함[畏]이 우회린자(憂悔吝者)의 〈우(憂)〉이다.

존호개(存乎介)의 〈개(介)〉는 여기선 〈사이 제(際)〉와 같다. 그 사이[介]란 명변(明辯)의 실마리[端]를 말한다. 회린(悔吝)을 걱정함[憂]이란 길흉(吉凶)의 경계(境界)를 살펴보고자 하기 때문이다. 흉(凶)해서 회린(悔吝)하지 않으려면 일[事]의 경계[介]를 살펴라[存]. 마음대로 해서 되는 일이란 하나도 없다. 어떤 일이든 길흉으로 이어지는 그 경계[介]가 있는[存] 까닭이다. 한 일[事]의 처음과 끝이 맞아 떨어져야 그 일이 온전하다[全]. 그래서 매사성전(每事誠全)이면 후회할 것이 없다. 일[事]마다[每] 진실로[誠] 온전하다[全]면 걱정할 것[憂]이 없다. 이는 매사(每事)

의 경계[介]를 잘 살펴 정성껏 일한 보람이다. 이러한 성전(誠全)을 살펴 새겨가기가 존호개(存乎介)이고, 그 경계[介]에 있음을 살핌[存]이란 정성스러운 복문(卜問) 즉 〈정(貞)〉으로 말미암는 것이다. 그래서 우회린자(憂悔吝者)의 존호개(存乎介)는 온갖 사물에 미치는 역(易)을 살피고[觀] 새겨[玩] 점(占)쳐 지변(知變)하여 지래(知來)하게 하는 통어(通語)가 된다.

---

註 이효(二爻)를 내괘(內卦)의 중(中)이라 하고 오효(五爻)를 외괘(外卦)의 중(中)이라 한다. 양효(陽爻)가 양위(陽位) 즉 일삼오(一三五)에 있고, 음효(陰爻)가 음위(陰位) 즉 이사륙(二四六)에 있음을 정(正)이라 한다. 특히 내외괘(內外卦)의 중효(中爻)가 정위(正位)에 있으면 중정(中正)이라 하고, 내괘(內卦)의 초효(初爻)와 외괘(外卦)의 초효(初爻)-내괘의 이효(二爻)와 외괘의 이효(二爻)-내괘의 상효(上爻)와 외괘의 상효(上爻)는 서로 상응(相應)한다 하고, 상응하는 효(爻)가 서로 음양(陰陽)이면 정응(正應)이라 하지만, 두 효가 다 음(陰)이거나 양(陽)이면 불응(不應)이라 한다. 그리고 이웃하는 효(爻)끼리 서로 음양(陰陽)이면 비(比)라 한다.

## 57. 진무구자(震无咎者) : 존호회(存乎悔)

진무구자(震无咎者)는 『서경(書經)』「홍범(洪範)」 칠(七)에 나오는 〈왈정왈회(曰貞曰悔)〉를 환기하게 한다. 왈정왈회(曰貞曰悔)의 〈정(貞)〉은 대성괘(大成卦)의 내괘(內卦) 즉 하괘(下卦)를 말하고, 〈회(悔)〉는 외괘(外卦) 즉 상괘(上卦)를 말한다. 이를 알아챈다면 특히 외괘(外卦)의 효상(爻象)을 더없게 살피고[觀] 그 효사(爻辭)를 더없게 새김질하라[玩] 함이 진무구자(震无咎者)임을 간파할 수 있다. 그래서 존호회(存乎悔)라고 밝힌다. 일[事]을 정성껏 하지 않는다면 그것이 곧 허물[咎]이다. 구(咎)란 사람과 일[事] 사이에서 빚어지지 천지(天地)가 허물[咎]을 마련하는 것은 아니다. 눈치껏 건성건성 일한다면 그것이 인간의 허물[咎]이고, 온 정성으로 일한다면 허물[咎]이 생겨날 리 없다. 그래서 증자(曾子)가 〈십목소시(十目所視) 십수소지(十手所指)〉라 했다. 열[十] 눈이[目] 보는[視] 것[所]이고 열[十] 손이[手] 가리키는[指] 것[所]이 감출 수 없는 허물[咎]이다. 여기서 존호회(存乎悔)의 〈회(悔)〉는 부정(不貞)으로 빚어진다. 부정(不貞) 즉 진실로 미덥지 못함[不貞]이 온갖 것[萬物]-온갖 일[萬事]을 정성껏 관상(觀象)-관변(觀變)하지 못함을 말한다. 존호회(存乎悔)의 〈회(悔)〉는 지래(知來)를 막는 부정(不貞)함을 뉘우치는 것[悔]이다. 그래서 진무구자(震无咎者)의 존호회(存乎悔)는 온갖 사물에 미치는 역(易)을 살피고[觀] 새겨[玩] 점(占)쳐 지변(知變)하여 지래(知來)하게 하는 통어(通語)가 된다.



## 58. 험(險)과 이(易)

사유험이(辭有險易) 즉 〈(괘효에 매어 있는) 말에는[辭] 흉험(凶險)함과[險] 평이(平易)함이[易] 있다[有]〉는 것은 괘효사(卦爻辭)를 풀이하여 완사(玩辭)하는 방편을 밝힌다. 완사(玩辭) 즉 대성괘(大成卦)에 성인(聖人)이 매어둔[繫] 괘사(卦辭)와 효사(爻辭)를 새길[玩] 때에는 괘상(卦象)에 따라 괘사(卦辭)에는 험지사(險之辭)와 이지사(易之辭)가 섞여 있고, 효위(爻位)에 따른 효상(爻象)에 따라 효사(爻辭)에도 흉(凶)함을 새기게 하는 말씀[險之辭]과 길(吉)함을 새기게 하는 말씀[易之辭]이 섞여 있음을 밝혀 〈사유험이(辭有險易)〉라고 말한 것이다. 성인(聖人)이 괘효(卦爻)에 매어둔[繫] 말씀[辭]에는 인간이 역지도(易之道)를 좇는[順] 순역(順易)의 말씀[辭]과 인간이 역의[易之] 도[道]를 어기는[背] 배역(背易)의 말씀[辭]이 섞여 있음을 〈사유험이(辭有險易)〉로써 알아챌 수 있다. 그러므로 사유험이(辭有險易)의 〈험이(險易)〉는 계사(繫辭)의 작용(作用)을 말한다. 이 〈험이(險易)〉는 인사(人事)의 마땅함[宜]에 맞추어짐[適]을 나타내는 말씀이다. 인간이 역지도(易之道)를 순(順)하면 인간사의 시종(始終)이 길(吉)하고, 역의[易之] 이치[道]를 어기면[背] 인간사의 처음[始]과 끝[終]이 흉(凶)함을 깨우치게 하는 괘효사(卦爻辭)를 밝혀 〈사유험이(辭有險易)〉라고 한다. 그러므로 사유험이(辭有險易)의 〈험(險)〉은 흉지얼(凶之孼)을 새겨[玩] 헤아리게[擬] 하는 말씀[辭]을 뜻하고, 〈이(易)〉는 길지상(吉之祥)을 완의(玩擬)하게 하는 사(辭)를 뜻한다. 그래서 사유험이(辭有險易)의 험(險)과 이(易)는 온갖 사물에 미치는 역(易)을 살피고[觀] 새겨[玩] 점(占)쳐 지변(知變)하여 지래(知來)하게 하는 통어(通語)가 된다.

## 59. 사(辭)와 기소지(其所之)

괘사(卦辭)는 대성괘(大成卦)에서 상하괘(上下卦)의 짓[象]을 관상(觀象)-완사(玩辭)하여 관변(觀變)-완점(玩占)하게 하고, 효사(爻辭)는 아래서 위로 누천(屢遷)

하면서도 유기시물(唯其時物) 즉 오로지[唯] 그때의[其時] 사물[物]의 변자(變者)를 정언(正言)하고 서로 중(中)-정(正)-응(應)-비(比)로써 짓[象]을 살펴[觀] 새기게[玩] 하고 그 상(象)에서 관변(觀變)하게 하여 지래(知來)를 새김질[玩]하게 한다. 그러므로 육효(六爻)가 서로 관계를 갖는 중(中)-정(正)-응(應)-비(比)의 관계를 따라 효사(爻辭)의 상(象)을 살피면서 관심(觀心)해야 효사(爻辭)의 지기소지(指其所之)를 따라 일[事]을 지극하게 성지(誠之)할 수 있다. 지기소지(指其所之)의 〈기(其)〉는 〈사지(辭之)〉를 나타내는 대명사 노릇을 한다. 말씀[辭]이[之] 갈[之] 바를[所] 가리킨다[指] 함은 앞에서 살핀 사유험이(辭有險易)의 〈험이(險易)〉를 상기한다면, 효사(爻辭)마다 인간의 마음가기[志]가 겪어야 할 험(險)과 이(易)를 가리키는[指] 성인(聖人)의 법어지언(法語之言)이 괘효사임을 알 수 있다. 법어(法語)란 본받게[法] 해주는 말씀[語]이고 이 말씀[法語]을 두고 논란(論難)하지 말라 함이 법어지언(法語之言)의 언(言)이다. 그래서 사(辭)와 기소지(其所之)는 온갖 사물에 미치는 역(易)을 살피고[觀] 새겨[玩] 점(占)쳐 지변(知變)하여 지래(知來)하게 하는 통어(通語)가 된다.

### 60. 역(易)의 미(彌)와 윤(綸)

능미륜천지지도(能彌綸天地之道) 즉 〈{역(易)은} 자연[天地]의[之] 도를[道] 미봉하게 하고[彌] 경륜하게 할[綸] 수 있다[能]〉 함은 작역(作易)한 성인(聖人)의 깊은 뜻을 지성(至誠)으로 살펴[觀] 새기고[玩] 헤아리게[擬] 한다. 성인이 작역(作易)한 까닭이 〈능미륜천지지도(能彌綸天地之道)〉에서 드러나기 때문이다. 〈능미륜천지지도(能彌綸天地之道)〉가 〈역지도능미륜천지지도(易之道能彌綸天地之道)〉를 뜻하는 말씀이 아니라 〈역지도능사인미륜천지지도(易之道能使人彌綸天地之道)〉를 뜻하는 말씀임을 간파해야 〈성인이 역(易)을 지은[作] 까닭〉을 새겨 헤아릴 수 있다. 〈역지도가[易之道] 천지지도를[天地之道] 미봉하고[彌] 경륜할[綸] 수 있다[能]〉라고 옮긴다면 천지지도(天地之道)가 불완전(不完全)하다는 말이 되고 만다. 자연의[天地之] 도(道)는 그 본연(本然)이 참될 뿐이기 때문에 오로지 〈성자(誠者)〉이며 〈성전(誠全)〉일 뿐이다. 그러므로 〈능미륜천지지도(能彌綸天地之道)〉가 〈역지도능사인미륜천지지도(易之道能使人彌綸天地之道)〉를 밝힌 말씀임을 알아채야 성인이 역(易)을 지은[作] 참뜻을 〈능미륜천지지도(能彌綸天地之道)〉에서 찾아내 새겨 헤아릴 수 있다.

천(天) 즉 자연[天地]이란 만물의 근원이다. 인간 역시 천(天)의 자기실현에 의해서 존재한다. 인간 존재의 성립을 본질적으로 가능하게 하는 근거가 곧 천(天)이다. 인간이 천(天) 즉 자연[天]의 이치인 역지도(易之道) 즉 변화의[易之] 이치[道]를 계승함을 일러 〈선(善)〉이라 한다. 인간이 지선(至善)할 수 있도록 하고자 성인이 작역(作易)했음을 〈능미륜천지지도(能彌綸天地之道)〉가 밝힌다. 따라서 불성(不誠)-불선(不善)-부덕(不德)-불성(不性)으로부터 인간을 성(誠)-선(善)-덕(德)-성(性)으로 복귀(復歸)하게 함을 일러 〈능미륜천지지도(能彌綸天地之道)〉라고 밝힌다. 여기서 〈역(易)이 천지지도(天地之道)를 미(彌)하고 윤(綸)한다〉가 아니라 〈역(易)이 천지지도(天地之道)를 (사람으로 하여금) 미(彌)하게 하고 윤(綸)하게 한다〉라고 옮겨 새겨야 함을 알 수 있다.

〈미륜천지지도(彌綸天地之道)〉에서 미륜(彌綸)의 〈미(彌)〉는 미봉보합(彌縫補合)의 뜻이고, 〈윤(綸)〉은 경륜색인(經綸索引)의 뜻이다. 미봉(彌縫)은 임기응변(臨機應變)으로 개선(改善)하여 마무리 지음이고, 보합(補合)은 북돋아 도와줌이다. 경륜(經綸)은 잘 다듬어 다스림이고, 색인(索引)은 끌어내 찾아냄이다. 여기서 역(易)이 천지지도(天地之道)를 사람으로 하여금 〈미(彌)하게 함〉이란 〈불성(不誠)-불선(不善)-부덕(不德)-불성(不性)〉을 〈성(誠)-선(善)-덕(德)-성(性)〉으로 개선하여[彌縫] 도와줌[補合]을 밝히고, 역(易)이 천지지도(天地之道)를 사람으로 하여금 〈윤(綸)하게 함〉이란 사람에게 본래부터 있는 〈성(誠)-선(善)-덕(德)-성(性)〉을 잘 다듬어 다스려[經綸] 찾아내 끌어냄[索引]을 밝힌다. 그래서 역(易)은 사람으로 하여금 선(善)을 계승하게 하고 성(性)을 이루게 하여 인간의 본연(本然)인 〈천(天)〉 즉 〈자연(自然)〉을 누리도록 지변(知變)하게 하고 지래(知來)하게 한다. 그래서 역(易)의 미(彌)와 윤(綸)은 온갖 사물에 미치는 역(易)을 살피고[觀] 새겨[玩] 점(占)쳐 지변(知變)하여 지래(知來)하게 하는 통어(通語)가 된다.

### 61. 역(易)과 천문(天文)

앙이관어천문(仰以觀於天文) 즉 〈{성인(聖人)은} 우러러[仰] (하늘[天]의 짓[象]

을) 이용하여[以] 하늘의[天] 문장[文]을[於] 살폈다[觀]〉 함은 성인(聖人)의 작역(作易)이 어떻게 이루어졌는지 그 연원(淵源)이 짚여진다. 천상(天象)을 이용하여[以] 천문(天文)을 살핀다[觀]고 함은 양기지상(陽氣之象) 즉 양상(陽象)을 살핀다[觀]는 뜻으로 새긴다. 하늘[天]을 우러러[仰] 살핀[觀] 천문(天文)이란 하늘[天]에 있는 현상(懸象) 즉 하늘에 걸려 있는[懸] 짓[象]들을 살핀 하늘의 문장(文章)을 뜻한다. 천(天)의 현상(懸象) 즉 천상(天象)이란 하늘[天]에 걸린[懸] 일월(日月)-성신(星辰)이 운행(運行)하는 짓[象]을 말한다. 천문(天文) 즉 하늘[天]의 문장[文]이라는 천상(天象)의 문장(文章)은 하늘이 보여주는 빛깔[彩]을 뜻해, 〈문(文)〉은 청여적(青與赤) 즉 푸른색[青]과 붉은색[赤]을 말하고, 〈장(章)〉은 백여적(白與赤) 즉 흰색[白]과 붉은색[赤]을 말한다. 그러니 〈관어천문(觀於天文)〉이란 하늘에서[於天] 일월(日月)-성신(星辰)의 움직임[運行]을 살피고[觀], 동시에 일월성신(日月星辰)이 내는 빛깔[青白赤]을 관(觀)함을 뜻한다. 천문(天文)을 살폈다[觀]는 것은 〈천명(天命)〉을 인간이 사유(思惟)하기 시작했음을 뜻한다. 인간이 누리는 문화(文化) 역시 천명(天命)을 떠나서 생각될 수 없다. 그러므로 관어천문(觀於天文)은 작역(作易)의 시작이다. 이어서 이역(以易) 즉 역을[易] 이용하여[以] 인간의 사유가 끝없이 새롭게 되어 문화가 자라온 셈이다. 그래서 역(易)과 천문(天文)은 온갖 사물에 미치는 역(易)을 살피고[觀] 새겨[玩] 점(占)쳐 지변(知變)하여 지래(知來)하게 하는 통어(通語)가 된다.

## 62. 역(易)과 지리(地理)

부이찰어지리(俯以察於地理) 즉 〈{성인(聖人)은} 굽혀서[俯] {지세(地勢)를} 이용하여[以] 땅의[地] 상태[理]를[於] 살폈다[察]〉 함은 성인의 작역(作易)이 어떻게 이루어졌는지 그 연원(淵源)이 짚여진다. 지세(地勢)를 이용하여[以] 지리(地理)를 살핀다[察]고 함은 음기지상(陰氣之象) 즉 음상(陰象)을 살핀다[察]는 뜻으로 새기면 된다. 땅[地]을 굽혀[俯] 살핀[察] 지리(地理)란 땅[地]에 드러난 형세(形勢)들을 살핀 땅의 상태를 뜻한다. 지리(地理)의 〈이(理)〉란 여기서 〈지세지태(地勢之態)〉를 말한다. 고저(高低)의 지세-광협(廣狹)의 지세 등 지형의 상태를 지리(地理)라 한다. 지리(地理) 즉 땅[地]의 문리(文理)란 지세가 보여주는 모습을 말한다. 그러니

〈찰어지리(察於地理)〉란 땅에서[於地] 고저(高低)-광협(廣狹)의 지세(地勢)를 살핌[察]을 뜻한다. 지리(地理)를 살폈다[察]는 것 또한 〈천명(天命)〉 즉 자연[天地]의 시킴-가르침[命]을 인간이 사유(思惟)하기 시작했음을 뜻한다. 그러므로 찰어지리(察於地理)도 작역(作易)의 시작이다. 이어서 이역(以易) 즉 역을[易] 이용하여[以] 인간의 사유가 끝없이 새롭게 되어 문화가 자라온 셈이다. 그래서 역(易)과 지리(地理)는 온갖 사물에 미치는 역(易)을 살피고[觀] 새겨[玩] 점(占)쳐 지변(知變)하여 지래(知來)하게 하는 통어(通語)가 된다.

### 63. 유(幽)와 명(明)의 고(故)

지유명지고(知幽明之故)는 천문(天文)을 살펴[觀] 〈명의[明之] 일[故]〉을 알게 되었고[知], 지리(地理)를 살펴[察] 〈유의[幽之] 일[故]〉을 알게 되었음[知]을 밝힌다. 이는 곧 천문(天文)에서 견색(見賾) 즉 찾아낸[見] 것[賾]이 〈명지고(明之故)〉이고, 지리(地理)에서 찾아낸 것이 〈유지고(幽之故)〉임을 묶어서 〈유명지고(幽明之故)〉라고 밝힌다. 유명지고(幽明之故)의 〈고(故)〉는 여기선 〈일 사(事)〉와 같다. 유명의[幽明之] 일[故]을 견색(見賾)하자면 〈원시반종(原始反終)의 관상(觀象)〉을 지성(至誠)으로 해야 한다. 따라서 통변지위사(通變之謂事)-사유종시(事有終始)를 환기한다면 〈유명지고(幽明之故)〉란 곧 〈유명지통변(幽明之通變)〉임을 알 수 있다. 통변(通變)이란 상생(相生)-상계(相繼)를 뜻한다. 〈유(幽)〉는 통(通)하여 〈명(明)〉으로 이어지고[變], 〈명(明)〉은 통하여 〈유(幽)〉로 이어짐을 〈유명지고(幽明之故)의 고(故)〉가 뜻한다. 그러므로 〈유명(幽明)〉은 둘[二]로 나눈 〈유여명(幽與明)〉이 아니라 〈유역명(幽亦明)-명역유(明亦幽)〉의 통변(通變)-상계(相繼)-상생(相生)을 일[故]로 삼는다. 유(幽)는 음(陰)-회(晦)-야(夜)이고 명(明)은 양(陽)-광(光)-주(晝)라고 이분(二分)한다면, 그것은 유명지고(幽明之故)의 〈고(故)〉가 아니다. 밤[夜]은 밤이고 낮[晝]은 낮이라는 생각은 역지도(易之道)에 어긋나는 생각이다. 주야(晝夜)는 서로 통변(通變)하여 상계(相繼) 즉 서로[相] 이어[繼] 상생(相生)한다는 생각이 곧 역의[易之] 이치-가르침[道]을 따르는 생각이다. 이처럼 천문(天文)-지리(地理)를 관찰(觀察)하여 유명(幽明)이 통변(通變)-상계(相繼)-상생(相生)하는 일[故]을 찾아내 온갖 일이 모두 통변(通變)-상계(相繼)-상생(相生)함을 〈지유명지고(知

幽明之故)〉라고 밝힌다. 여기서 성인의 작역(作易)은 천문(天文)-지리(地理)의 관찰로 비롯되었음을 알 수 있다. 그래서 유(幽)와 명(明)의 고(故) 즉 일[故]이란 온갖 사물에 미치는 역(易)을 살피고[觀] 새겨[玩] 점(占)쳐 지변(知變)하여 지래(知來)하게 하는 통어(通語)가 된다.

---

註 통변지위사(通變之謂事) : 통하여[通] 변함[變]을[之] 일이라[事] 한다[謂].

「계사전상(繫辭傳上)」 5단락(段落)

註 물유본말(物有本末) 사유종시(事有終始) 지소선후(知所先後) 즉근도의(則近道矣) : 온갖 것에는[物] 근본과[本] 말단이[末] 있고[有], 온갖 일에는[事] 처음과[始] 끝이[終] 있다[有]. 먼저 와[先] 뒤의[後] 것을[所] 안다면[知] 곧[則] 도에[道] 가까운 것[近]이다[矣]. 『대학(大學)』

## 64. 정기(精氣)의 위물(爲物)

정기위물(精氣爲物)은 만물(萬物)이 조성된 근원을 말한다. 정기(精氣)는 곧 원기(元氣)를 뜻한다. 원기란 기지시(氣之始) 즉 기(氣)의 시초(始初)를 말한다. 물론 정기(精氣) 역시 성인(聖人)이 천문(天文)-지리(地理)를 관찰(觀察)하여 견색(見賾)한 것이다. 성인이 천문(天文)을 살펴[觀] 천기(天氣)의 시초를 찾아내고 지리(地理)를 살펴[察] 지기(地氣)의 시초를 찾아내 작역(作易)할 수 있었음을 〈정기위물(精氣爲物)〉이 밝힌다. 정기위물(精氣爲物)을 〈천지지정기위물(天地之精氣爲物)〉로 새겨 헤아려도 되고, 〈음양지정기위물(陰陽之精氣爲物)〉로 새겨 헤아려도 되며, 〈유명지정기위물(幽明之精氣爲物)〉로 새겨 헤아려도 되고, 나아가 〈귀신지정기위물(鬼神之精氣爲物)〉로 새겨 헤아려도 된다. 천지(天地)-음양(陰陽)-유명(幽明)-귀신(鬼神)은 천지지정기(天地之精氣)를 뜻하는 한 가지 말씀이기 때문이다. 여기서 정기(精氣)가 천지원기(天之元氣)-지지원기(地之元氣)인 까닭이다. 천지원기(天之元氣)를 줄여 천기(天氣) 즉 〈양(陽)〉이라 하고, 지지원기(地之元氣)를 줄여 지기(地氣) 즉 〈음(陰)〉이라 한다. 그러므로 음양(陰陽)이란 정기(精氣) 즉 원기(元氣)가 우주 삼라만상을 조성(造成)하여 통변(通變)하게 함을 일러 정기위물(精氣爲物)이라고 밝힌다. 이와 같은 천지(天地) 즉 자연의 조성을 따라 인간도 예악문물(禮樂文物)을 이룰 수 있다. 여기서 정기위물(精氣爲物)이 인간이 종천(從天)-종지(從地)하는 천명사상(天命思想)의 발원(發源)을 새겨 헤아려 가늠할 수 있게 한다.

그래서 정기(精氣)의 위물(爲物)은 온갖 사물에 미치는 역(易)을 살피고[觀] 새겨[玩] 점(占)쳐 지변(知變)하여 지래(知來)하게 하는 통어(通語)가 된다.





## 65. 유혼(游魂)의 위변(爲變)

유혼위변(游魂爲變)의 〈유혼(游魂)〉은 〈정신유산(精神游散)〉 즉 흩어진 넋을 뜻해 유혼(游魂)의 〈혼(魂)〉은 혼백(魂魄)이라는 말을 상기하면 새길 수 있다. 혼백(魂魄)에서 〈혼(魂)〉은 정신(精神)이고 〈백(魄)〉은 육신(肉身)이다. 유혼(游魂)이란 정신(精神)이 흩어짐[游]이고 죽음[死]을 뜻한다. 유혼(游魂)에서 〈흩어질 유(游)〉는 〈모일 취(聚)〉가 변(變)함이다. 음양(陰陽)의 정기(精氣)가 모이면[聚] 온갖 것[物]의 생(生)이 되고, 그 모임[聚]이 다하면[極] 그 정기가 흩어져[游] 온갖 것[物]의 사(死)가 된다. 여기서 사생지설(死生之說)이란 정기의 취산(聚散)으로 통함을 알 수 있다. 유혼은 정기의 유산(游散) 즉 죽음[死]이니, 삶[生]이란 정기의 취합(聚合)임을 알 수 있다. 그러므로 정기의 취(聚)는 생(生)이고 유(有)인 셈이고, 정기의 유(游) 즉 유혼(游魂)은 사(死)이고 무(無)인 셈이다. 그래서 정기가 모여 있음[有]을 삶[生]이라 하고 정기가 흩어져 없음[無]을 죽음[死]이라 한다. 그러니 유혼이란 생(生)이 사(死)로 변화함[變]이다. 정기가 목숨의 삶을 말한다면 유혼은 목숨의 죽음을 말한다. 그래서 유혼을 산화(散化)라고도 부른다. 모였던 정기가 산산이 흩어진 기운[氣]으로 떠돎이 유혼이다. 온갖 것[物]의 목숨이 죽으면 육신은 백(魄)이 되고 정기는 흩어져 유혼이 된다. 정기가 모였다[聚] 흩어지고[散] 흩어졌다[散] 모이고[聚] 그렇게 함이 생사(生死)의 변(變)이고 이 또한 〈정기지도(精氣之道)의 반자(反者)〉인 셈이다. 되돌아오는[反] 것[者]이 정기(精氣)의 이치[道]인 변동[動]이다. 정기지동(精氣之動)의 〈동(動)〉은 변동(變動)이요 즉 변(變)이 화(化)로 옮김[動]이니 정기지동(精氣之動)이란 정기지변(精氣之變)과 같다. 따라서 유혼위변(游魂爲變)은 정기지변(精氣之變)을 밝히고, 나아가 유혼(游魂)의 위변(爲變)이란 다시 새로운 정기취합(精氣聚合)의 미래를 뜻한다. 그래서 유혼(游魂)의 위변(爲變)은 온갖 사물에 미치는 역(易)을 살피고[觀] 새겨[玩] 점(占)쳐 지변(知變)하여 지래(知來)하게 하는 통어(通語)가 된다.

## 66. 귀신(鬼神)의 정상(情狀)

지귀신지정상(知鬼神之情狀)은 성인(聖人)이 천문(天文)과 지리(地理)를 관찰하여 〈유명지고(幽明之故)〉를 알게 되어 〈원시반종(原始反終)〉을 깨달아 〈사생지설(死生之說)〉을 알게 되었으며, 따라서 사생(死生) 즉 죽음[死]과 삶[生]이란 〈정기위물(精氣爲物)-유혼위변(游魂爲變)〉임을 알게 됨으로써 귀신지정상(鬼神之情狀) 즉 귀신(鬼神)의 참모습[情狀]을 알게 되었음을 밝힌다. 귀신지정상(鬼神之情狀) 즉 귀신(鬼神)의[之] 참모습[情狀]은 곧 도(道)와 덕(德)을 주역(紬繹)하고 있다. 귀신(鬼神)의 정상(情狀)은 만물에 두루 행(行)하기 때문에 행어만물자(行於萬物者)로서 〈도(道)〉이고, 그 도(道)가 온갖 것[萬物]에 두루 통하기[通] 때문에 〈덕(德)〉이다. 그러므로 귀신지정상(鬼神之情狀)을 〈음양지도덕(陰陽之道德)〉이라고 풀이할[紬繹] 수 있다.

지귀신지정상(知鬼神之情狀)에서 귀신(鬼神)은 음양지정기(陰陽之精氣)를 말한다. 귀신(鬼神)의 〈귀(鬼)〉는 지지정기(地之精氣) 즉 지기(地氣)로서 음기(陰氣) 즉 〈음(陰)〉을 나타낸다. 유명(幽明)의 〈유(幽)〉와 소대(小大)의 〈소(小)〉 또한 〈귀(鬼)-음(陰)〉을 밝힌다. 귀신(鬼神)의 〈신(神)〉은 천지정기(天之精氣) 즉 천기(天氣)로서 양기(陽氣) 즉 〈양(陽)〉을 나타낸다. 유명(幽明)의 〈명(明)〉과 소대(小大)의 〈대(大)〉 또한 〈신(神)-양(陽)〉을 밝힌다. 그러므로 귀신지정상(鬼神之情狀)의 앎[知]이란 곧 음양지정상(陰陽之情狀)의 앎[知]이고 따라서 지역(知易)이다. 여기서 귀신의 참모습이 곧 〈정기(精氣)〉라고 헤아려 가늠할 수 있다. 양(陽)의 정기를 〈신(神)〉이라 하고 신(神)을 좇음을 솔신(率神)이라 하고, 음(陰)의 정기를 〈귀(鬼)〉라 하고 귀(鬼)를 좇음을 거귀(居鬼)라 함을 상기하면, 음양(陰陽)-귀신(鬼神)이 천문(天文)-지리(地理)의 관찰로 비롯된 〈견색(見賾)의 색(賾)〉임을 간파할 수 있다. 이러한 귀신의 참모습이란 그것이 모이면[聚] 온갖 것[萬物]을 이루고[生成], 그것이 흩어지면[游] 온갖 것이 없어지는[消滅] 변화를 뜻한다. 이러한 귀신의 정상은 『노자(老子)』에 나오는 〈천하만물생어유(天下萬物生於有) 유생어무(有生於無)〉를 환기시킨다. 음양의 정기가 모임[聚]이 성물(成物)이며 〈유(有)〉이고, 그 정기가 흩어짐[游]이 유혼(游魂)이며 〈무(無)〉이다. 그러므로 정기가 취(聚)하면 위물(爲物)이고 〈유(有)〉이며, 정기가 유(游)하면 위변(爲變)이고 〈무(無)〉임이 곧 〈귀신지정상(鬼神之情狀)〉임을 알 수 있다. 그래서 귀신(鬼神)의 정상(情狀)은 온갖 사물에 미치는 역(易)을 살피고[觀] 새겨[玩] 점(占)쳐 지변(知變)하여 지래(知來)하게 하는 통어(通語)가 된다.

---

註 천하만물생어유(天下萬物生於有) 유생어무(有生於無) : 온 세상[天下] 온갖 것[萬物]은 유(有)에서[於] 생기고[生], 유는[有] 무(無)에서[於] 생긴다[生]. 『노자(老子)』 40장(章)

## 67. 귀신(鬼神)의 불위(不違)

〈여천지상사(與天地相似)의 상사(相似)〉와 〈역여천지준(易與天地準)의 준(準)〉은 같은 뜻이다. 상사(相似)-준(準)-동(同) 등은 한 말씀으로 〈서로[相] 같다[似]〉라는 뜻으로 새김하여 헤아린다면 〈역여천지준(易與天地準)-귀신지정상여천지지정상상사(鬼神之情狀與天地之情狀相似)〉 등이 우리가 일구어온 생각하기[思之]의 본래(本來)와 그 원천(源泉)을 상기시키기 때문에 〈역여천지준(易與天地準)-귀신여천지상사(鬼神與天地相似)〉 등은 늘 명심해야 하는 말씀이다. 왜 역(易)은 무사(無思)-무위(無爲)라고 일컫는가? 〈자연[天地]과[與] 역은[易] 서로[相] 같기[似]〉 때문이다. 그래서 〈아여천지상사(我與天地相似)〉가 곧 〈성기(成己)〉이다. 왜 〈나를[己] 이룸[成]〉을 〈인(仁)〉 즉 어짊이라 하는가? 〈성기(成己)〉란 〈내가[我] 자연[天地]과[與] 서로[相] 같아짐[似]〉이다. 이러한 〈성기(成己)〉를 일러 〈어짊[仁]〉이라 한다. 〈물여천지상사(物與天地相似)〉가 곧 〈성물(成物)〉이다. 왜 〈온갖 것을[物] 이룸[成]〉을 〈지(知)〉 즉 앎이라 하는가? 〈성물(成物)〉이란 〈온갖 것이[物] 자연[天地]과[與] 서로[相] 같음[似]〉이다. 이러한 〈성물(成物)〉을 내[我]가 알아야 하기 때문에 〈성물(成物)〉을 앎[知]이라 한다. 〈만물이[萬物] 천지(天地)와[與] 같기[準]〉 때문에 『중용(中庸)』에 〈치곡(致曲) 곡능유성(曲能有誠)〉이라는 말씀이 나온다. 따라서 사천(事天)-순천(順天)-종천(從天)-응천(應天) 등의 말씀들은 〈귀신여천지상사(鬼神與天地相似)-역여천지준(易與天地準)〉이라는 사지(思之)의 원천(源泉)이 천문(天文)-지리(地理)의 관찰로써 비롯되었음을 새겨 헤아린다면 〈역(易)이 자연[天地]을 어기지 않고[不違] 귀신(鬼神)이 천지(天地)를 불위(不違)한다〉는 말씀의 깊은 뜻을 저마다 스스로 가늠할 수 있다. 여기서 무위(無爲)란 천지를 불위하는 짓이며, 무사(無思)란 천지를 불위하는 생각이며, 인(仁) 또한 천지를 불위하는 짓이라 역행(力行)하라 하는 것이고, 의(義) 역시 천지를 불위하는 짓이라 용(勇)이라 하는 것임을 깨달을 수 있다. 그러므로 〈여천지상사고불위(與天地相似故不違)〉는 본래 사지(思之)의 연원(淵源)을 살펴[觀] 새기고[玩] 헤아려[擬] 가늠하게[斷] 하는 말씀이다. 그래서 귀신(鬼神)의 불위(不違)는 온갖 사물에 미치는 역(易)을 살피고[觀] 새겨[玩] 점(占)쳐 지변(知變)하여 지래(知來)하게 하는 통어(通語)가 된다.

---

註 치곡(致曲) 곡능유성(曲能有誠) : 사소한 것을[曲] 극진히 하라[致]. 사소한 것에도[曲] 능히[能] 정성이[誠] 있다[有]. 〈곡(曲)〉은 여기서 〈미세(微細)한 것〉 즉 하찮다고 여기는 것을 뜻하고, 〈성(誠)〉은 〈성자(誠者)〉의 줄임으로 천지도(天之道) 즉 천지지도(天地之道)를 뜻해, 〈성(誠)〉이란 자연의[天地之] 도(道)를 뜻한다.

## 68. 귀신(鬼神)의 불과(不過)

주호만물(周乎萬物) 즉 〈{귀신(鬼神)의 정상(情狀)은} 온갖 것[萬物]에[乎] 두루한다[周]〉는 것은 귀신지정상(鬼神之情狀)의 〈도(道)〉를 말한다. 주호만물(周乎萬物)은 곧 행어만물(行於萬物)이기 때문이다. 온갖 것[萬物]에[乎] 두루 함[周]이란 곧 온갖 것[萬物]에[於] 행함[行]이다. 만물에[於萬物] 두루[周] 행함[行]이 도(道)이다. 그러니 주호만물(周乎萬物)은 귀신지도(鬼神之道) 즉 음양지도(陰陽之道)를 밝힌다. 음양지도(陰陽之道)는 곧 역지도(易之道)이니 주호만물(周乎萬物)은 천지(天地)와 같은[準] 역지도(易之道)를 풀이한다. 나아가 귀신지정상(鬼神之情狀)이 천지지정상(天地之情狀)과 같아 온갖 것에[於萬物] 두루 하기[周] 때문에, 따라서 귀신지정상(鬼神之情狀)이 온 세상을[天下] 다스리고[道] 구제함[濟]을 성인(聖人)이 천문(天文)-지리(地理)를 관찰하여 알았음[知]을 밝힌다. 여기서 성인이 작역(作易)한 까닭이 분명해진다.

성인은 천문-지리를 관찰하여 왜 작역(作易)했는가? 귀신의 정상(情狀)이 천지의 정상(情狀)과 같기[準] 때문에 천지지도(天地之道)와 마찬가지로 귀신지도(鬼神之道) 즉 역지도(易之道) 역시 만물에[於萬物] 두루 하여[周] 온 세상을[天下] 다스려[道] 구제할[濟] 수 있음을 성인이 알고[知] 작역(作易)한 것이다. 여기서 〈역여천지준고(易與天地準故) 능미륜천지지도(能彌綸天地之道)〉를 다시금 새기고[玩] 헤아려[擬] 가늠해보게[斷] 된다. 〈자연[天地]과[與] 역은[易] 같기[準] 때문에[故] {역(易)은} 자연[天地]의[之] 도를[道] 미봉하게 하고[彌] 경륜하게 할[綸] 수 있다[能]〉라는 말씀이 〈도제천하(道濟天下)〉로써 풀이된다. 역지도(易之道)가 천지지도(天地之道)를 미봉(彌縫)하고 경륜(經綸)하게 하여 사람들로 하여금 천지지정상(天地之情狀)과 같게 함[準]이 곧 〈도제천하(道濟天下)〉이다. 따라서 귀신지정상(鬼神之情狀)이 천지지정상(天地之情狀)과 서로[相] 같아[似] 만물에[於萬物] 두루하면서[周而] 온 세상[天下]을 도제함[道濟]에 그르치지 않는다[不過]고 함은 곧 천하백성(天下百姓)으로 하여금 천지지도(天地之道)를 미봉(彌縫)하게 하고 경륜(經綸)하게 하는 데 한 점의 과오도 없음을 일러 간명하게 줄여 〈불과(不過)〉라고 밝힌다. 그래서 귀신(鬼神)의 불과(不過)는 온갖 사물에 미치는 역(易)을 살피고[觀] 새겨[玩] 점(占)쳐 지변(知變)하여 지래(知來)하게 하는 통어(通語)가 된다.

### 69. 귀신(鬼神)의 불류(不流)

방행이불류(旁行而不流) 즉 〈{귀신지정상(鬼神之情狀)은} 두루[旁] 행하여[行] 도[而] 어지럽히지 않는다[不流]〉는 것은 귀신지정상(鬼神之情狀)의 〈불과(不過)〉를 거듭해 풀이하여 밝힌다. 여기서 〈방행(旁行)〉은 〈주호만물이도제천하(周乎萬物而道濟天下)〉를 달리 말함이고, 〈불류(不流)〉는 〈불과(不過)〉를 달리 말함이다. 방행이불류(旁行而不流)에서 〈방행(旁行)〉은 주행(周行)으로 두루[旁] 행함[行]이고, 〈불류(不流)〉는 무엇을 한들 흐트러지지 않아 어지럽힘이[流] 없음[不]이다. 물론 그 까닭은 귀신(鬼神)의 정상(情狀)이 천지(天地)의 정상(情狀)과 같기[準] 때문이다. 여기서 왜 성인(聖人)이 자연[天地]을 본받아[法] 좇는지[順] 그 까닭을 알 수 있고, 성인의 종천(從天)-종지(從地)가 곧 역지도(易之道)를 좇아[從] 따름[順]임을 또한 알 수 있다. 그러므로 성인이 천문(天文)-지리(地理)를 관찰하여 귀신지정상(鬼神之情狀)을 안다[知]는 것은 천지의 도(道)와 덕(德)을 역지도(易之道)로써 본받음[法]이 곧 성인의 이역(以易)이고, 〈역(易)을 이용하는[以] 까닭〉도 〈방행이불류(旁行而不流)〉라는 말씀으로 헤아려 가늠할 수 있다. 그래서 귀신(鬼神)의 불류(不流)는 온갖 사물에 미치는 역(易)을 살피고[觀] 새겨[玩] 점(占)쳐 지변(知變)하여 지래(知來)하게 하는 통어(通語)가 된다.



### 70. 성인(聖人)의 불우(不憂)

낙천지명(樂天知命) 즉 〈{성인(聖人)은} 자연의 도를[天] 즐기고[樂] 자연의 시킴과 가르침을[命] 안다[知]〉는 것은 자연[天地]을 본받는[法] 성인(聖人)의 수기(修己)를 밝힌다. 성인의 낙천(樂天)이란 종천(從天)-종지(從地)를 즐김[樂]이고, 인(仁)-의(義)를 즐김이며, 예(禮)-악(樂)을 즐김이고, 따라서 〈역여천지준(易與天地準)〉 즉 〈자연[天地]과[與] 역의[易] 같음[準]〉을 본받아[法] 즐김이다. 그러므로 낙천(樂天)은 무사(無思)-무욕(無欲)-무아(無我)-무사(無私)-무기(無己) 등을 즐김이고, 이는 곧 성지자(誠之者)의 즐김이다. 천지지도(天地之道)를 좇아 극진히 함이 〈성지자(誠之者)〉 즉 〈정성됨[誠之者]〉이다. 이러한 성지자를 즐김이 곧 낙천이다. 이렇듯 무사(無思)-무욕(無欲)-무아(無我)-무사(無私)-무기(無己) 등을 남김없이 즐김이 낙천이니 걱정할 것이란 없다[不憂].

성인(聖人)의 지명(知命)이란 지천명(知天命)의 줄임이다. 지천명은 지천지지명(知天地之命)의 줄임이다. 지명(知命)은 『중용(中庸)』 첫머리에 나오는 〈천명지위성(天命之謂性) 솔성지위도(率性之謂道) 수도지위교(修道之謂教)〉라는 말씀을 상기시킨다. 여기서 본성(本性)을 알고[知] 솔성(率性)의 도(道)-수도(修道)의 교(教)를 앎[知]이 곧 지명(知命)의 〈지(知)〉임을 알 수 있다. 천지(天地)가 인간에게 시킴[命]이 솔성(率性)-수도(修道)이며, 또한 천지(天地)가 가르침[命] 또한 솔성(率性)-수도(修道)이다. 이러한 천지(天地)의 명(命)을 알기[知] 때문에 성인은 종천(從天)-종지(從地)하여 역(易)을 만들고[作] 예악(禮樂)을 작(作)할 수 있었다. 성인의 〈지명(知命)〉은 『노자(老子)』 8장(章)에 〈거선지(居善地) 심선연(心善淵) 여선인(與善仁) 언선신(言善信) 정선치(政善治) 사선능(事善能) 동선시(動善時) 부유부쟁(夫唯不爭) 고(故) 무우(无尤)〉라고 분명하게 나와 있다. 여기서 성인지지명(聖人之知命)을 간파하여 성인(聖人)의 지명(知命)이란 오로지 〈지선(知善)〉임을 알 수 있다. 지선(知善)의 〈선(善)〉은 종천(從天)을 한 마디로 밝힌 말씀이라고 여기면 된다. 자연을[天地] 따름[從]을 일러 무사(無思)-무욕(無欲)-무아(無我)라 하고 이를 한 마디로 〈선(善)〉이라 한다. 따라서 성인지지명(聖人之知命)은 곧 성인지지선(聖人之

知善)이라고 새기고 헤아려 가늠할 수 있다. 오로지 성인을 본받는[法] 군자(君子)의 대명(待命)이란 성인의 지명(知命)을 본받아[法] 천명(天命)을 받잡음[待]이다. 성인은 지명(知命)하기 때문에 불우(不憂)한다. 불우(不憂)-무우(无憂)-무우(无尤) 등은 다 같은 말씀이다. 그래서 성인(聖人)의 불우(不憂)는 온갖 사물에 미치는 역(易)을 살피고[觀] 새겨[玩] 점(占)쳐 지변(知變)하여 지래(知來)하게 하는 통어(通語)가 된다.





---

註 악자돈화솔신이종천(樂者敦和率神而從天) 예자별의거귀이종지(禮者別宜居鬼而從地) : 악이라는[樂] 것은[者] 어울림을[和] 지극히 하여[敦] (하늘[天]이) 변화하게 하는 짓을[神] 우러러 좇아서[率而] 하늘을[天] 따름이고[從], 예라는[禮] 것은[者] 마땅함을[宜] 분별하여[別] (땅[地]이) 변화하게 하는 짓을[鬼] 굽어 좇아서[居而] 땅을[地] 따름이다[從]. 솔신(率神)의 〈솔(率)〉은 〈앙순(仰順)〉 즉 우러러[仰] 좇음[順]을 뜻하고, 〈신(神)〉은 양기(陽氣)를 뜻한다. 거귀(居鬼)의 〈거(居)〉는 〈부순(俯順)〉 즉 굽어[俯] 좇음[順]을 뜻하고, 〈귀(鬼)〉는 음기(陰氣)를 뜻한다.

註 천명지위성(天命之謂性) 솔성지위도(率性之謂道) 수도지위교(修道之謂教) : 천명(天命)을[之] 천성이라[性] 하고[謂], 천성을[性] 좇음[率]을[之] 도라[道] 하며[謂], 도를[道] 닦음[修]을[之] 교라[教] 한다[謂].

註 거선지(居善地) 심선연(心善淵) 여선인(與善仁) 언선신(言善信) 정선치(政善治) 사선능(事善能) 동선시(動善時) 부유부쟁(夫唯不爭) 고(故) 무우(无尤) : {성인(聖人)이} 머물면[居] 선한[善] 땅이 되고[地], 마음 가면[心] 선한[善] 못이 되고[淵], 주면[與] 선한[善] 어짊이 되고[仁], 말하면[言] 선한[善] 믿음이 되고[信], 정사(政事)를 하면[政] 선한[善] 다스림이 되고[治], 일하면[事] 선한[善] 능력이 되고[能], 움직이면[動] 선한[善] 때가 된다[時]. 무릇[夫] {성인(聖人)은} 오로지[唯] 다투지 않는다[不爭]. 그래서[故] {성인(聖人)에게는} 허물이[尤] 없다[无].

# 주역 周易

## 차 례

The Book of Changes

# 주역 周易

차 례

The Book
of Changes

# 건괘 乾卦

# 1

䷀

## 1 괘의 괘상과 계사

### 건괘(乾卦 : ䷀)

건하건상(乾下乾上) : 아래도[下] 건(乾 : ☰), 위도[上] 건(乾 : ☰).

건위천(乾爲天) : 건은[乾] 하늘[天]이다[爲].

乾은 元亨이며 利貞이다
건 원형 이정

건은[乾] 으뜸이고[元] 통함이며[亨] 이로움이고[利] 미더움이다[貞].

**【건괘(乾卦 : ䷀)의 괘상(卦象) 풀이】**

건괘(乾卦 : ䷀)의 상하체(上下體)는 모두 건(乾 : ☰)이다. 건괘(乾卦 : ䷀)의 육효(六爻)가 모두 양(陽 : ⚊)인지라 건(乾)이라 한다. 건괘(乾卦 : ䷀)는 순일(純一)한 양효(陽爻)로써만 체(體)를 이루는지라 다른 대성괘(大成卦)와는 달리 효위(爻位)의 인연(因緣)에 따라 비(比)-정응(正應)-중정(中正) 등을 따져 상관(相關)짓지 않는다. 〈건(乾)〉은 〈건(健)〉 즉 튼튼함[健]이다. 중정(中正)은 중효정위(中爻正位)의 줄임으로 중효로서[中] 정위에 있음[正]을 말한다. 『설문(說文)』은 〈건(乾)〉은 〈상출(上出)〉 즉 위로[上] 나옴[出]이라 밝히고, 〈종을(從乙)〉 즉 을을[乙] 따른다[從]고 밝힌다. 〈을(乙)〉은 봄에 초목이 구부러져 나옴을 본뜬 것이고, 음기(陰氣 : ⚋)가 아직 강하여 그 나오는 모양이 구불구불한 깊은 뜻을 〈건(乾)〉 자(字)가 간직한다고 풀이한다. 해가 떠올라 빛과 기운을 온 천하에 비추고 뿌려 온갖 초목이 상출(上出)하여 살아가게 한다는 깊은 뜻을 간직한 자(字)가 〈건(乾)〉이다. 이에 〈건(乾)〉은 온갖 생명의 튼튼함[健]과 굳셈[剛]을 나타낸다. 따라서 건괘(乾卦 : ䷀)의 양효(陽爻 : ⚊) 여섯은 천행(天行) 즉 하늘의[天] 운행[行]인 조화(造化)에 저마다 참여하니 건괘(乾卦 : ䷀)의 〈건(乾)〉은 창시(創始) 즉 태어남을[始] 비롯하게[創] 한다. 왜 천괘(天卦)라 않고 건괘(乾卦)라 한 것인가? 〈천(天)〉은 대기(大氣)의 본체(本體)를 말하지만, 〈건(乾)〉은 대기(大氣)의 작용(作用) 즉 조화의 이치를 말한다. 따라서 천지에 생육하는 만물이 누리는 자연의 조화 즉 천덕(天德)을 밝힘을 일컬어 건괘(乾卦 : ䷀)라 칭한다.





**【건괘(乾卦 : ䷀)의 계사(繫辭) 풀이】**

건괘(乾卦 : ䷀)의 괘상(卦象)을 밝힌 계사(繫辭)가 〈건(乾) 원(元) 형(亨) 이(利) 정(貞)〉이다. 〈원형리정(元亨利貞)〉 이를 천지사덕(天之四德) 즉 하늘의[天之] 사덕(四德)이라 한다. 이 사덕을 사람이 본받아 행하면 예악(禮樂)의 악(樂)이라 한다. 이러한 〈원형리정(元亨利貞)〉의 사덕을 건괘(乾卦 : ䷀)는 천덕(天德)으로서 행한다. 건지덕(乾之德)인 〈원형리정(元亨利貞)〉은 『노자(老子)』에 나오는 〈현덕(玄德)〉을 상기시키고, 『논어(論語)』에 나오는 〈군자는[君子] 덕을[德] 생각한다[懷]〉는 내용을 상기시킨다.

## 乾(건)

### 건괘(乾卦 : ䷀)의 건이다[乾].

건괘(乾卦 : ䷀)의 〈건(乾)〉은 창시(創始) 즉 시원을[始] 비롯함[創]이다. 이러한 〈건(乾)〉이 재천(在天) 즉 하늘에[天] 있음[在]은 〈양(陽)〉 즉 양기(陽氣)라 하고, 〈건(乾)〉이 재지(在地) 즉 땅에[地] 있음[在]은 〈강(剛)〉 즉 굳셈[剛]이라 하며, 〈건(乾)〉이 재인(在人) 즉 사람에[人] 있음[在]은 〈인(仁)〉 즉 어짊[仁]이라 하고, 〈건(乾)〉이 재성(在性) 즉 본성에[性] 있음[在]은 〈조(照)〉 즉 비춤[照]이라 하며, 〈건(乾)〉이 재수(在修) 즉 닦음에[修] 있음[在]은 〈관(觀)〉 즉 살핌[觀]이라 하고, 〈건(乾)〉이 재기물(在器物) 즉 물건들에[器物] 있음[在]은 〈부(覆)〉 즉 덮어줌[覆]이라 하며, 〈건(乾)〉이 재신(在身) 즉 제 몸에[身] 있음[在]은 〈수(首)〉 즉 머리[首]라 하고, 〈건(乾)〉이 재가(在家) 즉 집에[家] 있음[在]은 〈주(主)〉 즉 주인[主]이 되며, 〈건(乾)〉이 재국(在國) 즉 나라에[國] 있음[在]은 〈왕(王)〉 즉 임금[王]이 되고, 〈건(乾)〉이 재천하(在天下) 즉 온 세상[天下]에 있음[在]은 〈제(帝)〉 즉 천자[帝]가 된다.

## 元(원)

### 으뜸이고 크다[元].

천덕(天德)이 만물(萬物)로 하여금 생지덕(生之德) 즉 태어남의[生之] 덕(德)을 누리게 함을 암시한 계사(繫辭)이다. 〈원(元)〉은 천덕(天德)의 시초를 말한다. 따라서 만물의 태어남을 천덕의 〈원(元)〉이라 한다. 계절로 치면 〈원(元)〉은 춘작(春作) 즉 봄에[春] 싹틈[作]이다. 〈원(元)〉은 생지덕(生之德) 즉 만물(萬物)이 태어나는[生之] 덕(德)이다. 그래서 〈원(元)〉을 원시(原始) 즉 맨 처음이고[原始], 호대(浩大) 즉 더없이[浩] 큼[大]이라 한다. 계절로 치면 〈원(元)〉은 봄인지라 봄에 천지가 베푸는 덕(德)을 상기시킨다. 따라서 〈원(元)〉은 『예기(禮記)』의 「악기(樂記)」에 나오는 〈춘작(春作)〉을 상기시킨다. 봄에[春] 돋아나는[作] 새싹보다 더 으뜸가고 큰[元] 덕(德)은 없다. 사람이 이런 〈원(元)〉을 본받아 행하면 대인(大人)이 된다. 이에 봄에[春] 새싹이 돋아남[作]과 같은 천지덕(天之德)인 〈원(元)〉을 건괘(乾卦 : ☰)가 베풂을 암시한 계사(繫辭)가 〈원(元)〉이다.

## 亨(형)

### 통한다[亨].

천덕(天德)이 만물(萬物)로 하여금 두루 통달하게 함[亨]을 밝히는 계사(繫辭)이다. 〈형(亨)〉은 천덕(天德)이 만물에 두루 통달함[亨]을 말한다. 여기의 〈형(亨)〉은 〈건형(乾亨)〉의 줄임이다. 계절로 치면 〈형(亨)〉은 하장(夏長) 즉 여름에[夏] 자라남[長]이다. 따라서 〈형(亨)〉은 『예기(禮記)』의 「악기(樂記)」에 나오는 〈하장(夏長)〉을 상기시킨다. 여름에[夏] 무럭무럭 자라나는[長] 초목(草木)보다 더 통달하는[亨] 큰 덕(德)은 없다. 〈형(亨)〉은 장지덕(長之德) 즉 만물이 자라나는[長之] 덕(德)이다. 생명을 누리는 만물의 통달함[亨]이란 하장(夏長) 즉 여름에[夏] 초목의 성장[長]으로써 드러난다. 왜 〈초(草)〉를 〈창(創)〉이라 하는가? 풀[草]보다 더 일신(日新) 즉 날마다[日] 천덕(天德)을 쌓아가는[新] 목숨이란 없기 때문이다. 춘작(春作)이 하장(夏長)으로 이어지는 초목의 자람보다 더한 통달함[亨]이란 없다. 온갖 것을 성장하게 하는 천덕(天德)을 〈형(亨)〉이라 한다. 사람이 이런 〈형(亨)〉을 본받아 행하면 대인(大人)이 된다. 이에 〈하장(夏長)〉 즉 여름에[夏] 새싹이 자라남[長]과 같은 천덕(天德)인 〈형(亨)〉을 건괘(乾卦 : ䷀)가 베풂을 암시한 계사(繫辭)가 〈형(亨)〉이다.





## 利(이)

### 이롭다[利].

천덕(天德)이 만물(萬物)로 하여금 저마다 마땅히 맞추어 이루게 함[利]을 밝히는 계사(繫辭)이다. 〈이(利)〉는 천덕이 만물의 적의(適宜) 즉 저마다 마땅히 맞추어[適宜] 이룸을 말한다. 여기의 〈이(利)〉는 〈건리(乾利)〉의 줄임이다. 계절로 치면 〈이(利)〉는 『예기(禮記)』의 「악기(樂記)」에 나오는 〈추렴(秋斂)〉 즉 가을에[秋] 거두어들임[斂]을 상기시킨다. 〈이(利)〉는 가을에[秋] 초목이 저마다 열매를 맺어 거두어들임[斂]으로 드러난다. 가을이면 초목은 여름에 무성히 자라면서 맺은 열매들을 영글게 하여 저마다 거두어들인다. 사람이 이런 〈이(利)〉를 본받아 행하면 대인(大人)이 된다. 이에 〈추렴(秋斂)〉 즉 가을에[秋] 온갖 초목이 저마다 마땅하게 열매들을 맺어 거두어들임[斂]과 같은 천덕(天德)인 〈이(利)〉를 건괘(乾卦 : ䷀)가 베풂을 암시한 계사(繫辭)가 〈이(利)〉이다.

## 貞(정)

### 진실로 미덥다[貞].

천덕(天德)이 만물(萬物)로 하여금 저마다 진실로 미덥게 함[貞]을 밝히는 계사(繫辭)이다. 천덕이 만물로 하여금 저마다 가을에[秋] 거두어들인[斂] 열매란 진실로 미덥다[貞]. 여기의 〈정(貞)〉은 〈건정(乾貞)〉의 줄임이다. 계절로 치면 〈정(貞)〉은 『예기(禮記)』의 「악기(樂記)」에 나오는 〈동장(冬藏)〉 즉 겨울에[冬] 저장함[藏]을 상기시킨다. 초목은 저마다의 씨앗을 진실로 미덥게[貞] 간직한다[藏]는 것이다. 이런 〈정(貞)〉이란 공정(公正)하여 무사무편(無邪無偏)함이다. 간사함도[邪] 없고[無] 치우침도[偏] 없음[無]이 곧 〈정(貞)〉이다. 사람이 이런 〈정(貞)〉을 본받아 행하면 대인(大人)이 된다. 이에 〈동장(冬藏)〉 즉 겨울에[冬] 온갖 초목이 저마다 거두어들인 열매들을 간직함[藏]과 같은 천덕(天德)인 〈정(貞)〉을 건괘(乾卦 : ䷀)가 베풂을 암시한 계사(繫辭)가 〈정(貞)〉이다.

【字典】

**건(乾)** 〈(64괘의 하나) 건괘 건(乾)-건괘(乾卦 : ䷀), (팔괘의 하나) 건괘 건(乾)-건괘(乾卦 : ☰), 위에 나오는 건(乾)-상출(上出), 하늘 건(乾)-천(天), 양(남자) 건(乾)-양(陽)-남(男), 천자 건(乾)-천자(天子), 임금 건(乾)-군(君), 아버지(남편) 건(乾)-부(父)-부(夫), 서북 건(乾)-서북(西北), 굳셀 건(乾)-강(剛), 튼튼할 건(乾)-건(健), 메마를 건(乾)-조(燥), 생기 없을 건(乾)-고갈(枯渴)-생기절(生氣絶), 표면(겉) 건(乾)-표면(表面), 이득볼 건(乾)-득리(得利), 탈 없이 편안한 척할 건(乾)-무고이연(無故而然)〉 등의 뜻을 내지만 여기선 〈건괘(乾卦 : ䷀)〉를 뜻한다.

**원(元)** 〈비롯할 원(元)-시(始)-단(端), 근본 원(元)-본(本)-원(原), 선함의 으뜸 원(元)-선지장(善之長), 머리 원(元)-수(首)-두(頭), 어른 원(元)-장(長)-원장(元長), 하나 원(元)-일(一), 우두머리 원(元)-수장(首長), 임금 원(元)-원군(元君)-군(君), 큰 원(元)-대(大), 아름다울 원(元)-미(美), 위 원(元)-상(上), 하늘 원(元)-천(天), 하늘땅의 큰 덕 원(元)-천지지대덕(天地之大德)-원기(元氣)-기(氣), 기운의 시작 원(元)-기지시(氣之始)-원자(元者), 백성 원(元)-원원(元元)-백성(百姓)〉 등의 뜻을 내지만 여기선 〈비롯할 시(始)〉로 여기고 새김이 마땅하다.

**亨** 〈향-형-팽〉 등으로 발음되고, 〈통할 형(亨)-통(通), 드릴 향(亨)-헌(獻), 남을 형(亨)-여(餘), 삶을 팽(亨)-자(煮)-팽(烹)〉 등의 뜻을 내지만 여기선 〈통할 통(通)〉과 같다 여기고 새김이 마땅하다.

**이(利)** 〈만물로 하여금 삶을 이루어가게 하는 덕(德)의 이로울 이(利)-사만물수생지덕(使萬物遂生之德), 날카로울 이(利)-예(銳)-섬(銛), 질병 이(利)-질(疾), 통할 이(利)-통(通)-순(順), 좋을 이(利)-길(吉)-의(宜), 편리할 이(利)-편(便), 마름해 만들어 이룰 이(利)-재성(裁成), 탐할 이(利)-탐(貪), 구할(취할) 이(利)-구(求)-취(取), 좋아할 이(利)-열애(悅愛), 이로울 이(利)-익(益), 기교 이(利)-교(巧), 보람 이(利)-공용(功用), 지세가 험하고 중요한 이(利)-험요(險要), 이길 이(利)-승(勝), 어질 이(利)-인(仁)〉 등의 뜻을 내지만 여기선 〈사만물수생지덕(使萬物遂生之德) 즉 만물로 하여금 삶을 이루어가게 하는 덕(德)의 이로움〉이라 새김이 마땅하다. 〈利〉가 맨 앞에 오면 〈이〉로 발음되고, 중간이나 뒤에 오면 〈리〉로 발음된다.

**정(貞)** 〈바를 정(貞)-정(正), 믿을 정(貞)-신(信), 거북점을 물을 정(貞)-복문(卜問), 역(易)의 내괘(內卦) 정(貞), 마땅할 정(貞)-당(當), 정할 정(貞)-정(定), 순수할 정(貞)-전(專)-일(一)〉 등의 뜻을 내지만 여기선 〈바를 정(正), 믿을 신(信)〉 등을 합친 뜻과 같아 〈정신(正信)〉 즉 바르고[正] 미더움[信]으로 새김이 마땅하다.

---

註 경문(經文) 계사(繫辭)의 수사(修辭) : 팔괘(八卦)는 복희씨(伏羲氏)가 만들었다. 하지만 『주역(周易)』 64괘(卦)의 계사(繫辭)는 문왕(文王)이 붙였고, 384효(爻)의 계사(繫辭)는 주공(周公)이 붙인 것으로 되어 있다. 문왕-주공 때는 지필묵(紙筆墨)이 없었던 때라 칼을 필(筆)로 삼아 간독(簡牘) 즉 대나무쪽[簡]이나 나무쪽[牘]에 글자를 새겼기에 글자를 적어 둘 자리가 매우 부족하였다. 따라서 앞의 내용을 미루어 보충될 수 있는 내용은 서슴없이 생략하면서 글자를 적게 된 것이 고문수사(古文修辭)인 셈이다. 『주역(周易)』의 계사(繫辭)들이야말로 고문수사의 효시(嚆矢) 즉 맨 처음 것이고 동시에 한문수사(漢文修辭)의 시원(始源)이다. 따라서 『주역(周易)』의 계사(繫辭)를 마주할 때면 괘상(卦象)과 효상(爻象)을 면밀히 살피면서 삭제-생략된 문자를 복원-보충시켜 해독하려는 마음가짐이 필수적이다.

註 음양(陰陽)의 변효(變爻) : 양가음부(陽加陰負) 즉 양기는[陽] 더함[加 : +]이고 음기는[陰] 덜어냄[負 : -]이라 한다. 따라서 강효(剛爻)가 변효(變爻)해서 유효(柔爻)가 되면 부(負) 즉 덜어냄[負]이라 하고, 유효(柔爻)가 변효(變爻)해서 강효(剛爻)가 되면 더함[加]이라 한다. 그리고 양실음허(陽實陰虛)라고도 한다. 따라서 강효(剛爻) 즉 양(陽 : ⚊)이 변효(變爻)하여 유효(柔爻) 즉 음(陰 : ⚋)이 되면 허(虛) 즉 비움[虛]이라 하고, 음(陰 : ⚋)이 변효(變爻)하여 양(陽 : ⚊)이 되면 실(實) 즉 채움[實]이라 한다.

註 팔괘(八卦)의 음양(陰陽)과 방위(方位) : 팔괘의 모습[象]에는 노양(老陽)-소양(少陽)-노음(老陰)-소음(少陰)의 모습이 있다. 건(乾 : ☰)은 노양(老陽)의 모습이고 진(震 : ☳)-감(坎 : ☵)-간(艮 : ☶) 등은 소양(少陽)의 모습으로 모두 양괘(陽卦)이고, 양괘의 방위는 모두 동북(東北)에 속한다. 곤(坤 : ☷)은 노음(老陰)의 모습이고 손(巽 : ☴)-이(離 : ☲)-태(兌 : ☱) 등은 소음(少陰)의 모습으로 모두 음괘(陰卦)이고, 음괘의 방위는 모두 서남(西南)이다. 그러므로 팔괘에서 음기(陰氣 : ⚋)가 홀수이면 음괘(陰卦 : ☷ ☴ ☲ ☱)가 되고, 양기(陽氣 : ⚊)가 홀수이면 양괘(陽卦 : ☰ ☳ ☵ ☶)가 된다.

註 생이불유(生而不有) 위이불시(爲而不恃) 장이부재(長而不宰) 시위현덕(是謂玄德) : {상도(常道)는} 낳아 주되[生而] 갖지 않고[不有], 위해 주되[爲而] 바라지 않으며[不恃], 키워 주되[長而] 이래라저래라 않는다[不宰]. 위의 것들을[是] 현묘한[玄] 덕이라[德] 한다[謂].

『노자(老子)』 51장(章)

註 군자회덕(君子懷德) 소인회토(小人懷土) 군자회형(君子懷刑) 소인회혜(小人懷惠) : 군자는[君子] 덕을[德] 생각하고[懷] 소인은[小人] 재물을[土] 생각한다[懷]. 군자는[君子] 법을[刑] 생각

하고[懷] 소인은[小人] 은혜받기를[惠] 생각한다[懷]. 『논어(論語)』「이인(里仁)」 11장(章)

註 춘작하장인야(春作夏長仁也) 추렴동장의야(秋斂冬藏義也) : 봄에는[春] 싹트고[作] 여름에는[夏] 자람은[長] 인(仁)이고[也], 가을에는[秋] 거두어들이고[斂] 겨울에는[冬] 저장함은[藏] 의(義)이다[也]. 『예기(禮記)』「악기(樂記)」 18단락(段落)

## 2 효의 효상과 계사

初九 : 潛龍이니 勿用이라
잠룡 물용

九二 : 見龍在田이니 利見大人이다
현룡재전 이견대인

九三 : 君子終日乾乾하여 夕惕若하니 厲해도 无咎리라
군자종일건건 석척약 여 무구

九四 : 或躍在淵이나 无咎리라
혹약재연 무구

九五 : 飛龍在天이니 利見大人이다
비룡재천 이견대인

上九 : 亢龍이니 有悔리라
항룡 유회

用九 : 見群龍无首하니 吉하리라
견군룡무수 길

초구(初九) : 잠긴[潛] 용이니[龍] 쓰지[用] 말지어다[勿].

구이(九二) : 나타난[見] 용이[龍] 논밭에[田] 있으니[在] 대인을[大人] 뵘이[見] 이롭다[利].

구삼(九三) : 군자가[君子] 하루[日] 내내[終] 스스로 가다듬어 애쓰다가[乾乾] 저녁에는[夕] {낮의 건건(乾乾)을} 근심하니[惕若] 위태롭다 해도[厲] 허물이[咎] 없다[无].

구사(九四) : 깊은 못[淵]에서[在] 아마도[或] 뛰어오르나[躍] 허물이[咎] 없다[无].

구오(九五) : 나는[飛] 용이[龍] 하늘에[天] 있으니[在] 대인을[大人] 뵘이[見] 이롭다[利].

상구(上九) : 더 오를 데 없이 다 올라간[亢] 용이니[龍] 뉘우침이[悔] 있으리라[有].

용구(用九) : 구를[九] 씀[用]. 무리의[群] 용들에[龍] 우두머리가[首] 없음을[无] 봄이니[見] 길하다[吉].

## 초구(初九 : ⚊)

初九 : 潛龍이니 勿用이라
잠 룡 물 용

초구(初九) : 잠긴[潛] 용이니[龍] 쓰지[用] 말지어다[勿].

【초구(初九)의 효상(爻象) 풀이】

건괘(乾卦 : ☰)의 초구(初九 : ⚊)는 이양거양(以陽居陽) 즉 양(陽 : ⚊)으로써[以] 양(陽 : ⚊)의 자리에 있는지라[居] 정당한 자리에 있다. 초구(初九 : ⚊)는 건괘(乾卦 : ☰)의 맨 밑자리에 있으므로 초구(初九 : ⚊)의 자리[位]를 〈잠룡(潛龍)의 잠(潛)〉으로 취상(取象)하고, 구구인(九九鱗) 즉 여든하나의[九九] 비늘[鱗]이 있다는 〈용(龍)〉으로써 초구(初九 : ⚊)를 취상한 것이다. 이에 초구(初九 : ⚊)를 〈잠룡(潛龍)〉 즉 숨어 있는[潛] 용(龍)이라 한 것이다. 여기 〈잠(潛)〉은 〈숨을 은(隱)〉과 같다 여기고 새김이 마땅하다. 따라서 초구(初九 : ⚊)가 변효(變爻)하지 않는 한 건괘(乾卦 : ☰)의 초구(初九 : ⚊)는 상진(上進) 즉 위로[上] 나아갈[進] 수 있는 알맞은 때가 오기를 기다리는 모습이 초구(初九 : ⚊)의 효상(爻象)이다.

> 건괘(乾卦 : ☰)의 초구(初九 : ⚊)가 초륙(初六 : ⚋)으로 변효(變爻)하면 초구(初九 : ⚊)는 건괘(乾卦 : ☰)를 44번째 구괘(姤卦 : ䷫)로 지괘(之卦)하게 한다. 따라서 건괘(乾卦 : ☰)의 초구(初九 : ⚊)는 구괘(姤卦 : ䷫)의 초륙(初六 : ⚋)을 찾아가 살펴보게 한다.

【초구(初九)의 계사(繫辭) 풀이】

### 潛龍(잠룡) 勿用(물용)

잠긴[潛] 용이니[龍] 쓰지[用] 말지어다[勿].

초구(初九 : ⚊)의 효위(爻位)를 빌려 암시한 계사(繫辭)이다. 〈잠룡(潛龍)〉은 〈성인재하은이미현지상(聖人在下隱而未顯之象)〉으로 풀이되기도 한다. 〈성인이[聖人] 세상에[下] 숨어[隱] 있어서[在而] 드러나지 않는[未顯之] 모습[象]〉이란 말씀이 여기 〈잠룡(潛龍)〉에서 비롯되었다. 그리고 여기 〈잠룡(潛龍)〉을 「문언전(文言傳)」에서 공자(孔子)가 〈용덕이은자(龍德而隱者)〉 즉 〈원형리정(元亨利貞)의 덕을 쌓으면서도[龍德而] 숨어 있는[隱] 사람[者]〉이라고 풀이한다. 이에 〈잠룡(潛龍)의 용(龍)〉은 건덕(乾德)을 비유하고 대인(大人)을 비유한다. 〈잠룡(潛龍)의 잠(潛)〉은 은복(隱伏) 즉 숨어 있음[隱伏]을 뜻해 초구(初九 : ━)가 있는 맨 밑자리[位]를 암시한다. 〈잠룡(潛龍)의 용(龍)〉은 땅에도 있을 수 있고 날개가 없어도 하늘로 날아오를 수도 있으니, 〈잠룡(潛龍)의 잠(潛)〉은 그냥 숨어만 있음이 아니라 건덕(乾德)을 본받아 행할 수 있는 시기가 오면 일어나 큰 뜻을 펼칠 수 있게 때를 기다리며 숨어 있음인지라, 경솔하게 건덕(乾德)을 쓰지[用] 말라[勿]고 암시한 계사(繫辭)가 〈잠룡(潛龍) 물용(勿用)〉이다.

【字典】

**잠(潛)** 〈숨을 잠(潛)-은(隱), 숨길 잠(潛)-은폐(隱蔽), 신중히 생각할 잠(潛)-신려(愼慮), 남들이 알지 못하게 할 일 잠(潛)-비밀종사(祕密從事), 땅속으로 흘러들어 흐르는 물 잠(潛)-복류(伏流), 감출 잠(潛)-은장(隱藏), 깊을 잠(潛)-심(深), 너겁 잠(潛)-어소식(魚所息)〉 등의 뜻을 내지만 여기선 〈숨을 은(隱)〉과 같다 여기고 새김이 마땅하다.

**龍** 〈용-룡-롱-망〉 네 가지로 발음되고, 〈용(신령한 동물) 룡(龍)-인충장능유능명능세능거능단능장춘분이등천추분이잠연(鱗蟲長能幽能明能細能巨能短能長春分而登天秋分而潛淵) 신령동물(神靈動物), 귀신 이름 용(龍)-신명(神名) : 촉룡(燭龍), 별 이름 용(龍)-성명(星名) : 창룡(蒼龍), 말 이름 용(龍)-마고팔척지마(馬高八尺之馬), 임금님 용(龍)-천자사물지용어(天子事物之用語) : 용안(龍顔)-용가(龍駕), 두덕 롱(龍)-전중고처(田中高處), 잿빛 망(龍)-흑백잡색(黑白雜色)〉 등의 뜻을 내지만 여기선 〈신령한 동물 룡(龍)〉으로 여기고 새김이 마땅하다.

**물(勿)** 〈하지 말 물(勿)-막(莫), 없을 물(勿)-무(無)-무(毋), 아닌 것 물(勿)-비(非), 아니할 물(勿)-불(不)〉 등의 뜻을 내지만 여기선 〈하지 말 막(莫)〉과 같다 여기고 새김이 마땅하다.

**용(用)** 〈쓸 용(用)-시(施)-행(行), 쓰일(부릴) 용(用)-사(使), 맡길 용(用)-임(任), 위할 용(用)-위(爲), 갖출 용(用)-비(備)〉 등의 뜻을 내지만 여기선 〈쓸 시(施)〉와 같다 여기고 새김이 마땅하다.

註 계사(繫辭) : 각효(各爻)의 효상(爻象)에 따라 계사(繫辭) 즉 효(爻)에다 붙인[繫] 말씀[辭]이 계사(繫辭)이다. 〈계사(繫辭)의 사(辭)〉는 역수지사(逆數之辭)의 줄임이다. 미리미리 거슬러[逆] 헤아려보라는[數之] 말씀[辭]을 효(爻)에 붙여둔[繫] 말씀[辭]이 계사(繫辭)이다. 따라서 〈효(爻)의 계사(繫辭)〉는 지나간 일을 생각해 보라는 말씀이 아니고 다가올 변역(變易)을 거슬러[逆] 새겨보라[數] 함이다. 역수(逆數)는 점(占)이라 한다. 따라서 〈계사(繫辭)의 사(辭)〉를 점사(占辭), 즉 다가올 일을 미리 거슬러보라는[占] 말씀[辭]이라고 한다. 이런 효상(爻象)의 계사(繫辭)는 변역(變易)의 법칙을 따른다. 대성괘(大成卦)의 매효(每爻)는 기우(奇耦)로써 변역(變易)한다. 기(奇) 즉 양(陽 : ⚊)은 우(耦) 즉 음(陰 : ⚋)으로 변효(變爻)하고, 우(耦) 즉 음(陰 : ⚋)은 기(奇) 즉 양(陽 : ⚊)으로 변효(變爻)한다. 대성괘(大成卦)의 매효(每爻)는 일음일양(一陰一陽)의 역지도(易之道)를 따른다. 그러므로 매효(每爻)의 계사(繫辭)는 본효(本爻)를 따라 취의(取義) 즉 뜻을[義] 취하기도[取] 하고, 변효(變爻)를 따라 취의(取義)하기도 하며, 호괘(互卦)를 따라 취의(取義)하기도 한다. 따라서 계사를 살필 때는 본효(本爻)-변효(變爻)의 경우를 따라 살필 수도 있고, 호괘(互卦)의 경우를 따라 살펴야 하는 것이 효사(爻辭)에 따른 계사(繫辭)이다.

註 잠룡물용(潛龍勿用) 하위야(何謂也) 자왈(子曰) 용덕이은자야(龍德而隱者也) : 잠긴[潛] 용이니[龍] 쓰지[用] 말지어다 함은[勿] 무엇을[何] 말합니까[謂也]? 공자[子] 가로되[曰], 용의[龍] 덕이 있음[德]인데[而] 숨어 있는[隱] 것[者]이다[也]. 「문언전(文言傳)」

# 구이(九二 : ⚊)

九二 : 見龍在田이니 利見大人이다
현룡재전 이견대인

구이(九二) : 나타난[見] 용이[龍] 논밭에[田] 있으니[在] 대인을[大人] 뵘이[見] 이롭다[利].

**【구이(九二)의 효상(爻象) 풀이】**

건괘(乾卦 : ☰) 구이(九二 : ⚊)의 효상(爻象)은 순양(純陽 : ⚊)의 건괘(乾卦 : ☰) 둘째 효(爻)인지라 타괘(他卦)에서라면 이양거음(以陽居陰) 즉 양(陽 : ⚊)으로써[以] 음(陰 : ⚋)의 자리에 있는지라[居] 정당한 자리에 있지 못하다 할 것이다. 다른 대성괘(大成卦)에서라면 구이(九二 : ⚊)가 부정위지효(不正位之爻) 즉 정당하지[正] 못한[不] 자리에 있는[位之] 효(爻)라고 지적받게 될 것이다. 그러나 건괘

(乾卦 : ䷀)에서 여섯 효(爻)는 모두 양(陽 : ⚊)인지라 여섯 효(爻)의 상호간(相互間)의 관계를 따져 응(應)과 비(比)를 따져볼 것이 없다. 건괘(乾卦 : ䷀)에서만은 여섯 효(爻)가 모두 순일(純一)하게 양(陽 : ⚊)이므로 혼화(渾和) 즉 모두 같아[渾] 어울려[和] 저마다의 일을 저마다 다하는 대인(大人)의 모습인지라 상충(相衝) 즉 서로[相] 부딪침[衝]이란 없다. 따라서 구이(九二 : ⚊)는 건괘(乾卦 : ䷀) 하체(下體)의 중효(中爻)로서 득중(得中) 즉 정도를 따름을[中] 취하여[得] 할 일을 다하는 효상(爻象)이다.

> 건괘(乾卦 : ䷀)의 구이(九二 : ⚊)가 육이(六二 : ⚋)로 변효(變爻)하면 구이(九二 : ⚊)는 건괘(乾卦 : ䷀)를 13번째 동인괘(同人卦 : ䷌)로 지괘(之卦)하게 한다. 따라서 건괘(乾卦 : ䷀)의 구이(九二 : ⚊)는 동인괘(同人卦 : ䷌)의 육이(六二 : ⚋)를 찾아가 살펴보게 한다.

**【구이(九二)의 계사(繫辭) 풀이】**

## 見龍在田(현룡재전)

**나타난[見] 용이[龍] 논밭에[田] 있다[在].**

구이(九二 : ⚊)의 변효(變爻)를 빌려 구이(九二 : ⚊)를 암시한 계사(繫辭)이다. 〈현룡(見龍)〉은 구이(九二 : ⚊)가 변효(變爻)하여 건괘(乾卦 : ䷀)의 하체(下體) 건(乾 : ☰)이 이(離 : ☲)로 변괘(變卦)함을 암시한다. 〈현룡(見龍)의 현(見)〉 즉 〈드러남[見]〉이 「설괘전(說卦傳)」에 나오는 〈만물이[萬物] 모두[皆] 서로[相] 드러난다[見]〉는 내용을 환기시키기 때문이다. 밝아야[明] 드러나는[見] 것이다. 여기 〈현룡(見龍)의 현(見)〉은 〈드러날 현(現)〉과 같다. 〈현룡(見龍)〉은 구이(九二 : ⚊)가 대명천지(大明天地)에 등장한 까닭을 〈재전(在田)〉이라고 취상(取象)한 것이다. 논밭에[田] 있다[在] 함은 일터에 있음을 뜻한다. 〈현룡(見龍)〉 즉 나타난[見] 용(龍)이 〈재전(在田)〉 즉 논밭에[田] 있다[在] 함은 덕시보(德施普) 즉 건덕이[德] 두루[普] 베풀어짐[施]을 암시한다. 논밭에서 춘작(春作) 즉 봄이면[春] 싹이 터서[作] 건덕(乾德)의 〈원(元)〉을 베풀고, 논밭에서 하장(夏長) 즉 여름이면[夏] 싹이 무성히 자라[長] 건덕(乾德)의 〈형(亨)〉을 베풀고, 밭에서 추렴(秋斂) 즉 가을이면[秋] 무성히 자라 맺은 열매를 거두는[斂] 건덕(乾德)의 〈이(利)〉를 베풀고, 밭에서 동장(冬藏) 즉 겨울이면[冬] 거두어들인 열매를 저장하는[藏] 건덕(乾德)의 〈정(貞)〉을 구이(九二 : ⚊)가 베풂을 암시함이 여기 〈재전(在田)〉이다. 따라서 구이(九二 : ⚊)가 건괘(乾卦 : ䷀)의 사덕(四德)인 〈원형리정(元亨利貞)〉을 온 세상에 치우침 없이 두루두루 베풂을 암시한 계사(繫辭)가 〈현룡재전(見龍在田)〉이다.

## 利見大人(이견대인)

### 대인을[大人] 뵘이[見] 이롭다[利].

구이(九二 : ⚊)를 본받아야 하는 까닭을 암시한 계사(繫辭)이다. 『주역(周易)』에서 효(爻)의 계사(繫辭)로 〈이견대인(利見大人)〉은 일곱 번이나 등장한다. 여기 〈이견대인(利見大人)〉은 〈약임하인견대인(若任何人見大人) 인인장리야(人人將利也)〉의 줄임이라 여기고 〈만약[若] 누구이든[任何人] 대인을[大人] 뵈면[見] 누구나[人人] 이로울 것[將利]이다[也]〉라고 새겨볼 것이다. 〈이견대인(利見大人)의 대인(大人)〉은 건괘(乾卦 : ䷀)의 하체(下體) 건(乾 : ☰)의 중효(中爻)인 구이(九二 : ⚊)를 취상(取象)한 것이다. 구이(九二 : ⚊)는 중정(中正) 즉 정도를[正] 따르며[中] 건괘(乾卦 : ䷀)의 사덕(四德)을 두루 베푸니 〈대인(大人)〉으로 취상(取象)한 것이다.

『주역(周易)』에 자주 등장하는 〈견대인(見大人)〉이란 말씀을 깨달아 두자면 대인(大人)의 도량(度量)이 어떠한지를 새겨 두어야 한다. 『주역(周易)』을 가까이해야 하는 까닭이 바로 〈견대인(見大人)〉 즉 대인을[大人] 찾아 뵙는[見] 길들이 『주역(周易)』의 계사(繫辭)마다 암시되어 있기 때문이다. 물론 〈이견대인(利見大人)〉이 『주역(周易)』에 일곱 번 등장하고 〈용견대인(用見大人)〉이 한 번 나오니 〈견대인(見大人)〉이 여덟 번에 걸쳐 등장한다. 『주역(周易)』의 계사(繫辭)마다 〈견대인(見大人)〉의 길을 넓혀준다고 여겨도 된다. 『주역(周易)』의 온 계사(繫詞)들은 『논어(論語)』에 나오는 〈인능홍도(人能弘道)〉 즉 사람이[人] {천덕(天德)의} 도를[道] 넓힐[弘] 수 있음[能]을 보여준다. 〈이견대인(利見大人)〉은 대인(大人)이 어디 가면 있으니 거기로 찾아가 대인(大人)을 친견(親見)하라 함이 아니다. 사람은 누구나 자신을 대인(大人)이게 할 수도 있고 소인(小人)이게 할 수도 있다. 편사(偏私) 즉 사사로움에[私] 치우치면[偏] 그 순간 누구나 소인(小人)이 되고, 무사(無私) 즉 사사로움이[私] 없다면[無] 그 순간 누구나 대인(大人)이 되는 것임을 깨닫게 하는 말씀이 『주역(周易)』의 〈견대인(見大人)〉이다. 따라서 『주역(周易)』의 〈견대인(見大人)〉이란 자신을 대인(大人)이 되게 하라는 말씀이다. 『노자(老子)』에 나오는 〈갓 태어난 아이로[於嬰兒] 되돌아오라[復歸]〉 함도 『주역(周易)』의 〈견대인(見大人)〉을 밝힘이고, 『장자(莊子)』에 나오는 〈지인에게는[至人] 사사로움이[私] 없다[無]〉 함이나 〈대인은[大人] 사사롭지 않다[不私]〉 함도 『주역(周易)』의 〈견대인(見大人)〉을 밝힘이며, 『맹자(孟子)』에 나오는 〈갓난이 적의[赤子之] 마음을[心] 잃지 않는[不失] 사람[者]〉이라 함도 『주역(周易)』의 〈견대인(見大人)〉을 밝힘이다. 영아(嬰兒)보다 더 맞아떨어지는 불사(不私)의 인간은 없다. 사사로움이[私] 없음[無]이란 무기[無己]로 이어진다. 무기(無己)의 기(己)란 소아(小我)를 말한다. 소아(小我)란 제 욕심에 매달려 얽매인 자신을 말한다. 무기(無己)란 곧 대아(大我)를 말한다. 그러므로 구이(九二 : ⚊)를 본받아 삶을 마주하고 나 스스로 소아(小我)를 벗어나 대아(大我)로 복귀(復歸) 즉 되돌아옴[復歸]을 깨우쳐주는 계사(繫辭)가 〈견대인(見大人)〉이다.

【字典】

**見** 〈견-현〉 두 가지로 발음되고, 〈드러날 현(見)-노(露), 나타날 현(見)-현(顯), 있을 현(見)-재(在), 보일 현(見)-조(朝), 볼 견(見)-식(識)-시(視), 생각할 견(見)-사(思), 돌아볼 견(見)-고(顧), 미칠(당할) 견(見)-피(被)-당(當), 만나볼 견(見)-회(會)〉 등의 뜻을 내지만 여기선 〈드러날 노(露)〉와 같다 여기고 새김이 마땅하다.

**龍** 〈용-룡-롱-망〉 네 가지로 발음되고, 〈용(신령한 동물) 룡(龍)-인충장능유능명능세능거능단능장춘분이등천추분이잠연(鱗蟲長能幽能明能細能巨能短能長春分而登天秋分而潛淵) 신령동물(神靈動物), 귀신 이름 용(龍)-신명(神名) : 촉룡(燭龍), 별 이름 용(龍)-성명(星名) : 창룡(蒼龍), 말 이름 용(龍)-마고팔척지마(馬高八尺之馬), 임금님 용(龍)-천자사물지용어(天子事物之用語) : 용안(龍顔)-용가(龍駕), 두덕 롱(龍)-전중고처(田中高處), 잿빛 망(龍)-흑백잡색(黑白雜色)〉 등의 뜻을 내지만 여기선 〈신령한 동물 룡(龍)〉으로 여기고 새김이 마땅하다.

**재(在)** 〈있을 재(在)-존(存), 살 재(在)-거(居)-거(凥), 있는 곳 재(在)-소재(所在), 살필 재(在)-찰(察), 마칠 재(在)-종(終), 저절로 있을 재(在)-자재(自在), 땅속에서 싹이

터오를 재(在), ~에서 재(在)-어(於), ~뿐이다 재(在)-이(耳), ~이다 재(在)-의(矣) 등의 어조사 노릇〉 등의 뜻을 내지만 여기선 〈있을 존(存)〉과 같다 여기고 새김이 마땅하다.

**전(田)** 〈논밭(밭) 전(田)-전답(田畓), 씨앗으로 쓸 곡식(씨곡) 전(田)-종곡(種穀), 오십 이랑의 밭 전(田)-오십무(五十畝), 밭농사 짓는 일 전(田)-전산생업(田産生業), 밭갈이 전(田)-경작(耕作), 사냥 전(田)-전(畋)-수렵(狩獵), 봄철 사냥 전(田)-춘수(春狩), 진열할 전(田)-진열(陳列), 큰 북 전(田)-대고(大鼓), 동방 전(田)-동방(東方)〉 등의 뜻을 내지만 여기선 〈논밭(밭) 전답(田畓)〉으로 여기고 새김이 마땅하다.

**이(利)** 〈만물로 하여금 삶을 이루어가게 하는 덕(德)의 이로울 이(利)-사만물수생지덕(使萬物遂生之德), 날카로울 이(利)-예(銳)-섬(銛), 질병 이(利)-질(疾), 통할 이(利)-통(通)-순(順), 좋을 이(利)-길(吉)-의(宜), 편리할 이(利)-편(便), 마름해 만들어 이룰 이(利)-재성(裁成), 탐할 이(利)-탐(貪), 구할(취할) 이(利)-구(求)-취(取), 좋아할 이(利)-열애(悅愛), 이로울 이(利)-익(益), 기교 이(利)-교(巧), 보람 이(利)-공용(功用), 지세가 험하고 중요한 이(利)-험요(險要), 이길 이(利)-승(勝), 어질 이(利)-인(仁)〉 등의 뜻을 내지만 여기선 〈사만물수생지덕(使萬物遂生之德) 즉 만물로 하여금 삶을 이루어가게 하는 덕(德)의 이로울 이(利)〉로 여기고 새김이 마땅하다. 〈利〉가 맨 앞에 올 때는 〈이〉로 발음되고, 중간이나 뒤에 올 때는 〈리〉로 발음된다.

**대(大)** 〈큰 대(大)-소지대(小之對), 지나칠 대(大)-과(過), 자만할 대(大)-과(誇)-긍벌(矜伐), 넓을 대(大)-광(廣), 두루 대(大)-편(徧), 통할 대(大)-통(通), 길 대(大)-장(長), (땅을) 걸게 할 대(大)-비(肥), 두터울 대(大)-후(厚), 많을 대(大)-다(多), 모두 대(大)-개(皆), 선할 대(大)-선(善), 무거울 대(大)-중(重), 거대할 대(大)-거(巨), 아름다울 대(大)-미(美)-장(壯), 부유할 대(大)-부(富), 늙을 대(大)-노(老), 끝 대(大)-극(極), 대충 대(大)-조(組)-불세밀(不細密), 처음 대(大)-초(初), 하늘 대(大)-천(天), 건(乾)-양기(陽氣)-양효(陽爻) 대(大)〉 등의 뜻을 내지만 여기선 〈큰 대(大)〉로 여기고 새김이 마땅하다.

**인(人)** 〈사람 인(人)-만물지최령자(萬物之最靈者), 백성 인(人)-민(民), 남 인(人)-타인(他人), 아무개 인(人)-모인(某人), 도인 인(人)-도인(道人), 사람들 인(人)-인인(人人), 범인(소인) 인(人)-소인(小人)-범인(凡人), 인성 인(人)-인성(人性), 인위 인(人)-인위(人爲), 신하 인(人)-신하(臣下), 중서(민중) 인(人)-중서(衆庶)-민중(民衆), 건괘-진괘

인(人)-건위인(乾爲人)-진위인(震爲人), 어짊 인(人)-인(仁), 선인 인(人)-선인(先人), 서로 어여삐 여길 인(人)-상련(相憐)〉 등의 뜻을 내지만 〈사람 인(人)〉으로 여기고 새김이 마땅하다.

---

註 이야자명야(離也者明也) 만물개상현(萬物皆相見) 남방지괘야(南方之卦也) 성인남면이청천하(聖人南面而聽天下) 향명이치(響明而治) 개취제차야(蓋取諸此也) : 이(離 : ☲)라는[也] 것은[者] 밝음[明]이다[也]. {이(離 : ☲)로써} 만물이[萬物] 모두[皆] 서로[相] 드러난다[見]. {이(離 : ☲)는} 남방의[南方之] 괘(卦)이다[也]. {이(離 : ☲)를 본받아} 성인이[聖人] 남쪽으로[南] 향해서[面而] 온 세상을[天下] 듣고[聽] 밝음을[明] 울려서[響而] 다스리니[治] 대개[蓋] 이에서[此] 다스림을[諸] 취함[取]이다[也]. 「설괘전(說卦傳)」 5단락(段落)

註 인능홍도(人能弘道) 비도홍인(非道弘人) : 사람이[人] 도를[道] 넓힐[弘] 수 있지[能] 도가[道] 사람을[人] 넓히는 것은[弘] 아니다[非]. 『논어(論語)』「위령공(衛靈公)」 28장(章)

註 위천하계(爲天下谿) 상덕불리(常德不離) 복귀어영아(復歸於嬰兒) : 온 세상의[天下] 시내가[谿] 되면[爲] 상덕이[常德] {그 계(谿)를} 떠나지 않고[不離] 갓난애로[於嬰兒] 되돌아온다[復歸]. 『노자(老者)』 28장(章)

註 지인무기(至人無己) 신인무공(神人無功) 성인무명(聖人無名) : 지인에게는[至人] 사사로움이[己] 없고[無] 신인에게는[神人] 공적이[功] 없으며[無] 성인에게는[聖人] 명예가[名] 없다[無]. 『장자(莊子)』「소요유(逍遙遊)」 1절(節)

註 대인합병이위공(大人合幷而爲公) 시이(是以) 자외입자(自外入者) 유주이부집(有主而不執) 유중출자(由中出者) 유정이불거(有正而不距) 사시수기(四時殊氣) 천불사(天不私) 고(故) 세성(歲成) : 대인은[大人] (이것 저것들을) 합쳐[合] 어울려서[幷而] 하나이게[公] 한다[爲]. 이렇기[是] 때문에[以] 밖에서[自外] 들어오는[入] 것에[者] (즉 남들의 의견에 관해) 자기 주장이[主] 있어도[有而] 고집하지 않으며[不執], 마음 속에서[由中] 나오는[出] 것에[者] (즉 자기 의견이) 올바름이[正] 있어도[有而] (남의 의견을) 가로막지 않는다[不距]. 네 계절이[四時] 기운을[氣] 달리하지만[殊] 자연은[天] 사사롭지 않다[不私]. 그래서[故] 한 해가[歲] 이루어진다[成]. 『장자(莊子)』「칙양(則陽)」 10절(節)

註 대인자(大人者) 불실기적자지심자야(不失其赤子之心者也) : 대인(大人)이란[者] 제[其] 갓난이의[赤子之] 마음을[心] 잃지 않는[不失] 사람[者]이다[也]. 『맹자(孟子)』「이루장구하(離婁章句下)」 13장(章)

# 구삼(九三 : ━)

九三 : 君子終日乾乾하여 夕惕若하니 厲해도 无咎리라
군자종일건건 석척약 여 무구

구삼(九三) : 군자가[君子] 하루[日] 내내[終] 스스로 가다듬어 애쓰다가[乾乾] 저녁에는[夕] {낮의 건건(乾乾)을} 근심하니[惕若] 위태롭다 해도[厲] 허물이[咎] 없다[无].

**【구삼(九三)의 효상(爻象) 풀이】**

건괘(乾卦 : ䷀) 구삼(九三 : ━)의 효상(爻象)은 순양(純陽 : ━)의 건괘(乾卦 : ䷀) 셋째 효(爻)인지라 다른 대성괘(大成卦)에서라면 이양거양(以陽居陽) 즉 양(陽 : ━)으로써[以] 양(陽 : ━)의 자리에 있는지라[居] 정당한 자리에 있다 할 것이다. 그러나 건괘(乾卦 : ䷀)에서 여섯 효(爻)는 모두 양(陽 : ━)인지라 여섯 효(爻)의 상호간(相互間)의 관계를 따져 응(應)과 비(比)를 따져볼 것이 없다. 건괘(乾卦 : ䷀)에서만은 여섯 효(爻)가 모두 순일(純一)하게 양(陽 : ━)이므로 혼화(渾和) 즉 모두 같아[渾] 어울려[和] 저마다의 일을 저마다 다하는 대인(大人)의 모습인지라 상충(相衝) 즉 서로[相] 부딪침[衝]이란 없다. 따라서 구삼(九三 : ━)은 건괘(乾卦 : ䷀)의 상하체(上下體) 두 건(乾 : ☰)의 사이[際]에 있고 건괘(乾卦 : ䷀)의 하체(下體) 건(乾 : ☰)의 중위(中位)를 벗어나 상효(上爻)로서 정당한 자리에 있음을 앞세워, 편강(偏剛) 즉 굳셈에[剛] 치우쳐[偏] 자만(自慢)에 빠지기 쉬워 위험할 수 있어서 항상 스스로 근신(勤愼) 즉 애써[勤] 삼가[愼] 조심해야 하는 효상(爻象)이다.

건괘(乾卦 : ䷀)의 구삼(九三 : ━)이 육삼(六三 : ╍)으로 변효(變爻)하면 구삼(九三 : ━)은 건괘(乾卦 : ䷀)를 10번째 이괘(履卦 : ䷉)로 지괘(之卦)하게 한다. 따라서 건괘(乾卦 : ䷀)의 구삼(九三 : ━)은 이괘(履卦 : ䷉)의 육삼(六三 : ╍)을 찾아가 살펴보게 한다.

【구삼(九三)의 계사(繫辭) 풀이】

## 君子終日乾乾(군자종일건건)

군자가[君子] 하루[日] 내내[終] 스스로 가다듬어 애쓰다[乾乾].

구삼(九三 : ━)의 효위(爻位)를 빌려 구삼(九三 : ━)을 암시한 계사(繫辭)이다. 〈군자종일건건(君子終日乾乾)〉에서 〈군자(君子)〉는 구삼(九三 : ━)을 암시한다. 구삼(九三 : ━)은 건괘(乾卦 : ䷀)의 상하체(上下體) 두 건(乾 : ☰)의 사이[際]에 있고 동시에 중위(中位)를 벗어나 상위(上位)에 있는지라 험위(險位) 즉 험난한[險] 자리[位]에 있음을 깨닫고 있음을 〈종일건건(終日乾乾)〉이 암시한다. 〈종일건건(終日乾乾)의 종일(終日)〉은 구삼(九三 : ━)이 〈건건(乾乾)〉을 불식(不息) 즉 멈추지 않음[不息]을 암시하고, 동시에 〈종일건건(終日乾乾)의 건건(乾乾)〉은 자강면력(自彊勉力) 즉 스스로 몸과 마음을 가다듬어[自彊] 애쓰기[勉力]를 구삼(九三 : ━)이 험위(險位)에 있지만 멈추지 않는 모습을 암시한다. 따라서 구삼(九三 : ━)이 험난한[險] 자리[位]에 있지만 쉼 없이[終日] 굴하지 않고 강건하고[乾] 더욱 튼튼히[乾] 건덕(乾德)을 펼쳐 나아감을 암시한 계사(繫辭)가 〈군자종일건건(君子終日乾乾)〉이다.

## 夕惕若(석척약) 厲(여) 无咎(무구)

저녁에는[夕] {낮의 건건(乾乾)을} 근심하니[惕若] 위태롭다 해도[厲] 허물이[咎] 없다[无].

구삼(九三 : ━)이 자신의 자리가 양(陽 : ━)의 자리임을 잊지 않음을 암시한 계사(繫辭)이다. 〈석척약(夕惕若) 여(厲) 무구(无咎)〉는 〈지향석지시구삼척약(至向夕之時九三惕若) 수구삼유려(雖九三有厲) 구삼무구(九三无咎)〉의 줄임으로 여기고 〈만약에 저녁때가[夕之時] 되어[至向] 구삼이[九三] {하루 내내 행한 건건(乾乾)을} 생각하며 걱정한다[惕]면[若] 비록 구삼에게[九三] 위태함이[厲] 있다[有] 해도[雖] 구삼에게[九三] 허물은[咎] 없다[无]〉고 새겨볼 것이다. 〈석척약(夕惕若)〉에서 〈척(惕)〉은 회우(懷憂) 즉 생각하며[懷] 걱정함[憂]을 뜻한다고 여김이 마땅하고, 〈석척약(夕惕若)〉에서 〈약(若)〉은 〈만약 ~하다면〉의 접속사 노릇을 하여 〈약석척

(若夕惕)〉과 같다 여기면 된다. 〈석척약(夕惕若)〉은 구삼(九三 : ⚊) 자신이 양(陽 : ⚊)으로서 양(陽 : ⚊)의 자리에 있는지라 강강(剛强)에 치우칠 수 있으니 행동거지를 조심하지 않으면 안 됨을 스스로 성찰(省察)함이다. 구삼(九三 : ⚊)이 비록 건괘(乾卦 : ䷀) 하체(下體)의 상효(上爻)일지라도 자신이 건괘(乾卦 : ䷀)의 내호괘(內互卦) 건(乾 : ☰)의 중효(中爻)로서 근신(謹愼)함을 암시함이 〈석척약(夕惕若)〉이다. 따라서 구삼(九三 : ⚊)이 하루[日] 내내[終] 건(乾)의 사덕(四德)을 튼튼히 굳세게[乾乾] 펼쳐 나아감에 지나쳐 〈여(厲)〉 즉 위태롭다 해도[厲] 구삼(九三 : ⚊)에게 허물은[咎] 없는 것[无]이라고 암시한 계사(繫辭)가 〈석척약(夕惕若) 여(厲) 무구(无咎)〉이다.

【字典】

**군(君)** 〈지극히 높은 사람(천자-임금-제후) 군(君)-지존자(至尊者), 임금을 이을(세자) 군(君)-세자(世子), 여왕 군(君)-여군(女君), 어버이 군(君)-부모(父母), 돌아가신 임금-돌아가신 아버지-돌아가신 조상 군(君)-선군(先君)-선부(先父)-선조(先祖), 상대를 부르는 칭호 군(君)-칭호(稱號), 귀신을 받들어 부르는 칭호 군(君)-귀신지경칭(鬼神之敬稱), 맡아 다스릴 군(君)-주재(主宰), 하늘-건 군(君)-천(天)-건(乾), 양 군(君)-양(陽), 낮 군(君)-일(日), 중앙제단 군(君)-궁제단(宮祭壇), 흙 군(君)-토(土)〉 등의 뜻을 내지만 〈재덕겸구지인(才德兼具之人)〉 즉 재주와[才] 덕을[德] 아울러[兼] 갖춘[具之] 사람[人]을 칭하는 술어(術語)로 여기고 새김이 마땅하다.

**자(子)** 〈존칭(덕 있는 사람의 칭호) 자(子)-유덕자지칭(有德者之稱), 존경받는 사람 자(子)-존자(尊者), 벼슬 자(子)-작(爵), 12지의 첫째 자(子), 음력 11월 자(子), 밤 11시에서 다음 날 1시까지 자(子), 북쪽 방향 자(子)-북방(北方), 오행에서 물 자(子)-어오행속수(於五行屬水), 짐승에서 쥐 자(子)-어수위서(於獸爲鼠), 번성할 자(子)-자(滋), 뒤를 이어줄 자(子)-사(嗣)-식(息), 자녀 자(子)-자녀(子女), 자손 자(子)-자손(子孫), 남자를 일컫는 호칭 자(子)-남자지통칭(男子之通稱), 만물 자(子)-만물(萬物), 씨앗(열매) 자(子)-종자(種子)-과실(果實), 누구(사람) 자(子)-인(人)-수자(誰子), 백성 자(子)-백성(百姓)〉 등의 뜻을 내지만 여기선 〈덕 있는 사람[有德者]〉의 호칭으로 여기고 새김이 마땅하다.

**종(終)** 〈끝날(끝내) 종(終)-이(已), 다할 종(終)-진(盡)-극(極)-궁(窮)-경(竟), 충분할 종(終)-충(充), 이룰 종(終)-성(成), 사망 종(終)-사(死), 끝 종(終)-시지대(始之對)〉 등

의 뜻을 내지만 여기선 〈끝날 이(已)〉와 같다 여기고 새김이 마땅하다.

**일(日)** 〈낮 일(日)-주(晝), 해(태양) 일(日)-태양(太陽)-태양계중심(太陽系中心), 참 일(日)-실(實)-실정(實精), 볕 일(日)-양(陽)-양광(陽光), 불 일(日)-화(火), 임금의 모습 일(日)-군상(君象), 덕 일(日)-덕(德)-일자덕야(日者德也) 월자형야(月者刑也), 세월 일(日)-광음(光陰), 시기 일(日)-시기(時期), 기한 일(日)-기한(期限), 시일 일(日)-시일(時日), 나날 일(日)-별일(別日)〉 등의 뜻을 내지만 여기선 〈낮 주(晝)〉로 여기고 새김이 마땅하다.

**건(乾)** 〈튼튼할 건(乾)-건(健), (64괘의 하나) 건괘 건(乾)-건괘(乾卦 : ䷀), (팔괘의 하나) 건괘 건(乾)-건괘(乾卦 : ☰), 위에 나오는 건(乾)-상출(上出), 하늘 건(乾)-천(天), 양(남자) 건(乾)-양(陽)-남(男), 천자 건(乾)-천자(天子), 임금 건(乾)-군(君), 아버지(남편) 건(乾)-부(父)-부(夫), 서북 건(乾)-서북(西北), 굳셀 건(乾)-강(剛), 메마를 건(乾)-조(燥), 생기 없을 건(乾)-고갈(枯渴)-생기절(生氣絶), 표면(겉) 건(乾)-표면(表面), 이득 볼 건(乾)-득리(得利), 탈 없이 편안한 척할 건(乾)-무고이연(無故而然)〉 등의 뜻을 내지만 여기선 〈튼튼할 건(健)〉으로 새김이 마땅하다.

**夕** 〈석-사〉 두 가지로 발음되고, 〈저녁 석(夕)-조지대(朝之對), 저물 석(夕)-모(暮), 밤 석(夕)-곤(坤)-야간(夜間), 제할 석(夕)-제(除), 쏠릴 석(夕)-경(傾)-사(斜), 서녘 석(夕)-서방(西方), 한 움큼 사(夕)-일악(一握)〉 등의 뜻을 내지만 〈저녁 석(夕)〉으로 여기고 새김이 마땅하다.

**척(惕)** 〈걱정할 척(惕)-우(憂), 두려워할 척(惕)-구(懼), 투기할(원망할) 척(惕)-질(疾), 공경할 척(惕)-경(敬)〉 등의 뜻을 내지만 여기선 〈걱정할 우(憂)〉와 같다 여기고 새김이 마땅하다.

**若** 〈약-야〉 두 가지로 발음되고, 〈어조사(語助辭)로 ~면 약(若), 같을 약(若)-여(如), 너 약(若)-여(汝), 만약 약(若)-가사(假使), 따를 약(若)-순(順), 착할 약(若)-선(善), 그 약(若)-기(其), 미칠 약(若)-급(及)-지(至), 이 약(若)-차(此), 어말조사(語末助辭)로 ~듯 약(若), 반야(般若) 야(若)〉 등의 뜻을 내지만 여기선 어조사(語助辭)로 〈~면 약(若)〉으로 여기고 새김이 마땅하다.

**여(厲)** 〈위태로울 여(厲)-위(危), 엄정할 여(厲)-엄(嚴), 맑고 바를 여(厲)-청정(淸正), 마찰할 여(厲)-마(磨), 막을 여(厲)-항(抗), 일어날 여(厲)-기(起), 지을 여(厲)-작

(作), 사나울 여(厲)-학(虐), 병들 여(厲)-병(病), 낭떠러지 여(厲)-애(涯)〉 등의 뜻을 내지만 여기선 〈위태로울 위(危)〉와 같다 여기고 새김이 마땅하다. 〈厲〉가 맨 앞에 올 때는 〈여〉로 발음되고, 중간이나 뒤에 올 때는 〈려〉로 발음된다.

**무(无)** 〈없을 무(无)-무(無), 허무지도 무(无)-허무지도(虛无之道), 으뜸 무(无)-원(元)〉 등의 뜻을 내지만 여기선 〈없을 무(無)〉와 같다 여기고 새김이 마땅하다.

**구(咎)** 〈재앙 구(咎)-재(災), 병될 구(咎)-병(病), 허물 구(咎)-건(愆)-과(過), 나쁠 구(咎)-오(惡)〉 등의 뜻을 내지만 여기선 〈허물 건(愆)-과(過)〉와 같다 여기고 새김이 마땅하다. 〈무구(无咎)〉는 〈면어구(免於咎)〉 즉 허물을[於咎] 면하다[免]와 같다.

## 구사(九四 : ⚊)

九四 : 或躍在淵이나 无咎리라
　　　혹 약 재 연　　　무 구

구사(九四) : 깊은 못[淵]에서[在] 아마도[或] 뛰어오르나[躍] 허물이[咎] 없다[无].

**【구사(九四)의 효상(爻象) 풀이】**

건괘(乾卦 : ䷀) 구사(九四 : ⚊)의 효상(爻象)은 순양(純陽 : ⚊)의 건괘(乾卦 : ䷀) 넷째 효(爻)인지라 다른 대성괘(大成卦)에서라면 이양거음(以陽居陰) 즉 양(陽 : ⚊)으로써[以] 음(陰 : ⚋)의 자리에 있는지라[居] 정당한 자리에 있지 않다고 할 것이다. 그러나 건괘(乾卦 : ䷀)에서 여섯 효(爻)는 모두 양(陽 : ⚊)인지라 여섯 효(爻)의 상호간(相互間)의 관계를 따져 응(應)과 비(比)를 따져볼 것이 없다. 건괘(乾卦 : ䷀)에서만은 여섯 효(爻)가 모두 순일(純一)하게 양(陽 : ⚊)이므로 혼화(渾和) 즉 모두 같아[渾] 어울려[和] 저마다의 일을 저마다 다하는 대인(大人)의 모습인지라 상충(相衝) 즉 서로[相] 부딪침[衝]이란 없다. 따라서 구사(九四 : ⚊)는 아래 구삼(九三 : ⚊)과 같이 건괘(乾卦 : ䷀)의 상하체(上下體) 두 건(乾 : ☰)의 사이[際]에 있지만 건괘(乾卦 : ䷀)의 하체(下體) 건(乾 : ☰)을 벗어나 상체(上體) 건(乾 : ☰)의 초효(初爻)로서 개시(開始)하는 처지인지라 경솔하게 상진(上進)하지 말아야 하는 효상(爻象)이다.

건괘(乾卦 : ䷀)의 구사(九四 : ⚊)가 육사(六四 : ⚋)로 변효(變爻)하면 구사(九四 : ⚊)는 건괘(乾卦 : ䷀)를 9번째 소축괘(小畜卦 : ䷈)로 지괘(之卦)하게 한다. 따라서 건괘(乾卦 : ䷀)의 구사(九四 : ⚊)는 소축괘(小畜卦 : ䷈)의 육사(六四 : ⚋)를 찾아가 살펴보게 한다.





【구사(九四)의 계사(繫辭) 풀이】

## 或躍在淵(혹약재연) 无咎(무구)

**깊은 못[淵]에서[在] 아마도[或] 뛰어오르나[躍] 허물이[咎] 없다[无].**

구사(九四 : ⚊)의 효위(爻位)를 빌려 구사(九四 : ⚊)의 효상(爻象)을 암시한 계사(繫辭)이다. 〈혹약재연(或躍在淵)〉은 구사(九四 : ⚊)가 변효(變爻)함을 암시한다. 구사(九四 : ⚊)가 변효(變爻)하면 건괘(乾卦 : ䷀)의 상체(上體) 건(乾 : ☰)은 손(巽 : ☴)이 되고, 건괘(乾卦 : ䷀)의 외호괘(外互卦) 건(乾 : ☰)은 이(離 : ☲)가 된다. 「설괘전(說卦傳)」에 나오는 〈손(巽 : ☴)은 바람[風]이고[爲] 높음[高]이며[爲] …… 이(離 : ☲)는 불[火]이다[爲]〉라는 내용을 〈혹약재연(或躍在淵)의 혹약(或躍)〉이 상기시키는 까닭이다. 건괘(乾卦 : ䷀)의 구사(九四 : ⚊)는 하체(下體)의 건(乾 : ☰)을 벗어나 상체(上體)의 건(乾 : ☰)으로 올라왔음을 〈혹약(或躍)〉이 암시하고, 동시에 바람[風]을 타고 불[火]을 품으면서 승천(昇天) 즉 하늘로[天] 오름[昇]을 빌려 구사(九四 : ⚊)를 취상(取象)한 것이 〈혹약(或躍)〉이다. 〈혹약재연(或躍在淵)의 재연(在淵)〉은 〈어연(於淵)〉과 같고, 여기 〈재연(在淵)의 연(淵)〉은 건괘(乾卦 : ䷀)의 하체 건(乾 : ☰)을 취상(取象)한 것이다. 구사(九四 : ⚊)는 〈잠룡(潛龍)-현룡(見龍)-군자건건(君子乾乾)〉의 시운(時運)을 다 겪었는지라 구사(九四 : ⚊)가 〈혹약(或躍)〉 즉 조심하다가 알맞은 때가 오면[或] 하늘로 도약해도[躍] 구사(九四 : ⚊)에게 허물이[咎] 없음[无]을 암시한 계사(繫辭)가 〈혹약재연(或躍在淵) 무구(无咎)〉이다.

【字典】

**혹(或)** 〈아마도 혹(或), 때때로 혹(或)-간(間), 의심할 혹(或)-의(疑), 괴이할 혹(或)-괴(怪), 어떤 이(모르는 사람들) 혹(或)-수(誰), 있을 혹(或)-유(有)〉 등의 뜻을 내지만 여기선 〈아마도 혹(或)〉으로 여기고 새김이 마땅하다.

**躍** 〈약-적〉 두 가지로 발음되고, 〈뛸 약(躍)-도(跳)-진(進)-잠기(暫起), 오를 약(躍)-상(上), 빠를 약(躍)-신(迅), 넘쳐날 약(躍)-창(漲), 뛸 적(躍)-도(跳)-진(進)-잠기(暫起)〉 등의 뜻을 내지만 〈뛸 도(跳)〉와 같다 여기고 새김이 마땅하다.



**재(在)** 〈~에서 재(在)-어(於), 살필 재(在)-찰(察), 있을 재(在)-존(存), 살 재(在)-거(居)-거(凥), 있는 곳 재(在)-소재(所在), 마칠 재(在)-종(終), 저절로 있을 재(在)-자재(自在), 땅속에서 싹이 터오를 재(在), ~뿐이다 재(在)-이(耳), ~이다 재(在)-의(矣) 등의 어조사 노릇〉 등의 뜻을 내지만 여기선 〈~에서 어(於)〉와 같다 여기고 새김이 마땅하다.



**연(淵)** 〈깊을 연(淵)-심(深), 못 연(淵)-지(池), 둥둥 북소리 연(淵)-고성(鼓聲), 모래톱 연(淵)-강중사지(江中沙地)〉 등의 뜻을 내지만 여기선 〈깊을 심(深)〉과 같다 여기고, 심연(深淵) 즉 깊은[深] 못[淵]으로 새김이 마땅하다.

**무(无)** 〈없을 무(无)-무(無), 허무지도 무(无)-허무지도(虛无之道), 으뜸 무(无)-원(元)〉 등의 뜻을 내지만 여기선 〈없을 무(無)〉와 같다 여기고 새김이 마땅하다.

**구(咎)** 〈허물 구(咎)-건(愆), 재앙 구(咎)-재(災), 미워할 구(咎)-구(仇)〉 등의 뜻을 내지만 여기선 〈허물 건(愆)〉과 같아, 구건(咎愆)의 줄임말로 여기고 새김이 마땅하다.

---

註 손위풍(巽爲風) …… 위고(爲高) : 손(巽 : ☴)은 바람[風]이고[爲] …… 높음[高]이다[爲].
「설괘전(說卦傳)」 11단락(段落)

註 이위화(離爲火) : 이(離 : ☲)는 불[火]이다[爲]. 「설괘전(說卦傳)」 11단락(段落)

## 구오(九五 : ⚊)

**九五 : 飛龍在天이니 利見大人이다**
비룡재천 이견대인

구오(九五) : 나는[飛] 용이[龍] 하늘에[天] 있으니[在] 대인을[大人] 뵘이[見] 이롭다[利].

【구오(九五)의 효상(爻象) 풀이】

건괘(乾卦 : ䷀) 구오(九五 : ⚊)의 효상(爻象)은 순양(純陽 : ⚊)의 건괘(乾卦 : ䷀) 다섯째 효(爻)인지라 이양거양(以陽居陽) 즉 양(陽 : ⚊)으로써[以] 양(陽 : ⚊)의 자리에 있는지라[居] 정당한 자리에 있다. 그러나 건괘(乾卦 : ䷀)에서 여섯 효(爻)는 모두 양(陽 : ⚊)인지라 여섯 효(爻)의 상호간(相互間)의 관계를 따져 응(應)과 비(比)를 따져볼 것이 없다. 건괘(乾卦 : ䷀)에서만은 여섯 효(爻)가 모두 순일(純一)하게 양(陽 : ⚊)이므로 혼화(渾和) 즉 모두 같아[渾] 어울려[和] 저마다의 일을 저마다 다하는 대인(大人)의 모습인지라 상충(相衝) 즉 서로[相] 부딪침[衝]이란 없다. 따라서 구오(九五 : ⚊)는 건괘(乾卦 : ䷀)의 상체(上體) 건(乾 : ☰)의 중정(中正) 즉 중효정위(中爻正位)의 줄임으로 중효이며[中] 바른 자리에 있음[正]을 말한다. 중효이며[中] 바른 자리에 있다[正] 함은 득중(得中) 즉 정도를 따름을[中] 취하여[得] 매사를 정확하게 마주하고 더없는 행운을 누려, 행동을 취해도 되는 적기(適機)를 맞이한 효상(爻象)이다.

> 건괘(乾卦 : ䷀)의 구오(九五 : ⚊)가 육오(六五 : ⚋)로 변효(變爻)하면 구오(九五 : ⚊)는 건괘(乾卦 : ䷀)를 14번째 대유괘(大有卦 : ䷍)로 지괘(之卦)하게 한다. 따라서 건괘(乾卦 : ䷀)의 구오(九五 : ⚊)는 대유괘(大有卦 : ䷍)의 육오(六五 : ⚋)를 찾아가 살펴보게 한다.

【구오(九五)의 계사(繫辭) 풀이】

## 飛龍在天(비룡재천)

<u>나는[飛] 용이[龍] 하늘에[天] 있다[在].</u>

구오(九五 : ⚊)의 효위(爻位)를 빌려 구오(九五 : ⚊)의 효상(爻象)을 암시한 계사(繫辭)이다. 〈비룡재천(飛龍在天)〉은 구오(九五 : ⚊)가 건괘(乾卦 : ䷀)의 천위(天位)에 있음을 암시한다. 강강(剛强)한 구오(九五 : ⚊)는 건괘(乾卦 : ䷀) 상체(上體)의 중효(中爻)로서 정당(正當)한 자리에서 천위(天位) 즉 제왕(帝王)의 자리에 있다. 〈잠룡(潛龍)〉의 초구(初九 : ⚊)-〈현룡(見龍)〉의 구이(九二 : ⚊)-〈군자(君子)〉의 구삼(九三 : ⚊)-〈혹약(或躍)〉의 구사(九四 : ⚊) 등은 모두 땅을 떠나지 않은 〈용(龍)〉들이지만, 건괘(乾卦 : ䷀)의 구오(九五 : ⚊)는 땅을 떠나 〈재천

(在天)〉 즉 하늘에[天] 있음[在]을 빌려 〈비룡(飛龍)〉이라고 취상(取象)한 것이다. 동시에 〈비룡(飛龍)〉이 구오(九五 : ━)가 변효(變爻)하여 건괘(乾卦 : ䷀)의 상체(上體) 건(乾 : ☰)이 이(離 : ☲)로 변괘(變卦)함을 암시하기도 한다. 왜냐하면 〈비룡(飛龍)〉이 〈이(離 : ☲)는 눈[目]이다[爲]〉라는 내용을 상기시키기 때문이다. 구오(九五 : ━)가 하늘에서 날아다니면서[飛] 천하(天下)를 두루 내려다보며[目] 세상을 다스리는 제왕(帝王)임을 암시하고, 제왕의 자리[位]에 있음을 암시함이 〈재천(在天)〉이다. 따라서 여기 〈비룡(飛龍)〉은 구오(九五 : ━)가 제왕(帝王)임을 암시한다. 대성괘(大成卦)에서 오효(五爻)의 자리[位]는 제왕(帝王) 또는 군왕(君王)의 자리[位]이되 반드시 〈대인(大人)〉 즉 성인(聖人)을 본받는 성왕(聖王)이지 폭군(暴君)일 수 없다. 폭군(暴君)은 득중(得中) 즉 정도를 따름을[中] 취하기[得]를 뿌리치니 결코 중위(中位)인 오효(五爻)의 자리에 앉을 수 없다. 그러므로 〈비룡재천(飛龍在天)〉을 「상전(象傳)」에서 〈대인조(大人造)〉 즉 〈대인이[大人] 일어남[造]〉이라고 풀이한 것이다. 따라서 〈비룡재천(飛龍在天)의 비룡(飛龍)〉을 〈대인이[大人] 일어남[造]〉이라고 풀이해도 된다. 그러므로 〈나는[飛] 용이[龍] 하늘에[天] 있다[在]〉 함은 대인이[大人] 일어나[造] 온 세상에 건(乾)의 사덕(四德)인 〈원형리정(元亨利貞)〉을 두루 베풂[施]을 암시한 계사(繫辭)가 〈비룡재천(飛龍在天)〉이다.

## 利見大人(이견대인)

대인을[大人] 뵘이[見] 이롭다[利].

구오(九五 : ━)를 본받아야 하는 까닭을 암시한 계사(繫辭)이다. 『주역(周易)』에서 효(爻)의 계사(繫辭)로 〈이견대인(利見大人)〉은 일곱 번이나 등장한다. 여기 〈이견대인(利見大人)〉은 〈약임하인견대인(若任何人見大人) 인인장리야(人人將利也)〉의 줄임이라 여기고 〈만약[若] 누구이든[任何人] 대인을[大人] 뵈면[見] 누구나[人人] 이로울 것[將利]이다[也]〉라고 새겨볼 것이다. 〈이견대인(利見大人)의 견대인(見大人)〉은 〈법대인(法大人)〉 즉 대인을[大人] 본받기[法]와 같다. 저마다 스스로 대인(大人)을 본받아 소인(小人)을 벗어나 군자(君子)로서 거듭나라 함이 〈이견대인(利見大人)〉이다. 물론 여기 〈이견대인(利見大人)의 대인(大人)〉은 건괘(乾卦 : ䷀)의 상체(上體) 건(乾 : ☰)의 중효(中爻)인 구오(九五 : ━)를 암시한다. 구오

(九五 : ⚊)는 중효(中爻)인지라 건괘(乾卦 : ䷀)의 사덕(四德)을 두루 베푸니 〈대인(大人)〉으로 취상(取象)한 것이다.

『주역(周易)』에 자주 등장하는 〈견대인(見大人)〉이란 말씀을 깨달아 두자면 대인(大人)의 도량(度量)이 어떠한지를 새겨 두어야 한다. 『주역(周易)』을 가까이해야 하는 까닭이 바로 〈견대인(見大人)〉 즉 대인을[大人] 찾아 뵙는[見] 길들이 『주역(周易)』의 계사(繫辭)마다 암시되어 있기 때문이다. 물론 〈이견대인(利見大人)〉이 『주역(周易)』에 일곱 번 등장하고 〈용견대인(用見大人)〉이 한 번 나오니 〈견대인(見大人)〉이 여덟 번에 걸쳐 등장한다. 『주역(周易)』의 계사(繫辭)마다 〈견대인(見大人)〉의 길을 넓혀준다고 여겨도 된다. 『주역(周易)』의 온 계사(繫詞)들은 『논어(論語)』에 나오는 〈인능홍도(人能弘道)〉 즉 사람이[人] {천덕(天德)의} 도를[道] 넓힐[弘] 수 있음[能]을 보여준다. 〈이견대인(利見大人)〉은 대인(大人)이 어디 가면 있으니 거기로 찾아가 대인(大人)을 친견(親見)하라 함이 아니다. 사람은 누구나 자신을 대인(大人)이게 할 수도 있고 소인(小人)이게 할 수도 있다. 편사(偏私) 즉 사사로움에[私] 치우치면[偏] 그 순간 누구나 소인(小人)이 되고, 무사(無私) 즉 사사로움이[私] 없다면[無] 그 순간 누구나 대인(大人)이 되는 것임을 깨닫게 하는 말씀이 『주역(周易)』의 〈견대인(見大人)〉이다. 따라서 『주역(周易)』의 〈견대인(見大人)〉이란 자신을 대인(大人)이 되게 하라는 말씀이다. 『노자(老子)』에 나오는 〈갓 태어난 아이로[於嬰兒] 되돌아오라[復歸]〉 함도 『주역(周易)』의 〈견대인(見大人)〉을 밝힘이고, 『장자(莊子)』에 나오는 〈지인에게는[至人] 사사로움이[私] 없다[無]〉 함이나 〈대인은[大人] 사사롭지 않다[不私]〉 함도 『주역(周易)』의 〈견대인(見大人)〉을 밝힘이며, 『맹자(孟子)』에 나오는 〈갓난이 적의[赤子之] 마음을[心] 잃지 않는[不失] 사람[者]〉이라 함도 『주역(周易)』의 〈견대인(見大人)〉을 밝힘이다. 영아(嬰兒)보다 더 맞아떨어지는 불사(不私)의 인간은 없다. 사사로움이[私] 없음[無]이란 무기(無己)로 이어진다. 무기(無己)의 기(己)란 소아(小我)를 말한다. 소아(小我)란 제 욕심에 매달려 얽매인 자신을 말한다. 무기(無己)란 곧 대아(大我)를 말한다. 그러므로 구오(九五 : ⚊)를 본받아 삶을 마주하고 나 스스로 소아(小我)를 벗어나 대아(大我)로 복귀(復歸) 즉 되돌아옴[復歸]을 깨우쳐주는 계사[繫辭]가 〈견대인(見大人)〉이다.

【字典】

**비(飛)** 〈날아오를 비(飛)-상(翔)-저(翥), 떨어질(회오리바람) 비(飛)-낙(落)-표(飄), 뛰어나올 비(飛)-도출(跳出), 오를 비(飛)-양(揚), 던져 날아갈 비(飛)-척(擲), 휘달릴 비(飛)-급분(急奔), 번득일 비(飛)-번(翻), 넘어 달아날 비(飛)-월(越), 맑게 피어오르는 소리 비(飛)-청양지성(淸揚之聲), 느닷없이 다다를 비(飛)-무근지지(無根之至), 높을(윗사람) 비(飛)-고(高)-재상자(在上者), 급할 비(飛)-속(速)-급(急), 날개 달린 짐승 비(飛)-금조(禽鳥), 여섯 마리 말이 달릴 비(飛)-육마지질(六馬之疾), 오락가락할 비(飛)-비(斐), 아닌 것 비(飛)-비(非)〉 등의 뜻을 내지만 여기선 〈날아오를 상(翔)-저(翥)〉로 여기고 새김이 마땅하다.

**龍** 〈용-룡-롱-망〉 네 가지로 발음되고, 〈용(신령한 동물) 룡(龍)-인충장능유능명능세능거능단능장춘분이등천추분이잠연(鱗蟲長能幽能明能細能巨能短能長春分而登天秋分而潛淵) 신령동물(神靈動物), 귀신 이름 용(龍)-신명(神名) : 촉룡(燭龍), 별 이름 용(龍)-성명(星名) : 창룡(蒼龍), 말 이름 용(龍)-마고팔척지마(馬高八尺之馬), 임금님 용(龍)-천자사물지용어(天子事物之用語) : 용안(龍顔)-용가(龍駕), 두덕 롱(龍)-전중고처(田中高處), 잿빛 망(龍)-흑백잡색(黑白雜色)〉 등의 뜻을 내지만 여기선 〈신령한 동물 룡(龍)〉으로 여기고 새김이 마땅하다.

**재(在)** 〈있을 재(在)-존(存), 살 재(在)-거(居)-거(凥), 있는 곳 재(在)-소재(所在), 살필 재(在)-찰(察), 마칠 재(在)-종(終), 저절로 있을 재(在)-자재(自在), 땅속에서 싹이 터오를 재(在), ~에서 재(在)-어(於), ~뿐이다 재(在)-이(耳), ~이다 재(在)-의(矣) 등의 어조사 노릇〉 등의 뜻을 내지만 여기선 〈있을 존(存)〉과 같다 여기고 새김이 마땅하다.

**천(天)** 〈하늘(온갖 별이 떠 있는 허공) 천(天)-제성라열지공간(諸星羅列之空間), 더없이 높을 천(天)-전(巓)-지고무상(至高無上), 평평할 천(天)-탄(坦), 천체 천(天)-천체(天體), 태양 천(天)-태양(太陽), 조화의 신(천신) 천(天)-조화지신(造化之神)-천신(天神), 자연 천(天)-자연(自然), 임금 천(天)-군(君)-왕(王)-제(帝), 아버지 천(天)-부(父)-자지천(子之天), 치어다보이는 모든 것 천(天)-범소앙뢰자개왈천(凡所仰賴者皆曰天), 시절 천(天)-시절(時節)-계후(季候), 낮 천(天)-일(日), 양기 천(天)-양(陽), 건괘 천(天)-건(乾), 크나큰 천(天)-대(大), 경우 천(天)-경우(境遇), 명운(자연의 분수) 천(天)-명운(命運)-자연지분(自然之分), 본성 천(天)-성(性), 얼굴에 먹물 먹일 형 천(天)-경액지형(黥

額之刑)〉 등의 뜻을 내지만 여기선 〈하늘 천(天)〉으로 새김이 마땅하다.

**이(利)** 〈만물로 하여금 삶을 이루어가게 하는 덕(德)의 이로울 이(利)-사만물수생지덕(使萬物遂生之德), 날카로울 이(利)-예(銳)-섬(銛), 질병 이(利)-질(疾), 통할 이(利)-통(通)-순(順), 좋을 이(利)-길(吉)-의(宜), 편리할 이(利)-편(便), 마름해 만들어 이룰 이(利)-재성(裁成), 탐할 이(利)-탐(貪), 구할(취할) 이(利)-구(求)-취(取), 좋아할 이(利)-열애(悅愛), 이로울 이(利)-익(益), 기교 이(利)-교(巧), 보람 이(利)-공용(功用), 지세가 험하고 중요한 이(利)-험요(險要), 이길 이(利)-승(勝), 어질 이(利)-인(仁)〉 등의 뜻을 내지만 여기선 〈사만물수생지덕(使萬物遂生之德)〉 즉 〈만물로 하여금 삶을 이루어가게 하는 덕(德)의 이로울 이(利)〉로 여기고 새김이 마땅하다. 〈利〉가 맨 앞에 올 때는 〈이〉로 발음되고, 중간이나 뒤에 올 때는 〈리〉로 발음된다.

**대(大)** 〈큰 대(大)-소지대(小之對), 지나칠 대(大)-과(過), 자만할 대(大)-과(誇)-긍벌(矜伐), 넓을 대(大)-광(廣), 두루 대(大)-편(徧), 통할 대(大)-통(通), 길 대(大)-장(長), (땅을) 걸게 할 대(大)-비(肥), 두터울 대(大)-후(厚), 많을 대(大)-다(多), 모두 대(大)-개(皆), 선할 대(大)-선(善), 무거울 대(大)-중(重), 거대할 대(大)-거(巨), 아름다울 대(大)-미(美)-장(壯), 부유할 대(大)-부(富), 늙을 대(大)-노(老), 끝 대(大)-극(極), 대충 대(大)-조(粗)-불세밀(不細密), 처음 대(大)-초(初), 하늘 대(大)-천(天), 건(乾)-양기(陽氣)-양효(陽爻) 대(大)〉 등의 뜻을 내지만 여기선 〈큰 대(大)〉로 여기고 새김이 마땅하다.

**인(人)** 〈사람 인(人)-만물지최령자(萬物之最靈者), 백성 인(人)-민(民), 남 인(人)-타인(他人), 아무개 인(人)-모인(某人), 도인 인(人)-도인(道人), 사람들 인(人)-인인(人人), 범인(소인) 인(人)-소인(小人)-범인(凡人), 인성 인(人)-인성(人性), 인위 인(人)-인위(人爲), 신하 인(人)-신하(臣下), 중서(민중) 인(人)-중서(衆庶)-민중(民衆), 건괘-진괘 인(人)-건위인(乾爲人)-진위인(震爲人), 어짊 인(人)-인(仁), 선인 인(人)-선인(先人), 서로 어여삐 여길 인(人)-상련(相憐)〉 등의 뜻을 내지만 〈사람 인(人)〉으로 여기고 새김이 마땅하다.

---

註 이위목(離爲目) : 이(離 : ☲)는 눈[目]이다[爲]. 「설괘전(說卦傳)」 11단락(段落)

## 상구(上九 : ⚊)

**上九 : 亢龍이니 有悔리라**
항룡 유회

상구(上九) : 더 오를 데 없이 다 올라간[亢] 용이니[龍] 뉘우침이[悔] 있으리라[有].

**【상구(上九)의 효상(爻象) 풀이】**

건괘(乾卦 : ☰) 상구(上九 : ⚊)의 효상(爻象)은 순양(純陽 : ⚊)의 건괘(乾卦 : ☰) 상효(上爻) 즉 맨 위의 효(爻)인지라 이양거음(以陽居陰) 즉 양(陽 : ⚊)으로써[以] 음(陰 : ⚋)의 자리에 있는지라[居] 정당한 자리에 있지 못하다. 그러나 건괘(乾卦 : ☰)에서 여섯 효(爻)는 모두 양(陽 : ⚊)인지라 여섯 효(爻)의 상호간(相互間)의 관계를 따져 응(應)과 비(比)를 따져볼 것이 없다. 건괘(乾卦 : ☰)에서만은 여섯 효(爻)가 모두 순일(純一)하게 양(陽 : ⚊)이므로 혼화(渾和) 즉 모두 같아[渾] 어울려[和] 저마다의 일을 저마다 다하는 대인(大人)의 모습인지라 상충(相衝) 즉 서로[相] 부딪침[衝]이란 없다. 따라서 상구(上九 : ⚊)는 건괘(乾卦 : ☰)의 극위(極位)에 있어 더는 나아갈 데가 없는지라 회한(悔恨)에 쌓인 모습이다.

> 건괘(乾卦 : ☰)의 상구(上九 : ⚊)가 상륙(上六 : ⚋)으로 변효(變爻)하면 상구(上九 : ⚊)는 건괘(乾卦 : ☰)를 43번째 쾌괘(夬卦 : ☱)로 지괘(之卦)하게 한다. 따라서 건괘(乾卦 : ☰)의 상구(上九 : ⚊)는 쾌괘(夬卦 : ☱)의 상륙(上六 : ⚋)을 찾아가 살펴보게 한다.

**【상구(上九)의 계사(繫辭) 풀이】**

### 亢龍(항룡)

더 오를 데 없이 다 올라간[亢] 용이다[龍].

상구(上九 : ⚊)의 효위(爻位)를 빌려 상구(上九 : ⚊)의 효상(爻象)을 암시한 계사(繫辭)이다. 〈항룡(亢龍)의 항(亢)〉은 상구(上九 : ⚊)가 건괘(乾卦 : ☰)의 극위

(極位)에 있음을 암시한다. 극위(極位)란 더 올라갈 데가 없음이니 항양지지(亢陽之至) 즉 오를 데 없이 다 올라감에[亢] 양기가[陽之] 도달했음[至]이 곧 여기 상구(上九 : ⚊)임을 빌려 상구(上九 : ⚊)를 〈항룡(亢龍)〉이라고 취상(取象)한 것이다. 〈항룡(亢龍)의 항(亢)〉은 〈다할 극(極)〉과 〈높을 고(高)〉 두 뜻을 아우르고 있다 여기고 새김이 마땅하다. 따라서 〈항룡(亢龍)〉은 더 오를 데 없이 다 올라간[亢] 용(龍)이다. 사람으로 치면 상왕(上王)의 자리에 있음이다. 승극(昇極) 즉 오름이[昇] 극에 달하면[極] 하강(下降) 즉 아래로[下] 내려감[降]을 〈항룡(亢龍)의 항(亢)〉이 암시해 『노자(老子)』에 나오는 〈되돌아오는[反] 것이[者] 상도(常道)의[道之] 움직임이다[動]〉라는 내용을 상기시킨다. 이에 「상전(象傳)」은 〈항(亢)〉을 〈영(盈)〉으로 비유하여 〈꽉 차버림은[盈] 오래 갈[久] 수 없다[不可]〉고 밝혀 『노자(老子)』에 나오는 〈움푹하면[窪] 곧[則] 채운다[盈]〉는 내용을 상기시킨다. 대(大)의 양(陽 : ⚊)이 다하면[極] 소(小)의 음(陰 : ⚋)으로 돌아감이 역지도(易之道)이다. 여기 〈항룡(亢龍)의 항(亢)〉은 상구(上九 : ⚊)가 변효(變爻)하여 건괘(乾卦 : ䷀)의 상체(上體) 건(乾 : ☰)이 태(兌 : ☱)로 변괘(變卦)하여, 건괘(乾卦 : ䷀)가 43번째 쾌괘(夬卦 : ䷪)로 지괘(之卦)함으로써 상구(上九 : ⚊)를 취상(取象)하고 있음을 암시해, 〈항룡(亢龍)의 항(亢)〉이 쾌괘(夬卦 : ䷪) 상륙(上六 : ⚋)의 〈무호(无號) 종유흉(終有凶)〉 즉 〈불러줌이[號] 없어[无] 끝내[終] 불운함이[凶] 있다[有]〉는 계사(繫辭)를 연상시키기도 한다. 쾌괘(夬卦 : ䷪)의 다른 중양(衆陽)이 상륙(上六 : ⚋)을 〈호(號)〉 즉 불러줌이[號] 없듯이[无], 여기 상구(上九 : ⚊) 역시 오르기만을 고집하다 건괘(乾卦 : ䷀)의 중양(衆陽)들로부터 외면당함을 암시한 계사(繫辭)가 〈항룡(亢龍)〉이다.

## 有悔(유회)

뉘우침이[悔] 있으리라[有].

극위(極位)에 있는 상구(上九 : ⚊)가 물극(物極)의 깨우침을 암시한 계사(繫辭)이다. 〈유회(有悔)의 회(悔)〉가 「계사전상(繫辭傳上)」에 나오는 〈뉘우침과[悔] 부끄러워함이란[吝] 것은[者] 근심하고[憂] 걱정하는[慮之] 짓이다[象]〉라는 내용을 환기시킨다. 여기 〈유회(有悔)의 회(悔)〉란 상구(上九 : ⚊)가 〈항룡(亢龍)의 항(亢)〉

이 잘못임을[過] 알아채고[知] 뉘우치고 한스러워함[悔]이다. 그리고 〈항룡(亢龍)의 항(亢)〉을 「상전(象傳)」이 〈영불가구(盈不可久)〉 즉 〈꽉 참은[盈] 오래 갈[久] 수 없다[不可]〉고 풀이한다. 보름달은 곧장 이울기 시작함이 천도(天道) 즉 자연의[天] 도리[道]이다. 〈항(亢)〉이란 꼭대기 끝이란 말이니 〈항(亢)〉은 높이의 〈영(盈)〉 즉 꼭대기의 끝, 높이의 끝을 참[盈]이라고 비유한 것이다. 〈항(亢)〉 즉 극고(極高)는 필강(必降) 즉 반드시[必] 내려감[降]이 이어진다. 따라서 〈항룡(亢龍)의 항(亢)〉은 『노자(老子)』에 나오는 〈반자(反者)〉 즉 돌아오는[反] 것[者]임을 상기시킨다. 물극(物極) 즉 무엇이든[物] 끝나게[極] 되고, 끝나면 물시(物始) 즉 무엇이든[物] 처음으로[始] 돌아오는[反] 〈반자(反者)〉의 천도(天道)를 상구(上九 : ⚊)가 깨닫고 뉘우치게 됨[悔]을 암시한 계사(繫辭)가 〈유회(有悔)〉이다.

【字典】

**항(亢)** 〈다할 항(亢)-극(極), 높을 항(亢)-고(高), 목 항(亢)-경(頸), 기둥 항(亢)-동(棟), 가릴 항(亢)-폐(蔽), 겨눌 항(亢)-적(敵), 자취 항(亢)-적(迹), 자부할 항(亢)-자부(自負), 치어다볼 항(亢)-앙(仰), 지나칠 항(亢)-과(過), 막을 항(亢)-차(遮), 덮을 항(亢)-폐(蔽), 강할 항(亢)-강(强), 날아 내릴 항(亢)-비하(飛下), 흔적 항(亢)-적(迹)〉 등의 뜻을 내지만 여기선 〈다할 극(極)〉으로 여기고 새김이 마땅하다.

**龍** 〈용-룡-롱-망〉 네 가지로 발음되고, 〈용(신령한 동물) 룡(龍)-인충장능유능명능세능거능단능장춘분이등천추분이잠연(鱗蟲長能幽能明能細能巨能短能長春分而登天秋分而潛淵) 신령동물(神靈動物), 귀신 이름 용(龍)-신명(神名) : 촉룡(燭龍), 별 이름 용(龍)-성명(星名) : 창룡(蒼龍), 말 이름 용(龍)-마고팔척지마(馬高八尺之馬), 임금님 용(龍)-천자사물지용어(天子事物之用語) : 용안(龍顔)-용가(龍駕), 두덕 롱(龍)-전중고처(田中高處), 잿빛 망(龍)-흑백잡색(黑白雜色)〉 등의 뜻을 내지만 여기선 〈신령한 동물 룡(龍)〉으로 여기고 새김이 마땅하다.

**유(有)** 〈없을 무(無)의 반대말로 있을 유(有), 얻을(가질) 유(有)-취(取), 혹 유(有)-혹(或), 많을 유(有)-다(多)-족(足), 부유할 유(有)-부(富), 간직할 유(有)-장(藏), 보호할 유(有)-보(保), 서로 친할 유(有)-상친(相親), 전일할 유(有)-전(專), 할 유(有)-위(爲), 어조사 유(有)〉 등의 뜻을 내지만 〈있을 유(有)〉로 여기고 새김이 마땅하다.

**회(悔)** 〈뉘우칠 회(悔)-한(恨), 허물할 회(悔)-구(咎), 업신여길 회(悔)-만(慢)〉 등

의 뜻을 내지만 여기선 〈뉘우칠 한(恨)〉과 같아, 회한(悔恨)의 줄임으로 여기고 새김이 마땅하다.

---

註 무호(无號) 종유흉(終有凶) : 불러줌이[號] 없어[无] 끝내[終] 불운함이[凶] 있다[有].

「쾌괘(夬卦)」 상륙(上六) 계사(繫辭)

註 반자도지동(反者道之動) : 되돌아오는[反] 것이[者] 상도(常道)의[道之] 움직임이다[動].

『노자(老子)』 40장(章)

註 곡즉전(曲則全) 왕즉직(枉則直) 와즉영(窪則盈) 폐즉신(弊則新) : 꺾이면[曲] 곧[則] 온전해지고[全], 굽어지면[枉] 곧[則] 곧아지며[直], 비면[窪] 곧[則] 차고[盈], 낡으면[敝] 곧[則] 새로워진다[新].

『노자(老子)』 21장(章)

註 영불가구(盈不可久) : 꽉 차버림은[盈] 오래 갈[久] 수 없다[不可]. 「상전(象傳)」 건괘(乾卦)

註 회린자우려지상(悔吝者憂慮之象) : 뉘우침과[悔] 부끄러워함이란[吝] 것은[者] 근심하고[憂] 걱정하는[慮之] 짓이다[象].

「계사전상(繫辭傳上)」 2단락(段落)

## 용구(用九)

用九 : 見群龍无首하니 吉하리라
견 군 룡 무 수 길

용구(用九) : 구를[九] 씀[用]. 무리의[群] 용들에[龍] 우두머리가[首] 없음을[无] 봄이니[見] 길하다[吉].

**【용구(用九)의 계사(繫辭) 풀이】**

### 見群龍无首(견군룡무수) 吉(길)

무리의[群] 용들에[龍] 우두머리가[首] 없음을[无] 봄이니[見] 길하다[吉].

여기 〈용구(用九)의 구(九)〉는 건괘(乾卦 : ☰)의 양(陽 : ⚊)의 효(爻)인 육효(六爻)만이 아니라 64괘(卦)에 있는 모든 양(陽 : ⚊)의 효(爻)를 뜻한다. 64괘의 효수(爻數)는 384효(爻)이다. 384효(爻) 중에서 음양(陰陽)이 각각 절반씩이니 양(陽 :

ㅡ)의 효(爻)가 192효(爻)이고 음(陰 : --)의 효(爻)가 192효(爻)이다. 양(陽 : ㅡ)에는 노양(老陽 : ⚌)과 소양(少陽 : ⚎)이 있다. 노양(老陽 : ⚌)을 〈구(九)〉라 하고 소양(少陽 : ⚎)을 〈칠(七)〉이라 한다. 소양(少陽 : ⚎) 즉 〈칠(七)〉은 고요하여[靜] 변(變)하지 않으나 노양(老陽 : ⚌) 즉 〈구(九)〉는 움직여[動] 변음(變陰)하는 〈구(九)〉임을 여기 〈용구(用九)의 구(九)〉가 나타내고, 동시에 음효(陰爻)로 변효(變爻)하여 변괘(變卦)하게 할 수 있음을 나타낸다. 물론 〈용구(用九)의 구(九)〉는 양효(陽爻)를 말할 뿐만 아니라 동시에 천덕(天德)을 일컫는다. 이처럼 변효(變爻)하여 변괘(變卦)함이란 음양(陰陽)의 조화(造化) 즉 일음일양(一陰一陽)의 역지도(易之道)를 〈용구(用九)〉가 따름을 말해 준다.

〈견군룡무수(見群龍无首)의 군룡(群龍)〉은 64괘(卦)에 걸쳐 있는 192개 양(陽 : ㅡ)의 효(爻)들을 말한다. 〈견군룡무수(見群龍无首)의 무수(无首)〉는 각(各) 괘(卦)에서 주어진 효위(爻位)에서 그 괘(卦)의 주제에 따라 천덕(天德)을 이루려 할 뿐이지 우두머리[首]가 되고자 역지도(易之道) 즉 변역의[易之] 도리[道]를 벗어나지 않음을 암시한다. 그리고 여기 〈무수(无首)〉가 『노자(老子)』에 나오는 〈감히[敢] 세상의[天下] 앞에[先] 나서지 않는다[不爲]〉는 내용을 상기시키기도 한다. 〈무수(无首)의 수(首)〉란 승즉강(昇則降) 즉 오르면[昇] 곧[則] 내리고[降], 강즉승(降則昇) 즉 내리면[降] 곧[則] 오른다[昇]는 물극(物極)의 도리(道理)를 외면함을 암시함이니, 〈무수(无首)〉란 〈군룡(群龍)〉이 항상 양(陽 : ㅡ)이기를 고집하지 않고 개변(皆變)하여 양이능음(陽而能陰) 즉 양(陽 : ㅡ)이지만[陽而] 능히[能] 음(陰 : --)이 되어 일음일양(一陰一陽)의 역지도(易之道)를 따름을 암시한다. 따라서 여기 〈무수(无首)〉가 「계사전상(繫辭傳上)」에 나오는 〈{일음일양(一陰一陽)의 역지도(易之道)인} 그것을[之] 이어받는[繼] 것이[者] 선이다[善]〉라는 내용을 상기시킨다. 64괘(卦)에 있는 192개 양효(陽爻)는 개변(皆變)하여 강이능유(剛而能柔) 즉 굳세면서도[剛而] 능히[能] 부드러워[柔] 역지도(易之道)를 따라 선(善)을 계승(繼承)하므로, 64괘(卦)의 군양(群陽)이 천덕(天德)을 행하니 천복을 누림[吉]이라고 암시한 것이 〈견군룡무수(見群龍无首) 길(吉)〉이다.

【字典】

**용(用)** 〈쓸 용(用)-시(施), 쓰일(부릴) 용(用)-사(使), 맡길 용(用)-임(任), 행할 용

(用)-행(行), 위할 용(用)-위(爲), 갖출 용(用)-비(備)〉 등의 뜻을 내지만 여기선 〈쓸 시(施)〉와 같다 여기고 새김이 마땅하다.

**구(九)** 〈양수(양효) 구(九)-양수(陽數)-양효(陽爻)-양수지변(陽數之變), 언덕 구(九)-구(丘), 아홉 구(九)-수(數), 끝 구(九)-구(究)-수지종(數之終), 남방 구(九)-남방(南方), 오랠 구(九)-구(久)-노(老), 모일 구(九)-취(聚)〉 등의 뜻을 내지만 여기선 〈양효(陽爻)〉로 여기고 새김이 마땅하다.

**見** 〈견-현〉 두 가지로 발음되고, 〈볼 견(見)-식(識)-시(視), 미칠(당할) 견(見)-피(被)-당(當), 생각할 견(見)-사(思), 돌아볼 견(見)-고(顧), 만나볼 견(見)-회(會), 드러날 현(見)-노(露), 나타날 현(見)-현(顯), 있을 현(見)-재(在), 보일 현(見)-조(朝)〉 등의 뜻을 내지만 여기선 〈볼 시(視)〉와 같다 여기고 새김이 마땅하다.

**군(群)** 〈한 무리 군(群)-배(輩)-붕배(朋輩), 한패 군(群)-친지당(親之黨), 한 부류 군(群)-유(類), 새 짐승이 함께 모일 군(群)-금수상취(禽獸相聚), 물건 세 개 이상을 들 군(群)-물삼칭(物三偁), 무리와 어울릴 군(群)-화(和), 모일 군(群)-회합(會合), 조화할 군(群)-화조(和調), 모두 군(群)-제(諸)〉 등의 뜻을 내지만 여기선 〈한 무리 배(輩)〉로 새김이 마땅하다. 〈군(群)〉은 〈군(羣)〉의 속자(俗字)이다.

**龍** 〈용-룡-롱-망〉 네 가지로 발음되고, 〈용(신령한 동물) 룡(龍)-인충장능유능명능세능거능단능장춘분이등천추분이잠연(鱗蟲長能幽能明能細能巨能短能長春分而登天秋分而潛淵) 신령동물(神靈動物), 귀신 이름 용(龍)-신명(神名) : 촉룡(燭龍), 별 이름 용(龍)-성명(星名) : 창룡(蒼龍), 말 이름 용(龍)-마고팔척지마(馬高八尺之馬), 임금님 용(龍)-천자사물지용어(天子事物之用語) : 용안(龍顔)-용가(龍駕), 두덕 롱(龍)-전중고처(田中高處), 잿빛 망(龍)-흑백잡색(黑白雜色)〉 등의 뜻을 내지만 여기선 〈신령한 동물 룡(龍)〉으로 여기고 새김이 마땅하다.

**무(无)** 〈없을 무(无)-무(無), 허무지도 무(无)-허무지도(虛无之道), 으뜸 무(无)-원(元)〉 등의 뜻을 내지만 여기선 〈없을 무(無)〉와 같다 여기고 새김이 마땅하다.

**수(首)** 〈우두머리 수(首)-수령(首領), 머리 수(首)-두(頭), 비롯할(처음) 수(首)-시(始), 목덜미의 앞부분 수(首)-경(頸), 첫 생일 수(首)-인지초생(人之初生), 임금 수(首)-군(君), 향할 수(首)-향(嚮), 괴수 수(首)-괴수(魁帥), 둥그런 칼 수(首)-도환(刀環), 근본 수(首)-본(本), 요령 수(首)-요령(要領), 표시할 수(首)-표표(標表), 머리를 두드릴 수

(首)-고(叩), 곧을 수(首)-직(直), 양기 수(首)-양(陽), 시 한 편 수(首)-편(篇), 굴복할 수(首)-복(服)〉 등의 뜻을 내지만 여기선 〈우두머리 수령(首領)〉과 같다 여기고 새김이 마땅하다.

**길(吉)** 〈좋을 길(吉)-선(善)-영(令) {영월길일(令月吉日)은 선월선일(善月善日)임.}, 복 길(吉)-실(實)-선실(善實)-복(福), 예의를 따라 상서로울 길(吉)-예의순상(禮義順祥), 삼갈 길(吉)-근(謹), 초하루 길(吉)-삭일(朔日) {삭망(朔望) 즉 초하루[朔]와 그믐날[望]}, 길례 길(吉)-길례(吉禮) {오례지일(五禮之一) 길흉빈군가(吉凶賓軍嘉)}, 갈 길(吉)-행(行)-길(趌)〉 등의 뜻을 내지만 여기선 〈좋을 선(善)-영(令)〉과 같다 여기고 새김이 마땅하다.

---

註 불감위천하선(不敢爲天下先) 고(故) 능성기장(能成器長) : {무릇 성인(聖人)은} 감히[敢] 세상의[天下] 앞에[先] 나서지 않는다[不爲]. 그러므로[故] {성인(聖人)은} 능히[能] 온갖 것의[器] 어른이[長] 된다[成]. 『노자(老子)』 67장(章)

註 일음일양지위도(一陰一陽之謂道) 계지자선야(繼之者善也) 성지자성야(成之者性也) : 한번 음이면 양이 되고 한번 양이면 음이 되는 그것을 {역(易)의} 도(道)라 한다. {일음일양(一陰一陽)의 역지도(易之道)인} 그것을 이어받는 것이 선(善)이다. {일음일양(一陰一陽)을 계승(繼承)하는 선(善)인} 그것을 이룬 것이 본성[性]이다. 「계사전상(繫辭傳上)」 5단락(段落)

註 〈용구(用九)〉를 숙지하자면 본서법(本筮法)으로 득괘(得卦) 즉 괘를[卦] 얻어낼[得] 때 서죽(筮竹) 즉 점대(산가지) 50개에서 하나를 빼 49개로써 사영(四營)-삼변(三變)을 거쳐 구효(求爻) 즉 효(爻) 하나를 얻어내는[求] 과정을 먼저 숙지하고 있어야 한다. 효(爻) 여섯을 얻어 구괘(求卦) 즉 대성괘를[卦] 얻어내는[求] 방법이 「계사전상(繫辭傳上)」 16단락(段落)에 나온다. 거기에 〈대연지수(大衍之數)〉라는 술어(術語)가 나온다. 〈대연지수(大衍之數)〉를 알자면 먼저 천수(天數)와 지수(地數)를 알아야 한다. 천지수(天之數) 즉 천수(天數)는 〈십수(十數)〉에서 〈일(一)-삼(三)-오(五)-칠(七)-구(九)〉 기수(奇數) 즉 홀수이고, 지지수(地之數) 즉 지수(地數)는 〈이(二)-사(四)-육(六)-팔(八)-십(十)〉 우수(偶數) 즉 짝수이다. 천수의 합은 〈一 + 三 + 五 + 七 + 九 = 25〉이고, 지수의 합은 〈二 + 四 + 六 + 八 + 十 = 30〉이다. 천지지수(天地之數)의 합(合) 오십오(五十五)에서 완전수(完全數)에 이르지 못한 오(五)를 제한 〈오십(五十)〉을 〈대연지수(大衍之數)〉라 한다. 그 〈오십(五十)〉이 구괘(求卦) 즉 괘(卦)를 구(求)하는 서죽(筮竹) 즉 점대(산가지)의 수(數)가 된다. 이 점대 오십(五十)에서 태극(太極)을 나타내는 하나[一]를 제한 〈사십구(四十九)〉를 가지고 사영(四營)-십팔변법(十八變法)을 거쳐 구괘(求卦)하게 된다. 사영(四營)-십팔변법(十八變法)을 본서법(本筮法)이라 한다. 49개의 점대를 가지고 사영(四營)-십팔변법(十八變法)을 거치면 구(九)-팔(八)-칠(七)-육(六) 등의 수(數)를 얻는다. 이 중에서 기수(奇數) 〈구(九)-칠(七)〉은 양수(陽數)이

고, 우수(耦數) 〈팔(八)-육(六)〉은 음수(陰數)이다. 〈구(九)〉는 노양(老陽 : ⚌)으로 동이변음(動而變陰) 즉 움직여서[動而] 음으로[陰] 변화하니[變] 용구(用九) 즉 구를[九] 쓰고[用], 〈칠(七)〉은 소양(少陽 : ⚎)으로 정이불변(靜而不變) 즉 고요해서[靜而] 변화하지 않아[不變] 불용칠(不用七) 즉 칠을[七] 쓰지 않는다[不用]. 〈용구(用九)〉란 양(陽)의 변음(變陰)을 씀[用]을 밝힌다. 본서법(本筮法)에 관해서는 「계사전상(繫辭傳上)」 16단락(段落)에 상설(詳說)되어 있다.

# 2

## 1 괘의 괘상과 계사

# 곤괘(坤卦 : ䷁)

곤하곤상(坤下坤上) : 아래도[下] 곤(坤 : ☷), 위도[上] 곤(坤 : ☷).

곤위지(坤爲地) : 곤은[坤] 땅[地]이다[爲].

坤은 元亨利이고 牝馬之貞이니 君子有攸往하여 先迷하고
곤 원형이 빈마지정 군자유유왕 선미
後得하며 主利한다 西南得朋이고 東北喪朋이라 安貞吉하리라
후득 주리 서남득붕 동북상붕 안정길

곤은[坤] 으뜸이고[元] 통함이며[亨] 이로움이고[利] 암말이[牝馬之] 진실로 미더우니[貞], 군자에게[君子] 갈[往] 바가[攸] 있음에[有] 앞서면[先] 잃고[迷] 뒤따르면[後] 얻으며[得] 이롭게 함을[利] 주로 한다[主]. 서남쪽에서는[西南] 한패를[朋] 얻고[得] 동북쪽에서는[東北] 한패를[朋] 잃으니[喪] 편안하고[安] 진실로 미더워[貞] 길하리라[吉].

**【곤괘(坤卦 : ䷁)의 괘상(卦象) 풀이】**

곤괘(坤卦 : ䷁)의 상하체(上下體)는 모두 곤(坤 : ☷)이다. 곤괘(坤卦 : ䷁)의 육효(六爻)가 모두 음(陰 : --)인지라 곤(坤)이라 한다. 곤괘(坤卦 : ䷁)도 순일(純一)한 음효(陰爻)로써만 체(體)를 이루는지라 다른 대성괘(大成卦)와는 달리 효위(爻位)의 인연(因緣)에 따라 비(比)-정응(正應)-중정(中正) 등을 따져 상관(相關)짓지 않는다. 중정(中正)은 중효정위(中爻正位)의 줄임으로 중효이며[中] 정위에 있음[正]을 말한다. 〈곤(坤)〉은 〈순(順)〉 즉 따름[順]이다. 『설문(說文)』에는 〈땅이란[地也] 흙을[土] 따르고[從] 흙의 자리에는[土位] 펼침이[申] 있다[在]〉는 말이 나온다. 여기 펼침[申]이란 천시(天時)를 따라 만물이 육성(育成)함을 말한다. 이에 곤괘(坤卦 : ䷁)의 음효(陰爻 : --) 여섯은 저마다 천행(天行) 즉 하늘의[天] 운행[行]을 따

라 땅의[地之] 조화(造化)에 참여하니, 곤괘(坤卦 : ☷)의 〈곤(坤)〉은 만물(萬物)을 육성한다. 왜 지괘(地卦)라 않고 곤괘(坤卦)라 한 것인가? 〈지(地)〉는 땅의 본체(本體)를 말하지만 〈곤(坤)〉은 땅이 작용(作用)하는 조화(造化)의 이치(理致)를 말한다. 따라서 천지(天地)에 생육(生育)하는 만물(萬物)이 누리는 자연(自然)의 조화(造化)인 지덕(地德)을 밝힘을 일컬어 곤괘(坤卦 : ☷)라 칭한다.

**【곤괘(坤卦 : ☷)의 계사(繫辭) 풀이】**

곤괘(坤卦 : ☷)의 괘상(卦象)을 암시한 계사(繫辭)가 〈곤(坤) 원(元) 형(亨) 이(利) 빈마지정(牝馬之貞) 군자유유왕(君子有攸往) 선미(先迷) 후득(後得) 주리(主利) 서남득붕(西南得朋) 동북상붕(東北喪朋) 안정길(安貞吉)〉이다. 곤괘(坤卦 : ☷)는 건괘(乾卦 : ☰)를 순응해야 만물을 창조하고 발전시킬 수 있다. 곤괘(坤卦 : ☷)는 홀로는 만물을 육성할 수 없다. 곤괘(坤卦 : ☷)는 건괘(乾卦 : ☰)를 순응하여 만물을 육성한다. 이에 곤괘(坤卦 : ☷)는 건괘(乾卦 : ☰)처럼 〈원형리정(元亨利貞)〉인 지지사덕(地之四德) 즉 땅의[地之] 사덕(四德)을 갖추고 행한다. 이 사덕(四德)을 사람이 본받아 행하면 〈예악(禮樂)의 예(禮)〉라 한다. 이러한 〈원형리정(元亨利貞)〉의 사덕(四德)을 건괘(乾卦 : ☰)는 천덕(天德)으로서 행하듯이 곤괘(坤卦 : ☷)는 지덕(地德)으로서 행한다. 곤지덕(坤之德)인 〈원형리정(元亨利貞)〉 역시 『노자(老子)』에 나오는 〈현덕(玄德)〉을 상기시키고, 『논어(論語)』에 나오는 〈군자는[君子] 덕을[德] 생각한다[懷]〉는 내용을 상기시킨다.

## 坤(곤)

### 곤괘(坤卦 : ☷)의 곤이다[坤].

〈곤(坤)〉은 따름[順]이다. 곤괘(坤卦 : ☷)의 〈곤(坤)〉은 〈건(乾)〉을 따라 성육(成育) 즉 자람을[育] 이룬다[成]. 이러한 〈곤(坤)〉이 재천(在天) 즉 하늘에[天] 있음[在]은 음(陰) 즉 음기(陰氣)라 하고, 〈곤(坤)〉이 재지(在地) 즉 땅에[地] 있음[在]은 〈유(柔)〉 즉 부드러움[柔]이라 하며, 〈곤(坤)〉이 재인(在人) 즉 사람에[人] 있음[在]은 〈의(義)〉 즉 옳음[義]이라 하고, 〈곤(坤)〉이 재성(在性) 즉 본성에[性] 있음[在]은 〈적(寂)〉 즉 고요[寂]라 하며, 〈곤(坤)〉이 재수(在修) 즉 닦음에[修] 있음[在]

은 〈지(止)〉 즉 멈춤[止]이라 하고, 〈곤(坤)〉이 〈재기물(在器物)〉 즉 물건들에[器物] 있음[在]은 〈재(載)〉 즉 실어줌[載]이라 하며, 〈곤(坤)〉이 〈재신(在身)〉 즉 제 몸에[身] 있음[在]은 〈복(腹)〉 즉 배[腹]라 하고, 〈곤(坤)〉이 〈재가(在家)〉 즉 집에[家] 있음[在]은 〈처(妻)〉 즉 아내[妻]가 되며, 〈곤(坤)〉이 〈재국(在國)〉 즉 나라에[國] 있음[在]은 〈신(臣)〉 즉 〈신하(臣下)〉가 된다.

## 元(원)

### 으뜸이고 크다[元].

지덕(地德)이 만물(萬物)로 하여금 육지덕(育之德) 즉 자라남의[育之] 덕(德)을 누리게 함을 암시한 계사(繫辭)이다. 〈원(元)〉은 곤원(坤元) 즉 곤괘(坤卦 : ䷁)의 덕(德)이 큼[元]이다. 건원(乾元)을 따라 곤원(坤元)은 지덕(地德)의 크나큰 으뜸[元]을 말한다. 따라서 만물의 자라남을 지덕(地德)의 〈원(元)〉이라 한다. 계절로 치면 〈원(元)〉은 춘작(春作) 즉 봄에[春] 싹틈[作]이다. 〈원(元)〉은 만물(萬物)의 시육(始育) 즉 자람을[育] 시작하는[始] 덕(德)이다. 그래서 〈원(元)〉을 원시(原始) 즉 맨 처음이고[原始], 호대(浩大) 즉 더없이[浩] 큼[大]이라 한다. 계절로 치면 〈원(元)〉은 봄인지라 봄에 천지가 베푸는 덕을 상기시킨다. 따라서 〈원(元)〉은 『예기(禮記)』의 「악기(樂記)」에 나오는 〈춘작(春作)〉을 상기시킨다. 봄에[春] 돋아나는[作] 새싹보다 더 으뜸가고 큰[元] 덕(德)은 없다. 사람이 이런 〈원(元)〉을 본받아 행하면 대인(大人)이 된다. 이에 봄에[春] 새싹이 돋아남[作]과 같은 땅의[地之] 덕(德)인, 더없이[至] 부드럽고[柔] 안아주며[容] 크나큰[大] 〈원(元)〉을 곤괘(坤卦 : ䷁)가 베풂을 암시한 계사(繫辭)가 〈원(元)〉이다.

## 亨(형)

### 통한다[亨].

지덕(地德)이 만물(萬物)로 하여금 두루 통달하게 함[亨]을 밝히는 계사(繫辭)이다. 건원(乾元)을 따라 곤원(坤元)은 지덕(地德)의 통함[亨]을 말한다. 〈형(亨)〉은 지덕(地德)이 만물에 두루 통달함[亨]을 말한다. 여기의 〈형(亨)〉은 〈곤형(坤亨)〉 즉 곤괘(坤卦 : ䷁)의 통함[亨]이다. 계절로 치면 〈형(亨)〉은 하장(夏長) 즉 여름에

[夏] 자라남[長]이다. 따라서 〈형(亨)〉은 『예기(禮記)』의 「악기(樂記)」에 나오는 〈하장(夏長)〉을 상기시킨다. 여름에[夏] 무럭무럭 자라나는[長] 초목(草木)보다 더 통달하는[亨] 큰 덕(德)은 없다. 〈형(亨)〉은 장지덕(長之德) 즉 만물이 자라나는[長之] 덕(德)이다. 생명을 누리는 만물(萬物)이 통달함[亨]이란 하장(夏長) 즉 여름에[夏] 초목의 성장[長]으로써 드러난다. 왜 〈초(草)〉를 〈창(創)〉이라 하는가? 풀[草]보다 더 일신(日新) 즉 날마다[日] 지덕(地德)을 쌓아가는[新] 목숨이란 없기 때문이다. 춘작(春作)이 하장(夏長)으로 이어지는 초목(草木)의 자람보다 더한 통달함[亨]은 없다. 온갖 것을 성장(成長)하게 하는 천덕(天德)을 〈형(亨)〉이라 한다. 사람이 이런 〈형(亨)〉을 본받아 행하면 대인(大人)이 된다. 이에 〈하장(夏長)〉 즉 여름에[夏] 새싹이 자라남[長]과 같은 땅의[地之] 덕(德)은 천시(天時)를 순응(順應)하니 무애(無礙) 즉 가로막음이[礙] 없는[無] 〈형(亨)〉을 곤괘(坤卦 : ䷁)가 베풂을 암시한 계사(繫辭)가 〈형(亨)〉이다.

## 利(이)

## 이롭다[利].

지덕(地德)이 만물(萬物)로 하여금 저마다 마땅히 맞추어 이루게 함[利]을 밝히는 계사(繫辭)이다. 건리(乾利)를 따라 곤리(坤利)는 지덕(地德)의 이로움[利]을 말한다. 〈이(利)〉는 지덕(地德)이 만물(萬物)의 적의(適宜) 즉 저마다 마땅히 맞추어[適宜] 이룸을 말한다. 여기의 〈이(利)〉는 〈곤리(坤利)〉 즉 곤괘(坤卦 : ䷁)의 이로움[利]이다. 건도(乾道)는 의(義)를 주(主)로 삼고 곤덕(坤德)은 이로움[利]을 주(主)로 삼는다. 계절로 치면 〈이(利)〉는 『예기(禮記)』의 「악기(樂記)」에 나오는 〈추렴(秋斂)〉 즉 가을에[秋] 거두어들임[斂]을 상기시킨다. 〈이(利)〉는 가을에[秋] 초목(草木)이 저마다 열매를 맺어 거두어들임[斂]으로 드러난다. 가을이면 초목은 여름에 무성히 자라면서 맺은 열매들을 영글게 하여 저마다 거두어들인다[斂]. 사람이 이런 〈이(利)〉를 본받아 행하면 대인(大人)이 된다. 이에 〈추렴(秋斂)〉 즉 가을에[秋] 온갖 초목(草木)이 저마다 마땅하게 열매들을 맺어 거두어들임[斂]과 같은 땅의[地之] 덕(德)은 천시(天時)를 순응(順應)하니, 합의(合意) 즉 뜻을[意] 화합하고[合] 천행(天行)을 대지(大地)가 따라[順] 누리는 〈이(利)〉를 곤괘(坤卦 : ䷁)가 베풂을 암시한 계사(繫辭)가 〈이(利)〉이다.

## 牝馬之貞(빈마지정)

### 암말이[牝馬之] 진실로 미덥다[貞].

지덕(地德)이 만물(萬物)로 하여금 저마다 진실로 미덥게 함[貞]을 밝히는 계사(繫辭)이다. 〈빈마지정(牝馬之貞)〉은 곤정(坤貞) 즉 곤괘(坤卦 : ䷁)의 진실한 미더움[貞]이다. 건정(乾貞)을 따라 곤정(坤貞)은 지덕(地德)의 진실한 미더움[貞]을 말한다. 지덕(地德)이 만물(萬物)로 하여금 저마다 가을에[秋] 거두어들인[斂] 열매들이란 진실로 미덥다[貞]. 〈빈마지정(牝馬之貞)의 빈마(牝馬)〉는 곤괘(坤卦 : ䷁)가 순건(順乾) 즉 건괘(乾卦 : ䷀)를 따름[順]을 뜻한다. 「설괘전(說卦傳)」에 〈건은[乾 : ☰] 말[馬]이고[爲] 곤은[坤 : ☷] 소[牛]이다[爲]〉라는 내용이 나온다. 〈빈우지정(牝牛之貞)〉이라 않고 〈빈마지정(牝馬之貞)〉이라 함은 곤괘(坤卦 : ䷁)가 모마(牡馬) 즉 수말[牡馬]인 건괘(乾卦 : ䷀)를 순종(順從)함을 암시한다. 따라서 〈빈마지정(牝馬之貞)〉은 〈곤(坤 : ☷)이 건(乾 : ☰)을 순종하는[順之] 진실한 미더움[貞]〉으로 여기고 새기게 된다. 계절로 치면 〈정(貞)〉은 『예기(禮記)』의 「악기(樂記)」에 나오는 〈동장(冬藏)〉 즉 겨울에[冬] 저장함[藏]을 상기시킨다. 초목(草木)은 저마다의 씨앗을 진실로 미덥게[貞] 간직한다[藏]는 것이다. 이런 곤괘(坤卦 : ䷁)의 〈빈마지정(牝馬之貞)의 정(貞)〉이란 공정(公正)하여 무사무편(無邪無偏)함이다. 간사함도[邪] 없고[無] 치우침도[偏] 없음[無]이 곧 〈정(貞)〉이다. 사람이 이런 〈정(貞)〉을 본받아 행하면 대인(大人)이 된다. 이에 〈동장(冬藏)〉 즉 겨울에[冬] 온갖 초목(草木)이 저마다 거두어들인 열매들을 간직함[藏]과 같은 땅의[地之] 덕(德)인, 천덕(天德)을 순종(順從)하는 진실로 미더운 〈정(貞)〉을 곤괘(坤卦 : ䷁)가 베풂을 암시한 계사(繫辭)가 〈정(貞)〉이다.

## 君子有攸往(군자유유왕)

### 군자에게[君子] 갈[往] 바가[攸] 있다[有].

건지사덕(乾之四德)을 순응(順應)하는 곤지사덕(坤之四德)을 본받아 행함을 암시한 계사(繫辭)이다. 〈군자유유왕(君子有攸往)의 유유왕(有攸往)〉은 『논어(論語)』

에 나오는 〈군자는[君子] 덕을[德] 생각한다[懷]〉는 내용을 상기시키고, 『장자(莊子)』에 나오는 〈본성이[性] 닦이면[脩] 덕으로[德] 돌아와[反] 하늘과[與天] 땅이[地] 합해진다[爲合]〉는 내용을 상기시킨다. 군자(君子)의 〈유유왕(有攸往)〉 즉 매사(每事)를 향해 나아가는[往] 바[攸]에는 본성을[性] 닦아[脩] 음양(陰陽)이 화합(和合)하는 역지도(易之道)를 따름이 있다는 것이다. 역지도(易之道)란 일음일양(一陰一陽) 즉 음양(陰陽)의 상화(相和)이고 이 상화(相和)를 이룩함[成]이 성(性)인지라, 성수(性脩)의 성(性)이란 변화의[易之] 도리를[道] 이룸[成]이다. 따라서 군자는 오로지 건도(乾道)와 곤도(坤道)가 상응(相應)함을 근본(根本)으로 삼아 매사(每事)를 마주하고 행함을 암시한 계사(繫辭)가 〈군자유유왕(君子有攸往)〉이다.

## 先迷(선미) 後得(후득) 主利(주리)

앞서면[先] 잃고[迷] 뒤따르면[後] 얻으며[得] 이롭게 함을[利] 주로 한다[主].

음(陰 : ⚋) 즉 곤(坤 : ☷)이란 종양(從陽) 즉 건(乾 : ☰)을 따름[從]을 암시한 계사(繫辭)이다. 〈선미(先迷)〉는 〈약음선양(若陰先陽) 음미(陰迷)〉의 줄임으로 여기고 〈만약에[若] 음이[陰] 양을[陽] 앞서면[先] 음은[陰] 미혹한다[迷]〉고 새겨볼 것이다. 〈후득(後得)〉은 〈약음후양(若陰後陽) 음득양(陰得陽)〉의 줄임으로 여기고 〈만약에[若] 음이[陰] 양을[陽] 뒤따르면[後] 음은[陰] 양을[陽] 얻는다[得]〉고 새겨볼 것이다. 곤도(坤道)만으로 만물이 생육(生育)하는 조화(造化)가 이루어질 수 없고, 건도(乾道)만으로 태어나[生] 자라는[育] 조화가 이루어질 수 없다. 따라서 〈선미(先迷)〉는 곤(坤 : ☷)이 건(乾 : ☰)을 순응(順應)하지 않음을 암시하고, 〈후득(後得)〉은 곤(坤 : ☷)이 건(乾 : ☰)을 따라[順] 호응하여[應] 생성(生成)의 조화를 이루어, 이만물(利萬物) 즉 만물을[萬物] 이롭게 함[利]을 암시한다. 〈주리(主利)〉는 〈곤주리만물(坤主利萬物)〉의 줄임으로 여기고 〈곤은[坤 : ☷] 만물을[萬物] 이롭게 함을[利] 주로 한다[主]〉고 새겨볼 것이다. 따라서 곤(坤 : ☷)이 건(乾 : ☰)을 순응(順應)해야 생성(生成)의 조화를 이루어 만물을 이롭게 함을[利] 주로 할[主] 수 있음을 깨치게 하는 계사(繫辭)가 〈주리(主利)〉이다. 이러한 곤괘(坤卦 : ䷁)를 본받아 군자(君子)는 건도(乾道)만을 따라 행하지도 않고 곤도(坤道)만을 따라 행하지도 않는다. 건도(乾道)와 곤도(坤道)의 상응(相應)으로써만이 역지도(易之道) 즉 조화의[易之] 도리[道]가 이루어지는 것임을 일깨워주는 계사(繫辭)가 〈주리(主利)〉이다.



## 西南得朋(서남득붕) 東北喪朋(동북상붕) 安貞吉(안정길)

서남쪽에서는[西南] 한패를[朋] 얻고[得] 동북쪽에서는[東北] 한패를[朋] 잃으니[喪] 편안하고[安] 진실로 미더워[貞] 길하리라[吉].



음(陰 : --)은 종양(從陽) 즉 양(陽 : ㅡ)을 따라야[從] 함을 팔괘(八卦)의 방위(方位)로써 암시한 계사(繫辭)이다. 〈서남득붕(西南得朋)의 서남(西南)〉은 음방(陰方)을 말한다. 음방(陰方)인 〈서남(西南)〉은 노음(老陰)의 곤(坤 : ☷)-소음(少陰)의 태(兌 : ☱)-이(離 : ☲)-손(巽 : ☴) 등의 삼획괘(三劃卦) 넷을 말하고 동시에 음괘(陰卦)임을 말한다. 따라서 〈서남득붕(西南得朋)〉이란 곤괘(坤卦 : ䷁)가 〈서남(西南)〉으로 가면 한패[朋]인 음(陰 : --)을 〈득(得)〉 즉 얻음[得]을 말함이니, 〈서남득붕(西南得朋)의 득붕(得朋)〉이란 곧 득음괘(得陰卦)를 뜻한다. 곤괘(坤卦 : ䷁)도 음괘(陰卦)이니 〈서남(西南)〉으로 가면 음괘(陰卦)들만을 만남을 〈서남득붕(西南得朋)〉이라 한 것이다. 이에 〈득붕(得朋)의 붕(朋)〉은 음괘(陰卦)를 비유하고 역(易)의 상도(常道)에서 벗어남을 암시한다. 군자(君子)가 〈서남(西南)〉으로 가서는, 곤괘(坤卦 : ䷁)와 건괘(乾卦 : ䷀)가 상응(相應)해야 곤괘(坤卦 : ䷁)가 주로 하는 이만물(利萬物)의 조화를 본받을 수 없음을 암시하는 계사(繫辭)가 〈서남득붕(西南得朋)〉이다.

〈동북상붕(東北喪朋)의 동북(東北)〉은 양방(陽方)을 말한다. 양방(陽方)인 〈동북(東北)〉은 노양(老陽)의 건(乾 : ☰)-소양(少陽)의 진(震 : ☳)-감(坎 : ☵)-간(艮 : ☶) 등의 삼획괘(三劃卦) 넷을 말하고 동시에 양괘(陽卦)임을 말한다. 따라서 〈동북상붕(東北喪朋)〉이란 곤괘(坤卦 : ䷁)가 〈동북(東北)〉으로 가면 한패[朋]인 음(陰 : --)을 〈상(喪)〉 즉 잃음[喪]을 말함이니, 〈동북상붕(東北喪朋)의 상붕(喪朋)〉이란 곧 득양괘(得陽卦)를 뜻한다. 곤괘(坤卦 : ䷁)는 음괘(陰卦)이니 〈동북(東北)〉으로 가면 양괘(陽卦)들을 만남을 〈동북상붕(東北喪朋)〉이라 한 것이다. 이에 〈상붕(喪朋)〉이란 음괘(陰卦)를 잃지만[喪] 양괘(陽卦)를 만나[得] 곤도(坤道)가 건도(乾道)

에 순응(順應)함을 암시하며, 군자(君子)가 〈동북(東北)〉으로 가면, 곤괘(坤卦 : ☷)가 건괘(乾卦 : ☰)를 만나 이만물(利萬物)의 조화를 본받아 매사(每事)를 마주할 수 있음을 암시하는 계사(繫辭)가 〈동북상붕(東北喪朋)〉이다.

〈안정길(安貞吉)〉은 〈상붕(喪朋)〉으로써 역지도(易之道)를 따라 〈안정(安貞)〉을 누림을 암시한 계사(繫辭)이다. 역지도(易之道)란 일음일양(一陰一陽)을 말하고, 일음일양(一陰一陽)은 음(陰 : --)은 양(陽 : —)으로 변하고[易] 양(陽 : —)은 음(陰 : --)으로 변함[易]으로써 음양상화(陰陽相和)의 조화를 불식(不息) 즉 쉬지 않음[不息]을 말한다. 〈서남득붕(西南得朋)의 득붕(得朋)〉은 음양상화(陰陽相和)의 조화를 곤괘(坤卦 : ☷)가 뿌리침이고, 〈동북상붕(東北喪朋)의 상붕(喪朋)〉은 음양상화(陰陽相和)의 조화를 곤괘(坤卦 : ☷)가 순응(順應)함이다. 따라서 여기 〈상붕(喪朋)〉은 「계사전상(繫辭傳上)」에 나오는 〈한번은[一] 음(陰)이면 한번은[一] 양(陽) 그것을[之] 도(道)라 한다[謂]〉는 내용을 환기시킨다. 〈계역(繼易)의 선(善)〉과 〈성역(成易)의 성(性)〉을 곤괘(坤卦 : ☷)가 만물로 하여금 누리게 하는 것이 곧 곤덕(坤德)이다. 이러한 곤덕(坤德)을 항상 본받아 군자(君子)의 심지(心志)가 안정되고[安] 진실로 미더워[貞] 행복을 누림[吉]을 깨치게 하는 계사(繫辭)가 〈안정길(安貞吉)〉이다.

【字典】

**곤(坤)** 〈(64괘의 하나) 곤괘 곤(坤)-곤괘(坤卦 : ☷), (팔괘의 하나) 곤괘 곤(坤)-곤괘(坤卦 : ☷), 아래에 나오는 곤(坤)-하출(下出), 땅 곤(坤)-지(地), 음(여자) 곤(坤)-음(陰)-여(女), 어머니(아내) 곤(坤)-모(母)-처(妻), 서남 곤(坤)-서남(西南), 부드럽고 약할 곤(坤)-유(柔)-약(弱), 습할 곤(坤)-습(濕), 속 곤(坤)-내면(內面)〉 등의 뜻을 내지만 여기선 〈곤괘(坤卦 : ☷)〉를 뜻한다.

**원(元)** 〈비롯할 원(元)-시(始)-단(端), 근본 원(元)-본(本)-원(原), 선함의 으뜸 원(元)-선지장(善之長), 머리 원(元)-수(首)-두(頭), 어른 원(元)-장(長)-원장(元長), 하나 원(元)-일(一), 우두머리 원(元)-수장(首長), 임금 원(元)-원군(元君)-군(君), 큰 원(元)-대(大), 아름다울 원(元)-미(美), 위 원(元)-상(上), 하늘 원(元)-천(天), 하늘땅의 큰 덕 원(元)-천지지대덕(天地之大德)-원기(元氣)-기(氣), 기운의 시작 원(元)-기지시(氣之始)-원자(元者), 백성 원(元)-원원(元元)-백성(百姓)〉 등의 뜻을 내지만 여기선 〈비롯할 시(始)〉로 여기고 새김이 마땅하다.

**亨** 〈향-형-팽〉 등으로 발음되고, 〈통할 형(亨)-통(通), 드릴 향(亨)-헌(獻), 남을 형(亨)-여(餘), 삶을 팽(亨)-자(煮)-팽(烹)〉 등의 뜻을 내지만 여기선 〈통할 통(通)〉과 같다 여기고 새김이 마땅하다.

**이(利)** 〈만물로 하여금 삶을 이루어가게 하는 덕(德)의 이로울 이(利)-사만물수생지덕(使萬物遂生之德), 날카로울 이(利)-예(銳)-섬(銛), 질병 이(利)-질(疾), 통할 이(利)-통(通)-순(順), 좋을 이(利)-길(吉)-의(宜), 편리할 이(利)-편(便), 마름해 만들어 이룰 이(利)-재성(裁成), 탐할 이(利)-탐(貪), 구할(취할) 이(利)-구(求)-취(取), 좋아할 이(利)-열애(悅愛), 이로울 이(利)-익(益), 기교 이(利)-교(巧), 보람 이(利)-공용(功用), 지세가 험하고 중요한 이(利)-험요(險要), 이길 이(利)-승(勝), 어질 이(利)-인(仁)〉 등의 뜻을 내지만 여기선 〈사만물수생지덕(使萬物遂生之德) 즉 만물로 하여금 삶을 이루어가게 하는 덕(德)의 이로움〉이라 새김이 마땅하다. 〈利〉가 맨 앞에 오면 〈이〉로 발음되고, 중간이나 뒤에 오면 〈리〉로 발음된다.

**빈(牝)** 〈암컷 빈(牝)-자(雌), 길러주는 어머니 빈(牝)-휵모(畜母), 양성의 반대 즉 음 빈(牝)-양성지반대(陽性之反對)-음(陰), 오른쪽 빈(牝)-우(右), 계곡 빈(牝)-계곡(谿谷), 땅 빈(牝)-지(地), 곤 빈(牝)-곤(坤)〉 등의 뜻을 내지만 여기선 〈암컷 자(雌)〉와 같다 여기고 새김이 마땅하다.

**마(馬)** 〈말(동물 이름) 마(馬)-동물명(動物名), 야생마 마(馬)-야마(野馬), 역(易)에서 건(乾)-곤(坤)-진(震)-감(坎)의 모습을 나타내는 마(馬)-역당건곤진감지상(易當乾坤震坎之象), 달(달의 정기) 마(馬)-월(月)-월정(月精), 큰 마(馬)-대(大), 꾸짖을 마(馬)-매(罵)〉 등의 뜻을 내지만 여기선 동물 이름으로 〈말 마(馬)〉로 여기고 새김이 마땅하다.

**지(之)** 〈그것(이것) 지(之)-피(彼)-시(是), 갈 지(之)-왕(往), 이를 지(之)-지(至), 주격-소유격-목적격 등의 토씨 지(之), 뜻 없는 허사(虛詞) 지(之)〉 등의 뜻을 내지만 여기선 주격 토씨로서 〈~의 지(之)〉로 여기고 새김이 마땅하다.

**정(貞)** 〈바를 정(貞)-정(正), 믿을 정(貞)-신(信), 거북점을 물을 정(貞)-복문(卜問), 역(易)의 내괘(內卦) 정(貞), 마땅할 정(貞)-당(當), 정할 정(貞)-정(定), 순수할 정(貞)-전(專)-일(一)〉 등의 뜻을 내지만 여기선 〈바를 정(正), 믿을 신(信)〉 등을 합친 뜻과 같아 〈정신(正信)〉 즉 바르고[正] 미더움[信]으로 새김이 마땅하다.

**군(君)** 〈지극히 높은 사람(천자-임금-제후) 군(君)-지존자(至尊者), 임금을 이을

(세자) 군(君)-세자(世子), 여왕 군(君)-여군(女君), 어버이 군(君)-부모(父母), 돌아가신 임금-돌아가신 아버지-돌아가신 조상 군(君)-선군(先君)-선부(先父)-선조(先祖), 상대를 부르는 칭호 군(君)-칭호(稱號), 귀신을 받들어 부르는 칭호 군(君)-귀신지경칭(鬼神之敬稱), 맡아 다스릴 군(君)-주재(主宰), 하늘-건 군(君)-천(天)-건(乾), 양 군(君)-양(陽), 낮 군(君)-일(日), 중앙제단 군(君)-궁제단(宮祭壇), 흙 군(君)-토(土)〉 등의 뜻을 내지만 〈재덕겸구지인(才德兼具之人)〉 즉 재주와[才] 덕을[德] 아울러[兼] 갖춘[具之] 사람[人]을 칭하는 술어(術語)로 여기고 새김이 마땅하다.

**자(子)** 〈존칭(덕 있는 사람의 칭호) 자(子)-유덕자지칭(有德者之稱), 존경받는 사람 자(子)-존자(尊者), 벼슬 자(子)-작(爵), 12지의 첫째 자(子), 음력 11월 자(子), 밤 11시에서 다음 날 1시까지 자(子), 북쪽 방향 자(子)-북방(北方), 오행에서 물 자(子)-어오행속수(於五行屬水), 짐승에서 쥐 자(子)-어수위서(於獸爲鼠), 번성할 자(子)-자(滋), 뒤를 이어줄 자(子)-사(嗣)-식(息), 자녀 자(子)-자녀(子女), 자손 자(子)-자손(子孫), 남자를 일컫는 호칭 자(子)-남자지통칭(男子之通稱), 만물 자(子)-만물(萬物), 씨앗(열매) 자(子)-종자(種子)-과실(果實), 누구(사람) 자(子)-인(人)-수자(誰子), 백성 자(子)-백성(百姓)〉 등의 뜻을 내지만 여기선 〈덕 있는 사람[有德者]〉의 호칭으로 여기고 새김이 마땅하다.

**유(有)** 〈없을 무(無)의 반대말로 있을 유(有), 얻을(가질) 유(有)-취(取), 혹 유(有)-혹(或), 많을 유(有)-다(多)-족(足), 부유할 유(有)-부(富), 간직할 유(有)-장(藏), 보호할 유(有)-보(保), 서로 친할 유(有)-상친(相親), 전일할 유(有)-전(專), 할 유(有)-위(爲), 어조사 유(有)〉 등의 뜻을 내지만 〈있을 유(有)〉로 여기고 새김이 마땅하다.

**유(攸)** 〈곳(바) 유(攸)-소(所), 흘러가는 물 유(攸)-행수(行水), 아득할 유(攸)-장원(長遠)-유(悠), 닦을 유(攸)-수(修), 터득한 모습 유(攸)-자득모(自得貌), 빠를 유(攸)-숙(倏), 대롱거릴 유(攸)-현위모(懸危貌), 수심에 찬 모습 유(攸)-수모(愁貌)〉 등의 뜻을 내지만 여기선 〈곳 소(所)〉와 같다 여기고 새김이 마땅하다.

**왕(往)** 〈나아갈 왕(往)-행(行)-진행(進行), 갈 왕(往)-지(之), 물러갈 왕(往)-거(去), 이를 왕(往)-지(至), 향할 왕(往)-향(向), 옛 왕(往)-석(昔), 이따금 왕(往)-시시(時時), 뒤 왕(往)-후(後), 죽음 왕(往)-망거(亡去)-사자(死者)〉 등의 뜻을 내지만 〈나아갈 행(行)〉과 같다 여기고 새김이 마땅하다.

**선(先)** 〈먼저 선(先)-시(始), 앞으로 나아갈 선(先)-전진(前進), 처음 선(先)-시

(始), 앞에 있을 선(先)-전(前), 자리가 아래에 있는 선(先)-위재하(位在下), 우두머리 선(先)-수(首)-전수(前首), 이미 죽은 선(先)-이사(已死), 조상(선조) 선(先)-조선(祖先)-조고(祖考), 미리 알려주는 뜻 선(先)-의기언(宜其言)-예선고지지의(預先告知之意), 소개할 선(先)-소개(紹介), 이를 선(先)-조(早), 비로소 선(先)-시(始), 높일(받들) 선(先)-상(尙), 높을 선(先)-고(高), 선생 선(先)-선생(先生)-유덕자(有德者), 씻을(깨끗할) 선(先)-세(洗)〉 등의 뜻을 내지만 여기선 〈먼저 시(始)〉로 여기고 새김이 마땅하다.

**미(迷)** 〈바랐던 바를 잃고 망동할 미(迷)-범실소욕이망행자(凡失所欲而妄行者), 사로잡혀 미혹에서 벗어나지 못할 미(迷)-심취일사이적혹불반(心醉一事而積惑不反), 반할(혹할) 미(迷)-혹(惑), 모호해 밝지 못한 미(迷)-모호불명(模糊不明), 어지러울 미(迷)-난(亂)〉 등의 뜻을 내지만 여기선 〈잃을 실(失)〉로 여기고 새김이 마땅하다.

**후(後)** 〈뒤 후(後)-선지대(先之對), 늦을 후(後)-지(遲), 뒤처질 후(後)-낙후(落後), 뒤늦게 올 후(後)-지래(遲來), 사양할 후(後)-손(遜), 다가올(장래) 후(後)-장래(將來), 두 세대 후(後)-후세(後世), 일이 끝난 뒤 후(後)-사후필(事後畢), 자손 후(後)-자손(子孫), 뒤를 잇는 것 후(後)-후속자(後續者), 뒤에 말한 것 후(後)-하소언(下所言)〉 등의 뜻을 내지만 여기선 〈뒤 후(後)〉로 새김이 마땅하다.

**득(得)** 〈얻을(취할) 득(得)-획(獲)-취(取), 탐할 득(得)-탐(貪), 깨달을 득(得)-효(曉)-오(悟), 만족할 득(得)-족(足), 마땅할 득(得)-당(當), 일의 마땅함을 터득할 득(得)-합(合)-득사지의(得事之宜), 이룰 득(得)-성(成), 알 득(得)-지(知), 가할 득(得)-가(可)-능(能), 편안할 득(得)-편(便), 가질 득(得)-치(値)-지(持), 득도할 득(得)-득도(得道)〉 등의 뜻을 내지만 〈얻을 획(獲)〉과 같다 여기고 새김이 마땅하다.

**주(主)** 〈주체(주인) 주(主)-주체(主體)-주인(主人), 친할 주(主)-친(親), 우두머리 주(主)-수(首)-복지대칭(僕之對稱), 많을(무리) 주(主)-다(多)-중(衆), (등불의) 심지 주(主)-등중화주(鐙中火主)-주(炷), 군주 주(主)-군주(君主), 어른 주(主)-위장자(爲長者), 공경대부 주(主)-공경대부(公卿大夫), 가장 주(主)-가장(家長)-호장(戶長), 물건을 가진 사람 주(主)-물지소유자(物之所有者), 손님의 반대말 주(主)-빈지대칭(賓之對稱), 사물의 근본 주(主)-사물지근본(事物之根本), 천자의 딸 주(主)-천자지녀(天子之女), 대부의 처 주(主)-대부지처(大夫之妻), 신령의 자리 주(主)-주(宔)-신주(神主)-신령지위(神靈之位), 본성 주(主)-성(性)-본빈(本份), 바를 주(主)-정(正), 지킬 주(主)-수(守), 앉을(머물)

주(主)-좌(坐)-거(居), 헤아려 분별할 주(主)-계탁(計度), 위(윗전) 주(主)-상(上)〉 등의 뜻을 내지만 여기선 〈주체(主體)〉와 같다 여기고 새김이 마땅하다.

**서(西)** 〈서녘 서(西)-일입방(日入方)-일소입(日所入)-조재소상(鳥在巢上), 가을 서(西)-추(秋), 간지(干支) 서(西)-유(酉), 팔괘(八卦)의 태(兌) 서(西)-태(兌), 서쪽으로 갈 서(西)-서행(西行), 옮길 서(西)-천(遷)〉 등의 뜻을 내지만 여기선 〈서녘 서(西)〉로 여기고 새김이 마땅하다.

**남(南)** 〈남녘 남(南)-오방(午方), 남쪽에 갈 남(南)-남행(南行), 남방 남(南)-남방(南方), 남방 오랑캐의 음악 남(南)-남이지악(南夷之樂), 임금 남(南)-군(君)-남면(南面), 사내 남(南)-남(男), 성씨 남(南)〉 등의 뜻을 내지만 여기선 〈남녘 오방(午方)〉으로 여기고 새김이 마땅하다.

**붕(朋)** 〈한패 붕(朋)-당(黨)-군(羣), 벗(벗을 사귈) 붕(朋)-우(友), 무리 붕(朋)-군(羣), 제자 붕(朋)-제자(弟子), 견줄 붕(朋)-비(比), 두 단지 붕(朋)-양준(兩樽), 패물 붕(朋)-오구(五具)〉 등의 뜻을 내지만 여기선 〈한패 당(黨)〉과 같다 여기고 새김이 마땅하다.

**동(東)** 〈동녘 동(東)-일출방(日出方)-일소출(日所出), 해 동(東)-동군(東君), 동쪽을 향해 나아갈 동(東)-향동방행진(向東方行進), 주인 동(東)-주인(主人)-고시주위재동(古時主位在東) 빈위재서(賓位在西), 동녘 땅 동(東)-동방지지(東方之地), 아이 동(東)-동(童)〉 등의 뜻을 내지만 여기선 〈동녘 일출방(日出方)〉과 같다 여기고 새김이 마땅하다.

**北** 〈북-배〉 두 가지로 발음되고, 〈북녘 북(北)-삭방(朔方), 감(坎 : ☵) 북(北)-감(坎), 물 북(北)-수(水), 음 북(北)-음(陰), 북쪽으로 갈 북(北)-북행(北行), 어그러질(배반할) 배(北)-괴(乖)-위(違)-배(背), (패하여) 달아날 배(北)-분(奔)-주(走)-패주(敗走), 나눌 배(北)-별(別)-분리(分離), 굴복할 배(北)-복(伏)〉 등의 뜻을 내지만 여기선 〈북녘 삭방(朔方)〉으로 새김이 마땅하다.

**상(喪)** 〈잃을 상(喪)-실(失), 죽을 상(喪)-사(死)-망(亡), 상복을 입을 상(喪)-지복(持服), 망칠(버릴) 상(喪)-기망(棄亡)〉 등의 뜻을 내지만 여기선 〈잃을 실(失)〉로 여기고 새김이 마땅하다.

**안(安)** 〈편안할 안(安)-녕(寧)-위지대(危之對), 어찌 안(安)-하(何), 고요할 안(安)-정(靜), 정해질 안(安)-정(定), 멈출 안(安)-지(止), 편안해 즐거울 안(安)-일락(佚樂), 익힐 안(安)-습(習), 고를 안(安)-평(平), 어울려 기쁠 안(安)-안(晏), 속으로 만족하고 안락하게 여기는 바 안(安)-소안(所安)-의기귀향지(意氣歸向之), 바람 없이 행할 안(安)-무소구위(無所求爲), {구중(句中)에서} ~에서 안(安)-어(於)〉 등의 뜻을 내지만 여기선 〈편안할 녕(寧)〉과 같다 여기고 새김이 마땅하다.

**길(吉)** 〈좋을 길(吉)-선(善)-영(令) {영월길일(令月吉日)은 선월선일(善月善日)임.}, 복 길(吉)-실(實)-선실(善實)-복(福), 예의를 따라 상서로울 길(吉)-예의순상(禮義順祥), 삼갈 길(吉)-근(謹), 초하루 길(吉)-삭일(朔日) {삭망(朔望) 즉 초하루[朔]와 그믐날[望]}, 길례 길(吉)-길례(吉禮) {오례지일(五禮之一) 길흉빈군가(吉凶賓軍嘉)}, 갈 길(吉)-행(行)-길(趌)〉 등의 뜻을 내지만 여기선 〈좋을 선(善)-영(令)〉과 같다 여기고 새김이 마땅하다.

---

註 생이불유(生而不有) 위이불시(爲而不恃) 장이부재(長而不宰) 시위현덕(是謂玄德) : {상도(常道)는} 낳아 주되[生而] 갖지 않고[不有], 위해 주되[爲而] 바라지 않으며[不恃], 키워 주되[長而] 이래라저래라 않는다[不宰]. 위의 것들을[是] 현묘한[玄] 덕이라[德] 한다[謂].

『노자(老子)』 51장(章)

註 군자회덕(君子懷德) 소인회토(小人懷土) 군자회형(君子懷刑) 소인회혜(小人懷惠) : 군자는[君子] 덕을[德] 생각하고[懷] 소인은[小人] 재물을[土] 생각한다[懷]. 군자는[君子] 법을[刑] 생각하고[懷] 소인은[小人] 은혜받기를[惠] 생각한다[懷]. 『논어(論語)』「이인(里仁)」 11장(章)

註 성수반덕(性脩反德) 덕지동어초(德至同於初) 동내허(同乃虛) 허내대(虛乃大) 합훼명(合喙鳴) 훼명합(喙鳴合) 여천지위합(與天地爲合) 기합민민(其合緡緡) 약우약혼(若愚若昏) 시위현덕(是謂玄德) 동호대순(同乎大順) : 본성이[性] 닦이면[脩] 덕으로[德] 돌아가고[反] 덕이[德] 지극하면[至] 태초와[於初] 같다[同]. 같으면[同] 곧[乃] 비워지고[虛] 비우면[虛] 곧[乃] 크다[大]. (새가 위아래) 부리를[喙] 합해[合] 울고[鳴] 부리와[喙] 울음이[鳴] 합하듯[合] 하늘과[與天] 땅이[地] 합해진다[爲合]. 그[其] 합함은[合] 물에 물 탄 듯이 합한다[緡緡]. (그 합함은) 어리석은[愚] 듯하고[若] 혼미한[昏] 듯하다[若]. 이를[是] 현덕이라[玄德] 한다[謂]. {현덕(玄德)이란} 하늘을[大] 따름과[乎順] 같다[同]. 『장자(莊子)』「천지(天地)」 8절(節)

註 춘작하장인야(春作夏長仁也) 추렴동장의야(秋斂冬藏義也) : 봄에는[春] 싹트고[作] 여름에는[夏] 자람은[長] 인(仁)이고[也], 가을에는[秋] 거두어들이고[斂] 겨울에는[冬] 저장함은[藏] 의(義)이다[也]. 『예기(禮記)』「악기(樂記)」 18단락(段落)

註 일음일양지위도(一陰一陽之謂道) 계지자선야(繼之者善也) 성지자성야(成之者性也) : 한번 음이면 양이 되고 한번 양이면 음이 되는 그것을 {역(易)의} 도(道)라 한다. {일음일양(一陰一陽)의 역지도(易之道)인} 그것을 이어받는 것이 선(善)이다. {일음일양(一陰一陽)의 역지도(易之道)인} 그것을 이룬 것이 본성[性]이다. 「계사전상(繫辭傳上)」 5단락(段落)

## 2 효의 효상과 계사

初六 : 履霜하면 堅冰至한다
이상 견빙지

六二 : 直方大니 不習해도 无不利하다
직방대 불습 무불리

六三 : 含章可貞이나 或從王事하면 无成有終하리라
함장가정 혹종왕사 무성유종

六四 : 括囊이니 无咎이고 无譽이다
괄낭 무구 무예

六五 : 黃裳이니 元吉이라
황상 원길

上六 : 龍戰于野하니 其血玄黃이다
용전우야 기혈현황

用六 : 利永貞하다
이영정

초륙(初六) : 서리를[霜] 밟고 있으면[履] 단단한[堅] 얼음이[冰] 올 것이다[至].

육이(六二) : 곧고[直] 모나고[方] 크니[大] 배워 익힌 것이[習] 아니라도[不] 이롭지 않음이란[不利] 없다[无].

육삼(六三) : 아름다움을[章] 마음에 품음이[含] 진실로 미더울[貞] 수 있어[可] 아마도[或] 왕명의 부림을 받은[王] 일을[事] 맡으면[從] 성취가[成] 없어도[无] 끝내는[終] 있으리라[有].

육사(六四) : 주머니를[囊] 묶으니[括] 허물도[咎] 없고[无] 상찬도[譽] 없다[无].

육오(六五) : 황색[黃] 치마이니[裳] 으뜸으로[元] 좋으리라[吉].

상륙(上六) : 용이[龍] 벌판에서[于野] 맞닥뜨려 싸우니[戰] 그[其] 피가[血] 검붉고[玄] 누렇다[黃].

용륙(用六): 육을[六] 씀[用]. 오래고[永] 진실로 미더워[貞] 이롭다[利].

## 초륙(初六 : --)

初六 : 履霜하면 堅冰至한다
이상 견빙지

초륙(初六) : 서리를[霜] 밟고 있으면[履] 단단한[堅] 얼음이[冰] 올 것이다[至].

**【초륙(初六)의 효상(爻象) 풀이】**

곤괘(坤卦 : ☷)의 초륙(初六 : --)은 이음거양(以陰居陽) 즉 음(陰 : --)으로써[以] 양(陽 : ─)의 자리에 있는지라[居] 정당한 자리에 있지 못하다. 그러나 곤괘(坤卦 : ☷)에서 여섯 효(爻)는 모두 음(陰 : --)인지라 여섯 효(爻)의 상호간(相互間)의 관계를 따져 응(應)과 비(比)를 따져볼 것이 없다. 곤괘(坤卦 : ☷)에서만은 여섯 효(爻)가 모두 순일(純一)하게 음(陰 : --)이므로 혼화(渾和) 즉 모두 같아[渾] 어울려[和] 저마다의 일을 저마다 다하는 대인(大人)의 모습인지라 상충(相衝) 즉 서로[相] 부딪침[衝]이란 없다. 따라서 초륙(初六 : --)은 곤괘(坤卦 : ☷)의 초효(初爻)로서, 땅바닥에 서서 다가올 겨울을 마주하는 모습이 초륙(初六 : --)의 효상(爻象)이다.

> 곤괘(坤卦 : ☷)의 초륙(初六 : --)이 초구(初九 : ─)로 변효(變爻)하면 초륙(初六 : --)은 곤괘(坤卦 : ☷)를 24번째 복괘(復卦 : ䷗)로 지괘(之卦)하게 한다. 따라서 곤괘(坤卦 : ☷)의 초륙(初六 : --)은 복괘(復卦 : ䷗)의 초구(初九 : ─)를 찾아가 살펴보게 한다.

**【초륙(初六)의 계사(繫辭) 풀이】**

### 履霜(이상)

서리를[霜] 밟고 있다[履].

초륙(初六 : --)의 효위(爻位)를 빌려 암시한 계사(繫辭)이다. 곤괘(坤卦 : ☷)는 음괘(陰卦)이다. 음괘(陰卦)는 한랭(寒冷) 즉 춥고[寒] 찬[冷] 서리[霜]와 얼음[冰]을 상징한다. 곤괘(坤卦 : ☷)는 음력(陰曆)으로 10월이다. 음력 10월 초에는 한로(寒露) 즉 찬 이슬[寒露]이 내리고, 말이면 상강(霜降) 즉 서리가[霜] 내린다[降]. 곤괘(坤卦 : ☷)의 초효(初爻)는 땅바닥이고 한로를 지나 상강의 땅바닥은 서리가 덮힌다. 그리고 초목(草木)은 단풍이 들고 백곡(百穀)은 다 영글어 거두어들이는 천시(天時)의 지덕(地德)을 베풀어, 곤괘(坤卦 : ☷)는 이만물(利萬物) 즉 온갖 생물을[萬物] 이롭게[利] 한다. 곤괘(坤卦 : ☷)의 초륙(初六 : ‐‐)은 맨 밑자리인지라 입동(立冬)으로 이어지는 초입(初入)의 바닥에 서 있음과 같으므로 초륙(初六 : ‐‐)을 서리 낀[霜] 땅을 밟고 있는[履] 모습이라고 암시한 계사(繫辭)가 〈이상(履霜)〉이다.

## 堅冰至(견빙지)

**단단한[堅] 얼음이[冰] 올 것이다[至].**

〈이상(履霜)의 상(霜)〉이 곧 〈견빙(堅冰)〉의 조짐[兆]임을 암시한 계사(繫辭)이다. 〈견빙지(堅冰至)〉는 「설괘전(說卦傳)」에 나오는 〈건은[乾 : ☰] 추위[寒]이고[爲] 얼음[冰]이다[爲]〉는 내용을 상기시키고, 동시에 「설괘전(說卦傳)」에 나오는 〈가고 있음을[往] 헤아리는[數] 것은[者] 따름이고[順] 오고 있음을[來] 알아채는[知] 것은[者] 거스름이다[逆] 이러므로[是故] 역은[易] 거슬러[逆] 헤아리는 것[數]이다[也]〉라는 내용을 떠올린다. 〈이상(履霜)〉이 〈견빙지(堅冰至)〉를 역수(逆數)하게 하는 것이다. 지금 일어나는 조짐을[往者] 살펴, 지금 오고 있는[來] 것을[者] 미리미리 거슬러[逆] 헤아려보게 하는[數] 길[道]이 〈『주역(周易)』의 역(易)〉이다. 여기 곤괘(坤卦 : ☷) 초륙(初六 : ‐‐)의 〈이상(履霜) 견빙지(堅冰至)〉는 역(易)의 역수(逆數)를 체득(體得)하게 해주는 본보기의 계사(繫辭)인 셈이다. 곤괘(坤卦 : ☷)를 달로 치면 10월이다. 10월은 가을이 그치고 겨울로 접어드는 달이다. 11월 입동(立冬)부터 음기(陰氣 : ‐‐)는 점점 더 강해져 동토(凍土) 즉 언[凍] 땅[土] 밖으로 드러나고, 양기(陽氣 : ─)는 동토(凍土) 아래로 숨어듦이 겨울이다. 〈견빙지(堅冰至)의 견빙(堅冰)〉은 곧 겨울이 도래함[至]을 암시한다. 〈견빙지(堅冰至)의 지(至)〉는 여기선 〈올 내(來)〉와 같다. 가을이 가면 겨울이 온다[至]는 것이 〈견빙지(堅冰至)〉이다. 〈이상(履霜)〉은 〈견빙(堅冰)〉 즉 겨울이 옴을 암시하고 동시에 〈해빙(解氷)〉의 봄이 옴을 암시한다. 겨울 동안 땅속에 숨었던 양기(陽氣 : ─)가 묘월(卯月) 즉 2월이 되면 땅 위로 나오기 시작하여 4월이 되면 왕성하기 시작한다. 4월은 건괘(乾卦 : ☰)이다. 4월이 되는 천시(天時)의 운행(運行)을 〈견빙지(堅冰至)〉가 역수(逆數) 즉 거슬러[逆] 헤아리게[數] 한다. 따라서 역리(易理) 즉 변화의[易] 이치[理]를 깨닫고자 낌새를[兆] 거슬러[逆] 살펴[數] 다가올 일을 가늠하게 하는 계사(繫辭)가 〈견빙지(堅冰至)〉이다.

【字典】

**이(履)** 〈밟을 이(履)-천(踐), 걸을 이(履)-보(步), 갈(행할) 이(履)-행(行), 갖출 이(履)-구(具), 자리에 오를 이(履)-등(登), 가죽 신 이(履)-피화(皮靴), 예 이(履)-예(禮), 복 이(履)-복(福), 녹봉 이(履)-녹(祿)〉 등의 뜻을 내지만 〈밟을 천(踐)〉과 같다 여기고 새김이 마땅하다.

**상(霜)** 〈서리 상(霜)-노지응결이성미세고체(露之凝結而成微細固體), 하얀 상(霜)-유백(喩白), 과실의 껍질에 낀 하얀 가루 상(霜)-백분어과실표피(白粉於果實表皮), 냉혹함을 비유하는 상(霜)-유냉혹(喩冷酷), 엄한 법을 비유하는 상(霜)-유법지엄(喩法之嚴), 고결함을 비유하는 상(霜)-유고결(喩高潔), 해(역년) 상(霜)-연(年)-역년(歷年), 사라질 상(霜)-망(亡), 새 이름 상(霜)-조명(鳥名)〉 등의 뜻을 내지만 여기선 〈서리 상(霜)〉으로 여기고 새김이 마땅하다.

**견(堅)** 〈단단할 견(堅)-고(固)-정(定), 단단한 흙 견(堅)-토강(土剛), 굳셀(강한) 견(堅)-강(剛)-강(强), 길 견(堅)-장(長), 좋아할 견(堅)-호(好), 응고할 견(堅)-응고(凝固), 견고한 물건 견(堅)-견고지물(堅固之物), 단단한 진지 견(堅)-견진(堅陳), 단단한 돌 견(堅)-견석(堅石), 단단한 수레 견(堅)-견거(堅車)〉 등의 뜻을 내지만 여기선 〈단단한 고(固)〉로 여기고 새김이 마땅하다.

**빙(冰)** 〈얼음(얼) 빙(冰)-동(凍)-응동(凝凍), 음 빙(冰)-음(陰), 건 빙(冰)-건(乾)〉 등의 뜻을 내지만 여기선 〈얼음 동(凍)〉과 같다 여기고 새김이 마땅하다.

**지(至)** 〈도래할 지(至)-도(到)-래(來), 이룰 지(至)-성(成), 지극할 지(至)-지극(至極), 새가 높은 데서 날아 내려와 땅에 이를 지(至)-조비종고하지(鳥飛從高下至), 미칠(이를) 지(至)-급(及), 좋을 지(至)-선(善), 다할 지(至)-진(盡)-극(極), 무리 지(至)-중(衆), 큰 지(至)-대(大), 마땅할 지(至)-당(當), 실제 지(至)-실(實), 옳을 지(至)-시(是), 아래 지(至)-하(下), 동지하지 지(至)-동지하지(冬至夏至)〉 등의 뜻을 내지만 여기선 〈올

래(來)〉와 같다 여기고 새김이 마땅하다.

---

註 건곤(乾坤)의 시운(時運) : 춘하추동(春夏秋冬) 사계(四季)를 음양(陰陽)으로 나타낼 때 〈양생음살(陽生陰殺)〉이라 한다. 〈양생(陽生)〉은 춘작하장(春作夏長)의 춘하(春夏) 즉 봄 여름[春夏]의 시운(時運)을 말하고, 〈음살(陰殺)〉은 추렴동장(秋斂冬藏)의 추동(秋冬) 즉 가을 겨울[秋冬]의 시운(時運)을 말한다. 〈양생(陽生)의 생(生)〉은 생장(生長)이 왕성(旺盛)함을 뜻하고, 〈음살(陰殺)의 살(殺)〉은 생장(生長)이 멈춤[止]을 뜻한다.

註 건위한(乾爲寒) 위빙(爲冰) : 건은(乾 : ☰) 추위[寒]이고[爲] 얼음[冰]이다[爲].

「설괘전(說卦傳)」 11단락(段落)

註 수왕자순(數往者順) 지래자역(知來者逆) 시고(是故) 역역수야(易逆數也) : 가고 있음을[往] 헤아리는[數] 것은[者] 따름이고[順] 오고 있음을[來] 알아채는[知] 것은[者] 거스름이다[逆]. 이러므로[是故] 역은[易] 거슬러[逆] 헤아리는 것[數]이다[也]. 「설괘전(說卦傳)」 3단락(段落)

## 육이(六二 : --)

六二 : 直方大니 不習해도 无不利하다
직방대 불습 무불리

육이(六二) : 곧고[直] 모나고[方] 크니[大] 배워 익힌 것이[習] 아니라도[不] 이롭지 않음이란[不利] 없다[无].

**【육이(六二)의 효상(爻象) 풀이】**

곤괘(坤卦 : ☷)의 육이(六二 : --)는 이음거음(以陰居陰) 즉 음(陰 : --)으로써[以] 음(陰 : --)의 자리에 있는지라[居] 정당한 자리에 있다. 그러나 곤괘(坤卦 : ☷)에서 여섯 효(爻)는 모두 음(陰 : --)인지라 여섯 효(爻)의 상호간(相互間)의 관계를 따져 응(應)과 비(比)를 따져볼 것이 없다. 곤괘(坤卦 : ☷)에서만은 여섯 효(爻)가 모두 순일(純一)하게 음(陰 : --)이므로 혼화(渾和) 즉 모두 같아[渾] 어울려[和] 저마다의 일을 저마다 다하는 대인(大人)의 모습인지라 상충(相衝) 즉 서로[相] 부딪침[衝]이란 없다. 따라서 육이(六二 : --)는 곤괘(坤卦 : ☷)의 하체(下體) 곤(坤 : ☷)의 중효(中爻)로서, 득중(得中) 즉 정도를 따름을[中] 취하여[得] 지덕(地

德)을 정대(正大)하게 베푸는 모습이 육이(六二 : --)의 효상(爻象)이다.

> 곤괘(坤卦 : ䷁)의 육이(六二 : --)가 구이(九二 : ㅡ)로 변효(變爻)하면 육이(六二 : --)는 곤괘(坤卦 : ䷁)를 7번째 사괘(師卦 : ䷆)로 지괘(之卦)하게 한다. 따라서 곤괘(坤卦 : ䷁)의 육이(六二 : --)는 사괘(師卦 : ䷆)의 구이(九二 : ㅡ)를 찾아가 살펴보게 한다.





【육이(六二)의 계사(繫辭) 풀이】

## 直方大(직방대)

곧고[直] 모나고[方] 크다[大].

육이(六二 : --)의 효위(爻位)를 빌려 암시한 계사(繫辭)이다. 순유(順柔) 즉 건도(乾道)를 따르면서[順] 부드러운[柔] 육이(六二 : --)가 정당한 자리에서 곤괘(坤卦 : ䷁)의 하체(下體) 곤(坤 : ☷)의 중효(中爻)로서 있음을 암시한 것이 〈직방대(直方大)〉이다. 〈직방대(直方大)〉는 〈육이직(六二直) 이륙이방(而六二方) 이륙이대(而六二大)〉의 줄임으로 여기고 〈육이는[六二] 곧다[直] 그리고[而] 육이는[六二] 네모나다[方] 그리고[而] 육이는[六二] 크다[大]〉고 새겨볼 것이다. 〈직방대(直方大)의 직(直)〉은 지덕(地德)을 득중(得中) 즉 정도를 따름을[中] 취함[得]으로써 행(行)하는 육이(六二 : --)가 지유(至柔) 즉 오로지[至] 부드럽게[柔] 건도(乾道)를 따름이다. 이런 〈직(直)〉을 빌려 육이(六二 : --)의 내면(內面)을 취상(取象)한 것이다. 〈직방대(直方大)의 방(方)〉은 땅의 모습이 정(定)해져 방정(方正)함이다. 이런 〈방(方)〉을 빌려 육이(六二 : --)의 외면(外面)을 취상(取象)한 것이다. 〈직방대(直方大)의 대(大)〉는 지덕(地德)과 천덕(天德)의 상화(相和)가 무강(无疆) 즉 그 상화(相和)의 경계가[疆] 없어[无] 광대(廣大)함이다. 이런 〈대(大)〉로써 육이(六二 : --)를 취상(取象)한 것이다. 따라서 육이(六二 : --)가 곤괘(坤卦 : ䷁)의 하체(下體) 곤(坤 : ☷)의 중효(中爻)로서 득중(得中) 즉 정도를 따름을[中] 취하여[得] 지덕(地德)을 안팎으로 베풂이 성대(盛大)함을 암시한 계사(繫辭)가 〈직방대(直方大)〉이다.

## 不習(불습)

### 배워 익힌 것이[習] 아니다[不].

육이(六二 : --)의 〈직방대(直方大)〉의 지덕(地德)이란 지도(地道)가 본래부터 갖춘 것임을 암시한 계사(繫辭)이다. 〈불습(不習)〉은 〈불습륙이지직방대(不習六二之直方大)〉의 줄임으로 여기고 〈육이의[六二之] 직방대는[直方大] 배워 익힌 것이[習] 아니다[不]〉라고 새겨볼 것이다. 〈불습(不習)의 불(不)〉은 〈아닌 것 비(非)〉와 같다. 여기 〈불습(不習)〉은 〈비습(非習)〉이다. 〈직방대(直方大)〉는 육이(六二 : --)가 스스로 노력하여 이룬 지덕(地德)이 아니라 육이(六二 : --)가 본래부터 간직한 지덕(地德)인지라, 육이(六二 : --)가 득중(得中) 즉 정도를 따름을[中] 취함[得]으로써 누리는 지덕(地德)의 자연(自然)을 암시한 계사(繫辭)가 〈불습(不習)〉이다.

## 无不利(무불리)

### 이롭지 않음이란[不利] 없다[无].

육이(六二 : --)의 〈직방대(直方大)〉가 천도(天道) 즉 자연의[天] 도(道)임을 거듭해 암시한 계사(繫辭)이다. 〈무불리(无不利)〉는 〈육이지직방대무불리(六二之直方大无不利)〉의 줄임으로 여기고 〈육이의[六二之] 직방대에는[直方大] 이롭지 않음이란[不利] 없다[无]〉고 새겨볼 것이다. 육이(六二 : --)의 〈직방대(直方大)〉란 온 세상 모든 것에 이롭다는 것이다. 여기 〈무불리(无不利)〉가 『노자(老子)』에 나오는 〈자연의[天之] 도는[道] 이롭되[利而] 해롭지 않다[不害]〉는 내용을 상기시킨다. 건도(乾道)와 지도(地道)를 하나로 묶어 천지도(天之道) 즉 천도(天道)로서 자연의[天] 도(道)이다. 지도(地道)의 조화(造化)로서 드러나는 육이(六二 : --)의 지덕(地德)이란 이만물(利萬物) 즉 천하(天下)의 온갖 것을[萬物] 이롭게 할[利] 뿐임을 강조해서 암시한 계사(繫辭)가 〈무불리(无不利)〉이다.

【字典】

**直** 〈직-치〉 두 가지로 발음되고, 〈곧을 직(直)-불곡(不曲), 바르게 볼 직(直)-정견(正見), 바를 직(直)-정(正)-의(宜), 치우쳐 보지 않을 직(直)-불경고(不傾顧), 시비

를 분명히 할 직(直)-시비분명(是非分明)-불편당(不偏黨), 사사로움이 없을 직(直)-무사(無私), 간사하지 않을 직(直)-불사(不邪), 굳건할 직(直)-강의(剛毅), 따를 직(直)-순(順), 꾸밈없는(본바탕 그대로) 직(直)-질소(質素)-질이무문(質而無文), 정직한 사람 직(直)-정직지인(正直之人), 펼 직(直)-신(伸), 마주할 직(直)-당(當), 번들 직(直)-시(侍), 다만 직(直)-단(但)-특(特), 전일할 직(直)-전(專), 바로 직(直)-즉시(卽時), (초목이) 번성할 직(直)-식(殖), 동방 직(直)-동방(東方), 봄 직(直)-춘(春), 값 치(直)-치(値)〉 등의 뜻을 내지만 여기선 〈곧을 불곡(不曲)〉으로 여기고 새김이 마땅하다.

**방(方)** 〈네모 방(方)-구(矩), 곧을 방(方)-정(正), 향할 방(方)-향(嚮)-방위(方位), 나라 방(方)-방(邦), 아우를 방(方)-병(倂), 이제(곧) 방(方)-금(今), 떳떳할 방(方)-상(常), 견줄 방(方)-비(比), 있을 방(方)-유(有), 또한 방(方)-차(且), 방법 방(方)-술책(術策), 방책 방(方)-방책(方策)-간책(簡策), 의서 방(方)-의서(醫書), 배 아울러 맬 방(方)-방주(方舟)〉 등의 뜻을 내지만 여기선 〈네모 구(矩)〉와 같다 여기고 새김이 마땅하다.

**대(大)** 〈넓을 대(大)-광(廣), (작은 것의 반대말로서) 큰 대(大)-소지대(小之對), 두루 대(大)-편(徧), 통할 대(大)-통(通), 길 대(大)-장(長), (땅을) 걸게 할 대(大)-비(肥), 두터울 대(大)-후(厚), 많을 대(大)-다(多), 모두 대(大)-개(皆), 선할 대(大)-선(善), 무거울 대(大)-중(重), 거대할 대(大)-거(巨), 아름다울 대(大)-미(美)-장(壯), 부유할 대(大)-부(富), 늙을 대(大)-노(老), 지나칠 대(大)-과(過), 끝 대(大)-극(極), 대충 대(大)-조(組)-불세밀(不細密), 과대할 대(大)-과(誇)-긍벌(矜伐), 처음 대(大)-초(初), 하늘 대(大)-천(天), 건(乾)-양기(陽氣)-양효(陽爻) 대(大)〉 등의 뜻을 내지만 여기선 〈넓을 광(廣)〉과 같다 여기고 새김이 마땅하다.

**不** 〈부-불〉 등으로 발음되고, 〈아닌 불(不)-부(不)-비(非), 않을(못할) 불(不)-부(不), 없을 불(不)-부(不)-무(無), 하지 말 불(不)-부(不)-막(莫)-금지(禁止), 정하지 않을 불(不)-부(不)-부(否)-미정(未定), 새가 날아올라 내려오지 않는 불(不)-부(不)-조비상불하래(鳥飛上不下來)〉 등의 뜻을 낸다. 〈불습(不習)의 불(不)〉은 〈아닌 비(非)〉와 같고, 〈무불리(无不利)의 불(不)〉은 〈않을 불(不)〉로 여기고 새김이 마땅하다.

**습(習)** 〈배울 습(習)-학(學), 익힐 습(習)-송(誦)-강(講), 거듭 습(習)-중(重), 익을(버릇) 습(習)-관(慣), (새가) 날기를 익힐 습(習)-조수비(鳥數飛), 닦을 습(習)-수(修), 깨달을 습(習)-효(曉), 익숙할(함부로 할) 습(習)-압(狎), 습성 습(習)-성(性), 전부터 전해올 습(習)-인(因), 쌓일 습(習)-적(積), 조절할 습(習)-조절(調節)〉 등의 뜻을 내지만 여기선 〈배울 학(學)〉으로 여기고 새김이 마땅하다.

**무(无)** 〈없을 무(无)-무(無), 허무지도 무(无)-허무지도(虛无之道), 으뜸 무(无)-원(元)〉 등의 뜻을 내지만 여기선 〈없을 무(無)〉와 같다 여기고 새김이 마땅하다.

**이(利)** 〈만물로 하여금 삶을 이루어가게 하는 덕(德)의 이로울 이(利)-사만물수생지덕(使萬物遂生之德), 날카로울 이(利)-예(銳)-섬(銛), 질병 이(利)-질(疾), 통할 이(利)-통(通)-순(順), 좋을 이(利)-길(吉)-의(宜), 편리할 이(利)-편(便), 마름해 만들어 이룰 이(利)-재성(裁成), 탐할 이(利)-탐(貪), 구할(취할) 이(利)-구(求)-취(取), 좋아할 이(利)-열애(悅愛), 이로울 이(利)-익(益), 기교 이(利)-교(巧), 보람 이(利)-공용(功用), 지세가 험하고 중요한 이(利)-험요(險要), 이길 이(利)-승(勝), 어질 이(利)-인(仁)〉 등의 뜻을 내지만 여기선 〈사만물수생지덕(使萬物遂生之德) 즉 만물로 하여금 삶을 이루어가게 하는 덕(德)의 이로움〉이라 새김이 마땅하다. 〈利〉가 맨 앞에 오면 〈이〉로 발음되고, 중간이나 뒤에 오면 〈리〉로 발음된다.

---

註 천지도리이불해(天之道利而不害) 성인지도위이부쟁(聖人之道爲而不爭) : 자연의[天之] 도는[道] 이롭되[利而] 해롭지 않고[不害], 성인의[聖人之] 도는[道] 위하되[爲而] 다투지 않는다[不爭]. 『노자(老子)』 81장(章)

## 육삼(六三 : --)

六三 : 含章可貞이나 或從王事하면 无成有終하리라
(함장가정 / 혹종왕사 / 무성유종)

육삼(六三) : 아름다움을[章] 마음에 품음이[含] 진실로 미더울[貞] 수 있어[可] 아마도[或] 왕명의 부림을 받은[王] 일을[事] 맡으면[從] 성취가[成] 없어도[无] 끝내는[終] 있으리라[有].

**【육삼(六三)의 효상(爻象) 풀이】**

곤괘(坤卦 : ䷁)의 육삼(六三 : --)은 이음거양(以陰居陽) 즉 음(陰 : --)으로써

[以] 양(陽 : ㅡ)의 자리에 있는지라[居] 정당한 자리에 있지 못하다. 그러나 곤괘(坤卦 : ䷁)에서 여섯 효(爻)는 모두 음(陰 : --)인지라 여섯 효(爻)의 상호간(相互間)의 관계를 따져 응(應)과 비(比)를 따져볼 것이 없다. 곤괘(坤卦 : ䷁)에서만은 여섯 효(爻)가 모두 순일(純一)하게 음(陰 : --)이므로 혼화(渾和) 즉 모두 같아[渾] 어울려[和] 저마다의 일을 저마다 다하는 대인(大人)의 모습인지라 상충(相衝) 즉 서로[相] 부딪침[衝]이란 없다. 하지만 육삼(六三 : --)은 있는 자리가 양위(陽位)인지라 15번째 겸괘(謙卦 : ䷎)의 구삼(九三 : ㅡ)으로 변효(變爻)할 수 있는 운명이다. 이러한 육삼(六三 : --)은 곤괘(坤卦 : ䷁)의 하체(下體) 곤(坤 : ☷)의 중위(中位)를 벗어난 처지임을 알기에 함부로 처신하지 않고 겸괘(謙卦 : ䷎)의 주제인 겸허(謙虛)함으로써 매사(每事)를 마주하는 슬기로움을 간직한 모습이 육삼(六三 : --)의 효상(爻象)이다.

| 곤괘(坤卦 : ䷁)의 육삼(六三 : --)이 구삼(九三 : ㅡ)으로 변효(變爻)하면 육삼(六三 : --)은 곤괘(坤卦 : ䷁)를 15번째 겸괘(謙卦 : ䷎)로 지괘(之卦)하게 한다. 따라서 곤괘(坤卦 : ䷁)의 육삼(六三 : --)은 겸괘(謙卦 : ䷎)의 구삼(九三 : ㅡ)을 찾아가 살펴보게 한다. |
|---|

**【육삼(六三)의 계사(繫辭) 풀이】**

## 含章可貞(함장가정)

아름다움을[章] 마음에 품음이[含] 진실로 미더울[貞] 수 있다[可].

육삼(六三 : --)의 효위(爻位)를 빌려 암시한 계사(繫辭)이다. 곤괘(坤卦 : ䷁)가 순음(純陰)의 괘(卦)라 해서 곤괘(坤卦 : ䷁)에 음양(陰陽)의 정위(正位)가 없다는 것은 아니다. 곤괘(坤卦 : ䷁)에서도 기위(奇位) 즉 홀수의[奇] 자리[位]는 양위(陽位)이고, 우위(耦位) 즉 짝수의[耦] 자리[位]는 음위(陰位)이다. 그러므로 곤괘(坤卦 : ䷁)의 육삼(六三 : --)은 양위(陽位)에 있는지라 음양상화(陰陽相和)가 이루어질 수 있는 자리이다. 〈함장가정(含章可貞)의 함장(含章)〉은 〈육삼지함장(六三之含章)〉의 줄임으로 여기고 〈육삼이[六三之] 장을[章] 품음[含]〉이라고 새겨볼 것이다. 〈함장(含章)의 함(含)〉은 육삼(六三 : --)이 15번째 겸괘(謙卦 : ䷎)의 구삼(九三 : ㅡ)으로 변효(變爻)함을 암시해 겸허(謙虛)함을 암시하고, 〈함장(含章)

의 장(章)〉은 「설괘전(說卦傳)」에 나오는 〈곤괘는[坤 : ☷] 아로새김[文]이다[爲]〉라는 내용을 상기시킨다. 왜냐하면 〈함장(含章)의 장(章)〉이란 절주(節奏) 즉 멈춤과[節] 나아감[奏]의 조화(調和)로써 이루는 문채(文采)이기 때문이다. 〈함장(含章)〉은 〈함장어내(含章於內)〉 즉 마음 속에[於內] 멈춤과 나아감을[章] 품음[含]이다. 여기 〈장(章)〉이란 음양상화(陰陽相和)의 아름다움을[采] 아로새김[文]을 말한다. 따라서 〈장(章)〉을 일러 천명(天命)을 따라 아로새기는 선미(善美)라 하는 것이다. 천명(天命)이란 곧 음양상화(陰陽相和)를 순응(順應)하라 함이다. 이러한 순응(順應)을 선미(善美)하다 하는 것이다. 육삼(六三 : --)이 음양(陰陽)의 서로[相] 어울림[和]을 겉보기로 가장하지 않고 진실로 미덥게[貞] 그 어울림[和]을 따르고 있어 더없이 영민(英敏)함을 암시한 것이 〈함장가정(含章可貞)의 정(貞)〉이다. 〈정(貞)〉이란 성신(誠信) 즉 진실한[誠] 미더움[信]이다. 그 미더움[貞]은 공정(公正)하여 무사무편(無邪無偏) 즉 간사함도[邪] 없고[無] 치우침도[偏] 없는[無] 심지(心志)가 곧 〈정(貞)〉이다. 이러한 〈정(貞)〉은 남의 심지(心志)를 말함이 아니라 바로 육삼(六三 : --)의 심지(心志)를 말함이다. 음양상화(陰陽相和)를 따름으로 말미암은 육삼(六三 : --)의 〈함장(含章)〉이 진실로[誠] 미덥다[貞]는 것을 암시한 계사(繫辭)가 〈함장가정(含章可貞)〉이다.

## 或從王事(혹종왕사)

### 아마도[或] 왕명의 부림을 받은[王] 일을[事] 맡는다[從].

육삼(六三 : --)이 왕명의 부림을 받아 국사(國事)를 받들어 행하는 자리에 있음을 암시한 계사(繫辭)이다. 대성괘(大成卦)에서 삼위(三位)는 대부(大夫)의 자리이기도 하고 제후(諸侯)의 자리이기도 하다. 여기 〈혹종왕사(或從王事)〉는 육삼(六三 : --)이 제후(諸侯)임을 암시한다. 따라서 〈혹종왕사(或從王事)〉는 〈육삼혹종륙오지왕사(六三或從六五之王事)〉의 줄임으로 여기고 〈육삼은[六三] 아마도[或] 육오의[六五之] 왕명의 부림을 받은[王] 일을[事] 맡는다[從]〉고 새겨볼 것이다. 〈혹종왕사(或從王事)의 혹(或)〉은 〈함장(含章)〉으로써 더없이 영민(英敏)한 육삼(六三 : --)이 서둘러 〈왕사(王事)〉를 맡지 않음을 암시함이 〈아마도 혹(或)〉이다. 〈혹종왕사(或從王事)의 왕사(王事)〉는 〈왕명역사지사(王命役使之事)〉 즉 왕명의[王命] 부림을 받은[役使之] 일[事]을 뜻한다. 정벌(征伐) 같은 일이 곧 〈왕사(王事)〉이다. 왕의[王] 명령[命] 없이는 할 수 없는 대업(大業)이 〈왕사(王事)〉이다. 따라서 〈함장(含章)〉 즉 선미함을[章] 품어[含] 영민(英敏)한 육삼(六三 : --)이 〈왕사(王事)〉와 같은 대업(大業)을 함부로 감행하지 않음을 암시한 계사(繫辭)가 〈혹종왕사(或從王事)〉이다.





## 无成有終(무성유종)

**성취가[成] 없어도[无] 끝내는[終] 있으리라[有].**

육삼(六三 : --)이 〈종왕사(從王事)의 왕사(王事)〉를 끝내는 성취함을 암시한 계사(繫辭)이다. 〈무성유종(无成有終)〉은 〈수륙삼무성왕사(雖六三无成王事) 육삼종유왕사지성(六三終有王事之成)〉의 줄임으로 여기고 〈비록[雖] 육삼에게[六三] 왕사를[王事] 성취함이[成] 없어도[无] 끝내는[終] 육삼에게[六三] 왕사를[王事之] 성취함이[成] 있다[有]〉고 새겨볼 것이다. 〈무성유종(无成有終)〉은 〈함장(含章)〉의 영민(英敏)함은 오랫동안 감춰지지 않고 조만간에 드러나는 법인지라 〈종왕사(從王事)〉의 시운(時運)이 결국 돌아옴을 〈무성유종(无成有終)의 유종(有終)〉이 역수(逆數) 즉 거슬러[逆] 살펴 헤아리게[數] 한다. 따라서 〈무성유종(无成有終)의 무성(无成)〉은 상(商)나라 폭군(暴君) 주(紂)와 제후국(諸侯國) 주문왕(周文王)의 고사(故事)를 환기시키고, 〈무성유종(无成有終)의 유종(有終)〉은 주공(周公)과 주무왕(周武王)이 주문왕의 유시(諭示)를 따라 주(紂)를 정벌(征伐)했던 〈왕사(王事)〉를 떠올려주어 진실로 미덥게[貞] 선미함을[章] 품은[含] 군자(君子)가 왜 〈외천명(畏天命)〉 즉 천명을[天命] 두려워하는지[畏] 헤아려 깨치게 하는 계사(繫辭)가 〈무성유종(无成有終)〉이다.

**【字典】**

**함(含)** 〈품을 함(含)-회(懷), 간직할 함(含)-장(藏), 머금을 함(含)-함(銜), 참을 함(含)-인(忍), 너그러울 함(含)-관(寬)〉 등의 뜻을 내지만 여기선 〈품을 회(懷), 간직할 장(藏)〉 등과 같다 여기고 새김이 마땅하다.

**장(章)** 〈아름다울(선미할) 장(章)-미(美)-선미(善美), 크나큼(크나큰) 장(章)-대(大), 악곡의 일절 장(章)-악곡지일절(樂曲之一節), 시문의 일절 장(章)-시문지일절(詩

文之一節), 문장 장(章)-문장(文章), 음정 장(章)-음정(音程), 조리 장(章)-조(條), 법식 장(章)-법식(法式), 몸가짐의 태도 장(章)-의표(儀表), 드러내 밝힐 장(章)-표(表), 밝을 장(章)-명(明)-창(彰), 드러날 장(章)-현(顯)-저(著), 쌓을 장(章)-성(盛), 구별할 장(章)-구별(區別), 문채 장(章)-문채(紋彩), 인장 장(章)-인장(印章), 두려워할 모습 장(章)-구모(懼貌)-주장(周章)-주장(周慞), 평평한 산마루 장(章)-산형상평자(山形上平者)〉 등의 뜻을 내지만 여기선 〈아름다울 미(美)〉와 같다 여기고 새김이 마땅하다. 〈장(章)〉이 〈미(美)〉와 같다 함은 선미(善美)함을 뜻한다. 그러므로 〈함장(含章)〉을 〈함미어내(含美於內) 즉 마음 속에[於內] 미를[美] 품는다[含] 또는 함선어내(含善於內) 즉 마음 속에[於內] 선을[善] 품는다[含]고 새김이 마땅하다.

**可** 〈가-극〉 두 가지로 발음되고, 〈마땅할 가(可)-의(宜)-당(當), ~할 수 있을 가(可)-능(能), 옳을 가(可)-부지대(否之對), 허락할 가(可)-허(許)-긍(肯), 착할 가(可)-선(善), 합의할 가(可)-합의(合意), 괜찮을 가(可)-미족지사(未足之辭), 족할 가(可)-족(足), 바 가(可)-소(所), 멈출 가(可)-지(止), 뜻을 이룰 가(可)-수의(遂意), 쓸 가(可)-용(用), 만큼 가(可)-정(程), 겨우 가(可)-근(僅), 오랑캐 극(可)〉 등의 뜻을 내지만 여기선 〈~할 수 있을 능(能)〉과 같다 여기고 새김이 마땅하다.

**정(貞)** 〈믿을 정(貞)-신(信), 바를 정(貞)-정(正), 거북점을 물을 정(貞)-복문(卜問), 역(易)의 내괘(內卦) 정(貞), 마땅할 정(貞)-당(當), 정할 정(貞)-정(定), 순수할 정(貞)-전(專)-일(一)〉 등의 뜻을 내지만 여기선 〈바를 정(正), 믿을 신(信)〉 등을 합친 뜻과 같다 여기고 새김이 마땅하다.

**혹(或)** 〈아마도 혹(或), 있을 혹(或)-유(有), 의심날 혹(或)-의(疑), 괴상할 혹(或)-괴(怪), 어떤 사람 혹(或)-수인(誰人)〉 등의 뜻을 내지만 여기선 〈아마도 혹(或)〉으로 여기고 새김이 마땅하다.

**종(從)** 〈맡을 종(從)-임(任), 받아들일 종(從)-청(聽), 따를 종(從)-수(隨), 나아갈 종(從)-취(就), 뒤좇을 종(從)-축(逐), ~부터 종(從)-자(自)〉 등의 뜻을 내지만 여기선 〈맡을 임(任)〉과 같다 여기고 새김이 마땅하다.

**왕(王)** 〈임금 왕(王)-군(君), 제후 왕(王)-제후(諸侯), 무리의 우두머리 왕(王)-동류중지수령(同類中之首領), 큰 왕(王)-대(大), 천자를 받들 왕(王)-사천자(事天子), 바로잡을 왕(王)-광정(匡正), 성대할 왕(王)-성(盛), 이길 왕(王)-승(勝), 흥할 왕(王)-흥(興)〉

등의 뜻을 내지만 〈임금 군(君)〉과 같다 여기고 새김이 마땅하다.

**사(事)** 〈일할 사(事)-동작(動作), 섬길 사(事)-봉(奉), 벼슬(일삼을) 사(事)-직(職), 큰일 사(事)-이변(異變), 다스릴 사(事)-치(治), 경영할 사(事)-영(營), 반역할 사(事)-반역(叛逆)〉 등의 뜻을 내지만 여기선 〈일할 동작(動作)〉과 같다 여기고 새김이 마땅하다.

**무(无)** 〈없을 무(无)-무(無), 허무지도 무(无)-허무지도(虛无之道), 으뜸 무(无)-원(元)〉 등의 뜻을 내지만 여기선 〈없을 무(無)〉와 같다 여기고 새김이 마땅하다.

**성(成)** 〈이룰 성(成)-취(就), 안정할 성(成)-정(定), 마칠 성(成)-필(畢)-종(終), 갖출 성(成)-비(備), 익을 성(成)-숙(熟), 무성할 성(成)-무(茂), 성대할 성(成)-성(盛), 클 성(成)-대(大), 좋을 성(成)-선(善), 사방 십리 성(成)-방십리(方十里)〉 등의 뜻을 내지만 여기선 〈이룰 취(就)〉와 같다 여기고 새김이 마땅하다.

**유(有)** 〈없을 무(無)의 반대말로 있을 유(有), 얻을(가질) 유(有)-취(取), 혹 유(有)-혹(或), 많을 유(有)-다(多)-족(足), 부유할 유(有)-부(富), 간직할 유(有)-장(藏), 보호할 유(有)-보(保), 서로 친할 유(有)-상친(相親), 전일할 유(有)-전(專), 할 유(有)-위(爲), 어조사 유(有)〉 등의 뜻을 내지만 〈있을 유(有)〉로 여기고 새김이 마땅하다.

**종(終)** 〈끝내 종(終)-시지대(始之對), 끝날 종(終)-이(已), 다할 종(終)-진(盡)-극(極)-궁(窮)-경(竟), 충분할 종(終)-충(充), 이룰 종(終)-성(成), 사망 종(終)-사(死)〉 등의 뜻을 내지만 여기선 〈끝내 종(終)〉으로 여기고 새김이 마땅하다.

---

註 자왈(子曰) 군자유삼외(君子有三畏) 외천명(畏天命) 외대인(畏大人) 외성인지언(畏聖人之言) 소인부지천명이불외야(小人不知天命而不畏也) 압대인(狎大人) 모성인지언(侮聖人之言) : 공자가[子] 말하길[曰], 군자에게는[君子] 세 가지[三] 두려워함이[畏] 있다[有]. 천명을[天命] 두려워하고[畏] 대인을[大人] 두려워하며[畏] 성인의[聖人之] 말씀을[言] 두려워한다[畏]. 소인은[小人] 천명을[天命] 몰라서[不知而] (천명을) 두려워하지 않는 것[不畏]이고[也] 대인을[大人] 얕보고[狎] 성인의[聖人之] 말씀을[言] 업신여긴다[侮]. 『논어(論語)』「계씨(季氏)」 8장(章)

# 육사(六四 : --)

六四 : 括囊이니 无咎이고 无譽이다
괄낭 무구 무예

육사(六四) : 주머니를[囊] 묶으니[括] 허물도[咎] 없고[无] 상찬도[譽] 없다[无].

**【육사(六四)의 효상(爻象) 풀이】**

곤괘(坤卦 : ䷁)의 육사(六四 : --)는 이음거음(以陰居陰) 즉 음(陰 : --)으로써[以] 음(陰 : --)의 자리에 있는지라[居] 정당한 자리에 있다. 그러나 곤괘(坤卦 : ䷁)에서 여섯 효(爻)는 모두 음(陰 : --)인지라 여섯 효(爻)의 상호간(相互間)의 관계를 따져 응(應)과 비(比)를 따져볼 것이 없다. 곤괘(坤卦 : ䷁)에서만은 여섯 효(爻)가 모두 순일(純一)하게 음(陰 : --)이므로 혼화(渾和) 즉 모두 같아[渾] 어울려[和] 저마다의 일을 저마다 다하는 대인(大人)의 모습인지라 상충(相衝) 즉 서로[相] 부딪침[衝]이란 없다. 육사(六四 : --)는 있는 자리가 정당하지만 곤괘(坤卦 : ䷁)의 상체(上體) 곤(坤 : ☷)의 맨 밑자리이면서 상하(上下) 곤(坤 : ☷)이 만나는 자리에 있음을 잊지 않고 항상 언행(言行)을 삼가 조심하면서, 위해(危害)가 없도록 미리미리 방비(防備)하는 모습이 육사(六四 : --)의 효상(爻象)이다.

곤괘(坤卦 : ䷁)의 육사(六四 : --)가 구사(九四 : ㅡ)로 변효(變爻)하면 육사(六四 : --)는 곤괘(坤卦 : ䷁)를 16번째 예괘(豫卦 : ䷏)로 지괘(之卦)하게 한다. 따라서 곤괘(坤卦 : ䷁)의 육사(六四 : --)는 예괘(豫卦 : ䷏)의 구사(九四 : ㅡ)를 찾아가 살펴보게 한다.

**【육사(六四)의 계사(繫辭) 풀이】**

## 括囊(괄낭)

주머니를[囊] 묶었다[括].

육사(六四 : --)의 효위(爻位)를 빌려 암시한 계사(繫辭)이다. 여기 〈괄낭(括囊)의 낭(囊)〉은 「설괘전(說卦傳)」에 나오는 〈곤은[坤 : ☷] 베[布]이다[爲]〉는 내용을 상기시킨다. 옛날 자루[囊]는 베[布]로 만든다. 육사(六四 : ⚋)가 곤괘(坤卦 : ䷁)의 상체(上體) 곤(坤 : ☷)의 초효(初爻)로서 상하(上下)의 곤(坤 : ☷) 사이에 있음을 들어 〈괄낭(括囊)〉이라고 취상(取象)한 것이다. 음양(陰陽)의 성향(性向)이란 음회양광(陰晦陽光)이고 음색양서(陰塞陽舒)라 정반(正反)이다. 양(陽 : ⚊)은 서광(舒光) 즉 펼치고[舒] 빛나며[光], 음(陰 : ⚋)은 색회(塞晦) 즉 닫히고[塞] 어둡다[晦]. 광회(光晦)로써 보면 자루[囊]의 속과 겉은 정반대의 모습이다. 자루의 밖은 펼쳐[舒] 밝고[光] 자루의 속은 닫혀[塞] 어둡다[晦]. 곤괘(坤卦 : ䷁)의 상하체(上下體) 두 곤(坤 : ☷)이 서로 접하는 사이에 있는 육사(六四 : ⚋)는 묶인[括] 자루[囊] 속에 들어가 갇힌 모습이다. 묶인 자루를 밖에서 풀어주지 않는 한 육사(六四 : ⚋)는 위아래 곤(坤 : ☷)의 중음(重陰)으로 결속(結束)돼 닫힌[塞] 어둠[晦]을 스스로 벗어날 수 없으니 몹시 불리한 처지에 있음을 암시한 계사(繫辭)가 〈괄낭(括囊)〉이다.

## 无咎(무구) 无譽(무예)

허물도[咎] 없고[无] 상찬도[譽] 없다[无].

불리한 상황에서는 자제(自制) 즉 자신을[自] 절제해야[制] 함을 암시한 계사(繫辭)이다. 〈무구(无咎)〉는 〈괄낭지륙사무구(括囊之六四无咎) 괄낭지륙사무예(括囊之六四无譽)〉의 줄임으로 여기고 〈주머니를 묶은[括囊之] 육사에게[六四] 허물은[咎] 없고[无] 주머니를 묶은[括囊之] 육사에게[六四] 영예도[譽] 없다[无]〉고 새겨 볼 것이다. 여기 〈무구(无咎)〉는 육사(六四 : ⚋)가 닫힌[塞] 어둠[晦]을 벗어나고자 발버둥치지 않고 자신을 절제하면서 삼가 조심함을 말한다. 어렵고 불리한 처지에서 스스로 절제하는데 무슨 잘못이 있겠느냐는 것이 〈무구(无咎)〉이다. 어렵고 불리한 처지에서 해로움을 피하고자 방어 자세만 취한다면 〈괄낭(括囊)〉의 불리한 처지를 헤쳐나갈 수 없으니 상찬할[譽] 것도 없다[无]는 것이 〈무예(无譽)〉이다. 〈괄낭(括囊)〉의 불리한 처지를 헤쳐나갈 수 있는 때가 오기를 기다리며 참아야 하는 것이지 서둘러 감행할 것이 결코 아님을 살펴 헤아리게 하는 계사(繫辭)가 〈무구(无咎) 무예(无譽)〉이다.

【字典】

**괄(括)** 〈단단히 맺을 괄(括)-결(結), 쌀 괄(括)-포(包), 봉할 괄(括)-검(檢), 모을 괄(括)-회(會), 지을 괄(括)-작(作), 빠를 괄(括)-괄(适)〉 등의 뜻을 내지만 여기선 〈단단히 맺을 결(結)〉과 같다 여기고 새김이 마땅하다.

**낭(囊)** 〈자루 낭(囊)-대(袋), 큰 자루 낭(囊)-대대(大袋), 주머니 낭(囊)-유저낭(有底囊), 싼 물건 낭(囊)-범장물자(凡藏物者), 떠들썩할 낭(囊)-창낭(倉囊), 거두어 담아둘 낭(囊)-염장지(斂藏之)〉 등의 뜻을 내지만 여기선 〈자루 대(袋)〉와 같다 여기고 새김이 마땅하다.

**무(无)** 〈없을 무(无)-무(無), 허무지도 무(无)-허무지도(虛无之道), 으뜸 무(无)-원(元)〉 등의 뜻을 내지만 여기선 〈없을 무(無)〉와 같다 여기고 새김이 마땅하다.

**구(咎)** 〈허물 구(咎)-건(愆)-과(過), 재앙 구(咎)-재(災), 병될 구(咎)-병(病), 나쁠 구(咎)-오(惡)〉 등의 뜻을 내지만 여기선 〈허물 건(愆)-과(過)〉와 같다 여기고 새김이 마땅하다. 〈무구(无咎)〉는 〈면어구(免於咎)〉 즉 허물을[於咎] 면하다[免]와 같다.

**예(譽)** 〈이름날 예(譽)-성문(聲聞), 칭찬할(기릴) 예(譽)-칭양(稱揚), 착할 예(譽)-선(善), 즐길 예(譽)-낙(樂)〉 등의 뜻을 내지만 여기선 〈이름날 성문(聲聞)〉으로 여기고 새김이 마땅하다.

## 육오(六五 : --)

六五 : 黃裳이니 元吉이라
황상 원길

육오(六五) : 황색[黃] 치마이니[裳] 으뜸으로[元] 좋으리라[吉].

### 【육오(六五)의 효상(爻象) 풀이】

곤괘(坤卦 : ☷)의 육오(六五 : --)는 이음거양(以陰居陽) 즉 음(陰 : --)으로써[以] 양(陽 : —)의 자리에 있는지라[居] 정당한 자리에 있지 못하다. 그러나 곤괘(坤卦 : ☷)에서 여섯 효(爻)는 모두 음(陰 : --)인지라 여섯 효(爻)의 상호간(相互間)의 관계를 따져 응(應)과 비(比)를 따져볼 것이 없다. 곤괘(坤卦 : ☷)에서만은 여섯 효(爻)가 모두 순일(純一)하게 음(陰 : --)이므로 혼화(渾和) 즉 모두 같아[渾] 어울려[和] 저마다의 일을 저마다 다하는 대인(大人)의 모습인지라 상충(相衝) 즉 서로[相] 부딪침[衝]이란 없다. 육오(六五 : --)는 있는 자리가 정당하지 못하지만 곤괘(坤卦 : ䷁)의 상체(上體) 곤(坤 : ☷)의 중위(中位) 즉 군왕(君王)의 자리이면서 득중(得中) 즉 정도를 따름을[中] 취함[得]으로써 매사(每事)를 마주하는 모습이 육오(六五 : --)의 효상(爻象)이다.

곤괘(坤卦 : ䷁)의 육오(六五 : --)가 구오(九五 : —)로 변효(變爻)하면 육오(六五 : --)는 곤괘(坤卦 : ䷁)를 8번째 비괘(比卦 : ䷇)로 지괘(之卦)하게 한다. 따라서 곤괘(坤卦 : ䷁)의 육오(六五 : --)는 비괘(比卦 : ䷇)의 구오(九五 : —)를 찾아가 살펴보게 한다.

**【육오(六五)의 계사(繫辭) 풀이】**

## 黃裳(황상) 元吉(원길)

황색[黃] 치마이니[裳] 으뜸으로[元] 좋으리라[吉].

육오(六五 : --)가 곤괘(坤卦 : ䷁)의 중효(中爻)임을 암시한 계사(繫辭)이다. 〈황상(黃裳)의 황(黃)〉은 「설괘전(說卦傳)」에 나오는 〈곤위지(坤爲地)〉 즉 〈곤은[坤 : ☷] 땅[地]이다[爲]〉라는 내용을 상기시킨다. 오방색(五方色)의 청(靑)-적(赤)-황(黃)-백(白)-흑(黑) 중에서 〈황(黃)〉은 중앙색(中央色)이고 땅[土]의 색(色)이며 군왕(君王)의 색이다. 곤괘(坤卦 : ䷁)의 중효(中爻)인 육오(六五 : --)를 황색(黃色)으로써 취상(取象)하고, 동시에 〈황상(黃裳)의 황(黃)〉은 곤괘(坤卦 : ䷁)에서 육오(六五 : --)가 군왕(君王)의 자리에 있음을 취상(取象)한 것이다. 〈황상(黃裳)의 상(裳)〉은 양의음상(陽衣陰裳)을 상기시킨다. 윗옷[衣]은 양(陽 : —)이고 아래옷[裳]은 음(陰 : --)인지라 〈치마 상(裳)〉으로써 유효(柔爻) 즉 음효(陰爻)로서 거중(居中)한 육오(六五 : --)를 취상(取象)한 것이다. 그리고 〈황상(黃裳)의 상(裳)〉은 「계사전하(繫辭傳下)」에 나오는 〈황제(黃帝) 요순은[堯舜] 의상을[衣裳] 입어 보이면서[垂而] 세상을[天下] 다스렸다[治]〉는 내용을 상기시킨다. 따라서 곤괘(坤卦 : ䷁)의 중효(中爻)인 육오(六五 : --)가 천하 백성을 다스리는 군왕(君王)으로서 득중(得中)으로써 무사무편(無邪無偏) 즉 간사함도[邪] 없고[無] 치우침도[偏] 없이[無] 선정(善政)을 베풂을 들어 으뜸으로[元] 길하다[吉]고 암시한 계사(繫辭)가 〈황상(黃裳) 원길(元吉)〉이다.

【字典】

**황(黃)** 〈땅의 색(노랑) 황(黃)-지지색(地之色)-토색(土色), 가운데 황(黃)-중앙(中央), 중앙색 황(黃)-중앙색(中央色), 중화의 색 황(黃)-중화지색(中和之色), 임금의 옷색 황(黃)-군왕복지색(君王服之色), 밖으로 빛날 황(黃)-광(光), 두터울 황(黃)-후(厚)〉 등의 뜻을 내지만 여기선 〈땅의 색 지지색(地之色)-토색(土色)〉으로 여기고 새김이 마땅하다.

**상(裳)** 〈치마(아래옷) 상(裳)-군(裙), 낮에 입는 옷 상(裳)-주일지의(晝日之衣)〉 등의 뜻을 내지만 여기선 〈치마 군(裙)〉으로 여기고 새김이 마땅하다.

**원(元)** 〈아름다울 원(元)-미(美), 선함의 으뜸 원(元)-선지장(善之長), 비롯할 원(元)-시(始)-단(端), 머리 원(元)-수(首)-두(頭), 근본 원(元)-본(本)-원(原), 어른 원(元)-장(長)-원장(元長), 하나 원(元)-일(一), 우두머리 원(元)-수장(首長), 임금 원(元)-원군(元君)-군(君), 큰 원(元)-대(大), 위 원(元)-상(上), 하늘 원(元)-천(天), 하늘땅의 큰 덕 원(元)-천지지대덕(天地之大德)-원기(元氣)-기(氣), 기운의 시작 원(元)-기지시(氣之始)-원자(元者), 백성 원(元)-원원(元元)-백성(百姓)〉 등의 뜻을 내지만 여기선 〈아름다울 미(美)〉로 여기고 새김이 마땅하다.

**길(吉)** 〈좋을 길(吉)-선(善)-영(令) {영월길일(令月吉日)은 선월선일(善月善日)임.}, 복 길(吉)-실(實)-선실(善實)-복(福), 예의를 따라 상서로울 길(吉)-예의순상(禮義順祥), 삼갈 길(吉)-근(謹), 초하루 길(吉)-삭일(朔日) {삭망(朔望) 즉 초하루[朔]와 그믐날[望]}, 길례 길(吉)-길례(吉禮) {오례지일(五禮之一) 길흉빈군가(吉凶賓軍嘉)}, 갈 길(吉)-행(行)-길(趌)〉 등의 뜻을 내지만 여기선 〈좋을 선(善)-영(令)〉과 같다 여기고 새김이 마땅하다.

---

註 황제요순(黃帝堯瞬) 수의상이천하치(垂衣裳而天下治) : 황제(黃帝) 요순은[堯舜] 의상을[衣裳] 입어 보이면서[垂而] 세상을[天下] 다스렸다[治]. 「계사전하(繫辭傳下)」 2단락(段落)

# 상륙(上六 : --)

**上六 : 龍戰于野하니 其血玄黃이다**
용 전 우 야 기 혈 현 황

상륙(上六) : 용이[龍] 벌판에서[于野] 맞닥뜨려 싸우니[戰] 그[其] 피가[血] 검붉고[玄] 누렇다[黃].

**【상륙(上六)의 효상(爻象) 풀이】**

곤괘(坤卦 : ䷁)의 상륙(上六 : --)은 이음거음(以陰居陰) 즉 음(陰 : --)으로써[以] 음(陰 : --)의 자리에 있는지라[居] 정당한 자리에 있다. 상륙(上六 : --)은 곤괘(坤卦 : ䷁)의 극위(極位)에 있는지라 음진양퇴(陰進陽退) 즉 음(陰 : --)은 나아가고[進] 양(陽 : ─)은 물러가는[退] 상황을 맞아 음수양(陰隨陽) 즉 음(陰 : --)은 양(陽 : ─)을 따라가[隨] 음양상화(陰陽相和) 즉 음양(陰陽)이 서로[相] 어울리는[和] 순리(順理)를 벗어나, 음(陰 : --)이 나아가고 나아가 양(陽 : ─)은 더는 물러설 수 없는 상황이라 음양(陰陽)이 상전(相戰)하는 모습이 상륙(上六 : --)의 효상(爻象)이다.

> 곤괘(坤卦 : ䷁)의 상륙(上六 : --)이 상구(上九 : ─)로 변효(變爻)하면 상륙(上六 : --)은 곤괘(坤卦 : ䷁)를 23번째 박괘(剝卦 : ䷖)로 지괘(之卦)하게 한다. 따라서 곤괘(坤卦 : ䷁)의 상륙(上六 : --)은 박괘(剝卦 : ䷖)의 상구(上九 : ─)를 찾아가 살펴보게 한다.

**【상륙(上六)의 계사(繫辭) 풀이】**

### 龍戰于野(용전우야)

용이[龍] 벌판에서[于野] 맞닥뜨려 싸운다[戰].

상륙(上六 : --)이 곤괘(坤卦 : ䷁)의 극위(極位)에 있음을 암시한 계사(繫辭)이다. 상륙(上六 : --)이 곤괘(坤卦 : ䷁)의 극위(極位)에 있는지라 땅[地]의 정상(頂上)에 있다. 땅의 정상은 하늘[天]과 맞닿아 있음을 암시한 것이 〈용전우야(龍戰

于野)의 용(龍)〉이다. 〈용전우야(龍戰于野)의 용(龍)〉은 양효(陽爻)의 대명사이고 하늘의 대명사이다. 따라서 〈용전우야(龍戰于野)〉를 〈상륙과[上六] 용이[龍] 들에서[于野] 싸운다[戰]〉고 새겨도 된다. 곤괘(坤卦 : ☷)의 극위(極位)에 있는 상륙(上六 : --)이 상진(上進)하려 할수록 하늘[天]인 〈용(龍)〉은 물러나다 더 물러날 수 없는 지경에 이르면 상륙(上六 : --)과 〈용(龍)〉은 상전(相戰) 즉 서로[相] 싸우게[戰] 됨을 암시한 것이 〈용전우야(龍戰于野)〉이다. 〈용전우야(龍戰于野)〉는 〈상륙전룡우야(上六戰龍于野)〉의 줄임으로 여기고 〈상륙이[上六] 들에서[于野] 용과[龍] 싸운다[戰]〉고 새겨볼 것이다. 〈용전우야(龍戰于野)의 야(野)〉란 천지(天地) 즉 음양(陰陽)이 상접(相接)하는 자리를 상징한다. 음수양(陰隨陽) 즉 음(陰 : --)이 양(陽 : ㅡ)을 따름[隨]이 음양(陰陽)의 순리(順理)이다. 그러나 음(陰 : --)이 극성(極盛)하면 양(陽 : ㅡ)으로 점점 다가가고 양(陽 : ㅡ)은 점점 더 물러나 급기야는 더 물러날 데가 없어지는 극(極)의 상황이 벌어진다. 그 무엇이든 극(極)과 극(極)이 마주치면 필전(必戰) 즉 반드시[必] 싸운다[戰]. 음양(陰陽)이 상화(相和)하지 못하고 서로 극(極)에 달해 의심하게 되면 음양(陰陽) 역시 상전(相戰) 즉 서로[相] 싸운다[戰]. 따라서 음(陰 : --)과 양(陽 : ㅡ)이 서로 극(極)에 이르러 마주치면 음수양(陰隨陽)의 순리(順理)가 무너지고 음(陰 : --)과 양(陽 : ㅡ)이 상쟁(相爭)하여 상전(相戰)함을 살펴 깨우치게 하는 계사(繫辭)가 〈용전우야(龍戰于野)〉이다.

## 其血玄黃(기혈현황)

### 그[其] 피가[血] 검붉고[玄] 누렇다[黃].

극(極)에 달한 음양(陰陽)이 교전(交戰)하였음을 암시한 계사(繫辭)이다. 〈기혈현황(其血玄黃)의 기혈(其血)〉은 음양(陰陽)의 교전(交戰)에 서로 상처를 입었음을 암시한다. 〈기혈현황(其血玄黃)의 현황(玄黃)〉은 상륙(上六 : --) 즉 음(陰 : --)만 피를 흘리지 않고 〈용(龍)〉 즉 양(陽 : ㅡ)도 같이 피를 흘림을 암시한다. 여기 〈현황(玄黃)〉이 「문언전(文言傳)」에 나오는 〈무릇[凡] 현황이란[玄黃] 것은[者] 천지가[天地之] 섞임[雜]이다[也]〉라는 내용을 상기시키기 때문이다. 〈현황(玄黃)의 현(玄)〉은 검붉은[黑赤] 빛깔인[玄] 천(天)의 색(色)이니 양(陽 : ㅡ)의 빛깔이고, 〈현황(玄黃)의 황(黃)〉은 노란 빛깔인[黃] 지(地)의 색(色)이니 음(陰 : --)의 빛깔인지라, 상륙(上六 : --)과 〈용(龍)〉의 싸움[戰]에서 다 같이 상처를 입고 피[血]를 흘림을 암시한다. 따라서 음양(陰陽)마저 이러함인데 인간도 지나치면[極] 반드시 싸우게 되고 싸우면 승자(勝者)와 패자(敗者)로 양분(兩分)된다는 생각은 인간의 어리석은 판단일 뿐 천도(天道) 즉 자연의[天] 도리[道]에서는 싸우면 반드시 어느 쪽 가릴 것 없이 모두 다 상처를 입어 피를 흘리고 마는 것임을 일깨워 깨우치게 하는 계사(繫辭)가 〈기혈현황(其血玄黃)〉이다.

【字典】

**龍** 〈용-룡-롱-망〉 네 가지로 발음되고, 〈양(陽 : ㅡ) 용(龍), 용(신령한 동물) 룡(龍)-인충장능유능명능세능거능단능장춘분이등천추분이잠연(鱗蟲長能幽能明能細能巨能短能長春分而登天秋分而潛淵) 신령동물(神靈動物), 귀신 이름 용(龍)-신명(神名) : 촉룡(燭龍), 별 이름 용(龍)-성명(星名) : 창룡(蒼龍), 말 이름 용(龍)-마고팔척지마(馬高八尺之馬), 임금님 용(龍)-천자사물지용어(天子事物之用語) : 용안(龍顔)-용가(龍駕), 두덕 롱(龍)-전중고처(田中高處), 잿빛 망(龍)-흑백잡색(黑白雜色)〉 등의 뜻을 내지만 여기선 〈양(陽 : ㅡ) 용(龍)〉으로 여기고 새김이 마땅하다.

**전(戰)** 〈맞닥뜨려 싸울 전(戰)-박투(搏鬪), 싸울 전(戰)-투(鬪), 대치할 전(戰)-대진(對陣)-공전(攻戰), 경쟁할 전(戰)-경쟁(競爭), 두려워 떨 전(戰)-구률(懼慄), 교접할 전(戰)-교(交), 위험한 일 전(戰)-위사(危事)〉 등의 뜻을 내지만 여기선 〈맞닥뜨려 싸울 박투(搏鬪)〉로 여기고 새김이 마땅하다.

**우(于)** 〈~으로 우(于)-어(於), 갈 우(于)-왕(往), 써 우(于)-이(以), 할 우(于)-위(爲), 여기 우(于)-시(是), 도울 우(于)-조(助), 클 우(于)-대(大), 구할 우(于)-구(求), 자족하는 모습 우(于)-자족모(自足貌)〉 등의 뜻을 내지만 여기선 〈~으로 어(於)〉와 같다 여기고 새김이 마땅하다.

**야(野)** 〈들 야(野)-교외(郊外), 왕성에서 이삼백 리 밖 야(野), 벌판 야(野)-원야(原野), 민간 야(野)-민간(民間), 지역 야(野)-지역(地域), 질박할 야(野)-질박(質朴), 설익은 야(野)-불숙(不熟), 길들이지 않은 야(野)-불순(不馴), 천할 야(野)-천(賤), 별 야(野)-숙(宿)〉 등의 뜻을 내지만 여기선 〈들 교외(郊外)〉로 여기고 새김이 마땅하다.

**기(其)** 〈그(관형사) 기(其)-관형사(冠形詞), 그것 기(其)-피(彼)-지(之), 그럴 기(其)-연(然), 어찌 기(其)-기(豈), 누를 기(其)-억(抑), 오히려 기(其)-상(尙)-서기(庶幾), 이에 기(其)-내(乃), 만약 기(其)-약(若), 장차 기(其)-장(將), 어조사 기(其)-어조사(語助辭)〉 등의 뜻을 내지만 여기선 관형사(冠形詞)로서 〈그 기(其)〉로 여기고 새김이 마땅하다.

**혈(血)** 〈피 혈(血), 근심할 혈(血)-우(憂)-휼(恤), 물들일 혈(血)-염(染), 상처 날 혈(血)-상(傷), 눈물 혈(血)-누(淚), 음(陰)을 비유해 주는 혈(血), 감괘 혈(血)-감괘(坎卦)〉 등의 뜻을 내지만 여기선 〈피 혈(血)〉로 여기고 새김이 마땅하다.

**현(玄)** 〈검붉을 현(玄)-흑이유적색자(黑而有赤色者), 그윽이 멀 현(玄)-유원(幽遠), 하늘 현(玄)-천(天), 고요할 현(玄)-정(靜), 깊고 은은할 현(玄)-심은(深隱), 통할 현(玄)-통(通), 신묘할 현(玄)-신묘(神妙), 상도 현(玄)-도(道), 이치가 미묘한 것 현(玄)-이지미묘자(理之微妙者), 현손 현(玄)-증손지자(曾孫之子), 음력 구월 별칭 현(玄)-음력구월별칭(陰曆九月別稱), 북쪽 현(玄)-북방(北方)〉 등의 뜻을 내지만 여기선 〈검붉을 현(玄)〉으로 여기고 새김이 마땅하다.

**황(黃)** 〈땅의 색(노랑) 황(黃)-지지색(地之色)-토색(土色), 가운데 황(黃)-중앙(中央), 중앙색 황(黃)-중앙색(中央色), 중화의 색 황(黃)-중화지색(中和之色), 임금의 옷색 황(黃)-군왕복지색(君王服之色), 밖으로 빛날 황(黃)-광(光), 두터울 황(黃)-후(厚)〉 등의 뜻을 내지만 여기선 〈땅의 색 지지색(地之色)-토색(土色)〉으로 여기고 새김이 마땅하다.

---

註 부현황자(夫玄黃者) 천지지잡야(天地之雜也) 천현이지황(天玄而地黃) : 무릇[夫] 검푸름과[玄] 누럼[黃]이라는 것은[者] 하늘과[天] 땅[地]의[之] 섞임[雜]이다[也]. 하늘은[天] 검푸르고[玄而] 땅은[地] 누렇다[黃].
「문언전(文言傳)」 상륙(上六)

# 용륙(用六)

用六 : 利永貞하다
이 영 정

용륙(用六) : 육을[六] 씀[用]. 오래고[永] 진실로 미더워[貞] 이롭다[利].

**【용륙(用六)의 계사(繫辭) 풀이】**

## 利永貞(이영정)

오래고[永] 진실로 미더워[貞] 이롭다[利].

〈용륙(用六)의 육(六)〉은 곤괘(坤卦 : ☷)의 음효(陰爻)인 육효(六爻)만이 아니라 64괘(卦)에 있는 모든 음효(陰爻)를 뜻한다. 64괘의 효수(爻數)는 384효(爻)이다. 384효(爻) 중에서 음양(陰陽)이 각각 절반씩이니 음(陰 : --)의 효(爻)가 192효(爻)이고 양(陽 : ─)의 효(爻)가 192효(爻)이다. 음(陰 : --)에는 노음(老陰 : ⚏)과 소음(少陰 : ⚍)이 있다. 노음(老陰 : ⚏)을 〈육(六)〉이라 하고 소음(少陰 : ⚍)을 〈팔(八)〉이라 한다. 소음(少陰 : ⚍) 즉 〈팔(八)〉은 고요하여[靜] 변(變)하지 않으나 노음(老陰) 즉 〈육(六)〉은 움직여[動] 변양(變陽) 즉 양(陽 : ─)으로 변화(變化)한다. 따라서 64괘(卦)에 있는 모든 음효(陰爻)는 변음(變陰)하는 노음(老陰 : ⚏)의 〈육(六)〉임을 여기 〈용륙(用六)의 육(六)〉이 나타내고, 동시에 양효(陽爻)로 변효(變爻)하여 변괘(變卦)하게 할 수 있음을 나타낸다. 물론 〈용륙(用六)의 육(六)〉은 음효(陰爻)를 말할 뿐만 아니라 동시에 지덕(地德)을 일컫는다. 이처럼 변효(變爻)하여 변괘(變卦)함이란 음양(陰陽)의 조화(造化) 즉 일음일양(一陰一陽)의 역지도(易之道)를 〈용륙(用六)〉이 따름을 말한다.

〈이영정(利永貞)〉은 64괘(卦)에 걸쳐 있는 192개 음(陰 : --)의 효(爻)들이 지덕(地德)을 행함을 말한다. 여기 〈이영정(利永貞)〉은 『노자(老子)』에 왜 〈수기자(守其雌)〉 즉 〈그[其] 암컷을[雌] 지킨다[守]〉고 하는지 그 까닭을 간파하게 한다. 64괘(卦)에 있는 192개의 음효(陰爻)는 개변(皆變)하여 유이능강(柔而能剛) 즉 부드러워서[柔而] 능히[能] 굳센[剛] 역지도(易之道)를 따라 선(善)을 계승하므로, 64괘(卦)의 〈군음(群陰)〉이 지덕(地德)을 행함에 영원하고[永] 동시에 땅의[地] 덕(德)을 행함에 진실로 미더워[貞] 땅에 있는 모든 것들을 이롭게[利] 함을 암시한 것이 〈이영정(利永貞)〉이다.

【字典】

**용(用)** 〈쓸 용(用)-시(施), 쓰일(부릴) 용(用)-사(使), 맡길 용(用)-임(任), 행할 용(用)-행(行), 위할 용(用)-위(爲), 갖출 용(用)-비(備)〉 등의 뜻을 내지만 여기선 〈쓸 시(施)〉와 같다 여기고 새김이 마땅하다.

**육(六)** 〈음효의 이름 육(六)-음효지명(陰爻之名), 여섯(삼의 제곱) 육(六)-삼지양배(三之兩倍), 여섯 번째 육(六)-육차(六次), 하늘땅의 중간 육(六)-천지지중(天地之中), 죽일 육(六)-육[戮 : 육(六)과 동음(同音)이어서 생긴 뜻]-살(殺), 악보의 기호 육(六)-악보지기호(樂譜之記號), 나라 이름 육(六)-국명(國名)〉 등의 뜻을 내지만 여기선 〈음효의 이름[陰爻之名]〉으로 여기고 새김이 마땅하다. 자구(字句)의 앞이면 육(六)으로 뒤면 륙(六)으로 발음한다.

**이(利)** 〈만물로 하여금 삶을 이루어가게 하는 덕(德)의 이로울 이(利)-사만물수생지덕(使萬物遂生之德), 날카로울 이(利)-예(銳)-섬(銛), 질병 이(利)-질(疾), 통할 이(利)-통(通)-순(順), 좋을 이(利)-길(吉)-의(宜), 편리할 이(利)-편(便), 마름해 만들어 이룰 이(利)-재성(裁成), 탐할 이(利)-탐(貪), 구할(취할) 이(利)-구(求)-취(取), 좋아할 이(利)-열애(悅愛), 이로울 이(利)-익(益), 기교 이(利)-교(巧), 보람 이(利)-공용(功用), 지세가 험하고 중요한 이(利)-험요(險要), 이길 이(利)-승(勝), 어질 이(利)-인(仁)〉 등의 뜻을 내지만 여기선 〈사만물수생지덕(使萬物遂生之德) 즉 만물로 하여금 삶을 이루어가게 하는 덕(德)의 이로움〉이라 새김이 마땅하다. 〈利〉가 맨 앞에 오면 〈이〉로 발음하고, 중간이나 뒤에 오면 〈리〉로 발음한다.

**영(永)** 〈오랠 영(永)-구(久), 길 영(永)-장(長), 멀 영(永)-원(遠), 끌 영(永)-인(引), 깊은 영(永)-심(深), 읊을 영(永)-영(詠)-영(咏), 헤엄칠 영(永)-영(泳)〉 등의 뜻을 내지만 여기선 〈오랠 구(久)〉와 같다 여기고 새김이 마땅하다.

**정(貞)** 〈믿을 정(貞)-신(信), 바를 정(貞)-정(正), 거북점을 물을 정(貞)-복문(卜問), 역(易)의 내괘(內卦) 정(貞), 마땅할 정(貞)-당(當), 정할 정(貞)-정(定), 순수할 정

(貞)-전(專)-일(一)〉 등의 뜻을 내지만 여기선 〈바를 정(正), 믿을 신(信)〉 등을 합친 뜻과 같다 여기고 새김이 마땅하다.

---

註 지기웅(知其雄) 수기자(守其雌) 위천하계(爲天下谿) : 그[其] 수컷을[雄] 알고[知] 그[其] 암컷을[雌] 지키면[守] {그 지수(知守)는} 세상을[天下] 담는 시내가[谿] 된다[爲].

『노자(老子)』 28장(章)

# 준괘 屯卦

3

## 1 괘의 괘상과 계사

# 준괘(屯卦 : ䷂)

진하감상(震下坎上) : 아래는[下] 진(震 : ☳), 위는[上] 감(坎) : ☵).

수뢰준(水雷屯) : 물과[水] 우레는[雷] 준이다[屯].

屯은 元亨하고 利貞하니 勿用有攸往이고 利建侯하다
준 원형 이정 물용유유왕 이건후

준은[屯] 크게[元] 통함이고[亨] 이롭고[利] 진실로 미더우니[貞], 갈[往] 바가[攸] 있어도[有] 함부로 행동하지[用] 말고[勿] 제후를[侯] 세움이[建] 이롭다[利].

**【준괘(屯卦 : ䷂)의 괘상(卦象) 풀이】**

건괘(乾卦 : ䷀)는 하늘[天]이고 생만물(生萬物)의 천덕(天德)을 베풀고, 곤괘(坤卦 : ䷁)는 땅[地]이고 생육만물(生育萬物)의 지덕(地德)을 베푼다. 이러한 건곤(乾坤)의 덕(德)을 행하기 시작함이 준괘(屯卦 : ䷂)의 〈준(屯)〉이다. 「서괘전(序卦傳)」에 〈하늘땅이[天地] 있은[有] 뒤에야[然後] 만물이[萬物] 천지에 태어나는 것[生]이다[焉] 천지의[天地之] 사이를[間] 채우는[盈] 것이[者] 오로지[唯] 만물이다[萬物] 그래서[故] 준괘로써[以屯] 그것을[之] 받는다[受] 준괘(屯卦 : ䷂)의 〈준자(屯者)〉 즉 준이란[屯] 것은[者] 가득 참[盈]이고[也] 온갖 것이[物之] 태어나기[生] 시작하는 것[始]이다[也]〉라는 말이 나온다. 이는 건곤(乾坤)의 괘(卦) 다음에 준괘(屯卦 : ䷂)가 있는 까닭을 암시한다. 준괘(屯卦 : ䷂)의 〈준(屯)〉은 땅속의 씨앗이 터서 뿌리를 내리고 그 싹이 땅 위로 솟아난다는 상형자(象形字)이다. 〈一〉과 〈屮〉의 합(合)이 〈준(屯)〉이라는 자(字)이다. 〈준(屯)의 일(一)〉은 땅[地]이고 〈一〉의 위는 싹이고 〈一〉의 아래는 뿌리를 나타낸다. 그래서 〈준(屯)의 철(屮)〉을 초목초생(草木

初生) 즉 초목(草木)의 싹이 삐죽이 나오는 〈철(屮)〉이라 한다. 준괘(屯卦 : ䷂)의 하체(下體)는 진(震 : ☳)이고 상체(上體)는 감(坎 : ☵)이다. 「설괘전(說卦傳)」에 〈진(震 : ☳)은 우레[雷]이고[爲] …… 감(坎 : ☵)은 물[水]이다[爲]〉라는 말이 나온다. 진(震 : ☳)의 우레[雷]는 상향(上向)하고 감(坎 : ☵)의 물[水]은 하향(下向)하니, 건곤(乾坤)의 사덕(四德) 즉 원형리정(元亨利貞)이 상화(相和)하여 만물(萬物)을 시생(始生)하는 모습인지라 준괘(屯卦 : ䷂)라 칭명(稱名)한다.

**【준괘(屯卦 : ䷂)의 계사(繫辭) 풀이】**

## 屯(준)

**준괘(屯卦 : ䷂)의 준이다[屯].**

준괘(屯卦 : ䷂)의 〈준(屯)〉은 천지조시지시(天地造始之時) 즉 하늘땅의[天地] 조화가[造] 시작되는[始之] 때[時]로서 태어남[生]의 시작(始作)을 말한다. 따라서 준괘(屯卦 : ䷂)의 주제인 〈준(屯)〉은 온갖 씨앗들의 〈시생(始生)〉을 뜻한다. 태어남을[生] 시작함[始]이란 싹틈이다. 저마다 싹을 틔우고자 땅속에서 땅 위로 솟아오름이란 매우 어려운 일인지라 〈준(屯)〉은 천지(天地)를 초목(草木)이 가득 채우듯 〈채울 영(盈)〉을 뜻하기도 하고, 싹이 터서 자라자면 어려운지라 〈어려울 난(難)〉을 뜻하기도 한다. 64괘(卦) 중에서 건괘(乾卦 : ䷀)와 곤괘(坤卦 : ䷁)를 제외하고 〈원형리정(元亨利貞)〉의 사덕(四德)을 두루 갖춘 괘(卦)는 3번째 준괘(屯卦 : ䷂)-17번째 수괘(隨卦 : ䷐)-19번째 임괘(臨卦 : ䷒)-25번째 무망괘(无妄卦 : ䷘)-49번째 혁괘(革卦 : ䷰)밖에 없다. 〈원형리정(元亨利貞)〉은 역지도(易之道)를 계승하는 상선(上善)의 사덕(四德)이다. 그 어려움이 감(坎 : ☵) 아래 진(震 : ☳)의 준괘(屯卦 : ䷂)로써 상징된다. 생(生)의 시작(始作)은 어렵다. 씨앗의 싹틈 즉 시작은 춘작(春作)에 해당되지만 이미 그 씨앗에는 하장(夏長)-추렴(秋斂)-동장(冬藏)의 천지덕(天地德)이 오롯이 갖추어져 있기에 준괘(屯卦 : ䷂)의 주제인 〈준(屯)〉을 〈원형리정(元亨利貞)〉이라 계사(繫辭)한 것이다.

## 元(원)
## 으뜸이고 크다[元].

하늘땅의[天地之] 덕(德)이 만물(萬物)로 하여금 생지덕(生之德) 즉 태어남의[生之] 덕(德)을 누리게 함을 암시한 계사(繫辭)이다. 준괘(屯卦 : ䷂)의 〈원(元)〉은 천지덕(天之德)으로서의 〈원(元)〉이다. 〈건곤지원(乾坤之元)〉으로서 여기 〈원(元)〉은 하늘땅[天地] 덕(德)의 시초(始初)를 말한다. 따라서 만물의 태어남을 천지덕(天地德)의 〈원(元)〉이라 한다. 계절로 치면 〈원(元)〉은 춘작(春作) 즉 봄에[春] 싹틈[作]이다. 〈원(元)〉은 곧 생지덕(生之德) 즉 만물(萬物)이 태어나는[生之] 덕(德)이다. 그래서 〈원(元)〉을 원시(原始) 즉 맨 처음이고[原始], 호대(浩大) 즉 더없이[浩] 큼[大]이라 한다. 계절로 치면 〈원(元)〉은 봄인지라 봄에 천지가 베푸는 덕을 상기시킨다. 따라서 〈원(元)〉은 『예기(禮記)』의 「악기(樂記)」에 나오는 〈춘작(春作)〉을 상기시킨다. 봄에[春] 돋아나는[作] 새싹보다 더 으뜸가고 큰[元] 덕(德)은 없다. 사람이 이런 〈원(元)〉을 본받아 행하면 대인(大人)이 된다. 이에 봄에[春] 새싹이 돋아남[作]과 같은 천지덕(天地德)인 〈원(元)〉을 준괘(屯卦 : ䷂)가 베풂을 암시한 계사(繫辭)가 〈원(元)〉이다.

## 亨(형)
## 통한다[亨].

천지덕(天地德)이 만물(萬物)로 하여금 두루 통달하게 함[亨]을 밝히는 계사(繫辭)이다. 준괘(屯卦 : ䷂)의 〈형(亨)〉은 천지덕(天之德)으로서의 〈형(亨)〉이다. 건곤지형(乾坤之亨)으로서 여기 〈형(亨)〉은 천지덕(天地德)이 만물에 두루 통달함[亨]을 말한다. 계절로 치면 〈형(亨)〉은 하장(夏長) 즉 여름에[夏] 자라남[長]이다. 따라서 〈형(亨)〉은 『예기(禮記)』의 「악기(樂記)」에 나오는 〈하장(夏長)〉을 상기시킨다. 여름에[夏] 무럭무럭 자라나는[長] 초목(草木)보다 더 통달하는[亨] 큰 덕(德)은 없다. 〈형(亨)〉은 장지덕(長之德) 즉 만물이 자라나는[長之] 덕(德)이다. 생명을 누리는 만물(萬物)이 통달함[亨]이란 하장(夏長) 즉 여름에[夏] 초목의 성장[長]으로써 드러난다. 춘작(春作)이 하장(夏長)으로 이어지는 초목(草木)의 자람보다 더한 통달함[亨]이란 없다. 온갖 것을 성장(成長)하게 하는 천지덕(天地德)을 〈형(亨)〉이라 한다. 사람이 이런 〈형(亨)〉을 본받아 행하면 대인(大人)이 된다. 이에 〈하장(夏長)〉 즉 여름에[夏] 새싹이 자라남[長]과 같은 천지덕(天地德)인 〈형(亨)〉을 준괘(屯卦 : ䷂)가 베풂을 암시한 계사(繫辭)가 〈형(亨)〉이다.

## 利(이)

### 이롭다[利].

천지덕(天地德)이 만물(萬物)로 하여금 저마다 마땅히 맞추어 이루게 함[利]을 밝히는 계사(繫辭)이다. 준괘(屯卦 : ䷂)의 〈이(利)〉는 천지덕(天之德)으로서의 〈이(利)〉이다. 건곤지리(乾坤之利)로서 여기 〈이(利)〉는 천지덕(天地德)이 만물(萬物)의 적의(適宜) 즉 저마다 마땅히 맞추어[適宜] 이룸을 말한다. 계절로 치면 〈이(利)〉는 『예기(禮記)』의 「악기(樂記)」에 나오는 〈추렴(秋斂)〉 즉 가을에[秋] 거두어들임[斂]을 상기시킨다. 〈이(利)〉는 가을에[秋] 초목(草木)이 저마다 열매를 맺어 거두어들임[斂]으로 드러난다. 가을이면 초목은 여름에 무성히 자라면서 맺은 열매들을 영글게 하여 저마다 거두어들인다. 추렴(秋斂) 즉 가을에[秋] 초목이 거두어들이는[斂] 적의(適宜)를 누리게 함이 〈이(利)〉이다. 사람이 이런 〈이(利)〉를 본받아 행하면 대인(大人)이 된다. 이에 〈추렴(秋斂)〉 즉 가을에[秋] 온갖 초목(草木)이 저마다 마땅하게 열매들을 맺어 거두어들임[斂]과 같은 천지덕(天地德)인 〈이(利)〉를 준괘(屯卦 : ䷂)가 베풂을 암시한 계사(繫辭)가 〈이(利)〉이다.

## 貞(정)

### 진실로 미덥다[貞].

천지덕(天地德)이 만물(萬物)로 하여금 저마다 진실로 미덥게 함[貞]을 밝히는 계사(繫辭)이다. 준괘(屯卦 : ䷂)의 〈정(貞)〉은 천지덕(天之德)으로서의 〈정(貞)〉이다. 건곤지정(乾坤之貞)으로서 여기 〈정(貞)〉은 천지덕(天之德)이 만물(萬物)로 하여금 저마다 가을에 거두어들인 열매를 저장함이란 진실로 미덥다[貞]. 계절로 치면 〈정(貞)〉은 『예기(禮記)』의 「악기(樂記)」에 나오는 〈동장(冬藏)〉 즉 겨울에[冬] 저장함[藏]을 상기시킨다. 초목(草木)은 저마다의 씨앗을 진실로 미덥게[貞] 간직한다는 것이다. 이런 〈정(貞)〉이란 공정(公正)하여 무사무편(無邪無偏)함이다. 간사함도[邪] 없고[無] 치우침도[偏] 없음[無]이 곧 〈정(貞)〉이다. 사람이 이런 〈정(貞)〉을 본받아 행하면 대인(大人)이 된다. 이에 〈동장(冬藏)〉 즉 겨울에[冬] 온갖 초목(草木)이 저마다 거두어들인 열매들을 간직함[藏]과 같은 천지덕(天地德)인 〈정(貞)〉을 준괘(屯卦 : ䷂)가 베풂을 암시한 계사(繫辭)가 〈정(貞)〉이다.





## 勿用有攸往(물용유유왕)

### 갈[往] 바가[攸] 있어도[有] 함부로 행동하지[用] 말라[勿].

준괘(屯卦 : ䷂)의 괘상(卦象)을 빌려 조심할 것을 암시한 계사(繫辭)이다. 준괘(屯卦 : ䷂)의 하체(下體) 진(震 : ☳)은 일양(一陽)이 이음(二陰) 아래에서 움직임[動]이니, 그 덕(德)은 동(動)이 되고 그 모습[象]은 뇌(雷) 즉 우레[雷]가 된다. 준괘(屯卦 : ䷂)의 상체(上體) 감(坎 : ☵)은 일양(一陽)이 이음(二陰) 사이에 빠짐[陷]이니, 그 덕(德)은 함(陷)이 되고 그 모습[象]은 구름도 되고 비도 되며 물이 된다. 하체(下體) 진(震 : ☳)에서는 일양(一陽)이 이음(二陰) 아래에서 움직여야 하는[動] 처지이고, 상체(上體) 감(坎 : ☵)에서는 일양(一陽)이 이음(二陰) 사이에 빠져 있는[陷] 처지이니, 준괘(屯卦 : ䷂)의 주제인 〈준(屯)〉은 〈난(難)〉 즉 어려운[難] 지경이다. 어려운 지경에서는 수욕물용(雖欲勿用) 즉 하고 싶어도[雖欲] 하지 않음[勿用]이 순리(順理)이다. 여기 〈물용(勿用)의 물(勿)〉은 〈하지 말 막(莫)〉과 같다. 따라서 할[往] 바가[攸] 있어도[有] 하지[用] 말고[勿], 할[往] 바를[攸] 할 수 있는 적기(適機)가 무르익기를 기다림이 순리(順理)임을 살펴 헤아리게 하는 계사(繫辭)가 〈물용유유왕(勿用有攸往)〉이다.

## 利建侯(이건후)

### 제후를[侯] 세움이[建] 이롭다[利].

준괘(屯卦 : ䷂) 초구(初九 : ⚊)의 효상(爻象)을 빌려 암시한 계사(繫辭)이다. 〈이건후(利建侯)의 건후(建侯)〉는 〈건제후국(建諸侯國)〉의 줄임으로 여기고 〈제후국을[諸侯國] 세운다[建]〉고 새겨볼 것이다. 사방 백리의 국토가 제후국(諸侯國)이다. 제후국(諸侯國)이란 천자(天子)의 나라가 될 수도 있는 싹인 셈이다. 이러한 싹을 준괘(屯卦 : ䷂) 초구(初九 : ⚊)의 효상(爻象)을 빌려 암시한다. 대성괘(大成卦)에서 초효(初爻)의 자리는 민(民) 즉 백성[民]의 자리이다. 준괘(屯卦 : ䷂)의 하체(下體) 진(震 : ☳)은 초구(初九 : ⚊)가 이음(二陰) 아래에 있어서 성괘(成卦)가 됨인지라, 진(震 : ☳)의 주(主)가 되어 왕상(王象) 즉 왕의[王] 모습[象]이라 입군(立君)할 수 있음을 암시한 계사(繫辭)가 〈이건후(利建侯)〉이다.





【字典】

**屯** 〈준-둔〉 두 가지로 발음되고, 〈천지조화가 시작되는 때 준(屯)-천지조시지시(天地造始之時), 어려울 준(屯)-난(難), 아낄 준(屯)-린(吝), 머뭇거리는 모습 준(屯)-난행부진모(難行不進貌), 준괘 준(屯)-준괘(屯卦), 가득할 준(屯)-영(盈), 두터울 준(屯)-후(厚), 무리 준(屯)-중(衆), 따를 준(屯)-종(從), 모일 둔(屯)-취(聚), 둔칠 둔(屯)-늑병수(勒兵守), 둔전 둔(屯)-전병경(田兵耕)〉 등의 뜻을 내지만 여기선 〈준괘(屯卦) 준(屯), 천지조화가 시작되는 때 준(屯), 아낄 준(屯), 어려울 준(屯)〉 등의 뜻을 내어 알맞게 가려 새김이 마땅하다.

**원(元)** 〈비롯할 원(元)-시(始)-단(端), 근본 원(元)-본(本)-원(原), 선함의 으뜸 원(元)-선지장(善之長), 머리 원(元)-수(首)-두(頭), 어른 원(元)-장(長)-원장(元長), 하나 원(元)-일(一), 우두머리 원(元)-수장(首長), 임금 원(元)-원군(元君)-군(君), 큰 원(元)-대(大), 아름다울 원(元)-미(美), 위 원(元)-상(上), 하늘 원(元)-천(天), 하늘땅의 큰 덕 원(元)-천지지대덕(天地之大德)-원기(元氣)-기(氣), 기운의 시작 원(元)-기지시(氣之始)-원자(元者), 백성 원(元)-원원(元元)-백성(百姓)〉 등의 뜻을 내지만 여기선 〈비롯할 시(始)〉로 여기고 새김이 마땅하다.

**亨** 〈향-형-팽〉 등으로 발음되고, 〈통할 형(亨)-통(通), 드릴 향(亨)-헌(獻), 남을 형(亨)-여(餘), 삶을 팽(亨)-자(煮)-팽(烹)〉 등의 뜻을 내지만 여기선 〈통할 통(通)〉과 같다 여기고 새김이 마땅하다.

**이(利)** 〈만물로 하여금 삶을 이루어가게 하는 덕(德)의 이로울 이(利)-사만물수생지덕(使萬物遂生之德), 날카로울 이(利)-예(銳)-섬(銛), 질병 이(利)-질(疾), 통할 이(利)-통(通)-순(順), 좋을 이(利)-길(吉)-의(宜), 편리할 이(利)-편(便), 마름해 만들어 이룰 이(利)-재성(裁成), 탐할 이(利)-탐(貪), 구할(취할) 이(利)-구(求)-취(取), 좋아할 이(利)-열애(悅愛), 이로울 이(利)-익(益), 기교 이(利)-교(巧), 보람 이(利)-공용(功用), 지

세가 험하고 중요한 이(利)-험요(險要), 이길 이(利)-승(勝), 어질 이(利)-인(仁)〉 등의 뜻을 내지만 여기선 〈사만물수생지덕(使萬物遂生之德) 즉 만물로 하여금 삶을 이루어 가게 하는 덕(德)의 이로움〉이라 새김이 마땅하다. 〈利〉가 맨 앞에 오면 〈이〉로 발음되고, 중간이나 뒤에 오면 〈리〉로 발음된다.

**정(貞)** 〈바를 정(貞)-정(正), 믿을 정(貞)-신(信), 거북점을 물을 정(貞)-복문(卜問), 역(易)의 내괘(內卦) 정(貞), 마땅할 정(貞)-당(當), 정할 정(貞)-정(定), 순수할 정(貞)-전(專)-일(一)〉 등의 뜻을 내지만 여기선 〈바를 정(正), 믿을 신(信)〉 등을 합친 뜻과 같아 〈정신(正信)〉 즉 바르고[正] 미더움[信]으로 새김이 마땅하다.

**물(勿)** 〈하지 말 물(勿)-막(莫), 아닌 것 물(勿)-비(非), 없을 물(勿)-무(無)-무(毋), 아니할 물(勿)-불(不)〉 등의 뜻을 내지만 여기선 〈하지 말 막(莫)〉과 같다 여기고 새김이 마땅하다.

**용(用)** 〈행할(쓸) 용(用)-시(施)-행(行), 쓰일(부릴) 용(用)-사(使), 맡길 용(用)-임(任), 위할 용(用)-위(爲), 갖출 용(用)-비(備), 다스릴 용(用)-치(治), 재화 용(用)-화(貨), 책임 지워 일을 맡길 용(用)-임사(任使), 통할 용(用)-통(通), 이로울 용(用)-이(利)〉 등의 뜻을 내지만 여기선 〈행할 행(行)〉과 같아 시행(施行)으로 여기고 새김이 마땅하다.

**유(有)** 〈없을 무(無)의 반대말로 있을 유(有), 얻을(가질) 유(有)-취(取), 혹 유(有)-혹(或), 많을 유(有)-다(多)-족(足), 부유할 유(有)-부(富), 간직할 유(有)-장(藏), 보호할 유(有)-보(保), 서로 친할 유(有)-상친(相親), 전일할 유(有)-전(專), 할 유(有)-위(爲), 어조사 유(有)〉 등의 뜻을 내지만 〈있을 유(有)〉로 여기고 새김이 마땅하다.

**유(攸)** 〈바 유(攸)-소(所), 흘러가는 물 유(攸)-행수(行水), 아득할 유(攸)-장원(長遠)-유(悠), 닦을 유(攸)-수(修), 터득한 모습 유(攸)-자득모(自得貌), 빠를 유(攸)-숙(倏), 대롱거릴 유(攸)-현위모(懸危貌), 수심에 찬 모습 유(攸)-수모(愁貌)〉 등의 뜻을 내지만 여기선 〈바 소(所)〉로 여기고 새김이 마땅하다.

**왕(往)** 〈나아갈 왕(往)-행(行)-진행(進行), 갈 왕(往)-지(之), 물러갈 왕(往)-거(去), 이를 왕(往)-지(至), 향할 왕(往)-향(向), 옛 왕(往)-석(昔), 이따금 왕(往)-시시(時時), 뒤 왕(往)-후(後), 죽음 왕(往)-망거(亡去)-사자(死者)〉 등의 뜻을 내지만 〈나아갈 행(行)〉과 같다 여기고 새김이 마땅하다.

**건(建)** 〈세울 건(建)-입(立), 둘 건(建)-치(置), 심을 건(建)-수(樹), 설립할 건(健)-

설(設), 포고할 건(建)-포고(布告), 이룰 건(建)-성(成), 가리킬 건(建)-지(指), 미칠 건(建)-급(及), 길 건(建)-장(長) : 건목(建木)=장목(長木)〉 등의 뜻을 내지만 여기선 〈세울 입(立)〉과 같다 여기고 새김이 마땅하다.

**후(侯)** 〈제후 후(侯)-제후(諸侯), 작위를 지닌 자의 경칭 후(侯)-유작위자지경칭(有爵位者之敬稱), 임금 후(侯)-군(君), 아름다울 후(侯)-미(美), 이에 후(侯)-내(乃), 어찌 후(侯)-하(何), 발어사 후(侯)-유(維)-유(惟)-이(伊)〉 등의 뜻을 내지만 여기선 〈제후(諸侯)〉로 여기고 새김이 마땅하다.

---

註 생이불유(生而不有) 위이불시(爲而不恃) 장이부재(長而不宰) 시위현덕(是謂玄德) : {상도(常道)는} 낳아 주되[生而] 갖지 않고[不有], 위해 주되[爲而] 바라지 않으며[不恃], 키워 주되[長而] 이래라저래라 않는다[不宰]. 위의 것들을[是] 현묘한[玄] 덕이라[德] 한다[謂].

『노자(老子)』 51장(章)

註 군자회덕(君子懷德) 소인회토(小人懷土) 군자회형(君子懷刑) 소인회혜(小人懷惠) : 군자는[君子] 덕을[德] 생각하고[懷] 소인은[小人] 재물을[土] 생각한다[懷]. 군자는[君子] 법을[刑] 생각하고[懷] 소인은[小人] 은혜받기를[惠] 생각한다[懷]. 『논어(論語)』「이인(里仁)」 11장(章)

註 진위뢰(震爲雷) …… 감위수(坎爲水) : 진은[震 : ☳] 우레[雷]이고[爲] …… 감은[坎 : ☵] 물[水]이다[爲]. 「설괘전(說卦傳)」 11단락(段落)

## 2 효의 효상과 계사

初九 : 磐桓이니 利居貞하고 利建侯하다
반환 이거정 이건후

六二 : 屯如邅如하고 乘馬班如라 匪寇婚媾이다 女子貞不字해 十年乃字하다
준여전여 승마반여 비구혼구 여자정부자 십년내자

六三 : 卽鹿无虞라 惟入于林中한다 君子幾해 不如舍이니 往吝하다
즉록무우 유입우림중 군자기 불여사 왕린

六四 : 乘馬班如라 求婚媾하여 往吉해 无不利하다
승마반여 구혼구 왕길 무불리

九五 : 屯其膏니 小貞吉하고 大貞凶하다
준기고 소정길 대정흉

上六 : 乘馬班如라 泣血漣如하다
승마반여 읍혈련여

초구(初九) : 나아가지 못하고 머뭇거리니[盤桓] 진실로 미더움에[貞] 있어야[居] 이롭고[利] 제후를[侯] 세움이[建] 이롭다[利].

육이(六二) : 나아가기 어려운 듯[屯如] 머뭇거리는 듯[邅如] 말을[馬] 탔으되[乘] 말이 나아가지 않는 모습이다[班如]. 도둑이[寇] 아니고[匪] 구혼자이다[婚媾]. 여자는[女子] 오로지하여[貞] 시집가기를 허락하지 않는다[不字]. 십년이 지나서야[十年] 드디어[乃] 시집가기를 허락한다[字].

육삼(六三) : 사슴을[鹿] 뒤좇아[卽] 산지기도[虞] 없이[无] 오로지[惟] 수풀[林] 속으로[于中] 들어간다[入]. 군자는[君子] 살펴 헤아린다[幾]. 그만둠만[舍] 못하니[不如] 나아가면[往] 한탄한다[吝].

육사(六四) : 말을[馬] 탔으되[乘] 머뭇거리는 듯하다[班如]. 시집가기를[婚媾] 취하여[求], 가면[往] 길하니[吉] 이롭지 않음이[不利] 없다[无].

구오(九五) : 그[其] 은택을[膏] 베풀기 어려우니[屯] 작음에는[小] 진실로

미더워야[貞] 길하고[吉] 큼에는[大] 진실로 미더워도[貞] 흉하다[凶].
상륙(上六) : 말을[馬] 탔으되[乘] 머뭇거리는 듯하다[班如]. 눈물이[泣] 피로[血] 쏟아지는[漣] 듯하다[如].

## 초구(初九 : ⚊)

初九 : 磐桓이니 利居貞하고 利建侯하다
반 환 이 거 정 이 건 후

초구(初九) : 나아가지 못하고 머뭇거리니[盤桓] 진실로 미더움에[貞] 있어야[居] 이롭고[利] 제후를[侯] 세움이[建] 이롭다[利].

**【초구(初九)의 효상(爻象) 풀이】**

준괘(屯卦 : ䷂) 초구(初九 : ⚊)는 이양거양(以陽居陽) 즉 양(陽 : ⚊)으로써[以] 양(陽 : ⚊)의 자리에 있는지라[居] 정당한 자리에 있다. 육이(六二 : ⚋)와는 양음(陽陰)의 사이인지라 〈비(比)〉 즉 이웃의 사귐[比]을 누릴 수 있고, 육사(六四 : ⚋)와도 양음(陽陰)인지라 정응(正應) 즉 정도를 따라[正] 호응하는[應] 사이이다. 그러나 초구(初九 : ⚊)는 준괘(屯卦 : ䷂)의 맨 밑자리에 있는지라 준괘(屯卦 : ䷂)의 주제인 〈준(屯)〉 즉 난시(難始)의 시국을 맨 하위(下位)에서 처음부터 마주한다. 초구(初九 : ⚊)는 준괘(屯卦 : ䷂)의 초효(初爻)이면서 동시에 준괘(屯卦 : ䷂)의 하체(下體) 진(震 : ☳)의 초효(初爻)이기에 상진(上進)을 개시(開始)해야 할 자리에 있고, 동시에 우레[雷]처럼 솟구칠 엄청난 잠재력을 간직하고 있어, 육사(六四 : ⚋)의 호응[應]으로써 그 잠재력을 발휘할 수 있다. 그러나 함부로 서둘러 나아가 어려운[屯] 시국을 다스릴 수 없는 처지임을 자인(自認)하고 시기가 무르익기를 기다리는 모습이 초구(初九 : ⚊)의 효상(爻象)이다.

준괘(屯卦 : ䷂)의 초구(初九 : ─)가 초륙(初六 : --)으로 변효(變爻)하면 초구(初九 : ─)는 준괘(屯卦 : ䷂)를 8번째 비괘(比卦 : ䷇)로 지괘(之卦)하게 한다. 따라서 준괘(屯卦 : ䷂)의 초구(初九 : ─)는 비괘(比卦 : ䷇)의 초륙(初六 : --)을 찾아가 살펴보게 한다.

【초구(初九)의 계사(繫辭) 풀이】

## 磐桓(반환)

## 나아가지 못하고 머뭇거린다[盤桓].

초구(初九 : ─)의 효상(爻象)을 빌려 암시한 계사(繫辭)이다. 〈반환(磐桓)〉은 초구(初九 : ─)가 처한 모습을 상징한다. 〈반환(磐桓)의 반(磐)〉은 널찍한 바위를 말하고, 〈반환(磐桓)의 환(桓)〉은 거목(巨木)을 말한다. 큰 바위[磐]를 뚫고 흙 속으로 뿌리를 내려 거목[桓]으로 자랐음을 빌려, 충만한 생기(生氣)만 있다면 어떠한 어려움도 생명(生命)의 성장을 가로막을 수 없음을 암시함이 〈반환(磐桓)〉의 본뜻이다. 초목(草木)은 씨앗이 잡은 제자리를 이리저리 옮기지 않음으로써 성장할 수밖에 없는지라, 〈반환(盤桓)〉이 〈나아가지 못하고 머뭇거리는 모습〉이란 뜻을 갖게 된 것이다. 이에 초구(初九 : ─)가 맨 밑자리를 받아들여 성급히 상진(上進)하려 서두르지 않고 머뭇거림을 암시한 계사(繫辭)가 〈반환(盤桓)〉이다.

## 利居貞(이거정)

## 진실로 미더움에[貞] 있어야[居] 이롭다[利].

초구(初九 : ─)가 아랫자리를 마주하는 모습을 암시한 계사(繫辭)이다. 맨 아랫자리에 있음에도 초구(初九 : ─)가 〈거정(居貞)〉 즉 진실로 미더움에[貞] 거처한다[居] 함은 초구(初九 : ─)가 군자(君子)의 자질(資質)을 품고 있음을 암시한다. 〈거정(居貞)〉은 사람들로부터 〈부(孚)〉 즉 진실한 미더움[孚]을 얻는 삶이다. 여기 〈거정(居貞)〉은 초구(初九 : ─)로 하여금 백성의 신뢰(信賴)를 획득하게 함을 암시한다. 〈거정(居貞)의 거(居)〉는 〈멈출 지(止)〉와 같아 〈거정(居貞)〉은 마음이 〈정(貞)〉을 항상 떠나 있지 않음을 말한다. 〈거정(居貞)의 정(貞)〉은 성신(誠信) 즉 진실한[誠] 미더움[信]이다. 그 미더움[貞]은 공정(公正)하여, 무사무편(無邪無偏) 즉 간사함도[邪] 없고[無] 치우침도[偏] 없는[無] 심지(心志)가 곧 〈정(貞)〉이다. 이러한 〈정(貞)〉은 남의 심지(心志)를 말함이 아니라 바로 초구(初九 : ⚊) 자신의 심지(心志)를 말함이다. 내가 남에게 〈정(貞)〉을 요구할 수 없다. 오로지 내가 곧 모든 것을 아울러 하나같이[公] 바르게 하여[正], 간사함도[邪] 치우침도[偏] 없는[無] 자신의 심지(心志)가 진실로[誠] 미더움[信]이 곧 〈정(貞)〉이다. 이러한 〈정(貞)〉은 언제 어디서나 나에게 이로울[利] 뿐만 아니라 〈부(孚)〉 즉 남이 나를 믿어주기[孚] 때문에 모두에게 이롭고, 항상 나로 하여금 막힘없이 통하게 함[亨]이 〈정(貞)〉인지라 진실로 미더움에[貞] 거처함[居]은 민심(民心)을 얻게 된다.

초구(初九 : ⚊)의 자리는 민(民) 즉 백성[民]의 자리이다. 이러한 초구(初九 : ⚊)가 준괘(屯卦 : ䷂)의 하체(下體) 진(震 : ☳)의 초효(初爻)이다. 우레[雷]가 승천(昇天)하는 진(震 : ☳)은 왕상(王象) 즉 왕의[王] 모습[象]을 간직한다. 준괘(屯卦 : ䷂)의 하체(下體) 진(震 : ☳)의 초구(初九 : ⚊)가 이음(二陰) 아래에 있어서 성괘(成卦)가 됨인지라 초구(初九 : ⚊)는 진(震 : ☳)의 주(主)가 되어 왕재(王才)를 품고 있다. 강명(剛明) 즉 굳세면서도[剛] 현명한[明] 초구(初九 : ⚊)가 진(震 : ☳)의 이음(二陰) 아래에 있음이란 하심(下心) 즉 자신의 마음을[心] 낮추어[下] 백성을 마주해 백성의 마음을 얻어 가히 입군(立君)할 수 있음을 암시한 계사(繫辭)가 〈이거정(利居貞)〉이다.

## 利建侯(이건후)

**제후를[侯] 세움이[建] 이롭다[利].**

준괘(屯卦 : ䷂)의 초구(初九 : ⚊)가 〈거정(居貞)〉으로써 이룰 바를 성취하자면 육이(六二 : ⚋)와 육사(六四 : ⚋)의 도움이 필요함을 암시한 계사(繫辭)이다. 〈이건후(利建侯)의 건후(建侯)〉를 〈건초구후(建初九侯)〉의 줄임으로 여기고 〈초구를[初九] 제후로[侯] 세운다[建]〉고 새겨볼 것이다. 제후(諸侯)란 스스로 되는 것이 아니다. 『노자(老子)』에 나오는 〈현덕(玄德)〉을 본받아 행하려는 왕재(王才)를 간직하고 있음을 현자(賢者)들로부터 인정을 받아 현자들이 온갖 도움을 주저치 않을 때 천자(天子)가 제후(諸侯)를 임명하게 된다. 그럴 만큼 초구(初九 : ⚊)에게 왕재(王才)가 있음을 〈건후(建侯)〉가 암시한다. 〈건후(建侯)〉 즉 제후를[侯] 세운다[建]

고 함은 지지(支持)를 구(求)한다는 뜻으로 통한다. 따라서 초구(初九 : ━)가 백성의 마음을 얻어서 육이(六二 : ╌)와 육사(六四 : ╌)의 지지를 받음이 초구(初九 : ━)에게 이로움[利]을 암시한 계사(繫辭)가 〈이건후(利建侯)〉이다.

【字典】

**반(磐)** 〈너럭바위 반(磐)-대석(大石), 산 속에 큰 바위가 둘러 있는 반(磐)-산중석반우(山中石磐紆), 연이을 반(磐)-반아(磐牙), 크고 넓은 모양 반(磐)-광대모(廣大貌)〉 등의 뜻을 내지만 〈너럭바위 반(磐)〉으로 여기고 새김이 마땅하다. 〈반환(磐桓)〉은 부진지모(不進之貌) 즉 나아가지 못해[不進] 머뭇거리는 모습[貌]을 뜻한다.

**환(桓)** 〈머뭇거릴 환(桓)-부진(不進), 모감주나무 환(桓), 표목 환(桓)-우정표(郵亭表), 굳센 모양 환(桓)-무모(武貌), 하관틀 환(桓)-화관목(下棺木)〉 등의 뜻을 내지만 여기선 〈머뭇거릴 부진(不進)〉으로 여기고 새김이 마땅하다.

**이(利)** 〈만물로 하여금 삶을 이루어가게 하는 덕(德)의 이로울 이(利)-사만물수생지덕(使萬物遂生之德), 날카로울 이(利)-예(銳)-섬(銛), 질병 이(利)-질(疾), 통할 이(利)-통(通)-순(順), 좋을 이(利)-길(吉)-의(宜), 편리할 이(利)-편(便), 마름해 만들어 이룰 이(利)-재성(裁成), 탐할 이(利)-탐(貪), 구할(취할) 이(利)-구(求)-취(取), 좋아할 이(利)-열애(悅愛), 이로울 이(利)-익(益), 기교 이(利)-교(巧), 보람 이(利)-공용(功用), 지세가 험하고 중요한 이(利)-험요(險要), 이길 이(利)-승(勝), 어질 이(利)-인(仁)〉 등의 뜻을 내지만 여기선 〈사만물수생지덕(使萬物遂生之德) 즉 만물로 하여금 삶을 이루어가게 하는 덕(德)의 이로움〉이라 새김이 마땅하다. 〈利〉가 맨 앞에 오면 〈이〉로 발음되고, 중간이나 뒤에 오면 〈리〉로 발음된다.

**居** 〈거-기〉 두 가지로 발음되고, 〈멈출 거(居)-지(止), 모울 거(居)-준(蹲), 쌓아둘 거(居)-축(蓄), 앉을 거(居)-좌(坐), 머물 거(居)-처(處)-주(住), 마땅할 거(居)-당(當), 움직이지 않을 거(居)-안(安)-부동(不動), 정도를 고요히 생각할 거(居)-정이사도(靜而思道), 안주하여 오래 양육할 거(居)-안주장양(安住長養), 법 거(居)-법(法), 다스릴 거(居)-치(治), 이유 거(居)-고(故), 의문어조사 ~인가 기(居), 뜻 없는 어조사 기(居)〉 등의 뜻을 내지만 여기선 〈멈출 지(止)〉와 같다 여기고 새김이 마땅하다.

**정(貞)** 〈바를 정(貞)-정(正), 믿을 정(貞)-신(信), 거북점을 물을 정(貞)-복문(卜問), 역(易)의 내괘(內卦) 정(貞), 마땅할 정(貞)-당(當), 정할 정(貞)-정(定), 순수할 정

(貞)-전(專)-일(一)〉 등의 뜻을 내지만 여기선 〈바를 정(正), 믿을 신(信)〉 등을 합친 뜻과 같아 〈정신(正信)〉 즉 바르고[正] 미더움[信]으로 새김이 마땅하다.

**건(建)** 〈세울 건(建)-입(立), 둘 건(建)-치(置), 심을 건(建)-수(樹), 설립할 건(健)-설(設), 포고할 건(建)-포고(布告), 이룰 건(建)-성(成), 가리킬 건(建)-지(指), 미칠 건(建)-급(及), 길 건(建)-장(長) : 건목(建木)=장목(長木)〉 등의 뜻을 내지만 여기선 〈세울 입(立)〉과 같다 여기고 새김이 마땅하다.

**후(侯)** 〈제후 후(侯)-제후(諸侯), 작위를 지닌 자의 경칭 후(侯)-유작위자지경칭(有爵位者之敬稱), 임금 후(侯)-군(君), 아름다울 후(侯)-미(美), 이에 후(侯)-내(乃), 어찌 후(侯)-하(何), 발어사 후(侯)-유(維)-유(惟)-이(伊)〉 등의 뜻을 내지만 여기선 〈제후(諸侯)〉로 여기고 새김이 마땅하다.

---

註 생이불유(生而不有) 위이불시(爲而不恃) 장이부재(長而不宰) 시위현덕(是謂玄德) : {상도(常道)는} 낳아 주되[生而] 갖지 않고[不有], 위해 주되[爲而] 바라지 않으며[不恃], 키워 주되[長而] 이래라저래라 않는다[不宰]. 위의 것들을[是] 현묘한[玄] 덕이라[德] 한다[謂].

『노자(老子)』 51장(章)

## 육이(六二 : --)

六二 : 屯如邅如하고 乘馬班如라 匪寇婚媾이다 女子貞不字해 十年乃字하다
(준 여 전 여 / 승 마 반 여 / 비 구 혼 구 / 여 자 / 정 부 자 / 십 년 내 자)

육이(六二) : 나아가기 어려운 듯[屯如] 머뭇거리는 듯[邅如] 말을[馬] 탔으되[乘] 말이 나아가지 않는 모습이다[班如]. 도둑이[寇] 아니고[匪] 구혼자이다[婚媾]. 여자는[女子] 오로지하여[貞] 시집가기를 허락하지 않는다[不字]. 십년이 지나서야[十年] 드디어[乃] 시집가기를 허락한다[字].

**【육이(六二)의 효상(爻象) 풀이】**

준괘(屯卦 : ䷂) 육이(六二 : --)는 이음거음(以陰居陰) 즉 음(陰 : --)으로써[以]

음(陰 : --)의 자리에 있는지라[居] 정당한 자리에 있다. 육삼(六三 : --)과는 양음(兩陰) 즉 둘 다[兩] 음(陰 : --)인지라 〈비(比)〉 즉 이웃의 사귐[比]을 누리지 못하지만 초구(初九 : ㅡ)와는 음양(陰陽)의 사이인지라 이웃의 사귐[比]을 누릴 수 있다. 그리고 육이(六二 : --)와 구오(九五 : ㅡ)는 음양(陰陽)의 사이이면서 중정(中正) 즉 중효이며[中] 바른 자리에 있고[正] 나아가 정응(正應) 즉 바르게[正] 호응하면서[應] 서로 득중(得中) 즉 정도를 따름을[中] 취하는[得] 사이이다. 중정(中正)은 중효정위(中爻正位)의 줄임으로 중효이며[中] 정위에 있음[正]을 말한다. 중정(中正)은 득중(得中)함을 말한다. 정도를 따름을[中] 취하여[得] 매사(每事)를 마주하는 육이(六二 : --)가 구오(九五 : ㅡ)와 정응(正應)을 누리고 싶지만 그 사이에 육삼(六三 : --)-육사(六四 : --)가 가로막고 있어서 뜻대로 이루어지지 않아 때가 오기를 기다리는 모습이 육이(六二 : --)의 효상(爻象)이다.





> 준괘(屯卦 : ䷂)의 육이(六二 : --)가 구이(九二 : ㅡ)로 변효(變爻)하면 육이(六二 : --)는 준괘(屯卦 : ䷂)를 60번째 절괘(節卦 : ䷻)로 지괘(之卦)하게 한다. 따라서 준괘(屯卦 : ䷂)의 육이(六二 : --)는 절괘(節卦 : ䷻)의 구이(九二 : ㅡ)를 찾아가 살펴보게 한다.

【육이(六二)의 계사(繫辭) 풀이】

### 屯如邅如(준여전여)

**나아가기 어려운 듯[屯如] 머뭇거리는 듯하다[邅如].**

육이(六二 : --)와 구오(九五 : ㅡ) 사이의 정응(正應)을 암시한 계사(繫辭)이다. 육이(六二 : --)는 준괘(屯卦 : ䷂)의 둘째 자리에 있는 음효(陰爻)로 처녀(處女)를 상징한다. 이 처녀는 두 남자를 매혹(魅惑)시키고 있다. 하나는 이웃하여 사귐[比]을 나눌 수 있는 초구(初九 : ㅡ)이고, 또 하나는 둘 다 정당한 자리에 있는 음양(陰陽) 즉 남녀(男女)로서 정응(正應) 즉 정도를[正] 따라 서로 호응할[應] 수 있는 구오(九五 : ㅡ)이다. 그러나 육이(六二 : --)가 구오(九五 : ㅡ)와 정응(正應)을 누리기가 어려움을 암시한 것이 〈준여전여(屯如邅如)〉이다. 〈준여(屯如)〉는 〈육이여구오지정응준여(六二與九五之正應屯如)〉의 줄임으로 여기고 〈구오와[與九五] 육이의[六二之] 정응은[正應] 어려운 듯하다[屯如]〉고 새겨볼 것이고, 〈전여(邅如)〉는 〈육이여구오지정응전여(六二與九五之正應邅如)〉의 줄임으로 여기고 〈구오와[與九五] 육이의[六二之] 정응은[正應] 머뭇거리는 듯하다[邅如]〉고 새겨볼 것이다. 여기 〈준여(屯如)〉의 〈준(屯)〉은 〈어려울 난(難)〉과 같고, 〈여(如)〉는 어조사(語助詞)로 〈~듯하다〉 정도로 새기면 된다. 왜 육이(六二 : --)가 구오(九五 : ━)와 정응(正應)을 누리기가 어려워[屯] 머뭇거리는[邅] 듯하다는[如] 것인가? 육이(六二 : --)와 구오(九五 : ━) 사이에 육삼(六三 : --)-육사(六四 : --)가 끼여서 시샘하고 방해하기 때문에 육이(六二 : --)와 구오(九五 : ━)가 누릴 수 있는 정응(正應)이 어려움을 겪는다고 암시하여, 육이(六二 : --)가 원하는 바대로 구오(九五 : ━)를 만날 수 없는 처지를 암시한 것이 〈준여전여(屯如邅如)〉이다.

## 乘馬班如(승마반여)

### 말을[馬] 탔으되[乘] 말이 나아가지 않는 모습이다[班如].

육이(六二 : --)와 초구(初九 : ━) 사이의 비(比)를 암시한 계사(繫辭)이다. 〈승마반여(乘馬班如)의 승마(乘馬)〉는 육이(六二 : --)가 초구(初九 : ━) 바로 위에 있음을 암시한다. 〈승마(乘馬)〉는 〈육이승마(六二乘馬)〉의 줄임으로 여기고 〈육이가[六二] 말을[馬] 탔다[乘]〉고 새겨볼 것이다. 육이(六二 : --)의 효상(爻象)이 양효(陽爻)인 초구(初九 : ━) 바로 위에 있는지라 말을 타고 있는 모습이다. 〈승마(乘馬)의 마(馬)〉는 초구(初九 : ━)를 비유한다. 양효(陽爻)란 모두 건(乾 : ☰)의 무리에 속한다. 「설괘전(說卦傳)」에 〈건은[乾 : ☰] 말[馬]이다[爲]〉라는 내용이 나온다. 〈승마(乘馬)〉는 육이(六二 : --)가 말을 타고 구오(九五 : ━)를 향해 상진(上進)하려 할 뿐 초구(初九 : ━)가 이웃이지만 초구(初九 : ━)와 사귈 생각이 육이(六二 : --)에게 없음을 암시한다. 〈반여(班如)〉는 육이(六二 : --)가 구오(九五 : ━)와의 정응(正應)을 나누고자 상진(上進)하려 함을 초구(初九 : ━)가 허락하지 않음을 암시한다. 정당한 자리에 있는 초구(初九 : ━)는 강강(剛强)하여 위압적일 수 있음을 〈반여(班如)의 반(班)〉이 나타낸다. 여기 〈반여(班如)의 반(班)〉은 〈마부진모(馬不進貌)〉 즉 말이[馬] 나아가지 않는[不進] 모습[貌]이다. 따라서 육이(六二 : --)가 구오(九五 : ━)와 정응(正應)을 누리고자 상진(上進)하려 하지만 초구(初

九 : ㅡ)가 육이(六二 : --)의 상진(上進)을 가로막으려 함을 암시한 계사(繫辭)가 〈승마반여(乘馬班如)〉이다.





## 匪寇婚媾(비구혼구)

**도둑이[寇] 아니고[匪] 구혼자이다[婚媾].**

육이(六二 : --)가 초구(初九 : ㅡ)의 마음을 간파했음을 암시한 계사(繫辭)이다. 초구(初九 : ㅡ)가 말[馬]이라면 육이(六二 : --)는 소[牛]이다. 음효(陰爻)란 모두 곤(坤 : ☷)의 무리에 속한다. 「설괘전(說卦傳)」에 〈곤은[坤 : ☷] 소[牛]이다[爲]〉라는 내용이 나온다. 〈비구혼구(匪寇婚媾)의 비구(匪寇)〉는 〈초구비구우(初九匪寇牛)〉의 줄임으로 여기고 〈초구는[初九] 소를[牛] 훔치려는 도둑이[寇] 아니다[匪]〉라고 새겨볼 것이다. 〈비구혼구(匪寇婚媾)의 혼구(婚媾)〉는 〈초구시혼구급육이(初九是婚媾給六二)〉의 줄임으로 여기고 〈초구는[初九] 육이(六二)에게[給] 구혼자[婚媾]이다[是]〉라고 새겨볼 것이다. 따라서 육이(六二 : --)가 초구(初九 : ㅡ)를 이웃해 자신의 것을 넘보는 도둑으로 여겼는데 알고 보니 초구(初九 : ㅡ)가 육이(六二 : --)를 신붓감으로 여기고 있는 이웃사내임을 알게 되었음을 암시한 계사(繫辭)가 〈비구혼구(匪寇婚媾)〉이다.

## 女子貞不字(여자정부자) 十年乃字(십년내자)

**여자는[女子] 오로지하여[貞] 시집가기를 허락하지 않는다[不字]. 십년이 지나서야[十年] 드디어[乃] 시집가기를 허락한다[字].**

육이(六二 : --)가 초구(初九 : ㅡ)를 뿌리치고 구오(九五 : ㅡ)와 기다림 끝에 결혼을 허함[字]을 암시한 계사(繫辭)이다. 육이(六二 : --)와 구오(九五 : ㅡ)는 서로 정당한 자리에 있는 음양(陰陽)으로서 정응(正應) 즉 바르게[正] 호응할[應] 수 있어서 득중(得中) 즉 정도를 따름을[中] 취하는[得] 남녀(男女) 한 쌍인 모습이다. 득중(得中)은 『서경(書經)』에 나오는 〈모두 다[咸庶] 정도를[正] 따르게 하라[中]〉를 상기시키고, 『예기(禮記)』「악기(樂記)」에 나오는 〈정도를[正] 따름에[中] 사특함이[邪] 없는 것이[無] 예의[禮之] 바탕[質]이다[也]〉를 상기시키며, 『중용(中庸)』에 나오는 〈엄숙하고[齊] 장중하면서[莊] 정도를[正] 따름[中]으로써[以] (정도를) 공경함이[敬] 있을 수 있는 것[足有]이다[也]〉를 상기시킨다. 득중(得中)에는 사사(私邪) 즉 삿된[私邪] 것이 없다. 따라서 득중(得中)의 중(中)은 따를 순(順)과 같기도 하고 맞을 적(的)과도 같다. 득중(得中)의 중(中)에는 사사(私邪) 즉 제 몫을 앞세우거나[私] 간사함[邪]이 없다. 이러한 득중(得中)을 누리는 육이(六二 : --)는 중효(中爻)로서 득중(得中)을 고수(固守)하는 처녀임을 암시한 것이 〈여자정부자(女子貞不字)〉이다. 〈여자정부자(女子貞不字)〉는 〈여자정구오(女子貞九五) 인차여자부자급초구(因此女子不字給初九)〉의 줄임으로 여기고 〈여자는[女子] 구오를[九五] 오로지한다[貞] 그래서[因此] 여자는[女子] 초구(初九)에게[給] 결혼을 허락하지 않는다[不字]〉고 새겨볼 것이다. 여기 〈여자정(女子貞)의 정(貞)〉은 〈오로지할 전(專)〉과 같아, 〈정(貞)〉은 일편단심(一片丹心)과 같다. 육이(六二 : --)가 자신의 배필로 구오(九五 : ―)를 일편단심(一片丹心)으로 오로지하기에[貞] 끈질기게 결혼하기를 허락하라[字]는 초구(初九 : --)를 뿌리치고 중도(中道) 즉 정도를[道] 따름[中]을 암시한 것이 〈여자정부자(女子貞不字)〉이다. 여기 〈부자(不字)의 자(字)〉는 허가(許嫁) 즉 시집가기를[嫁] 허락한다[許]는 뜻을 낸다.

〈십년내자(十年乃字)〉는 〈십년지후륙이내자급구오(十年之後六二乃字給九五)〉의 줄임으로 여기고 〈십년 뒤에야[十年之後] 육이는[六二] 드디어[乃] 구오(九五)에게[給] 시집가기를 허락한다[字]〉고 새겨볼 것이다. 〈십년내자(十年乃字)의 십년(十年)〉은 음수(陰數)의 만수(滿數)로서 새로 시작함을 암시해 육이(六二 : --)가 육삼(六三 : --)-육사(六四 : --)의 방해를 극복하고 드디어[乃] 육이(六二 : --)가 중정(中正) 즉 중효이며[中] 정위에 있기[正]에 정응(正應)으로써 구오(九五 : ―)에게 시집가기를 허락해[字] 육이(六二 : --) 자신의 확고한 의지와 끈질긴 참을성으로 자신이 바라는 바를 관철시킴을 암시한 계사(繫辭)가 〈여자정부자(女子貞不字) 십년내자(十年乃字)〉이다.

**【字典】**

**屯** 〈준-둔〉 두 가지로 발음되고, 〈어려울 준(屯)-난(難), 천지조화가 시작되는 때 준(屯)-천지조시지시(天地造始之時), 아낄 준(屯)-린(吝), 머뭇거리는 모습 준(屯)-난행부진모(難行不進貌), 준괘 준(屯)-준괘(屯卦), 가득할 준(屯)-영(盈), 두터울 준(屯)-후(厚), 무리 준(屯)-중(衆), 따를 준(屯)-종(從), 모일 둔(屯)-취(聚), 둔칠 둔(屯)-늑

병수(勒兵守), 둔전 둔(屯)-전병경(田兵耕)〉 등의 뜻을 내지만 여기선 〈어려울 난(難)〉과 같다 여기고 새김이 마땅하다.

**여(如)** 〈그럴 여(如)-연(然), 따를 여(如)-종수(從隨), 갈 여(如)-왕(往)-행(行), 같을 여(如)-사(似)-동(同), 맞먹을 여(如)-비(比), 무리 여(如)-등(等), 미칠 여(如)-급(及), 이에 여(如)-내(乃), 어떠할 여(如)-여하(如何), 첩 여(如)-여부인(如婦人), 이월 여(如)-이월(二月)〉 등의 뜻을 내지만 여기선 〈그럴 연(然)〉과 같다 여기고 새김이 마땅하다.

**전(邅)** 〈나아가지 못하는 모습 전(邅)-부진모(不進貌), 굴릴 전(邅)-전(轉), 옮길 전(邅)-이(移), 좇을 전(邅)-축(逐)〉 등의 뜻을 내지만 여기선 〈나아가지 못하는 모습 부진모(不進貌)〉로 여기고 새김이 마땅하다.

**승(乘)** 〈오를(탈) 승(乘)-승(陞)-등(登)-가(駕), 인할 승(乘)-인(因), 올릴 승(乘)-상(上), 좇을 승(乘)-축(逐), 더할 승(乘)-가(加), 이길 승(乘)-승(勝), 다스릴 승(乘)-치(治), 쓸 승(乘)-용(用), 꾀할 승(乘)-계(計), 곱할 승(乘)-산(算), 수레 승(乘)-거(車)〉 등의 뜻을 내지만 여기선 〈오를 등(登)〉과 같다 여기고 새김이 마땅하다.

**마(馬)** 〈말 마(馬)-동물 이름, 야생마 마(馬)-야마(野馬), 역(易)에서 건(乾)-곤(坤)-진(震)-감(坎)의 모습을 나타내는 마(馬)-역당건곤진감지상(易當乾坤震坎之象), 달(달의 정기) 마(馬)-월(月)-월정(月精), 큰 마(馬)-대(大), 꾸짖을 마(馬)-매(罵)〉 등의 뜻을 내지만 여기선 동물 이름 〈말 마(馬)〉로 여기고 새김이 마땅하다.

**반(班)** 〈벌려 설 반(班)-열(列), 나눌 반(班)-분(分)-별(別), 구실 반(班)-부(賦), 널리 퍼뜨릴 반(班)-반포(頒布), 펼 반(班)-포(布), 순서 반(班)-순서(順序), 행렬 반(班)-행렬(行列), 두루(널리) 반(班)-편(徧), 알릴 반(班)-고(告), 돌아올 반(班)-환(還), 잡색 반(班)-잡색(雜色)〉 등의 뜻을 내지만 여기선 〈벌려 설 열(列)〉과 같다 여기고 새김이 마땅하다.

**匪** 〈비-분〉으로 발음되고, 〈아닌 것 비(匪)-비(非), 악할 비(匪)-악(惡), 대나무로 만든 상자 비(匪), 발어사(發語詞) 비(匪)-피(彼), 멈춤 없이 가는 모양 비(匪)-행부지모(行不止貌), 나눌 분(匪)-분(分)〉 등의 뜻을 내지만 여기선 〈아닌 것 비(非)〉와 같다 여기고 새김이 마땅하다.

**구(寇)** 〈도둑 구(寇)-적(賊)-도(盜), 떼도둑 구(寇)-군적(群賊), 겁탈할(위협해 빼앗을) 구(寇)-겁탈(劫奪), 사나울 구(寇)-포(暴), 노략질할 구(寇)-초(鈔), 원수 구(寇)-구

(仇), 해칠 구(寇)-해(害), 밖으로 혼란할 구(寇)-외란(外亂)〉 등의 뜻을 내지만 여기선 〈도둑 적(賊)〉과 같다 여기고 새김이 마땅하다.

**혼(婚)** 〈시집갈 혼(婚)-부가(婦家), 며느리의 친정아버지(며느리의 친정) 혼(婚)-부지부(婦之父)-부지당(婦之黨), 혼례를 행할 혼(婚)-행혼례(行婚禮)〉 등의 뜻을 내지만 여기선 〈시집갈 부가(婦家)〉와 같은 뜻으로 새김이 마땅하다. 혼구(婚媾)는 혼인(婚姻) 즉 남녀가 예(禮)를 갖추어 부부(夫婦)가 됨을 뜻한다.

**구(媾)** 〈합할 구(媾)-합(合), 교접할 구(媾)-정교(情交), 화친할 구(媾)-화친(和親), 사랑할 구(媾)-애(愛), 거듭해 결혼할 구(媾)-중혼(重婚), 인척 구(媾)-인척(姻戚), 총애할 구(媾)-총애(寵愛), 어울려 좋아할 구(媾)-화호(和好), 만날 구(媾)-구(姤), 조우할 구(媾)-조우(遭遇)〉 등의 뜻을 내지만 여기선 〈합할 합(合)〉과 같다 여기고 새김이 마땅하다.

**정(貞)** 〈오로지할(순수할) 정(貞)-전(專)-일(一), 바를 정(貞)-정(正), 믿을 정(貞)-신(信), 거북점을 물을 정(貞)-복문(卜問), 역(易)의 내괘(內卦) 정(貞), 마땅할 정(貞)-당(當), 정할 정(貞)-정(定)〉 등의 뜻을 내지만 여기선 〈오로지할 전(專)〉과 같다 여기고 새김이 마땅하다.

**자(字)** 〈시집가기를 허락할 자(字)-허가(許嫁)-여자허가(女子許嫁), 임신할 자(字)-임신(妊娠), 낳을(젖 먹일) 자(字)-유(乳)-생(生), 기를 자(字)-양(養)-육자(育子), 사랑할 자(字)-애(愛)-자(慈)-무(撫), 글자 자(字)-문자(文字), 자호 자(字)-자호(字號), 꾸밀 자(字)-식(飾)〉 등의 뜻을 내지만 여기선 〈허가(許嫁)〉와 같다 여기고 새김이 마땅하다.

**연(年)** 〈해 연(年)-세(歲), 오곡이 익을 연(年)-오곡숙(五穀熟), 곡물 연(年)-곡물(穀物), 나이 연(年)-치(齒)-수령(壽齡), 때 연(年)-시(時), 새해 연(年)-신년(新年), 아첨할 연(年)-영(佞)〉 등의 뜻을 내지만 여기선 〈해 세(歲)〉와 같다 여기고 새김이 마땅하다. 〈年〉은 앞에 있으면 〈연〉으로 발음되고, 중간이나 뒤에 있으면 〈년〉으로 발음된다.

**내(乃)** 〈부드럽게 말 이을 내(乃)-완사(緩詞)-연후(然後), 이에 내(乃)-어시(於是)-승상기하지사(承上起下之辭), 급히 말 이을 내(乃)-급사(急詞), 뜻 없는 말머리조사 내(乃)-구수조사무의(句首助詞無義), 곧 내(乃)-즉(則)-즉(卽), 그 내(乃)-기(其), 그런데 내(乃)-전어사(轉語辭), 그리고(그러나) 내(乃)-이(而), 만약 내(乃)-약(若), 또 내(乃)-차

(且), ~로써 내(乃)-이(以), 그럴(그렇다) 내(乃)-시(是), 도리어 내(乃)-고(顧)-각(卻), 처음 내(乃)-시(始)-초(初), 이같이 내(乃)-여차(如此)〉 등의 뜻을 내지만 여기선 〈드디어 내(乃)〉의 정도로 여기고 새김이 마땅하다.

---

註 건위마(乾爲馬) 곤위우(坤爲牛) : 건은[乾 : ☰] 말[馬]이다[爲]. 곤은[坤 : ☷] 소[牛]이다[爲].

「설괘전(說卦傳)」 8단락(段落)

註 중정(中正)이란 중효정위(中爻正位) 즉 가운데[中] 효이며[爻] 바른[正] 자리[位]의 줄임이다. 이에 대성괘(大成卦)의 이위(二位)에 음효(陰爻 : --)가 있고 오위(五位)에 양효(陽爻 : —)가 있음을 중정(中正)이라 한다.

중이정(中而正) : 육이(六二 : --) 구오(九五 : —)

중이부정(中而不正) : 구이(九二 : —) 육오(六五 : --)

정이부중(正而不中) : 초구(初九 : —) 구삼(九三 : —) 육사(六四 : --) 상륙(上六 : --)

부정이부중(不正而不中) : 초륙(初六 : --) 육삼(六三 : --) 구사(九四 : —) 상구(上九 : —)

따라서 중효정위(中爻正位)의 줄임인 〈중정(中正)〉은 『주역(周易)』 외(外)에 다른 경서(經書) 등에 나오는 〈중정(中正)〉이라는 술어(術語)와는 뜻을 달리한다. 『서경(書經)』에 나오는 〈함서중정(咸庶中正)〉-『예기(禮記)』에 나오는 〈중정무사(中正無邪)〉-『중용(中庸)』에 나오는 〈제장중정(齊莊中正)〉 등과는 다른 뜻을 갖는다. 『서경(書經)』-『예기(禮記)』-『중용(中庸)』 등에 나오는 중정(中正) 즉 정도를[正] 따름[中]이란 마음 가는 바[心志]가 무유사벽(無有邪僻) 즉 간사함과[邪] 치우침이[僻] 결코 없음[無有]을 뜻한다. 〈중정(中正)의 중(中)〉은 〈따를 순(順)-맞을 적(的)〉과도 같다.

註 명계형서서점(明啓刑書胥占) 함서중정(咸庶中正) : 형벌의[刑] 문서를[書] 명백하게[明] 알려[啓] 서로[胥] 헤아려보게 하여[占] 모두 다[咸庶] 정도를[正] 따르게 하라[中].

『서경(書經)』 「주서(周書)」 [여형(呂刑)] 19단락(段落)

註 중정무사예지질야(中正無邪禮之質也) : 정도를[正] 따름에[中] 사특함이[邪] 없는 것이[無] 예의[禮之] 바탕[質]이다[也]. 『예기(禮記)』 「악기(樂記)」 16단락(段落)

註 제장중정(齊莊中正) 족이유경야(足以有敬也) : 엄숙하고[齊] 장중하면서[莊] 정도를[正] 따름[中]으로써[以] (정도를) 공경함이[敬] 있을 수 있는 것[足有]이다[也].

『중용(中庸)』 주자장구(朱子章句) 31장(章)

## 육삼(六三 : --)

六三 : 卽鹿无虞라 惟入于林中한다 君子幾해 不如舍이니 往吝하다
(즉록무우 유입우림중 군자기 불여사 왕린)

육삼(六三) : 사슴을[鹿] 뒤좇아[卽] 산지기도[虞] 없이[无] 오로지[惟] 수풀[林] 속으로[于中] 들어간다[入]. 군자는[君子] 살펴 헤아린다[幾]. 그만둠만[舍] 못하니[不如] 나아가면[往] 한탄한다[吝].

**【육삼(六三)의 효상(爻象) 풀이】**

준괘(屯卦 : ䷂) 육삼(六三 : --)은 이음거양(以陰居陽) 즉 음(陰 : --)으로써[以] 양(陽 : —)의 자리에 있는지라[居] 정당한 자리에 있지 못하다. 육이(六二 : --)-육삼(六三 : --)은 모두 다 음(陰 : --)인지라 〈비(比)〉 즉 이웃의 사귐[比]을 누리지 못하고, 상륙(上六 : --)과도 양음(兩陰) 즉 둘 다[兩] 음(陰 : --)인지라 정응(正應) 즉 정도를 따라[正] 서로 호응할[應] 수 없다. 육삼(六三 : --)은 준괘(屯卦 : ䷂)의 하체(下體) 진(震 : ☳)의 상효(上爻)로 어려운 지경을 상징하는 감(坎 : ☵)의 바로 아래에 있어서 몹시 어려운 처지이다. 이런 지경인지라 제자리를 만족하지 못하고 상진(上進)하려는 뜻이 강해 어려움을 부닥쳐야 하는 모습이 육삼(六三 : --)의 효상(爻象)이다.

준괘(屯卦 : ䷂)의 육삼(六三 : --)이 구삼(九三 : —)으로 변효(變爻)하면 육삼(六三 : --)은 준괘(屯卦 : ䷂)를 63번째 기제괘(旣濟卦 : ䷾)로 지괘(之卦)하게 한다. 따라서 준괘(屯卦 : ䷂)의 육삼(六三 : --)은 기제괘(旣濟卦 : ䷾)의 구삼(九三 : —)을 찾아가 살펴보게 한다.

**【육삼(六三)의 계사(繫辭) 풀이】**

### 卽鹿无虞(즉록무우) 惟入于林中(유입우림중)

사슴을[鹿] 뒤좇아[卽] 산지기도[虞] 없이[无] 오로지[惟] 수풀[林]

속으로[于中] 들어간다[入].

육삼(六三 : --)의 효상(爻象)을 빌려 암시한 계사(繫辭)이다. 육삼(六三 : --)은 준괘(屯卦 : ䷂)의 하체(下體) 진(震 : ☳)의 중위(中位)를 벗어나 상위(上位)에 있어, 상체(上體) 감(坎 : ☵)의 바로 밑에 있다. 감(坎 : ☵)은 어려움을 상징한다. 〈즉록무우(卽鹿无虞)〉는 〈육삼즉록(六三卽鹿) 연이륙삼무우(然而六三无虞)〉의 줄임으로 여기고 〈육삼이[六三] 사슴을[鹿] 뒤좇는다[卽] 그러나[然而] 육삼에게는[六三] 산길을 안내할 산지기가[虞] 없다[无]〉라고 새겨볼 것이다. 〈즉록무우(卽鹿无虞)의 〈즉록(卽鹿)〉은 사슴을[鹿] 만나 뒤좇는[卽] 사냥꾼 모습을 빌려, 있는 자리를 떠나 상진(上進)하기를 서둘러대는 육삼(六三 : --)을 상징한다. 〈즉록(卽鹿)의 즉(卽)〉은 〈나아갈 취(就)〉와 같다. 〈즉록무우(卽鹿无虞)의 무우(无虞)〉는 육삼(六三 : --)의 상진(上進)을 도와줄 이웃[比]이 없음을 암시한다. 준괘(屯卦 : ䷂)에서 육삼(六三 : --)은 사고무친(四顧無親) 즉 사방을[四] 둘러봐도[顧] 가까이할 사이가[親] 없는[無] 처지이다.

〈유입우림중(惟入于林中)〉은 〈유륙삼입우림중(惟六三入于林中)〉의 줄임으로 여기고 〈그럼에도[惟] 육삼은[六三] 수풀[林] 속으로[于中] 들어간다[入]〉고 새겨볼 것이다. 여기 〈유입우림중(惟入于林中)〉은 육삼(六三 : --)과 상륙(上六 : --)이 양음(兩陰)이라 정응(正應)을 누리지 못함에도 불구하고 상륙(上六 : --)을 향해 육삼(六三 : --)이 올라가고 있음을 암시한다. 왜냐하면 〈유입우림중(惟入于林中)의 임중(林中)〉이 29번째 습감괘(習坎卦 : ䷜) 상륙(上六 : --)의 계사(繫辭) 〈치우총극(寘于叢棘)〉을 연상시키기 때문이다. 〈치우총극(寘于叢棘)의 총극(叢棘)〉은 빙 둘러서 가시나무가 빽빽이 심겨진 뇌옥(牢獄) 즉 가시나무 울타리의[牢] 감옥[獄]을 말하니, 〈총극(叢棘)〉이란 〈구집죄인지처(拘縶罪人之處)〉 즉 죄인을[罪人] 잡아다[拘] 묶어둔[縶之] 곳[處]인 형옥(刑獄)을 뜻한다. 따라서 〈유입우림중(惟入于林中)〉은 〈즉록(卽鹿)〉을 멈추지 않고 수풀[林] 속으로[于中] 들어간다[入] 함이다. 이렇듯 육삼(六三 : --)이 현명하지 못해 할 것과 하지 말아야 할 것을 분간하지 않아 스스로 〈총극(叢棘)〉 속으로 들어가는 위험을 피하지 못할 수 있음을 암시한 계사(繫辭)가 〈즉록무우(卽鹿无虞) 유입우림중(惟入于林中)〉이다.

## 君子幾(군자기) 不如舍(불여사) 往吝(왕린)

군자는[君子] 살펴 헤아린다[幾]. 그만둠만[舍] 못하니[不如] 나아가면[往] 한탄한다[吝].

육삼(六三 : --)이 변효(變爻)함을 암시한 계사(繫辭)이다. 음(陰 : --)은 소인(小人)이고 양(陽 : —)은 군자(君子)이다. 육삼(六三 : --)이 산길을 안내해 줄 산지기 없이 수풀 속으로 들어감은 무모하다. 무모한 짓은 소인(小人)이 범하는 짓이니 육삼(六三 : --)은 소인(小人)이다. 그러나 육삼(六三 : --)이 변효(變爻)하면 준괘(屯卦 : ䷂)는 기제괘(旣濟卦 : ䷾)로 지괘(之卦)한다. 지괘(之卦)란 변괘(變卦)와 같다. 기제괘(旣濟卦 : ䷾) 구삼(九三 : —)의 계사(繫辭)에 나오는 〈소인물용(小人勿用)〉을 여기 〈군자기(君子幾)〉가 환기시키고, 『논어(論語)』에 나오는 〈군자는[君子] 평이하게[易] 삶[居]으로써[以] 천명을[命] 기다린다[俟]〉는 내용을 상기시킨다. 군자(君子)는 제 욕심대로 하지 않는다. 군자(君子)는 만사(萬事)를 두고 역수(逆數) 즉 거슬러[逆] 헤아려[數] 위험을 미리미리 막고자 살핀다[幾]. 〈군자기(君子幾)의 기(幾)〉는 여기선 〈살필 찰(察)〉과 〈헤아릴 수(數)〉 등의 뜻을 묶어서 내고 있다. 군자(君子)는 〈즉록무우(卽鹿无虞) 유입우림중(惟入于林中)〉과 같은 소인배의 짓을 범하지 않음을 암시하는 것이 〈군자기(君子幾)〉이다. 〈즉록무우(卽鹿无虞) 유입우림중(惟入于林中)〉과 같은 짓은 즉 저버림만[舍] 못함[不如]을 소인(小人)은 모르고 군자(君子)는 안다는 것이 〈불여사(不如舍)〉이다. 〈왕린(往吝)의 왕(往)〉은 〈즉록무우(卽鹿无虞) 유입우림중(惟入于林中)〉과 같은 짓을 범해버림을 암시하고, 소인배의 짓을 범하면 〈인(吝)〉을 면하기 어렵다는 것이다. 〈왕린(往吝)의 인(吝)〉은 여기선 〈한탄할 한(恨)〉과 같다. 따라서 육삼(六三 : --)과 같이 제자리를 만족하지 못해 상진(上進)만 고집하면 감(坎 : ☵)의 험중(險中)으로 스스로 함몰(陷沒)하고 말아 한탄할[吝] 짓임을 헤아려 깨닫게 하는 계사(繫辭)가 〈군자기(君子幾) 불여사(不如舍) 왕린(往吝)〉이다.

【字典】

**즉(卽)** 〈나아갈 즉(卽)-취(就), 가까이할 즉(卽)-근(近), 이제(지금) 즉(卽)-금(今)-직금(直今), 가득할 즉(卽)-만(滿)-만일(萬一), 음식을 아낄 즉(卽)-절식(節食)〉 등의 뜻을 내지만 여기선 〈나아갈 취(就)〉와 같다 여기고 새김이 마땅하다.

**녹(鹿)** 〈사슴 녹(鹿), 제위 녹(鹿)-제위(帝位), 산록 녹(鹿)-산록(山麓)-산족(山足), 대나무상자 녹(鹿)-록(簏), 술그릇 녹(鹿)-주기(酒器), 작은 수레 녹(鹿)-소거(小車)〉 등의 뜻을 내지만 여기선 〈사슴 녹(鹿)〉으로 여기고 새김이 마땅하다. 〈鹿〉의 발음은 앞에 놓일 때는 〈녹〉, 뒤에 놓일 때는 〈록〉이다.

**무(无)** 〈없을 무(无)-무(無), 허무지도 무(无)-허무지도(虛无之道), 으뜸 무(无)-원(元)〉 등의 뜻을 내지만 여기선 〈없을 무(無)〉와 같다 여기고 새김이 마땅하다.

**우(虞)** 〈산지기 벼슬 우(虞)-우관(虞官)-장산택지관(掌山澤之官), 오로지할 우(虞)-전(專), 헤아릴 우(虞)-탁(度)-여탁(慮度)-요탁(料度), 근심할 우(虞)-우(憂), 갖출 우(虞)-비(備), 바랄 우(虞)-망(望), 가릴 우(虞)-택(擇), 속일(업신여길) 우(虞)-기(欺), 어길 우(虞)-역(逆), 놀랄 우(虞)-경(驚), 거역할 우(虞)-역(逆), 놀랄 우(虞)-경(驚), 있을 우(虞)-유(有), 편안할 우(虞)-안(安), 즐거울 우(虞)-낙(樂), 그릇할 우(虞)-오(誤), 우제 지낼 우(虞)-장후제례(葬後祭禮)〉 등의 뜻을 내지만 여기선 〈우관(虞官)〉 즉 산(山)과 못[澤]을 관장하는 관리를 뜻하나 사냥터 안내자로 새김이 마땅하다.

**유(惟)** 〈오로지 유(惟)-전(專)-독(獨)-유(唯), 생각할 유(惟)-사(思), 꾀 유(惟)-모(謀), 펼칠 유(惟)-진(陳), 마땅할 유(惟)-의(宜), 발어사 유(惟)-발어사(發語詞)〉 등의 뜻을 내지만 여기선 〈오로지 전(專)〉과 같다 여기고 새김이 마땅하다.

**입(入)** 〈(밖에서 안으로) 들 입(入)-자외지내(自外至內), 안(속) 입(入)-내(內), 올(이를) 입(入)-내(來)-치(致), 함께 입(入)-여(與), 따를 입(入)-수(隨), 아래(내려갈) 입(入)-하(下), 가운데 입(入)-중(中), 돌아올 입(入)-환(還), 벼슬할 입(入)-사관(仕官)-입조(入朝), 죽음 입(入)-사(死), 받을 입(入)-수(受)-입수(入受), 시집갈 입(入)-납(納)-가(嫁)-입자(入子)=가녀(嫁女), 던져 넣을 입(入)-투(投)-투입(投入), 채울 입(入)-충(充), 구덩이 입(入)-감(坎)〉 등의 뜻을 내지만 여기선 〈들 입(入)〉으로 새김이 마땅하다.

**우(于)** 〈~으로 우(于)-어(於), 갈 우(于)-왕(往), 써 우(于)-이(以), 할 우(于)-위(爲), 여기 우(于)-시(是), 도울 우(于)-조(助), 클 우(于)-대(大), 구할 우(于)-구(求), 자족하는 모습 우(于)-자족모(自足貌)〉 등의 뜻을 내지만 여기선 〈~으로 어(於)〉와 같다 여기고 새김이 마땅하다.

**임(林)** 〈수풀 임(林)-총목(叢木), 무릇 모여 있는 곳 임(林)-범총집지처(凡叢集之

處), 모일 임(林)-취집(聚集), 산목 임(林)-산목(山木), 야외 임(林)-야외(野外), 무리 임(林)-중(衆), 마주할 임(林)-임(臨), 모일 임(林)-취(聚), 채울 임(林)-성(盛)〉 등의 뜻을 내지만 여기선 〈수풀 임(林)〉으로 새김이 마땅하다. 〈林〉의 발음은 앞에 놓일 때는 〈임〉, 뒤에 놓일 때는 〈림〉이다.

**중(中)** 〈사방의 중앙 중(中)-사방지중(四方之中), 따를 중(中)-순(順), 안(속) 중(中)-내(內), 정신 중(中)-심중(心中), 정도(正道) 중(中)-정도(正道), 바를 중(中)-정(正), 고를 중(中)-평(平)-균(均), 어울릴 중(中)-화(和), 이룰 중(中)-성(成), 간직할 중(中)-장(藏), 적당할 중(中)-당(當)-적(適), 합할 중(中)-합(合), 화살이 맞힐 중(中)-시지적(矢至的), 응할 중(中)-응(應), 다칠 중(中)-상(傷), 부딪칠 중(中)-격(擊), 중요할 중(中)-요(要), 가득 찰 중(中)-만(滿)〉 등의 뜻을 내지만 여기선 〈사방의 중앙 사방지중(四方之中)〉과 같다 여기고 새김이 마땅하다.

**군(君)** 〈지극히 높은 사람(천자-임금-제후) 군(君)-지존자(至尊者), 임금을 이을(세자) 군(君)-세자(世子), 여왕 군(君)-여군(女君), 어버이 군(君)-부모(父母), 돌아가신 임금-돌아가신 아버지-돌아가신 조상 군(君)-선군(先君)-선부(先父)-선조(先祖), 상대를 부르는 칭호 군(君)-칭호(稱號), 귀신을 받들어 부르는 칭호 군(君)-귀신지경칭(鬼神之敬稱), 맡아 다스릴 군(君)-주재(主宰), 하늘 건 군(君)-천(天)-건(乾), 양 군(君)-양(陽), 낮 군(君)-일(日), 중앙제단 군(君)-궁제단(宮祭壇), 흙 군(君)-토(土)〉 등의 뜻을 내지만 〈군자(君子)〉는 〈재덕겸구지인(才德兼具之人)〉 즉 재주와[才] 덕을[德] 아울러[兼] 갖춘[具之] 사람[人]을 칭하는 술어(術語)로 여기고 새김이 마땅하다.

**자(子)** 〈존칭(덕 있는 사람의 칭호) 자(子)-유덕자지칭(有德者之稱), 존경받는 사람 자(子)-존자(尊者), 벼슬 자(子)-작(爵), 12지의 첫째 자(子), 음력 11월 자(子), 밤 11시에서 다음날 1시까지 자(子), 북쪽 방향 자(子)-북방(北方), 오행에서 물 자(子)-어오행속수(於五行屬水), 짐승에서 쥐 자(子)-어수위서(於獸爲鼠), 번성할 자(子)-자(滋), 뒤를 이어줄 자(子)-사(嗣)-식(息), 자녀 자(子)-자녀(子女), 자손 자(子)-자손(子孫), 남자를 일컫는 호칭 자(子)-남자지통칭(男子之通稱), 만물 자(子)-만물(萬物), 씨앗(열매) 자(子)-종자(種子)-과실(果實), 누구(사람) 자(子)-인(人)-수자(誰子), 백성 자(子)-백성(百姓)〉 등의 뜻을 내지만 여기선 〈덕 있는 사람 유덕자(有德者)〉의 호칭으로 여기고 새김이 마땅하다.

**기(幾)** 〈살필 기(幾)-찰(察), 헤아릴 기(幾)-수(數), 기미 기(幾)-기(機)-기미(機微), (말 도와주는) 그 기(幾)-기(其), 가까울 기(幾)-근(近), 거의 기(幾)-서기(庶幾), 얼마 기(幾)-기하다소(幾何多少), 얼마 못될 기(幾)-무기물무다(無幾物無多), 자못 기(幾)-태(殆), 위태할 기(幾)-위(危), 조용히 나타나지 않을 기(幾)-미(微)-화순지의(和順之意), 이치의 낌새 기(幾)-이지시미(理之始微), 처음 기(幾)-초(初), 다할 기(幾)-진(盡), 끝임 기(幾)-종(終), 바랄 기(幾)-망(望)-기(覬), 기약할 기(幾)-기(期), 구하는 바가 적다고 말할 기(幾)-언소구소(言所求少), 어찌 기(幾)-기(豈)〉 등의 뜻을 내지만 여기선 〈살필 찰(察)-헤아릴 수(數)〉 등과 같다 여기고 새김이 마땅하다.

**不** 〈불-부〉 두 가지로 발음되고, 〈않을(못할) 불(不)-부(不), 아닐 불(不)-부(不)-비(非), 없을 불(不)-부(不)-무(無), 하지 말 불(不)-부(不)-막(莫)-금지(禁止), 정하지 않을 불(不)-부(不)-부(否)-미정(未定), 새가 날아올라 내려오지 않는 불(不)-부(不)-조비상불하래(鳥飛上不下來)〉 등의 뜻을 내지만 여기선 〈않을 불(不)〉로 여기고 새김이 마땅하다.

**여(如)** 〈그럴 여(如)-연(然), 따를 여(如)-종수(從隨), 갈 여(如)-왕(往)-행(行), 같을 여(如)-사(似)-동(同), 맞먹을 여(如)-비(比), 무리 여(如)-등(等), 미칠 여(如)-급(及), 이에 여(如)-내(乃), 어떠할 여(如)-여하(如何), 첩 여(如)-여부인(如婦人), 이월 여(如)-이월(二月)〉 등의 뜻을 내지만 여기선 〈그럴 연(然)〉과 같다 여기고 새김이 마땅하다.

**사(舍)** 〈버릴 사(舍)-기(棄)-사(捨), 집 사(舍), 쉴 사(舍)-지식(止息), 그만둘 사(舍)-폐(廢), 제할 사(舍)-제(除), 풀 사(舍)-석(釋), 놓을 사(舍)-종(縱)-방(放)〉 등의 뜻을 내지만 여기선 〈버릴 기(棄)〉와 같다 여기고 새김이 마땅하다.

**왕(往)** 〈갈 왕(往)-행(行)-지(之)-거(去), 이를 왕(往)-지(至), 향할 왕(往)-향(向), 옛 왕(往)-석(昔), 이따금 왕(往)-시시(時時), 뒤 왕(往)-후(後)〉 등의 뜻을 내지만 〈갈 행(行)〉과 같다 여기고 새김이 마땅하다.

**인(吝)** 〈한탄할 인(吝)-한(恨), 부끄러울 인(吝)-수치(羞恥), 굴욕스러울 인(吝)-굴욕(屈辱), 아낄 인(吝)-석(惜), 인색할 인(吝)-색(嗇), 욕심낼 인(吝)-탐(貪)〉 등의 뜻을 내지만 여기선 〈한탄할 한(恨)〉과 같다 여기고 새김이 마땅하다. 〈吝〉이 맨 앞에 있을 때는 〈인(吝)〉으로 읽고, 가운데나 뒤에 있을 때는 〈린(吝)〉으로 읽는다.

註 계용휘전(係用徽纆) 치우총극(寘于叢棘) 삼세부득(三歲不得) 흉(凶) : 세 겹 노끈과[徽] 두터운 노끈을[纆] 써[用] 묶어서[係] 가시덤불로 둘러 싼 곳에[于叢棘] 버리니[寘] 삼 년도[三歲] 못 가서[不得] 나쁘리라[凶].
「습감괘(習坎卦)」 상륙(上六) 계사(繫辭)

註 고종벌귀방(高宗伐鬼方) 삼년극지(三年克之) 소인물용(小人勿用) : 고종이[高宗] 북방나라를[鬼方] 정벌한 지[伐] 삼 년만에[三年] 정벌을[之] 이겼다[克]. 소인을[小人] 쓰지[用] 말라[勿].
「기제괘(既濟卦)」 구삼(九三) 계사(繫辭)

註 군자거이이사명(君子居易以俟命) 소인행험이요행(小人行險以徼幸) : 군자는[君子] 평이하게[易] 삶[居]으로써[以] 천명을[命] 기다리고[俟], 소인은[小人] 모험을[險] 감행함[行]으로써[以] 요행을[幸] 바란다[徼].
『중용(中庸)』 주자장구(朱子章句) 14장(章)

## 육사(六四 : --)

六四 : 乘馬班如라 求婚媾하여 往吉해 无不利하다
승마반여 구혼구 왕길 무불리

육사(六四) : 말을[馬] 탔으되[乘] 머뭇거리는 듯하다[班如]. 시집가기를[婚媾] 취하여[求], 가면[往] 길하니[吉] 이롭지 않음이[不利] 없다[无].

**【육사(六四)의 효상(爻象) 풀이】**

준괘(屯卦 : ䷂) 육사(六四 : --)는 이음거음(以陰居陰) 즉 음(陰 : --)으로써[以] 음(陰 : --)의 자리에 있는지라[居] 정당한 자리에 있다. 육삼(六三 : --)과는 양음(兩陰) 즉 둘 다[兩] 음(陰 : --)인지라 〈비(比)〉 즉 이웃의 사귐[比]을 누리지 못하나, 구오(九五 : —)와는 음양(陰陽)인지라 비(比) 즉 이웃의 사귐[比]을 누리고, 초구(初九 : —)와도 음양(陰陽)의 사이인지라 정응(正應) 즉 정도를 따라[正] 호응함[應]을 누린다. 아래 육이(六二 : --)와 같이 처녀로서 육사(六四 : --) 역시 두 남자 즉 초구(初九 : —)와 구오(九五 : —)를 두고 있는 처지이지만 구오(九五 : —)는 육이(六二 : --)와의 중정(中正)-정응(正應)의 관계에 쏠림이 있어서 육사(六四 : --)가 상진(上進)만 하면 바로 연인감이 있는 편이지만 구오(九五 : —)의 관심을 차지하기가 어렵다. 뒤로 물러나 연인을 만나자면 육이(六二 : --)-육삼(六三 : --)이 가로막고 있어서 만나기가 어려운 편인지라 나아가느냐 물러나느냐 결정하기가 어려울 때는 육이(六二 : --)-육삼(六三 : --)의 어두운 쪽을 헤쳐서 초구(初九 : ㅡ)의 밝은 쪽을 따라감이 현명함을 육사(六四 : --)가 알아채는 효상(爻象)이다.



| 준괘(屯卦 : ䷂)의 육사(六四 : --)가 구사(九四 : ㅡ)로 변효(變爻)하면 육사(六四 : --)는 준괘(屯卦 : ䷂)를 17번째 수괘(隨卦 : ䷐)로 지괘(之卦)하게 한다. 따라서 준괘(屯卦 : ䷂)의 육사(六四 : --)는 수괘(隨卦 : ䷐)의 구사(九四 : ㅡ)를 찾아가 살펴보게 한다. |
|---|



**【육사(六四)의 계사(繫辭) 풀이】**

## 乘馬班如(승마반여)

말을[馬] 탔으되[乘] 머뭇거리는 듯하다[班如].

육사(六四 : --)와 초구(初九 : ㅡ) 사이의 비(比)를 암시한 계사(繫辭)이다. 〈승마반여(乘馬班如)의 승마(乘馬)〉는 육사(六四 : --)가 육이(六二 : --)-육삼(六三 : --)이 가로막고 있지만 초구(初九 : ㅡ) 위에 있음을 암시한다. 〈승마(乘馬)〉는 〈육사승마(六四乘馬)〉의 줄임으로 여기고 〈육사가[六四] 말을[馬] 탔다[乘]〉고 새겨볼 것이다. 육사(六四 : --)의 효상(爻象)이 양효(陽爻)인 초구(初九 : ㅡ) 위에 있음인지라 말을 타고 있는 모습이다. 〈승마(乘馬)의 마(馬)〉는 초구(初九 : ㅡ)를 비유한다. 양효(陽爻)란 모두 건(乾 : ☰)의 무리에 속한다. 「설괘전(說卦傳)」에 〈건은[乾 : ☰] 말[馬]이다[爲]〉라는 내용이 나온다. 〈승마(乘馬)〉는 육사(六四 : --)가 말을 타고 구오(九五 : ㅡ)를 향해 상진(上進)하려 할 뿐 초구(初九 : ㅡ)가 정응(正應)의 관계이지만 초구(初九 : ㅡ)와 사귈 생각이 육사(六四 : --)에게 미약함을 암시한다. 〈반여(班如)〉는 육사(六四 : --)가 구오(九五 : ㅡ)와의 비(比)를 나누고자 상진(上進)하려 함을 초구(初九 : ㅡ)가 허락하지 않음을 암시한다. 정당한 자리에 있는 초구(初九 : ㅡ)는 강강(剛强)하여 위압적일 수 있음을 〈반여(班如)의 반(班)〉이 나타낸다. 여기 〈반여(班如)의 반(班)〉은 〈마부진모(馬不進貌)〉 즉 말이[馬] 나아가지 않는[不進] 모습[貌]이다. 따라서 육사(六四 : --)가 구오(九五 : ㅡ)와 이웃의 사귐[比]을 앞세워 상진(上進)하려 하지만, 초구(初九 : ㅡ)가 육사(六四 : --)의 상진(上進)을 막으려 함을 암시한 계사(繫辭)가 〈승마반여

(乘馬班如)〉이다.

## 求婚媾(구혼구) 往吉(왕길) 无不利(무불리)

시집가기를[婚媾] 취하여[求], 가면[往] 길하니[吉] 이롭지 않음이[不利] 없다[无].

육사(六四 : --)의 효위(爻位)를 암시한 계사(繫辭)이다. 〈구혼구(求婚媾)〉는 〈육사구혼구급초구(六四求婚媾給初九)〉의 줄임으로 여기고 〈육사가[六四] 초구에게[給初九] 시집가기를[婚媾] 취한다[求]〉고 새겨볼 것이다. 초구(初九 : ─)는 육이(六二 : --)가 오로지 구오(九五 : ─)에게 〈정(貞)〉 즉 일편단심(一片丹心)인지라 〈혼구(婚媾)〉를 포기한 처지에 있고, 육사(六四 : --)는 구오(九五 : ─)와 이웃의 사귐[比]을 신하(臣下)로서 만족하면서 초구(初九 : ─)와의 정응(正應)을 따름을 암시한 것이 〈구혼구(求婚媾)〉이다. 이에 육사(六四 : --)가 위로 구오(九五 : ─)를 군왕(君王)으로 받들고 아래로는 초구(初九 : ─)를 배필(配匹)로 삼아 행복함[吉]이니 육사(六四 : --)에게 이롭지 않음이[不利] 없음[无]을 암시한 계사(繫辭)가 〈구혼구(求婚媾) 왕길(往吉) 무불리(无不利)〉이다.

【字典】

**승(乘)** 〈오를(탈) 승(乘)-승(陞)-등(登)-가(駕), 인할 승(乘)-인(因), 올릴 승(乘)-상(上), 좇을 승(乘)-축(逐), 더할 승(乘)-가(加), 이길 승(乘)-승(勝), 다스릴 승(乘)-치(治), 쓸 승(乘)-용(用), 꾀할 승(乘)-계(計), 곱할 승(乘)-산(算), 수레 승(乘)-거(車)〉 등의 뜻을 내지만 여기선 〈오를 등(登)〉과 같다 여기고 새김이 마땅하다.

**마(馬)** 〈말 마(馬)-동물 이름, 야생마 마(馬)-야마(野馬), 역(易)에서 건(乾)-곤(坤)-진(震)-감(坎)의 모습을 나타내는 마(馬)-역당건곤진감지상(易當乾坤震坎之象), 달(달의 정기) 마(馬)-월(月)-월정(月精), 큰 마(馬)-대(大), 꾸짖을 마(馬)-매(罵)〉 등의 뜻을 내지만 여기선 동물 이름 〈말 마(馬)〉로 여기고 새김이 마땅하다.

**반(班)** 〈벌려 설 반(班)-열(列), 나눌 반(班)-분(分)-별(別), 구실 반(班)-부(賦), 널리 퍼뜨릴 반(班)-반포(頒布), 펼 반(班)-포(布), 순서 반(班)-순서(順序), 행렬 반(班)-행렬(行列), 두루(널리) 반(班)-편(徧), 알릴 반(班)-고(告), 돌아올 반(班)-환(還), 잡색 반(班)-잡색(雜色)〉 등의 뜻을 내지만 여기선 〈벌려 설 열(列)〉과 같다 여기고 새김이 마땅하다.

**여(如)** 〈그럴 여(如)-연(然), 따를 여(如)-종수(從隨), 갈 여(如)-왕(往)-행(行), 같을 여(如)-사(似)-동(同), 맞먹을 여(如)-비(比), 무리 여(如)-등(等), 미칠 여(如)-급(及), 이에 여(如)-내(乃), 어떠할 여(如)-여하(如何), 첩 여(如)-여부인(如婦人), 이월 여(如)-이월(二月)〉 등의 뜻을 내지만 여기선 〈그럴 연(然)〉과 같다 여기고 새김이 마땅하다.

**구(求)** 〈취할 구(求)-취(取)-득(得), 구할 구(求)-멱(覓), 찾을 구(求)-색(索), 물을 구(求)-문(問), 요구할 구(求)-책(責), 애쓸 구(求)-무(務), 취할 구(求)-취(取)-득(得), 탐할 구(求)-탐(貪), 구걸할 구(求)-걸(乞), 초래할 구(求)-초래(招來), 선택할 구(求)-택(擇), 짝 구(求)-등(等), 찾아 가질 구(求)-색취(索取)〉 등의 뜻을 내지만 여기선 〈취할 득(得)〉과 같다 여기고 새김이 마땅하다.

**혼(婚)** 〈시집갈 혼(婚)-부가(婦家), 며느리의 친정아버지(며느리의 친정) 혼(婚)-부지부(婦之父)-부지당(婦之黨), 혼례를 행할 혼(婚)-행혼례(行婚禮)〉 등의 뜻을 내지만 여기선 〈시집갈 부가(婦家)〉와 같은 뜻으로 새김이 마땅하다. 혼구(婚媾)는 혼인(婚姻) 즉 남녀가 예(禮)를 갖추어 부부(夫婦)가 됨을 뜻한다.

**구(媾)** 〈합할 구(媾)-합(合), 교접할 구(媾)-정교(情交), 화친할 구(媾)-화친(和親), 사랑할 구(媾)-애(愛), 거듭해 결혼할 구(媾)-중혼(重婚), 인척 구(媾)-인척(姻戚), 총애할 구(媾)-총애(寵愛), 어울려 좋아할 구(媾)-화호(和好), 만날 구(媾)-구(姤), 조우할 구(媾)-조우(遭遇)〉 등의 뜻을 내지만 여기선 〈합할 합(合)〉과 같다 여기고 새김이 마땅하다.

**왕(往)** 〈갈 왕(往)-행(行)-지(之)-거(去), 이를 왕(往)-지(至), 향할 왕(往)-향(向), 옛 왕(往)-석(昔), 이따금 왕(往)-시시(時時), 뒤 왕(往)-후(後)〉 등의 뜻을 내지만 〈갈 행(行)〉과 같다 여기고 새김이 마땅하다.

**길(吉)** 〈좋을 길(吉)-선(善)-영(令) {영월길일(令月吉日)은 선월선일(善月善日)임.}, 복 길(吉)-실(實)-선실(善實)-복(福), 예의를 따라 상서로울 길(吉)-예의순상(禮義順祥), 삼갈 길(吉)-근(謹), 초하루 길(吉)-삭일(朔日) {삭망(朔望) 즉 초하루[朔]와 그믐날[望]}, 길례 길(吉)-길례(吉禮) {오례지일(五禮之一) 길흉빈군가(吉凶賓軍嘉)}, 갈 길(吉)-행(行)-길(趌)〉 등의 뜻을 내지만 여기선 〈좋을 선(善)-영(令)〉과 같다 여기고 새김이 마땅하다.

**무(无)** 〈없을 무(无)-무(無), 허무지도 무(无)-허무지도(虛无之道), 으뜸 무(无)-원(元)〉 등의 뜻을 내지만 여기선 〈없을 무(無)〉와 같다 여기고 새김이 마땅하다.

**不** 〈불-부〉 두 가지로 발음되고, 〈않을(못할) 불(不)-부(不), 아닐 불(不)-부(不)-비(非), 없을 불(不)-부(不)-무(無), 하지 말 불(不)-부(不)-막(莫)-금지(禁止), 정하지 않을 불(不)-부(不)-부(否)-미정(未定), 새가 날아올라 내려오지 않는 불(不)-부(不)-조비상불하래(鳥飛上不下來)〉 등의 뜻을 내지만 여기선 〈않을 불(不)〉로 여기고 새김이 마땅하다.

**이(利)** 〈만물로 하여금 삶을 이루어가게 하는 덕(德)의 이로울 이(利)-사만물수생지덕(使萬物遂生之德), 날카로울 이(利)-예(銳)-섬(銛), 질병 이(利)-질(疾), 통할 이(利)-통(通)-순(順), 좋을 이(利)-길(吉)-의(宜), 편리할 이(利)-편(便), 마름해 만들어 이룰 이(利)-재성(裁成), 탐할 이(利)-탐(貪), 구할(취할) 이(利)-구(求)-취(取), 좋아할 이(利)-열애(悅愛), 이로울 이(利)-익(益), 기교 이(利)-교(巧), 보람 이(利)-공용(功用), 지세가 험하고 중요한 이(利)-험요(險要), 이길 이(利)-승(勝), 어질 이(利)-인(仁)〉 등의 뜻을 내지만 여기선 〈사만물수생지덕(使萬物遂生之德) 즉 만물로 하여금 삶을 이루어가게 하는 덕(德)의 이로움〉이라 새김이 마땅하다. 〈利〉가 맨 앞에 오면 〈이〉로 발음되고, 중간이나 뒤에 오면 〈리〉로 발음된다.

## 구오(九五 : ⚊)

九五 : 屯其膏니 小貞吉하고 大貞凶하다
준 기 고 소 정 길 대 정 흉

구오(九五) : 그[其] 은택을 베풀기[膏] 어려우니[屯] 작음에는[小] 진실로 미더워야[貞] 길하고[吉] 큼에는[大] 진실로 미더워도[貞] 흉하다[凶].

**【구오(九五)의 효상(爻象) 풀이】**

준괘(屯卦 : ䷂) 구오(九五 : ⚊)는 이양거양(以陽居陽) 즉 양(陽 : ⚊)으로써[以] 양(陽 : ⚊)의 자리에 있는지라[居] 정당한 자리에 있다. 육사(六四 : ⚋)-상륙(上

六 : --)과는 양음(陽陰)의 사이인지라 〈비(比)〉 즉 이웃의 사귐[比]을 누릴 수 있는 상(象) 같지만 험난한 감(坎 : ☵)의 중효(中爻)이어서 이음(二陰) 사이에 일양(一陽) 즉 구오(九五 : —)가 빠져 준색(屯塞) 즉 어렵게[屯] 막힌[塞] 모습이다. 이에 준괘(屯卦 : ䷂)의 정당한 자리에 있는 군왕(君王)이지만 육이(六二 : --)와의 중정(中正)-정응(正應)만으로 구오(九五 : —)가 고택(膏澤) 즉 은혜와[膏] 덕택[澤]을 온 세상에 널리 베풀 수 있지만 시행하기는 어려운 지경에 있는 효상(爻象)이다.

> 준괘(屯卦 : ䷂)의 구오(九五 : —)가 육오(六五 : --)로 변효(變爻)하면 구오(九五 : —)는 준괘(屯卦 : ䷂)를 24번째 복괘(復卦 : ䷗)로 지괘(之卦)하게 한다. 따라서 준괘(屯卦 : ䷂)의 구오(九五 : —)는 복괘(復卦 : ䷗)의 육오(六五 : --)를 찾아가 살펴보게 한다.

【구오(九五)의 계사(繫辭) 풀이】

## 屯其膏(준기고)

그[其] 은택을 베풀기[膏] 어렵다[屯].

구오(九五 : —)의 효상(爻象)을 빌려 암시한 계사(繫辭)이다. 준괘(屯卦 : ䷂)의 주제인 〈준(屯)〉은 준난지세(屯難之世) 즉 어려운[屯難之] 세상[世]을 뜻한다. 〈준기고(屯其膏)〉는 〈구오준기지고(九五屯己之膏)〉의 줄임으로 여기고 〈구오가[九五] 자신이[己之] 은택을 베풀기[膏] 어렵다[屯]〉고 새겨볼 것이다. 여기 〈준기고(屯其膏)〉의 〈준(屯)〉은 〈어려울 난(難)〉과 같고, 〈기(其)〉는 〈기지(己之)〉의 관형사이다. 다른 대성괘(大成卦)에서라면 양(陽 : —)의 오위(五位)는 정당하고 중앙이어서 흥성하고 막강한 군왕(君王)의 존위(尊位)이다. 그러나 준괘(屯卦 : ䷂)에서 구오(九五 : —)는 감(坎 : ☵)의 중효(中爻)인지라 함중(陷中) 즉 구덩이[陷] 속[中]에 빠진 형국이라 난색(難塞) 즉 어렵게[難] 막힌[塞] 지경에 놓인 군왕이다. 군왕이 백성에게 〈고(膏)〉 즉 은혜와 덕택[膏]을 널리 베풀자면 군자(君子)를 신하로 두어야 하는데 준괘(屯卦 : ䷂)의 구오(九五 : —)에게는 육이(六二 : --)밖에 없다. 육이(六二 : --)는 유약(柔弱)한 소신(小臣)인지라 육이(六二 : --)의 보필(輔弼)로써는 임금으로서 구오(九五 : —)가 은택[膏]을 널리 베풀기 어려운 지경임을 암시한 계사(繫辭)가 〈준기고(屯其膏)〉이다.

## 小貞吉(소정길) 大貞凶(대정흉)

작음에는[小] 진실로 미더워야[貞] 길하고[吉] 큼에는[大] 진실로 미더워도[貞] 흉하다[凶].

구오(九五 : ━)와 육이(六二 : --)가 누리는 정응(正應)이 서로 다름을 암시한 계사(繫辭)이다. 〈소정길(小貞吉)〉은 〈소지정응여대정길(小之正應與大貞吉)〉의 줄임으로 여기고 〈작음이[小之] 큼과의[與大] 정응을[正應] 오로지함은[貞] 길하다[吉]〉고 새겨볼 것이다. 〈소정길(小貞吉)의 소(小)〉는 육이(六二 : --)를 암시한다. 음(陰 : --)은 소자(小者) 즉 작은[小] 것[者]이다. 〈대정흉(大貞凶)〉은 〈대지정응여소정흉(大之正應與小貞凶)〉의 줄임으로 여기고 〈큼이[大之] 작음과의[與小] 정응을[正應] 오로지함은[貞] 흉하다[凶]〉고 새겨볼 것이다. 〈대정흉(大貞凶)의 대(大)〉는 구오(九五 : ━)를 암시한다. 양(陽 : ━)은 대자(大者) 즉 큰[大] 것[者]이다. 작은[小] 것은 정일(貞一) 즉 하나에[一] 오로지 못할까[不貞] 걱정하고, 큰[大] 것은 두루두루 널리 베풀지 못할까 걱정한다. 군왕(君王)인 구오(九五 : ━)는 대자(大者)이고 육이(六二 : --)는 소자(小者)이다. 육이(六二 : --)는 구오(九五 : ━)의 소신(小臣)으로서 하명(下命) 하나에 오로지하면[貞] 길(吉)하지만, 대자(大者)로서 군왕(君王)인 구오(九五 : ━)는 〈정(貞)〉 즉 어느 하나에 오로지하면[貞] 흉(凶)함을 암시한 계사(繫辭)가 〈소정길(小貞吉) 대정흉(大貞凶)〉이다.

【字典】

**屯** 〈준-둔〉 두 가지로 발음되고, 〈어려울 준(屯)-난(難), 천지조화가 시작되는 때 준(屯)-천지조시지시(天地造始之時), 아낄 준(屯)-린(吝), 머뭇거리는 모습 준(屯)-난행부진모(難行不進貌), 준괘 준(屯)-준괘(屯卦), 가득할 준(屯)-영(盈), 두터울 준(屯)-후(厚), 무리 준(屯)-중(衆), 따를 준(屯)-종(從), 모일 둔(屯)-취(聚), 둔칠 둔(屯)-늑병수(勒兵守), 둔전 둔(屯)-전병경(田兵耕)〉 등의 뜻을 내지만 여기선 〈어려울 난(難)〉과 같다 여기고 새김이 마땅하다.

**기(其)** 〈그것 기(其)-피(彼)-지(之), 그럴 기(其)-연(然), 어찌 기(其)-기(豈), 누를 기(其)-억(抑), 오히려 기(其)-상(尙)-서기(庶幾), 이에 기(其)-내(乃), 만약 기(其)-약(若), 장차 기(其)-장(將), 어조사 기(其)-어조사(語助辭)〉 등의 뜻을 내지만 여기선 〈그

것 피(彼)〉와 같다 여기고 새김이 마땅하다.

**고(膏)** 〈은택 고(膏)-은택(恩澤), 기름질 고(膏)-비(肥), 기름 고(膏)-지(脂), 살진 고(膏)-육지비(肉之肥), 기름진 땅 고(膏)-토지비옥(土地肥沃), 돼지기름 고(膏)-시지(豕脂), 화장품 기름 고(膏)-화장용지지(化粧用之脂), 고약 고(膏)-고약(膏藥), 윤택할 고(膏)-윤택(潤澤), 명치끝 고(膏)-인체심하(人體心下), 나무 무늬가 조밀하고 하얀 고(膏)-목리지세백(木理之細白), 다디달 고(膏)-감(甘), 맛 좋을 고(膏)-미호(味好), 빛날 고(膏)-윤지(潤之)〉 등의 뜻을 내지만 여기선 〈은택(恩澤)〉으로 여기고 새김이 마땅하다.

**소(小)** 〈작을 소(小)-미(微)-대지반(大之反), 자잘할 소(小)-세(細), 짧을 소(小)-단(短), 좁을 소(小)-협(狹), 어릴 소(小)-유(幼), 천할 소(小)-천(賤), 첩 소(小)-첩(妾), 음(陰)을 칭하는 소(小)〉 등의 뜻을 내지만 여기선 〈작을 소(小)〉로 여기고 새김이 마땅하다.

**정(貞)** 〈오로지할(순수할) 정(貞)-전(專)-일(一), 바를 정(貞)-정(正), 믿을 정(貞)-신(信), 거북점을 물을 정(貞)-복문(卜問), 역(易)의 내괘(內卦) 정(貞), 마땅할 정(貞)-당(當), 정할 정(貞)-정(定)〉 등의 뜻을 내지만 여기선 〈오로지할 전(專)〉과 같다 여기고 새김이 마땅하다.

**길(吉)** 〈좋을 길(吉)-선(善)-영(令) {영월길일(令月吉日)은 선월선일(善月善日)임.}, 복 길(吉)-실(實)-선실(善實)-복(福), 예의를 따라 상서로울 길(吉)-예의순상(禮義順祥), 삼갈 길(吉)-근(謹), 초하루 길(吉)-삭일(朔日) {삭망(朔望) 즉 초하루[朔]와 그믐날[望]}, 길례 길(吉)-길례(吉禮) {오례지일(五禮之一) 길흉빈군가(吉凶賓軍嘉)}, 갈 길(吉)-행(行)-길(趌)〉 등의 뜻을 내지만 여기선 〈좋을 선(善)-영(令)〉과 같다 여기고 새김이 마땅하다.

**대(大)** 〈(작은 것의 반대말로서) 큰 대(大)-소지대(小之對), 넓을 대(大)-광(廣), 두루 대(大)-편(徧), 통할 대(大)-통(通), 길 대(大)-장(長), (땅을) 걸게 할 대(大)-비(肥), 두터울 대(大)-후(厚), 많을 대(大)-다(多), 모두 대(大)-개(皆), 선할 대(大)-선(善), 무거울 대(大)-중(重), 거대할 대(大)-거(巨), 아름다울 대(大)-미(美)-장(壯), 부유할 대(大)-부(富), 늙을 대(大)-노(老), 지나칠 대(大)-과(過), 끝 대(大)-극(極), 대충 대(大)-조(組)-불세밀(不細密), 과대할 대(大)-과(誇)-긍벌(矜伐), 처음 대(大)-초(初), 하늘 대(大)-천(天), 건(乾)-양기(陽氣)-양효(陽爻) 대(大)〉 등의 뜻을 내지만 여기선 〈큰 대(大)〉로 여기고

새김이 마땅하다.

**흉(凶)** 〈불행할(흉할) 흉(凶)-길지반(吉之反), 흉한 사람 흉(凶)-흉인(凶人), 나쁠 흉(凶)-오(惡), 재앙 흉(凶)-화(禍), 요사할 흉(凶)-요사(夭死), 걱정할 흉(凶)-우(憂)-구(懼), 악한 사람 흉(凶)-악인(惡人), 흉년 흉(凶)-연곡불숙(年穀不熟), 사나울 흉(凶)-포학(暴虐), 음기 흉(凶)-음기(陰氣), 북쪽 흉(凶)-북(北), 없을 흉(凶)-공(空), 송사 흉(凶)-송(訟), 거역할 흉(凶)-역(逆), 어그러질 흉(凶)-패(悖), 허물 흉(凶)-구(咎)〉 등의 뜻을 내지만 여기선 〈불행할(흉할) 길지반(吉之反)〉과 같다 여기고 새김이 마땅하다.

## 상륙(上六 : --)

上六：乘馬班如라 泣血漣如하다
승마반여 읍혈련여

상륙(上六) : 말을[馬] 탔으되[乘] 머뭇거리는 듯하다[班如]. 눈물이[泣] 피로[血] 쏟아지는[漣] 듯하다[如].

**【상륙(上六)의 효상(爻象) 풀이】**

준괘(屯卦 : ䷂) 상륙(上六 : --)은 이음거음(以陰居陰) 즉 음(陰 : --)으로써[以] 음(陰 : --)의 자리에 있는지라[居] 정당한 자리에 있다. 구오(九五 : ─)와는 다른 대성괘(大成卦)에서는 음양(陰陽)의 사이인지라 〈비(比)〉 즉 이웃의 사귐[比]을 누릴 수 있지만 준괘(屯卦 : ䷂)의 주제인 〈준(屯)〉 즉 난시(難始)의 시국에 극위(極位)에 있어 더 나아갈 수 없어 참담한 지경이고, 육삼(六三 : --)과는 양음(兩陰)이어서 정응(正應)을 누리지 못하는 모습이다. 이런 상륙(上六 : --)은 극위에 올라 해는 지려 하고 더 나아갈 길은 없고 참으로 딱한 지경에 있는 효상(爻象)이다.

준괘(屯卦 : ䷂)의 상륙(上六 : --)이 상구(上九 : ─)로 변효(變爻)하면 상륙(上六 : --)은 준괘(屯卦 : ䷂)를 42번째 익괘(益卦 : ䷩)로 지괘(之卦)하게 한다. 따라서 준괘(屯卦 : ䷂)의 상륙(上六 : --)은 익괘(益卦 : ䷩)의 상구(上九 : ─)를 찾아가 살펴보게 한다.

【상륙(上六)의 계사(繫辭) 풀이】

## 乘馬班如(승마반여)

### 말을[馬] 탔으되[乘] 머뭇거리는 듯하다[班如].

상륙(上六 : --)과 구오(九五 : —) 사이의 비(比)를 암시한 계사(繫辭)이다. 〈승마반여(乘馬班如)의 승마(乘馬)〉는 상륙(上六 : --)이 구오(九五 : —) 위에 있음을 암시한다. 〈승마(乘馬)〉는 〈상륙승마(上六乘馬)〉의 줄임으로 여기고 〈상륙이[上六] 말을[馬] 탔다[乘]〉고 새겨볼 것이다. 상륙(上六 : --)의 효상(爻象)이 양효(陽爻)인 구오(九五 : —) 위에 있음인지라 말을 타고 있는 모습이다. 〈승마(乘馬)의 마(馬)〉는 구오(九五 : —)를 비유한다. 양효(陽爻)란 모두 건(乾 : ☰)의 무리에 속한다. 「설괘전(說卦傳)」에 〈건은[乾 : ☰] 말[馬]이다[爲]〉라는 내용이 나온다. 〈승마(乘馬)〉는 상륙(上六 : --)이 말을 타고 상진(上進)하려 하나 상륙(上六 : --)에게는 더 나아갈 길이 없음을 여기 〈반여(班如)〉가 암시한다. 저 아래에 있는 육삼(六三 : --)도 양음(兩陰)이라 불응(不應)해 상륙(上六 : --)에게는 내려갈 데도 없다. 이미 준괘(屯卦 : ䷂)의 극위(極位)에 올라버린지라 오도 가도 못하는 참담한 지경을 겪고 있음을 〈반여(班如)의 반(班)〉이 나타낸다. 여기 〈반여(班如)의 반(班)〉은 〈마부진모(馬不進貌)〉 즉 말이[馬] 나아가지 않는[不進] 모습[貌]이다. 따라서 상륙(上六 : --)이 극위(極位)에 올라가 더 오르지도 내리지도 못해 겪는 궁색(窮塞)한 지경이 자제(自制)해야 함을 잊어버린 탓임을 암시한 계사(繫辭)가 〈승마반여(乘馬班如)〉이다.

## 泣血漣如(읍혈련여)

### 눈물이[泣] 피로[血] 쏟아지는[漣] 듯하다[如].

상륙(上六 : --)이 준괘(屯卦 : ䷂)의 상체(上體) 감(坎 : ☵)의 상효(上爻)임을 암시하는 계사(繫辭)이다. 〈읍혈련여(泣血漣如)〉는 〈상륙지읍혈련여(上六之泣血漣如)〉의 줄임으로 여기고 〈상륙의[上六之] 피[血] 눈물이[泣] 연이어지는[漣] 듯하다[如]〉고 새겨볼 것이다. 〈읍혈련여(泣血漣如)의 읍혈(泣血)〉은 상륙(上六 : --)이 감(坎 : ☵)의 상효(上爻)임을 빌려 그 무엇이든 극위(極位)에 오르면 추락할 수

밖에 없음을 상륙(上六 : --)이 마주함을 암시한다. 「설괘전(說卦傳)」에 〈감은[坎 : ☵] 피의[血] 괘(卦)이다[爲]〉라는 내용이 나온다. 〈읍혈련여(泣血漣如)의 연여(漣如)〉는 극위(極位)에 이른 상륙(上六 : --)은 쇠망(衰亡)을 맞이하게 되는 것임을 암시한다. 〈연여(漣如)의 연(漣)〉은 〈읍모(泣貌)〉 즉 우는[泣] 모습[貌]을 뜻한다. 가려 해도 맞이해 줄 데가 없고 곤궁(困窮)해도 의지할 데가 없는 상륙(上六 : --)의 지경을 암시한 계사(繫辭)가 〈읍혈련여(泣血漣如)〉이다.

【字典】

**승(乘)** 〈오를(탈) 승(乘)-승(陞)-등(登)-가(駕), 인할 승(乘)-인(因), 올릴 승(乘)-상(上), 좇을 승(乘)-축(逐), 더할 승(乘)-가(加), 이길 승(乘)-승(勝), 다스릴 승(乘)-치(治), 쓸 승(乘)-용(用), 꾀할 승(乘)-계(計), 곱할 승(乘)-산(算), 수레 승(乘)-거(車)〉 등의 뜻을 내지만 여기선 〈오를 등(登)〉과 같다 여기고 새김이 마땅하다.

**마(馬)** 〈말 마(馬)-동물 이름, 야생마 마(馬)-야마(野馬), 역(易)에서 건(乾)-곤(坤)-진(震)-감(坎)의 모습을 나타내는 마(馬)-역당건곤진감지상(易當乾坤震坎之象), 달(달의 정기) 마(馬)-월(月)-월정(月精), 큰 마(馬)-대(大), 꾸짖을 마(馬)-매(罵)〉 등의 뜻을 내지만 여기선 동물 이름 〈말 마(馬)〉로 여기고 새김이 마땅하다.

**반(班)** 〈벌려 설 반(班)-열(列), 나눌 반(班)-분(分)-별(別), 구실 반(班)-부(賦), 널리 퍼뜨릴 반(班)-반포(頒布), 펼 반(班)-포(布), 순서 반(班)-순서(順序), 행렬 반(班)-행렬(行列), 두루(널리) 반(班)-편(徧), 알릴 반(班)-고(告), 돌아올 반(班)-환(還), 잡색 반(班)-잡색(雜色)〉 등의 뜻을 내지만 여기선 〈벌려 설 열(列)〉과 같다 여기고 새김이 마땅하다.

**여(如)** 〈그럴 여(如)-연(然), 따를 여(如)-종수(從隨), 갈 여(如)-왕(往)-행(行), 같을 여(如)-사(似)-동(同), 맞먹을 여(如)-비(比), 무리 여(如)-등(等), 미칠 여(如)-급(及), 이에 여(如)-내(乃), 어떠할 여(如)-여하(如何), 첩 여(如)-여부인(如婦人), 이월 여(如)-이월(二月)〉 등의 뜻을 내지만 여기선 〈그럴 연(然)〉과 같다 여기고 새김이 마땅하다.

**읍(泣)** 〈눈물 읍(泣)-누(淚), 흐느낄(소리 없이 울) 읍(泣)-무성이출체(無聲而出涕), 근심할 읍(泣)-우(憂)〉 등의 뜻을 내지만 여기선 〈눈물 누(淚)〉와 같다 여기고 새김이 마땅하다.

**혈(血)** 〈피 혈(血), 근심할 혈(血)-우(憂)-휼(恤), 물들일 혈(血)-염(染), 상처 날 혈

(血)-상(傷), 눈물 혈(血)-누(淚), 음(陰)을 비유해주는 혈(血), 감괘 혈(血)-감괘(坎卦)〉 등의 뜻을 내지만 여기선 〈피 혈(血)〉로 여기고 새김이 마땅하다.

**연(漣)** 〈눈물짓는 연(漣)-읍모(泣貌)-체류(涕流), 물놀이칠 연(漣)-수문(水紋)〉 등의 뜻을 내지만 여기선 〈눈물짓는 체류(涕流)〉로 새김이 마땅하다. 〈漣〉이 앞에 올 때는 〈연〉으로 발음되고, 중간이나 뒤에 올 때는 〈련〉으로 발음된다.

# 몽괘 蒙卦

4

䷃

# 1 괘의 괘상과 계사

## 몽괘(蒙卦 : ䷃)

감하간상(坎下艮上) : 아래는[下] 감(坎 : ☵), 위는[上] 간(艮 : ☶).

산수몽(山水蒙) : 산과[山] 물은[水] 몽이다[蒙].

蒙亨이다 匪我求童蒙이지 童蒙求我이다 初筮告하고
몽 형 비 아 구 동 몽 동 몽 구 아 초 서 곡

再三瀆이라 瀆則不告이니 利貞하다
재 삼 독 독 즉 불 곡 이 정

어린 것은[蒙] 통한다[亨]. 몽매한 이를[童蒙] 구함이[求] 내가[我] 아니고[匪] 몽매한 이가[童蒙] 나를[我] 구함이다[求]. 처음[初] 산가지로 점쳐 달라면[筮] 보여주고[告] 여러 번 해 달라면[再三] 얕본다[瀆]. 얕보면[瀆] 곧[則] 보여주지 않는다[不告]. 오로지해야[貞] 이롭다[利].

**【몽괘(蒙卦 : ䷃)의 괘상(卦象)풀이】**

준괘(屯卦 : ䷂)는 건곤(乾坤)의 사덕(四德)이 행해져 생물(生物)이 천지에 가득함[屯]이다. 「서괘전(序卦傳)」에 〈어떤 것이든[物] 태어나면[生] 반드시[必] 어리다[蒙] 그래서[故] 몽괘(蒙卦 : ䷃)로써[以] 그것을[之] 받는다[受] 몽이란[蒙] 것은[者] 어떤 것이[物之] 어리다는 것[穉]이다[也]〉라는 말이 나온다. 이는 준괘(屯卦 : ䷂) 다음에 몽괘(蒙卦 : ䷃)가 있는 까닭을 암시한다. 몽괘(蒙卦 : ䷃)는 앞 준괘(屯卦 : ䷂)가 뒤집힌 모습이다. 몽괘(蒙卦 : ䷃)의 〈몽(蒙)〉은 싹이 땅 위로 솟아나서 자라기 시작함을 보여주는 상형자(象形字)이다. 〈艹〉과 〈冡〉의 합(合)이 〈몽(蒙)〉이란 자(字)이다. 〈철(艹)〉은 발아모(發芽貌) 즉 풀이 파릇파릇 돋아나는[發芽] 모습[貌]을 말하고, 〈몽(冡)〉은 유아불통(幼兒不通) 즉 어려서[幼兒] 통하지 못함[不通]을 뜻한다. 몽괘(蒙卦 : ䷃)의 〈몽(蒙)〉은 인간의 몽매함[蒙]을 현명(賢明)함으로 탈바꿈시키자면 유아교육에서부터 시작해 평생 이어져야 함을 암시한다. 이런 연유로 몽괘(蒙卦 : ䷃)의 〈몽(蒙)〉은 『논어(論語)』 맨 첫머리에 나오는 〈배우면서[學而] 때에[時] 배운 것을[之] 익히니[習] 기쁘지[說] 아니한가[不亦乎]〉를 연상시킨다. 몽괘(蒙卦 : ䷃)의 하체(下體)는 감(坎 : ☵)이고 상체(上體)는 간(艮 : ☶)이다. 「설괘전(說卦傳)」에 〈감(坎 : ☵)은 함정[陷]이고[也] …… 간(艮 : ☶)은 멈춤[止]이다[也]〉라는 말이 나온다. 이에 「단전(彖傳)」에 〈산(山) 아래[下] 험함이[險] 있어[有] 그 험함이[險而] 멈춤이[止] 몽괘(蒙卦)〉라는 내용이 나온다. 산(山)의 물[水]이란 강하(江河)의 수원(水源)으로서 천(泉)은 험수(險水) 즉 위험한[險] 물[水]이 아니라 험지(險止) 즉 위험이[險] 멈춘[止] 샘물이다. 그 샘물은 청순무구(淸純無咎) 즉 맑고 맑아[淸純] 더러움이 없다[無咎]. 몽괘(蒙卦 : ䷃)의 〈몽(蒙)〉 즉 유시(幼時)란 산 아래 샘물같이 청순무구(淸純無咎)하다. 이런 유시(幼時) 즉 어린[幼] 시절[時]부터 발몽(發蒙) 즉 몽매함을[蒙] 일깨워 깨우치게 해주면[發] 산 아래 샘물이 개울이 되고 냇물이 되고 강물이 되어 바다에 이르듯이 유몽(幼蒙) 즉 어린이의[幼] 몽매함[蒙]을 교육으로써 어릴 적부터 가르치고 일깨움인지라 몽괘(蒙卦 : ䷃)라 칭명(稱名)한다.

**【몽괘(蒙卦 : ䷃)의 계사(繫辭) 풀이】**

## 蒙亨(몽형)

어린 것은[蒙] 통한다[亨].

〈몽형(蒙亨)의 몽(蒙)〉은 몽괘(蒙卦 : ䷃)의 〈몽(蒙)〉이다. 몽괘(蒙卦 : ䷃)의 〈몽(蒙)〉은 유시(幼時) 즉 어린[幼] 때[時]를 말한다. 물론 몽괘(蒙卦 : ䷃)의 〈몽(蒙)〉은 유시(幼時)만을 뜻하는 것은 아니다. 어려서부터 가르쳐 몽매(蒙昧)함을 벗어나 현명(賢明)하도록 가르침이 몽괘(蒙卦 : ䷃)의 〈몽(蒙)〉이다. 〈몽(蒙)〉은 매(昧) 즉 새벽의 어둠[昧]과 같아 가르치면 곧 밝아질 것이다. 그래서 〈몽(蒙)〉을 몽매미명(蒙昧未明) 즉 몽매는[蒙昧] 아직 밝지 못함[未明]이라 한다. 이에 어려서부터 발몽(發蒙) 즉 몽매함을[蒙] 가르쳐 깨우치게[發] 하고자 함이 몽괘(蒙卦 : ䷃)의 〈몽(蒙)〉이다. 발몽(發蒙)이란 어둠을 벗어나 밝음을 찾아 누림과 같다. 사람은 현명해지기 위해서 교육을 받는다. 어리석고 사리(事理)에 어두움[蒙]이란 막힌 것이지만 몽매한[蒙] 인간을 가르쳐 깨우치게 하는 길로 이끌면 막힘없이 통함[亨]이니 몽괘(蒙卦 : ䷃)의 주제인 〈몽(蒙)〉을 풀이하여 〈몽형(蒙亨)〉이라 계사(繫辭)한 것이다.





## 匪我求童蒙(비아구동몽) 童蒙求我(동몽구아)

몽매한 이를[童蒙] 구함이[求] 내가[我] 아니고[匪] 몽매한 이가[童蒙] 나를[我] 구함이다[求].

구이(九二 : ⚊)와 육오(六五 : ⚋)의 정응(正應)을 빌려 발몽(發蒙)의 도리를 계사(繫辭)한 것이다. 몽괘(蒙卦 : ䷃)의 주제인 〈몽(蒙)〉의 시국인지라 몽괘(蒙卦 : ䷃)에선 양효(陽爻)는 교육자(敎育者)로 상징되고 음효(陰爻)는 피교육자(被敎育者)로 상징된다. 따라서 강명(剛明)한 구이(九二 : ⚊)가 몽괘(蒙卦 : ䷃)의 하체(下體) 감(坎 : ☵)의 중효(中爻)로서 득중(得中) 즉 정도를 따름을[中] 취하여[得] 몽매한[蒙] 자들을 가르쳐 발몽(發蒙)하도록 이끌어줄 스승의 자리에 있다. 〈비아구동몽(匪我求童蒙)의 아(我)〉는 구이(九二 : ⚊)를 암시하고, 〈비아구동몽(匪我求童蒙)의 동몽(童蒙)〉은 육오(六五 : ⚋)를 주로 해서 나머지 음효(陰爻 : ⚋)들을 다 포함한다. 따라서 〈비아구동몽(匪我求童蒙) 동몽구아(童蒙求我)〉는 〈비구이구륙오(匪九二求六五) 육오구구이(六五求九二)〉로 여기고 〈구이가[九二] 육오를[六五] 구함이[求] 아니고[匪] 육오가[六五] 구이를[九二] 구함이다[求]〉라고 새겨볼 것이다. 특히 구이(九二 : ⚊)와 육오(六五 : ⚋)는 서로 정위(正位)에 있지 못해 중정(中正)을 나누지는 못하지만 음양(陰陽)의 사이인지라 정응(正應) 즉 바르게[正] 호응할[應] 수 있기에 유매(柔昧) 즉 부드럽되[柔] 어두운[昧] 육오(六五 : ⚋)가 군왕(君王)으로서 몽매한 백성을 계몽(啓蒙)하고자, 강명(剛明)한 구이(九二 : ⚊)를 동반자(同伴者)로 삼으려 함을 암시한 계사(繫辭)가 〈비아구동몽(匪我求童蒙) 동몽구아(童蒙求我)〉이다.

## 初筮告(초서곡)

처음[初] 산가지로 점쳐 달라면[筮] 보여준다[告].

〈동몽구아(童蒙求我)의 아(我)〉 즉 구이(九二 : ━)가 발몽(發蒙)함을 암시한 계사(繫辭)이다. 〈초서곡(初筮告)〉은 구이(九二 : ━)가 몽괘(蒙卦 : ䷃)의 육오(六五 : ╍)-육사(六四 : ╍)-육삼(六三 : ╍)-초륙(初六 : ╍) 등의 〈동몽(童蒙)의 몽(蒙)〉을 발몽(發蒙) 즉 몽매함을[蒙] 깨워 깨우치게 하는[發] 방편(方便)을 암시한다. 몽괘(蒙卦 : ䷃)에서 구이(九二 : ━)는 명자(明者) 즉 몽매함[蒙]에서 깨어나게 하는[明] 자(者)이고, 육오(六五 : ╍)-육사(六四 : ╍)-육삼(六三 : ╍)-초륙(初六 : ╍) 등은 몽자(蒙者) 즉 어리석고 사리에 어두운[蒙] 자(者)들이다. 여기 〈초서곡(初筮告)〉을 『논어(論語)』에 나오는 교육관(教育觀)의 시원(始源)으로 여겨도 된다. 그 교육관(教育觀)은 〈(알고자) 분발하지 않으면[不憤] 계발해주지 않고[不啓] (밝히지 못해) 더듬거리지 않으면[不悱] 말해주지 않으며[不發] 한 모서리를[一隅] 들어주면[擧] (나머지) 세 모서리를[三隅] 거슬러 헤아려 보려고 하지 않으면[不反] 곧장[則] 더는 가르치지 않는 것[不復]이다[也]〉라는 것이다. 〈초서곡(初筮告)의 서(筮)〉 즉 무꾸리한다[筮] 함은 무당(巫堂)에게 길흉(吉凶)을 점(占)치게 하는 것이다. 지금은 무당(巫堂)을 미신(迷信)으로 몰아 업신여기지만 고대(古代)의 무당(巫堂)은 지고(至高)한 교육자였다.

〈초서곡(初筮告)〉은 〈약몽매자초서급아(若蒙昧者初筮給我) 아곡기서(我告其筮)〉의 줄임으로 여기고 〈만약[若] 몽매한[蒙昧] 자가[者] 나에게[給我] 처음으로[初] 무꾸리해 달라면[筮] 나는[我] 그[其] 무꾸리를[筮] 보여준다[告]〉라고 새겨볼 것이다. 〈초서곡(初筮告)의 서(筮)〉는 구괘(求卦) 즉 얻어낸[求] 괘(卦)로 점(占)친다는 말이다. 「계사전상(繫辭傳上)」에 〈더없이[極] 헤아려서[數] 다가올 것을[來者] 알아챔[知] 그것을[之] 점이라[占] 한다[謂]〉는 내용이 나온다. 〈서(筮)〉 즉 점침[占]이란 미래의 길흉(吉凶)을 역수(逆數) 즉 미리미리 거슬러[逆] 헤아려 보게[數] 이끌어줌이지 길흉(吉凶)을 몽자(蒙者)에게 가르쳐주는 것이 아니다. 몽괘(蒙卦 : ䷃)의 음효(陰爻) 즉 몽자(蒙者)가 구이(九二 : ━)에게 〈초서(初筮)〉 즉 처음으로[初] 길흉을 점쳐 달라면[筮] 구이(九二 : ━)가 응해줌을 암시한 것이 〈초서곡(初筮告)의 곡(告)〉이다. 여기 〈곡(告)〉은 〈보여줄 시(示)〉와 같은 뜻을 낸다. 〈곡(告)〉은 무꾸리할[筮] 수 있는 점괘(占卦)를 구이(九二 : ━)가 몽자(蒙者)에게 보여주며[告] 점괘(占卦)의 계사(繫辭)들을 풀이해준 뒤, 몽자(蒙者) 자신의 처지가 점괘

(占卦)의 어느 효(爻)에 해당한다는 말을 해주고 그 효(爻)의 계사(繫辭)를 풀이해 준 다음, 몽자(蒙者) 자신의 길흉(吉凶)은 자신이 스스로 역수(逆數) 즉 거슬러[逆] 헤아려 보라고[數] 말해주기까지를 〈초서곡(初筮告)의 곡(告)〉이 암시한다. 점괘(占卦)란 이미 마련되어 있는 괘(卦)가 아니고 항상 새로 구괘(求卦) 즉 대성괘(大成卦) 하나를 얻어냄[求]을 말한다. 이러한 구괘(求卦)를 〈사영십팔변법(四營十八變法)〉 즉 본서법(本筮法)이라 한다. 이 본서법으로써 구해진 대성괘(大成卦)는 64괘 중의 어느 하나가 된다. 따라서 구이(九二 : ―) 자신이 찾아낸[求] 괘(卦)를 〈곡(告)〉 즉 보여주며[告] 길흉(吉凶)을 점(占)쳐주고 몽자(蒙者) 사신이 자신의 길흉(吉凶)을 역수(逆數)하게 이끈다는 계사(繫辭)가 〈초서곡(初筮告)〉이다.

## 再三瀆(재삼독) 瀆則不告(독즉불곡)

**여러 번 해 달라면[再三] 얕본다[瀆]. 얕보면[瀆] 곧[則] 보여주지 않는다[不告].**

〈재삼독(再三瀆) 독즉불곡(瀆則不告)〉은 몽자(蒙者)가 구이(九二 : ―)에게 여러 번에 걸쳐[再三] 무꾸리해 달라면[筮] 구이(九二 : ―)가 몽매한 자에게 점(占)쳐주지 않음을 암시한다. 〈재삼독(再三瀆)〉은 〈동몽자소재삼서독점괘야(童蒙者所再三筮瀆占卦也)〉의 줄임으로 여기고 〈몽매한 자가[童蒙者] 여러 번[再三] 무꾸리해 달라는[筮] 것은[所] 점괘를[占卦] 얕보는 것[瀆]이다[也]〉라고 새겨볼 것이다. 「계사전상(繫辭傳上)」에 〈역(易)으로써[以] 점치는[卜筮] 사람은[者] 점쳐 얻은[其] 점괘를[占] 받든다[尙]〉라는 말이 나온다. 되풀이해서 점괘(占卦)를 얻고자 하는 사람은 〈상기점(尙其占)〉 즉 점괘(占卦)의 말씀을[占] 받들[尙] 줄 몰라 마음 속으로 얕본다[瀆]는 것이 〈재삼독(再三瀆)〉이다. 〈상기점(尙其占)의 상(尙)〉 즉 받듦[尙]은 효천법지(效天法地)로 이어진다. 하늘을[天] 본받고[效] 땅을[地] 본받는[法] 마음이 없음을 〈독즉불곡(瀆則不告)의 독(瀆)〉이 암시한다. 여기 〈독(瀆)〉은 〈얕볼 만(慢)〉과 같다. 점괘(占卦)를 〈독(瀆)〉 즉 얕본다[瀆]고 함은 길(吉)을 바라고 흉(凶)을 면하자는 욕(欲)을 탐하여 몽자(蒙者)가 점괘의 말씀[占]을 업신여기는[瀆] 것이다. 따라서 내자(來者) 즉 다가오는[來] 것들[者]을 거슬러[逆] 헤아리려[數] 않고 점괘의 말씀을 얕보는[瀆] 몽자(蒙者)에게는 구이(九二 : ―)가 〈불곡(不告)〉 즉 보여주지 않고[不告] 점괘(占卦) 풀이를 말해주지도 않음을 암시한 계사(繫辭)가 〈재삼독(再三瀆) 독즉불곡(瀆則不告)〉이다.





## 利貞(이정)

### 오로지해야[貞] 이롭다[利].

몽매(蒙昧)함을 벗어나는 심지(心志)를 암시한 계사(繫辭)이다. 〈이정(利貞)〉은 〈이명자여몽자개정향서(利明者與蒙者皆貞向筮)〉의 줄임으로 여기고 〈몽자와[與蒙者] 명자는[明者] 모두[皆] 점괘의 말씀에[向筮] 오로지해야[貞] 이롭다[利]〉고 새겨볼 것이다. 몽매함[蒙]에서 깨어나게 가르치는 명자(明者)이든 어리석고 사리에 어두운 몽자(蒙者)이든 상기점(尙其占) 즉 점괘의[其] 말씀을[占] 받들어[尙] 역수(逆數) 즉 다가올 일을 거슬러[逆] 헤아리자면[數] 그 마음가짐은 오로지해야[貞] 한다는 것이 〈이정(利貞)〉이다. 〈이정(利貞)의 정(貞)〉은 〈오로지할 전(專)〉과 같다. 〈이정(利貞)의 정(貞)〉에는 심지(心志) 즉 마음[心] 가는 바[志]가 무사무편(無邪無偏) 즉 간사함도[邪] 없고[無] 치우침도[偏] 없다[無]는 것이다. 이러한 〈정(貞)〉이 가르치는 사람[明者]이든 배우는 사람[蒙者]이든 다 같이 갖추어져 있어야 어리석고 사리에 어두운 몽매함[蒙]을 뿌리쳐 모두에게 이로움[利]을 암시한 계사(繫辭)가 〈이정(利貞)〉이다.

【字典】

**몽(蒙)** 〈어릴 몽(蒙)-유(幼)-치(穉), 몽매할 몽(蒙)-매(昧), 속일 몽(蒙)-기(欺), 입을 몽(蒙)-피(被), 덮을 몽(蒙)-복(覆), 무릅쓸 몽(蒙)-모(冒)〉 등의 뜻을 내지만 여기선 〈어릴 유(幼)〉와 같다 여기고 새김이 마땅하다. 〈동몽(童蒙)〉은 유동(幼童), 즉 15세 이하의 사내가 사리(事理)에 밝지 못한 우매(愚昧)를 뜻한다.

**亨** 〈향-형-팽〉으로 발음되고, 〈통할 형(亨)-통(通), 드릴 향(亨)-헌(獻), 남을 형(亨)-여(餘), 삶을 팽(亨)-자(煮)-팽(烹)〉 등의 뜻을 내지만 여기선 〈통할 통(通)〉과 같다 여기고 새김이 마땅하다.

**匪** 〈비-분〉으로 발음되고, 〈아닌 것 비(匪)-비(非), 악할 비(匪)-악(惡), 대나무로 만든 상자 비(匪), 발어사(發語詞) 비(匪)-피(彼), 멈춤 없이 가는 모양 비(匪)-행부지모(行不止貌), 나눌 분(匪)-분(分)〉 등의 뜻을 내지만 여기선 〈아닌 것 비(非)〉와 같다

여기고 새김이 마땅하다.

**아(我)** 〈나 아(我)-기(己)-자위기신(自謂己身), 우리 아(我)-아배(我輩)-아문(我們), 내 나라(자국) 아(我)-자칭기국(自稱其國), 내 것 아(我)-자기소유(自己所有), (자기 의견을) 고집할 아(我)-집(執)-고집기견(固執己見), 갑자기 아(我)-아(俄)〉 등의 뜻을 내지만 여기선 〈나 기신(己身)〉으로 여기고 새김이 마땅하다.

**구(求)** 〈구할(찾을) 구(求)-멱(覓), 찾을 구(求)-색(索), 물을 구(求)-문(問), 요구할 구(求)-책(責), 애쓸 구(求)-무(務), 취할 구(求)-취(取)-득(得), 탐할 구(求)-탐(貪), 구걸할 구(求)-걸(乞), 초래할 구(求)-초래(招來), 선택할 구(求)-택(擇), 짝 구(求)-등(等), 찾아 가질 구(求)-색취(索取)〉 등의 뜻을 내지만 여기선 〈구할 멱(覓)〉과 같다 여기고 새김이 마땅하다.

**동(童)** 〈(15세 이하의) 사내 동(童), 홀로 동(童)-독(獨), 무지한 동(童)-무지(無知), 뿔이 아직 나지 않은 우양(牛羊) 동(童), 산에 초목이 없는 동(童)-산무초목(山無草木), 적을 동(童)-과유(寡有), 노예(종) 동(童)-노(奴)〉 등의 뜻을 내지만 여기선 〈(15세 이하의) 사내 동(童)〉으로 여기고 새김이 마땅하다.

**초(初)** 〈(부사로) 처음에 초(初)-시(始), (명사로) 처음 초(初)-시(始)-시초(始初), (형용사로) 시작할 초(初)-시(始), 이전 초(初)-이전(以前), 근본 초(初)-본(本)-근본(根本), 옛(옛일) 초(初)-고(故)-고사(故事), 펼 초(初)-서(舒), 스스로 옴(따라 옴) 초(初)-자래(自來)-종래(從來), 처음부터 끝까지 초(初)-전(全)-자시급종(自始及終), 괘의 초효 초(初)-괘지제일효(卦之第一爻), 코(트이게 뚫은 자국) 초(初)-비(鼻)〉 등의 뜻을 내지만 여기선 〈처음에 시(始)〉와 같다 여기고 새김이 마땅하다.

**서(筮)** 〈산가지로 점칠 서(筮)-복서(卜筮), 예언 서(筮)-예언(預言), 점치는 도구 서(筮)-시죽소작점복지구(蓍竹所作占卜之具), 점쳐 묻는 서(筮)-복문(卜問)〉 등의 뜻을 내지만 여기선 〈산가지로 점칠 복서(卜筮)〉로 새김이 마땅하다.

**告** 〈고-곡〉 두 가지로 발음되고, 〈보일 곡(告)-시(示), 청할 곡(告)-청(請), 찾을 곡(告)-심(尋), 알릴 고(告)-보(報), 물을 고(告)-문(問), 가르칠 고(告)-교(教), 쉴 고(告)-가(暇)〉 등의 뜻을 내지만 여기선 〈보일 시(示)〉와 같다 여기고 새김이 마땅하다.

**재(再)** 〈거듭 재(再)-중(重)-잉(仍), 두 번 재(再)-양(兩), 반복할 재(再)-반복(反覆)〉 등의 뜻을 내지만 여기선 〈거듭 재(再)〉로 새김이 마땅하다.

**삼(三)** 〈다수를 나타낼 삼(三)-다수지칭(多數之稱), 세 번(석 삼, 셋 삼) 삼(三)-이지가일(二之加一), 삼재의 수 삼(三)-천지인지수(天地人之數), 임금-아버지-스승 삼(三)-군부사(君父師), 동방 삼(三)-동방(東方), 끝 삼(三)-종(終)〉 등의 뜻을 내지만 여기선 〈다수를 나타낼 삼(三)〉으로 여기고 새김이 마땅하다. 삼(三)은 삼(參)과 같다.

**독(瀆)** 〈얕볼(업신여길) 독(瀆)-만(慢), 어지러울 독(瀆)-난(亂), 흐릴 독(瀆)-탁(濁), 욕될 독(瀆)-욕(辱)〉 등의 뜻을 내지만 여기선 〈얕볼 독(瀆)〉으로 여기고 새김이 마땅하다.

**則** 〈칙-즉〉 두 가지로 발음되고, 〈곧 즉(則)-즉(卽), 법(원칙) 칙(則)-법(法), 항상 칙(則)-상(常), 본받을 칙(則)-효(效), 묶을 칙(則)-약(約), 이에 즉(則)-내(乃), 어조사 즉(則)-이(而), 이 즉(則)-시(是), 무릇 즉(則)-부(夫)〉 등의 뜻을 내지만 여기선 〈곧 즉(卽)〉과 같다 여기고 새김이 마땅하다.

**不** 〈불-부〉 두 가지로 발음되고, 〈않을(못할) 불(不)-부(不), 아닐 불(不)-부(不)-비(非), 없을 불(不)-부(不)-무(無), 하지 말 불(不)-부(不)-막(莫)-금지(禁止), 정하지 않을 불(不)-부(不)-부(否)-미정(未定), 새가 날아올라 내려오지 않는 불(不)-부(不)-조비상불하래(鳥飛上不下來)〉 등의 뜻을 내지만 여기선 〈않을 불(不)〉로 여기고 새김이 마땅하다.

**이(利)** 〈만물로 하여금 삶을 이루어가게 하는 덕(德)의 이로울 이(利)-사만물수생지덕(使萬物遂生之德), 날카로울 이(利)-예(銳)-섬(銛), 질병 이(利)-질(疾), 통할 이(利)-통(通)-순(順), 좋을 이(利)-길(吉)-의(宜), 편리할 이(利)-편(便), 마름해 만들어 이룰 이(利)-재성(裁成), 탐할 이(利)-탐(貪), 구할(취할) 이(利)-구(求)-취(取), 좋아할 이(利)-열애(悅愛), 이로울 이(利)-익(益), 기교 이(利)-교(巧), 보람 이(利)-공용(功用), 지세가 험하고 중요한 이(利)-험요(險要), 이길 이(利)-승(勝), 어질 이(利)-인(仁)〉 등의 뜻을 내지만 여기선 〈만물로 하여금 삶을 이루어가게 하는 덕(德)의 이로울 이(利)〉로 여기고 새김이 마땅하다. 〈利〉가 맨 앞에 오면 〈이〉로 발음되고, 중간이나 뒤에 오면 〈리〉로 발음된다.

**정(貞)** 〈오로지할(순수할) 정(貞)-전(專)-일(一), 바를 정(貞)-정(正), 믿을 정(貞)-신(信), 거북점을 물을 정(貞)-복문(卜問), 역(易)의 내괘(內卦) 정(貞), 마땅할 정(貞)-당(當), 정할 정(貞)-정(定)〉 등의 뜻을 내지만 여기선 〈오로지할 전(專)〉과 같다 여기고 새김이 마땅하다.

---

註 물생필몽(物生必蒙) 고(故) 수지이몽(受之以蒙) 몽자몽야(蒙者蒙也) 몽자(蒙者) 물지치야(物之穉也) : 어떤 것이든[物] 태어나면[生] 반드시[必] 어리다[蒙]. 그래서[故] 몽괘(蒙卦 : ䷃)로써[以] 그것을[之] 받는다[受]. 몽이라는[蒙] 것은[者] 어린 것[蒙]이다[也]. 몽이라는 것은[蒙也] 어떤 것이[物之] 어리다는 것[穉]이다[也]. 「서괘전(序卦傳)」 1단락(段落)

註 자왈(子曰) 학이시습지(學而時習之) 불역열호(不亦說乎) 유붕자원방래(有朋自遠方來) 불역낙호(不亦樂乎) 인부지이불온(人不知而不慍) 불역군자호(不亦君子乎) : 공자가[子] 말하길[曰] 배우면서[學而] 때에[時] 배운 것을[之] 익히니[習] 기쁘지[說] 아니한가[不亦乎]. 벗이[朋] 있어[有] 멀리[遠]로부터[自] 찾아오니[方來] 즐겁지[樂] 아니한가[不亦乎]. 사람들이[人] 알아주지 않아도[不知而] 노여워하지 않으니[不慍] 군자이지[君子] 아니한가[不亦乎].

『논어(論語)』「학이(學而)」 1장(章)

註 감험야(坎險也) …… 간지야(艮止也) : 감은[坎 : ☵] 험함[險]이고[也] …… 간은[艮 : ☶] 멈춤[止]이다[也]. 「설괘전(說卦傳)」 7단락(段落)

註 자왈(子曰) 불분불계(不憤不啓) 불비불발(不悱不發) 거일우(擧一隅) 불이삼우반(不以三隅反) 즉(則) 불복야(不復也) : 공자가[子] 말하길[曰] (알려고) 분발하지 않으면[不憤] 계발해주지 않고[不啓] (밝히지 못해) 더듬거리지 않으면[不悱] 말해주지 않으며[不發] 한 모서리를[一隅] 들어주면[擧] (나머지) 세 모서리를[以三隅] 거슬러 헤아려 보려 하지 않으면[不反] 곧장[則] 더는 가르치지 않는 것[不復]이다[也]. 『논어(論語)』「술이(述而)」 8장(章)

註 본서법(本筮法) : 하나의 대성괘(大成卦)를 얻어내는 방법으로서 「계사전상(繫辭傳上)」 16~17단락(段落)에 나오는 정통적인 구괘(求卦)의 방법이다. 본서법으로 구괘(求卦)하자면 맨 먼저 대연지수(大衍之數) 오십(五十)을 나타내는 서죽(筮竹) 오십개(五十箇)를 왼손으로 쥐고 마음가짐을 가다듬고 지성(至誠)으로 오십개(五十箇)에서 한 개를 뽑아 책상 위에 놓아둔다. 이 한 개는 태극(太極)을 나타낸다. 그러면 사십구개(四十九箇)가 왼손에 남는다. 왼손에 쥔 사십구개(四十九箇)의 점대를 오로지 무심(無心)하게 둘로 갈라 양손에 쥔다. 이때 왼손에 있는 점대들을 천책(天策)이라 하고 오른손에 있는 점대들을 지책(地策)이라 한다. 여기까지를 본서법의 제일영(第一營)이라고 한다. 오른손에 있는 지책(地策)을 책상 위에 놓고 그 중에서 한 개를 뽑아 왼손 소지(小指)와 무명지(無名指) 사이에 끼운다. 이를 본서법의 제이영(第二營)이라 한다. 그런 다음에 왼손이 쥐고 있는 천책(天策)을 네 개씩 덜어낸다. 이를 본서법 제삼영(第三營)의 전반(前半)이라 한다. 네 개씩 덜어내고 나면 왼손에 나머지가 남게 된다. 넷으로 나누어져 나머지가 없을 때는 나머지를 넷으로 한다. 그 나머지를 왼손의 무명지(無名指)와 장지(長指) 사이에 끼운다. 이를 본서법 제사영(第四營)의 전반(前半)이라 한다. 이렇게 천책(天策)의 제삼영(第三營)-제사영(第四營)의 전반(前半)이 마쳐진다. 그런 다음으로 책상 위에 놓인 지책(地策)을 가지고 똑같이 되풀이하여 지책을 네 개씩 덜어낸다. 이를 본서법 제삼영(第三營)의 후반(後半)이라 한다. 네 개씩 덜

어내고 나면 책상 위에 나머지가 남게 된다. 넷으로 나누어져 나머지가 없을 때는 나머지를 넷으로 한다. 그 나머지를 왼손의 장지(長指)와 검지(檢指) 사이에 끼운다. 이를 본서법 제사영(第四營)의 후반(後半)이라 한다. 이렇게 지책(地策)의 제삼영(第三營)-제사영(第四營)의 후반(後半)이 마쳐진다.





천책(天策)의 나머지와 지책(地策)의 나머지 그리고 왼손의 소지(小指)와 무명지(無名指) 사이에 끼워 두었던 인책(人策)을 합하면 그 수(數)는 반드시 오(五) 아니면 구(九)가 된다. 이를 제일변(第一變)이라 한다. 제일변에서 얻어진 오(五) 또는 구(九)를 따로 떼어 놓는다. 그리고 나머지 점대들은 44개 또는 40개가 될 것이다. 이 점대들을 가지고 먼저와 똑같이 사영(四營)까지를 되풀이하면 왼손 손가락 사이에 끼인 점대는 사(四) 아니면 팔(八)이 된다. 이를 제이변(第二變)이라 한다. 제이변(第二變)에서 얻어진 사(四) 또는 팔(八)을 따로 떼어 놓는다. 그리고 나머지 점대들은 40개 또는 32개가 될 것이다. 이 점대들을 가지고 먼저와 똑같이 사영(四營)까지를 되풀이하면 왼손 손가락 사이에 끼인 점대는 이번에도 사(四) 아니면 팔(八)이 된다. 이를 제삼변(第三變)이라 한다.

이렇게 세 번을 되풀이하면서 얻어진 점대들을 합하면 반드시 〈이십오(二十五)-이십일(二十一)-십칠(十七)-십삼(十三)〉 중 어느 하나가 된다. 이 숫자들을 태극(太極)을 뺀 점대 사십구(四十九)에서 빼면 〈이십사(二十四)-이십팔(二十八)-삼십이(三十二)-삼십륙(三十六)〉 중 어느 하나가 된다. 이 숫자 즉 〈24, 28, 32, 36〉을 〈사(四)〉로 나누어 〈육(六), 칠(七), 팔(八), 구(九)〉를 얻게 된다. 〈육(六)〉은 노음(老陰 : ⚏), 〈칠(七)〉은 소양(少陽 : ⚎), 〈팔(八)〉은 소음(少陰 : ⚍), 〈구(九)〉는 노양(老陽 : ⚌) 등 사상(四象)이 된다. 노양(老陽 : ⚌)과 소음(少陰 : ⚍)은 양효(陽爻 : ⚊)가 되고, 노음(老陰 : ⚏)과 소양(少陽 : ⚎)은 음효(陰爻 : ⚋)가 되어 비로소 초효(初爻) 하나가 결정된다. 이런 과정을 거쳐 육효(六爻) 즉 여섯 효(爻)를 결정하자면 열여덟[十八] 번을 되풀이해야 하기 때문에 본서법을 십팔변법(十八變法)이라고 한다. 이러한 십팔변법을 아래와 같이 정리해둘 수 있다.

이십사(二十四)를 사(四)로 나누면 〈육(六)〉이 된다.

〈육(六)〉이면 〈노음(老陰 : ⚏)〉이다. 음효(陰爻)가 된다.

이십팔(二十八)을 사(四)로 나누면 〈칠(七)〉이 된다.

〈칠(七)〉이면 〈소양(少陽 : ⚎)〉이다. 음효(陰爻)가 된다.

삼십이(三十二)를 사(四)로 나누면 〈팔(八)〉이 된다.

〈팔(八)〉이면 〈소음(少陰 : ⚍)〉이다. 양효(陽爻)가 된다.

삼십륙(三十六)을 사(四)로 나누면 〈구(九)〉가 된다.

〈구(九)〉이면 〈노양(老陽 : ⚌)〉이다. 양효(陽爻)가 된다.

십팔변법(十八變法)을 거쳐서 얻어진 대성괘(大成卦)는 결정된 것이 아니다. 모든 괘(卦)는 신물(神物) 즉 변화하게 되는[神] 것[物]일 뿐이다. 대성괘(大成卦)란 반드시 어떤 괘(卦)로 변화해 갈 운명을 지닌다. 그 운명이 길(吉)하거나 흉(凶)하다면 앞으로 어떻게 변할 것인가를 알아보려는 것이 곧 변효(變爻)와 지괘(之卦)를 찾는 것이 된다. 변효(變爻)란 효(爻)가 바뀐다[變]는 것이고 지괘(之卦)란 변효(變爻)로 해서 새로 얻어진 괘(卦)를 말한다. 양(陽)에는 노양(老陽)과 소음(少陰)이 있고, 음(陰)에는 노음(老陰)과 소양(少陽)이 있다. 본서법의 십팔변법(十八變法)을 거쳐 얻어낸 사상(四象) 중에 노양(老陽)과 노음(老陰)이 있으면 노양(老陽)은 음(陰)으로 바뀔[變] 운명(運命)을 지니고, 노음(老陰)은 양(陽)으로 바뀔[變] 운명(運命)을 지닌다. 예를 들어, 십팔변법(十八變法)을 거쳐 얻어낸 수(數)가 육(六)이라면 노음(老陰)이고, 노음(老陰)이니 음효(陰爻)를 얻은 셈이지만 그 음효(陰爻)는 앞으로 양효(陽爻)로 바뀔 운명을 타고 있다. 그러므로 본서법의 십팔변법(十八變法)을 거쳐 얻어진 노음(老陰)과 노양(老陽)을 변효(變爻) 즉 동효(動爻)라 하고, 그 변효(變爻)로써 이루어질 대성괘(大成卦)를 지괘(之卦)라 함을 숙지해야 한다.

본서법 즉 사영십팔변법(四營十八變法)을 거쳐 얻어진 점대의 수(數 : 25-21-17-13)를 {총 점대 오십(五十)에서 태극(太極) 점대 하나[一]를 뺀 점대} 사십구(四十九)에서 빼고 남는 수(數 : 24-28-32-36)를 〈책(策)〉이라고 말한다. 이 책(策)을 사(四)로 나눈다면 〈육(六)-칠(七)-팔(八)-구(九)〉가 된다. 책(策)의 수(數 : 24-28-32-36)를 사(四)로 나누어 기수(奇數)가 되면 양효(陽爻)의 책(策) 즉 양수(陽數)가 되고, 우수(偶數)가 되면 음효(陰爻)의 책(策) 즉 음수(陰數)가 된다. 〈이십팔(二十八)과 삼십륙(三十六)〉이 양효(陽爻)의 수(數) 즉 양수(陽數)가 되고, 〈이십사(二十四)와 삼십이(三十二)〉가 음효(陰爻)의 수(數) 즉 음수(陰數)가 된다.

註 역유성인지도사언(易有聖人之道四焉) 이언자상기사(以言者尙其辭) 이동자상기변(以動者尙其變) 이제기자상기상(以制器者尙其象) 이복서자상기점(以卜筮者尙其占) 시이(是以) 군자장유위야(君子將有爲也) 장유행야(將有行也) 문언이이언(問焉而以言) 기수명야(其受命也) 여향(如嚮) 무유원근유심(无有遠近幽深) 축지래물(遂知來物) 비천하지지정(非天下之至精) 기숙능여어차(其孰能與於此) 참오이변(參伍以變) 착종기수(錯綜其數) 통기변(通其變) 수성천지지문(遂成天地之文) 극기수(極其數) 수정천하지상(遂定天下之象) 비천하지지변(非天下之至變) 기숙능여어차(其孰能與於此) 부역(夫易) 성인지소이극심이연기야(聖人之所以極深而研幾也) 유심야고(唯深也故) 능통천하지지(能通天下之志) 유기야고(唯幾也故) 능성천하지무(能成天下之務) 유신야고(唯神也故) 부질이속(不疾而速) 불행이지(不行而至) 자왈(子曰) 역유성인지도사언자(易有聖人之道四焉者) 차지위야(此之謂也) : 역에는[易] 성인(聖人)의[之] 가르침이[道] 네 가지가[四] 있는 것[有]이다[焉]. 변화지도(變化之道)를 써서[以] 말하는[言] 사람은[者] 괘효(卦爻)의[其] 말씀을[辭] 받든다[尙]. 변화지도(變化之道)를 써서[以] 행동하는[動] 사람은[者] 괘효의[其] 변화를[變] 받든다[尙]. 변화지도(變化之道)를 써서[以] 기물을[器] 만드는[制] 사람은[者] 괘효의[其] 본뜸을[象] 받든다[尙]. 변화지도(變化之道)를 써서[以] 점대로[筮] 길흉(吉凶)을 묻는[卜] 사람은[者] 괘효의[其] 점치기를[占] 받든다[尙]. 이렇기[是] 때문에[以] 군자에게는[君子] 장차[將] 할 일이[爲] 있는 것[有]이고[也], 장차[將] (할 일[爲]을) 거행함이[行] 있는 것[有]이다[也]. {군자(君子)가} 괘효(卦爻)에서[焉] 점쳐서[問而] 그 점[問]을 이용하여[以] 말하는 것[言] 그것은[其] {역(易)의} 시킴과 가르침을[命] 받은 것[受]이다[也]. {수명(受命)의 말[言]은} 소리의 울림과[嚮] 같아[如]

(그 말에는) 원근과[遠近] 유심의[幽深] 있음이[有] 없어서[无] 마침내[遂] 다가올[來] 일들을[物] 알려준다[知]. {그[其] 수명(受命)의 말[言]에} 세상[天下]의[之] 지극한[至] 정성됨이[精] 없다면[非] 그[其] 누가[孰] 이[此]를[於] 능히[能] 함께하겠는가[與]. {천하지정(天下之情)은 천지지수(天地之數)의} 뒤섞음을[參伍] 써[以] 변화시킨다[變]. 그[其] 수를[數] 이리저리 엇걸려 뒤섞어[錯] 합쳐 모은다[綜]. {서죽(筮竹)의 수(數)는} 참오착종(參伍錯綜)의[其] 변화를[變] 통해[通] 마침내[遂] 자연[天地]의 드러난 짓을[文] 이룬다[成]. {설시(揲蓍)가} 그[其] 셈을[數] 다하여[極] 마침내[遂] 온 세상[天下]의[之] 조짐을[象] 정해준다[定]. {기수(其數)를 다하는[極] 것[者]에} 세상[天下]의[之] 지극한[至] 변화가[變] 없다면[非] 그[其] 누가[孰] 이[此]를[於] 능히[能] 함께하겠는가[與]. 역에는[易] 사려(思慮)가[思] 없는 것[无]이다[也]. {역(易)에는} 작위가[爲] 없는 것[无]이다[也]. {역(易)은} 고요[寂] 그대로라[然] 동요하지 않는다[不動]. {역(易)은} 온 세상[天下]의[之] 일을[故] 감응해서[感而] 사무치고[遂] 열어준다[通]. {역(易)이} 온 세상[天下]의[之] 지극한[至] 신통함이[神] 아닌 것이라면[非] 그[其] 무엇이[孰] 이것[此]과[於] 능히[能] 함께하겠는가[與]. 무릇[夫] 역은[易] 성인(聖人)이[之] 역(易)을 가지고[以] 심오한 것을[深] 더없이 살펴 알아내서[極而] 기미를[幾] 살펴 알아내는[研] 것[所]이다[也]. {무릇 역(易)은} 오로지[唯] 심오한 것[深]이기[也] 때문에[故] 온 세상[天下]의[之] 뜻을[志] 능히[能] 통달한다[通]. {무릇 역(易)은} 오로지[唯] 기미한 것[幾]이기[也] 때문에[故] 온 세상[天下]의[之] 일을[務] 능히[能] 이룬다[成]. {무릇 역(易)은} 오로지[唯] 신통한 것[神]이기[也] 때문에[故] 서둘지 않아도[不疾而] 재빠르고[速] 움직이지 않아도[不行而] 이른다[至]. 공자가[子] 말하길[曰] 역에는[易] 성인(聖人)의[之] 가르침이[道] 네 가지가[四] 있는 것[有]이다[焉]라는 것은[者] 이[此]를[之] 밝힘[謂]이다[也]. 「계사전상(繫辭傳上)」 17단락(段落)

## 2 효의 효상과 계사



初六 : 發蒙하되 利用刑人하다 用說桎梏以往이면 吝하리라
발몽 이용형인 용탈질곡이왕 인

九二 : 包蒙吉하고 納婦吉하니 子克家이다
포몽길 납부길 자극가

六三 : 勿用取女하라 見金夫하여 不有躬하니 无攸利하다
물용취녀 견금부 불유궁 무유리

六四 : 困蒙이니 吝하다
곤몽 인

六五 : 童蒙이니 吉하다
동몽 길

上九 : 擊蒙이니 不利爲寇이고 利禦寇하다
격몽 불리위구 이어구

초륙(初六) : 몽매함을[蒙] 일깨우되[發] 몽매한 자에게[人] 벌주기를[刑] 이용함이[用] 이롭다[利]. 차꼬와[桎] 수갑을[梏] 벗겨줌을[說] 이용함[用]으로써[以] 나아가면[往] 한탄한다[吝].

구이(九二) : 몽매함을[蒙] 포용해도[包] 좋고[吉] 아내로[婦] 맞아들여도[納] 좋으니[吉] 아들이[子] 집안을[家] 이끌 것이다[克].

육삼(六三) : 장가들려[取女] 하지[用] 말라[勿]. 장부에게[金夫] 끌려[見] 자신마저[躬] 잃은 터라[不有] 이로울[利] 바가[攸] 없다[无].

육사(六四) : 곤궁해[困] 몽매하니[蒙] 부끄럽다[吝].

육오(六五) : 어린이의[童] 몽매함이라[蒙] 좋다[吉].

상구(上九) : 몽매함을[蒙] 치니[擊] 적으로[寇] 삼으면[爲] 이롭지가 않고[不利] 횡포를[寇] 막으면[禦] 이롭다[利].

# 초륙(初六 : --)

初六：發蒙하되 利用刑人하다 用說桎梏以往이면 吝하리라
발 몽 이 용 형 인 용 탈 질 곡 이 왕 인

초륙(初六) : 몽매함을[蒙] 일깨우되[發] 몽매한 자에게[人] 벌주기를[刑] 이용함이[用] 이롭다[利]. 차꼬와[桎] 수갑을[梏] 벗겨줌을[說] 이용함[用]으로써[以] 나아가면[往] 한탄한다[吝].

**【초륙(初六)의 효상(爻象) 풀이】**

몽괘(蒙卦 : ䷃) 초륙(初六 : --)은 이음거양(以陰居陽) 즉 음(陰 : --)으로써[以] 양(陽 : ㅡ)의 자리에 있는지라[居] 정당한 자리에 있지 못하다. 구이(九二 : ㅡ)와는 음양(陰陽)의 사이인지라 〈비(比)〉 즉 이웃의 사귐[比]을 누릴 수 있고, 육사(六四 : --)와는 양음(兩陰) 즉 둘 다[兩] 음(陰)의 사이인지라 정응(正應) 즉 정도를 따라[正] 호응함[應]을 누리지 않아 서로 돕지 못한다. 이러한 초륙(初六 : --)은 몽괘(蒙卦 : ䷃)의 맨 밑자리에 있는지라 몽괘(蒙卦 : ䷃)의 주제인 〈몽(蒙)〉 즉 몽매함을[蒙] 일깨워가는[發] 시국을 처음부터 마주함을 상징한다. 초륙(初六 : --)은 몽괘(蒙卦 : ䷃)의 초효(初爻)이면서 동시에 몽괘(蒙卦 : ䷃)의 하체(下體) 감(坎 : ☵)의 초효(初爻)이기에 애초부터 이웃인 구이(九二 : ㅡ)가 행하는 발몽(發蒙) 즉 몽매함을[蒙] 벗어나 깨우치게 하는[發] 가르침을 받을 수 있어 유익한 모습이 초륙(初六 : --)의 효상(爻象)이다.

몽괘(蒙卦 : ䷃)의 초륙(初六 : --)이 초구(初九 : ㅡ)로 변효(變爻)하면 초륙(初六 : --)은 몽괘(蒙卦 : ䷃)를 41번째 손괘(損卦 : ䷨)로 지괘(之卦)하게 한다. 따라서 몽괘(蒙卦 : ䷃)의 초륙(初六 : --)은 손괘(損卦 : ䷨)의 초구(初九 : ㅡ)를 찾아가 살펴보게 한다.

【초륙(初六)의 계사(繫辭) 풀이】

## 發蒙(발몽) 利用刑人(이용형인)

몽매함을[蒙] 일깨우되[發] 몽매한 자에게[人] 벌주기를[刑] 이용함이[用] 이롭다[利].

초륙(初六 : --)과 구이(九二 : —)의 〈비(比)〉 즉 이웃의 사귐[比]을 빌려 암시한 계사(繫辭)이다. 〈발몽(發蒙)〉은 〈구이발초륙지몽(九二發初六之蒙)〉의 줄임으로 여기고 〈구이가[九二] 초륙의[初六之] 몽매함을[蒙] 일깨워 밝게 해준다[發]〉고 새겨볼 것이다. 〈발몽(發蒙)의 발(發)〉은 〈밝을 명(明)〉과 같다. 스승은 몽매한[蒙] 제자를 현명한[明] 제자로 탈바꿈시키고자 엄격해야지 적당히 발몽(發蒙)해서는 안 된다는 것이다. 그래서 스승의 뒷벽에는 하초(夏楚) 두 자(字)가 큼직하게 걸려 있다. 〈하초(夏楚)〉의 〈하(夏)〉는 작은 회초리를 뜻하고 〈초(楚)〉는 큰 회초리를 뜻한다. 동몽(童蒙)으로 하여금 바짝 정신 차리고 스승께 배움을 받아야 함을 암시한 것이 〈이용형인(利用刑人)〉이다. 〈이용형인(利用刑人)의 형인(刑人)〉은 〈형몽자(刑蒙者)〉 즉 〈몽자를[蒙者] 벌준다[刑]〉는 것이다. 몽자(蒙者)가 스승의 발몽(發蒙)을 정신 차려 받들어 새기고 헤아리기를 부지런히 하지 않고 게으름을 피우면, 스승은 엄히 몽매한 자에게[人] 벌주기를[刑] 이용해야[用] 〈발몽(發蒙)〉 즉 몽매한 어둠을[蒙] 일깨워[發] 밝음으로 이끌어주기에 이롭다[利]고 암시한 계사(繫辭)가 〈발몽(發蒙) 이용형인(利用刑人)〉이다.

## 用說桎梏以往(용탈질곡이왕) 吝(인)

차꼬와[桎] 수갑을[梏] 벗겨줌을[說] 이용함[用]으로써[以] 나아가면[往] 한탄한다[吝].

〈발몽(發蒙)〉이 〈형인(刑人)〉을 이용하는 까닭을 암시한 계사(繫辭)이다. 〈용탈질곡이왕(用說秩梏以往) 인(吝)〉은 〈약용탈질곡이발몽자왕발몽급몽자(若用說桎梏以發蒙者往發蒙給蒙者) 발몽자여몽자개장린야(發蒙者與蒙者皆將吝也)〉의 줄임으로 여기고 〈만약에[若] 용탈질곡(用說桎梏)으로써[以] 발몽자가[發蒙者] 몽자(蒙者)에게[給] 발몽을[發蒙] 행한다면[往] 몽자와[與蒙者] 발몽자(發蒙者) 다[皆] 한탄할 것[將吝]이다[也]〉라고 새겨볼 것이다. 물론 발몽자(發蒙者)는 구이(九二 : ━)를 암시하고 몽자(蒙者)는 초륙(初六 : ╍)을 암시한다. 발몽자(發蒙者)는 스승을 말하고 몽자(蒙者)는 피교육자를 뜻한다. 〈용탈질곡(用說桎梏)의 질곡(桎梏)〉은 〈형인(刑人)〉을 매우 강하게 말함이다. 〈탈질곡(說桎梏)〉은 차꼬와[桎] 수갑을[梏] 벗겨준다[說]는 것이다. 〈탈질곡(說桎梏)의 탈(說)〉은 〈벗길 탈(脫)〉과 같다. 따라서 〈용탈질곡(用說桎梏)〉은 〈발몽(發蒙) 불용형인(不用刑人)〉 즉 〈어리석어 사리에 어두움을[蒙] 일깨움에[發] 몽자(蒙者)에게[人] 벌주기를[刑] 하지 않음[不用]〉을 뜻한다. 〈용탈질곡(用說桎梏)의 질곡(桎梏)〉은 죄인에게 차꼬와[桎] 수갑을[梏] 채워 자유를 누릴 수 없게 함이다. 그러나 여기 〈용탈질곡(用說桎梏)〉은 명자(明者)가 몽자(蒙者)에게 차꼬와 수갑을 채워 죄인 취급한다는 것은 아니다. 어리석어 사리에 어두움을[蒙] 밝혀주는[明] 선생이 제자인 몽자(蒙者)를 팽개쳐 둠을 강하게 암시함이 〈용탈질곡(用說桎梏)〉이다. 따라서 〈용탈질곡(用說桎梏)〉은 몽자(蒙者)가 스승의 가르침을 게을리 해도 스승이 제자를 내버려 둠을 뜻해 스승이 교육의 의무를 다하지 않음이 〈용탈질곡(用說桎梏)〉이다. 이러한 〈탈지곡(說桎梏)〉을 이용함[用]으로써[以] 교육을 행한다면[往] 구이(九二 : ━)와 초륙(初六 : ╍) 즉 스승과 제자가 다 한탄하게 됨[吝]을 암시한 계사(繫辭)가 〈용탈질곡이왕(用說桎梏以往) 인(吝)〉이다.

**【 字 典 】**

**발(發)** 〈밝힐(드러낼) 발(發)-명(明), 일어날 발(發)-기(起)-흥(興), 쏠 발(發)-사(射), 출발할 발(發)-행(行)-출(出), 보낼 발(發)-견(遣), 싹틀 발(發)-발아(發芽), 아침 발(發)-단(旦)-조(朝), 꽃필 발(發)-화개(花開), 봄여름 발(發)-춘하(春夏) : 춘하왈발(春夏曰發) 추동왈검(秋冬曰斂)〉 등의 뜻을 내지만 〈밝힐(드러낼) 명(明)〉과 같다 여기고 새김이 마땅하다.

**몽(蒙)** 〈어릴 몽(蒙)-유(幼)-치(穉), 몽매할 몽(蒙)-매(昧), 속일 몽(蒙)-기(欺), 입을 몽(蒙)-피(被), 덮을 몽(蒙)-복(覆), 무릅쓸 몽(蒙)-모(冒)〉 등의 뜻을 내지만 여기선 〈어릴 유(幼)〉와 같다 여기고 새김이 마땅하다.

**이(利)** 〈만물로 하여금 삶을 이루어가게 하는 덕(德)의 이로울 이(利)-사만물수생지덕(使萬物遂生之德), 날카로울 이(利)-예(銳)-섬(銛), 질병 이(利)-질(疾), 통할 이

(利)-통(通)-순(順), 좋을 이(利)-길(吉)-의(宜), 편리할 이(利)-편(便), 마름해 만들어 이룰 이(利)-재성(裁成), 탐할 이(利)-탐(貪), 구할(취할) 이(利)-구(求)-취(取), 좋아할 이(利)-열애(悅愛), 이로울 이(利)-익(益), 기교 이(利)-교(巧), 보람 이(利)-공용(功用), 지세가 험하고 중요한 이(利)-험요(險要), 이길 이(利)-승(勝), 어질 이(利)-인(仁)〉 등의 뜻을 내지만 여기선 〈이로울 이(利)〉로 여기고 새김이 마땅하다. 〈利〉가 맨 앞에 오면 〈이〉로 발음되고, 중간이나 뒤에 오면 〈리〉로 발음된다.

**용(用)** 〈행할(쓸) 용(用)-시(施)-행(行), 쓰일(부릴) 용(用)-사(使), 맡길 용(用)-임(任), 위할 용(用)-위(爲), 갖출 용(用)-비(備), 다스릴 용(用)-치(治), 재화 용(用)-화(貨), 책임 지워 일을 맡길 용(用)-임사(任使), 통할 용(用)-통(通), 이로울 용(用)-이(利)〉 등의 뜻을 내지만 여기선 〈행할 행(行)〉과 같아 시행(施行)으로 여기고 새김이 마땅하다.

**형(刑)** 〈벌줄 형(刑)-벌(罰), 머리를 벨 형(刑)-경(剄), 죽일 형(刑)-살(殺)-륙(戮), 법 형(刑)-법(法)-칙(則), 다스릴 형(刑)-치(治)-정(正)-제(制), 살필 형(刑)-견(見)〉 등의 뜻을 내지만 여기선 〈벌줄 벌(罰)〉과 같다 여기고 새김이 마땅하다.

**인(人)** 〈사람 인(人)-만물지최령자(萬物之最靈者), 백성 인(人)-민(民), 남 인(人)-타인(他人), 아무개 인(人)-모인(某人), 도인 인(人)-도인(道人), 사람들 인(人)-인인(人人), 범인(소인) 인(人)-소인(小人)-범인(凡人), 인성 인(人)-인성(人性), 인위 인(人)-인위(人爲), 신하 인(人)-신하(臣下), 중서(민중) 인(人)-중서(衆庶)-민중(民衆), 건괘-진괘 인(人)-건위인(乾爲人)-진위인(震爲人), 어짊 인(人)-인(仁), 선인 인(人)-선인(先人), 서로 어여삐 여길 인(人)-상련(相憐)〉 등의 뜻을 내지만 〈사람 인(人)〉으로 여기고 새김이 마땅하다.

**說** 〈설-열-세-탈〉 네 가지로 발음되고, 〈벗어날 탈(說)-탈(脫), 기뻐할 열(說)-열(悅)-역(懌), 기뻐하는 것 열(說)-소희(所喜), 즐거워할 열(說)-낙(樂), 좋아할 열(說)-호(好), 받들 열(說)-경(敬), 헤아릴(셈할) 열(說)-수(數)-계(計), 말할 설(說)-도(道), 논할 설(說)-논(論), 알릴 설(說)-고(告), 해석할 설(說)-해석(解釋), 가르칠 설(說)-교(敎), 풀이할 설(說)-해(解), 분명히 풀이할 설(說)-요해(瞭解), 경서에 주해 달 설(說)-주소(注疏)-경서지주해(經書之注解), 언론 설(說)-언론(言論), 학설 설(說)-학설(學說), 도리 설(說)-도리(道理), 글 설(說)-서술(敍述), 기뻐할 세(說)-열(悅), 용서할(벗어날) 세(說)-사(赦)-탈(脫), 풀 세(說)-해(解)-제(除), 쉴 세(說)-사(舍), 둘 세(說)-치(置), 달랠

세(說)-유(誘), 용서할 탈(說)-사(赦), 흩뜨릴 탈(說)-해(解)〉 등의 뜻을 내지만 여기선 〈벗어날 탈(脫)〉과 같다 여기고 새김이 마땅하다.

**질(桎)** 〈차꼬(족쇄) 질(桎)-족계(足械), 형틀 질(桎)-형계(刑械), 방해할 질(桎)-애(礙), 비녀장 질(桎)-거할(車轄)〉 등의 뜻을 내지만 여기선 〈족쇄 족계(足械)〉로 여기고 새김이 마땅하다.

**곡(梏)** 〈수갑 곡(梏)-수계(手械), 형틀 곡(梏)-계(械), 소뿔 사이를 걸어 묶어 둔 막대 곡(梏)-계어우각지구(繫於牛角之具), 묶을 곡(梏)-계박(繫縛), 어지러울 곡(梏)-난(亂), 깨달을 곡(梏)-각(覺)-대(大), 정직 곡(梏)-정직(正直)〉 등의 뜻을 내지만 여기선 〈수갑 수계(手械)〉로 여기고 새김이 마땅하다.

**이(以)** 〈써 이(以)-용(用), 할 이(以)-위(爲), 생각할 이(以)-사(思), 거느릴 이(以)-솔(率), 그만둘 이(以)-이(已), 본받을 이(以)-법(法), 때문에 이(以)-인(因), 더불어 이(以)-여(與), 하여금 이(以)-사(使), 이미 이(以)-이(已)〉 등의 뜻을 내고 이 외에도 전후문맥(前後文脈)에 따라 다양한 뜻을 자유롭게 내어 〈그래서 이(以)-소이(所以)-인이(因以)〉처럼 계사(繫詞) 노릇마저도 한다. 여기선 〈써 용(用)〉과 같다 여기고 새김이 마땅하다.

**왕(往)** 〈갈 왕(往)-행(行)-지(之)-거(去), 이를 왕(往)-지(至), 향할 왕(往)-향(向), 옛 왕(往)-석(昔), 이따금 왕(往)-시시(時時), 뒤 왕(往)-후(後)〉 등의 뜻을 내지만 〈갈 행(行)〉과 같다 여기고 새김이 마땅하다.

**인(吝)** 〈한탄할 인(吝)-한(恨), 부끄러울 인(吝)-수치(羞恥), 굴욕스러울 인(吝)-굴욕(屈辱), 아낄 인(吝)-석(惜), 인색할 인(吝)-색(嗇), 욕심낼 인(吝)-탐(貪)〉 등의 뜻을 내지만 여기선 〈한탄할 한(恨)〉과 같다 여기고 새김이 마땅하다. 〈吝〉이 맨 앞에 있을 때는 〈인(吝)〉으로 읽고, 가운데나 뒤에 있을 때는 〈린(吝)〉으로 읽는다.

# 구이(九二 : ⚊)

**九二 : 包蒙吉하고 納婦吉하니 子克家이다**
포몽길 납부길 자극가

구이(九二) : 몽매함을[蒙] 포용해도[包] 좋고[吉] 아내로[婦] 맞아들여도 [納] 좋으니[吉] 아들이[子] 집안을[家] 이끌 것이다[克].

**【구이(九二)의 효상(爻象) 풀이】**

몽괘(蒙卦 : ䷃) 구이(九二 : ⚊)는 이양거음(以陽居陰) 즉 양(陽 : ⚊)으로써[以] 음(陰 : ⚋)의 자리에 있는지라[居] 정당한 자리에 있지 못하다. 구이(九二 : ⚊)와 초륙(初六 : ⚋)-육삼(六三 : ⚋)은 양음(陽陰)의 사이인지라 〈비(比)〉 즉 이웃의 사귐[比]을 누려서 서로를 받아들인다. 그리고 몽괘(蒙卦 : ䷃)의 하체(下體) 감(坎 : ☵)의 중효(中爻)로서 구이(九二 : ⚊)와 몽괘(蒙卦 : ䷃)의 상체(上體) 간(艮 : ☶)의 중효로서 육오(六五 : ⚋)는 둘 다 정위(正位)에 있지 못하지만 저마다 득중(得中) 즉 정도를 따름을[中] 취하여[得] 정응(正應) 즉 바르게[正] 서로 호응하여[應] 음양(陰陽)이 서로 어울림[相和]을 누린다. 강건(剛健)한 구이(九二 : ⚊)는 하체(下體)의 중효(中爻)로서 음(陰 : ⚋)을 몽자(蒙者)로 받아들일 수도 있고, 여자(女子)로 받아들일 수 있으며, 가족으로 보면 정응(正應)을 나누는 육오(六五 : ⚋)를 어머니로 받아들이기도 하여, 경우에 따라 매우 도량(度量)이 넓은 스승이 될 수도 있고 다정한 남편이 될 수도 있으며 효성이 지극한 아들이 될 수 있는 모습이 구이(九二 : ⚊)의 효상(爻象)이다.

몽괘(蒙卦 : ䷃)의 구이(九二 : ⚊)가 육이(六二 : ⚋)로 변효(變爻)하면 구이(九二 : ⚊)는 몽괘(蒙卦 : ䷃)를 23번째 박괘(剝卦 : ䷖)로 지괘(之卦)하게 한다. 따라서 몽괘(蒙卦 : ䷃)의 구이(九二 : ⚊)는 박괘(剝卦 : ䷖)의 육이(六二 : ⚋)를 찾아가 살펴보게 한다.

【구이(九二)의 계사(繫辭) 풀이】

## 包蒙吉(포몽길)

### 몽매함을[蒙] 포용해[包] 좋다[吉].

구이(九二 : ━)가 몽괘(蒙卦 : ䷃)의 음효(陰爻)들을 몽자(蒙者) 즉 어리석어 사리에 어두운[蒙] 자(者)들로 마주함을 암시한 계사(繫辭)이다. 〈포몽길(包蒙吉)〉은 〈인위구이포몽자(因爲九二包蒙者) 구이길(九二吉)〉의 줄임으로 여기고 〈구이가[九二] 몽자들을[蒙者] 포용하기[包] 때문에[因爲] 구이는[九二] 복을 받는다[吉]〉고 새겨볼 것이다. 〈포몽(包蒙)의 몽(蒙)〉은 몽괘(蒙卦 : ䷃)의 초륙(初六 : ╍)-육삼(六三 : ╍)-육사(六四 : ╍)-육오(六五 : ╍)의 음효(陰爻)들을 말한다. 몽자(蒙者)로서 이 음효(陰爻)들을 받아들여[包] 명자(明者) 즉 어리석지 않아 사리에 밝은[明] 자(者)로 탈바꿈시키는 임무를 구이(九二 : ━)가 마다하지 않음을 암시한다. 동시에 〈포몽(包蒙)〉은 구이(九二 : ━)의 심지(心志)가 강건(剛健)하면서 관대(寬大)하여 효위(爻位)에 따라 각자가 상이(相異)한 몽자(蒙者)들인 초륙(初六 : ╍)-육삼(六三 : ╍)-육사(六四 : ╍)-육오(六五 : ╍) 등을 두루두루 받아들임을 암시한다. 따라서 상황에 따라 알맞게 너그럽고[寬] 정대하게[大] 포용(包容)하는 구이(九二 : ━)가 대인(大人)으로서 소인(小人)을 가르침을 마다하지 않으니 천복(天福)을 받음을 암시한 계사(繫辭)가 〈포몽길(包蒙吉)〉이다.

## 納婦吉(납부길)

### 아내로[婦] 맞아들여[納] 좋다[吉].

몽괘(蒙卦 : ䷃)의 효(爻)들을 남녀 관계로 여기고 구이(九二 : ━)와 음효(陰爻)들의 관계를 암시한 계사(繫辭)이다. 〈납부길(納婦吉)〉은 〈인위재사녀중납부(因爲在四女中納婦) 구이길(九二吉)〉의 줄임으로 여기고 〈네[四] 여인[女] 중에서[在中] 부인을[婦] 맞이하기[納] 때문에[因爲] 구이는[九二] 행복하다[吉]〉고 새겨볼 것이다. 양(陽 : ━)은 남(男)이고 음(陰 : ╍)은 여(女)이다. 몽괘(蒙卦 : ䷃)의 구이(九二 : ━)는 강건(剛健)하면서도 관대(寬大)한 남자이다. 몽괘(蒙卦 : ䷃)의 음효(陰爻)들 즉 여인(女人)들이 구이(九二 : ━)를 싫어할 리 없다. 그러나 구이(九二

: ━)와 육오(六五 : ╌)는 서로 중효(中爻)로서 구정(構情) 즉 정감을[情] 지음[構]이 다른 음효(陰爻)들과는 다르다. 〈납부(納婦)의 부(婦)〉는 육오(六五 : ╌)를 암시한다. 따라서 구이(九二 : ━)가 군위(君位)에 있는 육오(六五 : ╌)를 아내로[婦] 맞아들이니[納] 행복하다[吉]고 암시한 계사(繫辭)가 〈납부길(納婦吉)〉이다.





## 子克家(자극가)

### 아들이[子] 집안을[家] 이끌 것이다[克].

몽괘(蒙卦 : ䷃)의 효(爻)들을 가족 관계로 여기고 구이(九二 : ━)와 가족의 관계를 암시한 계사(繫辭)이다. 〈자극가(子克家)의 자(子)〉는 구이(九二 : ━)를 말하고, 〈자극가(子克家)의 가(家)〉는 몽괘(蒙卦 : ䷃)를 하나의 가족으로 비유한다. 구이(九二 : ━)와 육오(六五 : ╌)가 상하체(上下體)의 중효(中爻)이므로 가족 관계에서 중심이 된다. 구이(九二 : ━)와 육오(六五 : ╌)가 누리는 정응(正應)을 가족 관계로 보면 구이(九二 : ━)는 아래에 있으니 아들[子]이고 육오(六五 : ╌)는 위에 있으니 어머니[母]가 된다. 어머니로서 육오(六五 : ╌)는 유약(柔弱)해 가족의 부양을 이끌어갈 수가 없다. 그러나 아들로서 구이(九二 : ━)는 강건(剛健)하고 관대(寬大)하여 화목하고 풍성한 가정을 이루어갈[克] 수 있음을 암시한 계사(繫辭)가 〈자극가(子克家)〉이다.

【字典】

**포(包)** 〈용납할 포(包)-용(容), 쌀 포(包)-포(勹)-회(褱), 아이 밸 포(包)-임(妊), 품을 포(包)-함(含), 간직할 포(包)-장(藏), 겸할 포(包)-겸(兼), 취할 포(包)-취(取), 과일 껍질 포(包)-과실피(果實皮), 초목이 더부룩이 날 포(包)-포(苞)-초목총생(草木叢生), 부엌 포(包)-포(庖)〉 등의 뜻을 내지만 여기선 〈용납할 용(容)-품을 함(含)〉 등과 같다 여기고 새김이 마땅하다.

**몽(蒙)** 〈어릴 몽(蒙)-유(幼)-치(穉), 몽매할 몽(蒙)-매(昧), 속일 몽(蒙)-기(欺), 입을 몽(蒙)-피(被), 덮을 몽(蒙)-복(覆), 무릅쓸 몽(蒙)-모(冒)〉 등의 뜻을 내지만 여기선 〈어릴 유(幼)〉와 같다 여기고 새김이 마땅하다.

**길(吉)** 〈좋을(행복할) 길(吉)-선(善)-영(令) {영월길일(令月吉日)은 선월선일(善月善日)임.}, 복 길(吉)-실(實)-선실(善實)-복(福), 예의를 따라 상서로울 길(吉)-예의순상

(禮義順祥), 삼갈 길(吉)-근(謹), 초하루 길(吉)-삭일(朔日) {삭망(朔望) 즉 초하루[朔]와 그믐날[望]}, 길례 길(吉)-길례(吉禮) {오례지일(五禮之一) 길흉빈군가(吉凶賓軍嘉)}, 갈 길(吉)-행(行)-길(趌)〉 등의 뜻을 내지만 여기선 〈좋을 선(善)-영(令)〉과 같다 여기고 새김이 마땅하다.

**납(納)** 〈취할 납(納)-취(取), 바칠 납(納)-헌(獻), 보낼 납(納)-치(致), 받을 납(納)-수(受), 들일 납(納)-입(入)-인(引), 돌아올 납(納)-귀(歸)〉 등의 뜻을 내지만 여기선 〈취할 취(取)〉로 여기고 새김이 마땅하다.

**부(婦)** 〈아내 부(婦)-배(配)-처(妻), 며느리 부(婦)-자지처(子之妻), 시집간 여자(아낙) 부(婦)-여자이가(女子已嫁), 손괘(☴) 부(婦)-손(巽), 이괘(☲) 부(婦)-이(離)〉 등의 뜻을 내지만 여기선 〈아내 처(妻)〉로 여기고 새김이 마땅하다.

**자(子)** 〈아들(뒤를 이어줄) 자(子)-사(嗣)-식(息), 존칭(덕 있는 사람의 칭호) 자(子)-유덕자지칭(有德者之稱), 존경받는 사람 자(子)-존자(尊者), 벼슬 자(子)-작(爵), 12지의 첫째 자(子), 음력 11월 자(子), 밤 11시에서 다음날 1시까지 자(子), 북쪽 방향 자(子)-북방(北方), 오행에서 물 자(子)-어오행속수(於五行屬水), 짐승에서 쥐 자(子)-어수위서(於獸爲鼠), 번성할 자(子)-자(滋), 자녀 자(子)-자녀(子女), 자손 자(子)-자손(子孫), 남자를 일컫는 호칭 자(子)-남자지통칭(男子之通稱), 만물 자(子)-만물(萬物), 씨앗(열매) 자(子)-종자(種子)-과실(果實), 누구(사람) 자(子)-인(人)-수자(誰子), 백성 자(子)-백성(百姓)〉 등의 뜻을 내지만 여기선 〈아들 자(子)〉로 여기고 새김이 마땅하다.

**극(克)** 〈이룰 극(克)-성(成), 다스릴 극(克)-치(治), 꾸짖을(책할) 극(克)-책(責), 할 수 있을(능할) 극(克)-능(能)-유능력(有能力), 견딜 극(克)-견(肩)-감(堪), 이길 극(克)-승(勝)〉 등의 뜻을 내지만 여기선 〈이룰 성(成)〉과 같다 여기고 새김이 마땅하다.

**가(家)** 〈가정(가족) 가(家)-가정(家庭)-가족(家族), 살(거주할) 가(家)-거(凥)-가인소거(家人所居), 방안 가(家)-실(室), 지아비 가(家)-부(夫)-처위부왈가(妻謂夫曰家), 집사람 가(家)-처(妻)-부위처왈가(夫謂妻曰家), 머물러 살 가(家)-주거(住居), 도성 가(家)-도성(都城), 조정 가(家)-조정(朝廷), 천자 가(家)-천자(天子)-천하위가(天下爲家), 태자 가(家)-황족(皇族), 경대부 가(家)-경대부(卿大夫), 채지(식읍) 가(家)-채지(采地)-식읍(食邑), 학자 가(家)-유전문지학문자(有專門之學問者), 어미조사(語尾助詞) 가(家)〉 등의 뜻을 내지만 여기선 〈가정(家庭)〉으로 여기고 새김이 마땅하다.

## 육삼(六三 : --)

**六三 : 勿用取女하라 見金夫하여 不有躬하니 无攸利하다**
물용취녀 견금부 불유궁 무유리

육삼(六三) : 장가들려[取女] 하지[用] 말라[勿]. 장부에게[金夫] 끌려[見] 자신마저[躬] 없는 터라[不有] 이로울[利] 바가[攸] 없다[无].

**【육삼(六三)의 효상(爻象) 풀이】**

몽괘(蒙卦 : ䷃) 육삼(六三 : --)은 이음거양(以陰居陽) 즉 음(陰 : --)으로써[以] 양(陽 : —)의 자리에 있는지라[居] 정당한 자리에 있지 못하다. 육삼(六三 : --)과 구이(九二 : —)는 음양(陰陽)의 사이인지라 〈비(比)〉 즉 이웃의 사귐[比]을 누릴 수는 있다. 그러나 몽괘(蒙卦 : ䷃)의 하체(下體) 감(坎 : ☵)의 중위(中位)를 벗어나 상체(上體)와의 접경(接境)에 있는지라 상진(上進)하고자 욕심을 부리면서 상구(上九 : —)와의 정응(正應)을 앞세워 강건(剛健)하고 관대(寬大)한 이웃인 구이(九二 : —)를 멀리하고 상구(上九 : —)에게 반해 넋이 빠져버린 모습이 육삼(六三 : --)의 효상(爻象)이다.

몽괘(蒙卦 : ䷃)의 육삼(六三 : --)이 구삼(九三 : —)으로 변효(變爻)하면 육삼(六三 : --)은 몽괘(蒙卦 : ䷃)를 18번째 고괘(蠱卦 : ䷑)로 지괘(之卦)하게 한다. 따라서 몽괘(蒙卦 : ䷃)의 육삼(六三 : --)은 고괘(蠱卦 : ䷑)의 구삼(九三 : —)을 찾아가 살펴보게 한다.

**【육삼(六三)의 계사(繫辭) 풀이】**

### 勿用取女(물용취녀)

장가들려[取女] 하지[用] 말라[勿].

몽괘(蒙卦 : ䷃)에서 육삼(六三 : --)과 구이(九二 : —)가 누리는 비(比) 즉 이웃의 사귐[比]을 밝히고 있는 계사(繫辭)이다. 육삼(六三 : --)은 두 남자를 두고 있다. 한 남자는 구이(九二 : —)이고 다른 한 남자는 상구(上九 : —)이다. 〈물용취녀(勿用取女)〉는 〈구이혜(九二兮) 물용취기녀(勿用取其女)〉의 줄임으로 여기고 〈구이여[九二兮] 그[其] 여자에게[女] 장가들려[取] 하지[用] 말라[勿]〉라고 새겨볼 것이다. 〈물용취녀(勿用取女)의 취녀(取女)〉는 〈취(娶)〉 즉 〈장가들다[娶]〉라는 뜻으로 여기고 새김이 마땅하다. 〈물용취녀(勿用取女)의 여(女)〉는 육삼(六三 : --)이 변효(變爻)하여 몽괘(蒙卦 : ䷃)의 하체(下體) 감(坎 : ☵)이 손(巽 : ☴)이 됨을 암시한다. 손(巽 : ☴)은 장녀(長女)이니 손(巽 : ☴)으로써 육삼(六三 : --)을 〈여(女)〉로 취상(取象)한 것이다. 이에 육삼(六三 : --)은 몽괘(蒙卦 : ䷃)의 하체(下體) 감(坎 : ☵)의 상효(上爻)인지라 상체(上體) 간(艮 : ☶)으로 상진(上進)하려는 의욕이 앞서는 탓으로 육삼(六三 : --)이 강건(剛健)하고 관대(寬大)하며 잘 드러내지 않는 구이(九二 : ―)를 이웃으로 여길 뿐 신랑감으로 여기지 않고 있음을 암시한 계사(繫辭)가 〈물용취녀(勿用取女)〉이다.

### 見金夫(견금부) 不有躬(불유궁) 无攸利(무유리)

장부에게[金夫] 끌려[見] 자신마저[躬] 없는 터라[不有] 이로울[利] 바가[攸] 없다[无].

〈물용취녀(勿用取女)〉의 까닭을 암시한 계사(繫辭)이다. 〈견금부(見金夫) 불유궁(不有躬)〉은 〈즉각륙삼견금부(卽刻六三見金夫) 육삼불유궁(六三不有躬)〉의 줄임으로 여기고 〈육삼이[六三] 금부를[金夫] 보자[見]마자[卽刻] 육삼에게는[六三] 제 몸이[躬] 없다[不有]〉라고 새겨볼 것이다. 〈견금부(見金夫)의 금부(金夫)〉는 몽괘(蒙卦 : ䷃)의 상구(上九 : ―)를 취상(取象)한 것이다. 몽괘(蒙卦 : ䷃)의 상체(上體) 간(艮 : ☶)은 소남(少男)이고 건(乾 : ☰)의 무리인지라 상구(上九 : ―)를 〈금부(金夫)〉로 취상(取象)한 것이다. 〈금부(金夫)〉란 멋진 장부(丈夫)를 뜻한다. 「설괘전(說卦傳)」에 〈건은[乾 : ☰] 금(金)이다[爲]〉라는 내용이 나온다. 〈불유궁(不有躬)의 불유(不有)〉는 〈없을 무(無)〉와 같고, 〈불유궁(不有躬)의 궁(躬)〉은 〈몸 궁(躳)〉과 같다. 〈불유궁(不有躬)〉은 반해서 넋이 빠졌음을 말한다. 따라서 육삼(六三 : --)이 여자로서 오롯한 마음[貞]으로 신랑감을 맞이해야지 멋진 장부[金夫]라 해서 홀딱 반해서야[不有躬] 이로울[利] 바가[攸] 없음[无]을 암시한 계사(繫辭)가 〈견금부(見金夫) 불유궁(不有躬) 무유리(无攸利)〉이다.

【字典】

**물(勿)** 〈하지 말 물(勿)-막(莫), 아닌 것 물(勿)-비(非), 없을 물(勿)-무(無)-무(毋), 아니할 물(勿)-불(不)〉 등의 뜻을 내지만 여기선 〈하지 말 막(莫)〉과 같다 여기고 새김이 마땅하다.

**용(用)** 〈행할(쓸) 용(用)-시(施)-행(行), 쓰일(부릴) 용(用)-사(使), 맡길 용(用)-임(任), 위할 용(用)-위(爲), 갖출 용(用)-비(備), 다스릴 용(用)-치(治), 재화 용(用)-화(貨), 책임 지워 일을 맡길 용(用)-임사(任使), 통할 용(用)-통(通), 이로울 용(用)-이(利)〉 등의 뜻을 내지만 여기선 〈행할 행(行)〉과 같아 시행(施行)으로 여기고 새김이 마땅하다.

**취(取)** 〈장가들 취(取)-취(娶), 구할(잡을) 취(取)-포(捕)-획(獲), 사로잡을(포로) 취(取)-부(俘), 거둘 취(取)-수(收), 가려 쓸 취(取)-택용(擇用), 받을 취(取)-수(受), 찾을 취(取)-색(索), 힘써 다다를 취(取)-진취(進趣), 밑천 취(取)-자(資), 가질 취(取)-지(持), 할 취(取)-위(爲), 다스릴 취(取)-치(治)〉 등의 뜻을 내지만 여기선 〈장가들 취(娶)〉와 같다 여기고 새김이 마땅하다.

**여(女)** 〈여자(계집) 여(女)-여자(女子)-미혼부인(未婚婦人), 처자(처녀) 여(女)-처자(處子), 백성의 약한 자 여(女)-백성지약자(百姓之弱者), 딸 여(女)-자녀지녀(子女之女), 너 여(女)-여(汝), 음의 것 여(女)-음물(陰物), 부드럽고 순한 여(女)-유완(柔婉)〉 등의 뜻을 내지만 여기선 〈여자(女子)〉로 새김이 마땅하다. 〈女〉가 맨 앞에 오면 〈여〉로 발음되고, 중간이나 뒤에 오면 〈녀〉로 발음된다.

**見** 〈견-현〉 두 가지로 발음되고, 〈볼 견(見)-식(識)-시(視), 미칠(당할) 견(見)-피(被)-당(當), 생각할 견(見)-사(思), 돌아볼 견(見)-고(顧), 만나볼 견(見)-회(會), 드러날 현(見)-노(露), 나타날 현(見)-현(顯), 있을 현(見)-재(在), 보일 현(見)-조(朝)〉 등의 뜻을 내지만 여기선 〈볼 시(視)〉와 같다 여기고 새김이 마땅하다.

**金** 〈금-김〉 두 가지로 발음되고, 〈황금 금(金)-황금(黃金), 견고할 금(金)-강(剛), 구리 금(金)-동(銅), 금속 금(金)-금속지총칭(金屬之總稱), 쇠 금(金)-철(鐵), 솥 금(金)-종정(鐘鼎), 한 근 금(金)-근(斤), 돈 금(金)-화(貨), 좋아할 금(金)-보(寶), 진중할 금(金)-진중(珍重), 황주색 금(金)-황주색(黃朱色), 오행의 하나 금(金)-오행지일(五行之一), 팔음의 하나 금(金)-악기(樂器), 형틀 금(金)-형구(刑具), 무기 금(金)-무기(武器)-도검(刀劍), 인장 금(金)-인장(印章), 금나라 금(金), 성씨 김(金)〉 등의 뜻을 내지만 여

기선 〈황금(黃金)〉과 같다 여기고 새김이 마땅하다.

**부(夫)** 〈남자 부(夫)-장부(丈夫)-남자지통칭(男子之通稱), 지아비 부(夫)-배필(配匹), 대부 부(夫)-전상(傳相)-조정보좌지대신(朝廷輔佐之大臣), 병사 부(夫)-병(兵), 도울 부(夫)-부(扶), 백 이랑의 밭 부(夫)-백무지전(百畝之田), 무릇 부(夫)-범(凡)-중(衆), 이에 부(夫)-내(乃), {구중(句中) 또는 구말(句末)에서 어조사} ~인가(~인저) 부(夫)-호(乎), 이것 저것 부(夫)-차(此)-피(彼), 무릇 부(夫)-지사(指事), ~면 부(夫)-약(若), (뜻 없는) 발어사 부(夫)-발어사(發語詞)〉 등의 뜻을 내지만 여기선 〈남자 장부(丈夫)〉로 여기고 새김이 마땅하다.

**不** 〈불-부〉 두 가지로 발음되고, 〈않을(못할) 불(不)-부(不), 아닐 불(不)-부(不)-비(非), 없을 불(不)-부(不)-무(無), 하지 말 불(不)-부(不)-막(莫)-금지(禁止), 정하지 않을 불(不)-부(不)-부(否)-미정(未定), 새가 날아올라 내려오지 않는 불(不)-부(不)-조비상불하래(鳥飛上不下來)〉 등의 뜻을 내지만 여기선 〈않을 불(不)〉로 여기고 새김이 마땅하다.

**유(有)** 〈없을 무(無)의 반대말로 있을 유(有), 얻을(가질) 유(有)-취(取), 혹 유(有)-혹(或), 많을 유(有)-다(多)-족(足), 부유할 유(有)-부(富), 간직할 유(有)-장(藏), 보호할 유(有)-보(保), 서로 친할 유(有)-상친(相親), 전일할 유(有)-전(專), 할 유(有)-위(爲), 어조사 유(有)〉 등의 뜻을 내지만 〈있을 유(有)〉로 여기고 새김이 마땅하다.

**궁(躬)** 〈몸 궁(躬)-궁(躳)-신(身), 자신(몸소) 궁(躬)-친(親)-궁친(躬親), 몸소 행할 궁(躬)-신친행지(身親行之), 몸소 갖출 궁(躬)-궁친유지(躬親有之)〉 등의 뜻을 내지만 여기선 〈몸 궁(躳)〉과 같다 여기고 새김이 마땅하다.

**무(无)** 〈없을 무(无)-무(無), 허무지도 무(无)-허무지도(虛无之道), 으뜸 무(无)-원(元)〉 등의 뜻을 내지만 여기선 〈없을 무(無)〉와 같다 여기고 새김이 마땅하다.

**유(攸)** 〈바 유(攸)-소(所), 흘러가는 물 유(攸)-행수(行水), 아득할 유(攸)-장원(長遠)-유(悠), 닦을 유(攸)-수(修), 터득한 모습 유(攸)-자득모(自得貌), 빠를 유(攸)-숙(倏), 대롱거릴 유(攸)-현위모(懸危貌), 수심에 찬 모습 유(攸)-수모(愁貌)〉 등의 뜻을 내지만 여기선 〈바 소(所)〉와 같다 여기고 새김이 마땅하다.

**이(利)** 〈만물로 하여금 삶을 이루어가게 하는 덕(德)의 이로울 이(利)-사만물수생지덕(使萬物遂生之德), 날카로울 이(利)-예(銳)-섬(銛), 질병 이(利)-질(疾), 통할 이

(利)-통(通)-순(順), 좋을 이(利)-길(吉)-의(宜), 편리할 이(利)-편(便), 마름해 만들어 이룰 이(利)-재성(裁成), 탐할 이(利)-탐(貪), 구할(취할) 이(利)-구(求)-취(取), 좋아할 이(利)-열애(悅愛), 이로울 이(利)-익(益), 기교 이(利)-교(巧), 보람 이(利)-공용(功用), 지세가 험하고 중요한 이(利)-험요(險要), 이길 이(利)-승(勝), 어질 이(利)-인(仁)〉 등의 뜻을 내지만 여기선 〈이로울 이(利)〉로 여기고 새김이 마땅하다. 〈利〉가 맨 앞에 오면 〈이〉로 발음되고, 중간이나 뒤에 오면 〈리〉로 발음된다.

---

註 건위금(乾爲金) : 건은[乾 : ☰] 금(金)이다[爲]. 「설괘전(說卦傳)」 11단락(段落)



## 육사(六四 : --)

六四 : 困蒙이니 吝하다
곤 몽 인

육사(六四) : 곤궁해[困] 몽매하니[蒙] 부끄럽다[吝].

**【육사(六四)의 효상(爻象) 풀이】**

몽괘(蒙卦 : ䷃) 육사(六四 : --)는 이음거음(以陰居陰) 즉 음(陰 : --)으로써[以] 음(陰 : --)의 자리에 있는지라[居] 정당한 자리에 있다. 육사(六四 : --)와 육오(六五 : --)는 양음(兩陰) 즉 둘 다[兩] 음(陰)인지라 〈비(比)〉 즉 이웃의 사귐[比]을 누리지 못하고 상충(相衝) 즉 서로[相] 부딪치는[衝] 경우를 피할 수 없는 처지이다. 그리고 초륙(初六 : --)과도 양음(兩陰)인지라 정응(正應)을 누리지 못해 몽괘(蒙卦 : ䷃)의 주제인 〈몽(蒙)〉의 시국을 벗어나게 해줄 발몽(發蒙)의 기회를 만날 기회가 없어 딱한 모습이 육사(六四 : --)의 효상(爻象)이다.

몽괘(蒙卦 : ䷃)의 육사(六四 : --)가 구사(九四 : ―)로 변효(變爻)하면 육사(六四 : --)는 몽괘(蒙卦 : ䷃)를 64번째 미제괘(未濟卦 : ䷿)로 지괘(之卦)하게 한다. 따라서 몽괘(蒙卦 : ䷃)의 육사(六四 : --)는 미제괘(未濟卦 : ䷿)의 구사(九四 : ―)를 찾아가 살펴보게 한다.

【육사(六四)의 계사(繫辭) 풀이】

## 困蒙(곤몽) 吝(인)

**곤궁해[困] 몽매하니[蒙] 부끄럽다[吝].**

육사(六四 : --)의 효상(爻象)을 빌려 발몽(發蒙)하지 못함을 암시한 계사(繫辭)이다. 〈곤몽(困蒙)〉은 〈육사곤(六四困) 인위륙사몽(因爲六四蒙)〉의 줄임으로 여기고 〈육사는[六四] 곤궁하다[困] 그래서[因爲] 육사는[六四] 몽매하다[蒙]〉라고 새겨 볼 것이다. 〈곤몽(困蒙)의 곤(困)〉은 육사(六四 : --)가 구이(九二 : —)와 인연(因緣)이 닿지 않아 구이(九二 : —)를 발몽(發蒙)의 스승으로 맞이할 수 없음을 암시한다. 동시에 이웃의 사귐[比]도 없고 정응(正應)의 인연도 없어서 전후(前後)로도 비(比) 즉 이웃의 사귐[比]도 없고 상하(上下)로도 불응(不應) 즉 호응하지 못해[不應], 스승도 없고 벗도 없음을 〈곤몽(困蒙)의 곤(困)〉이 암시한다. 이렇듯 육사(六四 : --)는 고립되어 몽자(蒙者)의 처지를 벗어날 기회를 얻지 못해 어리석고 어두운[蒙] 지경을 벗어나지 못해 부끄러울[吝] 뿐임을 암시한 계사(繫辭)가 〈곤몽(困蒙) 인(吝)〉이다.

【字典】

**곤(困)** 〈곤궁할 곤(困)-궁(窮), 괴로울 곤(困)-고(苦), 가난할 곤(困)-빈(貧), 혼란할 곤(困)-난(亂), 위태로울 곤(困)-위(危)〉 등의 뜻을 내지만 여기선 〈곤궁할 궁(窮)〉으로 여기고 새김이 마땅하다.

**몽(蒙)** 〈어릴 몽(蒙)-유(幼)-치(穉), 몽매할 몽(蒙)-매(昧), 속일 몽(蒙)-기(欺), 입을 몽(蒙)-피(被), 덮을 몽(蒙)-복(覆), 무릅쓸 몽(蒙)-모(冒)〉 등의 뜻을 내지만 여기선 〈어릴 유(幼)〉와 같다 여기고 새김이 마땅하다.

**인(吝)** 〈한탄할 인(吝)-한(恨), 부끄러울 인(吝)-수치(羞恥), 굴욕스러울 인(吝)-굴욕(屈辱), 아낄 인(吝)-석(惜), 인색할 인(吝)-색(嗇), 욕심낼 인(吝)-탐(貪)〉 등의 뜻을 내지만 여기선 〈한탄할 한(恨)〉과 같다 여기고 새김이 마땅하다. 〈吝〉이 맨 앞에 있을 때는 〈인(吝)〉으로 읽고, 가운데나 뒤에 있을 때는 〈린(吝)〉으로 읽는다.

# 육오(六五 : --)

六五 : 童蒙이니 吉하다
동몽 길

육오(六五) : 어린이의[童] 몽매함이라[蒙] 좋다[吉].

【육오(六五)의 효상(爻象) 풀이】

몽괘(蒙卦 : ䷃) 육오(六五 : --)는 이음거양(以陰居陽) 즉 음(陰 : --)으로써[以] 양(陽 : —)의 자리에 있는지라[居] 정당한 자리에 있지 못하지만, 몽괘(蒙卦 : ䷃)의 상체(上體) 간(艮 : ☶)의 중효(中爻)이면서 존위(尊位)에 있다. 육사(六四 : --)와는 양음(兩陰) 즉 둘 다[兩] 음(陰)인지라 〈비(比)〉 즉 이웃의 사귐[比]을 누리지 못한다. 그러나 육오(六五 : --)와 구이(九二 : —)는 서로 부정위(不正位) 즉 정당한 자리에 있지 못해[不正位] 득중(得中)의 효연(爻緣)을 서로 누리지는 못하지만 정응(正應) 즉 바르게[正] 호응할[應] 수 있고, 동시에 상구(上九 : —)와도 음양(陰陽)의 사이인지라 이웃의 사귐[比]을 누릴 수 있어 육오(六五 : --)는 위아래로부터 도움을 받을 수 있다. 이에 비록 유약(柔弱)하지만 몽괘(蒙卦 : ䷃)의 주제인 〈몽(蒙)〉의 시국을 극복하게 할 임무를 맡길 수 있는 신하(臣下)가 있어 길(吉)한 모습이 육오(六五 : --)의 효상(爻象)이다.

몽괘(蒙卦 : ䷃)의 육오(六五 : --)가 구오(九五 : —)로 변효(變爻)하면 육오(六五 : --)는 몽괘(蒙卦 : ䷃)를 59번째 환괘(渙卦 : ䷺)로 지괘(之卦)하게 한다. 따라서 몽괘(蒙卦 : ䷃)의 육오(六五 : --)는 환괘(渙卦 : ䷺)의 구오(九五 : —)를 찾아가 살펴보게 한다.

【육오(六五)의 계사(繫辭) 풀이】

童蒙(동몽) 吉(길)

어린이의[童] 몽매함이라[蒙] 좋다[吉].

유약(柔弱)한 육오(六五 : --)의 천진(天眞)함을 암시한 계사(繫辭)이다. 육오

(六五 : --)는 구이(九二 : ㅡ)와 정응(正應) 즉 정도를 따라[正] 서로 호응함[應]을 누린다. 이에 육오(六五 : --)의 〈동몽(童蒙)〉을 구이(九二 : ㅡ)가 쉽게 발몽(發蒙) 즉 어리석어 사리에 어두움을[蒙] 일깨울[發] 수 있음을 암시하기도 한다. 육오(六五 : --)의 〈동몽(童蒙)〉은 어린이의[童] 몽매함[蒙]이기 때문이다. 성인(成人)의 몽매(蒙昧)함은 고집스러워 발몽(發蒙)하기 어렵지만 어린이의 몽매(蒙昧)함은 천진(天眞)하여 발몽(發蒙)하기 쉽다. 육오(六五 : --)의 〈동몽(童蒙)〉은 『노자(老子)』에 나오는 〈갓난애로[於嬰兒] 되돌아가라[復歸]〉는 말을 상기시킨다. 여기 〈동몽(童蒙)〉은 육오(六五 : --)에게는 어떤 아집(我執)도 없고 선입견(先入見)도 없어 청정(淸淨)한 동심(童心)을 잃지 않고 존위(尊位)에 있는지라 강명(剛明)한 구이(九二 : ㅡ)가 군자도(君子道)로써 몽괘(蒙卦 : ䷃)의 주제인 〈몽(蒙)〉 즉 몽매한[蒙] 시국을 극복하게 하는 길을 걸림 없이 넓히도록 육오(六五 : --)를 남김없이 도와주어 행운을 누릴[吉] 것임을 암시한 계사(繫辭)가 〈동몽(童蒙) 길(吉)〉이다.

【字典】

**동(童)** 〈아이 동(童), 홀로 동(童)-독(獨), 뿔이 아직 나지 않은 우양(牛羊) 동(童), 무지한 동(童)-무지(無知), 산에 초목이 없는 동(童)-산무초목(山無草木), 적을 동(童)-과유(寡有), 노예(종) 동(童)-노(奴)〉 등의 뜻을 내지만 여기선 〈아이 동(童)〉으로 여기고 새김이 마땅하다.

**몽(蒙)** 〈어릴 몽(蒙)-유(幼)-치(穉), 몽매할 몽(蒙)-매(昧), 속일 몽(蒙)-기(欺), 입을 몽(蒙)-피(被), 덮을 몽(蒙)-복(覆), 무릅쓸 몽(蒙)-모(冒)〉 등의 뜻을 내지만 여기선 〈어릴 유(幼)〉와 같다 여기고 새김이 마땅하다. 〈동몽(童蒙)〉은 유동(幼童) 즉 15세 이하의 사내가 사리(事理)에 밝지 못한 우매(愚昧)를 뜻한다.

**길(吉)** 〈좋을(행복할) 길(吉)-선(善)-영(令) {영월길일(令月吉日)은 선월선일(善月善日)임.}, 복 길(吉)-실(實)-선실(善實)-복(福), 예의를 따라 상서로울 길(吉)-예의순상(禮義順祥), 삼갈 길(吉)-근(謹), 초하루 길(吉)-삭일(朔日) {삭망(朔望) 즉 초하루[朔]와 그믐날[望]}, 길례 길(吉)-길례(吉禮) {오례지일(五禮之一) 길흉빈군가(吉凶賓軍嘉)}, 갈 길(吉)-행(行)-길(趌)〉 등의 뜻을 내지만 여기선 〈좋을 선(善)-영(令)〉과 같다 여기고 새김이 마땅하다.

註 위천하계(爲天下谿) 상덕불리(常德不離) 복귀어영아(復歸於嬰兒) : 온 세상의[天下] 시내가 [谿] 되면[爲] 상덕이[常德] {그 계(谿)를} 떠나지 않고[不離], 갓난애로[於嬰兒] 되돌아온다[復歸].

『노자(老子)』 28장(章)





## 상구(上九 : ⚊)

**上九 : 擊蒙이니 不利爲寇이고 利禦寇하다**
격몽 불리위구 이어구

상구(上九) : 몽매함을[蒙] 치니[擊] 적으로[寇] 삼으면[爲] 이롭지가 않고 [不利] 횡포를[寇] 막으면[禦] 이롭다[利].

### 【상구(上九)의 효상(爻象) 풀이】

몽괘(蒙卦 : ䷃) 상구(上九 : ⚊)는 이양거음(以陽居陰) 즉 양(陽 : ⚊)으로써[以] 음(陰 : ⚋)의 자리에 있는지라[居] 정당한 자리에 있지 못하고, 몽괘(蒙卦 : ䷃)의 상체(上體) 간(艮 : ☶)의 상효(上爻)인지라 강강(剛强)에 치우쳐 거동하려 한다. 이에 몽괘(蒙卦 : ䷃)의 주제인 〈몽(蒙)〉의 시국을 벗어난 상구(上九 : ⚊)인지라 육삼(六三 : ⚋)과의 정응(正應)을 상구(上九 : ⚊) 자신의 뜻대로 하려고 해, 음양상화(陰陽相和)의 정응(正應)을 나누지 않으면서 횡포를 마다 않는 모습이 상구(上九 : ⚊)의 효상(爻象)이다.

몽괘(蒙卦 : ䷃)의 상구(上九 : ⚊)가 상륙(上六 : ⚋)으로 변효(變爻)하면 상구(上九 : ⚊)는 몽괘(蒙卦 : ䷃)를 7번째 사괘(師卦 : ䷆)로 지괘(之卦)하게 한다. 따라서 몽괘(蒙卦 : ䷃)의 상구(上九 : ⚊)는 사괘(師卦 : ䷆)의 상륙(上六 : ⚋)을 찾아가 살펴보게 한다.

### 【상구(上九)의 계사(繫辭) 풀이】

**擊蒙(격몽)**

몽매함을[蒙] 친다[擊].

상구(上九 : ⚊)의 효상(爻象)을 빌려 암시한 계사(繫辭)이다. 〈격몽(擊蒙)〉은

〈상구격몽(上九擊蒙)〉의 줄임으로 여기고 〈상구는[上九] 몽매함을[蒙] 친다[擊]〉고 새겨볼 것이다. 〈격몽(擊蒙)의 격(擊)〉은 상구(上九 : ⚊)가 간(艮 : ☶)의 상효(上爻)임을 암시한다. 「설괘전(說卦傳)」의 〈간은[艮 : ☶] 손[手]이다[爲]〉라는 내용을 〈격몽(擊蒙)의 격(擊)〉이 상기시키기 때문이다. 여기 〈격(擊)〉은 그 무엇을 손으로 쳐서 다스리는[擊] 것이다. 물론 상구(上九 : ⚊)의 〈격몽(擊蒙)〉 역시 발몽(發蒙) 즉 어리석어 사리에 어두움을[蒙] 일깨워 현명하게 해주려[發] 함이다. 그러나 상구(上九 : ⚊)의 〈격몽(擊蒙)〉은 구이(九二 : ⚊)의 〈포몽(包蒙)〉과는 다르다. 〈포몽(包蒙)〉은 몽자(蒙者)를 껴안아주면서[包] 발몽(發蒙)함이지만 〈격몽(擊蒙)〉은 치면서[擊] 발몽(發蒙)하려는 것이다. 구이(九二 : ⚊)는 몽괘(蒙卦 : ䷃)의 하체(下體) 감(坎 : ☵)의 중효(中爻)로서 득중(得中) 즉 정도를 따름을[中] 취하여[得] 명자(明者)와 몽자(蒙者)가 상화(相和) 즉 서로[相] 어울려[和] 몽매함[蒙]을 다스려 가지만, 극위(極位)에 있는 상구(上九 : ⚊)에게는 그런 상화(相和)란 없고 편강(偏剛) 즉 굳셈에[剛] 치우치는[偏] 탓으로 강압적인 〈격(擊)〉 즉 체벌(體罰)을 앞세워 몽자(蒙者)를 다스림을 암시한 계사(繫辭)가 〈격몽(擊蒙)〉이다.

## 不利爲寇(불리위구) 利禦寇(이어구)

적으로[寇] 삼으면[爲] 이롭지가 않고[不利] 횡포를[寇] 막으면[禦] 이롭다[利].

상구(上九 : ⚊)의 극단(極斷)을 밝히는 계사(繫辭)이다. 〈불리위구(不利爲寇)〉는 〈약상구이몽자위구(若上九以蒙者爲寇) 상구불리(上九不利)〉의 줄임으로 여기고 〈만약[若] 상구가[上九] 몽자로써[以蒙者] 적으로[寇] 삼는다면[爲] 상구는[上九] 이롭지 않다[不利]〉고 새겨볼 것이다. 여기 〈불리위구(不利爲寇)의 구(寇)〉는 〈적(원수) 구(仇)〉와 같다. 상구(上九 : ⚊)가 몽자(蒙者)를 〈위구(爲寇)〉 즉 적으로[寇] 삼기[爲] 때문에 상구(上九 : ⚊)로부터 〈격몽(擊蒙)〉이 빚어진다는 것이다. 몽괘(蒙卦 : ䷃)에서 양효(陽爻)는 발몽(發蒙)하는 쪽이고 음효(陰爻)는 몽자(蒙者)의 쪽이다. 상구(上九 : ⚊)가 몽괘(蒙卦 : ䷃)의 주제인 〈몽(蒙)〉의 시국을 벗어나 극위(極位)에 있다 해도 어리석어 사리(事理)에 어두운 몽자(蒙者)를 적대시하여 〈격몽(擊蒙)〉을 일삼는다면 상구(上九 : ⚊)가 〈불리(不利)〉 즉 이로울[利] 수 없음

[不]을 암시한 계사(繫辭)가 〈불리위구(不利爲寇)〉이다.

〈이어구(利禦寇)〉는 〈약상구어구(若上九禦寇) 상구리(上九利)〉의 줄임으로 여기고 〈만약[若] 상구가[上九] 횡포를[寇] 막는다면[御] 상구는[上九] 이롭다[利]〉고 새겨볼 것이다. 〈이어구(利禦寇)의 구(寇)〉는 〈횡포할 포(暴)〉와 같다. 스승이 몽자(蒙者)를 깨치게 하고자 벌(罰)을 줄 수는 있지만 몽자(蒙者)를 미련하다며 〈구(寇)〉 즉 원수[寇]같이 여기고 횡포[寇]를 부린다면 사도(師道)를 저버린 것이다. 상구(上九 : ━)가 〈격몽(擊蒙)〉을 자행함은 극단에 치우쳐 제몽(濟蒙) 즉 몽매함을[蒙] 다스리는[濟] 순리(順理)를 저버림이다. 스승의 횡포함[寇]이란 어떠한 경우에서든 사도(師道)의 순리(順理)에 어긋남이니 막아야 하는[禦] 것임을 암시한 계사(繫辭)가 〈이어구(利禦寇)〉이다.

【字典】

**격(擊)** 〈칠(타격할) 격(擊)-타(打)-복(攴)-구(扣), 공격할 격(擊)-공(攻), 다스릴 격(擊)-치(治), 나무 몽치로 칠 격(擊)-추지(椎之), (머리를) 벨(죽일) 격(擊)-참(斬)-살(殺), 꺾을 격(擊)-좌(挫), 알맞을(상당할) 격(擊)-상당(相當), 움직일(접촉할) 격(擊)-동(動)-촉(觸), 어길 격(擊)-장(掌)-괴(乖), 사내무당 격(擊)-남무(男巫), 악기 이름 격(擊)-악기명(樂器名)〉 등의 뜻을 내지만 여기선 〈칠 타(打)〉와 같다 여기고 새김이 마땅하다.

**몽(蒙)** 〈몽매할 몽(蒙)-매(昧), 어릴 몽(蒙)-유(幼)-치(穉), 속일 몽(蒙)-기(欺), 입을 몽(蒙)-피(被), 덮을 몽(蒙)-복(覆), 무릅쓸 몽(蒙)-모(冒)〉 등의 뜻을 내지만 여기선 〈몽매할 매(昧)〉와 같다 여기고 새김이 마땅하다.

**不** 〈불-부〉 두 가지로 발음되고, 〈아닐 불(不)-부(不)-비(非), 않을(못할) 불(不)-부(不), 없을 불(不)-부(不)-무(無), 하지 말 불(不)-부(不)-막(莫)-금지(禁止), 정하지 않을 불(不)-부(不)-부(否)-미정(未定), 새가 날아올라 내려오지 않는 불(不)-부(不)-조비상불하래(鳥飛上不下來)〉 등의 뜻을 내지만 여기선 〈아닐 비(非)〉와 같다 여기고 새김이 마땅하다.

**이(利)** 〈만물로 하여금 삶을 이루어가게 하는 덕(德)의 이로울 이(利)-사만물수생지덕(使萬物遂生之德), 날카로울 이(利)-예(銳)-섬(銛), 질병 이(利)-질(疾), 통할 이(利)-통(通)-순(順), 좋을 이(利)-길(吉)-의(宜), 편리할 이(利)-편(便), 마름해 만들어 이룰 이(利)-재성(裁成), 탐할 이(利)-탐(貪), 구할(취할) 이(利)-구(求)-취(取), 좋아할 이

(利)-열애(悅愛), 이로울 이(利)-익(益), 기교 이(利)-교(巧), 보람 이(利)-공용(功用), 지세가 험하고 중요한 이(利)-험요(險要), 이길 이(利)-승(勝), 어질 이(利)-인(仁)〉 등의 뜻을 내지만 여기선 〈이로울 이(利)〉로 여기고 새김이 마땅하다. 〈利〉가 맨 앞에 오면 〈이〉로 발음되고, 중간이나 뒤에 오면 〈리〉로 발음된다.

**위(爲)** 〈생각할 위(爲)-사(思), 할 위(爲)-조(造), 행할 위(爲)-행(行)-작(作), 하여금 위(爲)-사(使), 만들 위(爲)-산(産), 이룰 위(爲)-성(成), 배울 위(爲)-학(學), 다스릴 위(爲)-치(治), 도울 위(爲)-조(助), 호위할 위(爲)-호(護), 칭할 위(爲)-칭(稱), 꾀할 위(爲)-모(謀), ~이다 위(爲)-시(是)〉 등 외에도 전후문맥(前後文脈)에 따라 다양하게 뜻을 구사하는 〈위(爲)〉이지만 여기선 〈생각할 사(思)〉와 같다 여기고 새김이 마땅하다.

**구(寇)** 〈적 구(寇)-구(仇)-적(敵), 사나울 구(寇)-포(暴), 도둑 구(寇)-적(賊)-도(盜), 떼도둑 구(寇)-군적(群賊), 겁탈할(위협해 빼앗을) 구(寇)-겁탈(劫奪), 노략질할 구(寇)-초(鈔), 해칠 구(寇)-해(害), 밖으로 혼란할 구(寇)-외란(外亂)〉 등의 뜻을 내지만 〈위구(爲寇)의 구(寇)〉는 〈적 구(仇)〉와 같다 여기고, 〈어구(禦寇)의 구(寇)〉는 〈횡포할 포(暴)〉와 같다 여기고 새김이 마땅하다.

**어(禦)** 〈막을 어(禦)-방(防), 마주할(방비할) 어(禦)-당(當)-적(敵)-항(抗)-역(逆)-비(備), 재앙이 없기를 빌 어(禦)-사(祀)-기무재(祈無災), 멈출 어(禦)-지(止)-금(禁)-피(避), 방어하는 병사 어(禦)-방어지병(防禦之兵), 지경(끝) 어(禦)-강(疆), 대쪽화살 어(禦)-죽전(竹箭), 대신 어(禦)-대신(大臣)〉 등의 뜻을 내지만 여기선 〈막을 방(防)〉과 같다 여기고 새김이 마땅하다.

---

註 간위수(艮爲手) : 간은[艮 : ☶] 손[手]이다[爲]. 「설괘전(說卦傳)」 9단락(段落)

## 1 괘의 괘상과 계사

### 수괘(需卦 : ䷄)

건하감상(乾下坎上) : 아래는[下] 건(乾 : ☰), 위는[上] 감(坎 : ☵).

수천수(水天需) : 물과[水] 하늘은[天] 수이다[需].

需有孚하니 光亨하고 貞吉하다 利涉大川하다
수 유 부 광 형 정 길 이 섭 대 천

기다림에는[需] 진실한 미더움이[孚] 있으니[有] 크게[光] 통하고[亨] 진실로 미더워[貞] 길하다[吉]. 큰[大] 내를[川] 건너도[涉] 이롭다[利].

**【수괘(需卦 : ䷄)의 괘상(卦象) 풀이】**

앞의 몽괘(蒙卦 : ䷃)는 천지(天地)에 싹이 돋아나기 시작함[蒙]이다. 돋아나면[蒙] 자라기 위해 온갖 영양분을 마시고 먹어야 한다. 「서괘전(序卦傳)」에 〈물건이[物] 어리면[穉] 먹여 키우지[養] 않을 수 없다[不可不] 그래서[故] 수괘(需卦 : ䷄)로써[以] 그것을[之] 받는다[受] 모름지기 기다린다는[需] 것은[者] 마시고[飮] 먹는[食之] 이치[道]이다[也]〉라는 말이 나온다. 이는 몽괘(蒙卦 : ䷃) 다음에 수괘(需卦 : ䷄)가 있는 까닭을 암시한다. 수괘(需卦 : ䷄)의 〈수(需)〉는 기다림[需]이고, 이는 곧 양몽(養蒙)의 법(法)을 말한다. 어린 것을[蒙] 길러냄[養]이란 욕심대로 되는 것이 아니다. 춘작하장(春作夏長)의 천명(天命)을 따라 기다려야 함을 수괘(需卦 : ䷄)의 〈수(需)〉가 말해준다. 수괘(需卦 : ䷄)의 하체(下體)는 건(乾 : ☰)이고 상체(上體)는 감(坎 : ☵)이다. 건(乾 : ☰) 앞에 감(坎 : ☵)이 있는 모습이다. 「설괘전(說卦傳)」에 〈건(乾 : ☰)은 강건함[健]이고[也] …… 감(坎 : ☵)은 위험[陷]이다[也] …… 건(乾 : ☰)은 하늘[天]이고[爲] …… 감(坎 : ☵)은 물[水]이다[爲]〉라는 말이 나온다. 따라서 강건(剛健)한 하늘이 위험(危險)한 물 앞에 있는 모습이다. 위험 앞에선 서둘러서는 안 된다. 위험을 극복할 수 있는 기회를 기다려야 한다. 어린 것의 성장이 바로 수괘(需卦 : ䷄)의 〈수(需)〉 즉 기다림[需]과 같다. 둥지에 있는 새끼가 어미를 기다리는 것은 곧 먹이를 기다림[需]이다. 이에 수괘(需卦 : ䷄)의 〈수(需)〉를 음식(飮食)의 도리[道]라고 하는 것이다. 모든 새끼는 참고 기다려야 마시고 먹는다. 온갖 생물(生物)의 새끼의 몸은 나약하지만 그 생기(生氣)만큼은 더없이 강건하다. 이 모습은 마치 강건한 하늘이 위험한 물 앞에 있음과 같다. 수괘(需卦 : ䷄)의 괘체(卦體)로써 말하면 강건한 건(乾 : ☰)이 위험한 감(坎 : ☵)을 만나 나아가지 못해서 기다림이 수괘(需卦 : ䷄)의 〈수(需)〉이고, 수괘(需卦 : ䷄)의 괘재(卦才)로써 말하면 구오(九五 : ⚊)가 군위(君位)에 있어서 강건(剛健)하고 중정(中正) 즉 중효[中]이며 바른 자리[正]에 있어서 득중(得中) 즉 정도를 따름을[中] 취하여[得] 덕(德)을 베풀기 때문에 능히 위험을 극복해가는 모습인지라 수괘(需卦 : ䷄)라 칭명(稱名)한다.

**【수괘(需卦 : ䷄)의 계사(繫辭) 풀이】**

## 需有孚(수유부)

## 기다림에는[需] 진실한 미더움이[孚] 있다[有].

수괘(需卦 : ䷄)의 양효(陽爻 : ⚊)들을 빌려 암시한 계사(繫辭)이다. 수괘(需卦 : ䷄)에는 네 양(陽 : ⚊)이 있다. 그 중에서 구오(九五 : ⚊)가 수괘(需卦 : ䷄)의 상체(上體) 감(坎 : ☵)의 중효(中爻)로서 득중(得中) 즉 정도를 따름을[中] 취하여[得] 매사(每事)를 마주해 순리(順理)에 어긋남이 없고, 수괘(需卦 : ䷄)의 오위(五位)로서 정위(正位) 즉 정당한[正] 자리[位]인 군위(君位)에 있어서 수괘(需卦 : ䷄)의 주효(主爻)가 된다. 그러나 구오(九五 : ⚊)는 감(坎 : ☵)의 중효(中爻)인지라 위험[陷]에 빠져 있다. 따라서 구오(九五 : ⚊)는 감(坎 : ☵)의 함(陷)을 벗어나자면 수괘(需卦 : ䷄)의 하체(下體) 건(乾 : ☰)의 삼양(三陽)으로부터 도움을 받아야 할 처지이고, 동시에 건(乾 : ☰)의 삼양(三陽)은 감(坎 : ☵)의 위험[陷]을 벗어나자면 구오(九五 : ⚊)의 안내와 도움을 받아야 한다. 이러한 구오(九五 : ⚊)와 삼양(三陽) 사이의 관계를 암시한 것이 〈수유부(需有孚)의 유부(有孚)〉이다. 〈부(孚)〉

는 수명(守命) 즉 자연의 시킴을[命] 지킴[守]으로써 남들로부터 성신(誠信) 즉 진실한[誠] 미더움[信]을 받음을 말한다. 〈부(孚)〉는 〈정(貞)〉으로 말미암아 돌아온다. 천명(天命) 즉 자연이[天] 하라는 대로 함[命]을 지키면 절로 돌아오는 것이 〈부(孚)〉 즉 진실한 미더움[誠信]이다. 정필부귀(貞必孚歸) 즉 내가 진실로 미덥다면[貞] 반드시[必] 남들로부터 진실한 믿음이[孚] 돌아온다[歸]. 따라서 수괘(需卦 : ䷄)에서 구오(九五 : ⚊)가 득중(得中)으로써 정(貞)하니 수괘(需卦 : ䷄)의 하체(下體) 건(乾 : ☰)의 삼양(三陽)이 구오(九五 : ⚊)를 진실로 미더워해[孚] 도와주고, 구오(九五 : ⚊)는 삼양(三陽)을 도와주어 감(坎 : ☵)의 위험[陷]을 삼양(三陽)이 헤쳐 나가려 함을 수괘(需卦 : ䷄)의 주제인 〈수(需)〉 즉 기다림[需]이라고 암시한 계사(繫辭)가 〈수유부(需有孚)〉이다.

## 光亨(광형) 貞吉(정길)

**크게[光] 통하고[亨] 진실로 미더워[貞] 길하다[吉].**

앞 〈유부(有孚)〉의 보람을 암시한 계사(繫辭)이다. 수괘(需卦 : ䷄)의 괘재(卦才)들이 저마다 조바심을 내지 않고 위에 있는 감(坎 : ☵) 즉 위험[陷]을 헤쳐나갈 알맞은 기회를 기다린다. 수괘(需卦 : ䷄)의 상체(上體) 감(坎 : ☵)의 중효(中爻)인 구오(九五 : ⚊)의 안내와 도움을 받아야 감(坎 : ☵)의 위험[陷]을 극복하고 상진(上進)할 수 있음을 수괘(需卦 : ䷄)의 괘재(卦才) 즉 구오(九五 : ⚊)와 건(乾 : ☰)의 삼양(三陽)이 서로 깨닫고 있음을 〈광형(光亨)〉이라고 암시한다. 〈광형(光亨)의 광(光)〉은 수괘(需卦 : ䷄)의 구오(九五 : ⚊)-구삼(九三 : ⚊)-구이(九二 : ⚊)-초구(初九 : ⚊)를 묶어서 암시한다. 양(陽 : ⚊)이란 광(光)이고 대(大)이며, 음(陰 : ⚋)이란 암(暗)이고 소(小)이다. 여기 〈광형(光亨)〉은 대형(大亨)이니 곧 수괘(需卦 : ䷄)의 사양(四陽)이 상통(相通) 즉 서로[相] 통한다[通]. 〈광형(光亨)〉 즉 크게[光] 통함[亨]이란 〈정(貞)〉 즉 진실한 미더움[貞]으로 이어진다. 마음과 마음이 서로 통함은 서로의 마음이 공평무사(公平無邪) 즉 사감(私感)이 없어서[公平] 간사함이[邪] 없는[無] 심지(心志)가 곧 〈정(貞)〉이다. 수괘(需卦 : ䷄)의 사양(四陽)이 〈정(貞)〉으로써 크게[光] 통하니[亨] 모두 〈길(吉)〉 즉 양몽(養蒙)의 기다림[需]을 행운[吉]으로 누림을 깨닫게 하는 계사(繫辭)가 〈광형(光亨) 정길(貞吉)〉이다.

## 利涉大川(이섭대천)

### 큰[大] 내를[川] 건너도[涉] 이롭다[利].

앞 〈광형(光亨)〉의 보람을 암시한 계사(繫辭)이다. 〈이섭대천(利涉大川)〉은 〈수연삼양섭대천(雖然三陽涉大川) 삼양유리(三陽有利)〉의 줄임으로 여기고 〈삼양이[三陽] 대천을[大川] 건넌다[涉] 해도[雖然] 삼양에게[三陽] 이로움이[利] 있다[有]〉고 새겨볼 것이다. 〈이섭대천(利涉大川)〉은 64괘(卦)에서 9번이나 등장하는 계사(繫辭)이다. 〈이섭대천(利涉大川)의 대천(大川)〉은 난사(難事) 즉 어려운[難] 일[事]을 뜻하며, 수괘(需卦 : ䷄)의 상체(上體) 감(坎 : ☵)을 암시한다. 「설괘전(說卦傳)」에 〈감은[坎 : ☵] 위험함[陷]이다[也]〉 그리고 〈감은[坎 : ☵] 물[水]이다[爲]〉라는 내용이 나온다. 〈대천(大川)〉은 큰[大] 냇물[川]이다. 『주역(周易)』의 시대에는 〈대천(大川)〉을 건넌다[涉]는 일은 어려운[難] 일[事]이어서 험사(險事) 즉 위험한[險] 일[事]이었다, 이에 위험하거나 어려운 일을 이행(履行)함을 암시함이 〈섭대천(涉大川)〉이다. 따라서 수괘(需卦 : ䷄)의 육사(六四 : --)를 포함해서 구삼(九三 : —)-구이(九二 : —)-초구(初九 : —) 등이 구오(九五 : —)의 도움을 받아 기다림[需] 끝에 감(坎 : ☵)의 험난함[陷]을 극복하고 상진(上進)함이 이롭게[利] 된 것임을 암시한 계사(繫辭)가 〈이섭대천(利涉大川)〉이다.

【字典】

**수(需)** 〈기다릴 수(需)-수(須), 음식 수(需)-사(食), 머뭇거릴 수(需)-지(遲), 찾을 수(需)-색(索), 의심할 수(需)-의(疑), 길러줄 수(需)-양(養)〉 등의 뜻을 내지만 여기선 〈기다릴 수(須), 길러낼 양(養)〉 등과 같다 여기고 새김이 마땅하다.

**유(有)** 〈없을 무(無)의 반대말로 있을 유(有), 얻을(가질) 유(有)-취(取), 혹 유(有)-혹(或), 많을 유(有)-다(多)-족(足), 부유할 유(有)-부(富), 간직할 유(有)-장(藏), 보호할 유(有)-보(保), 서로 친할 유(有)-상친(相親), 전일할 유(有)-전(專), 할 유(有)-위(爲), 어조사 유(有)〉 등의 뜻을 내지만 〈있을 유(有)〉로 여기고 새김이 마땅하다.

**부(孚)** 〈믿을 부(孚)-신(信), 알에서 새끼가 껍질을 쪼아 나올 부(孚)-난화(卵化), 씨앗이 틀 부(孚)-부(稃), 기를 부(孚)-육(育), 덮어줄 부(孚)-복(覆), 붙을(의지할) 부(孚)-부(附)-부(付), 깡충거릴 부(孚)-무조(務躁)-부조(浮躁), 옥채색 부(孚)-옥채색(玉采

色)〉 등의 뜻을 내지만 여기선 〈믿을 신(信)〉과 같다 여기고 새김이 마땅하다.

**광(光)** 〈크나큰 광(光)-대(大), 빛날 광(光)-색택(色澤), 문물의 아름다움 광(光)-문물지미(文物之美), 밝을 광(光)-명(明), 비칠 광(光)-조(照), 영광 광(光)-영(榮), 명예로울 광(光)-예(譽), 위덕 광(光)-위덕(威德), 은총 광(光)-은총(恩寵), 화려하게 꾸밀 광(光)-화식(華飾), 해와 달과 별 광(光)-일월성(日月星), 기운 광(光)-기(氣), 넓을 광(光)-광(廣), 멀리 광(光)-원(遠), 가득할 광(光)-충(充)〉 등의 뜻을 내지만 여기선 〈크나큰 대(大)〉와 같다 여기고 새김이 마땅하다.

**亨** 〈향-형-팽〉 등으로 발음되고, 〈통할 형(亨)-통(通), 드릴 향(亨)-헌(獻), 남을 형(亨)-여(餘), 삶을 팽(亨)-자(煮)-팽(烹)〉 등의 뜻을 내지만 여기선 〈통할 통(通)〉과 같다 여기고 새김이 마땅하다.

**정(貞)** 〈바를 정(貞)-정(正), 믿을 정(貞)-신(信), 오로지(순수할) 정(貞)-전(專)-일(一), 거북점을 물을 정(貞)-복문(卜問), 역(易)의 내괘(內卦) 정(貞), 마땅할 정(貞)-당(當), 정할 정(貞)-정(定)〉 등의 뜻을 내지만 여기선 〈바를 정(正), 믿을 신(信)〉 등을 합친 뜻과 같아 〈정신(正信)〉 즉 바르고[正] 미더움[信]으로 새김이 마땅하다.

**길(吉)** 〈좋을(행복할) 길(吉)-선(善)-영(令) {영월길일(令月吉日)은 선월선일(善月善日)임.}, 복 길(吉)-실(實)-선실(善實)-복(福), 예의를 따라 상서로울 길(吉)-예의순상(禮義順祥), 삼갈 길(吉)-근(謹), 초하루 길(吉)-삭일(朔日) {삭망(朔望) 즉 초하루[朔]와 그믐날[望]}, 길례 길(吉)-길례(吉禮) {오례지일(五禮之一) 길흉빈군가(吉凶賓軍嘉)}, 갈 길(吉)-행(行)-길(趌)〉 등의 뜻을 내지만 여기선 〈좋을 선(善)-영(令)〉 즉 행복과 같다 여기고 새김이 마땅하다.

**이(利)** 〈만물로 하여금 삶을 이루어가게 하는 덕(德)의 이로울 이(利)-사만물수생지덕(使萬物遂生之德), 날카로울 이(利)-예(銳)-섬(銛), 질병 이(利)-질(疾), 통할 이(利)-통(通)-순(順), 좋을 이(利)-길(吉)-의(宜), 편리할 이(利)-편(便), 마름해 만들어 이룰 이(利)-재성(裁成), 탐할 이(利)-탐(貪), 구할(취할) 이(利)-구(求)-취(取), 좋아할 이(利)-열애(悅愛), 이로울 이(利)-익(益), 기교 이(利)-교(巧), 보람 이(利)-공용(功用), 지세가 험하고 중요한 이(利)-험요(險要), 이길 이(利)-승(勝), 어질 이(利)-인(仁)〉 등의 뜻을 내지만 여기선 〈이로울 이(利)〉로 여기고 새김이 마땅하다. 〈利〉가 맨 앞에 오면 〈이〉로 발음되고, 중간이나 뒤에 오면 〈리〉로 발음된다.

**섭(涉)** 〈물 건널 섭(涉)-도(渡), 물이 흘러가는 섭(涉)-수류(水流), 헤엄쳐 갈 섭(涉)-유행(游行), 서로 교류할 섭(葉)-상교(相交), 경력 섭(涉)-경력(經歷), 깊이 들어갈 섭(涉)-심입(深入)〉 등의 뜻을 내지만 여기선 〈물 건널 도(渡)〉와 같다 여기고 새김이 마땅하다.

**대(大)** 〈큰 대(大)-소지대(小之對), 지나칠 대(大)-과(過), 자만할 대(大)-과(誇)-긍벌(矜伐), 넓을 대(大)-광(廣), 두루 대(大)-편(徧), 통할 대(大)-통(通), 길 대(大)-장(長), (땅을) 걸게 할 대(大)-비(肥), 두터울 대(大)-후(厚), 많을 대(大)-다(多), 모두 대(大)-개(皆), 선할 대(大)-선(善), 무거울 대(大)-중(重), 거대할 대(大)-거(巨), 아름다울 대(大)-미(美)-장(壯), 부유할 대(大)-부(富), 늙을 대(大)-노(老), 끝 대(大)-극(極), 대충 대(大)-조(組)-불세밀(不細密), 처음 대(大)-초(初), 하늘 대(大)-천(天), 건(乾)-양기(陽氣)-양효(陽爻) 대(大)〉 등의 뜻을 내지만 여기선 〈큰 대(大)〉로 여기고 새김이 마땅하다.

**천(川)** 〈시내 천(川)-천(巛)-관천통류수(貫穿通流水), 수류의 총칭 천(川)-수류지총칭(水流之總稱), 흐르는 물의 시작 천(川)-수류지시(水流之始), 산천의 신 천(川)-산천지신(山川之神), 구덩이 천(川)-갱(坑)〉 등의 뜻을 내지만 여기선 〈땅을 뚫어내고 흐르는 물 즉 시내 관천통류수(貫穿通流水)〉로 여기고 새김이 마땅하다. 〈대천(大川)〉이란 강물을 뜻한다.

---

註 감함야(坎陷也) : 감은[坎 : ☵] 위험함[陷]이다[也]. 「설괘전(說卦傳)」 7단락(段落)

註 감위수(坎爲水) : 감은[坎 : ☵] 물[水]이다[爲]. 「설괘전(說卦傳)」 11단락(段落)

## 2 효의 효상과 계사

初九 : 需于郊라 利用恒이고 无咎리라
수우교 이용항 무구

九二 : 需于沙라 小有言하나 終吉이리라
수우사 소유언 종길

九三 : 需于泥라 致寇至리라
수우니 치구지

六四 : 需于血이라 出自穴이리라
수우혈 출자혈

九五 : 需于酒食이라 貞吉하리라
수우주식 정길

上六 : 入于穴이라 有不速之客하여 三人來하니 敬之면 終吉하리라
입우혈 유불속지객 삼인래 경지 종길

초구(初九) : 땅[郊]에서[于] 기다린다[需]. 변함없는 마음을[恒] 써야[用] 이롭고[利] 허물이[咎] 없다[无].

구이(九二) : 모래톱[沙]에서[于] 기다린다[需]. 조금[小] 투덜댐이[言] 있지만[有] 마침내[終] 길하다[吉].

구삼(九三) : 진창[泥]에서[于] 기다린다[需]. 도둑이[寇] 도래함을[至] 불러들인다[致].

육사(六四) : 혈괘[血]에서[于] 기다린다[需]. 물길[穴]로부터[自] 나온다[出].

구오(九五) : 술과[酒] 음식과[食] 함께[于] 기다린다[需]. 진실로 미더워[貞] 길하다[吉].

상륙(上六) : 물길[穴]로[于] 들어간다[入]. 부르지 않은[不速之] 손님이[客] 있어[有] 세[三] 사람이[人] 오니[來] 그들을[之] 받들어[敬] 끝내는[終] 길하다[吉].

# 초구(初九 : ⚊)

初九 : 需于郊라 利用恒이고 无咎리라
수우교 이용항 무구

초구(初九) : 땅[郊]에서[于] 기다린다[需]. 변함없는 마음을[恒] 써야[用] 이롭고[利] 허물이[咎] 없다[无].

**【초구(初九)의 효상(爻象) 풀이】**

수괘(需卦 : ䷄) 초구(初九 : ⚊)는 이양거양(以陽居陽) 즉 양(陽 : ⚊)으로써[以] 양(陽 : ⚊)의 자리에 있는지라[居] 정당한 자리에 있다. 초구(初九 : ⚊)가 구이(九二 : ⚊)와는 양양(兩陽) 즉 둘 다[兩] 양(陽 : ⚊)이어서 이웃의 사귐[比]을 누리지 못한다. 그러나 초구(初九 : ⚊)와 육사(六四 : ⚋)는 서로 정위(正位) 즉 정당한[正] 자리[位]에 있어서 정응(正應) 즉 정도를 따라[正] 서로 호응할[應] 수 있지만 유약(柔弱)한 육사(六四 : ⚋)로부터 실질적인 도움을 받기는 어렵다. 그러나 수괘(需卦 : ䷄)의 상체(上體) 감(坎 : ☵)의 위험[陷]에서 멀리 떨어져 〈수(需)〉 즉 기다리고[需] 있으니, 자신의 강강(剛强)함을 억누르면서 차분하게 상진(上進)할 수 있는 알맞은 때를 기다려야[需] 하는 모습이 초구(初九 : ⚊)의 효상(爻象)이다.

수괘(需卦 : ䷄)의 초구(初九 : ⚊)가 초륙(初六 : ⚋)으로 변효(變爻)하면 초구(初九 : ⚊)는 수괘(需卦 : ䷄)를 48번째 정괘(井卦 : ䷯)로 지괘(之卦)하게 한다. 따라서 수괘(需卦 : ䷄)의 초구(初九 : ⚊)는 정괘(井卦 : ䷯)의 초륙(初六 : ⚋)을 찾아가 살펴보게 한다.

**【초구(初九)의 계사(繫辭) 풀이】**

## 需于郊(수우교)

땅[郊]에서[于] 기다린다[需].

초구(初九 : ⚊)의 효위(爻位)를 빌려 암시한 계사(繫辭)이다. 〈수우교(需于郊)〉는 〈초구수우교(初九需于郊)〉의 줄임으로 여기고 〈초구가[初九] 땅[郊]에서[于] 기다린다[需]〉라고 새겨볼 것이다. 〈수우교(需于郊)의 교(郊)〉는 〈대천(大川)〉에서 떨어져 있는 땅을 말한다. 이는 곧 초구(初九 : ⚊)가 수괘(需卦 : ䷄)의 초효(初爻)로서 수괘(需卦 : ䷄)의 상체(上體) 감(坎 : ☵)으로부터 멀리 떨어져 있음을 암시한다. 수괘(需卦 : ䷄)의 상체(上體) 감(坎 : ☵)은 큰 물[大川]이니 건너기가[涉] 위험함[陷]을 상징한다. 건너기 위험한 큰[大] 내[川]인 감(坎 : ☵)으로부터 멀리 떨어진 땅에서[于郊] 위험[陷]에 처한 구오(九五 : ⚊)를 도와주면서 동시에 구오(九五 : ⚊)의 안내를 받아 감(坎 : ☵)의 위험[陷]을 건너가고자 기다리는[需] 초구(初九 : ⚊)의 모습을 암시한 계사(繫辭)가 〈수우교(需于郊)〉이다.

## 利用恒(이용항) 无咎(무구)

**변함없는 마음을[恒] 써야[用] 이롭고[利] 허물이[咎] 없다[无].**

위험을 앞두고 기다리는 초구(初九 : ⚊)의 심지(心志)를 암시하는 계사(繫辭)이다. 〈이용항(利用恒)〉은 〈약초구용항(若初九用恒) 초구유리(初九有利)〉의 줄임으로 여기고 〈만약[若] 초구가[初九] 항을[恒] 쓴다면[用] 초구에게[初九] 이로움이[利] 있다[有]〉고 새겨볼 것이다. 〈이용항(利用恒)의 항(恒)〉은 건너기[涉] 위험한[陷] 〈대천(大川)〉을 건너 상진(上進)하자면 감(坎 : ☵)의 중효(中爻)인 구오(九五 : ⚊)의 도움을 진실로 믿어주는[孚] 항심(恒心) 즉 변함없는[恒] 마음[心]을 말한다. 그 항심(恒心)을 초구(初九 : ⚊)가 간직하니 이롭다는 것이 〈이용항(利用恒)〉이다. 모든 인간사(人間事)에서도 선(善)한 항심(恒心)은 이로울[利] 뿐이다. 〈대천(大川)〉에서 떨어진 땅에[于郊] 있으면서도 구오(九五 : ⚊)의 도움을 진실로 믿어주는[孚] 항심(恒心)을 간직한[用] 초구(初九 : ⚊)에게 허물이[咎] 있을 리 없다[无]고 암시한 계사(繫辭)가 〈이용항(利用恒) 무구(无咎)〉이다.

【字典】

**수(需)** 〈기다릴 수(需)-수(須), 음식 수(需)-사(食), 머뭇거릴 수(需)-지(遲), 찾을 수(需)-색(索), 의심할 수(需)-의(疑), 길러줄 수(需)-양(養)〉 등의 뜻을 내지만 여기선 〈기다릴 수(須), 길러낼 양(養)〉 등과 같다 여기고 새김이 마땅하다.

**우(于)** 〈~에서 우(于)-어(於), 갈 우(于)-왕(往), 써 우(于)-이(以), 할 우(于)-위(爲), 여기 우(于)-시(是), 도울 우(于)-조(助), 클 우(于)-대(大), 구할 우(于)-구(求), 자족

하는 모습 우(于)-자족모(自足貌)〉 등의 뜻을 내지만 여기선 〈~에서 어(於)〉와 같다 여기고 새김이 마땅하다.

**교(郊)** 들 교(郊)-읍외(邑外), 고을 밖 교(郊)-향계지외(鄉界之外), {읍성(邑城)의} 바깥 끝 교(郊)-외지극(外之極), 들판 교(郊)-전야(田野)〉 등의 뜻을 내지만 여기선 〈들판 전야(田野)〉로 새김이 마땅하다.

**이(利)** 〈만물로 하여금 삶을 이루어가게 하는 덕(德)의 이로울 이(利)-사만물수생지덕(使萬物遂生之德), 날카로울 이(利)-예(銳)-섬(銛), 질병 이(利)-질(疾), 통할 이(利)-통(通)-순(順), 좋을 이(利)-길(吉)-의(宜), 편리할 이(利)-편(便), 마름해 만들어 이룰 이(利)-재성(裁成), 탐할 이(利)-탐(貪), 구할(취할) 이(利)-구(求)-취(取), 좋아할 이(利)-열애(悅愛), 이로울 이(利)-익(益), 기교 이(利)-교(巧), 보람 이(利)-공용(功用), 지세가 험하고 중요한 이(利)-험요(險要), 이길 이(利)-승(勝), 어질 이(利)-인(仁)〉 등의 뜻을 내지만 여기선 〈이로울 이(利)〉로 여기고 새김이 마땅하다. 〈利〉가 맨 앞에 오면 〈이〉로 발음되고, 중간이나 뒤에 오면 〈리〉로 발음된다.

**용(用)** 〈쓸 용(用)-시(施), 쓰일(부릴) 용(用)-사(使), 맡길 용(用)-임(任), 행할 용(用)-행(行), 위할 용(用)-위(爲), 갖출 용(用)-비(備)〉 등의 뜻을 내지만 여기선 〈쓸 시(施)〉와 같다 여기고 새김이 마땅하다.

**항(恒)** 〈항상 항(恒)-상(常), 늘 항(恒)-구(久), 일찍 항(恒)-상(嘗)-증(曾), 편안히 머물 항(恒)-안거(安居), 언제든지 항(恒)-평소(平素)〉 등의 뜻을 내지만 여기선 〈항상 상(常)〉과 같다 여기고, 상심(常心) 즉 변함없는[常] 마음[心]으로 새김이 마땅하다.

**무(无)** 〈없을 무(无)-무(無), 허무지도 무(无)-허무지도(虛无之道), 으뜸 무(无)-원(元)〉 등의 뜻을 내지만 여기선 〈없을 무(無)〉와 같다 여기고 새김이 마땅하다.

**구(咎)** 〈허물 구(咎)-건(愆)-과(過), 재앙 구(咎)-재(災), 병될 구(咎)-병(病), 나쁠 구(咎)-오(惡)〉 등의 뜻을 내지만 여기선 〈허물 건(愆)-과(過)〉와 같다 여기고 새김이 마땅하다. 〈무구(无咎)〉는 〈면어구(免於咎)〉 즉 허물을[於咎] 면하다[免]와 같다.

# 구이(九二 : ⚊)

**九二 : 需于沙라 小有言하나 終吉이리라**
수우사 소유언 종길

구이(九二) : 모래톱[沙]에서[于] 기다린다[需]. 조금[小] 투덜댐이[言] 있지만[有] 마침내[終] 길하다[吉].

**【구이(九二)의 효상(爻象) 풀이】**

수괘(需卦 : ䷄) 구이(九二 : ⚊)는 이양거음(以陽居陰) 즉 양(陽 : ⚊)으로써[以] 음(陰 : ⚋)의 자리에 있는지라[居] 정당한 자리에 있지 못하다. 구이(九二 : ⚊)는 초구(初九 : ⚊)와 구삼(九三 : ⚊) 사이에 있어서 이웃의 사귐[比]을 바랄 수도 없고, 구오(九五 : ⚊)와도 양양(兩陽) 즉 둘 다[兩] 양(陽 : ⚊)이어서 서로 중효(中爻)이지만 중정(中正)-정응(正應)을 누리지 못한다. 중정(中正)은 중효정위(中爻正位)의 줄임으로 중효이며[中] 정위에 있음[正]을 말한다. 이런 형편임에도 구이(九二 : ⚊)는 상체(上體) 감(坎 : ☵)의 위험[陷]으로 더 가까이 다가가 있으므로 그 위험을 건너 상진(上進)하자면 참을 대로 참고 구오(九五 : ⚊)의 도움을 기다리며[需], 차분하게 알맞은 때를 기다려야[需] 하는 모습이 구이(九二 : ⚊)의 효상(爻象)이다.

수괘(需卦 : ䷄)의 구이(九二 : ⚊)가 육이(六二 : ⚋)로 변효(變爻)하면 구이(九二 : ⚊)는 수괘(需卦 : ䷄)를 63번째 기제괘(旣濟卦 : ䷾)로 지괘(之卦)하게 한다. 따라서 수괘(需卦 : ䷄)의 구이(九二 : ⚊)는 기제괘(旣濟卦 : ䷾)의 육이(六二 : ⚋)를 찾아가 살펴보게 한다.

**【구이(九二)의 계사(繫辭) 풀이】**

## 需于沙(수우사)

모래톱[沙]에서[于] 기다린다[需].

구이(九二 : ⚊)의 효위(爻位)를 빌려 암시한 계사(繫辭)이다. 〈수우사(需于沙)〉

는 〈구이수우사(九二需于沙)〉의 줄임으로 여기고 〈구이가[九二] 모래톱[沙]에서[于] 기다린다[需]〉고 새겨볼 것이다. 〈수우사(需于沙)의 사(沙)〉는 〈대천(大川)〉의 물이 들락날락하는 물가의 모래톱을 말한다. 이는 곧 구이(九二 : ⚊)가 수괘(需卦 : ䷄)의 중효(中爻)로서 수괘(需卦 : ䷄)의 상체(上體) 감(坎 : ☵)의 험함[陷]에 다다르지 않았으나 가까워져 있음을 암시한다. 그러나 수괘(需卦 : ䷄)의 하체(下體) 건(乾 : ☰)의 중효(中爻)로서, 득중(得中) 즉 정도를 따름을[中] 취하여[得] 강강(剛强)에만 치우치지 않고 구이(九二 : ⚊) 자신이 거유수중(居柔守中) 즉 음(陰)에[柔] 있기에[居] 음양(陰陽)의 상화(相和)를 따름을[中] 지켜[守] 편안한 마음으로, 수괘(需卦 : ䷄)의 상체(上體) 감(坎 : ☵)의 위험[陷]이 가까운 모래톱에서[于沙] 구오(九五 : ⚊)를 도와주면서 동시에 구오(九五 : ⚊)의 안내를 받아 위험[陷]을 건너가고자 기다리는[需] 구이(九二 : ⚊)의 모습을 암시한 계사(繫辭)가 〈수우사(需于沙)〉이다.

## 小有言(소유언) 終吉(종길)

**조금[小] 투덜댐이[言] 있지만[有] 마침내[終] 길하다[吉].**

내호괘(內互卦)를 빌려 암시한 계사(繫辭)이다. 〈소유언(小有言)〉은 〈구이소유언관어지감(九二小有言關於至坎)〉의 줄임으로 여기고 〈감에[坎] 이름에[至] 관해서[關於] 구이에게[九二] 조금[小] 투덜댐이[言] 있다[有]〉고 새겨볼 것이다. 〈소유언(小有言)의 언(言)〉은 수괘(需卦 : ䷄)의 내호괘(內互卦)인 태(兌 : ☱)를 빌려 구이(九二 : ⚊)를 암시한다. 「설괘전(說卦傳)」의 〈태는[兌 : ☱] 구설(口舌)이다[爲]〉라는 내용을 〈소유언(小有言)의 언(言)〉이 환기시키기 때문이다. 편안히 기다리면서도 느림에 대해서 조금은 투덜댈 수도 있는 일이다. 구이(九二 : ⚊)가 자신의 강강(剛强)함을 앞세워 거험(去險) 즉 위험함을[險] 떨쳐남[去]이 느림을 두고 대노(大怒)하여 왈가왈부(曰可曰否)함이 아니라 조금[小] 투덜댐이[言] 있다[有] 해도 큰 허물 될 것은 없으니, 구오(九五 : ⚊)의 도움을 받아 수괘(需卦 : ䷄)의 상체(上體) 감(坎 : ☵)의 위험함[陷]을 구이(九二 : ⚊)가 건너가 마침내[終] 행운을 누림[吉]을 암시한 계사(繫辭)가 〈소유언(小有言) 종길(終吉)〉이다.

【字典】

**수(需)** 〈기다릴 수(需)-수(須), 음식 수(需)-사(食), 머뭇거릴 수(需)-지(遲), 찾을 수(需)-색(索), 의심할 수(需)-의(疑), 길러줄 수(需)-양(養)〉 등의 뜻을 내지만 여기선 〈기다릴 수(須), 길러낼 양(養)〉 등과 같다 여기고 새김이 마땅하다.

**우(于)** 〈~에서 우(于)-어(於), 갈 우(于)-왕(往), 써 우(于)-이(以), 할 우(于)-위(爲), 여기 우(于)-시(是), 도울 우(于)-조(助), 클 우(于)-대(大), 구할 우(于)-구(求), 자족하는 모습 우(于)-자족모(自足貌)〉 등의 뜻을 내지만 여기선 〈~에서 어(於)〉와 같다 여기고 새김이 마땅하다.

**사(沙)** 〈모래톱(물에서 가까운 곳) 사(沙)-수방지(水旁地), 모래 사(沙)-소토(疏土), 사막 사(沙)-사막(沙漠), 떠다니는 먼지 사(沙)-비진(飛塵), 물 논 사(沙)-수전(水田), 소수 사(沙)-소수(小數)〉 등의 뜻을 내지만 여기선 〈모래톱 수방지(水旁地)〉로 여기고 새김이 마땅하다.

**소(小)** 〈조금(작을) 소(小)-미(微)-대지반(大之反), 자잘할 소(小)-세(細), 짧을 소(小)-단(短), 좁을 소(小)-협(狹), 어릴 소(小)-유(幼), 천할 소(小)-천(賤), 첩 소(小)-첩(妾), 음(陰)을 칭하는 소(小)〉 등의 뜻을 내지만 여기선 〈조금 소(小)〉로 여기고 새김이 마땅하다.

**유(有)** 〈없을 무(無)의 반대말로 있을 유(有), 얻을(가질) 유(有)-취(取), 혹 유(有)-혹(或), 많을 유(有)-다(多)-족(足), 부유할 유(有)-부(富), 간직할 유(有)-장(藏), 보호할 유(有)-보(保), 서로 친할 유(有)-상친(相親), 전일할 유(有)-전(專), 할 유(有)-위(爲), 어조사 유(有)〉 등의 뜻을 내지만 〈있을 유(有)〉로 여기고 새김이 마땅하다.

**언(言)** 〈말 언(言)-어(語), 말소리 언(言)-언사(言辭), 말의 첫머리를 꺼낼 언(言)-발단(發端)-직언(直言), 논할 언(言)-설(說), 밝힐(공표할) 언(言)-선(宣), 물어볼 언(言)-문(問), 따를 언(言)-종(從), 교명 언(言)-교명(教命), 호령 언(言)-호령(號令), 동맹이 필요할 말씀 언(言)-회동맹요지사(會同盟要之辭), 모의할 언(言)-모의(謀議), 응대하는 말 언(言)-사령(辭令), 웃전에 뜻을 전할 언(言)-상표(上表), 일구 언(言)-일구(一句), 한 글자 언(言)-일자(一字), 나 언(言)-아(我), 어울려 받드는 모습 언(言)-화경지모(和敬之貌), 송사할 언(言)-송(訟), 발어사 언(言)-운(云)〉 등의 뜻을 내지만 여기선 〈말 어(語)〉로 여기고 새김이 마땅하다.

**종(終)** 〈끝내 종(終)-시지대(始之對), 끝날 종(終)-이(已), 다할 종(終)-진(盡)-극(極)-궁(窮)-경(竟), 충분할 종(終)-충(充), 이룰 종(終)-성(成), 사망 종(終)-사(死)〉 등의 뜻을 내지만 여기선 〈끝내 종(終)〉으로 여기고 새김이 마땅하다.

**길(吉)** 〈좋을(행복할) 길(吉)-선(善)-영(令) {영월길일(令月吉日)은 선월선일(善月善日)임.}, 복 길(吉)-실(實)-선실(善實)-복(福), 예의를 따라 상서로울 길(吉)-예의순상(禮義順祥), 삼갈 길(吉)-근(謹), 초하루 길(吉)-삭일(朔日) {삭망(朔望) 즉 초하루[朔]와 그믐날[望]}, 길례 길(吉)-길례(吉禮) {오례지일(五禮之一) 길흉빈군가(吉凶賓軍嘉)}, 갈 길(吉)-행(行)-길(趌)〉 등의 뜻을 내지만 여기선 〈좋을 선(善)-영(令)〉 즉 행복과 같다 여기고 새김이 마땅하다.

---

註 태위구설(兌爲口舌) : 태는[兌 : ☱] 구설(口舌)이다[爲]. 「설괘전(說卦傳)」 11단락(段落)

## 구삼(九三 : ⚊)

**九三 : 需于泥라 致寇至리라**
(수 우 니 치 구 지)

구삼(九三) : 진창[泥]에서[于] 기다린다[需]. 도둑이[寇] 도래함을[至] 불러들인다[致].

### 【구삼(九三)의 효상(爻象) 풀이】

수괘(需卦 : ䷄) 구삼(九三 : ⚊)은 이양거양(以陽居陽) 즉 양(陽 : ⚊)으로써[以] 양(陽 : ⚊)의 자리에 있는지라[居] 정당한 자리에 있다. 구이(九二 : ⚊)와는 양양(兩陽) 즉 둘 다[兩] 양(陽 : ⚊)이어서 비(比) 즉 이웃의 사귐[比]을 누리지 못하지만, 육사(六四 : ⚋)와는 양음(陽陰)의 사이인지라 비(比)를 누리며, 상륙(上六 : ⚋)과도 양음(陽陰)의 사이인지라 정응(正應) 즉 정도를 따라[正] 서로 호응함[應]을 누릴 수 있지만 상륙(上六 : ⚋)이 유약(柔弱)한지라 기대하기는 어렵다. 그리고 구삼(九三 : ⚊)은 수괘(需卦 : ䷄)의 하체(下體) 건(乾 : ☰)의 중위(中位)를 벗어나 상체(上體) 감(坎 : ☵)과 접한 위치에 있는지라 위험[陷]에 맞닿아 사정이 좋지가 못해 안전을 앗아갈 도둑[寇] 즉 감(坎 : ☵)에 다가가게 됨을 경각(警覺)하고, 조심에 조심을 더해가며 구오(九五 : ⚊)의 도움을 기다리고[需], 차분하게 상진(上進)할 수 있는 알맞은 때를 기다려야[需] 하는 모습이 구삼(九三 : ⚊)의 효상(爻象)이다.



수괘(需卦 : ䷄)의 구삼(九三 : ⚊)이 육삼(六三 : ⚋)으로 변효(變爻)하면 구삼(九三 : ⚊)은 수괘(需卦 : ䷄)를 60번째 절괘(節卦 : ䷻)로 지괘(之卦)하게 한다. 따라서 수괘(需卦 : ䷄)의 구삼(九三 : ⚊)은 절괘(節卦 : ䷻)의 육삼(六三 : ⚋)을 찾아가 살펴보게 한다.



**【구삼(九三)의 계사(繫辭) 풀이】**

## 需于泥(수우니)

진창[泥]에서[于] 기다린다[需].

구삼(九三 : ⚊)의 효위(爻位)를 빌려 암시한 계사(繫辭)이다. 〈수우니(需于泥)〉는 〈구삼수우니(九三需于泥)〉의 줄임으로 여기고 〈구삼이[九三] 진창[泥]에서[于] 기다린다[需]〉고 새겨볼 것이다. 〈수우니(需于泥)의 니(泥)〉는 〈대천(大川)〉의 물이 못을 이루어 멈추었음을 암시한다. 흐르는 물가에는 진창[泥]이 이루어지지 않는다. 따라서 〈수우니(需于泥)의 니(泥)〉는 구삼(九三 : ⚊)이 변효(變爻)하여 수괘(需卦 : ䷄)의 하체(下體) 건(乾 : ☰)이 태(兌 : ☱)로 변괘(變卦)함을 암시한다. 「설괘전(說卦傳)」에 〈태는[兌 : ☱] 못[澤]이다[爲]〉라는 내용이 나온다. 이는 곧 구삼(九三 : ⚊)이 수괘(需卦 : ䷄)의 하체(下體) 건(乾 : ☰)의 상효(上爻)인지라 수괘(需卦 : ䷄)의 상체(上體) 감(坎 : ☵)의 험함[陷]에 다가감을 암시한다. 이에 위험[陷]을 당하면서 구삼(九三 : ⚊)이 구오(九五 : ⚊)의 도움을 받아 감(坎 : ☵)의 위험[陷]을 벗어나려고 진창에서[于泥], 위험[陷]에 처한 구오(九五 : ⚊)를 도와주면서 동시에 구오(九五 : ⚊)의 안내를 받아 감(坎 : ☵)의 위험[陷]을 건너가고자 기다리는[需] 구삼(九三 : ⚊)의 모습을 암시한 계사(繫辭)가 〈수우니(需于泥)〉이다.

## 致寇至(치구지)

도둑이[寇] 다가옴을[至] 불러들인다[致].

구삼(九三 : ⚊)의 효위(爻位)를 빌려 거듭 암시한 계사(繫辭)이다. 〈치구지(致寇至)〉는 〈구삼치지급구(九三致至給寇)〉의 줄임으로 여기고 〈구삼이[九三] 도둑에게[給寇] 다가감을[至] 불러들인다[致]〉고 새겨볼 것이다. 구삼(九三 : ⚊)이 수괘(需卦 : ䷄)의 상체(上體) 감(坎 : ☵)으로 가까이 다가갔음을 암시한다. 〈치구지(致寇至)의 치(致)〉는 〈불러들일 초(招)〉와 같고 초치(招致)의 준말로 여김이 마땅하다. 〈치구지(致寇至)의 지(至)〉는 〈올 내(來)〉와 같고 지래(至來)의 준말로 여김이 마땅하다. 〈치구지(致寇至)의 구(寇)〉는 수괘(需卦 : ䷄)의 상체(上體) 감(坎 : ☵)을 암시한다. 「설괘전(說卦傳)」에 〈감은[坎 : ☵] 도둑[盜]이다[爲]〉라는 말이 나온다. 감(坎 : ☵)은 〈함(陷)〉 즉 위험[陷]이니 안전을 훔쳐가는 도둑[寇] 또는 침입자라는 것이다. 〈구(寇)〉와 〈도(盜)〉는 다 도둑을 말한다. 수괘(需卦 : ䷄)의 하체(下體) 건(乾 : ☰)의 삼양(三陽)이 모두 상체(上體) 감(坎 : ☵)으로 고집스럽게 상진(上進)하려고 함에 구삼(九三 : ⚊)이 가장 가까이 다가가니[至], 이는 도둑을[寇] 구삼(九三 : ⚊) 자신이 불러들이는[致] 셈임을 암시한 계사(繫辭)가 〈치구지(致寇至)〉이다.

【字典】

**수(需)** 〈기다릴 수(需)-수(須), 음식 수(需)-사(食), 머뭇거릴 수(需)-지(遲), 찾을 수(需)-색(索), 의심할 수(需)-의(疑), 길러줄 수(需)-양(養)〉 등의 뜻을 내지만 여기선 〈기다릴 수(須), 길러낼 양(養)〉 등과 같다 여기고 새김이 마땅하다.

**우(于)** 〈~에서 우(于)-어(於), 갈 우(于)-왕(往), 써 우(于)-이(以), 할 우(于)-위(爲), 여기 우(于)-시(是), 도울 우(于)-조(助), 클 우(于)-대(大), 구할 우(于)-구(求), 자족하는 모습 우(于)-자족모(自足貌)〉 등의 뜻을 내지만 여기선 〈~에서 어(於)〉와 같다 여기고 새김이 마땅하다.

**니(泥)** 〈진창 니(泥)-녕(濘), 수렁 니(泥)-수토상합(水土相合), 더럽고 썩은 니(泥)-오부(汚腐), 더러울 니(泥)-오(汚), 재능과 힘이 적은 니(泥)-소재력(少才力), 가까울 니(泥)-근(近), 진흙 니(泥)-도(塗), 막힐 니(泥)-불통(不通), 야들할 니(泥)-유택모(柔澤貌), 이슬 맺힐 니(泥)-노농모(露濃貌), 젖고 젖을 니(泥)-윤유(潤濡)〉 등의 뜻을 내지만 〈진창 녕(濘)〉으로 새김이 마땅하다.

**치(致)** 〈불러들일 치(致)-소(召)-초(招), 끌어들일 치(致)-인(引), 이를 치(致)-예

(詣), 돌아올 치(致)-반(返)-환(還)-귀(歸), 줄 치(致)-여(與)-수(授), 바칠(맡길) 치(致)-위(委), 전할 치(致)-전(傳), 다할 치(致)-극(極)-진(盡), 이를 치(致)-지(至)-도(到), 자세히 살필 치(致)-심(審), 성실할 치(致)-성(誠)〉 등의 뜻을 내지만 여기선 〈불러들일 초(招)〉로 여기고 새김이 마땅하다.

**구(寇)** 〈사나울 구(寇)-포(暴), 해칠 구(寇)-해(害), 원수 구(寇)-수(讐), 겁탈할 구(寇)-겁취(劫取), 떼도둑 구(寇)-군적(群賊)〉 등의 뜻을 내지만 여기선 〈도둑 구(寇)〉로 여기고 새김이 마땅하다.

**지(至)** 〈도래할 지(至)-도(到)-내(來), 이룰 지(至)-성(成), 지극할 지(至)-지극(至極), 새가 높은 데서 날아 내려와 땅에 이를 지(至)-조비종고하지(鳥飛從高下至), 미칠(이를) 지(至)-급(及), 좋을 지(至)-선(善), 다할 지(至)-진(盡)-극(極), 무리 지(至)-중(衆), 큰 지(至)-대(大), 마땅할 지(至)-당(當), 실제 지(至)-실(實), 옳을 지(至)-시(是), 아래 지(至)-하(下), 동지하지 지(至)-동지하지(冬至夏至)〉 등의 뜻을 내지만 여기선 〈올 내(來)〉와 같다 여기고 새김이 마땅하다.

---

註 태위택(兌爲澤) : 태는[兌 : ☱] 못[澤]이다[爲]. 「설괘전(說卦傳)」 11단락(段落)

註 감위도(坎爲盜) : 감은[坎 : ☵] 도둑[盜]이다[爲]. 「설괘전(說卦傳)」 11단락(段落)

## 육사(六四 : --)

六四 : 需于血이라 出自穴이리라
수우혈 출자혈

육사(六四) : 혈괘[血]에서[于] 기다린다[需]. 물길[穴]로부터[自] 나온다[出].

**【육사(六四)의 효상(爻象) 풀이】**

수괘(需卦 : ䷄) 육사(六四 : --)는 이음거음(以陰居陰) 즉 음(陰 : --)으로써[以] 음(陰 : --)의 자리에 있는지라[居] 정당한 자리에 있다. 육사(六四 : --)와 구삼(九三 : —)-구오(九五 : —)와는 음양(陰陽)의 사이라 육사(六四 : --)가 위아래로 비(比) 즉 이웃의 사귐[比]을 누린다. 동시에 육사(六四 : --)와 초구(初九 : —)는 서로 정위(正位)에 있어서 정응(正應) 즉 정도를 따라[正] 호응하는[應] 처지이다. 따라서 육사(六四 : --)가 감(坎 : ☵)의 위험[陷]에 처해 상처를 입을 수도 있는 처지에 있다 할지라도 주변의 도움을 두루두루 받을 수 있어서, 특히 구오(九五 : ━)의 도움을 기다리며[需] 차분하게 위험한 처지를 알아채고 벗어날 때를 기다리는[需] 모습이 육사(六四 : --)의 효상(爻象)이다.





> 수괘(需卦 : ䷄)의 육사(六四 : --)가 구사(九四 : ━)로 변효(變爻)하면 육사(六四 : --)는 수괘(需卦 : ䷄)를 43번째 쾌괘(夬卦 : ䷪)로 지괘(之卦)하게 한다. 따라서 수괘(需卦 : ䷄)의 육사(六四 : --)는 쾌괘(夬卦 : ䷪)의 구사(九四 : ━)를 찾아가 살펴보게 한다.

**【육사(六四)의 계사(繫辭) 풀이】**

## 需于血(수우혈)

혈괘[血]에서[于] 기다린다[需].

육사(六四 : --)의 효위(爻位)를 빌려 암시한 계사(繫辭)이다. 〈수우혈(需于血)〉은 〈육사수우혈(六四需于血)〉의 줄임으로 여기고 〈육사가[六四] 혈괘[血]에서[于] 기다린다[需]〉고 새겨볼 것이다. 〈수우혈(需于血)의 혈(血)〉은 「설괘전(說卦傳)」에 〈감은[坎 : ☵] 혈괘(血卦)이다[爲]〉라는 내용을 상기시킨다. 이는 곧 수괘(需卦 : ䷄)의 상체(上體) 감(坎 : ☵)을 암시해 육사(六四 : --)가 감(坎 : ☵)의 초효(初爻)임을 암시하고, 동시에 육사(六四 : --)가 경솔하면 상처를 입을 수도 있음을 암시한다. 감(坎 : ☵)을 혈괘(血卦)일 수도 있다 함은 감(坎 : ☵)의 위험[陷]으로 상처를 입어 피를 흘릴 수도 있음을 암시한다. 이에 위험[陷] 속에서 육사(六四 : --)가 수괘(需卦 : ䷄)의 상체(上體) 감(坎 : ☵)의 위험[陷]을 벗어나려고 감(坎 : ☵)의 초효로서(于血) 구오(九五 : ━)의 도움과 안내를 받아 감(坎 : ☵)의 위험[陷]을 벗어나기를 기다리는[需] 모습을 암시한 계사(繫辭)가 〈수우혈(需于血)〉이다.

## 出自穴(출자혈)

물길[穴]로부터[自] 나온다[出].

육사(六四 : --)의 효위(爻位)를 빌려 거듭 암시한 계사(繫辭)이다. 〈출자혈(出

自穴)〉은 〈육사출자혈(六四出自穴)〉의 줄임으로 여기고 〈육사가[六四] 물길[穴]로부터[自] 나온다[出]〉라고 새겨볼 것이다. 「설괘전(說卦傳)」에 〈감은[坎 : ☵] 구덩이[陷]이다[也]〉라는 내용이 나온다. 수괘(需卦 : ䷄)의 상체(上體) 감(坎 : ☵)은 함(陷) 즉 구덩이[陷]이다. 이 구덩이가 물속에 있으니 〈함(陷)〉은 곧 험(險) 즉 위험[險]으로 통한다. 여기 〈출자혈(出自穴)의 혈(穴)〉은 감(坎 : ☵)의 함(陷)이 도사리고 있는 수로(水路)를 암시한다. 〈출자혈(出自穴)의 출(出)〉은 육사(六四 : ⚋)가 감(坎 : ☵)의 초효(初爻)인지라 감(坎 : ☵)의 외변(外邊)에 있으니 육사(六四 : ⚋)는 감(坎 : ☵)의 수로(水路)에서 빗겨나 있는 편이다. 따라서 육사(六四 : ⚋)가 감(坎 : ☵)의 〈함(陷)〉 즉 구덩이[陷] 밖으로 나와[出] 감(坎 : ☵)의 수로[穴]를 벗어나 있음을 암시한 계사(繫辭)가 〈출자혈(出自穴)〉이다.

【字典】

**수(需)** 〈기다릴 수(需)-수(須), 음식 수(需)-사(食), 머뭇거릴 수(需)-지(遲), 찾을 수(需)-색(索), 의심할 수(需)-의(疑), 길러줄 수(需)-양(養)〉 등의 뜻을 내지만 여기선 〈기다릴 수(須), 길러낼 양(養)〉 등과 같다 여기고 새김이 마땅하다.

**우(于)** 〈~에서 우(于)-어(於), 갈 우(于)-왕(往), 써 우(于)-이(以), 할 우(于)-위(爲), 여기 우(于)-시(是), 도울 우(于)-조(助), 클 우(于)-대(大), 구할 우(于)-구(求), 자족하는 모습 우(于)-자족모(自足貌)〉 등의 뜻을 내지만 여기선 〈~에서 어(於)〉와 같다 여기고 새김이 마땅하다.

**혈(血)** 〈피 혈(血), 근심할 혈(血)-우(憂)-휼(恤), 물들일 혈(血)-염(染), 상처 날 혈(血)-상(傷), 눈물 혈(血)-누(淚), 음(陰)을 비유해주는 혈(血), 감괘 혈(血)-감괘(坎卦)〉 등의 뜻을 내지만 여기선 〈피 혈(血)〉로 여기고 새김이 마땅하다.

**出** 〈출-추〉 두 가지로 발음되고, 〈(안에서 밖으로) 날 출(出)-진(進), 드러날 출(出)-현(見), 특출할 출(出)-특(特), 치솟을 출(出)-상용(上湧), 위로 향할 출(出)-향상(向上), 낳을 출(出)-생(生), 멀 출(出)-원(遠), 갈 출(出)-거(去)-행(行), 관직에 부임할 출(出)-관부임(官赴任), 나타날 출(出)-현(現), 변천할 출(出)-추(推), 게울 출(出)-토(吐), 밖에 나갈 출(出)-외(外), 도망갈 출(出)-도(逃), 표할 출(出)-표(表), 갈릴 출(出)-이(離), 안에서 밖으로 내보낼 추(出)-자내이외(自內而外)〉 등의 뜻을 내지만 여기선 〈안에서 밖으로 나갈 진(進)〉으로 여기고 새김이 마땅하다.

**자(自)** 〈~부터 자(自)-유(由)-종(從), 몸소 자(自)-기(己), 좇을 자(自)-종(從), 스스로 자(自)-궁(躬), 절로 자(自)〉 등의 뜻을 내지만 여기선 〈~부터 유(由)〉와 같다 여기고 새김이 마땅하다.

**혈(穴)** 〈물길 혈(穴)-수도(水道)-수로(水路), 구멍 혈(穴)-공(孔), 토굴(땅굴) 혈(穴)-토실(土室), 묘혈 혈(穴)-묘혈(墓穴), 동굴 혈(穴)-동혈(洞穴), (몸의) 혈 혈(穴)-인체요해처(人體要害處), 곁 혈(穴)-측(側), 후미질 혈(穴)-벽(僻), 부정어 혈(穴)-불(弗)〉 등의 뜻을 내지만 여기선 〈물길 수로(水路)〉와 같다 여기고 새김이 마땅하다.

---

註 감함야(坎陷也) : 감은[坎 : ☵] 구덩이[陷]이다[也]. 「설괘전(說卦傳)」 7단락(段落)

## 구오(九五 : ⚊)

九五 : 需于酒食이라 貞吉하리라
(수우주식 정길)

구오(九五) : 술과[酒] 음식과[食] 함께[于] 기다린다[需]. 진실로 미더워[貞] 길하다[吉].

### 【구오(九五)의 효상(爻象) 풀이】

수괘(需卦 : ䷄) 구오(九五 : ⚊)는 이양거양(以陽居陽) 즉 양(陽 : ⚊)으로써[以] 양(陽 : ⚊)의 자리에 있는지라[居] 정당한 자리에 있다. 구오(九五 : ⚊)와 육사(六四 : ⚋)-상륙(上六 : ⚋)은 양음(陽陰)의 사이라 구오(九五 : ⚊)가 위아래로 비(比) 즉 이웃의 사귐[比]을 누린다. 구오(九五 : ⚊)와 구이(九二 : ⚊)는 양양(兩陽) 즉 둘 다[兩] 양(陽 : ⚊)이어서 중정(中正)-정응(正應)을 서로 누리지 못한다. 그러나 수괘(需卦 : ䷄)의 상체(上體) 감(坎 : ☵)의 중효(中爻)이고 수괘(需卦 : ䷄)의 오위(五位) 즉 존위(尊位)를 정당한 자리로 잡고 있어서 비록 감(坎 : ☵)의 위험[陷]에 있다 할지라도 득중(得中) 즉 정도를 따름을[中] 취하여[得] 평정(平靜)을 유지하면서, 상진(上進)하려는 하체(下體) 건(乾 : ☰)의 중양(衆陽)을 기다리는[需] 모습이 구오(九五 : ⚊)의 효상(爻象)이다.

수괘(需卦 : ䷄)의 구오(九五 : ⚊)가 육오(六五 : ⚋)로 변효(變爻)하면 구오(九五 : ⚊)는 수괘(需卦 : ䷄)를 11번째 태괘(泰卦 : ䷊)로 지괘(之卦)하게 한다. 따라서 수괘(需卦 : ䷄)의 구오(九五 : ⚊)는 태괘(泰卦 : ䷊)의 육오(六五 : ⚋)를 찾아가 살펴보게 한다.

【구오(九五)의 계사(繫辭) 풀이】

## 需于酒食(수우주식)

술과[酒] 음식과[食] 함께[于] 기다린다[需].

구오(九五 : ⚊)의 효위(爻位)를 빌려 암시한 계사(繫辭)이다. 〈수우주식(需于酒食)〉은 〈구오수우주식(九五需于酒食)〉의 줄임으로 여기고 〈구오가[九五] 주식과[酒食] 함께[于] 기다린다[需]〉고 새겨볼 것이다. 〈수우주식(需于酒食)의 주식(酒食)〉은 강강(剛强)한 구오(九五 : ⚊)가 존위(尊位)에서 중정(中正) 즉 중효[中]이며 바른 자리[正]에 있어서 득중(得中) 즉 정도를 따름을[中] 취하여[得] 어려움을 극복하고 기다림[需]의 보람을 누림을 암시한다. 여기 〈주식(酒食)〉은 〈수(需)〉 즉 기다린[需] 보람을 말한다. 싹이 트고 자라서 열매를 맺어 거두어들인 것들로 술[酒]도 빚고 먹을거리[食]를 마련하기까지는 기다려야[需] 한다. 이처럼 〈주식(酒食)〉은 인간의 욕심대로 마련되는 것이 아니라 천지조화(天地造化)를 따라 기다려야[需] 한다. 따라서 수괘(需卦 : ䷄)의 〈수(需)〉를 음식지도(飮食之道) 즉 마시고[飮] 먹는[食之] 도리[道]라고 하는 것이다. 이런 기다림[需]의 보람인 〈주식(酒食)〉으로써 구오(九五 : ⚊)가 연회(宴會)를 준비하고 있으니, 어려운 환경임에도 기다림[需]을 최선을 다하여 마주함을 〈주식(酒食)〉이 상징한다. 동시에 굳세고[剛] 강하면서도[强] 정도를[正] 따르는[中] 구오(九五 : ⚊)가 기다리면서[需] 적기(適機)를 틈타 상진(上進)하는 수괘(需卦 : ䷄)의 하체(下體) 건(乾 : ☰)의 중양(衆陽)을 맞이하려는 뜻마저 암시하는 계사(繫辭)가 〈수우주식(需于酒食)〉이다.

## 貞吉(정길)

진실로 미더워[貞] 길하다[吉].

구오(九五 : ⚊)가 득중(得中)으로써 기다림[需]을 암시한 계사(繫辭)이다. 〈정길(貞吉)〉은 〈구오정(九五貞) 소이구오길(所以九五吉)〉의 줄임으로 여기고 〈구오가[九五] 진실로 미덥다[貞] 그래서[所以] 구오가[九五] 행복하다[吉]〉고 새겨볼 것이다. 〈정(貞)〉이란 수중(守中) 즉 정도를 따름을[中] 지키는[守] 마음이다. 그 진실한 미더움[貞]은 공정(公正)하여 무사무편(無邪無偏)함이다. 간사함도[邪] 없고[無] 치우침도[偏] 없는[無] 심지(心志)가 곧 〈정(貞)〉이다. 이러한 〈정(貞)〉은 남의 심지를 말함이 아니라 바로 구오(九五 : ━) 자신의 심지를 말함이다. 내가 남에게 〈정(貞)〉을 요구할 수 없다. 오로지 자신이 모든 것을 아울러 하나같이[公] 바르게 하여[正] 간사함도[邪] 치우침도[偏] 없는[無] 자신의 진실로[誠] 미더운[信] 마음이 곧 〈정(貞)〉이다. 이러한 〈정(貞)〉은 언제 어디에서나 자신에게 이로울[利] 뿐만 아니라 〈부(孚)〉 즉 남이 나를 믿어주어[孚] 자타(自他)가 이롭기 때문에 항상 자신으로 하여금 막힘없이 통하게 하는[亨] 것이 〈정(貞)〉인지라, 강강(剛强)하면서도 청정(淸靜)함을 잃지 않는 구오(九五 : ━)가 어려움에 처해 있어도 행복을 누림[吉]을 암시한 계사(繫辭)가 〈정길(貞吉)〉이다.

【字典】

**수(需)** 〈기다릴 수(需)-수(須), 음식 수(需)-사(食), 머뭇거릴 수(需)-지(遲), 찾을 수(需)-색(索), 의심할 수(需)-의(疑), 길러줄 수(需)-양(養)〉 등의 뜻을 내지만 여기선 〈기다릴 수(須), 길러낼 양(養)〉 등과 같다 여기고 새김이 마땅하다.

**우(于)** 〈~에서 우(于)-어(於), 갈 우(于)-왕(往), 써 우(于)-이(以), 할 우(于)-위(爲), 여기 우(于)-시(是), 도울 우(于)-조(助), 클 우(于)-대(大), 구할 우(于)-구(求), 자족하는 모습 우(于)-자족모(自足貌)〉 등의 뜻을 내지만 여기선 〈~에서 어(於)〉와 같다 여기고 새김이 마땅하다.

**주(酒)** 〈술 주(酒)-곡국소양(穀麴所釀), 냉수 주(酒)-현주(玄酒)-명수(明水), 술 마실 주(酒)-음주(飮酒)〉 등의 뜻을 내지만 여기선 〈술 주(酒)〉로 여기고 새김이 마땅하다.

**食** 〈사-식-이〉 세 가지로 발음되고, 〈모든 음식물 식(食)-식용(食用)-음식물(飮食物), 먹일(먹힐) 사(食)-사(飤)-반(飯), 먹을거리(양식) 사(食)-양(糧), 길러줄 사(食)-양(養), (부모를 매장한 뒤에 올리는 제사) 우제 사(食)-우제(虞祭), 밥 식(食), 먹을 식(食)-여(茹), 씹을 식(食)-담(啗), 헛말할 식(食)-식언(食言), 사람 이름 이(食)〉 등의

뜻을 내지만 〈음식물 식(食)〉과 같다 여기고 새김이 마땅하다.

**정(貞)** 〈바를 정(貞)-정(正), 믿을 정(貞)-신(信), 오로지(순수할) 정(貞)-전(專)-일(一), 거북점을 물을 정(貞)-복문(卜問), 역(易)의 내괘(內卦) 정(貞), 마땅할 정(貞)-당(當), 정할 정(貞)-정(定)〉 등의 뜻을 내지만 여기선 〈바를 정(正), 믿을 신(信)〉 등을 합친 뜻과 같아 〈정신(正信)〉 즉 바르고[正] 미더움[信]으로 새김이 마땅하다.

**길(吉)** 〈좋을(행복할) 길(吉)-선(善)-영(令) {영월길일(令月吉日)은 선월선일(善月善日)임.}, 복 길(吉)-실(實)-선실(善實)-복(福), 예의를 따라 상서로울 길(吉)-예의순상(禮義順祥), 삼갈 길(吉)-근(謹), 초하루 길(吉)-삭일(朔日) {삭망(朔望) 즉 초하루[朔]와 그믐날[望]}, 길례 길(吉)-길례(吉禮) {오례지일(五禮之一) 길흉빈군가(吉凶賓軍嘉)}, 갈 길(吉)-행(行)-길(趌)〉 등의 뜻을 내지만 여기선 〈좋을 선(善)-영(令)〉 즉 행복과 같다 여기고 새김이 마땅하다.

## 상륙(上六 : --)

上六 : 入于穴이라 有不速之客하여 三人來하니 敬之면 終吉하리라
(입우혈 유불속지객 삼인래 경지 종길)

상륙(上六) : 물길[穴]로[于] 들어간다[入]. 부르지 않은[不速之] 손님이[客] 있어[有] 세[三] 사람이[人] 오니[來] 그들을[之] 받들어[敬] 끝내는[終] 길하다[吉].

**【상륙(上六)의 효상(爻象) 풀이】**

수괘(需卦 : ䷄) 상륙(上六 : --)은 이음거음(以陰居陰) 즉 음(陰 : --)으로써[以] 음(陰 : --)의 자리에 있는지라[居] 정당한 자리에 있다. 구오(九五 : ─)와는 음양(陰陽)의 사이라 비(比) 즉 이웃의 사귐[比]을 누린다. 구삼(九三 : ─)과는 음양(陰陽)의 사이에다 서로 정당한 자리에 있어서 정응(正應) 즉 정도를 따라[正] 서로 호응함[應]을 누린다. 그러나 상륙(上六 : --)은 수괘(需卦 : ䷄)의 극위(極位)에 있

어서 더는 기다릴[需] 바가 없어 실로 감(坎 : ☵)의 물길[穴]에 빠져 있는 처지이다. 그런데 감(坎 : ☵)의 물길[穴]에서 나아갈 기회를 잡지 못한 와중에 오랫동안 기다린 하체(下體) 건(乾 : ☰)의 삼양(三陽)이 청하지 않았음에도 뜻밖의 손님으로 나타나 불굴의 의지로 감(坎 : ☵)의 위험[陷]을 헤쳐나갈 마지막 기회를 발휘하는지라 덩달아 그 기회를 함께 누릴 수 있는 모습이 상륙(上六 : --)의 효상(爻象)이다.

| 수괘(需卦 : ䷄)의 상륙(上六 : --)이 상구(上九 : ㅡ)로 변효(變爻)하면 상륙(上六 : --)은 수괘(需卦 : ䷄)를 9번째 소축괘(小畜卦 : ䷈)로 지괘(之卦)하게 한다. 따라서 수괘(需卦 : ䷄)의 상륙(上六 : --)은 소축괘(小畜卦 : ䷈)의 상구(上九 : ㅡ)를 찾아가 살펴보게 한다. |
|---|

**【상륙(上六)의 계사(繫辭) 풀이】**

## 入于穴(입우혈)

물길[穴]로[于] 들어간다[入].

상륙(上六 : --)이 수괘(需卦 : ䷄)의 상체(上體) 감(坎 : ☵)의 극위(極位)에 있음을 빌려 암시한 계사(繫辭)이다. 〈입우혈(入于穴)〉은 〈상륙입우혈(上六入于穴)〉의 줄임으로 여기고 〈상륙이[上六] 물길[穴]로[于] 들어간다[需]〉고 새겨볼 것이다. 「설괘전(說卦傳)」에 〈감은[坎 : ☵] 구덩이[陷]이다[也]〉라는 내용이 나온다. 수괘(需卦 : ䷄)의 상체(上體) 감(坎 : ☵)은 함(陷) 즉 구덩이[陷]이다. 이 구덩이가 물속에 있으니 〈함(陷)〉은 곧 험(險) 즉 위험[險]으로 통한다. 여기 〈입우혈(入于穴)의 혈(穴)〉은 감(坎 : ☵)의 함(陷)이 도사리고 있는 수로(水路)를 암시한다. 〈입우혈(入于穴)의 입(入)〉은 상륙(上六 : --)이 감(坎 : ☵)의 상효(上爻)임을 암시하고, 동시에 기다리다[需] 올라갈 데가 없고 의지할 곳도 없으니 상륙(上六 : --)이 이웃으로 사귀는[比] 구오(九五 : ㅡ)를 떠나지 않으려 함을 암시한다. 따라서 상륙(上六 : --)은 감(坎 : ☵)의 수로로[于穴] 들어가[入] 감(坎 : ☵)의 위험을 벗어나지 않음을 암시한 계사(繫辭)가 〈입우혈(入于穴)〉이다.

## 有不速之客(유불속지객) 三人來(삼인래) 敬之(경지) 終吉(종길)

부르지 않은[不速之] 손님이[客] 있어[有] 세[三] 사람이[人] 오니[來] 그들을[之] 받들어[敬] 끝내는[終] 길하다[吉].

상륙(上六 : ⚋)이 수괘(需卦 : ䷄)의 하체(下體) 건(乾 : ☰)의 삼양(三陽)으로부터 도움을 받아 감(坎 : ☵)의 수로[穴]에서 빠져나옴을 암시한 계사(繫辭)이다. 〈유불속지객(有不速之客)〉은 〈상륙유불속지객(上六有不速之客)〉의 줄임으로 여기고 〈상륙에게[上六] 청하지 않은[不速之] 손님이[客] 있다[有]〉고 새겨볼 것이다. 〈불속지객(不速之客)의 속(速)〉은 〈부를 청(請)〉과 같다. 〈삼인래(三人來)〉는 〈삼인지객래급상륙(三人之客來給上六)〉의 줄임으로 여기고 〈세 사람의[三人之] 손님이[客] 상륙(上六)에게[給] 왔다[來]〉고 새겨볼 것이다. 〈삼인래(三人來)의 삼인(三人)〉은 수괘(需卦 : ䷄)의 하체(下體) 건(乾 : ☰)의 삼양(三陽) 즉 초구(初九 : ⚊)-구이(九二 : ⚊)-구삼(九三 : ⚊)을 말한다. 〈경지(敬之)〉는 〈상륙경삼인지객(上六敬三人之客)〉의 줄임으로 여기고 〈상륙이[上六] 삼인의[三人之] 손님을[客] 모신다[敬]〉고 새겨볼 것이다. 여기 〈경지(敬之)의 경(敬)〉은 음양(陰陽)의 상화(相和) 즉 서로[相] 어울림[和]을 암시한다. 〈종길(終吉)〉은 〈상륙여삼양종길(上六與三陽終吉)〉의 줄임으로 여기고 〈삼양과[三陽] 더불어[與] 상륙은[上六] 끝내는[終] 길하다[吉]〉고 새겨볼 것이다. 이 〈삼인(三人)〉 즉 건(乾 : ☰)의 삼양(三陽)은 상진(上進)할 기회를 얻지 못해 오랫동안 기다린 끝에 불굴의 의지를 발휘해 수괘(需卦 : ䷄)의 극위(極位)에 상진(上進)한 것이다. 초구(初九 : ⚊)-구이(九二 : ⚊)-구삼(九三 : ⚊) 중에서 특히 구삼(九三 : ⚊)은 상륙(上六 : ⚋)과 정응(正應) 즉 정도를 따라[正] 서로 호응하는[應] 인연인지라 청하지 않은 〈삼인(三人)〉일지라도 상륙(上六 : ⚋)은 구삼(九三 : ⚊)을 받들어[敬] 음양상화(陰陽相和)를 이루어 감(坎 : ☵)의 위험[陷]을 다 함께 벗어날 수 있음을 여기 〈경지(敬之) 종길(終吉)〉이 암시한다. 이에 삼양(三陽)과 함께 상륙(上六 : ⚋)이 감(坎 : ☵)의 위험을 벗어남을 밝혀 아무리 어려운 상황일지라도 극복할 수 없는 문제란 없다는 적극적이고 긍정적인 의지를 갖춘다면 결국에는 행운을 누림[吉]을 암시한 계사(繫辭)가 〈유불속지객(有不速之客) 삼인래(三人來) 경지(敬之) 종길(終吉)〉이다.

【字典】

**입(入)** 〈(밖에서 안으로) 들 입(入)-자외지내(自外至內), 안(속) 입(入)-내(內), 올(이를) 입(入)-내(來)-치(致), 함께 입(入)-여(與), 따를 입(入)-수(隨), 아래(내려갈) 입(入)-하(下), 가운데 입(入)-중(中), 돌아올 입(入)-환(還), 벼슬할 입(入)-사관(仕官)-입조(入朝), 죽음 입(入)-사(死), 받을 입(入)-수(受)-입수(入受), 시집갈 입(入)-납(納)-가(嫁)-입자(入子=嫁女), 던져 넣을 입(入)-투(投)-투입(投入), 채울 입(入)-충(充), 구덩이 입(入)-감(坎)〉 등의 뜻을 내지만 여기선 〈들 입(入)〉으로 새김이 마땅하다.

**우(于)** 〈~으로 우(于)-어(於), 갈 우(于)-왕(往), 써 우(于)-이(以), 할 우(于)-위(爲), 여기 우(于)-시(是), 도울 우(于)-조(助), 클 우(于)-대(大), 구할 우(于)-구(求), 자족하는 모습 우(于)-자족모(自足貌)〉 등의 뜻을 내지만 여기선 〈~으로 어(於)〉와 같다 여기고 새김이 마땅하다.

**혈(穴)** 〈물길 혈(穴)-수도(水道)-수로(水路), 구멍 혈(穴)-공(孔), 토굴(땅굴) 혈(穴)-토실(土室), 묘혈 혈(穴)-묘혈(墓穴), 동굴 혈(穴)-동혈(洞穴), (몸의) 혈 혈(穴)-인체요해처(人體要害處), 곁 혈(穴)-측(側), 후미질 혈(穴)-벽(僻), 부정어 혈(穴)-불(弗)〉 등의 뜻을 내지만 여기선 〈물길 수로(水路)〉와 같다 여기고 새김이 마땅하다.

**유(有)** 〈없을 무(無)의 반대말로 있을 유(有), 얻을(가질) 유(有)-취(取), 혹 유(有)-혹(或), 많을 유(有)-다(多)-족(足), 부유할 유(有)-부(富), 간직할 유(有)-장(藏), 보호할 유(有)-보(保), 서로 친할 유(有)-상친(相親), 전일할 유(有)-전(專), 할 유(有)-위(爲), 어조사 유(有)〉 등의 뜻을 내지만 〈있을 유(有)〉로 여기고 새김이 마땅하다.

**不** 〈불-부〉 등으로 발음되고, 〈않을(못할) 불(不)-부(不), 아닐 불(不)-부(不)-비(非)-비(匪), 없을 불(不)-부(不)-무(無), 하지 말 불(不)-부(不)-막(莫)-금지(禁止), 정하지 않을 불(不)-부(不)-부(否)-미정(未定), 새가 날아올라 내려오지 않는 불(不)-부(不)-조비상불하래(鳥飛上不下來)〉 등의 뜻을 내지만 여기선 〈않을 불(不)〉로 여기고 새김이 마땅하다.

**속(速)** 〈부를 속(速)-청(請)-소(召), 빠를 속(速)-질(疾)-삭(數), 급할 속(速)-급(急)〉 등의 뜻을 내지만 여기선 〈부를 청(請)〉과 같다 여기고 새김이 마땅하다.

**지(之)** 〈주격-소유격-목적격 등의 토씨 지(之), 그것(이것) 지(之)-피(彼)-시(是), 갈 지(之)-왕(往), 이를 지(之)-지(至), 뜻 없는 허사(虛詞) 지(之)〉 등의 뜻을 내지만 여기선 주격 토씨로서 〈~의 지(之)〉로 여기고 새김이 마땅하다. 〈불속지객(不速之客)의 지(之)〉는 〈토씨 지(之)〉의 노릇을 하고, 〈경지(敬之)의 지(之)〉는 앞 삼인(三人)을 나타내는 지시어로 〈그들 지(之)〉를 뜻한다.

**객(客)** 〈길손(손님) 객(客)-빈(賓), 의탁할 객(客)-의(倚), 공경 받는 바의 한 자리 객(客)-일좌소존(一座所尊), 식객 객(客)-식객(食客), 밖에서 온 도둑 객(客)-외래지구(外來之寇), 선대의 후손 객(客)-선대지후(先代之後), 선비 객(客)-사(士), 나그네 객(客)-여인(旅人), 거처가 일정치 않은 사람 객(客)-거처부정자(居處不定者), 찬바람 들 객(客)-풍한침입(風寒侵入), 넓게 부르는 이름 객(客)-범칭(泛稱), 과거 객(客)-과거(過去)〉 등의 뜻을 내지만 여기선 〈길손 객(客)〉으로 여기고 새김이 마땅하다.

**삼(三)** 〈셋(세 번, 석 삼, 셋 삼) 삼(三)-이지가일(二之加一), 다수를 나타낼 삼(三)-다수지칭(多數之稱), 삼재의 수 삼(三)-천지인지수(天地人之數), 임금-아버지-스승 삼(三)-군부사(君父師), 동방 삼(三)-동방(東方), 끝 삼(三)-종(終)〉 등의 뜻을 내지만 여기선 〈셋 삼(三)〉으로 여기고 새김이 마땅하다. 삼(三)은 삼(參)과 같다.

**인(人)** 〈사람 인(人)-만물지최령자(萬物之最靈者), 백성 인(人)-민(民), 남 인(人)-타인(他人), 아무개 인(人)-모인(某人), 도인 인(人)-도인(道人), 사람들 인(人)-인인(人人), 범인(소인) 인(人)-소인(小人)-범인(凡人), 인성 인(人)-인성(人性), 인위 인(人)-인위(人爲), 신하 인(人)-신하(臣下), 중서(민중) 인(人)-중서(衆庶)-민중(民衆), 건괘-진괘 인(人)-건위인(乾爲人)-진위인(震爲人), 어짊 인(人)-인(仁), 선인 인(人)-선인(先人), 서로 어여삐 여길 인(人)-상련(相憐)〉 등의 뜻을 내지만 〈사람 인(人)〉으로 여기고 새김이 마땅하다.

**來** 〈내-래〉 두 가지로 발음되고, 〈올 내(來)-지(至), 앞으로 내(來)-장래(將來)-미래(未來), 초치할 내(來)-초치(招致), ~부터 내(來)-자(自)-유(由), 남음이 있을 내(來)-유여(有餘), 어세를 더해주는 조사(助詞) 래(來), 구중(句中)-구말(句末)의 조사(助詞) 래(來)〉 등의 뜻을 내지만 여기선 〈올 지(至)〉와 같다 여기고 새김이 마땅하다.

**경(敬)** 〈섬길(공손할) 경(敬)-공(恭), 삼갈 경(敬)-신(愼), 엄숙할 경(敬)-숙(肅), 경계할(타이를) 경(敬)-경(警), 감히 업신여기지 못할 경(敬)-불감만(不敢慢), 사귐에 엄숙하고 바를 경(敬)-접우숙정(接遇肅正)〉 등의 뜻을 내지만 여기선 〈섬길 공(恭)〉과 같다 여기고 새김이 마땅하다.

종(終) 〈끝내 종(終)-시지대(始之對), 끝날 종(終)-이(已), 다할 종(終)-진(盡)-극(極)-궁(窮)-경(竟), 충분할 종(終)-충(充), 이룰 종(終)-성(成), 사망 종(終)-사(死)〉 등의 뜻을 내지만 여기선 〈끝내 종(終)〉으로 여기고 새김이 마땅하다.

길(吉) 〈좋을(행복할) 길(吉)-선(善)-영(令) {영월길일(令月吉日)은 선월선일(善月善日)임.}, 복 길(吉)-실(實)-선실(善實)-복(福), 예의를 따라 상서로울 길(吉)-예의순상(禮義順祥), 삼갈 길(吉)-근(謹), 초하루 길(吉)-삭일(朔日) {삭망(朔望) 즉 초하루[朔]와 그믐날[望]}, 길례 길(吉)-길례(吉禮) {오례지일(五禮之一) 길흉빈군가(吉凶賓軍嘉)}, 갈 길(吉)-행(行)-길(趌)〉 등의 뜻을 내지만 여기선 〈좋을 선(善)-영(令)〉 즉 행복과 같다 여기고 새김이 마땅하다.

# 송괘 訟卦

6

䷅

## 1 괘의 괘상과 계사

### 송괘(訟卦 : ䷅)

감하건상(坎下乾上) : 아래는[下] 감(坎 : ☵), 위는[上] 건(乾 : ☰).

천수송(天水訟) : 하늘과[天] 물은[水] 송이다[訟].

訟有孚이나 窒하니 惕하며 中하면 吉하고 終凶하다 利見大人이고 不利涉大川하다
(송유부 질 척 중 길 종흉 이견대인 불리섭대천)

송사에는[訟] 진실한 미더움이[孚] 있으나[有] 막히기도 하니[窒] 두려워하며[惕] 정도를 따르면[中] 길하고[吉] 끝내[終] 흉하다[凶]. 대인을[大人] 만나면[見] 이롭고[利] 큰 물을[大川] 건너면[涉] 이롭지 않다[不利].

**【송괘(訟卦 : ䷅)의 괘상(卦象) 풀이】**

앞 수괘(需卦 : ䷄)의 〈수(需)〉는 씨앗이 터 싹이 돋아나 자라서 열매를 맺어 거두어들임으로써 음식을 얻기까지와 같은 기다림[需]이다. 「서괘전(序卦傳)」에 〈음식에는[飮食] 반드시[必] 다툼이[訟] 있게 된다[有] 그래서[故] 송괘(訟卦 : ䷅)로써[以] 그것을[之] 받는다[受]〉는 말이 나온다. 이는 수괘(需卦 : ䷄) 다음에 송괘(訟卦 : ䷅)가 있는 까닭을 암시한다. 송괘(訟卦 : ䷅)의 주제인 〈송(訟)〉은 인생에서 일어나는 갈등을 피할 수 있는 길을 밝히려 한다. 사람마다 저마다의 관심사가 있고 저 나름의 의견들이 있기 때문에 갈등이 빚어지게 마련이고 이러한 갈등이 송사(訟事)를 불러온다. 송사(訟事) 즉 서로 다툼[訟]이다. 다툼[訟]은 승자(勝者)와 패자(敗者)를 불러오기 때문에 불행한 일이다. 송괘(訟卦 : ䷅)의 하체(下體)는 감(坎 : ☵)이고 상체(上體)는 건(乾 : ☰)인지라 상강하험(上剛下險) 즉 위의 건(乾 : ☰)은 굳셈[剛]으로써 아래의 감(坎 : ☵) 위험[險]을 제어(制御)하려 하고, 아래의

감(坎：☵) 위험[險]은 위의 건(乾：☰)을 엿보며 살펴보려 하니, 감하건상(坎下乾上)은 송사(訟事)의 빌미가 된다. 수괘(需卦：䷄)가 뒤집힌 것이 송괘(訟卦：䷅)이다. 송괘(訟卦：䷅)의 괘체(卦體)로 말하면 건(乾：☰)의 천양(天陽)은 올라가고 감(坎：☵)의 수성(水性)은 내려가므로 그 행하는 바가 상이(相異)하니 〈송(訟)〉으로 취유(取喩)한 것이고, 송괘(訟卦：䷅)의 괘재(卦才)로 말하면 건(乾：☰)의 강(剛)과 감(坎：☵)의 험(險)이 상접(相接)하니 필히 〈송(訟)〉을 불러오는 모습인지라 송괘(訟卦：䷅)라 칭명(稱名)한다.

**【송괘(訟卦：䷅)의 계사(繫辭) 풀이】**

## 訟有孚(송유부)

송사에는[訟] 진실한 미더움이[孚] 있다[有].

송괘(訟卦：䷅)의 구오(九五：⚊)를 빌려 암시한 계사(繫辭)이다. 송괘(訟卦：䷅)의 주효(主爻)가 구오(九五：⚊)이다. 〈송(訟)〉 즉 다툼[訟]에는 두 편이 있게 마련이다. 다툼에는 공명정대(公明正大)하게 시시비비(是是非非)를 가려줄 중재자(仲裁者)가 있어야 한다. 〈송유부(訟有孚)〉는 〈송유부향중재자(訟有孚向仲裁者)〉의 줄임으로 여기고 〈송사에는[訟] 중재자를[仲裁者] 향한[向] 진실한 미더움이[孚] 있다[有]〉고 새겨볼 것이다. 다툼을 벌이는[訟] 양자(兩者)가 중재자를 진실로 믿어준다[孚]는 것이 〈송유부(訟有孚)의 유부(有孚)〉이다. 〈부(孚)〉는 수명(守命) 즉 자연의 시킴을[命] 지킴[守]으로써 남들로부터 성신(誠信) 즉 진실한[誠] 미더움[信]을 받음을 말한다. 중재자를 믿어주지[孚] 않으면 송사(訟事)는 이루어지지 못한다. 그래서 중재자의 〈정(貞)〉이 전제되어야 한다. 〈부(孚)〉는 〈정(貞)〉으로 말미암아 돌아오는 까닭이다. 천명(天命) 즉 자연이[天] 하라는 대로[命] 따르는 심지(心志)인 〈정(貞)〉을 지키면[守] 절로 돌아오는 것이 〈부(孚)〉 즉 진실한 미더움[誠信]이다. 정필부귀(貞必孚歸) 즉 내가 진실로 미덥다면[貞] 반드시[必] 남들로부터 진실한 믿음이[孚] 돌아온다[歸]. 따라서 송괘(訟卦：䷅)에서 구오(九五：⚊)가 득중(得中) 즉 정도를 따름을[中] 취하여[得] 진실로 미더움[貞]으로써 확고하고 굳세게 공명정대(公明正大)한 송사(訟事)가 이루어짐을 암시한 계사(繫辭)가 〈송유부(訟有孚)〉이다.

## 窒(질) 惕(척) 中(중) 吉(길)

막히기도 하니[窒] 두려워하며[惕] 정도를 따르면[中] 길하다[吉].

송괘(訟卦 : ䷅)의 다툼[訟]에서 〈부(孚)〉를 거듭해 암시한 계사(繫辭)이다. 〈질(窒)〉은 〈중재자지부유질어송(仲裁者之孚有窒於訟)〉의 줄임으로 여기고 〈다툼[訟]에서[於] 중재자를[仲裁者之] 진실로 믿어줌에는[孚] 막힘이[窒] 있다[有]〉고 새겨 볼 것이다. 다툼[訟]을 벌이는 쪽에서 중재자(仲裁者)를 믿어주지 않는 경우가 있음을 암시한 것이 〈질(窒)〉이다. 〈질(窒)〉은 〈막힐 색(塞)〉과 같고 질색(窒塞)의 줄임말로 여기고 새김이 마땅하다. 여기 〈질(窒)〉은 『맹자(孟子)』에 나오는 〈송옥자(訟獄者)〉 즉 소송을 하는[訟獄] 사람들[者]을 환기시킨다. 요(堯)임금 때 송사(訟事)가 있으면 요임금의 아들을 찾아가지 않고 순(舜)을 찾아갔다고 한다. 요임금의 아들은 믿어줄[孚] 수 없었기 때문에 송사[訟]가 〈질(窒)〉 즉 막혔고, 송사(訟事)의 양처(兩處)가 순(舜)을 믿어주었기[孚] 때문에 순(舜)의 시비(是非) 가림이 통했다던 고사(故事)를 환기시킨다.

〈척중길(惕中吉)〉은 〈약중재자척기부지질이중송지정도(若仲裁者惕其孚之窒而中訟之正道) 기송길(其訟吉)〉의 줄임으로 여기고 〈만약[若] 중재자가[仲裁者] 그[其] 믿어줌의[孚之] 막힘을[窒] 두려워해서[惕而] 다툼의[訟之] 정도를[正道] 따른다면[中] 그[其] 다툼은[訟] 좋다[吉]〉고 새겨볼 것이다. 〈척(惕)〉은 〈두려워할 구(懼)〉와 같아 척구(惕懼)의 줄임말로 여기고, 〈중(中)〉은 〈따를 순(順)〉과 같아 중순(中順)의 줄임말로 여기고 새김이 마땅하다. 양처(兩處) 즉 양(兩)쪽의[處] 다툼[訟]을 중재자가 무사무편(無邪無偏) 즉 간사함도[邪] 없고[無] 치우침도[偏] 없이[無] 공명정대(公明正大)하게 시비(是非)를 가려준다면 비록 다툼[訟]일지라도 시비를 가렸으니 좋음[吉]을 암시한 계사(繫辭)가 〈질(窒) 척(惕) 중(中) 길(吉)〉이다.

## 終凶(종흉)

끝내[終] 흉하다[凶].

송괘(訟卦 : ䷅)의 상강하험(上剛下險)의 〈송(訟)〉 즉 다툼[訟]이란 결국 불행[凶]임을 암시한 계사(繫辭)이다. 송괘(訟卦 : ䷅)의 상체(上體) 건(乾 : ☰)은 강강(剛强)으로써 하체(下體) 감(坎 : ☵)을 제어(制御)하려 하고, 하체(下體) 감(坎 : ☵)은 상체(上體) 건(乾 : ☰)을 험함(險陷)으로써 사찰(伺察) 즉 엿보면서 상하(上下)가 서로 다투려[訟] 함은 흉(凶)하다는 것이다. 〈종흉(終凶)〉은 〈상하간지송종흉(上下間之訟終凶)〉의 줄임으로 여기고 〈상하간의[上下間之] 송사란[訟] 끝내는[終] 흉하다[凶]〉고 새겨볼 것이다. 예부터 여하물송(如何勿訟) 즉 어쨌든[如何] 송사하지[訟] 말라[勿]는 말이 있다. 송사(訟事)는 승자(勝者)와 패자(敗者)를 만들어 내는 까닭이다. 양처(兩處)가 다툼을[訟] 벌이게 하는 송사[訟]란 승자와 패자를 갈라주고 승자를 위하고[爲] 패자를 해롭게 하니[害] 그 양처(兩處)를 상화(相和)로 이끌어주지 못한다. 이러니 송사(訟事)란 위이부쟁(爲而不爭) 즉 위해주되[爲而] 다투지 않는[不爭] 성인의[聖人之] 도리[道]에 어긋나, 끝내 흉한[凶] 것임을 깨닫게 하는 계사(繫辭)가 〈종흉(終凶)〉이다.

## 利見大人(이견대인)

### 대인을[大人] 만나면[見] 이롭다[利].

〈송(訟)〉 즉 다툼[訟]이 없음을 암시한 계사(繫辭)이다. 〈이견대인(利見大人)〉은 〈약임하인견대인(若任何人見大人) 기인유리(其人有利)〉의 줄임으로 여기고 〈만약[若] 누구이든[任何人] 대인을[大人] 만난다면[見] 그 사람은[其人] 이롭다[有利]〉고 새겨볼 것이다. 〈이견대인(利見大人)〉은 『주역(周易)』의 경문(經文)에 일곱 번 등장하는 계사(繫辭)이다. 〈견대인(見大人)〉은 〈대인(大人)〉이 어디 가면 있으니 거기로 찾아가 그 대인(大人)을 만나라[見]는 것이 아니다. 인간은 누구나 자신이 대인(大人)이 될 수도 있고 소인(小人)이게 할 수도 있음을 살펴 헤아리게 하는 말씀이 〈견대인(見大人)〉이다. 편사사(偏邪私) 즉 간사하여[邪] 사사로움에[私] 치우치면[偏] 그 순간 누구나 소인(小人)이 되고, 무사무사(無邪無私) 즉 간사함도[邪] 없고[無] 사사로움도[私] 없다면[無] 그 순간 누구나 대인(大人)이 되는 것임을 깨닫게 하는 말씀이 『주역(周易)』의 〈견대인(見大人)〉이다. 따라서 〈견대인(見大人)〉이란 자신을 대인(大人)이 되게 하라는 말씀이다. 『노자(老子)』에 나오는 〈갓 태어난 아이로[於嬰兒] 되돌아오라[復歸]〉 함도 『주역(周易)』의 〈견대인(見大人)〉을 밝히고, 『장자(莊子)』에 나오는 〈이것 저것을[幷] 합해서[合而] 공평함을[公] 일궈낸다

[爲]〉 함도 〈견대인(見大人)의 대인(大人)〉을 밝히며, 『맹자(孟子)』에 나오는 〈갓난이의[赤子之] 마음을[心] 잃지 않는[不失] 사람[者]〉도 〈견대인(見大人)의 대인(大人)〉을 밝힌다. 간사함도 없고 사사로움도 없기에 무기(無己) 즉 제 욕심이[己] 없는[無] 영아(嬰兒)와 같은 인간을 일러 〈대인(大人)〉이라 한다. 따라서 〈이견대인(利見大人)〉은 제 욕심에 매달린 소인(小人)의 자신을 버리고 오로지 공명정대(公明正大)한 대인(大人)으로 돌아오라는 말씀이다. 〈견대인(見大人)〉은 나 스스로 소아(小我)를 벗어나 대아(大我)로 복귀(復歸) 즉 되돌아오라[復歸] 함이 『주역(周易)』의 〈견대인(見大人)〉이란 말씀이다. 〈대인(大人)〉이란 천도(天道) 즉 자연의[天] 도[道]를 그대로 본받는 성인(聖人)을 말한다. 『노자(老子)』에 〈성인의[聖人之] 도는[道] 위해주되[爲而] 다투지 않는다[不爭]〉는 내용이 나온다. 대인(大人)은 다툴 것이 없으니 송사(訟事) 따위를 할 리가 없다. 그러므로 송사를 감행하지 않는 사람이 된다면 그 누구이든 오로지 상화(相和)만을 바라고 행하는 대인(大人)이 되어 이롭지[利] 않을 수 없음을 깨닫게 하는 계사(繫辭)가 〈이견대인(利見大人)〉이다.

## 不利涉大川(불리섭대천)

큰 물을[大川] 건너면[涉] 이롭지 않다[不利].

〈송(訟)〉 즉 다툼[訟]이 있음을 암시한 계사(繫辭)이다. 송괘(訟卦 : ䷅)의 상체(上體) 건(乾 : ☰)이 강강(剛强)으로써 하체(下體) 감(坎 : ☵)의 험함(險陷)을 괴리(乖離) 즉 어그러져[乖] 동떨어지게[離] 하면 송괘(訟卦 : ䷅)의 상하체(上下體)는 상쟁(相爭)할 것이며, 감(坎 : ☵)이 험함(險陷)으로써 상체(上體) 건(乾 : ☰)의 강강(剛强)을 험함(險陷)에 빠지게 한다면 상하(上下)가 서로 다투려[訟] 함이 송괘(訟卦 : ䷅)의 괘상(卦象)이다. 〈불리섭대천(不利涉大川)〉은 〈약상하체각각섭대천(若上下體各各涉大川) 상하체개불리(上下體皆不利)〉의 줄임으로 여기고 〈만약[若] 상하체가[上下體] 저마다[各各] 대천을[大川] 건넌다면[涉] 상하체는[上下體] 모두[皆] 이롭지 못하다[不利]〉고 새겨볼 것이다. 〈불리섭대천(不利涉大川)의 섭대천(涉大川)〉은 〈송(訟)〉 즉 다툼[訟]을 감행함을 비유한다. 〈섭대천(涉大川)〉 즉 큰[大] 물을[川] 건너간다[涉] 함은 난사(難事)를 감행함을 암시한다. 『주역(周易)』의 당시에는 대천(大川)을 가로질러주는 다리가 없었던 때였기에 큰 물을[大川] 건너간다[涉] 함은 어렵고 위험한 일이었다. 따라서 〈섭대천(涉大川)〉으로써 송사(訟事)를 취상(取象)한 것이다. 물론 〈불리섭대천(不利涉大川)의 대천(大川)〉을 송괘(訟卦 : ䷅)의 하체(下體) 감(坎 : ☵)을 취상(取象)한 것으로 여기고, 송괘(訟卦 : ䷅)의 상체(上體) 건(乾 : ☰)이 그 강강(剛强)함을 앞세워 감(坎 : ☵)과 송사[訟]를 벌임을 암시한다고 여기어 〈섭대천(涉大川)〉을 읽어도 될 것이다. 여하튼 송괘(訟卦 : ䷅)의 상하체(上下體)가 송사(訟事)를 벌여 양처(兩處)가 서로 승자(勝者)가 되고자 상쟁(相爭)한다면 송사의 양처 어느 쪽에도 이롭지[利] 못함[不]을 깨닫게 하는 계사(繫辭)가 〈불리섭대천(不利涉大川)〉이다.

【字典】

**송(訟)** 〈(송사-시비-재산-죄 등을 두고) 다툴 송(訟)-쟁(爭), 꾸짖을 송(訟)-책(責), 다스릴 송(訟)-이(理), 공평할 송(訟)-공(公)〉 등의 뜻을 내지만 여기선 〈다툴 쟁(爭)〉과 같다 여기고 새김이 마땅하다.

**유(有)** 〈없을 무(無)의 반대말로 있을 유(有), 얻을(가질) 유(有)-취(取), 혹 유(有)-혹(或), 많을 유(有)-다(多)-족(足), 부유할 유(有)-부(富), 간직할 유(有)-장(藏), 보호할 유(有)-보(保), 서로 친할 유(有)-상친(相親), 전일할 유(有)-전(專), 할 유(有)-위(爲), 어조사 유(有)〉 등의 뜻을 내지만 〈있을 유(有)〉로 여기고 새김이 마땅하다.

**부(孚)** 〈믿을 부(孚)-신(信), 알에서 새끼가 껍질을 쪼아 나올 부(孚)-난화(卵化), 씨앗이 틀 부(孚)-부(稃), 기를 부(孚)-육(育), 덮어줄 부(孚)-복(覆), 붙을(의지할) 부(孚)-부(附)-부(付), 깡충거릴 부(孚)-무조(務躁)-부조(浮躁), 옥채색 부(孚)-옥채색(玉采色)〉 등의 뜻을 내지만 여기선 〈믿을 신(信)〉과 같다 여기고 새김이 마땅하다.

**질(窒)** 〈막힐(막을) 질(窒)-색(塞), 멈출 질(窒)-지(止), 가로막을 질(窒)-애(礙), (가득) 찰 질(窒)-만(滿)-실(實), 통하지 않을(못할) 질(窒)-불통(不通), 칠월 질(窒)-칠월(七月)-월재경(月在庚 : 庚=七月), 침실 문 질(窒)-침문(寢門)〉 등의 뜻을 내지만 여기선 〈막힐 색(塞)〉과 같다 여기고 새김이 마땅하다.

**척(惕)** 〈두려워할 척(惕)-구(懼), 투기할(원망할) 척(惕)-질(疾), 걱정할 척(惕)-우(憂), 공경할 척(惕)-경(敬)〉 등의 뜻을 내지만 여기선 〈두려워할 구(懼)〉와 같다 여기고 새김이 마땅하다.

**중(中)** 〈따를 중(中)-순(順), 사방의 중앙 중(中)-사방지중(四方之中), 안(속) 중

(中)-내(內), 정신 중(中)-심중(心中), 정도 중(中)-정도(正道), 바를 중(中)-정(正), 고를 중(中)-평(平)-균(均), 어울릴 중(中)-화(和), 이룰 중(中)-성(成), 간직할 중(中)-장(藏), 적당할 중(中)-당(當)-적(適), 합할 중(中)-합(合), 화살이 맞힐 중(中)-시지적(矢至的), 응할 중(中)-응(應), 다칠 중(中)-상(傷), 부딪칠 중(中)-격(擊), 중요할 중(中)-요(要), 가득 찰 중(中)-만(滿)〉 등의 뜻을 내지만 여기선 〈따를 순(順)〉과 같다 여기고 새김이 마땅하다.





**길(吉)** 〈좋을(행복할) 길(吉)-선(善)-영(令) {영월길일(令月吉日)은 선월선일(善月善日)임.}, 복 길(吉)-실(實)-선실(善實)-복(福), 예의를 따라 상서로울 길(吉)-예의순상(禮義順祥), 삼갈 길(吉)-근(謹), 초하루 길(吉)-삭일(朔日) {삭망(朔望) 즉 초하루[朔]와 그믐날[望]}, 길례 길(吉)-길례(吉禮) {오례지일(五禮之一) 길흉빈군가(吉凶賓軍嘉)}, 갈 길(吉)-행(行)-길(趌)〉 등의 뜻을 내지만 여기선 〈좋을 선(善)-영(令)〉 즉 행복과 같다 여기고 새김이 마땅하다.

**종(終)** 〈끝내 종(終)-시지대(始之對), 끝날 종(終)-이(已), 다할 종(終)-진(盡)-극(極)-궁(窮)-경(竟), 충분할 종(終)-충(充), 이룰 종(終)-성(成), 사망 종(終)-사(死)〉 등의 뜻을 내지만 여기선 〈끝내 종(終)〉으로 여기고 새김이 마땅하다.

**흉(凶)** 〈불행할(흉할) 흉(凶)-길지반(吉之反), 흉한 사람 흉(凶)-흉인(凶人), 나쁠 흉(凶)-오(惡), 재앙 흉(凶)-화(禍), 요사할 흉(凶)-요사(夭死), 걱정할 흉(凶)-우(憂)-구(懼), 악한 사람 흉(凶)-악인(惡人), 흉년 흉(凶)-연곡불숙(年穀不熟), 사나울 흉(凶)-포학(暴虐), 음기 흉(凶)-음기(陰氣), 북쪽 흉(凶)-북(北), 없을 흉(凶)-공(空), 송사 흉(凶)-송(訟), 거역할 흉(凶)-역(逆), 어그러질 흉(凶)-패(悖), 허물 흉(凶)-구(咎)〉 등의 뜻을 내지만 여기선 〈불행할(흉할) 길지반(吉之反)〉과 같다 여기고 새김이 마땅하다.

**이(利)** 〈만물로 하여금 삶을 이루어가게 하는 덕(德)의 이로울 이(利)-사만물수생지덕(使萬物遂生之德), 날카로울 이(利)-예(銳)-섬(銛), 질병 이(利)-질(疾), 통할 이(利)-통(通)-순(順), 좋을 이(利)-길(吉)-의(宜), 편리할 이(利)-편(便), 마름해 만들어 이룰 이(利)-재성(裁成), 탐할 이(利)-탐(貪), 구할(취할) 이(利)-구(求)-취(取), 좋아할 이(利)-열애(悅愛), 이로울 이(利)-익(益), 기교 이(利)-교(巧), 보람 이(利)-공용(功用), 지세가 험하고 중요한 이(利)-험요(險要), 이길 이(利)-승(勝), 어질 이(利)-인(仁)〉 등의 뜻을 내지만 여기선 〈만물로 하여금 삶을 이루어가게 하는 덕(德)의 이로울 이(利)〉로 여기고 새김이 마땅하다. 〈利〉가 맨 앞에 오면 〈이〉로 발음되고, 중간이나 뒤에 오면

〈리〉로 발음된다.

**見** 〈견-현〉 두 가지로 발음되고, 〈만나볼 견(見)-회(會), 생각해볼 견(見)-사(思), 볼 견(見)-식(識)-시(視), 돌아볼 견(見)-고(顧), 미칠(당할) 견(見)-피(被)-당(當), 드러날 현(見)-노(露), 나타날 현(見)-현(顯), 있을 현(見)-재(在), 보일 현(見)-조(朝)〉 등의 뜻을 내지만 여기선 〈만나볼 회(會)〉와 같다 여기고 새김이 마땅하다.

**인(人)** 〈사람 인(人)-만물지최령자(萬物之最靈者), 백성 인(人)-민(民), 남 인(人)-타인(他人), 아무개 인(人)-모인(某人), 도인 인(人)-도인(道人), 사람들 인(人)-인인(人人), 범인(소인) 인(人)-소인(小人)-범인(凡人), 인성 인(人)-인성(人性), 인위 인(人)-인위(人爲), 신하 인(人)-신하(臣下), 중서(민중) 인(人)-중서(衆庶)-민중(民衆), 건괘-진괘 인(人)-건위인(乾爲人)-진위인(震爲人), 어짊 인(人)-인(仁), 선인 인(人)-선인(先人), 서로 어여삐 여길 인(人)-상련(相憐)〉 등의 뜻을 내지만 여기선 〈사람 인(人)〉으로 여기고 새김이 마땅하다. 대인(大人)은 천도(天道) 즉 자연의[天] 도리[道]를 그냥 그대로 본받고 따라 공명정대(公明正大)하고 무사(無私)해 무사벽(無邪僻) 즉 간사한[邪] 치우침[僻]이란 없는[無] 사람 곧 성인(聖人)의 이칭(異稱)이다.

**不** 〈불-부〉 등으로 발음되고, 〈않을(못할) 불(不)-부(不), 아닐 불(不)-부(不)-비(非)-비(匪), 없을 불(不)-부(不)-무(無), 하지 말 불(不)-부(不)-막(莫)-금지(禁止), 정하지 않을 불(不)-부(不)-부(否)-미정(未定), 새가 날아올라 내려오지 않는 불(不)-부(不)-조비상불하래(鳥飛上不下來)〉 등의 뜻을 내지만 여기선 〈못할 불(不)〉로 여기고 새김이 마땅하다.

**섭(涉)** 〈물 건널 섭(涉)-도(渡), 물이 흘러가는 섭(涉)-수류(水流), 헤엄쳐 갈 섭(涉)-유행(游行), 서로 교류할 섭(葉)-상교(相交), 경력 섭(涉)-경력(經歷), 깊이 들어갈 섭(涉)-심입(深入)〉 등의 뜻을 내지만 여기선 〈물 건널 도(渡)〉와 같다 여기고 새김이 마땅하다.

**대(大)** 〈큰 대(大)-소지대(小之對), 지나칠 대(大)-과(過), 자만할 대(大)-과(誇)-긍벌(矜伐), 넓을 대(大)-광(廣), 두루 대(大)-편(徧), 통할 대(大)-통(通), 길 대(大)-장(長), (땅을) 걸게 할 대(大)-비(肥), 두터울 대(大)-후(厚), 많을 대(大)-다(多), 모두 대(大)-개(皆), 선할 대(大)-선(善), 무거울 대(大)-중(重), 거대할 대(大)-거(巨), 아름다울 대(大)-미(美)-장(壯), 부유할 대(大)-부(富), 늙을 대(大)-노(老), 끝 대(大)-극(極), 대충 대(大)-

조(組)-불세밀(不細密), 처음 대(大)-초(初), 하늘 대(大)-천(天), 건(乾)-양기(陽氣)-양효(陽爻) 대(大)〉 등의 뜻을 내지만 여기선 〈큰 대(大)〉로 여기고 새김이 마땅하다.

**천(川)** 〈시내 천(川)-천(巛)-관천통류수(貫穿通流水), 수류의 총칭 천(川)-수류지총칭(水流之總稱), 흐르는 물의 시작 천(川)-수류지시(水流之始), 산천의 신 천(川)-산천지신(山川之神), 구덩이 천(川)-갱(坑)〉 등의 뜻을 내지만 여기선 〈땅을 뚫어내고 흐르는 물 즉 시내 관천통류수(貫穿通流水)〉로 여기고 새김이 마땅하다. 〈대천(大川)〉이란 강물을 뜻한다.

---

註 감함야(坎陷也) : 감은[坎 : ☵] 위험[陷]이다[也]. 「설괘전(說卦傳)」 7단락(段落)

註 감위수(坎爲水) : 감은[坎 : ☵] 물[水]이다[爲]. 「설괘전(說卦傳)」 11단락(段落)

註 송옥자(訟獄者) 부지요지자이지순(不之堯之子而之舜) : 옥사를[獄] 소송하는[訟] 사람들이[者] 요의[堯之] 아들에게[子] 가지 않고서[不之而] 순에게로[舜] 갔다[之].

『맹자(孟子)』「만장장구상(萬章章句上)」[요이천하여순장(堯以天下與舜章)] 제5(第五)

註 위천하계(爲天下谿) 상덕불리(常德不離) 복귀어영아(復歸於嬰兒) : 온 세상의[天下] 시내가[谿] 되면[爲] 상덕이[常德] {그 계(谿)를} 떠나지 않고[不離], 갓난애로[於嬰兒] 되돌아온다[復歸].

『노자(老者)』 28장(章)

註 맹자왈(孟子曰) 대인자(大人者) 불실기적자지심자야(不失其赤子之心者也) : 맹자가[孟子] 말했다[曰]. 대인(大人)이란[者] 제[其] 갓난이의[赤子之] 마음을[心] 잃지 않는[不失] 사람[者]이다[也]. 『맹자(孟子)』「이루장구하(離婁章句下)」 13장(章)

註 대인합병이위공(大人合幷而爲公) 시이(是以) 자외입자(自外入者) 유주이부집(有主而不執) 유중출자(由中出者) 유정이불거(有正而不距) 사시수기(四時殊氣) 천불사(天不私) 고(故) 세성(歲成) : 대인은[大人] (이것 저것들을) 합쳐서[合] 어울려서[幷而] 하나이게[公] 한다[爲]. 이렇기[是] 때문에[以] 밖에서[自外] 들어오는[入] 것에[者] (즉 남들의 의견에 관해) 자기 주장이[主] 있어도[有而] 고집하지 않으며[不執] 마음 속에서[由中] 나오는[出] 것에[者] (즉 자기 의견이) 올바름이[正] 있어도[有而] (남의 의견을) 가로막지 않는다[不距]. 네 계절이[四時] 기운을[氣] 달리하지만[殊] 자연은[天] 사사롭지 않다[不私]. 그래서[故] 한 해가[歲] 이루어진다[成].

『장자(莊子)』「칙양(則陽)」 10절(節)

註 천지도리이불해(天之道利而不害) 성인지도위이부쟁(聖人之道爲而不爭) : 자연의[天之] 도는[道] (온갖 것을) 이롭게 하되[利而] 해치지 않고[不害], 성인의[聖人之] 도는[道] 위해주되[爲而] (그 무엇과도) 다투지 않는다[不爭]. 『노자(老子)』 81장(章)

## 2 효의 효상과 계사

初六：不永所事한다 小有言이나 終吉하다
불영소사 소유언 종길

九二：不克訟이니 歸而逋하여 其邑人이 三百户면 无眚하다
불극송 귀이포 기읍인 삼백호 무생

六三：食舊德이라 貞厲하나 終吉하고 或從王事라도 无成이리라
식구덕 정려 종길 혹종왕사 무성

九四：不克訟이다 復卽命하여 渝하니 安貞하여 吉하리라
불극송 복즉명 투 안정 길

九五：訟元吉이다
송원길

上九：或錫之鞶帶라도 終朝三褫之리라
혹석지반대 종조삼치지

초육(初六)：송사하는[事] 바를[所] 오래 끌지[永] 못한다[不]. 작게[小] 말썽이[言] 있어도[有] 끝내는[終] 길하다[吉].

구이(九二)：송사를[訟] 이길 수 없으니[不克] 돌아와서[歸而] 숨으니[逋] 그[其] 고을[邑] 사람들[人] 삼백[三百] 호에[户] 재앙이[眚] 없다[无].

육삼(六三)：조상의[舊] 은덕을[德] 먹고 산다[食]. 진실로 미더워도[貞] 난처하나[厲] 끝내는[終] 길하고[吉], 왕의[王] 일을[事] 때때로[或] 따르지만[從] (다툼을) 이룸은[成] 없다[无].

구사(九四)：다툼을[訟] 할 수 없다[不克]. 바른 이치를[命] 좇아[卽] 돌아와[復] 변하니[渝] 진실한 미더움에[貞] 평안해[安] 길하다[吉].

구오(九五)：다스림이[訟] 크게[元] 길하다[吉].

상구(上九)：대개[或] 그에게[之] 큰 띠를[鞶帶] 줄지라도[錫] 아침나절에[朝終] 세 번이나[三] 빼앗긴다[褫之].

## 초륙(初六 : --)

初六：不永所事한다 小有言이나 終吉하다
불영소사 소유언 종길

초륙(初六) : 송사하는[事] 바를[所] 오래 끌지[永] 못한다[不]. 작게[小] 말썽이[言] 있어도[有] 끝내는[終] 길하다[吉].

【초륙(初六)의 효상(爻象) 풀이】

송괘(訟卦 : ䷅)의 초륙(初六 : --)은 이음거양(以陰居陽) 즉 음(陰 : --)으로써[以] 양(陽 : —)의 자리에 있는지라[居] 정당한 자리에 있지 못하다. 초륙(初六 : --)과 구이(九二 : —)는 음양(陰陽)의 사이인지라 다른 대성괘(大成卦)에서라면 이웃의 사귐[比]을 누릴 수 있는 처지이지만 송괘(訟卦 : ䷅)의 주제인 〈송(訟)〉 즉 다툼의 시국인지라 마음 편히 이웃의 사귐[比]을 내세울 수 있는 처지가 못 된다. 그러나 초륙(初六 : --)과 구사(九四 : —)는 서로 부정위(不正位) 즉 정당한[正] 자리에 있지 못하지만[不位] 정응(正應) 즉 정도를 따라[正] 서로 호응할[應] 수 있어서 나약(懦弱)한 초륙(初六 : --)이 구사(九四 : —)에게서 실질적인 도움을 받고자 하지만 구이(九二 : —)가 가로막고 있어서 여의치 못하다. 따라서 자신의 뜻하는 바를 앞세울 수 없는 모습이 초륙(初六 : --)의 효상(爻象)이다.

송괘(訟卦 : ䷅)의 초륙(初六 : --)이 초구(初九 : —)로 변효(變爻)하면 초륙(初六 : --)은 송괘(訟卦 : ䷅)를 10번째 이괘(履卦 : ䷉)로 지괘(之卦)하게 한다. 따라서 송괘(訟卦 : ䷅)의 초륙(初六 : --)은 이괘(履卦 : ䷉)의 초구(初九 : —)를 찾아가 살펴보게 한다.

【초륙(初六)의 계사(繫辭) 풀이】

### 不永所事(불영소사)

송사하는[事] 바를[所] 오래 끌지[永] 못한다[不].

초륙(初六 : --)의 효위(爻位)를 빌려 암시한 계사(繫辭)이다. 〈불영소사(不永所

事)〉는 〈초륙불영기소사송(初六不永其所事訟)〉의 줄임으로 여기고 〈초륙은[初六] 자기가[其] 송사를[訟] 행하는[事] 바를[所] 오래 끌지 못한다[不永]〉라고 새겨볼 것이다. 대성괘(大成卦)에서 초효(初爻)는 약(弱)한 자리이다. 초효(初爻)의 자리에 있는 송괘(訟卦 : ䷅)의 초륙(初六 : --)은 더욱 나약(懦弱)하다. 그러나 초효(初爻)의 자리에 있으면 음양(陰陽)을 가릴 것 없이 상진(上進)하려는 의욕이 강렬한 편이다. 송괘(訟卦 : ䷅)의 초륙(初六 : --) 역시 예외가 아니다. 〈불영소사(不永所事)의 소사(所事)〉란 초륙(初六 : --)이 정응(正應)을 나누는 구사(九四 : —)로부터 도움을 받아 상진(上進)하고자 거슬림이 되는 구이(九二 : —)와 다투려 함[訟]을 암시한다. 그러나 구이(九二 : —)와의 다툼[訟]은 초륙(初六 : --) 자신에게 역부족(力不足)임을 알아채고 얼마 가지 않아 송사를 그만두는 모습을 암시한 계사(繫辭)가 〈불영소사(不永所事)〉이다.

## 小有言(소유언) 終吉(종길)

작게[小] 말썽이[言] 있어도[有] 끝내는[終] 길하다[吉].

초륙(初六 : --)의 다툼[訟]을 암시한 계사(繫辭)이다. 〈소유언(小有言)〉은 〈초륙소유언대구이(初六小有言對九二)〉의 줄임으로 여기고 〈초륙이[初六] 구이에[九二] 대하여[對] 조금[小] 말썽이[言] 있다[有]〉고 새겨볼 것이다. 〈소유언(小有言)의 소(小)〉는 〈소유언(小有言)의 언(言)〉이 〈초륙지언대구이(初六之言對九二)〉 즉 구이에[九二] 대한[對] 초륙의[初六之] 말[言]임을 암시한다. 음(陰 : --)을 소(小)라 하고 양(陽 : —)을 대(大)라 한다. 초륙(初六 : --)이 구사(九四 : —)의 도움을 받아 상진(上進)하려 하는데 이웃으로서 구이(九二 : —)가 왜 도와주지 않느냐고 말썽[言]을 부려 보지만 대인(大人)의 금도(襟度)를 지닌 구이(九二 : —)가 무응답(無應答)으로 대하니 초륙(初六 : --)이 말썽을 부리다 그만두어 버림을 암시한 것이 〈소유언(小有言)〉이다. 이에 초륙(初六 : --)의 다툼[訟]은 거두어진 것이다. 초륙(初六 : --)이 끝까지 다툼[訟]을 벌이지 않고 그만둔 셈이니 초륙(初六 : --)에게도 끝내는[終] 행운임[吉]을 암시한 계사(繫辭)가 〈소유언(小有言) 종길(終吉)〉이다.

【字典】

**不** 〈불-부〉 등으로 발음되고, 〈않을(못할) 불(不)-부(不), 아닐 불(不)-부(不)-비(非)-비(匪), 없을 불(不)-부(不)-무(無), 하지 말 불(不)-부(不)-막(莫)-금지(禁止), 정하지 않을 불(不)-부(不)-부(否)-미정(未定), 새가 날아올라 내려오지 않는 불(不)-부(不)-조비상불하래(鳥飛上不下來)〉 등의 뜻을 내지만 여기선 〈못할 불(不)〉로 여기고 새김이 마땅하다.

**영(永)** 〈오랠 영(永)-구(久), 길 영(永)-장(長), 멀 영(永)-원(遠), 끌 영(永)-인(引), 깊은 영(永)-심(深), 읊을 영(永)-영(詠)-영(咏), 헤엄칠 영(永)-영(泳)〉 등의 뜻을 내지만 여기선 〈오랠 구(久)〉와 같다 여기고 새김이 마땅하다.

**소(所)** 〈것(바) 소(所)-부정지사(不定之詞), 곳 소(所)-처(處)-거처(居處), 경역 소(所)-경역(境域), 지위 소(所)-지위(地位), 경우 소(所)-경우(境遇), 도리 소(所)-도리(道理), 당연 소(所)-당연(當然), 그것 소(所)-기소(其所)-지사지사(指事之詞), 다할 소(所)-진(盡), 쯤 소(所)-허(許), 가질 소(所)-소유(所有), 연고(까닭) 소(所)-소이(所以), 얼마 소(所)-기하(幾何)〉 등의 뜻을 내지만 〈것 소(所)〉로 여기고 새김이 마땅하다.

**사(事)** 〈행할(일할) 사(事)-동작(動作), 섬길 사(事)-봉(奉), 벼슬(일삼을) 사(事)-직(職), 큰일 사(事)-이변(異變), 다스릴 사(事)-치(治), 경영할 사(事)-영(營), 반역할 사(事)-반역(叛逆)〉 등의 뜻을 내지만 여기선 〈행할 동작(動作)〉과 같다 여기고 새김이 마땅하다.

**소(小)** 〈조금(작을) 소(小)-미(微)-대지반(大之反), 자잘할 소(小)-세(細), 짧을 소(小)-단(短), 좁을 소(小)-협(狹), 어릴 소(小)-유(幼), 천할 소(小)-천(賤), 첩 소(小)-첩(妾), 음(陰)을 칭하는 소(小)〉 등의 뜻을 내지만 여기선 〈조금 소(小)〉로 여기고 새김이 마땅하다.

**유(有)** 〈없을 무(無)의 반대말로 있을 유(有), 얻을(가질) 유(有)-취(取), 혹 유(有)-혹(或), 많을 유(有)-다(多)-족(足), 부유할 유(有)-부(富), 간직할 유(有)-장(藏), 보호할 유(有)-보(保), 서로 친할 유(有)-상친(相親), 전일할 유(有)-전(專), 할 유(有)-위(爲), 어조사 유(有)〉 등의 뜻을 내지만 〈있을 유(有)〉로 여기고 새김이 마땅하다.

**언(言)** 〈말 언(言)-어(語), 말소리 언(言)-언사(言辭), 말의 첫머리를 꺼낼 언(言)-발단(發端)-직언(直言), 논할 언(言)-설(說), 밝힐(공표할) 언(言)-선(宣), 물어볼 언(言)-

문(問), 따를 언(言)-종(從), 교명 언(言)-교명(敎命), 호령 언(言)-호령(號令), 동맹이 필요할 말씀 언(言)-회동맹요지사(會同盟要之辭), 모의할 언(言)-모의(謀議), 응대하는 말 언(言)-사령(辭令), 웃전에 뜻을 전할 언(言)-상표(上表), 일구 언(言)-일구(一句), 한 글자 언(言)-일자(一字), 나 언(言)-아(我), 어울려 받드는 모습 언(言)-화경지모(和敬之貌), 송사할 언(言)-송(訟), 발어사 언(言)-운(云)〉 등의 뜻을 내지만 여기선 〈말 어(語)〉로 여기고 새김이 마땅하다.





**종(終)** 〈끝내 종(終)-시지대(始之對), 끝날 종(終)-이(已), 다할 종(終)-진(盡)-극(極)-궁(窮)-경(竟), 충분할 종(終)-충(充), 이룰 종(終)-성(成), 사망 종(終)-사(死)〉 등의 뜻을 내지만 여기선 〈끝내 종(終)〉으로 여기고 새김이 마땅하다.

**길(吉)** 〈좋을(행복할) 길(吉)-선(善)-영(令) {영월길일(令月吉日)은 선월선일(善月善日)임.}, 복 길(吉)-실(實)-선실(善實)-복(福), 예의를 따라 상서로울 길(吉)-예의순상(禮義順祥), 삼갈 길(吉)-근(謹), 초하루 길(吉)-삭일(朔日) {삭망(朔望) 즉 초하루[朔]와 그믐날[望]}, 길례 길(吉)-길례(吉禮) {오례지일(五禮之一) 길흉빈군가(吉凶賓軍嘉)}, 갈 길(吉)-행(行)-길(趌)〉 등의 뜻을 내지만 여기선 〈좋을 선(善)-영(令)〉 즉 행복과 같다 여기고 새김이 마땅하다.

## 구이(九二 : ─)

九二 : 不克訟이니 歸而逋하여 其邑人이 三百户면 无眚하다
불극송 귀이포 기읍인 삼백호 무생

구이(九二) : 송사를[訟] 이길 수 없으니[不克] 돌아와서[歸而] 숨으니[逋] 그[其] 고을[邑] 사람들[人] 삼백[三百] 호에[户] 재앙이[眚] 없다[无].

**【구이(九二)의 효상(爻象) 풀이】**

송괘(訟卦 : ䷅)의 구이(九二 : ─)는 이양거음(以陽居陰) 즉 양(陽 : ─)으로 써[以] 음(陰 : --)의 자리에 있는지라[居] 정당한 자리에 있지 못하다. 구이(九二 : ─)와 초륙(初六 : --)-육삼(六三 : --)은 양음(陽陰)의 사이인지라 다른 대성괘(大成卦)에서라면 이웃의 사귐[比]을 누릴 수 있는 처지이지만 송괘(訟卦 : ䷅)

의 주제인 〈송(訟)〉 즉 다툼의 시국인지라 마음 편히 그냥 이웃의 사귐[比]을 누릴 수 있는 처지는 아니다. 구이(九二 : ─)와 구오(九五 : ─)는 양양(兩陽) 즉 둘 다[兩] 양(陽 : ─)이어서 중정(中正)-정응(正應)을 서로 누리지 못하지만, 구이(九二 : ─)는 송괘(訟卦 : ䷅)의 하체(下體) 감(坎 : ☵)의 중효(中爻)로서 득중(得中) 즉 정도를 따름을[中] 취하여[得] 매사(每事)를 마주하므로 자신의 강강(剛强)함을 자신이 처한 음위(陰位)의 유약(柔弱)함과 서로 부딪치지 않고 어울리게 하여, 은인자중(隱忍自重) 즉 숨어[隱] 참으면서[忍] 스스로[自] 조심하는[重] 모습이 구이(九二 : ─)의 효상(爻象)이다.

> 송괘(訟卦 : ䷅)의 구이(九二 : ─)가 육이(六二 : --)로 변효(變爻)하면 구이(九二 : ─)는 송괘(訟卦 : ䷅)를 12번째 비괘(否卦 : ䷋)로 지괘(之卦)하게 한다. 따라서 송괘(訟卦 : ䷅)의 구이(九二 : ─)는 비괘(否卦 : ䷋)의 육이(六二 : --)를 찾아가 살펴보게 한다.

**【구이(九二)의 계사(繫辭) 풀이】**

## 不克訟(불극송)

송사를[訟] 이길 수 없다[不克].

구이(九二 : ─)의 효위(爻位)를 빌려 암시한 계사(繫辭)이다. 〈불극송(不克訟)〉은 〈구이불극송대구오(九二不克訟對九五)〉의 줄임으로 여기고 〈구이는[九二] 구오를[九五] 상대해서[對] 송사를[訟] 이길 수 없다[不克]〉고 새겨볼 것이다. 여기 〈불극송(不克訟)〉은 〈불능송(不能訟)〉과 같다. 구이(九二 : ─)는 송괘(訟卦 : ䷅)의 하체(下體) 감(坎 : ☵)의 중효(中爻)이지만 감(坎 : ☵)은 〈함(陷)〉 즉 위험[陷]을 상징하기 때문에 그 위험의 중앙에 있는 데다 위아래로 음효(陰爻)들이 있어서 곤궁(困窮)한 처지인지라, 오히려 구이(九二 : ─)에게는 주변과 다툼을 벌일 빌미가 충분하다. 특히 송괘(訟卦 : ䷅)의 상체(上體) 건(乾 : ☰)의 중효(中爻)인 구오(九五 : ─)와는 양양(兩陽) 즉 둘 다[兩] 양(陽 : ─)이어서 상충(相衝) 즉 서로[相] 부딪치는[衝] 관계라 서로 다툴 충분한 여지가 있지만 구이(九二 : ─)가 구오(九五 : ─)와 다툼을 벌일 수 있는 처지가 아니다. 왜냐하면 구오(九五 : ─)는 정위(正位)에 있고 존위(尊位)에 있으며, 구이(九二 : ─)는 부정위(不正位)에 있으면서 하위(下位) 즉 제후(諸侯)의 자리에 있기 때문이다. 의지(意志)가 강강(剛强) 즉 굳세고[剛] 강력해[强] 다툼을 벌일 생각이 있다 할지라도 구이(九二 : ⚊)가 자신의 처지를 감안하여 구오(九五 : ⚊)나 주변의 초륙(初六 : ⚋)-육삼(六三 : ⚋) 등과 다툼을 벌일 수 없음을 현명하게 스스로 판단함을 암시한 계사(繫辭)가 〈불극송(不克訟)〉이다.

## 歸而逋(귀이포) 其邑人(기읍인) 三百戶(삼백호) 无眚(무생)

돌아와서[歸而] 숨으니[逋] 그[其] 고을[邑] 사람들[人] 삼백[三百] 호에[戶] 재앙이[眚] 없다[无].

구이(九二 : ⚊)의 변효(變爻)를 빌려 암시한 계사(繫辭)이다. 〈귀이포(歸而逋) 기읍인(其邑人) 삼백호(三百戶) 무생(无眚)〉은 〈인위구이귀어기읍이구이포어기읍(因爲九二歸於其邑而九二逋於其邑) 기읍인지삼백호무생(其邑人之三百戶无眚)〉의 줄임으로 여기고 〈구이가[九二] 자기의[其] 읍으로[於邑] 돌아와서[歸而] 구이가[九二] 자기의[其] 읍에[於邑] 숨었기[逋] 때문에[因爲] 자기의[其] 읍(邑) 백성의[人之] 삼백(三百) 호에[戶] 재앙이[眚] 없다[无]〉고 새겨볼 것이다. 〈귀이포(歸而逋)의 포(逋)〉는 〈숨을 찬(竄)-은(隱)〉과 같고, 〈무생(无眚)의 생(眚)〉은 〈재앙 재(災)〉와 같다 여기고 새김이 마땅하다. 송괘(訟卦 : ䷅)의 구이(九二 : ⚊)가 변효(變爻)하면 송괘(訟卦 : ䷅)의 하체(下體) 감(坎 : ☵)은 곤(坤 : ☷)으로 변괘(變卦)한다. 「설괘전(說卦傳)」의 〈곤은[坤 : ☷] 땅[地]이고[爲] …… 무리[衆]이다[爲]〉라는 내용을 〈기읍인(其邑人) 삼백호(三百戶)〉가 환기시킨다. 〈삼백호(三百戶)〉는 제후(諸侯)의 봉지(封地)를 나타내고 동시에 제후의 백성인 무리[衆]를 나타낸다. 따라서 구이(九二 : ⚊)가 자신의 봉지로 돌아와[歸] 천자(天子)에게 대항하자고 봉지의 백성을 선동하는 것이 아니라 봉지에서 없는 듯 숨었기[逋] 때문에 구이(九二 : ⚊)의 영민(英敏)함으로 말미암아 봉지의 백성[邑人]에게도 환란[眚]이 미치지 않게 되었음을 암시한 계사(繫辭)가 〈귀이포(歸而逋) 기읍인(其邑人) 삼백호(三百戶) 무생(无眚)〉이다.

【字典】

**不** 〈불-부〉 두 가지로 발음되고, 〈않을(못할) 불(不)-부(不), 아닐 불(不)-부(不)-비(非), 없을 불(不)-부(不)-무(無), 하지 말 불(不)-부(不)-막(莫)-금지(禁止), 정하

지 않을 불(不)-부(不)-부(否)-미정(未定), 새가 날아올라 내려오지 않는 불(不)-부(不)-조비상불하래(鳥飛上不下來)〉 등의 뜻을 내지만 여기선 〈않을 불(不)〉로 여기고 새김이 마땅하다.

**극(克)** 〈이길 극(克)-승(勝), 견딜 극(克)-감(堪), 이룰 극(克)-성(成), 다스릴 극(克)-치(治), 능할 극(克)-능(能), 꾸짖을 극(克)-책(責)〉 등의 뜻을 내지만 여기선 〈이길 승(勝)〉 또는 〈견딜 감(堪)〉 등과 같다 여기고 새김이 마땅하다.

**송(訟)** 〈(송사-시비-재산-죄 등을 두고) 다툴 송(訟)-쟁(爭), 꾸짖을 송(訟)-책(責), 다스릴 송(訟)-이(理), 공평할 송(訟)-공(公)〉 등의 뜻을 내지만 여기선 〈다툴 쟁(爭)〉과 같다 여기고 새김이 마땅하다.

**歸** 〈귀-궤〉 두 가지로 발음되고, 〈돌아올 귀(歸)-환(還), 갈 귀(歸)-왕(往), 돌려보낼 곳 귀(歸)-반원처(反原處), 자리로 돌아올 귀(歸)-복위(復位), 목표에 이를 귀(歸)-지어목표(至於目標), 나아가 좇을 귀(歸)-취(就), 시집갈 귀(歸)-가(嫁)-여가(女嫁), 던질 귀(歸)-투(投), 붙좇을 귀(歸)-부(附), 허락할 귀(歸)-허(許), 간직할 귀(歸)-장(藏), 합할 귀(歸)-합(合), 죽을 귀(歸)-사(死), 사물의 끝 귀(歸)-종(終), 품을 귀(歸)-회(懷), 맡길 귀(歸)-위임(委任), 자수할 귀(歸)-자수(自首), 괘 이름 귀(歸)-괘명(卦名), 먹일 궤(歸)-궤(饋), 건량할 궤(歸)-향(餉), 끼칠(남길) 궤(歸)-유(遺)〉 등의 뜻을 내지만 〈돌아올 환(還)〉과 같다 여기고 새김이 마땅하다.

**이(而)** 〈(말 이을) 그리고(그러나) 이(而)-승상전하(承上轉下), ~면 이(而)-약(若), 그럴 이(而)-연(然), 그러므로 이(而)-고(故), 이에 이(而)-내(乃), 곧 이(而)-즉(則), 그로써 이(而)-이(以), ~과 이(而)-여(與)-급(及), 그 이(而)-기(其), 어찌 이(而)-기(豈), 또 이(而)-차(且)-우(又), 오히려(조차) 이(而)-유(猶), 무릇 이(而)-부(夫), 이것 이(而)-차(此), 오직 이(而)-유(唯), 얼굴에 난 털 이(而)-협모(頰毛), 수염 이(而)-수(須), 너 이(而)-여(汝)-여(女), ~할 수 있을 이(而)-능(能), 어찌 이(而)-안(安)〉 등의 뜻을 내지만 여기선 〈그리고 이(而)〉로 여기고 새김이 마땅하다.

**포(逋)** 〈숨을 포(逋)-찬(竄), 도망칠 포(逋)-도(逃)-망(亡), 이지러질 포(逋)-흠(欠), 도착하지 않을 포(逋)-부도(不到), 늦을 포(逋)-지(遲)〉 등의 뜻을 내지만 여기선 〈숨을 찬(竄)〉과 같다 여기고 새김이 마땅하다.

**기(其)** 〈자기의 기(其)-기지(己之), 그것 기(其)-피(彼)-지(之), 그럴 기(其)-연

(然), 어찌 기(其)-기(豈), 누를 기(其)-억(抑), 오히려 기(其)-상(尙)-서기(庶幾), 이에 기(其)-내(乃), 만약 기(其)-약(若), 장차 기(其)-장(將), 어조사 기(其)-어조사(語助辭)〉 등의 뜻을 내지만 여기선 〈자기 기지(已之)〉와 같다 여기고 새김이 마땅하다.

**읍(邑)** 〈고을(삼백호) 읍(邑)-오리(五里), 흑흑 느낄 읍(邑)-기결(氣結), 답답할 읍(邑)-우울(憂鬱)〉 등의 뜻을 내지만 여기선 〈고을 오리(五里)〉로 여기고 새김이 마땅하다. 고팔가위린(古八家爲鄰) 삼린위붕(三鄰爲朋) 삼붕위리(三朋爲里) 오리위읍(五里爲邑) 십읍위도(十邑爲都) 십도위사(十都爲師) : 옛날에는[古] 여덟 가구가[八家] 인이[鄰] 되고[爲], 삼린이[三鄰] 붕이[朋] 되며[爲], 삼붕이[三朋] 이가[里] 되고[爲], 오리가[五里] 즉 삼백호(三百戶)가 읍이[邑] 되며[爲], 십읍이[十邑] 도가[都] 되고[爲], 십도가[十都] 사가[師] 된다[爲].

**삼(三)** 〈삼(세 번, 석 삼, 셋 삼) 삼(三)-이지가일(二之加一), 다수를 나타낼 삼(三)-다수지칭(多數之稱), 삼재의 수 삼(三)-천지인지수(天地人之數), 임금-아버지-스승 삼(三)-군부사(君父師), 동방 삼(三)-동방(東方), 끝 삼(三)-종(終)〉 등의 뜻을 내지만 여기선 〈삼 삼(三)〉으로 여기고 새김이 마땅하다. 삼(三)은 삼(參)과 같다.

**백(百)** 〈일백 백(百)-십지십배(十之十倍), 백배 백(百)-백배(百倍), 무릇 백(百)-범(凡), 맏(우두머리) 백(百)-백(伯)〉 등의 뜻을 내지만 여기선 〈일백 백(百)〉으로 여기고 새김이 마땅하다.

**호(戶)** 〈백성의 처소 호(戶)-민거(民居), 지게문(외짝문) 호(戶)-호(護)-반문(半門), 방의 출입구 호(戶)-실출입지구(室出入之口), 어떤 것의 출입구 호(戶)-물지출입구(物之出入口), 구멍 호(戶)-혈(穴), 새의 집 출입구 호(戶)-조소지출입구(鳥巢之出入口), 뜰 호(戶)-실정(室庭), 인민 호(戶)-인민(人民), 특정 직업에 종사하는 이 호(戶)-종사특정직업자(從事特定職業者), 멈출 호(戶)-지(止), 주인 호(戶)-주(主), 음주량 호(戶)-음주지량(飮酒之量), 환할 호(戶)-호(旷), 문채 호(戶)-문채(文采)〉 등의 뜻을 내지만 〈백성의 처소 민거(民居)〉와 같다 여기고 새김이 마땅하다.

**무(无)** 〈없을 무(无)-무(無), 허무지도 무(无)-허무지도(虛无之道), 으뜸 무(无)-원(元)〉 등의 뜻을 내지만 여기선 〈없을 무(無)〉와 같다 여기고 새김이 마땅하다.

**생(眚)** 〈재화와 복록 생(眚)-요상(妖祥), 백태가 낄 생(眚)-생예(生翳), 과실(모르고 지은 죄) 생(眚)-과(過), 질병 생(眚)-병(病), 파리할 생(眚)-수(瘦), 치워버릴 생(眚)-

생(省), 용서할 생(眚)-사(赦)〉 등의 뜻을 내지만 여기선 〈재화(災禍)와 복록(福祿)〉을 뜻하는 〈요상(妖祥)〉으로 여기고 새김이 마땅하다.





## 육삼(六三 : --)

六三 : 食舊德이라 貞厲하나 終吉하고 或從王事라도 无成이리라
식 구 덕 정 려 종 길 혹 종 왕 사 무 성

육삼(六三) : 조상의[舊] 은덕을[德] 먹고 산다[食]. 진실로 미더워도[貞] 난처하나[厲] 끝내는[終] 길하고[吉], 왕의[王] 일을[事] 때때로[或] 따르지만[從] (다툼을) 이룸은[成] 없다[无].

**【육삼(六三)의 효상(爻象) 풀이】**

송괘(訟卦 : ䷅)의 육삼(六三 : --)은 이음거양(以陰居陽) 즉 음(陰 : --)으로써[以] 양(陽 : —)의 자리에 있는지라[居] 정당한 자리에 있지 못하고, 송괘(訟卦 : ䷅)의 하체(下體) 감(坎 : ☵)에서 중위(中位)를 벗어나 당당하지가 못하다. 육삼(六三 : --)과 구이(九二 : —)-구사(九四 : —)는 음양(陰陽)의 사이인지라 다른 대성괘(大成卦)에서라면 이웃의 사귐[比]을 누릴 수 있는 처지이지만 송괘(訟卦 : ䷅)의 주제인 〈송(訟)〉 즉 다툼의 시국인지라 육삼(六三 : --)의 뜻을 앞세워 주장을 내세울 수 있는 처지가 못 된다. 그리고 육삼(六三 : --)과 상구(上九 : —)도 음양(陰陽)의 사이인지라 정응(正應) 즉 정도를 따라[正] 서로 호응할[應] 수 있는 처지이나 상구(上九 : —)로부터 적극적인 도움을 받기는 거리가 멀다. 그러므로 주변과 다툼을 벌여서[訟] 자신의 입지(立志)를 관철시키기 어렵기 때문에 육삼(六三 : --) 자신의 자리가 삼공(三公)의 자리 중에 하나인지라 조상이 물려준 자리에 안주하려는 모습이 육삼(六三 : --)의 효상(爻象)이다.

송괘(訟卦 : ䷅)의 육삼(六三 : --)이 구삼(九三 : —)으로 변효(變爻)하면 육삼(六三 : --)은 송괘(訟卦 : ䷅)를 44번째 구괘(姤卦 : ䷫)로 지괘(之卦)하게 한다. 따라서 송괘(訟卦 : ䷅)의 육삼(六三 : --)은 구괘(姤卦 : ䷫)의 구삼(九三 : —)을 찾아가 살펴보게 한다.

【육삼(六三)의 계사(繫辭) 풀이】

## 食舊德(식구덕) 貞厲(정려) 終吉(종길)

조상의[舊] 은덕을[德] 먹고 산다[食]. 진실로 미더워도[貞] 난처하나[厲] 끝내는[終] 길하다[吉].

육삼(六三 : --)의 효위(爻位)를 빌려 암시한 계사(繫辭)이다. 〈식구덕(食舊德)〉은 〈육삼식조상지덕(六三食祖上之德)〉으로 여기고 〈육삼은[六三] 조상의[祖上之] 덕을[德] 먹고 산다[食]〉라고 새겨볼 것이다. 〈식구덕(食舊德)의 구덕(舊德)〉은 조상 대대로 물려지는 녹봉(祿俸)을 말한다. 〈정려(貞厲)〉는 〈수륙삼정(雖六三貞) 육삼려(六三厲)〉의 줄임으로 여기고 〈비록[雖] 육삼이[六三] 진실로 미더워도[貞] 육삼은[六三] 난처하다[厲]〉고 새겨볼 것이다. 〈정려(貞厲)의 여(厲)〉는 〈어려울 난(難)〉으로 여기고 새김이 마땅하다. 대성괘(大成卦)에서 삼위(三位)의 자리는 대부(大夫)의 자리이다. 송괘(訟卦 : ䷅)의 육삼(六三 : --) 역시 군왕(君王)인 구오(九五 : —)를 가까이서 보좌하는 대부(大夫)의 자리에 있다. 그러나 송괘(訟卦 : ䷅)의 주제인 〈송(訟)〉 즉 다툼[訟]의 시국에서는 자신의 뜻을 앞세워 관철하려 하면 거센 반발을 사서 다툼을 살 수 있게 마련이다. 유약(柔弱)한 육삼(六三 : --)이 강강(剛强)한 구이(九二 : —)와 구사(九四 : —)에 끼여 있는지라 자신의 뜻대로 군왕(君王)을 보좌하며 대부(大夫) 노릇을 당당하게 추진하기가 매우 어려운 처지이다. 따라서 조상 대대로 받아온 대부(大夫)의 녹(祿)을 만족하면서 진실로 미덥게[貞] 처신하여도 〈송(訟)〉의 시국인지라 어려움[厲]을 당하지만, 끝까지 〈정(貞)〉을 견지하여 〈송(訟)〉 즉 다툼을 벌이지 않아 육삼(六三 : --)이 끝내는[終] 행운을 누린다[吉]고 암시한 계사(繫辭)가 〈식구덕(食舊德) 정려(貞厲) 종길(終吉)〉이다.

## 或從王事(혹종왕사) 无成(무성)

왕의[王] 일을[事] 때때로[或] 따르지만[從] (다툼을) 이룸은[成] 없다[无].

육삼(六三 : --)의 정응(正應)을 암시한 계사(繫辭)이다. 〈혹종왕사(或從王事)〉

는 〈육삼혹종왕지사(六三或從王之事)〉의 줄임으로 여기고 〈육삼은[六三] 왕의[王之] 일을[事] 간혹[或] 따른다[從]〉고 새겨볼 것이다. 〈무성(无成)〉은 〈육삼무성송대상구(六三无成訟對上九)〉의 줄임으로 여기고 〈육삼에게는[六三] 상구에[上九] 대하여[對] 다툼을[訟] 이룸이[成] 없다[无]〉고 새겨볼 것이다. 〈무성(无成)의 성(成)〉은 〈성송(成訟)〉의 줄임으로 여기고 〈송사(訟事)를 벌인다[成]〉는 뜻으로 여기고 새김이 마땅하다. 〈혹종왕사(或從王事)의 혹(或)〉은 육삼(六三 : --)이 송괘(訟卦 : ䷅)의 주제인 〈송(訟)〉의 시국을 인지하고, 〈왕(王)〉 즉 상구(上九 : --)가 육삼(六三 : --)에게 따르라 하면[從] 따르지 자신이 앞서서 따르겠다고 하면 상구(上九 : --)와 다툼[訟]을 불러올 수도 있음을 인지함을 암시한다. 상구(上九 : --)의 자리는 상왕(上王)의 자리인지라 상구(上九 : --)의 소위(所爲) 즉 하는[爲] 바[所]를 〈왕사(王事)〉라고 한 것이니 〈왕사(王事)의 왕(王)〉은 상구(上九 : —)를 나타낸다. 〈혹종왕사(或從王事)의 종(從)〉은 유(柔) 즉 부드러움[柔]은 강(剛) 즉 굳셈[剛]을 좇고[從] 아래는[下] 위를[上] 좇음[從]을 암시한다. 〈종왕사(從王事)의 종(從)〉은 〈따를 순(順)〉과 같다. 육삼(六三 : --)은 부드럽고[柔] 송괘(訟卦 : ䷅)의 하체(下體) 감(坎 : ☵)의 상효(上爻)이지만 송괘(訟卦 : ䷅)에서는 아래[下]에 있다. 유(柔)는 강(剛)을 좇고 하(下)는 상(上)을 좇음이 순리(順理)임을 〈종왕사(從王事)의 종(從)〉이 암시하기도 한다. 앞에 나온 육삼(六三 : --)의 〈정(貞)〉이란 곧 이런 순리(順理)를 따름을 암시한 심지(心志)이다. 육삼(六三 : --)과 상구(上九 : —)가 정응(正應) 즉 정도를 따라[正] 서로 호응하지만[應], 둘 다 부정위(不正位)에 있고 극위(極位)에 있는지라 육삼(六三 : --)이 상구(上九 : —)의 하는 바를 따라가[從] 〈송(訟)〉 즉 다툼을[訟] 이룸은[成] 없음[无]을 암시한 계사(繫辭)가 〈혹종왕사(或從王事) 무성(无成)〉이다.

**【字典】**

**食** 〈사-식-이〉 세 가지로 발음되고, 〈먹을 식(食)-여(茹), 밥 식(食), 씹을 식(食)-담(啗), 모든 음식물 식(食)-식용(食用)-음식물(飮食物), 헛말할 식(食)-식언(食言), 먹일(먹힐) 사(食)-사(飤)-반(飯), 먹을거리(양식) 사(食)-양(糧), 길러줄 사(食)-양(養), (부모를 매장한 뒤에 올리는 제사) 우제 사(食)-우제(虞祭), 사람 이름 이(食)〉 등의 뜻을 내지만 〈먹을 여(茹)〉와 같다 여기고 새김이 마땅하다.

**구(舊)** 〈옛 구(舊)-고(故), 오래 구(舊)-구(久), 옛날 구(舊)-석(昔)〉 등의 뜻을 내지만 여기선 〈옛 고(故)〉로 여기고 새김이 마땅하다. 〈식구덕(食舊德)의 구덕(舊德)〉은 구래지봉록(舊來之俸祿)을 말한다. 선왕(先王)으로부터 선대(先代)가 받아서[舊] 내려오는[來之] 봉록(俸祿) 즉 식읍(食邑)-채읍(采邑)-식토(食土) 같은 녹봉(祿俸)을 말한다.

**덕(德)** 〈은혜 덕(德)-은(恩), 음양이 서로 통할 덕(德)-음양교통(陰陽交通), 큰 덕(德)-행도유득(行道有得)-수양이유득어심(修養而有得於心), 품행(품격) 덕(德)-품행(品行)-품격(品格), 본성의 실마리 덕(德)-성지단(性之端), 기질(성행) 덕(德)-기질(氣質)-성행(性行), 본성 덕(德)-본성(本性), 진리 덕(德)-진리(眞理), 시생 덕(德)-시생(始生), 왕성한 기운 덕(德)-왕기(旺氣), 덕으로 여길 덕(德)-하사(荷思), 좋은 가르침 덕(德)-감화(感化), 군자 덕(德)-군자(君子)〉 등의 뜻을 내지만 여기선 〈은혜 은(恩)〉과 같다 여기고 새김이 마땅하다.

**정(貞)** 〈바를 정(貞)-정(正), 오로지할(순수할) 정(貞)-전(專)-일(一), 믿을 정(貞)-신(信), 거북점을 물을 정(貞)-복문(卜問), 역(易)의 내괘(內卦) 정(貞), 마땅할 정(貞)-당(當), 정할 정(貞)-정(定)〉 등의 뜻을 내지만 여기선 〈바를 정(正)〉과 같다 여기고 새김이 마땅하다.

**여(厲)** 〈위태로울 여(厲)-위(危), 엄정할 여(厲)-엄(嚴), 맑고 바를 여(厲)-청정(淸正), 마찰할 여(厲)-마(磨), 막을 여(厲)-항(抗), 일어날 여(厲)-기(起), 지을 여(厲)-작(作), 사나울 여(厲)-학(虐), 병들 여(厲)-병(病), 낭떠러지 여(厲)-애(涯)〉 등의 뜻을 내지만 여기선 〈위태로울 위(危)〉와 같다 여기고 새김이 마땅하다. 〈厲〉가 맨 앞일 때는 〈여〉로 발음되고, 중간이나 뒤일 때는 〈려〉로 발음된다.

**종(終)** 〈끝내 종(終)-시지대(始之對), 끝날 종(終)-이(已), 다할 종(終)-진(盡)-극(極)-궁(窮)-경(竟), 충분할 종(終)-충(充), 이룰 종(終)-성(成), 사망 종(終)-사(死)〉 등의 뜻을 내지만 여기선 〈끝내 종(終)〉으로 여기고 새김이 마땅하다.

**길(吉)** 〈좋을(행복할) 길(吉)-선(善)-영(令) {영월길일(令月吉日)은 선월선일(善月善日)임.}, 복 길(吉)-실(實)-선실(善實)-복(福), 예의를 따라 상서로울 길(吉)-예의순상(禮義順祥), 삼갈 길(吉)-근(謹), 초하루 길(吉)-삭일(朔日) {삭망(朔望) 즉 초하루[朔]와 그믐날[望]}, 길례 길(吉)-길례(吉禮) {오례지일(五禮之一) 길흉빈군가(吉凶賓軍嘉)}, 갈 길(吉)-행(行)-길(趌)〉 등의 뜻을 내지만 여기선 〈좋을 선(善)-영(令)〉 즉 행복과 같다

여기고 새김이 마땅하다.

**혹(或)** 〈때때로(때로는) 혹(或)-간(間), 어떤 이 혹(或)-수(誰), 의심할 혹(或)-의(疑), 아마도 혹(或), 괴이할 혹(或)-괴(怪), 있을 혹(或)-유(有)〉 등의 뜻을 내지만 여기선 〈때때로 간(間)〉과 같다 여기고 새김이 마땅하다.

**종(從)** 〈따를 종(從)-수(隨)-순(順), 맡을 종(從)-임(任), 받아들일 종(從)-청(聽), 나아갈 종(從)-취(就), 뒤좇을 종(從)-축(逐), ~부터 종(從)-자(自)〉 등의 뜻을 내지만 여기선 〈따를 순(順)〉과 같다 여기고 새김이 마땅하다.

**왕(王)** 〈임금 왕(王)-군(君), 제후 왕(王)-제후(諸侯), 무리의 우두머리 왕(王)-동류중지수령(同類中之首領), 큰 왕(王)-대(大), 천자를 받들 왕(王)-사천자(事天子), 바로잡을 왕(王)-광정(匡正), 성대할 왕(王)-성(盛), 이길 왕(王)-승(勝), 흥할 왕(王)-흥(興)〉 등의 뜻을 내지만 여기선 〈임금 군(君)〉과 같다 여기고 새김이 마땅하다.

**사(事)** 〈일(일할) 사(事)-동작(動作), 섬길 사(事)-봉(奉), 벼슬(일삼을) 사(事)-직(職), 큰일 사(事)-이변(異變), 다스릴 사(事)-치(治), 경영할 사(事)-영(營), 반역할 사(事)-반역(叛逆)〉 등의 뜻을 내지만 여기선 〈일 사(事)〉로 여기고 새김이 마땅하다.

**무(无)** 〈없을 무(无)-무(無), 허무지도 무(无)-허무지도(虛无之道), 으뜸 무(无)-원(元)〉 등의 뜻을 내지만 여기선 〈없을 무(無)〉와 같다 여기고 새김이 마땅하다.

**성(成)** 〈이룰 성(成)-취(就), 안정할 성(成)-정(定), 마칠 성(成)-필(畢)-종(終), 갖출 성(成)-비(備), 익을 성(成)-숙(熟), 무성할 성(成)-무(茂), 성대할 성(成)-성(盛), 클 성(成)-대(大), 좋을 성(成)-선(善), 사방 십리 성(成)-방십리(方十里)〉 등의 뜻을 내지만 여기선 〈이룰 취(就)〉와 같다 여기고 새김이 마땅하다.

## 구사(九四 : ⚊)

九四 : 不克訟이다 復卽命하여 渝하니 安貞하여 吉하리라
불극송 복즉명 투 안정 길

구사(九四) : 다툼을[訟] 할 수 없다[不克]. 바른 이치를[命] 좇아[卽] 돌아와[復] 변하니[渝] 진실한 미더움에[貞] 평안해[安] 길하다[吉].

【구사(九四)의 효상(爻象) 풀이】

송괘(訟卦 : ䷅)의 구사(九四 : ⚊)는 이양거음(以陽居陰) 즉 양(陽 : ⚊)으로써 [以] 음(陰 : ⚋)의 자리에 있는지라[居] 정당한 자리에 있지 못하다. 그러나 구사(九四 : ⚊)는 상진(上進)하여 송괘(訟卦 : ䷅)의 상체(上體) 건(乾 : ☰)의 중효(中爻)가 되어 득중(得中) 즉 정도를 따름을[中] 취하는[得] 뜻을 품어 송괘(訟卦 : ䷅)의 주제인 〈송(訟)〉의 시국을 따라 다툼[訟]을 벌이려는 의욕에 차 있다. 그러나 구사(九四 : ⚊)의 위에 있는 강강(剛强)한 구오(九五) : ⚊)는 정위(正位)에서 득중(得中)의 군왕(君王)인지라 구사(九四 : ⚊)가 감히 다툼[訟]을 벌일 수 없고, 육삼(六三 : ⚋)은 아래에 있고 유약(柔弱)한지라 더불어 다툼을 벌일 상대가 되지 못하며, 정응(正應) 즉 정도를 따라[正] 호응해[應] 순종(順從)하려는 초륙(初六 : ⚋)과도 다툴[訟] 수가 없으니 〈송(訟)〉의 시국에 편승(便乘)해서는 안 될 모습이 구사(九四 : ⚊)의 효상(爻象)이다.

> 송괘(訟卦 : ䷅)의 구사(九四 : ⚊)가 육사(六四 : ⚋)로 변효(變爻)하면 구사(九四 : ⚊)는 송괘(訟卦 : ䷅)를 59번째 환괘(渙卦 : ䷺)로 지괘(之卦)하게 한다. 따라서 송괘(訟卦 : ䷅)의 구사(九四 : ⚊)는 환괘(渙卦 : ䷺)의 육사(六四 : ⚋)를 찾아가 살펴보게 한다.

【구사(九四)의 계사(繫辭) 풀이】

## 不克訟(불극송)

다툼을[訟] 할 수 없다[不克].

구사(九四 : ⚊)의 효위(爻位)를 빌려 암시한 계사(繫辭)이다. 강강(剛强)한 구사(九四 : ⚊)는 송괘(訟卦 : ䷅)의 상체(上體) 건(乾 : ☰)의 초효(初爻)에서 상진(上進)하여 중효(中爻)에 이르러 득중(得中)하려는 뜻을 품은지라 〈송(訟)〉 즉 다툼[訟]을 벌이고자 하는 자이다. 〈불극송(不克訟)〉은 〈구사불극송대구오(九四不克訟對九五) 이구사불극송대륙삼여초륙(而九四不克訟對六三與初六)〉의 줄임으로 여기고 〈구사는[九四] 구오에[九五] 대하여[對] 다툴[訟] 수 없다[不克] 그리고[而] 구사는[九四] 초륙과[與初六] 육삼에[六三] 대하여[對] 다툴[訟] 수 없다[不克]〉고 새겨볼 것이다. 〈불극송(不克訟)〉은 〈불능송(不能訟)〉과 같다 여기고 새김이 마땅하다. 구사(九四 : ━) 자신의 위에서 구오(九五 : ━)는 정위(正位)에 있고 득중(得中)의 군왕(君王)인지라 구사(九四 : ━)가 구오(九五 : ━)와는 다툴 수가 없다. 그리고 구사(九四 : ━) 자신의 아래에 있는 유약(柔弱)한 육삼(六三 : --)과 더불어 다툴[訟] 상대가 못 되며, 정응(正應) 즉 정도를 따라[正] 호응해[應] 순종(順從)하려는 초륙(初六 : --) 역시 구사(九四 : ━)가 상대하여 다툴[訟] 처지가 아니다. 이에 송괘(訟卦 : ䷅)의 주제인 〈송(訟)〉의 시국이라 한들 구사(九四 : ━)에게는 당당히 다툴[訟] 수 있는 상대가 없음을 암시한 계사(繫辭)가 〈불극송(不克訟)〉이다.

## 復卽命(복즉명) 渝(투)

바른 이치를[命] 좇아[卽] 돌아와[復] 변한다[渝].

구사(九四 : ━)가 부쟁(不爭)의 정리(正理)를 좇음을 암시한 계사(繫辭)이다. 〈복즉명(復卽命)〉은 〈구사복명(九四復命) 이구사즉명(而九四卽命)〉의 줄임으로 여기고 〈구사가[九四] 바른 이치로[命] 돌아왔다[復] 그리고[而] 구사가[九四] 바른 이치를[命] 좇았다[卽]〉고 새겨볼 것이다. 〈복즉명(復卽命)의 즉(卽)〉은 〈좇을 취(就)〉와 같고, 〈복즉명(復卽命)의 명(命)〉은 정리(正理) 즉 정도를 따르는[正] 이치[理]를 뜻한다. 〈투(渝)〉는 〈구사지송위투구사지불송(九四之訟爲渝九四之不訟)〉의 줄임으로 여기고 〈구사의[九四之] 다툼이[訟] 구사의[九四之] 다투지 않음으로[不訟] 바뀌었다[爲渝]〉고 새겨볼 것이다. 〈투(渝)〉는 여기선 〈변할 변(變)〉과 같다. 송괘(訟卦 : ䷅)의 주제인 〈송(訟)〉 즉 투쟁[訟]이 〈즉명(卽命)〉의 것이 아니고 〈방명(方命)〉 즉 정리를[命] 저버림[方]으로 이어진다면 학쟁(虐爭) 즉 해치는[虐] 다툼[爭]이 되어버린다. 그러면 이롭되[利而] 해치지 않는[不害] 천도(天道)에 어긋나고 위해주되[爲而] 다투지 않는[不爭] 성인(聖人)의 도(道)에도 어긋나 소인(小人)의 짓에 불과하다. 강강(剛强)함을 앞세워 취쟁(就爭) 즉 다투기를[爭] 좇는다면[就] 학쟁(虐爭)에 지나지 않는다. 그러나 구사(九四 : ━)가 중위(中位)를 탐하여 상진(上進)하고자 품었던 〈송(訟)〉의 심기(心氣)를 부리지 않고 자신의 효상(爻象)을 면밀히 살펴서 구오(九五 : ━)와 〈불극송(不克訟)〉 즉 다툴[訟] 수 없는[不克] 까닭을 헤아려 깨닫고, 육삼(六三 : --)-초륙(初六 : --)과도 다툴[訟] 수 없는[不

克] 까닭을 헤아려 깨달아, 자신의 다투려는[訟] 심기(心氣)를 버리고 구사(九四 : ━) 자신이 정리를[命] 좇아[卽] 돌아와[復] 부쟁지심(不爭之心)으로 변화한[渝] 구사(九四 : ━)의 뜻을 살펴보게 하는 계사(繫辭)가 〈복즉명(復卽命) 투(渝)〉이다.





## 安貞(안정) 吉(길)

진실한 미더움에[貞] 평안해[安] 길하다[吉].

〈즉명(卽命)〉의 보람을 암시한 계사(繫辭)이다. 〈안정(安貞)〉은 〈구사정(九四貞) 인차구사안(因此九四安)〉의 줄임으로 여기고 〈구사는[九四] 진실로 미덥다[貞] 그래서[因此] 구사는[九四] 평안하다[安]〉고 새겨볼 것이다. 〈즉명(卽命)〉 즉 정리를[命] 좇아[卽] 〈복명(復命)〉 즉 정리로[命] 돌아온[復] 그 마음을 곧 〈정(貞)〉이라 한다. 〈명(命)〉 즉 정리(正理)를 순수(順守)하는 심지(心志)가 곧 〈정(貞)〉이다. 〈정(貞)〉이란 성신(誠信) 즉 진실한[誠] 미더움[信]이다. 그 미더움[貞]은 공정(公正)하여 무사무편(無邪無偏)함이다. 간사함도[邪] 없고[無] 치우침도[偏] 없는[無] 심지(心志)가 곧 〈정(貞)〉이다. 이러한 〈정(貞)〉은 남의 심지(心志)를 말함이 아니라 바로 구사(九四 : ━) 자신의 심지(心志)를 말함이다. 〈정(貞)〉은 남에게 요구할 수 없다. 오로지 저 자신이 모든 것을 아울러 하나같이[公] 바르게 하여[正] 간사함도[邪] 치우침도[偏] 없는[無] 저 자신의 심지(心志)가 진실로[誠] 미더움[信]인 〈정(貞)〉이다. 이러한 〈정(貞)〉은 언제 어디서나 자신에게 이로울[利] 뿐만 아니라 〈부(孚)〉 즉 남들이 저 자신을 믿어주기[孚] 때문에 모두에게 이롭기에 항상 자신으로 하여금 세상을 막힘없이 통하게 함[亨]이 〈정(貞)〉이다. 이러한 〈정(貞)〉을 구사(九四 : ━) 자신이 간직하게 되어 구사(九四 : ━)가 다툼[訟]의 심기(心氣)를 벗어나 심신(心身)의 평안[安]을 누릴 수 있어서 행복함[吉]을 암시한 계사(繫辭)가 〈안정(安貞) 길(吉)〉이다.

【字典】

**不** 〈불-부〉 두 가지로 발음되고, 〈않을(못할) 불(不)-부(不), 아닐 불(不)-부(不)-비(非), 없을 불(不)-부(不)-무(無), 하지 말 불(不)-부(不)-막(莫)-금지(禁止), 정하지 않을 불(不)-부(不)-부(否)-미정(未定), 새가 날아올라 내려오지 않는 불(不)-부(不)-조비상불하래(鳥飛上不下來)〉 등의 뜻을 내지만 여기선 〈않을 불(不)〉로 여기고 새김이

마땅하다.

**극(克)** 〈이길 극(克)-승(勝), 견딜 극(克)-감(堪), 이룰 극(克)-성(成), 다스릴 극(克)-치(治), 능할 극(克)-능(能), 꾸짖을 극(克)-책(責)〉 등의 뜻을 내지만 여기선 〈이길 승(勝)〉 또는 〈견딜 감(堪)〉 등과 같다 여기고 새김이 마땅하다.

**송(訟)** 〈(송사-시비-재산-죄 등을 두고) 다툴 송(訟)-쟁(爭), 꾸짖을 송(訟)-책(責), 다스릴 송(訟)-치(治)-이(理), 공평할 송(訟)-공(公)〉 등의 뜻을 내지만 여기선 〈다툴 쟁(爭)〉과 같다 여기고 새김이 마땅하다.

**復** 〈복-부〉 두 가지로 발음되고, 〈갔다 올 복(復)-왕래(往來), 돌아올 복(復)-반(返)-환(還)-반(反), 돌 복(復)-주(周)-선(旋), 갚을 복(復)-보(報), 증명할 복(復)-험(驗), 실천할 복(復)-천(踐), 맡길(의지할) 복(復)-인(因), 아뢸 복(復)-백(白), 다시(또) 부(復)〉 등의 뜻을 내지만 여기선 〈돌아올 반(返)〉과 같다 여기고 새김이 마땅하다.

**즉(卽)** 〈좇을(나아갈) 즉(卽)-취(就), 가까이할 즉(卽)-근(近), 이제(지금) 즉(卽)-금(今), 가득할 즉(卽)-만(滿), 만일(萬一) 이제 즉(卽)-직금(直今), 음식을 아낄 즉(卽)-절식(節食)〉 등의 뜻을 내지만 여기선 〈좇을 취(就)〉와 같다 여기고 새김이 마땅하다.

**명(命)** 〈바른 이치 명(命)-정리(正理), 제후즉위 명(命)-서명(瑞命)-제후즉위(諸侯卽位), 부를 명(命)-호(呼), 시킬 명(命)-사(使)-영(令), 정령(政令) 명(命)-정령(政令), 가르칠 명(命)-교(敎), 고할 명(命)-고(告), 이름 명(命)-명(名), 목숨 명(命)-수(壽), 본성 명(命)-성(性), 생이 길고 짧을 명(命)-생지장단(生之長短), 천명 명(命)-천명(天命), 서명 명(命)-서명(瑞命), 빈궁(貧窮)과 영달(榮達)의 운수(運數) 명(命)-궁달지수(窮達之數)〉 등의 뜻을 내지만 여기선 〈바른 이치 정리(正理)〉로 여기고 새김이 마땅하다.

**투(渝)** 〈변할 투(渝)-변(變)-역(易), 빛 변할 투(渝)-변색(變色), 더러울 투(渝)-오(汙), 풀 투(渝)-해(解), 넘칠 투(渝)-일(溢)〉 등의 뜻을 내지만 여기선 〈변할 변(變)〉과 같다 여기고 새김이 마땅하다.

**안(安)** 〈편안할 안(安)-녕(寧)-위지대(危之對), 어찌 안(安)-하(何), 고요할 안(安)-정(靜), 정해질 안(安)-정(定), 멈출 안(安)-지(止), 편안해 즐거울 안(安)-일락(佚樂), 익힐 안(安)-습(習), 고를 안(安)-평(平), 어울려 기쁠 안(安)-안(晏), 속으로 만족하고 안락하게 여기는 바 안(安)-소안(所安)-의기귀향지(意氣歸向之), 바람 없이 행할 안(安)-무소구위(無所求爲), {구중(句中)에서} ~에서 안(安)-어(於)〉 등의 뜻을 내지만 여기선 〈편안할 녕(寧)〉과 같다 여기고 새김이 마땅하다.

**정(貞)** 〈바를 정(貞)-정(正), 믿을 정(貞)-신(信), 오로지(순수할) 정(貞)-전(專)-일(一), 거북점을 물을 정(貞)-복문(卜問), 역(易)의 내괘(內卦) 정(貞), 마땅할 정(貞)-당(當), 정할 정(貞)-정(定)〉 등의 뜻을 내지만 여기선 〈바를 정(正), 믿을 신(信)〉 등을 합친 뜻과 같아 〈정신(正信)〉 즉 바르고[正] 미더움[信]으로 새김이 마땅하다.

**길(吉)** 〈좋을(행복할) 길(吉)-선(善)-영(令) {영월길일(令月吉日)은 선월선일(善月善日)임.}, 복 길(吉)-실(實)-선실(善實)-복(福), 예의를 따라 상서로울 길(吉)-예의순상(禮義順祥), 삼갈 길(吉)-근(謹), 초하루 길(吉)-삭일(朔日) {삭망(朔望) 즉 초하루[朔]와 그믐날[望]}, 길례 길(吉)-길례(吉禮) {오례지일(五禮之一) 길흉빈군가(吉凶賓軍嘉)}, 갈 길(吉)-행(行)-길(趌)〉 등의 뜻을 내지만 여기선 〈좋을 선(善)-영(令)〉 즉 행복과 같다 여기고 새김이 마땅하다.

---

註 천지도리이불해(天之道利而不害) 성인지도위이부쟁(聖人之道爲而不爭) : 자연의[天之] 도는[道] (온갖 것을) 이롭게 하되[利而] 해치지 않고[不害], 성인의[聖人之] 도는[道] 위해주되[爲而] (그 무엇과도) 다투지 않는다[不爭]. 『노자(老子)』 81장(章)

## 구오(九五 : ⚊)

九五 : 訟元吉이다
송 원 길

구오(九五) : 다스림이[訟] 크게[元] 길하다[吉].

**【구오(九五)의 효상(爻象) 풀이】**

송괘(訟卦 : ䷅)의 구오(九五 : ⚊)는 이양거양(以陽居陽) 즉 양(陽 : ⚊)으로써[以] 양(陽 : ⚊)의 자리에 있는지라[居] 정당한 자리에 있다. 뿐만 아니라 송괘(訟卦 : ䷅)에서 정위(正位)에 있는 유일한 효(爻)가 구오(九五 : ⚊)이다. 그러나 구오(九五 : ⚊)에게 아래는 구사(九四 : ⚊) 위는 상구(上九 : ⚊)인지라 모두 양(陽 : ⚊)이어서 비(比) 즉 이웃의 사귐[比]을 누리지 못하고, 구이(九二 : ⚊)와도 양양

(兩陽) 즉 둘 다[兩] 양(陽 : ━)인지라 중정(中正)-정응(正應)을 나누어 누리지 못해 〈송(訟)〉의 시국에서는 상충(相衝) 즉 서로[相] 부딪쳐[衝] 다툼하려는[訟] 상황들을 마주하게 된다. 그러나 강강(剛强)한 구오(九五 : ━)는 중앙(中央)의 정위(正位)에 있는 군왕(君王)으로서 득중(得中) 즉 정도를 따름을[中] 취하여[得], 청송(聽訟) 즉 다툼들을[訟] 경청하여[聽] 치송(治訟) 즉 다툼들을[訟] 다스리는[治] 존엄(尊嚴)을 간직한 모습이 구오(九五 : ━)의 효상(爻象)이다.

송괘(訟卦 : ䷅)의 구오(九五 : ━)가 육오(六五 : --)로 변효(變爻)하면 구오(九五 : ━)는 송괘(訟卦 : ䷅)를 64번째 미제괘(未濟卦 : ䷿)로 지괘(之卦)하게 한다. 따라서 송괘(訟卦 : ䷅)의 구오(九五 : ━)는 미제괘(未濟卦 : ䷿)의 육오(六五 : --)를 찾아가 살펴보게 한다.

**【구오(九五)의 계사(繫辭) 풀이】**

## 訟元吉(송원길)

다스림이[訟] 크게[元] 길하다[吉].

구오(九五 : ━)의 효위(爻位)를 빌려 암시한 계사(繫辭)이다. 〈송원길(訟元吉)〉은 〈구오지소송세원(九五之所訟世元) 인차천하길(因此天下吉)〉의 줄임으로 여기고 〈구오가[九五之] 세상을[世] 다스리는[訟] 바가[所] 크다[元] 그래서[因此] 온 세상이[天下] 길하다[吉]〉고 새겨볼 것이다. 구오(九五 : ━)가 송괘(訟卦 : ䷅)의 주제인 〈송(訟)〉 즉 다툼[訟]의 시국을 마주하는 군왕(君王)인지라, 〈치세(治世)〉 대신에 〈송세(訟世)〉 즉 〈세상을[世] 다스리다[訟]〉를 줄여 〈송(訟)〉이라 한 것이 〈송원길(訟元吉)의 송(訟)〉이다. 〈송원길(訟元吉)의 송(訟)〉은 〈다스릴 치(治)〉와 같다. 송괘(訟卦 : ䷅)에서 구오(九五 : ━)를 제외한 제효(諸爻)들은 모두 부정위(不正位) 즉 정당한[正] 자리에 있지 못하고[不位] 오로지 구오(九五 : ━)만이 정당한[正] 존위(尊位) 즉 임금의 자리[尊位]이기 때문에 〈송(訟)〉의 시국을 다스린다는 것이 〈송원길(訟元吉)의 송(訟)〉이다. 송괘(訟卦 : ䷅)에서 구오(九五 : ━)를 제외한 모든[諸] 효(爻)의 〈송(訟)〉은 〈다툴 쟁(爭)〉과 같지만 오로지 구오(九五 : ━)의 〈송(訟)〉만이 〈다스릴 치(治)〉와 같다. 따라서 〈송원길(訟元吉)의 송(訟)〉은 청송(聽訟)의 줄임이고 치송(治訟)의 줄임으로 여기고 새김이 마땅하다.

구오(九五 : ⚊)의 이러한 〈송(訟)〉이 〈원(元)〉 즉 크다[元]고 함은 구오(九五 : ⚊) 자신이 중정(中正)으로써 득중(得中) 즉 정도를 따름을[中] 취하여[得] 〈송(訟)〉의 시국을 다스리기[訟] 때문이다. 중정(中正)은 중효정위(中爻正位)의 줄임으로 중효이며[中] 정위에 있음[正]을 말한다. 정도를 따름을[中] 취하는[得] 순진선(順盡善) 즉 더없는[盡] 선(善)을 따름[順]인지라 천명(天命)을 계승함이다. 천명(天命)이란 무사무편(無邪無偏) 즉 간사함도[邪] 없고[無] 치우침도[偏] 없어[無] 공명정대(公明正大)할 뿐임을 〈크나큰 원(元)〉이라 한다. 군왕(君王)으로서 구오(九五 : ⚊)가 오로지 득중(得中)으로써 쟁송(爭訟)의 시국을 다스리기[訟] 때문에 세상이 공명정대(公明正大)하여 온 세상 백성이 행복함[吉]을 깨우치게 하는 계사(繫辭)가 〈송원길(訟元吉)〉이다.

【字典】

**송(訟)** 〈다스릴 송(訟)-치(治)-이(理), (송사-시비-재산-죄 등을 두고) 다툴 송(訟)-쟁(爭), 꾸짖을 송(訟)-책(責), 공평할 송(訟)-공(公)〉 등의 뜻을 내지만 여기선 〈다스릴 치(治)〉와 같다 여기고 새김이 마땅하다.

**원(元)** 〈큰 원(元)-대(大), 아름다울 원(元)-미(美), 선함의 으뜸 원(元)-선지장(善之長), 비롯할 원(元)-시(始)-단(端), 머리 원(元)-수(首)-두(頭), 근본 원(元)-본(本)-원(原), 어른 원(元)-장(長)-원장(元長), 하나 원(元)-일(一), 우두머리 원(元)-수장(首長), 임금 원(元)-원군(元君)-군(君), 위 원(元)-상(上), 하늘 원(元)-천(天), 하늘땅의 큰 덕 원(元)-천지지대덕(天地之大德)-원기(元氣)-기(氣), 기운의 시작 원(元)-기지시(氣之始)-원자(元者), 백성 원(元)-원원(元元)-백성(百姓)〉 등의 뜻을 내지만 여기선 〈큰 대(大)〉로 여기고 새김이 마땅하다.

**길(吉)** 〈복 길(吉)-실(實)-선실(善實)-복(福), 좋을(행복할) 길(吉)-선(善)-영(令) {영월길일(令月吉日)은 선월선일(善月善日)임.}, 예의를 따라 상서로울 길(吉)-예의순상(禮義順祥), 삼갈 길(吉)-근(謹), 초하루 길(吉)-삭일(朔日) {삭망(朔望) 즉 초하루[朔]와 그믐날[望]}, 길례 길(吉)-길례(吉禮) {오례지일(五禮之一) 길흉빈군가(吉凶賓軍嘉)}, 갈 길(吉)-행(行)-길(趌)〉 등의 뜻을 내지만 여기선 〈복 복(福)〉과 같다 여기고 새김이 마땅하다.

# 상구(上九 : ㅡ)

**上九 : 或錫之鞶帶라도 終朝三褫之리라**
혹 석 지 반 대　　종 조 삼 치 지

상구(上九) : 대개[或] 그에게[之] 큰 띠를[鞶帶] 줄지라도[錫] 아침나절에 [朝終] 세 번이나[三] 빼앗긴다[褫之].

**【상구(上九)의 효상(爻象) 풀이】**

송괘(訟卦 : ䷅)의 상구(上九 : ㅡ)는 이양거음(以陽居陰) 즉 양(陽 : ㅡ)으로써 [以] 음(陰 : --)의 자리에 있는지라[居] 정당한 자리에 있지 못하다. 상구(上九 : ㅡ)는 양(陽 : ㅡ)으로써 극위(極位)에 있는지라 강건(剛健)에 치우치면서 송괘(訟卦 : ䷅)의 주제인 〈송(訟)〉 즉 쟁송[訟]을 지나치게 감행한다. 따라서 상구(上九 : ㅡ)는 정응(正應) 즉 정도를 따라[正] 호응하는[應] 인연을 따라 도움을 바라는 육삼(六三 : --)을 외면하면서 자신의 강강(剛强)함에만 치우쳐 〈송(訟)〉 즉 다툼[訟]을 더없이 좋아하다, 화(禍)를 자초하여 흉(凶)한 모습이 상구(上九 : ㅡ)의 효상(爻象)이다.

송괘(訟卦 : ䷅)의 상구(上九 : ㅡ)가 상륙(上六 : --)으로 변효(變爻)하면 상구(上九 : ㅡ)는 송괘(訟卦 : ䷅)를 47번째 곤괘(困卦 : ䷮)로 지괘(之卦)하게 한다. 따라서 송괘(訟卦 : ䷅)의 상구(上九 : ㅡ)는 곤괘(困卦 : ䷮)의 상륙(上六 : --)을 찾아가 살펴보게 한다.

**【상구(上九)의 계사(繫辭) 풀이】**

## 或錫之鞶帶(혹석지반대)

대개[或] 그에게[之] 큰 띠를[鞶帶] 준다[錫].

상구(上九 : ㅡ)의 효위(爻位)를 빌려 암시한 계사(繫辭)이다. 〈혹석지반대(或錫之鞶帶)〉는 〈구오지송사혹석반대급상구(九五之訟事或錫鞶帶給上九)〉의 줄임으로 여기고 〈구오의[九五之] 송사가[訟事] 상구에게[給上九] 대개는[或] 반대를[鞶

帶] 준다[錫]〉고 새겨볼 것이다. 〈혹석지반대(或錫之鞶帶)〉의 〈지(之)〉는 〈급상구(給上九)〉 즉 〈상구(上九)에게[給]〉를 대신하는 지시어이고, 〈반대(鞶帶)〉는 관직(官職)을 받음을 암시하는 큰 가죽 띠를 뜻하지만, 송괘(訟卦 : ䷅)의 상체(上體) 건(乾 : ☰)의 상효(上爻)인 상구(上九 : ⚊)가 승송(勝訟) 즉 다툼을[訟] 이긴[勝] 대가를 〈반대(鞶帶)〉라고 취상(取象)한 것이다. 왜냐하면 큰 허리띠는 둥근 것이니 여기 〈반대(鞶帶)〉가 「설괘전(說卦傳)」에 나오는 〈건은[乾 : ☰] 하늘[天]이고[爲] 둥근 것[圓]이다[爲]〉는 내용을 상기시키기 때문이다. 하늘은[天] 둥글고[圓] 〈반대(鞶帶)〉 즉 가죽 허리띠도[鞶帶] 둥글다[圓]. 상구(上九 : ⚊)가 다투기[訟]를 벌여 승송(勝訟)하여 관직(官職)을 갖게 되었음을 암시한 계사(繫辭)가 〈혹석지반대(或錫之鞶帶)〉이다.

## 終朝三褫之(종조삼치지)

**아침나절에[終朝] 세 번이나[三] 빼앗긴다[褫之].**

승송(勝訟)의 대가는 오래가지 못함을 암시한 계사(繫辭)이다. 〈종조삼치지(終朝三褫之)〉는 〈종조상구지반대삼치지(終朝上九之鞶帶三褫之)〉의 줄임으로 여기고 〈아침나절에[終朝] 상구의[上九之] 반대는[鞶帶] 세 번이나[三] 빼앗긴다[褫之]〉라고 새겨볼 것이다. 〈종조삼치지(終朝三褫之)의 종조(終朝)〉는 송괘(訟卦 : ䷅)의 내호괘(內互卦) 이(離 : ☲)를 빌려 취상(取象)된 것이다. 「설괘전(說卦傳)」에 〈이는[離 : ☲] 대낮[日]이다[爲]〉라는 내용이 나온다. 이(離 : ☲)는 아침에서 정오까지를 상징한다. 〈종조(終朝)〉란 아침에서 정오 곧 아침나절을 말해 하루도 못가는 짧은 순간을 암시한다. 〈종조삼치지(終朝三褫之)의 삼(三)〉은 상구(上九 : ⚊)가 송괘(訟卦 : ䷅)의 상체(上體) 건(乾 : ☰)의 상효(上爻) 즉 세 번째 효(爻)임을 들어 취상(取象)된 것이니, 여기 〈삼(三)〉을 〈세 번의 삼(三)〉이라고 풀이하지 않고 〈상구(上九) 자신〉으로 여기고 새겨도 된다.

다툼[訟]에서 이긴다는 것은 구쟁(仇爭) 즉 원수를 짓는[仇] 다툼[爭]의 대가인지라 상구(上九 : ⚊) 역시 원수진 자에게 얼마 못가 도로 다툼[訟]에서 이겨 받은[錫] 〈반대(鞶帶)〉를 빼앗김[褫之]을 〈삼(三)〉이 암시한다. 〈종조삼치지(終朝三褫之)의 치지(褫之)〉는 〈반대(鞶帶)〉가 관복(官服)의 한 복식(服飾)임을 암시하여 빼앗은[奪] 관직(官職)을 도로 빼앗김[奪之]을 암시한다. 〈치지(褫之)의 치(褫)〉는 〈탈의(奪衣)〉 즉 옷을[衣] 빼앗음[奪]을 뜻하고, 〈치지(褫之)의 지(之)〉는 〈치(褫)〉가 동사 노릇을 함을 알리는 허사이다. 이처럼 〈송(訟)〉 즉 다툼[訟]이란 구쟁(仇爭) 즉 원수 짓는[仇] 다툼[爭]인지라 방명(方命) 즉 정도를 따르는 이치를[命] 어긴[方] 탓으로 승송(勝訟)의 대가란 오래가지 못하는 흉(凶)한 것임을 깨닫게 하는 계사(繫辭)가 〈종조삼치지(終朝三褫之)〉이다.





【字典】

**혹(或)** 〈대개(아마도) 혹(或), 있을 혹(或)-유(有), 의심날 혹(或)-의(疑), 괴상할 혹(或)-괴(怪), 어떤 사람 혹(或)-수인(誰人)〉 등의 뜻을 내지만 여기선 〈대개 혹(或)〉으로 여기고 새김이 마땅하다.

**석(錫)** 〈줄 석(錫)-사(賜), 별이 스스로 돌아올 석(錫)-성자반(星自反), 주석 석(錫)-연류(鉛類), 가는 베 석(錫)-세포(細布), (승려가 들고 다니는) 석장 석(錫)-석장(錫杖), 손으로 건네줄 석(錫)-여(予)〉 등의 뜻을 내지만 여기선 〈줄 사(賜)〉로 여기고 새김이 마땅하다.

**지(之)** 〈주격-소유격-목적격 등의 토씨 지(之), 그것(이것) 지(之)-피(彼)-시(是), 갈 지(之)-왕(往), 이를 지(之)-지(至), 뜻 없는 허사(虛詞) 지(之)〉 등의 뜻을 내지만 여기선 〈그것 지(之)와 허사 지(之)〉로 여기고 새김이 마땅하다. 〈석지(錫之)의 지(之)〉는 〈그에게 지(之)〉 노릇을 하고, 〈치지(褫之)의 지(之)〉는 허사(虛詞) 노릇을 해 뜻이 없다.

**반(鞶)** 〈큰 허리띠 반(鞶)-대대(大帶), 말의 배띠 반(鞶)-마복지대(馬腹之帶)〉 등의 뜻을 내지만 여기선 〈큰 허리띠 대대(大帶)〉로 여기고 새김이 마땅하다.

**대(帶)** 〈띠(띠를 두를) 대(帶)-신(紳), 찰 대(帶)-패(佩), 수행할 대(帶)-수행(隨行), 둘레 대(帶)-원(圓), 뱀 대(帶)-사(蛇)〉 등의 뜻을 내지만 여기선 〈띠 신(紳)〉과 같다 여기고 새김이 마땅하다.

**종(終)** 〈다할 종(終)-진(盡)-극(極)-궁(窮)-경(竟), 끝내 종(終)-시지대(始之對), 끝날 종(終)-이(已), 충분할 종(終)-충(充), 이룰 종(終)-성(成), 사망 종(終)-사(死)〉 등의 뜻을 내지만 여기선 〈다할 진(盡)〉으로 여기고 새김이 마땅하다.

**조(朝)** 〈아침 조(朝)-동방명(東方明), 이를 조(朝)-조(早), 첫 때 조(朝)-초시(初

時), 보일 조(朝)-신하근군(臣下覲君), 알현 조(朝)-알현(謁見)-조현(朝見), 찾을 조(朝)-방(訪), 조정 조(朝)-조정(朝廷), 조회 받을 조(朝)-조회인군시정(朝會人君視政), 봄에 제후가 천자를 알현할 조(朝)-제후춘일알현천자(諸侯春日謁見天子)-춘현(春見), 모일 조(朝)-회(會), 절할 조(朝)-배(拜)〉 등의 뜻을 내지만 여기선 〈아침 동방명(東方明)〉과 같다 여기고 새김이 마땅하다.

**삼(三)** 〈세 번(석 삼, 셋 삼) 삼(三)-이지가일(二之加一), 다수를 나타낼 삼(三)-다수지칭(多數之稱), 삼재의 수 삼(三)-천지인지수(天地人之數), 임금-아버지-스승 삼(三)-군부사(君父師), 동방 삼(三)-동방(東方), 끝 삼(三)-종(終)〉 등의 뜻을 내지만 여기선 〈세 번 삼(三)〉으로 여기고 새김이 마땅하다. 삼(三)은 삼(參)과 같다.

**치(褫)** 〈옷을 빼앗을 치(褫)-탈의(奪衣), 벗을 치(褫)-해(解)-탈(脫), 복 치(褫)-복(福)〉 등의 뜻을 내지만 여기선 〈가죽띠를 빼앗을 탈반대(奪鞶帶)〉로 새김이 마땅하다.

---

註 건위천(乾爲天) 위원(爲圜) : 건은[乾 : ☰] 하늘[天]이고[爲] 둥근 것[圜]이다[爲].

「설괘전(說卦傳)」 11단락(段落)

# 사괘 師卦

7

## 1 괘의 괘상과 계사

### 사괘(師卦 : ䷆)

감하곤상(坎下坤上) : 아래는[下] 감(坎 : ☵), 위는[上] 곤(坤 : ☷).

지수사(地水師) : 땅과[地] 물은[水] 사이다[師].

師貞하니 丈人吉하고 无咎리라
사 정　　장 인 길　　무 구

군사는[師] 진실로 미더워야 하니[貞] 성인다운 사람이[丈人] 길하고[吉] 허물이[咎] 없다[无].

**【사괘(師卦 : ䷆)의 괘상(卦象 )풀이】**

앞 송괘(訟卦 : ䷅)의 〈송(訟)〉은 다툼[訟]이다. 「서괘전(序卦傳)」에 〈다툼에는[訟] 반드시[必] 무리의[衆] 일어남이[起] 있다[有] 그래서[故] 사괘(師卦 : ䷆)로써[以] 그것을[之] 받는다[受] 사라는[師] 것은[者] 무리[衆]이다[也]〉라는 말이 나온다. 이는 송괘(訟卦 : ䷅) 다음에 사괘(師卦 : ䷆)가 있는 까닭을 암시한다. 사괘(師卦 : ䷆)의 주제인 〈사(師)〉는 다중(多衆) 즉 백성인 농민(農民)을 말한다. 옛날에는 오늘날처럼 징집된 군대가 따로 있었던 것이 아니다. 농민들이 농번기(農繁期)에는 농사를 짓고 농한기(農閑期)에는 병졸(兵卒)로 동원되어 훈련을 받았다. 세상에서 존경받는 사람을 〈사(師)〉라 하고, 학동(學童)을 가르치는 선생을 〈사(師)〉라 하며, 2천5백 명의 농군(農軍)을 〈사(師)〉라 하여, 〈사(師)〉가 다중(多衆) 즉 무리라는 뜻을 갖는다. 사괘(師卦 : ䷆)의 하체(下體)는 감(坎 : ☵)이고 상체(上體)는 곤(坤 : ☷)인지라 하험상순(下險上順) 곧 아래는 감(坎 : ☵) 즉 험(險)하고 위는 곤(坤 : ☷) 즉 순(順)하다. 이는 농군의 모습이다. 논밭에서 농사를 짓는 순(順)한 농부이지만 병졸로서 훈련을 받는 농군은 험(險)하다. 농부는 땅처럼 순(順)하지만 농군은 물처럼 위험하다[險]. 사괘(師卦 : ䷆)의 괘재(卦才)로 말하면 지중유수(地中有水) 즉 땅속에[地中] 물이[水] 있음[有]인지라 중취(衆聚) 즉 모여든[聚] 무리[衆]의 모습이고 무리[衆]를 통솔(統率)하는 모습이며 나아가 장수(將帥)의 모습이기도 하여 사괘(師卦 : ䷆)라 칭명(稱名)한다.

**【사괘(師卦 : ䷆)의 계사(繫辭) 풀이】**

## 師貞(사정)

### 군사는[師] 진실로 미더워야 한다[貞].

무리[師]를 통솔하는 정도(正道)를 암시한 계사(繫辭)이다. 〈사정(師貞)〉은 〈군사필수정(軍師必須貞)〉의 줄임으로 여기고 〈군졸의[軍] 무리는[師] 반드시[必須] 진실로 미더워야 한다[貞]〉고 새겨볼 것이다. 〈사정(師貞)의 사(師)〉는 〈중(衆)〉 즉 무리[衆]이되 여기선 군사(軍師) 즉 군졸(軍卒)의 무리[師]로 여기고 새김이 마땅하다. 군사(軍師)의 정신은 〈정(貞)〉이어야 한다는 것이다. 〈정(貞)〉이란 성신(誠信) 즉 진실한[誠] 미더움[信]이다. 그 미더움[貞]은 공정(公正)하여 무사무편(無邪無偏)함이다. 간사함도[邪] 없고[無] 치우침도[偏] 없는[無] 심지(心志)가 곧 〈정(貞)〉이다. 이러한 〈정(貞)〉은 남의 심지를 말함이 아니라 바로 장수(將帥)의 심지를 말함이다. 장수가 병졸에게 〈정(貞)〉을 요구할 수 없다. 오로지 장수가 모든 것을 아울러 하나같이[公] 바르게 하여[正] 간사함도[邪] 치우침도[偏] 없는[無] 〈정(貞)〉으로써 군사를 통솔한다면 천하 백성이 그 군사를 〈부(孚)〉 즉 진실로 믿어줌[孚]을 여기 〈정(貞)〉이 암시하는 계사(繫辭)가 〈사정(師貞)〉이다.

## 丈人吉(장인길) 无咎(무구)

### 성인다운 사람이[丈人] 길하고[吉] 허물이[咎] 없다[无].

사괘(師卦 : ䷆)의 구이(九二 : ⚊)를 빌려 암시한 계사(繫辭)이다. 〈장인길(丈人吉)〉은 〈약장인솔사(若丈人帥師) 기솔길(其帥吉) 이기솔무구(而其帥无咎)〉의 줄임으로 여기고 〈만약[若] 장인이[丈人] 군의 무리를[師] 거느린다면[帥] 그[其] 거느림은[帥] 길하며[吉而] 그[其] 거느림에는[帥] 허물이[咎] 없다[无]〉라고 새겨볼 것이다. 여기 〈장인(丈人)〉은 장자(長者) 즉 유덕자(有德者)와 같다. 〈장인(丈人)〉은 덕을[德] 갖춘[有] 자(者)로서 득중(得中) 즉 정도를 따름을[中] 취함[得]으로써 매사를 마주하는 〈정(貞)〉 즉 진실로 미더운[貞] 대인(大人)이다. 이러한 〈장인(丈人)〉은 대인(大人)에 속한다. 옛날은 패자(霸者) 즉 힘을 사용하는[霸] 것[者]은 악(惡) 즉 천명(天命)을 어기는 것이라고 보았다. 오로지 순천(順天) 즉 천명을[天] 따르는[順] 〈장인(丈人)〉이 군사를 통솔해야 한다는 것이 옛날의 군사도(軍師道)이다. 이러한 군사의 도(道)에는 폭군을 쳐내는 싸움과 나라를 침입해오는 적군을 막아내는 두 길이 있었다. 이러한 군사도(軍師道)를 이끌어가는 장수(將帥)가 여기 〈장인(丈人)〉이다. 사괘(師卦 : ䷆)에서 이러한 〈장인(丈人)〉은 바로 구이(九二 : ⚊)밖에 없다. 득중(得中)의 〈정(貞)〉으로써 영병(領兵) 즉 병사를[兵] 거느릴[領] 〈장인(丈人)〉은 사괘(師卦 : ䷆)에서 구이(九二 : ⚊)뿐이다. 따라서 존위(尊位)에 있는 육오(六五 : ⚋)를 제외한 나머지 초륙(初六 : ⚋)-육삼(六三 : ⚋)-육사(六四 : ⚋)-상륙(上六 : ⚋) 등은 군(軍)의 무리들[師]이다. 오로지 순천(順天)하여 유덕(有德)한 〈장인(丈人)〉이 통솔하니 병졸의 무리[師]를 위하여 행운[吉]이고 〈장인(丈人)〉의 통솔에는 허물이[咎] 없음[无]을 암시한 계사(繫辭)가 〈장인길(丈人吉) 무구(无咎)〉이다.

**【字典】**

**사(師)** 〈군사 사(師)-군(軍)-군여(軍旅)-군대(軍隊), 군대를 출동하여 정벌할 사(師)-출사정벌(出師征伐), 춘추시대 필법 사(師)-춘추지필법(春秋之筆法), 괘명 사(師)-육십사괘지일(六十四卦之一), 사람들(무리) 사(師)-인(人)-중(衆), 주나라 때 교민지관 사(師)-주대교민지관(周代教民之官), 사람의 모범 사(師)-인지모범(人之模範), 악관 사(師)-악관(樂官), 관리 사(師)-관리(官吏), 본받을 사(師)-칙(則)-법(法)-효(效), 따를 사(師)-순(順), 법률 사(師)-법률(法律), 근심스러울 사(師)-우(憂)〉 등의 뜻을 내지만 여기선 〈군사 군(軍)〉과 같다 여기고 새김이 마땅하다.

**정(貞)** 〈믿을 정(貞)-신(信), 오로지(순수할) 정(貞)-전(專)-일(一), 바를 정(貞)-정(正), 거북점을 물을 정(貞)-복문(卜問), 역(易)의 내괘(內卦) 정(貞), 마땅할 정(貞)-당(當), 정할 정(貞)-정(定)〉 등의 뜻을 내지만 〈믿을 신(信)〉과 같다 여기고 새김이 마땅하다.

**장(丈)** 〈어른 장(丈)-장로(長老), 길(열 자) 장(丈)-십척(十尺), 지팡이 장(丈)-장(杖)〉 등의 뜻을 내지만 여기선 〈어른 장로(長老)〉로 여기고 새김이 마땅하다.

**인(人)** 〈사람 인(人)-만물지최령자(萬物之最靈者), 백성 인(人)-민(民), 남 인(人)-타인(他人), 아무개 인(人)-모인(某人), 도인 인(人)-도인(道人), 사람들 인(人)-인인(人人), 범인(소인) 인(人)-소인(小人)-범인(凡人), 인성 인(人)-인성(人性), 인위 인(人)-인위(人爲), 신하 인(人)-신하(臣下), 중서(민중) 인(人)-중서(衆庶)-민중(民衆), 건괘-진괘 인(人)-건위인(乾爲人)-진위인(震爲人), 어짊 인(人)-인(仁), 선인 인(人)-선인(先人), 서로 어여삐 여길 인(人)-상련(相憐)〉 등의 뜻을 내지만 〈사람 인(人)〉으로 여기고 새김이 마땅하다.

**길(吉)** 〈좋을(행복할) 길(吉)-선(善)-영(令) {영월길일(令月吉日)은 선월선일(善月善日)임.}, 복 길(吉)-실(實)-선실(善實)-복(福), 예의를 따라 상서로울 길(吉)-예의순상(禮義順祥), 삼갈 길(吉)-근(謹), 초하루 길(吉)-삭일(朔日) {삭망(朔望) 즉 초하루[朔]와 그믐날[望]}, 길례 길(吉)-길례(吉禮) {오례지일(五禮之一) 길흉빈군가(吉凶賓軍嘉)}, 갈 길(吉)-행(行)-길(趌)〉 등의 뜻을 내지만 여기선 〈좋을 선(善)-영(令)〉 즉 행복과 같다 여기고 새김이 마땅하다.

**무(无)** 〈없을 무(无)-무(無), 허무지도 무(无)-허무지도(虛无之道), 으뜸 무(无)-원(元)〉 등의 뜻을 내지만 여기선 〈없을 무(無)〉와 같다 여기고 새김이 마땅하다.

**구(咎)** 〈허물 구(咎)-건(愆)-과(過), 재앙 구(咎)-재(災), 병될 구(咎)-병(病), 나쁠 구(咎)-오(惡)〉 등의 뜻을 내지만 여기선 〈허물 건(愆)-과(過)〉와 같다 여기고 새김이 마땅하다. 〈무구(无咎)〉는 〈면어구(免於咎)〉 즉 허물을[於咎] 면하다[免]와 같다.

---

註 송필유중기(訟必有衆起) 고(故) 수지이사(受之以師) 사자중야(師者衆也) : 다툼에는[訟] 반드시[必] 무리의[衆] 일어남이[起] 있다[有]. 그래서[故] 사괘(師卦 : ䷆)로써[以] 그것을[之] 받는다[受]. 사라는[師] 것은[者] 무리[衆]이다[也]. 「서괘전(序卦傳)」 1단락(段落)

## 2 효의 효상과 계사

初六 : 師出以律이라 否臧이면 凶하다
사 출 이 율 부 장 흉

九二 : 在師中하니 吉하고 无咎하다 王三錫命이다
재 사 중 길 무 구 왕 삼 석 명

六三 : 師或輿尸니 凶하다
사 혹 여 시 흉

六四 : 師左次니 无咎하다
사 좌 차 무 구

六五 : 田有禽이라 利執言하니 无咎하다 長子帥師이니
전 유 금 이 집 언 무 구 장 자 솔 사

弟子輿尸면 貞凶하다
제 자 여 시 정 흉

上六 : 大君有命이라 開國承家하라 小人勿用하라
대 군 유 명 개 국 승 가 소 인 물 용

초륙(初六) : 무리는[師] 규율[律]로써[以] 시작된다[出]. 억제함이[臧] 아닌 것이면[否] 흉하다[凶].

구이(九二) : 무리의[師] 중심에[中] 있어[在] 길하고[吉] 허물이[咎] 없다[无]. 임금이[王] 세 번[三] 총명을[命] 내린다[錫].

육삼(六三) : 무리가[師] 아마도[或] 주검을[尸] 싣고 오니[輿] 나쁘다[凶].

육사(六四) : 무리가[師] 물러나[左] 머무니[次] 허물이[咎] 없다[无].

육오(六五) : 밭에[田] 짐승들이[禽] 있다[有]. 말씀을[言] 지킴이[執] 이로우니[利] 허물이[咎] 없다[无]. 맏이가[長子] 군사를[師] 통솔함에[帥] 동생이[弟子] 주검들을[尸] 싣고 온다면[輿] 미더워도[貞] 흉하다[凶].

상륙(上六) : 천자에게서[大君] 명령이[命] 있다[有]. 나라를[國] 열고[開] 가문을[家] 받으라[承]. 소인에게는[小人] 쓰지[用] 말라[勿].

## 초륙(初六 : --)

初六 : 師出以律이라 否臧이면 凶하다
사출이율 부장 흉

초륙(初六) : 무리는[師] 규율[律]로써[以] 시작된다[出]. 억제함이[臧] 아닌 것이면[否] 흉하다[凶].

**【초륙(初六)의 효상(爻象) 풀이】**

사괘(師卦 : ䷆)의 초륙(初六 : --)은 이음거양(以陰居陽) 즉 음(陰 : --)으로써[以] 양(陽 : ─)의 자리에 있는지라[居] 정당한 자리에 있지 못하다. 초륙(初六 : --)과 구이(九二 : ─)는 음양(陰陽)의 사이인지라 다른 대성괘(大成卦)에서라면 이웃의 사귐[比]을 누릴 수 있는 처지이지만, 사괘(師卦 : ䷆)의 주제인 〈사(師)〉 즉 군(軍)의 무리[師]인지라 상하(上下)의 계급이 앞서게 마련이다. 여기 초륙(初六 : --)은 사괘(師卦 : ䷆)에서 맨 밑자리에 있는지라 병졸(兵卒)로서 신병(新兵)의 무리에 속하기 때문에 구이(九二 : ─)를 복종할 뿐이지 이웃으로 사귈[比] 수 없다. 그리고 초륙(初六 : --)과 육사(六四 : --)는 양음(兩陰) 즉 둘 다[兩] 음(陰 : --)인지라 정응(正應) 즉 정도를 따라[正] 서로 호응할[應] 수 없다. 사괘(師卦 : ䷆)의 이러한 초륙(初六 : --)은 병영(兵營)의 입대(入隊)가 시작된 신병의 처지이므로, 군율(軍律)을 따라 자신의 뜻과는 상관없이 복종하며 훈련을 받아야 하는 신병의 모습이 초륙(初六 : --)의 효상(爻象)이다.

사괘(師卦 : ䷆)의 초륙(初六 : --)이 초구(初九 : ─)로 변효(變爻)하면 초륙(初六 : --)은 사괘(師卦 : ䷆)를 19번째 임괘(臨卦 : ䷒)로 지괘(之卦)하게 한다. 따라서 사괘(師卦 : ䷆)의 초륙(初六 : --)은 임괘(臨卦 : ䷒)의 초구(初九 : ─)를 찾아가 살펴보게 한다.

【초륙(初六)의 계사(繫辭) 풀이】

## 師出以律(사출이율)
## 무리는[師] 규율[律]로써[以] 시작된다[出].

초륙(初六 : --)의 효위(爻位)를 빌려 암시한 계사(繫辭)이다. 〈사출이율(師出以律)〉은 〈초륙지사출이군율(初六之師出以軍律)〉의 줄임으로 여기고 〈초륙의[初六之] 무리는[師] 군율(軍律)로써[以] 시작된다[出]〉고 새겨볼 것이다. 〈사출이율(師出以律)〉에서 〈사출(師出)의 사(師)〉는 병졸(兵卒)의 무리[師]를 뜻하고 〈사출(師出)의 출(出)〉은 초륙(初六 : --)이 사괘(師卦 : ䷆)의 초효(初爻)로서 시위(始位)에 있으니, 초륙(初六 : --)의 무리[師]가 신병(新兵)의 무리임을 암시한다. 초륙(初六 : --)은 신병의 무리로서 〈이율(以律)〉 즉 규율[律]로써[以] 병영생활(兵營生活)을 출발해야 함을 암시한 계사(繫辭)가 〈사출이율(師出以律)〉이다.

## 否臧(부장) 凶(흉)
## 억제함이[臧] 아닌 것이면[否] 흉하다[凶].

병졸의 무리[師]는 군율(軍律)을 떠날 수 없음을 암시한 계사(繫辭)이다. 〈부장(否臧) 흉(凶)〉은 〈약부장병지군율(若否臧兵之軍律) 기율흉야(其律凶也)〉의 줄임으로 여기고 〈만약[若] 병사를[兵] 억제하는[臧之] 군율이[軍律] 아닌 것이면[否] 그런[其] 군율은[律] 나쁜 것[凶]이다[也]〉라고 새겨볼 것이다. 〈부장(否臧)의 부(否)〉는 〈아닌 것 비(非)〉와 같고 〈부장(否臧)의 장(臧)〉은 〈억제할 억(抑)〉과 같다. 여기 〈부장(否臧)〉은 〈비억률(非抑律)〉즉 〈억제할[抑] 규율이[律] 아닌 것[非]〉으로 여기고 새김이 마땅하다. 군대가 규율[律]을 엄격하게 지키지 않고 가볍게 하면 그 군대는 오합지졸(烏合之卒)의 〈사(師)〉로 전락하는 것임을 〈부장(否臧)〉이 암시한다. 오합지졸의 군사(軍師)라면 패망할 수밖에 없을 터이니 그런 군율[律]은 군대에게 흉(凶)할 뿐이라고 밝혀 〈이장률(以臧律)〉 즉 병졸(兵卒)의 사정(私情)을 억압하는[臧] 군율[律]로써[以] 병졸[師]의 군생활을 출발해야 하는 까닭을 암시한 계사(繫辭)가 〈부장(否臧) 흉(凶)〉이다.

## 【字典】

**사(師)** 〈무리 사(師)-중(衆), 군대 사(師)-군(軍)-군여(軍旅)-군대(軍隊), 군대를 출동하여 정벌할 사(師)-출사정벌(出師征伐), 춘추시대 필법 사(師)-춘추지필법(春秋之筆法), 괘명 사(師)-육십사괘지일(六十四卦之一), 주나라 때 교민지관 사(師)-주대교민지관(周代教民之官), 사람의 모범 사(師)-인지모범(人之模範), 악관 사(師)-악관(樂官), 관리 사(師)-관리(官吏), 본받을 사(師)-칙(則)-법(法)-효(效), 따를 사(師)-순(順), 법률 사(師)-법률(法律), 근심스러울 사(師)-우(憂)〉 등의 뜻을 내지만 여기선 〈무리 중(衆)〉으로 여기고 새김이 마땅하다.

**出** 〈출-추〉 두 가지로 발음되고, 〈시작할 출(出)-시(始)-발(發), (안에서 밖으로) 날 출(出)-진(進), 드러날 출(出)-현(見), 특출할 출(出)-특(特), 치솟을 출(出)-상용(上湧), 위로 향할 출(出)-향상(向上), 낳을 출(出)-생(生), 멀 출(出)-원(遠), 갈 출(出)-거(去)-행(行), 관직에 부임할 출(出)-관부임(官赴任), 나타날 출(出)-현(現), 변천할 출(出)-추(推), 게울 출(出)-토(吐), 밖에 나갈 출(出)-외(外), 도망갈 출(出)-도(逃), 표할 출(出)-표(表), 갈릴 출(出)-이(離), 안에서 밖으로 내보낼 추(出)-자내이외(自內而外)〉 등의 뜻을 내지만 여기선 〈시작할 발(發)〉로 여기고 출발(出發)의 줄임말로 새김이 마땅하다.

**이(以)** 〈써 이(以)-용(用), 할 이(以)-위(爲), 생각할 이(以)-사(思), 거느릴 이(以)-솔(率), 그만둘 이(以)-이(已), 본받을 이(以)-법(法), 때문에 이(以)-인(因) {까닭 이(以)로 명사(名詞) 노릇도 하는데 주로 유이(有以) 무이(無以) 꼴일 때가 대부분임.}, 더불어 이(以)-여(與), 하여금 이(以)-사(使), 이미 이(以)-이(已)〉 등의 뜻을 내고 물론 〈이(以)〉는 이 외에도 전후문맥(前後文脈)에 따라 다양한 뜻을 자유롭게 내며 〈그래서 이(以)-소이(所以)-인이(因以)〉처럼 계사(繫詞) 노릇마저도 한다. 여기선 〈써 용(用)〉과 같다 여기고 새김이 마땅하다.

**율(律)** 〈규율(법제) 율(律)-규율(規律)-법제(法制), 고르게 펼 율(律)-균포(均布), 거느릴 율(律)-솔(率), 지을(말할) 율(律)-술(述), 평상 율(律)-상(常), 처음 율(律)-시(始)〉 등의 뜻을 내지만 여기선 〈규율(規律)〉의 줄임말로 여기고 새김이 마땅하다. 〈律〉이 맨 앞일 때는 〈율〉로 발음되고, 뒤나 중간일 때는 〈률〉로 발음되는 경우가 있다.

**否** 〈부-비〉 두 가지로 발음되고, 〈아닌 것 부(否)-비(非), 없을 부(否)-무(無),

않을 부(否)-부(不), 이것 부(否)-시(是), 가릴 비(否)-격(隔), 막힐 비(否)-색(塞), 닫을 비(否)-폐(閉), 나쁠 비(否)-악(惡), 비루할 비(否)-비(鄙)〉 등의 뜻을 내지만 여기선 〈아닌 것 비(非)〉와 같다 여기고 새김이 마땅하다.

**장(臧)** 〈억제할 장(臧)-억(抑), 착할 장(臧)-선(善), 두터울 장(臧)-후(厚), 쌓을 장(臧)-적(積), 수장할 장(臧)-수장(收藏), 숨길 장(臧)-익(匿)-장(藏), 함 장(臧)-궤(匱), 노예 장(臧)-노예(奴隷), 내장 장(臧)-내장(內臟)〉 등의 뜻을 내지만 여기선 〈억제할 억(抑)〉과 같다 여기고 새김이 마땅하다.

**흉(凶)** 〈나쁠(불행할) 흉(凶)-길지반(吉之反), 흉한 사람 흉(凶)-흉인(凶人), 나쁠 흉(凶)-오(惡), 재앙 흉(凶)-화(禍), 요사할 흉(凶)-요사(夭死), 걱정할 흉(凶)-우(憂)-구(懼), 악한 사람 흉(凶)-악인(惡人), 흉년 흉(凶)-연곡불숙(年穀不熟), 사나울 흉(凶)-포학(暴虐), 음기 흉(凶)-음기(陰氣), 북쪽 흉(凶)-북(北), 없을 흉(凶)-공(空), 송사 흉(凶)-송(訟), 거역할 흉(凶)-역(逆), 어그러질 흉(凶)-패(悖), 허물 흉(凶)-구(咎)〉 등의 뜻을 내지만 여기선 〈나쁠 흉(凶)〉으로 여기고 새김이 마땅하다.

## 구이(九二 : ━)

九二 : 在師中하니 吉하고 无咎하다 王三錫命이다
재사중 길 무구 왕삼석명

구이(九二) : 무리의[師] 중심에[中] 있어[在] 길하고[吉] 허물이[咎] 없다[无]. 임금이[王] 세 번[三] 총명을[命] 내린다[錫].

**【구이(九二)의 효상(爻象) 풀이】**

사괘(師卦 : ䷆)의 구이(九二 : ━)는 이양거음(以陽居陰) 즉 양(陽 : ━)으로써[以] 음(陰 : ╍)의 자리에 있는지라[居] 정당한 자리에 있지 못하다. 구이(九二 : ━)와 초륙(初六 : ╍) 그리고 구이(九二 : ━)와 육삼(六三 : ╍)은 양음(陽陰)의 사이인지라 다른 대성괘(大成卦)에서라면 이웃의 사귐[比]을 누릴 수 있는 처지이지만, 사괘(師卦 : ䷆)의 주제인 〈사(師)〉 즉 군(軍)의 무리[師]라는 상황에서는 상하(上下)의 계급이 앞서게 마련이다. 여기 초륙(初六 : --)과 육삼(六三 : --)은 사괘(師卦 : ䷆)에서 병사(兵士)의 무리에 속하기 때문에 구이(九二 : —)의 부하(部下)가 될 수 있을지언정 이웃으로 사귈[比] 수 없다. 사괘(師卦 : ䷆)에서 유일한 강효(剛爻)인 구이(九二 : —)는 사괘(師卦 : ䷆)의 하체(下體) 감(坎 : ☵)의 중효(中爻)로서 군병(軍兵)의 무리[師]를 득중(得中)으로써 지휘할 장수(將帥)의 모습이다. 그리고 구이(九二 : —)와 육오(六五 : --)는 서로 부정위(不正位) 즉 바르지 않은[不正] 자리[位]에 있기 때문에 중효(中爻)이되 정위(正位)에 있지는 않지만 양음(陽陰)의 사이인지라 정응(正應) 즉 바르게[正] 서로 호응할[應] 수 있는 처지이고, 유약(柔弱)한 육오(六五 : --)인지라 비록 육오(六五 : --)가 존위(尊位)에 있다 할지라도 구이(九二 : —)에게 의존해야 할 상황이다. 따라서 군사의 무리[師]를 득중(得中) 즉 정도를 따름을[中] 취함[得]으로써 통솔하는 덕장(德將)의 모습이 사괘(師卦 : ䷆)에서 유일한 양(陽 : —)의 효(爻)인 구이(九二 : —)의 효상(爻象)이다.

> 사괘(師卦 : ䷆)의 구이(九二 : —)가 육이(六二 : --)로 변효(變爻)하면 구이(九二 : —)는 사괘(師卦 : ䷆)를 2번째 곤괘(坤卦 : ䷁)로 지괘(之卦)하게 한다. 따라서 사괘(師卦 : ䷆)의 구이(九二 : —)는 곤괘(坤卦 : ䷁)의 육이(六二 : --)를 찾아가 살펴보게 한다.

**【구이(九二)의 계사(繫辭) 풀이】**

## 在師中(재사중) 吉(길) 无咎(무구)

무리의[師] 중심에[中] 있어[在] 길하고[吉] 허물이[咎] 없다[无].

구이(九二 : —)의 효위(爻位)를 빌려 암시한 계사(繫辭)이다. 〈재사중(在師中) 길(吉) 무구(无咎)〉는 〈구이재사지중(九二在師之中) 인차구이길(因此九二吉) 기길무구(其吉无咎)〉의 줄임으로 여기고 〈구이는[九二] 무리의[師之] 중심에[中] 있다[在] 그래서[因此] 구이는[九二] 길하다[吉] 그[其] 행운에는[吉] 허물이[咎] 없다[无]〉라고 새겨볼 것이다. 〈재사중(在師中)의 사중(師中)〉은 사괘(師卦 : ䷆)의 하체(下體) 감(坎 : ☵)의 중효(中爻)임을 암시하고, 동시에 사괘(師卦 : ䷆)에서 유일한 양(陽 : —)의 중효(中爻)로서 득중(得中) 즉 정도를 따름을[中] 취하여[得] 군병(軍兵)의 무리[師]를 통솔(統率)하는 장수(將帥)임을 암시한다. 득중(得中)으로써 행한다고 함은 『서경(書經)』에 나오는 〈모두 다[咸庶] 정도를[正] 따르게 하라[中]〉를 상기시키고, 『예기(禮記)』「악기(樂記)」에 나오는 〈정도를[正] 따름에[中] 사특함이[邪] 없음[無]〉을 상기시키며, 『중용(中庸)』에 나오는 〈엄숙하고[齊] 장중하면서[莊] 정도를[正] 따름[中]으로써[以] (정도를) 공경함[敬]〉을 상기시킨다. 이처럼 득중(得中)에는 사사(私邪) 즉 제 몫을 챙김[私]이나 간사함[邪]이 없이 천명(天命)을 따르고 천명에 적중(的中)하게 구이(九二 : ⚊)가 군(軍)의 무리[師]를 통수(統帥)하는 장수이기 때문에 전승(戰勝)의 행운이 뒤따르고[吉], 동시에 구이(九二 : ⚊)가 그런 행운[吉]을 누려도 아무런 허물이[咎] 없음[无]을 암시한 계사(繫辭)가 〈재사중(在師中) 길(吉) 무구(无咎)〉이다.

## 王三錫命(왕삼석명)

## 임금이[王] 세 번[三] 총명을[命] 내린다[錫].

구이(九二 : ⚊)와 육오(六五 : ⚋)의 정응(正應)을 들어 암시한 계사(繫辭)이다. 〈왕삼석명(王三錫命)〉은 〈왕삼석총명급구이(王三錫寵命給九二)〉로 여기고 〈임금이[王] 세 번에 걸쳐[三] 구이(九二)에게[給] 신임하는 명령을[寵命] 내린다[錫]〉라고 새겨볼 것이다. 〈왕삼석명(王三錫命)의 왕(王)〉은 사괘(師卦 : ䷆)의 상체(上體) 곤(坤 : ☷)의 중효(中爻)인 육오(六五 : ⚋)를 가리킨다. 육오(六五 : ⚋)는 사괘(師卦 : ䷆)의 존위(尊位)에 있기에 〈왕(王)〉이라 칭명(稱名)한 것이다. 〈왕삼석명(王三錫命)의 삼(三)〉은 〈왕(王)〉인 육오(六五 : ⚋)가 구이(九二 : ⚊)에게 내린 〈명(命)〉 즉 총명(寵命)이 세 번에 걸쳤음을 암시한다. 첫 번째는 관직(官職)의 명(命)을 내리고[錫], 두 번째는 그 직위를 나타내는 복식(服飾)의 명(命)을 내리며, 세 번째는 신위(臣位)의 명(命)을 내린다. 하명(下命)이라 않고 〈석명(錫命)〉이라 함은 육오(六五 : ⚋)가 군(軍)의 총수(總帥)로서 오로지 신임하는 장수(將帥)로 구이(九二 : ⚊)를 임명함을 암시한다. 따라서 구이(九二 : ⚊)가 육오(六五 : ⚋)의 정응(正應)으로써 신임을 받음을 암시한 계사(繫辭)가 〈왕삼석명(王三錫命)〉이다.

【字典】

**재(在)** 〈있을 재(在)-존(存), 살 재(在)-거(居)-거(凥), 있는 곳 재(在)-소재(所在),

살필 재(在)-찰(察), 마칠 재(在)-종(終), 저절로 있을 재(在)-자재(自在), 땅속에서 싹이 터오를 재(在), ~에서 재(在)-어(於), ~뿐이다 재(在)-이(耳), ~이다 재(在)-의(矣) 등의 어조사〉 등의 뜻을 내지만 여기선 〈있을 존(存)〉과 같다 여기고 새김이 마땅하다.

**사(師)** 〈무리 사(師)-중(衆), 군사 사(師)-군(軍)-군여(軍旅)-군대(軍隊), 군대를 출동하여 정벌할 사(師)-출사정벌(出師征伐), 춘추시대 필법 사(師)-춘추지필법(春秋之筆法), 괘명 사(師)-육십사괘지일(六十四卦之一), 주나라 때 교민지관 사(師)-주대교민지관(周代教民之官), 사람의 모범 사(師)-인지모범(人之模範), 악관 사(師)-악관(樂官), 관리 사(師)-관리(官吏), 본받을 사(師)-칙(則)-법(法)-효(效), 따를 사(師)-순(順), 법률 사(師)-법률(法律), 근심스러울 사(師)-우(憂)〉 등의 뜻을 내지만 여기선 〈무리 중(衆)〉과 같다 여기고 새김이 마땅하다.

**중(中)** 〈중앙 중(中)-중앙(中央), 따를 중(中)-순(順), 안(속) 중(中)-내(內), 정신 중(中)-심중(心中), 정도 중(中)-정도(正道), 바를 중(中)-정(正), 고를 중(中)-평(平)-균(均), 어울릴 중(中)-화(和), 이룰 중(中)-성(成), 간직할 중(中)-장(藏), 적당할 중(中)-당(當)-적(適), 합할 중(中)-합(合), 화살이 맞힐 중(中)-시지적(矢至的), 응할 중(中)-응(應), 다칠 중(中)-상(傷), 부딪칠 중(中)-격(擊), 중요할 중(中)-요(要), 가득 찰 중(中)-만(滿)〉 등의 뜻을 내지만 여기선 〈중앙 중(中)〉으로 여기고 새김이 마땅하다.

**길(吉)** 〈좋을(행복할) 길(吉)-선(善)-영(令) {영월길일(令月吉日)은 선월선일(善月善日)임.}, 복 길(吉)-실(實)-선실(善實)-복(福), 예의를 따라 상서로울 길(吉)-예의순상(禮義順祥), 삼갈 길(吉)-근(謹), 초하루 길(吉)-삭일(朔日) {삭망(朔望) 즉 초하루[朔]와 그믐날[望]}, 길례 길(吉)-길례(吉禮) {오례지일(五禮之一) 길흉빈군가(吉凶賓軍嘉)}, 갈 길(吉)-행(行)-길(趌)〉 등의 뜻을 내지만 여기선 〈좋을 선(善)-영(令)〉 즉 행복과 같다 여기고 새김이 마땅하다.

**무(无)** 〈없을 무(无)-무(無), 허무지도 무(无)-허무지도(虛无之道), 으뜸 무(无)-원(元)〉 등의 뜻을 내지만 여기선 〈없을 무(無)〉와 같다 여기고 새김이 마땅하다.

**구(咎)** 〈허물 구(咎)-건(愆)-과(過), 재앙 구(咎)-재(災), 병될 구(咎)-병(病), 나쁠 구(咎)-오(惡)〉 등의 뜻을 내지만 여기선 〈허물 건(愆)-과(過)〉와 같다 여기고 새김이 마땅하다. 〈무구(无咎)〉는 〈면어구(免於咎)〉 즉 허물을[於咎] 면하다[免]와 같다.

**왕(王)** 〈임금 왕(王)-군(君), 제후 왕(王)-제후(諸侯), 무리의 우두머리 왕(王)-동류중지수령(同類中之首領), 큰 왕(王)-대(大), 천자를 받들 왕(王)-사천자(事天子), 바로잡을 왕(王)-광정(匡正), 성대할 왕(王)-성(盛), 이길 왕(王)-승(勝), 흥할 왕(王)-흥(興)〉 등의 뜻을 내지만 〈임금 군(君)〉과 같다 여기고 새김이 마땅하다.

**삼(三)** 〈세 번(석 삼, 셋 삼) 삼(三)-이지가일(二之加一), 다수를 나타낼 삼(三)-다수지칭(多數之稱), 삼재의 수 삼(三)-천지인지수(天地人之數), 임금-아버지-스승 삼(三)-군부사(君父師), 동방 삼(三)-동방(東方), 끝 삼(三)-종(終)〉 등의 뜻을 내지만 여기선 〈세 번 삼(三)〉으로 여기고 새김이 마땅하다. 삼(三)은 삼(參)과 같다.

**석(錫)** 〈내릴(줄) 석(錫)-사(賜), 별이 스스로 돌아올 석(錫)-성자반(星自反), 주석 석(錫)-연류(鉛類), 가는 베 석(錫)-세포(細布), (승려가 들고 다니는) 석장 석(錫)-석장(錫杖), 손으로 건네줄 석(錫)-여(予)〉 등의 뜻을 내지만 여기선 〈내릴 사(賜)〉로 여기고 새김이 마땅하다.

**명(命)** 〈고할 명(命)-고(告), 바른 이치 명(命)-정리(正理), 제후 즉위 명(命)-서명(瑞命)-제후즉위(諸侯卽位), 부를 명(命)-호(呼), 시킬 명(命)-사(使)-영(令), 정령 명(命)-정령(政令), 가르칠 명(命)-교(敎), 이름 명(命)-명(名), 목숨 명(命)-수(壽), 본성 명(命)-성(性), 생이 길고 짧을 명(命)-생지장단(生之長短), 천명 명(命)-천명(天命), 서명 명(命)-서명(瑞命), 빈궁(貧窮)과 영달(榮達)의 운수(運數) 명(命)-궁달지수(窮達之數)〉 등의 뜻을 내지만 여기선 〈고할 고(告)〉로 여기고 새김이 마땅하다.

---

註 명계형서서점(明啓刑書胥占) 함서중정(咸庶中正) : 형벌의[刑] 문서를[書] 명백하게[明] 알려[啓] 서로[胥] 헤아려보게 하여[占] 모두 다[咸庶] 정도를[正] 따르게 하라[中].

『서경(書經)』「주서(周書)」[여형(呂刑)] 19단락(段落)

註 중정무사예지질야(中正無邪禮之質也) : 정도를[正] 따름에[中] 사특함이[邪] 없는 것이[無] 예의[禮之] 바탕[質]이다[也]. 『예기(禮記)』「악기(樂記)」 16단락(段落)

註 제장중정(齊莊中正) 족이유경야(足以有敬也) : 엄숙하고[齊] 장중하면서[莊] 정도를[正] 따름[中]으로써[以] (정도를) 공경함이[敬] 있을 수 있는 것[足有]이다[也].

『중용(中庸)』 주자장구(朱子章句) 31장(章)

# 육삼(六三 : --)

六三 : 師或輿尸니 凶하다
사 혹 여 시 흉

육삼(六三) : 무리가[師] 아마도[或] 주검을[尸] 싣고 오니[輿] 나쁘다[凶].

【육삼(六三)의 효상(爻象) 풀이】

사괘(師卦 : ䷆)의 육삼(六三 : --)은 이음거양(以陰居陽) 즉 음(陰 : --)으로써[以] 양(陽 : ─)의 자리에 있는지라[居] 정당한 자리에 있지 못하다. 육삼(六三 : --)과 구이(九二 : ─)는 음양(陰陽)의 사이인지라 다른 대성괘(大成卦)에서라면 이웃의 사귐[比]을 누릴 수 있는 처지이지만 사괘(師卦 : ䷆)의 주제인 〈사(師)〉 즉 군(軍)의 무리[師]라는 상황에서는 상하(上下)의 계급이 앞서게 마련이다. 여기 육삼(六三 : --)은 사괘(師卦 : ䷆)에서 병사(兵士)의 무리에 속하기 때문에 구이(九二 : ─)의 부하(部下)가 될 수는 있을지언정 이웃으로 사귈[比] 수는 없고, 육사(六四 : --)와는 양음(兩陰) 즉 둘 다[兩] 음(陰 : --)이어서 이웃의 사귐[比]은 커녕 상충(相衝)되는 사이이다. 육삼(六三 : --)은 상륙(上六 : --)과도 양음(兩陰)의 사이인지라 정응(正應) 즉 정도로써[正] 서로 호응할[應] 수 없는 처지이다. 따라서 육삼(六三 : --)은 사고무친(四顧無親) 즉 사방을[四] 돌아봐도[顧] 가까이할 동료가[親] 없어[無] 막막하다. 그러나 육삼(六三 : --)은 사괘(師卦 : ䷆)의 하체(下體) 감(坎 : ☵)의 중위(中位)를 벗어나 구이(九二 : ─) 바로 윗자리에서 구이(九二 : ─)를 내려다보며 구이(九二 : ─)의 득중(得中) 즉 정도를 따름을[中] 취하여[得] 군사[師]를 오로지 통솔(統率)함을 얕보고, 유약(柔弱)하면서도 자신을 과신(過信)하는 모습이 육삼(六三 : --)의 효상(爻象)이다.

사괘(師卦 : ䷆)의 육삼(六三 : --)이 구삼(九三 : ─)으로 변효(變爻)하면 육삼(六三 : --)은 사괘(師卦 : ䷆)를 46번째 승괘(升卦 : ䷭)로 지괘(之卦)하게 한다. 따라서 사괘(師卦 : ䷆)의 육삼(六三 : --)은 승괘(升卦 : ䷭)의 구삼(九三 : ─)을 찾아가 살펴보게 한다.

【육삼(六三)의 계사(繫辭) 풀이】

## 師或輿尸(사혹여시) 凶(흉)

무리가[師] 아마도[或] 주검을[尸] 싣고 오니[輿] 나쁘다[凶].

사괘(師卦 : ䷆)의 호괘(互卦)를 빌려 육삼(六三 : --)을 암시한 계사(繫辭)이다. 〈사혹여시(師或輿尸)〉에서 〈여시(輿尸)의 여(輿)〉는 사괘(師卦 : ䷆)의 외호괘(外互卦) 곤(坤 : ☷)으로써 육삼(六三 : --)을 취상(取象)한 것이다. 〈여시(輿尸)의 여(輿)〉가 「설괘전(說卦傳)」에 나오는 〈곤은[坤 : ☷] 큰[大] 수레[輿]이다[爲]〉라는 내용을 환기시키기 때문이다. 〈여시(輿尸)의 시(尸)〉 역시 사괘(師卦 : ䷆)의 하체(下體) 감(坎 : ☵)의 상효(上爻)인 육삼(六三 : --)을 취상(取象)한 것이다. 〈여시(輿尸)의 시(尸)〉가 「설괘전(說卦傳)」에 나오는 〈감은[坎 : ☵] 피의[血] 괘(卦)이다[爲]〉라는 내용을 환기시키기 때문이다. 혈괘(血卦)의 혈(血)은 생사(生死)를 주관한다. 그러므로 〈여시(輿尸)의 여(輿)〉는 여기서 〈수레 거(車)-많을 중(衆)〉의 두 뜻을 내고, 〈여시(輿尸)의 시(尸)〉는 〈주검 사체(死體)-주장할 주(主)〉의 두 뜻을 낸다. 이에 〈사여시(師輿尸)〉를 〈무리가[師] 시체를[尸] 싣고 온다[輿]〉고 새기게 된다. 자질(資質)은 재약(才弱) 즉 재주가[才] 빈약하면서도[弱] 양강(陽剛)의 자리에 있어서 뜻하는 바는 군센[剛] 육삼(六三 : --)은, 강강(剛强)하고 득중(得中) 즉 정도를 따름을[中] 취하여[得] 병사를[師] 지휘하는[帥] 구이(九二 : —) 바로 위에서 구이(九二 : —)를 내려다보며 얕보고 시샘하는 모습이다. 유약(柔弱)한 육삼(六三 : --)이 교만하고 성급함에 치우쳐 군사를 마음대로 휘둘러 지휘하는 모습이 육삼(六三 : --)의 효상(爻象)이다. 이에 〈전사한 병사들의 주검을[尸] 수레에 싣고 온다[輿]〉고 하여 육삼(六三 : --)의 무리[師]가 패망(敗亡)하여 불운함[凶]을 암시한 계사(繫辭)가 〈사혹여시(師或輿尸) 흉(凶)〉이다.

〈사혹여시(師或輿尸)〉에서 〈여시(輿尸)〉를 〈지휘를 주장함이[尸] 많다[輿]〉고 새기는 쪽도 있고, 〈군졸의 시체를[尸] 싣고 온다[輿]〉고 새기는 쪽도 있다. 이 두 새김 중에서 어느 쪽이 더 마땅하냐는 육삼(六三 : --)의 효상(爻象)을 비추어 새김해야 마땅하다. 육삼(六三 : --)의 무리[師]는 재약지강(才弱志剛)한 장수(將帥)를 둔 모습이기 때문에 전장(戰場)에서 패(敗)한 모습을 〈여시(輿尸)〉가 암시한다 여기고 〈군졸의 시체를[尸] 싣고 온다[輿]〉고 새기는 쪽이 마땅하다.

【字典】

**사(師)** 〈무리 사(師)-중(衆), 군대 사(師)-군(軍)-군여(軍旅)-군대(軍隊), 군대를 출동하여 정벌할 사(師)-출사정벌(出師征伐), 춘추시대 필법 사(師)-춘추지필법(春秋之筆法), 괘명 사(師)-육십사괘지일(六十四卦之一), 주나라 때 교민지관 사(師)-주대교민지관(周代教民之官), 사람의 모범 사(師)-인지모범(人之模範), 악관 사(師)-악관(樂官), 관리 사(師)-관리(官吏), 본받을 사(師)-칙(則)-법(法)-효(效), 따를 사(師)-순(順), 법률 사(師)-법률(法律), 근심스러울 사(師)-우(憂)〉 등의 뜻을 내지만 여기선 〈무리 중(衆)〉으로 여기고 새김이 마땅하다.

**혹(或)** 〈아마도 혹(或)-대개(大概), 있을 혹(或)-유(有), 의심날 혹(或)-의(疑), 괴상할 혹(或)-괴(怪), 어떤 사람 혹(或)-수인(誰人)〉 등의 뜻을 내지만 여기선 〈아마도 혹(或)〉으로 여기고 새김이 마땅하다.

**여(輿)** 〈무리 여(輿)-중(衆), 수레 여(輿)-거(車), 만물을 실은 대지 여(輿), 막을 여(輿)-항(抗), 마주들 여(輿)-강(扛), 들 여(輿)-거(擧), 실을 여(輿)-재(載), 많을 여(輿)-다(多)〉 등의 뜻을 내지만 여기선 〈수레 거(車)〉와 같다 여기고 새김이 마땅하다.

**시(尸)** 〈주관할 시(尸)-주(主), 진칠 시(尸)-진(陳), 주검 시(尸)-사체(死體), 시동 시(尸)-시동(尸童), 화살 시(尸)-시(矢)〉 등의 뜻을 내지만 여기선 〈주검 사체(死體)〉와 같다 여기고 새김이 마땅하다.

**흉(凶)** 〈나쁠(불행할) 흉(凶)-길지반(吉之反), 흉한 사람 흉(凶)-흉인(凶人), 나쁠 흉(凶)-오(惡), 재앙 흉(凶)-화(禍), 요사할 흉(凶)-요사(夭死), 걱정할 흉(凶)-우(憂)-구(懼), 악한 사람 흉(凶)-악인(惡人), 흉년 흉(凶)-연곡불숙(年穀不熟), 사나울 흉(凶)-포학(暴虐), 음기 흉(凶)-음기(陰氣), 북쪽 흉(凶)-북(北), 없을 흉(凶)-공(空), 송사 흉(凶)-송(訟), 거역할 흉(凶)-역(逆), 어그러질 흉(凶)-패(悖), 허물 흉(凶)-구(咎)〉 등의 뜻을 내지만 여기선 〈나쁠 흉(凶)〉으로 여기고 새김이 마땅하다.

---

註 곤위대여(坤爲大輿) …… 위중(爲衆) : 곤은[坤 : ☷] 큰[大] 수레[輿]이고[爲] …… 무리[衆]이다[爲]. 「설괘전(說卦傳)」 11단락(段落)

註 감위혈괘(坎爲血卦) : 감은[坎 : ☵] 피의[血] 괘(卦)이다[爲]. 「설괘전(說卦傳)」 11단락(段落)

# 육사(六四 : --)

六四 : 師左次니 无咎하다
사 좌 차 무 구

육사(六四) : 무리가[師] 물러나[左] 머무니[次] 허물이[咎] 없다[无].

【육사(六四)의 효상(爻象) 풀이】

사괘(師卦 : ䷆)의 육사(六四 : --)는 이음거음(以陰居陰) 즉 음(陰 : --)으로써[以] 음(陰 : --)의 자리에 있는지라[居] 정당한 자리에 있다. 육사(六四 : --)가 육삼(六三 : --)-육오(六五 : --)와는 양음(兩陰) 즉 둘 다[兩] 음(陰 : --)이어서 이웃의 사귐[比]은 커녕 상충(相衝) 즉 서로[相] 부딪치는[衝] 사이이다. 육사(六四 : --)는 초륙(初六 : --)과도 양음(兩陰)의 사이인지라 부정응(不正應) 즉 정도로써[正] 서로 호응하지 못하는[不應] 처지이다. 따라서 육사(六四 : --)에게는 자신을 도와줄 동료가 없다. 그러나 육사(六四 : --)는 사괘(師卦 : ䷆)의 상체(上體) 곤(坤 : ☷)의 초효(初爻)이면서 사괘(師卦 : ䷆)의 사효(四爻)로서 정위(正位)에 있기에 자신의 한계를 알아 다툼에서 이길 수 없다면 물러남이 가장 현명함을 깨달아, 마지막 승리를 위하여 스스로 물러나 있는 모습이 육사(六四 : --)의 효상(爻象)이다.

사괘(師卦 : ䷆)의 육사(六四 : --)가 구사(九四 : ㅡ)로 변효(變爻)하면 육사(六四 : --)는 사괘(師卦 : ䷆)를 40번째 해괘(解卦 : ䷧)로 지괘(之卦)하게 한다. 따라서 사괘(師卦 : ䷆)의 육사(六四 : --)는 해괘(解卦 : ䷧)의 구사(九四 : ㅡ)를 찾아가 살펴보게 한다.

【육사(六四)의 계사(繫辭) 풀이】

## 師左次(사좌차) 无咎(무구)

무리가[師] 물러나[左] 머무니[次] 허물이[咎] 없다[无].

육사(六四 : --)의 효위(爻位)를 빌려 암시한 계사(繫辭)이다. 〈사좌차(師左次)〉는 〈사좌(師左) 이사차(而師次)〉의 줄임으로 여기고 〈무리가[師] 물러난다[左] 그리고[而] 무리가[師] 머문다[次]〉라고 새겨볼 것이다. 〈좌차(左次)의 좌(左)〉는 여기선 〈물러날 천(遷)〉과 같고, 〈좌차(左次)의 차(次)〉는 여기선 〈머물 사(舍)〉와 같다. 〈사좌차(師左次)의 좌차(左次)〉는 육사(六四 : ䷁)가 정위(正位)에 있음을 암시한다. 정위(正位)에 있다 함은 자신의 한계를 맞추어 처신할 줄 앎을 암시하고, 부정위(不正位)에 있다 함은 자신의 한계를 무시하고 무모함을 암시한다. 육사(六四 : --)는 자신이 있을 수 있는 마땅한[正] 자리에 있기에[位], 육사(六四 : --)가 자신의 무리[師]가 힘이 약함을 알고 있음을 〈사좌차(師左次)의 좌차(左次)〉가 암시한다. 여기 〈좌차(左次)〉는 적군(敵軍)을 가볍게 보지 않음을 암시한다. 약하면서 강한 상대를 맞아 대적함은 필패(必敗)할 뿐이니 물러나 반격할 기회를 노림이 곧 〈좌차(左次)〉라는 병법(兵法)이다. 강한 적군을 피하여 진격할 수 있는 기회를 도모하고자 병사의 무리를[師] 물러나[左] 머물게 함[次]인지라 비록 병세(兵勢)가 약하다 할지라도 그 무리[師]에는 허물이[咎] 없음[无]을 암시한 계사(繫辭)가 〈사좌차(師左次) 무구(无咎)〉이다.

【字典】

**사(師)** 〈무리 사(師)-중(衆), 군대 사(師)-군(軍)-군여(軍旅)-군대(軍隊), 군대를 출동하여 정벌할 사(師)-출사정벌(出師征伐), 춘추시대 필법 사(師)-춘추지필법(春秋之筆法), 괘명 사(師)-육십사괘지일(六十四卦之一), 주나라 때 교민지관 사(師)-주대교민지관(周代教民之官), 사람의 모범 사(師)-인지모범(人之模範), 악관 사(師)-악관(樂官), 관리 사(師)-관리(官吏), 본받을 사(師)-칙(則)-법(法)-효(效), 따를 사(師)-순(順), 법률 사(師)-법률(法律), 근심스러울 사(師)-우(憂)〉 등의 뜻을 내지만 여기선 〈무리 중(衆)〉으로 여기고 새김이 마땅하다.

**좌(左)** 〈물러날 좌(左)-천(遷)-퇴(退), 변두리 좌(左)-변(邊), 우(右)의 대(對)로서 왼쪽 좌(左), 왼쪽으로 갈 좌(左)-좌행(左行), 양기 좌(左)-양(陽), 동쪽 좌(左)-동(東), 도울 좌(左)-조(助), 우레 좌(左)-진(震), 아래 좌(左)-하(下), 바깥 좌(左)-외(外), 낮을 좌(左)-비(卑), 어길 좌(左)-위(違), 내릴 좌(左)-강(降), 바르지 않을 좌(左)-부정(不正)〉 등의 뜻을 내지만 여기선 〈물러날 좌(左)〉로 새김이 마땅하다.

**차(次)** 〈머물 차(次)-사지(舍止), 뒤 차(次)-부전(不前), 버금(다음) 차(次)-아(亞)-부(副), 가까울 차(次)-근(近), 분별위치순서(分別位置順序) 차(次), 차례 차(次)-제(第),

둘째 차(次)-이(貳), 가지런히 벌릴 차(次)-열(列)-비(比), 자리 차(次)-위(位)-처(處), 이를 차(次)-지(至), 줄 차(次)-수(授), 군사 머물 차(次)-사지(師止), 집 차(次)-사(舍), 장막 차(次)-악(幄), 가슴(속) 차(次)-중(中), 갑자기 차(次)-급거(急遽), 머리 꾸밀 차(次)-편발(編髮), 곳 차(次)-소(所)〉 등의 뜻을 내지만 여기선 〈머물 사지(舍止)〉와 같다 여기고 새김이 마땅하다.

**무(无)** 〈없을 무(无)-무(無), 허무지도 무(无)-허무지도(虛无之道), 으뜸 무(无)-원(元)〉 등의 뜻을 내지만 여기선 〈없을 무(無)〉와 같다 여기고 새김이 마땅하다.

**구(咎)** 〈허물 구(咎)-건(愆)-과(過), 재앙 구(咎)-재(災), 병될 구(咎)-병(病), 나쁠 구(咎)-오(惡)〉 등의 뜻을 내지만 여기선 〈허물 건(愆)-과(過)〉와 같다 여기고 새김이 마땅하다. 〈무구(无咎)〉는 〈면어구(免於咎)〉 즉 허물을[於咎] 면하다[免]와 같다.

## 육오(六五 : --)

六五 : 田有禽이라 利執言하니 无咎하다 長子帥師이니 弟子輿尸면 貞凶하다
(전유금 / 이집언 / 무구 / 장자솔사 / 제자여시 / 정흉)

육오(六五) : 밭에[田] 짐승들이[禽] 있다[有]. 말씀을[言] 지킴이[執] 이로우니[利] 허물이[咎] 없다[无]. 맏이가[長子] 군사를[師] 통솔함에[帥] 동생이[弟子] 주검들을[尸] 싣고 온다면[輿] 미더워도[貞] 흉하다[凶].

**【육오(六五)의 효상(爻象) 풀이】**

사괘(師卦 : ䷆)의 육오(六五 : --)는 이음거양(以陰居陽) 즉 음(陰 : --)으로써[以] 양(陽 : —)의 자리에 있는지라[居] 정당한 자리에 있지 못하다. 육오(六五 : --)가 육사(六四 : --)-상륙(上六 : --)과는 양음(兩陰) 즉 둘 다[兩] 음(陰 : --)이어서 이웃의 사귐[比]을 누리지 못하는 사이이다. 그러나 육오(六五 : --)와 구이(九二 : —)는 서로 부정위(不正位)에 있지만 정응(正應) 즉 바르게[正] 호응함[應]을 서로 누리는 사이이다. 따라서 사괘(師卦 : ䷆)의 주제인 〈사(師)〉 즉 무리

[師]의 시국에서 용사(用師)의 주인인 군왕(君王) 육오(六五 : --)에게 덕장(德將)인 구이(九二 : ─)가 있어서 다행이다. 하지만 유순(柔順)한 육오(六五 : --)가 〈사(師)〉의 시국에 따라 육삼(六三 : --)도 장수(將帥) 노릇을 하려 하여, 용사(用師) 즉 군사를[師] 운용하는[用] 결과는 흉(凶)할 수 있는 모습이 육오(六五 : --)의 효상(爻象)이다.

> 사괘(師卦 : ䷆)의 육오(六五 : --)가 구오(九五 : ─)로 변효(變爻)하면 육오(六五 : --)는 사괘(師卦 : ䷆)를 29번째 습감괘(習坎卦 : ䷜)로 지괘(之卦)하게 한다. 따라서 사괘(師卦 : ䷆)의 육오(六五 : --)는 습감괘(習坎卦 : ䷜)의 구오(九五 : ─)를 찾아가 살펴보게 한다.

**【육오(六五)의 계사(繫辭) 풀이】**

## 田有禽(전유금) 利執言(이집언) 无咎(무구)

발에[田] 집승들이[禽] 있다[有]. 말씀을[言] 지킴이[執] 이로우니[利] 허물이[咎] 없다[无].

육오(六五 : --)의 효상(爻象)을 빌려 암시한 계사(繫辭)이다. 〈전유금(田有禽)의 전(田)〉은 육오(六五 : --)가 사괘(師卦 : ䷆)의 상체(上體) 곤(坤 : ☷)의 중효(中爻)로서 군왕(君王)임을 암시한다. 〈전유금(田有禽)〉은 〈육오지전유금(六五之田有禽)〉의 줄임으로 여기고 〈육오의[六五之] 밭에[田] 짐승들이[禽] 있다[有]〉라고 새겨볼 것이다. 육오(六五 : --)는 사괘(師卦 : ䷆)의 존위(尊位)에 있는지라 왕(王)이다. 따라서 〈육오지전(六五之田)〉은 왕(王)의 논밭[田]인지라 여기 〈전(田)〉은 백성이 사는 국토(國土)를 암시한다. 육오(六五 : --)를 〈전(田)〉으로 취상(取象)한 것은 육오(六五 : --)가 사괘(師卦 : ䷆)의 상체(上體) 곤(坤 : ☷)의 중효(中爻)인 까닭이다. 〈전유금(田有禽)의 전(田)〉이 「설괘전(說卦傳)」에 나오는 〈곤은[坤 : ☷] 땅[地]이다[爲]〉라는 내용을 상기시킨다. 왕(王)이란 〈지(地)〉 즉 국토[地]의 주인이다. 땅이 있어야 백성이 살고 백성이 살 수 있는 땅을 지켜야 왕(王) 노릇을 한다. 이에 〈전유금(田有禽)의 전(田)〉은 백성이 농사를 지어 먹고 사는 땅을 암시하고, 육오(六五 : --)가 그 〈전(田)〉을 지켜야 하는 사괘(師卦 : ䷆)의 존위(尊位)에 있는 왕(王)임을 암시한다. 〈전유금(田有禽)의 금(禽)〉은 육오(六五 : --)가 변효(變爻)하여 감(坎 : ☵)의 중효(中爻)로서 취상(取象)된 것이다. 왜냐하면 〈전유금(田有禽)의 금(禽)〉이 「설괘전(說卦傳)」에 나오는 〈감은[坎 : ☵] 돼지[豕]이다[爲]〉라는 내용을 떠올려주기 때문이다. 〈전유금(田有禽)의 금(禽)〉은 여기선 〈새 금(禽)〉이 아니라 〈조수지총명(鳥獸之總名)〉 즉 짐승의[鳥獸之] 모든[總] 이름[名]을 뜻하는 〈금(禽)〉이다. 물론 〈전유금(田有禽)의 금(禽)〉은 백성이 지어놓은 농사를 망치게 하는 짐승들[禽]인지라 여기 〈금(禽)〉은 육오(六五 : ⚋)의 국토[田]를 침입한 적(敵)들을 암시한다.

〈이집언(利執言)〉은 〈집금(執禽)〉의 영(令)을 내린 계사(繫辭)이다. 〈이집언(利執言)〉은 〈이륙오집용사지언(利六五執用師之言)〉의 줄임으로 여기고 〈육오가(六五) 군사를[師] 사용하라는[用之] 말을[言] 지키면[執] 이롭다[利]〉라고 새겨볼 것이다. 왕(王)으로서 육오(六五 : ⚋)가 〈전유금(田有禽)〉을 방치한다면 왕(王)일 수가 없다. 유약(柔弱)하지만 득중(得中) 즉 정도를 따름을[中] 취하는[得] 육오(六五 : ⚋)가 왕(王)으로서 〈전유금(田有禽)의 금(禽)〉을 잡아서[執] 물리쳐야 나라가 이로움[利]을 암시한 계사(繫辭)가 〈이집언(利執言)〉이다. 〈무구(无咎)〉는 〈육오지집금무구(六五之執禽无咎)〉의 줄임으로 여기고 〈육오가[六五之] 짐승을[禽] 잡아버림에는[執] 허물이[咎] 없다[无]〉라고 새겨볼 것이다. 따라서 육오(六五 : ⚋)가 용사(用師) 즉 군사를[師] 쓰는[用] 군주(君主)로서 침입한 적군을 포획하라는[執] 〈언(言)〉 즉 군령(軍令)을 내림[言]에 허물이[咎] 없음[无]을 암시한 계사가 〈전유금(田有禽) 이집언(利執言) 무구(无咎)〉이다.

〈이집언(利執言)의 언(言)〉을 어사(語辭) 즉 어조사로 여기고 새기는 쪽도 있고 실사(實辭)로 여기고 새기는 쪽도 있다. 〈이집언(利執言)의 언(言)〉을 실사(實辭)로 여기고 새길 경우라면 〈이집언(利執言)〉을 〈언을[言] 집함이[執] 이롭다[利]〉라고 새길 것이고, 〈이집언(利執言)의 언(言)〉을 어사(語辭)로 여기고 새길 경우라면 〈이집언(利執言)〉을 〈집함이[執] 이로울[利] 터이다[言]〉 정도로 새길 것이다. 이런 까닭은 〈이집언(利執言)의 집(執)〉을 두 갈래로 풀이할 수 있기 때문이다. 〈집(執)〉을 〈잡을 집(執)-포(捕)〉와 같다 여기고 새길 수도 있고, 〈지킬 집(執)-수(守)〉와 같다 여기고 새길 수도 있기 때문이다. 따라서 〈말씀을[言] 지킴이[執] 이롭다[利]〉라고 새길 수도 있고 〈포획함이[執] 이로울[利] 터이다[言]〉라고 새길 수도 있다는 것이 〈이집언(利執言)〉인 셈이다. 여기선 〈이집언(利執言)〉을 〈말씀을[言] 지킴이[執] 이롭다[利]〉라는 쪽을 택하였다.

## 長子帥師(장자솔사) 弟子輿尸(제자여시) 貞凶(정흉)

맏이가[長子] 군사를[師] 통솔함에[帥] 동생이[弟子] 주검들을[尸] 싣고 온다면[輿] 미더워도[貞] 흉하다[凶].

앞 〈이집언(利執言)의 집언(執言)〉을 집행(執行)함을 암시한 계사(繫辭)이다. 용사(用師) 즉 군사를[師] 써야 할[用] 시국을 당하여 〈집용사지언(執用師之言)〉 즉 군사를[師] 쓰라는[用] 말을[言] 실행에 옮겼음을 암시한 것이 〈장자솔사(長子帥師) 제자여시(弟子輿尸)〉이다. 용사(用師)에는 지휘권의 전임(專任)을 분명하게 해야 한다. 〈솔사(帥師)〉 즉 군사를[師] 지휘함[帥]은 일사불란(一絲不亂)해야 함을 〈장자솔사(長子帥師)〉가 암시한다. 〈장자솔사(長子帥師)의 장자(長子)〉는 사괘(師卦 : ䷆)의 내호괘(內互卦)인 진(震 : ☳)을 빌려 사괘(師卦 : ䷆)의 구이(九二 : ⚊)를 취상(取象)한 것이다. 「설괘전(說卦傳)」에 〈진(震 : ☳) 그것을[之] 장남이라[長男] 한다[謂]〉라는 내용이 나온다.

〈제자여시(弟子輿尸)의 제자(弟子)〉는 사괘(師卦 : ䷆)의 하체(下體)인 감(坎 : ☵)을 빌려 사괘(師卦 : ䷆)의 육삼(六三 : ⚋)을 취상(取象)한 것이다. 〈여시(輿尸)의 여(輿)〉가 「설괘전(說卦傳)」에 나오는 〈곤은[坤 : ☷] 큰[大] 수레[輿]이고[爲] …… 무리[衆]이다[爲]〉라는 내용을 환기시키기 때문이다. 따라서 〈제자여시(弟子輿尸)의 여시(輿尸)〉로써 〈제자여시(弟子輿尸)의 제자(弟子)〉가 사괘(師卦 : ䷆)의 하체(下體) 감(坎 : ☵)의 상효(上爻)인 육삼(六三 : ⚋)을 취상(取象)한 것임을 알 수 있다. 뱃사공이 많으면 배가 뭍으로 올라간다고 하듯 〈솔사(帥師)〉에 장수(將帥)가 많으면 승전(勝戰)하기 어려운 것이다. 용사(用師)의 주군(主君)으로서 육오(六五 : ⚋)가 〈장자(長子)〉인 구이(九二 : ⚊)를 〈솔사(帥師)〉로서 임명했음에도 〈제자(弟子)〉인 육삼(六三 : ⚋)에게 〈솔사(帥師)〉에[帥] 관한 주장들이[尸] 많다면[輿] 지휘 계통의 난맥(亂脈)이 빚어짐을 암시하는 계사(繫辭)가 〈장자솔사(長子帥師) 제자여시(弟子輿尸)〉이다. 따라서 〈제자여시(弟子輿尸)〉 즉 육삼(六三 : ⚋)의 〈여시(輿尸)〉가 진실로 미더운[貞] 심지(心志)에서 비롯된다 해도 〈솔사(帥師)〉의 상황에서 나쁨[凶]을 암시한 계사(繫辭)가 〈장자솔사(長子帥師) 제자여시(弟子輿尸) 정흉(貞凶)〉이다.

【字典】

**전(田)** 〈들(밭) 전(田)-전답(田畓), 씨앗을 뿌릴 땅 전(田)-종곡지(種穀之)-토지(土地), 사냥 전(田)-전(畋)-수렵(狩獵), 오십 이랑의 밭 전(田)-오십무(五十畝), 밭농사 짓는 일 전(田)-전산생업(田産生業), 밭갈이 전(田)-경작(耕作), 봄철 사냥 전(田)-춘수(春狩), 진열할 전(田)-진열(陳列), 큰 북 전(田)-대고(大鼓), 동방 전(田)-동방(東方)〉 등의 뜻을 내지만 여기선 〈씨앗을 뿌릴 땅 전(田)-종곡지(種穀之)-토지(土地)〉로 여기고 새김이 마땅하다.

**유(有)** 〈없을 무(無)의 반대말로 있을 유(有), 얻을(가질) 유(有)-취(取), 혹 유(有)-혹(或), 많을 유(有)-다(多)-족(足), 부유할 유(有)-부(富), 간직할 유(有)-장(藏), 보호할 유(有)-보(保), 서로 친할 유(有)-상친(相親), 전일할 유(有)-전(專), 할 유(有)-위(爲), 어조사 유(有)〉 등의 뜻을 내지만 〈있을 유(有)〉로 여기고 새김이 마땅하다.

**금(禽)** 〈모든 짐승 금(禽)-조수지총명(鳥獸之總名), 새 금(禽)-조속(鳥屬), 아직 새끼를 배지 않은 짐승 금(禽)-조수미잉(鳥獸未孕), 사로잡을 금(禽)-금(擒)-금(捦)〉 등의 뜻을 내지만 여기선 〈모든 짐승[鳥獸之總名]〉으로 여기고 새김이 마땅하다.

**이(利)** 〈만물로 하여금 삶을 이루어가게 하는 덕(德)의 이로울 이(利)-사만물수생지덕(使萬物遂生之德), 날카로울 이(利)-예(銳)-섬(銛), 질병 이(利)-질(疾), 통할 이(利)-통(通)-순(順), 좋을 이(利)-길(吉)-의(宜), 편리할 이(利)-편(便), 마름해 만들어 이룰 이(利)-재성(裁成), 탐할 이(利)-탐(貪), 구할(취할) 이(利)-구(求)-취(取), 좋아할 이(利)-열애(悅愛), 이로울 이(利)-익(益), 기교 이(利)-교(巧), 보람 이(利)-공용(功用), 지세가 험하고 중요한 이(利)-험요(險要), 이길 이(利)-승(勝), 어질 이(利)-인(仁)〉 등의 뜻을 내지만 여기선 〈이로울 이(利)〉로 여기고 새김이 마땅하다. 〈利〉가 맨 앞에 오면 〈이〉로 발음되고, 중간이나 뒤에 오면 〈리〉로 발음된다.

**집(執)** 〈지킬 집(執)-수(守), 받들 집(執)-봉(奉), 잡을 집(執)-포(捕), 가둘 집(執)-수(囚), 마를 집(執)-제(制), 막을 집(執)-색(塞), 손으로 잡을 집(執)-조(操), 맺을 집(執)-결(結), 손바닥 집(執)-장(掌)〉 등의 뜻을 내지만 여기선 〈지킬 수(守)〉와 같다 여기고 새김이 마땅하다.

**언(言)** 〈어조사(발어사) 언(言)-운(云)-언사(言辭), 말 언(言)-어(語), 말소리 언(言)-언사(言辭), 말의 첫머리를 꺼낼 언(言)-발단(發端)-직언(直言), 논할 언(言)-설(說), 밝힐(공표할) 언(言)-선(宣), 물어볼 언(言)-문(問), 따를 언(言)-종(從), 교명 언(言)-교명(教命), 호령 언(言)-호령(號令), 동맹이 필요할 말씀 언(言)-회동맹요지사(會同盟要之辭), 모의할 언(言)-모의(謀議), 응대하는 말 언(言)-사령(辭令), 웃전에 뜻을 전할 언(言)-상표(上表), 일구 언(言)-일구(一句), 한 글자 언(言)-일자(一字), 나 언(言)-아(我), 어울려 받드는 모습 언(言)-화경지모(和敬之貌), 송사할 언(言)-송(訟)〉 등의 뜻을 내지만 여기선 〈말씀 언(言)〉으로 여기고 새김이 마땅하다.

**무(无)** 〈없을 무(无)-무(無), 허무지도 무(无)-허무지도(虛无之道), 으뜸 무(无)-원(元)〉 등의 뜻을 내지만 여기선 〈없을 무(無)〉와 같다 여기고 새김이 마땅하다.

**구(咎)** 〈허물 구(咎)-건(愆)-과(過), 재앙 구(咎)-재(災), 병될 구(咎)-병(病), 나쁠 구(咎)-오(惡)〉 등의 뜻을 내지만 여기선 〈허물 건(愆)-과(過)〉와 같다 여기고 새김이 마땅하다. 〈무구(无咎)〉는 〈면어구(免於咎)〉 즉 허물을[於咎] 면하다[免]와 같다.

**장(長)** 〈맏이(형) 장(長)-형(兄), 오랠 장(長)-구(久), 긴(길이) 장(長)-단지대(短之對), 멀 장(長)-원(遠), 클 장(長)-대(大), 많을 장(長)-다(多), 길 장(長)-영(永), 성할 장(長)-성(盛), 높을 장(長)-고(高), 늘 장(長)-상(常), 아름다울 장(長)-미(美), 길게 끌 장(長)-인장지(引長之), 초과할 장(長)-초과(超過), 앞선 장(長)-선(先) (長弟=先後), 펼칠 장(長)-장(張), 나이가 위일 장(長)-연장(年長), 성인(어른) 장(長)-성인(成人), 윗사람 장(長)-상(上)-수장(首長), 제후 장(長)-제후(諸侯), 제후들 가운데서 패권을 쥔 맹주 장(長)-종주(宗主), 나이든(늙은) 장(長)-노(老), 더할 장(長)-익(益), 더욱 나아갈 장(長)-진익(進益), 키울 장(長)-축양(畜養), 받들 장(長)-존(尊)-숭(崇), 배움을 싫증 내지 않을 장(長)-교회불권(教誨不倦), 좋을 장(長)-선(善), 남을 장(長)-여(餘), 장단을 헤아릴 장(長)-탁장단(度長短)〉 등의 뜻을 내지만 여기선 〈맏이 장(長)〉으로 여기고 새김이 마땅하다.

**자(子)** 〈아들(뒤를 이어줄) 자(子)-사(嗣)-식(息), 존칭(덕 있는 사람의 칭호) 자(子)-유덕자지칭(有德者之稱), 존경받는 사람 자(子)-존자(尊者), 벼슬 자(子)-작(爵), 12지의 첫째 자(子), 음력 11월 자(子), 밤 11시에서 다음날 1시까지 자(子), 북쪽 방향 자(子)-북방(北方), 오행에서 물 자(子)-어오행속수(於五行屬水), 짐승에서 쥐 자(子)-어수위서(於獸爲鼠), 번성할 자(子)-자(滋), 자녀 자(子)-자녀(子女), 자손 자(子)-자손(子孫), 남자를 일컫는 호칭 자(子)-남자지통칭(男子之通稱), 만물 자(子)-만물(萬物), 씨앗(열매) 자(子)-종자(種子)-과실(果實), 누구(사람) 자(子)-인(人)-수자(誰子), 백성 자(子)-백성(百姓)〉 등의 뜻을 내지만 여기선 〈아들 자(子)〉로 여기고 새김이 마땅하다.



**帥** 〈솔-수〉 두 가지로 발음되고, 〈거느릴 솔(帥)-영(領)-솔(率), 좇을 수(帥)-순(循), 주장할 수(帥)-주(主), 장수 수(帥)〉 등의 뜻을 내지만 여기선 〈거느릴 영(領)-솔(率)〉과 같다 여기고 새김이 마땅하다.



**사(師)** 〈무리 사(師)-중(衆), 군대 사(師)-군(軍)-군여(軍旅)-군대(軍隊), 군대를 출동하여 정벌할 사(師)-출사정벌(出師征伐), 춘추시대 필법 사(師)-춘추지필법(春秋之筆法), 괘명 사(師)-육십사괘지일(六十四卦之一), 주나라 때 교민지관 사(師)-주대교민지관(周代敎民之官), 사람의 모범 사(師)-인지모범(人之模範), 악관 사(師)-악관(樂官), 관리 사(師)-관리(官吏), 본받을 사(師)-칙(則)-법(法)-효(效), 따를 사(師)-순(順), 법률 사(師)-법률(法律), 근심스러울 사(師)-우(憂)〉 등의 뜻을 내지만 여기선 〈무리 중(衆)〉으로 여기고 새김이 마땅하다.

**제(弟)** 〈아우(동생) 제(弟)-남자후생(男子後生), 다음 제(弟)-차서(次序), 적을 제(弟)-소(少), 자기를 낮출 제(弟)-자겸지칭(自謙之稱), 제자 제(弟)-종사수교자(從師受敎者)-제자(弟子), 쉬울 제(弟)-이(易), 따를 제(弟)-순(順)-제(悌), 말머리 조사 제(弟)-어수조사(語首助詞), 다만(무릇) 제(弟)-단(但)〉 등의 뜻을 내지만 여기선 〈아우 제(弟)〉로 여기고 새김이 마땅하다.

**여(輿)** 〈수레 여(輿)-거(車), 무리 여(輿)-중(衆), 만물을 실은 대지 여(輿), 막을 여(輿)-항(抗), 마주들 여(輿)-강(扛), 들 여(輿)-거(擧), 실을 여(輿)-재(載), 많을 여(輿)-다(多)〉 등의 뜻을 내지만 여기선 〈수레 거(車)〉와 같다 여기고 새김이 마땅하다.

**시(尸)** 〈주검 시(尸)-시(屍), 주관할 시(尸)-주(主), 진칠 시(尸)-진(陳), 시동 시(尸)-시동(尸童), 화살 시(尸)-시(矢)〉 등의 뜻을 내지만 여기선 〈주검 시(屍)〉와 같다 여기고 새김이 마땅하다.

**정(貞)** 〈믿을 정(貞)-신(信), 오로지(순수할) 정(貞)-전(專)-일(一), 바를 정(貞)-정(正), 거북점을 물을 정(貞)-복문(卜問), 역(易)의 내괘(內卦) 정(貞), 마땅할 정(貞)-당(當), 정할 정(貞)-정(定)〉 등의 뜻을 내지만 여기선 〈믿을 신(信)〉과 같다 여기고 새김이 마땅하다.

**흉(凶)** 〈나쁠(불행할) 흉(凶)-길지반(吉之反), 흉한 사람 흉(凶)-흉인(凶人), 나쁠 흉(凶)-오(惡), 재앙 흉(凶)-화(禍), 요사할 흉(凶)-요사(夭死), 걱정할 흉(凶)-우(憂)-구(懼), 악한 사람 흉(凶)-악인(惡人), 흉년 흉(凶)-연곡불숙(年穀不熟), 사나울 흉(凶)-포학(暴虐), 음기 흉(凶)-음기(陰氣), 북쪽 흉(凶)-북(北), 없을 흉(凶)-공(空), 송사 흉(凶)-송(訟), 거역할 흉(凶)-역(逆), 어그러질 흉(凶)-패(悖), 허물 흉(凶)-구(咎)〉 등의 뜻을 내지만 여기선 〈나쁠 흉(凶)〉으로 여기고 새김이 마땅하다.

---

註 곤위지(坤爲地) : 곤은[坤 : ☷] 땅[地]이다[爲]. 「설괘전(說卦傳)」 11단락(段落)

註 감위시(坎爲豕) : 감은[坎 : ☵] 돼지[豕]이다[爲]. 「설괘전(說卦傳)」 8단락(段落)

註 진일색이득남(震一索而得男) 고(故) 위지장남(謂之長男) : 진은[震 : ☳] 한 번[一] 구해서[索而] 사내를[男] 얻으므로[得故] 그것을[之] 장남이라[長男] 한다[謂]. 「설괘전(說卦傳)」 10단락(段落)

## 상륙(上六 : --)

**上六 : 大君有命이라 開國承家하라 小人勿用하라**
대군유명 개국승가 소인물용

상륙(上六) : 천자에게서[大君] 명령이[命] 있다[有]. 나라를[國] 열고[開] 가문을[家] 받으라[承]. 소인에게는[小人] 쓰지[用] 말라[勿].

### 【상륙(上六)의 효상(爻象) 풀이】

사괘(師卦 : ䷆)의 상륙(上六 : --)은 이음거음(以陰居陰) 즉 음(陰 : --)으로써[以] 음(陰 : --)의 자리에 있는지라[居] 정당한 자리에 있다. 상륙(上六 : --)과 육오(六五 : --)는 양음(兩陰) 즉 둘 다[兩] 음(陰 : --)이어서 이웃의 사귐[比]을 누리지 못하는 사이이다. 그러나 상륙(上六 : --)이 있는 사괘(師卦 : ䷆)의 극위(極位)는 사괘(師卦 : ䷆)의 주제인 〈사(師)〉 즉 군사의 무리[師]를 써야 하는 시국이 종료된 자리이다. 따라서 〈사(師)〉의 시국이 종료되었음을 암시하는 사괘(師卦 : ䷆)의 극위(極位)란 승전(勝戰)의 논공행상(論功行賞)을 실시함을 암시하는 장(場)

으로서 상륙(上六 : --)의 효상(爻象)을 잡고 있다.

사괘(師卦 : ䷆)의 상륙(上六 : --)이 상구(上九 : —)로 변효(變爻)하면 상륙(上六 : --)은 사괘(師卦 : ䷆)를 4번째 몽괘(蒙卦 : ䷃)로 지괘(之卦)하게 한다. 따라서 사괘(師卦 : ䷆)의 상륙(上六 : --)은 몽괘(蒙卦 : ䷃)의 상구(上九 : —)를 찾아가 살펴보게 한다.

【상륙(上六)의 계사(繫辭) 풀이】

## 大君有命(대군유명) 開國承家(개국승가)

천자에게서[大君] 명령이[命] 있다[有]. 나라를[國] 열고[開] 가문을[家] 받으라[承].

상륙(上六 : --)의 효위(爻位)를 빌려 암시한 계사(繫辭)이다. 상륙(上六 : --)의 효위(爻位)는 사괘(師卦 : ䷆)의 극위(極位)이다. 사괘(師卦 : ䷆)의 극위(極位)는 사괘(師卦 : ䷆)의 주제인 〈사(師)〉 즉 군사(軍師)의 시국이 끝났음을 말한다. 사괘(師卦 : ䷆)의 극위(極位)란 곧 승전(勝戰)의 논공행상(論功行賞)이 펼쳐지는 자리로 상징된다. 따라서 〈대군유명(大君有命) 개국승가(開國承家)〉는 효의(爻義)를 취(取)함이 아니라 사종(師終) 즉 군사의 국면이[師] 끝났음[終]을 상징하는 계사(繫辭)이다. 〈대군유명(大君有命)의 대군(大君)〉은 〈사(師)〉의 시국을 맞아 용사(用師)의 주군(主君)이었던 육오(六五 : --)를 암시한다. 〈개국승가(開國承家)〉는 〈대군유명(大君有命)의 명(命)〉을 말한다. 〈개국승가(開國承家)〉의 〈명(命)〉은 천자(天子)만의 몫이다. 따라서 사괘(師卦 : ䷆)의 존위(尊位)는 천자(天子)의 위(位)이고 그 자리[位]에 있는 육오(六五 : --)가 천자(天子)로서 〈개국승가(開國承家)〉 즉 〈개국(開國)〉의 〈명(命)〉을 내리고 〈승가(承家)〉의 〈명(命)〉을 내린다. 〈개국(開國)〉은 최상(最上)의 전공(戰功)을 거둔 자에게 천자(天子)가 내리는 〈명(命)〉으로서, 제후(諸侯)로 임명하고 제후국(諸侯國)을 열게 하여[開] 제후국의 군왕(君王)이 되게 하는 〈명(命)〉이다. 〈승가(承家)〉는 차상(次上)의 전공을 거둔 자에게 천자(天子)가 내리는 〈명(命)〉으로서, 세전(世傳)되는 경대부(卿大夫)나 식읍(食邑)의 가문(家門)을 부여하는 〈명(命)〉이다. 〈승가(承家)의 승(承)〉은 〈받을 수(受)〉와 같다. 사괘(師卦 : ䷆)의 천자(天子)로부터 〈개국승가(開國承家)〉의 〈명(命)〉을 받을 수 있는 무리[師]의 장수(將帥)들 중에 으뜸이 구이(九二 : ━)일 터인데 구이(九二 : ━)라고 거명(擧名)하지 않고 그냥 〈개국승가(開國承家)〉의 〈명(命)〉만을 밝힘에 깊은 뜻이 숨어 있음을 살펴 헤아려서 깨닫게 하는 계사(繫辭)가 〈대군유명(大君有命) 개국승가(開國承家)〉이다.



## 小人勿用(소인물용)

### 소인에게는[小人] 쓰지[用] 말라[勿].

수명자(受命者) 없이 〈개국승가(開國承家)〉의 〈명(命)〉을 암시한 까닭을 밝힌 계사(繫辭)이다. 〈소인물용(小人勿用)〉은 〈물용개국승가지명급소인(勿用開國承家之命給小人)〉의 줄임으로 여기고 〈소인(小人)에게는[給] 개국승가의[開國承家之] 명을[命] 쓰지[用] 말라[勿]〉라고 새겨볼 것이다. 〈소인물용(小人勿用)〉은 천자(天子)가 마음대로 〈개국승가(開國承家)의 명(命)〉을 내릴 수 없음을 밝히는 계사(繫辭)이다. 〈유군자용개국승가지명(唯君子用開國承家之命)〉 즉 〈오로지[唯] 군자에게만[君子] 개국승가의[開國承家之] 명을[命] 쓴다[用]〉라는 것을 반어법으로 강조한 계사(繫辭)가 〈소인물용(小人勿用)〉이다. 소인(小人)에게 〈개국(開國)의 명(命)〉이나 〈승가(承家)의 명(命)〉을 쓰지[用] 말라[勿]는 까닭을 계사(繫辭)가 밝혀 두지 않은 깊은 뜻을 세상 사람들이 저마다 살펴 헤아려 보라는 심의(深義)가 〈소인물용(小人勿用)〉에 담겨 있다. 〈소인물용(小人勿用)〉이 담고 있는 깊은[深] 뜻[義]을 헤아리는 데 가장 좋은 길잡이가 『논어(論語)』에 나오는 군자대소인(君子對小人)의 〈자왈(子曰)〉일 터이다. 그 〈자왈(子曰)〉 중에서 6개를 선택해 〈주(註)〉해 둔 것을 근거로 심사(深思)해 보면, 〈소인에게는[小人] 쓰지[用] 말라[勿]〉는 심의(深義)를 깨닫게 하는 계사(繫辭)가 〈소인물용(小人勿用)〉이다.

**【字典】**

**대(大)** 〈큰 대(大)-소지대(小之對), 지나칠 대(大)-과(過), 자만할 대(大)-과(誇)-긍벌(矜伐), 넓을 대(大)-광(廣), 두루 대(大)-편(徧), 통할 대(大)-통(通), 길 대(大)-장(長), (땅을) 걸게 할 대(大)-비(肥), 두터울 대(大)-후(厚), 많을 대(大)-다(多), 모두 대(大)-개(皆), 선할 대(大)-선(善), 무거울 대(大)-중(重), 거대할 대(大)-거(巨), 아름다울 대(大)-미(美)-장(壯), 부유할 대(大)-부(富), 늙을 대(大)-노(老), 끝 대(大)-극(極),

대충 대(大)-조(組)-불세밀(不細密), 처음 대(大)-초(初), 하늘 대(大)-천(天), 건(乾)-양기(陽氣)-양효(陽爻) 대(大)〉 등의 뜻을 내지만 여기선 〈큰 대(大)〉로 여기고 새김이 마땅하다.

**군(君)** 〈지극히 높은 사람(천자-임금-제후) 군(君)-지존자(至尊者), 임금을 이을(세자) 군(君)-세자(世子), 여왕 군(君)-여군(女君), 어버이 군(君)-부모(父母), 돌아가신 임금-돌아가신 아버지-돌아가신 조상 군(君)-선군(先君)-선부(先父)-선조(先祖), 상대를 부르는 칭호 군(君)-칭호(稱號), 귀신을 받들어 부르는 칭호 군(君)-귀신지경칭(鬼神之敬稱), 맡아 다스릴 군(君)-주재(主宰), 하늘-건 군(君)-천(天)-건(乾), 양 군(君)-양(陽), 낮 군(君)-일(日), 중앙제단 군(君)-궁제단(宮祭壇), 흙 군(君)-토(土)〉 등의 뜻을 내지만 여기선 〈임금 군(君)〉으로 여기고 새김이 마땅하다.

**유(有)** 〈없을 무(無)의 반대말로 있을 유(有), 얻을(가질) 유(有)-취(取), 혹 유(有)-혹(或), 많을 유(有)-다(多)-족(足), 부유할 유(有)-부(富), 간직할 유(有)-장(藏), 보호할 유(有)-보(保), 서로 친할 유(有)-상친(相親), 전일할 유(有)-전(專), 할 유(有)-위(爲), 어조사 유(有)〉 등의 뜻을 내지만 〈있을 유(有)〉로 여기고 새김이 마땅하다.

**명(命)** 〈명령할(시킬) 명(命)-사(使)-영(令), 정령 명(命)-정령(政令), 가르칠 명(命)-교(教), 고할 명(命)-고(告), 부를 명(命)-호(呼), 이름 명(命)-명(名), 목숨 명(命)-수(壽), 본성 명(命)-성(性), 목숨의 길고 짧은 명(命)-생지장단(生之長短), 천명 명(命)-천명(天命), 서명 명(命)-서명(瑞命), 제후를 앉히는 명 명(命)-제후즉위(諸侯卽位), 빈궁(貧窮)과 영달(榮達)의 운수 명(命)-운수(運數)-궁달지수(窮達之數)〉 등의 뜻을 내지만 여기선 〈명령할 명(命)〉으로 여기고 새김이 마땅하다.

**개(開)** 〈시작할 개(開)-시(始), 열 개(開)-벽(闢), 베풀 개(開)-장(張), 통할 개(開)-통(通)-통달(通達), 계발할 개(開)-계발(啓發), 진설할 개(開)-진설(陣設), 풀 개(開)-해(解), 필 개(開)-개화(開花), 확장할 개(開)-확장(擴張), 발굴할 개(開)-발굴(發掘), 분리할 개(開)-분리(分離), 문중 개(開)-문중(門中), 발동 개(開)-발동(發動)〉 등의 뜻을 내지만 여기선 〈시작할 시(始)〉와 같다 여기고 새김이 마땅하다.

**국(國)** 〈제후의 나라 국(國)-제후국(諸侯國), 나라 국(國)-방(邦), 천자가 도읍한 곳 국(國)-천자소도(天子所都), 성 안 국(國)-성중(城中)-교내(郊內), 고향 국(國)-고향(故鄕), 지방 국(國)-지방(地方), 도모할 국(國)-모(謀)〉 등의 뜻을 내지만 여기선 〈제후국(諸侯國)〉으로 여기고 새김이 마땅하다.

**승(承)** 〈받을 승(承)-수(受), 받들 승(承)-봉(奉), 맞이할 승(承)-영(迎), 이을 승(承)-계(繼), 전할 승(承)-전(傳)〉 등의 뜻을 내지만 여기선 〈받을 수(受)〉와 같다 여기고 새김이 마땅하다.

**가(家)** 〈경대부 가(家)-경대부(卿大夫), 채지(식읍) 가(家)-채지(采地)-식읍(食邑), 가정(가족) 가(家)-가정(家庭)-가족(家族), 살(거주할) 가(家)-거(凥)-가인소거(家人所居), 방안 가(家)-실(室), 지아비 가(家)-부(夫)-아내는 남편을 가장이라 부른다[妻謂夫曰家], 집사람 가(家)-처(妻)-남편은 아내를 집사람이라 부른다[夫謂妻曰家], 머물러 살 가(家)-주거(住居), 도성 가(家)-도성(都城), 조정 가(家)-조정(朝廷), 천자 가(家)-천자(天子)-천하위가(天下爲家), 태자 가(家)-황족(皇族), 학자 가(家)-유전문지학문자(有專門之學問者), 어미조사(語尾助詞) 가(家)〉 등의 뜻을 내지만 여기선 〈경대부(卿大夫) 또는 식읍(食邑)〉으로 여기고 새김이 마땅하다.

**소(小)** 〈작을(조금) 소(小)-미(微)-대지반(大之反), 자잘할 소(小)-세(細), 짧을 소(小)-단(短), 좁을 소(小)-협(狹), 어릴 소(小)-유(幼), 천할 소(小)-천(賤), 첩 소(小)-첩(妾), 음(陰)을 칭하는 소(小)〉 등의 뜻을 내지만 여기선 〈음(陰)을 칭하는 소(小)〉로 여기고 새김이 마땅하다.

**인(人)** 〈사람 인(人)-만물지최령자(萬物之最靈者), 백성 인(人)-민(民), 남 인(人)-타인(他人), 아무개 인(人)-모인(某人), 도인 인(人)-도인(道人), 사람들 인(人)-인인(人人), 범인(소인) 인(人)-소인(小人)-범인(凡人), 인성 인(人)-인성(人性), 인위 인(人)-인위(人爲), 신하 인(人)-신하(臣下), 중서(민중) 인(人)-중서(衆庶)-민중(民衆), 건괘-진괘 인(人)-건위인(乾爲人)-진위인(震爲人), 어짊 인(人)-인(仁), 선인 인(人)-선인(先人), 서로 어여삐 여길 인(人)-상련(相憐)〉 등의 뜻을 내지만 여기선 〈사람 인(人)〉으로 여기고 새김이 마땅하다.

**물(勿)** 〈하지 말 물(勿)-막(莫), 아닌 것 물(勿)-비(非), 없을 물(勿)-무(無)-무(毋), 아니할 물(勿)-불(不)〉 등의 뜻을 내지만 여기선 〈하지 말 막(莫)〉과 같다 여기고 새김이 마땅하다.

**용(用)** 〈쓸 용(用)-시(施), 쓰일(부릴) 용(用)-사(使), 맡길 용(用)-임(任), 행할 용(用)-행(行), 위할 용(用)-위(爲), 갖출 용(用)-비(備)〉 등의 뜻을 내지만 여기선 〈쓸 시

⟨施⟩〉와 같다 여기고 새김이 마땅하다.

---

註 군자주이불비(君子周而不比) 소인비이부주(小人比而不周) : 군자는[君子] 두루 통하면서[周而] 사리로 서로 얽히지 않지만[不比], 소인은[小人] 사리로 서로 사귀지만[比而] 두루 통하지 못한다[不周]. 『논어(論語)』「위정(爲政)」 14장(章)

註 군자회덕(君子懷德) 소인회토(小人懷土) : 군자는[君子] 덕을[德] 생각하지만[懷], 소인은[小人] (재물로) 땅을[土] 생각한다[懷]. 『논어(論語)』「이인(里仁)」 11장(章)

註 군자유어의(君子喩於義) 소인유어리(小人喩於利) : 군자는[君子] 대의를[於義] 밝히고[喩], 소인은[小人] 사리를[於利] 밝힌다[喩]. 『논어(論語)』「이인(里仁)」 16장(章)

註 군자화이부동(君子和而不同) 소인동이불화(小人同而不和) : 군자는[君子] 어울리되[和而] 패거리 짓지 않지만[不同], 소인은[小人] 패거리 짓되[同而] 어울리지 않는다[不和].

『논어(論語)』「자로(子路)」 23장(章)

註 군자구저기(君子求諸己) 소인구저인(小人求諸人) : 군자는[君子] 자신에게서 잘못을[諸己] 찾지만[求], 소인은[小人] 남에게서 잘못을[諸人] 찾는다[求].

『논어(論語)』「위령공(衛靈公)」 20장(章)

註 군자유용이무의(君子有勇而無義) 위란(爲亂) 소인유용이무의(小人有勇而無義) 위도(爲盜) : 군자에게[君子] 용맹이[勇] 있으면서도[有而] 의리가[義] 없으면[無] 난을 일으키게 되고[爲亂], 소인에게[小人] 용맹이[勇] 있으면서도[有而] 의리가[義] 없으면[無] 도둑이 된다[爲盜].

『논어(論語)』「양화(陽貨)」 24장(章)

# 비괘 比卦

8

## 1 괘의 괘상과 계사

### 비괘(比卦 : ䷇)

곤하감상(坤下坎上) : 아래는[下] 곤(坤 : ☷), 위는[上] 감(坎 : ☵).

수지비(水地比) : 물[水]과 땅은[地] 비이다[比].

比吉이라 原筮하며 元永貞하니 无咎하다 不寧方來하니 後夫凶하다
(비길 원서 원영정 무구 불령방래 후부흉)

친근히 사귐은[比] 좋다[吉]. 예언을[筮] 거듭 살피며[原] 더없이 선하고[元] 변함없으며[永] 진실로 미더우니[貞] 허물이[咎] 없다[无]. 편안하지 않음에도[不寧] 곧장[方] 찾아오는데[來] 뒤에 있는[後] 저자는[夫] 불운하다[凶].

【비괘(比卦 : ䷇)의 괘상(卦象) 풀이】

앞 사괘(師卦 : ䷆)의 〈사(師)〉는 군사(軍師)의 무리[衆]이다. 「서괘전(序卦傳)」에 〈무리에는[衆] 반드시[必] 사귀는[比] 바가[所] 있다[有] 그래서[故] 비괘(比卦 : ䷇)로써[以] 그것을[之] 받는다[受] 비라는[比] 것은[者] 가까이 사귐[比]이다[也]〉라는 말이 나온다. 이는 사괘(師卦 : ䷆) 다음에 비괘(比卦 : ䷇)가 있는 까닭을 암시한다. 비괘(比卦 : ䷇)는 사괘(師卦 : ䷆)의 도괘(倒卦) 즉 거꾸로 된[倒] 괘(卦)이다. 사괘(師卦 : ䷆)의 주제인 〈사(師)〉는 전란(戰亂)의 시국을 암시한다. 〈사(師)〉의 시국이 끝났음을 암시함이 사괘(師卦 : ䷆)의 도괘(倒卦)인 비괘(比卦 : ䷇)이다. 비괘(比卦 : ䷇)의 주제인 〈비(比)〉는 상비(相比) 즉 서로[相] 사귀는[比] 시국인지라 평화를 누리는 시국이다. 왜냐하면 〈비(比)〉는 백성의 무리가 끼리끼리 마음을 주고받으며 이웃으로 가까이 사귐[比]을 말하기 때문이다. 이러한 비괘(比卦 : ䷆)의 존위(尊位)에 구오(九五 : ⚊)가 유일한 양효(陽爻)로서 정위(正位)에 있다. 구오

(九五 : ━) 아래에 있는 육사(六四 : --)-육삼(六三 : --)-육이(六二 : --)-초륙(初六 : --) 등이 강강(剛强)하면서도 득중(得中) 즉 정도를 따름을[中] 취하여[得] 왕(王) 노릇을 하는 구오(九五 : ━)를 순복(順服)하여 가까이 사귐[比]을 누리지만 상륙(上六 : --)만 구오(九五 : ━) 뒷전에서 꾸물거리는 모습을 일러 비괘(比卦 : ䷇)라 칭명(稱名)한다.





**【비괘(比卦 : ䷇)의 계사(繫辭) 풀이】**

## 比吉(비길) 原筮(원서) 元永貞(원영정) 无咎(무구)

친근히 사귐은[比] 좋다[吉]. 예언을[筮] 거듭 살피며[原] 더없이 선하고[元] 변함없으며[永] 진실로 미더우니[貞] 허물이[咎] 없다[无].

비괘(比卦 : ䷇)의 존위(尊位)에 있는 구오(九五 : ━)의 효상(爻象)을 빌려 암시한 계사(繫辭)이다. 〈비길(比吉)의 비(比)〉는 비괘(比卦 : ䷇)의 극위(極位)에 있는 상륙(上六 : --)을 제외한 구오(九五 : ━)와 더불어 육사(六四 : --)-육삼(六三 : --)-육이(六二 : --)-초륙(初六 : --) 등이 상친(相親) 즉 서로[相] 친하고[親] 상보(相輔) 즉 서로[相] 도우며[輔] 서로 이웃하여 사귐[比]을 암시한다. 무리가 서로 시샘하고 다툰다면 〈흉(凶)〉하지만 무리가 상친(相親)하고 상보(相輔)하며 서로서로 백지장도 맞들면 길(吉)할 수밖에 없다는 것이 〈비길(比吉)〉이다.

〈원서(原筮) 원영정(元永貞)〉은 〈구오지소이원서비원(九五之所以原筮比元) 이구오지소이원서비영(而九五之所以原筮比永) 이구오지소이원서비정(而九五之所以原筮比貞)〉의 줄임으로 여기고 〈구오가[九五之] 원서(原筮)로써[以] 사귀는[比] 바는[所] 더없이 선하다[元] 그리고[而] 구오가[九五之] 원서(原筮)로써[以] 사귀는[比] 바는[所] 변함없다[永] 그리고[而] 구오가[九五之] 원서(原筮)로써[以] 사귀는[比] 바는[所] 진실로 미덥다[貞]〉라고 새겨볼 것이다. 〈원서(原筮)의 원(原)〉은 비괘(比卦 : ䷇)의 상체(上體)인 감(坎 : ☵)을 환기시킨다. 〈원(原)〉은 수천지본(水泉之本) 즉 물이 샘솟는[水泉之] 뿌리[本]를 말하는 까닭에 구오(九五 : ━)가 비괘(比卦 : ䷇)의 상체(上體)인 감(坎 : ☵)의 중효(中爻)임을 암시한다. 동시에 〈원서(原筮)의 서(筮)〉는 군왕(君王)으로서 구오(九五 : ━)의 득중(得中) 즉 정도를 따름을[中] 취함[得]을 환기시킨다. 정도를 따름을 취함이란 순명(順命) 즉 천명을[命] 따름[順]인지라 선조(先兆) 즉 미리 보여주는[先] 조짐들[兆]을 〈서(筮)〉 즉 거슬러 헤아림[筮]을 게을리하지 않음을 전제한다. 서로 가까이 사귀고 싶다면 사귀고자 하는 마음을 반드시 거듭해 더없이 살필 수 있어야 한다. 사귀고자 하는 뜻을 결정하는 것이 여기 〈원서(原筮)의 서(筮)〉이다. 사귐으로 말미암을 앞일을 거슬러 살펴 헤아리게 함이 〈원서(原筮)의 서(筮)〉이다. 따라서 사귐[比]을 결정하는 〈서(筮)〉를 재찰(再察) 즉 거듭[再] 살핌[察]이 〈원서(原筮)의 원(原)〉이다. 여기 〈원서(原筮)의 원(原)〉은 〈거듭 재(再)-살필 찰(察)〉의 뜻을 아울러 여기고 새김이 마땅하다. 따라서 비괘(比卦 : ䷇)의 주제인 〈비(比)〉란 결코 가볍게 정(定)해지는 사귐[比]이 아닌 득중(得中)으로써 사귐[比]임을 암시한 계사(繫辭)가 〈원서(原筮) 원영정(元永貞)〉이다.

## 不寧方來(불령방래)

**편안하지 않음에도[不寧] 곧장[方] 찾아온다[來].**

비괘(比卦 : ䷇)의 구오(九五 : ⚊)와 육이(六二 : ⚋)의 상응(相應)을 암시한 계사(繫辭)이다. 〈불령방래(不寧方來)의 불령(不寧)〉은 비괘(比卦 : ䷇)의 상체(上體)인 감(坎 : ☵)을 암시한다. 「설괘전(說卦傳)」의 〈감(坎 : ☵)은 빠짐[陷]이다[也]〉라는 내용을 〈불령(不寧)〉이 환기시킨다. 〈함(陷)〉이란 〈험(險)〉 즉 위험[險]인지라 감(坎 : ☵) 즉 물[水]을 〈불령(不寧)〉 즉 편안하지 않음[不寧]으로 상징한다. 여기 〈불령(不寧)〉은 구오(九五 : ⚊)가 감(坎 : ☵)의 중효(中爻)임을 암시하며, 동시에 험(險)한 상황을 마주해서도 득중(得中) 즉 정도를 따름을[中] 취함[得]으로써 강강(剛强) 즉 굳세고[剛] 강하게[强] 왕사(王事)를 펼쳐감을 암시한다. 〈방래(方來)〉는 〈육이방래향구오(六二方來向九五)〉의 줄임으로 여기고 〈육이가[六二] 구오(九五)에게로[向] 곧장[方] 온다[來]〉라고 새겨볼 것이다. 구오(九五 : ⚊)와의 〈원영정지비(元永貞之比)〉 즉 더없이 선하고[元] 변함없으며[永] 진실로 미더운[貞之] 사귐[比]을 따라 받들고자 육이(六二 : ⚋)가 구오(九五 : ⚊)를 따라감을 암시한 계사(繫辭)가 〈불령방래(不寧方來)〉이다.

## 後夫凶(후부흉)

**뒤에 있는[後] 저자는[夫] 불운하다[凶].**





비괘(比卦 : ䷇)의 상륙(上六 : --)이 구오(九五 : —)와의 〈원영정지비(元永貞之比)〉를 외면함을 암시한 계사(繫辭)이다. 〈후부흉(後夫凶)의 후부(後夫)〉는 구오(九五 : —) 위 즉 극위(極位)에 있는 상륙(上六 : --)을 말한다. 구오(九五 : —)의 전부(前夫) 즉 앞에 있는[前] 자들[夫]은 육사(六四 : --)-육삼(六三 : --)-육이(六二 : --)-초륙(初六 : --) 등이다. 따라서 〈후부흉(後夫凶)의 후부(後夫)〉는 구오(九五 : —) 뒤에 있는[後] 상륙(上六 : --)을 말한다. 비괘(比卦 : ䷇)의 괘상(卦象)은 〈비길(比吉)〉인데 〈후부흉(後夫凶)〉 즉 상륙(上六)은 왜 흉하다[凶]는 것인가? 이는 상륙(上六 : --)이 비괘(比卦 : ䷇)의 주제인 〈비(比)〉의 시국을 암시한 〈비길(比吉)의 비(比)〉를 외면하기 때문이다. 상륙(上六 : --)의 이러한 외면은 구오(九五 : —)와의 〈원영정지비(元永貞之比)〉를 순종하지 않음을 암시한다. 따라서 구오(九五 : —)의 전부(前夫)들은 모두 구오(九五 : —)와의 〈원영정지비(元永貞之比)〉를 따라가 길(吉)하지만, 구오(九五 : —)의 〈후부(後夫)〉인 상륙(上六 : --)만은 구오(九五 : —)와의 〈원영정지비(元永貞之比)〉를 거역하려 해 불운함[凶]을 암시한 계사(繫辭)가 〈후부흉(後夫凶)〉이다.

【字典】

**비(比)** 〈가까울 비(比)-근(近)-친(親), 도울 비(比)-보(輔), 따를 비(比)-종(從), 같을 비(比)-동(同)-제(齊)-편당(偏黨)〉 등의 뜻을 내지만 여기선 〈가까울 친(親)〉과 같다 여기고 새김이 마땅하다.

**길(吉)** 〈좋을(행복할) 길(吉)-선(善)-영(令) {영월길일(令月吉日)은 선월선일(善月善日)임.}, 복 길(吉)-실(實)-선실(善實)-복(福), 예의를 따라 상서로울 길(吉)-예의순상(禮義順祥), 삼갈 길(吉)-근(謹), 초하루 길(吉)-삭일(朔日) {삭망(朔望) 즉 초하루[朔]와 그믐날[望]}, 길례 길(吉)-길례(吉禮) {오례지일(五禮之一) 길흉빈군가(吉凶賓軍嘉)}, 갈 길(吉)-행(行)-길(趌)〉 등의 뜻을 내지만 여기선 〈좋을 선(善)-영(令)〉 즉 행복과 같다 여기고 새김이 마땅하다.

**원(原)** 〈거듭 원(原)-재(再), 살필 원(原)-찰(察)-궁원(窮原), 미룰 원(原)-추(推),

샘물의 바탕 원(原)-수천지본(水泉之本), 뿌리 원(原)-본(本), 뿌리 삼을 원(原)-본지(本之), 용서할 원(原)-유(宥)-면(免), 언덕 원(原)-고평(高平)〉 등의 뜻을 내지만 여기선 〈거듭 재(再)〉로 여기고 새김이 마땅하다.

**서(筮)** 〈예언 서(筮)-예언(預言), 산가지로 점칠 서(筮)-복서(卜筮), 점치는 도구 서(筮)-시죽소작점복지구(蓍竹所作占卜之具), 점쳐 묻는 서(筮)-복문(卜問)〉 등의 뜻을 내지만 여기선 〈예언(預言)〉으로 여기고 새김이 마땅하다.

**영(永)** 〈오랠 영(永)-구(久), 길 영(永)-장(長), 멀 영(永)-원(遠), 끌 영(永)-인(引), 깊은 영(永)-심(深), 읊을 영(永)-영(詠)-영(咏), 헤엄칠 영(永)-영(泳)〉 등의 뜻을 내지만 여기선 〈오랠 구(久)〉와 같다 여기고 새김이 마땅하다.

**무(无)** 〈없을 무(无)-무(無), 허무지도 무(无)-허무지도(虛无之道), 으뜸 무(无)-원(元)〉 등의 뜻을 내지만 여기선 〈없을 무(無)〉와 같다 여기고 새김이 마땅하다.

**구(咎)** 〈허물 구(咎)-건(愆)-과(過), 재앙 구(咎)-재(災), 병될 구(咎)-병(病), 나쁠 구(咎)-오(惡)〉 등의 뜻을 내지만 여기선 〈허물 건(愆)-과(過)〉와 같다 여기고 새김이 마땅하다. 〈무구(无咎)〉는 〈면어구(免於咎)〉 즉 허물을[於咎] 면하다[免]와 같다.

**영(寧)** 〈안정할 영(寧)-안정(安定), 편안할 영(寧)-안(安), 고요할 영(寧)-정(靜), 휴식할 영(寧)-식(息), 안일할 영(寧)-안일(安逸), 문안드릴 영(寧)-문안(問安), 상 입을(거상할) 영(寧)-복상(服喪)-여녕(予寧), 장차 영(寧)-장(將), 차라리 영(寧)-원사(願詞)-원망지사(願望之詞), 어찌(어찌할) 영(寧)-하(何)-기(豈), 이에 영(寧)-내(乃), 어조사 영(寧)-어조사(語助詞)〉 등의 뜻을 내지만 여기선 〈안정(安定)〉으로 여기고 새김이 마땅하다. 〈寧〉이 앞에 있으면 〈영〉으로 발음되고, 뒤에 있으면 〈녕-령〉으로 발음된다.

**방(方)** 〈곧(이제) 방(方)-금(今), 네모 방(方)-구(矩), 곧을 방(方)-정(正), 향할 방(方)-향(嚮)-방위(方位), 나라 방(方)-방(邦), 아우를 방(方)-병(併), 떳떳할 방(方)-상(常), 견줄 방(方)-비(比), 있을 방(方)-유(有), 또한(바야흐로) 방(方)-차(且), 방법 방(方)-술책(術策), 방책 방(方)-방책(方策)-간책(簡策), 의서 방(方)-의서(醫書), 배 아울러 맬 방(方)-방주(方舟)〉 등의 뜻을 내지만 여기선 〈곧 방(方)〉으로 여기고 새김이 마땅하다.

**來** 〈내-래〉 두 가지로 발음되고, 〈올 내(來)-지(至), 앞으로 내(來)-장래(將來)-미래(未來), 초치할 내(來)-초치(招致), ~부터 내(來)-자(自)-유(由), 남음이 있을 내(來)-유여(有餘), 어세를 더해주는 조사 래(來), 구중(句中)-구말(句末)의 조사 래(來)〉

등의 뜻을 내지만 여기선 〈올 지(至)〉와 같다 여기고 새김이 마땅하다.

**후(後)** 〈뒤 후(後)-선지대(先之對), 늦을 후(後)-지(遲), 뒤쳐질 후(後)-낙후(落後), 뒤늦게 올 후(後)-지래(遲來), 사양할 후(後)-손(遜), 다가올(장래) 후(後)-장래(將來), 두 세대 후(後)-후세(後世), 일이 끝난 뒤 후(後)-사후필(事後畢), 자손 후(後)-자손(子孫), 뒤를 잇는 것 후(後)-후속자(後續者), 뒤에 말한 것 후(後)-하소언(下所言)〉 등의 뜻을 내지만 여기선 〈뒤 후(後)〉로 여기고 새김이 마땅하다.

**부(夫)** 〈저자(저것-이것) 부(夫)-차(此)-피(彼), 남자 부(夫)-장부(丈夫)-남자지통칭(男子之通稱), 지아비 부(夫)-배필(配匹), 대부 부(夫)-전상(傳相)-조정보좌지대신(朝廷輔佐之大臣), 병사 부(夫)-병(兵), 도울 부(夫)-부(扶), 백 이랑의 밭 부(夫)-백무지전(百畝之田), 무릇 부(夫)-범(凡)-중(衆), 이에 부(夫)-내(乃), {구중(句中) 또는 구말(句末)에서 어조사} ~인가(~인저) 부(夫)-호(乎), ~면 부(夫)-약(若), (뜻 없는) 발어사 부(夫)-발어사(發語詞)〉 등의 뜻을 내지만 여기선 〈저자 피(彼)〉와 같다 여기고 새김이 마땅하다.

**흉(凶)** 〈나쁠(불행할) 흉(凶)-길지반(吉之反), 흉한 사람 흉(凶)-흉인(凶人), 나쁠 흉(凶)-오(惡), 재앙 흉(凶)-화(禍), 요사할 흉(凶)-요사(夭死), 걱정할 흉(凶)-우(憂)-구(懼), 악한 사람 흉(凶)-악인(惡人), 흉년 흉(凶)-연곡불숙(年穀不熟), 사나울 흉(凶)-포학(暴虐), 음기 흉(凶)-음기(陰氣), 북쪽 흉(凶)-북(北), 없을 흉(凶)-공(空), 송사 흉(凶)-송(訟), 거역할 흉(凶)-역(逆), 어그러질 흉(凶)-패(悖), 허물 흉(凶)-구(咎)〉 등의 뜻을 내지만 여기선 〈나쁠 흉(凶)〉으로 여기고 새김이 마땅하다.

---

註 감함야(坎陷也) : 감은[坎 : ☵] 빠짐[陷]이다[也]. 「설괘전(說卦傳)」 7단락(段落)

## 2 효의 효상과 계사

初六：有孚하여 比之하니 无咎이다 有孚盈缶하니 終來有他하여 吉하다
(유부 비지 무구 유부영부 종래 유타 길)

六二：比之自內하니 貞하여 吉하다
(비지자내 정 길)

六三：比之하나 匪人이다
(비지 비인)

六四：外比之하니 貞하여 吉하다
(외비지 정 길)

九五：顯比이다 王用三驅에 失前禽하고 邑人不誡니 吉하다
(현비 왕용삼구 실전금 읍인불계 길)

上六：比之无首하니 凶하다
(비지무수 흉)

초륙(初六) : 믿어줌이[孚] 있어[有] 사귐이니[比之] 허물이[咎] 없다[无]. 믿어줌이[孚] 있어[有] 항아리를[缶] 채우니[盈] 마침내[終] 찾아오는[來] 사람들이[他] 있어[有] 행복하다[吉].

육이(六二) : 심중[內]으로부터[自] 사귀니[比之] 진실로 미더워[貞] 길하다[吉].

육삼(六三) : 사귀려 하나[比之] (사귈) 사람들이[人] 아니다[匪].

육사(六四) : 바깥쪽으로[外] 사귀니[比之] 진실로 미더워[貞] 좋으리라[吉].

구오(九五) : 사귐을[比] 드러낸다[顯]. 임금이[王] 삼면으로[三] 몰아감을[驅] 써서[用] 앞의[前] 사냥감을[禽] 놓쳐주고[失] 고을[邑] 백성도[人] 경계하지 않아[不誡] 행복하다[吉].

상륙(上六) : 사귐의[比之] 시작이[首] 없어[无] 불행하다[凶].

## 초륙(初六 : --)

初六 : 有孚하여 比之하니 无咎이다 有孚盈缶하니 終來有他하여 吉하다
유부 비지 무구 유부영부 종래 유타 길

초륙(初六) : 믿어줌이[孚] 있어[有] 사귐이니[比之] 허물이[咎] 없다[无]. 믿어줌이[孚] 있어[有] 항아리를[缶] 채우니[盈] 마침내[終] 찾아오는[來] 사람들이[他] 있어[有] 행복하다[吉].

**【초륙(初六)의 효상(爻象) 풀이】**

비괘(比卦 : ䷇)의 초륙(初六 : --)은 이음거양(以陰居陽) 즉 음(陰 : --)으로써[以] 양(陽 : ━)의 자리에 있는지라[居] 정당한 자리에 있지 못하다. 초륙(初六 : --)과 육이(六二 : --)는 양음(兩陰) 즉 둘 다[兩] 음(陰 : --)의 사이인지라 상충(相衝) 즉 서로[相] 부딪치는[衝] 사이임에도 비괘(比卦 : ䷇)의 주제인 〈비(比)〉 즉 사귐[比]의 시국인지라 초륙(初六 : --)은 유약(柔弱)하여 육이(六二 : --)와 부딪칠 마음이 없으며, 육사(六四 : --)와도 양음(兩陰)의 사이인지라 부정응(不正應) 즉 정도를 따라[正] 호응하지 못하는[不應] 사이이다. 다만 사귐[比]의 시국인지라 〈비(比)〉가 시작되는 자리에 있는 초륙(初六 : --)은 비괘(比卦 : ䷇)의 〈비(比)〉를 누리고자 정성을 다하는 모습이다.

> 비괘(比卦 : ䷇)의 초륙(初六 : --)이 초구(初九 : ━)로 변효(變爻)하면 초륙(初六 : --)은 비괘(比卦 : ䷇)를 3번째 준괘(屯卦 : ䷂)로 지괘(之卦)하게 한다. 따라서 비괘(比卦 : ䷇)의 초륙(初六 : --)은 준괘(屯卦 : ䷂)의 초구(初九 : ━)를 찾아가 살펴보게 한다.

**【초륙(初六)의 계사(繫辭) 풀이】**

### 有孚(유부) 比之(비지) 无咎(무구)

믿어줌이[孚] 있어[有] 사귐이니[比之] 허물이[咎] 없다[无].

초륙(初六 : --)의 효위(爻位)를 빌려 암시한 계사(繫辭)이다. 〈유부(有孚) 비지(比之)〉는 〈초륙유부(初六有孚) 인차초륙비지(因此初六比之)〉의 줄임으로 여기고 〈초륙에게는[初六] 믿어줌이[孚] 있다[有] 그래서[因此] 초륙이[初六] 사귄다[比之]〉라고 새겨볼 것이다. 초륙(初六 : --)이 있는 자리가 부정위(不正位)이고 바로 위에 있는 육이(六二 : --)와 〈비(比)〉 즉 사귐[比]을 누릴 수 없는 처지이지만, 초륙(初六 : --)은 〈정(貞)〉 즉 진실로 미더운[貞] 마음으로 비괘(比卦 : ䷇)의 주제인 〈비(比)〉의 시국을 따라 사귐[比]을 누리고자 함을 암시함이 〈유부(有孚)〉이다. 〈유부(有孚)의 부(孚)〉란 수명(守命) 즉 자연의 시킴을[命] 지킴[守]으로써 남들로부터 성신(誠信) 즉 진실한[誠] 미더움[信]을 받음을 말한다. 천명(天命) 즉 자연이[天] 하라는 대로 함[命]을 지키면 절로 돌아오는 것이 〈부(孚)〉 즉 진실한 미더움[誠信]이다. 정필부귀(貞必孚歸) 즉 내가 진실로 미덥다면[貞] 반드시[必] 남들로부터 진실한 믿음이[孚] 돌아온다[歸]. 〈부(孚)〉란 자신의 〈정(貞)〉으로 말미암아 남들로부터 자신에게로 돌아오는 진실한 미더움[孚]이다. 내가 정(貞)하지 못하면 세상은 나에게 〈부(孚)〉 즉 진실한 믿음[孚]을 주지 않는다. 따라서 〈유부(有孚)〉란 육이(六二 : --)와 육사(六四 : --)가 다 함께 초륙(初六 : --)을 진실로 믿어줌이[孚] 있게 될 것임[有]을 암시한다. 비괘(比卦 : ䷇)의 주제인 〈비(比)〉의 시국을 따라 육이(六二 : --)-육사(六四 : --)와 함께 초륙(初六 : --)이 사귀고자[比] 정성을 들임에는 허물이[咎] 없음[无]을 암시한 계사(繫辭)가 〈유부(有孚) 비지(比之) 무구(无咎)〉이다.

## 有孚盈缶(유부영부) 終來有他(종래유타) 吉(길)

믿어줌이[孚] 있어[有] 항아리를[缶] 채우니[盈] 마침내[終] 찾아오는[來] 사람들이[他] 있어[有] 행복하다[吉].

초륙(初六 : --)이 비괘(比卦 : ䷇)의 주제인 〈비(比)〉를 누리는 효상(爻象)을 암시한 계사(繫辭)이다. 〈유부영부(有孚盈缶)〉는 〈초륙유륙이여륙사지부(初六有六二與六四之孚) 인차초륙영부(因此初六盈缶)〉의 줄임으로 여기고 〈초륙에게는[初六] 육사와[與六四] 육이의[六二之] 믿어줌이[孚] 있다[有] 그래서[因此] 초륙이[初六] 항아리를[缶] 채운다[盈]〉고 새겨볼 것이다. 〈유부영부(有孚盈缶)〉에서 〈영부

(盈缶)〉는 비괘(比卦 : ䷇)의 곤하감상(坤下坎上)의 괘상(卦象)을 취상(取象)하고, 동시에 비괘(比卦 : ䷇)의 초효(初爻)로서 초륙(初六 : --)의 효상(爻象)을 취상(取象)한다. 왜냐하면 여기 〈영부(盈缶)〉는 〈영수어부(盈水於缶)〉의 줄임이니 〈항아리에[於缶] 물을[水] 채운다[盈]〉라고 함은 비괘(比卦 : ䷇)의 괘상(卦象)이 곤토성감수(坤土盛坎水) 즉 곤의[坤] 땅에[土] 감의[坎] 물을[水] 채워주는[盛] 모습이기 때문이다. 초륙(初六 : --)은 비괘(比卦 : ䷇)의 하체(下體) 곤(坤 : ☷)의 초효(初爻)인지라 흙[土]을 암시하는 〈부(缶)〉 즉 흙항아리[缶]로 취상(取象)되고, 비괘(比卦 : ䷇)의 상체(上體) 감(坎 : ☵)의 물[水]을 채워준다[盈] 함은 앞서의 〈유부(有孚) 비지(比之)〉를 거듭 취상(取象)한 것이다. 따라서 초륙(初六 : --)이 항아리에[缶] 물을 채우듯이[盈] 진실한 미더움[貞]으로써 사귐[比]을 누리기 때문에 마침내[終] 초륙(初六 : --)에게로 와서[來] 사귀는[比] 타인이[他] 있다[有]고 함은 초륙(初六 : --)-육이(六二 : --)-육사(六四 : --) 등이 함께 〈비(比)〉의 시국을 정성스럽게 순종하여 행복[吉]을 누림을 암시한 계사(繫辭)가 〈유부영부(有孚盈缶) 종래유타(終來有他) 길(吉)〉이다.

【字典】

**유(有)** 〈없을 무(無)의 반대말로 있을 유(有), 얻을(가질) 유(有)-취(取), 혹 유(有)-혹(或), 많을 유(有)-다(多)-족(足), 부유할 유(有)-부(富), 간직할 유(有)-장(藏), 보호할 유(有)-보(保), 서로 친할 유(有)-상친(相親), 전일할 유(有)-전(專), 할 유(有)-위(爲), 어조사 유(有)〉 등의 뜻을 내지만 〈있을 유(有)〉로 여기고 새김이 마땅하다.

**부(孚)** 〈믿을 부(孚)-신(信), 알에서 새끼가 껍질을 쪼아 나올 부(孚)-난화(卵化), 씨앗이 틀 부(孚)-부(稃), 덮어줄 부(孚)-복(覆), 붙을(의지할) 부(孚)-부(附)-부(付)〉 등의 뜻을 내지만 여기선 〈믿을 신(信)〉과 같다 여기고 새김이 마땅하다.

**비(比)** 〈가까울 비(比)-근(近)-친(親), 도울 비(比)-보(輔), 따를 비(比)-종(從), 같을 비(比)-동(同)-제(齊)-편당(偏黨)〉 등의 뜻을 내지만 여기선 〈가까울 근(近)-친(親)〉과 같다 여기고 새김이 마땅하다.

**지(之)** 〈주격-소유격-목적격 등의 토씨 지(之), 그것(이것) 지(之)-피(彼)-시(是), 갈 지(之)-왕(往), 이를 지(之)-지(至), 뜻 없는 허사(虛詞) 지(之)〉 등의 뜻을 내지만 여기선 〈허사(虛詞) 지(之)〉로 여기고 새김이 마땅하다.

**무(无)** 〈없을 무(无)-무(無), 허무지도 무(无)-허무지도(虛无之道), 으뜸 무(无)-원(元)〉 등의 뜻을 내지만 여기선 〈없을 무(無)〉와 같다 여기고 새김이 마땅하다.

**구(咎)** 〈허물 구(咎)-건(愆)-과(過), 재앙 구(咎)-재(災), 병될 구(咎)-병(病), 나쁠 구(咎)-오(惡)〉 등의 뜻을 내지만 여기선 〈허물 건(愆)-과(過)〉와 같다 여기고 새김이 마땅하다. 〈무구(无咎)〉는 〈면어구(免於咎)〉 즉 허물을[於咎] 면하다[免]와 같다.

**영(盈)** 〈그릇을 채울 영(盈)-만기(滿器), 넘칠 영(盈)-일(溢), 찰 영(盈)-만(滿), 충분할 영(盈)-충(充), 길 영(盈)-장(長), 뜻을 채울 영(盈)-지만(志滿), 나아갈 영(盈)-진(進), 노할 영(盈)-노(怒), 많을 영(盈)-다(多)〉 등의 뜻을 내지만 여기선 〈그릇을 채울 만기(滿器)〉와 같다 여기고 새김이 마땅하다.

**부(缶)** 〈주둥이는 작고 배가 불룩한 옹기항아리 부(缶)-와기(瓦器), (용량의 단위로서) 사곡 부(缶)-사곡(四斛), 16말 부(缶)-십륙두(十六斗)〉 등의 뜻을 내지만 여기선 〈옹기항아리 와기(瓦器)〉로 여기고 새김이 마땅하다.

**종(終)** 〈끝내 종(終)-시지대(始之對), 다할 종(終)-진(盡)-극(極)-궁(窮)-경(竟), 끝날 종(終)-이(已), 충분할 종(終)-충(充), 이룰 종(終)-성(成), 사망 종(終)-사(死)〉 등의 뜻을 내지만 여기선 〈끝내 종(終)〉으로 여기고 새김이 마땅하다.

**來** 〈내-래〉 두 가지로 발음되고, 〈올 내(來)-지(至), 앞으로 내(來)-장래(將來)-미래(未來), 초치할 내(來)-초치(招致), ~부터 내(來)-자(自)-유(由), 남음이 있을 내(來)-유여(有餘), 어세를 더해주는 조사(助詞) 래(來), 구중(句中)-구말(句末)의 조사(助詞) 래(來)〉 등의 뜻을 내지만 여기선 〈올 지(至)〉와 같다 여기고 새김이 마땅하다.

**타(他)** 〈다를 타(他)-이(異), 남 타(他)-피(彼), 누구 타(他)-수(誰), 간사할 타(他)-사(邪), 다른 마음 타(他)-이심(異心)〉 등의 뜻을 내지만 〈남 타(他)〉로 여기고 새김이 마땅하다.

**길(吉)** 〈좋을(행복할) 길(吉)-선(善)-영(令) {영월길일(令月吉日)은 선월선일(善月善日)임.}, 복 길(吉)-실(實)-선실(善實)-복(福), 예의를 따라 상서로울 길(吉)-예의순상(禮義順祥), 삼갈 길(吉)-근(謹), 초하루 길(吉)-삭일(朔日) {삭망(朔望) 즉 초하루[朔]와 그믐날[望]}, 길례 길(吉)-길례(吉禮) {오례지일(五禮之一) 길흉빈군가(吉凶賓軍嘉)}, 갈 길(吉)-행(行)-길(趌)〉 등의 뜻을 내지만 여기선 〈좋을 선(善)-영(令)〉 즉 행복과 같다 여기고 새김이 마땅하다.

# 육이(六二 : --)

六二 : 比之自內하니 貞하여 吉하다
비 지 자 내 정 길

육이(六二) : 심중[內]으로부터[自] 사귀니[比之] 진실로 미더워[貞] 길하다[吉].

【육이(六二)의 효상(爻象) 풀이】

비괘(比卦 : ䷇)의 육이(六二 : --)는 이음거음(以陰居陰) 즉 음(陰 : --)으로써[以] 음(陰 : --)의 자리에 있는지라[居] 정당한 자리에 있다. 육이(六二 : --)와 초륙(初六 : --)-육삼(六三 : --)은 모두 음(陰 : --)의 사이라 〈비(比)〉를 나누지 못한다. 그러나 육이(六二 : --)와 구오(九五 : ─)는 음양(陰陽)의 사이이면서 서로 다 정위(正位)에 있는 중효(中爻)이다. 이에 육이(六二 : --)와 구오(九五 : ─)는 득중(得中) 즉 정도를 따름을[中] 취하여[得] 정응(正應) 즉 바르게[正] 서로 호응한다[應]. 따라서 육이(六二 : --)와 구오(九五 : ─)는 비괘(比卦 : ䷇)의 주제인 〈비(比)〉의 시국을 맞아서 서로 사랑하고 돌보며 도와, 진실로 미더운 심중(心中)을 서로 더없이 나눌 수 있어서 육이(六二 : --)가 행복한 모습이다.

비괘(比卦 : ䷇)의 육이(六二 : --)가 구이(九二 : ─)로 변효(變爻)하면 육이(六二 : --)는 비괘(比卦 : ䷇)를 29번째 습감괘(習坎卦 : ䷜)로 지괘(之卦)하게 한다. 따라서 비괘(比卦 : ䷇)의 육이(六二 : --)는 습감괘(習坎卦 : ䷜)의 구이(九二 : ─)를 찾아가 살펴보게 한다.

【육이(六二)의 계사(繫辭) 풀이】

## 比之自內(비지자내) 貞(정) 吉(길)

심중[內]으로부터[自] 사귀니[比之] 진실로 미더워[貞] 길하다[吉].

육이(六二 : --)의 효위(爻位)를 빌려 암시한 계사(繫辭)이다. 〈비지자내(比之自內)〉는 〈육이자내비여구오(六二自內比與九五)〉의 줄임으로 여기고 〈육이는[六二]

안[內]으로부터[自] 구오와[與九五] 사귄다[比]〉라고 새겨볼 것이다. 〈비지자내(比之自內)〉에서 〈비지(比之)의 지(之)〉는 〈비(比)〉를 동사이게 하는 허사(虛詞)로 여기고 그냥 〈사귄다[比之]〉라고 새길 수도 있고, 〈여구오(與九五)〉의 지시어로 여기고 새길 수도 있다. 여기선 〈비지(比之)〉를 〈비여구오(比與九五)〉로 여기고 새김이 마땅함은 육이(六二 : --)와 구오(九五 : ━)가 중정(中正) 즉 중효[中]로서 바른 자리[正]에 있고, 정응(正應) 즉 바르게[正] 호응함[應]이 비괘(比卦 : ䷇)의 주제인 〈비(比)〉 즉 사귐[比]의 시국을 성취하게 하는 더없는 덕목인 까닭이다. 육이(六二 : --)와 구오(九五 : ━)의 〈비(比)〉는 겉보기로 이루어지는 사귐[比]이 아니라는 것이다. 마음으로부터 우러나 사귄다[比]는 것이 〈자내(自內)〉이다. 따라서 〈자내(自內)의 내(內)〉는 비괘(比卦 : ䷇)의 하체(下體) 곤(坤 : ☷)의 중효(中爻)인 육이(六二 : --)를 취상(取象)한 것이며, 동시에 육이(六二 : --)의 심중(心中)임을 암시한다. 왜냐하면 뒤이어지는 〈정(貞)〉이 곧 〈자내(自內)의 내(內)〉가 육이(六二 : --)의 심중임을 밝혀주기 때문이다. 여기 〈자내(自內)의 내(內)〉는 내괘(內卦)임을 암시하며 동시에 심중을 암시한다. 이에 〈자내(自內)〉를 〈정(貞)〉이라고 거듭 계사(繫辭)한 것이다. 〈정(貞)〉이란 성신(誠信) 즉 진실한[誠] 미더움[信]이다. 그 미더움[貞]은 공정(公正)하여 무사무편(無邪無偏)함이다. 간사함도[邪] 없고[無] 치우침도[偏] 없는[無] 심지(心志)가 곧 〈정(貞)〉이다. 이러한 〈정(貞)〉은 구오(九五 : ━)의 심지를 말함이 아니라 바로 육이(六二 : --) 자신의 심지를 말함이다. 육이(六二 : --)가 구오(九五 : ━)에게 〈정(貞)〉을 요구할 수 없다. 오로지 육이(六二 : --)가 아울러 하나같이[公] 바르게 하여[正] 간사함도[邪] 치우침도[偏] 없는[無] 진실로 미더운[貞] 〈자내(自內)〉 즉 심중[內]으로부터[自] 구오(九五 : ━)와 중정(中正)-정응(正應)으로써 득중(得中)의 사귐[比]을 누려서 행복하다[吉]고 암시한 계사(繫辭)가 〈비지자내(比之自內) 정(貞) 길(吉)〉이다.

【字典】

**비(比)** 〈가까울 비(比)-근(近)-친(親), 도울 비(比)-보(輔), 따를 비(比)-종(從), 같을 비(比)-동(同)-제(齊)-편당(偏黨)〉 등의 뜻을 내지만 여기선 〈가까울 근(近)-친(親)〉과 같다 여기고 새김이 마땅하다.

**지(之)** 〈주격-소유격-목적격 등의 토씨 지(之), 그것(이것) 지(之)-피(彼)-시(是),

갈 지(之)-왕(往), 이를 지(之)-지(至), 뜻 없는 허사(虛詞) 지(之)〉 등의 뜻을 내지만 여기선 〈허사(虛詞) 지(之)〉로 여기고 새길 수도 있지만 〈여구오(與九五)〉를 나타내는 지시어로 여기고 새김이 마땅하다.

**자(自)** 〈~부터 자(自)-유(由)-종(從), 몸소 자(自)-기(己), 좇을 자(自)-종(從), 스스로 자(自)-궁(躬), 절로 자(自)〉 등의 뜻을 내지만 여기선 〈~부터 유(由)〉와 같다 여기고 새김이 마땅하다.

**內** 〈내-납-나〉 세 가지로 발음되고, 〈마음 내(內)-심(心)-심중(心中), 불러들일 내(內)-입(入), 가운데 내(內)-중(中), 속 내(內)-리(裏), 가까이할(친할) 내(內)-친(親), 뒤 내(內)-후(後), 방 내(內)-방(房), 우리나라 내(內)-아국(我國), 대궐 안 내(內)-금리(禁裏), 중할 내(內)-중(重), 아내 내(內)-처(妻), 비밀 내(內)-비밀(祕密), 받을 납(內)-수(受), 들일 납(內)-납(納), 여자 관리 나(內)-여관(女官)〉 등의 뜻을 내지만 여기선 〈심중(心中)〉으로 여기고 새김이 마땅하다.

**정(貞)** 〈바를 정(貞)-정(正), 믿을 정(貞)-신(信), 오로지(순수할) 정(貞)-전(專)-일(一), 거북점을 물을 정(貞)-복문(卜問), 역(易)의 내괘(內卦) 정(貞), 마땅할 정(貞)-당(當), 정할 정(貞)-정(定)〉 등의 뜻을 내지만 여기선 〈바를 정(正), 믿을 신(信)〉 등을 합친 뜻과 같아 〈정신(正信)〉 즉 바르고[正] 미더움[信]으로 여기고 새김이 마땅하다.

**길(吉)** 〈좋을(행복할) 길(吉)-선(善)-영(令) {영월길일(令月吉日)은 선월선일(善月善日)임.}, 복 길(吉)-실(實)-선실(善實)-복(福), 예의를 따라 상서로울 길(吉)-예의순상(禮義順祥), 삼갈 길(吉)-근(謹), 초하루 길(吉)-삭일(朔日) {삭망(朔望) 즉 초하루[朔]와 그믐날[望]}, 길례 길(吉)-길례(吉禮) {오례지일(五禮之一) 길흉빈군가(吉凶賓軍嘉)}, 갈 길(吉)-행(行)-길(趌)〉 등의 뜻을 내지만 여기선 〈좋을 선(善)-영(令)〉 즉 행복과 같다 여기고 새김이 마땅하다.

# 육삼(六三 : --)

六三 : 比之하나 匪人이다
비지 비인

육삼(六三) : 사귀려 하나[比之] (사귈) 사람들이[人] 아니다[匪].

【육삼(六三)의 효상(爻象) 풀이】

비괘(比卦 : ䷇)의 육삼(六三 : --)은 이음거양(以陰居陽) 즉 음(陰 : --)으로써[以] 양(陽 : —)의 자리에 있는지라[居] 정당한 자리에 있지 못하다. 육삼(六三 : --)과 육이(六二 : --)-육사(六四 : --)는 모두 다 음(陰 : --)인지라 〈비(比)〉를 나누지 못한다. 그리고 상륙(上六 : --) 역시 음(陰 : --)인지라 부정응(不正應) 즉 정도를 따라[正] 서로 호응하지 못한다[不應]. 따라서 비괘(比卦 : ䷇)의 주제인 〈비(比)〉의 시국이지만 육삼(六三 : --)에게는 사귈 상대가 없는 데다 비괘(比卦 : ䷇)의 상체(上體)인 감(坎 : ☵) 즉 위험[陷]으로 상진(上進)해야 하는 처지라서 육삼(六三 : --)은 불행한 모습이다.

비괘(比卦 : ䷇)의 육삼(六三 : --)이 구삼(九三 : —)으로 변효(變爻)하면 육삼(六三 : --)은 비괘(比卦 : ䷇)를 39번째 건괘(蹇卦 : ䷦)로 지괘(之卦)하게 한다. 따라서 비괘(比卦 : ䷇)의 육삼(六三 : --)은 건괘(蹇卦 : ䷦)의 구삼(九三 : —)을 찾아가 살펴보게 한다.

【육삼(六三)의 계사(繫辭) 풀이】

## 比之(비지) 匪人(비인)

사귀려 하나[比之] (사귈) 사람들이[人] 아니다[匪].

육삼(六三 : --)의 효위(爻位)를 빌려 암시한 계사(繫辭)이다. 〈비지(比之) 비인(匪人)〉은 〈수연륙삼욕비여타(雖然六三欲比與他) 타비비여륙삼지인야(他匪比與六三之人也)〉의 줄임으로 여기고 〈육삼은[六三] 그들과[與他] 사귀고[比] 싶어[欲] 하지만[雖然] 그들은[他] 육삼과[與六三] 사귈[比之] 사람들이[人] 아닌 것[匪]이다

[也]〉라고 새겨볼 것이다. 여기 〈비지(比之)의 지(之)〉는 〈기륙이여륙사우상륙(旣六二與六四又上六)〉 즉 〈육사와[與六四] 육이와[六二] 더불어[旣] 또[又] 상륙(上六)〉을 나타내는 지시어 〈지(之)〉로 여기고 〈그들 타(他)〉로 새김이 마땅하다. 〈비인(匪人)의 인(人)〉은 육이(六二 : --)-육사(六四 : --)-상륙(上六 : --) 등을 묶어서 취상(取象)한 것이다. 육이(六二 : --)-육사(六四 : --)-상륙(上六 : --) 등은 〈비여륙삼비지인(匪與六三比之人)〉 즉 육삼과[與六三] 사귈[比之] 사람들이[人] 아닌 것[匪]임을 암시한다. 〈비인(匪人)의 비(匪)〉는 〈아닌 것 비(非)〉와 같다. 이에 육삼(六三 : --)은 비괘(比卦 : ䷇)의 주제인 〈비(比)〉의 시국에서도 사귈[比] 상대가 없어 무친(無親)의 지경을 겪음을 암시한 계사(繫辭)가 〈비지(比之) 비인(匪人)〉이다.

【字典】

**비(比)** 〈가까울 비(比)-근(近)-친(親), 도울 비(比)-보(輔), 따를 비(比)-종(從), 같을 비(比)-동(同)-제(齊)-편당(偏黨)〉 등의 뜻을 내지만 여기선 〈가까울 근(近)-친(親)〉과 같다 여기고 새김이 마땅하다.

**지(之)** 〈주격-소유격-목적격 등의 토씨 지(之), 그것(이것) 지(之)-피(彼)-시(是), 갈 지(之)-왕(往), 이를 지(之)-지(至), 뜻 없는 허사(虛詞) 지(之)〉 등의 뜻을 내지만 여기선 〈허사(虛詞) 지(之)〉로 여기고 새길 수도 있지만 〈그들 타(他)〉를 나타내는 지시어로 여기고 새김이 마땅하다.

**匪** 〈비-분〉으로 발음되고, 〈아닌 것 비(匪)-비(非), 악할 비(匪)-악(惡), 대나무로 만든 상자 비(匪), 발어사(發語詞) 비(匪)-피(彼), 멈춤 없이 가는 모양 비(匪)-행부지모(行不止貌), 나눌 분(匪)-분(分)〉 등의 뜻을 내지만 여기선 〈아닌 것 비(非)〉와 같다 여기고 새김이 마땅하다.

**인(人)** 〈사람 인(人)-만물지최령자(萬物之最靈者), 백성 인(人)-민(民), 남 인(人)-타인(他人), 아무개 인(人)-모인(某人), 도인 인(人)-도인(道人), 사람들 인(人)-인인(人人), 범인(소인) 인(人)-소인(小人)-범인(凡人), 인성 인(人)-인성(人性), 인위 인(人)-인위(人爲), 신하 인(人)-신하(臣下), 중서(민중) 인(人)-중서(衆庶)-민중(民衆), 건괘-진괘 인(人)-건위인(乾爲人)-진위인(震爲人), 어짊 인(人)-인(仁), 선인 인(人)-선인(先人), 서로 어여삐 여길 인(人)-상련(相憐)〉 등의 뜻을 내지만 〈사람 인(人)〉으로 여기고 새김이 마땅하다.

# 육사(六四 : --)

六四 : 外比之하니 貞하여 吉하다
외 비 지 정 길

육사(六四) : 바깥쪽으로[外] 사귀니[比之] 진실로 미더워[貞] 좋으리라[吉]

**【육사(六四)의 효상(爻象) 풀이】**

비괘(比卦 : ䷇)의 육사(六四 : --)는 이음거음(以陰居陰) 즉 음(陰 : --)으로써 [以] 음(陰 : --)의 자리에 있는지라[居] 정당한 자리에 있다. 육사(六四 : --)와 육삼(六三 : --)은 양음(兩陰) 즉 둘 다[兩] 음(陰 : --)인지라 〈비(比)〉를 나누지 못한다. 그러나 육사(六四 : --)는 구오(九五 : ㅡ)와는 음양(陰陽)의 사이이면서 둘 다 정위(正位)에 있어서 더없는 사귐[比]을 누릴 수 있어, 육사(六四 : --)가 정성껏 구오(九五 : ㅡ)를 순복(順服)함을 기꺼워하는 모습이다.

비괘(比卦 : ䷇)의 육사(六四 : --)가 구사(九四 : ㅡ)로 변효(變爻)하면 육사(六四 : --)는 비괘(比卦 : ䷇)를 45번째 췌괘(萃卦 : ䷬)로 지괘(之卦)하게 한다. 따라서 비괘(比卦 : ䷇)의 육사(六四 : --)는 췌괘(萃卦 : ䷬)의 구사(九四 : ㅡ)를 찾아가 살펴보게 한다.

**【육사(六四)의 계사(繫辭) 풀이】**

## 外比之(외비지)

바깥쪽으로[外] 사귄다[比之].

육사(六四 : --)의 효위(爻位)를 빌려 암시한 계사(繫辭)이다. 〈외비지(外比之)〉는 〈육사비여구오어외괘(六四比與九五於外卦)〉의 줄임으로 여기고 〈육사는[六四] 외괘에 있는[於外卦] 구오와[與九五] 사귄다[比]〉라고 새겨볼 것이다. 여기 〈외비지(外比之)의 외(外)〉는 비괘(比卦 : ䷇)의 상체(上體)를 암시한다. 대성괘(大成卦)의 상체(上體)를 외괘(外卦) 즉 〈외(外)〉라 하고, 하체(下體)를 내괘(內卦) 즉 〈내(內)〉라 한다. 〈외비지(外比之)의 지(之)〉는 〈여구오(與九五)〉를 나타내는 지시어로 여기고 〈구오와[九五] 함께[與]〉로 새김이 마땅하다. 육사(六四 : --)가 비괘(比卦 : ䷇)의 하체(下體) 즉 〈내(內)〉에 있는 육삼(六三 : --)과는 양음(兩陰)이어서 〈비(比)〉를 누릴 수 없고, 초륙(初六 : --)과도 둘 다[兩] 음(陰 : --)이어서 부정응(不正應) 즉 정도를 따라[正] 호응하지 못하기[不應] 때문에, 오로지 비괘(比卦 : ䷇)의 상체(上體) 감(坎 : ☵)의 중효(中爻)인 구오(九五 : ━)와 사귐[比]을 누릴 수 있음을 암시한 계사(繫辭)가 〈외비지(外比之)〉이다.





## 貞(정) 吉(길)

### 진실로 미더워[貞] 좋으리라[吉].

육사(六四 : --)의 〈비(比)〉에 관한 심중(心中)을 암시한 계사(繫辭)이다. 〈정(貞) 길(吉)〉은 〈인위륙사지비여구오정(因爲六四之比與九五貞) 육사길(六四吉)〉의 줄임으로 여기고 〈육사가[六四之] 구오와[與九五] 사귐이[比] 진실로 미덥기[貞] 때문에[因爲] 육사는[六四] 길하다[吉]〉라고 새겨볼 것이다. 여기 〈정(貞)〉은 육사(六四 : --)가 구오(九五 : ━)와 사귀는[比] 심중을 말한다. 〈정(貞)〉이란 성신(誠信) 즉 진실한[誠] 미더움[信]이다. 그 미더움[貞]은 공정(公正)하여 무사무편(無邪無偏)함이다. 간사함도[邪] 없고[無] 치우침도[偏] 없는[無] 심지(心志)가 곧 〈정(貞)〉이다. 이러한 〈정(貞)〉은 구오(九五 : ━)의 심지를 말함이 아니라 바로 육사(六四 : --) 자신의 심지를 말함이다. 육사(六四 : --)가 구오(九五 : ━)에게 〈정(貞)〉을 요구할 수 없다. 오로지 육사(六四 : --)가 아울러 하나같이[公] 바르게 하여[正] 간사함도[邪] 치우침도[偏] 없는[無] 진실로 미더운[貞] 심중으로 구오(九五 : ━)와 사귐[比]을 누려서 비괘(比卦 : ䷇)의 주제인 〈비(比)〉의 시국을 맞아 행복하다[吉]고 암시한 계사(繫辭)가 〈정(貞) 길(吉)〉이다.

【字典】

**외(外)** 〈바깥 외(外)-내지대(內之對), 멀 외(外)-원(遠), 겉 외(外)-표(表), 위 외(外)-상(上), 바깥 방 외(外)-외실(外室), 다른 고을 외(外)-이향(異鄉), 외국 외(外)-외국(外國), 먼 곳 외(外)-원지(遠地), 백성 외(外)-하민(下民), 바깥 일 외(外)-외사(外事), 친정집 외(外)-외가(外家), 다를(차이 날) 외(外)-이(異)-차(差), 이전 외(外)-이전(以前), 언행 외(外)-언행(言行), 아내의 남편 칭호 외(外)-처칭부(妻稱夫), 아버지 외(外)-부(父),

버릴 외(外)-기(棄), 제외할 외(外)-제(除), 멀리할 외(外)-소원(疏遠)〉 등의 뜻을 내지만 여기선 〈안의 반대말[內之對]〉로 여기고 새김이 마땅하다.

**비(比)** 〈가까울 비(比)-근(近)-친(親), 도울 비(比)-보(輔), 따를 비(比)-종(從), 같을 비(比)-동(同)-제(齊)-편당(偏黨)〉 등의 뜻을 내지만 여기선 〈가까울 근(近)-친(親)〉과 같다 여기고 새김이 마땅하다.

**지(之)** 〈주격-소유격-목적격 등의 토씨 지(之), 그것(이것) 지(之)-피(彼)-시(是), 갈 지(之)-왕(往), 이를 지(之)-지(至), 뜻 없는 허사(虛詞) 지(之)〉 등의 뜻을 내지만 여기선 〈허사(虛詞) 지(之)〉로 여기고 새길 수도 있지만 〈여구오(與九五)〉를 나타내는 지시어로 여기고 새김이 마땅하다.

**정(貞)** 〈바를 정(貞)-정(正), 믿을 정(貞)-신(信), 오로지(순수할) 정(貞)-전(專)-일(一), 거북점을 물을 정(貞)-복문(卜問), 역(易)의 내괘(內卦) 정(貞), 마땅할 정(貞)-당(當), 정할 정(貞)-정(定)〉 등의 뜻을 내지만 여기선 〈바를 정(正), 믿을 신(信)〉 등을 합친 뜻과 같아 〈정신(正信)〉 즉 바르고[正] 미더움[信]으로 여기고 새김이 마땅하다.

**길(吉)** 〈좋을(행복할) 길(吉)-선(善)-영(令) {영월길일(令月吉日)은 선월선일(善月善日)임.}, 복 길(吉)-실(實)-선실(善實)-복(福), 예의를 따라 상서로울 길(吉)-예의순상(禮義順祥), 삼갈 길(吉)-근(謹), 초하루 길(吉)-삭일(朔日) {삭망(朔望) 즉 초하루[朔]와 그믐날[望]}, 길례 길(吉)-길례(吉禮) {오례지일(五禮之一) 길흉빈군가(吉凶賓軍嘉)}, 갈 길(吉)-행(行)-길(趌)〉 등의 뜻을 내지만 여기선 〈좋을 선(善)-영(令)〉 즉 행복과 같다 여기고 새김이 마땅하다.

## 구오(九五 : 一)

九五 : 顯比이다 王用三驅에 失前禽하고 邑人不誡니 吉하다
현비 왕용삼구 실전금 읍인불계 길

구오(九五) : 사귐을[比] 드러낸다[顯]. 임금이[王] 삼면으로[三] 몰아감을[驅] 써서[用] 앞의[前] 사냥감을[禽] 놓쳐주고[失] 고을[邑] 백성도[人] 경계하지 않아[不誡] 행복하다[吉].

【구오(九五)의 효상(爻象) 풀이】

비괘(比卦 : ䷇)의 구오(九五 : ⚊)는 이양거양(以陽居陽) 즉 양(陽 : ⚊)으로써[以] 양(陽 : ⚊)의 자리에 있는지라[居] 정당한 자리에 있다. 육사(六四 : ⚋)와 상륙(上六 : ⚋)과는 양음(陽陰)의 사이인지라 〈비(比)〉를 누린다. 그리고 구오(九五 : ⚊)와 육이(六二 : ⚋)는 서로 중정(中正) 즉 중효(中爻)로서 정위(正位)에 있고 양음(陽陰)의 사이인지라 정응(正應) 즉 바르게[正] 호응한다[應]. 그리고 구오(九五 : ⚊)는 비괘(比卦 : ䷇)에서 정위(正位)의 존위(尊位)에 있고, 비괘(比卦 : ䷇)의 육효(六爻) 중 유일한 양효(陽爻)이어서 광현(光顯) 즉 빛나게[光] 드러나는[顯] 군왕(君王)이다. 이러한 구오(九五 : ⚊)는 특히 육이(六二 : ⚋)와 비괘(比卦 : ䷇)의 주제인 〈비(比)〉의 시국을 맞아서 서로 사랑하고 돌보며 도와 진실로 미더운 사귐[比]을 나눌 뿐만 아니라 비괘(比卦 : ䷇)의 다른 음효(陰爻)들과도 사귐[比]을 현시(顯示)하는 모습이다.

> 비괘(比卦 : ䷇)의 구오(九五 : ⚊)가 육오(六五 : ⚋)로 변효(變爻)하면 구오(九五 : ⚊)는 비괘(比卦 : ䷇)를 2번째 곤괘(坤卦 : ䷁)로 지괘(之卦)하게 한다. 따라서 비괘(比卦 : ䷇)의 구오(九五 : ⚊)는 곤괘(坤卦 : ䷁)의 육오(六五 : ⚋)를 찾아가 살펴보게 한다.

【구오(九五)의 계사(繫辭) 풀이】

## 顯比(현비)

사귐을[比] 드러낸다[顯].

구오(九五 : ⚊)의 효상(爻象)을 빌려 암시한 계사(繫辭)이다. 〈현비(顯妣)〉는 〈구오현비여륙이어내괘(九五顯比與六二於內卦)〉의 줄임으로 여기고 〈구오는[九五] 내괘에 있는[於內卦] 육이와[與六二] 사귐을[比] 현시한다[顯]〉라고 새겨볼 것이다. 〈현비(顯比)의 현(顯)〉은 〈드러날 저(著)〉와 같다. 여기 〈현비(顯比)의 현(顯)〉은 구오(九五 : ⚊)를 취상(取象)한 것이다. 양(陽 : ⚊)은 빛나[光] 드러나고[顯] 음(陰 : ⚋)은 어둡고[暗] 숨는다[隱]. 따라서 정위(正位)에 있는 군왕(君王)으로서 구오(九五 : ⚊)가 비괘(比卦 : ䷇)의 주제인 〈비(比)〉의 시국을 맞아 중정(中正)으로써 육이(六二 : ⚋)와 사귐을[比] 드러내고[顯] 나아가 정응(正應)으로써 육이(六二 : --)와 사귐을[比] 드러내[顯], 비도(比道) 즉 사귐의[比] 도리[道]를 현저(顯著)하게 하여 온 백성들로 하여금 〈비(比)〉를 구가(謳歌)하게 함을 암시한 계사(繫辭)가 〈현비(顯比)〉이다.



## 王用三驅(왕용삼구) 失前禽(실전금)

임금이[王] 삼면으로[三] 몰아감을[驅] 써서[用] 앞의[前] 사냥감을[禽] 놓쳐준다[失].

구오(九五 : ─)가 비괘(比卦 : ䷇)의 주제인 〈비(比)〉의 시국을 누림을 암시한 계사(繫辭)이다. 〈왕용삼구(王用三驅)의 왕(王)〉은 비괘(比卦 : ䷇)의 존위(尊位)에 있는 구오(九五 : ─)를 말한다. 〈왕용삼구(王用三驅)의 용삼구(用三驅)〉는 임금[王]으로서 구오(九五 : ─)가 선왕(先王)의 전렵(田獵) 즉 사냥[田獵]의 제도(制度)를 따라 사냥함을 암시한다. 〈왕용삼구(王用三驅)의 삼구(三驅)〉가 선왕(先王)으로부터 내려오는 전렵지제(田獵之制) 즉 사냥의[田獵之] 제도(制度)를 뜻하기 때문이다. 동시에 〈왕용삼구(王用三驅)〉는 구오(九五 : ─)의 천하(天下)가 〈비(比)〉 즉 사귐[比]의 시국을 누림을 암시한다. 왜냐하면 〈왕용삼구(王用三驅)〉가 『예기(禮記)』「왕제(王制)」에 나오는 〈천자나[天子] 제후에게[諸侯] 일이[事] 없으면[無] 곧[則] 한 해에[歲] 세 번[三] 사냥한다[田]〉는 내용을 환기시키기 때문이다. 이에 존위(尊位)에 있는 구오(九五 : ─)가 무사(無事)하여 사냥한다는 것이 여기 〈왕용삼구(王用三驅)〉이다. 왕무사(王無事) 즉 구오(九五 : ─)에게[王] 일이[事] 없다[無] 함은 구오(九五 : ─)의 천하(天下)가 〈비(比)〉 즉 사귐[比]의 시국을 맞아 태평함을 말한다. 태평해야 임금이 한 해에 세 번 사냥할 수 있다는 것이 전지제(田之制) 즉 사냥의[田之] 제도[制]였고, 전지례(田之禮) 즉 사냥의[田之] 예의[禮]였다.

〈왕용삼구(王用三驅)의 삼구(三驅)〉가 곧 전지례(田之禮)를 암시한다. 〈왕용삼구(王用三驅)의 삼구(三驅)〉는 『예기(禮記)』「왕제(王制)」에 나오는 〈수렵은[田] 예를[禮] 따라[以] 자연이 준 목숨들을[天物] 포악하게 하지 말아야 한다[不暴]〉는 내용을 떠올려주기 때문이다. 〈삼구(三驅)〉는 〈구어삼면(驅於三面)〉의 줄임으로 여기고 〈세[三] 방면에서[於面] 말을 달리게 한다[驅]〉라고 새겨볼 것이다. 사냥할 때에 합위(合圍) 즉 사방을 모두 그물을 쳐놓고[合圍] 말을 달려[驅] 사냥하는 것이 아니라, 사냥감들이 도망갈 수 있게 전방(前方)을 터놓고 좌우(左右)와 후방(後方) 삼면(三面)에 그물을 쳐놓고 말을 타고 사냥몰이를 하여[驅] 사냥감을 취하려 함을 여기 〈삼구(三驅)〉가 뜻한다. 물론 「설괘전(說卦傳)」에 나오는 〈그것을[其] 말로 친다면[於馬也] 미끈한[美] 척추[脊]이고[爲] 조급한[亟] 마음[心]이며[爲] 머리를[首] 내림[下]이다[爲]〉라는 내용을 여기 〈삼구(三驅)〉가 떠올려주기도 한다. 비괘(比卦 : ䷇)의 상체(上體) 감(坎 : ☵)의 중효(中爻)인 구오(九五 : ⚊)를 〈삼구(三驅)〉로써 취상(取象)한 것이기도 하다.

〈실전금(失前禽)〉은 왜 〈삼구(三驅)〉로써 사냥몰이를 하느냐의 까닭을 암시한다. 〈삼구(三驅)의 삼(三)〉은 사냥터의 좌우(左右)와 후방(後方)을 망(網) 즉 그물[網]을 쳐두되 사냥터의 전방(前方)은 터둔 채로 사냥함은 예를[禮] 따라[以] 사냥몰이함[驅]을 말한다. 사냥감인 금수(禽獸) 역시 천물(天物) 즉 자연이 준 목숨[天物]이라는 것이다. 천물(天物)을 탐욕(貪欲)으로 짓밟는 짓을 말라 함을 〈불포(不暴)〉라 한다. 이런 〈불포(不暴)〉의 덕목(德目)을 따름이 전방으로[前] 달아나는 사냥감을[禽] 뒤좇아서 잡지 않고 놓쳐줌[失]이 〈삼구(三驅)〉에 깃든 전지례(田之禮)임을 〈실전금(失前禽)〉이 환기시킨다. 그러므로 군왕(君王)으로서 강강(剛强)한 구오(九五 : ⚊)가 득중(得中)으로써 비괘(比卦 : ䷇)의 주제인 〈비(比)〉의 시국을 누림을 암시한 계사(繫辭)가 〈왕용삼구(王用三驅) 실전금(失前禽)〉이다.

## 邑人不誡(읍인불계) 吉(길)

### 고을[邑] 백성도[人] 경계하지 않아[不誡] 행복하다[吉].

구오(九五 : ⚊)와 육이(六二 : ⚋)의 중정(中正)-정응(正應)을 빌려 암시한 계사(繫辭)이다. 〈읍인불계(邑人不誡)〉는 〈읍인불계왕(邑人不誡王)〉의 줄임으로 여기고 〈고을[邑] 백성은[人] 왕을[王] 경계하지 않는다[不誡]〉라고 새겨볼 것이다. 태평성대(太平聖代)를 누리는 백성은 왕(王)이 있는 줄도 모르고 살기에 왕을 〈불계(不誡)〉 즉 경계하지 않는다[不誡]. 폭군(暴君)이 학정(虐政)을 일삼으면 백성은 왕을 경계하고[誡] 무서워한다[恐]. 비괘(比卦 : ䷇)의 주제인 〈비(比)〉 즉 사귐[比]으로써 화합의 시국을 백성도 누리게 하는 〈왕(王)〉을 경계하며[誡] 두려워할[恐] 까닭이 없음을 〈읍인불계(邑人不誡)〉가 암시한다. 앞서 〈왕용삼구(王用三驅)〉가 암시하듯이 왕무사(王無事)이므로 왕(王)이 〈삼구(三驅)〉로써 사냥한다고 함은 천하(天下)가 태평하여 백성도 평안함을 누린다는 것이 〈읍인불계(邑人不誡)〉이다. 이에 〈읍인불계(邑人不誡)〉는 『노자(老子)』에 나오는 〈태고 때에는[太上] (백성은) 다스리는 자가[之] 있는 줄도[有] 몰랐다[不知]〉는 내용을 연상시킨다. 〈읍인이[邑人] 경계하지 않는다[不誡]〉라고 함은 고을[邑] 사람들[人] 즉 백성이 학정(虐政)이 미칠세라 경계하지 않고[不誡] 평안하게 살아감을 암시한다. 〈읍인불계(邑人不誡)의 읍인(邑人)〉은 〈생어제읍지서인(生於諸邑之庶人)〉의 줄임으로 여기고 〈모든[諸] 고을에[於邑] 사는[生之] 백성[庶人]〉이라고 새겨볼 것이다. 여기 〈읍인(邑人)〉은 「설괘전(說卦傳)」에 나오는 〈곤은[坤 : ☷] 땅[地]이고[爲] …… 무리[衆]이다[爲]〉라는 내용을 떠올린다. 〈읍인(邑人)의 읍(邑)〉은 고을[邑]이니 나라 땅[地]을 암시하고 〈읍인(邑人)의 인(人)〉은 백성을 암시하고 무리[衆]를 암시하니, 〈읍인(邑人)〉은 비괘(比卦 : ䷇)의 하체(下體) 곤(坤 : ☷)으로써 취상(取象)된 것임을 간파할 수 있다. 따라서 구오(九五 : ⚊)와 육이(六二 : ⚋)가 중정(中正) 즉 중효이며[中] 정위에 있는지라[正] 정응(正應) 즉 정도를 따라[正] 호응하여[應] 더없는 사귐[比] 즉 화합을 일구어내, 천하백성(天下百姓)이 비괘(比卦 : ䷇)의 주제인 〈비(比)〉의 시국을 맞아 행복을 누림[吉]을 암시한 계사(繫辭)가 〈읍인불계(邑人不誡) 길(吉)〉이다.

**【字典】**

**현(顯)** 〈나타날 현(顯)-저(著), 빛날 현(顯)-광(光)-광명(光明), 밝을 현(顯)-명(明), 선명할 현(顯)-선명(鮮明), 드러날 현(顯)-현(見)-노출(露出), 부귀 현(顯)-부귀(富貴), 바깥 현(顯)-외(外), 통달할 현(顯)-달(達), 높을 현(顯)-고(高)〉 등의 뜻을 내지만 여기선 〈나타날 저(著)〉와 같다 여기고 새김이 마땅하다.

**비(比)** 〈가까울 비(比)-근(近)-친(親), 도울 비(比)-보(輔), 따를 비(比)-종(從), 같을 비(比)-동(同)-제(齊)-편당(偏黨)〉 등의 뜻을 내지만 여기선 〈가까울 근(近)-친(親)〉과 같다 여기고 새김이 마땅하다.

**왕(王)** 〈임금 왕(王)-군(君), 제후 왕(王)-제후(諸侯), 무리의 우두머리 왕(王)-동류중지수령(同類中之首領), 큰 왕(王)-대(大), 천자를 받들 왕(王)-사천자(事天子), 바로잡을 왕(王)-광정(匡正), 성대할 왕(王)-성(盛), 이길 왕(王)-승(勝), 흥할 왕(王)-흥(興)〉

등의 뜻을 내지만 〈임금 군(君)〉과 같다 여기고 새김이 마땅하다.

**용(用)** 〈쓸 용(用)-시(施), 쓰일(부릴) 용(用)-사(使), 맡길 용(用)-임(任), 행할 용(用)-행(行), 위할 용(用)-위(爲), 갖출 용(用)-비(備)〉 등의 뜻을 내지만 여기선 〈쓸 시(施)〉와 같다 여기고 새김이 마땅하다.

**삼(三)** 〈세 번(석 삼, 셋 삼) 삼(三)-이지가일(二之加一), 다수를 나타낼 삼(三)-다수지칭(多數之稱), 삼재의 수 삼(三)-천지인지수(天地人之數), 임금-아버지-스승 삼(三)-군부사(君父師), 동방 삼(三)-동방(東方), 끝 삼(三)-종(終)〉 등의 뜻을 내지만 여기선 〈셋 삼(三)〉으로 여기고 새김이 마땅하다. 삼(三)은 삼(參)과 같다.

**구(驅)** 〈몰 구(驅)-분치치(奔馳驟), 말을 채찍질할 구(驅)-책마(策馬), 말달릴 구(驅)-치(馳), 달릴 구(驅)-질치(疾馳), 좇아낼 구(驅)-축유(逐遺), 다그칠 구(驅)-박(迫), 앞서갈 구(驅)-전행(前行)〉 등의 뜻을 내지만 여기선 〈몰 구(驅)〉로 여기고 새김이 마땅하다.

**실(失)** 〈놓아줄(버릴) 실(失)-유(遺), 늘어질 실(失)-종(縱), 잃을 실(失)-상(喪), 헤맬 실(失)-미(迷), 혼란할 실(失)-난(亂)-착(錯), 알지 못할 실(失)-부지(不知), 갈 실(失)-거(去)〉 등의 뜻을 내지만 여기선 〈놓아줄 유(遺)〉와 같다 여기고 새김이 마땅하다.

**전(前)** 〈눈앞 전(前)-목전(目前), 나아갈 전(前)-진(進), 이끌 전(前)-도(導), 앞 전(前)-후지반(後之反), 이전 전(前)-이전(以前), 미리 전(前)-예선(豫先), 앞에 있을 전(前)-재선(在先)〉 등의 뜻을 내지만 〈눈앞의 목전(目前)〉으로 여기고 새김이 마땅하다.

**금(禽)** 〈모든 짐승 금(禽)-조수지총명(鳥獸之總名), 새 금(禽)-조속(鳥屬), 아직 새끼를 배지 않은 짐승 금(禽)-조수미잉(鳥獸未孕), 사로잡을 금(禽)-금(擒)-금(捦)〉 등의 뜻을 내지만 여기선 〈모든 짐승[鳥獸之總名]〉으로 여기고 새김이 마땅하다.

**읍(邑)** 〈고을(삼백호) 읍(邑)-오리(五里), 흑흑 느낄 읍(邑)-기결(氣結), 답답할 읍(邑)-우울(憂鬱)〉 등의 뜻을 내지만 여기선 〈고을 오리(五里)〉로 여기고 새김이 마땅하다. 고팔가위린(古八家爲鄰) 삼린위붕(三鄰爲朋) 삼붕위리(三朋爲里) 오리위읍(五里爲邑) 십읍위도(十邑爲都) 십도위사(十都爲師) : 옛날에는[古] 여덟 가구가[八家] 인이[鄰] 되고[爲], 삼린이[三鄰] 붕이[朋] 되며[爲], 삼붕이[三朋] 이가[里] 되고[爲], 오리(五里) 즉 삼백호(三百戶)가 읍이[邑] 되며[爲], 십읍이[十邑] 도가[都] 되고[爲], 십도가[十都] 사가[師] 된다[爲].

**인(人)** 〈사람 인(人)-만물지최령자(萬物之最靈者), 백성 인(人)-민(民), 남 인(人)-타인(他人), 아무개 인(人)-모인(某人), 도인 인(人)-도인(道人), 사람들 인(人)-인인(人人), 범인(소인) 인(人)-소인(小人)-범인(凡人), 인성 인(人)-인성(人性), 인위 인(人)-인위(人爲), 신하 인(人)-신하(臣下), 중서(민중) 인(人)-중서(衆庶)-민중(民衆), 건괘-진괘 인(人)-건위인(乾爲人)-진위인(震爲人), 어짊 인(人)-인(仁), 선인 인(人)-선인(先人), 서로 어여삐 여길 인(人)-상련(相憐)〉 등의 뜻을 내지만 여기선 〈백성 인(人)〉으로 여기고 새김이 마땅하다.

**不** 〈불-부〉 두 가지로 발음되고, 〈않을(못할) 불(不)-부(不), 아닐 불(不)-부(不)-비(非), 없을 불(不)-부(不)-무(無), 하지 말 불(不)-부(不)-막(莫)-금지(禁止), 정하지 않을 불(不)-부(不)-부(否)-미정(未定), 새가 날아올라 내려오지 않는 불(不)-부(不)-조비상불하래(鳥飛上不下來)〉 등의 뜻을 내지만 여기선 〈않을 불(不)〉로 여기고 새김이 마땅하다.

**계(誡)** 〈경계할 계(誡)-경(警), 삼갈 계(誡)-계(戒), 명할 계(誡)-명(命), 고할 계(誡)-고(告), 가르칠 계(誡)-교(敎)〉 등의 뜻을 내지만 여기선 〈경계할 경(警)〉과 같다 여기고 새김이 마땅하다.

**길(吉)** 〈좋을(행복할) 길(吉)-선(善)-영(令) {영월길일(令月吉日)은 선월선일(善月善日)임.}, 복 길(吉)-실(實)-선실(善實)-복(福), 예의를 따라 상서로울 길(吉)-예의순상(禮義順祥), 삼갈 길(吉)-근(謹), 초하루 길(吉)-삭일(朔日) {삭망(朔望) 즉 초하루[朔]와 그믐날[望]}, 길례 길(吉)-길례(吉禮) {오례지일(五禮之一) 길흉빈군가(吉凶賓軍嘉)}, 갈 길(吉)-행(行)-길(趌)〉 등의 뜻을 내지만 여기선 〈좋을 선(善)-영(令)〉 즉 행복과 같다 여기고 새김이 마땅하다.

---

註 천자제후무사(天子諸侯無事) 칙세삼전(則歲三田) 일위건두(一爲乾豆) 이위빈객(二爲賓客) 삼위충군지포(三爲充君之庖) 무사이부전왈불경(無事而不田曰不敬) 전불이례왈포천물(田不以禮曰暴天物) : 천자나[天子] 제후에게[諸侯] 일이[事] 없으면[無] 곧[則] 한 해에[歲] 세 번[三] 수렵한다[田]. 첫째를[一] 건두라[乾豆] 하고[爲] 둘째를[二] 빈객이라[賓客] 하며[爲] 셋째를[三] 임금의[君之] 포주(庖廚)를[庖] 보충함이라[充] 한다[爲]. 일이[事] 없음에도[無而] 수렵을 하지 않음을[不田] 공경스럽지 못함이라[不敬] 하고[曰], 수렵함에[田] 예를[禮] 따르지 않음을[不以] 자연이 준 목숨들을[天物] 포악하게 함이라[暴] 한다[曰]. 『예기(禮記)』「왕제(王制)」 23단락(段落)

註 기어마야(其於馬也) 위미척(爲美脊) 위극심(爲亟心) 위하수(爲下首) 위박제(爲薄蹄) 위예(爲曳) : 그것을[其] 말로 친다면[於馬也] 미끈한[美] 척추[脊]이고[爲] 조급한[亟] 마음[心]이며[爲] 머리를[首] 내림[下]이고[爲] 엷은[薄] 말굽[蹄]이고[爲] 끄는 것[曳]이다[爲].

「설괘전(說卦傳)」 11단락(段落)

註 태상부지유지(太上不知有之) 기차친이예지(其次親而譽之) 기차외지(其次畏之) 기차모지(其次侮之) : 태고 때에는[太上] (백성은) 다스리는 자가[之] 있는 줄도[有] 몰랐고[不知], 태고(太古)의 다음 시대에는[其次] (백성이 자기들을) 다스리는 자를[之] 가까이 느끼면서[親而] 기렸으며[譽], 그 다음 때에는[其次] (백성은) 다스리는 자를[之] 두려워했고[畏], 그 다음 때에는[其次] (백성이) 다스리는 자를[之] 업신여겼다[侮]. 『노자(老子)』 17장(章)

## 상륙(上六 : --)

上六 : 比之无首하니 凶하다
비 지 무 수 흉

상륙(上六) : 사귐의[比之] 시작이[首] 없어[无] 불행하다[凶].

### 【상륙(上六)의 효상(爻象) 풀이】

비괘(比卦 : ䷇)의 상륙(上六 : --)은 이음거음(以陰居陰) 즉 음(陰 : --)으로써[以] 음(陰 : --)의 자리에 있는지라[居] 정당한 자리에 있다. 그러나 상륙(上六 : --)은 비괘(比卦 : ䷇)의 상체(上體) 감(坎 : ☵)의 상효(上爻)로서 비괘(比卦 : ䷇)의 극위(極位)에 있는지라 〈비(比)〉의 시국을 벗어나 사귐[比]의 덕(德)이 상륙(上六 : --)에게는 없어 위험한 지경이다. 이에 구오(九五 : ―)와는 음양(陰陽)의 사이인지라 사귈[比] 수 있는 처지이지만 오히려 왕(王)의 위에서 사귐[比]을 외면하고 어긋나기도 한다. 상륙(上六 : --)과 육삼(六三 : --)은 양음(陽陰)인지라 부정응(不正應) 즉 정도를 따라[正] 호응하지 못할[不應] 처지이다. 이에 상륙(上六 : --)에게는 〈비(比)〉 즉 사귐[比]을 시작할 데가 없는 모습이다.

비괘(比卦 : ䷇)의 상륙(上六 : --)이 상구(上九 : ㅡ)로 변효(變爻)하면 상륙(上六 : --)은 비괘(比卦 : ䷇)를 20번째 관괘(觀卦 : ䷓)로 지괘(之卦)하게 한다. 따라서 비괘(比卦 : ䷇)의 상륙(上六 : --)은 관괘(觀卦 : ䷓)의 상구(上九 : ㅡ)를 찾아가 살펴보게 한다.

【상륙(上六)의 계사(繫辭) 풀이】

## 比之无首(비지무수) 凶(흉)

사귐의[比之] 시작이[首] 없어[无] 불행하다[凶].

상륙(上六 : --)의 효위(爻位)를 빌려 암시한 계사(繫辭)이다. 〈비지무수(比之无首)〉는 〈상륙무비지수(上六无比之首)〉의 줄임으로 여기고 〈상륙에게는[上六] 사귐의[比之] 시작이[首] 없다[无]〉고 새겨볼 것이다. 여기 〈무수(无首)의 수(首)〉는 〈시작할 시(始)〉와 같다. 상륙(上六 : --)은 정위(正位)에 있지만 비괘(比卦 : ䷇)의 상체(上體) 감(坎 : ☵)의 상효(上爻)이기에 〈함(陷)〉 즉 위험[陷]의 극한(極限)에 있다. 감(坎 : ☵)은 〈함(陷)〉 즉 위험[陷]을 상징한다. 뿐만 아니라 비괘(比卦 : ䷇)의 극위(極位)에 있는지라 상륙(上六 : --)은 비괘(比卦 : ䷇)의 주제인 〈비(比)〉 즉 사귐[比]의 시국이 끝난 자리에 있다. 따라서 상륙(上六 : --)에게는 사귐[比]의 시종(始終)이 없다. 만사(萬事)에는 시종이 있음이 천도(天道) 즉 자연의[天] 도리[道]이다. 물론 유시무종(有始無終) 즉 시작은[始] 있지만[有] 끝이[終] 없는[無] 경우가 천도(天道)에 있을 수 있다. 강풍에 풀꽃이 꺾여버리면 열매를 맺지 못하니 그 풀꽃에게는 시작은 있었지만[有始] 끝은 없음[無終]이다. 그러나 무시유종(無始有終)이란 천도(天道)에는 없고, 다만 선시선종(善始善終) 즉 자연의 도리를 잇는[善] 시작은[始] 자연의 도리를 잇는[善] 끝이[終] 뒤따름이 곧 천도(天道)의 시종(始終)이다. 상륙(上六 : --)에게 사귐의[比] 시작이[首] 없음[无]에도 〈비(比)〉의 시국이 끝난 자리에 있음인지라, 상륙(上六 : --)은 아무 일도 이루지 못하면서 위험을 마주하게 되니 불행하다[凶]고 암시한 계사(繫辭)가 〈비지무수(比之无首) 흉(凶)〉이다.

【字典】

**비(比)** 〈가까울 비(比)-근(近)-친(親), 도울 비(比)-보(輔), 따를 비(比)-종(從), 같을 비(比)-동(同)-제(齊)-편당(偏黨)〉 등의 뜻을 내지만 여기선 〈가까울 근(近)-친(親)〉

과 같다 여기고 새김이 마땅하다.

**지(之)** 〈주격-소유격-목적격 등의 토씨 지(之), 그것(이것) 지(之)-피(彼)-시(是), 갈 지(之)-왕(往), 이를 지(之)-지(至), 뜻 없는 허사(虛詞) 지(之)〉 등의 뜻을 내지만 여기선 〈비지(比之)의 지(之)〉를 소유격 토씨로 여기고 새김이 마땅하다.

**무(无)** 〈없을 무(无)-무(無), 허무지도 무(无)-허무지도(虛无之道), 으뜸 무(无)-원(元)〉 등의 뜻을 내지만 여기선 〈없을 무(無)〉와 같다 여기고 새김이 마땅하다.

**수(首)** 〈비롯할(처음) 수(首)-시(始), 머리 수(首)-두(頭), 임금 수(首)-군(君), 우두머리 수(首)-영(領), 항복할 수(首)-항복(降服), 향할 수(首)-향(嚮), 시(詩) 한 수 수(首)〉 등의 뜻을 내지만 여기선 〈비롯할 시(始)〉와 같다 여기고 새김이 마땅하다.

**흉(凶)** 〈나쁠(불행할) 흉(凶)-길지반(吉之反), 흉한 사람 흉(凶)-흉인(凶人), 나쁠 흉(凶)-오(惡), 재앙 흉(凶)-화(禍), 요사할 흉(凶)-요사(夭死), 걱정할 흉(凶)-우(憂)-구(懼), 악한 사람 흉(凶)-악인(惡人), 흉년 흉(凶)-연곡불숙(年穀不熟), 사나울 흉(凶)-포학(暴虐), 음기 흉(凶)-음기(陰氣), 북쪽 흉(凶)-북(北), 없을 흉(凶)-공(空), 송사 흉(凶)-송(訟), 거역할 흉(凶)-역(逆), 어그러질 흉(凶)-패(悖), 허물 흉(凶)-구(咎)〉 등의 뜻을 내지만 여기선 〈나쁠 흉(凶)〉으로 여기고 새김이 마땅하다.

---

註 감함야(坎陷也) : 감은[坎 : ☵] 빠짐[陷]이다[也]. 「설괘전(說卦傳)」 7단락(段落)

# 소축괘
# 小畜卦

9

䷈

## 1 괘의 괘상과 계사

### 소축괘(小畜卦 : ䷈)

건하손상(乾下巽上) : 아래는[下] 건(乾 : ☰), 위는[上] 손(巽 : ☴).

풍천소축(風天小畜) : 바람과[風] 하늘은[天] 소축이다[小畜].

小畜亨하다 密雲不雨는 自我西郊이다
소 축 형 밀 운 불 우 자 아 서 교

작은[小] 모음이[畜] 통한다[亨]. 짙은[密] 구름이[雲] 비를 내리지 못함은 [不雨] 우리의[我] 서쪽[西] 벌[郊]로부터이다[自].

**【소축괘(小畜卦 : ䷈)의 괘상(卦象) 풀이】**

앞 비괘(比卦 : ䷇)의 〈비(比)〉는 사귐[比]이다. 「서괘전(序卦傳)」에 〈사귐에는[比] 반드시[必] 모이는[畜] 바가[所] 있다[有] 그래서[故] 소축괘(小畜卦 : ䷈)로써[以] 그것을[之] 받는다[受]〉라는 말이 나온다. 이는 비괘(比卦 : ䷇) 다음에 소축괘(小畜卦 : ䷈)가 있는 까닭을 암시한다. 소축괘(小畜卦 : ䷈)의 주제인 〈소축(小畜)〉은 소축괘(小畜卦 : ䷈)에는 음효(陰爻 : --) 하나에 양효(陽爻 : ─) 다섯이 있음을 암시한다. 말하자면 소축괘(小畜卦 : ䷈)의 육사(六四 : --)에게로 초구(初九 : ─)-구이(九二 : ─)-구삼(九三 : ─)-구오(九五 : ─) 등이 모이고[聚], 육사(六四 : --)가 소축괘(小畜卦 : ䷈)의 제양(諸陽 : ─)을 길러주는[養] 모습을 〈소축(小畜)〉이라 한 것이다. 〈소축(小畜)의 소(小)〉는 소축괘(小畜卦 : ䷈)의 육사(六四 : --) 즉 음(陰 : --)을 암시하고, 〈소축(小畜)의 축(畜)〉은 〈길러줄 양(養)〉과 같다. 소축괘(小畜卦 : ䷈)는 26번째 대축괘(大畜卦 : ䷙)의 주제인 〈대축(大畜)〉을 연상시킨다. 〈대축(大畜)의 대(大)〉는 대축괘(大畜卦 : ䷙)의 제양(諸陽)을 말하고, 〈대축(大畜)의 축(畜)〉은 〈모일 취(聚)〉와 같아 대축괘(大畜卦 : ䷙)의 제양(諸陽)이

모여 멈춤[畜]을 뜻한다. 따라서 소축괘(小畜卦 : ䷈) 〈소축(小畜)의 축(畜)〉은 〈길러줄 양(養)〉과 같아 축양(畜養)을 암시하고, 대축괘(大畜卦 : ䷙) 〈대축(大畜)의 축(畜)〉은 〈모일 취(聚)〉와 같아 축취(畜聚)를 암시한다. 이에 〈소축(小畜)〉은 〈육사축소축괘지제양효(六四畜小畜卦之諸陽爻)〉의 줄임으로 여기고 〈육사가[六四] 소축괘의[小畜卦之] 모든[諸] 양효들을[陽爻] 길러준다[畜]〉라고 새겨볼 수 있다. 〈소축(小畜)〉은 〈음지축(陰之畜)〉 즉 〈음이[陰之] 길러줌[畜]〉과 같다. 소축괘(小畜卦 : ䷈)의 괘체(卦體)는 건하손상(乾下巽上)이다. 건(乾 : ☰)의 속성(屬性)은 재상(在上) 즉 위에[上] 있음[在]인데 소축괘(小畜卦 : ䷈)에서는 손(巽 : ☴)의 재하(在下) 즉 아래에[下] 있으니[在], 강건(剛健)한 건(乾 : ☰)이 유순(柔順)한 손(巽 : ☴)의 아래에 있어서 이보다 더 선(善)한 축도(畜道) 즉 모여 길러지는[畜] 도리[道]가 없다. 따라서 소축괘(小畜卦 : ䷈)의 상체(上體) 손(巽 : ☴)의 초효(初爻)로서 음(陰 : --)인 육사(六四 : --) 하나에 강건(剛健)한 양(陽 : —)의 무리가 길러지는 모습을 일러 소축괘(小畜卦 : ䷈)라 칭명(稱名)한다.

**【소축괘(小畜卦 : ䷈)의 계사(繫辭) 풀이】**

## 小畜亨(소축형)

<u>작은[小] 모음이[畜] 통한다[亨].</u>

소축괘(小畜卦 : ䷈) 육사(六四 : --)의 효상(爻象)을 빌려 괘상(卦象)을 암시한 계사(繫辭)이다. 〈소축형(小畜亨)〉은 〈소지축대형(小之畜大亨)〉의 줄임으로 여기고 〈소가[小之] 대를[大] 축함이[畜] 통한다[亨]〉고 새겨볼 것이다. 여기 〈소축(小畜)의 축(畜)〉은 〈모일 취(聚)〉와 같아 〈축취(畜聚)〉의 줄임말이 될 수 있고, 〈기를 양(養)〉과 같아 〈축양(畜養)〉의 줄임말이 될 수 있으며, 〈멈출 지(止)〉와 같아 〈축지(畜止)〉의 줄임말이 될 수 있는지라, 〈소축(小畜)〉은 〈작은 것이[小] 모이게 하고[畜聚]-길러주고[畜養]-멈추게 한다[畜止]〉라고 세 가지 뜻으로 새겨볼 것이다. 여기 〈소축(小畜)의 소(小)〉는 음(陰 : --)인 육사(六四 : --)를 말한다. 음(陰 : --)은 〈소(小)〉를 상징하고 양(陽 : —)은 〈대(大)〉를 상징한다. 따라서 〈소축(小畜)의 소(小)〉는 육사(六四 : --)이고 소축괘(小畜卦 : ䷈)의 주효(主爻)이다. 왜냐하면 소축

괘(小畜卦 : ☴)의 육효(六爻) 중에서 〈소(小)〉는 육사(六四 : --) 하나밖에 없기 때문이다. 나머지 5효(爻)는 다 양(陽 : —)인지라 〈대(大)〉이다. 따라서 〈소축(小畜)의 소(小)〉는 음(陰 : --)을 암시하는 〈소(小)〉가 된다.



〈소축(小畜)의 축(畜)〉은 육사(六四 : --)와 구삼(九三 : —)이 음양(陰陽)의 사이인지라 〈비(比)〉 즉 이웃으로 사귐[比]을 암시하고, 육사(六四 : --)와 구오(九五 : —) 역시 음양(陰陽)의 사이인지라 이웃으로 사귐[比]을 암시하며, 나아가 육사(六四 : --)와 초구(初九 : —) 역시 음양(陰陽)의 사이인지라 〈정응(正應)〉 즉 정도를 따라[正] 호응함[應]을 암시한다. 물론 구이(九二 : —)와 상구(上九 : —)는 육사(六四 : --)와 인연이 닿지 않아 육사(六四 : --)가 구이(九二 : —)와 상구(上九 : —)를 〈축(畜)〉으로써 포용하지 못해 소축괘(小畜卦 : ☴)의 제양(諸陽) 즉 모든[諸] 양효[陽]를 겸제(兼濟) 즉 아울러[兼] 구하지[濟] 못한다는 뜻마저도 여기 〈소축(小畜)〉이 암시한다. 그러나 육사(六四 : --) 즉 〈소(小)〉에게 구삼(九三 : —)-구오(九五 : —)-초구(初九 : —)의 〈축(畜)〉은 음유(陰柔)와 강양(剛陽)의 상화(相和)를 누림인지라 〈소축(小畜)〉 즉 작음이[小] 큼을[大] 모이게-기르게-멈추게[畜] 함이 막힘없이 통하는[亨] 도리(道理)임을 암시한 계사(繫辭)가 〈소축형(小畜亨)〉이다.



## 密雲不雨(밀운불우) 自我西郊(자아서교)

질은[密] 구름이[雲] 비를 내리지 못함은[不雨] 우리의[我] 서쪽[西] 벌[郊]로부터이다[自].

소축괘(小畜卦 : ☴)의 괘상(卦象)을 빌려 암시한 계사(繫辭)이다. 〈밀운불우(密雲不雨)의 밀운(密雲)〉은 소축괘(小畜卦 : ☴)의 괘상(卦象)을 암시한다. 소축괘(小畜卦 : ☴)의 상체(上體) 손(巽 : ☴)은 음(陰 : --)이고 하체(下體) 건(乾 : ☰)은 양(陽 : —)이다. 〈운(雲)〉 즉 구름[雲]은 음양(陰陽)의 이기(二氣)가 〈축(畜)〉 즉 모여[畜] 상화(相和)하면 비를 내린다. 그러나 〈밀운(密雲)인데 불우(不雨)한다〉라고 함은 그 〈밀운(密雲)〉이 음양(陰陽)의 상화(相和)가 이루어지지 않음을 암시한다. 따라서 여기 〈밀운(密雲)의 밀(密)〉은 소축괘(小畜卦 : ☴)의 괘상(卦象)이 양(陽 : —)과 음(陰 : --)이 5 : 1로 이루어져 있음을 암시하고, 이 때문에 〈불우(不雨)〉 즉 비가 내리지 못함[不雨]을 암시한다. 따라서 〈운우(雲雨)〉 즉 구름이[雲]

비를 내리자면[雨] 음양(陰陽)이 상화(相和)하기까지 기다려야 함을 〈자아서교(自我西郊)〉가 암시한다. 〈자아서교(自我西郊)의 서교(西郊)〉는 소축괘(小畜卦 : ☴☰)의 내호괘(內互卦) 태(兌 : ☱)로써 취상(取象)된 것이다. 태(兌 : ☱)의 방위는 서방(西方)이고 태(兌 : ☱)는 음괘(陰卦)이니, 서방(西方)은 곧 음방(陰方)이다. 따라서 〈자아서교(自我西郊)〉는 〈밀운(密雲)이 비를 내리지 못함[不雨]은 우리의[我] 서교(西郊) 즉 음(陰 : --)으로부터이다[自]〉라고 새겨볼 것이다. 그러므로 〈운우(雲雨)〉 즉 구름이[雲] 비를 내리자면[雨] 음양상화(陰陽相和)가 이루어질 때까지 기다려야 하고 비가 오지 않는 그 기간이란 오래 가지 않을 터라, 음양(陰陽)의 상화(相和)가 그침 없이 이루어져 나아가야 하는 조화를 살펴 헤아리게 하는 계사(繫辭)가 〈밀운불우(密雲不雨) 자아서교(自我西郊)〉이다.

【字典】

**소(小)** 〈음(陰)을 칭하는 소(小)-음(陰), 작을(조금) 소(小)-미(微)-대지반(大之反), 자잘할 소(小)-세(細), 짧을 소(小)-단(短), 좁을 소(小)-협(狹), 어릴 소(小)-유(幼), 천할 소(小)-천(賤), 첩 소(小)-첩(妾)〉 등의 뜻을 내지만 여기선 〈음(陰)을 칭하는 소(小)〉로 여기고 새김이 마땅하다.

**畜** 〈축-휵-휴-추〉 등으로 발음되고, 〈모일 축(畜)-적(積)-취(聚), 멈출 축(畜)-지(止), 가축 축(畜)-가축(家畜), 기를 휵(畜)-양(養), 용납할 휵(畜)-용(容), 집에서 기름직한 짐승 휴(畜), 집에서 기르는 짐승 추(畜)〉 등의 뜻을 내지만 여기선 〈모일 취(聚)-기를 양(養)-멈출 지(止)〉 등의 뜻과 같다 여기고 새김이 마땅하다.

**亨** 〈향-형-팽〉 등으로 발음되고, 〈통할 형(亨)-통(通), 남을 형(亨)-여(餘), 드릴 향(亨)-헌(獻), 삶을 팽(亨)-자(煮)-팽(烹)〉 등의 뜻을 내지만 여기선 〈통할 통(通)〉과 같다 여기고 새김이 마땅하다.

**밀(密)** 〈빽빽할 밀(密)-조(稠), 고요할 밀(密)-정(靜)-묵(黙), 깊을 밀(密)-심(深), 가만할 밀(密)-비(祕), 숨을 밀(密)-은(隱), 닫을 밀(密)-폐(閉), 편안할 밀(密)-안(安), 자잘할 밀(密)-세(細), 가까울 밀(密)-근(近), 차근차근할 밀(密)-치(緻), 촘촘할 밀(密)-면(綿)〉 등의 뜻을 내지만 여기선 〈빽빽할 조(稠)〉와 같다 여기고 새김이 마땅하다. 〈밀운불우(密雲不雨)〉는 〈윤택불능행(潤澤不能行)〉 즉 윤택함을[潤澤] 베풂[行] 수 없음[不能]을 뜻한다.

**운(雲)** 〈구름 운(雲)-수증기응축부유공중자(水蒸氣凝縮浮游空中者), 습기 운(雲)-

습기(濕氣), 높음을 비유해주는 운(雲)-유고(喩高), 번성함을 비유해주는 운(雲)-유성(喩盛), 많음을 비유해주는 운(雲)-유다(喩多), 높이 초월함을 비유해주는 운(雲)-유고초(喩高超), 머나멂을 비유해주는 운(雲)-유원(喩遠), 모여드는 모양 운(雲)-총취모(叢聚貌)〉 등의 뜻을 내지만 여기선 〈구름 운(雲)〉으로 여기고 새김이 마땅하다.

**不** 〈불-부〉 두 가지로 발음되고, 〈않을(못할) 불(不)-부(不), 없을 불(不)-부(不)-무(無), 아닐 불(不)-부(不)-비(非), 하지 말 불(不)-부(不)-막(莫)-금지(禁止), 정하지 않을 불(不)-부(不)-부(否)-미정(未定), 새가 날아올라 내려오지 않는 불(不)-부(不)-조비상불하래(鳥飛上不下來)〉 등의 뜻을 내지만 여기선 〈않을 불(不)〉로 여기고 새김이 마땅하다.

**우(雨)** 〈비 내릴 우(雨)-수종운하(水從雲下), 물기 우(雨)-수기(水氣), 음 우(雨)-음(陰), 감 우(雨)-감(坎), 태 우(雨)-태(兌), 많을 우(雨)-다(多), 흩어질 우(雨)-산실(散失), 비 올 우(雨)-강우(降雨), 위에서 아래로 떨어질 우(雨)-자상이하락(自上而下落), 윤택할 우(雨)-윤택(潤澤)〉 등의 뜻을 내지만 여기선 〈비 내릴 우(雨)〉와 같다 여기고 새김이 마땅하다.

**자(自)** 〈~부터 자(自)-유(由)-종(從), 몸소 자(自)-기(己), 좇을 자(自)-종(從), 스스로 자(自)-궁(躬), 절로 자(自)〉 등의 뜻을 내지만 여기선 〈~부터 유(由)〉와 같다 여기고 새김이 마땅하다.

**아(我)** 〈우리 아(我)-아배(我輩)-아문(我們), 나 아(我)-기(己)-자위기신(自謂己身), 내 나라(자국) 아(我)-자칭기국(自稱其國), 내 것 아(我)-자기소유(自己所有), (자기 의견을) 고집할 아(我)-집(執)-고집기견(固執己見), 갑자기 아(我)-아(俄)〉 등의 뜻을 내지만 여기선 〈우리 아배(我輩)〉로 여기고 새김이 마땅하다.

**서(西)** 〈서녘 서(西)-일입방(日入方)-일소입(日所入)-조재소상(鳥在巢上), 가을 서(西)-추(秋), 간지(干支) 서(西)-유(酉), 팔괘(八卦)의 태(兌) 서(西)-태(兌), 서쪽으로 갈 서(西)-서행(西行), 옮길 서(西)-천(遷)〉 등의 뜻을 내지만 여기선 〈서녘 서(西)〉로 여기고 새김이 마땅하다.

**교(郊)** 〈들판 교(郊)-전야(田野), 밖의 끝 교(郊)-외지극(外之極), 성읍 밖 교(郊)-읍외(邑外), 외곽 교(郊)-외곽(外郭)〉 등의 뜻을 내지만 여기선 〈들판 전야(田野)〉로 여기고 새김이 마땅하다.

## 2 효의 효상과 계사

初九 : 復自道하니 何其咎리오 吉하다
복 자 도 하 기 구 길

九二 : 牽復이니 吉하다
견 복 길

九三 : 輿說輻이라 夫妻反目이다
여 탈 복 부 처 반 목

六四 : 有孚하다 血去惕出하니 无咎리라
유 부 혈 거 척 출 무 구

九五 : 有孚攣如이다 富하여 以其鄰하다
유 부 련 여 부 이 기 린

上九 : 旣雨旣處라 尙德載이다 婦貞厲라 月幾望이니
기 우 기 처 상 덕 재 부 정 려 월 기 망

君子征凶하리
군 자 정 흉

초구(初九) : 길을[道] 좇아[自] 돌아오니[復] 그것이[其] 어찌[何] 허물이겠는가[咎]. (돌아와) 좋다[吉].

구이(九二) : 연합해[牽] 돌아오니[復] 좋다[吉].

구삼(九三) : 수레의[輿] 바퀴살이[輻] 떨어져 나간다[說]. 남편과[夫] 아내가[妻] 불화한다[反目].

육사(六四) : 진실한 믿어줌이[孚] 있다[有]. 근심은[血] 사라지고[去] 두려움도[惕] 떠나[出] 허물이[咎] 없다[无].

구오(九五) : 진실한 믿어줌이[孚] 있어[有] 사모하는[攣] 모습이다[如]. 축재하여[富] 제[其] 이웃을[鄰] 돕는다[以].

상구(上九) : 이미[旣] 비가[雨] 응결을[處] 다해서[旣] 받들어[尙] 덕을[德] 싣고 있다[載]. 여자가[婦] 변함없으면[貞] 불행하다[厲]. 달이[月] 보름달에[望] 가까우니[幾] 군자가[君子] 원정하면[征] 나쁘리라[凶].

## 초구(初九 : ⚊)

初九 : 復自道하니 何其咎리오 吉하다
복 자 도 하 기 구 길

초구(初九) : 길을[道] 좇아[自] 돌아오니[復] 그것이[其] 어찌[何] 허물이겠는가[咎]. (돌아와) 좋다[吉].

**【초구(初九)의 효상(爻象) 풀이】**

소축괘(小畜卦 : ䷈)의 초구(初九 : ⚊)는 이양거양(以陽居陽) 즉 양(陽 : ⚊)으로써[以] 양(陽 : ⚊)의 자리에 있는지라[居] 정당한 자리에 있다. 초구(初九 : ⚊)와 구이(九二 : ⚊)는 양양(兩陽) 즉 둘 다[兩] 양(陽 : ⚊)의 사이인지라 비(比) 즉 이웃의 사귐[比]을 누리지 못하고 상충(相衝) 즉 서로[相] 부딪칠[衝] 사이일 수 있지만 건(乾 : ☰)의 동속(同屬)인지라 기회를 따라준다. 초구(初九 : ⚊)와 육사(六四 : ⚋)는 양음(陽陰)의 사이인지라 정응(正應) 즉 정도를 따라[正] 서로 호응해[應] 초구(初九 : ⚊)의 상진(上進)을 도와줄 터라 초구(初九 : ⚊)가 자신의 바른 길을 좇아 돌아옴에 아무런 문제가 없는 모습이다.

> 소축괘(小畜卦 : ䷈)의 초구(初九 : ⚊)가 초륙(初六 : ⚋)으로 변효(變爻)하면 초구(初九 : ⚊)는 소축괘(小畜卦 : ䷈)를 57번째 손괘(巽卦 : ䷸)로 지괘(之卦)하게 한다. 따라서 소축괘(小畜卦 : ䷈)의 초구(初九 : ⚊)는 손괘(巽卦 : ䷸)의 초륙(初六 : ⚋)을 찾아가 살펴보게 한다.

**【초구(初九)의 계사(繫辭) 풀이】**

### 復自道(복자도)

길을[道] 좇아[自] 돌아온다[復].

초구(初九 : ⚊)의 효위(爻位)를 빌려 암시한 계사(繫辭)이다. 〈복자도(復自道)〉는 〈초구자자신지정도(初九自自身之正道) 인차초구복어소축괘지초위(因此初九復於小畜卦之初位)〉의 줄임으로 여기고 〈초구는[初九] 자신의[自身之] 바른[正] 길을[道] 좇았다[自] 그래서[因此] 초구가[初九] 소축괘의[小畜卦之] 첫 자리로[於初位] 돌아왔다[復]〉라고 새겨볼 것이다. 대성괘(大成卦) 초효(初爻)의 자리[位]는 복위(復位) 즉 돌아오는[復] 자리[位]이고, 양(陽 : ⚊) 즉 기효(奇爻)의 자리[位]이다. 〈복자도(復自道)〉에서 〈자도(自道)의 자(自)〉는 〈좇을 종(從)〉과 같다. 수분(守分) 즉 본분을[分] 지키면서[守] 정도(正道) 즉 올바른[正] 길[道]을 벗어나지 않고 초구(初九 : ⚊)가 소축괘(小畜卦 : ☴)의 초효(初爻) 자리[位]로 돌아옴[復]을 암시한 계사(繫辭)가 〈복자도(復自道)〉이다.

## 何其咎(하기구) 吉(길)

**그것이[其] 어찌[何] 허물이겠는가[咎]. (돌아와) 좋다[吉].**

초구(初九 : ⚊)의 〈자도(自道)〉를 거듭해 강조한 계사(繫辭)이다. 〈하기구(何其咎)〉는 〈하초구지복자도구(何初九之復自道咎)〉의 줄임으로 여기고 〈초구가[初九之] 도를[道] 좇아[自] 돌아옴이[復] 어찌[何] 허물이겠는가[咎]〉라고 새겨볼 것이다. 〈하기구(何其咎)의 하(何)〉는 여기선 〈어찌 갈(曷)〉과 같고, 〈하기구(何其咎)의 기(其)〉는 〈초구지복자도(初九之復自道)〉를 나타내는 관형사 〈그 기[其]〉로 여기고 〈초구가[初九之] 도를[道] 좇아[自] 돌아옴[復]〉이라고 새기면 된다. 여기 〈자도(自道)의 도(道)〉는 정위(正位) 즉 정당한[正] 자리로[位] 돌아오게[復] 하는 길[道]이니 정도(正道) 즉 바른[正] 길[道]이다. 초구(初九 : ⚊)의 〈자도(自道)〉란 계도지선(繼道之善) 즉 도를[道] 계승하는[繼之] 선(善)을 벗어나지 않음을 반어법으로써 강조한 것이 〈하기구(何其咎)〉이다. 초구(初九 : ⚊)가 역지도(易之道)를 계승하는[繼] 선(善)을 따름이 〈복자도(復自道)의 자도(自道)〉이니 그 〈복자도(復自道)〉에는 허물[咎]이 있을 수 없어 〈하기구(何其咎)〉로써 초구(初九 : ⚊)에게 길(吉)함을 암시한 계사(繫辭)가 〈하기구(何其咎) 길(吉)〉이다.

【字典】

**復** 〈복-부〉 두 가지로 발음되고, 〈돌아올 복(復)-반(返)-환(還)-반(反), 갔다 올 복(復)-왕래(往來), 돌 복(復)-주(周)-선(旋), 갚을 복(復)-보(報), 증명할 복(復)-험(驗), 실천할 복(復)-천(踐), 맡길(의지할) 복(復)-인(因), 아뢸 복(復)-백(白), 다시(또) 부(復)〉 등의 뜻을 내지만 여기선 〈돌아올 반(返)〉과 같다 여기고 새김이 마땅하다.

**자(自)** 〈좇을 자(自)-종(從), ~부터 자(自)-유(由)-종(從), 몸소 자(自)-기(己), 스스로 자(自)-궁(躬), 절로 자(自)〉 등의 뜻을 내지만 여기선 〈좇을 종(從)〉과 같다 여기고 새김이 마땅하다.

**도(道)** 〈길 도(道)-노(路), 정도 도(道)-정도(正道), 만물의 근원 도(道)-만물지시(萬物之始), 갈 도(道)-행(行)-소행도(所行道), 이치 도(道)-이(理), 시비(是非)의 벼리 도(道)-시비지기(是非之紀), 묘용 도(道)-묘용지도(妙用之道), 주의사상 도(道)-주의사상(主義思想), 예악 도(道)-예악(禮樂), 인의덕행 도(道)-인의덕행(仁義德行), 정령 도(道)-정령(政令), 제도 도(道)-제도(制度), 방향 도(道)-방(方), 통할 도(道)-통(通), 따를 도(道)-순(順)-종(從), 큰 도(道)-대(大), 알(깨달을) 도(道)-지(知)-각(覺), 말씀할 도(道)-언(言), 다스릴 도(道)-치(治), 말미암을 도(道)-유(由), 인도할 도(道)-도(導), 끌 도(道)-인(引), 가르칠 도(道)-훈(訓), 마음으로 도울 도(道)-여(勴), 이를 도(道)-달(達)〉 등의 뜻을 내지만 여기선 〈길 노(路)〉로 여기고 새김이 마땅하다.

**하(何)** 〈어찌 하(何)-갈(曷), 맡을 하(何)-담(擔)-하(荷), 누구 하(何)-숙(孰), ~인가 하(何), 어찌하지 못할까 하(何)-막감(莫敢), 얼마 되지 않아 하(何)-미다시(未多時), 꾸짖을 하(何)-견책(譴責)〉 등의 뜻을 내지만 〈맡을 하(荷)〉로 새김이 마땅하다.

**기(其)** 〈그(그것) 기(其)-피(彼)-지(之), 자기의 기(其)-기지(己之), 그럴 기(其)-연(然), 어찌 기(其)-기(豈), 누를 기(其)-억(抑), 오히려 기(其)-상(尙)-서기(庶幾), 이에 기(其)-내(乃), 만약 기(其)-약(若), 장차 기(其)-장(將), 어조사 기(其)-어조사(語助辭)〉 등의 뜻을 내지만 여기선 〈그 기(其)〉로 여기고 새김이 마땅하다.

**구(咎)** 〈허물 구(咎)-건(愆)-과(過), 재앙 구(咎)-재(災), 병될 구(咎)-병(病), 나쁠 구(咎)-오(惡)〉 등의 뜻을 내지만 여기선 〈허물 건(愆)-과(過)〉와 같다 여기고 새김이 마땅하다.

**길(吉)** 〈좋을(행복할) 길(吉)-선(善)-영(令) {영월길일(令月吉日)은 선월선일(善月善日)임.}, 복 길(吉)-실(實)-선실(善實)-복(福), 예의를 따라 상서로울 길(吉)-예의순상(禮義順祥), 삼갈 길(吉)-근(謹), 초하루 길(吉)-삭일(朔日) {삭망(朔望) 즉 초하루[朔]와 그믐날[望]}, 길례 길(吉)-길례(吉禮) {오례지일(五禮之一) 길흉빈군가(吉凶賓軍嘉)}, 갈 길(吉)-행(行)-길(趌)〉 등의 뜻을 내지만 여기선 〈좋을 선(善)-영(令)〉 즉 행복과 같다 여기고 새김이 마땅하다.

# 구이(九二 : ⚊)

九二 : 牽復이니 吉하다
견복 길

구이(九二) : 연합해[牽] 돌아오니[復] 좋다[吉].

**【구이(九二)의 효상(爻象) 풀이】**

소축괘(小畜卦 : ䷈)의 구이(九二 : ⚊)는 이양거음(以陽居陰) 즉 양(陽 : ⚊)으로 써[以] 음(陰 : ⚋)의 자리에 있는지라[居] 정당한 자리에 있지 못하다. 구이(九二 : ⚊)에게 초구(初九 : ⚊)와 구삼(九三 : ⚊)은 양양(兩陽) 즉 둘 다[兩] 양(陽 : ⚊)인지라 비(比) 즉 이웃의 사귐[比]을 누리지 못하고, 구오(九五 : ⚊)와도 양양(兩陽)인지라 중효(中爻)이되 정위(正位)에 있지 못하고 부정응(不正應) 즉 바르게[正] 호응하지 못해[不應] 구이(九二 : ⚊)는 외로운 편이다. 그러나 강건(剛健)한 구이(九二 : ⚊)는 소축괘(小畜卦 : ䷈)의 하체(下體) 건(乾 : ☰)의 중효(中爻)로서 득중(得中) 즉 정도를 따름을[中] 취하여[得] 매사(每事)를 마주하므로 이웃의 사귐[比]을 못한다 해도 편강(偏剛) 즉 굳셈에[剛] 치우침[偏] 없이 이웃을 끌어들이는 모습이다.

소축괘(小畜卦 : ䷈)의 구이(九二 : ⚊)가 육이(六二 : ⚋)로 변효(變爻)하면 구이(九二 : ⚊)는 소축괘(小畜卦 : ䷈)를 37번째 가인괘(家人卦 : ䷤)로 지괘(之卦)하게 한다. 따라서 소축괘(小畜卦 : ䷈)의 구이(九二 : ⚊)는 가인괘(家人卦 : ䷤)의 육이(六二 : ⚋)를 찾아가 살펴보게 한다.

**【구이(九二)의 계사(繫辭) 풀이】**

## 牽復(견복) 吉(길)

연합해[牽] 돌아오니[復] 좋다[吉].

구이(九二 : ⚊)의 효위(爻位)를 빌려 암시한 계사(繫辭)이다. 〈견복(牽復)〉은 〈구이견초구(九二牽初九) 이구이복어건지중위(而九二復於乾之中位)〉의 줄임으로 여기고 〈구이는[九二] 초구와[初九] 연합해서[牽而] 구이가[九二] 건의[乾之] 중위로[於中位] 돌아왔다[復]〉라고 새겨볼 수 있고, 또 〈견복(牽復)〉은 〈구오견구이(九五牽九二) 이구이복어건지중위(而九二復於乾之中位)〉의 줄임으로 여기고 〈구오가[九五] 구이를[九二] 끌어주어서[牽而] 구이가[九二] 건의[乾之] 중위로[於中位] 돌아왔다[復]〉라고도 새겨볼 수 있다. 왜냐하면 구이(九二 : ━)의 효상(爻象)으로 보아 〈견복(牽復)의 견(牽)〉이 구이(九二 : ━)의 위연(位緣) 즉 자리의[位] 인연[緣]을 암시하기 때문이다. 구이(九二 : ━)는 초구(初九 : ━)-구삼(九三 : ━)과 이웃의 위연(位緣)이 있지만 구삼(九三 : ━)은 소축괘(小畜卦 : ☴) 하체(下體)의 중위(中位)를 벗어나 육사(六四 : ╍)와 비(比) 즉 이웃의 사귐[比]을 누리니 구이(九二 : ━)에게 관심을 두지 않는다. 따라서 구이(九二 : ━)는 초구(初九 : ━)-구오(九五 : ━)와 위연(位緣)이 있다. 물론 모두 다 양(陽 : ━)인지라 다른 대성괘(大成卦)에서라면 위연(位緣)이 없지만 소축괘(小畜卦 : ☴)의 주제인 〈소축(小畜)〉의 시국에서는 위연을 따라 육사(六四 : ╍)에 머물러야[畜] 한다. 이에 구이(九二 : ━)는 중효(中爻)로서 득중(得中) 즉 정도를 따름을[中] 취하여[得] 매사(每事)를 마주하기 때문에 치우침 없이 화합을 이루려 〈자도(自道)〉의 초구(初九 : ━)를 자신과 같은 양(陽 : ━)이라 해서 내치지 않고 포용하므로, 〈견복(牽復)의 견(牽)〉은 〈연합할 연(連)〉의 뜻으로 새김이 마땅하다. 그러나 소축괘(小畜卦 : ☴)의 괘상(卦象)이 하체(下體)의 양효(陽爻)들이 상체(上體)의 육사(六四 : ╍)에 머무는[畜] 모습인지라 〈견복(牽復)의 견(牽)〉은 구오(九五 : ━)가 구이(九二 : ━)를 끌어주는[牽] 모습이 될 수 있어서, 〈끌어줄 인(引)〉과 같다 여기고 〈견복(牽復)의 견(牽)〉을 〈구오가[九五] 구이를[九二] 끌어주어서[牽]〉의 줄임으로 여기고 새길 수도 있다. 그러나 강강(剛强)한 구이(九二 : ━)가 타력(他力)에 끌려서 상진(上進)하기보다 〈소축(小畜)〉의 시국을 구이(九二 : ━) 스스로 융화하여 초구(初九 : ━)와 연합해[牽] 소축괘(小畜卦 : ☴)의 하체(下體) 건(乾 : ☰)의 중위(中位)로 돌아오니[復] 행복하다[吉]고 새겨 헤아리게 하는 계사(繫辭) 〈견복(牽復) 길(吉)〉로 봄이 마땅하다.

【字典】

**견(牽)** 〈연합할 견(牽)-연(連), 당길 견(牽)-인(引), 끌어서 앞으로 나아갈 견(牽)-

인이전(引而前), 끌어서 가까이 갈 견(牽)-인이근(引而近), 당길 견(牽)-만(挽), 멈출 견(牽)-지(止), 거리낄 견(牽)-구(拘), 맬 견(牽)-계(繫)〉 등의 뜻을 내지만 여기선 〈연합할 연(連), 당길 인(引)〉의 두 뜻으로 여기고 새김이 마땅하다.



**復** 〈복-부〉 두 가지로 발음되고, 〈돌아올 복(復)-반(返)-환(還)-반(反), 갔다올 복(復)-왕래(往來), 돌 복(復)-주(周)-선(旋), 갚을 복(復)-보(報), 증명할 복(復)-험(驗), 실천할 복(復)-천(踐), 맡길(의지할) 복(復)-인(因), 아뢸 복(復)-백(白), 다시(또) 부(復)〉 등의 뜻을 내지만 여기선 〈돌아올 반(返)〉과 같다 여기고 새김이 마땅하다.

**길(吉)** 〈좋을(행복할) 길(吉)-선(善)-영(令) {영월길일(令月吉日)은 선월선일(善月善日)임.}, 복 길(吉)-실(實)-선실(善實)-복(福), 예의를 따라 상서로울 길(吉)-예의순상(禮義順祥), 삼갈 길(吉)-근(謹), 초하루 길(吉)-삭일(朔日) {삭망(朔望) 즉 초하루[朔]와 그믐날[望]}, 길례 길(吉)-길례(吉禮) {오례지일(五禮之一) 길흉빈군가(吉凶賓軍嘉)}, 갈 길(吉)-행(行)-길(趌)〉 등의 뜻을 내지만 여기선 〈좋을 선(善)-영(令)〉 즉 행복과 같다 여기고 새김이 마땅하다.

## 구삼(九三 : ⚊)

九三 : 輿說輻이라 夫妻反目이다
여탈복 부처반목

구삼(九三) : 수레의[輿] 바퀴살이[輻] 떨어져 나간다[說]. 남편과[夫] 아내가[妻] 불화한다[反目].

**【구삼(九三)의 효상(爻象) 풀이】**

소축괘(小畜卦 : ☴)의 구삼(九三 : ⚊)은 이양거양(以陽居陽) 즉 양(陽 : ⚊)으로써[以] 양(陽 : ⚊)의 자리에 있는지라[居] 정당한 자리에 있다. 구삼(九三 : ⚊)과 육사(六四 : ⚋)는 양음(陽陰)의 사이이고 서로 정위(正位)에 있는지라 비(比) 즉 이웃의 사귐[比]이 부부(夫婦)로 이루어질 수 있다. 그러나 소축괘(小畜卦 : ☴)의 주제인 〈소축(小畜)〉의 시국을 맞아 육사(六四 : ⚋)에게 소축괘(小畜卦 : ☴)의 제양(諸陽) 즉 모든[諸] 양효들[陽]이 〈축(畜)〉 즉 멈추고자[畜] 하니 육사(六四

: --)는 소축괘(小畜卦 : ☴)의 시국을 따라 제양(諸陽)을 겸축(兼畜) 즉 아울러 [兼] 머물게[畜] 하므로, 부부(夫婦)의 사이로 여기는 구삼(九三 : ㅡ)이 육사(六四 : --)의 겸축(兼畜)을 받아들이지 못하는 탓에 육사(六四 : --)와의 사이에 구삼(九三 : ㅡ) 자신이 불화(不和)를 불러오는 모습이다.

소축괘(小畜卦 : ☴)의 구삼(九三 : ㅡ)이 육삼(六三 : --)으로 변효(變爻)하면 구삼(九三 : ㅡ)은 소축괘(小畜卦 : ☴)를 61번째 중부괘(中孚卦 : ☴)로 지괘(之卦)하게 한다. 따라서 소축괘(小畜卦 : ☴)의 구삼(九三 : ㅡ)은 중부괘(中孚卦 : ☴)의 육삼(六三 : --)을 찾아가 살펴보게 한다.

【구삼(九三)의 계사(繫辭) 풀이】

## 輿說輻(여탈복)

수레의[輿] 바퀴살이[輻] 떨어져 나간다[說].

구삼(九三 : ㅡ)의 효위(爻位)를 빌려 암시한 계사(繫辭)이다. 〈여탈복(輿說輻)〉은 〈구삼자사기여지복피탈(九三自使其輿之輻被說)〉의 줄임으로 여기고 〈구삼이[九三] 스스로[自] 제[其] 수레의[輿之] 바퀴살로[輻] 하여금 벗겨지게[被說] 한다[使]〉라고 새겨볼 것이다. 〈여탈복(輿說輻)의 탈복(說輻)〉은 구삼(九三 : ㅡ)이 소축괘(小畜卦 : ☴)의 하체(下體) 건(乾 : ☰)의 상효(上爻)임을 들어 구삼(九三 : ㅡ)을 취상(取象)한 것이다. 왜냐하면 여기 〈복(輻)〉이 「설괘전(說卦傳)」에 나오는 〈건은[乾 : ☰] 둥긂[圜]이다[爲]〉라는 내용을 환기시키기 때문이다. 〈복(輻)〉 즉 바퀴살[輻]은 거륜(車輪) 즉 둥근[圜] 수레바퀴[車輪]를 연상시킨다. 바퀴살이[輻] 벗겨진[說] 수레[輿]는 굴러가지 못한다. 따라서 〈여탈복(輿說輻)의 여(輿)〉는 굴러가지 못하는 수레임을 나타내 구삼(九三 : ㅡ)과 육사(六四 : --) 사이가 〈탈복(說輻)〉 즉 바퀴살이[輻] 벗겨진[說] 수레바퀴 같은 모습임을 암시하여, 구삼(九三 : ㅡ)이 소축괘(小畜卦 : ☴) 하체(下體)의 중위(中位)를 벗어난 상효(上爻)인지라 정도를 따름을 저버리고 편강(偏剛) 즉 굳셈에[剛] 치우친[偏] 제 고집 탓으로 육사(六四 : --)와 불화(不和)함을 암시하는 계사(繫辭)가 〈여탈복(輿說輻)〉이다.

## 夫妻反目(부처반목)

### 남편과[夫] 아내가[妻] 불화한다[反目].

구삼(九三 : ━)과 육사(六四 : ╍) 사이의 비(比)를 암시한 계사(繫辭)이다. 〈부처반목(夫妻反目)〉에서 〈부처(夫妻)〉는 소축괘(小畜卦 : ䷈) 상하체(上下體)를 빌려 구삼(九三 : ━)과 육사(六四 : ╍)를 취상(取象)한 것이고, 소축괘(小畜卦 : ䷈)의 하체(下體) 건(乾 : ☰)은 하늘[天]이라 장부(丈夫)를 나타내 남편[夫]을 상징하고, 소축괘(小畜卦 : ䷈)의 상체(上體) 손(巽 : ☴)은 장녀(長女)를 나타내 아내[妻]를 상징한다. 따라서 〈부처(夫妻)의 부(夫)〉는 구삼(九三 : ━)을 암시하고, 〈부처(夫妻)의 처(妻)〉는 육사(六四 : ╍)를 암시한다. 〈부처반목(夫妻反目)의 반목(反目)〉은 소축괘(小畜卦 : ䷈)의 외호괘(外互卦)인 이(離 : ☲)를 빌려 구삼(九三 : ━)과 육사(六四 : ╍)를 취상(取象)한 것이다. 〈반목(反目)의 목(目)〉이 「설괘전(說卦傳)」에 나오는 〈이는[離 : ☲] 눈[目]이다[爲]〉라는 내용을 상기시키기 때문이다. 여기 〈반목(反目)〉은 불화(不和) 즉 화합하지 못한다[不和]는 뜻과 같다. 〈소축(小畜)〉 즉 음(陰 : ╍)이 제양(諸陽)을 축양(畜養)하는 시국을 따라 소축괘(小畜卦 : ䷈)의 모든[諸] 양효[陽]를 겸제(兼濟) 즉 아울러[兼] 구제하고자[濟] 하는 육사(六四 : ╍)의 눈길[目]과 육사(六四 : ╍)를 아내[妻]로 독점하려는 구삼(九三 : ━)의 눈길[目]이 서로 달라, 구삼(九三 : ━)과 육사(六四 : ╍)의 위연(位緣) 즉 자리의[位] 인연[緣]이 불화하는[反目] 부부[夫妻]와 같음을 암시하여, 〈소축(小畜)〉의 시국에서 구삼(九三 : ━)의 아집(我執) 같은 짓은 못난 짓임을 살펴 헤아리게 하는 계사(繫辭)가 〈부처반목(夫妻反目)〉이다.

**【字典】**

**여(輿)** 〈수레 여(輿)-거(車), 무리 여(輿)-중(衆), 만물을 실은 대지 여(輿), 막을 여(輿)-항(抗), 마주들 여(輿)-강(扛), 들 여(輿)-거(擧), 실을 여(輿)-재(載), 많을 여(輿)-다(多)〉 등의 뜻을 내지만 여기선 〈수레 거(車)〉와 같다 여기고 새김이 마땅하다.

**說** 〈설-열-세-탈〉 네 가지로 발음되고, 〈벗어날 탈(說)-탈(脫), 용서할 탈(說)-사(赦), 흩뜨릴 탈(說)-해(解), 기뻐할 열(說)-열(悅)-역(懌), 기뻐하는 것 열(說)-소희(所喜), 즐거워할 열(說)-낙(樂), 좋아할 열(說)-호(好), 받들 열(說)-경(敬), 헤아릴(셈

할) 열(說)-수(數)-계(計), 말할 설(說)-도(道), 논할 설(說)-논(論), 알릴 설(說)-고(告), 해석할 설(說)-해석(解釋), 가르칠 설(說)-교(敎), 풀이할 설(說)-해(解), 분명히 풀이할 설(說)-요해(瞭解), 경서에 주해 달 설(說)-주소(注疏)-경서지주해(經書之注解), 언론 설(說)-언론(言論), 학설 설(說)-학설(學說), 도리 설(說)-도리(道理), 글 설(說)-서술(敍述), 기뻐할 세(說)-열(悅), 용서할(벗어날) 세(說)-사(赦)-탈(脫), 풀 세(說)-해(解)-제(除), 쉴 세(說)-사(舍), 둘 세(說)-치(置), 달랠 세(說)-유(誘)〉 등의 뜻을 내지만 여기선 〈벗어날 탈(脫)〉과 같다 여기고 새김이 마땅하다.

**복(輻)** 〈바퀴살 복(輻)-거륜중직목(車輪中直木)〉을 뜻한다.

**부(夫)** 〈지아비(남편) 부(夫)-배필(配匹), 저자(저것-이것) 부(夫)-차(此)-피(彼), 남자 부(夫)-장부(丈夫)-남자지통칭(男子之通稱), 대부 부(夫)-전상(傳相)-조정보좌지대신(朝廷輔佐之大臣), 병사 부(夫)-병(兵), 도울 부(夫)-부(扶), 백 이랑의 밭 부(夫)-백무지전(百畝之田), 무릇 부(夫)-범(凡)-중(衆), 이에 부(夫)-내(乃), {구중(句中) 또는 구말(句末)에서 어조사} ~인가(~인저) 부(夫)-호(乎), ~면 부(夫)-약(若), (뜻 없는) 발어사 부(夫)-발어사(發語詞)〉 등의 뜻을 내지만 여기선 〈지아비(남편) 부(夫)〉로 여기고 새김이 마땅하다.

**처(妻)** 〈아내(부인) 처(妻)-부(婦)-실인(室人), 갖출 처(妻)-제(齊), 시집 보낼 처(妻)-가인(嫁人), 배필(짝) 처(妻)-배(配), 태괘(兌卦 : ☱) 처(妻)-태(兌), 손괘(巽卦 : ☴) 처(妻)-손(巽)〉 등의 뜻을 내지만 여기선 〈아내 부(婦)〉로 여기고 새김이 마땅하다.

**반(反)** 〈서로 반대할 반(反)-상반(相反), 돌아올 반(反)-환(還)-귀(歸), 돌아볼 반(反)-내성(內省), 덮을(엎을) 반(反)-복(覆), 갚을 반(反)-보(保)-응(應), 갔다가 다시 돌아올 반(反)-거이복래(去而復來), 다시 반(反)-경(更), 반성할 반(反)-반성(反省)-회(悔), 생각할 반(反)-사(思), 듬직할 반(反)-신중(愼重), 이치에 뒤칠 반(反)-번(翻), 변할 반(反)-변(變), 제법 반(反)-과(果), 그런데 반(反)-연사(然辭)〉 등의 뜻을 내지만 여기선 〈서로 반대할 상반(相反)〉으로 여기고 새김이 마땅하다.

**목(目)** 〈사람의 눈 목(目)-인안(人眼), 볼 목(目)-견(見)-시(視), 주시할 목(目)-주시(注視), 빤히 쳐다볼 목(目)-극시정부전(極視精不轉), 성나 흘겨볼 목(目)-에로측시(恚怒側視), 말할 목(目)-언(言), 침묵할 목(目)-묵(默), 두리번거릴 목(目)-시어사방(視於四方), 긴요할 목(目)-요(要), 조목 목(目)-조목(條目), 나무의 단단한 곳 목(目)-목지견(木之堅),

죄명 목(目)-죄명(罪名), 바깥 목(目)-외(外), 구멍 목(目)-공규(空竅)〉 등의 뜻을 내지만 여기선 〈눈 목(目)〉으로 여기고 새김이 마땅하다. 반목(反目)은 불화(不和)와 같다.

---



註 건위환(乾爲圜) : 건은[乾 : ☰] 둥긂[圜]이다[爲]. 「설괘전(說卦傳)」 11단락(段落)

註 이위목(離爲目) : 이는[離 : ☲] 눈[目]이다[爲]. 「설괘전(說卦傳)」 11단락(段落)



## 육사(六四 : --)

六四 : 有孚하다 血去惕出하니 无咎리라
유부 혈거척출 무구

육사(六四) : 진실한 믿어줌이[孚] 있다[有]. 근심은[血] 사라지고[去] 두려움도[惕] 떠나[出] 허물이[咎] 없다[无].

### 【육사(六四)의 효상(爻象) 풀이】

소축괘(小畜卦 : ☴)의 육사(六四 : --)는 이음거음(以陰居陰) 즉 음(陰 : --)으로써[以] 음(陰 : --)의 자리에 있는지라[居] 정당한 자리에 있다. 육사(六四 : --)는 구삼(九三 : —)과 음양(陰陽)의 사이이고 서로 정위(正位)에 있는지라 비(比) 즉 이웃의 사귐[比]이 부부(夫婦)로 이루어질 수 있지만, 소축괘(小畜卦 : ☴)의 주제인 〈소축(小畜)〉의 시국을 마다하는 구삼(九三 : —)을 육사(六四 : --)가 뿌리치고 있다. 육사(六四 : --)는 초구(初九 : —)와도 음양(陰陽)의 사이인지라 정응(正應) 즉 정도를 따라[正] 서로 호응할[應] 수 있지만 사이에 구삼(九三 : —)이 거치적거려 축양(畜養)하기 어렵다. 그러나 존위(尊位)에 있는 구오(九五 : —)가 〈소축(小畜)〉의 시국을 맞아 육사(六四 : --)의 축양을 따라주어 육사(六四 : --)가 정성껏 구오(九五 : —)를 순복(順服)해 따르는 모습이다.

소축괘(小畜卦 : ☴)의 육사(六四 : --)가 구사(九四 : —)로 변효(變爻)하면 구사(九四 : —)는 소축괘(小畜卦 : ☴)를 첫 번째 건괘(乾卦 : ☰)로 지괘(之卦)하게 한다. 따라서 소축괘(小畜卦 : ☴)의 육사(六四 : --)는 건괘(乾卦 : ☰)의 구사(九四 : —)를 찾아가 살펴보게 한다.

【육사(六四)의 계사(繫辭) 풀이】

## 有孚(유부)

**진실한 믿어줌이[孚] 있다[有].**

육사(六四 : --)의 효위(爻位)를 빌려 암시한 계사(繫辭)이다. 〈유부(有孚)〉는 〈육사유부유구오여초구(六四有孚由九五與初九)〉의 줄임으로 여기고 〈육사에게는[六四] 초구와[與初九] 구오(九五)로부터[由] 받는 진실한 미더움이[孚] 있다[有]〉라고 새겨볼 것이다. 여기 〈유부(有孚)의 부(孚)〉는 소축괘(小畜卦 : ☴)의 외호괘(外互卦) 이(離 : ☲)를 빌려 육사(六四 : --)를 취상(取象)한 것이다. 이(離 : ☲)의 중효(中爻)인 육사(六四 : --)가 중허(中虛)이니 허심(虛心)함을 말한다. 허심(虛心)하면 무사(無私)함이니 육사(六四 : --)가 소축괘(小畜卦 : ☴)의 구삼(九三 : —)을 제외한 중양(衆陽)들로부터 〈부(孚)〉 즉 진실한 미더움[孚]을 받음을 암시한 것이 〈유부(有孚)〉이다. 〈유부(有孚)의 부(孚)〉는 소축괘(小畜卦 : ☴)의 주제인 〈소축(小畜)〉의 시국을 맞아 소축괘(小畜卦 : ☴)의 중양(衆陽)을 축양(畜養)하려는 육사(六四 : --)의 진실한 미더움[貞]을 구오(九五 : —)와 초구(初九 : —)와 더불어 상구(上九 : —)와 구이(九二 : —)마저도 진실로 믿어줌[孚]을 암시한다. 〈부(孚)〉란 남들로부터 자신의 정(貞) 즉 진실한 미더움[貞]을 신임(信任)받음을 말한다. 〈부(孚)〉는 자신의 〈정(貞)〉으로 말미암아 남으로부터 돌아오기 때문이다. 자신이 진실로 미덥다면[貞] 반드시[必] 남들로부터 진실한 믿음이[孚] 돌아온다[歸]. 자기가 정(貞)하면 남들이 자기를 진실로 믿어줌이 곧 〈부(孚)〉이다. 따라서 육사(六四 : --)가 지닌 〈소축(小畜)〉의 〈정(貞)〉으로 말미암아 구삼(九三 : —)을 제외한 소축괘(小畜卦 : ☴)의 중양(衆陽)으로부터 진실한 미더움[孚]을 받음을 암시한 계사(繫辭)가 〈유부(有孚)〉이다.

## 血去惕出(혈거척출) 无咎(무구)

**근심은[血] 사라지고[去] 두려움도[惕] 떠나[出] 허물이[咎] 없다[无].**

육사(六四 : --)에 대한 구삼(九三 : —)의 〈반목(反目)〉이 사라졌음을 암시하는 계사(繫辭)이다. 〈혈거척출(血去惕出)〉은 〈혈거어육사(血去於六四) 이척출어육사

(而惕出於六四)〉의 줄임으로 여기고 〈육사(六四)에게서[於] 혈이[血] 사라지면서[去而] 육사(六四)에게서[於] 척도[惕] 떠났다[出]〉라고 새겨볼 것이다. 〈혈거(血去)의 혈(血)〉은 근심[憂]으로 여기고 새김이 마땅하고, 〈척출(惕出)의 척(惕)〉은 구(懼) 즉 두려움[懼]으로 여기고 새김이 마땅하다. 소축괘(小畜卦 : ☴)의 외호괘(外互卦) 이(離 : ☲)를 상절(上截)하면 소음(少陰 : ⚍)이 된다. 이 소음(少陰 : ⚍)은 감(坎 : ☵)의 반체(半體)가 됨을 빌려 〈혈거척출(血去惕出)의 혈(血)-척(惕)〉으로써 육사(六四 : --)와 구삼(九三 : —) 사이의 〈반목(反目)〉을 취상(取象)한 것이다. 「설괘전(說卦傳)」에 〈감은[坎 : ☵] 혈괘(血卦)이다[爲]〉라는 내용과 〈감은[坎 : ☵] 함정[陷]이다[也]〉라는 내용을 여기 〈혈거척출(血去惕出)의 혈(血)-척(惕)〉이 상기시킨다. 그러나 소음(少陰 : ⚍)이 감(坎 : ☵)의 반체(半體)가 될 수 있으나 하나의 괘(卦)로는 될 수 없음인지라, 소음(少陰 : ⚍)은 감(坎 : ☵)이 사라진 셈이라 〈혈(血)-척(惕)〉이 사라지고[去] 떠난다[出]라고 암시한다. 이는 곧 구삼(九三 : —)과 육사(六四 : --) 사이의 〈반목(反目)〉의 불안이[血] 사라지고[去] 두려움도[惕] 떠나서[出] 〈소축(小畜)〉의 시국을 맞아 중양(衆陽)을 축양(畜養)하려고 진실로 미더움[貞]을 다하는 육사(六四 : --)에게는 잘못이나 허물이[咎] 없음[无]을 암시한 계사(繫辭)가 〈혈거척출(血去惕出) 무구(无咎)〉이다.

【字典】

**유(有)** 〈없을 무(無)의 반대말로 있을 유(有), 얻을(가질) 유(有)-취(取), 혹 유(有)-혹(或), 많을 유(有)-다(多)-족(足), 부유할 유(有)-부(富), 간직할 유(有)-장(藏), 보호할 유(有)-보(保), 서로 친할 유(有)-상친(相親), 전일할 유(有)-전(專), 할 유(有)-위(爲), 어조사 유(有)〉 등의 뜻을 내지만 〈있을 유(有)〉로 여기고 새김이 마땅하다.

**부(孚)** 〈믿을 부(孚)-신(信), 알에서 새끼가 껍질을 쪼아 나올 부(孚)-난화(卵化), 씨앗이 틀 부(孚)-부(稃), 기를 부(孚)-육(育), 덮어줄 부(孚)-복(覆), 붙을(의지할) 부(孚)-부(附)-부(付), 깡충거릴 부(孚)-무조(務躁)-부조(浮躁), 옥채색 부(孚)-옥채색(玉采色)〉 등의 뜻을 내지만 여기선 〈믿을 신(信)〉과 같다 여기고 새김이 마땅하다.

**혈(血)** 〈근심할 혈(血)-우(憂)-휼(恤), 피 혈(血), 물들일 혈(血)-염(染), 상처 날 혈(血)-상(傷), 눈물 혈(血)-누(淚), 음(陰)을 비유해주는 혈(血), 감괘 혈(血)-감괘(坎卦)〉 등의 뜻을 내지만 여기선 〈근심 우(憂)〉로 여기고 새김이 마땅하다.

**거(去)** 〈덜 거(去)-제(除)-철(徹), 물러날 거(去)-퇴이(退離)-천(遷), 갈 거(去)-이(離)-이(移)-행(行), 사람들이 서로 어길 거(去)-인상위(人相違), 떨어질 거(去)-낙(落), 예전 거(去)-과거(過去), 오래될 거(去)-시격(時隔)-유후(猶後), 떨어질 거(去)-거(距), 도망할 거(去)-망(亡), 내쫓을 거(去)-방축(放逐), 버릴 거(去)-기(棄)-사(捨), 죽일 거(去)-살(殺), 숨길 거(去)-장(藏), 어조사 거(去)-유래(猶來)-유아(猶啊)-유착(猶着)-유료(猶了)〉 등의 뜻을 내지만 여기선 〈덜 제(除)〉와 같다 여기고 새김이 마땅하다.

**척(惕)** 〈두려워할 척(惕)-구(懼), 투기할(원망할) 척(惕)-질(疾), 걱정할 척(惕)-우(憂), 공경할 척(惕)-경(敬)〉 등의 뜻을 내지만 여기선 〈두려워할 구(懼)〉와 같다 여기고 새김이 마땅하다.

**出** 〈출-추〉 두 가지로 발음되고, 〈(안에서 밖으로) 나갈 출(出)-외(外), 드러날 출(出)-현(見), 특출할 출(出)-특(特), 치솟을 출(出)-상용(上湧), 위로 향할 출(出)-향상(向上), 낳을 출(出)-생(生), 멀 출(出)-원(遠), 갈 출(出)-거(去)-행(行), 관직에 부임할 출(出)-관부임(官赴任), 나타날 출(出)-현(現), 변천할 출(出)-추(推), 게울 출(出)-토(吐), 도망갈 출(出)-도(逃), 표할 출(出)-표(表), 갈릴 출(出)-이(離), 안에서 밖으로 내보낼 추(出)-자내이외(自內而外)〉 등의 뜻을 내지만 여기선 〈나갈 외(外)〉로 여기고 새김이 마땅하다.

**무(无)** 〈없을 무(无)-무(無), 허무지도 무(无)-허무지도(虛无之道), 으뜸 무(无)-원(元)〉 등의 뜻을 내지만 여기선 〈없을 무(無)〉와 같다 여기고 새김이 마땅하다.

**구(咎)** 〈허물 구(咎)-건(愆)-과(過), 재앙 구(咎)-재(災), 병될 구(咎)-병(病), 나쁠 구(咎)-오(惡)〉 등의 뜻을 내지만 여기선 〈허물 건(愆)-과(過)〉와 같다 여기고 새김이 마땅하다. 〈무구(无咎)〉는 〈면어구(免於咎)〉 즉 허물을[於咎] 면하다[免]와 같다.

---

註 감위혈괘(坎爲血卦) : 감은[坎 : ☵] 혈괘(血卦)이다[爲]. 「설괘전(說卦傳)」 11단락(段落)

註 감함야(坎陷也) : 감은[坎 : ☵] 함정[陷]이다[也]. 「설괘전(說卦傳)」 7단락(段落)

# 구오(九五 : ⚊)

**九五 : 有孚攣如이다 富하여 以其鄰하다**
유 부 련 여 　 부 　 이 기 린

구오(九五) : 진실한 믿어줌이[孚] 있어[有] 사모하는[攣] 모습이다[如]. 축재하여[富] 제[其] 이웃을[鄰] 돕는다[以].

**【구오(九五)의 효상(爻象) 풀이】**

소축괘(小畜卦 : ☴☰)의 구오(九五 : ⚊)는 이양거양(以陽居陽) 즉 양(陽 : ⚊)으로써[以] 양(陽 : ⚊)의 자리에 있는지라[居] 정당한 자리에 있다. 구오(九五 : ⚊)와 육사(六四 : ⚋)는 양음(陽陰)의 사이이고 서로 정위(正位)에 있는지라 비(比) 즉 이웃의 사귐[比]이 돈독하여, 소축괘(小畜卦 : ☴☰)의 주제인 〈소축(小畜)〉의 시국을 맞이하여 육사(六四 : ⚋)로 하여금 〈소축(小畜)〉의 소임(所任)을 다하도록 남김없이 후원하며 소축괘(小畜卦 : ☴☰)의 주효(主爻)의 자리를 육사(六四 : ⚋)가 취하도록 허용하는 금도(襟度)를 보인다. 다른 대성괘(大成卦)에서라면 정위(正位)에 있는 구오(九五 : ⚊)가 주효(主爻)가 된다. 그러나 소축괘(小畜卦 : ☴☰)에서는 육사(六四 : ⚋)가 주효(主爻)가 됨은 구오(九五 : ⚊)가 육사(六四 : ⚋)의 후원자로서 물러서 군왕(君王)으로서 득중(得中) 즉 정도를 따름을[中] 취하여[得] 육사(六四 : ⚋)로 하여금 소축괘(小畜卦 : ☴☰)의 중양(衆陽)을 축양(畜養)하도록 후원한다. 이러함으로써 구오(九五 : ⚊) 자신을 포함하여 소축괘(小畜卦 : ☴☰)의 중양(衆陽)들로 하여금 서로 손잡고 육사(六四 : ⚋)에게 머물도록[畜] 하는 모습이다.

> 소축괘(小畜卦 : ☴☰)의 구오(九五 : ⚊)가 육오(六五 : ⚋)로 변효(變爻)하면 구오(九五 : ⚊)는 소축괘(小畜卦 : ☴☰)를 26번째 대축괘(大畜卦 : ☶☰)로 지괘(之卦)하게 한다. 따라서 소축괘(小畜卦 : ☴☰)의 구오(九五 : ⚊)는 대축괘(大畜卦 : ☶☰)의 육오(六五 : ⚋)를 찾아가 살펴보게 한다.

【구오(九五)의 계사(繫辭) 풀이】

## 有孚攣如(유부련여)

진실한 믿어줌이[孚] 있어[有] 사모하는[攣] 모습이다[如].

구오(九五 : ─)와 육사(六四 : --) 사이의 비(比)를 암시한 계사(繫辭)이다. 〈유부련여(有孚攣如)〉는 〈구오유부유륙사(九五有孚由六四) 인차구오여륙사여련(因此九五與六四如攣)〉의 줄임으로 여기고 〈구오에게는[九五] 육사(六四)로부터[由] 받는 진실한 미더움이[孚] 있다[有] 그래서[因此] 육사와[與六四] 구오가[九五] 손에 손잡은[攣] 듯하다[如]〉라고 새겨볼 것이다. 여기 〈유부(有孚)의 부(孚)〉는 소축괘(小畜卦 : ☴)의 존위(尊位)에 있으면서 상체(上體) 손(巽 : ☴)의 중효(中爻)로서 득중(得中) 즉 정도를 따름을[中] 취하는[得] 구오(九五 : ─)를 육사(六四 : --)가 진실로 믿어줌[孚]을 뜻한다. 〈유부(有孚)의 부(孚)〉는 소축괘(小畜卦 : ☴)의 주제인 〈소축(小畜)〉의 시국을 맞아 소축괘(小畜卦 : ☴)의 중양(衆陽)을 축양(畜養)하려는 육사(六四 : --)를 도와주려는 구오(九五 : ─)의 진심을 육사(六四 : --)가 진실로 믿어줌[孚]을 암시한다. 〈부(孚)〉란 남들로부터 자신의 정(貞) 즉 진실한 미더움[貞]을 신임(信任)받음을 말한다. 〈부(孚)〉는 자신의 〈정(貞)〉으로 말미암아 남으로부터 돌아오는 신임이다. 자신이 진실로 미덥다면[貞] 반드시[必] 남들로부터 진실한 믿음이[孚] 돌아온다[歸]. 자기가 정(貞)하면 남들이 자기를 진실로 믿어줌이 곧 〈부(孚)〉이다. 따라서 〈유부(有孚)의 부(孚)〉는 육사(六四 : --) 자신을 도와주려는 구오(九五 : ─)의 〈정(貞)〉으로 말미암아 육사(六四 : --)가 구오(九五 : ─)를 진실로 믿어줌[孚]을 암시한 것이고, 동시에 구오(九五 : ─)와 육사(六四 : --)가 서로 진실로 믿어줌[孚]이 마치 손에 손잡고 사귀는[攣] 것 같다[如]고 암시한 계사(繫辭)가 〈유부련여(有孚攣如)〉이다.

## 富(부) 以其鄰(이기린)

축재하여[富] 제[其] 이웃을[鄰] 돕는다[以].

구오(九五 : ─)가 육사(六四 : --)를 후원함을 암시하는 계사(繫辭)이다. 〈부(富) 이기린(以其鄰)〉은 〈구오부(九五富) 인차구오이기린(因此九五以其鄰)〉의 줄임으로 여기고 〈구오는[九五] 부유하다[富] 그래서[因此] 구오는[九五] 제[其] 이웃을[鄰] 돕는다[以]〉라고 새겨볼 것이다. 구오(九五 : ━)가 소축괘(小畜卦 : ䷈)의 상체(上體) 손(巽 : ☴)의 중효(中爻)임을 들어 구오(九五 : ━)를 〈부(富)〉로써 취상(取象)한 것이다. 왜냐하면 여기 〈부(富)〉가 「설괘전(說卦傳)」에 나오는 〈손은[巽 : ☴] 이익을[利] 가까이하여[近] 저자의[市] 세 배[三倍]이다[爲]〉라는 내용을 상기시키기 때문이다. 이에 여기 〈부(富)〉는 그냥 부유하다[富]는 것이 아니라 〈축부(畜富)〉 즉 부를[富] 쌓는다[畜]고 새김이 마땅할 것이다. 군왕(君王)으로서 구오(九五 : ━)가 자신을 위하여 부를[富] 쌓음[畜]이 아니라 〈이기린(以其鄰)〉 즉 제[其] 이웃을[鄰] 돕기[以] 위하여 〈부(富)〉 즉 축재함[富]인지라, 군왕(君王)으로서 정위(正位)에서 득중(得中)으로써 〈부(富)〉 즉 재물을 쌓는 것임을 암시한 것이 〈이기린(以其鄰)〉이다. 〈이기린(以其鄰)의 이(以)〉는 여기선 〈도울 조(助)〉와 같고, 〈이기린(以其鄰)의 기린(其鄰)〉은 〈구오지린(九五之鄰)〉의 줄임으로 곧 육사(六四 : ╍)를 나타낸다. 따라서 소축괘(小畜卦 : ䷈)의 중양(衆陽)을 모아[聚] 머물게[止] 하여 양육하는[養] 육사(六四 : ╍)의 〈소축(小畜)〉을 구오(九五 : ━)가 남김없이 도와줌을 암시한 계사(繫辭)가 〈부(富) 이기린(以其鄰)〉이다.

**【字典】**

**유(有)** 〈없을 무(無)의 반대말로 있을 유(有), 언을(가질) 유(有)-취(取), 혹 유(有)-혹(或), 많을 유(有)-다(多)-족(足), 부유할 유(有)-부(富), 간직할 유(有)-장(藏), 보호할 유(有)-보(保), 서로 친할 유(有)-상친(相親), 전일할 유(有)-전(專), 할 유(有)-위(爲), 어조사 유(有)〉 등의 뜻을 내지만 〈있을 유(有)〉로 여기고 새김이 마땅하다.

**부(孚)** 〈믿을 부(孚)-신(信), 알에서 새끼가 껍질을 쪼아 나올 부(孚)-난화(卵化), 씨앗이 틀 부(孚)-부(稃), 기를 부(孚)-육(育), 덮어줄 부(孚)-복(覆), 붙을(의지할) 부(孚)-부(附)-부(付), 깡충거릴 부(孚)-무조(務躁)-부조(浮躁), 옥채색 부(孚)-옥채색(玉采色)〉 등의 뜻을 내지만 여기선 〈믿을 신(信)〉과 같다 여기고 새김이 마땅하다.

**연(攣)** 〈사모할 연(攣)-모(慕), 묶을 연(攣)-계(繫)-계(係), 구속할 연(攣)-구련(拘攣), 힘줄 당길 연(攣)-추근(抽筋), 손발이 구부러질 병 연(攣)-수족곡병(手足曲病)〉 등의 뜻을 내지만 여기선 〈사모할 모(慕)〉와 같다 여기고 새김이 마땅하다. 〈攣〉이 앞에 올 때는 〈연〉으로 발음하고, 중간이나 뒤에 올 때는 〈련〉으로 발음한다.

**여(如)** 〈어조사 여(如), 같을 여(如)-사(似)-동(同), 그럴 여(如)-연(然), 따를 여(如)-종수(從隨), 갈 여(如)-왕(往)-행(行), 맞먹을 여(如)-비(比), 무리 여(如)-등(等), 미칠 여(如)-급(及), 이에 여(如)-내(乃), 어떠할 여(如)-여하(如何), 첩 여(如)-여부인(如婦人), 이월 여(如)-이월(二月)〉 등의 뜻을 내지만 여기선 〈어조사 여(如)〉로 별 뜻이 없다 여기고 새김이 마땅하다.

**부(富)** 〈축재할 부(富)-축재(蓄財), 풍성할 부(富)-성(盛), 갖출 부(富)-비(備), 녹위(祿位)가 창성할 부(富)-녹위창성(祿位昌盛), 두터울 부(富)-후(厚), 복 부(富)-복(福), 재산 부(富)-재산(財産)〉 등의 뜻을 내지만 여기선 〈축재(蓄財)〉로 여기고 새김이 마땅하다.

**이(以)** 〈도울 이(以)-조(助)-좌우(左右), 써 이(以)-용(用), 할 이(以)-위(爲), 생각할 이(以)-사(思), 거느릴 이(以)-솔(率), 그만둘 이(以)-이(已), 본받을 이(以)-법(法), 때문에 이(以)-인(因) {까닭 이(以)로 명사(名詞) 노릇도 하는데 주로 유이(有以) 무이(無以) 꼴일 때가 대부분임.}, 더불어 이(以)-여(與), 하여금 이(以)-사(使), 이미 이(以)-이(已)〉 등의 뜻을 내고 이 외에도 전후문맥(前後文脈)에 따라 다양한 뜻을 자유롭게 내며 〈그래서 이(以)-소이(所以)-인이(因以)〉처럼 계사(繫詞) 노릇마저도 한다. 여기선 〈도울 조(助)〉와 같다 여기고 새김이 마땅하다.

**기(其)** 〈자기의 기(其)-기지(己之), 그(그것) 기(其)-피(彼)-지(之), 그럴 기(其)-연(然), 어찌 기(其)-기(豈), 누를 기(其)-억(抑), 오히려 기(其)-상(尙)-서기(庶幾), 이에 기(其)-내(乃), 만약 기(其)-약(若), 장차 기(其)-장(將), 어조사 기(其)-어조사〉 등의 뜻을 내지만 여기선 〈자기의 기지(己之)〉와 같다 여기고 새김이 마땅하다.

**인(鄰)** 〈가까울 인(鄰)-인(隣)-근(近), 친할 인(鄰)-인(隣)-친(親), 고을 인(鄰)-인(隣)-읍(邑), 오가(五家)를 한 단위로 하는 인(鄰)-인(隣), 좌우에서 도울 인(鄰)-인(隣)-좌우보필(左右輔弼)〉 등의 뜻을 내지만 여기선 〈가까울 근(近)〉으로 여기고 새김이 마땅하다. 〈鄰〉이 앞에 올 때는 〈인〉으로 발음하고, 중간이나 뒤에 올 때는 〈린〉으로 발음한다.

---

註 손위근리시삼배(巽爲近利市三倍) : 손은[巽 : ☴] 이익을[利] 가까이하여[近] 저자의[市] 세 배[三倍]이다[爲].

「설괘전(說卦傳)」 11단락(段落)

# 상구(上九 : ⚊)

上九 : 旣雨旣處라 尙德載이다 婦貞厲라 月幾望이니 君子征凶하리
기우기처 상덕재 부정려 월기망 군자정흉

상구(上九) : 이미[旣] 비가[雨] 응결을[處] 다해서[旣] 받들어[尙] 덕을[德] 싣고 있다[載]. 여자가[婦] 변함없으면[貞] 불행하다[厲]. 달이[月] 보름달에[望] 가까우니[幾] 군자가[君子] 원정하면[征] 나쁘리라[凶].

**【상구(上九)의 효상(爻象) 풀이】**

소축괘(小畜卦 : ䷈)의 상구(上九 : ⚊)는 이양거음(以陽居陰) 즉 양(陽 : ⚊)으로써[以] 음(陰 : ⚋)의 자리에 있는지라[居] 정당한 자리에 있지 못하다. 상구(上九 : ⚊)와 구오(九五 : ⚊)는 양양(兩陽) 즉 둘 다[兩] 양(陽 : ⚊)인지라 비(比) 즉 이웃의 사귐[比]을 누리지 못하고, 상구(上九 : ⚊)와 구삼(九三 : ⚊)도 양양(兩陽)인지라 부정응(不正應) 즉 정도를 따라[正] 호응하지 못해[不應], 상구무친(上九無親) 즉 상구(上九 : ⚊)는 가까이할 데가[親] 없이[無] 소축괘(小畜卦 : ䷈)의 극위(極位)에 이르렀다. 대성괘(大成卦)의 극위(極位)란 그 대성괘의 주제가 끝난 자리이다. 따라서 소축괘(小畜卦 : ䷈)의 극위(極位)에 있는 상구(上九 : ⚊)는 소축괘(小畜卦 : ䷈)의 주제인 〈소축(小畜)〉의 시국이 끝나는 자리에 있다. 상구(上九 : ⚊)는 〈소축(小畜)〉의 시국을 따라와 그 끝에 이르렀으니 육사(六四 : ⚋)의 축양(畜養)을 따라와 멈춤이니, 상구(上九 : ⚊)가 〈소축(小畜)〉의 시국이 끝났음을 받아들이는 모습이다.

소축괘(小畜卦 : ䷈)의 상구(上九 : ⚊)가 상륙(上六 : ⚋)으로 변효(變爻)하면 상구(上九 : ⚊)는 소축괘(小畜卦 : ䷈)를 5번째 수괘(需卦 : ䷄)로 지괘(之卦)하게 한다. 따라서 소축괘(小畜卦 : ䷈)의 상구(上九 : ⚊)는 수괘(需卦 : ䷄)의 상륙(上六 : ⚋)을 찾아가 살펴보게 한다.

【상구(上九)의 계사(繫辭) 풀이】

## 旣雨旣處(기우기처) 尙德載(상덕재)

이미[旣] 비가[雨] 응결을[處] 다해서[旣] 받들어[尙] 덕을[德] 싣고 있다[載].

상구(上九 : ⚊)가 변효(變爻)함을 들어 상구(上九 : ⚊)의 극위(極位)를 암시한 계사(繫辭)이다. 소축괘(小畜卦 : ☴)의 괘상(卦象)은 하늘[乾 : ☰] 위에 바람[巽 : ☴]만 부는지라 〈밀운불우(密雲不雨)〉 즉 짙은[密] 구름인데[雲] 비는 내지리 않는[不雨] 모습이다. 그러나 상구(上九 : ⚊)가 변효(變爻)하여 소축괘(小畜卦 : ☴)의 상체(上體) 손(巽 : ☴)이 감(坎 : ☵)으로 변괘(變卦)하면 하늘[乾 : ☰] 위에 물[坎 : ☵]이 있는지라 비를 내리는 조화가 이루어짐을 암시한 것이 〈기우기처(旣雨旣處)〉이다. 〈기우기처(旣雨旣處)의 우(雨)〉가 「설괘전(說卦傳)」에 나오는 〈감은[坎 : ☵]은 물[水]이다[爲]〉라는 내용을 상기시킨다. 하늘[乾 : ☰] 위의 물[坎 : ☵]이란 곧 〈우(雨)〉이다. 이미[旣] 비가[雨] 응결을[處] 다했다[旣] 함은 빗방울이 되어 땅 위로 내림을 암시한다. 〈기우기처(旣雨旣處)〉에서 〈기우(旣雨)의 기(旣)〉는 〈이미 기(旣)〉로 여기고, 〈기처(旣處)의 기(旣)〉는 〈다할 진(盡)〉으로 여기고, 〈기처(旣處)의 처(處)〉는 응결(凝結)의 뜻으로 여기고 새김이 마땅하다. 소축괘(小畜卦 : ☴)의 주제인 〈소축(小畜)〉의 시국에서 육사(六四 : ⚋) 홀로 〈축(畜)〉 즉 소축괘(小畜卦 : ☴)의 오양(五陽)을 모아 머물게 하여 길러야[畜] 했음이 끝났음을 암시하는 것이 〈기우기처(旣雨旣處)〉이다. 왜냐하면 〈불우(不雨)〉 즉 비가 오지 않은[不雨] 〈소축(小畜)〉의 시국이 비가 내리는[雨] 시국으로 옮겼음을 〈기우기처(旣雨旣處)〉가 암시하기 때문이다.

거듭해 상구(上九 : ⚊)가 변효(變爻)함을 들어 상구(上九 : ⚊)의 극위(極位)를 취상(取象)한 것이 〈상덕재(尙德載)〉이다. 〈상덕재(尙德載)〉는 〈상구지극위상재덕(上九之極位尙載德)〉의 줄임으로 여기고 〈상구의[上九之] 극위가[極位] 덕을[德] 받들어[尙] 싣는다[載]〉라고 새겨볼 것이다. 여기 〈상덕재(尙德載)〉는 〈상재덕(尙載德)〉으로 여기고 새길 것이다. 물론 〈상덕재(尙德載)〉 역시 상구(上九 : ⚊)가 변효(變爻)함을 들어 소축괘(小畜卦 : ☴)의 극위(極位)를 취상(取象)한 것이다. 왜냐하면 〈상덕재(尙德載)의 재(載)〉가 「설괘전(說卦傳)」에 나오는 〈감(坎 : ☵) …… 그것을[其] 수레로[輿] 말하면[於也] 고장이[眚] 많은 것[多]이다[爲]〉라는 내용을 일깨우기 때문이다. 물론 여기 〈상덕재(尙德載)〉는 앞의 〈기우기처(旣雨旣處)〉를 거듭해 암시한다. 〈상덕재(尙德載)의 덕(德)〉은 〈기우기처(旣雨旣處)의 우(雨)〉를 암시하고, 〈상덕재(尙德載)의 재(載)〉는 〈기우기처(旣雨旣處)의 처(處)〉를 수레[輿]로 연상시킨다. 〈기우기처(旣雨旣處)의 우(雨)〉야말로 음양상화(陰陽相和)의 조화로 이루어지니, 〈우(雨)〉란 곧 음양조화(陰陽造化)의 덕(德)이고 그 덕(德)을 〈처(處)〉 즉 응결함[處]이야말로 〈상재(尙載)〉 즉 받들어[尙] 싣고 있는[載] 수레[輿]와 같음을, 상구(上九 : ⚊)가 변효(變爻)한 감(坎 : ☵)을 들어 상구(上九 : ⚊)의 극위(極位)를 암시한 계사(繫辭)가 〈기우기처(旣雨旣處) 상덕재(尙德載)〉이다.

## 婦貞厲(부정려)

**여자가[婦] 변함없으면[貞] 불행하다[厲].**

상구(上九 : ⚊)의 극위(極位)로 소축괘(小畜卦 : ䷈)의 〈소축(小畜)〉이 끝났음을 암시하는 계사(繫辭)이다. 〈부정려(婦貞厲)〉는 〈약부정어소축(若婦貞於小畜) 기부려(其婦厲)〉의 줄임으로 여기고 〈만약[若] 여자가[婦] 소축에[於小畜] 변함없다면[貞] 그[其] 여자는[婦] 불행하다[厲]〉라고 새겨볼 것이다. 여기 〈부정려(婦貞厲)〉는 소축괘(小畜卦 : ䷈)의 상체(上體) 손(巽 : ☴)을 빌려 상구(上九 : ⚊)의 극위(極位)를 취상(取象)한 것이다. 왜냐하면 〈부정려(婦貞厲)의 부(婦)〉 즉 여자[婦]가 「설괘전(說卦傳)」에 나오는 〈손(巽 : ☴) 그것을[之] 장녀라[長女] 한다[爲]〉라는 내용을 환기시키기 때문이다. 장녀(長女)는 부(婦) 즉 여자(女子)로 통한다. 물론 〈부정려(婦貞厲)의 부(婦)〉는 소축괘(小畜卦 : ䷈)의 상체(上體)인 손(巽 : ☴)을 말하고, 동시에 손(巽 : ☴)의 초효(初爻)인 육사(六四 : ⚋)를 가리킨다. 손(巽 : ☴)의 초효(初爻)로서 육사(六四 : ⚋)가 〈소축(小畜)〉을 〈정(貞)〉 즉 확정해도[貞] 〈불려(不厲)〉 즉 불행하지 않지만[不厲], 상구(上九 : ⚊)의 극위(極位)에서는 소축괘(小畜卦 : ䷈)의 〈소축(小畜)〉이 끝난 자리인지라 육사(六四 : ⚋) 즉 음효(陰爻) 홀로 중양(衆陽)을 〈축(畜)〉 즉 모아 머물게 하여 양육하기를 확정하고자

[貞] 한다면 〈여(厲)〉 즉 불행할[厲] 수밖에 없음을 암시한 계사(繫辭)가 〈부정려(婦貞厲)〉이다.

## 月幾望(월기망) 君子征凶(군자정흉)

달이[月] 보름달에[望] 가까우니[幾] 군자가[君子] 원정하면[征] 나쁘리라[凶].

상구(上九 : ⚊)가 변효(變爻)함을 들어 거듭 상구(上九 : ⚊)의 극위(極位)를 암시한 계사(繫辭)이다. 소축괘(小畜卦 : ䷈)의 상체(上體) 손(巽 : ☴)은 양세(陽勢)가 성(盛)하고 음세(陰勢)가 쇠(衰)한 모습이지만, 상구(上九 : ⚊)가 변효(變爻)하여 손(巽 : ☴)이 감(坎 : ☵)으로 변괘(變卦)하면 음세(陰勢)가 성(盛)하고 양세(陽勢)가 쇠(衰)한 모습이다. 〈월기망(月幾望)의 월(月)〉은 상구(上九 : ⚊)가 변효(變爻)한 감(坎 : ☵)을 취상(取象)한 것이다. 왜냐하면 〈월기망(月幾望)의 월(月)〉이 「설괘전(說卦傳)」에 나오는 〈감은[坎 : ☵] 달[月]이다[爲]〉라는 내용을 상기시키기 때문이다. 달[月]은 음(陰 : ⚋)이고 어둠[暗]이며, 해[日]는 양(陽 : ⚊)이고 밝음[明]이다. 따라서 〈월기망(月幾望)의 망(望)〉은 보름달[望]인지라 음(陰 : ⚋)의 최성(最盛)함이니 암(暗)이 극성(極盛)한지라 〈월기망(月幾望)〉의 상황은 〈군자(君子)〉가 〈정(征)〉 즉 행동을 취할 처지가 아니다. 군자(君子)는 양(陽 : ⚊)이고 대(大)이며, 소인(小人)은 음(陰 : ⚋)이고 소(小)이다. 상구(上九 : ⚊)가 변효(變爻)하면 양(陽 : ⚊)이 음(陰 : ⚋)으로 변이(變移)하여 군자(君子)가 소인(小人)이 되었으니, 상구(上九 : ⚊)가 상륙(上六 : ⚋)으로 변이하고서 〈군자(君子)〉 행세를 도모하려 함을 암시한 것이 〈군자정(君子征)〉이다. 어떠한 경우에서든 군자(君子)가 아니면서 군자(君子) 행세를 꾀함은 흉악할[凶] 뿐임을 헤아려 깨우치게 하는 계사(繫辭)가 〈월기망(月幾望) 군자정흉(君子征凶)〉이다.

**【字典】**

**기(旣)** 〈이미 기(旣)-이(已), 다할 기(旣)-진(盡), 일이 끝날 기(旣)-사필(事畢), 작게 먹을 기(旣)-소식(小食), 마칠 기(旣)-종(終), 잃을 기(旣)-실(失), 어조사 기(旣)-야(也)〉 등의 뜻을 내지만 여기선 〈기우(旣雨)〉의 〈기(旣)〉는 〈이미 이(已)〉와 같고, 〈기처(旣處)〉의 〈기(旣)〉는 〈다할 진(盡)〉과 같다 여기고 새김이 마땅하다.

**우(雨)** 〈비 우(雨)-수종운하(水從雲下), 물기 우(雨)-수기(水氣), 음 우(雨)-음(陰), 감 우(雨)-감(坎), 태 우(雨)-태(兌), 많을 우(雨)-다(多), 흩어질 우(雨)-산실(散失), 비 올 우(雨)-강우(降雨), 위에서 아래로 떨어질 우(雨)-자상이하락(自上而下落), 윤택할 우(雨)-윤택(潤澤)〉 등의 뜻을 내지만 여기선 〈비 우(雨)〉로 여기고 새김이 마땅하다.

**처(處)** 〈멈출(그칠) 처(處)-지(止)-유(留), 나가지 않을 처(處)-불출(不出)-출지반(出之反), 머물러 살(의지할) 처(處)-거(居)-의(依), 머물 집 처(處)-사(舍), 처녀 처(處)-재실미가(在室未嫁), 둘 처(處)-치(置), 대우할 처(處)-대우(待遇), 쌓아둘 처(處)-저(貯), 결단할(정할) 처(處)-정(定)-결단(決斷), 곳 처(處)-처소(處所)〉 등의 뜻을 내지만 여기선 〈멈출 지(止)〉의 뜻이되 〈응축(凝縮)〉으로 여기고 새김이 마땅하다.

**상(尙)** 〈받들 상(尙)-숭(崇)-봉(奉), 강할(할 수 있을) 상(尙)-강(强), 고상할(높일) 상(尙)-존(尊), 가상할 상(尙)-가(嘉), 도울 상(尙)-조(助), 일찍 상(尙)-증(曾), 오히려 상(尙)-유(猶), 또 상(尙)-차(且), 반드시 상(尙)-필(必), 바랄 상(尙)-서기(庶幾)-심소희망(心所希望), 거의 상(尙)-서기(庶幾), 위 상(尙)-상(上), 더할 상(尙)-가(加), 꾸밀 상(尙)-식(飾), 오랠 상(尙)-구(久)〉 등의 뜻을 내지만 여기선 〈받들 숭(崇)-봉(奉)〉과 같다 여기고 새김이 마땅하다.

**덕(德)** 〈음양이 서로 통할 덕(德)-음양교통(陰陽交通), 은혜 덕(德)-은(恩), 큰 덕(德)-행도유득(行道有得)-수양이유득어심(修養而有得於心), 품행(품격) 덕(德)-품행(品行)-품격(品格), 본성의 실마리 덕(德)-성지단(性之端), 기질(성행) 덕(德)-기질(氣質)-성행(性行), 본성 덕(德)-본성(本性), 진리 덕(德)-진리(眞理), 시생 덕(德)-시생(始生), 왕성한 기운 덕(德)-왕기(旺氣), 덕으로 여길 덕(德)-하사(荷思), 좋은 가르침 덕(德)-감화(感化), 군자 덕(德)-군자(君子)〉 등의 뜻을 내지만 여기선 〈음양상화(陰陽相和)의 덕(德)〉과 같다 여기고 새김이 마땅하다.

**재(載)** 〈실을(올릴) 재(載)-승(乘), 배와 수레로 물건을 실어나를 재(載)-주거운물(舟車運物), 이길 재(載)-승(勝), 비롯할 재(載)-시(始), 이을 재(載)-승(承), 맡길 재(載)-임(任), 책에 올릴 재(載)-재어서(載於書), 기록할(쓸) 재(載)-기(記), 일 재(載)-사(事), 머물 재(載)-처(處), 편안할 재(載)-안(安), 태어날 재(載)-생(生), 알 재(載)-식(識), 해 재(載)-년(年), 말할 재(載)-언(言)-사(辭), 곧 재(載)-즉(則), 만약 재(載)-약(若), 어조사 재(載)〉 등의 뜻을 내지만 여기선 〈실을 승(乘)〉과 같다 여기고 새김이 마땅하다.

**부(婦)** 〈아내 부(婦)-배(配)-처(妻), 며느리 부(婦)-자지처(子之妻), 시집간 여자(아낙) 부(婦)-여자이가(女子已嫁), 손괘(☴) 부(婦)-손(巽), 이괘(☲) 부(婦)-이(離)〉 등의 뜻을 내지만 여기선 〈여자 부(婦)〉로 여기고 새김이 마땅하다.

**정(貞)** 〈정할 정(貞)-정(定), 오로지(순수할) 정(貞)-전(專)-일(一), 바를 정(貞)-정(正), 믿을 정(貞)-신(信), 거북점을 물을 정(貞)-복문(卜問), 역(易)의 내괘(內卦) 정(貞), 마땅할 정(貞)-당(當)〉 등의 뜻을 내지만 여기선 〈정할 정(定)〉과 같아 〈변함없는 정(貞)〉으로 여기고 새김이 마땅하다.

**여(厲)** 〈위태로울 여(厲)-위(危), 엄정할 여(厲)-엄(嚴), 맑고 바를 여(厲)-청정(淸正), 마찰할 여(厲)-마(磨), 막을 여(厲)-항(抗), 일어날 여(厲)-기(起), 지을 여(厲)-작(作), 사나울 여(厲)-학(虐), 병들 여(厲)-병(病), 낭떠러지 여(厲)-애(涯)〉 등의 뜻을 내지만 여기선 〈위태로울 위(危)〉와 같다 여겨도 되겠지만 〈불행할 여(厲)〉로 여기고 새김이 마땅하다. 〈厲〉가 맨 앞일 때는 〈여〉로 발음되고, 중간이나 뒤일 때는 〈려〉로 발음된다.

**월(月)** 〈달 월(月)-지구지위성(地球之衛星), 음 월(月)-음(陰), 물의 정수 월(月)-수지정(水之精), 진의 쪽 월(月)-진지방위(辰之方位), 형벌 월(月)-형(刑), 세월(초하루부터 그믐까지) 월(月)-세월(歲月)-종삭지회(從朔至晦), 광음 월(月)-광음(光陰=歲月), 달빛 월(月)-월광(月光), 천자 옷의 하나 월(月)-천자복식지일(天子服飾之一), 달거리 월(月)-부인지월경(婦人之月經), 매달 월(月)-매월(每月)〉 등의 뜻을 내지만 여기선 〈달 월(月)〉로 여기고 새김이 마땅하다.

**기(幾)** 〈거의 기(幾)-서기(庶幾), (말 도와주는) 그 기(幾)-기(其), 가까울 기(幾)-근(近), 얼마 기(幾)-기하다소(幾何多少), 얼마 못될 기(幾)-무기물무다(無幾物無多), 기미 기(幾)-기미(機微), 자못 기(幾)-태(殆), 위태할 기(幾)-위(危), 조용히 나타나지 않을 기(幾)-미(微)-화순지의(和順之意), 이치의 낌새 기(幾)-이지시미(理之始微), 처음 기(幾)-초(初), 다할 기(幾)-진(盡), 끝일 기(幾)-종(終), 바랄 기(幾)-망(望)-기(覬), 살필 기(幾)-찰(察), 기약할 기(幾)-기(期), 구하는 바가 적다고 말할 기(幾)-언소구소(言所求少), 헤아릴 기(幾)-수(數), 어찌 기(幾)-기(豈)〉 등의 뜻을 내지만 여기선 〈거의 기(幾)〉로 여기고 새김이 마땅하다.

**망(望)** 〈보름달 망(望)-현망월체(弦望月體), 바랄 망(望)-희(希)-기(冀), 상상하며 바라볼 망(望)-상망(想望), 우두커니 기다릴 망(望)-저이대지(佇而待之), 멀리 보일 망(望)-원견(遠見), 치어다볼 망(望)-앙첨(仰瞻), 볼 망(望)-시(視), 엿볼 망(望)-사(伺), 서로 볼 망(望)-상간(相看), 바라고 바랄 망(望)-희구지원망(希求之願望), 살펴볼 망(望)-관간(觀看), 우러러볼 망(望)-존경(尊敬), 사람이 앙망하는 것 망(望)-인소앙망자(人所仰望者), 목표 망(望)-목표(目標), 명성 망(望)-명성(名聲), 문족 망(望)-문족(門族), 제사 망(望)-제(祭), 풀 이름 망(望)-초명(草名), 책망(원망) 망(望)-책망(責望)-원망(怨望), 견줄 망(望)-비(比), 이를 망(望)-지(至)〉 등의 뜻을 내지만 여기선 〈보름달 현망월체(弦望月體)〉로 여기고 새김이 마땅하다.

**군(君)** 〈지극히 높은 사람(천자-임금-제후) 군(君)-지존자(至尊者), 임금을 이을(세자) 군(君)-세자(世子), 여왕 군(君)-여군(女君), 어버이 군(君)-부모(父母), 돌아가신 임금-돌아가신 아버지-돌아가신 조상 군(君)-선군(先君)-선부(先父)-선조(先祖), 상대를 부르는 칭호 군(君)-칭호(稱號), 귀신을 받들어 부르는 칭호 군(君)-귀신지경칭(鬼神之敬稱), 맡아 다스릴 군(君)-주재(主宰), 하늘-건 군(君)-천(天)-건(乾), 양 군(君)-양(陽), 낮 군(君)-일(日), 중앙제단 군(君)-궁제단(宮祭壇), 흙 군(君)-토(土)〉 등의 뜻을 내지만 〈군자(君子)〉는 〈재덕겸구지인(才德兼具之人)〉 즉 재주와[才] 덕을[德] 아울러[兼] 갖춘[具之] 사람[人]을 칭하는 술어(術語)로 여기고 새김이 마땅하다.

**자(子)** 〈존칭(덕 있는 사람의 칭호) 자(子)-유덕자지칭(有德者之稱), 존경받는 사람 자(子)-존자(尊者), 벼슬 자(子)-작(爵), 12지의 첫째 자(子), 음력 11월 자(子), 밤 11시에서 다음날 1시까지 자(子), 북쪽 방향 자(子)-북방(北方), 오행에서 물 자(子)-어오행속수(於五行屬水), 짐승에서 쥐 자(子)-어수위서(於獸爲鼠), 번성할 자(子)-자(滋), 뒤를 이어줄 자(子)-사(嗣)-식(息), 자녀 자(子)-자녀(子女), 자손 자(子)-자손(子孫), 남자를 일컫는 호칭 자(子)-남자지통칭(男子之通稱), 만물 자(子)-만물(萬物), 씨앗(열매) 자(子)-종자(種子)-과실(果實), 누구(사람) 자(子)-인(人)-수자(誰子), 백성 자(子)-백성(百姓)〉 등의 뜻을 내지만 여기선 〈덕 있는 사람[有德者]〉으로 여기고 새김이 마땅하다.

**정(征)** 〈멀리 갈 정(征)-원(遠), 바르게 갈 정(征)-정행(正行), 칠 정(征)-토(討)-벌(伐), 날 정(征)-비(飛), 취할 정(征)-취(取), 세금 매길 정(征)-세(稅)-부(賦)〉 등의 뜻을 내지만 여기선 〈멀리 갈 원(遠)〉의 뜻으로 〈원정(遠征)〉의 줄임말로 여기고 새김이 마땅하다.

**흉(凶)** 〈나쁠(불행할) 흉(凶)-길지반(吉之反), 흉한 사람 흉(凶)-흉인(凶人), 나쁠 흉(凶)-오(惡), 재앙 흉(凶)-화(禍), 요사할 흉(凶)-요사(夭死), 걱정할 흉(凶)-우(憂)-구(懼), 악한 사람 흉(凶)-악인(惡人), 흉년 흉(凶)-연곡불숙(年穀不熟), 사나울 흉(凶)-포학(暴虐), 음기 흉(凶)-음기(陰氣), 북쪽 흉(凶)-북(北), 없을 흉(凶)-공(空), 송사 흉(凶)-송(訟), 거역할 흉(凶)-역(逆), 어그러질 흉(凶)-패(悖), 허물 흉(凶)-구(咎)〉 등의 뜻을 내지만 여기선 〈나쁠 흉(凶)〉으로 여기고 새김이 마땅하다.

---

註 감위수(坎爲水) …… 기어여야(其於輿也) 위다생(爲多眚) : 감은[坎 : ☵]은 물[水]이다[爲]. …… 그것을[其] 수레로[輿] 말하면[於也] 고장이[眚] 많은 것[多]이다[爲].

「설괘전(說卦傳)」 11단락(段落)

註 손일색이득녀(巽一索而得女) 고(故) 위지장녀(謂之長女) : 손괘는[巽 : ☴] 한 번[一] 구해서[索而] 여자를[女] 얻으므로[得故] 그것을[之] 맏딸이라[長女] 한다[謂].

「설괘전(說卦傳)」 10단락(段落)

註 감위월(坎爲月) : 감은[坎 : ☵] 달[月]이다[爲]. 「설괘전(說卦傳)」 11단락(段落)

# 이괘 履卦

# 10

䷉

## 1 괘의 괘상과 계사

### 이괘(履卦 : ䷉)

태하건상(兌下乾上) : 아래는[下] 태(兌 : ☱), 위는[上] 건(乾 : ☰).

천택리(天澤履) : 하늘과[天] 못은[澤] 이이다[履].

履虎尾라도 不咥人이라 亨하리라
이 호 미 　 부 질 인 　 형

호랑이의[虎] 꼬리를[尾] 밟아도[履] 사람을[人] 물지 않는다[不咥]. 통하리라[亨].

**【이괘(履卦 : ䷉)의 괘상(卦象) 풀이】**

앞 소축괘(小畜卦 : ䷈)의 〈소축(小畜)〉은 〈소(小)〉 즉 음(陰 : ⚋) 하나가 오양(五陽)을 모아 머물게 하여 기름[畜]이다. 「서괘전(序卦傳)」에 〈물건이[物] 저축된[畜] 뒤에는[然後] 예의가[禮] 있다[有] 그래서[故] 이괘(履卦 : ䷉)로써[以] 그것을[之] 받는다[受]〉라는 말이 나온다. 이는 소축괘(小畜卦 : ䷈) 다음에 이괘(履卦 : ䷉)가 있는 까닭을 암시한다. 이괘(履卦 : ䷉)의 〈이(履)〉는 해야 할 일을 이행(履行)하는 도리이면서 동시에 〈밟을 이(履)〉의 뜻을 내기도 한다. 이괘(履卦 : ䷉)는 앞 소축괘(小畜卦 : ䷈)의 도괘(倒卦) 즉 소축괘(小畜卦 : ䷈)를 뒤집은[倒] 괘(卦)의 모습이다. 이괘(履卦 : ䷉)의 괘체(卦體)는 〈태하건상(兌下乾上)〉 즉 건(乾 : ☰) 아래 태(兌 : ☱)가 있다. 「설괘전(說卦傳)」에 〈태는[兌 : ☱] 기뻐함[說]이다[也]〉라는 내용이 나온다. 그리고 태(兌 : ☱)는 음(陰 : ⚋)이니 유순(柔順)하다. 따라서 이괘(履卦 : ䷉)의 주제인 〈이(履)〉는 이괘(履卦 : ䷉)의 하체(下體) 태(兌 : ☱)가 상체(上體) 건(乾 : ☰)을 기꺼이[說] 따름[順]을 암시한다. 여기 〈이(履)〉는 태(兌 : ☱)가 건(乾 : ☰)을 따라 밟아감이니 〈천(踐)〉이요, 동시에 건(乾 : ☰)에 의해 딸

려감이니 〈적(籍)〉이다. 따라서 아래의 태(兌 : ☱) 즉 유순(柔順)한 음(陰 : --)이 위의 건(乾 : ☰) 즉 강강(剛强)한 양(陽 : ㅡ)을 따르고 동시에 건(乾 : ☰)에 의해 딸려감이니, 위험한 상황일지라도 순순히 〈이(履)〉 즉 이행하여[履] 위험을 벗어나는 모습을 일러 이괘(履卦 : ䷉)라 칭명(稱名)한다.

【이괘(履卦 : ䷉)의 계사(繫辭) 풀이】

## 履虎尾(이호미) 不咥人(부절인)

호랑이의[虎] 꼬리를[尾] 밟아도[履] 사람을[人] 물지 않는다[不咥].

이괘(履卦 : ䷉) 상하체(上下體)의 괘재(卦才)를 빌려 괘상(卦象)을 암시한 계사(繫辭)이다. 이괘(履卦 : ䷉)의 상체(上體)는 건(乾 : ☰)이고 하체(下體)는 태(兌 : ☱)이다. 건(乾 : ☰)은 천(天)이고 태(兌 : ☱)는 택(澤)이다. 양(陽 : ㅡ)인 하늘[天] 아래 음(陰 : --)인 못[澤]이 있는 모습이다. 따라서 천(天 : ☰)이 위에 있고 택(澤 : ☱)이 아래에 있어 상하(上下)-존비(尊卑)가 어김없이 지당하여 예(禮)의 본분을 이괘(履卦 : ䷉)의 괘상(卦象)이 따르는 모습인지라, 이괘(履卦 : ䷉)의 괘상(卦象)을 일러 〈이호미(履虎尾) 부절인(不咥人)〉이라 한 것이다. 호랑이의[虎] 꼬리를[尾] 밟는다[履] 함은 위험한 상황에 놓여 있음을 뜻한다. 호랑이의[虎] 꼬리를[尾] 밟으면[履] 호랑이에게 물리게 마련인 위험한 상황을 마주친다 해도 미리미리 예(禮)의 본분을 다하여 예(禮)를 〈이(履)〉 즉 실행하면[履] 〈부절인(不咥人)〉 즉 호랑이도 그러한 사람을[人] 물지 않는다[不咥]는 깊은 뜻을 살펴 헤아려 깨우치게 하는 계사(繫辭)가 〈이호미(履虎尾) 부절인(不咥人)〉이다.

## 亨(형)

통하리라[亨].

이괘(履卦 : ䷉)의 괘상(卦象)을 거듭 암시한 계사(繫辭)이다. 이괘(履卦 : ䷉)의 괘상(卦象)이 곧 통하는[亨] 모습이다. 상체(上體) 건(乾 : ☰)은 양(陽 : ㅡ)이고 하체(下體) 태(兌 : ☱)는 음(陰 : --)이다. 위에 있는 건(乾 : ☰)을 아래에 있는 태(兌 : ☱)가 기꺼이 따라감을 실행하는[履] 모습이 강강(剛强)한 양(陽 : ㅡ)을 유약(柔

弱)한 음(陰 : --)이 따라가는 모습이다. 이는 태(兌 : ☱)가 자신을 낮추어 건(乾 : ☰)을 따름을 기꺼이[說] 응함인지라 이괘(履卦 : ䷉) 상하체(上下體)의 괘상(卦象)은 상하부쟁(上下不爭) 즉 위아래가[上下] 겨루지 않고[不爭] 상화(相和) 즉 서로[相] 어울리는[和] 모습인지라, 설령 〈이호미(履虎尾)〉의 위험을 당할지라도 그 위험을 벗어나 막힘없이 형통하는[亨] 모습이 곧 이괘(履卦 : ䷉)의 괘상(卦象)임을 거듭 암시한 계사(繫辭)가 〈형(亨)〉이다.

【字典】

**이(履)** 〈밟을 이(履)-천(踐), 예 이(履)-예(禮), 생가죽신 이(履)-혜(鞵), 신발을 신을 이(履)-이리가족(以履加足), 걸을 이(履)-보(步), 갈 이(履)-행(行), 경력 이(履)-경력(經歷), 괘 이름 이(履)-이괘(履卦), 갖출 이(履)-구(具), 자리에 오를 이(履)-등(登), 복 이(履)-복(福), 녹봉 이(履)-녹(祿)〉 등의 뜻을 내지만 여기선 〈밟을 천(踐)〉으로 여기고 새김이 마땅하다. 〈履〉가 앞에 오면 〈이〉로 발음되고, 중간이나 뒤에 오면 〈리〉로 발음된다.

**호(虎)** 〈호랑이 호(虎)-동물명(動物名), 위무 용맹 호(虎)-위무(威武)-용맹(勇猛), 잔인하고 포악할 호(虎)-잔포(殘暴), 바둑의 호구 호(虎)-기법(棋法)〉 등의 뜻을 내지만 여기선 〈호랑이 호(虎)〉로 새김이 마땅하다.

**미(尾)** 〈꼬리 미(尾)-미(微)-척진처(脊盡處), 뒤 미(尾)-후(後), 말단(뒤끝) 미(尾)-말(末), 끝 미(尾)-종(終), 끝날 미(尾)-진(盡), 흘레할 미(尾)-교접(交接)〉 등의 뜻을 내지만 여기선 〈꼬리 미(尾)〉로 여기고 새김이 마땅하다.

**不** 〈불-부〉 두 가지로 발음되고, 〈않을(못할) 불(不)-부(不), 없을 불(不)-부(不)-무(無), 아닐 불(不)-부(不)-비(非), 하지 말 불(不)-부(不)-막(莫)-금지(禁止), 정하지 않을 불(不)-부(不)-부(否)-미정(未定), 새가 날아올라 내려오지 않는 불(不)-부(不)-조비상불하래(鳥飛上不下來)〉 등의 뜻을 내지만 여기선 〈않을 불(不)〉로 여기고 새김이 마땅하다.

**咥** 〈절-질-희〉 세 가지로 발음되고, 〈물(씹을) 절(咥)-설(齧), 씹을 절(咥)-저(咀), 허허 웃는 소리 희(咥)-소성(笑聲), 웃음 질(咥)-소(笑)〉 등의 뜻을 내지만 여기선 〈물 설(齧)〉과 같다 여기고 새김이 마땅하다.

**인(人)** 〈사람 인(人)-만물지최령자(萬物之最靈者), 백성 인(人)-민(民), 남 인(人)-

타인(他人), 아무개 인(人)-모인(某人), 도인 인(人)-도인(道人), 사람들 인(人)-인인(人人), 범인(소인) 인(人)-소인(小人)-범인(凡人), 인성 인(人)-인성(人性), 인위 인(人)-인위(人爲), 신하 인(人)-신하(臣下), 중서(민중) 인(人)-중서(衆庶)-민중(民衆), 건괘-진괘인(人)-건위인(乾爲人)-진위인(震爲人), 어짊 인(人)-인(仁), 선인 인(人)-선인(先人), 서로 어여삐 여길 인(人)-상련(相憐)〉 등의 뜻을 내지만 여기선 〈사람 인(人)〉으로 여기고 새김이 마땅하다.

**亨** 〈향-형-팽〉 등으로 발음되고, 〈통할 형(亨)-통(通), 남을 형(亨)-여(餘), 드릴 향(亨)-헌(獻), 삶을 팽(亨)-자(煮)-팽(烹)〉 등의 뜻을 내지만 여기선 〈통할 통(通)〉과 같다 여기고 새김이 마땅하다.

## 2 효의 효상과 계사



初九：素履하여 往하니 无咎하다
소리 왕 무구

九二：履道坦坦하고 幽人貞吉하다
이도탄탄 유인정길

六三：眇能視고 跛能履라 履虎尾하여 咥人이니 凶하다
묘능시 파능리 이호미 절인 흉

武人爲于大君이다
무인위우대군

九四：履虎尾라도 愬愬하여 終吉이다
이호미 색색 종길

九五：夬履貞厲하다
쾌리정려

上九：視履考祥하여 其旋元吉하리라
시리고상 기선원길

초구(初九) : 소박하게[素] 이행해[履] 나아가니[往] 허물이[咎] 없다[无].

구이(九二) : 정도를[道] 이행함이[履] 평탄하고[坦坦], 은거하는[幽] 사람이라[人] 진실로 미더워[貞] 행복하다[吉].

육삼(六三) : 애꾸도[眇] 볼[視] 수 있고[能] 절뚝발이도[跛] 땅을 밟을[履] 수 있다[能]. 호랑이의[虎] 꼬리를[尾] 밟아[履] 사람을[人] 무는지라[咥] 흉하다[凶]. 무인이[武人] 임금[大君]으로[于] 되려 한다[爲].

구사(九四) : 호랑이의[虎] 꼬리를[尾] 밟아도[履] 몹시 두려워하니[愬愬] 끝내[終] 길하다[吉].

구오(九五) : 단호하게[夬] 할 일을 함이[履] 진실로 미더워도[貞] 불행하다[厲].

상구(上九) : 이행한 일들을[履] 돌이켜보고[視] 길흉의 조짐을[祥] 살펴[考] 그 징험으로[其] 돌아가면[旋] 크게[元] 좋으리라[吉].

# 초구(初九 : ─)

**初九 : 素履하여 往하니 无咎하다**
소리 왕 무구

초구(初九) : 소박하게[素] 이행해[履] 나아가니[往] 허물이[咎] 없다[无].

**【초구(初九)의 효상(爻象) 풀이】**

이괘(履卦 : ☰)의 초구(初九 : ─)는 이양거양(以陽居陽) 즉 양(陽 : ─)으로써[以] 양(陽 : ─)의 자리에 있는지라[居] 정당한 자리에 있다. 초구(初九 : ─)와 구이(九二 : ─)는 양양(兩陽) 즉 둘 다[兩] 양(陽 : ─)의 사이인지라 비(比) 즉 이웃의 사귐[比]을 누리지 못한다. 초구(初九 : ─)와 구사(九四 : ─) 역시 둘 다 양(陽 : ─)의 사이인지라 부정응(不正應) 즉 정도를 따라[正] 서로 호응하지 못할[不應] 사이이다. 따라서 초구(初九 : ─)는 도움을 받을 데가 없음을 깨닫고 있어서 안분수기(安分守己) 즉 마음 편히[安] 제 분수를 따라[分] 자신을[己] 지켜[守] 편안해하는 모습이다.

이괘(履卦 : ☰)의 초구(初九 : ─)가 초륙(初六 : --)으로 변효(變爻)하면 초구(初九 : ─)는 이괘(履卦 : ☰)를 6번째 송괘(訟卦 : ☰)로 지괘(之卦)하게 한다. 따라서 이괘(履卦 : ☰)의 초구(初九 : ─)는 송괘(訟卦 : ☰)의 초륙(初六 : --)을 찾아가 살펴보게 한다.

**【초구(初九)의 계사(繫辭) 풀이】**

## 素履(소리) 往(왕) 无咎(무구)

소박하게[素] 이행해[履] 나아가니[往] 허물이[咎] 없다[无].

초구(初九 : ─)의 효위(爻位)를 빌려 암시한 계사(繫辭)이다. 〈소리(素履) 왕(往)〉은 〈초구소리본분(初九素履本分) 이초구왕(而初九往)〉의 줄임으로 여기고 〈초구는[初九] 본분을[本分] 소박하게[素] 이행해서[履而] 초구는[初九] 나아간다[往]〉라고 새겨볼 것이다. 여기 〈소리(素履)의 소(素)〉는 『노자(老子)』에 나오는 〈그냥 그대로를[素] 살피고[見] 그냥 그대로를[樸] 지킨다[抱]〉라는 내용을 환기시킨다. 〈소리(素履)의 소(素)〉는 그냥 그대로 꾸밈없어 평범함을 말하고, 동시에 그러면 자안(自安) 즉 자신이[自] 편안함[安]을 말한다. 자신이 편안하기를 바라면 〈견소(見素)〉 즉 평범함을[素] 살펴[見] 그 평범함을[樸] 생각하고 품어 지킨다[抱]. 여기 〈소(素)〉는 〈그냥 그대로 박(樸)〉과 같다. 그래서 〈소리(素履)의 소(素)〉는 소사과욕(少私寡欲) 즉 제 몫을[私] 적게 하고[少] 욕망을[欲] 적게 하는[寡] 삶을 누리게 한다. 이괘(履卦 : ䷉)의 초효(初爻)로서 초구(初九 : ⚊)는 사귈 이웃도 없고 서로 호응해줄 동료도 없이 홀로, 앞에 놓인 길을 외롭게 밟아[履] 나아가기[往]를 시작해야 하는 처지에 있음을 스스로 깨달은 처사(處士) 같은 모습이다. 이런 초구(初九 : ⚊)인지라 어떠한 야망도 품지 않고 자신의 일을 소박하게[素] 이행해[履] 나아가는[往] 초구(初九 : ⚊)에게는 허물이[咎] 없음[无]을 암시한 계사(繫辭)가 〈소리(素履) 왕(往) 무구(无咎)〉이다.

【字 典】

**소(素)** 〈그냥 그대로(꾸밈없는) 소(素)-박(樸)-질(質)-질박(質樸)-물박(物朴)-무식자(無飾者), 흰 소(素)-백(白), 생초 소(素)-생백(生帛), 무색 소(素)-무색(無色)-기물무식자(器物無飾者), 본디 소(素)-원(原), 처음 소(素)-시(始), 원료 소(素)-원료(原料), 오색의 바탕 소(素)-오색지질(五色之質), 예비 소(素)-예비(豫備), 옛 소(素)-구(舊)-고(故), 바탕(본디) 소(素)-본(本), 옛날 소(素)-구시(舊時), 성질 소(素)-성질(性質), 진정 소(素)-실(實)-진정(眞情)-진성(眞誠), 넓을 소(素)-광(廣), 현재 있는 자리 소(素)-현재(見在)-현재(現在)-수저본분(守著本分), 텅 빌 소(素)-공(空)〉 등의 뜻을 내지만 여기선 〈그냥 그대로 박(樸)〉으로 여기고 새김이 마땅하다.

**이(履)** 〈밟을(행할) 이(履)-천(踐)-행(行), 예 이(履)-예(禮), 생가죽신 이(履)-혜(鞵), 신발을 신을 이(履)-이리가족(以履加足), 걸을 이(履)-보(步), 갈 이(履)-행(行), 경력 이(履)-경력(經歷), 괘 이름 이(履)-이괘(履卦), 갖출 이(履)-구(具), 자리에 오를 이(履)-등(登), 복 이(履)-복(福), 녹봉 이(履)-녹(祿)〉 등의 뜻을 내지만 여기선 〈행할 행(行)〉으로 여기고 새김이 마땅하다. 〈履〉가 앞에 오면 〈이〉로 발음되고, 중간이나 뒤에 오면 〈리〉로 발음된다.

**왕(往)** 〈나아갈 왕(往)-향(向), 갈 왕(往)-행(行)-지(之)-거(去), 이를 왕(往)-지

(至), 옛 왕(往)-석(昔), 이따금 왕(往)-시시(時時), 뒤 왕(往)-후(後)〉 등의 뜻을 내지만 여기선 〈나아갈 향(向)〉과 같다 여기고 새김이 마땅하다.

**무(无)** 〈없을 무(无)-무(無), 허무지도 무(无)-허무지도(虛无之道), 으뜸 무(无)-원(元)〉 등의 뜻을 내지만 여기선 〈없을 무(無)〉와 같다 여기고 새김이 마땅하다.

**구(咎)** 〈허물 구(咎)-건(愆)-과(過), 재앙 구(咎)-재(災), 병될 구(咎)-병(病), 나쁠 구(咎)-오(惡)〉 등의 뜻을 내지만 여기선 〈허물 건(愆)-과(過)〉와 같다 여기고 새김이 마땅하다. 〈무구(无咎)〉는 〈면어구(免於咎)〉 즉 허물을[於咎] 면하다[免]와 같다.

---

註 견소포박(見素抱樸) 소사과욕(少私寡欲) : 그냥 그대로를[素] 살피고[見] 그냥 그대로를[樸] 지킨다면[抱] 제 몫을[私] 적게 하고[少] 욕망을[欲] 적게 한다[寡]. 『노자(老子)』 19장(章)

## 구이(九二 : ⚊)

**九二 : 履道坦坦하고 幽人貞吉하다**
이도탄탄 유인정길

구이(九二) : 정도를[道] 이행함이[履] 평탄하고[坦坦], 은거하는[幽] 사람이라[人] 진실로 미더워[貞] 행복하다[吉].

### 【구이(九二)의 효상(爻象) 풀이】

이괘(履卦 : ䷉)의 구이(九二 : ⚊)는 이양거음(以陽居陰) 즉 양(陽 : ⚊)으로써[以] 음(陰 : ⚋)의 자리에 있는지라[居] 정당한 자리에 있지 못하다. 구이(九二 : ⚊)와 초구(初九 : ⚊)는 양양(兩陽) 즉 둘 다[兩] 양(陽 : ⚊)의 사이인지라 비(比) 즉 이웃의 사귐[比]을 누리지 못하고 상충(相衝) 즉 서로[相] 부딪칠[衝] 사이가 될 수도 있다. 구이(九二 : ⚊)와 육삼(六三 : ⚋)은 양음(陽陰)의 사이인지라 비(比) 즉 이웃의 사귐[比]을 누릴 수 있는 처지이나 육삼(六三 : ⚋)은 상진(上進)하려는 의욕이 강해 구이(九二 : ⚊)와의 이웃 사귐[比]을 멀리하는 모습이다. 구이(九二 : ⚊)와 구오(九五 : ⚊)는 양양(兩陽) 즉 둘 다[兩] 양(陽 : ⚊)인지라 중정(中正)과 정응(正應)을 나누지 못한다. 중정(中正)은 중효정위(中爻正位)의 줄임으로 중효이며[中] 정위에 있음[正]을 말한다. 그러나 구이(九二 : ━)가 주변과 친교(親交)하지 못한다 해도 구이(九二 : ━)는 이괘(履卦 : ䷉)의 하체(下體) 태(兌 : ☱)의 중효(中爻)로서 스스로 득중(得中) 즉 정도를 따름을[中] 취하여[得] 매사(每事)를 진실로 미덥게[貞] 마주하므로 이행하는[履] 일마다 평탄함[平坦]을 누리는 모습이다.

이괘(履卦 : ䷉)의 구이(九二 : ━)가 육이(六二 : --)로 변효(變爻)하면 구이(九二 : ━)는 이괘(履卦 : ䷉)를 25번째 무망괘(无妄卦 : ䷘)로 지괘(之卦)하게 한다. 따라서 이괘(履卦 : ䷉)의 구이(九二 : ━)는 무망괘(无妄卦 : ䷘)의 육이(六二 : --)를 찾아가 살펴보게 한다.

【구이(九二)의 계사(繫辭) 풀이】

## 履道坦坦(이도탄탄)

정도를[道] 이행함이[履] 평탄하다[坦坦].

구이(九二 : ━)의 효위(爻位)를 빌려 암시한 계사(繫辭)이다. 〈이도탄탄(履道坦坦)〉은 〈구이지리도탄탄(九二之履道坦坦)〉의 줄임으로 여기고 〈구이가[九二之] 정도를[道] 이행함이[履] 평탄하다[坦坦]〉라고 새겨볼 것이다. 〈이도(履道)의 이(履)〉는 궁행(躬行) 즉 몸소[躬] 이행한다[行]는 뜻으로 여기고 새김이 마땅하고, 〈이도(履道)의 도(道)〉는 정도(正道) 즉 바른[正] 길[道]을 뜻한다고 새김이 마땅하다. 따라서 〈이도(履道)〉는 〈궁행정도(躬行正道)〉 즉 바른[正] 길을[道] 몸소[躬] 실행해 감[行]을 말한다. 〈탄탄(坦坦)〉은 〈무험액(無險阨)〉 즉 위태함도[險] 궁색함도[阨] 없어[無] 일마다 순조롭게 풀려가 마음이 편하고 고요함을 말한다. 따라서 구이(九二 : ━)가 이괘(履卦 : ䷉)의 하체(下體) 태(兌 : ☱)의 중효(中爻)로서 〈이도(履道)〉 즉 정도를[道] 몸소 행함[履]에 득중(得中) 즉 정도를 따름을[中] 취하여[得] 유유자적(悠悠自適) 즉 거리낌 없이[悠悠] 스스로[自] 편안함[適]을 암시한 계사(繫辭)가 〈이도탄탄(履道坦坦)〉이다.

## 幽人貞吉(유인정길)

은거하는[幽] 사람이라[人] 진실로 미더워[貞] 행복하다[吉].

앞 〈이도(履道)〉를 거듭해 암시한 계사(繫辭)이다. 〈유인정길(幽人貞吉)〉은 〈유인이리도정(幽人以履道貞) 인차구이길(因此九二吉)〉의 줄임으로 여기고 〈이도를[履道] 본받는[以] 유인은[幽人] 정하다[貞] 그래서[因此] 구이는[九二] 길하다[吉]〉라고 새겨볼 것이다. 이웃하는 육삼(六三 : ⚋)은 구사(九四 : ⚊)에 기울어져 있고 구오(九五 : ⚊)와는 양양(兩陽) 즉 둘 다[兩] 양(陽 : ⚊)이어서 정응(正應)의 효연(爻緣)을 나눌 수 없는 지경인지라, 이괘(履卦 : ䷉)에서 구이(九二 : ⚊)는 고립무원(孤立無援)의 모습임을 빌려 〈유인(幽人)〉이라고 취상(取象)한 것이다. 구이(九二 : ⚊)는 이괘(履卦 : ䷉)의 주제인 〈이(履)〉의 시국을 제효(諸爻)들과 함께 하지 않고 홀로 〈이도(履道)〉 즉 궁행정도(躬行正道)를 본받는 〈유인(幽人)〉이다. 〈유인(幽人)〉은 피세은거지인(避世隱居之人) 즉 세상을[世] 피하여[避] 숨어[隱] 사는[居之] 사람[人]을 말한다. 여기 〈유인(幽人)〉은 『노자(老子)』에 나오는 〈그[其] 자신을[身] 제쳐서[外而] 자신이[身] 잊히지 않는다[存]〉라는 내용을 연상시키기도 한다. 구이(九二 : ⚊)가 이괘(履卦 : ䷉)의 하체(下體) 태(兌 : ☱)의 중효(中爻)이니 득중(得中) 즉 정도를 따름을[中] 취하여[得] 〈이도(履道)〉 즉 정도를[道] 손수 이행함[履]인지라 구이(九二 : ⚊)가 성인(聖人)을 본받음을 〈유인정길(幽人貞吉)의 정(貞)〉이 암시한다. 구이(九二 : ⚊)가 세상을 탓해서 세상을 피해[避世] 은거(隱居)함이 아니라 〈탄탄(坦坦)〉 즉 위험이나 액운 없이[坦坦] 자안(自安) 즉 스스로[自] 편안하게[安] 오히려 세상을 진실로 미더워한다[貞]는 것이 〈유인정(幽人貞)〉이다. 〈정(貞)〉이란 성신(誠信) 즉 진실한[誠] 미더움[信]이다. 그 미더움[貞]은 공정(公正)하여 무사무편(無邪無偏)함이다. 간사함도[邪] 없고[無] 치우침도[偏] 없는[無] 심지(心志)가 곧 〈정(貞)〉이다. 이런 〈정(貞)〉이란 득중(得中)을 잃지 않는 마음가짐이기 때문에 〈유인(幽人)〉으로서 구이(九二 : ⚊)가 이괘(履卦 : ䷉)의 주제인 〈이(履)〉의 시국을 진실한 미더움[貞]으로써 마주해 행복해[吉] 함을 암시한 계사(繫辭)가 〈유인정길(幽人貞吉)〉이다.

【字典】

**이(履)** 〈밟을(행할) 이(履)-천(踐)-행(行), 예 이(履)-예(禮), 생가죽신 이(履)-혜(鞵), 신발을 신을 이(履)-이리가족(以履加足), 걸을 이(履)-보(步), 갈 이(履)-행(行), 경력 이(履)-경력(經歷), 괘 이름 이(履)-이괘(履卦), 갖출 이(履)-구(具), 자리에 오를 이(履)-등(登), 복 이(履)-복(福), 녹봉 이(履)-녹(祿)〉 등의 뜻을 내지만 여기선 〈행할 행

(行)〉으로 여기고 새김이 마땅하다. 〈履〉가 앞에 오면 〈이〉로 발음되고, 중간이나 뒤에 오면 〈리〉로 발음된다.

**도(道)** 〈정도 도(道)-정도(正道), 길 도(道)-노(路), 만물의 근원 도(道)-만물지시(萬物之始), 갈 도(道)-행(行)-소행도(所行道), 이치 도(道)-이(理), 시비(是非)의 벼리 도(道)-시비지기(是非之紀), 묘용 도(道)-묘용지도(妙用之道), 주의사상 도(道)-주의사상(主義思想), 예악 도(道)-예악(禮樂), 인의덕행 도(道)-인의덕행(仁義德行), 정령 도(道)-정령(政令), 제도 도(道)-제도(制度), 방향 도(道)-방(方), 통할 도(道)-통(通), 따를 도(道)-순(順), 큰 도(道)-대(大), 알(깨달을) 도(道)-지(知)-각(覺), 말씀할 도(道)-언(言), 다스릴 도(道)-치(治), 말미암을 도(道)-유(由), 따를 도(道)-종(從), 인도할 도(道)-도(導), 끌 도(道)-인(引), 가르칠 도(道)-훈(訓), 마음으로 도울 도(道)-여(勴), 이를 도(道)-달(達)〉 등의 뜻을 내지만 여기선 〈정도(正道)〉의 줄임으로 여기고 새김이 마땅하다.

**탄(坦)** 〈편안할 탄(坦)-안(安), 바르고 곧을 탄(坦)-평(平), 큰 탄(坦)-대(大), 관대할 탄(坦)-관(寬), 밝을 탄(坦)-명(明)-저(著)〉 등의 뜻을 내지만 여기선 〈편안할 안(安)〉과 같다 여기고 새김이 마땅하다.

**유(幽)** 〈숨을 유(幽)-은(隱), 잠길 유(幽)-잠(潛), 깊을 유(幽)-심(深), 미묘할 유(幽)-미(微), 어두울 유(幽)-혼(昏)-암(暗)-명(冥), 암컷 유(幽)-자(雌), 음기 유(幽)-음(陰), 속 유(幽)-내(內), 밤 유(幽)-야(夜), 달빛 유(幽)-월(月), 검은색 유(幽)-흑색(黑色), 귀신 유(幽)-귀신(鬼神)〉 등의 뜻을 내지만 여기선 〈숨을 은(隱)〉과 같다 여기고 새김이 마땅하다.

**인(人)** 〈사람 인(人)-만물지최령자(萬物之最靈者), 백성 인(人)-민(民), 남 인(人)-타인(他人), 아무개 인(人)-모인(某人), 도인 인(人)-도인(道人), 사람들 인(人)-인인(人人), 범인(소인) 인(人)-소인(小人)-범인(凡人), 인성 인(人)-인성(人性), 인위 인(人)-인위(人爲), 신하 인(人)-신하(臣下), 중서(민중) 인(人)-중서(衆庶)-민중(民衆), 건괘-진괘 인(人)-건위인(乾爲人)-진위인(震爲人), 어짊 인(人)-인(仁), 선인 인(人)-선인(先人), 서로 어여삐 여길 인(人)-상련(相憐)〉 등의 뜻을 내지만 여기선 〈사람 인(人)〉으로 여기고 새김이 마땅하다.

**정(貞)** 〈바를 정(貞)-정(正), 믿을 정(貞)-신(信), 오로지(순수할) 정(貞)-전(專)-일(一), 거북점을 물을 정(貞)-복문(卜問), 역(易)의 내괘(內卦) 정(貞), 마땅할 정(貞)-당

(當), 정할 정(貞)-정(定)〉 등의 뜻을 내지만 여기선 〈바를 정(正), 믿을 신(信)〉 등을 합친 뜻과 같아 〈정신(正信)〉 즉 바르고[正] 미더움[信]으로 여기고 새김이 마땅하다.

**길(吉)** 〈좋을(행복할) 길(吉)-선(善)-영(令) {영월길일(令月吉日)은 선월선일(善月善日)임.}, 복 길(吉)-실(實)-선실(善實)-복(福), 예의를 따라 상서로울 길(吉)-예의순상(禮義順祥), 삼갈 길(吉)-근(謹), 초하루 길(吉)-삭일(朔日) {삭망(朔望) 즉 초하루[朔]와 그믐날[望]}, 길례 길(吉)-길례(吉禮) {오례지일(五禮之一) 길흉빈군가(吉凶賓軍嘉)}, 갈 길(吉)-행(行)-길(趌)〉 등의 뜻을 내지만 여기선 〈좋을 선(善)-영(令)〉 즉 행복과 같다 여기고 새김이 마땅하다.

---

註 성인후기신이신선(聖人後其身而身先) 외기신이신존(外其身而身存) : 성인은[聖人] 그[其] 자신을[身] 뒤로 물러서나[後而] 자신이[身] 앞서지고[先], 그[其] 자신을[身] 제쳐서[外而] 자신이[身] 잊히지 않는다[存]. 『노자(老子)』 7장(章)

## 육삼(六三 : - -)

六三 : 眇能視고 跛能履라 履虎尾하여 咥人이니 凶하다
묘 능 시　파 능 리　이 호 미　절 인　흉

武人爲于大君이다
무 인 위 우 대 군

육삼(六三) : 애꾸도[眇] 볼[視] 수 있고[能] 절뚝발이도[跛] 땅을 밟을[履] 수 있다[能]. 호랑이의[虎] 꼬리를[尾] 밟아[履] 사람을[人] 무는지라[咥] 흉하다[凶]. 무인이[武人] 임금[大君]으로[于] 되려 한다[爲].

**【육삼(六三)의 효상(爻象) 풀이】**

이괘(履卦 : ☱☰)의 육삼(六三 : - -)은 이음거양(以陰居陽) 즉 음(陰 : - -)으로 써[以] 양(陽 : —)의 자리에 있는지라[居] 정당한 자리에 있지 못하다. 육삼(六三 : - -)과 구사(九四 : —)는 음양(陰陽)의 사이인지라 비(比) 즉 이웃의 사귐[比]을 누리는 사이이다. 육삼(六三 : - -)은 상구(上九 : —)와도 음양(陰陽)의 사이인지라 정응(正應) 즉 정도를 따라[正] 서로 호응[應]하는 사이이다. 그러나 육삼(六三 :

--)은 이괘(履卦 : ☱)의 유일한 음효(陰爻)이면서 하체(下體) 태(兌 : ☱)의 중위(中位)를 벗어난 상효(上爻)로서 양(陽 : ⚊)의 자리에 있기에 유약(柔弱)하면서도 강강(剛强)함을 추구하여 위험함을 끝내 해결해가는 모습이다.





이괘(履卦 : ☱)의 육삼(六三 : --)이 구삼(九三 : ⚊)으로 변효(變爻)하면 육삼(六三 : --)은 이괘(履卦 : ☱)를 첫 번째 건괘(乾卦 : ☰)로 지괘(之卦)하게 한다. 따라서 이괘(履卦 : ☱)의 육삼(六三 : --)은 건괘(乾卦 : ☰)의 구삼(九三 : ⚊)을 찾아가 살펴보게 한다.

【육삼(六三)의 계사(繫辭) 풀이】

## 眇能視(묘능시) 跛能履(파능리) 履虎尾(이호미) 咥人(절인) 凶(흉)

애꾸도[眇] 볼[視] 수 있고[能] 절뚝발이도[跛] 땅을 밟을[履] 수 있다[能]. 호랑이의[虎] 꼬리를[尾] 밟아[履] 사람을[人] 무는지라[咥] 흉하다[凶].

육삼(六三 : --)의 효위(爻位)로써 그 효상(爻象)을 암시한 계사(繫辭)이다. 〈묘능시(眇能視)의 묘(眇)〉는 이괘(履卦 : ☱)의 내호괘(內互卦) 이(離 : ☲)를 빌려 육삼(六三 : --)을 취상(取象)한 것이다. 〈묘능시(眇能視)의 묘(眇)〉가 「설괘전(說卦傳)」에 나오는 〈이는[離 : ☲] 눈[目]이다[爲]〉라는 내용을 환기시키기 때문이다. 육삼(六三 : --)의 눈[目]이 정상적인 두 눈이 아니라 〈묘(眇)〉 즉 애꾸눈[眇]이란 것이다. 육삼(六三 : --)에게 눈[眇]이 있어서 사물을 볼 수는 있되 두 눈으로 보듯 명시(明視)하지 못함을 〈묘능시(眇能視)〉가 암시한다. 〈파능리(跛能履)의 파(跛)〉는 이괘(履卦 : ☱)의 외호괘(外互卦) 손(巽 : ☴)을 빌려 육삼(六三 : --)을 취상한 것이다. 〈파능리(跛能履)의 파(跛)〉가 「설괘전(說卦傳)」에 나오는 〈손은[巽 : ☴] 정강이[股]이다[爲]〉라는 내용을 환기시키기 때문이다. 육삼(六三 : --)의 정강이[股]가 정상적인 정강이가 아니라 〈파(跛)〉 즉 절뚝발이[跛]라는 것이다. 육삼(六三 : --)에게 정강이[跛]가 있어서 걸어갈 수는 있되 절뚝발이라 정상적인 걸음걸이로 걷지 못함을 〈파능리(跛能履)〉가 암시한다. 육삼(六三 : --)을 〈묘(眇)〉와 〈파(跛)〉로 취상(取象)한 것은 육삼(六三 : --)이 있는 자리가 양(陽 : ⚊)의 자리인지라 부정위(不正位)에 있으면서 이괘(履卦 : ䷉)의 하체(下體) 태(兌 : ☱)의 중위(中位)를 벗어나 〈중(中)〉 즉 정도를 따름[中]을 저버리고 치우쳤음을 암시한다.

따라서 육삼(六三 : --) 자신이 처한 〈이호미(履虎尾)〉의 상황을 명시(明視)하고 조심조심 걷지 못해 호랑이의[虎] 꼬리를[尾] 밟아[履] 호랑이가 사람을 물어버리는 험액(險阨) 즉 위험하고[險] 막막한[阨] 처지를 암시한 것이 〈절인(咥人)〉이다. 여기 〈절인(咥人)의 절(咥)〉은 이괘(履卦 : ䷉)의 하체(下體) 태(兌 : ☱)를 빌려 육삼(六三 : --)을 취상(取象)한 것이다. 〈절인(咥人)의 절(咥)〉이 「설괘전(說卦傳)」에 나오는 〈태는[兌 : ☱] 입의 혀[口舌]이다[爲]〉라는 내용을 떠올려주기 때문이다. 그러므로 육삼(六三 : --)이 자신의 자질이 유약(柔弱)함을 헤아리지 못하고, 이웃하는 구사(九四 : ─)와 정응(正應)하는 상구(上九 : ─)같이 강강(剛强)한 줄 착각한 탓으로 〈흉(凶)〉 즉 불행[凶]을 겪음을 암시한 계사(繫辭)가 〈묘능시(眇能視) 파능리(跛能履) 이호미(履虎尾) 절인(咥人) 흉(凶)〉이다.

## 武人爲于大君(무인위우대군)

무인이[武人] 임금[大君]으로[于] 되려 한다[爲].

육삼(六三 : --)의 변효(變爻)를 빌려 암시한 계사(繫辭)이다. 이괘(履卦 : ䷉)의 육삼(六三 : --)이 구삼(九三 : ─)으로 변효(變爻)하면 육삼(六三 : --)은 이괘(履卦 : ䷉)를 첫 번째 건괘(乾卦 : ䷀)로 지괘(之卦)하게 함을 〈무인위우대군(武人爲于大君)〉이 암시한다. 육삼(六三 : --)이 구삼(九三 : ─)으로 변효(變爻)하면 이괘(履卦 : ䷉)의 하체(下體) 태(兌 : ☱)는 건(乾 : ☰)으로 변괘(變卦)되어 음괘(陰卦)인 태(兌 : ☱)가 양괘(陽卦)인 건(乾 : ☰)이 되어, 육삼(六三 : --)의 유약(柔弱)이 구삼(九三 : ─)의 강강(剛强)으로 변화하게 되니 유약(柔弱)한 육삼(六三 : --)이 아니라 강강(剛强)한 〈무인(武人)〉의 모습이 된다. 이에 〈무인위우대군(武人爲于大君)의 무인(武人)〉은 변효(變爻)한 육삼(六三 : --)을 취상(取象)한 것임을 암시한다. 여기 〈무인(武人)〉은 장수(將帥)를 뜻한다. 그리고 〈무인위우대군(武人爲于大君)의 대군(大君)〉은 육삼(六三 : --)이 변효(變爻)하여 건(乾 : ☰)의 상효(上爻)가 됨을 암시한다. 왜냐하면 여기 〈대군(大君)〉이 「설괘전(說卦傳)」에 나오는 〈건은[乾 : ☰] 임금[君]이다[爲]〉라는 내용을 상기시키기 때문이다. 육삼(六三 : --)

이 〈절인(咥人)〉의 험액(險阨)에 좌절하지 않고 이괘(履卦 : ䷉)의 상체(上體) 건(乾 : ☰)으로 상진(上進)하려는 의지를 꺾지 않고 이행함을 암시한 계사(繫辭)가 〈무인위우대군(武人爲于大君)〉이다.

【字典】

**묘(眇)** 〈애꾸눈 묘(眇)-편맹(偏盲), 한눈 찌긋할 눈 묘(眇)-소목(小目), 작을 묘(眇)-미(微), 볼 묘(眇)-시(視), 다할 묘(眇)-진(盡), 아득할 묘(眇)-원(遠)〉 등의 뜻을 내지만 여기선 〈애꾸눈 편맹(偏盲)〉으로 여기고 새김이 마땅하다.

**能** 〈능-내-태〉 세 가지로 발음되고, 〈가할 능(能)-가(可), 능할 능(能)-승(勝)-임(任), 착할 능(能)-선(善), 갖출 능(能)-해(該), 미칠(끼칠) 능(能)-급(及), 재능 능(能)-재(才), 따라 익힐 능(能)-순습(順習), (발이 사슴 같은) 곰 능(能)-웅속족사록(熊屬足似鹿), 세발자라 내(能)-삼족별(三足鼈), 별(星) 이름 태(能)-태(台)〉 등의 뜻을 내지만 〈가할 가(可), 능할 승(勝)〉 등과 같다 여기고 새김이 마땅하다.

**시(視)** 〈볼 시(視)-첨(瞻), 밝을 시(視)-요(瞭), 서로 살필 시(視)-상찰(相察), 돌아볼 시(視)-고(顧), 대접 시(視)-간대(看待), 본받을 시(視)-효(效), 견줄 시(視)-비(比), 가르칠 시(視)-교(教)〉 등의 뜻을 내지만 여기선 〈볼 첨(瞻)〉과 같다 여기고 새김이 마땅하다.

**跛** 〈파-피〉 두 가지로 발음되고, 〈절뚝발이 파(跛)-건(蹇)-행부정(行不正), 기울어지게 설 피(跛)-측립(仄立), 치우칠 피(跛)-편(偏)〉 등의 뜻을 내지만 여기선 〈절뚝발이 건(蹇)〉으로 여기고 새김이 마땅하다.

**이(履)** 〈밟을 이(履)-천(踐), 예 이(履)-예(禮), 생가죽신 이(履)-혜(鞵), 신발을 신을 이(履)-이리가족(以履加足), 걸을 이(履)-보(步), 갈 이(履)-행(行), 경력 이(履)-경력(經歷), 괘 이름 이(履)-이괘(履卦), 갖출 이(履)-구(具), 자리에 오를 이(履)-등(登), 복 이(履)-복(福), 녹봉 이(履)-녹(祿)〉 등의 뜻을 내지만 여기선 〈밟을 천(踐)〉으로 여기고 새김이 마땅하다. 〈履〉가 앞에 오면 〈이〉로 발음되고, 중간이나 뒤에 오면 〈리〉로 발음된다.

**호(虎)** 〈호랑이 호(虎)-동물명(動物名), 위무 용맹 호(虎)-위무(威武)-용맹(勇猛), 잔인하고 포악할 호(虎)-잔포(殘暴), 바둑의 호구 호(虎)-기법(棋法)〉 등의 뜻을 내지만 여기선 〈호랑이 호(虎)〉로 새김이 마땅하다.

**미(尾)** 〈꼬리 미(尾)-미(微)-척진처(脊盡處), 뒤 미(尾)-후(後), 말단(뒤끝) 미(尾)-말(末), 끝 미(尾)-종(終), 끝날 미(尾)-진(盡), 흘레할 미(尾)-교접(交接)〉 등의 뜻을 내지만 여기선 〈꼬리 미(尾)〉로 여기고 새김이 마땅하다.

**咥** 〈절-질-희〉 세 가지로 발음되고, 〈물(씹을) 절(咥)-설(齧), 씹을 절(咥)-저(咀), 허허 웃는 소리 희(咥)-소성(笑聲), 웃음 질(咥)-소(笑)〉 등의 뜻을 내지만 여기선 〈물 설(齧)〉과 같다 여기고 새김이 마땅하다.

**인(人)** 〈사람 인(人)-만물지최령자(萬物之最靈者), 백성 인(人)-민(民), 남 인(人)-타인(他人), 아무개 인(人)-모인(某人), 도인 인(人)-도인(道人), 사람들 인(人)-인인(人人), 범인(소인) 인(人)-소인(小人)-범인(凡人), 인성 인(人)-인성(人性), 인위 인(人)-인위(人爲), 신하 인(人)-신하(臣下), 중서(민중) 인(人)-중서(衆庶)-민중(民衆), 건괘-진괘 인(人)-건위인(乾爲人)-진위인(震爲人), 어짊 인(人)-인(仁), 선인 인(人)-선인(先人), 서로 어여삐 여길 인(人)-상련(相憐)〉 등의 뜻을 내지만 여기선 〈사람 인(人)〉으로 여기고 새김이 마땅하다.

**흉(凶)** 〈나쁠(불행할) 흉(凶)-길지반(吉之反), 흉한 사람 흉(凶)-흉인(凶人), 나쁠 흉(凶)-오(惡), 재앙 흉(凶)-화(禍), 요사할 흉(凶)-요사(夭死), 걱정할 흉(凶)-우(憂)-구(懼), 악한 사람 흉(凶)-악인(惡人), 흉년 흉(凶)-연곡불숙(年穀不熟), 사나울 흉(凶)-포학(暴虐), 음기 흉(凶)-음기(陰氣), 북쪽 흉(凶)-북(北), 없을 흉(凶)-공(空), 송사 흉(凶)-송(訟), 거역할 흉(凶)-역(逆), 어그러질 흉(凶)-패(悖), 허물 흉(凶)-구(咎)〉 등의 뜻을 내지만 여기선 〈나쁠 흉(凶)〉으로 여기고 새김이 마땅하다.

**무(武)** 〈강건할(날랠) 무(武)-건(健)-용(勇), 싸움을(전쟁을) 멈출 무(武)-지과(止戈), 용병에 뛰어날 무(武)-선어용병(善於用兵), 위엄 있는(환란을 평정할) 무(武)-위(威)-정화란(定禍亂), 군사 무(武)-군사(軍士), 병기 무(武)-병기(兵器), 자취 무(武)-적(跡), 옥 같은 돌 무(武)-석여옥(石如玉), 이을(계승할) 무(武)-계(繼), 반걸음 무(武)-반보(半步), 춤출(춤) 무(武)-무(舞), 무왕의 악 무(武)-무왕악(武王樂), 금속악기 무(武)-금속지악기(金屬之樂器), 무관의 관모 무(武)-무관지관(武官之冠)〉 등의 뜻을 내지만 여기선 〈강건할 건(健)〉과 같다 여기고 새김이 마땅하다. 여기 무인(武人)은 강포지인(剛暴之人) 즉 굳셈이 지나쳐[剛] 사나운[暴之] 인간[人]이 뜻을 펼수록 사포(肆暴) 즉 사나움을[暴] 마음대로 부리는[肆] 장수(將帥)를 암시한다.

**위(爲)** 〈될(이룰) 위(爲)-성(成), 생각할 위(爲)-사(思), 할 위(爲)-조(造), 행할 위(爲)-행(行)-작(作), 하여금 위(爲)-사(使), 만들 위(爲)-산(産), 배울 위(爲)-학(學), 다스릴 위(爲)-치(治), 도울 위(爲)-조(助), 호위할 위(爲)-호(護), 칭할 위(爲)-칭(稱), 꾀할 위(爲)-모(謀), ~이다 위(爲)-시(是)〉 등의 뜻을 내지만 이 외에도 전후문맥(前後文脈)에 따라 다양하게 뜻을 구사하는 〈위(爲)〉 자(字)이다. 여기선 〈될 성(成)〉과 같다 여기고 새김이 마땅하다. 〈위(爲)〉를 영어에서 대리동사 노릇을 하는 〈do〉와 같다 여겨도 된다. 그리고 〈위(爲)〉는 뜻 없는 어조사 노릇도 하고, 〈소이(所以)〉와 같은 구실도 하여 〈까닭 위(爲)〉 노릇도 하며, 〈위(爲)〉는 구문에서 마치 영어의 수동태 〈be동사〉 같은 노릇도 한다. 예를 들자면 〈A解B〉를 〈B爲解於A〉 꼴로 하여 영어의 수동태 같은 노릇도 한다. 〈A가 B를 해명하다[解]〉 〈B가 A에 의해서[於] 해명되다[爲解]〉 이처럼 〈爲〉 바로 뒤에 동사 노릇을 하는 자(字)가 오면 그 자(字)를 수동태가 되게 하는 구실을 〈위(爲)〉가 하는 셈이니 이런 경우의 〈위(爲)〉는 〈견(見)-피(被)〉 등과 같은 셈이다. 〈위(爲)〉는 또 〈~에서 위(爲)-어(於), 이에 위(爲)-내(乃)〉 등과 같이 다양한 어조사 노릇도 하고 〈이 위(爲)-시(是)〉와 같이 지시어 노릇도 한다.

**우(于)** 〈~으로 우(于)-어(於), 갈 우(于)-왕(往), 써 우(于)-이(以), 할 우(于)-위(爲), 여기 우(于)-시(是), 도울 우(于)-조(助), 클 우(于)-대(大), 구할 우(于)-구(求), 자족하는 모습 우(于)-자족모(自足貌)〉 등의 뜻을 내지만 여기선 〈~으로 어(於)〉와 같다 여기고 새김이 마땅하다.

**대(大)** 〈큰 대(大)-소지대(小之對), 지나칠 대(大)-과(過), 자만할 대(大)-과(誇)-긍벌(矜伐), 넓을 대(大)-광(廣), 두루 대(大)-편(徧), 통할 대(大)-통(通), 길 대(大)-장(長), (땅을) 걸게 할 대(大)-비(肥), 두터울 대(大)-후(厚), 많을 대(大)-다(多), 모두 대(大)-개(皆), 선할 대(大)-선(善), 무거울 대(大)-중(重), 거대할 대(大)-거(巨), 아름다울 대(大)-미(美)-장(壯), 부유할 대(大)-부(富), 늙을 대(大)-노(老), 끝 대(大)-극(極), 대충 대(大)-조(組)-불세밀(不細密), 처음 대(大)-초(初), 하늘 대(大)-천(天), 건(乾)-양기(陽氣)-양효(陽爻) 대(大)〉 등의 뜻을 내지만 여기선 〈큰 대(大)〉로 여기고 새김이 마땅하다.

**군(君)** 〈지극히 높은 사람(천자-임금-제후) 군(君)-지존자(至尊者), 임금을 이을(세자) 군(君)-세자(世子), 여왕 군(君)-여군(女君), 어버이 군(君)-부모(父母), 돌아가신 임금-돌아가신 아버지-돌아가신 조상 군(君)-선군(先君)-선부(先父)-선조(先祖), 상대를 부르는 칭호 군(君)-칭호(稱號), 귀신을 받들어 부르는 칭호 군(君)-귀신지경칭(鬼神之敬稱), 맡아 다스릴 군(君)-주재(主宰), 하늘-건 군(君)-천(天)-건(乾), 양 군(君)-양(陽), 낮 군(君)-일(日), 중앙제단 군(君)-궁제단(宮祭壇), 흙 군(君)-토(土)〉 등의 뜻을 내지만 여기선 〈임금 군(君)〉으로 여기고 새김이 마땅하다.

---

註 이위목(離爲目) : 이는[離 : ☲] 눈[目]이다[爲]. 「설괘전(說卦傳)」 11단락(段落)

註 손위고(巽爲股) : 손은[巽 : ☴] 정강이[股]이다[爲]. 「설괘전(說卦傳)」 9단락(段落)

註 태위구설(兌爲口舌) : 태는[兌 : ☱] 입의 혀[口舌]이다[爲]. 「설괘전(說卦傳)」 11단락(段落)

註 건위군(乾爲君) : 건은[乾 : ☰] 임금[君]이다[爲]. 「설괘전(說卦傳)」 11단락(段落)

## 구사(九四 : ━)

**九四 : 履虎尾**라도 **愬愬**하여 **終吉**이다
(이호미 색색 종길)

구사(九四) : 호랑이의[虎] 꼬리를[尾] 밟아도[履] 몹시 두려워하니[愬愬] 끝내[終] 길하다[吉].

**【구사(九四)의 효상(爻象) 풀이】**

이괘(履卦 : ䷉)의 구사(九四 : ━)는 이양거음(以陽居陰) 즉 양(陽 : ━)으로써[以] 음(陰 : ╍)의 자리에 있는지라[居] 정당한 자리에 있지 못하다. 구사(九四 : ━)와 구오(九五 : ━)는 양양(兩陽) 즉 둘 다[兩] 양(陽 : ━)의 사이인지라 비(比) 즉 이웃의 사귐[比]을 누리지 못하고 오히려 상충(相衝) 즉 서로[相] 부딪칠[衝] 위험이 있다. 구사(九四 : ━)는 초구(初九 : ━)와도 양양(兩陽)의 사이인지라 부정응(不正應) 즉 정도를 따라[正] 서로 호응하지 못하는[不應] 사이이다. 따라서 구사(九四 : ━)는 사고무친(四顧無親) 즉 사방을[四] 돌아봐도[顧] 가까이할 데가[親] 없다[無]. 거기에다 존위(尊位)에 있는 강결(剛決)한 구오(九五 : ━)의 바로 아래에 있어서 구사(九四 : ━)는 몹시 두려워할 처지에 있는 모습이다.

이괘(履卦 : ䷉)의 구사(九四 : ⚊)가 육사(六四 : ⚋)로 변효(變爻)하면 구사(九四 : ⚊)는 이괘(履卦 : ䷉)를 61번째 중부괘(中孚卦 : ䷼)로 지괘(之卦)하게 한다. 따라서 이괘(履卦 : ䷉)의 구사(九四 : ⚊)는 중부괘(中孚卦 : ䷼)의 육사(六四 : ⚋)를 찾아가 살펴보게 한다.





【구사(九四)의 계사(繫辭) 풀이】

## 履虎尾(이호미) 愬愬(색색) 終吉(종길)

호랑이의[虎] 꼬리를[尾] 밟아도[履] 몹시 두려워하니[愬愬] 끝내[終] 길하다[吉].

구사(九四 : ⚊)의 효위(爻位)로써 그 효상(爻象)을 암시한 계사(繫辭)이다. 〈이호미(履虎尾) 색색(愬愬)〉은 〈구사리호미(九四履虎尾) 인차구사색색(因此九四愬愬)〉의 줄임으로 여기고 〈구사는[九四] 호랑이의[虎] 꼬리를[尾] 밟고 있다[履] 그래서[因此] 구사는[九四] 몹시 두려워한다[愬愬]〉라고 새겨볼 것이다. 여기 〈색색(愬愬)〉은 외구(畏懼) 즉 몹시 두려워함[畏懼]과 같다. 호랑이의[虎] 꼬리[尾]에 해당되는 자리에 있는 초구(初九 : ⚊)와 서로 호응하지 못하면서, 강결(剛決)한 군왕(君王)인 구오(九五 : ⚊)의 바로 아래에 있는 구사(九四 : ⚊)의 모습을 〈이호미(履虎尾)〉라고 취상(取象)한 것이다. 강양(剛陽)한 구사(九四 : ⚊)가 음위(陰位)에 있음을 자각하고 편강(偏剛) 즉 굳셈에[剛] 치우치지[偏] 않고 〈이호미(履虎尾)〉의 처지를 몹시 두려워하여[愬愬] 〈종길(終吉)〉 즉 끝내[終] 길하다[吉]는 것이다. 위험을 요행을 바라고 겁 없이 마주치면 화(禍)를 면하기 어려워 흉(凶) 즉 불행을 면하지 못한다. 그러나 〈이호미(履虎尾)〉의 험액(險阨) 즉 위험하고[險] 막막한 지경[阨]을 미리 〈색색(愬愬)〉 즉 두려워하고[愬] 두려워하며[愬] 자중(自重) 즉 스스로[自] 행동을 삼가면서[重], 〈이호미(履虎尾)〉의 처지를 자각하고 자하(自下) 즉 자신을[自] 낮춘다면[下] 〈흉(凶)〉이 〈길(吉)〉로 변함이 천도(天道) 즉 자연의[天] 도리[道]이다. 그러므로 구사(九四 : ⚊) 자신이 처한 〈이호미(履虎尾)〉의 위태한 상황을 〈색색(愬愬)〉 즉 몹시 두렵게[愬愬] 마주하여 그 험액(險阨)을 피해 끝내는[終] 길(吉)하게 됨을 암시한 계사(繫辭)가 〈이호미(履虎尾) 색색(愬愬) 종길(終吉)〉이다.

【字典】

**이(履)** 〈밟을 이(履)-천(踐), 예 이(履)-예(禮), 생가죽신 이(履)-혜(鞵), 신발을 신을 이(履)-이리가족(以履加足), 걸을 이(履)-보(步), 갈 이(履)-행(行), 경력 이(履)-경력(經歷), 괘 이름 이(履)-이괘(履卦), 갖출 이(履)-구(具), 자리에 오를 이(履)-등(登), 복 이(履)-복(福), 녹봉 이(履)-녹(祿)〉 등의 뜻을 내지만 여기선 〈밟을 천(踐)〉으로 여기고 새김이 마땅하다. 〈履〉가 앞에 오면 〈이〉로 발음되고, 중간이나 뒤에 오면 〈리〉로 발음된다.

**호(虎)** 〈호랑이 호(虎)-동물 이름, 위무 용맹 호(虎)-위무(威武)-용맹(勇猛), 잔인하고 포악할 호(虎)-잔포(殘暴), 바둑의 호구 호(虎)-기법(棋法)〉 등의 뜻을 내지만 여기선 〈호랑이 호(虎)〉로 새김이 마땅하다.

**미(尾)** 〈꼬리 미(尾)-미(微)-척진처(脊盡處), 뒤 미(尾)-후(後), 말단(뒤끝) 미(尾)-말(末), 끝 미(尾)-종(終), 끝날 미(尾)-진(盡), 흘레할 미(尾)-교접(交接)〉 등의 뜻을 내지만 여기선 〈꼬리 미(尾)〉로 여기고 새김이 마땅하다.

**愬** 〈소-색〉 두 가지로 발음되고, 〈두려워할 색(愬)-구(懼)-췌(惴), 고할 소(愬)-고(告), 알릴 소(愬)-소(訴), 일러바칠 소(愬)-참(讒)〉 등의 뜻을 내지만 여기선 〈두려워할 구(懼)〉와 같다 여기고 새김이 마땅하다.

**종(終)** 〈끝내 종(終)-시지대(始之對), 끝날 종(終)-이(已), 다할 종(終)-진(盡)-극(極)-궁(窮)-경(竟), 충분할 종(終)-충(充), 이룰 종(終)-성(成), 사망 종(終)-사(死)〉 등의 뜻을 내지만 여기선 〈끝내 종(終)〉으로 여기고 새김이 마땅하다.

**길(吉)** 〈좋을(행복할) 길(吉)-선(善)-영(令) {영월길일(令月吉日)은 선월선일(善月善日)임.}, 복 길(吉)-실(實)-선실(善實)-복(福), 예의를 따라 상서로울 길(吉)-예의순상(禮義順祥), 삼갈 길(吉)-근(謹), 초하루 길(吉)-삭일(朔日) {삭망(朔望) 즉 초하루[朔]와 그믐날[望]}, 길례 길(吉)-길례(吉禮) {오례지일(五禮之一) 길흉빈군가(吉凶賓軍嘉)}, 갈 길(吉)-행(行)-길(趌)〉 등의 뜻을 내지만 여기선 〈좋을 선(善)-영(令)〉 즉 행복과 같다 여기고 새김이 마땅하다.

# 구오(九五 : ⚊)

九五 : 夬履貞厲하다
쾌 리 정 려

구오(九五) : 단호하게[夬] 할 일을 함이[履] 진실로 미더워도[貞] 불행하다[厲].

**【구오(九五)의 효상(爻象) 풀이】**

이괘(履卦 : ䷉)의 구오(九五 : ⚊)는 이양거양(以陽居陽) 즉 양(陽 : ⚊)으로써[以] 양(陽 : ⚊)의 자리에 있는지라[居] 정당한 자리에 있다. 구오(九五 : ⚊)의 위 아래는 모두 양(陽 : ⚊)의 사이인지라 구오(九五 : ⚊)는 비(比) 즉 이웃의 사귐[比]을 누리지 못한다. 구오(九五 : ⚊)는 구이(九二 : ⚊)와도 양양(兩陽) 즉 둘 다[兩] 양(陽 : ⚊)인지라 부정응(不正應) 즉 정도를 따라[正] 서로 호응하지 못하는[不應] 사이이다. 따라서 구오(九五 : ⚊)가 정위(正位)의 존위(尊位)에 있는 군왕(君王)이지만 사고무친(四顧無親) 즉 사방을[四] 돌아봐도[顧] 가까이할 데가[親] 없다[無]. 강결(剛決)한 구오(九五 : ⚊)가 임금[王]의 소임(所任)을 득중(得中) 즉 정도를 따름을[中] 취하여[得] 무편(無偏) 즉 치우침[偏] 없이[無] 결행해가지만 의지가지가 없어 불행한 모습이다.

이괘(履卦 : ䷉)의 구오(九五 : ⚊)가 육오(六五 : ⚋)로 변효(變爻)하면 구오(九五 : ⚊)는 이괘(履卦 : ䷉)를 38번째 규괘(睽卦 : ䷥)로 지괘(之卦)하게 한다. 따라서 이괘(履卦 : ䷉)의 구오(九五 : ⚊)는 규괘(睽卦 : ䷥)의 육오(六五 : ⚋)를 찾아가 살펴보게 한다.

**【구오(九五)의 계사(繫辭) 풀이】**

## 夬履貞厲(쾌리정려)

단호하게[夬] 할 일을 함이[履] 진실로 미더워도[貞] 불행하다[厲].

구오(九五 : ⚊)의 효위(爻位)로써 그 효상(爻象)을 암시한 계사(繫辭)이다. 〈쾌리정려(夬履貞厲)〉는 〈구오지소쾌리정(九五之所夬履貞) 연이구오려(然而九五

厲)〉의 줄임으로 여기고 〈구오가[九五之] 단호히[夬] 할 일을 하는[履] 바가[所] 진실로 미덥다[貞] 그러나[然而] 구오는[九五] 불행하다[厲]〉라고 새겨볼 것이다. 〈쾌리(夬履)의 쾌(夬)〉는 양강(陽剛)한 구오(九五 : ⚊)가 이괘(履卦 : ䷉)의 상체(上體) 건(乾 : ☰)의 중효(中爻)로서 이괘(履卦 : ䷉)의 정위(正位)에 있는 군왕(君王)임을 단언한다. 〈쾌(夬)〉는 〈결단할 결(決)〉과 같다. 구오(九五 : ⚊)가 정위(正位)에서 득중(得中) 즉 정도를 따름을[中] 취함[得]으로써 왕 노릇을 함이니, 왕의 심지(心志)가 바로 〈정(貞)〉이라는 것이 〈쾌리정려(夬履貞厲)의 정(貞)〉이다. 〈정(貞)〉이란 성신(誠信) 즉 진실한[誠] 미더움[信]이다. 그 〈정(貞)〉이란 공정(公正)하여 무사무편(無邪無偏)함이다. 간사함도[邪] 없고[無] 치우침도[偏] 없이[無] 구오(九五 : ⚊)가 왕 노릇을 서슴없이[夬] 이행하는[履] 심지를 암시한 것이 곧 〈정(貞)〉이다. 이러한 〈정(貞)〉이란 〈길(吉)〉을 누리게 함이 정리(正理)인데 왜 구오(九五 : ⚊)의 〈정(貞)〉이 오히려 〈여(厲)〉라는 것인가? 강명(剛明) 즉 굳세면서[剛] 명민한[明] 구오(九五 : ⚊) 즉 군왕(君王)이 하는 일마다 자기 뜻대로 〈쾌리(夬履)〉 즉 서슴없이[夬] 이행한다면[履] 신하들의 마음을 사기 어렵다. 군왕이라도 신하들의 충정을 얻지 못하면 세상의 모난 돌이 되어 민심을 얻기 어렵다. 득중(得中)으로써 행사하는 군왕일지라도 신하들과의 통색(通塞) 즉 통로가[通] 막혀[塞] 고립되면, 천하민심(天下民心)도 얻지 못하게 되어 명왕(明王)도 혼왕(昏王)이 될 수 있음을 깨닫게 하는 계사(繫詞)가 〈쾌리정려(夬履貞厲)〉이다.

**【字典】**

**쾌(夬)** 〈결단할 쾌(夬)-결(決), 나누어 정할 쾌(夬)-분결(分決), 64괘 중의 하나 쾌(夬)-쾌괘(夬卦)〉 등의 뜻을 내지만 여기선 〈결단할 결(決)〉과 같다 여기고 새김이 마땅하다.

**이(履)** 〈밟을 이(履)-천(踐), 예 이(履)-예(禮), 생가죽신 이(履)-혜(鞵), 신발을 신을 이(履)-이리가족(以履加足), 걸을 이(履)-보(步), 갈 이(履)-행(行), 경력 이(履)-경력(經歷), 괘 이름 이(履)-이괘(履卦), 갖출 이(履)-구(具), 자리에 오를 이(履)-등(登), 복 이(履)-복(福), 녹봉 이(履)-녹(祿)〉 등의 뜻을 내지만 여기선 〈밟을 천(踐)〉으로 여기고 새김이 마땅하다. 〈履〉가 앞에 오면 〈이〉로 발음되고, 중간이나 뒤에 오면 〈리〉로 발음된다.

**정(貞)** 〈바를 정(貞)-정(正), 믿을 정(貞)-신(信), 오로지(순수할) 정(貞)-전(專)-일(一), 거북점을 물을 정(貞)-복문(卜問), 역(易)의 내괘(內卦) 정(貞), 마땅할 정(貞)-당(當), 정할 정(貞)-정(定)〉 등의 뜻을 내지만 여기선 〈바를 정(正), 믿을 신(信)〉 등을 합친 뜻과 같아 〈정신(正信)〉 즉 바르고[正] 미더움[信]으로 새김이 마땅하다.

**여(厲)** 〈위태로울 여(厲)-위(危), 엄정할 여(厲)-엄(嚴), 맑고 바를 여(厲)-청정(淸正), 마찰할 여(厲)-마(磨), 막을 여(厲)-항(抗), 일어날 여(厲)-기(起), 지을 여(厲)-작(作), 사나울 여(厲)-학(虐), 병들 여(厲)-병(病), 낭떠러지 여(厲)-애(涯)〉 등의 뜻을 내지만 여기선 〈위태로울 위(危)〉와 같다 여겨도 되겠지만 〈불행할 여(厲)〉로 여기고 새김이 마땅하다. 〈厲〉가 맨 앞일 때는 〈여〉로 발음되고, 중간이나 뒤일 때는 〈려〉로 발음된다.

## 상구(上九 : ⚊)

上九 : 視履考祥하여 其旋元吉하리라
　　　시리고상　　　기선원길

상구(上九) : 이행한 일들을[履] 돌이켜보고[視] 길흉의 조짐을[祥] 살펴[考] 그 징험으로[其] 돌아가면[旋] 크게[元] 좋으리라[吉].

### 【상구(上九)의 효상(爻象) 풀이】

이괘(履卦 : ䷉)의 상구(上九 : ⚊)는 이양거음(以陽居陰) 즉 양(陽 : ⚊)으로써[以] 음(陰 : ⚋)의 자리에 있는지라[居] 정당한 자리에 있지 못하다. 상구(上九 : ⚊)와 구오(九五 : ⚊)는 양양(兩陽) 즉 둘 다 양(陽 : ⚊)의 사이인지라 비(比) 즉 이웃의 사귐[比]을 누리지 못한다. 그러나 상구(上九 : ⚊)와 육삼(六三 : ⚋)은 양음(陽陰)인지라 정응(正應) 즉 정도를 따라[正] 서로 호응하는[應] 사이라 상구(上九 : ⚊)로 하여금 밟아온[履] 일들을 되돌아보게 한다. 그러나 상구(上九 : ⚊)는 이괘(履卦 : ䷉)의 극위(極位)에 있어서 이괘(履卦 : ䷉)의 주제인 〈이(履)〉의 시국이 끝난지라, 상구(上九 : ⚊) 자신이 소리(所履) 즉 밟아온[履] 바[所]를 되돌아보고 선악(善惡)을 살펴 잘잘못을 반성하고 스스로 권선징악(勸善懲惡) 즉 선을[善]

권장하고[勸] 잘못을[惡] 버릴 수 있어[懲] 크게 좋은 모습이다.

> 이괘(履卦 : ䷉)의 상구(上九 : ⚊)가 상륙(上六 : ⚋)으로 변효(變爻)하면 상구(上九 : ⚊)는 이괘(履卦 : ䷉)를 58번째 태괘(兌卦 : ䷹)로 지괘(之卦)하게 한다. 따라서 이괘(履卦 : ䷉)의 상구(上九 : ⚊)는 태괘(兌卦 : ䷹)의 상륙(上六 : ⚋)을 찾아가 살펴보게 한다.

**【상구(上九)의 계사(繫辭) 풀이】**

## 視履考祥(시리고상)

이행한 일들을[履] 돌이켜보고[視] 길흉의 조짐을[祥] 살핀다[考].

상구(上九 : ⚊)의 효위(爻位)로써 그 효상(爻象)을 암시한 계사(繫辭)이다. 〈시리고상(視履考祥)〉은 〈상구시기소리(上九視其所履) 이상구고기리지상(而上九考其履之詳)〉의 줄임으로 여기고 〈상구(上九) 자신이[其] 이행해왔던[履] 바를[所] 주시해서[視而] 상구(上九) 자신이[其] 이행한[履之] 징험들을[詳] 살핀다[考]〉라고 새겨볼 것이다. 〈시리고상(視履考祥)〉에서 〈시리(視履)의 이(履)〉는 이력(履歷) 즉 겪어온 이행의[履] 자취[歷]를 뜻하고, 〈고상(考祥)의 상(祥)〉은 징조(徵兆)로서 징험(徵驗) 즉 길흉(吉凶)의 경험을[驗] 거두어들임[徵]을 뜻한다. 〈내생왈생(內生曰眚) 자외생왈상(自外生曰祥)〉 즉 자신으로 인해[內] 생긴[生] 징조를 〈생(眚)〉이라 하고[曰], 밖에서[自外] 생긴[生] 징조를 〈상(祥)〉이라 한다[曰]. 이괘(履卦 : ䷉)에서 〈이(履)〉의 시국을 거쳐 그 〈이(履)〉의 종국(終局)을 마주한 상구(上九 : ⚊) 자신이 이행했던 이력들을[履] 죽 돌이켜보고[視] 온갖 바깥일들로 빚어진 길흉(吉凶)의 조짐들을 징험한 것들을[祥] 살펴봄[考]을 암시한 계사(繫辭)가 〈시리고상(視履考祥)〉이다.

## 其旋元吉(기선원길)

그 징험으로[其] 돌아가면[旋] 크게[元] 좋으리라[吉].

앞의 〈고상(考祥)〉을 이어서 풀이한 계사(繫辭)이다. 〈기선(其旋)〉은 〈상구선어기상(上九旋於其祥)〉의 줄임으로 여기고 〈상구가[上九] 이행의[其] 조짐[祥]으로[於] 돌아간다[旋]〉라고 새겨볼 것이다. 〈기선(其旋)의 선(旋)〉은 〈돌아갈 회(回)〉와 같다. 여기 〈기선(其旋)의 기(其)〉란 〈어기리지상(於己履之祥)〉을 대신하는 〈그 기(其)〉이다. 자기[己] 이력의[履之] 조짐들[祥]로[於] 돌아가[旋] 어떤 〈상(祥)〉 즉 조짐[祥]은 선(善)으로 이어져 길(吉)했고 어떤 〈상(祥)〉은 악(惡)으로 이어져 흉(凶)했음을 반고(反考) 즉 되돌아가[反] 살펴봄[考]을 암시하는 것이 〈기선(其旋)〉이다. 선(善)한 이행이었으면 그 경험을 더욱 지남(指南) 즉 길잡이[指南]로 삼고 악(惡)한 이행이었으면 그 경험을 결코 되풀이하지 말아야 하는 지침으로 삼아, 상구(上九 : ━)가 앞으로의 이행들을 지선(至善)으로 이어주는 지남(指南)으로 삼을 터이니 〈원길(元吉)〉 즉 크게[元] 행복할[吉] 것임을 암시한 계사(繫辭)가 〈기선원길(其旋元吉)〉이다.

【字典】

**시(視)** 〈볼 시(視)-첨(瞻), 밝을 시(視)-요(瞭), 서로 살필 시(視)-상찰(相察), 돌아볼 시(視)-고(顧), 대접 시(視)-간대(看待), 본받을 시(視)-효(效), 견줄 시(視)-비(比), 가르칠 시(視)-교(教)〉 등의 뜻을 내지만 여기선 〈볼 첨(瞻)〉과 같다 여기고 새김이 마땅하다.

**이(履)** 〈밟을 이(履)-천(踐), 예 이(履)-예(禮), 생기죽신 이(履)-혜(鞵), 신발을 신을 이(履)-이리가족(以履加足), 걸을 이(履)-보(步), 갈 이(履)-행(行), 경력 이(履)-경력(經歷), 괘 이름 이(履)-이괘(履卦), 갖출 이(履)-구(具), 자리에 오를 이(履)-등(登), 복 이(履)-복(福), 녹봉 이(履)-녹(祿)〉 등의 뜻을 내지만 여기선 〈밟을 천(踐)〉의 뜻이되 이력(履歷)의 줄임으로 여기고 새김이 마땅하다. 〈履〉가 앞에 오면 〈이〉로 발음되고, 중간이나 뒤에 오면 〈리〉로 발음된다.

**고(考)** 〈살필 고(考)-찰(察)-안(按), 오래 살 고(考)-노(老), 죽은 아비 고(考)-부사칭(父死稱), {덕(德)을} 이룰 고(考)-성(成), 마칠 고(考)-종(終), 오를 고(考)-등(登), 합할 고(考)-합(合), 상고할 고(考)-계(稽), 볼 고(考)-관(觀), 본받을 고(考)-교(校)〉 등의 뜻을 내지만 여기선 〈살필 찰(察)〉로 여기고 새김이 마땅하다.

**상(祥)** 〈징험 상(祥)-징험(徵驗), 길흉을 먼저 보이는 조짐 상(祥)-길흉지선조(吉凶之先兆 : 以吉凶先見者皆曰祥), 밖에서 생기는 징조 상(祥)-징조(徵兆), 복 상(祥)-복(福), 선 상(祥)-선(善), 짓 상(祥)-상(象), 미응 상(祥)-미응(微應), 따를 상(祥)-순(順), 살필 상(祥)-시(諟)-체(諦)-심(審), 귀신 상(祥)-신(神), 제사 이름 상(祥)-제명(祭名)〉 등의

뜻을 내지만 여기선 〈길흉의 징조를 먼저 알아챌 길흉지선조(吉凶之先兆)〉로 여기고 새김이 마땅하다.

**기(其)** 〈그(그것) 기(其)-피(彼)-지(之), 자기의 기(其)-기지(己之), 그럴 기(其)-연(然), 어찌 기(其)-기(豈), 누를 기(其)-억(抑), 오히려 기(其)-상(尙)-서기(庶幾), 이에 기(其)-내(乃), 만약 기(其)-약(若), 장차 기(其)-장(將), 어조사 기(其)-어조사(語助辭)〉 등의 뜻을 내지만 여기선 〈그것 기(其)〉와 같다 여기고 새김이 마땅하다.

**선(旋)** 〈돌아갈(돌) 선(旋)-회(回)-환(還), 돌이킬 선(旋)-반(反), 주선할 선(旋)-주선(周旋), 구를 선(旋)-전(轉), 구불구불 선(旋)-곡(曲), 구불구불 돌 선(旋)-반선(盤旋), 얼마 후 선(旋)-이이(已而), 둥글 선(旋)-원(圓), 쇠북꼭지 선(旋)-현종지환(懸鐘之環), 깊을 선(旋)-심(深), 오줌 선(旋)-소변(小便), 빠를 선(旋)-질(疾), 돌릴 선(旋)-축(逐)〉 등의 뜻을 내지만 여기선 〈돌아갈 회(回)〉와 같다 여기고 새김이 마땅하다.

**원(元)** 〈큰 원(元)-대(大), 아름다울 원(元)-미(美), 선함의 으뜸 원(元)-선지장(善之長), 비롯할 원(元)-시(始)-단(端), 머리 원(元)-수(首)-두(頭), 근본 원(元)-본(本)-원(原), 어른 원(元)-장(長)-원장(元長), 하나 원(元)-일(一), 우두머리 원(元)-수장(首長), 임금 원(元)-원군(元君)-군(君), 위 원(元)-상(上), 하늘 원(元)-천(天), 하늘땅의 큰 덕 원(元)-천지지대덕(天地之大德)-원기(元氣)-기(氣), 기운의 시작 원(元)-기지시(氣之始)-원자(元者), 백성 원(元)-원원(元元)-백성(百姓)〉 등의 뜻을 내지만 여기선 〈큰 대(大)〉와 같다 여기고 새김이 마땅하다.

**길(吉)** 〈좋을(행복할) 길(吉)-선(善)-영(令) {영월길일(令月吉日)은 선월선일(善月善日)임.}, 복 길(吉)-실(實)-선실(善實)-복(福), 예의를 따라 상서로울 길(吉)-예의순상(禮義順祥), 삼갈 길(吉)-근(謹), 초하루 길(吉)-삭일(朔日) {삭망(朔望) 즉 초하루[朔]와 그믐날[望]}, 길례 길(吉)-길례(吉禮) {오례지일(五禮之一) 길흉빈군가(吉凶賓軍嘉)}, 갈 길(吉)-행(行)-길(趌)〉 등의 뜻을 내지만 여기선 〈좋을 선(善)-영(令)〉 즉 행복과 같다 여기고 새김이 마땅하다.

# 태괘 泰卦

11

## 1 괘의 괘상과 계사

### 태괘(泰卦 : ䷊)

건하곤상(乾下坤上) : 아래는[下] 건(乾 : ☰), 위는[上] 곤(坤 : ☷).

지천태(地天泰) : 땅과[地] 하늘은[天] 태이다[泰].

泰는 小往大來하니 吉亨하다
태 소왕대래 길형

통함은[泰] 작은 것이[小] 가고[往] 큰 것이[大] 옴이니[來] 길하고[吉] 통한다[亨].

**【태괘(泰卦 : ䷊)의 괘상(卦象) 풀이】**

앞 이괘(履卦 : ䷉)의 〈이(履)〉는 예(禮)로 통한다. 왜냐하면 〈이(履)〉 즉 이행(履行)해야 할 것이 바로 예(禮)인 까닭이다. 「서괘전(序卦傳)」에 〈예를 행해서[履而] 통한[泰] 연후에[然後] 편안하다[安] 그래서[故] 태괘(泰卦 : ䷊)로써[以] 그것을[之] 받는다[受]〉라는 말이 나온다. 이는 이괘(履卦 : ䷉) 다음에 태괘(泰卦 : ䷊)가 있는 까닭을 암시한다. 태괘(泰卦 : ䷊)의 〈태(泰)〉는 통진(通進) 즉 통하여[通] 나아감[進]이다. 통(通)한다고 막무가내로 나아간다는 것은 아니다. 통할수록 조심스럽게 주의를 기울이면서 천지조화(天地造化)를 따라 나아가라 함이 여기 〈태(泰)〉이다. 태괘(泰卦 : ䷊)의 괘체(卦體)는 〈건하곤상(乾下坤上)〉 즉 곤(坤 : ☷) 아래 건(乾 : ☰)이 있다. 건(乾 : ☰)은 천(天)이고 천기(天氣)이다. 곤(坤 : ☷)은 지(地)이고 지기(地氣)이다. 천기(天氣)는 내리고 지기(地氣)는 오른다. 오르는 지기(地氣)의 곤(坤 : ☷)이 위에 있고 내리는 천기(天氣)의 건(乾 : ☰)이 아래에 있어서, 천지(天地)가 상교(相交)하여 천지인(天地人) 삼재(三才)의 조화가 이루어져 천지에 만물이 창성함을 암시하는 것이 여기 〈태(泰)〉 즉 통하여 나아간다[泰]는 것이다. 이러한 태괘(泰卦 : ䷊)의 〈태(泰)〉 즉 통하여 나아감[泰]이 이루어지는 모습을 일러 태괘(泰卦 : ䷊)라 칭명(稱名)한다.





**【태괘(泰卦 : ䷊)의 계사(繫辭) 풀이】**

## 泰(태) 小往大來(소왕대래)

**통함은[泰] 작은 것이[小] 가고[往] 큰 것이[大] 온다[來].**

태괘(泰卦 : ䷊) 상하체(上下體)의 괘재(卦才)를 빌려 괘상(卦象)을 암시한 계사(繫辭)이다. 〈태(泰) 소왕대래(小往大來)〉는 〈소왕어태(小往於泰) 이대래어태(而大來於泰)〉로 여기고 〈태괘에서[於泰] 작은 것이[小] 간다[往] 그리고[而] 태괘에서[於泰] 큰 것이[大] 온다[來]〉라고 새겨볼 것이다. 천지(天地)가 상교(相交)하여 조화가 이루어져 만물이 창생(創生)함을 일러 〈태(泰)〉 즉 통하여 나아감[泰]이라 한다. 〈소왕대래(小往大來)〉는 태괘(泰卦 : ䷊)의 괘체(卦體)를 〈소대(小大)〉와 〈왕래(往來)〉로써 풀이한 것이다. 태괘(泰卦 : ䷊)의 상체(上體)인 곤(坤 : ☷)은 음괘(陰卦)이니 〈소(小)〉이고, 하체(下體)인 건(乾 : ☰)은 양괘(陽卦)이니 〈대(大)〉이다. 음양(陰陽)을 달리 불러 소대(小大)라 한다. 대성괘(大成卦)의 하체(下體)는 유외내래(由外內來) 즉 밖[外]으로부터[由] 안으로[內] 들어오는[來] 것이고, 상체(上體)는 유내외왕(由內外往) 즉 안[內]으로부터[由] 밖으로[外] 나가는[往] 것이다. 따라서 〈소왕대래(小往大來)의 소왕(小往)〉은 태괘(泰卦 : ䷊)의 상체(上體)인 곤(坤 : ☷)을 밝히고 〈소왕대래(小往大來)의 대래(大來)〉는 태괘(泰卦 : ䷊)의 하체(下體)인 건(乾 : ☰)을 밝혀서, 하강하는 양기(陽氣)와 상승하는 음기(陰氣)가 교류하여 천지조화(天地造化)가 이루어지는 모습을 빌려 태괘(泰卦 : ䷊)의 주제인 〈태(泰)〉를 풀이한 괘사(卦辭)가 〈태(泰) 소왕대래(小往大來)〉이다.

## 吉亨(길형)

**길하고[吉] 통한다[亨].**

앞의 〈소왕대래(小往大來)〉를 풀이한 계사(繫辭)이다. 〈소왕대래(小往大來)〉는 〈소대(小大)〉의 〈왕래(往來)〉이고 이는 음양(陰陽)의 교류를 말한다. 음양(陰陽)의 왕래(往來) 즉 교류란 음양(陰陽)의 상화(相和)이다. 음양(陰陽)의 교류와 상화는 모든 조화의 천도(天道) 즉 자연의[天] 도리[道]에 상합(相合)하는지라 천복(天福)을 받음[吉]이고, 동시에 음양(陰陽)이 교류하여 상화함이란 상통(相通)함이니 〈형(亨)〉 즉 막힘없이 통한다[亨]고 태괘(泰卦 : ䷊)의 〈태(泰)〉를 거듭해 암시한 괘사(卦辭)가 〈길형(吉亨)〉이다.

【字典】

**태(泰)** 〈사귈 태(泰)-상합(相合), 더없이 클 태(泰)-대지극(大之極), 편안할 태(泰)-안(安), 통할 태(泰)-통(通), 너그러울 태(泰)-관(寬), 하늘 태(泰)-천(天), 잘난 체할 태(泰)-교(驕), 심할 태(泰)-심(甚), 사치할 태(泰)-치(侈)〉 등의 뜻을 내지만 여기선 〈사귈 상합(相合)〉으로 여기고 새김이 마땅하다.

**소(小)** 〈음(陰)을 칭하는 소(小), 작을 소(小)-미(微), 자잘할 소(小)-세(細), 짧을 소(小)-단(短), 좁을 소(小)-협(狹), 어릴 소(小)-유(幼), 천할 소(小)-천(賤), 첩 소(小)-첩(妾)〉 등의 뜻을 내지만 여기선 〈음(陰)을 칭하는 소(小)〉로 여기고 새김이 마땅하다.

**왕(往)** 〈갈 왕(往)-지(之), 물러갈 왕(往)-거(去), 나아갈 왕(往)-행(行)-진행(進行), 이를 왕(往)-지(至), 향할 왕(往)-향(向), 옛 왕(往)-석(昔), 이따금 왕(往)-시시(時時), 뒤 왕(往)-후(後), 죽음 왕(往)-망거(亡去)-사자(死者)〉 등의 뜻을 내지만 여기선 〈갈 지(之)〉와 같다 여기고 새김이 마땅하다.

**대(大)** 〈양(陽)-건(乾)-양효(陽爻) 대(大), 큰 대(大)-소지대(小之對), 지나칠 대(大)-과(過), 자만할 대(大)-과(誇)-긍벌(矜伐), 넓을 대(大)-광(廣), 두루 대(大)-편(徧), 통할 대(大)-통(通), 길 대(大)-장(長), (땅을) 걸게 할 대(大)-비(肥), 두터울 대(大)-후(厚), 많을 대(大)-다(多), 모두 대(大)-개(皆), 선할 대(大)-선(善), 무거울 대(大)-중(重), 거대할 대(大)-거(巨), 아름다울 대(大)-미(美)-장(壯), 부유할 대(大)-부(富), 늙을 대(大)-노(老), 끝 대(大)-극(極), 대충 대(大)-조(組)-불세밀(不細密), 처음 대(大)-초(初), 하늘 대(大)-천(天)〉 등의 뜻을 내지만 여기선 〈양(陽)을 칭하는 대(大)〉로 여기고 새김이 마땅하다.

**來** 〈내-래〉 두 가지로 발음되고, 〈올 내(來)-지(至), 돌아올 내(來)-환(還)-귀(歸), 앞으로 내(來)-장래(將來)-미래(未來), 초치할 내(來)-초치(招致), ~부터 내(來)-자(自)-유(由), 남음이 있을 내(來)-유여(有餘), 어세를 더해주는 조사(助詞) 래(來), 구중(句中)-구말(句末)의 조사(助詞) 래(來)〉 등의 뜻을 내지만 여기선 〈올 지(至)〉와 같다 여

기고 새김이 마땅하다.

**길(吉)** 〈좋을(행복할) 길(吉)-선(善)-영(令) {영월길일(令月吉日)은 선월선일(善月善日)임.}, 복 길(吉)-실(實)-선실(善實)-복(福), 예의를 따라 상서로울 길(吉)-예의순상(禮義順祥), 삼갈 길(吉)-근(謹), 초하루 길(吉)-삭일(朔日) {삭망(朔望) 즉 초하루[朔]와 그믐날[望]}, 길례 길(吉)-길례(吉禮) {오례지일(五禮之一) 길흉빈군가(吉凶賓軍嘉)}, 갈 길(吉)-행(行)-길(趌)〉 등의 뜻을 내지만 여기선 〈좋을 선(善)-영(令)〉 즉 행복과 같다 여기고 새김이 마땅하다.

**亨** 〈향-형-팽〉 등으로 발음되고, 〈통할 형(亨)-통(通), 남을 형(亨)-여(餘), 드릴 향(亨)-헌(獻), 삶을 팽(亨)-자(煮)-팽(烹)〉 등의 뜻을 내지만 여기선 〈통할 통(通)〉과 같다 여기고 새김이 마땅하다.

---

註 경문(經文) 계사(繫辭)의 수사(修辭) : 팔괘(八卦)는 복희씨(伏羲氏)가 만들었다 하지만 『주역(周易)』 64괘(卦)의 계사(繫辭)는 문왕(文王)이 붙였고, 384효(爻)의 계사(繫辭)는 주공(周公)이 붙인 것으로 되어 있다. 문왕(文王)-주공(周公) 때는 지필묵(紙筆墨)이 없었던 때라 칼을 필(筆)로 삼아 간독(簡牘) 즉 대나무쪽[簡]이나 나무쪽[牘]에 글자를 새겼기에 글자를 적어둘 자리가 매우 부족하였다. 따라서 앞의 내용을 미루어 보충될 수 있는 내용은 서슴없이 생략하면서 글자를 적게 된 것이 고문수사(古文修辭)인 셈이다. 『주역(周易)』의 계사(繫辭)들이야말로 고문수사(古文修辭)의 효시(嚆矢) 즉 맨 처음 것[嚆矢]이고 동시에 한문수사(漢文修辭)의 시원(始源)이다. 따라서 『주역(周易)』의 계사(繫辭)를 마주할 때면 괘상(卦象)과 효상(爻象)을 면밀히 살피면서 삭제-생략된 문자를 복원-보충시켜서 해독하려는 마음가짐이 필수적이다.

註 음양(陰陽)의 변효(變爻) : 양가음부(陽加陰負) 즉 양기는[陽] 더함[加 : +]이고 음기는[陰] 덜어냄[負 : -]이라 한다. 따라서 강효(剛爻)가 변효(變爻)해서 유효(柔爻)가 되면 부(負) 즉 덜어냄[負]이라 하고, 유효(柔爻)가 변효(變爻)해서 강효(剛爻)가 되면 더함[加]이라고 한다. 그리고 양실음허(陽實陰虛)라고도 한다. 따라서 양(陽 : ─)이 변효(變爻)하여 유효(柔爻) 즉 음(陰 : --)이 되면 허(虛) 즉 비움[虛]이라 하고, 음(陰 : --)이 변효(變爻)하여 강효(剛爻) 즉 양(陽 : ─)이 되면 실(實) 즉 채움[實]이라고 한다.

註 팔괘(八卦)의 음양(陰陽)과 방위(方位) : 팔괘(八卦)의 모습[象]에는 노양(老陽)-소양(少陽)-노음(老陰)-소음(少陰)의 모습이 있다. 건(乾 : ☰)은 노양(老陽)의 모습이고 진(震 : ☳)-감(坎 : ☵)-간(艮 : ☶) 등은 소양(少陽)의 모습으로, 모두 양괘(陽卦)이고 방위는 동북(東北)에 속한다. 곤(坤 : ☷)은 노음(老陰)의 모습이고 손(巽 : ☴)-이(離 : ☲)-태(兌 : ☱) 등은 소음(少陰)의 모습으로, 모두 음괘(陰卦)이고 방위는 서남(西南)이다. 그러므로 팔괘(八卦)에서 음기(陰氣 : --)가 홀수이면 음괘(陰卦 : ☷☴☲☱)가 되고, 양기(陽氣 : ─)가 홀수이면 양괘(陽卦 : ☰☳☵☶)가 된다.

## 2 효의 효상과 계사

初九：拔茅茹라 以其彙征이니 吉하다
발모여 이기휘정 길

九二：包荒하고 用馮河하며 不遐遺하고 朋亡하여 得尚于中行하리라
포황 용빙하 불하유 붕무 득상 우중행

九三：无平不陂이고 无往不復이니 艱貞이면 无咎하여 勿恤하여도 其孚라 于食有福하리라
무평불피 무왕불복 간정 무구 물휼 기부 우식유복

六四：翩翩하다 不富해도 以其鄰하여 不誡以孚하다
편편 불부 이기린 불계이부

六五：帝乙歸妹하니 以祉元吉하다
제을귀매 이지원길

上六：城復于隍이라 勿用師는 自邑告命이라 貞吝하다
성복우황 물용사 자읍고명 정린

초구(初九)：띠와[茅] 그 뿌리를[茹] 뽑는다[拔]. 제[其] 무리와[彙] 함께[以] 나아가니[征] 길하다[吉].

구이(九二)：온 사방을[荒] 포용하고[包], 황하를[河] 맨발로 건넘을[馮] 행하며[用], 사이가 먼 것을[遐] 버리지 않고[不遺], 끼리끼리가[朋] 없어[亡], 정도를 따라서[于中行] 함께 합함을[尚] 취한다[得].

구삼(九三)：평안하되[平] 기울지 않음은[不陂] 없고[无] 가도[往] 돌아오지 않음이[不復] 없으니[无], 힘들지만[艱] 미더워[貞] 허물이[咎] 없어서[无] 근심하지[恤] 않아도[勿] 그 정(貞)을[其] 믿어주니[孚] 먹고 삶에[于食] 복이[福] 있으리라[有].

육사(六四)：펄펄 날고[翩翩] 풍성하지 않아도[不富] 제[其] 이웃과[鄰] 함께하며[以] 경계하지 않고[不誡] 믿어주기[孚] 때문이다[以].

육오(六五)：제을이[帝乙] 누이를[妹] 시집보내니[歸], 그로써[以] 복을 받

아[祉] 크게[元] 길하다[吉].

상륙(上六) : 성토가[城] 물 없는 못으로[于隍] 돌아간다[復]. 군사를[師] 쓰지[用] 말라 함이[勿] 도읍[邑]으로부터[自] 내린 바의[告] 정령이다[命]. 마땅하다 해도[貞] 한스럽다[吝].

## 초구(初九 : ⚊)

初九 : 拔茅茹라 以其彙征이니 吉하다
발 모 여 이 기 휘 정 길

초구(初九) : 띠와[茅] 그 뿌리를[茹] 뽑는다[拔]. 제[其] 무리와[彙] 함께[以] 나아가니[征] 길하다[吉].

**【초구(初九)의 효상(爻象) 풀이】**

태괘(泰卦 : ䷊)의 초구(初九 : ⚊)는 이양거양(以陽居陽) 즉 양(陽 : ⚊)으로써[以] 양(陽 : ⚊)의 자리에 있는지라[居] 정당한 자리에 있다. 초구(初九 : ⚊)와 구이(九二 : ⚊)는 양양(兩陽) 즉 둘 다[兩] 양(陽 : ⚊)의 사이인지라 비(比) 즉 이웃의 사귐[比]을 누리지 못한다. 그러나 초구(初九 : ⚊)와 육사(六四 : ⚋)는 양음(陽陰)의 사이인지라 정응(正應) 즉 정도를 따라[正] 서로 호응한다[應]. 태괘(泰卦 : ䷊)의 주제인 〈태(泰)〉는 상하(上下) 각효(各爻)마다 서로 정응(正應)을 누리고 있어서 이루어진다. 양강(陽剛)한 초구(初九 : ⚊)는 〈태(泰)〉 즉 통하여 나아감[泰]의 시작점에 있다. 그 시작점에서 상진(上進)하고자 초구(初九 : ⚊)가 정응(正應)을 나누는 육사(六四 : ⚋)를 동료로 삼아 공동의 이상과 목표를 소중히하여 〈태(泰)〉 즉 통하여 나아감[泰]을 시작하는 모습이다.

> 태괘(泰卦 : ䷊)의 초구(初九 : ⚊)가 초륙(初六 : ⚋)으로 변효(變爻)하면 초구(初九 : ⚊)는 태괘(泰卦 : ䷊)를 46번째 승괘(升卦 : ䷭)로 지괘(之卦)하게 한다. 따라서 태괘(泰卦 : ䷊)의 초구(初九 : ⚊)는 승괘(升卦 : ䷭)의 초륙(初六 : ⚋)을 찾아가 살펴보게 한다.

【초구(初九)의 계사(繫辭) 풀이】

## 拔茅茹(발모여)

### 띠와[茅] 그 뿌리를[茹] 뽑는다[拔].

초구(初九 : ━)의 효위(爻位)를 빌려 암시한 계사(繫辭)이다. 〈발모여(拔茅茹)〉는 〈초구여발모여지상(初九如拔茅茹之象)〉의 줄임으로 여기고 〈초구는[初九] 띠 뿌리를[茅茹] 뽑는[拔之] 모습[象] 같다[如]〉라고 새겨볼 것이다. 〈발모여(拔茅茹)〉는 초구(初九 : ━)가 태괘(泰卦 : ䷊)의 하체(下體) 건(乾 : ☰)의 초효(初爻)로서 태괘(泰卦 : ䷊)의 주제인 〈태(泰)〉 즉 통하여 나아가는[泰] 시국을 따라 뜻하는 바를 시작하자면 서로 정응(正應)을 나누어 누리는 육사(六四 : --)를 동료로 삼아야 함을 암시한다. 〈모여(茅茹)〉 즉 띠의[茅] 뿌리[茹]는 태괘(泰卦 : ䷊)의 하체(下體) 건(乾 : ☰)의 맨 밑자리에 있는 초구(初九 : ━)와 상체(上體) 곤(坤 : ☷)의 맨 밑자리에 있는 육사(六四 : --)를 상징한다. 여러 뿌리가 서로 얽혀서 한 포기의 띠[茅]가 성장함을 빌려 초구(初九 : ━)와 육사(六四 : --)의 정응(正應)을 취상(取象)한 것이다. 〈태(泰)〉의 시국을 맞아 통하여 나아가는[泰] 공동의 이상과 목표를 갖추고 있으니, 여기에 초구(初九 : ━)도 육사(六四 : --)와 정응(正應)하여 〈태(泰)〉 즉 통하여 나아감[泰]을 시작하려 함을 취상(取象)한 계사(繫辭)가 〈발모여(拔茅茹)〉이다.

## 以其彙征(이기휘정) 吉(길)

### 제[其] 무리와[彙] 함께[以] 나아가니[征] 길하다[吉].

초구(初九 : ━)의 효상(爻象)을 구체적으로 암시한 계사(繫辭)이다. 〈이기휘정(以其彙征)〉은 〈이초구지휘초구정(以初九之彙初九征)〉의 줄임으로 여기고 〈초구의[初九之] 무리와[彙] 함께[以] 초구가[初九] 나아간다[征]〉라고 새겨볼 것이다. 〈이기휘정(以其彙征)〉에서 〈이(以)〉는 〈함께 여(與)〉와 같고, 〈기(其)〉는 〈초구지(初九之)〉의 줄임이며, 〈휘(彙)〉는 〈무리 유(類)〉와 같아 여기선 초구(初九 : ━)와 정응(正應) 즉 정도를 따라[正] 호응하는[應] 육사(六四 : --)를 암시한다. 초구(初九 : ━)가 〈태(泰)〉의 시국을 맞아 통하여 나아감[泰]을 홀로 시작함이 아니라 정응(正應)을 서로 나누는 〈휘(彙)〉 즉 한 무리[彙]인 육사(六四 : --)와 함께 나아감[征]인지라 행운을 누림[吉]을 암시한 계사(繫辭)가 〈이기휘정(以其彙征) 길(吉)〉이다.





【字典】

**拔** 〈발-패〉 두 가지로 발음되고, 〈뽑을 발(拔)-추(抽), 끌 발(拔)-인(引), 돌아올 발(拔)-회(廻), 빠를 발(拔)-질(疾), 가릴(박탈할) 발(拔)-탁(擢), 밋밋할 패(拔)-정연(挺然), 휘어 꺾을 패(拔)〉 등의 뜻을 내지만 여기선 〈뽑을 추(抽)〉와 같다 여기고 새김이 마땅하다.

**모(茅)** 〈띠(골풀) 모(茅)-관(菅), 표기 모(茅)-전모(前茅)-정지(旌識)〉 등의 뜻을 내지만 여기선 〈띠 관(菅)〉과 같다 여기고 새김이 마땅하다.

**茹** 〈여-녀〉 두 가지로 발음되고, 〈띠 뿌리 여(茹)-모근(茅根), 서로 끌어당길 모습 여(茹)-나(挐), 받을 여(茹)-수(受), 헤아릴 여(茹)-탁(度)-모(謀)-려(慮), 부드러울 여(茹)-유(柔), 꼭두서니 여(茹), 먹을 녀(茹)-식(食)〉 등의 뜻을 내지만 여기선 〈띠 뿌리 모근(茅根)〉과 같다 여기고 새김이 마땅하다.

**이(以)** 〈함께 할 이(以)-여(與), 할 이(以)-위(爲), 써 이(以)-용(用), 생각할 이(以)-사(思), 거느릴 이(以)-솔(率), 그만둘 이(以)-이(已), 본받을 이(以)-법(法), 때문에 이(以)-인(因) {까닭 이(以)로 명사(名詞) 노릇도 하는데 주로 유이(有以) 무이(無以) 꼴일 때가 대부분임.}, 더불어 이(以)-여(與), 하여금 이(以)-사(使), 이미 이(以)-이(已)〉 등의 뜻을 내고 이 외에도 전후문맥(前後文脈)에 따라 다양한 뜻을 자유롭게 내며 〈그래서 이(以)-소이(所以)-인이(因以)〉처럼 계사(繫詞) 노릇마저도 한다. 여기선 〈함께 할 여(與)〉와 같다 여기고 새김이 마땅하다.

**기(其)** 〈제(그것) 기(其)-피(彼)-지(之), 그럴 기(其)-연(然), 어찌 기(其)-기(豈), 누를 기(其)-억(抑), 오히려 기(其)-상(尙)-서기(庶幾), 이에 기(其)-내(乃), 만약 기(其)-약(若), 장차 기(其)-장(將), 어조사 기(其)-어조사(語助辭)〉 등의 뜻을 내지만 여기선 〈제 기(其)〉와 같다 여기고 새김이 마땅하다.

**휘(彙)** 〈무리 휘(彙)-유(類), 부지런할 휘(彙)-근(勤), 아름다울 휘(彙)-미(美), 채울(담을) 휘(彙)-성(盛), 고슴도치 휘(彙)-위(蝟)〉 등의 뜻을 내지만 여기선 〈무리 유(類)〉와 같다 여기고 새김이 마땅하다.

**정(征)** 〈행동할(나아갈) 정(征)-행(行)-정행(征行), 멀 정(征)-원(遠), 취할 정(征)-취(取), 세금 매길 정(征)-세(稅)-부(賦)〉 등의 뜻을 내지만 여기선 〈나아갈 행(行)〉으로 여기고 새김이 마땅하다.

**길(吉)** 〈좋을(행복할) 길(吉)-선(善)-영(令) {영월길일(令月吉日)은 선월선일(善月善日)임.}, 복 길(吉)-실(實)-선실(善實)-복(福), 예의를 따라 상서로울 길(吉)-예의순상(禮義順祥), 삼갈 길(吉)-근(謹), 초하루 길(吉)-삭일(朔日) {삭망(朔望) 즉 초하루[朔]와 그믐날[望]}, 길례 길(吉)-길례(吉禮) {오례지일(五禮之一) 길흉빈군가(吉凶賓軍嘉)}, 갈 길(吉)-행(行)-길(趌)〉 등의 뜻을 내지만 여기선 〈좋을 선(善)-영(令)〉 즉 행복과 같다 여기고 새김이 마땅하다.

## 구이(九二 : ⚊)

九二 : 包荒(포황)하고 用馮河(용빙하)하며 不遐遺(불하유)하고 朋亡(붕무)하여 得尚(득상)于中行(우중행)하리라

구이(九二) : 온 사방을[荒] 포용하고[包], 황하를[河] 맨발로 건넘을[馮] 행하며[用], 사이가 먼 것을[遐] 버리지 않고[不遺], 끼리끼리가[朋] 없어[亡], 정도를 따라서[于中行] 함께 합함을[尚] 취한다[得].

**【구이(九二)의 효상(爻象) 풀이】**

태괘(泰卦 : ䷊)의 구이(九二 : ⚊)는 이양거음(以陽居陰) 즉 양(陽 : ⚊)으로써[以] 음(陰 : ⚋)의 자리에 있는지라[居] 정당한 자리에 있지 못하다. 구이(九二 : ⚊)는 초구(初九 : ⚊)-구삼(九三 : ⚊)과 양양(兩陽) 즉 둘 다[兩] 양(陽 : ⚊)인지라 비(比) 즉 이웃의 사귐[比]을 누리지 못한다. 그러나 구이(九二 : ⚊)와 육오(六五 : ⚋)는 서로 부정위(不正位) 즉 정당한[正] 자리에 있지 못해[不位] 중정(中正) 즉 중효로서[中] 정위[正]를 나누지는 못하지만 정응(正應)을 나눌 수 있다. 중정(中正)이란 중효정위(中爻正位)의 줄임이다. 구이(九二 : ⚊)가 양강(陽剛)으로써

득중(得中) 즉 정도를 따름을[中] 취하고[得], 육오(六五 : --)는 음유(陰柔)로써 득중(得中)한다. 이에 구이(九二 : ㅡ)는 육오(六五 : --)와 위로 상응(相應)하고 육오(六五 : --)는 구이(九二 : ㅡ)와 아래로 상응하여, 군신(君臣)으로서 태괘(泰卦 : ䷊)의 주제인 〈태(泰)〉 즉 통하여 나아가는[泰] 시국을 다스리는 덕(德)을 함께 갖추고 있다. 육오(六五 : --)가 구이(九二 : ㅡ)를 전임(專任)하여 비록 구이(九二 : ㅡ)가 신위(臣位)에 있지만 치태(治泰) 즉 통하여 나아감을[泰] 다스림[治]에 위주(爲主)가 되어 태괘(泰卦 : ䷊)의 주효(主爻)인 모습이다.

> 태괘(泰卦 : ䷊)의 구이(九二 : ㅡ)가 육이(六二 : --)로 변효(變爻)하면 구이(九二 : ㅡ)는 태괘(泰卦 : ䷊)를 36번째 명이괘(明夷卦 : ䷣)로 지괘(之卦)하게 한다. 따라서 태괘(泰卦 : ䷊)의 구이(九二 : ㅡ)는 명이괘(明夷卦 : ䷣)의 육이(六二 : --)를 찾아가 살펴보게 한다.

**【구이(九二)의 계사(繫辭) 풀이】**

## 包荒(포황)

온 사방을[荒] 포용한다[包].

구이(九二 : ㅡ)의 치태(治泰)를 암시한 계사(繫辭)이다. 〈포황(包荒)〉은 〈구이포팔황(九二包八荒)〉의 줄임으로 여기고 〈구이는[九二] 먼 데까지를[八荒] 포용한다[包]〉라고 새겨볼 것이다. 〈포황(包荒)〉은 태괘(泰卦 : ䷊)의 주제인 〈태(泰)〉의 시국을 다스리는 도리(道理)이다. 〈포황(包荒)의 포(包)〉는 〈품을 함[含]〉과 같고, 〈포황(包荒)의 황(荒)〉은 〈멀 원(遠)〉과 같다. 물론 〈포황(包荒)의 포(包)〉는 구이(九二 : ㅡ)가 변효(變爻)하여 태괘(泰卦 : ䷊)의 하체(下體)인 건(乾 : ☰)이 이(離 : ☲)로 변괘(變卦)하여 중허(中虛) 즉 중심을[中] 비움[虛]을 암시한다. 음양(陰陽)을 허실(虛實)로 나타내기도 해 음(陰 : --)을 허(虛)라 하고 양(陽 : ㅡ)을 실(實)이라 한다. 허심(虛心)이란 대인(大人)을 본받는 마음가짐이다. 따라서 〈포황(包荒)의 포(包)〉는 구이(九二 : ㅡ)가 대인(大人)의 도량(度量) 즉 너그럽고 깊은 생각으로 일을 잘 알아서 다루어갈 줄 아는 마음씨[度量]를 간직함을 암시하기도 한다. 왜냐하면 〈포황(包荒)〉은 팔황을[荒] 포용하는[包] 더없는 관대함을 뜻하기 때문이다. 팔황(八荒)이란 황원지지(荒遠之地) 즉 멀고 먼[荒原之] 땅[地]을 뜻한다.

강건(剛健)한 양(陽 : ━)의 구이(九二 : ━)가 비록 현령(縣令)의 신위(臣位)에 있을지라도 관유(寬柔)한 음(陰 : ╍)으로 변효(變爻)하여 도량(度量)이 관대(寬大)한 대공(大公)의 모습을 암시하는 계사(繫辭)가 〈포황(包荒)〉이다.



## 用馮河(용빙하)

### 황하를[河] 맨발로 건넘을[馮] 행한다[用].

역시 구이(九二 : ━)의 치태(治泰)를 암시한 계사(繫辭)이다. 〈용빙하(用馮河)의 빙하(馮河)〉는 구이(九二 : ━)가 변효(變爻)하여 태괘(泰卦 : ䷊)가 36번째 명이괘(明夷卦 : ䷣)로 지괘(之卦)해 명이괘(明夷卦 : ䷣)의 내호괘(內互卦)인 감(坎 : ☵)으로써 구이(九二 : ━)를 취상(取象)한 것이다. 「설괘전(說卦傳)」에 〈감은[坎 : ☵] 물[水]이다[爲]〉라는 내용을 여기 〈빙하(馮河)의 하(河)〉가 상기시키기 때문이다. 하(河)는 물[水]이다. 〈용빙하(用馮河)〉 역시 태괘(泰卦 : ䷊)의 주제인 〈태(泰)〉의 시국을 다스리는 도리(道理)이다. 〈용빙하(用馮河)〉는 〈당사위태지운구이용빙하(倘使危泰之運九二用馮河)〉의 줄임으로 여기고 〈태의[泰之] 운용을[運] 위태롭게 하는[危] 경우에[倘使] 구이는[九二] 빙하를[馮河] 행한다[用]〉라고 새겨볼 것이다. 〈용빙하(用馮河)의 용(用)〉은 〈행할 행(行)〉과 같고, 〈용빙하(用馮河)의 빙하(馮河)〉는 도보도하(徒步渡河) 즉 걸어서[徒步] 큰물을[河] 건넘[渡]이라 배 없이 물을 건넘을 뜻해 무모한 짓을 비유한다.

〈용빙하(用馮河)〉는 『논어(論語)』에 나오는 〈맨주먹으로 호랑이를[虎] 치고[暴] 걸어서 물을[河] 건너[馮] 죽어도[死而] 뉘우침이[悔] 없는[無] 자(者)〉라는 내용을 상기시킨다. 공자(孔子)는 〈포호빙하(暴虎馮河)〉를 취하는 자를 뿌리친다고 했다. 그런데 왜 구이(九二 : ━)는 〈용빙하(用馮河)〉 즉 〈빙하(馮河)를 행한다[用]〉는 것인가? 하체(下體) 건(乾 : ☰)의 중효(中爻)로서 득중(得中) 즉 정도를 따름을[中] 취하여[得] 모든 일을 마주함에 지나침 없어 무모함을 범하지 않는 구이(九二 : ━)가 왜 무모함이 지나쳐 만용(蠻勇)인 〈빙하(馮河)〉로써 치태(治泰) 즉 〈태(泰)〉의 시국을 다스린다[治]고 하는가? 태괘(泰卦 : ䷊)의 주효(主爻)로서 구이(九二 : ━)에게 〈태(泰)〉의 시국이 부정당함은 결코 용인될 수 없기 때문이다. 따라서 태운(泰運)의 시국을 부정하거나 파괴하는 경우만큼은 구이(九二 : ━)가 무모한 용단일지라도 서슴없이 행함[用]을 암시한 계사(繫辭)가 〈용빙하(用馮河)〉이다.

## 不遐遺(불하유)

### 사이가 먼 것을[遐] 버리지 않는다[不遺].

구이(九二 : ━)의 효위(爻位)를 빌려 치태(治泰)를 암시한 계사(繫辭)이다. 여기 〈불하유(不遐遺)〉 역시 태괘(泰卦 : ☷)의 주제인 〈태(泰)〉의 시국을 다스리는 도리(道理)이다. 〈불하유(不遐遺)〉는 〈구이불유하(九二不遺遐)〉의 줄임으로 여기고 〈구이는[九二] 하를[遐] 버리지 않는다[不遺]〉라고 새겨볼 것이다. 〈불하유(不遐遺)의 하(遐)〉는 〈멀 원(遠)〉과 같고, 〈불하유(不遐遺)의 유(遺)〉는 〈버릴 기(棄)〉와 같다. 〈불하유(不遐遺)의 하(遐)〉는 구이(九二 : ━)와 효연(爻緣)이 없는 육사(六四 : --)와 상륙(上六 : --)을 암시한다. 구이(九二 : ━)와 육사(六四 : --)-상륙(上六 : --) 등과는 소원(疏遠) 즉 정이 성긴[疏遠] 관계로 가깝지 않은 사이임을 암시한 것이 〈불하유(不遐遺)의 하(遐)〉이다. 가깝지 않은 사이라 해서 저버림[遺]은 소인(小人)의 짓이지 군자(君子)의 짓은 아니다. 득중(得中) 즉 정도를 따름을[中] 취하여[得] 치태(治泰)하는 구이(九二 : ━)가 소원(疏遠)한 것들마저도 저버리지 않고[不遺] 보살핌을 암시한 계사(繫辭)가 〈불하유(不遐遺)〉이다.

## 朋亡(붕무)

### 끼리끼리가[朋] 없다[亡].

구이(九二 : ━)의 효위(爻位)를 빌려 치태(治泰)를 암시한 계사(繫辭)이다. 여기 〈붕무(朋亡)〉 역시 태괘(泰卦 : ☷)의 주제인 〈태(泰)〉의 시국을 다스리는 도리(道理)이다. 〈붕무(朋亡)〉는 〈구이무붕(九二亡朋)〉의 줄임으로 여기고 〈구이에게는[九二] 붕이[朋] 없다[亡]〉라고 새겨볼 것이다. 〈붕무(朋亡)의 무(亡)〉는 〈없을 무(無)〉와 같다. 〈붕무(朋亡)〉는 〈무붕(無朋)〉 즉 〈붕이[朋] 없다[無]〉라는 것이다. 〈붕무(朋亡)〉는 구이(九二 : ━)의 위아래에 있는 초구(初九 : ━)와 구삼(九三 : ━)이 둘 다 양(陽 : ━)이어서 구이(九二 : ━)와 비(比) 즉 이웃의 사귐[比]을 누리지 못해 〈붕(朋)〉 즉 끼리끼리[朋]가 되지 못함을 암시한다. 여기 〈붕무(朋亡)〉는 『논어(論語)』에 나오는 〈군자는[君子] 어울리되[和而] 패거리 짓지 않는다[不同]〉

라는 내용을 상기시킨다. 왜냐하면 〈붕무(朋亡)〉는 〈부동(不同)〉 즉 〈패거리 짓지 않음[不同]〉으로 이어지기 때문이다. 〈붕무(朋亡)의 붕(朋)〉은 생각이 같으면 함께 하고 생각이 다르면 멀어지는 동료(同僚)를 뜻하기도 하고, 같은 선생의 가르침을 함께 받은 동문(同門)을 뜻하기도 하며, 같은 학교를 졸업한 동창(同窓)을 뜻하기에 끼리끼리 한패를 뜻한다.

〈우(友)〉란 이해상관(利害相關) 없이 서로 받아주고 이해하며 변함없이 무기(無己)의 정(情)을 나눈다. 그러나 〈붕(朋)〉은 관계나 이해가 서로 맞아서 가까워짐인지라 맞지 않으면 서로 멀어지며 같은 연결고리를 간직해야 끼리끼리 한패가 되는 것이다. 그래서 『논어(論語)』에도 〈유우자원방래(有友自遠方來)〉라 않고 〈유붕자원방래(有朋自遠方來)〉라고 한 것이다. 〈유우(有友)의 우(友)〉는 문하(門下)를 따지지 않는다. 그러나 『논어(論語)』의 〈유붕(有朋)의 붕(朋)〉은 공자(孔子)의 문하(門下)이어야 붕류(朋類) 즉 끼리끼리 한패[朋類]가 된다. 이처럼 구이(九二 : ━)의 위아래에 있는 초구(初九 : ━)와 구삼(九三 : ━) 등이 구이(九二 : ━)의 〈붕(朋)〉이 되지 않기 때문에 구이(九二 : ━) 홀로 치태(治泰)의 덕(德)을 무기(無己) 즉 사사로움[己] 없이[無] 넓혀가는 대공(大公)의 면목을 암시하는 계사(繫辭)가 〈붕무(朋亡)〉이다.

## 得尙于中行(득상우중행)

### 정도를 따라서[于中行] 함께 합함을[尙] 취한다[得].

구이(九二 : ━)의 효위(爻位)를 빌려 치태(治泰)의 펼침을 암시한 계사(繫辭)이다. 〈득상우중행(得尙于中行)〉은 치태(治泰)의 도리(道理)를 실행하는 구이(九二 : ━) 자신의 마음가짐을 암시한다. 〈득상우중행(得尙于中行)〉은 〈구이득상우중행(九二得尙于中行)〉의 줄임으로 여기고 〈구이가[九二] 중행(中行)에서[于] 상을[尙] 득한다[得]〉라고 새겨볼 것이다. 〈득상(得尙)의 상(尙)〉은 여기선 배합(配合) 즉 알맞게 한 데 섞음[配合]을 뜻하고, 〈우중행(于中行)의 중행(中行)〉은 〈행중도(行中道)〉의 줄임이니 정도를[道] 따름을[中] 활용함[行]을 뜻한다. 여기 〈중행(中行)의 행(行)〉은 〈쓸 용(用)〉과 같다. 〈행중도(行中道)〉는 구이(九二 : ━)가 양강(陽剛)으로써 득중(得中) 즉 정도를 따름을[中] 취함[得]을 암시한다. 구이(九二 : ━)의 본래(本來)는 양(陽 : ⚊)이니 강강(剛强)하고 실(實)하다. 그러나 구이(九二 : ⚊)의 거처(居處)는 음(陰 : ⚋)의 자리이니 유약(柔弱)하고 허(虛)하다. 음(陰 : ⚋)과 양(陽 : ⚊)을 둘로 보면 이는 천도(天道) 즉 자연의[天] 도리[道]가 아니다. 일음일양(一陰一陽) 즉 한번(一) 음(陰 : ⚋)이면 한번(一) 양(陽 : ⚊)임이 역지도(易之道) 즉 변화의[易之] 도리[道]이다. 역지도(易之道)란 곧 천도(天道)이다. 자연의[天] 도리[道]를 계승함이 선(善)이다. 선(善)이란 일음일양(一陰一陽) 즉 음(陰 : ⚋)이 양(陽 : ⚊)으로 되고 양(陽 : ⚊)이 음(陰 : ⚋)으로 되어, 음양(陰陽)이 상화(相和)하고 상교(相交)하여 둘이 아니라 하나가 됨을 말한다. 따라서 〈득상우중행(得尙于中行)〉에서 〈우중행(于中行)의 중행(中行)〉은 일음일양(一陰一陽)의 역지도(易之道)를 계승하는[善] 정도(正道)를 구이(九二 : ⚊)가 실행함[行]을 뜻하여 중도(中道) 즉 정도를[道] 따름[中]이 곧 〈중행(中行)〉이다. 이에 〈득상우중행(得尙于中行)〉에서 〈득상(得尙)의 상(尙)〉 즉 배합(配合)이란 구이(九二 : ⚊)가 자신의 본래(本來)인 강강(剛强)에 치우쳐 자신의 거처(居處)인 음(陰 : ⚋)의 유약(柔弱)을 내침이 아니다. 구이(九二 : ⚊) 자신이 〈중행(中行)〉 즉 정도를 따라[中行] 양(陽 : ⚊)의 강강(剛强)과 음(陰 : ⚋)의 유약(柔弱)을 배합(配合) 즉 알맞게 한 데 합쳐[尙] 〈포황(包荒)-용빙하(用馮河)-불하유(不遐遺)-붕무(朋亡)〉 등등 치태(治泰)의 도리(道理)를 성취함[得]을 묶어서 암시한 계사(繫辭)가 〈득상우중행(得尙于中行)〉이다.

【字典】

**포(包)** 〈용납할 포(包)-용(容), 쌀 포(包)-포(勹)-회(褭), 품을 포(包)-함(含), 간직할 포(包)-장(藏), 겸할 포(包)-겸(兼), 취할 포(包)-취(取)〉 등의 뜻을 내지만 여기선 〈용납할 용(容)-품을 함(含)〉 등과 같다 여기고 새김이 마땅하다.

**황(荒)** 〈멀 황(荒)-원(遠), 거칠어질(거친 땅) 황(荒)-무(蕪)-예(穢), 풀이 땅을 덮을 황(荒)-초엄지(草掩地), 어지러울 황(荒)-요란(擾亂), 황폐할 황(荒)-황폐(荒廢), 흉년 황(荒)-흉년(凶年), 가릴 황(荒)-엄(奄), 폐할 황(荒)-폐(廢), 망녕될 황(荒)-망(妄)-미란(迷亂), 실패할 황(荒)-패(敗), 해로운 인물 황(荒)-인물유해(人物有害), 망할 황(荒)-망(亡), 이를 황(荒)-지(至), 큰 황(荒)-대(大), 빈 황(荒)-허(虛)-공(空), 너그럽고 넓을 황(荒)-관광(寬廣), 덜 익을 황(荒)-불습숙(不習熟), 눈 어두울 황(荒)-맹(盲), 다스릴 황

(荒)-치(治)〉 등의 뜻을 내지만 여기선 〈멀 원(遠)〉과 같다 여기고 황원(荒遠)의 줄임말로 새김이 마땅하다. 물론 〈포황(包荒)의 황(荒)〉을 사방(四方)의 오랑캐 즉 동이(東夷)-서융(西戎)-남만(南蠻)-북적(北狄) 등을 뜻한다고 다산(茶山)은 밝히기도 했다.

**용(用)** 〈행할 용(用)-행(行), 쓸 용(用)-시(施), 쓰일(부릴) 용(用)-사(使), 맡길 용(用)-임(任), 위할 용(用)-위(爲), 갖출 용(用)-비(備)〉 등의 뜻을 내지만 여기선 〈행할 행(行)〉과 같다 여기고 새김이 마땅하다.

**馮** 〈빙-풍〉 두 가지로 발음되고, 〈걸어 건널 빙(馮)-도섭(徒涉), 탈 빙(馮)-승(乘), 업신여길 빙(馮)-능(陵)-멸(蔑), 의지할 빙(馮)-의(依), 마주볼 빙(馮)-상시(相視), 벼슬 이름 풍(馮), 고을 이름 풍(馮)〉 등의 뜻을 내지만 여기선 〈걸어 건널 도섭(徒涉)〉과 같다 여기고 새김이 마땅하다.

**하(河)** 〈물 이름(황하) 하(河)-황하(黃河), 물이 흘러가는 하(河)-수류(水流), 은하 하(河)-은하(銀河)-천하(天河), 모래섬 하(河)-하주(河洲), 황하의 신 하(河)-하백(河伯), 음의 정수 하(河)-음지정(陰之精), 퍼뜨릴 하(河)-파(播), 하도 하(河)-하도(河圖), 어찌 하(河)-하(何), 술 그릇 하(河)-주기(酒器)〉 등의 뜻을 내지만 여기선 〈황하(黃河)〉로 여기고 새김이 마땅하다.

**不** 〈불-부〉 두 가지로 발음되고, 〈않을(없을) 불(不)-부(不)-무(無), 아닐 불(不)-부(不)-비(非), 하지 말 불(不)-부(不)-막(莫)-금지(禁止), 정하지 않을 불(不)-부(不)-부(否)-미정(未定), 새가 날아올라 내려오지 않는 불(不)-부(不)-조비상불하래(鳥飛上不下來)〉 등의 뜻을 내지만 여기선 〈않을 불(不)〉로 여기고 새김이 마땅하다.

**하(遐)** 〈멀리할 하(遐)-원(遠), 갈 하(遐)-서(逝), 길 하(遐)-장(長), 무엇 하(遐)-하(何)〉 등의 뜻을 내지만 여기선 〈멀리할 원(遠)〉과 같다 여기고 새김이 마땅하다.

**유(遺)** 〈잃을 유(遺)-망(亡)-실(失), 버릴 유(遺)-기(棄), 방치할 유(遺)-사(舍), 잊을 유(遺)-망(忘), 떨어질 유(遺)-이(離), 남을 유(遺)-여(餘), 벗어날 유(遺)-탈(脫)〉 등의 뜻을 내지만 여기선 〈버릴 기(棄)〉와 같다 여기고 새김이 마땅하다.

**붕(朋)** 〈한패 붕(朋)-당(黨)-유(類)-군(羣), 벗 붕(朋)-우(友), 제자 붕(朋)-제자(弟子), 견줄 붕(朋)-비(比), 무리 붕(朋)-군(羣), 두 단지 붕(朋)-양준(兩樽)〉 등의 뜻을 내지만 여기선 〈한패 유(類)〉와 같다 여기고 붕류(朋類)로 새김이 마땅하다.

**亡** 〈무-망〉 두 가지로 발음되고, 〈없을 무(亡)-무(無), 가난할 무(亡)-빈(貧),

달아날(피할) 망(亡)-도(逃)-분(奔)-피(避)-거(去), 없어질 망(亡)-멸(滅), 죽음 망(亡)-사(死), 잃을 망(亡)-상(喪)-실(失), 업신여길 망(亡)-경멸(輕蔑), 그칠 망(亡)-지(止)-이(已), 잊을 망(亡)-망(忘)〉 등의 뜻을 내지만 여기선 〈없을 무(無)〉와 같다 여기고 새김이 마땅하다.

**득(得)** 〈취할(얻어낼) 득(得)-획(獲)-취(取), 탐할 득(得)-탐(貪), 깨달을 득(得)-효(曉)-오(悟), 만족할 득(得)-족(足), 마땅할 득(得)-당(當), 일의 마땅함을 터득할 득(得)-합(合)-득사지의(得事之宜), 이룰 득(得)-성(成), 알 득(得)-지(知), 가할 득(得)-가(可)-능(能), 편안할 득(得)-편(便), 가질 득(得)-치(値)-지(持), 득도할 득(得)-득도(得道)〉 등의 뜻을 내지만 여기선 〈취할 획(獲)-취(取)〉와 같다 여기고 새김이 마땅하다.

**상(尙)** 〈배합할 상(尙)-배합(配合), 받들 상(尙)-숭(崇)-봉(奉), 강할(할 수 있을) 상(尙)-강(强), 고상할(높일) 상(尙)-존(尊), 가상할 상(尙)-가(嘉), 도울 상(尙)-조(助), 일찍 상(尙)-증(曾), 오히려 상(尙)-유(猶), 또 상(尙)-차(且), 반드시 상(尙)-필(必), 바랄 상(尙)-서기(庶幾)-심소희망(心所希望), 거의 상(尙)-서기(庶幾), 위 상(尙)-상(上), 더할 상(尙)-가(加), 꾸밀 상(尙)-식(飾), 오랠 상(尙)-구(久)〉 등의 뜻을 내지만 여기선 〈배합(配合)〉과 같다 여기고 새김이 마땅하다.

**우(于)** 〈~에서(부터) 우(于)-어(於), 갈 우(于)-왕(往), 써 우(于)-이(以), 할 우(于)-위(爲), 여기 우(于)-시(是), 도울 우(于)-조(助), 클 우(于)-대(大), 구할 우(于)-구(求), 자족하는 모습 우(于)-자족모(自足貌)〉 등의 뜻을 내지만 여기선 〈~에서 어(於)〉와 같다 여기고 새김이 마땅하다.

**중(中)** 〈따를 중(中)-순(順), 안(속, 가운데) 중(中)-내(內)-중앙(中央), 사방의 중앙 중(中)-사방지중(四方之中), 마음 속 중(中)-심중(心中), 정도 중(中)-정도(正道), 바를 중(中)-정(正), 고를 중(中)-평(平)-균(均), 어울릴 중(中)-화(和), 이룰 중(中)-성(成), 간직할 중(中)-장(藏), 적당할 중(中)-당(當)-적(適), 합할 중(中)-합(合), 화살이 맞힐 중(中)-시지적(矢至的), 응할 중(中)-응(應), 다칠 중(中)-상(傷), 부딪칠 중(中)-격(擊), 중요할 중(中)-요(要), 가득 찰 중(中)-만(滿)〉 등의 뜻을 내지만 여기선 〈따를 순(順)〉과 같다 여기고 새김이 마땅하다.

**行** 〈행-항〉 두 가지로 발음되고, 〈쓸 행(行)-용(用), 떠나갈(갈) 행(行)-왕(往), 나아갈 행(行)-전진(前進), 다닐 행(行)-보(步), 길 귀신 행(行)-노신(路神), 오행 행(行)-

오행(五行), 길 행(行)-도로(道路), 순행할 행(行)-순행(巡行), 행실 행(行)-신지소행(身之所行), 운반할 행(行)-운(運), 항오 항(行)-열(列), 시장 항(行)-시장(市長), 항렬 항(行)-등배(等輩), 굳셀 항(行)-강강(剛强)〉 등의 뜻을 내지만 여기선 〈쓸 용(用)〉과 같다 여기고 새김이 마땅하다.

---

註 자로왈(子路曰) 자행삼군(子行三軍) 즉수여(則誰與) 자왈(子曰) 포호빙하(暴虎馮河) 사이무회자(死而無悔者) 오불여야(吾不與也) 필야임사이구(必也臨事而懼) 호모이성자야(好謀而成者也) : 자로가[子路] 여쭈었다[曰]. 선생님께서[子] 삼군을[三軍] 부리신다면[行則] 누구와[誰] 더불어 하시겠습니까[與]? 공자가[子] 말해주었다[曰]. 맨주먹으로 호랑이를[虎] 치고[暴] 걸어서 물을[河] 건너[馮] 죽어도[死而] 뉘우침이[悔] 없는[無] 자와는[者] 나는[吾] 함께 하지 않는 것[不與]이다[也]. 반드시[必也] 일을[事] 마주하면서[臨而] 두려워하고[懼] 도모하여[謀而] 일을 성취하기를[成] 좋아하는[好] 자일 것[者]이다[也]. 『논어(論語)』「술이(述而)」 10장(章)

註 감위수(坎爲水) : 감은[坎 : ☵] 물[水]이다[爲]. 「설괘전(說卦傳)」 11단락(段落)

註 군자화이부동(君子和而不同) 소인동이불화(小人同而不和) : 군자는[君子] 어울리되[和而] 패거리 짓지 않고[不同], 소인은[小人] 패거리 짓되[同而] 어울리지 않는다[不和]. 『논어(論語)』「자로(子路)」 23장(章)

註 유붕자원방래(有朋自遠方來) 불역락호(不亦樂乎) : 벗이[有朋] 멀리서[自遠] 찾아오니[方來] 또한[亦] 즐겁지[樂] 아니한가[不乎]. 『논어(論語)』「학이(學而)」 10장(章)

## 구삼(九三 : ⚊)

九三 : 无平不陂(무평불피)이고 无往不復(무왕불복)이니 艱貞(간정)이면 无咎(무구)하여 勿恤(물휼)하여도 其孚(기부)라 于食有福(우식유복)하리라

구삼(九三) : 평안하되[平] 기울지 않음은[不陂] 없고[无] 가도[往] 돌아오지 않음이[不復] 없으니[无], 힘들지만[艱] 미더워[貞] 허물이[咎] 없어서[无] 근심하지[恤] 않아도[勿] 그 정(貞)을[其] 믿어주니[孚] 먹고 삶에[于食] 복이[福] 있으리라[有].

【구삼(九三)의 효상(爻象) 풀이】

태괘(泰卦 : ䷊)의 구삼(九三 : ⚊)은 이양거양(以陽居陽) 즉 양(陽 : ⚊)으로써[以] 양(陽 : ⚊)의 자리에 있는지라[居] 정당한 자리에 있다. 구삼(九三 : ⚊)과 육사(六四 : ⚋)는 양음(陽陰)의 사이인지라 비(比) 즉 이웃의 사귐[比]을 누린다. 그리고 구삼(九三 : ⚊)과 상륙(上六 : ⚋)도 양음(陽陰)인지라 정응(正應) 즉 정도로써[正] 호응하는[應] 사이이다. 그러나 구삼(九三 : ⚊)은 태괘(泰卦 : ䷊)의 하체(下體) 건(乾 : ☰)의 극위(極位)에 있으니 〈태지성(泰之盛)〉 즉 통하여 나아감의[泰之] 다 채워짐[盛]을 마주한다. 극위(極位)란 성쇠(盛衰)의 고갯마루와 같아 성함이[盛] 쇠함으로[衰] 기울어지는 자리이다. 성(盛)하면 쇠(衰)하고 쇠(衰)하면 성(盛)함이 천도(天道) 즉 자연의[天] 도리[道]이다. 따라서 육사(六四 : ⚋)가 구삼(九三 : ⚊)의 이웃이고 상륙(上六 : ⚋)이 구삼(九三 : ⚊)과 정응(正應)의 사이이지만, 극위(極位)에 있는 구삼(九三 : ⚊)이 겪는 〈태(泰)의 성쇠(盛衰)〉를 그들도 벗어나게 할 수는 없으니 구삼(九三 : ⚊) 자신이 극위(極位)의 성쇠(盛衰)를 겪어가야 하는 모습이다.

> 태괘(泰卦 : ䷊)의 구삼(九三 : ⚊)이 육삼(六三 : ⚋)으로 변효(變爻)하면 구삼(九三 : ⚊)은 태괘(泰卦 : ䷊)를 19번째 임괘(臨卦 : ䷒)로 지괘(之卦)하게 한다. 따라서 태괘(泰卦 : ䷊)의 구삼(九三 : ⚊)은 임괘(臨卦 : ䷒)의 육삼(六三 : ⚋)을 찾아가 살펴보게 한다.

【구삼(九三)의 계사(繫辭) 풀이】

## 无平不陂(무평불피) 无往不復(무왕불복)

평안하되[平] 기울지 않음은[不陂] 없고[无] 가도[往] 돌아오지 않음이[不復] 없다[无].

구삼(九三 : ⚊)의 효위(爻位)를 빌려 암시한 계사(繫辭)이다. 〈무평불피(无平不陂)〉는 〈구삼무평불피어불평(九三无平不陂於不平〉의 줄임으로 여기고 〈구삼에게는[九三] 평안함이[平] 평안하지 않음으로[於不平] 기울지 않음이란[不陂] 없다[无]〉고 새겨볼 것이다. 구삼(九三 : ⚊)이 태괘(泰卦 : ䷊)에서 양(陽 : ⚊)의 정위(正位)에 있어서 그 거처(居處)는 구삼(九三 : ⚊)에게 태괘(泰卦 : ䷊)의 주제인 〈태(泰)〉 즉 통하여 나아감[泰]의 시국이 몸에 익어 평안하다[平]. 그러나 구삼(九三 : ━)은 태괘(泰卦 : ䷊)의 하체(下體) 건(乾 : ☰)의 극위(極位)에 있는지라 구삼(九三 : ━)이 누리는 〈평(平)〉은 〈불평(不平)〉으로의 기울[陂]을 피할 수 없다. 〈평(平)〉이 다하면[極] 〈평(平)의 피(陂)〉가 뒤따른다. 여기 〈피(陂)〉란 〈평(平)〉이 기울어져[陂] 평안치 않음[不平]으로 변화함이다. 〈불피(不陂)의 피(陂)〉는 〈피어불평(陂於不平)〉 즉 불평으로[於不平] 기울어짐[陂]이니 〈평(平)〉이 다하면[極] 〈불평(不平)〉으로 기울어지는[陂] 천도(天道) 즉 자연의[天] 도리[道]를 구삼(九三 : ━)이 피할 수 없음을 〈무평불피(无平不陂)〉가 암시한다.

〈무왕불복(无往不復)〉 역시 구삼(九三 : ━)이 태괘(泰卦 : ䷊)의 상하체(上下體) 건(乾 : ☰)과 곤(坤 : ☷)이 교회(交會) 즉 서로[交] 만나는[會] 자리에 있음을 암시한다. 〈무왕불복(无往不復)〉은 〈약양왕(若陽往) 무음지불복(无陰之不復)〉의 줄임으로 여기고 〈만약[若] 양이[陽] 가면[往] 음이[陰之] 돌아오지 않음이[不復] 없다[无]〉고 새겨볼 것이다. 양왕음복(陽往陰復) 즉 양(陽 : ━)이 가면[往] 음(陰 : ╍)이 오고[復], 음왕양복(陰往陽復) 즉 음(陰 : ╍)이 가면[往] 양(陽 : ━)이 오는[復] 것 역시 천도(天道)이다. 그러므로 태괘(泰卦 : ䷊)의 하체(下體) 건(乾 : ☰)의 극위(極位)에 있는 구삼(九三 : ━)이 항상 변함없이 〈태(泰)〉 즉 통하여 나아감[泰]의 〈평(平)〉을 더는 누릴 수 없고, 동시에 양(陽 : ━)의 자리에 상처(常處) 즉 항상[常] 머물[處] 수 없다는 천도(天道)를 벗어날 수 없음을 암시한 계사(繫辭)가 〈무평불피(无平不陂) 무왕불복(无往不復)〉이다.

## 艱貞(간정) 无咎(무구)

### 힘들지만[艱] 미더워[貞] 허물이[咎] 없다[无].

역시 구삼(九三 : ━)의 효위(爻位)를 빌려 암시한 계사(繫辭)이다. 〈간정(艱貞)〉은 〈구삼간(九三艱) 연이구삼정(然而九三貞)〉의 줄임으로 여기고 〈구삼은[九三] 힘들고 어렵다[艱] 그러나[然而] 구삼은[九三] 정당하다[貞]〉라고 새겨볼 것이다. 〈무구(无咎)〉는 〈시이구삼무구(是以九三无咎)〉의 줄임으로 여기고 〈이렇기[是] 때문에[以] 구삼에게는[九三] 허물이[咎] 없다[无]〉라고 새겨볼 것이다. 〈간정(艱貞)의 간(艱)〉은 구삼(九三 : ━)이 태괘(泰卦 : ䷊)의 하체(下體) 건(乾 : ☰)의 상효(上

爻)로서 양(陽 : ㅡ)의 성(盛)함이 다하는 자리에 있기 때문에 양(陽 : ㅡ)의 쇠락(衰落)을 겪음을 암시한다. 〈간정(艱貞)의 정(貞)〉은 구삼(九三 : ㅡ)이 〈간(艱)〉을 겪음에도 정도(正道)를 지키면서 아부하지 않음을 암시한다. 〈정(貞)〉이란 성신(誠信) 즉 진실한[誠] 미더움[信]이 정당(正當)함이다. 그 정당함[貞]은 공정(公正)하여 무사무편(無邪無偏)함이다. 간사함도[邪] 없고[無] 치우침도[偏] 없는[無] 심지(心志)가 곧 〈정(貞)〉이다. 이러한 〈정(貞)〉은 남의 심지를 말함이 아니라 바로 구삼(九三 : ㅡ) 자신의 심지를 말함이다. 〈간(艱)〉 즉 힘들고 어려운[艱] 처지에 있음에도 구삼(九三 : ㅡ)은 정위(正位)에 있기에 〈정(貞)〉 즉 정도(正道)를 지켜 정당해 간사함도 없고 치우침도 없음인지라 허물이[咎] 없음[无]을 암시한 계사(繫辭)가 〈간정(艱貞) 무구(无咎)〉이다.

## 勿恤(물휼) 其孚(기부) 于食有福(우식유복)

근심하지[恤] 않아도[勿] 그 정(貞)을[其] 믿어주니[孚] 먹고 삶에 [于食] 복이[福] 있으리라[有].

구삼(九三 : ㅡ)의 비(比)를 빌려 암시한 계사(繫辭)이다. 〈물휼(勿恤)〉은 구삼(九三 : ㅡ)이 비록 태괘(泰卦 : ䷊)의 하체(下體) 건(乾 : ☰)의 중위(中位)를 벗어났지만 정위(正位)에 있고 태괘(泰卦 : ䷊)의 양효(陽爻) 중에서 유일하게 비(比) 즉 이웃의 사귐[比]을 누리니, 양(陽 : ㅡ)이 쇠(衰)함을 홀로 겪게 내버려져 있지 않음을 암시한다. 〈기부(其孚)〉는 구삼(九三 : ㅡ)이 육사(六四 : --)와 비(比)를 누림을 암시한다. 〈기부(其孚)〉는 〈육사부구삼지정(六四孚九三之貞)〉의 줄임으로 여기고 〈육사가[六四] 구삼의[九三之] 정을[貞] 믿어준다[孚]〉라고 새겨볼 것이다. 여기 〈기부(其孚)의 기(其)〉는 〈구삼지정(九三之貞)〉을 대신하는 지시어이다. 〈기부(其孚)의 부(孚)〉는 〈정(貞)〉으로 말미암아 돌아오는 미더움이다. 천명(天命) 즉 자연이[天] 하라는 대로 함[命]을 지키면 절로 돌아오는 것이 〈부(孚)〉 즉 진실한 미더움이다. 정필부귀(貞必孚歸) 즉 내가 진실로 미덥다면[貞] 반드시[必] 남들로부터 진실한 믿음이[孚] 돌아온다[歸]. 자기가 정(貞)하면 남들이 자기를 진실로 믿어줌이 〈부(孚)〉이다. 〈부(孚)〉는 나의 정(貞)으로 말미암아 세상으로부터 나에게로 돌아오는 성신(誠信)이다. 내가 정(貞)하지 못하면 세상은 나에게 〈부(孚)〉 즉 믿음[孚]을 주지 않는다. 따라서 여기 〈기부(其孚)〉는 육사(六四 : --)가 구삼(九三 : ―)의 〈정(貞)〉을 믿어준다[孚] 함이고 나아가 세상이 구삼(九三 : ―)의 〈정(貞)〉을 믿어준다[孚] 함이니 구삼(九三 : ―)은 세상의 미더움을 얻기에, 따돌려 외롭게 살아가지 않고 녹봉(祿俸)을 받아 평생이 〈유복(有福)〉 즉 행복함을 암시한 계사(繫辭)가 〈물휼(勿恤) 기부(其孚) 우식유복(于食有福)〉이다.

【 字 典 】

**무(无)** 〈없을 무(无)-무(無), 허무지도 무(无)-허무지도(虛无之道), 으뜸 무(无)-원(元)〉 등의 뜻을 내지만 여기선 〈없을 무(無)〉와 같다 여기고 새김이 마땅하다.

**平** 〈평-편〉으로 발음되고, 〈평탄할(가지런할) 평(平)-탄(坦)-제(齊), 무사할 평(平)-무사(無事), 정직할(기울지 않을) 평(平)-정직(正直)-불경(不傾), 고요할 평(平)-정(靜), 어울릴 평(平)-화(和), 물과 흙을 다스릴 평(平)-수토치(水土治), 바를 평(平)-정(正), 다스릴 평(平)-치(治), 고를 평(平)-균(均), 화합하되 동맹하지 않을 평(平)-화이불맹(和而不盟), 쉬울 평(平)-이(易), 공변될 평(平)-공(公), 분명히 할 편(平)-변(辨)〉 등의 뜻을 내지만 여기선 〈평탄할 탄(坦)〉과 같다 여기고 새김이 마땅하다.

**不** 〈불-부〉 등으로 발음되고, 〈않을(없을) 불(不)-부(不)-무(無), 아닐 불(不)-부(不)-비(非), 하지 말 불(不)-부(不)-막(莫)-금지(禁止), 정하지 않을 불(不)-부(不)-부(否)-미정(未定), 새가 날아올라 내려오지 않는 불(不)-부(不)-조비상불하래(鳥飛上不下來)〉 등의 뜻을 내지만 여기선 〈않을 불(不)〉로 여기고 새김이 마땅하다.

**陂** 〈피-파〉 두 가지로 발음되고, 〈기울어질 피(陂)-경(傾), 치우칠 피(陂)-편(偏), 간사할 피(陂)-사(邪), 언덕 파(陂)-택장(澤障), 방죽 파(陂)-지(池)-축수지(畜水池), 비탈 파(陂)-판(阪)-장판불평(長阪不平)〉 등의 뜻을 내지만 여기선 〈기울어질 경(傾)〉과 같다 여기고 새김이 마땅하다.

**왕(往)** 〈갈 왕(往)-지(之), 물러갈 왕(往)-거(去), 나아갈 왕(往)-행(行)-진행(進行), 이를 왕(往)-지(至), 향할 왕(往)-향(向), 옛 왕(往)-석(昔), 이따금 왕(往)-시시(時時), 뒤 왕(往)-후(後), 죽음 왕(往)-망거(亡去)-사자(死者)〉 등의 뜻을 내지만 〈갈 지(之)〉와 같다 여기고 새김이 마땅하다.

**復** 〈복-부〉 두 가지로 발음되고, 〈돌아올 복(復)-반(返)-환(還)-반(反), 갔다 올 복(復)-왕래(往來), 돌 복(復)-주(周)-선(旋), 갚을 복(復)-보(報), 증명할 복(復)-험

(驗), 실천할 복(復)-천(踐), 맡길(의지할) 복(復)-인(因), 아뢸 복(復)-백(白), 다시(또) 부(復)〉 등의 뜻을 내지만 여기선 〈돌아올 반(返)〉과 같다 여기고 새김이 마땅하다.

**간(艱)** 〈어려울 간(艱)-난(難)-불이(不易), 걱정할 간(艱)-우(憂), 괴로울 간(艱)-고(苦), 험할 간(艱)-험(險)〉 등의 뜻을 내지만 여기선 〈어려울 난(難), 괴로울 고(苦)〉의 뜻을 함께한다 여기고 새김이 마땅하다.

**정(貞)** 〈바를 정(貞)-정(正), 마땅할 정(貞)-당(當), 믿을 정(貞)-신(信), 거북점을 물을 정(貞)-복문(卜問), 역(易)의 내괘(內卦) 정(貞), 정할 정(貞)-정(定), 순수할 정(貞)-전(專)-일(一)〉 등의 뜻을 내지만 여기선 〈바를 정(正), 마땅할 당(當)〉 등과 같다 여기고 새김이 마땅하다.

**구(咎)** 〈허물 구(咎)-건(愆)-과(過), 재앙 구(咎)-재(災), 병될 구(咎)-병(病), 나쁠 구(咎)-오(惡)〉 등의 뜻을 내지만 여기선 〈허물 건(愆)-과(過)〉와 같다 여기고 새김이 마땅하다. 〈무구(无咎)〉는 〈면어구(免於咎)〉 즉 허물을[於咎] 면하다[免]와 같다.

**물(勿)** 〈하지 말 물(勿)-막(莫), 없을 물(勿)-무(無)-무(毋), 아닌 것 물(勿)-비(非), 아니할(않을) 물(勿)-불(不)〉 등의 뜻을 내지만 여기선 〈없을 무(無)〉 또는 〈하지 말 막(莫)〉과 같다 여기고 새김이 마땅하다.

**휼(恤)** 〈근심할 휼(恤)-우(憂), 거둘 휼(恤)-수(收), 기민 먹일(구휼할) 휼(恤)-진(賑), 불쌍히 여길 휼(恤)-민(愍), 마음에 둘 휼(恤)-고(顧)〉 등의 뜻을 내지만 여기선 〈근심할 우(憂)〉와 같다 여기고 새김이 마땅하다.

**기(其)** 〈제(그것) 기(其)-피(彼)-지(之), 그럴 기(其)-연(然), 어찌 기(其)-기(豈), 누를 기(其)-억(抑), 오히려 기(其)-상(尙)-서기(庶幾), 이에 기(其)-내(乃), 만약 기(其)-약(若), 장차 기(其)-장(將), 어조사 기(其)-어조사(語助辭)〉 등의 뜻을 내지만 여기선 〈제 기(其)〉로 여기고 새김이 마땅하다.

**부(孚)** 〈믿을 부(孚)-신(信), 알에서 새끼가 껍질을 쪼아 나올 부(孚)-난화(卵化), 씨앗이 틀 부(孚)-부(稃), 덮어줄 부(孚)-복(覆), 붙을(의지할) 부(孚)-부(附)-부(付)〉 등의 뜻을 내지만 여기선 〈믿을 신(信)〉과 같다 여기고 새김이 마땅하다.

**우(于)** 〈~에서(부터) 우(于)-어(於), 갈 우(于)-왕(往), 써 우(于)-이(以), 할 우(于)-위(爲), 여기 우(于)-시(是), 도울 우(于)-조(助), 클 우(于)-대(大), 구할 우(于)-구(求), 자족하는 모습 우(于)-자족모(自足貌)〉 등의 뜻을 내지만 여기선 〈~에서 어(於)〉와 같다

여기고 새김이 마땅하다.

**食** 〈식-사-이〉 세 가지로 발음되고, 〈밥 식(食), 먹을 식(食)-여(茹), 씹을 식(食)-담(啗), 모든 음식물 식(食)-식용(食用)-음식물(飮食物), 헛말할 식(食)-식언(食言), 먹일(먹힐) 사(食)-사(飤)-반(飯), 먹을거리(양식) 사(食)-양(糧), 길러줄 사(食)-양(養), (부모를 매장한 뒤에 올리는 제사) 우제 사(食)-우제(虞祭), 사람 이름 이(食)〉 등의 뜻을 내지만 〈밥 식(食)〉으로 여기고 새김이 마땅하다.

**유(有)** 〈없을 무(無)의 반대말로 있을 유(有), 혹 유(有)-혹(或), 많을 유(有)-다(多)-족(足), 부유할 유(有)-부(富), 얻을(가질) 유(有)-취(取), 간직할 유(有)-장(藏), 보호할 유(有)-보(保), 서로 친할 유(有)-상친(相親), 전일할 유(有)-전(專), 할 유(有)-위(爲), 어조사 유(有)〉 등의 뜻을 내지만 〈있을 유(有)〉로 여기고 새김이 마땅하다.

**복(福)** 〈복록 복(福)-복록(福祿), 좋은 일 복(福)-조(祚)-길사(吉事)-화지대(禍之對), 부유할 복(福)-부(富), (따르지 않음이 없는) 갖출 복(福)-비(備)-무소불순자(無所不順者), {천지신명(天地神明)이} 복을 줄(도울) 복(福)-우(祐), 제사를 지낸 고기 복(福)-조육(胙肉), 같을 복(福)-동(同), 속에 넣을 복(福)-장(藏)〉 등의 뜻을 내지만 여기선 〈복록(福祿)〉으로 여기고 새김이 마땅하다.

## 육사(六四 : --)

六四 : 翩翩(편편)하다 不富(불부)해도 以其鄰(이기린)하여 不誡以孚(불계이부)하다

육사(六四) : 펄펄 날고[翩翩] 풍성하지 않아도[不富] 제[其] 이웃과[鄰] 함께하며[以] 경계하지 않고[不誡] 믿어주기[孚] 때문이다[以].

**【육사(六四)의 효상(爻象) 풀이】**

태괘(泰卦 : ䷊)의 육사(六四 : --)는 이음거음(以陰居陰) 즉 음(陰 : --)으로써[以] 음(陰 : --)의 자리에 있는지라[居] 정당한 자리에 있다. 육사(六四 : --)와 구삼(九三 : ㅡ)은 음양(陰陽)의 사이인지라 비(比) 즉 이웃의 사귐[比]을 누린다. 그리고 육사(六四 : --)와 초구(初九 : ㅡ)도 음양(陰陽)인지라 정응(正應) 즉 정도로

써[正] 호응하는[應] 사이이다. 그러나 육사(六四 : --)는 태괘(泰卦 : ䷊)의 주제인 〈태(泰)〉의 중도(中道) 즉 정도를[道] 따름[中]에 지나쳐 음(陰 : --)으로써 위에 있게 되어 아래로 되돌아가고자 하는 뜻을 육오(六五 : --)-상륙(上六 : --) 등과 함께 간직하고 있다. 이에 육사(六四 : --)는 구삼(九三 : ─)과 이웃으로서 태괘(泰卦 : ䷊)의 상하체(上下體) 건(乾 : ☰)과 곤(坤 : ☷)이 교접(交接)하는 사이[際]에 서로 정위(正位)에 있으니 숨김없이 이웃의 사귐[比]을 양실음허(陽實陰虛)로써 나누면서도, 하복(下復) 즉 아래로[下] 돌아가려는[復] 뜻을 육오(六五 : --)-상륙(上六 : --) 등과 함께 간직하는 모습이다.

> 태괘(泰卦 : ䷊)의 육사(六四 : --)가 구사(九四 : ─)로 변효(變爻)하면 육사(六四 : --)는 태괘(泰卦 : ䷊)를 34번째 대장괘(大壯卦 : ䷡)로 지괘(之卦)하게 한다. 따라서 태괘(泰卦 : ䷊)의 육사(六四 : --)는 대장괘(大壯卦 : ䷡)의 구사(九四 : ─)를 찾아가 살펴보게 한다.

**【육사(六四)의 계사(繫辭) 풀이】**

### 翩翩(편편)

펄펄 난다(翩翩).

육사(六四 : --)의 효위(爻位)를 빌려 암시한 계사(繫辭)이다. 〈편편(翩翩)〉은 〈육사편편향하(六四翩翩向下)〉의 줄임으로 여기고 〈육사가[六四] 아래로[下] 향해[向] 빨리 날아간다[翩翩]〉라고 새겨볼 것이다. 〈편편(翩翩)〉은 〈질비(疾飛)〉 즉 새가 빨리 날아가는 모습이다. 여기 〈편편(翩翩)〉은 태괘(泰卦 : ䷊)의 외호괘(外互卦) 진(震 : ☳)을 빌려 취상(取象)한 것이다. 〈편편(翩翩)〉이 「설괘전(說卦傳)」에 나오는 〈진은[震 : ☳] 돌진하는 것[決躁]이다[爲]〉라는 내용을 상기시키기 때문이다. 동시에 〈편편(翩翩)〉은 태괘(泰卦 : ䷊)의 괘상(卦象)이 천도(天道)와 어긋나 있음을 헤아려보게도 한다. 건(乾 : ☰)이 재상(在上)이고 곤(坤 : ☷)이 재하(在下)라야 천존지비(天尊地卑) 즉 하늘은[天] 위에 있고[尊] 땅은[地] 아래에 있음[卑]이 자연의[天] 도리[道]를 따름이다. 태괘(泰卦 : ䷊)의 괘상(卦象)은 천도(天道)에 어긋난 모습이다. 이에 태괘(泰卦 : ䷊)의 상체(上體) 곤(坤 : ☷)의 음효(陰爻)들이 천도(天道)를 순응(順應)해 하복(下復) 즉 아래로[下] 돌아가고자[復] 하는 뜻을 간직함을 암시한 계사(繫辭)가 〈편편(翩翩)〉이다.

## 不富(불부) 以其鄰(이기린)

### 풍성하지 않아도[不富] 제[其] 이웃과[鄰] 함께한다[以].

음(陰 : --)의 본질(本質)을 빌려 육사(六四 : --)를 암시한 계사(繫辭)이다. 육사(六四 : --)가 구삼(九三 : ㅡ)과 비(比) 즉 이웃의 사귐[比]을 나눈다고 해서 육사(六四 : --) 홀로 구삼(九三 : ㅡ) 쪽으로 〈편편(翩翩)〉 즉 빨리 날아[翩翩] 하향(下向)하지 않는다. 〈불부(不富) 이기린(以其鄰)〉은 〈수륙사불부(雖六四不富) 육사이륙사지린(六四以六四之鄰)〉의 줄임으로 여기고 〈비록[雖] 육사가[六四] 부유하지 않아도[不富] 육사는[六四] 육사의[六四之] 이웃과[鄰] 함께한다[以]〉라고 새겨볼 것이다. 〈불부(不富)〉는 육사(六四 : --)의 효상(爻象)을 암시한다. 음양(陰陽)은 허실(虛實)-빈부(貧富)이다. 즉 음(陰 : --)은 중간이 끊어져서 허(虛)하고 양(陽 : ㅡ)은 끊이지 않아 실(實)하다. 음(陰 : --)은 허(虛)하니 빈(貧)하고 양(陽 : ㅡ)은 실(實)하니 부(富)하다. 〈이기린(以其鄰)의 이(以)〉는 〈함께 할 여(與)〉와 같고, 〈기(其)〉는 〈육사지(六四之)〉를 대신하는 관형사이고, 〈인(鄰)〉은 〈끼리 유(類)〉와 같다. 〈기린(其鄰)의 인(鄰)〉은 태괘(泰卦 : ䷊)의 외호괘(外互卦) 진(震 : ☳)을 빌려 취상(取象)한다. 〈기린(其鄰)의 인(鄰)〉이 「설괘전(說卦傳)」에 나오는 〈진은[震 : ☳] 번성하는 것[藩鮮]이다[爲]〉라는 내용을 상기시키기 때문이다. 따라서 〈기린(其鄰)〉은 육사(六四 : --)의 이웃[鄰]인 육오(六五 : --)와 상륙(上六 : --) 그리고 구삼(九三 : ㅡ)을 암시한다. 육사(六四 : --)는 태괘(泰卦 : ䷊)의 상체(上體) 곤(坤 : ☷)의 초효(初爻)인지라 매우 유약(柔弱)하여 어떤 일이든 독단(獨斷)으로 감행하려 않고, 자신의 이웃[鄰]인 육오(六五 : --)와 상륙(上六 : --)을 순종(順從) 즉 따라함[順從]을 암시한 계사(繫辭)가 〈불부(不富) 이기린(以其鄰)〉이다.

## 不誡以孚(불계이부)

### 경계하지 않고[不誡] 믿어주기[孚] 때문이다[以]

앞 〈이기린(以其鄰)〉의 까닭을 암시한 계사(繫辭)이다. 〈불계이부(不誡以孚)〉

는 〈육사지불계기린이기린지부륙사(六四之不誡其鄰以其鄰之孚六四)〉의 줄임으로 여기고 〈육사가[六四之] 제[其] 이웃을[鄰] 경계하지 않음은[不誡] 그[其] 이웃도[鄰之] 육사를[六四] 믿어주기[孚] 때문이다[以]〉라고 새겨볼 것이다. 육사(六四 : --)만 육오(六五 : --)와 상륙(上六 : --)을 믿어줌이 아니라 육오(六五 : --)와 상륙(上六 : --) 역시 육사(六四 : --)를 믿어주기에 서로 끼리끼리인지라, 하복(下復) 즉 아래로[下] 돌아가고픈[復] 뜻을 다 같이 품고 있지만 태괘(泰卦 : ☷☰)의 상괘(上卦)에 있다. 대성괘(大成卦)에서 하체(下體)는 내괘(來卦)이고 상체(上體)는 왕괘(往卦)이다. 따라서 태괘(泰卦 : ☷☰)의 상체(上體) 곤(坤 : ☷)은 태괘(泰卦 : ☷☰)를 떠나야 하는 노정(路程)에 접어들었음을 태괘(泰卦 : ☷☰)의 상체(上體) 곤(坤 : ☷)의 삼효(三爻)들이 외면할 수 없음을 살펴보게 하는 것이 〈불계(不誡)〉이다. 〈이부(以孚)의 부(孚)〉는 수명(守命) 즉 자연의 시킴을[命] 지킴[守]으로써 남들로부터 성신(誠信) 즉 진실한[誠] 미더움[信]을 받음을 말한다. 여기 〈부(孚)〉는 육사(六四 : --)뿐 아니라 육오(六五 : --)-상륙(上六 : --)도 태괘(泰卦 : ☷☰)의 상체(上體)에 있지만 하복(下復) 즉 아래로[下] 돌아가고자[復] 하는 뜻을 함께 품고 있음을 끼리끼리[鄰] 믿어줌[孚]을 암시한다. 이처럼 태괘(泰卦 : ☷☰) 육사(六四 : --)의 효상(爻象)을 〈편편(翩翩)〉이라고 시작하여 〈불부(不富) 이기린(以其鄰)〉이라고 암시한 다음, 길(吉)할수록 흉(凶)을 잊지 말고 서로를 함께 믿어줘야[孚] 함을 살펴 헤아려 깨우치게 하는 계사(繫辭)가 〈불계이부(不誡以孚)〉이다.

【字典】

**편(翩)** 〈높이 오르는 편(翩)-경거(輕擧), 훌쩍 날아갈 편(翩)-질비(疾飛), 오락가락할 편(翩)-왕래(往來), 요란한 바람소리 편(翩), 오고가는 편(翩)-왕래(往來)〉 등의 뜻을 내지만 여기선 〈날쌔게 오르는 경거(輕擧)〉와 같다 여기고 새김이 마땅하다.

**不** 〈불-부〉 등으로 발음되고, 〈않을(없을) 불(不)-부(不)-무(無), 아닐 불(不)-부(不)-비(非), 하지 말 불(不)-부(不)-막(莫)-금지(禁止), 정하지 않을 불(不)-부(不)-부(否)-미정(未定), 새가 날아올라 내려오지 않는 불(不)-부(不)-조비상불하래(鳥飛上不下來)〉 등의 뜻을 내지만 여기선 〈않을 불(不)〉로 여기고 새김이 마땅하다.

**부(富)** 〈풍성할 부(富)-성(盛), 갖출 부(富)-비(備), 녹위(祿位)가 창성할 부(富)-녹위창성(祿位昌盛), 두터울 부(富)-후(厚), 복 부(富)-복(福), 재산 부(富)-재산(財産), 축

재할 부(富)-축재(蓄財)〉 등의 뜻을 내지만 여기선 〈풍성할 성(盛)〉으로 여기고 새김이 마땅하다.

**이(以)** 〈함께할 이(以)-여(與), 때문에 이(以)-인(因) {까닭 이(以)로 명사(名詞) 노릇도 하는데 주로 유이(有以) 무이(無以) 꼴일 때가 대부분임.}, 할 이(以)-위(爲), 써 이(以)-용(用), 생각할 이(以)-사(思), 거느릴 이(以)-솔(率), 그만둘 이(以)-이(已), 본받을 이(以)-법(法), 더불어 이(以)-여(與), 하여금 이(以)-사(使), 이미 이(以)-이(已)〉 등의 뜻을 내고 이 외에도 전후문맥(前後文脈)에 따라 다양한 뜻을 자유롭게 내며 〈그래서 이(以)-소이(所以)-인이(因以)〉처럼 계사(繫詞) 노릇마저도 한다. 여기선 〈이기린(以其鄰)의 이(以)〉는 〈함께할 이(以)〉로 여기고 새김이 마땅하고, 〈불계이부(不誡以孚)의 이(以)〉는 〈때문에 이(以)〉로 여기고 새김이 마땅하다.

**기(其)** 〈제(그것) 기(其)-피(彼)-지(之), 그럴 기(其)-연(然), 어찌 기(其)-기(豈), 누를 기(其)-억(抑), 오히려 기(其)-상(尙)-서기(庶幾), 이에 기(其)-내(乃), 만약 기(其)-약(若), 장차 기(其)-장(將), 어조사 기(其)-어조사(語助辭)〉 등의 뜻을 내지만 여기선 〈제 기(其)〉로 여기고 새김이 마땅하다.

**인(鄰)** 〈끼리(친할) 인(鄰)-인(隣)-유(類)-친(親), 가까울(이웃) 인(鄰)-인(隣)-근(近), 고을 인(鄰)-인(隣)-읍(邑), 오가(五家)를 한 단위로 하는 인(鄰)-인(隣), 좌우에서 도울 인(鄰)-인(隣)-좌우보필(左右輔弼)〉 등의 뜻을 내지만 여기선 〈끼리 유(類)〉로 여기고 새김이 마땅하다. 〈鄰〉은 앞에 오면 〈인〉으로 발음되고, 중간이나 뒤에 오면 〈린〉으로 발음된다.

**계(誡)** 〈경계할 계(誡)-경(警), 삼갈 계(誡)-계(戒), 명할 계(誡)-명(命), 고할 계(誡)-고(告), 가르칠 계(誡)-교(敎)〉 등의 뜻을 내지만 여기선 〈경계할 경(警)〉과 같다 여기고 새김이 마땅하다.

**부(孚)** 〈믿을 부(孚)-신(信), 알에서 새끼가 껍질을 쪼아 나올 부(孚)-난화(卵化), 씨앗이 틀 부(孚)-부(稃), 덮어줄 부(孚)-복(覆), 붙을(의지할) 부(孚)-부(附)-부(付)〉 등의 뜻을 내지만 여기선 〈믿을 신(信)〉과 같다 여기고 새김이 마땅하다.

---

註 진위쾌조(震爲快調) …… 진위번선(震爲蕃鮮) : 진은[震 : ☳] 돌진하는 것[決躁]이다[爲]. …… 진은[震 : ☳] 번성하는 것[蕃鮮]이다[爲]. 「설괘전(說卦傳)」 11단락(段落)

## 육오(六五 : --)

六五 : 帝乙歸妹하니 以祉元吉하다
제 을 귀 매 이 지 원 길

육오(六五) : 제을이[帝乙] 누이를[妹] 시집보내니[歸], 그로써[以] 복을 받아[祉] 크게[元] 길하다[吉].

**【육오(六五)의 효상(爻象) 풀이】**

태괘(泰卦 : ䷊)의 육오(六五 : --)는 이음거양(以陰居陽) 즉 음(陰 : --)으로써[以] 양(陽 : —)의 자리에 있는지라[居] 정당한 자리에 있지 못하다. 육사(六四 : --)-상륙(上六 : --)과는 모두 음(陰 : --)의 사이인지라 비(比) 즉 이웃의 사귐[比]을 누리지 못하고 오히려 서로 부딪칠 사이이기 쉽다. 그러나 육오(六五 : --)와 구이(九二 : —)는 음양(陰陽)의 사이인지라 서로 중효이나 바른 자리에 있지는 못하지만, 정응(正應) 즉 바르게[正] 호응하면서[應] 득중(得中) 즉 정도를 따름을[中] 취하는[得] 사이이다. 비록 육오(六五 : --)가 존위(尊位)에 있지만 유약(柔弱)한지라 강강(剛强)한 구이(九二 : —)가 득중(得中) 즉 정도를 따름을[中] 취하여[得] 태괘(泰卦 : ䷊)의 주제인 〈태(泰)〉의 시국을 맞아 치태(治泰)할 수 있음을 의심치 않고, 구이(九二 : —)로 하여금 전임(專任)하게 하는 육오(六五 : --)는 관대(寬大)하고 후덕(厚德)한 제왕(帝王)의 모습이다.

태괘(泰卦 : ䷊)의 육오(六五 : --)가 구오(九五 : —)로 변효(變爻)하면 육오(六五 : --)는 태괘(泰卦 : ䷊)를 5번째 수괘(需卦 : ䷄)로 지괘(之卦)하게 한다. 따라서 태괘(泰卦 : ䷊)의 육오(六五 : --)는 수괘(需卦 : ䷄)의 구오(九五 : —)를 찾아가 살펴보게 한다.

**【육오(六五)의 계사(繫辭) 풀이 】**

### 帝乙歸妹(제을귀매)

제을이[帝乙] 누이를[妹] 시집보낸다[歸].

육오(六五 : --)와 구이(九二 : —)의 정응(正應)을 빌려 암시한 계사(繫辭)이다. 〈제을귀매(帝乙歸妹)〉는 상(商)나라 29대왕 제을(帝乙)이 상(商)의 제후국(諸侯國)이었던 주(周)나라 왕(王) 계력(季歷)에게 태임(太任)이라는 누이동생을 시집보냈다는 고사(故事)를 상기시킨다. 주왕(周王) 계력(季歷)과 태임(太任) 사이에서 태어난 창(昌)이 제후국(諸侯國) 주(周)를 천자국(天子國)이 되게 기틀을 다진 덕치(德治)의 성군(聖君) 주문왕(周文王)이다. 64괘(卦)의 계사(繫辭)는 주문왕(周文王)의 작(作)이고, 384효(爻)의 계사(繫辭)는 주공(周公)의 작(作)으로 알려져 있다. 따라서 여기 〈제을귀매(帝乙歸妹)〉는 주공(周公)이 조부(祖父)의 고사(故事)를 들어 육오(六五 : --)의 계사(繫辭)로 삼은 것이지만, 〈제을귀매(帝乙歸妹)〉라는 계사(繫辭)는 〈군임현신(君任賢臣)〉 즉 〈임금이[君] 현명한[賢] 신하를[臣] 임용했다[任]〉라는 뜻을 지닌 관용어가 된 것이다. 따라서 〈제을귀매(帝乙歸妹)〉는 〈제을귀매향계력(帝乙歸妹向季歷)〉의 줄임으로 여기고 〈제을이[帝乙] 계력에게[向季歷] 누이동생을[妹] 시집보냈다[歸]〉라고 새겨볼 것이다. 물론 〈제을귀매(帝乙歸妹)의 귀매(歸妹)〉는 태괘(泰卦 : ䷊)의 외호괘(外互卦) 진(震 : ☳)과 내호괘(內互卦) 태(兌 : ☱)를 빌려 취상(取象)된 것이다. 왜냐하면 여기 〈귀매(歸妹)〉가 「설괘전(說卦傳)」에 나오는 〈진을[震 : ☳] 장남이라[長男] 하고[謂] 태를[兌 : ☱] 소녀라[少女] 한다[謂]〉라는 내용을 떠올려주기 때문이다. 이에 군왕(君王)인 육오(六五 : --)와 신하인 구이(九二 : —)가 누리는 정응(正應) 즉 정도를 따라[正] 호응하는[應] 군신(君臣)의 사이가 제을(帝乙)이 신하에게 누이동생을[妹] 시집보낸[歸] 고사(故事)와 같음을 암시한 계사(繫辭)가 〈제을귀매(帝乙歸妹)〉이다.

## 以祉元吉(이지원길)

그로써[以] 복을 받아[祉] 크게[元] 길하다[吉].

육오(六五 : --)와 구이(九二 : —)의 정응(正應)을 거듭 암시한 계사(繫辭)이다. 〈이지원길(以祉元吉)〉은 〈이륙오여구이지정응천하지(以六五與九二之正應天下祉)천하원길(天下元吉)〉의 줄임으로 여기고 〈구이와[與九二] 육오의[六五之] 정응(正應)으로써[以] 온 세상이[天下] 복을 받아[祉] 온 세상이[天下] 크게[元] 길하다[吉]〉라고 새겨볼 것이다. 육오(六五 : --)가 유약(柔弱)한 군왕(君王)이지만 태괘(泰卦

: ䷊)의 상체(上體) 곤(坤 : ☷)의 중효(中爻)로서 득중(得中) 즉 정도를 따름을[中] 취하고[得], 강강(剛强)한 구이(九二 : ⚊)는 태괘(泰卦 : ䷊)의 하체(下體) 건(乾 : ☰)의 중효(中爻)로서 득중(得中)하여 군왕(君王)과의 정응(正應)을 따라 태괘(泰卦 : ䷊)의 주제인 〈태(泰)〉 즉 통하여 나아가는[泰] 시국을 현명하게 다스리게 되어, 온 세상 백성이 태안(泰安)을 누림을 암시한 계사(繫辭)가 〈이지원길(以祉元吉)〉이다.

【字典】

**제(帝)** 〈천자(군주) 제(帝)-천자(天子)-군주(君主), 하늘 제(帝)-천(天)-천제(天帝), 오제(신명) 제(帝)-오제(五帝)-신명(神名), 오덕 제(帝)-오덕(五德), 천자의 사후를 칭할 제(帝)-천자장지후지칭(天子葬之後之稱), 진 제(帝)-진(震 : ☳), 크나큰 제(帝)-대(大), 살필 제(帝)-시(諟)-체(諦), 정할 제(帝)-전(奠)〉 등의 뜻을 내지만 여기선 〈천자(天子)〉와 같다 여기고 새김이 마땅하다.

**을(乙)** 〈{일진(日辰)으로} 목일 을(乙)-목일(木日), 천간의 둘째 을(乙)-천간지제이위(天干之第二位), 동방 을(乙)-동방(東方), (오행에서) 목 을(乙)-목(木), 봄에 초목이 굽혀서 나올 을(乙)-춘초목원곡이출(春草木寃曲而出), 둘째 을(乙)-제이(第二), 굽을 을(乙)-곡(曲)-굴(屈), 뽑아서 나올 을(乙)-자추알이출(自抽軋而出), 모모(이름 대신) 을(乙)-모(某), 생선 내장 을(乙)-어장(漁腸), 문서의 끊어지는 곳에 붓으로 점을 칠 을(乙), 문장에 빠진 글자가 있을 때 그 옆에 점을 칠 을(乙)〉 등의 뜻을 내지만 여기선 〈{일진(日辰)으로} 목일(木日)〉로 여기고 새김이 마땅하다.

**歸** 〈귀-궤〉 두 가지로 발음되고, 〈시집갈 귀(歸)-가(嫁)-여가(女嫁), 갈 귀(歸)-왕(往), 돌아올 귀(歸)-환(還), 돌려보낼 곳 귀(歸)-반원처(反原處), 자리로 돌아올 귀(歸)-복위(復位), 목표에 이를 귀(歸)-지어목표(至於目標), 나아가 좇을 귀(歸)-취(就), 던질 귀(歸)-투(投), 붙좇을 귀(歸)-부(附), 허락할 귀(歸)-허(許), 간직할 귀(歸)-장(藏), 합할 귀(歸)-합(合), 죽을 귀(歸)-사(死), 사물의 끝 귀(歸)-종(終), 품을 귀(歸)-회(懷), 맡길 귀(歸)-위임(委任), 자수할 귀(歸)-자수(自首), 괘 이름 귀(歸)-괘명(卦名), 먹일 궤(歸)-궤(饋), 건량할 궤(歸)-향(餉), 끼칠(남길) 궤(歸)-유(遺)〉 등의 뜻을 내지만 여기선 〈시집갈 귀(歸)〉로 여기고 새김이 마땅하다.

**매(妹)** 〈누이동생 매(妹)-여제(女弟), 소녀 매(妹)-소녀(少女), 태괘 매(妹)-태괘

(兌卦), 몽매할 매(妹)-매(昧)〉 등의 뜻을 내지만 여기선 〈누이동생 여제(女弟)〉로 여기고 새김이 마땅하다.

**이(以)** 〈써 이(以)-용(用), 함께할 이(以)-여(與), 때문에 이(以)-인(因) {까닭 이(以)로 명사(名詞) 노릇도 하는데 주로 유이(有以) 무이(無以) 꼴일 때가 대부분임.}, 할 이(以)-위(爲), 생각할 이(以)-사(思), 거느릴 이(以)-솔(率), 그만둘 이(以)-이(已), 본받을 이(以)-법(法), 더불어 이(以)-여(與), 하여금 이(以)-사(使), 이미 이(以)-이(已)〉 등의 뜻을 내고 이 외에도 전후문맥(前後文脈)에 따라 다양한 뜻을 자유롭게 내며 〈그래서 이(以)-소이(所以)-인이(因以)〉처럼 계사(繫詞) 노릇마저도 한다. 여기선 〈써 용(用)〉과 같다 여기고 새김이 마땅하다.

**지(祉)** 〈복 지(祉)-복(福)-록(祿)〉이라 〈복 복(福)〉으로 여기고 새김이 마땅하다.

**원(元)** 〈선함의 으뜸 원(元)-선지장(善之長), 비롯할 원(元)-시(始)-단(端), 머리 원(元)-수(首)-두(頭), 근본 원(元)-본(本)-원(原), 어른 원(元)-장(長)-원장(元長), 하나 원(元)-일(一), 우두머리 원(元)-수장(首長), 임금 원(元)-원군(元君)-군(君), 큰 원(元)-대(大), 아름다울 원(元)-미(美), 위 원(元)-상(上), 하늘 원(元)-천(天), 하늘땅의 큰 덕 원(元)-천지지대덕(天地之大德)-원기(元氣)-기(氣), 기운의 시작 원(元)-기지시(氣之始)-원자(元者), 백성 원(元)-원원(元元)-백성(百姓)〉 등의 뜻을 내지만 여기선 〈큰 원(元)〉으로 여기고 새김이 마땅하다.

**길(吉)** 〈좋을(행복할) 길(吉)-선(善)-영(令) {영월길일(令月吉日)은 선월선일(善月善日)임.}, 복 길(吉)-실(實)-선실(善實)-복(福), 예의를 따라 상서로울 길(吉)-예의순상(禮義順祥), 삼갈 길(吉)-근(謹), 초하루 길(吉)-삭일(朔日) {삭망(朔望) 즉 초하루[朔]와 그믐날[望]}, 길례 길(吉)-길례(吉禮) {오례지일(五禮之一) 길흉빈군가(吉凶賓軍嘉)}, 갈 길(吉)-행(行)-길(趌)〉 등의 뜻을 내지만 여기선 〈좋을 선(善)-영(令)〉 즉 행복과 같다 여기고 새김이 마땅하다.

---

註 진일색이득남(震一索而得男) 고(故) 위지장남(謂之長男) …… 태삼색이득녀(兌三索而得女) 고(故) 위지소녀(謂之少女) : 진은[震 : ☳] 첫 번째로[一] 구하여[索而] 남자를[男] 얻었기[得] 때문에[故] 진(震 : ☳)을[之] 장남이라[長男] 한다[謂]. …… 태는[兌 : ☱] 세 번째로[三] 구하여[索而] 여자를[女] 얻었기[得] 때문에[故] 태(兌 : ☱)를[之] 소녀라[少女] 한다[謂].

「설괘전(說卦傳)」 10단락(段落)

## 상륙(上六 : --)

上六 : 城復于隍이라 勿用師는 自邑告命이라 貞吝하다
성복우황 물용사 자읍고명 정린

상륙(上六) : 성토가[城] 물 없는 못으로[于隍] 돌아간다[復]. 군사를[師] 쓰지[用] 말라 함이[勿] 도읍[邑]으로부터[自] 내린 바의[告] 정령이다[命]. 마땅하다 해도[貞] 한스럽다[吝].

【상륙(上六)의 효상(爻象) 풀이】

태괘(泰卦 : ䷊)의 상륙(上六 : --)은 이음거음(以陰居陰) 즉 음(陰 : --)으로써[以] 음(陰 : --)의 자리에 있는지라[居] 정당한 자리에 있다. 육오(六五 : --)와는 양음(兩陰) 즉 둘 다[兩] 음(陰 : --)의 사이인지라 비(比) 즉 이웃의 사귐[比]을 누리지 못하고 오히려 서로 부딪칠 사이이기 쉽다. 그러나 상륙(上六 : --)과 구삼(九三 : ―)은 음양(陰陽)의 사이인지라 서로 정응(正應) 즉 정도로써[正] 호응하는[應] 사이이다. 그러나 상륙(上六 : --)은 태괘(泰卦 : ䷊)의 극위(極位)에 있는지라 〈태(泰)〉의 시국을 다 거쳐버린 처지이다. 통하여 나아감[泰]이 다하면[極] 그 〈태(泰)〉는 궁색(窮塞)함으로 반전(反轉)하는 천도(天道)를 상륙(上六 : --)이 피할 수 없는 처지인지라 상륙(上六 : --)은 진실로 미덥게 자신을 삼간들 부끄러운 모습이다.

태괘(泰卦 : ䷊)의 상륙(上六 : --)이 상구(上九 : ―)로 변효(變爻)하면 상륙(上六 : --)은 태괘(泰卦 : ䷊)를 26번째 대축괘(大畜卦 : ䷙)로 지괘(之卦)하게 한다. 따라서 태괘(泰卦 : ䷊)의 상륙(上六 : --)은 대축괘(大畜卦 : ䷙)의 상구(上九 : ―)를 찾아가 살펴보게 한다.

【상륙(上六)의 계사(繫辭) 풀이 】

### 城復于隍(성복우황) 勿用師(물용사) 自邑告命(자읍고명)

성토가[城] 물 없는 못으로[于隍] 돌아온다[復]. 군사를[師] 쓰지[用] 말라 함이[勿] 도읍[邑]으로부터[自] 내린 바의[告] 정령이다[命].

상륙(上六 : ⚋)의 효위(爻位)를 빌려 그 효상(爻象)을 암시한 계사(繫辭)이다. 〈성복우황(城復于隍)〉은 태괘(泰卦 : ䷊)의 상체(上體) 곤(坤 : ☷)의 상효(上爻)이면서 태괘(泰卦 : ䷊)의 극위(極位)에 있는 상륙(上六 : ⚋)의 모습을 취상(取象)한 것이다. 〈성복우황(城復于隍)〉이 「설괘전(說卦傳)」에 나오는 〈곤은[坤 : ☷] 땅[地]이다[爲]〉라는 내용을 떠올려주고, 동시에 상륙(上六 : ⚋)이 태괘(泰卦 : ䷊)의 극위(極位)에 올라 통하여 나아가는[泰] 시국을 더는 누리지 못함을 암시한다. 〈성(城)〉이 제 구실을 다해 허성(墟城)이 되었음이 〈성복우황(城復于隍)〉이다. 성이[城] 물 없는 못[隍]으로[于] 돌아간다[復] 함은 성벽(城壁)의 흙더미가 무너져내려 물 없는 해자(垓字)를 메운다는 말이다. 물 없는 못을 황(隍)이라 하고, 물이 실려 있는 못을 지(池)라 한다. 성(城)을 빙 둘러 있는 해자(垓字)가 성(城)의 방책(防柵)이 되자면 물이 차 있는 못[池]이 되어야지 물이 말라 없어진 못[隍]이 되어선 안 된다. 태괘(泰卦 : ䷊)의 극위(極位)란 상륙(上六 : ⚋)에게는 성(城)이 허물어져 〈황(隍)〉 즉 물이 없는 해자[隍]를 메우는 모습과 같음을 암시함이 〈성복우황(城復于隍)〉이니, 이는 여력(餘力)이 다하여 〈태(泰)〉의 시국을 떠난 상륙(上六 : ⚋)의 모습을 상징한다.

〈물용사(勿用師) 자읍고명(自邑告命)〉은 〈물용사자자읍고명야(勿用師者自邑告命也)〉의 줄임으로 여기고 〈물용사라는[勿用師] 것은[者] 읍(邑)으로부터[自] 내려온 바의[告] 정령인 것[命]이다[也]〉라고 새겨볼 것이다. 〈물용사(勿用師)의 사(師)〉는 상륙(上六 : ⚋)이 태괘(泰卦 : ䷊)의 상체(上體) 곤(坤 : ☷)의 상효(上爻)임을 빌려 취상(取象)한 것이다. 〈물용사(勿用師)의 사(師)〉가 「설괘전(說卦傳)」에 나오는 〈곤은[坤 : ☷] 무리[衆]이다[爲]〉라는 내용을 상기시키는 까닭이다. 〈사(師)〉란 군사(軍師)이며 동시에 무리[衆]를 말한다. 그리고 〈물용사(勿用師)〉는 〈고명(告命)〉의 내용을 암시한다. 〈자읍고명(自邑告命)〉에서 〈자읍(自邑)의 읍(邑)〉은 도읍(都邑)으로서 임금이 있는 도성(都城)을 말하는지라, 〈자읍(自邑)〉을 〈자군왕(自君王)〉으로 여기고 〈군왕(君王)으로부터[自]〉로 새겨도 마땅하다. 〈자읍고명(自邑告命)의 고명(告命)〉은 소출지정령(所出之政令) 즉 내린[出] 바의[所之] 정령(政令)이다. 〈고명(告命)〉이란 사령장(辭令狀)으로서 〈명(命)〉을 글로 적어서 알리는 것[告]인지라, 상륙(上六 : ⚋)이 태괘(泰卦 : ䷊)의 상체(上體) 곤(坤 : ☷)의 상효

(上爻)임을 들어 취상(取象)된 것이다. 왜냐하면 〈고명(告命)〉이 「설괘전(說卦傳)」에 나오는 〈곤은[坤 : ☷] 글[文]이다[爲]〉라는 내용을 상기시키기 때문이다. 이에 〈성(城)〉이 허물어져 성(城) 노릇을 못하는 지경의 모습으로 극위(極位)에 있는 상륙(上六 : --)에게 〈물용사(勿用師)〉라는 〈명(命)〉을 내렸음[告]을 암시하는 계사(繫辭)가 〈물용사(勿用師) 자읍고명(自邑告命)〉이다.





## 貞吝(정린)

### 마땅하다 해도[貞] 한스럽다[吝].

상륙(上六 : --)이 극위(極位)에 있음을 거듭 암시한 계사(繫辭)이다. 〈정린(貞吝)〉은 〈수기명우상륙정(雖其命于上六貞) 기명린우상륙(其命吝于上六)〉의 줄임으로 여기고 〈비록[雖] 그[其] 정령이[命] 상륙(上六)에게[于] 정당할지라도[貞] 그[其] 정령은[命] 상륙(上六)에게는[于] 한스럽다[吝]〉라고 새겨볼 것이다. 여기 〈정(貞)〉은 〈정당할 당(當)〉과 같고, 〈인(吝)〉은 〈한스러울 한(恨)〉과 같다. 통하여 나아가는[泰] 시국을 다 거쳐 더는 마주할 수 없는 극위(極位)에 이르러 〈물용사(勿用師)〉 즉 군사를[師] 쓰시[用] 말라[勿]는 〈고명(告命)〉을 받음은 당연하다[貞]고 할 수 있을지언정 더 통하여 나아갈[泰] 데가 없는 상륙(上六 : --) 자신이 한스러움[吝]을 암시한 계사(繫辭)가 〈정린(貞吝)〉이다.

【字典】

**성(城)** 〈흙을 쌓아 올린 재(백성이 모여 사는 재) 성(城)-축토소이성민(築土所以盛民) {재의 안을 성(城), 재의 밖을 곽(郭)이라 함.}, 도읍 성(城)-도읍(都邑), 성을 쌓을 성(城)-축성(築城), 보루 성(城)-보루(堡壘)〉 등의 뜻을 내지만 여기선 〈재 성(城)〉으로 여기고 새김이 마땅하다.

**復** 〈복-부〉 두 가지로 발음되고, 〈돌아올 복(復)-반(返)-환(還)-반(反), 갔다올 복(復)-왕래(往來), 돌 복(復)-주(周)-선(旋), 갚을 복(復)-보(報), 증명할 복(復)-험(驗), 실천할 복(復)-천(踐), 맡길(의지할) 복(復)-인(因), 아뢸 복(復)-백(白), 다시(또) 부(復)〉 등의 뜻을 내지만 여기선 〈돌아올 반(返)〉과 같다 여기고 새김이 마땅하다.

**우(于)** 〈~에로(부터) 우(于)-어(於), 갈 우(于)-왕(往), 써 우(于)-이(以), 할 우(于)-위(爲), 여기 우(于)-시(是), 도울 우(于)-조(助), 클 우(于)-대(大), 구할 우(于)-구(求), 자

족하는 모습 우(于)-자족모(自足貌)〉 등의 뜻을 내지만 여기선 〈~에로 어(於)〉와 같다 여기고 새김이 마땅하다.

**황(隍)** 〈물 없는 못 황(隍)-무수지지(無水之池) {물 있는 못은 지(池)임.}, 도랑(해자) 황(隍)-학(壑)-해자(垓字), 빌 황(隍)-허(虛)〉 등의 뜻을 내지만 여기선 〈물 없는 못 황(隍)〉으로 여기고 새김이 마땅하다.

**물(勿)** 〈하지 말 물(勿)-막(莫), 없을 물(勿)-무(無)-무(毋), 아닌 것 물(勿)-비(非), 아니할(않을) 물(勿)-불(不)〉 등의 뜻을 내지만 여기선 〈없을 무(無)〉 또는 〈하지 말 막(莫)〉과 같다 여기고 새김이 마땅하다.

**용(用)** 〈쓸 용(用)-시(施), 행할 용(用)-행(行), 쓰일(부릴) 용(用)-사(使), 맡길 용(用)-임(任), 위할 용(用)-위(爲), 갖출 용(用)-비(備)〉 등의 뜻을 내지만 여기선 〈쓸 시(施)〉와 같다 여기고 새김이 마땅하다.

**사(師)** 〈사람 무리 사(師)-군(群), 주대(周代)의 군제(軍制) 사(師), 군대 사(師)-군(軍)-여(旅), 일주(一州) 사(師), 십도(十都) 사(師), 어른 사(師)-장(長), 인간의 모범 사(師)-범(範), 악관 사(師)-악관(樂官), 관리 사(師)-관리(官吏), 본받을 사(師)-법(法)-효(效), 따를 사(師)-순(順)〉 등의 뜻을 내지만 여기선 〈무리 군(群)〉과 같다 여기고 새김이 마땅하다.

**자(自)** 〈~부터 자(自)-유(由)-종(從), 스스로 자(自)-궁친(躬親), 비롯할 자(自)-시(始), 자연 자(自)-자연(自然), 만약 자(自)-약(若), 사용할 자(自)-용(用)〉 등의 뜻을 내지만 여기선 〈~부터 유(由)〉와 같다 여기고 새김이 마땅하다.

**읍(邑)** 〈도읍 읍(邑)-도읍(都邑), 흑흑 느낄 읍(邑)-기결(氣結), 답답할 읍(邑)-우울(憂鬱)〉 등의 뜻을 내지만 여기선 〈도읍(都邑)〉으로 여기고 새김이 마땅하다. 고팔가위린(古八家爲鄰) 삼린위붕(三鄰爲朋) 삼붕위리(三朋爲里) 오리위읍(五里爲邑) 십읍위도(十邑爲都) 십도위사(十都爲師) : 옛날에는[古] 여덟 가구가[八家] 인이[鄰] 되고[爲], 삼린이[三鄰] 붕이[朋] 되며[爲], 삼붕이[三朋] 이가[里] 되고[爲], 오리가[五里] 읍이[邑] 되며[爲], 십읍이[十邑] 도가[都] 되고[爲], 십도가[十都] 사가[師] 된다[爲].

**告** 〈고-곡〉 두 가지로 발음되고, 〈알릴 고(告)-보(報), 보일 곡(告)-시(示), 청할 곡(告)-청(請), 찾을 곡(告)-심(尋), 물을 고(告)-문(問), 위에 알릴 고(告)-백(白)-고상(高上), 말해줄 고(告)-어(語), 말할 고(告)-언(言), 청할 고(告)-청(請), 고소할 고(告)-

고소(告訴), 가르칠 고(告)-교(敎), 쉴 고(告)-가(暇)〉 등의 뜻을 내지만 여기선 〈알릴 보(報)〉와 같다 여기고 새김이 마땅하다.

**명(命)** 〈정령 명(命)-정령(政令), 부를 명(命)-호(呼), 시킬 명(命)-사(使)-영(令), 가르칠 명(命)-교(敎), 고할 명(命)-고(告), 이름 명(命)-명(名), 목숨 명(命)-수(壽), 본성 명(命)-성(性), 생이 길고 짧을 명(命)-생지장단(生之長短), 하늘의 뜻 명(命)-천명(天命), 서명 명(命)-서명(瑞命), 제후 즉위 명(命)-제후즉위(諸侯卽位), 빈궁(貧窮)과 영달(榮達)의 운수(運數) 명(命)-궁달지수(窮達之數)〉 등의 뜻을 내지만 여기선 〈정령(政令)〉으로 여기고 새김이 마땅하다.

**정(貞)** 〈마땅할 정(貞)-당(當), 바를 정(貞)-정(正), 믿을 정(貞)-신(信), 거북점을 물을 정(貞)-복문(卜問), 역(易)의 내괘(內卦) 정(貞), 정할 정(貞)-정(定), 순수할 정(貞)-전(專)-일(一)〉 등의 뜻을 내지만 여기선 〈마땅할 당(當)〉과 같다 여기고 새김이 마땅하다.

**인(吝)** 〈한스러울 인(吝)-한(恨), 부끄러울 인(吝)-치(恥)-수(羞), 아낄 인(吝)-석(惜), 인색할 인(吝)-색(嗇), 욕심낼 인(吝)-탐(貪)〉 등의 뜻을 내지만 여기선 〈한스러울 한(恨)〉과 같다 여기고 새김이 마땅하다. 〈吝〉이 맨 앞에 있을 때는 〈인〉으로 읽고, 가운데나 뒤에 있을 때는 〈린〉으로 읽는다.

---

註 곤위지(坤爲地) …… 곤위문(坤爲文) 곤위중(坤爲衆) : 곤은[坤 : ☷] 땅[地]이다[爲]. …… 곤은[坤 : ☷] 글[文]이고[爲], 곤은[坤 : ☷] 무리[衆]이다[爲]. 「설괘전(說卦傳)」 11단락(段落)

# 비괘
# 否卦

# 12

䷋

## 1 괘의 괘상과 계사

### 비괘(否卦 : ䷋)

곤하건상(坤下乾上) : 아래는[下] 곤(坤 : ☷), 위는[上] 건(乾 : ☰).

천지비(天地否) : 하늘과[天] 땅은[地] 비이다[否].

否之匪人이라 不利君子貞하니 大往小來이다
비 지 비 인 불 리 군 자 정 대 왕 소 래

막혀 나아가지 못함은[否之] 인도가[人] 아닌 것이다[匪]. 군자의[君子] 진실한 미더움이[貞] 이롭지 않으니[不利] 큼이[大] 가고[往] 작음이[小] 온다[來].

**【비괘(否卦 : ䷋)의 괘상(卦象) 풀이】**

앞 태괘(泰卦 : ䷊)의 〈태(泰)〉는 통하여 나아감[泰]이다. 「서괘전(序卦傳)」에 〈태란[泰] 것은[者] 통하는 것[通]이지만[也] 물건은[物] 끝까지[終] 통할[通] 수는 없다[不可以] 그래서[故] 비괘(否卦 : ䷋)로써[以] 그것을[之] 받는다[受]〉라는 말이 나온다. 이는 태괘(泰卦 : ䷊) 다음에 비괘(否卦 : ䷋)가 있는 까닭을 암시한다. 〈비(否)〉는 막혀서 나아가지 못함[否]이다. 막힌다고 절망만 할 것은 아니다. 막힐수록 삼가 자수(自守) 즉 자기를[自] 지키면서[守] 순천(順天) 즉 천도를[天] 따라야[順] 한다는 것이다. 〈태이비(泰而否)〉 즉 한번 통하여 나아가면[泰而] 한번 막혀 못 나감[否]이 천도(天道)이다. 〈태(泰)〉와 〈비(否)〉가 둘로 나누어져 있음이 아니라 서로 왕래(往來)하는 것이 자연의[天] 규율[道]인 조화이다. 태세(泰世)가 가면 비세(否世) 즉 난세(亂世)가 옴이 천도(天道)이다. 태세(泰世)란 성덕(盛德)으로써 상통하는 세상이고, 난세(亂世)란 부덕(不德)으로써 궁색한 세상이다. 따라서 태괘(泰卦 : ䷊) 다음에 비괘(否卦 : ䷋)가 온 것이다. 비괘(否卦 : ䷋)의 괘상(卦象)은 태괘(泰卦 : ䷊)가 도상(倒象) 즉 뒤집힌[倒] 모습[象]이다. 비괘(否卦 : ䷋)의 괘체(卦體)가 위는[上] 하늘[天 : ☰]이고 아래는[下] 땅[地 : ☷]이다. 천기(天氣)는 하강하고 지기(地氣)는 상승함이 천도(天道)의 조화이다. 내려가는 천기(天氣)가 위에 있고 올라가는 지기(地氣)가 아래에 있어 천지기운(天地氣運)이 왕래하지 못하여 〈비(否)〉 즉 막혀버린 모습을 일러 비괘(否卦 : ䷋)라 칭명(稱名)한다.

**【비괘(否卦 : ䷋)의 계사(繫辭) 풀이】**

## 否之匪人(비지비인)

## 막혀 나아가지 못함은[否之] 인도가[人] 아닌 것이다[匪].

비괘(否卦 : ䷋) 상하체(上下體)의 괘재(卦才)를 빌려 괘상(卦象)을 암시한 계사(繫辭)이다. 〈비지비인(否之匪人)〉은 〈비지자비인도야(否之者匪人道也)〉로 여기고 〈막혀 나아가지 못한다는[否之] 것은[者] 인도가[人道] 아닌 것[匪]이다[也]〉라고 새겨볼 것이다. 〈비지(否之)〉는 비괘(否卦 : ䷋)의 괘상(卦象)을 암시한다. 올라가는 지기(地氣)의 자리는 위[上]이고 내려가는 천기(天氣)의 자리는 아래[下]이어야 천지(天地)가 상교(相交)하여 〈태(泰)〉 즉 통하여 나아가[泰] 천지조화(天地造化)가 이루어지는 천도(天道)를 비괘(否卦 : ䷋)가 뒤엎어[倒] 〈비지(否之)〉 즉 〈막혔다[否之]〉고 암시한다. 천지(天地)의 조화를 막음[否之]은 곧 〈비인(匪人)〉이다. 〈비인(匪人)의 인(人)〉은 〈천지인(天地人)〉 즉 〈삼재(三才)의 인(人)〉을 말한다. 하늘땅[天地]이 상교[相交] 즉 서로[相] 통하여[交] 만물이 창생한다는 것이 천지인(天地人) 삼재(三才)이다. 〈천지인(天地人)의 인(人)〉은 만물을 대표한다. 인여만물지도(人與萬物之道) 즉 사람과[人與] 만물의[萬物之] 도리[道]를 뜻함이 〈천지인(天地人)의 인(人)〉이다. 〈비인(匪人)의 인(人)〉이 만물이 천지조화(天地造化)를 따름을 뜻하는 인도(人道)를 암시한다. 〈비인(匪人)〉을 천지조화(天地造化)를 따르는 인도가[人] 아닌 것[匪]이라고 새겨도 된다. 천지조화(天地造化)가 막히는 〈비지(否之)〉는 곧장 〈태지(泰之)〉 즉 천지조화(天地造化)로 옮겨지는 것이다. 왜냐하면 천도(天道)에는 상이불변(常而不變) 즉 한결같이[常而] 변하지 않음[不變]이란 없기 때문이다.

## 不利君子貞(불리군자정)

### 군자의[君子] 진실한 미더움이[貞] 이롭지 않다[不利].

〈불리군자정(不利君子貞)〉은 〈비지자불리군자지정(否之者不利君子之貞)〉의 줄임으로 여기고 〈막혀 통하지 않음이란[否之] 것은[者] 군자의[君子之] 정도에[貞] 이롭지 않다[不利]〉라고 새겨볼 것이다. 군자(君子)의 〈정(貞)〉이란 오로지 천지조화(天地造化)를 따르는 정도(正道)를 말한다. 그것이 군자도(君子道)이다. 따라서 〈비지(否之)〉란 군자(君子)의 정도(正道)가 막혀 통하지 않아 이행되지 않기 때문에 비괘(否卦 : ䷋)의 주제인 〈비(否)〉의 시국에서는 〈군자정(君子貞)〉이 비괘(否卦 : ䷋)의 상하체(上下體)로 상교(相交)되지 않음을 들어 〈불리군자정(不利君子貞)〉이라 한다.

## 大往小來(대왕소래)

### 큼이[大] 가고[往] 작음이[小] 온다[來].

〈대왕소래(大往小來)〉는 비괘(否卦 : ䷋)의 괘체(卦體)를 풀이한다. 비괘(否卦 : ䷋)의 하체(下體)인 곤(坤 : ☷)은 음괘(陰卦)이니 〈소(小)〉이고, 상체(上體)인 건(乾 : ☰)은 양괘(陽卦)이니 〈대(大)〉이다. 음양(陰陽)을 달리 불러 소대(小大)라 한다. 대성괘(大成卦)의 하체(下體)는 유외내래(由外內來) 즉 밖[外]으로부터[由] 안으로[內] 들어오는[來] 것이고, 상체(上體)는 유내외왕(由內外往) 즉 안[內]으로부터[由] 밖으로[外] 나가는[往] 것이다. 〈대왕소래(大往小來)의 대왕(大往)〉은 비괘(否卦 : ䷋)의 상체(上體)인 건(乾 : ☰)을 밝히고, 〈대왕소래(大往小來)의 소래(小來)〉는 비괘(否卦 : ䷋)의 하체(下體)인 곤(坤 : ☷)을 밝힌다. 따라서 〈대왕소래(大往小來)〉가 비괘(否卦 : ䷋)의 주제인 〈비(否)〉의 시국을 암시한다. 〈대왕소래(大往小來)〉에서 〈대왕(大往)〉은 〈대왕자비괘지비(大往自否卦之否)〉의 줄임으로 여기고 〈대는[大] 비괘의[否卦之] 비(否)로부터[自] 나간다[往]〉라고 새겨볼 것이다. 〈대왕소래(大往小來)〉에서 〈소래(小來)〉는 〈소래지비괘지비(小來至否卦之否)〉의 줄임으로 여기고 〈소는[小] 비괘의[否卦之] 비(否)로[至] 들어온다[來]〉라고 새겨볼 것이다. 비괘(否卦 : ䷋)의 상체(上體)인 건(乾 : ☰)의 〈대(大)〉 즉 양효(陽爻)들은 막혀서 나아가지 못하는[否] 비괘(否卦 : ䷋)의 시국을 벗어나지만[往], 비괘(否卦 : ䷋)의 하체(下體)인 곤(坤 : ☷)의 〈소(小)〉 즉 음효(陰爻)들은 비괘(否卦 : ䷋)의 시국인 〈비(否)〉를 마주하므로[來], 〈비(否)〉의 시국에서는 정도(正道)가 서로[相] 통하지[交] 못함을 암시한 괘사(卦辭)가 〈비지비인(否之匪人) 불리군자정(不利君子貞) 대왕소래(大往小來)〉이다.

【字典】

**否** 〈비-부〉 두 가지로 발음되고, 〈막힐 비(否)-색(塞), 가릴 비(否)-격(隔), 닫을 비(否)-폐(閉), 나쁠 비(否)-악(惡), 비루할 비(否)-비(鄙), 않을 부(否)-부(不), 아닌 것 부(否)-비(非), 없을 부(否)-무(無), 이것 부(否)-시(是)〉 등의 뜻을 내지만 여기선 〈막힐 색(塞)〉과 같다 여기고 새김이 마땅하다.

**지(之)** 〈뜻 없는 허사(虛詞) 지(之), 그것(이것) 지(之)-피(彼)-시(是), 갈 지(之)-왕(往)-행(行), 이를 지(之)-지(至), 주격-소유격-목적격 등의 토씨 지(之)〉 등의 뜻을 내지만 여기선 〈허사(虛詞) 지(之)〉로 여기고 새김이 마땅하다. 〈비지(否之)의 지(之)〉는 뜻 없는 허사(虛詞)이지만 〈비(否)〉를 동사화한다.

**匪** 〈비-분〉 두 가지로 발음되고, 〈아닌 것 비(匪)-비(非), 악할 비(匪)-악(惡), 대나무로 만든 상자 비(匪), 어조사 저 비(匪)-피(彼), 멈춤 없이 가는 모양 비(匪)-행부지모(行不止貌), 나눌 분(匪)-분(分)〉 등의 뜻을 내지만 여기선 〈아닌 것 비(非)〉와 같다 여기고 새김이 마땅하다.

**인(人)** 〈사람 인(人)-만물지최령자(萬物之最靈者), 백성 인(人)-민(民), 남 인(人)-타인(他人), 아무개 인(人)-모인(某人), 도인 인(人)-도인(道人), 사람들 인(人)-인인(人人), 범인(소인) 인(人)-소인(小人)-범인(凡人), 인성 인(人)-인성(人性), 인위 인(人)-인위(人爲), 신하 인(人)-신하(臣下), 중서(민중) 인(人)-중서(衆庶)-민중(民衆), 건괘-진괘 인(人)-건위인(乾爲人)-진위인(震爲人), 어짊 인(人)-인(仁), 선인 인(人)-선인(先人), 서로 어여삐 여길 인(人)-상련(相憐)〉 등의 뜻을 내지만 〈사람 인(人)〉으로 여기고 새김이 마땅하다.

**不** 〈불-부〉 등으로 발음되고, 〈않을(없을) 불(不)-부(不)-무(無), 아닐 불(不)-부(不)-비(非), 하지 말 불(不)-부(不)-막(莫)-금지(禁止), 정하지 않을 불(不)-부(不)-부(否)-미정(未定), 새가 날아올라 내려오지 않는 불(不)-부(不)-조비상불하래(鳥飛上不

下來)〉 등의 뜻을 내지만 여기선 〈않을 불(不)〉로 여기고 새김이 마땅하다.

**이(利)** 〈이로울 이(利)-익(益), 좋을 이(利)-길(吉)-의(宜), 만물로 하여금 삶을 이루어가게 하는 덕(德)의 이로울 이(利)-사만물수생지덕(使萬物遂生之德), 날카로울 이(利)-예(銳)-섬(銛), 질병 이(利)-질(疾), 통할 이(利)-통(通)-순(順), 편리할 이(利)-편(便), 마름해 만들어 이룰 이(利)-재성(裁成), 탐할 이(利)-탐(貪), 구할(취할) 이(利)-구(求)-취(取), 좋아할 이(利)-열애(悅愛), 기교 이(利)-교(巧), 보람 이(利)-공용(功用), 지세가 험하고 중요한 이(利)-험요(險要), 이길 이(利)-승(勝), 어질 이(利)-인(仁)〉 등의 뜻을 내지만 여기선 〈이로울 익(益) 또는 좋을(마땅할) 의(宜)〉 등과 같다 여기고 새김이 마땅하다. 〈利〉가 맨 앞에 오면 〈이〉로 발음되고, 중간이나 뒤에 오면 〈리〉로 발음된다.

**군(君)** 〈지극히 높은 사람(천자-임금-제후) 군(君)-지존자(至尊者), 임금을 이을(세자) 군(君)-세자(世子), 여왕 군(君)-여군(女君), 어버이 군(君)-부모(父母), 돌아가신 임금-돌아가신 아버지-돌아가신 조상 군(君)-선군(先君)-선부(先父)-선조(先祖), 상대를 부르는 칭호 군(君)-칭호(稱號), 귀신을 받들어 부르는 칭호 군(君)-귀신지경칭(鬼神之敬稱), 맡아 다스릴 군(君)-주재(主宰), 하늘-건 군(君)-천(天)-건(乾), 양 군(君)-양(陽), 낮 군(君)-일(日), 중앙제단 군(君)-궁제단(宮祭壇), 흙 군(君)-도(土)〉 등의 뜻을 내지만 여기 〈군자(君子)〉는 〈재덕겸구지인(才德兼具之人)〉 즉 재주와[才] 덕을[德] 아울러[兼] 갖춘[具之] 사람[人]을 칭하는 술어로 여기고 새김이 마땅하다.

**자(子)** 〈존칭(덕 있는 사람의 칭호) 자(子)-유덕자지칭(有德者之稱), 존경받는 사람 자(子)-존자(尊者), 벼슬 자(子)-작(爵), 12지의 첫째 자(子), 음력 11월 자(子), 밤 11시에서 다음날 1시까지 자(子), 북쪽 방향 자(子)-북방(北方), 오행에서 물 자(子)-어오행속수(於五行屬水), 짐승에서 쥐 자(子)-어수위서(於獸爲鼠), 번성할 자(子)-자(滋), 뒤를 이어줄 자(子)-사(嗣)-식(息), 자녀 자(子)-자녀(子女), 자손 자(子)-자손(子孫), 남자를 일컫는 호칭 자(子)-남자지통칭(男子之通稱), 만물 자(子)-만물(萬物), 씨앗(열매) 자(子)-종자(種子)-과실(果實), 누구(사람) 자(子)-인(人)-수자(誰子), 백성 자(子)-백성(百姓)〉 등의 뜻을 내지만 여기선 〈덕 있는 사람 유덕자(有德者)〉의 호칭으로 여기고 새김이 마땅하다.

**정(貞)** 〈바를 정(貞)-정(正), 마땅할 정(貞)-당(當), 믿을 정(貞)-신(信), 거북점을 물을 정(貞)-복문(卜問), 역(易)의 내괘(內卦) 정(貞), 정할 정(貞)-정(定), 순수할 정

(貞)-전(專)-일(一)〉 등의 뜻을 내지만 여기선 〈바를 정(正)〉과 같다 여기고 새김이 마땅하다.

**대(大)** 〈양(陽)-건(乾)-양효(陽爻) 대(大), 큰 대(大)-소지대(小之對), 지나칠 대(大)-과(過), 자만할 대(大)-과(誇)-긍벌(矜伐), 넓을 대(大)-광(廣), 두루 대(大)-편(徧), 통할 대(大)-통(通), 길 대(大)-장(長), (땅을) 걸게 할 대(大)-비(肥), 두터울 대(大)-후(厚), 많을 대(大)-다(多), 모두 대(大)-개(皆), 선할 대(大)-선(善), 무거울 대(大)-중(重), 거대할 대(大)-거(巨), 아름다울 대(大)-미(美)-장(壯), 부유할 대(大)-부(富), 늙을 대(大)-노(老), 끝 대(大)-극(極), 대충 대(大)-조(組)-불세밀(不細密), 처음 대(大)-초(初), 하늘 대(大)-천(天)〉 등의 뜻을 내지만 여기선 〈양(陽)을 칭하는 대(大)〉로 여기고 새김이 마땅하다.

**왕(往)** 〈갈 왕(往)-지(之), 물러갈 왕(往)-거(去), 나아갈 왕(往)-행(行)-진행(進行), 이를 왕(往)-지(至), 향할 왕(往)-향(向), 옛 왕(往)-석(昔), 이따금 왕(往)-시시(時時), 뒤 왕(往)-후(後), 죽음 왕(往)-망거(亡去)-사자(死者)〉 등의 뜻을 내지만 여기선 〈갈 왕(往)-지(之)〉로 여기고 새김이 마땅하다.

**소(小)** 〈음(陰)을 칭하는 소(小), 작을 소(小)-미(微), 자잘할 소(小)-세(細), 짧을 소(小)-단(短), 좁을 소(小)-협(狹), 어릴 소(小)-유(幼), 천할 소(小)-천(賤), 첩 소(小)-첩(妾)〉 등의 뜻을 내지만 여기선 〈음(陰)을 칭하는 소(小)〉로 여기고 새김이 마땅하다.

**來** 〈내-래〉 두 가지로 발음되고, 〈올 내(來)-지(至), 돌아올 내(來)-환(還)-귀(歸), 앞으로 내(來)-장래(將來)-미래(未來), 초치할 내(來)-초치(招致), ~부터 내(來)-자(自)-유(由), 남음이 있을 내(來)-유여(有餘), 어세를 더해주려는 조사(助詞) 래(來), 구중(句中)-구말(句末)의 조사(助詞) 래(來)〉 등의 뜻을 내지만 여기선 〈올 지(至)〉와 같다 여기고 새김이 마땅하다.

---

註 태자통야(泰者通也) 물불가이종통(物不可以終通) 고(故) 수지이비(受之以否) : 태란[泰] 것은[者] 통하는 것[通]이지만[也] 물건은[物] 끝까지[終] 통할[通] 수는 없다[不可以]. 그래서[故] 비괘(否卦 : ䷋)로써[以] 그것을[之] 받는다[受]. 「서괘전(序卦傳)」 2단락(段落)

## 2 효의 효상과 계사

初六 : 拔茅茹라 以其彙貞이니 吉하고 亨하리
발모여 이기휘정 길 형

六二 : 包承이니 小人吉하고 大人否해도 亨하리
포승 소인길 대인비 형

六三 : 包羞니라
포수

九四 : 有命无咎하여 疇離祉로다
유명무구 주리지

九五 : 休否라 大人吉하다 其亡其亡이라 繫于苞桑하리
휴비 대인길 기망기망 계우포상

上九 : 傾否라 先否하나 後喜로다
경비 선비 후희

초륙(初六) : 띠와[茅] 그 뿌리를[茹] 뽑는다[拔]. 제[其] 무리와[彙] 함께[以] 진실로 미더우니[貞] 길하고[吉] 통한다[亨].

육이(六二) : 포용하고[包] 따름이니[承] 소인은[小人] 행운이고[吉] 대인은[大人] 막혀도[否] 통한다[亨].

육삼(六三) : 부끄러움을[羞] 받아들인다[包].

구사(九四) : 하늘의 뜻이[命] 있고[有] 허물이[咎] 없으며[无] 끼리끼리[疇] 붙어서[離] 복을 나눈다[祉].

구오(九五) : 막혀 나아가지 못함을[否] 끝내[休] 대인이[大] 길하다[吉]. 잊을 거나[其亡] 잊을 거냐[其亡] 뽕나무[桑] 밑둥에다[于苞] 매어 둔다[繫].

상구(上九) : 막혀 나아가지 못함이[否] 뒤집힌다[傾]. 앞에서는[先] 막혀 나아가지 못했지만[否] 뒤에는[後] 기뻐한다[喜].

## 초륙(初六 : --)

初六 : 拔茅茹라 以其彙貞이니 吉하고 亨하리
발 모 여 이 기 휘 정 길 형

초륙(初六) : 띠와[茅] 그 뿌리를[茹] 뽑는다[拔]. 제[其] 무리와[彙] 함께 [以] 진실로 미더우니[貞] 길하고[吉] 통한다[亨].

【초륙(初六)의 효상(爻象) 풀이】

비괘(否卦 : ䷋)의 초륙(初六 : --)은 이음거양(以陰居陽) 즉 음(陰 : --)으로써[以] 양(陽 : ─)의 자리에 있는지라[居] 정당한 자리에 있지 못하다. 초륙(初六 : --)과 육이(六二 : --)는 양음(兩陰) 즉 둘 다[兩] 음(陰 : --)의 사이인지라 비(比) 즉 이웃의 사귐[比]을 누리지 못한다. 그러나 초륙(初六 : --)과 구사(九四 : ─)는 음양(陰陽)의 사이인지라 정응(正應) 즉 정도를 따라[正] 서로 호응한다[應]. 비괘(否卦 : ䷋)의 주제인 〈비(否)〉는 상하(上下) 각효(各爻)마다 서로 정응(正應)을 누리는 모습이지만 상하체(上下體)가 〈비(否)〉 즉 막혀[否] 상교(相交) 즉 서로[相] 통하지[交] 못한다. 하강(下降)의 천기(天氣)는 아래에 있고 상승(上昇)의 지기(地氣)는 위에 있어야 천지조화(天地造化)가 이루어지는데, 비괘(否卦 : ䷋)는 천기(天氣)와 지기(地氣)가 뒤엎어져 천지조화(天地造化)가 막히고[否] 그 시작점에 초륙(初六 : --)이 있다. 그 시작점에 있지만 초륙(初六 : --)은 상진(上進)하고자 정응(正應)을 나누는 구사(九四 : ─)를 동료로 삼아 〈비(否)〉 즉 막혀 나아가지 못함[否]을 극복하려는 모습이다.

비괘(否卦 : ䷋)의 초륙(初六 : --)이 초구(初九 : ─)로 변효(變爻)하면 초륙(初六 : --)은 비괘(否卦 : ䷋)를 25번째 무망괘(无妄卦 : ䷘)로 지괘(之卦)하게 한다. 따라서 비괘(否卦 : ䷋)의 초륙(初六 : --)은 무망괘(无妄卦 : ䷘)의 초구(初九 : ─)를 찾아가 살펴보게 한다.

【초륙(初六)의 계사(繫辭) 풀이】

## 拔茅茹(발모여)

**띠와[茅] 그 뿌리를[茹] 뽑는다[拔].**

초륙(初六 : --)의 효위(爻位)를 빌려 암시한 계사(繫辭)이다. 〈발모여(拔茅茹)〉는 〈초륙여발모여지상(初六如拔茅茹之象)〉의 줄임으로 여기고 〈초륙은[初六] 띠 뿌리를[茅茹] 뽑는[拔之] 모습[象] 같다[如]〉라고 새겨볼 것이다. 〈발모여(拔茅茹)〉는 초륙(初六 : --)이 비괘(否卦 : ䷋)의 하체(下體) 곤(坤 : ☷)의 초효(初爻)로서 비괘(否卦 : ䷋)의 주제인 〈비(否)〉 즉 막혀 나아가지 못하는[否] 시국을 따라 뜻하는 바를 시작하자면 서로 정응(正應)을 나누어 누리는 구사(九四 : ―)를 동료로 삼아야 함을 암시한다. 〈모여(茅茹)〉 즉 띠의[茅] 뿌리[茹]는 비괘(否卦 : ䷋)의 하체(下體) 곤(坤 : ☷)의 맨 밑자리에 있는 초륙(初六 : --)과 상체(上體) 건(乾 : ☰)의 맨 밑자리에 있는 구사(九四 : ―)를 상징한다. 여러 뿌리가 서로 얽혀서 한 포기의 띠[茅]가 성장함을 빌려 초륙(初六 : --)과 구사(九四 : ―)의 정응(正應)을 취상(取象)한 것이다. 비괘(否卦 : ䷋)의 주제인 〈비(否)〉의 시국을 맞아 막혀 나아가지 못함[否]을 마주하니 초륙(初六 : --)은 구사(九四 : ―)와 정응(正應)하여 〈비(否)〉 즉 막혀 나아가지 못함[否]을 극복하려 함을 취상(取象)한 계사(繫辭)가 〈발모여(拔茅茹)〉이다.

## 以其彙貞(이기휘정) 吉(길) 亨(형)

**제[其] 무리와[彙] 함께[以] 진실로 미더우니[貞] 길하고[吉] 통한다[亨].**

초륙(初六 : --)의 효상(爻象)을 구체적으로 암시한 계사(繫辭)이다. 〈이기휘정(以其彙貞)〉은 〈이초륙지휘초륙정(以初六之彙初六貞)〉의 줄임으로 여기고 〈초륙의[初六之] 무리와[彙] 함께[以] 초륙이[初六] 진실로 미덥다[貞]〉라고 새겨볼 것이다. 〈이기휘정(以其彙貞)〉에서 〈이(以)〉는 〈함께 여(與)〉와 같고, 〈기(其)〉는 〈초륙지(初六之)〉의 줄임이며, 〈휘(彙)〉는 〈무리 유(類)〉와 같아 여기선 초륙(初六 : --)과 정응(正應) 즉 정도를 따라[正] 호응하는[應] 구사(九四 : ―)를 암시한다. 초륙(初六 : --)이 구사(九四 : ―)와 정응(正應)으로써 〈비(否)〉의 시국을 마주한다고 함은 초륙(初六 : --)이 구사(九四 : ―)와 더불어 상화(相和)한다 함이다. 역(易)에서는 수시취의(隨時取義) 즉 때를[時] 따라[隨] 뜻을[義] 취함[取]에 무상(無常)하기 때문에 〈비(否)〉의 시국에서 초륙(初六 : --)이 구사(九四 : ―)와 정응(正應) 즉 정도를 따라[正] 호응한다[應]고 함은 초륙(初六 : --)이 소인(小人)이 아니라 군자(君子)로서 〈비(否)〉의 시국을 마주함을 암시한다. 따라서 여기 〈정(貞)〉이란 초륙(初六 : --)이 군자(君子)의 정도(正道)를 자수(自守) 즉 스스로[自] 지켜[守] 진실로 믿음[貞]을 말한다. 〈비(否)〉의 시국을 마주하면서도 막혀 나아가지 못함[否]을 극복할 수 있다고 초륙(初六 : --)이 진실로 믿음[貞]은 초륙(初六 : --)에게는 〈길(吉)〉 즉 행복[吉]이며 나아가 〈비(否)〉의 극복인지라, 초륙(初六 : --)에게 〈비(否)〉란 〈형(亨)〉 즉 막힘[否]이 풀려 통함[亨]으로 이어지는 조짐임을 암시한 계사(繫辭)가 〈이기휘정(以其彙貞) 길(吉) 형(亨)〉이다.

【 字 典 】

**拔** 〈발-패〉 두 가지로 발음되고, 〈뽑을 발(拔)-추(抽), 끌 발(拔)-인(引), 돌아올 발(拔)-회(廻), 빠를 발(拔)-질(疾), 가릴(발탁할) 발(拔)-탁(擢), 밋밋할 패(拔)-정연(挺然), 휘어 꺾을 패(拔)〉 등의 뜻을 내지만 여기선 〈뽑을 추(抽)〉와 같다 여기고 새김이 마땅하다.

**모(茅)** 〈띠(골풀) 모(茅)-관(菅), 표기 모(茅)-전모(前茅)-정지(旌識)〉 등의 뜻을 내지만 여기선 〈띠 관(菅)〉과 같다 여기고 새김이 마땅하다.

**茹** 〈여-녀〉 두 가지로 발음되고, 〈띠 뿌리 여(茹)-모근(茅根), 서로 끌어당길 모습 여(茹)-나(拏), 받을 여(茹)-수(受), 헤아릴 여(茹)-탁(度)-모(謀)-려(慮), 부드러울 여(茹)-유(柔), 꼭두서니 여(茹), 먹을 녀(茹)-식(食)〉 등의 뜻을 내지만 여기선 〈띠 뿌리 모근(茅根)〉과 같다 여기고 새김이 마땅한다.

**이(以)** 〈함께할 이(以)-여(與), 할 이(以)-위(爲), 써 이(以)-용(用), 생각할 이(以)-사(思), 거느릴 이(以)-솔(率), 그만둘 이(以)-이(已), 본받을 이(以)-법(法), 때문에 이(以)-인(因) {까닭 이(以)로 명사(名詞) 노릇도 하는데 주로 유이(有以) 무이(無以) 꼴일 때가 대부분임.}, 더불어 이(以)-여(與), 하여금 이(以)-사(使), 이미 이(以)-이(已)〉 등의 뜻을 내고 이 외에도 전후문맥(前後文脈)에 따라 다양한 뜻을 자유롭게 내며 〈그래서 이(以)-소이(所以)-인이(因以)〉처럼 계사(繫詞) 노릇마저도 한다. 여기선 〈함께할 여

(與)〉와 같다 여기고 새김이 마땅하다.

**기(其)** 〈제(그것) 기(其)-피(彼)-지(之), 그럴 기(其)-연(然), 어찌 기(其)-기(豈), 누를 기(其)-억(抑), 오히려 기(其)-상(尙)-서기(庶幾), 이에 기(其)-내(乃), 만약 기(其)-약(若), 장차 기(其)-장(將), 어조사 기(其)-어조사(語助辭)〉 등의 뜻을 내지만 여기선 〈제 기(其)〉와 같다 여기고 새김이 마땅하다.

**휘(彙)** 〈무리 휘(彙)-유(類), 부지런할 휘(彙)-근(勤), 아름다울 휘(彙)-미(美), 채울(담을) 휘(彙)-성(盛), 고슴도치 휘(彙)-위(蝟)〉 등의 뜻을 내지만 여기선 〈무리 유(類)〉와 같다 여기고 새김이 마땅하다.

**정(貞)** 〈믿을 정(貞)-신(信), 바를 정(貞)-정(正), 마땅할 정(貞)-당(當), 거북점을 물을 정(貞)-복문(卜問), 역(易)의 내괘(內卦) 정(貞), 정할 정(貞)-정(定), 순수할 정(貞)-전(專)-일(一)〉 등의 뜻을 내지만 여기선 〈믿을 신(信)〉과 같다 여기고 새김이 마땅하다.

**길(吉)** 〈좋을(행복할) 길(吉)-선(善)-영(令) {영월길일(令月吉日)은 선월선일(善月善日)임.}, 복 길(吉)-실(實)-선실(善實)-복(福), 예의를 따라 상서로울 길(吉)-예의순상(禮義順祥), 삼갈 길(吉)-근(謹), 초하루 길(吉)-삭일(朔日) {삭망(朔望) 즉 초하루[朔]와 그믐날[望]}, 길례 길(吉)-길례(吉禮) {오례지일(五禮之一) 길흉빈군가(吉凶賓軍嘉)}, 갈 길(吉)-행(行)-길(趌)〉 등의 뜻을 내지만 여기선 〈좋을 선(善)-영(令)〉 즉 행복과 같다 여기고 새김이 마땅하다.

**亨** 〈향-형-팽〉 등으로 발음되고, 〈통할 형(亨)-통(通), 남을 형(亨)-여(餘), 드릴 향(亨)-헌(獻), 삶을 팽(亨)-자(煮)-팽(烹)〉 등의 뜻을 내지만 여기선 〈통할 통(通)〉과 같다 여기고 새김이 마땅하다.

## 육이(六二 : --)

六二 : 包承이니 小人吉하고 大人否해도 亨하리
포승 소인길 대인비 형

육이(六二) : 포용하고[包] 따름이니[承] 소인은[小人] 행운이고[吉] 대인은[大人] 막혀도[否] 통한다[亨].

【육이(六二)의 효상(爻象) 풀이】

비괘(否卦 : ䷋)의 육이(六二 : --)는 이음거음(以陰居陰) 즉 음(陰 : --)으로써[以] 음(陰 : --)의 자리에 있는지라[居] 정당한 자리에 있다. 육이(六二 : --)와 육삼(六三 : --)는 양음(兩陰) 즉 둘 다[兩] 음(陰 : --)인지라 비(比) 즉 이웃의 사귐[比]을 누리지 못한다. 그러나 육이(六二 : --)와 구오(九五 : ㅡ)는 음양(陰陽)의 사이이면서 둘 다 정위(正位)에 있는지라 중정(中正) 즉 서로 중효[中]이며 바른 자리[正]에 있고 나아가 정응(正應) 즉 바르게[正] 호응하면서[應] 서로 득중(得中) 즉 정도를 따름을[中] 취하는[得] 사이이다. 비괘(否卦 : ䷋)의 주제인 〈비(否)〉는 상하(上下) 각효(各爻)마다 서로 정응(正應)을 누리는 모습이지만 상하체(上下體)가 〈비(否)〉 즉 막혀[否] 상교(相交) 즉 서로[相] 통하지[交] 못한다. 하강(下降)의 천기(天氣)는 아래에 있고 상승(上昇)의 지기(地氣)는 위에 있어야 천지조화(天地造化)가 이루어지는데, 비괘(否卦 : ䷋)는 천기(天氣)와 지기(地氣)가 뒤엎어져 천지조화(天地造化)가 막히지만[否] 육이(六二 : --)는 구오(九五 : ㅡ)에 포용(包容)되고 순응(順應)하여 〈비(否)〉의 시국을 극복해가는 행운을 누리는 모습이다.

> 비괘(否卦 : ䷋)의 육이(六二 : --)가 구이(九二 : ㅡ)로 변효(變爻)하면 육이(六二 : --)는 비괘(否卦 : ䷋)를 6번째 송괘(訟卦 : ䷅)로 지괘(之卦)하게 한다. 따라서 비괘(否卦 : ䷋)의 육이(六二 : --)는 송괘(訟卦 : ䷅)의 구이(九二 : ㅡ)를 찾아가 살펴보게 한다.

【육이(六二)의 계사(繫辭) 풀이】

## 包承(포승)

포용하고[包] 따른다[承].

육이(六二 : --)의 효위(爻位)를 빌려 암시한 계사(繫辭)이다. 비괘(否卦 : ䷋)의 주제인 〈비(否)〉의 시국을 맞아 육이(六二 : --)는 막혀 나아가지 못함[否]을 극복해갈 수가 있다. 왜냐하면 〈비(否)〉의 시국에서도 육이(六二 : --)는 정위(正位)에서 득중(得中) 즉 정도를 따름을[中] 취하여[得] 역시 정위(正位)에 있는 구오(九五 : ㅡ)와 함께 중정(中正)의 사이이기 때문이다. 육이(六二 : --)는 소(小)이니 사람으로 치면 소인(小人)이고, 구오(九五 : ㅡ)는 대(大)이니 군자(君子)이다. 따라서 육이(六二 : --)와 구오(九五 : ㅡ)가 서로 나누는 중정(中正)과 정응(正應)을 〈포승(包承)〉이 암시한다. 중정(中正)과 정응(正應)은 『중용(中庸)』에 나오는 〈사명(俟命)〉 즉 천명을[命] 기다려[俟] 자연이 하라는 대로 따름이다. 이러한 따름을 일러 군자도(君子道)라 한다. 〈포승(包承)〉은 음유(陰柔)한 육이(六二 : --)의 소인(小人)이 양강(陽剛)한 구오(九五 : ㅡ)의 군자(君子)에게 포용되어[包] 군자도(君子道)를 따름[承]을 암시한다. 〈포승(包承)의 포(包)〉는 〈안을 용(容)〉과 같고, 〈포승(包承)의 승(承)〉은 〈따를 순(順)〉과 같다. 〈포승(包承)〉은 〈육이위포어구오(六二爲包於九五) 이륙이승구오(而六二承九五)〉의 줄임으로 여기고 〈육이가[六二] 구오에게[於九五] 포용되어서[爲包而] 육이가[六二] 구오를[九五] 따른다[承]〉라고 새겨볼 것이다. 따라서 소인(小人)인 육이(六二 : --)가 군자(君子)인 구오(九五 : ㅡ)에게 포용되어[包] 군자도(君子道)를 따르게 됨[承]을 암시한 계사(繫辭)가 〈포승(包承)〉이다.

## 小人吉(소인길)

### 소인은[小人] 행운이다[吉].

앞 〈포승(包承)〉의 보람을 암시한 계사(繫辭)이다. 비괘(否卦 : ䷋)의 주제인 〈비(否)〉의 시국에서 소인(小人)이 〈길(吉)〉을 누리기가 어렵다. 왜냐하면 소인(小人)은 『중용(中庸)』이 지적한 대로 〈모험을[險] 행함[行]으로써[以] 요행을[幸] 구하기[徼]〉 때문이다. 막혀서 나아가지 못하는[否] 시국에서는 소인(小人)의 〈행험(行險)〉은 더욱 세차 〈흉(凶)〉 즉 불행[凶]을 소인(小人)은 스스로 불러오기를 마다하지 않는다. 그런데 왜 〈비(否)〉의 시국에서 〈소인길(小人吉)〉이라 하는가? 여기 〈소인길(小人吉)〉이 〈유어구오륙이길(由於九五六二吉)〉을 암시함을 간파하고 〈구오의[九五] 덕으로[由於] 육이가[六二] 길하다[吉]〉라고 새겨볼 것이다. 그러면 막혀 나아가지 못하는[否] 시국에서 소인(小人)인 육이(六二 : --)가 〈길(吉)〉 즉 행복을 누리는[吉] 까닭을 헤아릴 수 있다. 구오(九五 : ㅡ)가 육이(六二 : --)를 포용하고[包] 육이(六二 : --)가 구오(九五 : ㅡ)의 군자도(君子道)를 따라[承], 사명(俟命) 즉 자연이 하라는[命] 대로 기다리며[俟] 〈비(否)〉의 시국을 극복해감을 암시한 계사(繫辭)가 〈소인길(小人吉)〉이다.

## 大人否(대인비) 亨(형)

대인은[大人] 막혀도[否] 통한다[亨].

〈비(否)〉를 대인(大人)이 마주함을 암시한 계사(繫辭)이다. 〈대인비(大人否)의 대인(大人)〉은 육이(六二 : --)와 중정(中正)-정응(正應)을 나누어 누리는 구오(九五 : ―)를 취상(取象)한 것이다. 군자(君子)가 본받아 따르는 자를 대인(大人)이라 한다. 비괘(否卦 : ䷋)의 주제인 〈비(否)〉의 시국에서는 군자(君子)는 막혀 통하지 못함[否]도 천명(天命) 즉 자연의[天] 명령[命]으로 받아들이고, 그 명(命)을 따라 천명(天命)이 〈비(否)〉를 〈태(泰)〉로 조화해줄 것임을 믿기 때문에 사명(俟命) 즉 천명을[命] 기다린다[俟]. 그러나 소인(小人)은 부지천명(不知天命) 즉 천명(天命)이란 것을 모르기[不知] 때문에 행험(行險) 즉 모험을[險] 감행한다[行]. 소인(小人)의 행험이 소인(小人)을 흉하게[凶] 한다. 항상 소인(小人)은 불행을 자신이 불러들이면서 원천(怨天) 즉 하늘을[天] 원망하며[怨] 땅을 친다. 이는 소인(小人)은 천포(天包) 즉 자연이[天] 반드시 자신을 포용해줌[包]을 몰라 천명(天命)을 따를 줄 모른다. 그러나 대인(大人)을 본받는 군자(君子)는 천포(天包)를 결코 의심하지 않는다. 따라서 소인(小人)은 〈비(否)〉를 안수(安守)할 줄 모르고, 대인(大人)-군자(君子)는 〈비(否)〉를 편안히[安] 지킨다[守]. 대인(大人)-군자(君子)는 비이태(否而泰) 즉 막히면[否而] 통하고[泰] 태이비(泰而否) 즉 통하면[泰而] 막힌다[否]는 천명(天命) 즉 자연의[天] 뜻[命]을 의심하지 않기 때문에 〈비(否)〉의 시국을 안수(安守)하여, 비록 〈비(否)〉를 마주할지라도 〈태(泰)〉를 맞이할 것임을 의심치 않음을 암시한 계사(繫辭)가 〈대인비(大人否) 형(亨)〉이다.

【字典】

**포(包)** 〈용납할 포(包)-용(容), 쌀 포(包)-포(勹)-회(褱), 품을 포(包)-함(含), 간직할 포(包)-장(藏), 겸할 포(包)-겸(兼), 취할 포(包)-취(取)〉 등의 뜻을 내지만 여기선 〈용납할 용(容), 품을 함(含)〉 등과 같다 여기고 새김이 마땅하다.

**승(承)** 〈받들 승(承)-봉(奉), 받을 승(承)-수(受), 맞이할 승(承)-영(迎), 이을 승(承)-계(繼), 전할 승(承)-전(傳)〉 등의 뜻을 내지만 여기선 〈받들 봉(奉)〉과 같다 여기고 새김이 마땅하다.

**소(小)** 〈작을 소(小)-미(微), 음(陰)을 칭하는 소(小), 자잘할 소(小)-세(細), 짧을 소(小)-단(短), 좁을 소(小)-협(狹), 어릴 소(小)-유(幼), 천할 소(小)-천(賤), 첩 소(小)-첩(妾)〉 등의 뜻을 내지만 여기선 〈작을 소(小)〉로 여기고 새김이 마땅하다.

**인(人)** 〈사람 인(人)-만물지최령자(萬物之最靈者), 백성 인(人)-민(民), 남 인(人)-타인(他人), 아무개 인(人)-모인(某人), 도인 인(人)-도인(道人), 사람들 인(人)-인인(人人), 범인(소인) 인(人)-소인(小人)-범인(凡人), 인성 인(人)-인성(人性), 인위 인(人)-인위(人爲), 신하 인(人)-신하(臣下), 중서(민중) 인(人)-중서(衆庶)-민중(民衆), 건괘-진괘 인(人)-건위인(乾爲人)-진위인(震爲人), 어짊 인(人)-인(仁), 선인 인(人)-선인(先人), 서로 어여삐 여길 인(人)-상련(相憐)〉 등의 뜻을 내지만 〈사람 인(人)〉으로 여기고 새김이 마땅하다.

**길(吉)** 〈좋을(행복할) 길(吉)-선(善)-영(令) {영월길일(令月吉日)은 선월선일(善月善日)임.}, 복 길(吉)-실(實)-선실(善實)-복(福), 예의를 따라 상서로울 길(吉)-예의순상(禮義順祥), 삼갈 길(吉)-근(謹), 초하루 길(吉)-삭일(朔日) {삭망(朔望) 즉 초하루[朔]와 그믐날[望]}, 길례 길(吉)-길례(吉禮) {오례지일(五禮之一) 길흉빈군가(吉凶賓軍嘉)}, 갈 길(吉)-행(行)-길(趌)〉 등의 뜻을 내지만 여기선 〈좋을 선(善)-영(令)〉 즉 행복과 같다 여기고 새김이 마땅하다.

**대(大)** 〈큰 대(大)-소지대(小之對), 지나칠 대(大)-과(過), 자만할 대(大)-과(誇)-긍벌(矜伐), 넓을 대(大)-광(廣), 두루 대(大)-편(徧), 통할 대(大)-통(通), 길 대(大)-장(長), (땅을) 걸게 할 대(大)-비(肥), 두터울 대(大)-후(厚), 많을 대(大)-다(多), 모두 대(大)-개(皆), 선할 대(大)-선(善), 무거울 대(大)-중(重), 거대할 대(大)-거(巨), 아름다울 대(大)-미(美)-장(壯), 부유할 대(大)-부(富), 늙을 대(大)-노(老), 끝 대(大)-극(極), 대충 대(大)-조(組)-불세밀(不細密), 처음 대(大)-초(初), 하늘 대(大)-천(天), 건(乾)-양기(陽氣)-양효(陽爻) 대(大)〉 등의 뜻을 내지만 여기선 〈큰 대(大)〉로 여기고 새김이 마땅하다.

**否** 〈부-비〉 두 가지로 발음되고, 〈막힐 비(否)-색(塞), 가릴 비(否)-격(隔), 닫을 비(否)-폐(閉), 나쁠 비(否)-악(惡), 비루할 비(否)-비(鄙), 않을 부(否)-부(不), 아닌 것 부(否)-비(非), 없을 부(否)-무(無), 이것 부(否)-시(是)〉 등의 뜻을 내지만 〈막힐 색(塞)〉과 같다 여기고 새김이 마땅하다.

**亨** 〈향-형-팽〉 등으로 발음되고, 〈통할 형(亨)-통(通), 남을 형(亨)-여(餘), 드

릴 향(享)-헌(獻), 삶을 팽(亨)-자(煮)-팽(烹)〉 등의 뜻을 내지만 여기선 〈통할 통(通)〉과 같다 여기고 새김이 마땅하다.

---

註 재상위(在上位) 불능하(不陵下) 재하위(在下位) 불원상(不援上) 정기이불구어인(正己而不求於人) 즉무원(則無怨) 상불원천(上不怨天) 하불우인(下不尤人) 고(故) 군자거이이사명(君子居易以俟命) 소인행험이요행(小人行險以徼幸) : 윗자리에[上位] 있어선[在] 아래를[下] 업신여기지 않고[不陵] 아랫자리에[下位] 있어선[在] 위에[上] 기대지 않는다[不援]. 자신을[己] 바르게 하면서[正而] 남에게[於人] 구하지 않는[不求] 곧[則] 원망함이[怨] 없다[無]. 위로는[上] 하늘을[天] 원망하지 않고[不怨] 아래로는[下] 남을[人] 탓하지 않는다[不尤]. 그래서[故] 군자는[君子] 삶이[居] 평이함[易]으로써[以] 천명을[命] 기다리고[俟], 소인은[小人] 모험을[險] 행함[行]으로써[以] 요행을[幸] 구한다[徼]. 『중용(中庸)』 주자장구(朱子章句) 14장(章)

## 육삼(六三 : ⚋)

六三 : 包羞니라
포 수

육삼(六三) : 부끄러움을[羞] 받아들인다[包].

**【육삼(六三)의 효상(爻象) 풀이】**

비괘(否卦 : ䷋)의 육삼(六三 : ⚋)은 이음거양(以陰居陽) 즉 음(陰 : ⚋)으로써[以] 양(陽 : ⚊)의 자리에 있는지라[居] 정당한 자리에 있지 못하다. 그러나 육삼(六三 : ⚋)은 구사(九四 : ⚊)와 음양(陰陽)의 사이인지라 비(比) 즉 이웃의 사귐[比]을 누리고, 상구(上九 : ⚊)와도 음양(陰陽)의 사이인지라 정응(正應) 즉 정도를 따라[正] 서로 호응한다[應]. 비괘(否卦 : ䷋)의 상하체(上下體)가 〈비(否)〉 즉 막혀[否] 상교(相交) 즉 서로[相] 통하지[交] 못하는 시국에서 육삼(六三 : ⚋)은 비괘(否卦 : ䷋)의 하체(下體) 곤(坤 : ☷)의 중위(中位)를 벗어나 상위(上位)에서 음(陰 : ⚋)이면서 양(陽 : ⚊)의 자리에 있는지라 부끄럽지만[羞], 구사(九四 : ⚊)와 더불어 비괘(否卦 : ䷋)의 중위(中位)에 있는지라 포용(包容)되는 모습이다.

비괘(否卦 : ䷋)의 육삼(六三 : --)이 구삼(九三 : —)으로 변효(變爻)하면 육삼(六三 : --)은 비괘(否卦 : ䷋)를 33번째 둔괘(遯卦 : ䷠)로 지괘(之卦)하게 한다. 따라서 비괘(否卦 : ䷋)의 육삼(六三 : --)은 둔괘(遯卦 : ䷠)의 구삼(九三 : —)을 찾아가 살펴보게 한다.

【육삼(六三)의 계사(繫辭) 풀이】

## 包羞(포수)

부끄러움을[羞] 받아들인다[包].

육삼(六三 : --)의 효위(爻位)를 빌려 암시한 계사(繫辭)이다. 음약(陰弱)한 육삼(六三 : --)이 비괘(否卦 : ䷋)의 하체(下體) 곤(坤 : ☷)의 중위(中位)를 벗어나 양강(陽剛)의 자리에 있음에 부당(不當)을 모르고 행험(行險)하려 한다. 왜냐하면 상체(上體) 건(乾 : ☰)과 인접한지라 〈대왕소래(大往小來)〉 즉 큼이[大] 가고[往] 작음이[小] 오는[來] 운세가 실감나는 자리에 육삼(六三 : --)이 있기 때문이다. 구사(九四 : —)와는 비(比) 즉 이웃의 사귐[比]을 나누고 상구(上九 : —)와는 정응(正應) 즉 정도를 따라[正] 서로 호응하기에[應] 육삼(六三 : --)이 〈비(否)〉의 시국임에도 상진(上進)하려는 뜻을 감행하고자 한다. 그러나 구사(九四 : —)와 상구(上九 : —)는 나가는[往] 쪽이어서 오는[來] 쪽을 끌어줄 여력이 없다. 이에 육삼(六三 : --)이 자신이 미능(未能)함을 알아채면서 행험(行險)하지 않아 흉구(凶咎) 즉 흉[凶]한 허물[咎]을 짓지는 않은 셈이지만, 부끄러운[羞] 자신을 마주할 수밖에 없음을 암시한 계사(繫辭)가 〈포수(包羞)〉이다.

【字典】

**포(包)** 〈용납할 포(包)-용(容), 쌀 포(包)-포(勹)-회(裹), 품을 포(包)-함(含), 간직할 포(包)-장(藏), 겸할 포(包)-겸(兼), 취할 포(包)-취(取)〉 등의 뜻을 내지만 여기선 〈용납할 용(容)-품을 함(含)〉 등과 같다 여기고 새김이 마땅하다.

**수(羞)** 〈부끄러울 수(羞)-치(恥), 욕되게 할 수(羞)-욕(辱), 미워할 수(羞)-추(醜), 음식 수(羞)-식(食)〉 등의 뜻을 내지만 여기선 〈부끄러울 치(恥)〉와 같다 여기고 새김이 마땅하다.

# 구사(九四 : ━)

九四 : 有命无咎하여 疇離祉로다
유명무구 주리지

구사(九四) : 하늘의 뜻이[命] 있고[有] 허물이[咎] 없으며[无] 끼리끼리[疇] 붙어서[離] 복을 나눈다[祉].

**【구사(九四)의 효상(爻象) 풀이】**

비괘(否卦 : ䷋)의 구사(九四 : ━)는 이양거음(以陽居陰) 즉 양(陽 : ━)으로써[以] 음(陰 : --)의 자리에 있는지라[居] 정당한 자리에 있지 못하다. 구오(九五 : ━)와는 양양(兩陽) 즉 둘 다[兩] 양(陽 : ━)인지라 비(比) 즉 이웃의 사귐[比]을 누리지는 못해도 대주(大疇) 즉 큼의[大] 무리[疇]인지라 상화(相和)를 꾀하지 결코 불화(不和)를 범하지 않는다. 그러나 구사(九四 : ━)와 초륙(初六 : --)은 양음(陽陰)의 사이인지라 정응(正應) 즉 정도를 따라[正] 서로 호응한다[應]. 비괘(否卦 : ䷋)의 상하체(上下體)가 〈비(否)〉 즉 막혀[否] 상교(相交) 즉 서로[相] 통하지[交] 못하는 시국에서 구사(九四 : ━)는 〈비(否)〉의 시국이 중간을 넘어서는 시초의 자리에 있어서 〈대왕소래(大往小來)의 대왕(大往)〉이 시작되는 자리에 있는 모습이다.

> 비괘(否卦 : ䷋)의 구사(九四 : ━)가 육사(六四 : --)로 변효(變爻)하면 구사(九四 : ━)는 비괘(否卦 : ䷋)를 20번째 관괘(觀卦 : ䷓)로 지괘(之卦)하게 한다. 따라서 비괘(否卦 : ䷋)의 구사(九四 : ━)는 관괘(觀卦 : ䷓)의 육사(六四 : --)를 찾아가 살펴보게 한다.

**【구사(九四)의 계사(繫辭) 풀이】**

## 有命无咎(유명무구)

하늘의 뜻이[命] 있고[有] 허물이[咎] 없다[无].

구사(九四 : ━)의 효위(爻位)를 빌려 암시한 계사(繫辭)이다. 〈유명무구(有命无咎)〉는 〈구사유천명(九四有天命) 이구사무구(而九四无咎)〉의 줄임으로 여기고 〈구사에게는[九四] 천명이[天命] 있다[有] 그리고[而] 구사에게는[九四] 허물이[咎] 없다[无]〉라고 새겨볼 것이다. 〈유명무구(有命无咎)〉에서 〈유명(有命)의 명(命)〉은 〈천명(天命)〉의 줄임이다. 비괘(否卦 : ䷋)의 주제인 〈비(否)〉가 과중(過中) 즉 중간을[中] 넘어서기[過] 시작한 자리가 곧 구사(九四 : ⚊)의 자리[位]이다. 구사(九四 : ⚊)의 자리에서 〈비(否)〉가 시왕(始往) 즉 가기[往] 시작해[始] 〈시복태(始復泰)〉 즉 〈통하여 나아감으로[泰] 돌아오기[復] 시작하는[始]〉 천명(天命)이 있음을 암시한 것이 〈유명(有命)〉이다. 이에 천도(天道) 즉 자연의[天] 도리[道]가 짓는 자연의[天] 뜻[命]을 따르는 구사(九四 : ⚊)에게는 허물[咎]이란 없음[无]을 암시한 계사(繫辭)가 〈유명무구(有命无咎)〉이다.

## 疇離祉(주리지)

**끼리끼리[疇] 붙어서[離] 복을 나눈다[祉].**

비괘(否卦 : ䷋)의 상체(上體) 건(乾 : ☰)의 무리가 〈비(否)〉를 벗어남을 암시하는 계사(繫辭)이다. 〈주리지(疇離祉)〉는 〈대지주리이주지(大之疇離而疇祉)〉의 줄임으로 여기고 〈대의[大之] 무리가[疇] 붙어서[離而] 무리가[疇] 복을 나눈다[祉]〉라고 새겨볼 것이다. 〈주리지(疇離祉)의 주(疇)〉는 〈같은 무리 동류(同類)〉와 같고, 〈주리지(疇離祉)의 이(離)〉는 〈붙어 있는 여(麗)〉와 같아 비괘(否卦 : ䷋)의 상체(上體) 건(乾 : ☰)의 양효(陽爻)들이 한 무리로서 〈끼리끼리[疇] 붙어 있다[離]〉는 것이다. 비괘(否卦 : ䷋)의 상하(上下)가 서로 통하지 못해[否] 상체(上體) 건(乾 : ☰)의 양효(陽爻)들은 양(陽 : ⚊)의 무리로[疇] 서로 붙고[離], 하체(下體) 곤(坤 : ☷)의 음효(陰爻)들은 음(陰 : ⚋)의 무리로 서로 붙어서 양분(兩分)되어 있음을 〈주리지(疇離祉)의 주(疇)〉가 암시한다. 따라서 〈주리지(疇離祉)의 주리(疇離)〉는 비괘(否卦 : ䷋)의 구사(九四 : ⚊)-구오(九五 : ⚊)-상륙(上六 : ⚊) 등의 한 무리가[疇] 뭉쳐 있음[離]을 뜻한다.

〈주리(疇離)의 주(疇)〉는 대인(大人)의 무리[疇]인지라 뭉쳐 있는[離] 무리[疇]가 〈대(大)〉 즉 군자(君子)의 무리[疇]임을 암시하고, 〈주리(疇離)의 이(離)〉 즉 붙음[離]은 대동(大同)으로 통하여 『논어(論語)』에 나오는 〈군자는[君子] 어울리되[和而] 패거리 짓지 않고[不同] 소인은[小人] 패거리 짓되[同而] 어울리지 않는다[不

和]〉라는 내용을 환기시킨다. 이에 〈주리(疇離)〉가 〈지(祉)〉 즉 천복을 누림[祉]으로 이어지는 것은 뭉쳐 있는[離] 무리[疇]가 〈대(大)〉 즉 군자(君子)의 무리[疇]임을 암시한다. 군자(君子)의 〈주(疇)〉는 〈지(祉)〉로 이어지지만 소인(小人)의 〈주(疇)〉는 천복(天福)으로 이어지지 못한다. 상화(相和)하면 〈지(祉)〉를 누리고 불화(不和)하면 천복[祉]을 누리지 못한다. 비괘(否卦 : ䷋)의 구사(九四 : ━)-구오(九五 : ━)-상륙(上六 : ╸╺) 등 한 무리가[疇] 뭉쳐서[離] 〈비(否)〉 즉 막혀서 나아가지 못하는[否] 시국을 장제(將濟) 즉 장차[將] 다스려[濟] 〈태(泰)〉 즉 통하여 나아가는[泰] 시국을 맞아 〈지[祉]〉 즉 자연이 내리는 행복[祉]을 누리게 될 것임을 암시한 계사(繫辭)가 〈주리지(疇離祉)이다.

【字典】

**유(有)** 〈없을 무(無)의 반대말로 있을 유(有), 혹 유(有)-혹(或), 많을 유(有)-다(多)-족(足), 부유할 유(有)-부(富), 얻을(가질) 유(有)-취(取), 간직할 유(有)-장(藏), 보호할 유(有)-보(保), 서로 친할 유(有)-상친(相親), 전일할 유(有)-전(專), 할 유(有)-위(爲), 어조사 유(有)〉 등의 뜻을 내지만 〈있을 유(有)〉로 여기고 새김이 마땅하다.

**명(命)** 〈천명(시킬) 명(命)-사(使)-영(令), 정령 명(命)-정령(政令), 부를 명(命)-호(呼), 가르칠 명(命)-교(敎), 고할 명(命)-고(告), 이름 명(命)-명(名), 목숨 명(命)-수(壽), 본성 명(命)-성(性), 생이 길고 짧을 명(命)-생지장단(生之長短), 하늘의 뜻 명(命)-천명(天命), 서명 명(命)-서명(瑞命), 제후 즉위 명(命)-서명(瑞命)-제후즉위(諸侯卽位), 빈궁(貧窮)과 영달(榮達)의 운수(運數) 명(命)-궁달지수(窮達之數)〉 등의 뜻을 내지만 여기선 〈천명(天命)〉으로 여기고 새김이 마땅하다.

**무(无)** 〈없을 무(无)-무(無), 허무지도 무(无)-허무지도(虛无之道), 으뜸 무(无)-원(元)〉 등의 뜻을 내지만 여기선 〈없을 무(無)〉와 같다 여기고 새김이 마땅하다.

**구(咎)** 〈허물 구(咎)-건(愆)-과(過), 재앙 구(咎)-재(災), 병될 구(咎)-병(病), 나쁠 구(咎)-오(惡)〉 등의 뜻을 내지만 여기선 〈허물 건(愆)-과(過)〉와 같다 여기고 새김이 마땅하다. 〈무구(无咎)〉는 〈면어구(免於咎)〉 즉 허물을[於咎] 면하다[免]와 같다.

**주(疇)** 〈무리 주(疇)-유(類), 짝 주(疇)-필우(匹偶), 밭두둑 주(疇), 좋은 밭 주(疇), 정전(井田) 주(疇), 지경 주(疇)-계(界), 누구 주(疇)-수(誰)〉 등의 뜻을 내지만 여기선 〈짝 필우(匹偶), 무리 유(類)〉와 같다 여기고 새김이 마땅하다.

**이(離)** 〈붙을 이(離)-여(麗)-부(附)-착(著), 나눌 이(離)-분(分)-별(別), 새 이름(창경) 이(離)-창경(倉庚)-이황(離黃), 나눌(쪼갤) 이(離)-할(割), 끊을 이(離)-절(絶), 떠날 이(離)-별(別), 열 이(離)-개(開), 멀 이(離)-원(遠), 갈 이(離)-거(去), 어길 이(離)-위(違), 두둑(경계) 이(離)-반(畔), 불화할 이(離)-불화(不和), 피할 이(離)-피(避), 잃을 이(離)-실(失), 나열할 이(離)-나열(羅列), 지나올 이(離)-역(歷), 둘 이(離)-양(兩), 사방에서 모일 이(離)-사취(四聚), 상봉할 이(離)-조(遭), 기다릴 이(離)-대(待), 응할 이(離)-응(應), 이것저것 태어날 이(離)-물생(物生), 밝을 이(離)-명(明)-일(日), 괘 이름 이(離)-괘명(卦名), 남녘 이(離)-남(南), 울타리 이(離)-리(籬), 근심할 이(離)-우(憂), 산배나무 이(離)-산리(山梨)〉 등의 뜻을 내지만 여기선 〈붙을 부(附)〉로 여기고 새김이 마땅하다. 〈離〉는 맨 앞에 있으면 〈이〉로 발음되고, 중간이나 뒤에서는 〈리〉로 발음된다.

**지(祉)** 〈복 지(祉)-복(福)-록(祿)〉이라 〈복 복(福)〉으로 여기고 새김이 마땅하다.

---

註 군자화이부동(君子和而不同) 소인동이불화(小人同而不和) : 군자는[君子] 어울리되[和而] 패거리 짓지 않고[不同], 소인은[小人] 패거리 짓되[同而] 어울리지 않는다[不和].

『논어(論語)』「자로(子路)」 23장(章)

## 구오(九五 : ⚊)

**九五 : 休否라 大人吉하다 其亡其亡이라 繫于苞桑하리**
휴비 대인길 기망기망 계우포상

구오(九五) : 막혀 나아가지 못함을[否] 끝내[休] 대인이[大] 길하다[吉]. 잊을 거냐[其亡] 잊을 거냐[其亡] 뽕나무[桑] 밑둥에다[于苞] 매어 둔다[繫].

**【구오(九五)의 효상(爻象) 풀이】**

비괘(否卦 : ䷋)의 구오(九五 : ⚊)는 이양거양(以陽居陽) 즉 양(陽 : ⚊)으로써[以] 양(陽 : ⚊)의 자리에 있는지라[居] 정당한 자리에 있다. 그러나 구오(九五 : ⚊)가 아래위로 있는 구사(九四 : ⚊)-상구(上九 : ⚊)와는 제양(諸陽) 즉 모두 다[諸] 양(陽 : ⚊)인지라 비(比) 즉 이웃의 사귐[比]을 누리지는 못해도, 대주(大疇)

즉 큼의[大] 무리[疇]인지라 상화(相和)를 꾀하지 결코 불화(不和)를 범하지 않는다. 구오(九五 : ━)와 육이(六二 : --)는 양음(陽陰)의 사이이면서 중정(中正) 즉 중효[中]이며 바른 자리[正]에 있고 나아가 정응(正應) 즉 바르게[正] 호응하면서[應] 서로 득중(得中) 즉 정도를 따름을[中] 취하는[得] 사이이다. 이에 구오(九五 : ━)는 비괘(否卦 : ䷋) 상체(上體)의 중효(中爻)이면서 존위(尊位)에 있는지라 강강(剛强)하고 확고하게 〈비(否)〉 즉 막혀 나아가지 못하는[否] 시국을 〈태(泰)〉 즉 통하여 나아가는[泰] 시국으로 전환시킬 수 있어서 〈대왕소래(大往小來)의 대왕(大往)〉이 완수되는 자리에 있는 모습이다.

> 비괘(否卦 : ䷋)의 구오(九五 : ━)가 육오(六五 : --)로 변효(變爻)하면 구오(九五 : ━)는 비괘(否卦 : ䷋)를 35번째 진괘(晉卦 : ䷢)로 지괘(之卦)하게 한다. 따라서 비괘(否卦 : ䷋)의 구오(九五 : ━)는 진괘(晉卦 : ䷢)의 육오(六五 : --)를 찾아가 살펴보게 한다.

**【구오(九五)의 계사(繫辭) 풀이】**

## 休否(휴비) 大人吉(대인길)

막혀 나아가지 못함을[否] 끝내[休] 대인이[大] 길하다[吉].

구오(九五 : ━)의 효위(爻位)를 빌려 암시한 계사(繫辭)이다. 중정(中正)의 덕(德)을 갖추고 존위(尊位)에 있는 양강(陽剛)한 구오(九五 : ━)가 〈비(否)〉 즉 막혀 나아가지 못하는[否] 시국을 끝냈기에 〈휴비(休否)〉라 한다. 〈휴비(休否)의 휴(休)〉는 〈그칠 지(止)-식(息)〉과 같다. 따라서 〈휴비(休否)〉는 〈구오휴천하지비(九五休天下之否)〉로 여기고 〈구오가[九五] 세상의[天下之] 막혀 나아가지 못함을[否] 끝냈다[休]〉라고 새겨볼 것이다. 어느 제왕(帝王)이든 〈휴비(休否)〉를 성취하는 것은 아니다. 중정(中正)의 덕(德)을 오롯이 갖추고 행하는 제왕이라야 막힌[否] 세상을 그치고[休] 열린[泰] 세상을 열[開] 수 있다. 중정(中正)의 덕(德)이란 『노자(老子)』의 맨 끝에 〈천지도리이불해(天之道利而不害)〉 즉 〈자연의[天之] 도리는[道] 이롭되[利而] 해치지 않는다[不害]〉라고 뚜렷하게 나온다. 이 천도(天道)의 〈이이불해(利而不害)〉를 오롯이 따라 행함이 바로 중정(中正)의 덕(德)이고, 이 덕(德)을 무기(无己) 즉 사사로움[己] 없이[无] 베푸는 자를 암시한 것이 〈대인길(大人吉)〉이다. 〈대인(大人)〉은 곧 성인(聖人)을 말한다. 〈대인길(大人吉)의 대인(大人)〉은 물론 구오(九五 : ━)를 가리킨다. 대인(大人)의 제왕(帝王)을 일러 성왕(聖王)이라 한다. 구오(九五 : ━)가 성왕(聖王)임을 암시한 것이 〈대인길(大人吉)〉이다. 양강(陽剛)한 구오(九五 : ━)가 정위(正位)의 존위(尊位)에서 중정(中正)의 덕(德)으로써 세상을 막히게 한 〈비(否)〉를 끝내니[休] 대인(大人)으로서 구오(九五 : ━)는 길하다[吉]고 암시한 계사(繫辭)가 〈휴비(休否) 대인길(大人吉)〉이다.





## 其亡其亡(기망기망) 繫于苞桑(계우포상)

잊을 거냐[其亡] 잊을 거냐[其亡] 뽕나무[桑] 밑둥에다[于苞] 매어 둔다[繫].

앞의 〈휴비(休否)의 비(否)〉를 경책(警策)하는 계사(繫辭)이다. 〈기망기망(其亡其亡)〉은 〈기망비(其亡否) 기망비(其亡否)〉의 줄임으로 여기고 〈비를[否] 잊을 거냐[其亡] 비를[否] 잊을 거냐[其亡]〉라고 새겨볼 것이다. 〈기망(其亡)의 기(其)〉는 동사 앞에 놓여 어기(語氣)의 조사 노릇을 하는 뜻 없는 허사(虛詞)로서 권고-권유-명령 등의 어기를 내게 하며, 〈기망(其亡)의 망(亡)〉은 〈잊을 망(忘)〉과 같고 동사 노릇을 한다. 〈기망기망(其亡其亡)〉은 〈물망(勿亡)〉 즉 〈잊지[亡] 말라[勿]〉를 강하게 함축한 어법이다. 이에 〈기망기망(其亡其亡)〉을 〈물망비(勿亡否) 물망비(勿亡否)〉로 여기고 〈비를[否] 잊지[亡] 말라[勿] 비를[否] 잊지[亡] 말라[勿]〉라고 풀이해도 된다. 「계사전하(繫辭傳下)」에 〈군자는[君子] 안전해도[安而] 위태함을[危] 잊지 않는다[不忘]〉라는 내용이 나온다. 〈비(否)〉란 위태한 시국이고 〈태(泰)〉란 안전한 시국이다. 〈휴비(休否)〉로써 〈태(泰)〉를 누린다 하여도 〈비(否)〉를 잊지 말라고 경각시키는 것이 〈기망기망(其亡其亡)〉이다.

〈계우포상(繫于苞桑)〉은 〈계태안지도우포상(繫泰安之道于苞桑)〉의 줄임으로 여기고 〈태안의[泰安之] 도리를[道] 뽕나무 밑둥에[于苞桑] 매어 두라[繫]〉라고 새겨볼 것이다. 여기 〈포상(苞桑)〉은 비괘(否卦 : ䷋)의 외호괘(外互卦)인 손(巽 : ☴)을 빌려 취상(取象)한 것이다. 왜냐하면 〈계우포상(繫于苞桑)의 포상(苞桑)〉이 「설괘전(說卦傳)」에 나오는 〈손은[巽 : ☴] 나무[木]이다[爲]〉라는 내용을 떠올리기 때문이다. 〈포상(苞桑)의 포(苞)〉는 여기선 〈밑둥 본(本)〉과 같아 〈포상(苞桑)〉은 〈상목지근전(桑木之根轉)〉 즉 뽕나무의[桑木之] 뿌리 근처[根轉]인지라 뽕나무 밑둥을 말한다. 뽕나무는 뿌리를 깊고 넓게 내려 아무리 심한 태풍이 불어도 뽑히지 않아 예로부터 위험을 막아주는 방패로 삼아 밭두렁이나 집 주변에 심었다. 막혀 나아가지 못하는[否] 시국이 끝났다[休] 하여 통하여 나아가는[泰] 시국을 방심하면 언제든지 〈비(否)〉의 시국이 닥칠 것임을 잊지 않도록, 경책(警策)을 〈포상(苞桑)〉에다 매어서[繫] 〈비자물망태(否者勿忘泰)〉 즉 〈막혀 나아가지 못함[否]이란 것은[者] 통하여 나아감을[泰] 잊지[亡] 말라[勿]〉는 계책을 일깨우려는 계사(繫辭)가 〈기망기망(其亡其亡) 계우포상(繫于苞桑)〉이다.

【字典】

**휴(休)** 〈그칠(쉴) 휴(休)-식(息)-지(止), 아름다울 휴(休)-미(美)-선(善), 검소할 휴(休)-검(儉), 경하할 휴(休)-경(慶), 복록 휴(休)-복록(福祿), 기쁠 휴(休)-희(喜), 관대할 휴(休)-관(寬), 용서할 휴(休)-유(宥)〉 등의 뜻을 내지만 여기선 〈그칠 지(止)〉와 같다 여기고 새김이 마땅하다.

**否** 〈부-비〉 두 가지로 발음되고, 〈막힐 비(否)-색(塞), 가릴 비(否)-격(隔), 닫을 비(否)-폐(閉), 나쁠 비(否)-악(惡), 비루할 비(否)-비(鄙), 않을 부(否)-부(不), 아닌 것 부(否)-비(非), 없을 부(否)-무(無), 이것 부(否)-시(是)〉 등의 뜻을 내지만 여기선 〈막힐 색(塞)〉으로 여기고 새김이 마땅하다.

**대(大)** 〈큰 대(大)-소지대(小之對), 지나칠 대(大)-과(過), 자만할 대(大)-과(誇)-긍벌(矜伐), 넓을 대(大)-광(廣), 두루 대(大)-편(徧), 통할 대(大)-통(通), 길 대(大)-장(長), (땅을) 걸게 할 대(大)-비(肥), 두터울 대(大)-후(厚), 많을 대(大)-다(多), 모두 대(大)-개(皆), 선할 대(大)-선(善), 무거울 대(大)-중(重), 거대할 대(大)-거(巨), 아름다울 대(大)-미(美)-장(壯), 부유할 대(大)-부(富), 늙을 대(大)-노(老), 끝 대(大)-극(極), 대충 대(大)-조(粗)-불세밀(不細密), 처음 대(大)-초(初), 하늘 대(大)-천(天), 건(乾)-양기(陽氣)-양효(陽爻) 대(大)〉 등의 뜻을 내지만 여기선 〈큰 대(大)〉로 여기고 새김이 마땅하다.

**인(人)** 〈사람 인(人)-만물지최령자(萬物之最靈者), 백성 인(人)-민(民), 남 인(人)-타인(他人), 아무개 인(人)-모인(某人), 도인 인(人)-도인(道人), 사람들 인(人)-인인(人人), 범인(소인) 인(人)-소인(小人)-범인(凡人), 인성 인(人)-인성(人性), 인위 인(人)-인위(人爲), 신하 인(人)-신하(臣下), 중서(민중) 인(人)-중서(衆庶)-민중(民衆), 건괘-진괘

인(人)-건위인(乾爲人)-진위인(震爲人), 어짊 인(人)-인(仁), 선인 인(人)-선인(先人), 서로 어여삐 여길 인(人)-상련(相憐)〉 등의 뜻을 내지만 〈사람 인(人)〉으로 여기고 새김이 마땅하다.

**길(吉)** 〈좋을(행복할) 길(吉)-선(善)-영(令) {영월길일(令月吉日)은 선월선일(善月善日)임.}, 복 길(吉)-실(實)-선실(善實)-복(福), 예의를 따라 상서로울 길(吉)-예의순상(禮義順祥), 삼갈 길(吉)-근(謹), 초하루 길(吉)-삭일(朔日) {삭망(朔望) 즉 초하루[朔]와 그믐날[望]}, 길례 길(吉)-길례(吉禮) {오례지일(五禮之一) 길흉빈군가(吉凶賓軍嘉)}, 갈 길(吉)-행(行)-길(趌)〉 등의 뜻을 내지만 여기선 〈좋을 선(善)-영(令)〉 즉 행복과 같다 여기고 새김이 마땅하다.

**기(其)** 〈제(그것) 기(其)-피(彼)-지(之), 그럴 기(其)-연(然), 어찌 기(其)-기(豈), 누를 기(其)-억(抑), 오히려 기(其)-상(尙)-서기(庶幾), ~의 기(其)-지(之), 이에 기(其)-내(乃), 만약 기(其)-약(若), 장차 기(其)-장(將), 어조사 기(其)-어조사(語助辭)〉 등의 뜻을 내지만 여기선 〈어조사 기(其)〉로 여기고 새김이 마땅하다. 여기 〈기망(其亡)의 기(其)〉는 동사 앞에 놓여 권유-권고-명령 등을 유도하는 어기(語氣)의 조사 노릇을 한다.

**亡** 〈무-망〉 두 가지로 발음되고, 〈잊을 망(亡)-망(忘), 달아날(피할) 망(亡)-도(逃)-분(奔)-피(避)-거(去), 없어질 망(亡)-멸(滅), 죽음 망(亡)-사(死), 잃을 망(亡)-상(喪)-실(失), 업신여길 망(亡)-경멸(輕蔑), 그칠 망(亡)-지(止)-이(已), 없을 무(亡)-무(無), 가난할 무(亡)-빈(貧)〉 등의 뜻을 내지만 여기선 〈잊을 망(忘)〉으로 여기고 새김이 마땅하다.

**계(繫)** 〈맬(밧줄) 계(繫)-유(維), 묶을(언약하여 정할) 계(繫)-약속(約束), 머물러 쌓일 계(繫)-유체(留滯), 엮을 계(繫)-속(屬), 이을 계(繫)-속(續), 매달 계(繫)-현(懸), 죄수 계(繫)-수(囚)〉 등의 뜻을 내지만 여기선 〈맬 유(維)〉와 같다 여기고 새김이 마땅하다.

**우(于)** 〈~에다(부터) 우(于)-어(於), 갈 우(于)-왕(往), 써 우(于)-이(以), 할 우(于)-위(爲), 여기 우(于)-시(是), 도울 우(于)-조(助), 클 우(于)-대(大), 구할 우(于)-구(求), 자족하는 모습 우(于)-자족모(自足貌)〉 등의 뜻을 내지만 여기선 〈~에다 어(於)〉와 같다 여기고 새김이 마땅하다.

**포(苞)** 〈밑둥 포(苞)-본(本), 풀 포(苞)-초(艸)-초(草), (보자기로) 쌀 포(苞)-포(包)-포(勹), 껍질이 덜 갈라질 포(苞)-갑이미절(甲而未折), 무더기로 날 포(苞)-총생(叢

生), 무성할 포(苞)-무(茂), 끌어당길 포(苞)-전(掮), 풍요할 포(苞)-풍(豊)〉 등의 뜻을 내지만 〈밑둥 본(本)〉과 같다 여기고 새김이 마땅하다.

**상(桑)** 〈뽕나무 상(桑)-목명(木名), 뽕잎을 딸 상(桑)-채상(採桑), 누에 키울 상(桑)-이상사잠지업(以桑飼蠶之業)〉 등의 뜻을 내지만 여기선 〈뽕나무 상(桑)〉으로 여기고 새김이 마땅하다.





---

註 천지도리이불해(天之道利而不害) 성인지도위이부쟁(聖人之道爲而不爭) : 자연의[天之] 도는[道] (온갖 것을) 이롭게 하되[利而] 해치지 않고[不害], 성인의[聖人之] 도는[道] 베풀되[爲而] (그 무엇과도) 다투지 않는다[不爭]. 『노자(老子)』 81장(章)

註 군자안이불망위(君子安而不忘危) 존이불망무(存而不忘亡) 치이불망란(治而不忘亂) 시이(是以) 신안이국가가보야(身安而國家可保也) : 군자는[君子] 안전해도[安而] 위태함을[危] 잊지 않고[不忘] 보존되어도[存而] 멸망을[亡] 잊지 않고[不忘] 다스려져도[治而] 혼란을[亂] 잊지 않는다[不忘]. 이[是] 때문에[以] (군자는) 자신을[身] 보전하면서[安而] 나라를[國家] 보전할 수 있는 것[可保]이다[也]. 「계사전하(繫辭傳下)」 5단락(段落)

註 손위목(巽爲木) : 손은[巽 : ☴] 나무[木]이다[爲]. 「설괘전(說卦傳)」 11단락(段落)

## 상구(上九 : ⚊)

**上九 : 傾否라 先否하나 後喜로다**
경비 선비 후희

상구(上九) : 막혀 나아가지 못함이[否] 뒤집힌다[傾]. 앞에서는[先] 막혀 나아가지 못했지만[否] 뒤에는[後] 기뻐한다[喜].

### 【상구(上九)의 효상(爻象) 풀이】

비괘(否卦 : ䷋)의 상구(上九 : ⚊)는 이양거음(以陽居陰) 즉 양(陽 : ⚊)으로써[以] 음(陰 : ⚋)의 자리에 있는지라[居] 정당한 자리에 있지 못하다. 상구(上九 : ⚊)는 아래의 구오(九五 : ⚊)와 양양(兩陽) 즉 둘 다[兩] 양(陽 : ⚊)인지라 비(比) 즉 이웃의 사귐[比]을 누리지는 못해도, 대주(大疇) 즉 큼의[大] 무리[疇]인지라 상화(相和)를 꾀하지 결코 불화(不和)를 범하지 않는다. 상구(上九 : ⚊)와 육삼

(六三 : --)은 양음(陽陰)의 사이인지라 정응(正應) 즉 정도를 따라[正] 서로 호응한다[應]. 이에 상구(上九 : ㅡ)는 비괘(否卦 : ䷋)의 극위(極位)에 있는지라 〈비극(否極)〉 즉 막혀 나아가지 못함이[否] 다하여[極] 〈태복(泰復)〉 즉 통하여 나아감이[泰] 돌아오는[復] 천도(天道)를 마주하는 모습이다.





> 비괘(否卦 : ䷋)의 상구(上九 : ㅡ)가 상륙(上六 : --)으로 변효(變爻)하면 상구(上九 : ㅡ)는 비괘(否卦 : ䷋)를 45번째 췌괘(萃卦 : ䷬)로 지괘(之卦)하게 한다. 따라서 비괘(否卦 : ䷋)의 상구(上九 : ㅡ)는 췌괘(萃卦 : ䷬)의 상륙(上六 : --)을 찾아가 살펴보게 한다.

【상구(上九)의 계사(繫辭) 풀이】

## 傾否(경비)

막혀 나아가지 못함이[否] 뒤집힌다[傾].

상구(上九 : ㅡ)의 극위(極位)를 빌려 암시한 계사(繫辭)이다. 〈경비(傾否)〉는 〈상구시경비지위(上九是傾否之位)〉의 줄임으로 여기고 〈상구는[上九] 비가[否] 뒤집힌[傾之] 자리[位]이다[是]〉라고 새겨볼 것이다. 〈경비(傾否)의 경(傾)〉은 〈뒤집힐 복(覆)〉과 같다. 〈경비(傾否)〉는 〈비종(否終)〉 즉 막혀 나아가지 못함이[否] 끝났음[終]을 암시한다. 〈비종이태반(否終而泰反)〉 즉 나아가지 못함이[否] 끝나면[終而] 통하여 나아감이[泰] 돌아옴[反]이 천도(天道) 즉 자연의[天] 도리[道]이다. 이에 비도(否道)가 끝나고 태도(泰道)가 돌아옴을 암시한 계사(繫辭)가 〈경비(傾否)〉이다.

## 先否(선비) 後喜(후희)

앞에서는[先] 막혀 나아가지 못했지만[否] 뒤에는[後] 기뻐한다[喜].

상구(上九 : ㅡ)의 극위(極位)를 선후(先後)로 풀이한 계사(繫辭)이다. 〈선비(先否)〉는 〈지어극위선면상구역비(至於極位先面上九亦否)〉의 줄임으로 여기고 〈극위에[於極位] 이르기[至] 전에는[先面] 상구(上九) 역시[亦] 막혀 나아가지 못했다[否]〉라고 새겨볼 것이다. 이에 〈선비(先否)〉는 상구(上九 : ㅡ)가 〈비(否)〉의 시국을 이리저리 다 거쳐서 비괘(否卦 : ䷋)의 극위(極位)에 이르렀음을 암시한다. 〈후희(後喜)〉는 〈지어극위후면상구희(至於極位後面上九喜)〉의 줄임으로 여기고 〈극위에[於極位] 이른[至] 뒤에는[後面] 상구는[上九] 기쁘다[喜]〉라고 새겨볼 것이다. 이에 〈후희(後喜)〉는 비괘(否卦 : ䷋)의 주제인 〈비(否)〉의 시국이 극(極) 즉 다하여[極] 〈태(泰)〉 즉 통하여 나아가는[泰] 시국을 맞이하게 되어 상구(上九 : ⚊)가 기뻐함을 암시한다. 〈비(否)〉 즉 막혀 통하지 못함[否]이 다하면 〈태(泰)〉 즉 통하여 나아감[泰]이 돌아옴이 곧 천도(天道)이다. 〈비(否)〉의 시국을 겪다가 〈비(否)〉가 다한[極] 극위(極位)에 이르러서 상구(上九 : ⚊)가 〈태(泰)〉로 돌아오는[復] 변화의 시국을 맞이하여 기뻐함을 암시한 계사(繫辭)가 〈선비(先否) 후희(後喜)〉이다.

【字典】

**경(傾)** 〈뒤집힐 경(傾)-복(覆), 기울 경(傾)-사(斜)-측(仄)-측(側), 엎드려질 경(傾)-복(伏), 내려갈 경(傾)-하(下), 높을 경(傾)-고(高), 무너질 경(傾)-비(圮), 섞을 경(傾)-교(交), 위태로울 경(傾)-위(危), 아플 경(傾)-상(傷), 없을 경(傾)-무(無), 엷을 경(傾)-박(薄)〉 등의 뜻을 내지만 여기선 〈뒤집힐 복(覆)〉과 같다 여기고 새김이 마땅하다.

**否** 〈부-비〉 두 가지로 발음되고, 〈막힐 비(否)-색(塞), 가릴 비(否)-격(隔), 닫을 비(否)-폐(閉), 나쁠 비(否)-악(惡), 비루할 비(否)-비(鄙), 않을 부(否)-부(不), 아닌 것 부(否)-비(非), 없을 부(否)-무(無), 이것 부(否)-시(是)〉 등의 뜻을 내지만 여기선 〈막힐 색(塞)〉과 같다 여기고 새김이 마땅하다.

**선(先)** 〈앞 선(先)-전(前), 먼저 선(先)-시(始), 앞으로 나아갈 선(先)-전진(前進), 처음 선(先)-시(始), 자리가 아래에 있는 선(先)-위재하(位在下), 우두머리 선(先)-수(首)-전수(前首), 이미 죽은 선(先)-이사(已死), 조상(선조) 선(先)-조선(祖先)-조고(祖考), 미리 알려주는 뜻 선(先)-의기언(宜其言)-예선고지지의(預先告知之意), 소개할 선(先)-소개(紹介), 이를 선(先)-조(早), 비로소 선(先)-시(始), 높일(받들) 선(先)-상(尙), 높을 선(先)-고(高), 선생 선(先)-선생(先生)-유덕자(有德者), 씻을(깨끗할) 선(先)-세(洗)〉 등의 뜻을 내지만 여기선 〈앞 전(前)〉으로 여기고 새김이 마땅하다.

**후(後)** 〈뒤 후(後)-선지대(先之對), 늦을 후(後)-지(遲), 뒤처질 후(後)-낙후(落後), 뒤늦게 올 후(後)-지래(遲來), 사양할 후(後)-손(遜), 다가올(장래) 후(後)-장래(將來), 두 세대 후(後)-후세(後世), 일이 끝난 뒤 후(後)-사후필(事後畢), 자손 후(後)-자손(子孫),

뒤를 잇는 것 후(後)-후속자(後續者), 뒤에 말한 것 후(後)-하소언(下所言)〉 등의 뜻을 내지만 여기선 〈뒤 후(後)〉로 여기고 새김이 마땅하다.

**희(喜)** 〈기뻐할(즐거워할) 희(喜)-낙(樂)-열(悅), 행복할 희(喜)-복(福), 좋아할 희(喜)-호(好)-애(愛), 아름다울 희(喜)-미(美), 양기 희(喜)-양기(陽氣), 아주 버썩 성할 희(喜)-치성(熾盛)〉 등의 뜻을 내지만 여기선 〈기뻐할 열(悅)〉과 같다 여기고 새김이 마땅하다.

# 동인괘
# 同人卦

13

䷌

## 1 괘의 괘상과 계사

### 동인괘(同人卦 : ䷌)

이하건상(離下乾上) : 아래는[下] 이(離 : ☲), 위는[上] 건(乾 : ☰).

천화동인(天火同人) : 하늘과[天] 불은[火] 동인이다[同人].

**同人于野**면 **亨**하다 **利涉大川**이고 **利君子貞**하다
동인우야 형 이섭대천 이군자정

광야[野]에서[于] 사람들이[人] 어울린다면[同] 통한다[亨]. 큰[大]물을[川] 건너도[涉] 이롭고[利] 군자의[君子] 공정함이[貞] 이롭다[利].

**【동인괘(同人卦 : ䷌)의 괘상(卦象) 풀이】**

앞 비괘(否卦 : ䷋)의 〈비(否)〉는 막혀 나아가지 못함[否]이다. 〈비(否)〉가 다하면 동화(同和) 즉 뜻을 같이하여[同] 어울림[和]으로써 제비(濟否)하였음을 암시한다. 「서괘전(序卦傳)」에 〈물건은[物] 끝내[終] 막혀 나아가지 못할[否] 수는 없다[不可以] 그래서[故] 동인괘(同人卦 : ䷌)로써[以] 그것을[之] 받는다[受]〉라는 말이 나온다. 이는 비괘(否卦 : ䷋) 다음에 동인괘(同人卦 : ䷌)가 있는 까닭을 암시한다. 세상이 막혀 나아가지 못함을[否] 다스려[濟] 〈휴비(休否)〉 즉 〈비(否)〉를 끝내자면[休] 〈동인(同人)〉 즉 사람들과[人] 어울림[同]이 이루어져야 한다. 동인괘(同人卦 : ䷌)의 주제인 〈동인(同人)〉의 시국은 세상 사람들이 동화(同和)함을 뜻한다. 동인괘(同人卦 : ䷌)의 괘체(卦體)는 위는[上] 하늘[天 : ☰]이고 아래는[下] 불[火 : ☲]이다. 이에 괘상(卦象)으로써 동인괘(同人卦 : ䷌)를 보면 위에 있는 하늘[天 : ☰]로 아래에 있는 불[火 : ☲]의 염기(炎氣) 즉 불기운[炎氣]이 따라 오르는 모습이 〈동인(同人)〉과 같고, 상하체(上下體)로써 동인괘(同人卦 : ䷌)를 보면 이(離 : ☲)의 중효(中爻)인 육이(六二 : ⚋)와 건(乾 : ☰)의 중효(中爻)인 구오(九五 : ⚊)가

서로 정위(正位)에 있어서 중정(中正)-정응(正應)을 누리는 모습이 〈동인(同人)〉과 같아 그 모습을 일러 동인괘(同人卦 : ䷌)라 칭명(稱名)한다.



【동인괘(同人卦 : ䷌)의 계사(繫辭) 풀이】

## 同人于野(동인우야) 亨(형)

**광야[野]에서[于] 사람들이[人] 어울린다면[同] 통한다[亨].**

동인괘(同人卦 : ䷌)의 상체(上體) 건(乾 : ☰)을 빌려 괘상(卦象)을 암시한 계사(繫辭)이다. 〈동인우야(同人于野) 형(亨)〉은 〈동어인우야(同於人于野) 기동형어천하(其同亨於天下)〉로 여기고 〈광야[野]에서[于] 사람들[人]에게[於] 어울린다면[同] 그[其] 어울림은[同] 세상에[於天下] 통한다[亨]〉라고 새겨볼 것이다. 〈동인우야(同人于野)의 동인(同人)〉은 〈동어인(同於人)〉 즉 〈사람들[人]에게[於] 어울린다[同]〉는 피동문이니 〈동인(同人)〉을 〈인동(人同)〉 즉 〈사람들이[人] 어울린다[同]〉고 능동문으로 옮겨 새겨도 마땅하다. 〈동인(同人)〉은 〈동어인(同於人)〉의 줄임으로 여기면 된다. 〈동인우야(同人于野)의 우야(于野)〉는 동인괘(同人卦 : ䷌) 상체(上體) 건(乾 : ☰)을 빌려 취상(取象)된 것이다. 건(乾 : ☰)의 방위가 서북(西北)이다. 서북(西北)은 방위만을 뜻하지 않고 광활한 광야를 상징하기도 하고 나아가 민간(民間)을 뜻하기도 한다. 이러한 〈우야(于野)〉로써 〈동인(同人)의 동(同)〉이 소인(小人)의 〈동(同)〉이 아니라 군자(君子)의 〈동(同)〉 즉 〈어울릴 화(和)〉와 같음을 헤아릴 수 있다.

〈동인(同人)의 동(同)〉은 『논어(論語)』에 나오는 〈군자는[君子] 어울리되[和而] 패거리 짓지 않고[不同] 소인은[小人] 패거리 짓되[同而] 어울리지 않는다[不和]〉라는 내용을 상기시킨다. 군자(君子)의 〈동(同)〉은 〈화(和)〉 즉 어울림[和]과 같아 동화(同和)의 줄임이고 대동(大同)이라 한다. 소인(小人)의 〈동(同)〉은 〈당(黨)〉 즉 끼리끼리[黨]와 같아 동당(同黨)의 줄임이고 소동(小同)이라 한다. 동화(同和)는 대동(大同)의 도리[道]로서 공평무사(公平無私)한 어울림[和]으로 군자(君子)의 것이고, 동당(同黨)은 한패끼리만 어울리는 사회(私會) 즉 사사로운[私] 모임[會]으로 소인(小人)의 것이다. 군자(君子)의 〈동(同)〉은 온 세상으로 통하고[亨] 소인(小人)

의 〈동(同)〉은 끼리끼리[黨] 통해 끼리 밖에선 막힌다[塞]. 따라서 광활한 광야에서의[于野] 〈동(同)〉 즉 어울림[同]이란 천하조민(天下兆民) 즉 온 세상[天下] 온갖 사람들[兆民]의 어울림[同]을 암시함인지라, 천하(天下)가 막힘없이 통함[亨]을 헤아려 깨우치게 하는 계사(繫辭)가 〈동인우야(同人于野) 형(亨)〉이다.

## 利涉大川(이섭대천)

**큰[大]물을[川] 건너도[涉] 이롭다[利].**

〈이섭대천(利涉大川)〉은 앞 〈동인우야(同人于野)〉를 거듭해 풀이한 계사(繫辭)이다. 〈이섭대천(利涉大川)의 섭대천(涉大川)〉은 동인괘(同人卦 : ䷌)의 내호괘(內互卦)인 손(巽 : ☴)을 빌려 취상(取象)한 것이다. 여기 〈섭대천(涉大川)〉이 「설괘전(說卦傳)」에 나오는 〈손은[巽 : ☴] 나무[木]이다[爲]〉라는 내용을 떠올려주는 까닭이다. 큰물을[大川] 건넌다[涉] 함은 〈주(舟)〉 즉 배[舟]가 마련되어 있음을 암시한다. 나무가 있어야 배를 모으고 배가 있어야 큰물[大川]을 안전히 건너간다. 〈동인우야(同人于野)〉 즉 온 세상[于野] 사람들의[人] 어울림[同]이란 큰물을[大川] 헤쳐 건네줄[涉] 배와 같아 세상을 헤쳐가면서 어떠한 간난(艱難)이라도 극복해 갈 수 있음을 암시한 계사(繫辭)가 〈이섭대천(利涉大川)〉이다.

## 利君子貞(이군자정)

**군자의[君子] 공정함이[貞] 이롭다[利].**

〈이군자정(利君子貞)〉 역시 〈동인우야(同人于野)의 동인(同人)〉을 거듭해 풀이한 계사(繫辭)이다. 온 세상[于野] 사람들의[人] 어울림[同]이란 〈군자정(君子貞)〉으로써 성취된다는 것이다. 〈군자(君子)의 정(貞)〉이란 성신(誠信) 즉 진실한[誠] 미더움[信]이다. 그 미더움[貞]은 공정(公正)하여 무사무편(無邪無偏)함이다. 간사함도[邪] 없고[無] 치우침도[偏] 없는[無] 심지(心志)가 곧 〈군자(君子)의 정(貞)〉이다. 이러한 〈정(貞)〉은 한 사람의 심지를 말함이 아니라 바로 모든 사람들에게 두루 통하는 공평무사(公平無私)의 심지를 말함이다. 군자(君子)는 남에게 〈정(貞)〉을 요구하지 않는다. 오로지 군자(君子) 자신부터 모든 것을 아울러 하나같이[公] 바르게 하여[正] 간사함도[邪] 치우침도[偏] 없는[無] 마음[心] 가는 바[志]를 자수

(自守) 즉 스스로[自] 지킨다[守]. 이러한 〈군자(君子)의 정(貞)〉은 언제 어디서나 모두에게 이롭기[利] 때문에 〈동인우야(同人于野)의 동인(同人)〉을 성취하는 것임을 헤아려 깨우치게 하는 계사(繫辭)가 〈이군자정(利君子貞)〉이다.





【字典】

**동(同)** 〈어울릴 동(同)-화(和), 동류(패거리) 동(同)-배(輩), 모을 동(同)-회(會), 무리 동(同)-취(聚), 같게 할 동(同)-제(齊), 같을 동(同)-등(等)-불이(不異), 합칠 동(同)-합(合), 다 동(同)-공(共)〉 등의 뜻을 내지만 여기선 〈어울릴 화(和)〉로 여기고 새김이 마땅하다.

**인(人)** 〈백성 인(人)-민(民), 사람 인(人)-만물지최령자(萬物之最靈者), 남 인(人)-타인(他人), 아무개 인(人)-모인(某人), 도인 인(人)-도인(道人), 사람들 인(人)-인인(人人), 범인(소인) 인(人)-소인(小人)-범인(凡人), 인성 인(人)-인성(人性), 인위 인(人)-인위(人爲), 신하 인(人)-신하(臣下), 중서(민중) 인(人)-중서(衆庶)-민중(民衆), 건괘-진괘 인(人)-건위인(乾爲人)-진위인(震爲人), 어짊 인(人)-인(仁), 선인 인(人)-선인(先人), 서로 어여삐 여길 인(人)-상련(相憐)〉 등의 뜻을 내지만 〈백성 민(民)〉과 같다 여기고 새김이 마땅하다.

**우(于)** 〈~에서(부터) 우(于)-어(於), 갈 우(于)-왕(往), 써 우(于)-이(以), 할 우(于)-위(爲), 여기 우(于)-시(是), 도울 우(于)-조(助), 클 우(于)-대(大), 구할 우(于)-구(求), 자족하는 모습 우(于)-자족모(自足貌)〉 등의 뜻을 내지만 여기선 〈~에서 어(於)〉와 같다 여기고 새김이 마땅하다.

**야(野)** 〈벌판(광야) 야(野)-원야(原野), 민간 야(野)-민간(民間), 들 야(野)-교외(郊外), 왕성에서 이삼백 리 밖 야(野), 지역 야(野)-지역(地域), 질박할 야(野)-질박(質朴), 설익은 야(野)-불숙(不熟), 길들이지 않은 야(野)-불순(不馴), 천할 야(野)-천(賤), 별 야(野)-숙(宿)〉 등의 뜻을 내지만 여기선 〈광야 야(野)〉로 여기고 새김이 마땅하다.

**亨** 〈향-형-팽〉 등으로 발음되고, 〈통할 형(亨)-통(通), 남을 형(亨)-여(餘), 드릴 향(亨)-헌(獻), 삶을 팽(亨)-자(煮)-팽(烹)〉 등의 뜻을 내지만 여기선 〈통할 통(通)〉과 같다 여기고 새김이 마땅하다.

**이(利)** 〈이로울 이(利)-익(益), 좋을 이(利)-길(吉)-의(宜), 만물로 하여금 삶을 이루어가게 하는 덕(德)의 이로울 이(利)-사만물수생지덕(使萬物遂生之德), 날카로울 이

(利)-예(銳)-섬(銛), 질병 이(利)-질(疾), 통할 이(利)-통(通)-순(順), 편리할 이(利)-편(便), 마름해 만들어 이룰 이(利)-재성(裁成), 탐할 이(利)-탐(貪), 구할(취할) 이(利)-구(求)-취(取), 좋아할 이(利)-열애(悅愛), 기교 이(利)-교(巧), 보람 이(利)-공용(功用), 지세가 험하고 중요한 이(利)-험요(險要), 이길 이(利)-승(勝), 어질 이(利)-인(仁)〉 등의 뜻을 내지만 여기선 〈이로울 익(益) 또는 좋을(마땅할) 의(宜)〉와 같다 여기고 새김이 마땅하다. 〈利〉가 맨 앞에 오면 〈이〉로 발음되고, 중간이나 뒤에 오면 〈리〉로 발음된다.

**섭(涉)** 〈물 건널 섭(涉)-도(渡), 물이 흘러가는 섭(涉)-수류(水流), 헤엄쳐 갈 섭(涉)-유행(游行), 서로 교류할 섭(涉)-상교(相交), 경력 섭(涉)-경력(經歷), 깊이 들어갈 섭(涉)-심입(深入)〉 등의 뜻을 내지만 여기선 〈물 건널 도(渡)〉와 같다 여기고 새김이 마땅하다.

**대(大)** 〈큰 대(大)-소지대(小之對), 지나칠 대(大)-과(過), 자만할 대(大)-과(誇)-긍벌(矜伐), 넓을 대(大)-광(廣), 두루 대(大)-편(徧), 통할 대(大)-통(通), 길 대(大)-장(長), (땅을) 걸게 할 대(大)-비(肥), 두터울 대(大)-후(厚), 많을 대(大)-다(多), 모두 대(大)-개(皆), 선할 대(大)-선(善), 무거울 대(大)-중(重), 거대할 대(大)-거(巨), 아름다울 대(大)-미(美)-장(壯), 부유할 대(大)-부(富), 늙을 대(大)-노(老), 끝 대(大)-극(極), 대충 대(大)-조(粗)-불세밀(不細密), 처음 대(大)-초(初), 하늘 대(大)-천(天), 건(乾)-양기(陽氣)-양효(陽爻) 대(大)〉 등의 뜻을 내지만 여기선 〈큰 대(大)〉로 새김이 마땅하다.

**천(川)** 〈시내 천(川)-천(巛)-관천통류수(貫穿通流水), 수류의 총칭 천(川)-수류지총칭(水流之總稱), 흐르는 물의 시작 천(川)-수류지시(水流之始), 산천의 신 천(川)-산천지신(山川之神), 구덩이 천(川)-갱(坑)〉 등의 뜻을 내지만 여기선 〈땅을 뚫어내고 흐르는 물 즉 시내 관천통류수(貫穿通流水)〉로 여기고 새김이 마땅하다. 〈대천(大川)〉이란 강물을 뜻한다.

**군(君)** 〈지극히 높은 사람(천자-임금-제후) 군(君)-지존자(至尊者), 임금을 이을(세자) 군(君)-세자(世子), 여왕 군(君)-여군(女君), 어버이 군(君)-부모(父母), 돌아가신 임금-돌아가신 아버지-돌아가신 조상 군(君)-선군(先君)-선부(先父)-선조(先祖), 상대를 부르는 칭호 군(君)-칭호(稱號), 귀신을 받들어 부르는 칭호 군(君)-귀신지경칭(鬼神之敬稱), 맡아 다스릴 군(君)-주재(主宰), 하늘-건 군(君)-천(天)-건(乾), 양 군(君)-양(陽), 낮 군(君)-일(日), 중앙제단 군(君)-궁제단(宮祭壇), 흙 군(君)-토(土)〉 등의 뜻을 내지만 〈군자(君子)〉는 〈재덕겸구지인(才德兼具之人)〉 즉 재주와[才] 덕을[德] 아울러[兼] 갖춘[具之] 사람[人]을 칭하는 술어(術語)로 여기고 새김이 마땅하다.

**자(子)** 〈존칭(덕 있는 사람의 칭호) 자(子)-유덕자지칭(有德者之稱), 존경받는 사람 자(子)-존자(尊者), 벼슬 자(子)-작(爵), 12지의 첫째 자(子), 음력 11월 자(子), 밤 11시에서 다음날 1시까지 자(子), 북쪽 방향 자(子)-북방(北方), 오행에서 물 자(子)-어오행속수(於五行屬水), 짐승에서 쥐 자(子)-어수위서(於獸爲鼠), 번성할 자(子)-자(滋), 뒤를 이어줄 자(子)-사(嗣)-식(息), 자녀 자(子)-자녀(子女), 자손 자(子)-자손(子孫), 남자를 일컫는 호칭 자(子)-남자지통칭(男子之通稱), 만물 자(子)-만물(萬物), 씨앗(열매) 자(子)-종자(種子)-과실(果實), 누구(사람) 자(子)-인(人)-수자(誰子), 백성 자(子)-백성(百姓)〉 등의 뜻을 내지만 여기선 〈덕 있는 사람 유덕자(有德者)〉의 호칭으로 여기고 새김이 마땅하다.

**정(貞)** 〈바를 정(貞)-정(正), 진실로 미더울 정(貞)-성신(誠信), 마땅할 정(貞)-당(當), 믿을 정(貞)-신(信), 거북점을 물을 정(貞)-복문(卜問), 역(易)의 내괘(內卦) 정(貞), 정할 정(貞)-정(定), 순수할 정(貞)-전(專)-일(一)〉 등의 뜻을 내지만 여기선 〈바를 정(正)〉과 같다 여기고 새김이 마땅하다.

---

註 물불가이종비(物不可以終否) 고(故) 수지이동인(受之以同人) : 물건은[物] 끝내[終] 막혀 나아가지 못할[否] 수는 없다[不可以]. 그래서[故] 동인괘(同人卦 : ䷌)로써[以] 그것을[之] 받는다[受].
「서괘전(序卦傳)」 2단락(段落)

註 손위목(巽爲木) : 손은[巽 : ☴] 나무[木]이다[爲]. 「설괘전(說卦傳)」 11단락(段落)

註 군자화이부동(君子和而不同) 소인동이불화(小人同而不和) : 군자는[君子] 어울리되[和而] 패거리 짓지 않고[不同], 소인은[小人] 패거리 짓되[同而] 어울리지 않는다[不和].
『논어(論語)』「자로(子路)」 23장(章)

## 2 효의 효상과 계사

初九 : 同人于門이니 无咎하다
동인우문 무구

六二 : 同人于宗이면 吝하다
동인우종 인

九三 : 伏戎于莽하고 升其高陵하여 三歲不興이다
복융우망 승기고릉 삼세불흥

九四 : 乘其墉하되 弗克攻이니 吉하다
승기용 불극공 길

九五 : 同人先號咷而後笑이다 大師克이라야 相遇이다
동인선호도이후소 대사극 상우

上九 : 同人于郊이니 无悔이다
동인우교 무회

초구(初九) : 문 밖[門]에서[于] 사람들이[人] 어울리니[同] 허물이[咎] 없다[无].

육이(六二) : 겨레붙이[宗]로[于] 사람들이[人] 어울리면[同] 부끄럽다[吝].

구삼(九三) : 풀숲에[于莽] 병거를[戎] 숨겨 두고[伏] 풀숲의[其] 높은[高] 언덕에[陵] 올라가지만[升] 오랜 세월에도[三歲] 발동시키지 못한다[不興].

구사(九四) : 그[其] 담벼락을[墉] 올라탔으나[乘] 공격을[攻] 이루지[克] 않아[弗] 길하다[吉].

구오(九五) : 사람들의[人] 어울림이[同] 처음에는[先] 부르짖고[號] 울부짖다가[咷] 뒤에는[而後] 웃는다[笑]. 큰[大] 군사가[師] 극복되어서야[克] 서로[相] 만난다[遇].

상구(上九) : 향촌[郊]에서[于] 사람들이[人] 어울리니[同] 후회함이[悔] 없다[无].

## 초구(初九 : ⚊)

**初九 : 同人于門이니 无咎하다**
동인우문 무구

초구(初九) : 문 밖[門]에서[于] 사람들이[人] 어울리니[同] 허물이[咎] 없다[无].

**【초구(初九)의 효상(爻象) 풀이】**

동인괘(同人卦 : ䷌)의 초구(初九 : ⚊)는 이양거양(以陽居陽) 즉 양(陽 : ⚊)으로써[以] 양(陽 : ⚊)의 자리에 있는지라[居] 정당한 자리에 있다. 초구(初九 : ⚊)와 육이(六二 : ⚋)는 양음(陽陰)의 사이인지라 비(比) 즉 이웃의 사귐[比]을 누린다. 그러나 초구(初九 : ⚊)는 구사(九四 : ⚊)와는 양양(兩陽) 즉 둘 다[兩] 양(陽 : ⚊)의 사이인지라 부정응(不正應) 즉 정도를 따라[正] 서로 호응하지 못한다[不應]. 초구(初九 : ⚊)의 자리는 동인괘(同人卦 : ䷌)의 주제인 〈동인(同人)〉의 시국이 시작되는 자리이다. 양강(陽剛)한 초구(初九 : ⚊)이기에 〈동인(同人)〉의 시국에 적극적으로 참여하고자 육이(六二 : ⚋)를 이웃으로 사귀지만[比] 초구(初九 : ⚊)와 육이(六二 : ⚋)는 동류(同類) 즉 한패[同類]가 아니어서 동당(同黨)을 이루지 않아 비록 초구(初九 : ⚊)가 〈동인(同人)〉을 시작할지라도 동당(同黨)으로 기울어지는 허물을 범할 위험은 없는 모습이다.

> 동인괘(同人卦 : ䷌)의 초구(初九 : ⚊)가 초륙(初六 : ⚋)으로 변효(變爻)하면 초구(初九 : ⚊)는 동인괘(同人卦 : ䷌)를 33번째 둔괘(遯卦 : ䷠)로 지괘(之卦)하게 한다. 따라서 동인괘(同人卦 : ䷌)의 초구(初九 : ⚊)는 둔괘(遯卦 : ䷠)의 초륙(初六 : ⚋)을 찾아가 살펴보게 한다.

**【초구(初九)의 계사(繫辭) 풀이】**

**同人于門(동인우문) 无咎(무구)**

문 밖[門]에서[于] 사람들이[人] 어울리니[同] 허물이[咎] 없다[无].

초구(初九 : ⚊)의 효위(爻位)를 빌려 암시한 계사(繫辭)이다. 동인괘(同人卦 : ䷌)의 초효(初爻)인 초구(初九 : ⚊)의 자리를 〈우문(于門)〉으로 취상(取象)한 것이다. 〈동인우문(同人于門) 무구(无咎)〉는 〈초구동인우문(初九同人于門) 소이초구지동인무구(所以初九之同人无咎)〉의 줄임으로 여기고 〈초구는[初九] 문 밖에서[于門] 사람들과[人] 어울린다[同] 그래서[所以] 초구의[初九之] 동인에는[同人] 허물이[咎] 없다[无]〉라고 새겨볼 것이다. 〈동인우문(同人于門)〉에서 〈우문(于門)의 문(門)〉은 초구(初九 : ⚊)가 변효(變爻)하여 동인괘(同人卦 : ䷌)의 하체(下體) 이(離 : ☲)가 간(艮 : ☶)으로 변괘(變卦)했음을 암시한다. 〈우문(于門)의 문(門)〉이 「설괘전(說卦傳)」에 나오는 〈간은[艮 : ☶] 궁궐의 문[門闕]이다[爲]〉라는 내용을 떠올려주기 때문이다. 〈우문(于門)〉은 문 밖을 말하고, 〈우정(于庭)〉은 문 안을 말한다. 〈우문(于門)〉은 초야(草野)를 암시하고, 〈우정(于庭)〉은 궁궐(宮闕) 안을 암시하기도 한다. 초야의 백성에게는 당파(黨派)라는 것이 없지만 궁궐 속에는 당파들이 우글거린다.

동인괘(同人卦 : ䷌)의 초구(初九 : ⚊)는 동인괘(同人卦 : ䷌)의 문 안으로 들어간 것이 아니라 아직은 문 밖에서 동인괘(同人卦 : ䷌)의 주제인 〈동인(同人)〉의 시국을 마주하고 있으니, 초구(初九 : ⚊)에게 〈동인(同人)〉은 백성의 것이지 비밀스런 동당(同黨)의 〈동인(同人)〉이 아님을 여기 〈우문(于門)〉이 암시한다. 〈우문(于門)〉은 사방이 트인 자리이지 비밀스런 자리가 아니다. 비밀스런 자리의 〈동인(同人)〉이란 〈동당(同黨)〉 즉 끼리끼리의 어울림[同黨]으로 이어지지만, 개방된 자리의 〈동인(同人)〉이란 〈동화(同和)〉 즉 모두의 어울림[同和]으로 이어질 터인지라, 초구(初九 : ⚊)의 〈동인(同人)〉에는 허물이[咎] 없음[无]을 암시한 계사(繫辭)가 〈동인우문(同人于門) 무구(无咎)〉이다.

【字典】

**동(同)** 〈어울릴 동(同)-화(和), 동류(패거리) 동(同)-배(輩), 모을 동(同)-회(會), 무리 동(同)-취(聚), 같게 할 동(同)-제(齊), 같을 동(同)-등(等)-불이(不異), 합칠 동(同)-합(合), 다 동(同)-공(共)〉 등의 뜻을 내지만 여기선 〈어울릴 화(和)〉로 여기고 새김이 마땅하다.

**인(人)** 〈백성 인(人)-민(民), 사람 인(人)-만물지최령자(萬物之最靈者), 남 인(人)-타인(他人), 아무개 인(人)-모인(某人), 도인 인(人)-도인(道人), 사람들 인(人)-인인(人

人), 범인(소인) 인(人)-소인(小人)-범인(凡人), 인성 인(人)-인성(人性), 인위 인(人)-인위(人爲), 신하 인(人)-신하(臣下), 중서(민중) 인(人)-중서(衆庶)-민중(民衆), 건괘-진괘 인(人)-건위인(乾爲人)-진위인(震爲人), 어짊 인(人)-인(仁), 선인 인(人)-선인(先人), 서로 어여삐 여길 인(人)-상련(相憐)〉 등의 뜻을 내지만 〈백성 민(民)〉과 같다 여기고 새김이 마땅하다.

**우(于)** 〈~에서(부터) 우(于)-어(於), 갈 우(于)-왕(往), 써 우(于)-이(以), 할 우(于)-위(爲), 여기 우(于)-시(是), 도울 우(于)-조(助), 클 우(于)-대(大), 구할 우(于)-구(求), 자족하는 모습 우(于)-자족모(自足貌)〉 등의 뜻을 내지만 여기선 〈~에서 어(於)〉와 같다 여기고 새김이 마땅하다.

**문(門)** 〈집을 들고나는 문 문(門)-방옥원장소설이통출입자(房屋垣墻所設以通出入者), 집 문(門)-가(家), 무리 문(門)-족(族), 한패 문(門)-문파(門派), 한 선생의 제자 문(門)-사문(師門), 관건(일을 해결하는 방책) 문(門)-관건(關鍵), 천자가 머무는 곳의 요직 문(門)-금요(禁要), 이목 문(門)-이목(耳目), 끼리 문(門)-유(類), 문지기 문(門)-수문(守門)〉 등의 뜻을 내지만 〈집을 들고나는 문(門)〉으로 여기고 새김이 마땅하다.

**무(无)** 〈없을 무(无)-무(無), 허무지도 무(无)-허무지도(虛无之道), 으뜸 무(无)-원(元)〉 등의 뜻을 내지만 여기선 〈없을 무(無)〉와 같다 여기고 새김이 마땅하다.

**구(咎)** 〈허물 구(咎)-과(過)-건(愆), 재앙 구(咎)-재(災), 앓을 구(咎)-병(病), 싫어할 구(咎)-오(惡), 헐뜯을 구(咎)-방(謗)〉 등의 뜻을 내지만 〈허물 과(過)-건(愆)〉과 같다 여기고 새김이 마땅하다.

---

註 간위문궐(艮爲門闕) : 간은[艮 : ☶] 궁궐의 문[門闕]이다[爲].

「설괘전(說卦傳)」 11단락(段落)

## 육이(六二 : --)

六二 : 同人于宗이면 吝하다
(동 인 우 종 … 인)

육이(六二) : 겨레붙이[宗]로[于] 사람들이[人] 어울리면[同] 부끄럽다[吝].

**【육이(六二)의 효상(爻象) 풀이】**

동인괘(同人卦 : ䷌)의 육이(六二 : --)는 이음거음(以陰居陰) 즉 음(陰 : --)으로써[以] 음(陰 : --)의 자리에 있는지라[居] 정당한 자리에 있다. 육이(六二 : --)는 초구(初九 : ㅡ)와 구삼(九三 : ㅡ) 등과 음양(陰陽)의 사이인지라 비(比) 즉 이웃의 사귐[比]을 함께 누린다. 그리고 육이(六二 : --)와 구오(九五 : ㅡ)는 서로 정위(正位)에 있으면서 음양(陰陽)의 사이인지라 중정(中正) 즉 서로 중효[中]이며 바른 자리[正]에 있고 나아가 정응(正應) 즉 바르게[正] 호응하면서[應] 서로 득중(得中) 즉 정도를 따름을[中] 취하는[得] 사이인지라, 다른 대성괘(大成卦)에서라면 길(吉)하지만 종족(宗族)의 〈동인(同人)〉으로 이어질 수 있기에 동인괘(同人卦 : ䷌)의 주제인 〈동인(同人)〉의 시국에서는 부끄러운 자리일 수 있다. 그리하여 초구(初九 : ㅡ)와 구삼(九三 : ㅡ)을 포함하여 육이(六二 : --)와 구오(九五 : ㅡ) 등이 한 종문(宗門)을 이루어 대동(大同)을 멀리하고 소동(小同)을 가까이할 낌새가 짙어서 부끄러울 수 있는 모습이다.

> 동인괘(同人卦 : ䷌)의 육이(六二 : --)가 구이(九二 : ㅡ)로 변효(變爻)하면 육이(六二 : --)는 동인괘(同人卦 : ䷌)를 첫 번째 건괘(乾卦 : ䷀)로 지괘(之卦)하게 한다. 따라서 동인괘(同人卦 : ䷌)의 육이(六二 : --)는 건괘(乾卦 : ䷀)의 구이(九二 : ㅡ)를 찾아가 살펴보게 한다.

**【육이(六二)의 계사(繫辭) 풀이】**

## 同人于宗(동인우종) 吝(인)

겨레붙이[宗]로[于] 사람들이[人] 어울리면[同] 부끄럽다[吝].

육이(六二 : --)의 효위(爻位)를 빌려 암시한 계사(繫辭)이다. 동인괘(同人卦 : ䷌)의 2효(爻)인 육이(六二 : --)의 자리를 〈우종(于宗)〉으로 취상(取象)한 것이다. 〈동인우종(同人于宗) 인(吝)〉은 〈육이동인우종(六二同人于宗) 소이륙이지동인린(所以六二之同人吝)〉의 줄임으로 여기고 〈육이는[六二] 겨레붙이로[于宗] 사람들과[人] 어울린다[同] 그래서[所以] 육이의[六二之] 동인은[同人] 부끄럽다[吝]〉라고 새겨볼 것이다. 〈동인우종(同人于宗)〉에서 〈우종(于宗)의 종(宗)〉은 종당(宗黨) 즉 한 겨레붙이의[宗] 끼리[黨]를 뜻한다. 물론 〈우종(于宗)의 종(宗)〉은 육이(六二

: --)가 유약(柔弱)한 음기(陰氣 : --)임을 암시하기도 한다. 만약에 육이(六二 : --)가 강강(剛强)한 구이(九二 : ㅡ)라면 강중(剛中) 즉 굳세게[剛] 정도를 따름을[中] 취하여[得] 동인괘(同人卦 : ䷌)의 주제인 〈동인(同人)〉의 시국을 대동(大同)으로 이끌어갈 터이다. 그러나 유순(柔順)한 육이(六二 : --)가 구오(九五 : ㅡ)를 종당(宗黨) 즉 한 겨레붙이의[宗] 끼리[黨]로 여기고 〈동인(同人)〉의 시국을 소동(小同) 즉 소인의[小] 어울림[同]으로 받아들여, 편당(偏黨) 즉 끼리끼리의[黨] 사사로움[偏]에 이끌려 〈동인우야(同人于野)의 동인(同人)〉 즉 대동(大同)을 멀리하는 모습인지라, 육이(六二 : --)의 〈동인(同人)〉은 부끄럽다[吝]고 암시한 계사(繫辭)가 〈동인우종(同人于宗) 인(吝)〉이다.

【字典】

**동(同)** 〈어울릴 동(同)-화(和), 동류(패거리) 동(同)-배(輩), 모을 동(同)-회(會), 무리 동(同)-취(聚), 같게 할 동(同)-제(齊), 같을 동(同)-등(等)-불이(不異), 합칠 동(同)-합(合), 다 동(同)-공(共)〉 등의 뜻을 내지만 여기선 〈어울릴 화(和)〉로 여기고 새김이 마땅하다.

**인(人)** 〈백성 인(人)-민(民), 사람 인(人)-만물지최령자(萬物之最靈者), 남 인(人)-타인(他人), 아무개 인(人)-모인(某人), 도인 인(人)-도인(道人), 사람들 인(人)-인인(人人), 범인(소인) 인(人)-소인(小人)-범인(凡人), 인성 인(人)-인성(人性), 인위 인(人)-인위(人爲), 신하 인(人)-신하(臣下), 중서(민중) 인(人)-중서(衆庶)-민중(民衆), 건괘-진괘 인(人)-건위인(乾爲人)-진위인(震爲人), 어짊 인(人)-인(仁), 선인 인(人)-선인(先人), 서로 어여삐 여길 인(人)-상련(相憐)〉 등의 뜻을 내지만 〈백성 민(民)〉과 같다 여기고 새김이 마땅하다.

**우(于)** 〈~에서(부터) 우(于)-어(於), 갈 우(于)-왕(往), 써 우(于)-이(以), 할 우(于)-위(爲), 여기 우(于)-시(是), 도울 우(于)-조(助), 클 우(于)-대(大), 구할 우(于)-구(求), 자족하는 모습 우(于)-자족모(自足貌)〉 등의 뜻을 내지만 여기선 〈~에서 어(於)〉와 같다 여기고 새김이 마땅하다.

**종(宗)** 〈일가(겨레) 종(宗)-동성(同姓)-동당(同黨), 조상의 사당을 높일 종(宗)-존조묘(尊祖廟), 종묘 종(宗)-종묘(宗廟), 밑(뿌리) 종(宗)-본(本), 조회 볼 종(宗)-조회(朝會), 우러러 받들 종(宗)-봉(奉), 교파 종(宗)-교파(教派), 학파 종(宗)-학파(學派)〉 등의 뜻을 내지만 여기선 〈동당(同黨)〉으로 여기고 새김이 마땅하다.

**인(吝)** 〈부끄러울 인(吝)-치(恥)-수(羞), 더러울(더럽힐) 인(吝)-비(鄙), 한스러워 아낄 인(吝)-한석(恨惜), 탐할 인(吝)-탐(貪)〉 등의 뜻을 내지만 여기선 〈부끄러울 치(恥)-수(羞)〉와 같다 여기고 새김이 마땅하다. 〈吝〉이 맨 앞에 있을 때는 〈인〉으로 읽고, 가운데나 뒤에 있을 때는 〈린〉으로 읽는다.



## 구삼(九三 : ⚊)

**九三 : 伏戎于莽**하고 **升其高陵**하여 **三歲不興**이다
복융우망 승기고릉 삼세불흥

구삼(九三) : 풀숲에[于莽] 병거를[戎] 숨겨 두고[伏] 풀숲의[其] 높은[高] 언덕에[陵] 올라가지만[升] 오랜 세월에도[三歲] 발동시키지 못한다[不興].

### 【구삼(九三)의 효상(爻象) 풀이】

동인괘(同人卦 : ䷌)의 구삼(九三 : ⚊)은 이양거양(以陽居陽) 즉 양(陽 : ⚊)으로써[以] 양(陽 : ⚊)의 자리에 있는지라[居] 정당한 자리에 있다. 구삼(九三 : ⚊)은 육이(六二 : ⚋)와 양음(陽陰)의 사이인지라 비(比) 즉 이웃의 사귐[比]을 누릴 수 있는 처지이다. 구삼(九三 : ⚊)과 상구(上九 : ⚊)는 양양(兩陽)의 사이이면서 양측이 다 중위(中位)를 벗어났고, 특히 상구(上九 : ⚊)는 동극(同極) 즉 어울림이[同] 다해버린[極] 처지에 있는지라 상충(相衝) 즉 서로[相] 부딪치는[衝] 사이이다. 그러나 양강(陽剛)한 구삼(九三 : ⚊)은 동인괘(同人卦 : ䷌)의 다른 제양(諸陽)들보다 육이(六二 : ⚋)와 비(比)의 관계인지라 육이(六二 : ⚋)와 더욱 친비(親比) 즉 친밀한[親] 사귐[比]을 누리고자 하지만, 육이(六二 : ⚋)가 구오(九五 : ⚊)와 중정(中正)-정응(正應)으로써 밀착하고 있어서 구삼(九三 : ⚊) 자신의 뜻을 이루지 못하는 처지이다. 이에 구삼(九三 : ⚊)이 육이(六二 : ⚋)와 구오(九五 : ⚊) 사이에 있음을 빌려 육이(六二 : ⚋)와 구오(九五 : ⚊)의 밀착을 분쇄하려는 심사(心事)를 품고 있는 모습이다.

동인괘(同人卦 : ䷌)의 구삼(九三 : ⚊)이 육삼(六三 : ⚋)으로 변효(變爻)하면 구삼(九三 : ⚊)은 동인괘(同人卦 : ䷌)를 25번째 무망괘(无妄卦 : ䷘)로 지괘(之卦)하게 한다. 따라서 동인괘(同人卦 : ䷌)의 구삼(九三 : ⚊)은 무망괘(无妄卦 : ䷘)의 육삼(六三 : ⚋)을 찾아가 살펴보게 한다.

**【구삼(九三)의 계사(繫辭) 풀이】**

## 伏戎于莽(복융우망) 升其高陵(승기고릉)

풀숲에[于莽] 병거를[戎] 숨겨 두고[伏] 풀숲의[其] 높은[高] 언덕에[陵] 올라간다[升].

구삼(九三 : ⚊)이 동인괘(同人卦 : ䷌)의 하체(下體) 이(離 : ☲)의 상효(上爻)임을 빌려 암시한 계사(繫辭)이다. 〈복융우망(伏戎于莽) 승기고릉(升其高陵)〉은 〈복융우망지후(伏戎于莽之後) 구삼승망지고릉(九三升莽之高陵)〉의 줄임으로 여기고 〈풀숲[莽]에다[于] 병거를[戎] 숨겨 둔[伏] 뒤에[之後] 구삼이[九三] 풀숲의[莽之] 높은[高] 언덕으로[陵] 올라간다[升]〉라고 새겨볼 것이다. 〈복융우망(伏戎于莽)〉에서 〈복융(伏戎)의 복(伏)〉은 구삼(九三 : ⚊)이 육이(六二 : ⚋)와 구오(九五 : ⚊)의 사이에 있음을 암시한다. 〈복융(伏戎)의 융(戎)〉은 구삼(九三 : ⚊)이 동인괘(同人卦 : ䷌)의 하체(下體) 이(離 : ☲)의 상효(上爻)임을 빌려 취상(取象)된 것이다. 왜냐하면 〈복융(伏戎)의 융(戎)〉 즉 병거(兵車)가 「설괘전(說卦傳)」에 나오는 〈이는[離 : ☲] 갑옷[甲冑]이고[爲] 방패와[戈] 병기[兵]이다[爲]〉라는 내용을 상기시키기 때문이다. 〈복융우망(伏戎于莽)〉에서 〈망(莽)〉은 구삼(九三 : ⚊)이 변효(變爻)하여 동인괘(同人卦 : ䷌)의 하체(下體) 이(離 : ☲)가 진(震 : ☳)으로 변괘(變卦)하여 구삼(九三 : ⚊)을 취상(取象)한 것이다. 왜냐하면 〈망(莽)〉이 「설괘전(說卦傳)」에 나오는 〈진은[震 : ☳] 갈대[萑葦]이다[爲]〉라는 내용을 상기시키기 때문이다. 〈승기고릉(升其高陵)〉은 구삼(九三 : ⚊)이 동인괘(同人卦 : ䷌)의 하체(下體) 이(離 : ☲)의 중위(中位)를 벗어나 상효(上爻)의 자리로 올라와 편강(偏剛) 즉 굳셈에[剛] 치우쳐[偏] 성급하고 괴팍함을 암시한다. 그러나 구삼(九三 : ⚊)은 육이(六二 : ⚋)와의 비(比)를 독점하여 어울림[同]을 누리고자 구오(九五 : ⚊)를 적(敵)

으로 삼아 겨룸이 불가함을 알아채고, 병거를[戎] 감춰 두고[伏] 풀숲의 꼭대기에 [高陵] 올라가[升] 관망(觀望)할 뿐임을 암시한 계사(繫辭)가 〈복융우망(伏戎于莽) 승기고릉(升其高陵)〉이다.



## 三歲不興(삼세불흥)

### 오랜 세월에도[三歲] 발동시키지 못한다[不興].

구삼(九三 : ━)이 흉(凶)만은 면함을 암시한 계사(繫辭)이다. 〈삼세불흥(三世不興)〉은 〈삼세구삼불흥기융(三世九三不興其戎)〉의 줄임으로 여기고 〈오랜 세월에도 [三世] 구삼은[九三] 풀숲에 숨겨 둔[其] 병거를[戎] 발동시키지 못한다[不興]〉라고 새겨볼 것이다. 〈삼세불흥(三世不興)의 삼세(三歲)〉는 삼 년(三年)을 뜻함이 아니라 〈구(久)〉 즉 오랜 세월[久]을 뜻함이고, 〈불흥(不興)의 흥(興)〉은 발동(發動)한다는 뜻으로 새김이 마땅하다. 구삼(九三 : ━)이 구오(九五 : ━)를 적으로 삼아 대적할 수가 없다. 구오(九五 : ━)는 동인괘(同人卦 : ䷌)의 상체(上體) 건(乾 : ☰)의 중효(中爻)이면서 동인괘(同人卦 : ䷌)의 존위(尊位)에서 중정(中正) 즉 중효[中]이며 바른 자리[正]에 있어서, 동인괘(同人卦 : ䷌)의 주제인 〈동인(同人)〉의 시국을 대동(大同)으로 이끌어가는 막강한 군왕(君王)이다. 이런 군왕을 구삼(九三 : ━)이 육이(六二 : ╍)와의 어울림[同]을 독점하고자 적으로 삼아 겨룬다는 것은 불가함을 알아차리고, 숨겨둔 병거를 발동해[興] 구오(九五 : ━)와 대적하는 만용(蠻勇)을 감행하지 않아 불행을 겪지는 않음을 암시한 계사(繫辭)가 〈삼세불흥(三世不興)〉이다.

【字典】

**복(伏)** 〈드러나지 않게 숨길 복(伏)-은폐(隱蔽), 엿볼 복(伏)-사(伺), 뒤집힐 복(伏)-복(覆), 숨을 복(伏)-익(匿), 병사 복(伏)-병(兵), 곳 복(伏)-처(處), 사라질 복(伏)-거(去)〉 등의 뜻을 내지만 여기선 〈드러나지 않게 숨길 은폐(隱蔽)〉로 여기고 새김이 마땅하다.

**융(戎)** 〈병거 융(戎)-병거(兵車), 병사 융(戎)-병사(兵士), 모든 무기(武器)를 뜻하는 융(戎)-제무기(諸武器), 정벌(전쟁) 융(戎)-정벌(征伐), 서방의 종족 융(戎)-서방지종족(西方之種族), 크나큰(숭배할) 융(戎)-대(大)-숭(崇), 서로 도울 융(戎)-상조(相助), 쳐서 빼앗을 융(戎)-발(拔), 너 융(戎)-여(汝)〉 등의 뜻을 내지만 여기선 〈병거(兵車) 융(戎)〉으로 여기고 새김이 마땅하다.

**우(于)** 〈~에서(부터) 우(于)-어(於), 갈 우(于)-왕(往), 써 우(于)-이(以), 할 우(于)-위(爲), 여기 우(于)-시(是), 도울 우(于)-조(助), 클 우(于)-대(大), 구할 우(于)-구(求), 자족하는 모습 우(于)-자족모(自足貌)〉 등의 뜻을 내지만 여기선 〈~에 어(於)〉와 같다 여기고 새김이 마땅하다.

**莽** 〈무-망-모〉 세 가지로 발음되고, 〈거칠고 경솔할 무(莽)-망(莽)-조솔(粗率), 풀 우거질 망(莽)-초심(草深), 묵은 풀 모(莽)-숙초(宿草)〉 등의 뜻을 내지만 여기선 〈풀 우거질 망(莽)〉 즉 초심(草深)으로 새김이 마땅하다.

**승(升)** 〈올라갈 승(升)-고(高)-상(上), 한 되(열 홉) 승(升)-십합(十合), 되 승(升)-십합지기(十合之器), 오를 승(升)-등(登)-승(昇), (조정에) 등용시켜줄 승(升)-조(朝), 나아가 바칠 승(升)-진(進)-헌(獻), 이룰 승(升)-성(成), 익을 승(升)-성숙(成熟), 쌓일(융성할) 승(升)-성(盛)-융(隆), (실 가닥의 가늘기) 새 승(升)-누(縷), 64괘의 하나 승(升)-승괘(升卦)〉 등의 뜻을 내지만 여기선 〈올라갈 상(上)〉과 같다 여기고 새김이 마땅하다.

**기(其)** 〈그(그것) 기(其)-피(彼)-지(之), 그럴 기(其)-연(然), 어찌 기(其)-기(豈), 누를 기(其)-억(抑), 오히려 기(其)-상(尙)-서기(庶幾), ~의 기(其)-지(之), 이에 기(其)-내(乃), 만약 기(其)-약(若), 장차 기(其)-장(將), 어조사 기(其)-어조사(語助辭)〉 등의 뜻을 내지만 여기선 〈그 기(其)〉로 여기고 새김이 마땅하다.

**고(高)** 〈높을(높은 자리에 있는 것) 고(高)-재상자(在上者), 높은(높일) 고(高)-숭(崇)-존(尊), 고상한 것 고(高)-상(尙)-불비속자(不卑俗者), 물가가 오를 고(高)-물가앙(物價昂), 최상을 말할(최상위의 것) 고(高)-언최상(言最上)-최상위자(最上位者), 큰 고(高)-대(大), 증대할 고(高)-증대(增大), 멀 고(高)-원(遠), 나이 많을 고(高)-연치로(年齒老), 존경할 고(高)-경(敬)-존귀지(尊貴之), 길러줄 고(高)-양(養), 우쭐할 고(高)-자대(自大), 세속을 초월한 은사 고(高)-초속지은사(超俗之隱士), 기름진(살찔) 고(高)-고(膏)〉 등의 뜻을 내지만 여기선 〈높을 재상(在上)〉으로 새김이 마땅하다.

**능(陵)** 〈큰 언덕 능(陵)-대부(大阜), 업신여길 능(陵)-능(凌)-범모(犯侮), 무덤(사직단) 능(陵)-총(冢), 언덕 능(陵)-구(丘), 오를 능(陵)-승(升), 범할 능(陵)-침(侵), 가파를 능(陵)-지(遲), 짓밟을 능(陵)-역(轢), 탈 능(陵)-승(乘), 높을 능(陵)-준(峻)〉 등의 뜻을 내지만 여기선 〈큰 언덕 대부(大阜)〉와 같다 여기고 새김이 마땅하다.

**삼(三)** 〈다수를 나타낼 삼(三)-다수지칭(多數之稱), 세 번(석 삼, 셋 삼) 삼(三)-

이지가일(二之加一), 삼재의 수 삼(三)-천지인지수(天地人之數), 임금-아버지-스승 삼(三)-군부사(君父師), 동방 삼(三)-동방(東方), 끝 삼(三)-종(終)〉 등의 뜻을 내지만 여기선 〈다수 삼(三)〉으로 여기고 새김이 마땅하다. 삼(三)은 삼(參)과 같다.

**세(歲)** 〈일생 세(歲)-일생(一生), 목성 세(歲)-목성(木星), 해 세(歲)-년(年), 새해 세(歲)-신년(新年), 상망한 해 세(歲)-졸령(卒齡)〉 등의 뜻을 내지만 여기선 〈일생 세(歲)〉로 여기고 새김이 마땅하다.

**不** 〈불-부〉 등으로 발음되고, 〈않을(없을) 불(不)-부(不)-무(無), 아닐 불(不)-부(不)-비(非), 하지 말 불(不)-부(不)-막(莫)-금지(禁止), 정하지 않을 불(不)-부(不)-부(否)-미정(未定), 새가 날아올라 내려오지 않는 불(不)-부(不)-조비상불하래(鳥飛上不下來)〉 등의 뜻을 내지만 여기선 〈못할 불(不)〉로 여기고 새김이 마땅하다.

**흥(興)** 〈움직일 흥(興)-동(動), 나갈 흥(興)-출(出)-발(發), 행할 흥(興)-행(行), 일어날 흥(興)-기(起)-작(作), 태어날 흥(興)-생(生), 무성할 흥(興)-성(盛), 들 흥(興)-거(擧), 이룰 흥(興)-성(成), 창성할 흥(興)-창(昌)〉 등의 뜻을 내지만 여기선 〈움직일 동(動), 나갈 발(發)〉 등과 같다 여기고 〈발동(發動)〉으로 새김이 마땅하다.

---

註 이위갑주(離爲甲冑) 위과병(爲戈兵) : 이는[離 : ☲] 갑옷[甲冑]이고[爲] 방패와[戈] 병기[兵]이다[爲]. 「설괘전(說卦傳)」 11단락(段落)

註 진위추위(震爲萑葦) : 진은[震 : ☳] 갈대[萑葦]이다[爲]. 「설괘전(說卦傳)」 11단락(段落)

## 구사(九四 : ⚊)

九四 : 乘其墉하되 弗克攻이니 吉하다
승기용 불극공 길

구사(九四) : 그[其] 담벼락을[墉] 올라탔으나[乘] 공격을[攻] 이루지[克] 않아[弗] 길하다[吉].

### 【구사(九四)의 효상(爻象) 풀이】

동인괘(同人卦 : ䷌)의 구사(九四 : ⚊)는 이양거음(以陽居陰) 즉 양(陽 : ⚊)

으로써[以] 음(陰 : --)의 자리에 있는지라[居] 정당한 자리에 있지 못하다. 구사(九四 : ―)와 위아래로 있는 구오(九五 : ―)와 구삼(九三 : ―)은 제양(諸陽) 즉 모두 다[諸] 양(陽 : ―)의 사이인지라 비(比) 즉 이웃의 사귐[比]을 누릴 수 없는 처지이고, 초구(初九 : ―)와도 양양(兩陽) 즉 둘 다[兩] 양(陽 : ―)의 사이인지라 부정응(不正應) 즉 정도를 따라[正] 서로 호응하지 못하는[不應] 처지이다. 이처럼 주변의 도움을 받지 못하는 구사(九四 : ―)는 육이(六二 : --)와 〈동인(同人)〉을 나누자면 담벼락처럼 구삼(九三 : ―)이 가로막고 있어서 불가함을 알아차리고 행험(行險)하지 않으려는 모습이다.

> 동인괘(同人卦 : ䷌)의 구사(九四 : ―)가 육사(六四 : --)로 변효(變爻)하면 구사(九四 : ―)는 동인괘(同人卦 : ䷌)를 37번째 가인괘(家人卦 : ䷤)로 지괘(之卦)하게 한다. 따라서 동인괘(同人卦 : ䷌)의 구사(九四 : ―)는 가인괘(家人卦 : ䷤)의 육사(六四 : --)를 찾아가 살펴보게 한다.

【구사(九四)의 계사(繫辭) 풀이】

## 乘其墉(승기용)

그[其] 담벼락을[墉] 올라탔다[乘].

구사(九四 : ―)가 동인괘(同人卦 : ䷌)의 내호괘(內互卦) 손(巽 : ☴)의 상효(上爻)임을 빌려 암시한 계사(繫辭)이다. 〈승기용(乘其墉)〉은 〈구사승기용(九四乘其墉)〉의 줄임으로 여기고 〈구사가[九四] 그[其] 담벼락을[墉] 올라탔다[乘]〉라고 새겨볼 것이다. 〈승기용(乘其墉)의 용(墉)〉은 구사(九四 : ―)가 동인괘(同人卦 : ䷌)의 내호괘(內互卦) 손(巽 : ☴)의 상효(上爻)임을 빌려 구사(九四 : ―)를 취상(取象)한 것이다. 왜냐하면 〈승기용(乘其墉)의 용(墉)〉 즉 담벼락[墉]이 「설괘전(說卦傳)」에 나오는 〈손은[巽 : ☴] 높은 것[高]이다[爲]〉라는 내용을 떠올려주기 때문이다. 〈승기용(乘其墉)〉은 구사(九四 : ―)와 육이(六二 : --) 사이에 구삼(九三 : ―)이 담벼락[墉]같이 가로막음을 암시하고, 동시에 구사(九四 : ―)가 육이(六二 : --)와 동인괘(同人卦 : ䷌)의 주제인 〈동인(同人)〉을 누리자면 구삼(九三 : ―)을 공격해야 함을 암시하는 계사(繫辭)가 〈승기용(乘其墉)〉이다.

## 弗克攻(불극공) 吉(길)

공격을[攻] 이루지[克] 않아[弗] 길하다[吉].

구사(九四 : ⚊)가 길(吉)한 까닭을 암시한 계사(繫辭)이다. 〈불극공(弗克攻)〉은 〈구사불극공구삼(九四弗克攻九三)〉의 줄임으로 여기고 〈구사가[九四] 구삼을[九三] 공격하기를[攻] 이루지[克] 않는다[弗]〉라고 새겨볼 것이다. 〈불극공(弗克攻)의 극(克)〉은 여기선 〈이룰 성(成)〉과 같아 〈불극공(弗克攻)〉은 공격하지 않음을 뜻한다. 왜 구사(九四 : ⚊)가 구삼(九三 : ⚊)을 공격하지[攻] 않는다[弗克]는 것인가? 상공하(上攻下) 즉 위가[上] 아래를[下] 공격함[攻]은 불의(不義)이고, 동시에 동인괘(同人卦 : ䷌)의 주제인 〈동인(同人)〉은 대동(大同)의 세상을 뜻하기 때문이다. 천하가 모두[大] 어울리는[同] 시국에 자신의 사욕을 위하여 공격을[攻] 감행함[克]은 천도(天道) 즉 자연의[天] 도리[道]에 어긋난 짓임을 구사(九四 : ⚊)가 깨달았음을 암시한 것이 〈불극공(弗克攻)〉이다. 천도(天道)를 순응(順應)하면 그 누구나 길(吉)하고 천도(天道)를 반역(反逆)하면 그 누구나 흉(凶)하다. 이를 알아챈 구사(九四 : ⚊)가 대동(大同)의 세상임을 깨닫고 공격을[攻] 이루지 않아[弗克] 행운을 누림[吉]을 암시한 계사(繫辭)가 〈불극공(弗克攻) 길(吉)〉이다.

【字典】

**승(乘)** 〈오를(탈) 승(乘)-승(陞)-등(登)-가(駕), 인할 승(乘)-인(因), 올릴 승(乘)-상(上), 좇을 승(乘)-축(逐), 더할 승(乘)-가(加), 이길 승(乘)-승(勝), 다스릴 승(乘)-치(治), 쓸 승(乘)-용(用), 꾀할 승(乘)-계(計), 곱할 승(乘)-산(算), 수레 승(乘)-거(車)〉 등의 뜻을 내지만 여기선 〈오를 등(登)〉과 같다 여기고 새김이 마땅하다.

**기(其)** 〈그(그것) 기(其)-피(彼)-지(之), 그럴 기(其)-연(然), 어찌 기(其)-기(豈), 누를 기(其)-억(抑), 오히려 기(其)-상(尙)-서기(庶幾), ~의 기(其)-지(之), 이에 기(其)-내(乃), 만약 기(其)-약(若), 장차 기(其)-장(將), 어조사 기(其)-어조사(語助辭)〉 등의 뜻을 내지만 여기선 〈그 기(其)〉로 여기고 새김이 마땅하다.

**용(墉)** 〈성벽 용(墉)-성원(城垣), 성곽 용(墉)-성(城), 높은 담장 용(墉)-고장(高牆), 벽 용(墉)-벽(壁)〉 등의 뜻을 내지만 여기선 〈성벽 용(墉)〉으로 여기고 새김이 마땅하다.

**불(弗)** 〈않을(말) 불(弗)-불(不), 어길 불(弗)-위(違)-부정(不正), 떨어낼(닦아낼)

불(弗)-불(拂)-치(治), 버릴 불(弗)-거(去), 울적할 불(弗)-우(憂)-울(鬱)-불(怫)〉 등의 뜻을 내지만 여기선 〈않을 불(不)〉과 같다 여기고 새김이 마땅하다.

**극(克)** 〈이룰 극(克)-성(成), 이길 극(克)-승(勝), 할 수 있을 극(克)-능(能)-유능력(有能力), 견딜 극(克)-견(肩)-감(堪), 다스릴 극(克)-치(治), 꾸짖을 극(克)-책(責)〉 등의 뜻을 내지만 여기선 〈이룰 성(成)〉과 같다 여기고 새김이 마땅하다.

**공(攻)** 〈칠 공(攻)-격(擊), 갈(문지를, 가공할) 공(攻)-마(摩), 훔칠 공(攻)-도(盜), 나무를 벨 공(攻)-사벌기목재(槎伐其木材), 거세한 소 공(攻)-건(犍), 다스릴 공(攻)-치(治), 치료할 공(攻)-치료(治療), 다듬어 만들 공(攻)-치작(治作), 착할 공(攻)-선(善), 공교할 공(攻)-공(工)-교(巧), 단단할 공(攻)-견(堅), 문책할 공(攻)-책(責), 공급할 공(攻)-공급(供給), 엎드릴 공(攻)-복(伏), 일식 때 지내는 제사 이름 공(攻)-일식시소행지제(日食時所行之祭)〉 등의 뜻을 내지만 〈칠 격(擊)〉과 같다 여기고 새김이 마땅하다.

**길(吉)** 〈좋을(행복할) 길(吉)-선(善)-영(令) {영월길일(令月吉日)은 선월선일(善月善日)임.}, 복 길(吉)-실(實)-선실(善實)-복(福), 예의를 따라 상서로울 길(吉)-예의순상(禮義順祥), 삼갈 길(吉)-근(謹), 초하루 길(吉)-삭일(朔日) {삭망(朔望) 즉 초하루[朔]와 그믐날[望]}, 길례 길(吉)-길례(吉禮) {오례지일(五禮之一) 길흉빈군가(吉凶賓軍嘉)}, 갈 길(吉)-행(行)-길(趌)〉 등의 뜻을 내지만 여기선 〈좋을 선(善)-영(令)〉 즉 행복과 같다 여기고 새김이 마땅하다.

---

註 손위고(巽爲高) : 손은[巽 : ☴] 높은 것[高]이다[爲]. 「설괘전(說卦傳)」 11단락(段落)

## 구오(九五 : ⚊)

九五 : 同人先號咷而後笑이다 大師克이라야 相遇이다.
동인선호도이후소 대사극 상우

구오(九五) : 사람들의[人] 어울림이[同] 처음에는[先] 부르짖고[號] 울부짖다가[咷] 뒤에는[而後] 웃는다[笑]. 큰[大] 군사가[師] 극복되어서야[克] 서로[相] 만난다[遇].

【구오(九五)의 효상(爻象) 풀이】

동인괘(同人卦 : ䷌)의 구오(九五 : ⚊)는 이양거양(以陽居陽) 즉 양(陽 : ⚊)으로써[以] 양(陽 : ⚊)의 자리에 있는지라[居] 정당한 자리에 있다. 구오(九五 : ⚊)와 위아래로 있는 상구(上九 : ⚊)와 구사(九四 : ⚊)는 제양(諸陽) 즉 모두 다[諸] 양(陽 : ⚊)의 사이인지라 비(比) 즉 이웃의 사귐[比]을 누릴 수 없는 처지이다. 구오(九五 : ⚊)와 육이(六二 : ⚋)는 서로 중정(中正) 즉 중효[中]이며 바른 자리[正]에 있고 나아가 정응(正應) 즉 바르게[正] 호응하면서[應] 서로 득중(得中) 즉 정도를 따름을[中] 취하는[得] 사이로, 동인괘(同人卦 : ䷌)의 주제인 〈동인(同人)〉의 시국을 누릴 수 있어서 한마음이다. 그러나 구오(九五 : ⚊)와 육이(六二 : ⚋) 사이에 역시 육이(六二 : ⚋)와 〈동인(同人)〉을 누리고자 하는 구사(九四 : ⚊)와 구삼(九三 : ⚊)이 가로막고 있다. 구오(九五 : ⚊)는 육이(六二 : ⚋)와의 〈동인(同人)〉을 누리고자 구사(九四 : ⚊)와 구삼(九三 : ⚊)을 공격하려는 자신의 심지(心志)를 극복해야 하는 모습이다.

동인괘(同人卦 : ䷌)의 구오(九五 : ⚊)가 육오(六五 : ⚋)로 변효(變爻)하면 구오(九五 : ⚊)는 동인괘(同人卦 : ䷌)를 30번째 이괘(離卦 : ䷝)로 지괘(之卦)하게 한다. 따라서 동인괘(同人卦 : ䷌)의 구오(九五 : ⚊)는 이괘(離卦 : ䷝)의 육오(六五 : ⚋)를 찾아가 살펴보게 한다.

【구오(九五)의 계사(繫辭) 풀이】

## 同人先號咷而後笑(동인선호도이후소)

사람들의[人] 어울림이[同] 처음에는[先] 부르짖고[號] 울부짖다가[咷] 뒤에는[而後] 웃는다[笑].

구오(九五 : ⚊)와 육이(六二 : ⚋)의 〈동인(同人)〉을 빌려 암시한 계사(繫辭)이다. 〈동인선호도(同人先號咷)〉는 〈구오여륙이지동인선호도(九五與六二之同人先號咷)〉의 줄임으로 여기고 〈육이와[與六二] 구오의[九五之] 동인은[同人] 처음에는[先] 부르짖고[號] 울부짖는다[咷]〉라고 새겨볼 것이다. 〈동인선호도(同人先號咷)의 호도(號咷)〉는 구오(九五 : ⚊)와 육이(六二 : ⚋) 사이를 구사(九四 : ⚊)와 구삼(九三 : ⚊)이 가로막고 있음을 암시한다. 〈선호도(先號咷)의 선(先)〉은 구오(九五 : ━)-육이(六二 : ╍) 사이에 육이(六二 : ╍)와 〈동인(同人)〉을 누리고자 하는 구사(九四 : ━)와 구삼(九三 : ━)이 가로막고 있는 처지를 암시한다. 구사(九四 : ━)와 구삼(九三 : ━)은 구오(九五 : ━)에게 강강(剛强)한 연적(戀敵)들이다. 이렇듯 구사(九四 : ━)와 구삼(九三 : ━)이 구오(九五 : ━)와 육이(六二 : ╍)의 사이를 막고 있어서 서로에게 다가가지 못해 구오(九五 : ━)와 육이(六二 : ╍)의 〈동인(同人)〉이 더욱 절절함을 암시함이 〈선호도(先號咷)의 호도(號咷)〉이다. 구오(九五 : ━)와 육이(六二 : ╍)의 〈동인(同人)〉이 절절함은 동인괘(同人卦 : ䷌)의 내호괘(內互卦)인 손(巽 : ☴)을 상기시킨다. 「설괘전(說卦傳)」에 〈손은[巽 : ☴] 들임[入]이다[爲]〉라는 내용이 나온다. 구오(九五 : ━)는 육이(六二 : ╍)에게 〈입(入)〉 즉 들고[入] 싶고 육이(六二 : ╍)는 구오(九五 : ━)에게 들고[入] 싶은 절절한 〈동인(同人)〉을 암시하는 것이 〈호도(號咷)〉이다. 〈호도(號咷)의 호(號)〉는 구오(九五 : ━)가 육이(六二 : ╍)와의 〈동인(同人)〉을 부르짖음[號]이고, 〈호도(號咷)의 도(咷)〉는 육이(六二 : ╍)가 구오(九五 : ━)와의 〈동인(同人)〉을 울부짖음[咷]이다.

〈이후소(而後笑)〉는 〈이후구오여륙이지동인소(而後九五與六二之同人笑)〉의 줄임으로 여기고 〈뒤에는[而後] 육이와[與六二] 구오의[九五之] 동인은[同人] 웃는다[笑]〉라고 새겨볼 것이다. 〈이후소(而後笑)의 이후(而後)〉는 구오(九五 : ━)와 육이(六二 : ╍)의 사이를 막고 있는 구사(九四 : ━)와 구삼(九三 : ━)을 탓하지 않게 되었음을 암시한다. 구사(九四 : ━)와 구삼(九三 : ━)이 가로막고 있다 해서 구오(九五 : ━)와 육이(六二 : ╍)의 진실한 〈동인(同人)〉이 부정(否定)될 수 없음을 깨달았음을 암시하는 것이 〈이후소(而後笑)〉이다. 구사(九四 : ━)와 구삼(九三 : ━)이 가로막고 있는 탓으로 구오(九五 : ━)와 육이(六二 : ╍)가 〈동인(同人)의 동(同)〉 즉 어울림[同]을 몸소 서로 만나서 누리지는 못한다 할지라도 서로의 심지(心志) 즉 마음[心] 가는 바[志]의 연정(戀情)으로써 서로의 어울림[同]을 누릴 수 있음을 깨달아, 구오(九五 : ━)가 심중으로써 육이(六二 : ╍)와 〈동인(同人)〉을 누릴 수 있어서 〈소(笑)〉 즉 웃음 짓고[笑] 육이(六二 : ╍)도 심중으로써 구오(九五 : ━)와 〈동인(同人)〉을 누릴 수 있어서 웃음 지을[笑] 수 있음을 깨달았다는 계사(繫辭)가 〈이후소(而後笑)〉이다.

그러나 구오(九五 : ━)와 육이(六二 : --)가 절절히 누리는 〈동인(同人)〉은 구오(九五 : ━)와 육이(六二 : --) 사이의 〈동인(同人)〉을 가리킬 뿐이다. 따라서 구오(九五 : ━)와 육이(六二 : --)의 〈동인(同人)〉은 동인괘(同人卦 : ䷌)의 주제인 〈동인(同人)〉이 아니다. 동인괘(同人卦 : ䷌)의 〈동인(同人)〉은 〈동인우야(同人于野)의 동인(同人)〉 즉 온 세상의[于野] 사람들이[人] 어울리는[同] 대동(大同)인지라, 구오(九五 : ━)와 육이(六二 : --)가 누리는 〈동인(同人)〉은 소동(小同) 즉 끼리끼리만[小] 어울림[同]이다. 이에 구오(九五 : ━)와 육이(六二 : --)의 〈동인(同人)〉은 동인괘(同人卦 : ䷌)의 주제인 〈동인(同人)〉 즉 〈동인우야(同人于野)〉의 〈대동(大同)〉은 아님을 일깨우는 계사(繫辭)가 〈동인선호도이후소(同人先號咷而後笑)〉이다.

## 大師克(대사극) 相遇(상우)

**큰[大] 군사가[師] 극복되어서야[克] 서로[相] 만난다[遇].**

구오(九五 : ━)의 중정(中正)을 암시한 계사(繫辭)이다. 〈대사극(大師克)〉은 〈대사위극어구오(大師爲克於九五)〉의 줄임으로 여기고 〈구오에[九五] 의해서[於] 대군이[大師] 다스려졌다[爲克]〉라고 새겨볼 수 있고, 〈구오극대사(九五克大師)〉의 줄임으로 여기고 〈구오는[九五] 대군을[大師] 다스렸다[克]〉라고 새겨볼 수도 있다. 〈대사극(大師克)의 대사(大師)〉는 대군(大軍)을 뜻하고, 〈대사극(大師克)의 극(克)〉은 〈다스릴 치(治)〉와 같다. 〈대사극(大師克)의 극(克)〉은 군왕(君王)인 구오(九五 : ━)가 실제로 〈대사(大師)〉 즉 대군(大軍)을 동원하여 구사(九四 : ━)와 구삼(九三 : ━)을 격파함을 뜻하는 것이 아님을 암시한다. 동인괘(同人卦 : ䷌)의 주제인 〈동인(同人)〉 즉 〈동인우야(同人于野)〉의 시국을 동인괘(同人卦 : ䷌)의 군위(君位)에 있는 구오(九五 : ━)가 범할 수는 없다. 〈동인우야(同人于野)의 동인(同人)〉은 대군(大軍)을 일으켜 상쟁(相爭)함을 용인하지 않음을 군왕(君王)으로서 구오(九五 : ━)가 어길 수 없다. 여기 〈대사극(大師克)〉은 구오(九五 : ━)의 군심(君心)을 암시한다. 구사(九四 : ━)와 구삼(九三 : ━)을 적(敵)으로 삼은 구오(九五 : ━)의 군심(君心)을 구오(九五 : ━) 자신이 다스렸음[克]을 뜻함이 〈대사극(大師克)〉이다. 따라서 구사(九四 : ━)와 구삼(九三 : ━)을 적대시했던 마음을 구오(九五 : ─) 자신이 다스려 극복하자, 비록 구사(九四 : ─)와 구삼(九三 : ─)이 사이에서 가로막고 있지만 구오(九五 : ─)의 마음이 육이(六二 : --)로 들고[入] 육이(六二 : --)의 마음이 구오(九五 : ─)로 들어[入], 구오(九五 : ─)와 육이(六二 : --)가 마음으로써 서로[相] 어울리는[同] 만남[遇]을 누릴 수 있음을 암시한 계사(繫辭)가 〈대사극(大師克) 상우(相遇)〉이다.

【字典】

**동(同)** 〈어울릴 동(同)-화(和), 동류(패거리) 동(同)-배(輩), 모을 동(同)-회(會), 무리 동(同)-취(聚), 같게 할 동(同)-제(齊), 같을 동(同)-등(等)-불이(不異), 합칠 동(同)-합(合), 다 동(同)-공(共)〉 등의 뜻을 내지만 여기선 〈어울릴 화(和)〉로 여기고 새김이 마땅하다.

**인(人)** 〈사람 인(人)-만물지최령자(萬物之最靈者), 백성 인(人)-민(民), 남 인(人)-타인(他人), 아무개 인(人)-모인(某人), 도인 인(人)-도인(道人), 사람들 인(人)-인인(人人), 범인(소인) 인(人)-소인(小人)-범인(凡人), 인성 인(人)-인성(人性), 인위 인(人)-인위(人爲), 신하 인(人)-신하(臣下), 중서(민중) 인(人)-중서(衆庶)-민중(民衆), 건괘-진괘 인(人)-건위인(乾爲人)-진위인(震爲人), 어짊 인(人)-인(仁), 선인 인(人)-선인(先人), 서로 어여삐 여길 인(人)-상련(相憐)〉 등의 뜻을 내지만 〈사람 인(人)〉으로 여기고 새김이 마땅하다.

**선(先)** 〈처음 선(先)-시(始), 앞 선(先)-전(前), 먼저 선(先)-시(始), 앞으로 나아갈 선(先)-전진(前進), 자리가 아래에 있는 선(先)-위재하(位在下), 우두머리 선(先)-수(首)-전수(前首), 이미 죽은 선(先)-이사(已死), 조상(선조) 선(先)-조선(祖先)-조고(祖考), 미리 알려주는 뜻 선(先)-의기언(宜其言)-예선고지지의(預先告知之意), 소개할 선(先)-소개(紹介), 이를 선(先)-조(早), 비로소 선(先)-시(始), 높일(받들) 선(先)-상(尙), 높을 선(先)-고(高), 선생 선(先)-선생(先生)-유덕자(有德者), 씻을(깨끗할) 선(先)-세(洗)〉 등의 뜻을 내지만 여기선 〈처음 시(始)〉로 여기고 새김이 마땅하다.

**호(號)** 〈부를 호(號)-호(呼), 알릴 호(號)-고(告), 명칭 호(號)-명칭(名稱), 시호 호(號)-시호(諡號), 명성을 알릴 호(號)-성예(聲譽), 첩보 호(號)-첩보(牒報), 표지 호(號)-표지(標識), 울면서 말할 호(號)-곡이언(哭而言), 울 호(號)-곡(哭), 닭 울음 호(號)-계명(鷄鳴), 호랑이 울음 호(號)-호소(虎嘯), {의사(疑詞)로서} 어찌 호(號)-하(何)-호(胡)-해

(奚)-하(遐)-후(侯)-갈(曷)-합(盍)〉 등의 뜻을 내지만 여기선 〈부를 호(呼)〉와 같다 여기고 새김이 마땅하다.

**도(咷)** 〈울부짖을 도(咷)-곡호(哭號), 울 도(咷)-읍(泣)-명(鳴), 어린애가 울기를 그치지 않을 도(咷)-소아읍부지(小兒泣不止)〉 등의 뜻을 내지만 여기선 〈울부짖을 곡호(哭號)〉와 같다 여기고 새김이 마땅하다.

**이(而)** 〈(말 이을) 그리고(그러나) 이(而)-승상전하(承上轉下), 얼굴에 난 털 이(而)-협모(頰毛), 수염 이(而)-수(須), 너 이(而)-여(汝)-여(女), ~면 이(而)-약(若), 그럴 이(而)-연(然), 그러므로 이(而)-고(故), 이에 이(而)-내(乃), 곧 이(而)-즉(則), 그로써 이(而)-이(以), ~과 이(而)-여(與)-급(及), 그 이(而)-기(其), 어찌 이(而)-기(豈), 또 이(而)-차(且)-우(又), 오히려(조차) 이(而)-유(猶), 무릇 이(而)-부(夫), 이것 이(而)-차(此), 오직 이(而)-유(唯), ~할 수 있을 이(而)-능(能), 어찌 이(而)-안(安)〉 등의 뜻을 내지만 여기선 〈그리고 이(而)〉로 여기고 새김이 마땅하다.

**후(後)** 〈뒤 후(後)-선지대(先之對), 늦을 후(後)-지(遲), 뒤처질 후(後)-낙후(落後), 뒤늦게 올 후(後)-지래(遲來), 사양할 후(後)-손(遜), 다가올(장래) 후(後)-장래(將來), 두 세대 후(後)-후세(後世), 일이 끝난 뒤 후(後)-사후필(事後畢), 자손 후(後)-자손(子孫), 뒤를 잇는 것 후(後)-후속자(後續者), 뒤에 말한 것 후(後)-하소언(下所言)〉 등의 뜻을 내지만 여기선 〈뒤 후(後)〉로 새김이 마땅하다.

**소(笑)** 〈웃을 소(笑)-흔(欣)-희(喜), 미소 짓는 소(笑)-미소(微笑), 비웃을(냉소할) 소(笑)-치(嗤)-신(哂)〉 등의 뜻을 내지만 여기선 〈웃을 흔(欣)〉과 같다 여기고 새김이 마땅하다.

**사(師)** 〈군대 사(師)-군(軍)-여(旅), 사람 무리 사(師)-군(群), 주대(周代)의 군제(軍制) 사(師), 일주(一州) 사(師), 십도(十都) 사(師), 어른 사(師)-장(長), 인간의 모범 사(師)-범(範), 악관 사(師)-악관(樂官), 관리 사(師)-관리(官吏), 본받을 사(師)-법(法)-효(效), 따를 사(師)-순(順)〉 등의 뜻을 내지만 여기선 〈군대 사(師)〉로 여기고 새김이 마땅하다.

**극(克)** 〈다스릴 극(克)-치(治), 꾸짖을(책할) 극(克)-책(責), 할 수 있을(능할) 극(克)-능(能)-유능력(有能力), 견딜 극(克)-견(肩)-감(堪), 이룰 극(克)-성(成), 이길 극(克)-승(勝)〉 등의 뜻을 내지만 여기선 〈다스릴 치(治)〉와 같다 여기고 새김이 마땅하다.

**상(相)** 〈서로 상(相)-공(共)-교(交), 살펴볼 상(相)-찰(察)-성(省)-시(視), 따를 상(相)-수(隨), 점칠 상(相)-복(卜), 도울 상(相)-조(助)-부조(扶助), 안내할 상(相)-도(導), 다스릴 상(相)-치(治)〉 등의 뜻을 내지만 여기선 〈서로 교(交)-공(共)〉과 같다 여기고 새김이 마땅하다.

**우(遇)** 〈만날 우(遇)-봉(逢), 길에서 우연히 만날 우(遇)-불기이어도로상봉(不期而於道路相逢)-불기이회(不期而會), 구할 우(遇)-구(求), 뜻을 알아챌 우(遇)-지득(志得), 은혜로써 가까이할 우(遇)-이은상접(以恩相接), 시기 우(遇)-시기(時機), 이를(미칠) 우(遇)-피(被), 짝 우(遇)-우(偶)〉 등의 뜻을 내지만 여기선 〈만날 봉(逢)〉과 같다 여기고 새김이 마땅하다.

---

註 손입야(巽入也) : 손은[巽 : ☴] 들임[入]이다[也]. 「설괘전(說卦傳)」 7단락(段落)

## 상구(上九 : ⚊)

**上九 : 同人于郊이니 无悔이다**
동인우교 무회

상구(上九) : 향촌[郊]에서[于] 사람들이[人] 어울리니[同] 후회함이[悔] 없다[无].

**【상구(上九)의 효상(爻象) 풀이】**

동인괘(同人卦 : ䷌)의 상구(上九 : ⚊)는 이양거음(以陽居陰) 즉 양(陽 : ⚊)으로써[以] 음(陰 : ⚋)의 자리에 있는지라[居] 정당한 자리에 있지 못하다. 구오(九五 : ⚊)와는 양양(兩陽) 즉 둘 다[兩] 양(陽 : ⚊)의 사이인지라 비(比) 즉 이웃의 사귐[比]을 누릴 수 없는 처지이다. 상구(上九 : ⚊)와 구삼(九三 : ⚊) 역시 둘 다[兩] 양(陽 : ⚊)의 사이인지라 부정응(不正應) 즉 정도를 따라[正] 서로 호응하지 못한다[不應]. 이처럼 상구(上九 : ⚊)가 사고무친(四顧無親) 즉 사방을[四] 돌아봐도[顧] 가까운 사이가[親] 없지만[無] 상구(上九 : ⚊)는 동인괘(同人卦 : ䷌)의 주제인 〈동인(同人)〉의 시국을 벗어난 처지인지라 동인괘(同人卦 : ䷌)를 벗어나서 저 나름 〈동인(同人)〉을 누릴 수 있어 홀가분해 하는 모습이다.

> 동인괘(同人卦 : ䷌)의 상구(上九 : ⚊)가 상륙(上六 : ⚋)으로 변효(變爻)하면 상구(上九 : ⚊)는 동인괘(同人卦 : ䷌)를 49번째 혁괘(革卦 : ䷰)로 지괘(之卦)하게 한다. 따라서 동인괘(同人卦 : ䷌)의 상구(上九 : ⚊)는 혁괘(革卦 : ䷰)의 상륙(上六 : ⚋)을 찾아가 살펴보게 한다.





### 【상구(上九)의 계사(繫辭) 풀이】

## 同人于郊(동인우교) 无悔(무회)

향촌[郊]에서[于] 사람들이[人] 어울리니[同] 후회함이[悔] 없다[无].

상구(上九 : ⚊)의 효위(爻位)를 빌려 암시한 계사(繫辭)이다. 〈동인우교(同人于郊)〉는 〈상구동인우교(上九同人于郊)〉의 줄임으로 여기고 〈상구는[上九] 향촌[郊]에서[于] 사람들과[人] 어울린다[同]〉라고 새겨볼 것이다. 〈동인우교(同人于郊)의 우교(于郊)〉는 상구(上九 : ⚊)가 동인괘(同人卦 : ䷌)의 극위(極位)에 있음을 암시한다. 〈우교(于郊)의 교(郊)〉는 외(外) 즉 밖[外]인지라 동인괘(同人卦 : ䷌) 밖에 상구(上九 : ⚊)가 있음을 상징한다. 동인괘(同人卦 : ䷌)의 다른 양효(陽爻)들과는 달리 육이(六二 : ⚋)와 〈동인(同人)〉을 누리고자 애달파하지 않는다. 따라서 상구(上九 : ⚊)의 〈동인(同人)〉은 사사롭게[私] 끼리끼리 어울리는 소동(小同)을 떠나 원대한 어울림인 대동(大同)을 누리기에, 상구(上九 : ⚊)의 어울림[同]은 공평무사(公平無私)하여 담연(淡然)한지라 상구(上九 : ⚊)에게는 후회할 것이[悔] 없음[无]을 암시한 계사(繫辭)가 〈동인우교(同人于郊) 무회(无悔)〉이다.

【字典】

**동(同)** 〈어울릴 동(同)-화(和), 동류(패거리) 동(同)-배(輩), 모을 동(同)-회(會), 무리 동(同)-취(聚), 같게 할 동(同)-제(齊), 같을 동(同)-등(等)-불이(不異), 합칠 동(同)-합(合), 다 동(同)-공(共)〉 등의 뜻을 내지만 여기선 〈어울릴 화(和)〉로 여기고 새김이 마땅하다.

**인(人)** 〈백성 인(人)-민(民), 사람 인(人)-만물지최령자(萬物之最靈者), 남 인(人)-타인(他人), 아무개 인(人)-모인(某人), 도인 인(人)-도인(道人), 사람들 인(人)-인인(人人), 범인(소인) 인(人)-소인(小人)-범인(凡人), 인성 인(人)-인성(人性), 인위 인(人)-인

위(人爲), 신하 인(人)-신하(臣下), 중서(민중) 인(人)-중서(衆庶)-민중(民衆), 건괘-진괘 인(人)-건위인(乾爲人)-진위인(震爲人), 어짊 인(人)-인(仁), 선인 인(人)-선인(先人), 서로 어여삐 여길 인(人)-상련(相憐)〉 등의 뜻을 내지만 〈백성 민(民)〉과 같다 여기고 새김이 마땅하다.

**우(于)** 〈~에서(부터) 우(于)-어(於), 갈 우(于)-왕(往), 써 우(于)-이(以), 할 우(于)-위(爲), 여기 우(于)-시(是), 도울 우(于)-조(助), 클 우(于)-대(大), 구할 우(于)-구(求), 자족하는 모습 우(于)-자족모(自足貌)〉 등의 뜻을 내지만 여기선 〈~에서 어(於)〉와 같다 여기고 새김이 마땅하다.

**교(郊)** 〈밖의 끝 교(郊)-외지극(外之極), 성읍 밖 교(郊)-읍외(邑外), 외곽 교(郊)-외곽(外郭), 들판 교(郊)-전야(田野)〉 등의 뜻을 내지만 여기선 〈밖의 끝 외지극(外之極)〉으로 여기고 새김이 마땅하다.

**무(无)** 〈없을 무(无)-무(無), 허무지도 무(无)-허무지도(虛无之道), 으뜸 무(无)-원(元)〉 등의 뜻을 내지만 여기선 〈없을 무(無)〉와 같다 여기고 새김이 마땅하다.

**회(悔)** 〈뉘우칠 회(悔)-오(懊), 거만할 회(悔)-만(慢), 한스러울 회(悔)-한(恨), 실패할 회(悔)-실(失), 후회할 회(悔)-후회(後悔), (잘못 등을) 고칠 회(悔)-개(改), 책망할 회(悔)-구(咎), 대성괘의 상체(上體) 회(悔)〉 등의 뜻을 내지만 여기선 〈뉘우칠 오(懊)〉와 같다 여기고 새김이 마땅하다. 대성괘(大成卦)의 하체(下體) 즉 내괘(內卦)를 〈정(貞)〉이라 일컫고, 상체(上體) 즉 외괘(外卦)를 〈회(悔)〉라고 일컫는다.

# 대유괘 大有卦

# 14

## 1 괘의 괘상과 계사

# 대유괘(大有卦 : ䷍)

건하이상(乾下離上) : 아래는[下] 건(乾 : ☰), 위는[上] 이(離 : ☲).

화천대유(火天大有) : 불과[火] 하늘은[天] 대유이다[大有].

大有는 元亨한다
대유 원형

많은[大] 수확은[有] 크나크고[元] 통한다[亨].

**【대유괘(大有卦 : ䷍)의 괘상(卦象) 풀이】**

앞 동인괘(同人卦 : ䷌)의 〈동인(同人)〉은 사람들과[人] 어울림[同]이다. 〈동인(同人)〉이 이루어지면 물건들이 많아지게 된다. 「서괘전(序卦傳)」에 〈사람들과[人] 어울리는[同] 것은[者] 물건들이[物] 반드시[必] 돌아온다[歸] 그래서[故] 대유괘(大有卦 : ䷍)로써[以] 그것을[之] 받는다[受]〉라는 말이 나온다. 이는 동인괘(同人卦 : ䷌) 다음에 대유괘(大有卦 : ䷍)가 있는 까닭을 암시한다. 〈동인(同人)〉의 세상은 〈대유(大有)〉로 이어지게 마련이다. 〈대유(大有)〉는 많이[大] 취함[有]이다. 결핍(缺乏)이 없는 세상이 〈대유(大有)〉이다. 대유괘(大有卦 : ䷍)의 괘체(卦體)는 위는[上] 불[火 : ☲]이고 아래는[下] 하늘[天 : ☰]이다. 대유괘(大有卦 : ䷍)는 동인괘(同人卦 : ䷌)가 도괘(倒卦) 즉 뒤집힌[倒] 괘(卦)이다. 화재천상(火在天上) 즉 불이[火] 하늘[天] 위에[上] 있으니[在] 그 밝음이 미치지 않는 데가 없어서 온 누리를 비추어 드러나게 함이 〈대유(大有)〉의 모습이다. 그리고 대유괘(大有卦 : ䷍)에서 일유(一柔) 즉 육오(六五 : ⚋)가 존위(尊位)에 있어서 대유괘(大有卦 : ䷍)의 중양(衆陽)이 아울러 호응하니 상하(上下)가 응(應)함이 〈대유(大有)〉의 뜻이 되고, 성대하고 풍요한 모습을 일러 대유괘(大有卦 : ䷍)라 칭명(稱名)한다.

【대유괘(大有卦 : ☲)의 계사(繫辭) 풀이】

## 大有(대유) 元亨(원형)

많은[大] 수확은[有] 크나크고[元] 통한다[亨].

대유괘(大有卦 : ☲)의 괘상(卦象)을 빌려 암시한 계사(繫辭)이다. 〈대유(大有) 원형(元亨)〉은 〈대유원(大有元) 이대유형(而大有亨)〉의 줄임으로 여기고 〈대유는[大有] 크다[元] 그리고[而] 대유는[大有] 통한다[亨]〉라고 새겨볼 것이다. 〈대유(大有)의 대(大)〉는 〈많을 다(多)〉와 같고, 〈대유(大有)의 유(有)〉는 〈취할 취(取)〉와 같다. 거두어들인 것이 많음이 〈대유(大有)〉이다. 무리 지은 사람들이 저마다의 소유만을 탐하여 물건을 거두어들인다면 세상이 풍요로울 수가 없다. 무리 지은 사람들이 서로 어울려 다 함께 물건을 거두어들인다면 세상이 풍요로울 수 있다는 것이 〈대유(大有)〉가 뜻하는 바다. 세상이 풍요해 백성이 서로서로 풍요하다 함이지 한 개인의 소유로써 한 개인이 풍요하다는 뜻이 아니다. 하늘에 밝음이 풍요해 온 세상의 만물을 비추어 밝음이 풍요하듯 온 백성이 저마다 〈대유(大有)〉를 누리는지라, 거두어들여 취함이[有] 많을수록[大] 크나크고[元] 막힘없이 통함[亨]을 헤아려 깨우치게 하는 계사(繫辭)가 〈대유(大有) 원형(元亨)〉이다.

【字典】

**대(大)** 〈많을 대(大)-다(多), 큰 대(大)-소지대(小之對), 지나칠 대(大)-과(過), 자만할 대(大)-과(誇)-긍벌(矜伐), 넓을 대(大)-광(廣), 두루 대(大)-편(徧), 통할 대(大)-통(通), 길 대(大)-장(長), (땅을) 걸게 할 대(大)-비(肥), 두터울 대(大)-후(厚), 모두 대(大)-개(皆), 선할 대(大)-선(善), 무거울 대(大)-중(重), 거대할 대(大)-거(巨), 아름다울 대(大)-미(美)-장(壯), 부유할 대(大)-부(富), 늙을 대(大)-노(老), 끝 대(大)-극(極), 대충 대(大)-조(組)-불세밀(不細密), 처음 대(大)-초(初), 하늘 대(大)-천(天), 건(乾)-양기(陽氣)-양효(陽爻) 대(大)〉 등의 뜻을 내지만 여기선 〈많을 다(多)〉와 같다 여기고 새김이 마땅하다.

**유(有)** 〈얻을(가질) 유(有)-취(取), 없을 무(無)의 반대말로 있을 유(有), 혹 유(有)-혹(或), 많을 유(有)-다(多)-족(足), 부유할 유(有)-부(富), 간직할 유(有)-장(藏), 보호할 유(有)-보(保), 서로 친할 유(有)-상친(相親), 전일할 유(有)-전(專), 할 유(有)-위(爲), 어

조사 유(有)〉 등의 뜻을 내지만 〈얻을 취(取)〉와 같다 여기고 새김이 마땅하다.

**원(元)** 〈선함의 으뜸 원(元)-선지장(善之長), 비롯할 원(元)-시(始)-단(端), 머리 원(元)-수(首)-두(頭), 근본 원(元)-본(本)-원(原), 어른 원(元)-장(長)-원장(元長), 하나 원(元)-일(一), 우두머리 원(元)-수장(首長), 임금 원(元)-원군(元君)-군(君), 아름다울 원(元)-미(美), 위 원(元)-상(上), 하늘 원(元)-천(天), 하늘땅의 큰 덕 원(元)-천지지대덕(天地之大德)-원기(元氣)-기(氣), 기운의 시작 원(元)-기지시(氣之始)-원자(元者), 백성 원(元)-원원(元元)-백성(百姓)〉 등의 뜻을 내지만 여기선 〈크게 원(元)〉으로 여기고 새김이 마땅하다.

**亨** 〈향-형-팽〉 등으로 발음되고, 〈통할 형(亨)-통(通), 남을 형(亨)-여(餘), 드릴 향(亨)-헌(獻), 삶을 팽(亨)-자(煮)-팽(烹)〉 등의 뜻을 내지만 여기선 〈통할 통(通)〉과 같다 여기고 새김이 마땅하다.

## 2 효의 효상과 계사

初九 : 无交害이나 匪咎이다 艱해도 則无咎이다
무교해 비구 간 즉무구

九二 : 大車以載니 有攸往이면 无咎이다
대거이재 유유왕 무구

九三 : 公用亨于天子니 小人弗克이다
공용향우천자 소인불극

九四 : 匪其彭이니 无咎이다
비기방 무구

六五 : 厥孚하고 交如하며 威如하니 吉하다
궐부 교여 위여 길

上九 : 自天祐之라 吉无不利하다
자천우지 길무불리

초구(初九) : 사귐도[交] 해로움도[害] 없으나[无] 허물은[咎] 아니다[匪]. 어려워도[艱] 곧[則] 허물이[咎] 없다[无].

구이(九二) : 큰[大] 수레[車]로써[以] 실음이니[載] 갈[往] 바가[攸] 있으면[有] 허물이[咎] 없다[无].

구삼(九三) : 제후가[公] 천자(天子)에게[于] 조공을[亨] 바친다[用]. 소인은[小人] 할 수 없다[弗克].

구사(九四) : 그것에[其] 가까이함이[彭] 아니니[匪] 허물이[咎] 없다[无].

육오(六五) : 그를[厥] 믿어주고[孚] 교류하면서도[交如] 위엄이 있으니[威如] 길하다[吉].

상구(上九) : 하늘[天]로부터[自] 도움 받는다[祐之]. 행운을 누려도[吉] 이롭지 않음이[不利] 없다[无].

## 초구(初九 : ⚊)

**初九 : 无交害**이나 **匪咎**이다 **艱**해도 **則无咎**이다
무교해 비구 간 즉무구

초구(初九) : 사귐도[交] 해로움도[害] 없으나[无] 허물은[咎] 아니다[匪]. 어려워도[艱] 곧[則] 허물이[咎] 없다[无].

【초구(初九)의 효상(爻象) 풀이】

대유괘(大有卦 : ☲☰)의 초구(初九 : ⚊)는 이양거양(以陽居陽) 즉 양(陽 : ⚊)으로 써[以] 양(陽 : ⚊)의 자리에 있는지라[居] 정당한 자리에 있다. 초구(初九 : ⚊)와 구이(九二 : ⚊)는 양양(兩陽) 즉 둘 다[兩] 양(陽 : ⚊)의 사이인지라 비(比) 즉 이웃의 사귐[比]을 누리지 못한다. 그리고 초구(初九 : ⚊)와 구사(九四 : ⚊)도 양양(兩陽)의 사이인지라 부정응(不正應) 즉 정도를 따라[正] 서로 호응하지 못하고[不應] 상충(相衝) 즉 서로[相] 부딪치는[衝] 사이이다. 초구(初九 : ⚊)의 자리는 대유괘(大有卦 : ☲☰)의 주제인 〈대유(大有)〉의 시국이 시작되는 자리이다. 그러나 초구(初九 : ⚊)는 대유괘(大有卦 : ☲☰)의 주효(主爻)인 육오(六五 : ⚋)에서 가장 멀리 떨어져 있어서 서로 교류하기 어려워 〈대유(大有)〉를 이루기가 어렵고, 구사(九四 : ⚊)와도 상충(相衝)하는지라 풍요[大有]를 나누지 못해 어려운 지경이지만, 강강(剛强)한 초구(初九 : ⚊)는 정위(正位)에서 제 길을 지켜가는지라 떳떳한 모습이다.

대유괘(大有卦 : ☲☰)의 초구(初九 : ⚊)가 초륙(初六 : ⚋)으로 변효(變爻)하면 초구(初九 : ⚊)는 대유괘(大有卦 : ☲☰)를 50번째 정괘(鼎卦 : ☲☴)로 지괘(之卦)하게 한다. 따라서 대유괘(大有卦 : ☲☰)의 초구(初九 : ⚊)는 정괘(鼎卦 : ☲☴)의 초륙(初六 : ⚋)을 찾아가 살펴보게 한다.

【초구(初九)의 계사(繫辭) 풀이】

### 无交害(무교해) 匪咎(비구)

사귐도[交] 해로움도[害] 없으나[无] 허물은[咎] 아니다[匪].

초구(初九 : ⚊)의 효위(爻位)를 빌려 암시한 계사(繫辭)이다. 〈무교해(无交害)〉는 〈초구무교(初九无交) 소이초구무해(所以初九无害)〉의 줄임으로 여기고 〈초구에게는[初九] 사귐이[交] 없다[无] 그래서[所以] 초구에게는[初九] 해로움도[害] 없다[无]〉라고 새겨볼 것이다. 〈무교해(无交害)의 교(交)〉는 대유괘(大有卦 : ䷍)의 제양(諸陽)이 존위(尊位)에 있는 육오(六五 : ⚋)와 사귀어서[交] 대유괘(大有卦 : ䷍)의 주제인 〈대유(大有)〉의 시국을 누리고자 함을 암시한다. 그러나 초구(初九 : ⚊)는 육오(六五 : ⚋)로부터 가장 멀리 떨어져 있어서 서로 사귐이[交] 없음[无]을 암시하고, 동시에 구사(九四 : ⚊)와도 둘 다 양(陽 : ⚊)인지라 사귈[交] 수가 없음[无]을 암시한 것이 〈무교해(无交害)의 무교(无交)〉이다. 서로 사귐[交]으로써 이루어지는 〈대유(大有)〉 즉 부유함[大有]이 빚어낼 수도 있는 교만(驕慢)으로 말미암은 해로움[害]이 초구(初九 : ⚊)에게는 없음[无]이 〈무교해(无交害)〉이다.

〈비구(匪咎)〉는 〈무교해비초구지구(无交害匪初九之咎)〉의 줄임으로 여기고 〈무교해는[无交害] 초구의[初九之] 허물이[咎] 아닌 것이다[匪]〉라고 새겨볼 것이다. 초구(初九 : ⚊)가 처한 위치 탓으로 사귐도 없고[无交] 해로움도 없음[无害]이지 초구(初九 : ⚊) 자신의 허물이[咎] 아니란[匪] 것이 〈비구(匪咎)〉이다. 〈비구(匪咎)의 비(匪)〉는 〈아닌 것 비(非)〉와 같다. 초구(初九 : ⚊)에게 교류도[交] 없고[无] 그로 말미암아 해될 것도[害] 없다[无]는 것은 초구(初九 : ⚊) 자신의 탓이 아니라 초구(初九 : ⚊)가 있는 자리가 그러한지라, 초구(初九 : ⚊) 자신의 허물[咎] 탓으로 〈무교해(无交害)〉가 빚어짐이 아닌 것[匪]임을 암시한 계사(繫辭)가 〈무교해(无交害) 비구(匪咎)〉이다.

## 艱(간) 則无咎(즉무구)

### 어려워도[艱] 곧[則] 허물이[咎] 없다[无].

초구(初九 : ⚊)의 강직(剛直)함을 암시한 계사(繫辭)이다. 〈간(艱)〉은 〈초구간인무교(初九艱因无交)〉의 줄임으로 여기고 〈초구는[初九] 사귐이[交] 없기[无] 때문에[因] 어렵다[艱]〉라고 새겨볼 것이다. 육오(六五 : ⚋)와의 〈동인(同人)〉 즉 사람들과의[人] 어울림[同]이 대유괘(大有卦 : ䷍)의 주제인 〈대유(大有)〉의 시국을 누리는 데 필수인데, 초구(初九 : ⚊)는 대유괘(大有卦 : ䷍)의 존위(尊位)에 있는 육오(六五 : --)와는 너무 멀리 떨어져 있어서 〈동인(同人)〉을 이룰 수 없기에 〈대유(大有)〉 즉 풍요를[大] 취하지[有] 못해 형편이 어려움을 암시함이 〈간(艱)〉이다.

〈즉무구(則无咎)〉는 〈즉초구무구(則初九无咎)〉의 줄임으로 여기고 〈곧[則] 초구에게는[初九] 허물이[咎] 없다[无]〉라고 새겨볼 것이다. 〈즉무구(則无咎)의 즉(則)〉은 여기선 〈곧 즉(卽)〉과 같다. 〈간(艱)〉 즉 어려움[艱]을 겪는 초구(初九 : —)에게 허물이[咎] 없다[无]고 함은 강강(剛強)한 초구(初九 : —)가 정위(正位)에 있음을 암시한다. 형편은 어렵지만 당당히 맞서 자신의 정의(正義)를 잃지 않아 초구(初九 : —)에게 허물이[咎] 없음[无]을 암시한 계사(繫辭)가 〈간(艱) 즉무구(則无咎)〉이다.

【字典】

**무(无)** 〈없을 무(无)-무(無), 허무지도 무(无)-허무지도(虛无之道), 으뜸 무(无)-원(元)〉 등의 뜻을 내지만 여기선 〈없을 무(無)〉와 같다 여기고 새김이 마땅하다.

**교(交)** 〈사귈 교(交)-상합(相合), 합할 교(交)-합(合), 맺을 교(交)-결(結), 무릎을 괴고 교(交)-교경(交脛), 벗할 교(交)-구(俱), 함께할 교(交)-공(共), 붙을 교(交)-접(接), 통할 교(交)-통(通), 서로(갈마들) 교(交)-호(互), 벗할 교(交)-우(友), 어울릴 교(交)-화(和), 가까울 교(交)-협(夾), 같게 할 교(交)-제(齊), 멈출 교(交)-정(定)-지(止), 오고가고 할 교(交)-왕래(往來), 달이 바뀌지는 때의 교(交), 새가 낮게 날아갈 교(交), 옷깃 교(交)-의령(衣領)〉 등의 뜻을 내지만 여기선 〈사귈 상합(相合)〉과 같다 여기고 새김이 마땅하다.

**害** 〈해-할〉 두 가지로 발음되고, 〈해로울 해(害)-상(傷), 걱정스러울 해(害)-환(患), 위태할 해(害)-위(危), 손해 볼 해(害)-손(損), 나눌 해(害)-할(割), 방해할 해(害)-방(妨), 시기할 해(害)-기(忌), 불행할 해(害)-화(禍), 견줄 해(害)-비(比)-승(勝), 독물 해(害)-독물(毒物), 죽일 해(害)-살(殺), 어찌 할(害)-하(何)-합(盍)〉 등의 뜻을 내지만 여기선 〈해로울 상(傷)〉과 같다 여기고 새김이 마땅하다.

**匪** 〈비-분〉 두 가지로 발음되고, 〈아닌 것 비(匪)-비(非), 악할 비(匪)-악(惡), 대나무로 만든 상자 비(匪), 발어사(發語詞) 비(匪)-피(彼), 멈춤 없이 가는 모양 비(匪)-행부지모(行不止貌), 나눌 분(匪)-분(分)〉 등의 뜻을 내지만 여기선 〈아닌 것 비(非)〉와 같다 여기고 새김이 마땅하다.

**구(咎)** 〈허물 구(咎)-과(過)-건(愆), 재앙 구(咎)-재(災), 앓을 구(咎)-병(病), 싫어할 구(咎)-오(惡), 헐뜯을 구(咎)-방(謗)〉 등의 뜻을 내지만 〈허물 과(過)-건(愆)〉과 같다 여기고 새김이 마땅하다.

**간(艱)** 〈어려울 간(艱)-난(難)-불이(不易), 험할 간(艱)-험(險), 개간할 간(艱)-토난치(土難治), 걱정할 간(艱)-우(憂), 괴로울 간(艱)-고(苦)〉 등의 뜻을 내지만 여기선 〈어려울 난(難)〉과 같다 여기고 새김이 마땅하다.

**則** 〈칙-즉〉 두 가지로 발음되고, 〈곧 즉(則)-즉(卽)-내(乃), 원칙(법) 칙(則)-법(法), 항상 칙(則)-상(常), 본받을 칙(則)-효(效), 묶을 칙(則)-약(約), 이에 즉(則)-내(乃), 어조사 즉(則)-이(而), 이 즉(則)-시(是), 무릇 즉(則)-부(夫)〉 등의 뜻을 내지만 여기선 〈곧 즉(卽)〉과 같다 여기고 새김이 마땅하다.

## 구이(九二 : ⚊)

九二 : 大車以載니 有攸往이면 无咎이다
대 거 이 재 유 유 왕 무 구

구이(九二) : 큰[大] 수레[車]로써[以] 실음이니[載] 갈[往] 바가[攸] 있으면[有] 허물이[咎] 없다[无].

**【구이(九二)의 효상(爻象) 풀이】**

대유괘(大有卦 : ䷍)의 구이(九二 : ⚊)는 이양거음(以陽居陰) 즉 양(陽 : ⚊)으로써[以] 음(陰 : ⚋)의 자리에 있는지라[居] 정당한 자리에 있지 못하다. 구이(九二 : ⚊)와 초구(初九 : ⚊)-구삼(九三 : ⚊)은 모두가 양(陽 : ⚊)의 사이인지라 비(比) 즉 이웃의 사귐[比]을 누리지 못하고 오히려 상충(相衝) 즉 서로[相] 부딪치는[衝] 사이이다. 그러나 구이(九二 : ⚊)와 육오(六五 : ⚋)는 서로 부정위(不正位)에 있지만 정응(正應) 즉 바르게[正] 호응하면서[應] 서로 득중(得中) 즉 정도를 따름을[中] 취하는[得] 사이인지라, 매사(每事)를 육오(六五 : ⚋)가 구이(九二 : ⚊)에게 맡길 수 있고 구이(九二 : ⚊)는 당당하게 맡을 수 있는 모습이다.

대유괘(大有卦 : ☲)의 구이(九二 : ㅡ)가 육이(六二 : --)로 변효(變爻)하면 구이(九二 : ㅡ)는 대유괘(大有卦 : ☲)를 30번째 이괘(離卦 : ☲)로 지괘(之卦)하게 한다. 따라서 대유괘(大有卦 : ☲)의 구이(九二 : ㅡ)는 이괘(離卦 : ☲)의 육이(六二 : --)을 찾아가 살펴보게 한다.

【구이(九二)의 계사(繫辭 )풀이】

## 大車以載(대거이재) 有攸往(유유왕) 无咎(무구)

큰[大] 수레[車]로써[以] 실음이니[載] 갈[往] 바가[攸] 있으면[有] 허물이[咎] 없다[无].

구이(九二 : ㅡ)가 대유괘(大有卦 : ☲)의 하체(下體) 건(乾 : ☰)의 중효(中爻)임을 빌려 암시한 계사(繫辭)이다. 〈대거이재(大車以載)〉는 〈구이재이대거(九二載以大車)〉의 줄임으로 여기고 〈구이는[九二] 커다란[大] 수레[車]로써[以] 싣는다[載]〉라고 새겨볼 것이다. 〈대거이재(大車以載)의 대거(大車)〉는 대유괘(大有卦 : ☲)의 하체(下體) 건(乾 : ☰)의 중효(中爻)인 구이(九二 : ㅡ)를 취상(取象)한 것이다. 왜냐하면 여기 〈대거(大車)의 거(車)〉가 「설괘전(說卦傳)」에 나오는 〈건은[乾 : ☰] 둥근 것[圜]이다[爲]〉라는 내용을 환기시키기 때문이다. 거륜(車輪) 즉 수레바퀴[車輪]는 둥근 것[圜]이다. 구이(九二 : ㅡ)가 수레[車]로 취상(取象)되자면 〈대거(大車)〉이어야 한다. 왜냐하면 구이(九二 : ㅡ)는 양(陽 : ㅡ)인 대(大)이기 때문이다. 〈대거이재(大車以載)의 재(載)〉는 구이(九二 : ㅡ)와 육오(六五 : --)가 서로 나누는 정응(正應)을 암시한다. 존위(尊位)에 있는 육오(六五 : --)의 왕명(王命)을 구이(九二 : ㅡ)가 받음을 일러 〈커다란[大] 수레[車]로써[以] 싣는다[載]〉 함이니 여기 〈재(載)〉는 왕명을 받아 시행함을 암시한다.

〈유유왕(有攸往)〉 역시 구이(九二 : ㅡ)와 육오(六五 : --) 사이의 정응(正應)을 암시한다. 구이(九二 : ㅡ)는 양강(陽剛)이니 재승(才勝) 즉 능력이[才] 뛰어나고[勝] 육오(六五 : --)는 음유(陰柔)이니 겸순(謙順) 즉 겸허히[謙] 따름[順]인지라, 육오(六五 : --)와 구이(九二 : ㅡ)가 군신(君臣)으로서 득중(得中) 즉 정도를 따름을[中] 취하여[得] 왕명을 내리고 받음을 〈유유왕(有攸往)〉이라고 암시한다. 이어 득중(得中) 즉 정도를 따름을[中] 취하는[得] 정응(正應)으로써 육오(六五 : --)가 왕명을 내리고 구이(九二 : ━)는 신하로서 왕명을 받음에는 허물이[咎] 없음[无]을 암시한 것이 〈무구(无咎)〉이다. 따라서 정응(正應)으로써 육오(六五 : ╍)는 왕명을 구이(九二 : ━)에게 내려 맡기고 구이(九二 : ━)는 정응(正應)으로써 왕명을 받아 정도를 따름을 취하여 수행하므로, 구이(九二 : ━)에게 허물이[咎] 없음[无]을 암시한 계사(繫辭)가 〈대거이재(大車以載) 유유왕(有攸往) 무구(无咎)〉이다.

【 字 典 】

**대(大)** 〈큰 대(大)-소지대(小之對), 많을 대(大)-다(多), 지나칠 대(大)-과(過), 자만할 대(大)-과(誇)-긍벌(矜伐), 넓을 대(大)-광(廣), 두루 대(大)-편(徧), 통할 대(大)-통(通), 길 대(大)-장(長), (땅을) 걸게 할 대(大)-비(肥), 두터울 대(大)-후(厚), 모두 대(大)-개(皆), 선할 대(大)-선(善), 무거울 대(大)-중(重), 거대할 대(大)-거(巨), 아름다울 대(大)-미(美)-장(壯), 부유할 대(大)-부(富), 늙을 대(大)-노(老), 끝 대(大)-극(極), 대충 대(大)-조(組)-불세밀(不細密), 처음 대(大)-초(初), 하늘 대(大)-천(天), 건(乾)-양기(陽氣)-양효(陽爻) 대(大)〉 등의 뜻을 내지만 여기선 〈큰 대(大)〉로 여기고 새김이 마땅하다.

**車** 〈거-차〉 두 가지로 발음되고, 〈수레 거(車)-노(輅), 그물 거(車)-복거(覆車)-망(網), 수레 차(車), 성씨 차(車)〉 등의 뜻을 내지만 여기선 〈수레 노(輅)〉와 같다 여기고 새김이 마땅하다.

**이(以)** 〈써 이(以)-용(用), 본받을 이(以)-법(法), 할 이(以)-위(爲), 생각할 이(以)-사(思), 거느릴 이(以)-솔(率), 그만둘 이(以)-이(已), 때문에 이(以)-인(因) {까닭 이(以)로 명사(名詞) 노릇도 하는데 주로 유이(有以) 무이(無以) 꼴일 때가 대부분임.}, 더불어 이(以)-여(與), 하여금 이(以)-사(使), 이미 이(以)-이(已)〉 등의 뜻을 내고 이 외에도 전후문맥(前後文脈)에 따라 다양한 뜻을 자유롭게 내며 〈그래서 이(以)-소이(所以)-인이(因以)〉처럼 계사(繫詞) 노릇마저도 한다. 여기선 〈써 용(用)〉으로 여기고 새김이 마땅하다.

**재(載)** 〈실을(올릴) 재(載)-승(乘), 배와 수레로 물건을 실어 나를 재(載)-주거운물(舟車運物), 이길 재(載)-승(勝), 비롯할 재(載)-시(始), 이을 재(載)-승(承), 맡길 재(載)-임(任), 책에 올릴 재(載)-재어서(載於書), 기록할(쓸) 재(載)-기(記), 일 재(載)-사(事), 머물 재(載)-처(處), 편안할 재(載)-안(安), 태어날 재(載)-생(生), 알 재(載)-식(識), 해 재(載)-년(年), 말할 재(載)-언(言)-사(辭), 곧 재(載)-즉(則), 만약 재(載)-약(若), 어조사 재(載)〉 등의 뜻을 내지만 여기선 〈실을 승(乘)〉과 같다 여기고 새김이 마땅하다.

**유(有)** 〈없을 무(無)의 반대말로 있을 유(有), 혹 유(有)-혹(或), 많을 유(有)-다(多)-족(足), 부유할 유(有)-부(富), 얻을(가질) 유(有)-취(取), 간직할 유(有)-장(藏), 보호할 유(有)-보(保), 서로 친할 유(有)-상친(相親), 전일할 유(有)-전(專), 할 유(有)-위(爲), 어조사 유(有)〉 등의 뜻을 내지만 〈있을 유(有)〉로 여기고 새김이 마땅하다.

**유(攸)** 〈곳 유(攸)-소(所), 흘러가는 물 유(攸)-행수(行水), 아득할 유(攸)-장원(長遠)-유(悠), 닦을 유(攸)-수(修), 터득한 모습 유(攸)-자득모(自得貌), 빠를 유(攸)-숙(倏), 대롱거릴 유(攸)-현위모(懸危貌), 수심에 찬 모습 유(攸)-수모(愁貌)〉 등의 뜻을 내지만 여기선 〈곳 소(所)〉와 같다 여기고 새김이 마땅하다.

**왕(往)** 〈갈 왕(往)-행(行)-지(之)-거(去), 이를 왕(往)-지(至), 향할 왕(往)-향(向), 옛 왕(往)-석(昔), 이따금 왕(往)-시시(時時), 뒤 왕(往)-후(後)〉 등의 뜻을 내지만 〈갈 행(行)〉과 같다 여기고 새김이 마땅하다.

**무(无)** 〈없을 무(无)-무(無), 허무지도 무(无)-허무지도(虛无之道), 으뜸 무(无)-원(元)〉 등의 뜻을 내지만 여기선 〈없을 무(無)〉와 같다 여기고 새김이 마땅하다.

**구(咎)** 〈허물 구(咎)-과(過)-건(愆), 재앙 구(咎)-재(災), 앓을 구(咎)-병(病), 싫어할 구(咎)-오(惡), 헐뜯을 구(咎)-방(謗)〉 등의 뜻을 내지만 〈허물 과(過)-건(愆)〉과 같다 여기고 새김이 마땅하다.

---

註 건위환(乾爲圜) : 건은[乾 : ☰] 둥근 것[圜]이다[爲]. 「설괘전(說卦傳)」 11단락(段落)

## 구삼(九三 : ⚊)

九三 : 公用亨于天子니 小人弗克이다
　　　공 용 향 우 천 자　소 인 불 극

구삼(九三) : 제후가[公] 천자(天子)에게[于] 조공을[亨] 바친다[用]. 소인은[小人] 할 수 없다[弗克].

**【구삼(九三)의 효상(爻象) 풀이】**

대유괘(大有卦 : ☲☰)의 구삼(九三 : ⚊)은 이양거양(以陽居陽) 즉 양(陽 : ⚊)으

로써[以] 양(陽 : ━)의 자리에 있는지라[居] 정당한 자리에 있다. 구삼(九三 : ━)은 구이(九二 : ━)-구사(九四 : ━)와는 모두 양(陽 : ━)의 사이인지라 비(比) 즉 이웃의 사귐[比]을 누리지 못하고 오히려 상충(相衝) 즉 서로[相] 부딪치는[衝] 사이이고, 상구(上九 : ━)와도 양양(兩陽) 즉 둘 다[兩] 양(陽 : ━)인지라 부정응(不正應) 즉 정도를 따라[正] 호응하지 못해[不應] 구삼(九三 : ━)에게는 도움 받을 효연(爻緣)이 없다. 그러나 구삼(九三 : ━)은 대유괘(大有卦 : ䷍)에서 공경(公卿) 즉 제후(諸侯)의 자리에 정당하게 있음인지라 유순(柔順)한 천자(天子)인 육오(六五 : --)의 신임을 받는 모습이다.

> 대유괘(大有卦 : ䷍)의 구삼(九三 : ━)이 육삼(六三 : --)으로 변효(變爻)하면 구삼(九三 : ━)은 대유괘(大有卦 : ䷍)를 38번째 규괘(睽卦 : ䷥)로 지괘(之卦)하게 한다. 따라서 대유괘(大有卦 : ䷍)의 구삼(九三 : ━)은 규괘(睽卦 : ䷥)의 육삼(六三 : --)을 찾아가 살펴보게 한다.

**【구삼(九三)의 계사(繫辭) 풀이】**

## 公用亨于天子(공용향우천자)

**제후가[公] 천자(天子)에게[于] 조공을[亨] 바친다[用].**

구삼(九三 : ━)이 대유괘(大有卦 : ䷍)의 하체(下體) 건(乾 : ☰)의 상효(上爻)임을 빌려 암시한 계사(繫辭)이다. 〈공용향우천자(公用亨于天子)〉에서 〈공(公)〉은 구삼(九三 : ━)을 밝힌다. 대성괘(大成卦)에서 삼위(三位)는 대부(大夫) 또는 제후(諸侯)의 자리이다. 〈공용향우천자(公用亨于天子)〉에서 〈천자(天子)〉는 육오(六五 : --)를 밝힌다. 대성괘(大成卦)에서 오위(五位)는 존위(尊位)의 자리로서 천자(天子) 또는 군왕(君王)의 자리이다. 〈공용향우천자(公用亨于天子)의 용향(用亨)〉은 구삼(九三 : ━)이 육오(六五 : --) 즉 〈천자(天子)〉가 베푸는 향연(饗宴)를 받아 그 영광의 보답으로 조공을[亨] 바침[用]을 암시한다. 이러한 〈용향(用亨)〉은 대유괘(大有卦 : ䷍)의 주제인 〈대유(大有)〉의 시국을 맞아 〈대유(大有)〉 즉 풍요[大有]를 구삼(九三 : ━)이 독차지하지 않고 천자에게 공납(貢納)함을 암시한다. 이에 구삼(九三 : ━)이 풍요[大有]를 사유(私有)하지 않고 공유(公有)하는 군자(君子)임을 암시한 계사(繫辭)가 〈공용향우천자(公用亨于天子)〉이다.

## 小人弗克(소인불극)

소인은[小人] 할 수 없다[弗克].

구삼(九三 : ━)이 대인(大人)을 본받는 군자(君子)임을 암시한 계사(繫辭)이다. 〈소인불극(小人弗克)〉은 〈소인지공불극용향우천자(小人之公弗克用亨于天子)〉의 줄임으로 여기고 〈소인인[小人之] 제후는[公] 천자에게[于天子] 조공을[亨] 바칠[用] 수 없다[弗克]〉라고 새겨볼 것이다. 천자에게[于天子] 조공한다[用亨] 함은 온 세상 백성에게 베풂으로 돌아옴을 암시한다. 여기 〈불극(弗克)〉은 〈불능(不能)〉과 같다. 〈소인불극(小人弗克)의 소인(小人)〉은 구삼(九三 : ━)이 변효(變爻)하면 대유괘(大有卦 : ䷍)의 하체(下體) 건(乾 : ☰)이 태(兌 : ☱)로 변괘(變卦)함을 암시한다. 건(乾 : ☰)은 양괘(陽卦)라 군자(君子)를 상징하지만 태(兌 : ☱)는 음괘(陰卦)라 소인(小人)을 상징한다. 소성괘(小成卦)에서 양(陽 : ━)이 홀수이면 양괘(陽卦)이고 음(陰 : --)이 홀수이면 음괘(陰卦)이다. 대유괘(大有卦 : ䷍)의 주제인 〈대유(大有)〉의 시국에서 군자(君子)는 풍요[大有]를 온 세상 백성과 함께 공유(公有)하고자 천자(天子)에게 〈용향(用亨)〉하지만, 소인(小人)은 자신만을 위해 사유(私有)하고자 천자(天子)에게 조공할[用亨] 수 없음[弗克]을 암시한 계사(繫辭)가 〈소인불극(小人弗克)〉이다.

**【字典】**

**공(公)** 〈임금, 천자, 제후 등의 칭호로서 님 공(公)-군천자제후지칭(君天子諸侯之稱), 공변될 공(公)-평분(平分), 무사할 공(公)-무사(無私), 평평할 공(公)-평(平), 바를 공(公)-정(正), 완연할 공(公)-현연(顯然), 자세할 공(公)-상(詳), 상대를 존대하는 칭호 공(公)-대인지존칭(對人之尊稱), 할아버지 공(公)-조부(祖父), 아버지 공(公)-부(父), 부역 공(公)-부역(賦役), 성공 공(公)-성공(成功), 신을 받드는 칭호 공(公)-신지존칭(神之尊稱)〉 등의 뜻을 내지만 여기선 〈임금, 천자, 제후 등의 칭호로서 님 공(公)-군천자제후지칭(君天子諸侯之稱)〉의 뜻인지라 〈제후 공(公)〉으로 여기고 새김이 마땅하다.

**용(用)** 〈쓸(베풀) 용(用)-시(施)-행(行), 쓰일(부릴) 용(用)-사(使), 맡길 용(用)-임(任), 위할 용(用)-위(爲), 갖출 용(用)-비(備)〉 등의 뜻을 내지만 여기선 〈쓸 행(行)〉과 같다 여기고 새김이 마땅하다.

**亨** 〈향-형-팽〉 등으로 발음되고, 〈드릴 향(亨)-헌(獻), 제사 지낼 향(亨)-사(祀), 통할 형(亨)-통(通), 남을 형(亨)-여(餘), 삶을 팽(亨)-자(煮)-팽(烹)〉 등의 뜻을 내지만 여기선 〈드릴 헌(獻)〉과 같다 여기고 새김이 마땅하다.

**우(于)** 〈~에게(부터) 우(于)-어(於), 같을 우(于)-여(如), 갈 우(于)-왕(往), 써 우(于)-이(以), 할 우(于)-위(爲), 여기 우(于)-시(是), 도울 우(于)-조(助), 클 우(于)-대(大), 구할 우(于)-구(求), 자족하는 모습 우(于)-자족모(自足貌)〉 등의 뜻을 내지만 여기선 〈~에게 어(於)〉와 같다 여기고 새김이 마땅하다.

**천(天)** 〈하늘(허공) 천(天)-제성라열지공간(諸星羅列之空間), 더없이 높을 천(天)-전(巓)-지고무상(至高無上), 평평할 천(天)-탄(坦), 천체 천(天)-천체(天體), 태양 천(天)-태양(太陽), 조화의 신(천신) 천(天)-조화지신(造化之神)-천신(天神), 자연 천(天)-자연(自然), 임금 천(天)-군(君)-왕(王)-제(帝), 아버지 천(天)-부(父)-자지천(子之天), 먼저 천(天)-선(先), 치어다 보이는 모든 것 천(天)-범소앙뢰자개왈천(凡所仰賴者皆曰天), 시절 천(天)-시절(時節)-계후(季候), 낮 천(天)-일(日), 양기 천(天)-양(陽), 건괘 천(天)-건(乾), 크나큰 천(天)-대(大), 경우 천(天)-경우(境遇), 명운(자연의 분수) 천(天)-명운(命運)-자연지분(自然之分), 본성 천(天)-성(性), 얼굴에 먹물 먹일 형 천(天)-경액지형(黥額之刑), 불로 지져 글자를 새길 천(天)-경(剠), 머리를 깎을 천(天)-체(剃)〉 등의 뜻을 내지만 여기선 〈하늘 천(天)〉으로 새김이 마땅하다.

**자(子)** 〈존칭(덕 있는 사람의 칭호) 자(子)-유덕자지칭(有德者之稱), 존경받는 사람 자(子)-존자(尊者), 벼슬 자(子)-작(爵), 12지의 첫째 자(子), 음력 11월 자(子), 밤 11시에서 다음날 1시까지 자(子), 북쪽 방향 자(子)-북방(北方), 오행에서 물 자(子)-어오행속수(於五行屬水), 짐승에서 쥐 자(子)-어수위서(於獸爲鼠), 번성할 자(子)-자(滋), 뒤를 이어줄 자(子)-사(嗣)-식(息), 자녀 자(子)-자녀(子女), 자손 자(子)-자손(子孫), 남자를 일컫는 호칭 자(子)-남자지통칭(男子之通稱), 만물 자(子)-만물(萬物), 씨앗(열매) 자(子)-종자(種子)-과실(果實), 누구(사람) 자(子)-인(人)-수자(誰子), 백성 자(子)-백성(百姓)〉 등의 뜻을 내지만 여기선 〈존칭 자(子)〉로 여기고 새김이 마땅하다.

**소(小)** 〈작을 소(小)-미(微), 음(陰)을 칭하는 소(小), 자잘할 소(小)-세(細), 짧을 소(小)-단(短), 좁을 소(小)-협(狹), 어릴 소(小)-유(幼), 천할 소(小)-천(賤), 첩 소(小)-첩(妾)〉 등의 뜻을 내지만 여기선 〈작을 소(小)〉로 여기고 새김이 마땅하다.

**인(人)** 〈사람 인(人)-만물지최령자(萬物之最靈者), 백성 인(人)-민(民), 남 인(人)-타인(他人), 아무개 인(人)-모인(某人), 도인 인(人)-도인(道人), 사람들 인(人)-인인(人人), 범인(소인) 인(人)-소인(小人)-범인(凡人), 인성 인(人)-인성(人性), 인위 인(人)-인위(人爲), 신하 인(人)-신하(臣下), 중서(민중) 인(人)-중서(衆庶)-민중(民衆), 건괘-진괘인(人)-건위인(乾爲人)-진위인(震爲人), 어짊 인(人)-인(仁), 선인 인(人)-선인(先人), 서로 어여삐 여길 인(人)-상련(相憐)〉 등의 뜻을 내지만 〈사람 인(人)〉으로 여기고 새김이 마땅하다.

**불(弗)** 〈않을(말) 불(弗)-불(不), 어길 불(弗)-위(違)-부정(不正), 떨어낼(닦아낼) 불(弗)-불(拂)-치(治), 버릴 불(弗)-거(去), 울적할 불(弗)-우(憂)-울(鬱)-불(怫)〉 등의 뜻을 내지만 여기선 〈않을 불(不)〉과 같다 여기고 새김이 마땅하다.

**극(克)** 〈할 수 있을(능할) 극(克)-능(能)-유능력(有能力), 다스릴 극(克)-치(治), 꾸짖을(책할) 극(克)-책(責), 견딜 극(克)-견(肩)-감(堪), 이룰 극(克)-성(成), 이길 극(克)-승(勝)〉 등의 뜻을 내지만 여기선 〈할 수 있을 능(能)〉과 같다 여기고 새김이 마땅하다.

## 구사(九四 : ─)

九四 : 匪其彭이니 无咎이다
비 기 방 무 구

구사(九四) : 그것에[其] 가까이함이[彭] 아니니[匪] 허물이[咎] 없다[无].

**【구사(九四)의 효상(爻象) 풀이】**

대유괘(大有卦 : ䷍)의 구사(九四 : ─)는 이양거음(以陽居陰) 즉 양(陽 : ─)으로써[以] 음(陰 : --)의 자리에 있는지라[居] 정당한 자리에 있지 못하다. 그리고 구사(九四 : ─)와 초구(初九 : ─)는 양양(兩陽) 즉 둘 다[兩] 양(陽 : ─)의 사이인지라 부정응(不正應) 즉 정도를 따라[正] 호응하지 못한다[不應]. 그러나 구사(九四 : ─)는 육오(六五 : --)와는 양음(陽陰)의 사이인지라 비(比) 즉 이웃의 사귐[比]을 누린다. 강강(剛强)한 구사(九四 : ─)는 자신이 유순(柔順)한 음(陰 : --)의 자리에 있음을 잊지 않으면서, 대유괘(大有卦 : ䷍)의 주제인 〈대유(大有)〉의 시국에서 아래로 삼양(三陽)들의 위에 있어서 거두어들인 것이 많아[大有] 넘쳐나지만 편대유(偏大有) 즉 〈대유(大有)〉에 치우치지[偏] 않아야 함을 깨우쳐 〈대유(大有)〉를 과시하지 않는 모습이다.





> 대유괘(大有卦 : ䷍)의 구사(九四 : ⚊)가 육사(六四 : ⚋)로 변효(變爻)하면 구사(九四 : ⚊)는 대유괘(大有卦 : ䷍)를 26번째 대축괘(大畜卦 : ䷙)로 지괘(之卦)하게 한다. 따라서 대유괘(大有卦 : ䷍)의 구사(九四 : ⚊)는 대축괘(大畜卦 : ䷙)의 육사(六四 : ⚋)를 찾아가 살펴보게 한다.

**【구사(九四)의 계사(繫辭) 풀이】**

## 匪其彭(비기방) 无咎(무구)

그것에[其] 가까이함이[彭] 아니니[匪] 허물이[咎] 없다[无].

구사(九四 : ⚊)가 대유괘(大有卦 : ䷍)의 상체(上體) 이(離 : ☲)의 초효(初爻)임을 빌려 암시한 계사(繫辭)이다. 〈비기방(匪其彭)〉은 〈구사비방어대유(九四匪彭於大有)〉의 줄임으로 여기고 〈구사는[九四] 대유에[於大有] 가까이함이[彭] 아니다[匪]〉라고 새겨볼 것이다. 「설괘전(說卦傳)」의 〈이괘[離 : ☲]라는[也] 것은[者] 밝음[明]이다[也]〉라는 내용을 떠올린다면 구사(九四 : ⚊)는 대유괘(大有卦 : ䷍)의 상체(上體) 이(離 : ☲)의 초효(初爻) 즉 맨 밑에 있는지라 이(離 : ☲)의 밝음[明]에도 불구하고 잘 드러나지 않는 모습이다. 이에 구사(九四 : ⚊)는『노자(老子)』에 나오는 〈자신을[自] 드러내지 않는다[不見]〉라는 내용을 환기시킨다. 구사(九四 : ⚊) 자신은 강강(剛强)하지만 있는 자리가 유순(柔順)한 음(陰 : ⚋)인지라 편강(偏剛) 즉 굳셈에[剛] 치우치지[偏] 않아야 함을 알기에 〈비기방(匪其彭)〉으로써 취상(取象)된 것이다. 〈비기방(匪其彭)〉에서 〈기방(其彭)의 기(其)〉는 〈어대유(於大有)〉 즉 〈많이 거두어들임[大有]에[於]〉를 〈그 기(其)〉로 대신한 것이다. 〈기방(其彭)의 방(彭)〉은 〈가까이할 방(旁)〉과 같다. 따라서 구사(九四 : ⚊)가 초구(初九 : ⚊)-구이(九二 : ⚊)-구삼(九三 : ⚊) 즉 삼양(三陽)의 위에 있고, 나아가 비(比) 즉 이웃의 사귐[比]으로써 존위(尊位)에 있는 육오(六五 : ⚋)를 측신(側臣)으로서 받들 수 있어 대유괘(大有卦 : ☲)의 주제인 〈대유(大有)〉의 시국에서 〈거두어들인 것이 많음[大有]〉을 누구보다도 성대하게 누릴 수 있음에도 불구하고, 구사(九四 : ━) 자신은 그 〈대유(大有)〉에 가까이하지[彭] 않음[匪]인지라 구사(九四 : ━)에게 허물이[咎] 있을 수 없음[无]을 암시한 계사(繫辭)가 〈비기방(匪其彭) 무구(无咎)〉이다.

【字 典】

**匪** 〈비-분〉으로 발음되고, 〈아닐 비(匪)-비(非), 악할 비(匪)-악(惡), 대나무로 만든 상자 비(匪), 발어사(發語詞) 비(匪)-피(彼), 멈춤 없이 가는 모양 비(匪)-행부지모(行不止貌), 나눌 분(匪)-분(分)〉 등의 뜻을 내지만 여기선 〈아닐 비(非)〉와 같다 여기고 새김이 마땅하다.

**기(其)** 〈그(그것) 기(其)-피(彼)-지(之), 그럴 기(其)-연(然), 어찌 기(其)-기(豈), 누를 기(其)-억(抑), 오히려 기(其)-상(尙)-서기(庶幾), ~의 기(其)-지(之), 이에 기(其)-내(乃), 만약 기(其)-약(若), 장차 기(其)-장(將), 어조사 기(其)-어조사(語助辭)〉 등의 뜻을 내지만 여기선 〈그 기(其)〉로 여기고 새김이 마땅하다.

**彭** 〈방-팽〉으로 발음되고, 〈가까이할 방(彭)-방(旁)-근(近), 장성할 방(彭)-장(壯)-성(盛), 수레들이 웅기중기 달리는 소리 방(彭)-중거성(衆車聲), 북소리 팽(彭), 갈 팽(彭)-행(行), 길 팽(彭)-도(道), 왕성할 팽(彭)-성(盛)〉 등의 뜻을 내지만 여기선 〈가까이할 방(旁)〉과 같다 여기고 새김이 마땅하다.

**무(无)** 〈없을 무(无)-무(無), 허무지도 무(无)-허무지도(虛无之道), 으뜸 무(无)-원(元)〉 등의 뜻을 내지만 여기선 〈없을 무(無)〉와 같다 여기고 새김이 마땅하다.

**구(咎)** 〈허물 구(咎)-과(過)-건(愆), 재앙 구(咎)-재(災), 앓을 구(咎)-병(病), 싫어할 구(咎)-오(惡), 헐뜯을 구(咎)-방(謗)〉 등의 뜻을 내지만 〈허물 과(過)-건(愆)〉과 같다 여기고 새김이 마땅하다.

---

註 이야자명야(離也者明也) : 이괘[離 : ☲]라는[也] 것은[者] 밝음[明]이다[也].

「설괘전(說卦傳)」 5단락(段落)

註 부자현고명(不自見故明) 부자시고창(不自是故彰) : 자기를[自] 드러내지 않는다[不見]. 그러므로[故] 밝다[明]. 자기를[自] 옳다 하지 않는다[不是]. 그러므로[故] 뚜렷하다[彰].

『노자(老子)』 22장(章)

# 육오(六五 : --)

六五 : 厥孚하고 交如하며 威如하니 吉하다
궐 부 교 여 위 여 길

육오(六五) : 그를[厥] 믿어주고[孚] 교류하면서도[交如] 위엄이 있으니[威如] 길하다[吉].

**【육오(六五)의 효상(爻象) 풀이】**

대유괘(大有卦 : ䷍)의 육오(六五 : --)는 이음거양(以陰居陽) 즉 음(陰 : --)으로써[以] 양(陽 : ─)의 자리에 있는지라[居] 정당한 자리에 있지 못하다. 육오(六五 : --)는 구사(九四 : ─)와 음양(陰陽)의 사이인지라 비(比) 즉 이웃의 사귐[比]으로 측신(側臣)으로 삼고 있으며, 상구(上九 : ─)와도 음양(陰陽)의 사이인지라 이웃의 사귐[比]을 나눌 수 있지만 이미 상구(上九 : ─)는 대유괘(大有卦 : ䷍)를 떠나갈 처지인지라 이웃의 사귐[比]을 누리기가 어렵다. 그러나 육오(六五 : --)와 구이(九二 : ─)는 서로 중효(中爻)이되 부정위(不正位)에 있지만 〈정응(正應)〉 즉 바르게[正] 호응하여[應] 강유(剛柔) 즉 굳셈과[剛] 부드러움[柔]의 화합을 누려 득중(得中) 즉 정도를 따름을[中] 취하여[得], 대유괘(大有卦 : ䷍)의 유일음(唯一陰) 즉 오직[唯] 하나의[一] 음기[陰]로서 존위(尊位)에 있는 모습이다. 따라서 육오(六五 : --)는 음유(陰柔) 즉 음기의[陰] 부드러움[柔]으로써 양강(陽剛) 즉 양기의[陽] 굳센[剛] 중양(衆陽) 즉 구사(九四 : ─)-구삼(九三 : ─)-구이(九二 : ─)-초구(初九 : ─) 등의 양효(陽爻)들과 함께 대유괘(大有卦 : ䷍)의 주제인 〈대유(大有)〉의 시국을 잘 이끌어가는 모습이다.

대유괘(大有卦 : ䷍)의 육오(六五 : --)가 구오(九五 : ─)로 변효(變爻)하면 육오(六五 : --)는 대유괘(大有卦 : ䷍)를 첫 번째 건괘(乾卦 : ䷀)로 지괘(之卦)하게 한다. 따라서 대유괘(大有卦 : ䷍)의 육오(六五 : --)는 건괘(乾卦 : ䷀)의 구오(九五 : ─)를 찾아가 살펴보게 한다.

【육오(六五)의 계사(繫辭) 풀이】

## 厥孚(궐부)

**그를[厥] 믿어준다[孚].**

육오(六五 : --)가 대유괘(大有卦 : ☲)의 상체(上體) 이(離 : ☲)의 중효(中爻)이면서 대유괘(大有卦 : ☲)의 주효(主爻)임을 빌려 암시한 계사(繫辭)이다. 중정(中正) 즉 중효[中]이지만 바른 자리[正]에 있지 못하나, 육오(六五 : --)는 구이(九二 : ━)와 음양(陰陽)의 사이인지라 정응(正應) 즉 바르게[正] 호응해[應] 득중(得中) 즉 정도를 따름을[中] 취하여[得] 매사(每事)를 마주한다. 〈궐부(厥孚)〉는 〈대유괘지제양효부륙오(大有卦之諸陽爻孚六五)〉의 줄임으로 여기고 〈대유괘의[大有卦之] 모든[諸] 양효가[陽爻] 육오를[六五] 진실로 믿어준다[孚]〉라고 새겨볼 것이다. 〈궐부(厥孚)의 궐(厥)〉은 〈육오지(六五之)〉를 대신하는 〈그 궐(厥)〉로 〈그 기(其)〉와 같고, 〈궐부(厥孚)의 부(孚)〉는 수명(守命) 즉 자연의 뜻을[命] 지킴[守]으로써 남들로부터 성신(誠信) 즉 진실한[誠] 미더움[信]을 받음을 말하니 〈부(孚)〉는 〈정(貞)〉으로 말미암아 돌아온다. 정필부귀(貞必孚歸) 즉 내가 진실로 미더우면[貞] 반드시[必] 남들로부터 진실한 믿음이[孚] 돌아온다[歸]. 육오(六五 : --)가 진실로 미더우니까[貞] 대유괘(大有卦 : ☲)의 제양효(諸陽爻)가 육오(六五 : --)를 진실로 믿어줌이 〈궐부(厥孚)〉이다.

## 交如(교여) 威如(위여) 吉(길)

**교류하면서도[交如] 위엄이 있으니[威如] 길하다[吉].**

〈교여(交如)〉는 〈육오여각양효상교여(六五與各陽爻相交如)〉의 줄임으로 여기고 〈육오가[六五] 각각의[各] 양효와[與陽爻] 서로[相] 사귄다[交如]〉라고 새겨볼 것이다. 〈교여(交如)의 교(交)〉는 〈사귈 상교(相交)〉와 같고, 〈교여(交如)의 여(如)〉는 〈그럴 연(然)〉과 같아 어조를 부드럽게 할 뿐이다. 대유괘(大有卦 : ☲)의 제양효(諸陽爻)가 〈대유(大有)〉 즉 많이 거두어들임[大有]의 시국을 누리고자 대유괘(大有卦 : ☲)의 유일한 음효(陰爻)로서 존위(尊位)에 있는 육오(六五 : --)와 상교하고자[交] 함에 제왕(帝王)인 육오(六五 : --)가 진실한 미더움[貞]으로써 각각의 양효(陽爻)와 상교(相交)함을 암시한 것이 〈교여(交如)〉이다.

〈위여(威如)〉는 〈육오위여여각양효상처(六五威如與各陽爻相處)〉의 줄임으로 여기고 〈육오가[六五] 각각의[各] 양효와[與陽爻] 함께하면서[相處] 위엄 있는 모습이다[威如]〉라고 새겨볼 것이다. 여기 〈위여(威如)〉는 『노자(老子)』에 나오는 〈부드러움이[柔] 굳셈을[剛] 무릅쓰고[勝] 약함이[弱] 강함을[强] 무릅쓴다[勝]〉라는 내용을 환기시킨다. 천자(天子)인 육오(六五 : --)가 득중(得中)으로써 신하(臣下)인 각각의[各] 양효(陽爻)를 진실한 미더움[貞]으로써 심복(心服)하게 함을 뜻함이 〈위여(威如)〉이다. 육오(六五 : --)가 비록 유약(柔弱)한 음재(陰才)일지라도 〈대유(大有)〉의 시국을 맞아 사사(私邪) 즉 간사하게[私邪] 각각의 양효(陽爻)를 대함이 아니라, 득중(得中) 즉 정도를 따름을[中] 취하여[得] 제왕(帝王)으로서 각각의 양효(陽爻)를 위엄(威嚴) 있게 대함을 암시한 것이 〈위여(威如)〉이다. 그러므로 〈대유(大有)〉 즉 많이[大] 거두어들임[有]으로써 누리는 풍성한 시국을 육오(六五 : --)가 진실한 미더움[貞]으로써 다스림을 각각의 양효(陽爻)가 믿어주고[孚], 따라서 육오(六五 : --)가 각 양효(陽爻)와 공명정대(公明正大)하게 교류하면서도[交如] 제왕(帝王)으로서 위엄을 갖추어[威如] 〈대유(大有)〉의 시국을 이끌어가 온 세상 백성과 함께 〈길(吉)〉 즉 행운을 누림[吉]을 암시한 계사(繫辭)가 〈궐부(厥孚) 교여(交如) 위여(威如) 길(吉)〉이다.

**【字典】**

**厥** 〈궐-굴〉 두 가지로 발음되고, 〈그(그것) 궐(厥)-기(其), 짧을 궐(厥)-단(短), 절할 궐(厥)-돈(頓), 파낸 돌 궐(厥)-발굴석(發掘石), 다할 궐(厥)-진(盡), 병 이름 궐(厥)-병명(病名), 나라 이름 굴(厥)-번국(蕃國)〉 등의 뜻을 내지만 여기선 〈그 기(其)〉로 여기고 새김이 마땅하다.

**부(孚)** 〈믿어줄 부(孚)-신(信), 껍질 부(孚)-각(殼)-부(稃), 덮을(쌀) 부(孚)-복(覆)-포(包), 옥문채 부(孚)-옥채(玉采), 기를 부(孚)-육(育)〉 등의 뜻을 내지만 여기선 〈믿을 신(信)〉과 같다 여기고 새김이 마땅하다.

**교(交)** 〈사귈 교(交)-상합(相合), 무릎을 괴고 교(交)-교경(交脛), 벗할 교(交)-구(俱), 함께할 교(交)-공(共), 합할 교(交)-합(合), 붙을 교(交)-접(接), 맺을 교(交)-결(結), 통할 교(交)-통(通), 서로(갈마들) 교(交)-호(互), 벗할 교(交)-우(友), 어울릴 교(交)-화(和),

가까울 교(交)-협(夾), 같게 할 교(交)-제(齊), 멈출 교(交)-정(定)-지(止), 오고가고 할 교(交)-왕래(往來), 달이 바뀌지는 때의 교(交), 새가 낮게 날아갈 교(交), 옷깃 교(交)-의령(衣領)〉 등의 뜻을 내지만 여기선 〈사귈 상합(相合)〉과 같다 여기고 새김이 마땅하다.

**여(如)** 〈그럴 여(如)-연(然), 따를 여(如)-종수(從隨), 갈 여(如)-왕(往)-행(行), 같을 여(如)-사(似)-동(同), 맞먹을 여(如)-비(比), 무리 여(如)-등(等), 미칠 여(如)-급(及), 이에 여(如)-내(乃), 어떠할 여(如)-여하(如何), 첩 여(如)-여부인(如婦人), 이월 여(如)-이월(二月)〉 등의 뜻을 내지만 여기선 〈그럴 연(然)〉과 같다 여기고 새김이 마땅하다.

**위(威)** 〈위엄 있는(위중할) 위(威)-위엄(威嚴)-위중(威重), 시어미 위(威)-고(姑), 두려울 위(威)-외(畏)-구(懼), 진동할 위(威)-진(震), 해로울 위(威)-해(害), 힘 있는 위(威)-역(力), 거동 위(威)-의(儀), 규칙 위(威)-칙(則), 활의 중앙 위(威)-궁지중앙(弓之中央)〉 등의 뜻을 내지만 〈위엄(威嚴)〉으로 여기고 새김이 마땅하다.

**길(吉)** 〈좋을(행복할) 길(吉)-선(善)-영(令) {영월길일(令月吉日)은 선월선일(善月善日)임.}, 복 길(吉)-실(實)-선실(善實)-복(福), 예의를 따라 상서로울 길(吉)-예의순상(禮義順祥), 삼갈 길(吉)-근(謹), 초하루 길(吉)-삭일(朔日) {삭망(朔望) 즉 초하루[朔]와 그믐날[望]}, 길례 길(吉)-길례(吉禮) {오례지일(五禮之一) 길흉빈군가(吉凶賓軍嘉)}, 갈 길(吉)-행(行)-길(趌)〉 등의 뜻을 내지만 여기선 〈좋을 선(善)-영(令)〉 즉 행복과 같다 여기고 새김이 마땅하다.

---

註 유승강(柔勝剛) 약승강(弱勝强) 천하막부지(天下莫不知) 천하막능행(天下莫能行) : 부드러움이[柔] 굳셈을[剛] 무릅쓰고[勝] 약함이[弱] 강함을[强] 무릅씀을[勝] 알지 못함이란[不知] 세상에[天下] 없지만[莫], 세상에서[天下] (그 앎을) 능히[能] 실행함은[行] 없다[莫]. 『노자(老子)』 78장(章)

## 상구(上九 : ⚊)

**上九 : 自天祐之라 吉无不利하다.**
자 천 우 지 길 무 불 리

상구(上九) : 하늘[天]로부터[自] 도움 받는다[祐之]. 행운을 누려도[吉] 이롭지 않음이[不利] 없다[无].

【상구(上九)의 효상(爻象) 풀이】

대유괘(大有卦 : ䷍)의 상구(上九 : ⚊)는 이양거음(以陽居陰) 즉 양(陽 : ⚊)으로써[以] 음(陰 : ⚋)의 자리에 있는지라[居] 정당한 자리에 있지 못하다. 상구(上九 : ⚊)와 육오(六五 : ⚋)는 음양(陰陽)의 사이인지라 이웃의 사귐[比]을 나눌 수 있지만 이미 상구(上九 : ⚊)는 대유괘(大有卦 : ䷍)를 떠나갈 처지인지라 이웃의 사귐[比]을 누리기가 어렵고, 구삼(九三 : ⚊)과는 양양(兩陽) 즉 둘 다[兩] 양(陽 : ⚊)인지라 부정응(不正應) 즉 정도를 따라[正] 호응하지 못해[不應] 상구(上九 : ⚊)에게는 효연(爻緣)이 없다. 그러나 상구(上九 : ⚊)는 대유괘(大有卦 : ䷍)의 맨 윗자리에 있어서 자리에 연연할 필요가 없고 대유괘(大有卦 : ䷍)를 떠나야 하니 〈대유(大有)〉 즉 풍성한 시국에 연연하지 않고, 동시에 대유괘(大有卦 : ䷍)의 상체(上體) 이(離 : ☲)의 상효(上爻)인지라 지명(至明) 즉 더없이[至] 밝아[明] 〈대유(大有)〉에 현혹되지 않고 지나치지 않아 허명(虛明)하고 무욕(無欲)한 모습이다.

> 대유괘(大有卦 : ䷍)의 상구(上九 : ⚊)가 상륙(上六 : ⚋)으로 변효(變爻)하면 상구(上九 : ⚊)는 대유괘(大有卦 : ䷍)를 34번째 대장괘(大壯卦 : ䷡)로 지괘(之卦)하게 한다. 따라서 대유괘(大有卦 : ䷍)의 상구(上九 : ⚊)는 대장괘(大壯卦 : ䷡)의 상륙(上六 : ⚋)을 찾아가 살펴보게 한다.

【상구(上九)의 계사(繫辭) 풀이】

## 自天祐之(자천우지) 吉无不利(길무불리)

하늘[天]로부터[自] 도움 받는다[祐之]. 행운을 누려도[吉] 이롭지 않음이[不利] 없다[无].

상구(上九 : ⚊)의 효위(爻位)를 빌려 암시한 계사(繫辭)이다. 〈자천우지(自天祐之)〉는 〈자천상구위우지(自天上九爲祐之)〉의 줄임으로 여기고 〈하늘[天]로부터[自] 상구는[上九] 도움 받는다[爲祐之]〉라고 새겨볼 것이다. 대성괘(大成卦)에서 상효(上爻)의 자리는 흉(凶)하다는 것이 일반이다. 그런데 왜 대유괘(大有卦 : ䷍)의 상효(上爻)는 길(吉)하다고 하는가? 대유괘(大有卦)의 상효(上爻)인 상구(上九 : ⚊)는 대유괘(大有卦 : ䷍)의 주제인 〈대유(大有)〉의 시국에서 많이[大] 거두어들임[有]을 연연하지 않고 대유괘(大有卦 : ䷍)를 떠나려는 자리에 있는 까닭이다. 〈대유(大有)〉란 온갖 물산(物産)이 풍성하여 그 무엇이라도 소유하게 한다. 이러한 〈대유(大有)〉를 떠남은 영만(盈滿) 즉 욕심을 가득[盈] 채우기[滿]를 떨쳐버림이다. 욕심 채우기[盈滿]는 반드시 재앙으로 이어지는 쪽이다. 따라서 〈대유(大有)〉를 떠난다 함은 물욕(物欲)의 영만(盈滿)을 연연하지 않고 초연함인지라, 이는 곧 천도(天道) 즉 자연의[天] 도리[道]를 따름[順]이다. 이에 대유괘(大有卦 : ䷍) 상구(上九 : ⚊)는 그 마음가짐이 허명(虛明)한지라 무욕(無欲)하다. 무욕(無欲)은 허정(虛靜)을 누리고 허정(虛靜) 즉 마음을 비워[虛] 마음이 고요하다면[靜] 염담(恬淡)하고, 마음이 편안해[恬] 맑다면[淡] 천심(天心)과 상통하여 하늘로부터[自天] 복을 받는다[祐之]. 이보다 더한 〈길(吉)〉이란 없고 하늘이 내리는 행운[吉]에는 〈불리(不利)〉 즉 해로움[不利]이란 없는[无] 것임을 암시한 계사(繫辭)가 〈자천우지(自天祐之) 길무불리(吉无不利)〉이다.

【字典】

**자(自)** 〈~부터 자(自)-유(由)-종(從), 몸소 자(自)-기(己), 좇을 자(自)-종(從), 스스로 자(自)-궁(躬), 절로 자(自)〉 등의 뜻을 내지만 여기선 〈~부터 유(由)〉와 같다 여기고 새김이 마땅하다.

**천(天)** 〈하늘(허공) 천(天)-제성라열지공간(諸星羅列之空間), 더없이 높을 천(天)-전(巓)-지고무상(至高無上), 평평할 천(天)-탄(坦), 천체 천(天)-천체(天體), 태양 천(天)-태양(太陽), 조화의 신(천신) 천(天)-조화지신(造化之神)-천신(天神), 자연 천(天)-자연(自然), 임금 천(天)-군(君)-왕(王)-제(帝), 아버지 천(天)-부(父)-자지천(子之天), 먼저 천(天)-선(先), 치어다 보이는 모든 것 천(天)-범소앙뢰자개왈천(凡所仰賴者皆曰天), 시절 천(天)-시절(時節)-계후(季候), 낮 천(天)-일(日), 양기 천(天)-양(陽), 건괘 천(天)-건(乾), 크나큰 천(天)-대(大), 경우 천(天)-경우(境遇), 명운(자연의 분수) 천(天)-명운(命運)-자연지분(自然之分), 본성 천(天)-성(性), 얼굴에 먹물 먹일 형 천(天)-경액지형(黥額之刑), 불로 지져 글자를 새길 천(天)-경(剠), 머리를 깎을 천(天)-체(剃)〉 등의 뜻을 내지만 여기선 〈하늘 천(天)〉으로 새김이 마땅하다.

**우(祐)** 〈도울 우(祐)-조(助), 하늘이 도울 우(祐)-신우(神祐), 다행할 우(祐)-행(幸)-복(福)〉 등의 뜻을 내지만 여기선 〈도울 조(助)〉와 같다 여기고 새김이 마땅하다.

**지(之)** 〈뜻 없는 허사(虛詞) 지(之), 그것(이것) 지(之)-피(彼)-시(是), 갈 지(之)-왕(往)-행(行), 이를 지(之)-지(至), 주격-소유격-목적격 등의 토씨 지(之)〉 등의 뜻을 내지만 여기선 〈허사(虛詞) 지(之)〉로 여기고 새김이 마땅하다. 우지(祐之)의 지(之)는 뜻 없는 허사(虛詞)이되 〈우(祐)〉를 동사화하게 한다.

**길(吉)** 〈좋을(행복할) 길(吉)-선(善)-영(令) {영월길일(令月吉日)은 선월선일(善月善日)임.}, 복 길(吉)-실(實)-선실(善實)-복(福), 예의를 따라 상서로울 길(吉)-예의순상(禮義順祥), 삼갈 길(吉)-근(謹), 초하루 길(吉)-삭일(朔日) {삭망(朔望) 즉 초하루[朔]와 그믐날[望]}, 길례 길(吉)-길례(吉禮) {오례지일(五禮之一) 길흉빈군가(吉凶賓軍嘉)}, 갈 길(吉)-행(行)-길(趌)〉 등의 뜻을 내지만 여기선 〈좋을 선(善)-영(令)〉 즉 행복과 같다 여기고 새김이 마땅하다.

**무(无)** 〈없을 무(无)-무(無), 허무지도 무(无)-허무지도(虛无之道), 으뜸 무(无)-원(元)〉 등의 뜻을 내지만 여기선 〈없을 무(無)〉와 같다 여기고 새김이 마땅하다.

**不** 〈불-부〉 등으로 발음되고, 〈않을(없을) 불(不)-부(不)-무(無), 아닐 불(不)-부(不)-비(非), 하지 말 불(不)-부(不)-막(莫)-금지(禁止), 정하지 않을 불(不)-부(不)-부(否)-미정(未定), 새가 날아올라 내려오지 않는 불(不)-부(不)-조비상불하래(鳥飛上不下來)〉 등의 뜻을 내지만 여기선 〈않을 불(不)〉로 여기고 새김이 마땅하다.

**이(利)** 〈만물로 하여금 삶을 이루어가게 하는 덕(德)의 이로울 이(利)-사만물수생지덕(使萬物遂生之德), 날카로울 이(利)-예(銳)-섬(銛), 질병 이(利)-질(疾), 통할 이(利)-통(通)-순(順), 좋을 이(利)-길(吉)-의(宜), 편리할 이(利)-편(便), 마름해 만들어 이룰 이(利)-재성(裁成), 탐할 이(利)-탐(貪), 구할(취할) 이(利)-구(求)-취(取), 좋아할 이(利)-열애(悅愛), 이로울 이(利)-익(益), 기교 이(利)-교(巧), 보람 이(利)-공용(功用), 지세가 험하고 중요한 이(利)-험요(險要), 이길 이(利)-승(勝), 어질 이(利)-인(仁)〉 등의 뜻을 내지만 여기선 〈사만물수생지덕(使萬物遂生之德) 즉 만물로 하여금 삶을 이루어가게 하는 덕(德)의 이로움〉이라 새김이 마땅하다. 〈利〉가 맨 앞에 오면 〈이〉로 발음되고, 중간이나 뒤에 오면 〈리〉로 발음된다.

# 겸괘 謙卦

# 15

䷎

## 1 괘의 괘상과 계사

### 겸괘(謙卦 : ䷎)

간하곤상(艮下坤上) : 아래는[下] 간(艮 : ☶), 위는[上] 곤(坤 : ☷).

지산겸(地山謙) : 땅과[地] 산은[山] 겸이다[謙].

謙亨이라 君子有終이다
겸 형 군 자 유 종

겸허함은[謙] 통한다[亨]. 군자에게는[君子] 다함이[終] 있다[有].

**【겸괘(謙卦 : ䷎)의 괘상(卦象) 풀이】**

앞 대유괘(大有卦 : ䷍)의 〈대유(大有)〉는 많이[大] 거두어들임[有]이다. 〈대유(大有)〉가 이루어지면 욕심을 다 채우려 한다. 그러면 수명(守命) 즉 자연의 뜻을[命] 지키기[守] 어렵다. 그래서 「서괘전(序卦傳)」에 〈많이[大] 거두어들인다는[有] 것은[者] 다 채울[盈] 수 없다[不可以] 그래서[故] 겸괘(謙卦 : ䷎)로써[以] 그것을[之] 받는다[受]〉라는 말이 나온다. 이는 대유괘(大有卦 : ䷍) 다음에 겸괘(謙卦 : ䷎)가 있는 까닭을 암시한다. 〈대유(大有)〉의 세상은 영욕(盈欲) 즉 욕심을[欲] 채우기[盈]로 이어져 소인배(小人輩)가 등장하기 쉽다. 소인배가 득세하면 난세(亂世)를 불러온다. 〈대유(大有)〉의 시국일수록 군자(君子)가 절실하다. 군자(君子)는 구욕(懼欲) 즉 욕망을[欲] 두려워하며[懼] 〈대유(大有)〉 앞에 자겸(自謙) 즉 스스로[自] 사양하며 겸손하다[謙]. 겸괘(謙卦 : ䷎)의 괘체(卦體)는 위는[上] 땅[地 : ☷]이고 아래는[下] 산(山 : ☶)이다. 간하곤상(艮下坤上) 즉 땅이[地] 산(山) 위에[上] 있으니[在], 겸괘(謙卦 : ䷎)의 〈겸(謙)〉이 『예기(禮記)』「악기(樂記)」에 나오는 〈예라는[禮] 것은[者] 마땅함을[宜] 분별하고[別] 굽히는 음의 기운을[鬼] 엎드려 좇아[居] 땅을[地] 따른다[從]〉라는 내용을 상기시킨다. 겸괘(謙卦 : ䷎)의 하체(下體)

간(艮 : ☶)이 상체(上體) 곤(坤 : ☷)을 따르고 있어 종지(從地)인지라 예(禮)를 실행하는 〈겸(謙)〉 즉 겸허한[謙] 모습을 일러 겸괘(謙卦 : ䷎)라 칭명(稱名)한다.

**【겸괘(謙卦 : ䷎)의 계사(繫辭) 풀이】**

## 謙亨(겸형) 君子有終(군자유종)

겸허함은[謙] 통한다[亨]. 군자에게는[君子] 다함이[終] 있다[有].

겸괘(謙卦 : ䷎)의 괘상(卦象)을 빌려 암시한 계사(繫辭)이다. 고준(高峻)한 산이 땅 아래 있어 높은 것이 곧 평평한 것 아래 있으니, 자비(自卑) 즉 자기를[自] 낮추는[卑] 모습인지라 〈겸(謙)〉이다. 여기 〈겸(謙)〉은 『노자(老子)』에 나오는 〈자기를[其身] 뒤로 하고[後] 자기를[其身] 제쳐놓음[外]〉이라는 내용을 환기시킨다. 〈겸(謙)〉은 남을 먼저하고[先] 자기를 뒤로하면서[後] 굴기(屈己) 즉 자기를[己] 굽혀 낮춤[屈]인지라 매사(每事)가 막힘없이 통한다. 따라서 여기 〈겸형(謙亨)의 겸(謙)〉은 겸극(謙克) 즉 겸손하여[謙] 극기하고[克], 겸화(謙和) 즉 겸손하여[謙] 화합하며[和], 겸외(謙畏) 즉 겸손하여[謙] 두려워하고[畏], 겸소(謙素) 즉 겸손하여[謙] 검소하고[素], 겸허(謙虛) 즉 겸손하여[謙] 허심해[虛], 겸덕(謙德) 즉 겸손의[謙] 덕(德)을 다함이다. 언제 어디서든 겸덕(謙德)은 막힘없이 통한다[亨].

진실로 군자(君子)는 겸덕(謙德)을 다하고자 항상 겸괘(謙卦 : ䷎) 간하곤상(艮下坤上)의 간하(艮下)를 본받고자 한다. 이를 암시한 것이 〈군자유종(君子有終)〉이다. 〈군자유종(君子有終)의 종(終)〉은 겸괘(謙卦 : ䷎)의 하체(下體)인 간(艮 : ☶)의 모습이다. 군자(君子)의 모습은 「설괘전(說卦傳)」에 나오는 〈간은[艮 : ☶] 멈춤[止]이다[也]〉라는 내용을 떠올려준다. 따라서 겸괘(謙卦 : ䷎)의 하체(下體)인 간(艮 : ☶)의 머묾[止]을 상기시키고, 동시에 겸괘(謙卦 : ䷎)의 주효(主爻)인 구삼(九三 : ⚊)의 효상(爻象)을 빌려 겸괘(謙卦 : ䷎)의 괘상(卦象)을 밝힘이 〈군자유종(君子有終)〉이다. 〈군자유종(君子有終)〉은 〈군자유종어행겸덕(君子有終於行謙德)〉의 줄임으로 여기고 〈군자에게는[君子] 겸덕을[謙德] 행함에[於行] 다함이[終] 있다[有]〉라고 새겨볼 것이다. 군자가[君子] 겸덕을[於謙德] 다함[終]이란 겸덕(謙德)을 더없이 베푼다는 것이다. 〈군자유종(君子有終)의 종(終)〉은 여기선 〈다할 진

(盡)〉과 같다. 군자(君子)가 겸괘(謙卦 : ䷎)의 괘상(卦象)을 본받아 겸덕(謙德)을 다하면서[終] 매사(每事)를 막히지 않게 하고 통하게[亨] 함을 암시한 계사(繫辭)가 〈겸형(謙亨) 군자유종(君子有終)〉이다.





【字典】

**겸(謙)** 〈겸허할(겸손할) 겸(謙)-손(遜)-부자만(不自滿), 사양할 겸(謙)-경(敬)-양(讓), 덜어낼 겸(謙)-손(損), 경쾌할 겸(謙)-경(輕=不自重大)〉 등의 뜻을 내지만 여기선 〈겸허할 손(遜)-부자만(不自滿)〉과 같다 여기고 새김이 마땅하다.

**亨** 〈향-형-팽〉 등으로 발음되고, 〈통할 형(亨)-통(通), 남을 형(亨)-여(餘), 드릴 향(亨)-헌(獻), 삶을 팽(亨)-자(煮)-팽(烹)〉 등의 뜻을 내지만 여기선 〈통할 통(通)〉과 같다 여기고 새김이 마땅하다.

**군(君)** 〈지극히 높은 사람(천자-임금-제후) 군(君)-지존자(至尊者), 임금을 이을(세자) 군(君)-세자(世子), 여왕 군(君)-여군(女君), 어버이 군(君)-부모(父母), 돌아가신 임금-돌아가신 아버지-돌아가신 조상 군(君)-선군(先君)-선부(先父)-선조(先祖), 상대를 부르는 칭호 군(君)-칭호(稱號), 귀신을 받들어 부르는 칭호 군(君)-귀신지경칭(鬼神之敬稱), 맡아 다스릴 군(君)-주재(主宰), 하늘-건 군(君)-천(天)-건(乾), 양 군(君)-양(陽), 낮 군(君)-일(日), 중앙제단 군(君)-궁제단(宮祭壇), 흙 군(君)-토(土)〉 등의 뜻을 내지만 〈군자(君子)〉는 〈재덕겸구지인(才德兼具之人)〉 즉 재주와[才] 덕을[德] 아울러[兼] 갖춘[具之] 사람[人]을 칭하는 술어(術語)로 여기고 새김이 마땅하다.

**자(子)** 〈존칭(덕 있는 사람의 칭호) 자(子)-유덕자지칭(有德者之稱), 존경받는 사람 자(子)-존자(尊者), 벼슬 자(子)-작(爵), 12지의 첫째 자(子), 음력 11월 자(子), 밤 11시에서 다음날 1시까지 자(子), 북쪽 방향 자(子)-북방(北方), 오행에서 물 자(子)-어오행속수(於五行屬水), 짐승에서 쥐 자(子)-어수위서(於獸爲鼠), 번성할 자(子)-자(滋), 뒤를 이어줄 자(子)-사(嗣)-식(息), 자녀 자(子)-자녀(子女), 자손 자(子)-자손(子孫), 남자를 일컫는 호칭 자(子)-남자지통칭(男子之通稱), 만물 자(子)-만물(萬物), 씨앗(열매) 자(子)-종자(種子)-과실(果實), 누구(사람) 자(子)-인(人)-수자(誰子), 백성 자(子)-백성(百姓)〉 등의 뜻을 내지만 여기선 〈덕 있는 사람 유덕자(有德者)〉의 호칭으로 여기고 새김이 마땅하다.

**유(有)** 〈없을 무(無)의 반대말로 있을 유(有), 혹 유(有)-혹(或), 많을 유(有)-다

(多)-족(足), 부유할 유(有)-부(富), 얻을(가질) 유(有)-취(取), 간직할 유(有)-장(藏), 보호할 유(有)-보(保), 서로 친할 유(有)-상친(相親), 전일할 유(有)-전(專), 할 유(有)-위(爲), 어조사 유(有)〉 등의 뜻을 내지만 〈있을 유(有)〉로 여기고 새김이 마땅하다.

**종(終)** 〈다할 종(終)-진(盡)-극(極)-궁(窮)-경(竟), 끝날 종(終)-이(已), 충분할 종(終)-충(充), 이룰 종(終)-성(成), 사망 종(終)-사(死), 끝 종(終)-시지대(始之對)〉 등의 뜻을 내지만 여기선 〈다할 진(盡)〉과 같다 여기고 새김이 마땅하다.

---

註 악자돈화솔신이종천(樂者敦和率神而從天) 예자별의거귀이종지(禮者別宜居鬼而從地) : 악이란[樂] 것은[者] 어울림을[和] 도탑게 하여[敦] 뻗어나는 양기를[神] 따라[率而] 하늘을[天] 따른다[從]. 예라는[禮] 것은[者] 마땅함을[宜] 분별하고[別] 굽히는 음의 기운을[鬼] 엎드려 쫓아[居而] 땅을[地] 따른다[從]. 『예기(禮記)』「악기(樂記)」 18단락(段落)

註 성인후기신이신선(聖人後其身而身先) 외기신이신존(外其身而身存) : 성인은[聖人] 그[其] 자신을[身] 뒤로 물러서나[後而] 자신이[身] 앞서지고[先], 그[其] 자신을[身] 제쳐서[外而] 자신이[身] 잊히지 않는다[存]. 『노자(老子)』 7장(章)

註 간지야(艮止也) : 간은[艮 : ☶] 멈춤[止]이다[也]. 「설괘전(說卦傳)」 7단락(段落)

## 2 효의 효상과 계사

初六 : 謙謙하니 君子用涉大川해도 吉하다
겸겸 군자용섭대천 길

六二 : 鳴謙이니 貞이라 吉하다
명겸 정 길

九三 : 勞謙하니 君子有終이니 吉하다
노겸 군자유종 길

六四 : 无不利하고 撝謙이다
무불리 휘겸

六五 : 不富지만 以其鄰이니 利用侵伐이고 无不利하다
불부 이기린 이용침벌 무불리

上六: 鳴謙이니 利用行師하여 征邑國하다
명겸 이용행사 정읍국

초륙(初六) : 겸허하고[謙] 겸허하니[謙] 군자가[君子] 큰물을[大川] 건넘을[涉] 행해도[用] 길하다[吉].

육이(六二) : 겸허함이[謙] 자자하니[鳴] 진실로 미더워[貞] 길하다[吉].

구삼(九三) : 애쓰면서도[勞] 겸허하니[謙] 군자에게는[君子] 끝맺음이[終] 있어[有] 길하다[吉].

육사(六四) : 겸허함을[謙] 더없이 다함에[撝] 이롭지 않음이[不利] 없다[无].

육오(六五) : 부유하지 않지만[不富], 자기[其] 이웃들과[鄰] 함께[以] 침범당하면[侵] 물리침을[伐] 행함에[用] 유리해[利] 이롭지 않음이[不利] 없다[无].

상륙(上六) : 겸허함이[謙] 자자하니[鳴] 무리를[師] 동원해[行] 써서[用] 제 나라를[邑國] 바르게 다스리니[征] 이롭다[利].

# 초륙(初六 : --)

初六 : 謙謙하니 君子用涉大川해도 吉하다
겸 겸 군 자 용 섭 대 천 길

초륙(初六) : 겸허하고[謙] 겸허하니[謙] 군자가[君子] 큰물을[大川] 건넘을[涉] 행해도[用] 길하다[吉].

**【초륙(初六)의 효상(爻象) 풀이】**

겸괘(謙卦 : ䷎)의 초륙(初六 : --)은 이음거양(以陰居陽) 즉 음(陰 : --)으로써[以] 양(陽 : —)의 자리에 있는지라[居] 정당한 자리에 있지 못하다. 초륙(初六 : --)과 육이(六二 : --)는 양음(兩陰) 즉 둘 다[兩] 음(陰 : --)의 사이인지라 비(比) 즉 이웃의 사귐[比]을 누리지 못한다. 그리고 초륙(初六 : --)과 육사(六四 : --)도 양음(兩陰)의 사이인지라 부정응(不正應) 즉 정도를 따라[正] 서로 호응하지 못하고[不應] 상충(相衝) 즉 서로[相] 부딪치는[衝] 사이이다. 이처럼 초륙(初六 : --)에게는 효연(爻緣)이 없지만 초륙(初六 : --)은 겸괘(謙卦 : ䷎)의 주제인 〈겸(謙)〉의 덕(德)이 시작되는 맨 밑자리에 있음을 알아차리고 더없이 겸허함[謙]을 발휘하여 자신의 길을 넓혀가야 하는 모습이다.

겸괘(謙卦 : ䷎)의 초륙(初六 : --)이 초구(初九 : —)로 변효(變爻)하면 초륙(初六 : --)은 겸괘(謙卦 : ䷎)를 36번째 명이괘(明夷卦 : ䷣)로 지괘(之卦)하게 한다. 따라서 겸괘(謙卦 : ䷎)의 초륙(初六 : --)은 명이괘(明夷卦 : ䷣)의 초구(初九 : —)를 찾아가 살펴보게 한다.

**【초륙(初六)의 계사(繫辭) 풀이】**

## 謙謙(겸겸) 君子用涉大川(군자용섭대천) 吉(길)

겸허하고[謙] 겸허하니[謙] 군자가[君子] 큰물을[大川] 건넘을[涉] 행해도[用] 길하다[吉].

초륙(初六 : --)의 효위(爻位)를 빌려 암시한 계사(繫辭)이다. 초륙(初六 : --)

은 겸괘(謙卦 : ䷎)의 맨 밑자리에 있으니 겸괘(謙卦 : ䷎)의 주제인 〈겸(謙)〉 즉 겸허함[謙]이 시작되는 자리에 있고, 동시에 초륙(初六 : --)은 중허(中虛)의 음효(陰爻)인지라 초륙(初六 : --) 자신마저 겸허하여 〈겸겸(謙謙)〉이라고 초륙(初六 : --)을 취상(取象)한 것이다. 겸허하고[謙] 겸허함[謙]이란 수명(守命) 즉 자연의 뜻을[命] 지키는[守] 무욕(無欲)의 허심(虛心)을 말한다.

〈군자용섭대천(君子用涉大川)〉은 〈군자초륙용섭대천(君子初六用涉大川)〉의 줄임으로 여기고 〈군자인[君子] 초륙이[初六] 큰물을[大川] 건넘을[涉] 행한다[用]〉라고 새겨볼 것이다. 〈용섭대천(用涉大川)의 용(用)〉은 여기선 〈행할 행(行)〉과 같다. 〈군자용섭대천(君子用涉大川)의 군자(君子)〉는 초륙(初六 : --)을 취상(取象)한 것이다. 겸겸자(謙謙者) 즉 겸허하고[謙] 겸허한[謙] 사람[者]은 곧 〈군자(君子)〉이다. 〈군자용섭대천(君子用涉大川)의 섭대천(涉大川)〉은 초륙(初六 : --) 앞에는 겸괘(謙卦 : ䷎)의 내호괘(內互卦)인 감(坎 : ☵)이 있음인지라, 초륙(初六 : --)이 상진(上進)하자면 큰물을[大川] 건넌다[涉]고 취상(取象)한 것이다. 여기 〈대천(大川)〉은 「설괘전(說卦傳)」에 나오는 〈감은[坎 : ☵] 물[水]이다[爲]〉라는 내용을 상기시킨다. 〈섭대천(涉大川)의 대천(大川)〉은 난사(難事) 즉 어려운[難] 일[事]을 마주침을 말한다. 난사(難事)를 상쟁(相爭)으로써 마주하면 그 난사를 해결하지 못한다. 그러나 겸허(謙虛)한 마음으로 사명(俟命) 즉 자연의 뜻을[命] 기다리면서[俟] 어려운 일을 결행할 적기를 맞이할 줄 아는 사람을 일러 군자(君子)라 한다. 그래서 『중용(中庸)』의 〈군자는[君子] 머묾이[居] 평이함[易]으로써[以] 자연의 뜻을[命] 기다린다[俟]〉라는 내용을 여기 〈용섭대천(用涉大川)〉이 상기시킨다.

소인(小人)은 〈섭대천(涉大川)〉을 감행하면 성공하지 못한다. 왜냐하면 소인(小人)은 〈겸겸(謙謙)〉을 몰라 〈모험을[險] 행함[行]으로써[以] 요행을[幸] 바라기[徼]〉 때문이다. 그러나 군자(君子)는 겸허하고[謙] 겸허히[謙] 매사(每事)를 마주하므로 막히지 않고 통함을 암시함이 〈용섭대천(用涉大川)〉이다. 이처럼 군자는 〈섭대천(涉大川)〉 즉 큰물을[大川] 건넘[涉]에 다시 말해 어려운 일을 마주하여 행함에 모험하지 않고, 〈겸겸(謙謙)〉의 허심(虛心)으로써 순리를 따르니 실패하지 않아 행운을 누림[吉]을 암시한 계사(繫辭)가 〈겸겸(謙謙) 군자용섭대천(君子用涉大川) 길(吉)〉이다.

【字典】

**겸(謙)** 〈겸허할(겸손할) 겸(謙)-손(遜)-부자만(不自滿), 사양할 겸(謙)-경(敬)-양(讓), 덜어낼 겸(謙)-손(損), 경쾌할 겸(謙)-경(輕=不自重大)〉 등의 뜻을 내지만 여기선 〈겸허할 손(遜)-부자만(不自滿)〉과 같다 여기고 새김이 마땅하다.

**군(君)** 〈지극히 높은 사람(천자-임금-제후) 군(君)-지존자(至尊者), 임금을 이을(세자) 군(君)-세자(世子), 여왕 군(君)-여군(女君), 어버이 군(君)-부모(父母), 돌아가신 임금-돌아가신 아버지-돌아가신 조상 군(君)-선군(先君)-선부(先父)-선조(先祖), 상대를 부르는 칭호 군(君)-칭호(稱號), 귀신을 받들어 부르는 칭호 군(君)-귀신지경칭(鬼神之敬稱), 맡아 다스릴 군(君)-주재(主宰), 하늘-건 군(君)-천(天)-건(乾), 양 군(君)-양(陽), 낮 군(君)-일(日), 중앙제단 군(君)-궁제단(宮祭壇), 흙 군(君)-토(土)〉 등의 뜻을 내지만 〈군자(君子)〉는 〈재덕겸구지인(才德兼具之人)〉 즉 재주와[才] 덕을[德] 아울러[兼] 갖춘[具之] 사람[人]을 칭하는 술어(術語)로 여기고 새김이 마땅하다.

**자(子)** 〈존칭(덕 있는 사람의 칭호) 자(子)-유덕자지칭(有德者之稱), 존경받는 사람 자(子)-존자(尊者), 벼슬 자(子)-작(爵), 12지의 첫째 자(子), 음력 11월 자(子), 밤 11시에서 다음날 1시까지 자(子), 북쪽 방향 자(子)-북방(北方), 오행에서 물 자(子)-어오행속수(於五行屬水), 짐승에서 쥐 자(子)-어수위서(於獸爲鼠), 번성할 자(子)-자(滋), 뒤를 이어줄 자(子)-사(嗣)-식(息), 자녀 자(子)-자녀(子女), 자손 자(子)-자손(子孫), 남자를 일컫는 호칭 자(子)-남자지통칭(男子之通稱), 만물 자(子)-만물(萬物), 씨앗(열매) 자(子)-종자(種子)-과실(果實), 누구(사람) 자(子)-인(人)-수자(誰子), 백성 자(子)-백성(百姓)〉 등의 뜻을 내지만 여기선 〈덕 있는 사람 유덕자(有德者)〉의 호칭으로 새김이 마땅하다.

**용(用)** 〈행할 용(用)-행(行), 쓸 용(用)-시(施), 쓰일(부릴) 용(用)-사(使), 맡길 용(用)-임(任), 위할 용(用)-위(爲), 갖출 용(用)-비(備)〉 등의 뜻을 내지만 여기선 〈행할 행(行)〉과 같다 여기고 새김이 마땅하다.

**섭(涉)** 〈물 건널 섭(涉)-도(渡), 물이 흘러가는 섭(涉)-수류(水流), 헤엄쳐 갈 섭(涉)-유행(游行), 서로 교류할 섭(葉)-상교(相交), 경력 섭(涉)-경력(經歷), 깊이 들어갈 섭(涉)-심입(深入)〉 등의 뜻을 내지만 여기선 〈물 건널 도(渡)〉와 같다 여기고 새김이 마땅하다.

**대(大)** 〈큰 대(大)-소지대(小之對), 넓을 대(大)-광(廣), 두루 대(大)-편(徧), 통할

대(大)-통(通), 길 대(大)-장(長), (땅을) 걸게 할 대(大)-비(肥), 두터울 대(大)-후(厚), 많을 대(大)-다(多), 모두 대(大)-개(皆), 선할 대(大)-선(善), 무거울 대(大)-중(重), 거대할 대(大)-거(巨), 아름다울 대(大)-미(美)-장(壯), 부유할 대(大)-부(富), 늙을 대(大)-노(老), 지나칠 대(大)-과(過), 끝 대(大)-극(極), 대충 대(大)-조(粗)-불세밀(不細密), 과대할 대(大)-과(誇)-긍벌(矜伐), 처음 대(大)-초(初), 하늘 대(大)-천(天), 건(乾)-양기(陽氣)-강효(剛爻) 대(大)〉 등의 뜻을 내지만 여기선 〈큰 대(大)〉로 여기고 새김이 마땅하다.

**천(川)** 〈시내 천(川)-천(巛)-관천통류수(貫穿通流水), 수류의 총칭 천(川)-수류지총칭(水流之總稱), 흐르는 물의 시작 천(川)-수류지시(水流之始), 산천의 신 천(川)-산천지신(山川之神), 구덩이 천(川)-갱(坑)〉 등의 뜻을 내지만 여기선 〈땅을 뚫어내고 흐르는 물 즉 시내 관천통류수(貫穿通流水)〉로 여기고 새김이 마땅하다. 〈대천(大川)〉이란 강물을 뜻한다.

**길(吉)** 〈좋을(행복할) 길(吉)-선(善)-영(令) {영월길일(令月吉日)은 선월선일(善月善日)임.}, 복 길(吉)-실(實)-선실(善實)-복(福), 예의를 따라 상서로울 길(吉)-예의순상(禮義順祥), 삼갈 길(吉)-근(謹), 초하루 길(吉)-삭일(朔日) {삭망(朔望) 즉 초하루[朔]와 그믐날[望]}, 길례 길(吉)-길례(吉禮) {오례지일(五禮之一) 길흉빈군가(吉凶賓軍嘉)}, 갈 길(吉)-행(行)-길(趌)〉 등의 뜻을 내지만 여기선 〈좋을 선(善)-영(令)〉 즉 행복과 같다 여기고 새김이 마땅하다.

---

註 감위수(坎爲水) : 감은[坎 : ☵] 물[水]이다[爲]. 「설괘전(說卦傳)」 11단락(段落)

註 군자거이이사명(君子居易以俟命) 소인행험이요행(小人行險以徼幸) : 군자는[君子] 머묾이[居] 평이함[易]으로써[以] 자연의 뜻을[命] 기다리지만[俟], 소인은[小人] 모험을[險] 감행함[行]으로써[以] 요행을[幸] 바란다[徼]. 『중용(中庸)』 「주자장구(朱子章句)」 14장(章)

## 육이(六二 : --)

六二 : 鳴謙(명겸)이니 貞(정)이라 吉(길)하다

육이(六二) : 겸허함이[謙] 자자하니[鳴] 진실로 미더워[貞] 길하다[吉].

【육이(六二)의 효상(爻象 풀이】

겸괘(謙卦 : ䷎)의 육이(六二 : --)는 이음거음(以陰居陰) 즉 음(陰 : --)으로써[以] 음(陰 : --)의 자리에 있는지라[居] 정당한 자리에 있다. 육이(六二 : --)와 초륙(初六 : --)은 양음(兩陰) 즉 둘 다[兩] 음(陰 : --)의 사이인지라 비(比) 즉 이웃의 사귐[比]을 누리지 못하지만, 육이(六二 : --)와 구삼(九三 : ㅡ)은 음양(陰陽)의 사이인지라 이웃의 사귐[比]을 누린다. 그리고 육이(六二 : --)와 육오(六五 : --)는 양음(兩陰) 즉 둘 다[兩] 음(陰 : --)의 사이인지라 중효[中]이되 육오(六五 : --)가 부정위(不正位)에 있기 때문에 중정(中正)을 아울러 누리지 못하고, 부정응(不正應) 즉 바르게[正] 서로 호응하지 못해[不應] 불상교(不相交) 즉 서로[相] 교류하지 못하는[不交] 사이이다. 그러나 육이(六二 : --)는 겸괘(謙卦 : ䷎)의 하체(下體) 간(艮 : ☶)의 중효(中爻)로서 스스로 득중(得中) 즉 정도를 따름을[中] 취하여[得] 겸괘(謙卦 : ䷎)의 주제인 〈겸(謙)〉으로써 매사(每事)를 마주하는 모습이다.

> 겸괘(謙卦 : ䷎)의 육이(六二 : --)가 구이(九二 : ㅡ)로 변효(變爻)하면 육이(六二 : --)는 겸괘(謙卦 : ䷎)를 46번째 승괘(升卦 : ䷭)로 지괘(之卦)하게 한다. 따라서 겸괘(謙卦 : ䷎)의 육이(六二 : --)는 승괘(升卦 : ䷭)의 구이(九二 : ㅡ)를 찾아가 살펴보게 한다.

【육이(六二)의 계사(繫辭) 풀이】

## 鳴謙(명겸) 貞(정) 吉(길)

<u>겸허함이[謙] 자자하니[鳴] 진실로 미더워[貞] 길하다[吉].</u>

육이(六二 : --)의 변효(變爻)를 빌려 육이(六二 : --)를 취상(取象)한 계사(繫辭)이다. 〈명겸(鳴謙)〉은 〈육이지겸명(六二之謙鳴)〉의 줄임으로 여기고 〈육이의[六二之] 겸허함이[謙] 자자하다[鳴]〉라고 새겨볼 것이다. 〈명겸(鳴謙)〉은 육이(六二 : --)가 변효(變爻)하여 겸괘(謙卦 : ䷎)의 하체(下體) 간(艮 : ☶)을 손(巽 : ☴)으로 변괘(變卦)함을 암시한다. 왜냐하면 〈명겸(鳴謙)의 명(鳴)〉이 「설괘전(說卦傳)」에 나오는 〈손은[巽 : ☴] 닭[鷄]이다[爲]〉라는 내용을 상기시키기 때문이다. 첫 새벽에 수탉이 울면[鳴] 그 울음[鳴]이 온 사방으로 퍼져 나가 새벽해가 뜨고 있음을 알려준다. 육이(六二 : --)의 겸허함[謙]이 이 울음소리[鳴]와 같다고 비유

한 것이 〈명겸(鳴謙)〉이다. 유순(柔順)한 육이(六二 : --)는 겸괘(謙卦 : ䷎)의 하체(下體) 간(艮 : ☶)의 중효(中爻)로서 정위(正位)의 아랫자리에 있고 득중(得中) 즉 정도를 따름을[中] 취하는지라[得] 겸덕(謙德)이 남다른 모습이다. 이에 육이(六二 : --)가 매사(每事)를 마주할 때마다 자겸(自謙) 즉 자신을[自] 겸손히 하므로[謙] 더욱더 육이(六二 : --)의 겸허함[謙]이 온 세상으로 퍼짐을 〈명겸(鳴謙)〉이라고 취상(取象)한 것이다. 자신의 겸허함이[謙] 온 세상에 자자하다[鳴] 하여 우쭐하지 않고 육이(六二 : --)의 심중(心中)은 더욱더 〈정(貞)〉 즉 진실로 미덥게[貞] 겸덕(謙德)을 닦아감을 암시한 것이 여기 〈정(貞)〉이다. 겸허(謙虛)한 척함이 아니라 진실로 미더운[貞] 겸허(謙虛)로써 세상을 마주하면서 득중(得中) 즉 정도를 따름을[中] 취하는[得] 육이(六二 : --)가 행운을 누릴[吉] 수밖에 없음을 암시한 계사(繫辭)가 〈명겸(鳴謙) 정(貞) 길(吉)〉이다.

【字典】

**명(鳴)** 〈밝혀 멀리 들리게 할(명성이 자자할) 명(鳴)-성명원문(聲名遠聞)-저칭(著稱), 새소리 명(鳴)-조성(鳥聲), 쳐서 소리 나게 할 명(鳴)-격지사발성(擊之使發聲)〉 등의 뜻을 내지만 여기선 〈명성이 자자할 성명원문(聲名遠聞)〉으로 여기고 새김이 마땅하다.

**겸(謙)** 〈겸허할(겸손할) 겸(謙)-손(遜)-부자만(不自滿), 사양할 겸(謙)-경(敬)-양(讓), 덜어낼 겸(謙)-손(損), 경쾌할 겸(謙)-경(輕=不自重大)〉 등의 뜻을 내지만 여기선 〈겸허할 손(遜)-부자만(不自滿)〉과 같다 여기고 새김이 마땅하다.

**정(貞)** 〈진실로 미더울 정(貞)-성신(誠信), 바를 정(貞)-정(正), 마땅할 정(貞)-당(當), 믿을 정(貞)-신(信), 거북점을 물을 정(貞)-복문(卜問), 역(易)의 내괘(內卦) 정(貞), 정할 정(貞)-정(定), 순수할 정(貞)-전(專)-일(一)〉 등의 뜻을 내지만 여기선 〈진실로 미더울 성신(誠信)〉과 같다 여기고 새김이 마땅하다.

**길(吉)** 〈좋을(행복할) 길(吉)-선(善)-영(令) {영월길일(令月吉日)은 선월선일(善月善日)임.}, 복 길(吉)-실(實)-선실(善實)-복(福), 예의를 따라 상서로울 길(吉)-예의순상(禮義順祥), 삼갈 길(吉)-근(謹), 초하루 길(吉)-삭일(朔日) {삭망(朔望) 즉 초하루[朔]와 그믐날[望]}, 길례 길(吉)-길례(吉禮) {오례지일(五禮之一) 길흉빈군가(吉凶賓軍嘉)}, 갈 길(吉)-행(行)-길(趌)〉 등의 뜻을 내지만 여기선 〈좋을 선(善)-영(令)〉 즉 행복과 같다

여기고 새김이 마땅하다.

---

註 손위계(巽爲雞) : 손은[巽 : ☴] 닭[鷄]이다[爲]. 「설괘전(說卦傳)」 8단락(段落)





## 구삼(九三 : ─)

九三 : 勞謙하니 君子有終이니 吉하다
노겸 군자유종 길

구삼(九三) : 애쓰면서도[勞] 겸허하니[謙] 군자에게는[君子] 끝맺음이[終] 있어[有] 길하다[吉].

**【구삼(九三)의 효상(爻象) 풀이】**

겸괘(謙卦 : ䷎)의 구삼(九三 : ─)은 이양거양(以陽居陽) 즉 양(陽 : ─)으로써[以] 양(陽 : ─)의 자리에 있는지라[居] 정당한 자리에 있다. 구삼(九三 : ─)은 육이(六二 : --)와 육사(六四 : --)와는 양음(陽陰)의 사이인지라 비(比) 즉 이웃의 사귐[比]을 누리고, 상륙(上六 : --)과도 양음(陽陰)의 사이인지라 정응(正應) 즉 정도를 따라[正] 서로 호응하는[應] 사이이다. 이처럼 구삼(九三 : ─)은 위아래로 효연(爻緣)이 돈독(敦篤)하여 겸괘(謙卦 : ䷎)의 유일한 양효(陽爻)로서 양강(陽剛)한 덕(德)을 갖추고, 겸괘(謙卦 : ䷎)의 하체(下體) 간(艮 : ☶)의 상효(上爻)이니 아래로 육이(六二 : --)-초륙(初六 : --)의 따름을 이끌어주고 위로는 육사(六四 : --)와 함께 군왕(君王)을 받들어 소임을 다해가는 모습이다.

겸괘(謙卦 : ䷎)의 구삼(九三 : ─)이 육삼(六三 : --)으로 변효(變爻)하면 구삼(九三 : ─)은 겸괘(謙卦 : ䷎)를 2번째 곤괘(坤卦 : ䷁)로 지괘(之卦)하게 한다. 따라서 겸괘(謙卦 : ䷎)의 구삼(九三 : ─)은 곤괘(坤卦 : ䷁)의 육삼(六三 : --)을 찾아가 살펴보게 한다.

**【구삼(九三)의 계사(繫辭) 풀이】**

勞謙(노겸) 君子有終(군자유종) 吉(길)

애쓰면서도[勞] 겸허하니[謙] 군자에게는[君子] 끝맺음이[終] 있어 [有] 길하다[吉].

구삼(九三 : ⚊)의 변효(變爻)를 빌려 구삼(九三 : ⚊)을 취상(取象)한 계사(繫辭)이다. 〈노겸(勞謙)〉은 〈구삼로어조제음효(九三勞於助諸陰爻) 이겸향제음효(而謙向諸陰爻)〉의 줄임으로 여기고 〈구삼은[九三] 모든[諸] 음효를[陰爻] 도움에[於助] 애쓰면서[勞而] 모든[諸] 음효(陰爻)에게[向] 겸허하다[謙]〉라고 새겨볼 것이다. 〈노겸(勞謙)의 노(勞)〉는 구삼(九三 : ⚊)이 변효(變爻)하여 겸괘(謙卦 : ䷎)의 하체(下體) 간(艮 : ☶)을 곤(坤 : ☷)으로 변괘(變卦)함을 암시한다. 왜냐하면 〈노겸(勞謙)의 노(勞)〉가 「설괘전(說卦傳)」에 나오는 〈곤(坤 : ☷)에서[乎] 일을[役] 다한다[致]〉라는 내용을 상기시키기 때문이다. 겸괘(謙卦 : ䷎)의 유일한 양효(陽爻)로서 구삼(九三 : ⚊)은 겸괘(謙卦 : ䷎)의 하체(下體) 간(艮 : ☶)의 정상(頂上)에 올랐으니 중임(重任)을 맡은 자로서 상징된다. 따라서 겸괘(謙卦 : ䷎)의 제음효(諸陰爻) 즉 모든[諸] 음효(陰爻)가 강강(剛强) 즉 굳세고[剛] 강한[强] 구삼(九三 : ⚊)을 중심으로 삼아 따른다. 이에 구삼(九三 : ⚊)은 아래로는 초륙(初六 : ⚋)-육이(六二 : ⚋)를 도우려 애쓰면서도[勞] 그들에게 겸허하고[謙], 위로는 육사(六四 : ⚋)와 이웃으로 사귀면서[比] 겸손하고[謙], 군왕(君王)인 육오(六五 : ⚋)를 보좌(輔佐)함에 애쓰면서[勞] 겸손하며[謙], 상륙(上六 : ⚋)과는 정응(正應) 즉 정도를 따라[正] 호응함에[應] 애쓰면서[勞] 겸손하여[謙], 마침내 군자에게[君子] 끝맺음이[終] 있어서[有] 구삼(九三 : ⚊)이 행운을 누림[吉]을 암시한 계사(繫辭)가 〈노겸(勞謙) 군자유종(君子有終) 길(吉)〉이다.

【字典】

**노(勞)** 〈애쓸(부지런히 일할) 노(勞)-근(勤), 일할 노(勞)-동(動), 힘쓸 노(勞)-거(劇)-면(勉), 고단할 노(勞)-고(苦), 다루어 움직일 노(勞)-복(服)-조작(操作), 근심할 노(勞)-우(憂), 병들 노(勞)-병(病), 수고로울 노(勞)-사공(事功), 위로할 노(勞)-위(慰)〉 등의 뜻을 내지만 〈부지런히 일할 근(勤)〉으로 여기고 새김이 마땅하다. 〈勞〉는 맨 앞에 놓일 때는 〈노〉로 발음되고, 중간이나 뒤에 놓일 때는 〈로〉로 발음된다.

**겸(謙)** 〈겸허할(겸손할) 겸(謙)-손(遜)-부자만(不自滿), 사양할 겸(謙)-경(敬)-양

(讓), 덜어낼 겸(謙)-손(損), 경쾌할 겸(謙)-경(輕=不自重大)〉 등의 뜻을 내지만 여기선 〈겸손할 손(遜)-부자만(不自滿)〉과 같다 여기고 새김이 마땅하다.





**군(君)** 〈지극히 높은 사람(천자-임금-제후) 군(君)-지존자(至尊者), 임금을 이을 (세자) 군(君)-세자(世子), 여왕 군(君)-여군(女君), 어버이 군(君)-부모(父母), 돌아가신 임금-돌아가신 아버지-돌아가신 조상 군(君)-선군(先君)-선부(先父)-선조(先祖), 상대를 부르는 칭호 군(君)-칭호(稱號), 귀신을 받들어 부르는 칭호 군(君)-귀신지경칭(鬼神之敬稱), 맡아 다스릴 군(君)-주재(主宰), 하늘-건 군(君)-천(天)-건(乾), 양 군(君)-양(陽), 낮 군(君)-일(日), 중앙제단 군(君)-궁제단(宮祭壇), 흙 군(君)-토(土)〉 등의 뜻을 내지만 〈군자(君子)〉는 〈재덕겸구지인(才德兼具之人)〉 즉 재주와[才] 덕을[德] 아울러[兼] 갖춘[具之] 사람[人]을 칭하는 술어(術語)로 여기고 새김이 마땅하다.

**자(子)** 〈존칭(덕 있는 사람의 칭호) 자(子)-유덕자지칭(有德者之稱), 존경받는 사람 자(子)-존자(尊者), 벼슬 자(子)-작(爵), 12지의 첫째 자(子), 음력 11월 자(子), 밤 11시에서 다음날 1시까지 자(子), 북쪽 방향 자(子)-북방(北方), 오행에서 물 자(子)-어오행속수(於五行屬水), 짐승에서 쥐 자(子)-어수위서(於獸爲鼠), 번성할 자(子)-자(滋), 뒤를 이어줄 자(子)-사(嗣)-식(息), 자녀 자(子)-자녀(子女), 자손 자(子)-자손(子孫), 남자를 일컫는 호칭 자(子)-남자지통칭(男子之通稱), 만물 자(子)-만물(萬物), 씨앗(열매) 자(子)-종자(種子)-과실(果實), 누구(사람) 자(子)-인(人)-수자(誰子), 백성 자(子)-백성(百姓)〉 등의 뜻을 내지만 여기선 〈덕 있는 사람 유덕자(有德者)〉의 호칭으로 여기고 새김이 마땅하다.

**유(有)** 〈없을 무(無)의 반대말로 있을 유(有), 혹 유(有)-혹(或), 많을 유(有)-다(多)-족(足), 부유할 유(有)-부(富), 얻을(가질) 유(有)-취(取), 간직할 유(有)-장(藏), 보호할 유(有)-보(保), 서로 친할 유(有)-상친(相親), 전일할 유(有)-전(專), 할 유(有)-위(爲), 어조사 유(有)〉 등의 뜻을 내지만 〈있을 유(有)〉로 여기고 새김이 마땅하다.

**종(終)** 〈다할 종(終)-진(盡)-극(極)-궁(窮)-경(竟), 끝날 종(終)-이(已), 충분할 종(終)-충(充), 이룰 종(終)-성(成), 사망 종(終)-사(死), 끝 종(終)-시지대(始之對)〉 등의 뜻을 내지만 여기선 〈다할 진(盡)〉과 같다 여기고 새김이 마땅하다.

**길(吉)** 〈좋을(행복할) 길(吉)-선(善)-영(令) {영월길일(令月吉日)은 선월선일(善月善日)임.}, 복 길(吉)-실(實)-선실(善實)-복(福), 예의를 따라 상서로울 길(吉)-예의순상

(禮義順祥), 삼갈 길(吉)-근(謹), 초하루 길(吉)-삭일(朔日) {삭망(朔望) 즉 초하루[朔]와 그믐날[望]}, 길례 길(吉)-길례(吉禮) {오례지일(五禮之一) 길흉빈군가(吉凶賓軍嘉)}, 갈 길(吉)-행(行)-길(趌)〉 등의 뜻을 내지만 여기선 〈좋을 선(善)-영(令)〉 즉 행복과 같다 여기고 새김이 마땅하다.





---

註 치역호곤(致役乎坤) : 곤(坤 : ☷)에서[乎] 일을[役] 다한다[致]. 「설괘전(說卦傳)」 5단락(段落)

## 육사(六四 : --)

六四 : 无不利하고 撝謙이다
무불리 휘겸

육사(六四) : 겸허함을[謙] 더없이 다함에[撝] 이롭지 않음이[不利] 없다[无].

**【육사(六四)의 효상(爻象) 풀이】**

겸괘(謙卦 : ䷎)의 육사(六四 : --)는 이음거음(以陰居陰) 즉 음(陰 : --)으로써[以] 음(陰 : --)의 자리에 있는지라[居] 정당한 자리에 있다. 육사(六四 : --)와 구삼(九三 : —)은 음양(陰陽)의 사이인지라 비(比) 즉 이웃의 사귐[比]을 누리지만, 육오(六五 : --)와는 양음(兩陰) 즉 둘 다[兩] 음(陰 : --)의 사이인지라 비(比)를 누리지는 못하지만 육사(六四 : --)가 육오(六五 : --)를 겸손하게[謙] 군왕(君王)으로 모시고 받든다. 그리고 육사(六四 : --)와 초륙(初六 : --)은 양음(兩陰)인지라 부정응(不正應) 즉 정도를 따라[正] 서로 호응하지 못하는[不應] 사이이다. 그러나 육사(六四 : --)는 정위(正位)에 있고 겸괘(謙卦 : ䷎)의 상체(上體) 곤(坤 : ☷)의 맨 밑자리임을 알고 있어, 유약(柔弱)한 자신보다 하위(下位)에 있는 구삼(九三 : —)의 강강(剛强)함을 인정하면서 더없이 겸손(謙遜)한 거동으로 육오(六五 : --)를 받들어 모시는 모습이다.

겸괘(謙卦 : ䷎)의 육사(六四 : --)가 구사(九四 : —)로 변효(變爻)하면 육사(六四 : --)는 겸괘(謙卦 : ䷎)를 62번째 소과괘(小過卦 : ䷽)로 지괘(之卦)하게 한다. 따라서 겸괘(謙卦 : ䷎)의 육사(六四 : --)는 소과괘(小過卦 : ䷽)의 구사(九四 : —)를 찾아가 살펴보게 한다.

【육사(六四)의 계사(繫辭) 풀이】

## 无不利(무불리) 撝謙(휘겸)

겸허함을[謙] 더없이 다함에[撝] 이롭지 않음이[不利] 없다[无].

육사(六四 : --)의 효위(爻位)를 빌려 암시한 계사(繫辭)이다. 〈무불리(无不利) 휘겸(撝謙)〉은 〈육사지휘겸무불리(六四之撝謙无不利)〉의 줄임으로 여기고 〈육사의[六四之] 휘겸에는[撝謙] 이롭지 않음이[不利] 없다[无]〉라고 새겨볼 것이다. 〈휘겸(撝謙)의 휘(撝)〉는 거동(擧動) 즉 몸가짐을 뜻하고, 〈휘겸(撝謙)〉은 거동겸손(擧動謙遜) 즉 몸가짐이[擧動] 겸손함[謙遜]을 말한다. 겸손한 몸가짐[撝]이란 먼저 마음가짐이 겸손함[謙]을 말한다. 육사(六四 : --)는 겸괘(謙卦 : ䷎)의 주효(主爻)이고 유일한 양효(陽爻)인 구삼(九三 : ─)과 이웃하여 사귐[比]을 누려 육사(六四 : --) 자신이 구삼(九三 : ─)만큼 굳세거나[剛] 강하지[强] 못함을 알아채고, 겸괘(謙卦 : ䷎)의 주제인 〈겸(謙)〉 즉 겸손함[謙]을 남김없이 몸소 이행하여 군왕(君王)인 육오(六五 : --)를 받들 뿐만 아니라 구삼(九三 : ─)에게도 겸손함[謙]을 다해 육사(六四 : --)에게는 이롭지 않음이[不利] 없음[无]을 암시한 계사(繫辭)가 〈무불리(无不利) 휘겸(撝謙)〉이다.

【字典】

**무(无)** 〈없을 무(无)-무(無), 허무지도 무(无)-허무지도(虛无之道), 으뜸 무(无)-원(元)〉 등의 뜻을 내지만 여기선 〈없을 무(無)〉와 같다 여기고 새김이 마땅하다.

**不** 〈불-부〉 등으로 발음되고, 〈않을(없을) 불(不)-부(不)-무(無), 아닐 불(不)-부(不)-비(非), 하지 말 불(不)-부(不)-막(莫)-금지(禁止), 정하지 않을 불(不)-부(不)-부(否)-미정(未定), 새가 날아올라 내려오지 않는 불(不)-부(不)-조비상불하래(鳥飛上不下來)〉 등의 뜻을 내지만 여기선 〈않을 불(不)〉로 여기고 새김이 마땅하다.

**이(利)** 〈만물로 하여금 삶을 이루어가게 하는 덕(德)의 이로울 이(利)-사만물수생지덕(使萬物遂生之德), 날카로울 이(利)-예(銳)-섬(銛), 질병 이(利)-질(疾), 통할 이(利)-통(通)-순(順), 좋을 이(利)-길(吉)-의(宜), 편리할 이(利)-편(便), 마름해 만들어 이룰 이(利)-재성(裁成), 탐할 이(利)-탐(貪), 구할(취할) 이(利)-구(求)-취(取), 좋아할 이(利)-열애(悅愛), 이로울 이(利)-익(益), 기교 이(利)-교(巧), 보람 이(利)-공용(功用), 지

세가 험하고 중요한 이(利)-험요(險要), 이길 이(利)-승(勝), 어질 이(利)-인(仁)〉 등의 뜻을 내지만 여기선 〈사만물수생지덕(使萬物遂生之德) 즉 만물로 하여금 삶을 이루어 가게 하는 덕(德)의 이로움〉이라 새김이 마땅하다. 〈利〉가 맨 앞에 오면 〈이〉로 발음되고, 중간이나 뒤에 오면 〈리〉로 발음된다.

**撝** 〈휘-위〉 두 가지로 발음되고, 〈찢을 휘(撝)-열(裂), 두를 휘(撝)-휘(揮)-휘(麾), 떠받들 휘(撝)-거(擧)-경(擎), 도울 위(撝)-좌(佐)〉 등의 뜻을 내지만 여기선 〈떠받들 거(擧)-경(擎)〉과 같다 여기고 새김이 마땅하다.

**겸(謙)** 〈겸허할(겸손할) 겸(謙)-손(遜)-부자만(不自滿), 사양할 겸(謙)-경(敬)-양(讓), 덜어낼 겸(謙)-손(損), 경쾌할 겸(謙)-경(輕=不自重大)〉 등의 뜻을 내지만 여기선 〈겸허할 손(遜)-부자만(不自滿)〉과 같다 여기고 새김이 마땅하다.





## 육오(六五 : --)

六五 : 不富지만 以其鄰이니 利用侵伐이고 无不利하다
불부 이기린 이용침벌 무불리

육오(六五) : 부유하지 않지만[不富], 자기[其] 이웃들과[鄰] 함께[以] 침범당하면[侵] 물리침을[伐] 행함에[用] 유리해[利] 이롭지 않음이[不利] 없다[无].

**【육오(六五)의 효상(爻象) 풀이】**

겸괘(謙卦 : ䷎)의 육오(六五 : --)는 이음거양(以陰居陽) 즉 음(陰 : --)으로써[以] 양(陽 : ―)의 자리에 있는지라[居] 정당한 자리에 있지 못하다. 육오(六五 : --)는 육사(六四 : --)와 상륙(上六 : --) 양음(兩陰) 사이에 있는지라 비(比) 즉 이웃의 사귐[比]을 누리지 못한다. 그리고 육이(六二 : --)와도 양음(兩陰) 즉 둘 다[兩] 음(陰 : --)의 사이인지라 중정(中正)과 정응(正應)을 아울러 함께 누리지 못한다. 이처럼 육오(六五 : --)에게는 효연(爻緣)이 없지만 겸괘(謙卦 : ䷎)의 존위(尊位)에 있고 겸괘(謙卦 : ䷎)의 상체(上體) 곤(坤 : ☷)의 중효(中爻)로서 겸괘(謙卦 : ䷎)의 주제인 〈겸(謙)〉을 다하여 신하와 백성을 아우르기 때문에 겸순(謙順)의 군도(君道)를 행하여 진덕(陳德) 즉 덕을[德] 널리 펴가는[陳] 모습이다.

겸괘(謙卦 : ䷎)의 육오(六五 : --)가 구오(九五 : ㅡ)로 변효(變爻)하면 육오(六五 : --)는 겸괘(謙卦 : ䷎)를 39번째 건괘(蹇卦 : ䷦)로 지괘(之卦)하게 한다. 따라서 겸괘(謙卦 : ䷎)의 육오(六五 : --)는 건괘(蹇卦 : ䷦)의 구오(九五 : ㅡ)를 찾아가 살펴보게 한다.

【육오(六五)의 계사(繫辭) 풀이】

## 不富(불부)

부유하지 않다[不富].

육오(六五 : --)의 효위(爻位)를 빌려 암시한 계사(繫辭)이다. 〈불부(不富)〉는 〈육오불부(六五不富)〉의 줄임으로 여기고 〈육오는[六五] 부유하지 않다[不富]〉라고 새겨볼 것이다. 〈부(富)〉란 무리를 모여들게 하는 재물이다. 육오(六五 : --)가 겸괘(謙卦 : ䷎)의 존위(尊位)에 있는 군왕(君王)으로서 〈부(富)〉를 누리는 군왕(君王)이 아니고 득중(得中) 즉 정도를 따름을[中] 취함[得]으로써 겸괘(謙卦 : ䷎)의 주제인 〈겸(謙)〉 즉 겸손[謙]을 다하여 신하와 백성을 아우름을 암시한 계사(繫辭)가 〈불부(不富)〉이다.

## 以其鄰(이기린) 利用侵伐(이용침벌) 无不利(무불리)

자기[其] 이웃들과[鄰] 함께[以] 침범당하면[侵] 물리침을[伐] 행함에[用] 유리해[利] 이롭지 않음이[不利] 없다[无].

육오(六五 : --)의 〈겸(謙)〉을 풀이한 계사(繫辭)이다. 〈이기린(以其鄰) 이용침벌(利用侵伐)〉은 〈육오지리용침벌이기린(六五之利用侵伐以其鄰)〉의 줄임으로 여기고 〈육오가[六五之] 자기[其] 이웃들과[鄰] 함께해[以] 침벌을[侵伐] 행해도[用] 유리하다[利]〉고 새겨볼 것이다. 〈이기린(以其鄰)의 이(以)〉는 〈함께할 여(與)〉와 같고, 〈이기린(以其鄰)의 기린(其鄰)〉은 육오(六五 : --)가 겸괘(謙卦 : ䷎)의 하체 곤(坤 : ☷)의 중효(中爻)이고 존위(尊位)에 있음을 들어 취상(取象)된 것이다. 여기 〈기린(其鄰)〉이 「설괘전(說卦傳)」에 나오는 〈곤은[坤 : ☷] 땅[地]이고[爲] …… 무리[衆]이다[爲]〉라는 내용을 떠올려주기 때문이다. 육오(六五 : --)의 〈기린(其鄰)〉 즉 군왕의[其] 이웃[鄰]이란 국토(國土)에 산재(散在)하여 사는 무리[衆] 즉 백성을 말한다. 따라서 〈이기린(以其鄰)〉은 군왕(君王)인 육오(六五 : --)가 겸순(謙順)으로써 백성을 마주하여 천심(天心) 즉 백성의 마음[天心]을 얻음을 암시한다.

〈이용침벌(利用侵伐)〉에서 〈용침벌(用侵伐)의 용(用)〉은 여기선 〈행할 행(行)〉과 같고, 〈용침벌(用侵伐)〉은 육오(六五 : --)가 건괘(蹇卦 : ䷦)의 구오(九五 : —)로 변효(變爻)해 취상(取象)된 것이다. 왜냐하면 여기 〈침벌(侵伐)〉이 건괘(蹇卦 : ䷦) 구오(九五 : —)의 계사(繫辭)인 〈대건(大蹇) 붕래(朋來)〉 즉 〈크게[大] 험난하지만[蹇] 벗들이[朋] 온다[來]〉라는 내용을 환기시키기 때문이다. 〈침벌(侵伐)〉이란 침략을[侵] 정벌함[伐]이다. 〈침벌(侵伐)〉은 〈건(蹇)〉 즉 어려운[難] 일[事]을 말한다. 육오(六五 : --)의 국토가 침범당하는 어려운 일이 일어난다면 백성과 일체가 되어 침입한 적(敵)을 물리칠 수 있음을 암시한 것이 〈이용침벌(利用侵伐)〉 즉 침범하면[侵] 물리침을[伐] 행함에[用] 이롭다[利]는 것이다. 백성의 마음을 얻은 군왕(君王)은 외침(外侵)이 있다 해도 백성과 함께 물리칠 수 있어서 겸순(謙順)의 군왕(君王)인 육오(六五 : --)에게 불리할 것이[不利] 없음[无]을 암시한 계사(繫辭)가 〈이기린(以其鄰) 이용침벌(利用侵伐) 무불리(无不利)〉이다.

【字典】

**不** 〈불-부〉 등으로 발음되고, 〈않을(없을) 불(不)-부(不)-무(無), 아닐 불(不)-부(不)-비(非), 하지 말 불(不)-부(不)-막(莫)-금지(禁止), 정하지 않을 불(不)-부(不)-부(否)-미정(未定), 새가 날아올라 내려오지 않는 불(不)-부(不)-조비상불하래(鳥飛上不下來)〉 등의 뜻을 내지만 여기선 〈않을 불(不)〉로 여기고 새김이 마땅하다.

**부(富)** 〈부유할 부(富)-부유(富裕), 재물(재산) 부(富)-재물(財物)-재산(財産), 녹위(祿位)가 창성할 부(富)-녹위창성(祿位昌盛), 갖출 부(富)-비(備), 두터울 부(富)-후(厚), 풍성할 부(富)-성(盛), 복 부(富)-복(福), 축재할 부(富)-축재(蓄財)〉 등의 뜻을 내지만 여기선 〈부유(富裕)〉로 여기고 새김이 마땅하다.

**이(以)** 〈함께할(더불어 할) 이(以)-여(與), 써 이(以)-용(用), 본받을 이(以)-법(法), 할 이(以)-위(爲), 생각할 이(以)-사(思), 거느릴 이(以)-솔(率), 그만둘 이(以)-이(已), 때문에 이(以)-인(因) {까닭 이(以)로 명사(名詞) 노릇도 하는데 주로 유이(有以) 무이(無以) 꼴일 때가 대부분임.}, 하여금 이(以)-사(使), 이미 이(以)-이(已)〉 등의 뜻을 내고 이외에도 전후문맥(前後文脈)에 따라 다양한 뜻을 자유롭게 내며 〈그래서 이(以)-소이(所

以)-인이(因以)〉처럼 계사(繫詞) 노릇마저도 한다. 여기선 〈함께할 여(與)〉로 여기고 새김이 마땅하다.

**기(其)** 〈그(그것) 기(其)-피(彼)-지(之), 그럴 기(其)-연(然), 어찌 기(其)-기(豈), 누를 기(其)-억(抑), 오히려 기(其)-상(尙)-서기(庶幾), ~의 기(其)-지(之), 이에 기(其)-내(乃), 만약 기(其)-약(若), 장차 기(其)-장(將), 어조사 기(其)-어조사(語助辭)〉 등의 뜻을 내지만 여기선 〈그 기(其)〉로 여기고 새김이 마땅하다.

**인(鄰)** 〈가까울 인(鄰)-인(隣)-근(近), 친할 인(鄰)-인(隣)-친(親), 고을 인(鄰)-인(隣)-읍(邑), 오가(五家)를 한 단위로 하는 인(鄰)-인(隣), 좌우에서 도울 인(鄰)-인(隣)-좌우보필(左右輔弼)〉 등의 뜻을 내지만 여기선 〈가까울 근(近)〉으로 여기고 새김이 마땅하다. 〈鄰〉이 앞에 올 때는 〈인〉으로 발음되고, 중간이나 뒤에 올 때는 〈린〉으로 발음된다.

**이(利)** 〈만물로 하여금 삶을 이루어가게 하는 덕(德)의 이로울 이(利)-사만물수생지덕(使萬物遂生之德), 날카로울 이(利)-예(銳)-섬(銛), 질병 이(利)-질(疾), 통할 이(利)-통(通)-순(順), 좋을 이(利)-길(吉)-의(宜), 편리할 이(利)-편(便), 마름해 만들어 이룰 이(利)-재성(裁成), 탐할 이(利)-탐(貪), 구할(취할) 이(利)-구(求)-취(取), 좋아할 이(利)-열애(悅愛), 이로울 이(利)-익(益), 기교 이(利)-교(巧), 보람 이(利)-공용(功用), 지세가 험하고 중요한 이(利)-험요(險要), 이길 이(利)-승(勝), 어질 이(利)-인(仁)〉 등의 뜻을 내지만 여기선 〈이용침벌(利用侵伐)의 이(利)〉는 〈유리할 이(利)〉로 여겨 새기고, 〈무불리(无不利)의 이(利)〉는 〈사만물수생지덕(使萬物遂生之德) 즉 만물로 하여금 삶을 이루어가게 하는 덕(德)의 이로움〉으로 여기고 새김이 마땅하다. 〈利〉가 맨 앞에 오면 〈이〉로 발음되고, 중간이나 뒤에 오면 〈리〉로 발음된다.

**용(用)** 〈행할 용(用)-행(行), 쓸 용(用)-시(施), 쓰일(부릴) 용(用)-사(使), 맡길 용(用)-임(任), 위할 용(用)-위(爲), 갖출 용(用)-비(備)〉 등의 뜻을 내지만 여기선 〈행할 행(行)〉과 같다 여기고 새김이 마땅하다.

**침(侵)** 〈범할 침(侵)-범(犯), 점점 나아갈 침(侵)-점진(漸進), 빼앗을 침(侵)-준(浚), 상처 낼 침(侵)-상(傷), 습격할 침(侵)-습(襲)〉 등의 뜻을 내지만 여기선 〈범할 범(犯)〉과 같다 여기고 새김이 마땅하다.

**벌(伐)** 〈칠 벌(伐)-정(征)-격(擊), 벨(자를) 벌(伐)-작(斫)-참(斬), 깨뜨릴 벌(伐)-패

(敗)-훼(毁), 죽일 벌(伐)-살(殺), 자랑할 벌(伐)-공(功), 어그러질 벌(伐)-패(悖)-난(亂)〉 등의 뜻을 내지만 여기선 〈칠 정(征)〉과 같다 여기고 새김이 마땅하다.

**무(无)** 〈없을 무(无)-무(無), 허무지도 무(无)-허무지도(虛无之道), 으뜸 무(无)-원(元)〉 등의 뜻을 내지만 여기선 〈없을 무(無)〉와 같다 여기고 새김이 마땅하다.

---

註 곤위지(坤爲地) …… 위중(爲衆) : 곤은[坤 : ☷] 땅[地]이고[爲] …… 무리[衆]이다[爲].

「설괘전(說卦傳)」 11단락(段落)





## 상륙(上六 : --)

上六 : 鳴謙이니 利用行師하여 征邑國하다
명겸 이용행사 정읍국

상륙(上六) : 겸허함이[謙] 자자하니[鳴] 무리를[師] 동원해[行] 써서[用] 제 나라를[邑國] 바르게 다스리니[征] 이롭다[利].

**【상륙(上六)의 효상(爻象) 풀이】**

겸괘(謙卦 : ䷎)의 상륙(上六 : --)은 이음거음(以陰居陰) 즉 음(陰 : --)으로써[以] 음(陰 : --)의 자리에 있는지라[居] 정당한 자리에 있다. 상륙(上六 : --)과 육오(六五 : --)는 양음(兩陰) 즉 둘 다[兩] 음(陰 : --)의 사이인지라 비(比) 즉 이웃의 사귐[比]을 누리지 못한다. 그러나 상륙(上六 : --)과 구삼(九三 : —)은 음양(陰陽)의 사이인지라 정응(正應) 즉 정도를 따라[正] 호응하는[應] 사이이다. 그러나 상륙(上六 : --)은 겸괘(謙卦 : ䷎)의 극위(極位)에 있는지라 겸괘(謙卦 : ䷎)를 떠나야 할 처지에 있어서 극겸(極謙) 즉 더없이[極] 겸손함[謙]을 남들과 서로 나눌 환경이 못 된다. 이에 유약(柔弱)한 상륙(上六 : --)은 자신의 극겸이 절로 드러나는 모습이라 극겸의 유약(柔弱)에 치우칠세라 자강(自剛) 즉 스스로[自] 굳세고자[剛] 하는 모습이다.

겸괘(謙卦 : ䷎)의 상륙(上六 : --)이 상구(上九 : —)로 변효(變爻)하면 상륙(上六 : --)은 겸괘(謙卦 : ䷎)를 52번째 간괘(艮卦 : ䷳)로 지괘(之卦)하게 한다. 따라서 겸괘(謙卦 : ䷎)의 상륙(上六 : --)은 간괘(艮卦 : ䷳)의 상구(上九 : —)를 찾아가 살펴보게 한다.

【상륙(上六)의 계사(繫辭) 풀이】

## 鳴謙(명겸)

겸허함이[謙] 자자하다[鳴].

상륙(上六 : --)의 효위(爻位)를 빌려 암시한 계사(繫辭)이다. 〈명겸(鳴謙)〉은 〈상륙지겸명(上六之謙鳴)〉의 줄임으로 여기고 〈상륙의[上六之] 겸허함이[謙] 자자하다[鳴]〉라고 새겨볼 것이다. 상륙(上六 : --)의 〈명겸(鳴謙)〉은 육이(六二 : --)의 〈명겸(鳴謙)〉과는 다르다. 육이(六二 : --)는 겸괘(謙卦 : ䷎) 내괘(內卦)의 중효(中爻)인지라 겸괘(謙卦 : ䷎)의 내부(內部)로 육이(六二 : --)의 겸손이[謙] 울려 퍼짐[鳴]이지만, 상륙(上六 : --)은 겸괘(謙卦 : ䷎) 외괘(外卦)의 상효(上爻)인지라 겸괘(謙卦 : ䷎)의 외부(外部)로 상륙(上六 : --)의 겸손이[謙] 울려 퍼짐[鳴]이다. 유순(柔順)한 상륙(上六 : --)은 겸괘(謙卦 : ䷎)의 극위(極位)에 있는지라 극겸(極謙) 즉 더없이[極] 겸손하기에[謙] 세상이 상륙(上六 : --)의 극겸을 외면하지 않음을 암시한 계사(繫辭)가 〈명겸(鳴謙)〉이다.

## 利用行師(이용행사) 征邑國(정읍국)

무리를[師] 동원해[行] 써서[用] 제 나라를[邑國] 바르게 다스리니[征] 이롭다[利].

상륙(上六 : --)의 〈극겸(極謙)〉을 풀이한 계사(繫辭)이다. 〈이용행사(利用行師) 정읍국(征邑國)〉은 〈이상륙지용행사(利上六之用行師) 이리상륙지정읍국(而利上六之征邑國)〉의 줄임으로 여기고 〈상륙이[上六之] 행사를[行師] 이용함이[用] 이롭고[利而] 상륙이[上六之] 읍국을[邑國] 공고히 함이[征] 이롭다[利]〉라고 새겨볼 것이다. 일반적인 대성괘(大成卦)에서라면 극위(極位)에 있는 효(爻)는 물러나서 행동을 취하지 않지만, 겸괘(謙卦 : ䷎)의 상륙(上六 : --)은 행동을 취함은 무슨 까닭인가? 육오(六五 : --)의 〈이용침벌(利用侵伐)〉 즉 〈침범당하면[侵] 물리침을[伐] 행함에[用] 유리하다[利]〉 함과 상륙(上六 : --)의 〈이용행사(利用行師)〉 즉 〈무리를[師] 동원해[行] 써서[用] 이롭다[利]〉 함은 같은 행동이다. 이는 육오(六五 : --)와 상륙(上六 : --)이 다 같이 겸괘(謙卦 : ䷎)의 상체(上體) 곤(坤 : ☷)의 권속(眷屬)임을 암시하고, 곤(坤 : ☷)의 권속에게는 국토가 있음을 암시한다. 여기 〈이용행사(利用行師)의 용행사(用行師)〉가 「설괘전(說卦傳)」에 나오는 〈곤은[坤 : ☷] 땅[地]이고[爲] …… 무리[衆]이다[爲]〉라는 내용을 떠올려주기 때문이다. 〈이용침벌(利用侵伐)〉의 〈침벌(侵伐)〉이나 〈이용행사(利用行師)의 행사(行師)〉는 다 같이 경국(經國) 즉 나라를[國] 경영하게[經] 하는 필수적인 것 중의 하나가 백성이란 무리[衆]이고 그 무리의 힘이다. 따라서 백성이 곧 용병(用兵)의 바탕이다. 이에 〈행사(行師)〉는 백성이라는 무리의 힘을[師] 행사함[行]을 뜻한다.

〈정읍국(征邑國)의 읍국(邑國)〉은 본국(本國) 즉 제 나라[本國]를 말한다. 유순(柔順)한 상륙(上六 : --)이 극겸(極謙)을 앞세우면서 제 나라[邑國]를 외면하는 것이 아니라 오히려 극겸(極謙)으로써 병법(兵法)을 삼아가면서 제 나라[邑國]를 〈정(征)〉 즉 바르게 다스린다[征] 함이 〈정읍국(征邑國)〉이다. 〈정읍국(征邑國)의 정(征)〉은 〈정행(正行)〉 즉 바르게[正] 행함[行]인지라 겸치(謙治) 즉 겸손히[謙] 다스림[治]을 뜻한다. 따라서 〈정읍국(征邑國)의 정(征)〉은 『노자(老子)』에 나오는 〈큰 나라가[大國] {정(靜)}으로써[以] 소국에[小國] 낮추면[下] 곧[則] (대국은) 작은 나라를[小國] 모으고[取] 작은 나라가[小國] {정(靜)}으로써[以] 대국에[大國] 겸손하면[下] 곧[則] (소국은) 큰 나라를[大國] 얻는다[取]〉라는 내용을 상기시키기도 한다. 겸괘(謙卦 : ䷎)의 주제인 〈겸(謙)〉이야말로 강(强)하여 제 나라를[邑國] 바르게 다스리게[征] 되어 상륙(上六 : --)이 행하는 극겸(極謙)의 다스림[征]이야말로 상륙(上六 : --)에게 이로울[利] 뿐임을 암시한 계사(繫辭)가 〈이용행사(利用行師) 정읍국(征邑國)〉이다.

【字典】

**명(鳴)** 〈밝혀 멀리 들리게 할(명성이 자자할) 명(鳴)-성명원문(聲名遠聞)-저칭(著稱), 새소리 명(鳴)-조성(鳥聲), 쳐서 소리 나게 할 명(鳴)-격지사발성(擊之使發聲)〉 등의 뜻을 내지만 여기선 〈명성이 자자할 성명원문(聲名遠聞)〉으로 새김이 마땅하다.

**겸(謙)** 〈겸허할(겸손할) 겸(謙)-손(遜)-부자만(不自滿), 사양할 겸(謙)-경(敬)-양(讓), 덜어낼 겸(謙)-손(損), 경쾌할 겸(謙)-경(輕=不自重大)〉 등의 뜻을 내지만 여기선 〈겸허할 손(遜)-부자만(不自滿)〉과 같다 여기고 새김이 마땅하다.

**이(利)** 〈만물로 하여금 삶을 이루어가게 하는 덕(德)의 이로울 이(利)-사만물수생지덕(使萬物遂生之德), 날카로울 이(利)-예(銳)-섬(銛), 질병 이(利)-질(疾), 통할 이(利)-통(通)-순(順), 좋을 이(利)-길(吉)-의(宜), 편리할 이(利)-편(便), 마름해 만들어 이룰 이(利)-재성(裁成), 탐할 이(利)-탐(貪), 구할(취할) 이(利)-구(求)-취(取), 좋아할 이(利)-열애(悅愛), 이로울 이(利)-익(益), 기교 이(利)-교(巧), 보람 이(利)-공용(功用), 지세가 험하고 중요한 이(利)-험요(險要), 이길 이(利)-승(勝), 어질 이(利)-인(仁)〉 등의 뜻을 내지만 여기선 〈사만물수생지덕(使萬物遂生之德) 즉 만물로 하여금 삶을 이루어가게 하는 덕(德)의 이로움〉이라 새김이 마땅하다. 〈利〉가 맨 앞에 오면 〈이〉로 발음되고, 중간이나 뒤에 오면 〈리〉로 발음된다.

**용(用)** 〈행할 용(用)-행(行), 쓸 용(用)-시(施), 쓰일(부릴) 용(用)-사(使), 맡길 용(用)-임(任), 위할 용(用)-위(爲), 갖출 용(用)-비(備)〉 등의 뜻을 내지만 여기선 〈행할 행(行)〉과 같다 여기고 새김이 마땅하다.

**行** 〈행-항〉 두 가지로 발음되고, 〈쓸 행(行)-용(用), 떠나갈(갈) 행(行)-왕(往), 나아갈 행(行)-전진(前進), 다닐 행(行)-보(步), 길 귀신 행(行)-노신(路神), 오행 행(行)-오행(五行), 길 행(行)-도로(道路), 순행할 행(行)-순행(巡行), 행실 행(行)-신지소행(身之所行), 운반할 행(行)-운(運), 항오 항(行)-열(列), 시장 항(行)-시장(市長), 항렬 항(行)-등배(等輩), 굳셀 항(行)-강강(剛强)〉 등의 뜻을 내지만 여기선 〈쓸 용(用)〉과 같다 여기고 새김이 마땅하다.

**사(師)** 〈사람 무리 사(師)-군(群), 주대(周代)의 군제(軍制) 사(師), 군대 사(師)-군(軍)-여(旅), 일주(一州) 사(師), 십도(十都) 사(師), 어른 사(師)-장(長), 인간의 모범 사(師)-범(範), 악관 사(師)-악관(樂官), 관리 사(師)-관리(官吏), 본받을 사(師)-법(法)-효(效), 따를 사(師)-순(順)〉 등의 뜻을 내지만 여기선 〈무리 군(群)〉과 같다 여기고 새김이 마땅하다.

**정(征)** 〈바르게 행할 정(征)-정행(正行), 순행할 정(征)-순행(巡行), 날아갈 정(征)-비(飛), 멀 정(征)-원(遠), 위가 아래를 칠 정(征)-정토(征討)-상벌하(上伐下), 칠 정

(征)-벌(伐)-토(討), 갈 정(征)-행(行), 취할 정(征)-벌(伐)-취(取), 세금 매길 정(征)-부세(賦稅)-징세(徵稅), 죽일 정(征)-살(殺)〉 등의 뜻을 내지만 여기선 〈바르게 행할 정행(正行)〉과 같다 여기고 새김이 마땅하다.

**읍(邑)** 〈도읍 읍(邑)-도읍(都邑), 흑흑 느낄 읍(邑)-기결(氣結), 답답할 읍(邑)-우울(憂鬱)〉 등의 뜻을 내지만 여기선 〈도읍(都邑)〉으로 여기고 새김이 마땅하다. 고팔가위린(古八家爲鄰) 삼린위붕(三鄰爲朋) 삼붕위리(三朋爲里) 오리위읍(五里爲邑) 십읍위도(十邑爲都) 십도위사(十都爲師) : 옛날에는[古] 여덟 가구가[八家] 인이[鄰] 되고[爲], 삼린이[三鄰] 붕이[朋] 되며[爲], 삼붕이[三朋] 이가[里] 되고[爲], 오리가[五里] 읍이[邑] 되며[爲] 십읍이[十邑] 도가[都] 되고[爲], 십도가[十都] 사가[師] 된다[爲].

**국(國)** 〈나라 국(國)-방(邦), 천자가 도읍한 곳 국(國)-천자소도(天子所都), 제후의 나라 국(國)-제후국(諸侯國), 성안 국(國)-성중(城中)-교내(郊內), 고향 국(國)-고향(故鄕), 지방 국(國)-지방(地方), 도모할 국(國)-모(謀)〉 등의 뜻을 내지만 여기선 〈나라 방(邦)〉으로 여기고 새김이 마땅하다.

---

註 곤위지(坤爲地) …… 위중(爲衆) : 곤은[坤 : ☷] 땅[地]이고[爲] …… 무리[衆]이다[爲].

「설괘전(說卦傳)」 11단락(段落)

註 대국이하소국(大國以下小國) 칙취소국(則取小國) 소국이하대국(小國以下大國) 칙취대국(則取大國) : 큰 나라가[大國] {정(靜)}으로써[以] 소국에[小國] 낮추면[下] 곧[則] (대국은) 작은 나라를[小國] 모으고[取], 작은 나라가[小國] (고요[靜])로써[以] 대국에[大國] 겸손하면[下] 곧[則] (소국은) 큰 나라를[大國] 얻는다[取].

『노자(老子)』 61장(章)

# 예괘
# 豫卦

16

䷏

## 1 괘의 괘상과 계사

### 예괘(豫卦 : ䷏)

곤하진상(坤下震上) : 아래는[下] 곤(坤 : ☷), 위는[上] 진(震 : ☳).

뇌지예(雷地豫) : 우레와[雷] 땅은[地] 예이다[豫].

豫하니 利建侯行師이다
예　　이 건 후 행 사

즐거우니[豫] 제후국을[侯] 세우고[健] 군사를[師] 일으킴이[行] 이롭다[利].

【예괘(豫卦 : ䷏)의 괘상(卦象) 풀이】

앞 겸괘(謙卦)의 〈겸(謙)〉은 겸손함[謙]이다. 〈겸(謙)〉은 자하(自下) 즉 자신을[自] 낮추는[下] 마음가짐이 일어나 화합(和合)으로 이어진다. 그러면 수명(守命) 즉 자연의 뜻을[命] 지키기[守] 쉽다. 그래서 「서괘전(序卦傳)」에 〈많이[大] 거두어들이고서도[有] 겸손하다면[謙] 반드시[必] 기뻐한다[豫] 그래서[故] 예괘(豫卦 : ䷏)로써[以] 그것을[之] 받는다[受]〉라는 말이 나온다. 이는 겸괘(謙卦 : ䷎) 다음에 예괘(豫卦 : ䷏)가 있는 까닭을 암시한다. 〈겸(謙)〉 즉 겸손한[謙] 세상은 저마다 자신을 낮추고 남을 높여주려는 세상으로 이어져 대인(大人)을 본받아 따르고자 하여 상화(相和) 즉 서로[相] 어울림[和]을 이루고자 한다. 이러한 어울림이 〈예(豫)〉 즉 감동(感動)하고 순종(順從)하여 열락(悅樂) 즉 즐거움[悅樂]이다. 예괘(豫卦 : ䷏)의 괘체(卦體)는 위는[上] 우레[雷 : ☳]이고 아래는[下] 땅[地 : ☷]이다. 예괘(豫卦 : ䷏)는 앞 겸괘(謙卦 : ䷎)의 도괘(倒卦) 즉 뒤집힌[倒] 괘(卦)이다. 곤(坤 : ☷)은 뒤집혀도 곤(坤 : ☷)이지만 간(艮 : ☶)은 뒤집히면 진(震 : ☳)이다. 곤하진상(坤下震上)은 땅[地] 위에 우레[雷]가 치솟음이다. 진(震 : ☳)은 양괘(陽卦)이고 〈뇌(雷)〉 즉 우레[雷]는 양기(陽氣)의 소리이다. 우레가 땅 위로 치솟으면 만물이 양기(陽氣)를 받아 생기(生氣)를 얻어 열락(悅樂)한다. 그러나 열락 즉 즐거움[悅樂]이 지나치면 불행으로 이어지게 마련임을 깨닫게 하는 모습을 일러 예괘(豫卦 : ䷏)라 칭명(稱名)한다.

**【예괘(豫卦 : ䷏)의 계사(繫辭) 풀이】**

## 豫(예) 利建侯行師(이건후행사)

즐거우니[豫] 제후국을[侯] 세우고[健] 군사를[師] 일으킴이[行] 이롭다[利].

예괘(豫卦 : ䷏)의 괘상(卦象)을 빌려 암시한 계사(繫辭)이다. 〈예(豫)〉는 예괘(豫卦 : ䷏)의 주제인 〈예(豫)〉 바로 그것이다. 열락(說樂) 즉 즐거움[悅樂]을 뜻하는 〈예(豫)〉란 예괘(豫卦 : ䷏)의 괘상(卦象)을 풀이한 것이다. 왜냐하면 열락(悅樂)이란 따르며[順] 감동함[動]이기 때문이다. 예괘(豫卦 : ䷏)의 괘상(卦象)은 진재곤상(震在坤上) 즉 우레가[震] 땅[坤] 위에[上] 있음[在]이다. 양기(陽氣)가 땅[地] 위로 치솟아 만물이 열창(悅暢) 즉 기뻐[悅] 화락하는[暢] 모습을 일러 암시한 것이 〈예(豫)〉이다. 춘작하장(春作夏長) 즉 봄에[春] 싹이 터서[作] 여름에[夏] 무성히 자라남[長]보다 더한 열락(悅樂)은 없다. 춘하(春夏)는 양기(陽氣)가 땅에서 치솟는 계절이고, 추동(秋冬)은 음기(陰氣)가 땅에서 치솟는 계절이다. 곤(坤 : ☷)은 음괘(陰卦)이니 음기(陰氣)이고, 진(震 : ☳)은 양괘(陽卦)이니 양기(陽氣)이다. 땅에서 양기(陽氣)가 치솟아 만물이 생육(生育)하여 열락(悅樂)을 누림이 예괘(豫卦 : ䷏)의 주제인 〈예(豫)〉이다.

〈이건후행사(利建侯行師)〉는 〈이천자지건후이행사(利天子之建侯而行師)〉의 줄임으로 여기고 〈천자가[天子之] 제후를[侯] 세우고[建而] 거병함이[行師] 이롭다[利]〉라고 새겨볼 것이다. 〈건후행사(建侯行師)〉는 천자(天子)의 치세(治世)를 말한다. 천자(天子)가 천하를[世] 다스리기[治] 위하여 제후를[侯] 세워[建] 위임(委任)함이 〈건후(建侯)〉이고, 외침(外侵)으로부터 백성의 안전을 위해 국방을 튼튼히 함이 〈행사(行師)〉이다. 〈행사(行師)〉는 〈거병(擧兵)〉과 같아 군사를[師] 일으킴[行]이다. 〈건후(建侯)〉는 예괘(豫卦 : ䷏)의 상체(上體) 진(震 : ☳)으로써 취상(取

象)된 것이다. 진(震 : ☳)은 우레[雷]이다. 하늘땅 사방으로 울려 퍼지는 뇌성(雷聲) 즉 우렛소리[雷聲]는 치세(治世)를 상징한다. 〈행사(行師)〉는 예괘(豫卦 : ䷏)의 하체(下體) 곤(坤 : ☷)으로써 취상(取象)된 것이다. 곤(坤 : ☷)은 땅[地] 즉 국토(國土)이고 무리[衆]이니 천자국(天子國)의 백성에게서 〈행사(行師)〉 즉 군사를[師] 일으켜[行] 백성의 안전과 국토를 방어함을 상징한다. 따라서 천하 백성이 태평성대를 누려 즐거움[豫]을 누리게 하자면 제후를[侯] 세워[建] 치국(治國)을 맡기고 천하를 외침으로부터 방어해 백성의 안녕을 도모함이 천자(天子)-제후(諸侯)와 백성에게 이로움[利]을 암시한 계사(繫辭)가 〈예(豫) 이건후행사(利建侯行師)〉이다.

**【字典】**

**예(豫)** 〈(사람들의 마음이) 즐거워하는 모습 예(豫), 큰 코끼리 예(豫)-상지대자야(象之大者也), 미리 막을 예(豫)-비(備)-역(逆), 즐거울 예(豫)-낙(樂), 기뻐할 예(豫)-열(悅), 편안할 예(豫)-안(安)-일(佚)〉 등의 뜻을 내지만 여기선 〈인심지열락지상(人心之悅樂之象)〉 즉 사람들의 마음이[人心之] 즐거워하는[悅樂之] 모습[象]의 뜻으로 〈즐거울 열락(悅樂)〉으로 여기고 새김이 마땅하다. 〈예괘(豫卦 : ䷏)의 예(豫)〉는 손을 내밀어 무엇을 주는 〈여(予)〉와 코끼리를 나타내는 〈상(象)〉을 합쳐 뜻을 내는 자(字)이다. 고대 중국의 남부에는 코끼리가 서식했었고 그 코끼리를 길들여 일꾼으로 부렸지만, 코끼리가 서식하지 않았던 중국의 북부에서는 코끼리를 놀잇감으로 삼아 코끼리가 뒤의 두 발로 서서 앞 두 발로 춤추는 것을 즐겼다. 주(周)나라 문왕(文王)도 상무(象舞)를 즐겼다고 한다. 이에 〈예(豫)〉가 즐거움을 주는 뜻을 갖게 되었다.

**이(利)** 〈만물로 하여금 삶을 이루어가게 하는 덕(德)의 이로울 이(利)-사만물수생지덕(使萬物遂生之德), 날카로울 이(利)-예(銳)-섬(銛), 질병 이(利)-질(疾), 통할 이(利)-통(通)-순(順), 좋을 이(利)-길(吉)-의(宜), 편리할 이(利)-편(便), 마름해 만들어 이룰 이(利)-재성(裁成), 탐할 이(利)-탐(貪), 구할(취할) 이(利)-구(求)-취(取), 좋아할 이(利)-열애(悅愛), 이로울 이(利)-익(益), 기교 이(利)-교(巧), 보람 이(利)-공용(功用), 지세가 험하고 중요한 이(利)-험요(險要), 이길 이(利)-승(勝), 어질 이(利)-인(仁)〉 등의 뜻을 내지만 여기선 〈사만물수생지덕(使萬物遂生之德) 즉 만물로 하여금 삶을 이루어가게 하는 덕(德)의 이로움〉이라 새김이 마땅하다. 〈利〉가 맨 앞에 오면 〈이〉로 발음되고, 중간이나 뒤에 오면 〈리〉로 발음된다.

**건(建)** 〈세울 건(建)-입(立), 둘 건(建)-치(置), 심을 건(建)-수(樹), 설립할 건(健)-설(設), 포고할 건(建)-포고(布告), 이룰 건(建)-성(成), 가리킬 건(建)-지(指), 미칠 건(建)-급(及), 길 건(建)-장(長) {건목(建木)=장목(長木)}〉 등의 뜻을 내지만 여기선 〈세울 입(立)〉과 같다 여기고 새김이 마땅하다.

**후(侯)** 〈제후 후(侯)-제후(諸侯), 작위를 지닌 자의 경칭 후(侯)-유작위자지경칭(有爵位者之敬稱), 임금 후(侯)-군(君), 아름다울 후(侯)-미(美), 이에 후(侯)-내(乃), 어찌 후(侯)-하(何), 발어사 후(侯)-유(維)-유(惟)-이(伊)〉 등의 뜻을 내지만 여기선 〈제후(諸侯)〉로 여기고 새김이 마땅하다.

**行** 〈행-항〉 두 가지로 발음되고, 〈쓸 행(行)-용(用), 일으킬 행(行)-거(擧), 떠나갈(갈) 행(行)-왕(往), 나아갈 행(行)-전진(前進), 다닐 행(行)-보(步), 길 귀신 행(行)-노신(路神), 오행 행(行)-오행(五行), 길 행(行)-도로(道路), 순행할 행(行)-순행(巡行), 행실 행(行)-신지소행(身之所行), 운반할 행(行)-운(運), 항오 항(行)-열(列), 시장 항(行)-시장(市長), 항렬 항(行)-등배(等輩), 굳셀 항(行)-강강(剛强)〉 등의 뜻을 내지만 여기선 〈쓸 용(用)〉과 같다 여기고 새김이 마땅하다.

**사(師)** 〈사람 무리 사(師)-군(群), 주대(周代)의 군제(軍制) 사(師), 군대 사(師)-군(軍)-여(旅), 일주(一州) 사(師), 십도(十都) 사(師), 어른 사(師)-장(長), 인간의 모범 사(師)-범(範), 악관 사(師)-악관(樂官), 관리 사(師)-관리(官吏), 본받을 사(師)-법(法)-효(效), 따를 사(師)-순(順)〉 등의 뜻을 내지만 여기선 〈무리 군(群)〉으로 여기고 새김이 마땅하다.

---

註 진위뢰(震爲雷) : 진은[震 : ☳] 우레[雷]이다[爲]. 「설괘전(說卦傳)」 11단락(段落)

註 곤위지(坤爲地) …… 위중(爲衆) : 곤은[坤 : ☷] 땅[地]이고[爲] …… 무리[衆]이다[爲]. 「설괘전(說卦傳)」 11단락(段落)

## 2 효의 효상과 계사

初六：鳴豫이나 凶하다
명예 흉

六二：介于石이다 不終日이고 貞吉하다
개우석 부종일 정길

六三：盱豫라 悔하고 遲하면 有悔리라
우예 회 지 유회

九四：由豫라 大有得하고 勿疑라 朋盍簪하리라
유예 대유득 물의 붕합잠

六五：貞하되 疾하여도 恒不死로다
정 질 항불사

上六：冥豫니 成하나 有渝无咎리라
명예 성 유투무구

초륙(初六) : 즐겁다고[豫] 드날리나[鳴] 흉하다[凶].

육이(六二) : 돌[石]같이[于] 확고하다[介]. 하루[日] 내내만[終] 아닌 것이고[不] 항상 진실로 미더워[貞] 행운을 누린다[吉].

육삼(六三) : 부릅떠 치어다보면서[盱] 즐거워하다[豫] 한스러워하고[悔] 미적거리면[遲] 한스러움이[悔] 있으리라[有].

구사(九四) : 말미암아[由] 즐겁고[豫] 크게[大] 얻음이[得] 있다[有]. 의심하지[疑] 말지니[勿] 벗들이[朋] 모여서[盍] 달려온다[簪].

육오(六五) : 오로지하나[貞] 괴로워도[疾] 항상[恒] 죽지는 않는다[不死].

상륙(上六) : 즐거움이[豫] 어두운데[冥] 이루었으나[成] 달라짐이[渝] 있다면[有] 허물은[咎] 없다[无].

## 초륙(初六 : --)

初六 : 鳴豫이나 凶하다
명 예 흉

초륙(初六) : 즐겁다고[豫] 드날리나[鳴] 흉하다[凶].

**【초륙(初六)의 효상(爻象) 풀이】**

예괘(豫卦 : ䷏)의 초륙(初六 : --)은 이음거양(以陰居陽) 즉 음(陰 : --)으로써[以] 양(陽 : ―)의 자리에 있는지라[居] 정당한 자리에 있지 못하다. 초륙(初六 : --)과 육이(六二 : --)는 양음(兩陰) 즉 둘 다[兩] 음(陰 : --)의 사이인지라 비(比) 즉 이웃의 사귐[比]을 누리지 못한다. 그러나 초륙(初六 : --)과 구사(九四 : ―)는 음양(陰陽)의 사이인지라 정응(正應) 즉 정도를 따라[正] 서로 호응하는[應] 사이이다. 초륙(初六 : --)은 예괘(豫卦 : ䷏)에서 유일하게 위로부터 도움을 받을 수 있는 처지라 득의(得意)에 차 즐거움에 겨워 우쭐대는 모습이다.

예괘(豫卦 : ䷏)의 초륙(初六 : --)이 초구(初九 : ―)로 변효(變爻)하면 초륙(初六 : --)은 예괘(豫卦 : ䷏)를 51번째 진괘(震卦 : ䷲)로 지괘(之卦)하게 한다. 따라서 예괘(豫卦 : ䷏)의 초륙(初六 : --)은 진괘(震卦 : ䷲)의 초구(初九 : ―)를 찾아가 살펴보게 한다.

**【초륙(初六)의 계사(繫辭) 풀이】**

### 鳴豫(명예) 凶(흉)

즐겁다고[豫] 드날리나[鳴] 흉하다[凶].

초륙(初六 : --)의 효위(爻位)를 빌려 암시한 계사(繫辭)이다. 초륙(初六 : --)은 예괘(豫卦 : ䷏)의 맨 밑자리에 있으니 예괘(豫卦 : ䷏)의 주제인 〈예(豫)〉 즉 즐거움[豫]이 시작되는 자리에 있다. 음유(陰柔)의 초륙(初六 : --)은 맨 밑자리에 있으니 몸가짐을 조심해야 하는 처지임에도 예괘(豫卦 : ䷏)의 주효(主爻)인 구사(九四 : ―)와 정응(正應) 즉 정도를 따라[正] 서로 호응함[應]을 앞세워, 마치 초륙(初六

: --) 자신이 〈예(豫)〉 즉 즐거움[豫]을 한없이 누려도 된다는 생각이 앞서서 즐거움에[豫] 겨워 흥얼댐[鳴]이 가볍고 망령스러운지라 불행함[凶]을 암시한 계사(繫辭)가 〈명예(鳴豫) 흉(凶)〉이다.

【字典】

**명(鳴)** 〈밝혀 멀리 들리게 할(명성이 자자할) 명(鳴)-성명원문(聲名遠聞)-저칭(著稱), 새소리 명(鳴)-조성(鳥聲), 쳐서 소리 나게 할 명(鳴)-격지사발성(擊之使發聲)〉 등의 뜻을 내지만 여기선 〈명성이 자자할 성명원문(聲名遠聞)〉으로 여기고 새김이 마땅하다.

**예(豫)** 〈(사람들의 마음이) 즐거워하는 모습 예(豫), 큰 코끼리 예(豫)-상지대자야(象之大者也), 미리 막을 예(豫)-비(備)-역(逆), 즐거울 예(豫)-낙(樂), 기뻐할 예(豫)-열(悅), 편안할 예(豫)-안(安)-일(佚)〉 등의 뜻을 내지만 여기선 〈인심지열락지상(人心之悅樂之象)〉 즉 사람들의 마음이[人心之] 즐거워하는[悅樂之] 모습[象]의 뜻으로 〈즐거울 열락(悅樂)〉으로 여기고 새김이 마땅하다.

**흉(凶)** 〈불행할(흉할) 흉(凶)-길지반(吉之反), 나쁠 흉(凶)-오(惡), 흉한 사람 흉(凶)-흉인(凶人), 재앙 흉(凶)-화(禍), 요사할 흉(凶)-요사(夭死), 걱정할 흉(凶)-우(憂)-구(懼), 악한 사람 흉(凶)-악인(惡人), 흉년 흉(凶)-연곡불숙(年穀不熟), 사나울 흉(凶)-포학(暴虐), 음기 흉(凶)-음기(陰氣), 북쪽 흉(凶)-북(北), 없을 흉(凶)-공(空), 송사 흉(凶)-송(訟), 거역할 흉(凶)-역(逆), 어그러질 흉(凶)-패(悖), 허물 흉(凶)-구(咎)〉 등의 뜻을 내지만 여기선 〈불행할 흉(凶)〉으로 여기고 새김이 마땅하다.

## 육이(六二 : --)

六二 : 介于石이다 不終日이고 貞吉하다
개우석 부종일 정길

육이(六二) : 돌[石]같이[于] 확고하다[介]. 하루[日] 내내만[終] 아닌 것이고[不] 항상 진실로 미더워[貞] 행운을 누린다[吉].

【육이(六二)의 효상(爻象) 풀이】

예괘(豫卦 : ䷏)의 육이(六二 : --)는 이음거음(以陰居陰) 즉 음(陰 : --)으로써[以] 음(陰 : --)의 자리에 있는지라[居] 정당한 자리에 있다. 육이(六二 : --)는 초륙(初六 : --)과 육삼(六三 : --)과는 모두 음(陰 : --)의 사이인지라 비(比) 즉 이웃의 사귐[比]을 누리지 못한다. 그리고 육오(六五 : --)와도 양음(兩陰) 즉 둘 다[兩] 음(陰 : --)인지라 중정(中正)과 정응(正應)을 서로 아울러 누리지 못하는 사이이다. 그러나 육이(六二 : --)는 예괘(豫卦 : ䷏)의 하체(下體) 곤(坤 : ☷)의 중효(中爻)로서 매사(每事)를 득중(得中) 즉 정도를 따름을[中] 취하여[得] 마주하므로 예괘(豫卦 : ䷏)의 주제인 〈예(豫)〉 즉 즐거움[豫]을 함부로 누리지 않고 누려도 되는 때에만 군자(君子)의 〈예(豫)〉 즉 즐거움[豫]을 누리는 모습이다.

> 예괘(豫卦 : ䷏)의 육이(六二 : --)가 구이(九二 : —)로 변효(變爻)하면 육이(六二 : --)는 예괘(豫卦 : ䷏)를 40번째 해괘(解卦 : ䷧)로 지괘(之卦)하게 한다. 따라서 예괘(豫卦 : ䷏)의 육이(六二 : --)는 해괘(解卦 : ䷧)의 구이(九二 : —)를 찾아가 살펴보게 한다.

【육이(六二)의 계사(繫辭) 풀이】

## 介于石(개우석)

돌[石]같이[于] 확고하다[介].

육이(六二 : --)의 소예(所豫)를 암시한 계사(繫辭)이다. 〈개우석(介于石)〉은 〈육이지소예개우석(六二之所豫介于石)〉의 줄임으로 여기고 〈육이가[六二之] 즐거워하는[豫] 바는[所] 돌[石]같이[于] 확고하다[介]〉라고 새겨볼 것이다. 육이(六二 : --)는 예괘(豫卦 : ䷏)의 하체(下體) 곤(坤 : ☷)의 중효(中爻)인지라 중정(中正) 즉 중효[中]이며 바른 자리[正]에 있어서 득중(得中) 즉 정도를 따름을[中] 취하여[得] 매사(每事)를 마주하면서 〈예(豫)〉 즉 즐거움[豫]을 누림을 암시한 것이 〈개우석(介于石)〉이다. 〈개우석(介于石)〉은 〈개여석(介如石)〉 즉 〈돌[石]같이[如] 확고하다[介]〉 함이다. 〈개우석(介于石)의 개(介)〉는 〈확고할 확(確)〉과 같고, 〈개우석(介于石)의 우(于)〉는 〈같을 여(如)〉와 같다. 〈개우석(介于石)의 석(石)〉은 예괘(豫卦 : ䷏)의 내호괘(內互卦)인 간(艮 : ☶)을 빌려 육이(六二 : --)를 취상(取象)한 것이다. 〈개우석(介于石)의 석(石)〉이 「설괘전(說卦傳)」에 나오는 〈간은[艮 : ☶] 작은 돌[小石]이다[爲]〉라는 내용을 떠올려준다. 여기 〈개우석(介于石)〉은 〈불개예지조(不改豫之操)〉 즉 즐거움을[豫之] 부림을[操] 바꾸지 않음[不改]을 뜻한다. 오로지 육이(六二 : ⚋)는 득중(得中)으로써 예괘(豫卦 : ䷏)의 주제인 〈예(豫)〉를 누릴 뿐임을 〈개우석(介于石)〉이 말한다. 이에 〈개우석(介于石)〉은 『예기(禮記)』「악기(樂記)」에 나오는 〈악이란[樂] 것은[者] 어울림을[和] 도탑게 하여[敦] 뻗어나는 양기를[神] 따라[率] 하늘을[天] 따른다[從]〉라는 내용을 환기시킨다. 예도(豫道) 즉 즐거움의[豫] 도리[道]는 예악(禮樂)의 악(樂)이 바로 그 도리(道理)의 바탕이다.

육이(六二 : ⚋)가 득중(得中)으로써 〈예(豫)〉 즉 즐거움[豫]을 누린다고 함은 종천(從天) 즉 하늘을[天] 따라[從] 〈예(豫)〉를 누린다는 것이다. 악(樂)의 종천(從天)이란 『장자(莊子)』「선성(繕性)」에 나오는 〈마음속이[中] 순수하고[純] 성실해서[實而] 본래의 모습[情]으로[乎] 돌아감[反]〉이라는 내용을 상기시킨다. 육이(六二 : ⚋)가 득중(得中)으로써 〈예(豫)〉를 누림이란 육이(六二 : ⚋)의 심중(心中)이 순수하고[純] 성실하여[實] 반호정(反乎情) 즉 자신의 참모습으로[乎情] 돌아가[反] 〈예(豫)〉 즉 즐거움[豫]을 누린다는 것이다. 따라서 육이(六二 : ⚋)가 사사(私邪) 즉 자기만을 위해[私] 간사하게[邪] 즐거움[豫]에 빠져 실기(失己) 즉 자신을[己] 잃지[失] 않고 직기(直己) 즉 자신을[己] 곧게[直] 하고 동기(動己) 즉 자신을[己] 움직여[動], 〈예(豫)〉를 득중(得中)으로써 누림이 돌[石]같이[于] 확고함[介]을 암시한 계사(繫辭)가 〈개우석(介于石)〉이다.

## 不終日(부종일) 貞吉(정길)

하루[日] 내내만[終] 아닌 것이고[不] 항상 진실로 미더워[貞] 행운을 누린다[吉].

육이(六二 : ⚋)의 〈개우석(介于石)〉이 일시적인 것이 아님을 암시한 계사(繫辭)이다. 〈부종일(不終日)〉은 〈부종일륙이지개우석야(不終日六二之介于石也)〉의 줄임으로 여기고 〈하루[日] 내내만[終] 육이가[六二之] 돌[石]같이[于] 확고함은[介] 아닌 것[不]이다[也]〉라고 새겨볼 것이다. 〈부종일(不終日)의 부(不)〉는 여기선 〈아닌 것 비(非)〉와 같다. 〈부종일(不終日)의 일(日)〉은 육이(六二 : ⚋)가 변효(變爻)

하여 예괘(豫卦 : ☳☷)의 내호괘(內互卦) 간(艮 : ☶)을 이(離 : ☲)로 변괘(變卦)하여 육이(六二 : --)를 취상(取象)한 것이다. 〈부종일(不終日)의 일(日)〉이 「설괘전(說卦傳)」에 나오는 〈이는[離 : ☲] 낮[日]이다[爲]〉라는 내용을 떠올려주기 때문이다.

따라서 〈부종일(不終日)〉은 육이(六二 : --)가 예괘(豫卦 : ☳☷)의 주제인 〈예(豫)〉를 한순간만 돌[石]같이[于] 확고하게[介] 누린다는 것이 아니라, 언제 어디서나 육이(六二 : --)가 〈개우석(介于石)〉으로써 〈예(豫)〉 즉 즐거움[豫]을 누림을 암시한다. 이는 육이(六二 : --)가 사사(私邪) 즉 자기만을 위해[私] 간사하게[邪] 〈예(豫)〉를 누린다는 것이 아니라 정도를 따름을[中] 취하여[得] 〈예(豫)〉를 누리므로, 육이(六二 : --)의 심중(心中)은 항상 〈정(貞)〉 즉 진실로 미더워[貞] 세상 사람들이 모두 육이(六二 : --)를 부(孚) 즉 믿어주어서[孚] 육이(六二 : --)가 행복해[吉] 함을 암시한 계사가 〈부종일(不終日) 정길(貞吉)〉이다.

【字典】

**개(介)** 〈확고할 개(介)-확고(確固), 굳을 개(介)-견확(堅確), 잠깐 동안 확고할 개(介)-개연견고(介然堅固), 끼일 개(介)-제(際), 도울 개(介)-조(助), 사이 개(介)-간(間)-격(隔), 이을 개(介)-소(紹), 인할 개(介)-인(因), 맬 개(介)-계(繫), 다음 개(介)-차(次), 클 개(介)-대(大), 스스로 만족할 개(介)-자득(自得), 좋을 개(介)-선(善), 성질이 확고하고 깨끗할 개(介)-경경(耿耿), 임금의 아들 개(介)-왕자(王子), 사신 개(介)-사신(使臣), 홀로 개(介)-고립(孤立), 살펴 알 개(介)-견식(見識)〉 등의 뜻을 내지만 여기선 〈확고(確固)〉와 같다 여기고 새김이 마땅하다.

**우(于)** 〈같을 우(于)-여(如), ~에게(부터) 우(于)-어(於), 갈 우(于)-왕(往), 써 우(于)-이(以), 할 우(于)-위(爲), 여기 우(于)-시(是), 도울 우(于)-조(助), 클 우(于)-대(大), 구할 우(于)-구(求), 자족하는 모습 우(于)-자족모(自足貌)〉 등의 뜻을 내지만 여기선 〈같을 여(如)〉와 같다 여기고 새김이 마땅하다.

**석(石)** 〈돌(산돌) 석(石)-산석(山石), 팔음의 하나 석(石)-팔음지일(八音之一) : 석경(石磬), 비갈(비석) 석(石)-비갈(碑碣), 약석 석(石)-약석(藥石), 돌침(돌침 놓을) 석(石)-폄(砭), 운석 석(石)-운석(隕石), 칠 석(石)-적(擿), 단단할 석(石)-견(堅), 클 석(石)-대(大)〉 등의 뜻을 내지만 여기선 〈돌 석(石)〉으로 새김이 마땅하다.

**不** 〈불-부〉 등으로 발음되고, 〈않을(없을) 불(不)-부(不)-무(無), 아닐 불(不)-

부(不)-비(非), 하지 말 불(不)-부(不)-막(莫)-금지(禁止), 정하지 않을 불(不)-부(不)-부(否)-미정(未定), 새가 날아올라 내려오지 않는 불(不)-부(不)-조비상불하래(鳥飛上不下來)〉 등의 뜻을 내지만 여기선 〈아닐 비(非)〉로 여기고 새김이 마땅하다.



**종(終)** 〈다할 종(終)-진(盡)-극(極)-궁(窮)-경(竟), 끝날 종(終)-이(已), 충분할 종(終)-충(充), 이룰 종(終)-성(成), 사망 종(終)-사(死), 끝 종(終)-시지대(始之對)〉 등의 뜻을 내지만 여기선 〈다할 진(盡)〉과 같다 여기고 새김이 마땅하다.



**일(日)** 〈나날 일(日)-별일(別日), 시기 일(日)-시기(時期), 기한 일(日)-기한(期限), 시일 일(日)-시일(時日), 해(태양) 일(日)-태양(太陽)-태양계중심(太陽系中心), 참 일(日)-실(實)-실정(實精), 볕 일(日)-양(陽)-양광(陽光), 불 일(日)-화(火), 임금의 모습 일(日)-군상(君象), 덕 일(日)-덕(德) {일자덕야(日者德也) 월자형야(月者刑也)}, 낮 일(日)-주(晝), 세월 일(日)-광음(光陰)〉 등의 뜻을 내지만 여기선 〈나날 일(日)〉로 여기고 새김이 마땅하다.

**정(貞)** 〈진실로 미더울 정(貞)-성신(誠信), 바를 정(貞)-정(正), 마땅할 정(貞)-당(當), 믿을 정(貞)-신(信), 거북점을 물을 정(貞)-복문(卜問), 역(易)의 내괘(內卦) 정(貞), 정할 정(貞)-정(定), 순수할 정(貞)-전(專)-일(一)〉 등의 뜻을 내지만 여기선 〈진실로 미더울 성신(誠信)〉으로 여기고 새김이 마땅하다.

**길(吉)** 〈좋을(행복할) 길(吉)-선(善)-영(令) {영월길일(令月吉日)은 선월선일(善月善日)임.}, 복 길(吉)-실(實)-선실(善實)-복(福), 예의를 따라 상서로울 길(吉)-예의순상(禮義順祥), 삼갈 길(吉)-근(謹), 초하루 길(吉)-삭일(朔日) {삭망(朔望) 즉 초하루[朔]와 그믐날[望]}, 길례 길(吉)-길례(吉禮) {오례지일(五禮之一) 길흉빈군가(吉凶賓軍嘉)}, 갈 길(吉)-행(行)-길(趌)〉 등의 뜻을 내지만 여기선 〈좋을 선(善)-영(令)〉 즉 행복과 같다 여기고 새김이 마땅하다.

---

註 간위소석(艮爲小石) : 간은[艮 : ☶] 작은 돌[小石]이다[爲]. 「설괘전(說卦傳)」 11단락(段落)

註 악자돈화솔신이종천(樂者敦和率神而從天) 예자별의거귀이종지(禮者別宜居鬼而從地) : 악이란[樂] 것은[者] 어울림을[和] 도탑게 하여[敦] 뻗어나는 양기를[神] 따르고[率而] 하늘을[天] 따른다[從]. 예라는[禮] 것은[者] 마땅함을[宜] 분별하고[別] 굽히는 음의 기운을[鬼] 엎드려 쫓아서[居而] 땅을[地] 따른다[從]. 『예기(禮記)』 「악기(樂記)」 18단락(段落)

註 중순실이반호정악야(中純實而反乎情樂也) : 마음속이[中] 순수하고[純] 성실해서[實而] 본

래의 모습[情]으로[乎] 돌아감이[反] 악(樂)이다[也]. 『장자(莊子)』「선성(繕性)」 1절(節)

註 이위일(離爲日) : 이는[離 : ☲] 낮[日]이다[爲]. 「설괘전(說卦傳)」 11단락(段落)





## 육삼(六三 : --)

六三 : 盱豫라 悔하고 遲하면 有悔리라
우 예 회 지 유 회

육삼(六三) : 부릅떠 치어다보면서[盱] 즐거워하다[豫] 한스러워하고[悔] 미적거리면[遲] 한스러움이[悔] 있으리라[有].

**【육삼(六三)의 효상(爻象) 풀이】**

예괘(豫卦 : ䷏)의 육삼(六三 : --)은 이음거양(以陰居陽) 즉 음(陰 : --)으로써[以] 양(陽 : ㅡ)의 자리에 있는지라[居] 정당한 자리에 있지 못하다. 육삼(六三 : --)은 아래의 육이(六二 : --)와 양음(兩陰) 즉 둘 다[兩] 음(陰 : --)의 사이인지라 비(比) 즉 이웃의 사귐[比]을 누리지 못한다. 그리고 육삼(六三 : --)과 상륙(上六 : --)도 양음(兩陰)의 사이인지라 부정응(不正應) 즉 정도를 따라[正] 서로 호응하지 못한다[不應]. 그러나 육삼(六三 : --)은 위로 구사(九四 : ㅡ)와는 음양(陰陽)의 사이인지라 비(比)를 누리고자 한다. 따라서 육삼(六三 : --)은 구사(九四 : ㅡ)를 치어다보면서 〈예(豫)〉 즉 즐거움[豫]을 함께 누리기를 바라는 모습이다.

예괘(豫卦 : ䷏)의 육삼(六三 : --)이 구삼(九三 : ㅡ)으로 변효(變爻)하면 육삼(六三 : --)은 예괘(豫卦 : ䷏)를 62번째 소과괘(小過卦 : ䷽)로 지괘(之卦)하게 한다. 따라서 예괘(豫卦 : ䷏)의 육삼(六三 : --)은 소과괘(小過卦 : ䷽)의 구삼(九三 : ㅡ)을 찾아가 살펴보게 한다.

**【육삼(六三)의 계사(繫辭) 풀이】**

### 盱豫(우예) 悔(회)

부릅떠 치어다보면서[盱] 즐거워하다[豫] 한스러워한다[悔].

육삼(六三 : --)의 효위(爻位)를 빌려 암시한 계사(繫辭)이다. 〈우예(盱豫) 회

(悔)〉는 〈육삼우구사이예(六三盱九四而豫) 연후륙삼회(然後六三悔)〉의 줄임으로 여기고 〈육삼이[六三] 구사를[九四] 올려다보면서[盱而] 즐거워한다[豫] 그러다가[然後] 육삼이[六三] 후회한다[悔]〉라고 새겨볼 것이다. 〈우예(盱豫)의 우(盱)〉는 〈부릅떠 볼 휴(睢)〉와 같고, 〈회(悔)〉는 〈한스러워할 한(恨)〉과 같다. 〈우예(盱豫)〉는 육삼(六三 : --)이 바로 위에 있는 구사(九四 : —)와 비(比) 즉 이웃의 사귐[比]을 누릴 수 있는 효연(爻緣)을 암시한다. 육삼(六三 : --)은 예괘(豫卦 : ䷏)의 하체(下體) 곤(坤 : ☷)의 상효(上爻)인지라 부득중(不得中) 즉 정도를 따름을[中] 취하지 못하고[不得] 부정위(不正位) 즉 정당한[正] 자리에 있지도 못하다[不位]. 이런 육삼(六三 : --)이 구사(九四 : —)에게 비(比)의 효연(爻緣)을 앞세워 다른 음효(陰爻)들과는 달리 예괘(豫卦 : ䷏)의 주제인 〈예(豫)〉 즉 즐거움[豫]을 함께 하자고 두 눈을 부릅뜨고 치어다보아도[盱] 구사(九四 : —)가 응할 리 없음을 〈회(悔)〉가 암시한다. 구사(九四 : —)는 예괘(豫卦 : ䷏)의 군음(群陰)이 즐거워하는 바를 따라야 하는 예괘(豫卦 : ䷏)의 주효(主爻)임을 육삼(六三 : --)이 모르는 것이다. 구사(九四 : —)는 예괘(豫卦 : ䷏)의 여러[群] 음효들과[陰] 어울리는[和] 즐거움[豫]을 누리고자 하는 군자(君子)이지 육삼(六三 : --) 자기와 따로 〈예(豫)〉를 누리고자 하는 소인(小人)이 아님을 육삼(六三 : --)이 깨치지 못하고, 육삼(六三 : --) 스스로 한스러워함[悔]을 암시한 계사(繫辭)가 〈우예(盱豫) 회(悔)〉이다.

## 遲(지) 有悔(유회)

미적거리면[遲] 한스러움이[悔] 있으리라[有].

육삼(六三 : --)의 어리석음을 암시한 계사(繫辭)이다. 〈지(遲) 유회(有悔)〉는 〈약륙삼우구사이지(若六三盱九四而遲) 육삼유유회(六三唯有悔〉의 줄임으로 여기고 〈만약[若] 육삼이[六三] 구사를[九四] 부릅떠 치어다보면서[盱而] 미적거리면[遲] 육삼에게는[六三] 오로지[唯] 한스러움만[悔] 있을 터이다[有]〉라고 새겨볼 것이다. 여기 〈지(遲)〉는 〈미적거릴 연(延)〉과 같아 지연(遲延)의 줄임말로 여기고 새기면 마땅하다. 육삼(六三 : --)이 구사(九四 : —)와 사귐[比]을 독차지하고자 연연하면서 구사(九四 : —)를 원망함을 〈지(遲)〉가 암시해, 『논어(論語)』「위령공(衛靈公)」에 나오는 〈소인은[小人] 남에게서[人] 탓할 거리를[諸] 찾는다[求]〉라는 내용을 환기시킨다. 소인(小人)은 사(私) 즉 제 것만[私]을 챙길 뿐 공(公) 즉 모두의 것[公]을 모른다. 육삼(六三 : --)이 예괘(豫卦 : ䷏)에서 구사(九四 : ━)가 군음(群陰)과 〈예(豫)〉를 두루 나누어야 하는 주효(主爻)임을 알아차리지 못해 미적거리며[遲] 연연한다면 자신에게로 돌아오는 것은 한스러움만[悔] 있을[有] 뿐임을 암시한 계사가 〈지(遲) 유회(有悔)〉이다.

【字典】

**우(盱)** 〈부릅뜨고 볼 우(盱)-휴(睢), 치어다볼 우(盱)-상시(上視)-앙시(仰視), 눈 부릅뜰 우(盱)-장목(張目), 클 우(盱)-대(大), 과장할(큰소리칠) 우(盱)-우(訏), 걱정할 우(盱)-우(憂), 바라볼 우(盱)-망(望)〉 등의 뜻을 내지만 여기선 〈부릅뜨고 볼 휴(睢) 또는 치어다볼 상시(上視)〉 등으로 여기고 새김이 마땅하다.

**예(豫)** 〈(사람들의 마음이) 즐거워하는 모습 예(豫), 큰 코끼리 예(豫)-상지대자야(象之大者也), 미리 막을 예(豫)-비(備)-역(逆), 즐거울 예(豫)-낙(樂), 기뻐할 예(豫)-열(悅), 편안할 예(豫)-안(安)-일(佚)〉 등의 뜻을 내지만 여기선 〈인심지열락지상(人心之悅樂之象)〉 즉 사람들의 마음이[人心之] 즐거워하는[悅樂之] 모습[象]의 뜻으로 〈즐거울 열락(悅樂)〉으로 여기고 새김이 마땅하다.

**회(悔)** 〈한스러울 회(悔)-한(恨), 거만할 회(悔)-만(慢), 뉘우칠 회(悔)-오(懊), 실패할 회(悔)-실(失), 후회할 회(悔)-후회(後悔), (잘못 등을) 고칠 회(悔)-개(改), 책망할 회(悔)-구(咎), 대성괘의 상체(上體) 회(悔)〉 등의 뜻을 내지만 여기선 〈한스러울 한(恨)〉과 같다 여기고 새김이 마땅하다. 대성괘(大成卦)의 하체(下體) 즉 내괘(內卦)를 〈정(貞)〉이라 일컫고, 상체(上體) 즉 외괘(外卦)를 〈회(悔)〉라고 일컫는다.

**지(遲)** 〈더딜 지(遲)-완(緩), 늦출 지(遲)-만(晩), 천천히 할 지(遲)-서(徐)-서행(徐行), 게으를 지(遲)-만(慢), 무딜(둔할) 지(遲)-둔(鈍), 오랠 지(遲)-구(久), 기다릴 지(遲)-대(待), 생각할 지(遲)-사(思), 희망할 지(遲)-희망(希望), 곧을 지(遲)-직(直), 때 놓칠 지(遲)-시기실(時機失), 미칠 지(遲)-급(及), 이에 지(遲)-내(乃)〉 등의 뜻을 내지만 여기선 〈더딜 완(緩)〉과 같다 여기고 새김이 마땅하다.

**유(有)** 〈있을 유(有)-무지반(無之反), 혹 유(有)-혹(或), 많을 유(有)-다(多)-족(足), 부유할 유(有)-부(富), 얻을(가질) 유(有)-취(取), 간직할 유(有)-장(藏), 보호할 유(有)-보(保), 서로 친할 유(有)-상친(相親), 전일할 유(有)-전(專), 할 유(有)-위(爲), 어조사 유

(有)〉 등의 뜻을 내지만 〈있을 유(有)〉로 여기고 새김이 마땅하다.

---

註 군자구저기(君子求諸己) 소인구저인(小人求諸人) : 군자는[君子] 자신에게서[己] 탓할 거리를[諸] 찾고[求], 소인은[小人] 남에게서[人] 탓할 거리를[諸] 찾는다[求].

『논어(論語)』「위령공(衛靈公)」 20장(章)



## 구사(九四 : ⚊)

**九四 : 由豫라 大有得하고 勿疑라 朋盍簪하리라**
유 예 대 유 득 물 의 붕 합 잠

구사(九四) : 말미암아[由] 즐겁고[豫] 크게[大] 얻음이[得] 있다[有]. 의심하지[疑] 말지니[勿] 벗들이[朋] 모여서[盍] 달려온다[簪].

### 【구사(九四)의 효상(爻象) 풀이】

예괘(豫卦 : ䷏)의 구사(九四 : ⚊)는 이양거음(以陽居陰) 즉 양(陽 : ⚊)으로써[以] 음(陰 : ⚋)의 자리에 있는지라[居] 정당한 자리에 있지 못하다. 구사(九四 : ⚊)는 아래의 육삼(六三 : ⚋)과 위의 육오(六五 : ⚋)와는 양음(陽陰)의 사이인지라 비(比) 즉 이웃의 사귐[比]을 누리고, 초륙(初六 : ⚋)과도 양음(陽陰)의 사이인지라 정응(正應) 즉 정도를 따라[正] 서로 호응한다[應]. 그러나 구사(九四 : ⚊)는 예괘(豫卦 : ䷏)의 유일한 양효(陽爻)로서 예괘(豫卦 : ䷏)의 군음(群陰)과 예괘(豫卦 : ䷏)의 주제인 〈예(豫)〉를 두루 함께 누리고자 하는 주효(主爻)인지라 효연(爻緣)을 따져 친소(親疎) 즉 가깝고[親] 먼[疎] 사이를 두지 않고 두루두루 즐거움[豫]을 아울러 누리려는 군자(君子)의 모습이다.

| 예괘(豫卦 : ䷏)의 구사(九四 : ⚊)가 육사(六四 : ⚋)로 변효(變爻)하면 구사(九四 : ⚊)는 예괘(豫卦 : ䷏)를 2번째 곤괘(坤卦 : ䷁)로 지괘(之卦)하게 한다. 따라서 예괘(豫卦 : ䷏)의 구사(九四 : ⚊)는 곤괘(坤卦 : ䷁)의 육사(六四 : ⚋)를 찾아가 살펴보게 한다. |
|---|

【구사(九四)의 계사(繫辭) 풀이】

## 由豫(유예) 大有得(대유득)

말미암아[由] 즐겁고[豫] 크게[大] 얻음이[得] 있다[有].

구사(九四 : ━)가 예괘(豫卦 : ䷏)의 유일한 양효(陽爻)로서 주효(主爻)임을 빌려 암시한 계사(繫辭)이다. 〈유예(由豫) 대유득(大有得)〉은 〈유구사(由九四) 군음예(群陰豫) 소이구사대유득예군음지지(所以九四大有得豫群陰之志)〉의 줄임으로 여기고 〈구사로[九四] 말미암아[由] 모든[群] 음효들이[陰] 즐겁다[豫] 그래서[所以] 구사에게는[九四] 군음을[群陰] 즐겁게 하는[豫之] 뜻을[志] 크게[大] 얻음이[得] 있다[有]〉라고 새겨볼 것이다. 〈유예(由豫)의 유(由)〉는 〈말미암을 종(從)〉과 같다. 구사(九四 : ━)는 예괘(豫卦 : ䷏)의 유일한 양효(陽爻) 즉 양기(陽氣 : ━)이다. 음양(陰陽)이 상화(相和) 즉 서로[相] 어울려야[和] 즐겁다[豫]. 〈대유득(大有得)의 득(得)〉은 군음(群陰) 모두를 즐겁게 하려는 구사(九四 : ━)의 소지(所志) 즉 뜻한[志] 바[所]를 성취함을 뜻하며, 동시에 군음(群陰)이 구사(九四 : ━)를 낙종(樂從) 즉 즐겁게[樂] 따르는[從] 과업을 이룸[得]을 암시한다. 따라서 예괘(豫卦 : ䷏)의 주효(主爻)인 구사(九四 : ━)로 말미암아[由] 예괘(豫卦 : ䷏)의 군음(群陰)이 서로 함께 〈예(豫)〉 즉 즐거움[豫]을 어울려 누림을 암시한 계사(繫辭)가 〈유예(由豫) 대유득(大有得)〉이다.

## 勿疑(물의) 朋盍簪(붕합잠)

의심하지[疑] 말지니[勿] 벗들이[朋] 모여서[盍] 달려온다[簪].

구사(九四 : ━)와 육오(六五 : --) 사이의 비(比)를 들어 암시한 계사(繫辭)이다. 〈물의(勿疑)〉는 〈구사혜(九四兮) 물의군음(勿疑群陰)〉의 줄임으로 여기고 〈구사(九四)여[兮] 군음을[群陰] 의심하지[疑] 말라[勿]〉라고 새겨볼 것이다. 강강(剛强)한 구사(九四 : ━)가 유약(柔弱)한 육오(六五 : --)를 군왕(君王)으로 모시고 보필하는 경대부(卿大夫)인지라 육오(六五 : --)의 신임을 한 몸에 받는 처지를 아래의 군음(群陰)들이 시샘할세라 의심하지 말고, 정성을 다하여 〈예(豫)〉의 시국을 잘 이끌어가라 함이 〈물의(勿疑)〉이다. 〈붕합잠(朋盍簪)〉은 〈군음지붕합이

잠지구사(群陰之朋盍而簪至九四)〉의 줄임으로 여기고 〈군음의[群陰之] 동료들이[朋] 모여서[盍而] 구사(九四)에게로[至] 달려온다[簪]〉라고 새겨볼 것이다. 〈붕합잠(朋盍簪)의 합잠(盍簪)〉은 〈합취이질래(合聚而疾來)〉 즉 〈모여서[合聚而] 달려온다[疾來]〉라는 뜻이다. 〈붕합잠(朋盍簪)〉에서 〈붕(朋)〉은 육오(六五 : --)를 제외한 군음(群陰)을 말하고, 〈합(盍)〉은 〈모일 취(聚)〉와 같고, 〈잠(簪)〉은 〈달려올 질(疾)〉과 같다. 군왕(君王)인 육오(六五 : --)의 신임을 받아 〈예(豫)〉의 시국을 주도해가는 구사(九四 : —)를 시샘하기는커녕 예괘(豫卦 : ䷏)의 군음(群陰)이 뜻을 같이하는 동료들로[朋] 모여서[盍] 구사(九四 : —)에게로 달려옴[簪]을 암시한 계사(繫辭)가 〈물의(勿疑) 붕합잠(朋盍簪)〉이다.





【字典】

**유(由)** 〈말미암을(인할) 유(由)-인(因), ~부터 유(由)-자(自)-종(從), 통하여 유(由)-경유(經由), 따를 유(由)-종(從), 갈 유(由)-행(行)-적(彳), 싹틀 유(由)-맹(萌), 까닭 유(由)-사유(事由), 같을 유(由)-유(猶), 오히려 유(由)-상(尙)〉 등의 뜻을 내지만 여기선 〈말미암을 인(因)〉과 같다 여기고 새김이 마땅하다.

**예(豫)** 〈(사람들의 마음이) 즐거워하는 모습 예(豫), 큰 코끼리 예(豫)-상지대자야(象之大者也), 미리 막을 예(豫)-비(備)-역(逆), 즐거울 예(豫)-낙(樂), 기뻐할 예(豫)-열(悅), 편안할 예(豫)-안(安)-일(佚)〉 등의 뜻을 내지만 여기선 〈인심지열락지상(人心之悅樂之象)〉 즉 사람들의 마음이[人心之] 즐거워하는[悅樂之] 모습[象]의 뜻으로 〈즐거울 열락(悅樂)〉으로 여기고 새김이 마땅하다.

**대(大)** 〈큰 대(大)-소지대(小之對), 넓을 대(大)-광(廣), 두루 대(大)-편(徧), 통할 대(大)-통(通), 길 대(大)-장(長), (땅을) 걸게 할 대(大)-비(肥), 두터울 대(大)-후(厚), 많을 대(大)-다(多), 모두 대(大)-개(皆), 선할 대(大)-선(善), 무거울 대(大)-중(重), 거대할 대(大)-거(巨), 아름다울 대(大)-미(美)-장(壯), 부유할 대(大)-부(富), 늙을 대(大)-노(老), 지나칠 대(大)-과(過), 끝 대(大)-극(極), 대충 대(大)-조(粗)-불세밀(不細密), 과대할 대(大)-과(誇)-긍벌(矜伐), 처음 대(大)-초(初), 하늘 대(大)-천(天), 건(乾)-양기(陽氣)-강효(剛爻) 대(大)〉 등의 뜻을 내지만 여기선 〈크게 대(大)〉로 여기고 새김이 마땅하다.

**유(有)** 〈있을 유(有)-무지반(無之反), 혹 유(有)-혹(或), 많을 유(有)-다(多)-족(足),

부유할 유(有)-부(富), 얻을(가질) 유(有)-취(取), 간직할 유(有)-장(藏), 보호할 유(有)-보(保), 서로 친할 유(有)-상친(相親), 전일할 유(有)-전(專), 할 유(有)-위(爲), 어조사 유(有)〉 등의 뜻을 내지만 〈있을 유(有)〉로 여기고 새김이 마땅하다.

**득(得)** 〈취할(얻어낼) 득(得)-획(獲)-취(取), 탐할 득(得)-탐(貪), 깨달을 득(得)-효(曉)-오(悟), 만족할 득(得)-족(足), 마땅할 득(得)-당(當), 일의 마땅함을 터득할 득(得)-합(合)-득사지의(得事之宜), 이룰 득(得)-성(成), 알 득(得)-지(知), 가할 득(得)-가(可)-능(能), 편안할 득(得)-편(便), 가질 득(得)-치(値)-지(持), 득도할 득(得)-득도(得道)〉 등의 뜻을 내지만 〈취할 획(獲)-취(取)〉와 같다 여기고 새김이 마땅하다.

**물(勿)** 〈없을 물(勿)-무(無), ~하지 말라 물(勿)-막(莫)-무(毋)-금지(禁止), 아닐 물(勿)-비(非), 않을 물(勿)-부(不), 어조사 물(勿)〉 등의 뜻을 내지만 여기선 〈~하지 말라 무(毋)〉와 같다 여기고 새김이 마땅하다.

**疑** 〈의-응-을-억〉 네 가지로 발음되고, 〈의심할 의(疑)-혹(惑), 머뭇거릴 의(疑)-부정(不定), 두려워할 의(疑)-공(恐), 정할 응(疑)-정(定), 바로 설 을(疑)-억(疑)-정립(正立)〉 등의 뜻을 내지만 여기선 〈의심할 혹(惑)〉과 같다 여기고 새김이 마땅하다.

**붕(朋)** 〈한패 붕(朋)-당(黨)-군(羣), 벗 붕(朋)-우(友), 제자 붕(朋)-제자(弟子), 견줄 붕(朋)-비(比), 무리 붕(朋)-군(羣), 두 단지 붕(朋)-양준(兩樽)〉 등의 뜻을 내지만 여기선 〈무리 군(羣)〉과 같다 여기고 새김이 마땅하다.

**합(盍)** 〈합할 합(盍)-합(合), 덮을 합(盍)-복(覆)-개(蓋), 어찌 아니할 합(盍)-하불(何不), 어찌 합(盍)-하(何)〉 등의 뜻을 내지만 여기선 〈합할 합(合)〉과 같다 여기고 새김이 마땅하다.

**잠(簪)** 〈달릴 잠(簪)-질(疾), 모을 잠(簪)-취(聚), 비녀 잠(簪)-계(笄), 꾸밀 잠(簪)-식(飾), 빠를 잠(簪)-속(速)〉 등의 뜻을 내지만 여기선 〈달릴 질(疾)〉과 같다 여기고 새김이 마땅하다.

## 육오(六五 : --)

**六五 : 貞**하되 **疾**하여도 **恒不死**로다
정 질 항불사

육오(六五) : 오로지하나[貞] 괴로워도[疾] 항상[恒] 죽지는 않는다[不死].

**【육오(六五)의 효상(爻象) 풀이】**

예괘(豫卦 : ䷏)의 육오(六五 : --)는 이음거양(以陰居陽) 즉 음(陰 : --)으로써 [以] 양(陽 : ―)의 자리에 있는지라[居] 정당한 자리에 있지 못하다. 육오(六五 : --)는 구사(九四 : ―)와 음양(陰陽)의 사이인지라 비(比) 즉 이웃의 사귐[比]을 누린다. 그러나 육오(六五 : --)는 육이(六二 : --)와는 양음(兩陰) 즉 둘 다[兩] 음(陰 : --)인지라 중정(中正)과 정응(正應)을 서로 나누어 누리지 못한다. 육오(六五 : --)가 부정위(不正位)에 있지만 예괘(豫卦 : ䷏)의 존위(尊位)에 있고 상체(上體) 진(震 : ☳)의 중효(中爻)로서 득중(得中) 즉 정도를 따름을[中] 취함[得]으로써 군왕(君王)의 길을 진실로 미덥게[貞] 가되, 자신이 유약(柔弱)함을 알아서 예괘(豫卦 : ䷏)의 주제인 〈예(豫)〉의 시국을 강강(剛强)한 구사(九四 : ―)에게 전임(專任) 즉 오로지[專] 맡기면서도[任] 군왕(君王)으로서 존엄(尊嚴)을 잃지 않는 모습이다.

> 예괘(豫卦 : ䷏)의 육오(六五 : --)가 구오(九五 : ―)로 변효(變爻)하면 육오(六五 : --)는 예괘(豫卦 : ䷏)를 45번째 췌괘(萃卦 : ䷬)로 지괘(之卦)하게 한다. 따라서 예괘(豫卦 : ䷏)의 육오(六五 : --)는 췌괘(萃卦 : ䷬)의 구오(九五 : ―)를 찾아가 살펴보게 한다.

**【육오(六五)의 계사(繫辭) 풀이】**

### 貞(정) 疾(질) 恒不死(항불사)

<u>오로지하나[貞] 괴로워도[疾] 항상[恒] 죽지는 않는다[不死].</u>

육오(六五 : --)의 효위(爻位)를 빌려 암시한 계사(繫辭)이다. 〈정(貞) 질(疾)〉은 〈육오정관어기예(六五貞關於其豫) 연이륙오질대어기무(然而六五疾對於其務)〉의

줄임으로 여기고 〈육오는[六五] 자신의[其] 즐거움에[豫] 관해서[關於] 오로지하나[貞然而] 육오는[六五] 자신의[其] 일에[務] 대해서는[對於] 괴로워한다[疾]〉라고 새겨볼 것이다. 군위(君位)에 있지만 육오(六五 : ⚋)는 심성(心性)이 유약(柔弱)해 예괘(豫卦 : ䷏)의 주제인 〈예(豫)〉의 시국을 맞아 즐거움에[豫] 오로지하여[貞] 왕사(王事)를 스스로 챙기지 못함을 〈정(貞)〉이 암시한다. 여기 〈정(貞)〉은 〈오로지할 전(專)〉과 같다.

〈질(疾)〉은 예괘(豫卦 : ䷏)의 외호괘(外互卦)인 감(坎 : ☵)을 빌려 육오(六五 : ⚋)를 취상(取象)한 것이다. 여기 〈질(疾)〉이 「설괘전(說卦傳)」에 나오는 〈감(坎 : ☵)을[其] 사람으로 말한다[於人]면[也] 마음의 병[心病]이다[爲]〉라는 내용을 떠올려주는 까닭이다. 군왕(君王)에게서 권력이 비롯되지 않고 강강(剛强)한 구사(九四 : ⚊)에게서 비롯돼 예괘(豫卦 : ䷏)의 군음(群陰)이 구사(九四 : ⚊)에게로 몰려들어, 군왕(君王)인 육오(六五 : ⚋)를 군음(群陰)이 외면하는 지경을 겪는 육오(六五 : ⚋)의 마음이 아픔을 〈질(疾)〉이 암시한다. 여기 〈질(疾)〉은 〈괴로워할 고(苦)〉와 같다.

〈항불사(恒不死)의 불사(不死)〉는 육오(六五 : ⚋)가 예괘(豫卦 : ䷏)의 상체(上體) 진(震 : ☳)의 중효(中爻)임을 들어 육오(六五 : ⚋)를 취상(取象)한 것이다. 여기 〈불사(不死)〉가 「설괘전(說卦傳)」에 나오는 〈진(震 : ☳)을[其] 농사짓기로 말한다[於稼]면[也] 삶으로 돌아옴[反生]이다[爲]〉라는 내용을 떠올려주기 때문이다. 육오(六五 : ⚋) 자신이 외롭다하여 군왕(君王)의 존엄을 결코 잃지 않음을 〈항불사(恒不死)〉가 암시한다. 비록 유약(柔弱)한 군왕(君王)인지라 육오(六五 : ⚋)가 〈예(豫)〉 즉 즐거움에[豫] 오로지하여[貞] 군음(群陰)이 자신을 외면하고 강강(剛强)한 구사(九四 : ⚊)에게로 몰려가는 모습을 아파해도[疾], 항상[恒] 군왕(君王)의 존엄만큼은 잃지 않음[不死]을 암시한 계사(繫辭)가 〈정(貞) 질(疾) 항불사(恒不死)〉이다.

【字典】

**정(貞)** 〈오로지할(순수할) 정(貞)-전(專)-일(一), 진실로 미더울 정(貞)-성신(誠信), 바를 정(貞)-정(正), 마땅할 정(貞)-당(當), 믿을 정(貞)-신(信), 거북점을 물을 정(貞)-복문(卜問), 역(易)의 내괘(內卦) 정(貞), 정할 정(貞)-정(定)〉 등의 뜻을 내지만 여기선 〈오로지할 전(專)〉과 같다 여기고 새김이 마땅하다.

**질(疾)** 〈괴로울 질(疾)-고(苦), 병들 질(疾)-병(病)-환(患), 아파할 질(疾)-통(痛), 원망할 질(疾)-원(怨), 미워할 질(疾)-질(嫉), 성낼 질(疾)-노(怒), 아닐 질(疾)-비(非), 싫어할 질(疾)-오(惡), 빠를 질(疾)-신(迅)-속(速), 애쓸(힘쓸) 질(疾)-면력(勉力), 다툴 질(疾)-쟁(爭), 씩씩할(멋질) 질(疾)-장(壯)-미(美), 직행할 질(疾)-추(趨), 다툴 질(疾)-쟁(爭)〉 등의 뜻을 내지만 여기선 〈괴로워할 고(苦)〉로 여기고 새김이 마땅하다.

**恒** 〈항-긍〉 두 가지로 발음되고, 〈늘(항상) 항(恒)-구(久)-상(常), 옛 항(恒)-고(故), 언제든지 항(恒)-평소(平素), 시위 긍(恒)-현(弦), 두루 할 긍(恒)-편(徧)〉 등의 뜻을 내지만 여기선 〈늘 상(常)〉과 같다 여기고 새김이 마땅하다.

**不** 〈불-부〉 등으로 발음되고, 〈않을(없을) 불(不)-부(不)-무(無), 아닐 불(不)-부(不)-비(非), 하지 말 불(不)-부(不)-막(莫)-금지(禁止), 정하지 않을 불(不)-부(不)-부(否)-미정(未定), 새가 날아올라 내려오지 않는 불(不)-부(不)-조비상불하래(鳥飛上不下來)〉 등의 뜻을 내지만 여기선 〈않을 불(不)〉로 여기고 새김이 마땅하다.

**사(死)** 〈죽을 사(死)-망(亡)-인물실기생명(人物失其生命), 죽은 사람(것) 사(死)-사자(死者), 젊은이(서른 살 이전)의 죽음 사(死)-소자지졸(少者之卒) {늙은이의 죽음 노자지종(老者之終)}, 서민의 죽음 사(死)-서민지졸(庶民之卒), 벌을 내려 죽일 사(死)-형살(刑殺)〉 등의 뜻을 내지만 여기선 〈죽을 망(亡)〉과 같다 여기고 새김이 마땅하다.

---

註 감위수(坎爲水) …… 기어인야(其於人也) 위심병(爲心病) : 감은[坎 : ☵] 물[水]이다[爲]. …… 그것을[其] 사람으로 말한다[於人]면[也] 마음의 병[心病]이다[爲].

「설괘전(說卦傳)」 11단락(段落)

註 진위뢰(震爲雷) …… 기어가야(其於稼也) 위반생(爲反生) : 진은[震 : ☳] 우레[雷]이다[爲]. …… 그것을[其] 농사짓기로 말한다[於稼]면[也] 삶으로 돌아옴[反生]이다[爲].

「설괘전(說卦傳)」 11단락(段落)

## 상륙(上六 : --)

**上六 : 冥豫니 成하나 有渝无咎리라**
명예 성 유투무구

상륙(上六) : 즐거움이[豫] 어두운데[冥] 이루었으나[成] 달라짐이[渝] 있다면[有] 허물은[咎] 없다[无].

**【상륙(上六)의 효상(爻象) 풀이】**

예괘(豫卦 : ䷏)의 상륙(上六 : --)은 이음거음(以陰居陰) 즉 음(陰 : --)으로써[以] 음(陰 : --)의 자리에 있는지라[居] 정당한 자리에 있다. 상륙(上六 : --)과 육오(六五 : --)는 양음(兩陰) 즉 둘 다[兩] 음(陰 : --)의 사이인지라 비(比) 즉 이웃의 사귐[比]을 나누지 못한다. 그리고 상륙(上六 : --)은 육삼(六三 : --)과도 양음(兩陰)의 사이인지라 부정응(不正應) 즉 정도를 따라[正] 호응하지 못한다[不應]. 상륙(上六 : --)이 비록 정위(正位)에 있지만 예괘(豫卦 : ䷏)의 극위(極位)에 있어서 〈예(豫)〉의 시국을 벗어나야 할 처지임에도 일예(逸豫) 즉 열락에[豫] 빠지려 하나[逸] 예괘(豫卦 : ䷏)를 떠나야 할 모습이다.

예괘(豫卦 : ䷏)의 상륙(上六 : --)이 상구(上九 : —)로 변효(變爻)하면 상륙(上六 : --)은 예괘(豫卦 : ䷏)를 35번째 진괘(晉卦 : ䷢)로 지괘(之卦)하게 한다. 따라서 예괘(豫卦 : ䷏)의 상륙(上六 : --)은 진괘(晉卦 : ䷢)의 상구(上九 : —)를 찾아가 살펴보게 한다.

**【상륙(上六)의 계사(繫辭) 풀이】**

### 冥豫(명예) 成(성) 有渝无咎(유투무구)

즐거움이[豫] 어두운데[冥] 이루었으나[成] 달라짐이[渝] 있다면[有] 허물은[咎] 없다[无].

상륙(上六 : --)의 효위(爻位)를 빌려 암시한 계사(繫辭)이다. 〈명예(冥豫)〉는 〈상륙명예(上六冥豫)〉의 줄임으로 여기고 〈상륙이[上六] 즐거움을[豫] 어둡게 한다[冥]〉라고 새겨볼 것이다. 명심(明心)이 〈예(豫)〉의 중도(中道) 즉 정도를[道] 따름[中]이고, 명심(冥心)은 비중도(非中道) 즉 중도(中道)가 아닌 것[非]이다. 마음을[心] 어둡게[冥] 함은 열락의[豫] 정도[道]를 따르지 않음이다. 정도를 따르지 않는 〈예(豫)〉란 곧 탐예(耽豫) 즉 열락을[豫] 탐닉하여[耽] 빠져버림이다. 탐닉(耽溺)은 즐김이 지나쳐[耽] 빠져버림[溺]이니 명심(冥心) 즉 마음을[心] 어둡게[冥] 한다. 명심(冥心)이란 곧 깨치지 못한 어리석음이다. 따라서 〈명예(冥豫)〉는 즐거움[豫]을 지나치게 누리다가 어리석음에 빠져버림을 살펴 헤아리게 한다.

예괘(豫卦 : ䷏) 상륙(上六 : ⚋)이 〈명예(冥豫)〉를 범하고 말았음을 암시한 것이 〈성(成)〉이다. 〈성(成)〉은 〈상륙성명예(上六成冥豫)〉의 줄임으로 여기고 〈상륙이[上六] 즐거움을[豫] 어둡게 함을[冥] 이룬다[成]〉라고 새겨볼 것이다. 예괘(豫卦 : ䷏)의 상륙(上六 : ⚋)이 〈명예(冥豫)〉를 취하고[成] 말았음이 〈성(成)〉이다.

〈유투무구(有渝无咎)〉는 〈상륙유투(上六有渝) 인차상륙무구(因此上六无咎)〉의 줄임으로 여기고 〈상륙에게는[上六] 변화가[渝] 있다[有] 그러니[因此] 상륙에게는[上六] 허물이[咎] 없다[无]〉라고 새겨볼 것이다. 〈유투(有渝)의 투(渝)〉는 상륙(上六 : ⚋)이 변효(變爻)하여 예괘(豫卦 : ䷏)가 진괘(晉卦 : ䷢)로 지괘(之卦)함을 들어 상륙(上六 : ⚋)을 취상(取象)한 것이다. 진괘(晉卦 : ䷢)는 곤하이상(坤下離上) 즉 곤(坤 : ☷) 위에 이(離 : ☲)가 있음인지라 일출지상(日出地上) 즉 땅 위로[地上] 해가[日] 솟는[出] 모습이다. 이는 명거명래(冥去明來) 즉 어둠이[冥] 가고[去] 밝음이[明] 오는[來] 진괘(晉卦 : ䷢)의 괘상(卦象)을 빌려 〈유투(有渝)〉 즉 상륙(上六 : ⚋)에게 변화가[渝] 있다[有]고 암시한다. 〈명(冥)〉 즉 어둠의[冥] 변화[渝]란 〈명(明)〉 즉 밝음[明]이다. 물론 상륙(上六 : ⚋)의 〈명예(冥豫)〉가 〈명예(明豫)〉 즉 즐거움을[豫] 밝게[明] 하는 변화가 있음을 암시한 것이 〈유투(有渝)〉이다. 〈유투(有渝)의 투(渝)〉는 〈변할 변(變)〉의 뜻을 낸다. 따라서 〈유투(有渝)〉는 변화가[變] 있음[有]을 뜻한다.

〈명예(冥豫)〉란 즐거움이[豫] 넘쳐나[渝] 비롯되는 어리석음[冥]인지라 〈명예(冥豫)〉에 변함이[渝] 있다[有]고 함은 넘쳐나는 즐거움을[豫] 비웠음[虛]을 살펴 헤아리게 한다. 이러한 〈유투(有渝)의 투(渝)〉는 예괘(豫卦 : ䷏)의 상륙(上六 : ⚋)이 유순(柔順)의 질덕(質德) 즉 꾸밈없이 수수한[質] 덕(德)으로 돌아옴을 뜻하니, 『노자(老子)』에 나오는 〈실박한[質] 덕은[德] 빈[渝] 듯하다[若]〉라는 내용을 환기시킨다. 이에 〈명예(冥豫)〉를 뉘우치고 〈명예(明豫)〉 즉 즐거움을[豫] 밝게[明] 한 상륙(上六 : --)에게 허물이[咎] 없다[无]고 암시한 계사(繫辭)가 〈명예(冥豫) 성(成) 유투무구(有渝无咎)〉이다.

**【 字 典 】**

**명(冥)** 〈어두울 명(冥)-혼(昏)-회(晦), 밤 명(冥)-야(夜), 어릴 명(冥)-유(幼), 무지할 명(冥)-무지(無知), 어리석을 명(冥)-우(愚), 하늘 명(冥)-천(天), 바다 명(冥)-해(海), 저승 명(冥)-타계(他界)〉 등의 뜻을 내지만 〈어두울 혼(昏)〉과 같다 여기고 새김이 마땅하다.

**예(豫)** 〈(사람들의 마음이) 즐거워하는 모습 예(豫), 큰 코끼리 예(豫)-상지대자야(象之大者也), 미리 막을 예(豫)-비(備)-역(逆), 즐거울 예(豫)-낙(樂), 기뻐할 예(豫)-열(悅), 편안할 예(豫)-안(安)-일(佚)〉 등의 뜻을 내지만 여기선 〈인심지열락지상(人心之悅樂之象)〉 즉 사람들의 마음이[人心之] 즐거워하는[悅樂之] 모습[象]의 뜻으로 〈즐거울 열락(悅樂)〉으로 여기고 새김이 마땅하다.

**성(成)** 〈이룰 성(成)-취(就), 안정할 성(成)-정(定), 마칠 성(成)-필(畢)-종(終), 갖출 성(成)-비(備), 익을 성(成)-숙(熟), 무성할 성(成)-무(茂), 성대할 성(成)-성(盛), 클 성(成)-대(大), 좋을 성(成)-선(善), 사방 십리 성(成)-방십리(方十里)〉 등의 뜻을 내지만 여기선 〈이룰 취(就)〉와 같다 여기고 새김이 마땅하다.

**유(有)** 〈있을 유(有)-무지반(無之反), 혹 유(有)-혹(或), 많을 유(有)-다(多)-족(足), 부유할 유(有)-부(富), 얻을(가질) 유(有)-취(取), 간직할 유(有)-장(藏), 보호할 유(有)-보(保), 서로 친할 유(有)-상친(相親), 전일할 유(有)-전(專), 할 유(有)-위(爲), 어조사 유(有)〉 등의 뜻을 내지만 〈있을 유(有)〉로 여기고 새김이 마땅하다.

**투(渝)** 〈변할 투(渝)-변(變)-역(易), 빛 변할 투(渝)-변색(變色), 더러울 투(渝)-오(汙), 풀 투(渝)-해(解), 넘칠 투(渝)-일(溢)〉 등의 뜻을 내지만 여기선 〈변할 변(變)〉과 같다 여기고 새김이 마땅하다.

**무(无)** 〈없을 무(无)-무(無), 허무지도 무(无)-허무지도(虛无之道), 으뜸 무(无)-원(元)〉 등의 뜻을 내지만 여기선 〈없을 무(無)〉와 같다 여기고 새김이 마땅하다.

**구(咎)** 〈허물 구(咎)-건(愆)-과(過), 재앙 구(咎)-재(災), 병될 구(咎)-병(病), 나쁠

구(咎)-오(惡)〉 등의 뜻을 내지만 여기선 〈허물 건(愆)-과(過)〉와 같다 여기고 새김이 마땅하다. 〈무구(无咎)〉는 〈면어구(免於咎)〉 즉 허물을[於咎] 면하다[免]와 같다.

---

註 건덕약투(建德若偸) 질덕약투(質德若渝) : 굳건한[建] 덕은[德] 구차한[偸] 듯하고[若], 실박한[質] 덕은[德] 빈[渝] 듯하다[若]. 『노자(老子)』 41장(章)

# 수괘 隨卦

# 17

## 1 괘의 괘상과 계사

### 수괘(隨卦 : ䷐)

진하태상(震下兌上) : 아래는[下] 진(震 : ☳), 위는[上] 태(兌 : ☱).

택뢰수(澤雷隨) : 못과[澤] 우레는[雷] 수이다[隨].

隨는 元亨하고 利貞하여 无咎이다
수 원형 이정 무구

따름은[隨] 으뜸이고[元] 통하며[亨] 이롭고[利] 진실로 미더워[貞] 허물이[咎] 없다[无].

**【수괘(隨卦 : ䷐)의 괘상(卦象) 풀이】**

앞 예괘(豫卦 : ䷏)의 〈예(豫)〉는 즐거움[豫]이다. 〈예(豫)〉는 서로 감동하고 순종하여 열락(悅樂) 즉 즐거움[悅樂]이다. 그러면 수명(守命) 즉 자연의 뜻을[命] 지키기[守] 쉽다. 그래서 「서괘전(序卦傳)」에 〈즐거우면[豫] 반드시[必] 따른다[隨] 그래서[故] 수괘(隨卦 : ䷐)로써[以] 그것을[之] 받는다[受]〉라는 말이 나온다. 이는 예괘(豫卦 : ䷏) 다음에 수괘(隨卦 : ䷐)가 있는 까닭을 암시한다. 〈수(隨)〉는 즐거움[豫]으로 상화(相和)하여 상종(相從) 즉 서로[相] 따름[從]이다. 수괘(隨卦 : ䷐)의 괘체(卦體)는 위는[上] 못[兌 : ☱]이고 아래는[下] 우레[震 : ☳]이다. 태(兌 : ☱)는 열(說) 즉 기쁨[說]이고, 진(震 : ☳)은 동(動) 즉 움직임[動]이다. 「설괘전(說卦傳)」에 〈진(震 : ☳)은 동(動)이고 태(兌 : ☱)는 열(說)〉이라는 내용이 나온다. 기뻐서[說] 동하고[動] 동해서[動] 기쁨[說]이 곧 수괘(隨卦 : ䷐)의 〈수(隨)〉 즉 따름[隨]이다. 태(兌 : ☱)는 소녀(小女)이고 진(震 : ☳)은 장남(長男)이다. 「설괘전(說卦傳)」에 〈진(震 : ☳)은 장남(長男)이고 태(兌 : ☱)는 소녀(小女)〉라는 내용이 나온다. 소녀가 장남을 따라감[隨]이 곧 수괘(隨卦 : ䷐)의 〈수(隨)〉 즉 따름[隨]이다.

나아가 태(兌 : ☱)는 택(澤) 즉 못[澤]이고 진(震 : ☳)은 뇌(雷) 즉 우레[雷]인지라, 우레[雷]가 못[澤] 위로 진동하니 못이[澤] 우레를[雷] 따라감[隨] 역시 수괘(隨卦 : ䷐)의 〈수(隨)〉 즉 따름[隨]이다. 이와 같은 따름[隨]의 괘상(卦象)을 빌려 수괘(隨卦 : ䷐)라 칭명(稱名)한다.

**【수괘(隨卦 : ䷐)의 계사(繫辭) 풀이】**

## 隨(수)

따름이다[隨].

수괘(隨卦 : ䷐)의 괘상(卦象)을 빌려 암시한 계사(繫辭)이다. 〈수(隨) 원형(元亨) 이정(利貞)〉에서 〈수(隨)〉는 수괘(隨卦 : ䷐)의 주제인 〈수(隨)〉가 바로 수도(隨道) 즉 정도를[道] 따라[隨] 수선(隨善) 즉 선함을[善] 따름[隨]임을 암시한다. 수선(隨善)이 곧 수괘(隨卦 : ䷐)의 주제인 〈수(隨)〉이다. 선(善)이란 이이불해(利而不害) 즉 이롭되[利而] 해치지 않는[不害] 천지도(天之道) 즉 자연의[天之] 도리[道]를 계승함이니, 수선(隨善)이란 곧 자연의[天之] 도리[道]를 계승하는 선의[善] 따름[隨]인지라 천하가 평안하다는 것이다. 예괘(豫卦 : ䷏)의 괘상(卦象)은 태재진상(兌在震上) 즉 못이[兌] 우레[震] 위에[上] 있음[在]이다. 이는 위에서 내려오는 양기(陽氣)와 아래에서 올라가는 음기(陰氣)가 서로 〈수(隨)〉 즉 따르고[隨] 있는 모습이다. 수괘(隨卦 : ䷐)의 하체(下體) 진(震 : ☳)은 양(陽 : ⚊)이고 상체(上體) 태(兌 : ☱)는 음(陰 : ⚋)인지라, 음양(陰陽)이 상수(相隨) 즉 서로[相] 따르고[隨] 있어 이것이 곧 수도(隨道) 즉 따름의[隨] 도리[道]이다. 이와 같이 〈수(隨)〉가 음양상화(陰陽相和)의 정도(正道)를 따름[隨]이니 〈원형리정(元亨利貞)〉의 사덕(四德)으로써 수괘(隨卦 : ䷐)의 〈수(隨)〉를 암시한다. 64괘(卦) 중에서 건괘(乾卦 : ䷀)와 곤괘(坤卦 : ䷁)를 제외하고 〈원형리정(元亨利貞)〉의 사덕(四德)을 두루 갖춘 괘(卦)는 3번째 준괘(屯卦 : ䷂)-17번째 수괘(隨卦 : ䷐)-19번째 임괘(臨卦 : ䷒)-25번째 무망괘(无妄卦 : ䷘)-49번째 혁괘(革卦 : ䷰)밖에 없다. 〈원형리정(元亨利貞)〉은 역지도(易之道)를 계승하는 상선(上善)의 사덕(四德)이다. 온갖 변화의[易之] 이치[道]를 계승함을 선(善)이라 한다. 이러한 선(善)이 곧 〈원형리정(元亨利貞)〉이다.

## 元亨(원형) 利貞(이정) 无咎(무구)

으뜸이고[元] 통하며[亨] 이롭고[利] 진실로 미더워[貞] 허물이 [咎] 없다[无].

〈원형(元亨)의 원(元)〉은 원시(原始) 즉 맨 처음이고 호대(浩大) 즉 더없이 큼이고 지유지순(至柔至順) 즉 더없이 부드럽고 더없이 순응하여 관대(寬大)하다. 계절로 치면 〈원(元)〉은 봄이다. 봄에 천지가 베푸는 덕을 상기시킨다. 봄에 돋아나는 새싹보다 더한 으뜸[元]의 〈수(隨)〉란 없고, 태어남의 으뜸보다 더 큰 것은 없다. 봄 같은 천지덕(天地德)을 〈원(元)〉이라 한다. 이에 수괘(隨卦 : ䷐)의 〈수(隨)〉 즉 따름[隨]은 음양(陰陽)이 상수(相隨)하고 상화(相和)하니, 수괘(隨卦 : ䷐)의 〈수(隨)〉가 더없이 크나크고 으뜸인 선(善)임을 암시한 것이 〈원형(元亨)의 원(元)〉이다.

〈원형(元亨)의 형(亨)〉은 통달(通達) 즉 걸림 없이[達] 통함[通]이다. 지순(至順) 즉 지극하게[至] 따르면[順] 무엇 하나 걸릴 것이 없으니 통하게 마련이다. 계절로 치면 〈형(亨)〉은 여름이다. 여름에 천지가 베푸는 덕을 상기시킨다. 일신(日新) 즉 날마다[日] 새로[新] 자라 덕을 쌓는 여름철 초목보다 더 선하고 아름답게 걸림없이 통함이란 없다. 이에 수괘(隨卦 : ䷐)의 〈수(隨)〉는 음양(陰陽)이 서로[相] 따르고[隨] 서로[相] 어울리니[和], 수괘(隨卦 : ䷐)의 〈수(隨)〉가 막힘없이 통하는 선(善)임을 암시한 것이 〈원형(元亨)의 형(亨)〉이다.

〈이정(利貞)의 이(利)〉는 사만물수생지덕(使萬物遂生之德) 즉 만물로[萬物] 하여금[使] 삶을[生] 이루어가게 하는[遂之] 덕(德)을 말한다. 계절로 치면 〈이(利)〉는 가을이다. 가을에 천지가 베푸는 덕을 상기시킨다. 춘작하장(春作夏長)을 거쳐 이룬 결실(結實)을 거두어들이니 이롭다[利]. 이보다 더 선하고 이롭게 거두는 보람이란 없다. 이에 수괘(隨卦 : ䷐)의 〈수(隨)〉는 음양(陰陽)이 서로[相] 따르고[隨] 서로[相] 어울리니[和], 수괘(隨卦 : ䷐)의 〈수(隨)〉가 만물에 두루 이로운 선(善)임을 암시한 것이 〈이정(利貞)의 이(利)〉이다.

〈이정(利貞)의 정(貞)〉은 성신(誠信) 즉 진실로 미더움[誠信]이고 정확(正確) 즉 바르고 확실하며 경상(經常) 즉 늘 변함없이 경영해 변동이 없음이다. 계절로 치면 〈정(貞)〉은 겨울이다. 겨울에 천지가 베푸는 덕을 상기시킨다. 초목은 한해살이로 얻어낸 모든 보람인 생명을 이어줄 씨앗을 천지에 맡기고 봄을 기다림에 흐트러짐이 없다. 이에 수괘(隨卦 : ䷐)의 〈수(隨)〉는 음양(陰陽)이 상수(相隨)하고 상화(相和)하니, 수괘(隨卦 : ䷐)의 〈수(隨)〉가 만물에 두루 진실로 미덥고 공정(公正)한 선(善)임을 암시한 것이 〈이정(利貞)의 정(貞)〉이다.

이처럼 수괘(隨卦 : ䷐)의 〈수(隨)〉는 천지조화(天地造化)의 사덕(四德)을 두루 갖추고 있는지라 수괘(隨卦 : ䷐)의 〈수(隨)〉에는 허물[咎]이란 없음[无]을 암시한 계사(繫辭)가 〈수(隨) 원형(元亨) 이정(利貞) 무구(无咎)〉이다.

【字典】

**수(隨)** 〈따를 수(隨)-종(從)-순(順), 좇을 수(隨)-축(逐), 맡을 수(隨)-임(任), 갈 수(隨)-행(行), 발 수(隨)-지(趾)〉 등의 뜻을 내지만 여기선 〈따를 순(順)〉과 같다 여기고 새김이 마땅하다.

**원(元)** 〈선함의 으뜸 원(元)-선지장(善之長), 비롯할 원(元)-시(始)-단(端), 머리 원(元)-수(首)-두(頭), 근본 원(元)-본(本)-원(原), 어른 원(元)-장(長)-원장(元長), 하나 원(元)-일(一), 우두머리 원(元)-수장(首長), 임금 원(元)-원군(元君)-군(君), 큰 원(元)-대(大), 아름다울 원(元)-미(美), 위 원(元)-상(上), 하늘 원(元)-천(天), 하늘땅의 큰 덕 원(元)-천지지대덕(天地之大德)-원기(元氣)-기(氣), 기운의 시작 원(元)-기지시(氣之始)-원자(元者), 백성 원(元)-원원(元元)-백성(百姓)〉 등의 뜻을 내지만 여기선 〈선함의 으뜸 선지장(善之長)〉으로 여기고 새김이 마땅하다.

**亨** 〈향-형-팽〉 등으로 발음되고, 〈통할 형(亨)-통(通), 남을 형(亨)-여(餘), 드릴 향(亨)-헌(獻), 삶을 팽(亨)-자(煮)-팽(烹)〉 등의 뜻을 내지만 여기선 〈통할 통(通)〉과 같다 여기고 새김이 마땅하다.

**이(利)** 〈만물로 하여금 삶을 이루어가게 하는 덕(德)의 이로울 이(利)-사만물수생지덕(使萬物遂生之德), 날카로울 이(利)-예(銳)-섬(銛), 질병 이(利)-질(疾), 통할 이(利)-통(通)-순(順), 좋을 이(利)-길(吉)-의(宜), 편리할 이(利)-편(便), 마름해 만들어 이룰 이(利)-재성(裁成), 탐할 이(利)-탐(貪), 구할(취할) 이(利)-구(求)-취(取), 좋아할 이(利)-열애(悅愛), 이로울 이(利)-익(益), 기교 이(利)-교(巧), 보람 이(利)-공용(功用), 지세가 험하고 중요한 이(利)-험요(險要), 이길 이(利)-승(勝), 어질 이(利)-인(仁)〉 등의 뜻을 내지만 여기선 〈사만물수생지덕(使萬物遂生之德) 즉 만물로 하여금 삶을 이루어 가게 하는 덕(德)의 이로움〉이라 새김이 마땅하다. 〈利〉가 맨 앞에 오면 〈이〉로 발음되고, 중간이나 뒤에 오면 〈리〉로 발음된다.

**정(貞)** 〈믿을 정(貞)-신(信), 바를 정(貞)-정(正), 거북점을 물을 정(貞)-복문(卜問), 역(易)의 내괘(內卦) 정(貞), 마땅할 정(貞)-당(當), 정할 정(貞)-정(定), 순수할 정(貞)-전(專)-일(一)〉 등의 뜻을 내지만 여기선 〈믿을 신(信), 바를 정(正)〉 등과 같다 여기고 새김이 마땅하다.

**무(无)** 〈없을 무(无)-무(無), 허무지도 무(无)-허무지도(虛无之道), 으뜸 무(无)-원(元)〉 등의 뜻을 내지만 여기선 〈없을 무(無)〉와 같다 여기고 새김이 마땅하다.

**구(咎)** 〈허물 구(咎)-과(過)-건(愆), 재앙 구(咎)-재(災), 앓을 구(咎)-병(病), 싫어할 구(咎)-오(惡), 헐뜯을 구(咎)-방(謗)〉 등의 뜻을 내지만 여기선 〈허물 과(過)-건(愆)〉과 같다 여기고 새김이 마땅하다.

---

註 진동야(震動也) …… 태열야(兌說也) : 진은[震 : ☳] 움직임[動]이다[也]. …… 태는[兌 : ☱] 기쁨[說]이다[也]. 「설괘전(說卦傳)」 7단락(段落)

註 진일색이득남(震一索而得男) 고(故) 위지장남(謂之長男) …… 태삼색이득녀(兌三索而得女) 고(故) 위지소녀(謂之小女) : 진은[震 : ☳] 첫 번째[一] 구해서[索而] 아들을[男] 얻었다[得]. 그래서[故] 진을[之] 장남이라[長男] 한다[謂]. …… 태는[兌 : ☱] 세 번째[三] 구해서[索而] 딸을[女] 얻었다[得]. 그래서[故] 태를[之] 소녀라[小女] 한다[謂]. 「설괘전(說卦傳)」 10단락(段落)

## 2 효의 효상과 계사

初九：官有渝니 貞吉하고 出門交하여 有功이다
관유투 정길 출문교 유공

六二：係小子하니 失丈夫하리라
계소자 실장부

六三：係丈夫하고 失小子한다 隨하여 有求得하니 利居貞하다
계장부 실소자 수 유구득 이거정

九四：隨有獲이면 貞凶하나 有孚로 在道해 以明이니 何咎리오
수유획 정흉 유부 재도 이명 하구

九五：孚于嘉니 吉하다
부우가 길

上六：拘係之이고 乃從維之니 王用亨于西山이다
구계지 내종유지 왕용향우서산

초구(初九)：감지기관에는[官] 변함이[渝] 있으니[有] 미덥고 바르면[貞] 길하고[吉] 문 밖에서[出門] 함께하여[交] 공적을[功] 이룬다[有].

육이(六二)：아래 남자에게[小子] 매달리니[係] 위의 남자를[丈夫] 잃는다[失].

육삼(六三)：위의 남자에게[丈夫] 매달리니[係] 아래 남자를[小子] 잃는다[失]. 따라가서[隨] 구하는 바를[有求] 얻나니[得] 진실로 미덥게[貞] 살아감이[居] 이롭다[利].

구사(九四)：따름에[隨] 얻음이[獲] 있으면[有] 진실로 미더워도[貞] 흉하나[凶], 믿어줌이[孚] 있고[有] 정도에[道] 있으며[在] 그로써[以] 살피는데[明] 어찌[何] 허물하리오[咎].

구오(九五)：선함[嘉]에[于] 믿어주니[孚] 행운을 누린다[吉].

상륙(上六)：그것에[之] 얽매이며[拘] 매달리고[係] 이에[乃] 그것을[之] 좇아[從] 매이니[維] 임금이[王] 서산에서[于西山] 제사를[亨] 올린다[用].

## 초구(初九 : ─)

**初九 : 官有渝니 貞吉하고 出門交하여 有功이다**
관유투 정길 출문교 유공

초구(初九) : 감지기관에는[官] 변함이[渝] 있으니[有] 미덥고 바르면[貞] 길하고[吉] 문 밖에서[出門] 함께하여[交] 공적을[功] 이룬다[有].

**【초구(初九)의 효상(爻象) 풀이】**

수괘(隨卦 : ䷐)의 초구(初九 : ─)는 이양거양(以陽居陽) 즉 양(陽 : ─)으로써[以] 양(陽 : ─)의 자리에 있는지라[居] 정당한 자리에 있다. 초구(初九 : ─)와 육이(六二 : --)는 양음(陽陰)의 사이인지라 비(比) 즉 이웃의 사귐[比]을 누린다. 그러나 초구(初九 : ─)와 구사(九四 : ─)는 양양(兩陽) 즉 둘 다[兩] 양(陽 : ─)인지라 부정응(不正應) 즉 정도를 따라[正] 서로 호응하지 못하는[不應] 사이이다. 초구(初九 : ─)는 수괘(隨卦 : ䷐)의 맨 밑자리에 있어서 수괘(隨卦 : ䷐)의 하체(下體) 진(震 : ☳)의 주효(主爻)이지만 두 음효(陰爻) 뒤에 머물면서 정황을 살피며 때를 기다리는 모습이다.

수괘(隨卦 : ䷐)의 초구(初九 : ─)가 초륙(初六 : --)으로 변효(變爻)하면 초구(初九 : ─)는 수괘(隨卦 : ䷐)를 45번째 췌괘(萃卦 : ䷬)로 지괘(之卦)하게 한다. 따라서 수괘(隨卦 : ䷐)의 초구(初九 : ─)는 췌괘(萃卦 : ䷬)의 초륙(初六 : --)을 찾아가 살펴보게 한다.

**【초구(初九)의 계사(繫辭) 풀이】**

### 官有渝(관유투) 貞吉(정길)

감지기관에는[官] 변함이[渝] 있으니[有] 미덥고 바르면[貞] 길하다[吉].

초구(初九 : ─)의 효위(爻位)를 빌려 암시한 계사(繫辭)이다. 진(震 : ☳)의 초효(初爻)인 초구(初九 : ─)는 일출(日出) 즉 해오름[日出]의 자리이고 동시에 진

(震 : ☳)의 주효(主爻)이다. 소성괘(小成卦)에서 양(陽 : ㅡ)이 홀수면 그 양(陽 : ㅡ)이 소성괘의 주효(主爻)이고, 음(陰 : --)이 홀수면 그 음(陰 : --)이 소성괘의 주효이다. 떠오르는 해[日]의 자리에 있는 초구(初九 : ㅡ)를 〈관유투(官有渝)〉로써 수괘(隨卦 : ䷐)의 하체(下體) 진(震 : ☳)의 초효(初爻)임을 들어 취상(取象)한 것이다. 떠오르는 해[日]는 하루 내내 지상의 온갖 것들을 두루 비출 뿐이지 그 무엇을 정해두고 치우쳐 비추지 않으니 수괘(隨卦 : ䷐)의 초구(初九 : ㅡ)를 〈관유투(官有渝)〉라 한다. 〈관유투(官有渝)의 관(官)〉은 감지(感知) 즉 느끼고[感] 알아채는[知] 기관(器官)을 말한다. 〈관유투(官有渝)의 관(官)〉은 『맹자(孟子)』에 나오는 〈이목지관(耳目之官)〉을 상기시킨다. 귀와[耳] 눈이[目] 하는 지각기관(知覺器官)이 〈관유투(官有渝)의 관(官)〉이다. 〈관(官)〉 즉 지각하는 기관이란 외물을 그냥 그대로 수용하면서 따라갈 뿐임을 암시한 것이 〈관유투(官有渝)의 투(渝)〉이다. 초구(初九 : ㅡ)가 바깥 것들에 어떠한 고집을 부리지 않고 변화[渝]에 응수(應隨) 즉 호응해[應] 따라감[隨]을 암시한 것이 〈관유투(官有渝)〉이다.

초구(初九 : ㅡ)의 〈관(官)〉 즉 기관(器官)이 〈투(渝)〉 즉 변화[渝]를 그냥 그대로 공정하게 따라갈[隨] 뿐 변덕부리를 범하지 않음을 암시하는 것이 여기 〈정(貞)〉이다. 수괘(隨卦 : ䷐)의 주제인 〈수(隨)〉는 수선(隨善) 즉 선을[善] 따름[隨]이니 그 수선(隨善)을 항상 간직함을 〈정(貞)〉이 암시한다. 〈정(貞)〉이란 문사지정(問事之正) 즉 일을[事] 따져봄이[問之] 올발라[正] 변덕스럽지 않음이다. 자의(恣意)나 아집(我執)을 떠나 사심 없이 사정을 있는 그대로 마주하여 살펴 헤아리려는 마음이 곧 〈정(貞)〉이다. 지각기관이[官] 변화한다[渝] 하더라도 어떠한 고집이나 편견 없이 매사를 마주하는 마음가짐[貞]으로 외물을 응하여 그냥 그대로 하나가 됨[玄同]이 〈정길(貞吉)〉이다. 현동(玄同)이란 천도(天道) 즉 자연의[天] 도리[道]를 따라 그냥 그대로[玄] 하나가 됨[同]이다. 따라서 〈정길(貞吉)의 정(貞)〉은 초구(初九 : ㅡ)의 〈관유투(官有渝)의 관(官)〉 즉 감지기관(感知器官)을 경계함을 암시한다. 초구(初九 : ㅡ)는 〈관(官)〉 즉 감지기관(感知器官)이 변화[渝]를 사사(私邪) 즉 자기만을 위해[私] 간사하게[邪] 받아들임이 아니라 〈정(貞)〉 즉 그냥 그대로 공정하게 수선(隨善) 즉 선함을[善] 따르게[隨] 하므로, 초구(初九 : ㅡ) 자신이 행복을 누림[吉]을 암시한 계사(繫辭)가 〈관유투(官有渝) 정길(貞吉)〉이다.

## 出門交(출문교) 有功(유공)

문 밖에서[出門] 함께하여[交] 공적을[功] 이룬다[有].

수괘(隨卦 : ䷐) 초구(初九 : ⚊)의 효위(爻位)를 들어 거듭해 암시한 점사(占辭)이다. 〈출문교(出門交)〉는 〈초구출문궐이교민세(初九出門闕而交民世)〉의 줄임으로 여기고 〈초구는[初九] 대궐문[門闕] 밖에서[出而] 백성의[民] 세상과[世] 교류한다[交]〉라고 새겨볼 것이다. 여기 〈출문(出門)〉은 수괘(隨卦 : ䷐)의 내호괘(內互卦)인 간(艮 : ☶)의 밖에 초구(初九 : ⚊)가 자리하고 있음을 암시한다. 왜냐하면 〈출문교(出門交)의 출문(出門)〉이 「설괘전(說卦傳)」에 나오는 〈간은[艮 : ☶] 대궐문[門闕]이다[爲]〉라는 내용을 떠올려주기 때문이다. 수괘(隨卦 : ䷐)의 내호괘(內互卦)인 간(艮 : ☶)의 바깥 자리에 초구(初九 : ⚊)가 있으니 〈출문(出門)〉 즉 문 밖[出門]이라고 취상(取象)한 것이다. 초구(初九 : ⚊)의 자리는 궁궐 안이 아니라 백성이 살아가는 초야(草野)의 자리임을 〈출문교(出門交)의 출문(出門)〉이 암시한다. 초야에서 백성들과 함께함을 암시한 것이 〈출문교(出門交)의 교(交)〉이다. 〈교(交)〉란 초구(初九 : ⚊)가 백성의 온갖 일들을 마주하여 함께함을 암시한다. 여기 〈교(交)〉는 〈함께할 공(共)〉과 같다.

〈유공(有功)〉은 〈초구지교유공(初九之交有功)〉의 줄임으로 여기고 〈초구의[初九之] 교류에는[交] 공적이[功] 있다[有]〉라고 새겨볼 것이다. 이는 마치 벼농사를 짓는 농부가 논과 벼와 물과 햇빛과 온갖 거름들과 교접하여[交] 가을이면 추수하여 거두어들임이 곧 농부의 〈공(功)〉이듯 수괘(隨卦 : ䷐)의 초구(初九 : ⚊)가 〈출문(出門)〉 즉 궁궐문 밖에서[出門] 백성이 겪는 온갖 일들과 함께하여[交] 공로를[功] 이룸[有]을 암시한 계사(繫辭)가 〈출문교(出門交) 유공(有功)〉이다.

【字典】

**관(官)** 〈지각기관 관(官)-관능(官能)-지각기관(知覺器官), 일 관(官)-사(事), 맡을 관(官)-사(司), 공변될 관(官)-공(公), 벼슬 관(官)-직(職), 부릴 관(官)-사(使), 주관할 관(官)-주(主), 관리 관(官)-관리(官吏), 임금 관(官), 일삼을 관(官)-사(仕)-분직(分職), 본받을 관(官)-법(法)〉 등의 뜻을 내지만 여기선 〈지각기관(知覺器官)〉으로 여기고 새김이 마땅하다.

**유(有)** 〈있을 유(有)-무지반(無之反), 혹 유(有)-혹(或), 많을 유(有)-다(多)-족(足), 부유할 유(有)-부(富), 얻을(가질) 유(有)-취(取), 간직할 유(有)-장(藏), 보호할 유(有)-보(保), 서로 친할 유(有)-상친(相親), 전일할 유(有)-전(專), 할 유(有)-위(爲), 어조사 유(有)〉 등의 뜻을 내지만 〈있을 유(有)〉로 여기고 새김이 마땅하다.

**투(渝)** 〈변할 투(渝)-변(變)-역(易), 빛 변할 투(渝)-변색(變色), 더러울 투(渝)-오(汙), 풀 투(渝)-해(解), 넘칠 투(渝)-일(溢)〉 등의 뜻을 내지만 여기선 〈변할 변(變)〉과 같다 여기고 새김이 마땅하다.

**정(貞)** 〈믿을 정(貞)-신(信), 바를 정(貞)-정(正), 거북점을 물을 정(貞)-복문(卜問), 역(易)의 내괘(內卦) 정(貞), 마땅할 정(貞)-당(當), 정할 정(貞)-정(定), 순수할 정(貞)-전(專)-일(一)〉 등의 뜻을 내지만 여기선 〈믿을 신(信), 바를 정(正)〉 등과 같다 여기고 새김이 마땅하다.

**길(吉)** 〈좋을(행복할) 길(吉)-선(善)-영(令) {영월길일(令月吉日)은 선월선일(善月善日)임.}, 복 길(吉)-실(實)-선실(善實)-복(福), 예의를 따라 상서로울 길(吉)-예의순상(禮義順祥), 삼갈 길(吉)-근(謹), 초하루 길(吉)-삭일(朔日) {삭망(朔望) 즉 초하루[朔]와 그믐날[望]}, 길례 길(吉)-길례(吉禮) {오례지일(五禮之一) 길흉빈군가(吉凶賓軍嘉)}, 갈 길(吉)-행(行)-길(趌)〉 등의 뜻을 내지만 여기선 〈좋을 선(善)-영(令)〉 즉 행복과 같다 여기고 새김이 마땅하다.

**出** 〈출-추〉 두 가지로 발음되고, 〈바깥 출(出)-외(外), (안에서 밖으로 날) 출(出)-진(進), 드러날 출(出)-현(見), 특출할 출(出)-특(特), 치솟을 출(出)-상용(上湧), 위로 향할 출(出)-향상(向上), 낳을 출(出)-생(生), 멀 출(出)-원(遠)-거(去)-행(行), 관직에 부임할 출(出)-관부임(官赴任), 나타날 출(出)-현(現), 변천할 출(出)-추(推), 게울 출(出)-토(吐), 밖에 나갈 출(出)-외(外), 도망갈 출(出)-도(逃), 표할 출(出)-표(表), 갈릴 출(出)-이(離), 안에서 밖으로 내보낼 추(出)-자내이외(自內而外)〉 등의 뜻을 내지만 여기선 〈바깥 외(外)〉로 여기고 새김이 마땅하다.

**문(門)** 〈집을 들고나는 문 문(門)-방옥원장소설이통출입자(房屋垣墻所設以通出入者), 집 문(門)-가(家), 무리 문(門)-족(族), 한패 문(門)-문파(門派), 한 선생의 제자 문(門)-사문(師門), 관건(일을 해결하는 방책) 문(門)-관건(關鍵), 천자가 머무는 곳의 요직 문(門)-금요(禁要), 이목 문(門)-이목(耳目), 끼리 문(門)-유(類), 문지기 문(門)-수문(守

門)〉 등의 뜻을 내지만 〈집을 들고나는 문(門)〉으로 여기고 새김이 마땅하다.

**교(交)** 〈함께할 교(交)-공(共), 사귈 교(交)-상합(相合), 무릎을 괴고 교(交)-교경(交脛), 벗할 교(交)-구(俱), 합할 교(交)-합(合), 붙을 교(交)-접(接), 맺을 교(交)-결(結), 통할 교(交)-통(通), 서로(갈마들) 교(交)-호(互), 벗할 교(交)-우(友), 어울릴 교(交)-화(和), 가까울 교(交)-협(夾), 같게 할 교(交)-제(齊), 멈출 교(交)-정(定)-지(止), 오고가고 할 교(交)-왕래(往來), 달이 바뀌지는 때의 교(交), 새가 낮게 날아갈 교(交), 옷깃 교(交)-의령(衣領)〉 등의 뜻을 내지만 여기선 〈함께할 공(共)〉과 같다 여기고 새김이 마땅하다.

**공(功)** 〈공로 공(功)-공로(功勞), 보람 공(功)-공용(功用), 애쓸 공(功)-용력(用力), 나라에 공을 세울 공(功)-국공(國功), 전쟁에 공을 세울 공(功)-전공(戰功), 일에 공을 세울 공(功)-사공(事功), 일할 공(功)-사(事), 상복 입을 공(功)-상복(喪服)〉 등의 뜻을 내지만 여기선 〈공로(功勞)〉와 같다 여기고 새김이 마땅하다.

---

註 이목지관불사(耳目之官不思) 이폐어물(而蔽於物) 물교물(物交物) 즉인지이이의(則引之而已矣) : 귀와[耳] 눈이라는[目之] 기관은[官] 생각하지 않고서[不思而] 바깥 것들에[於物] 가린다[蔽]. 바깥 것들이[物] 바깥 것들을[物] 교접하면[交] 곧[則] (관능은) 그 교접을[之] 끌어들일[引] 뿐이다[而已矣]. 『맹자(孟子)』「고자장구상(告子章句上)」 15단락(段落)

註 간위문궐(艮爲門闕) : 간은[艮 : ☶] 궁궐의[闕] 문(門)이다[爲]. 「설괘전(說卦傳)」 11단락(段落)

## 육이(六二 : --)

六二 : 係小子하니 失丈夫하리라
계 소 자 실 장 부

육이(六二) : 아래 남자에게[小子] 매달리니[係] 위의 남자를[丈夫] 잃는다[失].

### 【육이(六二)의 효상(爻象) 풀이】

수괘(隨卦 : ䷐)의 육이(六二 : --)는 이음거음(以陰居陰) 즉 음(陰 : --)으로써[以] 음(陰 : --)의 자리에 있는지라[居] 정당한 자리에 있다. 육이(六二 : --)와 초구(初九 : —)는 음양(陰陽)의 사이인지라 비(比) 즉 이웃의 사귐[比]을 누린다. 그리고 육이(六二 : --)와 구오(九五 : ㅡ)도 음양(陰陽)의 사이로서 서로 중정(中正) 즉 중효[中]이며 바른 자리[正]에 있고 나아가 정응(正應) 즉 바르게[正] 호응하면서[應] 서로 득중(得中) 즉 정도를 따름을[中] 취하는[得] 사이이다. 육이(六二 : --)는 수괘(隨卦 : ䷐)의 하체(下體) 진(震 : ☳)의 중효(中爻)로서 수괘(隨卦 : ䷐)의 주제인 〈수(隨)〉 즉 따름[隨]을 득중(得中)으로써 마주하는 모습이다.





> 수괘(隨卦 : ䷐)의 육이(六二 : --)가 구이(九二 : ㅡ)로 변효(變爻)하면 육이(六二 : --)는 수괘(隨卦 : ䷐)를 58번째 태괘(兌卦 : ䷹)로 지괘(之卦)하게 한다. 따라서 수괘(隨卦 : ䷐)의 육이(六二 : --)는 태괘(兌卦 : ䷹)의 구이(九二 : ㅡ)를 찾아가 살펴보게 한다.

**【육이(六二)의 계사(繫辭) 풀이】**

## 係小子(계소자) 失丈夫(실장부)

**아래 남자에게[小子] 매달리니[係] 위의 남자를[丈夫] 잃는다[失].**

육이(六二 : --)의 효위(爻位)를 빌려 암시한 계사(繫辭)이다. 수괘(隨卦 : ䷐)의 하체(下體) 진(震 : ☳)의 중효(中爻)인 육이(六二 : --)가 초구(初九 : ㅡ)와 비(比) 즉 이웃의 사귐[比]을 나눔을 암시한 계사(繫辭)이다. 〈계소자(係小子)〉는 〈육이계소자(六二係小子)〉의 줄임으로 〈육이가[六二] 소자에게[小子] 매달린다[係]〉라고 새겨볼 것이다. 〈계소자(係小子)의 계(係)〉는 〈매달릴 계(繫)〉와 같다. 이는 육이(六二 : --)가 수괘(隨卦 : ䷐)의 주제인 〈수(隨)〉로써 초구(初九 : ㅡ)와 이웃의 사귐[比]을 밝힌다. 〈계소자(係小子)의 소자(小子)〉는 육이(六二 : --)의 바로 아래에 있는 초구(初九 : ㅡ)를 말한다. 육이(六二 : --)는 여(女)이고 초구(初九 : ㅡ)는 남(男)이다. 육이(六二 : --)의 아래에 있기에 초구(初九 : ㅡ)를 〈소자(小子)〉라고 일컬음이지 작은[小] 아들[子]을 뜻함은 아니다. 여기 〈소자(小子)〉는 육이(六二 : --)의 아래쪽에 있는 남자인 초구(初九 : ㅡ)를 가리킨다. 〈소자(小子)〉인 초구(初九 : ㅡ)는 〈출문교(出門交) 유공(有功)〉 즉 〈문 밖에서[出門] 함께하여[交] 공적을[功] 이룬다[有]〉는 초야(草野)의 군자(君子)이다. 육이(六二 : --)가 이러한 초구(初九 : ㅡ)를 〈수(隨)〉 즉 따라간다[隨]는 것이 〈계소자(係小子)〉이다.

〈실장부(失丈夫)〉는 〈육이실장부(六二失丈夫)〉의 줄임으로 여기고 〈육이가[六

二] 장부를[丈夫] 잃는다[失]〉라고 새겨볼 것이다. 〈실장부(失丈夫)〉는 육이(六二 : --)의 위쪽에 있는 구오(九五 : ―)를 군왕(君王)으로서 따를[隨] 뿐이지 육이(六二 : --)가 구오(九五 : ―)를 한 남자로 여기고 따르지[隨] 않음을 말한다. 따라서 〈실장부(失丈夫)의 실(失)〉은 육이(六二 : --)와 구오(九五 : ―)가 서로 누릴 수 있는 중정(中正)과 정응(正應)이라는 효연(爻緣)을 육이(六二 : --)가 저버림[失]을 뜻하는 것은 아니다. 〈수(隨)〉 즉 따름[隨]에는 양다리를 걸쳐서는 실중(失中) 즉 정도를 따르기를[中] 잃어버린다[失]는 것이다. 요행(徼幸) 즉 요행을[幸] 바라고[徼] 양다리 걸침의 따름[隨]이란 실중(失中)한 소인(小人)의 짓이고 흉(凶)하다. 육이(六二 : --)는 수괘(隨卦 : ䷐)의 하체(下體) 진(震 : ☳)의 중효(中爻)로서 매사(每事)를 득중(得中) 즉 정도를 따름을[中] 취하여[得] 행하기 때문에 소인(小人)의 짓을 범할 리 없다. 대성괘(大成卦)의 효위(爻位)로써 보면 육이(六二 : --)는 현령(縣令)의 자리에 있다. 현령(縣令)은 초야백성(草野百姓)을 직접 돌보는 군왕(君王)의 신하이다. 이런 육이(六二 : --)가 초구(初九 : ―)와 누리는 비(比) 즉 이웃의 사귐[比]으로써 초야(草野)의 군자(君子)인 초구(初九 : ―)를 따름[隨]을 취한 것이고, 남자로서 구오(九五 : ―)를 저버림[失]이지 군왕(君王)인 구오(九五 : ―)를 저버림은 아님을 암시한 계사(繫辭)가 〈계소자(係小子) 실장부(失丈夫)〉이다.

**【字典】**

**계(係)** 〈매달릴 계(係)-계(繫)-계속(繫屬), 이을 계(係)-계(繼), 묶을 계(係)-박(縛)-속지(束之), 끌 계(係)-예(曳)〉 등의 뜻을 내지만 여기선 〈매달릴 계(繫)〉와 같다 여기고 새김이 마땅하다.

**소(小)** 〈작을 소(小)-미(微), 음(陰)을 칭하는 소(小), 자잘할 소(小)-세(細), 짧을 소(小)-단(短), 좁을 소(小)-협(狹), 어릴 소(小)-유(幼), 천할 소(小)-천(賤), 첩 소(小)-첩(妾)〉 등의 뜻을 내지만 여기선 〈작을 소(小)〉로 여기고 새김이 마땅하다.

**자(子)** 〈사내(남자를 일컫는 호칭) 자(子)-남자지통칭(男子之通稱), 존칭(덕 있는 사람의 칭호) 자(子)-유덕자지칭(有德者之稱), 존경받는 사람 자(子)-존자(尊者), 벼슬 자(子)-작(爵), 12지의 첫째 자(子), 음력 11월 자(子), 밤 11시에서 다음날 1시까지 자(子), 북쪽 방향 자(子)-북방(北方), 오행에서 물 자(子)-어오행속수(於五行屬水), 짐승에서 쥐 자(子)-어수위서(於獸爲鼠), 번성할 자(子)-자(滋), 뒤를 이어줄 자(子)-사(嗣)-

식(息), 자녀 자(子)-자녀(子女), 자손 자(子)-자손(子孫), 만물 자(子)-만물(萬物), 씨앗(열매) 자(子)-종자(種子)-과실(果實), 누구(사람) 자(子)-인(人)-수자(誰子), 백성 자(子)-백성(百姓)〉 등의 뜻을 내지만 여기선 〈사내 자(子)〉로 여기고 새김이 마땅하다.

**실(失)** 〈잃을 실(失)-상(喪), 그릇될 실(失)-착(錯), 틀릴 실(失)-오(誤), 허물 실(失)-과(過), 잊을 실(失)-망(忘), 모를 실(失)-부지(不知), 바뀔 실(失)-역(易), 버릴 실(失)-거(去)〉 등의 뜻을 내지만 여기선 〈잃을 상(喪)〉과 같다 여기고 새김이 마땅하다.

**장(丈)** 〈어른 장(丈)-장로(長老), 길(열 자) 장(丈)-십척(十尺), 지팡이 장(丈)-장(杖)〉 등의 뜻을 내지만 여기선 〈어른 장(丈)〉으로 여기고 새김이 마땅하다. 아내가 남편을 호칭할 때 〈장부(丈夫)〉라 하고, 아내의 아버지를 호칭할 때 〈장인(丈人)〉이라 하지만, 〈장인(丈人)〉은 유덕자(有德者)로서 성인(聖人)을 본받는 장로(長老)를 일컫는다.

**부(夫)** 〈남자 부(夫)-장부(丈夫)-남자지통칭(男子之通稱), 지아비 부(夫)-배필(配匹), 대부 부(夫)-전상(傳相)-조정보좌지대신(朝廷輔佐之大臣), 병사 부(夫)-병(兵), 도울 부(夫)-부(扶), 백 이랑의 밭 부(夫)-백무지전(百畝之田), 무릇 부(夫)-범(凡)-중(衆), 이에 부(夫)-내(乃), {구중(句中) 또는 구말(句末)에서 어조사} ~인가(~인저) 부(夫)-호(乎), 이것 저것 부(夫)-차(此)-피(彼), ~면 부(夫)-약(若), (뜻 없는) 발어사 부(夫)-발어사(發語詞)〉 등의 뜻을 내지만 여기선 〈남자 부(夫)〉로 여기고 새김이 마땅하다.

## 육삼(六三 : --)

六三：係丈夫하고 失小子한다 隨하여 有求得하니 利居貞하다
계장부 실소자 수 유구득 이거정

육삼(六三) : 위의 남자에게[丈夫] 매달리니[係] 아래 남자를[小子] 잃는다[失]. 따라가서[隨] 구하는 바를[有求] 얻나니[得] 진실로 미덥게[貞] 살아감이[居] 이롭다[利].

**【육삼(六三)의 효상(爻象) 풀이】**

수괘(隨卦 : ䷐)의 육삼(六三 : --)은 이음거양(以陰居陽) 즉 음(陰 : --)으로써[以] 양(陽 : —)의 자리에 있는지라[居] 정당한 자리에 있지 못하다. 육삼(六三 :

--)이 육이(六二 : --)와는 양음(兩陰) 즉 둘 다[兩] 음(陰 : --)의 사이인지라 비(比) 즉 이웃의 사귐[比]을 누리지 못하지만, 구사(九四 : ㅡ)와는 음양(陰陽)의 사이인지라 이웃의 사귐[比]을 누린다. 육삼(六三 : --)과 상륙(上六 : --)은 양음(兩陰)인지라 부정응(不正應) 즉 바르게[正] 호응하지 못하는[不應] 사이이다. 육삼(六三 : --)은 수괘(隨卦 : ䷐)의 하체(下體) 진(震 : ☳)의 중위(中位)를 떠나 상진(上進)하고자 하기 때문에 구사(九四 : ㅡ)를 〈수(隨)〉 즉 따라가는[隨] 모습이다.





> 수괘(隨卦 : ䷐)의 육삼(六三 : --)이 구삼(九三 : ㅡ)으로 변효(變爻)하면 육삼(六三 : --)은 수괘(隨卦 : ䷐)를 49번째 혁괘(革卦 : ䷰)로 지괘(之卦)하게 한다. 따라서 수괘(隨卦 : ䷐)의 육삼(六三 : --)은 혁괘(革卦 : ䷰)의 구삼(九三 : ㅡ)을 찾아가 살펴보게 한다.

**【육삼(六三)의 계사(繫辭) 풀이】**

## 係丈夫(계장부) 失小子(실소자)

위의 남자에게[丈夫] 매달리니[係] 아래 남자를[小子] 잃는다[失].

육삼(六三 : --)의 효위(爻位)를 빌려 암시한 계사(繫辭)이다. 수괘(隨卦 : ䷐)의 하체(下體) 진(震 : ☳)의 상효(上爻)인 육삼(六三 : --)이 구사(九四 : ㅡ)와 비(比) 즉 이웃의 사귐[比]을 나눔을 암시한 계사(繫辭)이다. 〈계장부(係丈夫)〉는 〈육삼계장부(六三係丈夫)〉의 줄임으로 〈육삼이[六三] 장부에게[丈夫] 매달린다[係]〉라고 새겨볼 것이다. 〈계장부(係丈夫)의 계(係)〉는 육삼(六三 : --)이 수괘(隨卦 : ䷐)의 주제인 〈수(隨)〉를 구사(九四 : ㅡ)와 이웃의 사귐[比]으로써 실행함을 말한다. 〈계장부(係丈夫)의 계(係)〉는 〈매달릴 계(繫)〉와 같다. 〈계장부(係丈夫)의 장부(丈夫)〉는 육삼(六三 : --)의 바로 위에 있는 구사(九四 : ㅡ)를 말한다. 육삼(六三 : --)은 여(女)이고 구사(九四 : ㅡ)는 남(男)이다. 육삼(六三 : --)의 위에 있기에 구사(九四 : ㅡ)를 〈장부(丈夫)〉라고 일컫는다. 〈계장부(係丈夫)〉는 〈수(隨)〉 즉 따름[隨]이란 가까울수록 쉽게 이루어짐을 암시하기도 한다.

〈실소자(失小子)〉는 〈육삼실소자(六三失小子)〉의 줄임으로 〈육삼이[六三] 소자를[小子] 잃는다[失]〉라고 새겨볼 것이다. 〈실소자(失小子)의 소자(小子)〉는 육삼(六三 : --)의 아래에 있는 초구(初九 : ㅡ)를 말한다. 육삼(六三 : --)은 여(女)이고 초구(初九 : ─)는 남(男)이다. 육삼(六三 : --)의 아래에 있기에 초구(初九 : ─)를 〈소자(小子)〉라고 일컬음이지 작은[小] 아들[子]을 뜻함은 아니다. 수괘(隨卦 : ䷐)의 주제인 〈수(隨)〉는 수괘(隨卦 : ䷐)에서는 음효(陰爻)가 양효(陽爻)를 따라감을 뜻한다. 따라서 육삼(六三 : --)은 바로 위의 구사(九四 : ─)를 따를 수도 있고 아래의 초구(初九 : ─)를 따를 수도 있으나, 육삼(六三 : --)이 초구(初九 : ─)를 따르지 않고 구사(九四 : ─)를 따름을 암시한 계사(繫辭)가 〈계장부(係丈夫) 실소자(失小子)〉이다.

## 隨(수) 有求得(유구득) 利居貞(이거정)

**따라가서[隨] 구하는 바를[有求] 얻나니[得] 진실로 미덥게[貞] 살아감이[居] 이롭다[利].**

육삼(六三 : --)과 구사(九四 : ─)의 비(比)를 들어 암시한 계사(繫辭)이다. 〈수(隨)〉는 〈육삼수구사(六三隨九四)〉의 줄임으로 여기고 〈육삼이[六三] 구사를[九四] 따라간다[隨]〉라고 새겨볼 것이다. 수괘(隨卦 : ䷐)의 주제인 〈수(隨)〉는 수선(隨善) 즉 선을[善] 따름[隨]이다. 〈유구득(有求得)〉은 곧 〈득유구(得有求)〉인지라 〈육삼득기상진지유구이수구사(六三得其上進之有求以隨九四)〉의 줄임으로 여기고 〈육삼이[六三] 자신의[其] 상진하려는[上進之] 추구함이[求] 있음을[有] 구사를[九四] 따라감[隨]으로써[以] 성취한다[得]〉라고 새겨볼 것이다. 〈유구득(有求得)의 유구(有求)〉는 수괘(隨卦 : ䷐)의 하체(下體) 진(震 : ☳)의 상효(上爻)인 육삼(六三 : --)이 이미 하체(下體)의 중위(中位)를 벗어났기에 수괘(隨卦 : ䷐)의 상체(上體)로 진입하여 육삼(六三 : --)이 구사(九四 : ─)의 수선(隨善)을 구하고자 함이[求] 있음[有]을 암시한다. 〈유구득(有求得)의 득(得)〉은 〈취할 취(取)〉와 같다. 선(善)이란 이이불해(利而不害) 즉 이롭되[利而] 해치지 않는[不害] 천지도(天之道) 즉 자연의[天之] 도리[道]를 계승함이니, 수선(隨善)이란 곧 자연의[天之] 도리[道]를 계승하는 선의[善] 따름[隨]인지라 천하가 평안하다는 것이다.

〈이거정(利居貞)〉은 〈약륙삼수구사이륙삼거정(若六三隨九四而六三居貞) 육삼유리(六三有利)〉의 줄임으로 여기고 〈만약[若] 육삼이[六三] 구사를[九四] 따라가면서[隨而] 육삼이[六三] 진실로 미덥게[貞] 처신한다면[居] 육삼에게[六三] 이로움이[利] 있다[有]〉라고 새겨볼 것이다. 〈이정(利貞)〉이란 〈원형리정(元亨利貞)의 이정(利貞)〉인지라 초목(草木)이 가을에 씨앗을 거두어 겨울에 고이 간직함을 누림과 같은 지선(至善)을 뜻한다. 이러한 〈이정(利貞)〉은 『중용(中庸)』에 나오는 〈군자는[君子] 머묾이[居] 평이함[易]으로써[以] 명을[命] 기다린다[俟]〉라는 내용을 상기시키는지라 〈이정(利貞)의 정(貞)〉은 군자(君子)의 마음가짐이다. 〈이정(利貞)의 정(貞)〉이란 공명정대(公明正大)하여 무사사(無私邪) 즉 자기만을 위해[私] 간사함이[邪] 없음[無]이다. 따라서 육삼(六三 : --)이 소인(小人)의 마음가짐이 아니라 군자(君子)의 마음가짐인 〈정(貞)〉으로써 구사(九四 : —)를 따라가야 육삼(六三 : --) 자신이 바라는 바인 상진(上進)이 이로움[利]을 암시한 계사(繫辭)가 〈수(隨) 유구득(有求得) 이거정(利居貞)〉이다.

【字典】

**계(係)** 〈매달릴 계(係)-계(繫)-계속(繫屬), 이을 계(係)-계(繼), 묶을 계(係)-박(縛)-속지(束之), 끌 계(係)-예(曳)〉 등의 뜻을 내지만 여기선 〈매달릴 계(繫)〉와 같다 여기고 새김이 마땅하다.

**장(丈)** 〈어른 장(丈)-장로(長老), 길(열 자) 장(丈)-십척(十尺), 지팡이 장(丈)-장(杖)〉 등의 뜻을 내지만 여기선 〈어른 장(丈)〉으로 여기고 새김이 마땅하다. 아내가 남편을 호칭할 때 〈장부(丈夫)〉라 하고, 아내의 아버지를 호칭할 때 〈장인(丈人)〉이라 하지만, 〈장인(丈人)〉은 유덕자(有德者)로서 성인(聖人)을 본받는 장로(長老)를 일컫는다.

**부(夫)** 〈남자 부(夫)-장부(丈夫)-남자지통칭(男子之通稱), 지아비 부(夫)-배필(配匹), 대부 부(夫)-전상(傳相)-조정보좌지대신(朝廷輔佐之大臣), 병사 부(夫)-병(兵), 도울 부(夫)-부(扶), 백 이랑의 밭 부(夫)-백무지전(百畝之田), 무릇 부(夫)-범(凡)-중(衆), 이에 부(夫)-내(乃), {구중(句中) 또는 구말(句末)에서 어조사} ~인가(~인저) 부(夫)-호(乎), 이것 저것 부(夫)-차(此)-피(彼), ~면 부(夫)-약(若), (뜻 없는) 발어사 부(夫)-발어사(發語詞)〉 등의 뜻을 내지만 여기선 〈남자 부(夫)〉로 여기고 새김이 마땅하다.

**실(失)** 〈잃을 실(失)-상(喪), 그릇될 실(失)-착(錯), 틀릴 실(失)-오(誤), 허물 실(失)-과(過), 잊을 실(失)-망(忘), 모를 실(失)-부지(不知), 바뀔 실(失)-역(易), 버릴 실(失)-거(去)〉 등의 뜻을 내지만 여기선 〈잃을 상(喪)〉과 같다 여기고 새김이 마땅하다.

**소(小)** 〈작을 소(小)-미(微), 음(陰)을 칭하는 소(小), 자잘할 소(小)-세(細), 짧을

소(小)-단(短), 좁을 소(小)-협(狹), 어릴 소(小)-유(幼), 천할 소(小)-천(賤), 첩 소(小)-첩(妾)〉 등의 뜻을 내지만 여기선 〈작을 소(小)〉로 여기고 새김이 마땅하다.

**자(子)** 〈사내(남자를 일컫는 호칭) 자(子)-남자지통칭(男子之通稱), 존칭(덕 있는 사람의 칭호) 자(子)-유덕자지칭(有德者之稱), 존경받는 사람 자(子)-존자(尊者), 벼슬 자(子)-작(爵), 12지의 첫째 자(子), 음력 11월 자(子), 밤 11시에서 다음날 1시까지 자(子), 북쪽 방향 자(子)-북방(北方), 오행에서 물 자(子)-어오행속수(於五行屬水), 짐승에서 쥐 자(子)-어수위서(於獸爲鼠), 번성할 자(子)-자(滋), 뒤를 이어줄 자(子)-사(嗣)-식(息), 자녀 자(子)-자녀(子女), 자손 자(子)-자손(子孫), 만물 자(子)-만물(萬物), 씨앗(열매) 자(子)-종자(種子)-과실(果實), 누구(사람) 자(子)-인(人)-수자(誰子), 백성 자(子)-백성(百姓)〉 등의 뜻을 내지만 여기선 〈사내 자(子)〉로 여기고 새김이 마땅하다.

**수(隨)** 〈따를 수(隨)-종(從)-순(順), 좇을 수(隨)-축(逐), 맡을 수(隨)-임(任), 갈 수(隨)-행(行), 발 수(隨)-지(趾)〉 등의 뜻을 내지만 여기선 〈따를 순(順)〉과 같다 여기고 새김이 마땅하다.

**유(有)** 〈있을 유(有)-무지반(無之反), 혹 유(有)-혹(或), 많을 유(有)-다(多)-족(足), 부유할 유(有)-부(富), 얻을(가질) 유(有)-취(取), 간직할 유(有)-장(藏), 보호할 유(有)-보(保), 서로 친할 유(有)-상친(相親), 전일할 유(有)-전(專), 할 유(有)-위(爲), 어조사 유(有)〉 등의 뜻을 내지만 〈있을 유(有)〉로 여기고 새김이 마땅하다.

**구(求)** 〈구할 구(求)-멱(覓), 찾을 구(求)-색(索), 물을 구(求)-문(問), 요구할 구(求)-책(責), 애쓸 구(求)-무(務), 취할 구(求)-취(取)-득(得), 탐할 구(求)-탐(貪), 구걸할 구(求)-걸(乞), 초래할 구(求)-초래(招來), 선택할 구(求)-택(擇), 짝 구(求)-등(等), 찾아가질 구(求)-색취(索取)〉 등의 뜻을 내지만 여기선 〈구할 멱(覓)〉과 같다 여기고 새김이 마땅하다.

**득(得)** 〈취할(얻어낼) 득(得)-획(獲)-취(取), 탐할 득(得)-탐(貪), 깨달을 득(得)-효(曉)-오(悟), 만족할 득(得)-족(足), 마땅할 득(得)-당(當), 일의 마땅함을 터득할 득(得)-합(合)-득사지의(得事之宜), 이룰 득(得)-성(成), 알 득(得)-지(知), 가할 득(得)-가(可)-능(能), 편안할 득(得)-편(便), 가질 득(得)-치(値)-지(持), 득도할 득(得)-득도(得道)〉 등의 뜻을 내지만 〈취할 획(獲)-취(取)〉와 같다 여기고 새김이 마땅하다.

**이(利)** 〈만물로 하여금 삶을 이루어가게 하는 덕(德)의 이로울 이(利)-사만물수생지덕(使萬物遂生之德), 날카로울 이(利)-예(銳)-섬(銛), 질병 이(利)-질(疾), 통할 이(利)-통(通)-순(順), 좋을 이(利)-길(吉)-의(宜), 편리할 이(利)-편(便), 마름해 만들어 이룰 이(利)-재성(裁成), 탐할 이(利)-탐(貪), 구할(취할) 이(利)-구(求)-취(取), 좋아할 이(利)-열애(悅愛), 이로울 이(利)-익(益), 기교 이(利)-교(巧), 보람 이(利)-공용(功用), 지세가 험하고 중요한 이(利)-험요(險要), 이길 이(利)-승(勝), 어질 이(利)-인(仁)〉 등의 뜻을 내지만 여기선 〈사만물수생지덕(使萬物遂生之德) 즉 만물로 하여금 삶을 이루어 가게 하는 덕(德)의 이로움〉이라 새김이 마땅하다. 〈利〉가 맨 앞에 오면 〈이〉로 발음되고, 중간이나 뒤에 오면 〈리〉로 발음된다.

**居** 〈거-기〉 두 가지로 발음되고, 〈처신할(멈출) 거(居)-지(止)-처신(處身), 모을 거(居)-준(蹲), 쌓아둘 거(居)-축(蓄), 앉을 거(居)-좌(坐), 머물 거(居)-처(處)-주(住), 마땅할 거(居)-당(當), 움직이지 않을 거(居)-안(安)-부동(不動), 정도를 고요히 생각할 거(居)-정이사도(靜而思道), 안주하여 오래 양육할 거(居)-안주장양(安住長養), 법 거(居)-법(法), 다스릴 거(居)-치(治), 이유 거(居)-고(故), 의문어조사 ~인가 기(居), 뜻 없는 어조사 기(居)〉 등의 뜻을 내지만 여기선 〈처신할 거(居)〉로 여기고 새김이 마땅하다.

**정(貞)** 〈믿을 정(貞)-신(信), 바를 정(貞)-정(正), 거북점을 물을 정(貞)-복문(卜問), 역(易)의 내괘(內卦) 정(貞), 마땅할 정(貞)-당(當), 정할 정(貞)-정(定), 순수할 정(貞)-전(專)-일(一)〉 등의 뜻을 내지만 여기선 〈믿을 신(信), 바를 정(正)〉 등과 같다 여기고 새김이 마땅하다.

---

註 군자거이이사명(君子居易以俟命) 소인행험이요행(小人行險以徼幸) : 군자는[君子] 머묾이[居] 평이함[易]으로써[以] 자연의 뜻을[命] 기다리지만[俟], 소인은[小人] 모험을[險] 감행함[行]으로써[以] 요행을[幸] 바란다[徼]. 『중용(中庸)』「주자장구(朱子章句)」 14장(章)

# 구사(九四 : ⚊)

九四 : 隨有獲이면 貞凶하나 有孚로 在道해 以明이니 何咎리오
수유획 정흉 유부 재도 이명 하구

구사(九四) : 따름에[隨] 얻음이[獲] 있으면[有] 진실로 미더워도[貞] 흉하나[凶], 믿어줌이[孚] 있고[有] 정도에[道] 있으며[在] 그로써[以] 살피는데[明] 어찌[何] 허물하리오[咎].

【구사(九四)의 효상(爻象) 풀이】

수괘(隨卦 : ䷐)의 구사(九四 : ⚊)는 이양거음(以陽居陰) 즉 양(陽 : ⚊)으로써[以] 음(陰 : ⚋)의 자리에 있는지라[居] 정당한 자리에 있지 못하다. 구사(九四 : ⚊)와 육삼(六三 : ⚋)은 양음(陽陰)의 사이인지라 비(比) 즉 이웃의 사귐[比]을 누린다. 그러나 구사(九四 : ⚊)와 구오(九五 : ⚊)는 양양(兩陽) 즉 둘 다[兩] 양(陽 : ⚊)인지라 이웃의 사귐[比]을 누리지 못하고, 초구(初九 : ⚊)와도 양양(兩陽)인지라 부정응(不正應) 즉 바르게[正] 호응하지 못하는[不應] 사이이다. 구사(九四 : ⚊)는 수괘(隨卦 : ䷐)의 상체(上體) 태(兌 : ☱)의 초효(初爻)이지만 강강(剛强)하여 아래의 육삼(六三 : ⚋)-육이(六二 : ⚋)가 구사(九四 : ⚊)를 〈수(隨)〉 즉 따르는[隨] 모습이어서 구오(九五 : ⚊)로부터 의심받을 수 있는 처지이어서 몸가짐을 삼가 조심해야 하는 모습이다.

수괘(隨卦 : ䷐)의 구사(九四 : ⚊)가 육사(六四 : ⚋)로 변효(變爻)하면 구사(九四 : ⚊)는 수괘(隨卦 : ䷐)를 3번째 준괘(屯卦 : ䷂)로 지괘(之卦)하게 한다. 따라서 수괘(隨卦 : ䷐)의 구사(九四 : ⚊)는 준괘(屯卦 : ䷂)의 육사(六四 : ⚋)를 찾아가 살펴보게 한다.

【구사(九四)의 계사(繫辭) 풀이】

## 隨有獲(수유획)

따름에[隨] 얻음이[獲] 있다[有].

구사(九四 : ⚊)의 효위(爻位)를 빌려 암시한 계사(繫辭)이다. 수괘(隨卦 : ䷐)의 주제인 〈수(隨)〉의 시국을 맞아 구사(九四 : ⚊) 자신을 따르는 무리가 있음을 암시한 계사(繫辭)이다. 〈수유획(隨有獲)〉은 〈소이륙삼여륙이지수구사(所以六三與六二之隨九四) 구사유민심지획(九四有民心之獲)〉의 줄임으로 〈육이와[與六二] 육삼이[六三之] 구사를[九四] 따르는[隨] 까닭에[所以] 구사가[九四] 민심을[民心之] 획득함이[獲] 있다[有]〉라고 새겨볼 것이다. 수괘(隨卦 : ䷐)의 하체(下體)에 있는 효(爻)들은 천하백성(天下百姓)에 해당된다. 〈수유획(隨有獲)의 수(隨)〉는 백성이 구사(九四 : ⚊)의 〈수(隨)〉를 본받아 따름[隨]을 암시한다. 〈수(隨)〉는 수선(隨善) 즉 선을[善] 따름[隨]이니 구사(九四 : ⚊)와 백성이 두루 선(善)을 따른다 함이다. 선(善)이란 이이불해(利而不害) 즉 이롭되[利而] 해치지 않는[不害] 천지도(天之道) 즉 자연의[天之] 도리[道]를 계승함이니, 수선(隨善)이란 곧 자연의[天之] 도리[道]를 계승하는 선의[善] 따름[隨]인지라 천하가 평안하다는 것이다. 그러므로 유약(柔弱)한 육삼(六三 : ⚋)과 육이(六二 : ⚋)가 강강(剛强)한 구사(九四 : ⚊)를 따라준다[隨]고 하여 곧 구사(九四 : ⚊)가 천하민심(天下民心)을 획득함[獲]을 암시한 계사(繫辭)가 〈수유획(隨有獲)〉이다.

## 貞凶(정흉)

진실로 미더워도[貞] 흉하다[凶].

구사(九四 : ⚊)와 구오(九五) : ⚊)의 관계를 암시한 계사(繫辭)이다. 〈정흉(貞凶)〉은 〈수구사정향구오(雖九四貞向九五) 구사가흉(九四可凶)〉의 줄임으로 여기고 〈비록[雖] 구사가[九四] 구오(九五)에게[向] 진실로 미덥게 해도[貞] 구사는[九四] 불행할[凶] 수 있다[可]〉라고 새겨볼 것이다. 구사(九四 : ⚊)는 구오(九五 : ⚊)의 신하(臣下)이고 구오(九五 : ⚊)는 구사(九四 : ⚊)가 보필하는 군왕(君王)이다. 수괘(隨卦 : ䷐)의 하체(下體) 백성들이 〈수(隨)〉의 시국을 맞아 〈수유획(隨有獲)〉 즉 백성이 구사(九四 : ⚊)를 따라주어[隨] 구사(九四 : ⚊)가 세상의 민심을 얻음[獲]을 뜻하니, 이는 군왕(君王)에 대한 신하(臣下)의 도리가 아니다. 신하는 백성의 민심이 군왕을 따르게[隨] 해야지 자신을 따르게 하면 신하가 비도(非道) 즉 도리가[道] 아닌 것[非]을 범하여 군왕의 의심을 사게 된다. 그러면 신하인 구사(九四 : ━)가 군왕을 향해 아무리 진실로 미덥다[貞] 해도 〈흉(凶)〉 즉 불행할 [凶] 수 있음을 암시한 계사(繫辭)가 〈정흉(貞凶)〉이다.





## 有孚(유부) 在道(재도) 以明(이명) 何咎(하구)

믿어줌이[孚] 있고[有] 정도에[道] 있으며[在] 그로써[以] 살피는데[明] 어찌[何] 허물하리오[咎].

구사(九四 : ━)가 소인(小人)이 아니라 군자(君子)임을 암시한 계사(繫辭)이다. 〈유부(有孚)〉는 〈구사유구오지부(九四有九五之孚)〉의 줄임으로 여기고 〈구사에게는[九四] 구오의[九五之] 믿어줌이[孚] 있다[有]〉라고 새겨볼 것이다. 〈유부(有孚)의 부(孚)〉란 수명(守命) 즉 자연의 뜻을[命] 지킴[守]으로써 남들로부터 성신(誠信) 즉 진실한[誠] 미더움[信]을 받음을 말하니, 여기 〈부(孚)〉는 구사(九四 : ━)의 구오(九五 : ━)를 향한 〈정(貞)〉으로 말미암아 구오(九五 : ━)가 구사(九四 : ━)를 믿어줌[孚]이다. 정필부귀(貞必孚歸) 즉 내가 진실로 미덥다면[貞] 반드시[必] 남들로부터 진실한 믿음이[孚] 돌아온다[歸]. 〈정(貞)〉은 〈부(孚)〉로써 돌아온다. 자기가 정(貞)하면 남들이 자기를 진실로 믿어줌이 〈부(孚)〉이다. 따라서 구사(九四 : ━)가 신하로서 진실로 미덥게[貞] 군왕을 받들기에 구오(九五 : ━)가 구사(九四 : ━)의 〈수유획(隨有獲)〉을 의심하지 않고 믿어줌[孚]을 암시한 것이 〈유부(有孚)〉이다.

〈재도(在道)〉는 〈구사재신하지도(九四在臣下之道)〉의 줄임으로 여기고 〈구사는[九四] 신하의[臣下之] 도리가[道] 있다[在]〉라고 새겨볼 것이다. 〈재도(在道)〉란 수중(守中) 즉 정도를 따름을[中] 지킴[守]을 말한다. 구사(九四 : ━)가 신하로서 신하의 도리[道]를 다함을 암시한 것이 〈재도(在道)〉이다.

〈이명(以明)〉은 〈이신하지도구사명기심(以臣下之道九四明己心)〉의 줄임으로 여기고 〈신하의[臣下之] 도리[道]로써[以] 구사가[九四] 제[己] 마음을[心] 살핀다[明]〉라고 새겨볼 것이다. 〈이명(以明)의 명(明)〉은 〈살필 찰(察)〉과 같다. 여기 〈이명(以明)의 명(明)〉은 『노자(老子)』에 나오는 〈지상왈명(知常曰明)의 명(明)〉을 환기시킨다. 〈한결같음을[常] 앎을[知] 밝음이라[明] 한다[曰]〉는 밝음[明]이 〈이명(以明)의 명(明)〉이다. 명심(明心) 즉 밝은[明] 마음[心]은 상도(常道) 즉 한결같은[常] 도리[道]를 알아 망작흉(妄作凶) 즉 재앙을[凶] 멍청하게[妄] 짓는[作] 어리석음을 범하지 않음을 암시하는 것이 〈이명(以明)〉이다. 따라서 강강(剛强)한 구사(九四 : ⚊)가 백성이 따라와[隨] 민심을 얻는다[獲] 하여 오만하지 않고 살피는[明] 마음으로써 신하의 도리를 늘 지켜서 군왕인 구오(九五 : ⚊)의 신임을 받아, 신하 노릇을 하는데 구사(九四 : ⚊)에게 아무런 허물[咎]이 없음을 암시한 계사(繫辭)가 〈유부(有孚) 재도(在道) 이명(以明) 하구(何咎)〉이다.

【字典】

**수(隨)** 〈따를 수(隨)-종(從)-순(順), 좇을 수(隨)-축(逐), 맡을 수(隨)-임(任), 갈 수(隨)-행(行), 발 수(隨)-지(趾)〉 등의 뜻을 내지만 여기선 〈따를 순(順)〉과 같다 여기고 새김이 마땅하다.

**유(有)** 〈있을 유(有)-무지반(無之反), 혹 유(有)-혹(或), 많을 유(有)-다(多)-족(足), 부유할 유(有)-부(富), 얻을(가질) 유(有)-취(取), 간직할 유(有)-장(藏), 보호할 유(有)-보(保), 서로 친할 유(有)-상친(相親), 전일할 유(有)-전(專), 할 유(有)-위(爲), 어조사 유(有)〉 등의 뜻을 내지만 〈있을 유(有)〉로 여기고 새김이 마땅하다.

**獲** 〈획-확〉 두 가지로 발음되고, 〈얻어낼 획(獲)-득(得)-취득(取得), 겨루어 취할 획(獲)-쟁취(爭取), 시의를 얻을 획(獲)-득시지의(得時之宜), 전쟁이 얻어낸 포로 획(獲)-전쟁소득지부(戰爭所得之俘), 노비(종) 획(獲)-노비(奴婢), 실심한 모습 확(獲)-실지모(失志貌), 더럽힐 확(獲)-오욕(汚辱)〉 등의 뜻을 내지만 여기선 〈얻어낼 득(得)〉으로 여기고 새김이 마땅하다.

**정(貞)** 〈믿을 정(貞)-신(信), 바를 정(貞)-정(正), 거북점을 물을 정(貞)-복문(卜問), 역(易)의 내괘(內卦) 정(貞), 마땅할 정(貞)-당(當), 정할 정(貞)-정(定), 순수할 정(貞)-전(專)-일(一)〉 등의 뜻을 내지만 여기선 〈믿을 신(信), 바를 정(正)〉 등과 같다 여기고 새김이 마땅하다.

**흉(凶)** 〈불행할(흉할) 흉(凶)-길지반(吉之反), 나쁠 흉(凶)-오(惡), 흉한 사람 흉(凶)-흉인(凶人), 재앙 흉(凶)-화(禍), 요사할 흉(凶)-요사(夭死), 걱정할 흉(凶)-우(憂)-구(懼), 악한 사람 흉(凶)-악인(惡人), 흉년 흉(凶)-연곡불숙(年穀不熟), 사나울 흉(凶)-포학(暴虐), 음기 흉(凶)-음기(陰氣), 북쪽 흉(凶)-북(北), 없을 흉(凶)-공(空), 송사 흉(凶)-송(訟), 기억할 흉(凶)-역(逆), 어그러질 흉(凶)-패(悖), 허물 흉(凶)-구(咎)〉 등의 뜻을 내지만 여기선 〈불행할 흉(凶)〉과 같다 여기고 새김이 마땅하다.

**부(孚)** 〈믿어줄 부(孚)-신(信), 껍질 부(孚)-각(殼)-부(稃), 덮을(쌀) 부(孚)-복(覆)-포(包), 옥문채 부(孚)-옥채(玉采), 기를 부(孚)-육(育)〉 등의 뜻을 내지만 〈믿어줄 신(信)〉과 같다 여기고 새김이 마땅하다.

**재(在)** 〈있을 재(在)-존(存), 살 재(在)-거(居)=거(凥), 있는 곳 재(在)-소재(所在), 살필 재(在)-찰(察), 마칠 재(在)-종(終), 저절로 있을 재(在)-자재(自在), 땅속에서 싹이 터오를 재(在), ~에서 재(在)-어(於), ~뿐이다 재(在)-이(耳), ~이다 재(在)-의(矣) 등의 어조사 노릇〉 등의 뜻을 내지만 여기선 〈있을 존(存)〉과 같다 여기고 새김이 마땅하다.

**도(道)** 〈도리(정도, 이치) 도(道)-정도(正道)-이(理), 길 도(道)-노(路), 만물의 근원 도(道)-만물지시(萬物之始), 갈 도(道)-행(行)-소행도(所行道), 시비(是非)의 벼리 도(道)-시비지기(是非之紀), 묘용 도(道)-묘용지도(妙用之道), 주의사상 도(道)-주의사상(主義思想), 예악 도(道)-예악(禮樂), 인의덕행 도(道)-인의덕행(仁義德行), 정령 도(道)-정령(政令), 제도 도(道)-제도(制度), 방향 도(道)-방(方), 통할 도(道)-통(通), 따를 도(道)-순(順), 큰 도(道)-대(大), 알(깨달을) 도(道)-지(知)-각(覺), 말씀할 도(道)-언(言), 다스릴 도(道)-치(治), 말미암을 도(道)-유(由), 따를 도(道)-종(從), 인도할 도(道)-도(導), 끌 도(道)-인(引), 가르칠 도(道)-훈(訓), 마음으로 도울 도(道)-여(勴), 이를 도(道)-달(達)〉 등의 뜻을 내지만 여기선 〈이치 도(道)〉로 여기고 새김이 마땅하다.

**이(以)** 〈써 이(以)-용(用), 본받을 이(以)-법(法), 할 이(以)-위(爲), 생각할 이(以)-사(思), 거느릴 이(以)-솔(率), 그만둘 이(以)-이(已), 때문에 이(以)-인(因) {까닭 이(以)로 명사(名詞) 노릇도 하는데 주로 유이(有以) 무이(無以) 꼴일 때가 대부분임.}, 더불어 이(以)-여(與), 하여금 이(以)-사(使), 이미 이(以)-이(已)〉 등의 뜻을 내고 이 외에도 전후문맥(前後文脈)에 따라 다양한 뜻을 자유롭게 내며 〈그래서 이(以)-소이(所以)-인이(因以)〉처럼 계사(繫詞) 노릇마저도 한다. 여기선 〈써 용(用)〉으로 여기고 새김이 마땅하다.

**명(明)** 〈살필 명(明)-찰(察), 밝을 명(明)-광(光)-조(照), 밝힐 명(明)-현(顯), 분별할 명(明)-변(辨), 총명할 명(明)-총(聰), 나타날 명(明)-저(著), 날이 샐 명(明)-야명(夜明), 확실할 명(明)-확(確), 볼 명(明)-시(視), 낮 명(明)-주(晝), 깨달을 명(明)-효(曉), 신령스러울 명(明)-신령(神靈), 현세 명(明)-현세(現世), 흰 명(明)-백(白), 통할 명(明)-통(通)〉 등의 뜻을 내지만 여기선 〈살필 찰(察)〉로 여기고 새김이 마땅하다.

**하(何)** 〈어찌 하(何)-갈(曷), 멜 하(何)-담(擔)-하(荷), 누구 하(何)-숙(孰), ~인가

(이뇨) 하(何), 어찌하지 못할까 하(何)-막감(莫敢), (시간이) 얼마 되지 않아서 하(何)-미다시(未多時), 꾸짖을 하(何)-견책(譴責)〉 등의 뜻을 내지만 여기선 〈어찌 갈(曷)〉과 같다 여기고 새김이 마땅하다.

**구(咎)** 〈허물 구(咎)-건(愆)-과(過), 재앙 구(咎)-재(災), 병될 구(咎)-병(病), 나쁠 구(咎)-오(惡)〉 등의 뜻을 내지만 여기선 〈허물 건(愆)-과(過)〉와 같다 여기고 새김이 마땅하다.

---

註 지상왈명(知常曰明) 부지상(不知常) 망작흉(妄作凶) : 상도(常道)의 한결같음을[常] 앎을[知] 밝음이라[明] 한다[曰]. 만물이 누리는 상도(常道)의 조화가 한결같음을[常] 모르면[不知] 재앙을[凶] 멍청하게[妄] 짓는다[作].

『노자(老子)』 16장(章)

## 구오(九五 : ⚊)

九五 : 孚于嘉니 吉하다
부 우 가 길

구오(九五) : 선함[嘉]에[于] 믿어주니[孚] 행운을 누린다[吉].

### 【구오(九五)의 효상(爻象) 풀이】

수괘(隨卦 : ䷐)의 구오(九五 : ⚊)는 이양거양(以陽居陽) 즉 양(陽 : ⚊)으로써[以] 양(陽 : ⚊)의 자리에 있는지라[居] 정당한 자리에 있다. 구오(九五 : ⚊)와 구사(九四 : ⚊)는 양양(兩陽) 즉 둘 다[兩] 양(陽 : ⚊)인지라 비(比) 즉 이웃의 사귐[比]을 누리지 못하지만, 상륙(上六 : ⚋)과는 양음(陽陰)의 사이인지라 비(比)를 누린다. 그리고 구오(九五 : ⚊)와 육이(六二 : ⚋)는 양음(陽陰)의 사이이면서 중정(中正) 즉 중위(中位)에 있고 동시에 정위(正位)에 있으면서 정응(正應) 즉 바르게[正] 호응한다[應]. 따라서 구오(九五 : ⚊)는 강강(剛强)한 군왕(君王)이면서 득중(得中) 즉 정도를 따름을[中] 취하여[得] 매사(每事)를 마주하기에 수괘(隨卦 : ䷐)의 주제인 〈수(隨)〉의 시국을 선하게[嘉] 이끌어가 왕운(王惲) 즉 임금의[王] 도타움[惲]을 펼치는 모습이다.

수괘(隨卦 : ䷐)의 구오(九五 : ━)가 육오(六五 : --)로 변효(變爻)하면 구오(九五 : ━)는 수괘(隨卦 : ䷐)를 51번째 진괘(震卦 : ䷲)로 지괘(之卦)하게 한다. 따라서 수괘(隨卦 : ䷐)의 구오(九五 : ━)는 진괘(震卦 : ䷲)의 육오(六五 : --)를 찾아가 살펴보게 한다.

【구오(九五)의 계사(繫辭) 풀이】

## 孚于嘉(부우가) 吉(길)

선함[嘉]에[于] 믿어주니[孚] 행운을 누린다[吉].

구오(九五 : ━)의 효위(爻位)를 빌려 암시한 계사(繫辭)이다. 수괘(隨卦 : ䷐)의 주제인 〈수(隨)〉의 시국에 육이(六二 : --)와 중정(中正) 즉 서로 중위[中]와 정위[正]에서 정응(正應) 즉 바르게[正] 호응함[應]을 암시하는 것이 〈부우가(孚于嘉)〉이다. 〈수(隨)〉 즉 따름[隨]이란 군왕(君王)으로부터 백성에 이르기까지 수선(隨善) 즉 선을[善] 따름[隨]에 있다. 선(善)이란 이이불해(利而不害) 즉 이롭되[利而] 해치지 않는[不害] 천지도(天之道) 즉 자연의[天之] 도리[道]를 계승함이니, 수선(隨善)이란 곧 자연의[天之] 도리[道]를 계승하는 선의[善] 따름[隨]을 믿어줌[孚]이 〈부우가(孚于嘉)〉이다. 따라서 〈부우가(孚于嘉)〉는 구오(九五 : ━)가 아래의 육이(六二 : --)와 중정(中正)의 정응(正應)을 상수(相隨) 즉 서로[相] 따름[隨]을 말한다. 따라서 〈부우가(孚于嘉)〉는 〈육이부구오우가(六二孚九五于嘉)〉의 줄임으로 여기고 〈육이가[六二] 선한[于嘉] 구오를[九五] 미더워한다[孚]〉라고 새겨볼 것이다.

〈부우가(孚于嘉)의 부(孚)〉는 수명(守命) 즉 자연의 뜻을[命] 지킴[守]으로써 육이(六二 : --)가 구오(九五 : ━)를 성신(誠信) 즉 진실로[誠] 믿어줌[信]을 말한다. 여기 〈부(孚)〉는 구오(九五 : ━)가 간직한 수선(隨善)의 〈정(貞)〉으로 말미암아 구오(九五 : ━)를 육이(六二 : --)가 믿어줌[孚]이다. 〈부우가(孚于嘉)의 가(嘉)〉는 계도지선(繼道之善) 즉 도리를[道] 잇는[繼之] 선(善)과 같아 〈우가(于嘉)〉는 수선(隨善) 즉 선을[善] 따르는[隨] 경지[于]에 있음을 말한다. 강강(剛强)한 구오(九五 : ━)가 중정(中正)의 정응(正應)으로써 득중(得中) 즉 정도를 따름을[中] 취하여[得] 천하백성(天下百姓)과 아울러 수선(隨善)하기 때문에 군왕(君王)으로서 행운을 누림[吉]을 암시한 계사(繫辭)가 〈부우가(孚于嘉) 길(吉)〉이다.

【字典】

**부(孚)** 〈믿어줄 부(孚)-신(信), 껍질 부(孚)-각(殼)-부(稃), 덮을(쌀) 부(孚)-복(覆)-포(包), 옥문채 부(孚)-옥채(玉采), 기를 부(孚)-육(育)〉 등의 뜻을 내지만 여기선 〈믿어줄 신(信)〉과 같다 여기고 새김이 마땅하다.

**우(于)** 〈~에(부터) 우(于)-어(於), 같을 우(于)-여(如), 갈 우(于)-왕(往), 써 우(于)-이(以), 할 우(于)-위(爲), 여기 우(于)-시(是), 도울 우(于)-조(助), 클 우(于)-대(大), 구할 우(于)-구(求), 자족하는 모습 우(于)-자족모(自足貌)〉 등의 뜻을 내지만 여기선 〈~에 어(於)〉와 같다 여기고 새김이 마땅하다.

**가(嘉)** 〈선할(착할) 가(嘉)-선(善), 기릴 가(嘉)-포(褒), 양기 가(嘉)-양(陽), 아름다울 가(嘉)-미(美), 즐겁게 할 가(嘉)-낙(樂), 기꺼울 가(嘉)-경(慶), 맛있는 가(嘉)-미(味)〉 등의 뜻을 내지만 여기선 〈선할 선(善)〉과 같다 여기고 새김이 마땅하다.

**길(吉)** 〈좋을(행복할) 길(吉)-선(善)-영(令) {영월길일(令月吉日)은 선월선일(善月善日)임.}, 복 길(吉)-실(實)-선실(善實)-복(福), 예의를 따라 상서로울 길(吉)-예의순상(禮義順祥), 삼갈 길(吉)-근(謹), 초하루 길(吉)-삭일(朔日) {삭망(朔望) 즉 초하루[朔]와 그믐날[望]}, 길례 길(吉)-길례(吉禮) {오례지일(五禮之一) 길흉빈군가(吉凶賓軍嘉)}, 갈 길(吉)-행(行)-길(趌)〉 등의 뜻을 내지만 여기선 〈좋을 선(善)-영(令)〉 즉 행복과 같다 여기고 새김이 마땅하다.

## 상륙(上六 : --)

上六 : 拘係之이고 乃從維之니 王用亨于西山이다
구계지　내종유지　왕용향우서산

상륙(上六) : 그것에[之] 얽매이며[拘] 매달리고[係] 이에[乃] 그것을[之] 좇아[從] 매이니[維] 임금이[王] 서산에서[于西山] 제사를[亨] 올린다[用].

**【상륙(上六)의 효상(爻象) 풀이】**

수괘(隨卦 : ䷐)의 상륙(上六 : --)은 이음거음(以陰居陰) 즉 음(陰 : --)으로써[以] 음(陰 : --)의 자리에 있는지라[居] 정당한 자리에 있다. 상륙(上六 : --)과 구오(九五 : ━)는 음양(陰陽)의 사이인지라 비(比) 즉 이웃의 사귐[比]을 누린다. 상륙(上六 : --)과 육삼(六三 : --)은 양음(兩陰) 즉 둘 다[兩] 음(陰 : --)의 사이인지라 부정응(不正應) 즉 바르게[正] 호응하지 못한다[不應]. 그러나 상륙(上六 : --)이 수괘(隨卦 : ䷐)를 떠나는 자리인 극위(極位)에 있지만 자신의 바로 뒤에 있는 구오(九五 : ━)와의 비(比)를 상륙(上六 : --)이 뿌리칠 수 없음을 깨우쳐 서로 믿어주는 모습이다.

수괘(隨卦 : ䷐)의 상륙(上六 : --)이 상구(上九 : ━)로 변효(變爻)하면 상륙(上六 : --)은 수괘(隨卦 : ䷐)를 25번째 무망괘(无妄卦 : ䷘)로 지괘(之卦)하게 한다. 따라서 수괘(隨卦 : ䷐)의 상륙(上六 : --)은 무망괘(无妄卦 : ䷘)의 상구(上九 : ━)를 찾아가 살펴보게 한다.

**【상륙(上六)의 계사(繫辭) 풀이】**

## 拘係之(구계지) 乃從維之(내종유지)

그것에[之] 얽매이며[拘] 매달리고[係] 이에[乃] 그것을[之] 좇아[從] 매인다[維].

상륙(上六 : --)의 효위(爻位)를 빌려 암시한 계사(繫辭)이다. 수괘(隨卦 : ䷐)의 주제인 〈수(隨)〉의 시국을 다 거치고 극위(極位)에 있어서 상륙(上六 : --)은 수괘(隨卦 : ䷐)를 떠날 처지에 있다. 그러나 상륙(上六 : --) 바로 뒤에서 뒤따르는 구오(九五 : ━)-구사(九四 : ━)와 떨어질 수 없다. 상륙(上六 : --)이 구오(九五 : ━)-구사(九四 : ━)와의 음양상화(陰陽相和)를 뿌리친다면 수선(隨善)의 도리[道]를 뿌리치는 어리석음을 범하기 때문이다. 〈구계지(拘係之)〉는 〈상륙구구오(上六拘九五) 이상륙계구오(而上六係九五)〉의 줄임으로 여기고 〈상륙이[上六] 구오에[九五] 얽매이면서[拘而] 상륙이[上六] 구오에[九五] 매달린다[係]〉라고 새겨볼 것이다. 〈구계지(拘係之)의 구(拘)〉는 〈묶일 속(束)〉과 같고, 〈계(係)〉는 〈매달릴 계(繫)〉와 같다. 〈수(隨)〉의 시국을 상륙(上六 : --)이 외면하지 않고 음양(陰陽)의 상호관계를 헤아리게 함이 〈구계지(拘係之)〉이다. 상륙(上六 : --)이 구오(九五 : ━)를 붙들어[拘] 매달려[係] 이웃이 되어 음양(陰陽)이 서로[相] 어울려[和] 따름이 바로 상륙(上六 : --)이 마지막으로 지킬 수 있는 수선(隨善)의 도리[道]이다. 음은[陰] 양에

[於陽] 마땅히[當] 매이어[繫] 딸려야[屬] 함을 〈구계(拘係)〉라고 한다.

〈구계지(拘係之)의 구계(拘係)〉가 마지못해 상륙(上六)이 구오(九五 : ⚊)를 붙들어[拘] 매달림[係]이 아니라 마음속으로 그렇게 함을 암시한 점사(占辭)가 〈내종유지(乃從維之)〉이다. 〈내종유지(乃從維之)〉는 〈내상륙종구오(乃上六從九五) 이내상륙유구오(而乃上六維九五)〉로 여기고 〈이에[乃] 상륙은[上六] 구오를[九五] 따르면서[從而] 이에[乃] 상륙은[上六] 구오에[九五] 매인다[維]〉라고 새겨볼 것이다. 상륙(上六 : ⚋)이 구오(九五 : ⚊)의 〈비(比)〉 즉 이웃의 사귐[比]을 정(貞) 즉 진실한 미더움[貞]으로써 〈수(隨)〉 즉 수선(隨善)의 도리를 다함을 암시한 계사(繫辭)가 〈구계지(拘係之) 내종유지(乃從維之)〉이다.

## 王用亨于西山(왕용향우서산)

**임금이[王] 서산에서[于西山] 제사를[亨] 올린다[用].**

수괘(隨卦 : ䷐)의 주제인 〈수(隨)〉를 더없이 받듦을 암시한 계사(繫辭)이다. 유순(柔順)한 상륙(上六 : ⚋)은 수괘(隨卦 : ䷐)의 맨 윗자리에 있으니 극수(極隨) 즉 따름을[隨] 다한[極] 처지라 더 따라갈 곳이 없으므로 따라감[隨]을 멈출 처지이다. 이는 곧 정착할 처지임을 암시한다. 따름[隨]을 다한 상륙(上六 : ⚋)은 지수(止隨) 즉 따름을[隨] 멈춘[止] 모습임을 헤아리게 하는 계사(繫辭)가 〈왕용향우서산(王用亨于西山)〉이다. 〈왕용향우서산(王用亨于西山)〉에서 〈서산(西山)〉은 수괘(隨卦 : ䷐)의 내호괘(內互卦) 간(艮 : ☶)을 빌려 취상(取象)된 것이다. 여기 〈서산(西山)〉이 「설괘전(說卦傳)」에 나오는 〈간은[艮 : ☶] 산(山)이다[爲]〉라는 내용을 환기시키는 까닭이다.

〈왕용향우서산(王用亨于西山)〉 즉 〈왕이[王] 서산에서[于西山] 제사를[亨] 올린다[用]〉 함은 주왕조(周王朝)의 고사(故事)를 상기시킨다. 『주역(周易)』 64괘(卦)의 괘사(卦辭)는 주(周)나라 문왕(文王)이 지었고 『주역(周易)』 64괘(卦)의 효사(爻辭)는 주공(周公)이 지었다고 한다. 문왕(文王)의 둘째 아들이 주공(周公)이다. 그 주공(周公)의 형(兄)이 주(周)나라 무왕(武王)이다. 〈왕용향우서산(王用亨于西山)의 왕(王)〉은 수괘(隨卦 : ䷐)의 구오(九五 : ⚊)이고 동시에 주무왕(周武王)의 비유가 되고, 〈왕용향우서산(王用亨于西山)의 서산(西山)〉은 주문왕(周文王)이 태어난 기

산(岐山)인지라 〈왕용향우서산(王用亨于西山)〉은 주무왕(周武王)이 산천(山天)에 〈용향(用亨)〉 즉 제사를[亨] 올린다[用]는 고사를 점사(占辭)로 든 셈이다. 주문왕(周文王)이 북쪽 오랑캐들의 침입이 자자했던 북쪽 지역을 피해 서쪽 지역으로 옮겨가자 천하백성이 모두 수선(隨善) 즉 선함을[善] 따랐던[隨] 고사를 생각나게 하는 계사(繫辭)가 〈왕용향우서산(王用亨于西山)〉이다.

【字典】

**구(拘)** 〈잡을 구(拘)-집(執)-옹(擁), 멈출 구(拘)-지(止), 떼어놓을 구(拘)-격(隔), 잡도리할(단속할) 구(拘)-검(檢), 거리낄 구(拘)-곡(曲)〉 등의 뜻을 내지만 여기선 〈잡을 집(執)〉과 같다 여기고 새김이 마땅하다.

**계(係)** 〈매달릴 계(係)-계(繫)-계속(繫屬), 이을 계(係)-계(繼), 묶을 계(係)-박(縛)-속지(束之), 끌 계(係)-예(曳)〉 등의 뜻을 내지만 여기선 〈매달릴 계(繫)〉와 같다 여기고 새김이 마땅하다.

**지(之)** 〈그것(이것) 지(之)-피(彼)-시(是), 뜻 없는 허사(虛詞) 지(之), 갈 지(之)-왕(往)-행(行), 이를 지(之)-지(至), 주격-소유격-목적격 등의 토씨 지(之)〉 등의 뜻을 내지만 여기선 〈그것 지(之)〉로 여기고 새김이 마땅하다.

**내(乃)** 〈부드럽게 말 이을 내(乃)-완사(緩詞)-연후(然後), 이에 내(乃)-어시(於是)-승상기하지사(承上起下之辭), 급히 말 이을 내(乃)-급사(急詞), 뜻 없는 말머리조사 내(乃)-구수조사무의(句首助詞無義), 곧 내(乃)-즉(則)-즉(卽), 그 내(乃)-기(其), 그런데 내(乃)-전어사(轉語辭), 그리고(그러나) 내(乃)-이(而), 만약 내(乃)-약(若), 또 내(乃)-차(且), ~로써 내(乃)-이(以), 그럴(그렇다) 내(乃)-시(是), 도리어 내(乃)-고(顧)-각(卻), 처음 내(乃)-시(始)-초(初), 이같이 내(乃)-여차(如此)〉 등의 뜻을 내지만 여기선 〈이에 내(乃)〉로 여기고 새김이 마땅하다.

**종(從)** 〈따를 종(從)-수(隨), 받아들일 종(從)-청(聽), 맡을 종(從)-임(任), 나아갈 종(從)-취(就), 뒤좇을 종(從)-축(逐), ~부터 종(從)-자(自)〉 등의 뜻을 내지만 여기선 〈따를 수(隨)〉와 같다 여기고 새김이 마땅하다.

**유(維)** 〈맬(이을) 유(維)-계(係), 벼리 유(維)-강(綱), 맺을 유(維)-연결(連結), 모퉁이 유(維)-방우(方隅), 오직 유(維)-독(獨)-개(豈), 이 유(維)-차(此), 개혁 유(維)-신(新), 끌어갈 유(維)-지(持), 바 유(維), 어조사 유(維)〉 등의 뜻을 내지만 여기선 〈매일 계

(係)〉와 같다 여기고 새김이 마땅하다.

**왕(王)** 〈임금 왕(王)-군(君), 제후 왕(王)-제후(諸侯), 무리의 우두머리 왕(王)-동류중지수령(同類中之首領), 큰 왕(王)-대(大), 천자를 받들 왕(王)-사천자(事天子), 바로잡을 왕(王)-광정(匡正), 성대할 왕(王)-성(盛), 이길 왕(王)-승(勝), 흥할 왕(王)-흥(興)〉 등의 뜻을 내지만 〈임금 군(君)〉과 같다 여기고 새김이 마땅하다.

**용(用)** 〈쓸 용(用)-시(施), 써 용(用)-이(以), 쓰일(부릴) 용(用)-사(使), 맡길 용(用)-임(任), 행할 용(用)-행(行), 위할 용(用)-위(爲), 갖출 용(用)-비(備)〉 등의 뜻을 내지만 여기선 〈위할 위(爲)〉와 같다 여기고 새김이 마땅하다.

**亨** 〈향-형-팽〉 등으로 발음되고, 〈드릴 향(亨)-헌(獻), 제사 지낼 향(亨)-사(祀), 흠향할 향(亨)-제(祭), 잔치할 향(亨)-연(宴), 통할 형(亨)-통(通), 남을 형(亨)-여(餘), 삶을 팽(亨)-자(煮)-팽(烹)〉 등의 뜻을 내지만 여기선 〈제사 지낼 사(祀)〉와 같다 여기고 새김이 마땅하다.

**우(于)** 〈~에(부터) 우(于)-어(於), 같을 우(于)-여(如), 갈 우(于)-왕(往), 써 우(于)-이(以), 할 우(于)-위(爲), 여기 우(于)-시(是), 도울 우(于)-조(助), 클 우(于)-대(大), 구할 우(于)-구(求), 자족하는 모습 우(于)-자족모(自足貌)〉 등의 뜻을 내지만 여기선 〈~에 어(於)〉와 같다 여기고 새김이 마땅하다.

**서(西)** 〈서녘 서(西)-일입방(日入方)-조재소상(鳥在巢上), 가을 서(西)-추(秋), 간지(干支) 서(西)-유(酉), 팔괘(八卦)의 태(兌) 서(西)-태(兌), 서쪽으로 갈 서(西)-서행(西行), 옮길 서(西)-천(遷)〉 등의 뜻을 내지만 여기선 〈서녘 서(西)〉로 여기고 새김이 마땅하다.

**산(山)** 〈뫼(산) 산(山)-토지취(土之聚), 오악 산(山)-오악(五嶽), 간괘의 모습 산(山)-간괘지상(艮卦之象), 산을 그린 상태 산(山)-화산지상(畫山之狀), 군주의 모습 산(山)-군주지상(君主之象), 능총 산(山)-능총(陵冢)〉 등의 뜻을 내지만 여기선 〈뫼 산(山)〉으로 여기고 새김이 마땅하다.

---

註 간위산(艮爲山) : 간은[艮 : ☶] 산(山)이다[爲]. 「설괘전(說卦傳)」 11단락(段落)

# 고괘
# 蠱卦

18

䷑

## 1 괘의 괘상과 계사

### 고괘(蠱卦 : ䷑)

손하간상(巽下艮上) : 아래는[下] 손(巽 : ☴), 위는[上] 간(艮 : ☶).

산풍고(山風蠱) : 산과[山] 바람은[風] 고이다[蠱].

蠱元亨하니 利涉大川이다 先甲三日이고 後甲三日이다
고원형 이섭대천 선갑삼일 후갑삼일

일을 다스림은[蠱] 으뜸이고[元] 통하니[亨] 큰[大]물을[川] 건너도[涉] 이롭다[利]. 갑(甲) 앞으로[先] 삼일이고[三日] 갑(甲) 뒤로[後] 삼일이다[三].

**【고괘(蠱卦 : ䷑)의 괘상(卦象) 풀이】**

앞 수괘(隨卦 : ䷐)의 〈수(隨)〉는 따름[隨]이다. 〈수(隨)〉는 그냥 그저 따름[隨]이 아니라 수선(隨善) 즉 선함을[善] 따름[隨]이다. 이는 수명(守命) 즉 자연의 뜻을[命] 지킴[守]으로 드러난다. 그러나 세상사는 수명(守命)을 게을리하여 난세(亂世)를 자초하는 경우가 허다하다. 그래서 「서괘전(序卦傳)」에 〈기쁨[喜]으로써[以] 사람을[人] 따르는[隨] 짓은[者] 반드시[必] 일이[事] 생긴다[有] 그래서[故] 고괘(蠱卦 : ䷑)로써[以] 그것을[之] 받는다[受]〉라는 말이 나온다. 이는 수괘(隨卦 : ䷐) 다음에 고괘(蠱卦 : ䷑)가 있는 까닭을 암시한다. 수괘(隨卦 : ䷐)의 하체(下體) 진(震 : ☳)은 뒤집혀 고괘(蠱卦 : ䷑)의 상체(上體) 간(艮 : ☶)이 되고, 수괘(隨卦 : ䷐)의 상체(上體) 태(兌 : ☱)는 뒤집혀 고괘(蠱卦 : ䷑)의 하체(下體) 손(巽 : ☴)이 되어, 고괘(蠱卦 : ䷑)의 괘상(卦象)은 앞 수괘(隨卦 : ䷐)의 도괘(倒卦) 즉 뒤집힌[倒] 괘(卦)의 모습이다. 이는 선대의 일들을 후대가 그대로 따름[隨]이 아니라 선대의 사업 중에서 〈고(蠱)〉의 것이라면 뒤집어 규정한다는 뜻을 담고 있음이 고괘(蠱卦 : ䷑)의 괘상(卦象)인 〈강상이유하(剛上而柔下)〉이다. 고괘(蠱卦 : ䷑)의 괘상(卦象)

은 양강(陽剛)이 재상(在上)하고 음유(陰柔)가 재하(在下)하여 치고(治蠱)의 정도(正道)를 암시하는 모습이다. 양강(陽剛)은 존이재상자(尊而在上者) 즉 높여서[尊而] 위에 있는[在上] 것[者]이고, 음유(陰柔)는 비이재하자(卑而在下者) 즉 낮춰서[卑而] 아래에 있는[在下] 것[者]이 순리(順理)이다. 그리고 고괘(蠱卦 : ䷑)의 상체(上體)인 간(艮 : ☶)은 소남(少男)이지만 양(陽 : ⚊)인지라 재상(在上)하고, 고괘(蠱卦 : ䷑)의 하체(下體)인 손(巽 : ☴)은 장녀(長女)이지만 음(陰 : ⚋)인지라 재하(在下)하여 정도를[正] 얻어[得] 순리(順理)를 따름이니, 고괘(蠱卦 : ䷑)의 괘상(卦象)이 치고(治蠱)의 모습이다. 간(艮 : ☶)은 지(止) 즉 멈춤[止]이고 손(巽 : ☴)은 순(順) 즉 따름[順]인지라, 불어 올라가던 바람[☴]이 산[☶]을 만나 멈추니[止] 불선(不善)해 무너지던 일들이[蠱] 다스려진[治] 모습을 빌려 고괘(蠱卦 : ䷑)라 칭명(稱名)한다.

**【고괘(蠱卦 : ䷑)의 계사(繫辭) 풀이】**

## 蠱元亨(고원형) 利涉大川(이섭대천)

일을 다스림은[蠱] 으뜸이고[元] 통하니[亨] 큰[大]물을[川] 건너도[涉] 이롭다[利].

고괘(蠱卦 : ䷑)의 괘상(卦象)을 빌려 암시한 계사(繫辭)이다. 〈고원형(蠱元亨)〉은 〈고원(蠱元) 이고형(而蠱亨)〉의 줄임으로 여기고 〈고는[蠱] 으뜸이다[元] 그리고[而] 고는[蠱] 통한다[亨]〉라고 새겨볼 것이다. 〈고(蠱)〉의 본래 뜻은 좀이 목기(木器)를 갉아먹게 되어 목기가 쓰지 못하게 되는 사태를 말한다. 이런 뜻의 〈고(蠱)〉를 〈원형(元亨)〉이라고 말할 수는 없다. 〈고원형(蠱元亨)의 고(蠱)〉는 치괴극지사(治壞極之事) 즉 무너짐이[壞] 극에 달한[極之] 일을[事] 다스려[治] 선사(善事) 즉 좋은[善] 일[事]로 거듭나게 함을 뜻한다. 따라서 고괘(蠱卦 : ䷑)의 주제인 〈고(蠱)〉가 〈원형(元亨)〉 즉 으뜸이고[元] 통한다[亨] 함은 〈치고(治蠱)〉를 뜻한다. 목상(木床)을 좀이 갉아먹게 내버려 두면 그 상(床)은 무너져 내리고[壞] 만다. 〈고원형(蠱元亨)의 원형(元亨)〉은 무너져 내리는 일을[蠱] 다스려[治] 복원되게 함을 〈원형(元亨)〉 즉 으뜸이고[元] 통함[亨]이라고 암시한다. 〈고(蠱)〉 즉 무너져가는 일

[蠱]을 그냥 그대로 둔다면 결코 〈원형(元亨)〉일 수 없다. 불선(不善)하여 무너져 내리는 일이란 좀이 서는 상(床)과 같아 그대로 두면 둘수록 더 나쁘게 된다. 따라서 무너지는[壞] 일[事] 즉 〈고(蠱)〉는 다스려야[治] 복원되고, 그래야 〈원형(元亨)〉의 덕(德)을 누릴 수 있음을 암시한 계사(繫辭)가 〈고원형(蠱元亨)〉이다.

〈이섭대천(利涉大川)의 섭대천(涉大川)〉은 난사(難事) 즉 어려운[難] 일[事]인 치고(治蠱)를 암시한다. 뗏목이나 배가 마련됨이 없이 큰물을[大川] 건넘[涉]이란 위험한 짓인지라 이롭다[利] 할 수가 없다. 여기 〈섭대천(涉大川)〉은 〈치고(治蠱)〉를 상징한다. 〈이섭대천(利涉大川)의 이(利)〉는 〈섭대천(涉大川)〉을 위해서 뗏목이나 배가 마련되었음을 암시한다. 이러한 〈이섭대천(利涉大川)의 대천(大川)〉은 고괘(蠱卦 : ䷑)의 내호괘(內互卦)인 태(兌 : ☱)에서 취해진 것이다. 〈이섭대천(利涉大川)의 대천(大川)〉이 「설괘전(說卦傳)」에 나오는 〈태는[兌 : ☱] 못[澤]이다[爲]〉라는 내용을 환기시킨다. 〈택(澤)〉은 물[水]이다. 〈이섭대천(利涉大川)의 이(利)〉는 고괘(蠱卦 : ䷑)의 하체(下體)인 손(巽 : ☴)에서 취해진 것이다. 「설괘전(說卦傳)」에 나오는 〈손은[巽 : ☴] 나무[木]이다[爲]〉라는 내용을 환기시킨다. 물 위에 나무로 지은 뗏목이나 배가 있으니 큰물을[大川] 건너도[涉] 위태롭지 않으니 이롭다[利]고 한 것이다. 따라서 불선(不善)함을 천선(遷善) 즉 선함으로[善] 옮기는[遷] 치고(治蠱)를 상징한 계사(繫辭)가 〈이섭대천(利涉大川)〉이다.

## 先甲三日(선갑삼일) 後甲三日(후갑삼일)
### 갑(甲) 앞으로[先] 삼일이고[三日] 갑(甲) 뒤로[後] 삼일이다[三日].

〈선갑삼일(先甲三日) 후갑삼일(後甲三日)〉은 성인(聖人)이 취하는 〈치고(治蠱)〉의 정도(正道)를 말한다. 〈선갑삼일(先甲三日) 후갑삼일(後甲三日)〉에서 〈선갑(先甲)-후갑(後甲)의 갑(甲)〉은 여기선 〈창제치고지령(創制治蠱之令)〉 즉 고를[蠱] 다스리는[治之] 법령을[令] 새로[創] 제정함[制]을 뜻한다. 따라서 〈선갑삼일(先甲三日)〉은 치고(治蠱)의 법령(法令)을 창제(創制)에 앞서서의[先] 삼일(三日)을 말하고, 〈후갑삼일(後甲三日)〉은 치고의 법령을 창제한 뒤의[後] 삼일(三日)을 말한다. 〈선갑삼일(先甲三日)〉 즉 〈갑(甲) 앞으로[先] 삼일(三日)〉이란 〈갑(甲)-을(乙)-병(丙)-정(丁)-무(戊)-기(己)-경(庚)-신(辛)-임(壬)-계(癸)〉의 십간(十干) 중에서 〈신

(辛)〉을 말하고, 〈신(辛)〉은 〈간(艱)〉 즉 어려움[艱]을 암시하는 십간(十干)이다. 〈후갑삼일(後甲三日)〉 즉 〈갑(甲) 뒤로[後] 삼일(三日)〉이란 〈정(丁)〉을 말하고, 〈정(丁)〉은 〈정(叮)〉 즉 정성을 다함[叮]을 암시하는 십간(十干)이다. 치고(治蠱)의 법령을 창제하기에 앞서서[先] 〈삼일(三日)〉이란 온갖 어려움을 거쳐서 치고의 선법(善法)을 창제해야 함을 암시하고, 치고의 법령을 창제한 뒤의[後] 〈삼일(三日)〉이란 태평성대(太平聖代)를 성취하기 위하여 온갖 정성을 다하여 창제된 치고(治蠱)의 선법(善法)을 실행해야 함을 암시한 계사(繫辭)가 〈선갑삼일(先甲三日) 후갑삼일(後甲三日)〉이다.

【字典】

**고(蠱)** 〈일 고(蠱)-사(事), 미혹할 고(蠱)-혹(惑), 어지러울 고(蠱)-난(亂), 간사할(도리에 어긋날) 고(蠱)-음(淫), 탐할 고(蠱)-탐(貪), 기생충 고(蠱)-복중충(腹中蟲), 밤을 갉아먹는 벌레 고(蠱)-율소화지충(栗所化之蟲), 악귀를 좇고자 빌 고(蠱)-부주(符咒), 독물 고(蠱)-독물(毒物), 의심할 고(蠱)-의(疑), 벌레 먹은 그릇 고(蠱)-수고해지기(受蠱害之器)〉 등의 뜻을 내지만 여기선 〈일 사(事)〉와 같다 여기고 새김이 마땅하다.

**원(元)** 〈선함의 으뜸 원(元)-선지장(善之長), 비롯할 원(元)-시(始)-단(端), 머리 원(元)-수(首)-두(頭), 근본 원(元)-본(本)-원(原), 어른 원(元)-장(長)-원장(元長), 하나 원(元)-일(一), 우두머리 원(元)-수장(首長), 임금 원(元)-원군(元君)-군(君), 큰 원(元)-대(大), 아름다울 원(元)-미(美), 위 원(元)-상(上), 하늘 원(元)-천(天), 하늘땅의 큰 덕 원(元)-천지지대덕(天地之大德)-원기(元氣)-기(氣), 기운의 시작 원(元)-기지시(氣之始)-원자(元者), 백성 원(元)-원원(元元)-백성(百姓)〉 등의 뜻을 내지만 여기선 〈선함의 으뜸 선지장(善之長)〉으로 여기고 새김이 마땅하다.

**亨** 〈향-형-팽〉 등으로 발음되고, 〈통할 형(亨)-통(通), 남을 형(亨)-여(餘), 드릴 향(亨)-헌(獻), 삶을 팽(亨)-자(煮)-팽(烹)〉 등의 뜻을 내지만 여기선 〈통할 통(通)〉과 같다 여기고 새김이 마땅하다.

**이(利)** 〈만물로 하여금 삶을 이루어가게 하는 덕(德)의 이로울 이(利)-사만물수생지덕(使萬物遂生之德), 날카로울 이(利)-예(銳)-섬(銛), 질병 이(利)-질(疾), 통할 이(利)-통(通)-순(順), 좋을 이(利)-길(吉)-의(宜), 편리할 이(利)-편(便), 마름해 만들어 이룰 이(利)-재성(裁成), 탐할 이(利)-탐(貪), 구할(취할) 이(利)-구(求)-취(取), 좋아할 이

(利)-열애(悅愛), 이로울 이(利)-익(益), 기교 이(利)-교(巧), 보람 이(利)-공용(功用), 지세가 험하고 중요한 이(利)-험요(險要), 이길 이(利)-승(勝), 어질 이(利)-인(仁)〉 등의 뜻을 내지만 여기선 〈이로울 이(利)〉로 여기고 새김이 마땅하다. 〈利〉가 맨 앞에 오면 〈이〉로 발음되고, 중간이나 뒤에 오면 〈리〉로 발음된다.

**섭(涉)** 〈물 건널 섭(涉)-도(渡), 물이 흘러가는 섭(涉)-수류(水流), 헤엄쳐 갈 섭(涉)-유행(游行), 서로 교류할 섭(葉)-상교(相交), 경력 섭(涉)-경력(經歷), 깊이 들어갈 섭(涉)-심입(深入)〉 등의 뜻을 내지만 여기선 〈물 건널 도(渡)〉와 같다 여기고 새김이 마땅하다.

**대(大)** 〈큰 대(大)-소지대(小之對), 넓을 대(大)-광(廣), 두루 대(大)-편(徧), 통할 대(大)-통(通), 길 대(大)-장(長), (땅을) 걸게 할 대(大)-비(肥), 두터울 대(大)-후(厚), 많을 대(大)-다(多), 모두 대(大)-개(皆), 선할 대(大)-선(善), 무거울 대(大)-중(重), 거대할 대(大)-거(巨), 아름다울 대(大)-미(美)-장(壯), 부유할 대(大)-부(富), 늙을 대(大)-노(老), 지나칠 대(大)-과(過), 끝 대(大)-극(極), 대충 대(大)-조(粗)-불세밀(不細密), 과대할 대(大)-과(誇)-긍벌(矜伐), 처음 대(大)-초(初), 하늘 대(大)-천(天), 건(乾)-양기(陽氣)-강효(剛爻) 대(大)〉 등의 뜻을 내지만 여기선 〈큰 대(大)〉로 여기고 새김이 마땅하다.

**천(川)** 〈시내 천(川)-천(巛)-관천통류수(貫穿通流水), 수류의 총칭 천(川)-수류지총칭(水流之總稱), 흐르는 물의 시작 천(川)-수류지시(水流之始), 산천의 신 천(川)-산천지신(山川之神), 구덩이 천(川)-갱(坑)〉 등의 뜻을 내지만 여기선 〈시내 천(川)〉으로 여기고 새김이 마땅하다. 〈대천(大川)〉이란 강물을 뜻한다.

**선(先)** 〈앞 선(先)-전(前), 처음 선(先)-시(始), 먼저 선(先)-시(始), 앞으로 나아갈 선(先)-전진(前進), 자리가 아래에 있는 선(先)-위재하(位在下), 우두머리 선(先)-수(首)-전수(前首), 이미 죽은 선(先)-이사(已死), 조상(선조) 선(先)-조선(祖先)-조고(祖考), 미리 알려주는 뜻 선(先)-의기언(宜其言)-예선고지지의(預先告知之意), 소개할 선(先)-소개(紹介), 이를 선(先)-조(早), 비로소 선(先)-시(始), 높일(받들) 선(先)-상(尙), 높을 선(先)-고(高), 선생 선(先)-선생(先生)-유덕자(有德者), 씻을(깨끗할) 선(先)-세(洗)〉 등의 뜻을 내지만 여기선 〈앞 선(先)〉으로 여기고 새김이 마땅하다.

**갑(甲)** 〈창제한 법령 갑(甲)-창제지법령(創制之法令), 날짜 계산의 시작 갑(甲)-계일지시(計日之始), 시작할 갑(甲)-시(始)-십간지수위(十干之首位), 동방 갑(甲)-동방

(東方), 오행(五行)으로 나무 갑(甲)-목(木), 오음(五音)으로 각 갑(甲)-각(角), 머리 갑(甲)-수(首), 제일 갑(甲)-제일(第一), 군장 갑(甲)-장(長)-군장(君長), 첫째 갑(甲)-시(始), 씨의 껍질 갑(甲)-종피(種皮), 갑옷 갑(甲)-갑의(甲衣), 갑옷 입은 병사 갑(甲)-갑병(甲兵), 의복 갑(甲)-의(衣), 손톱 갑(甲)-조갑(爪甲), 수결(제 손글씨로 증명하기) 갑(甲)-압(押), 촉루(들녘에 버려진 유골) 갑(甲)-촉루(髑髏)〉 등의 뜻을 내지만 여기선 〈창제한 법령 갑(甲)〉으로 여기고 새김이 마땅하다.

**삼(三)** 〈셋(세 번, 석 삼, 셋 삼) 삼(三)-이지가일(二之加一), 다수를 나타낼 삼(三)-다수지칭(多數之稱), 삼재의 수 삼(三)-천지인지수(天地人之數), 임금-아버지-스승 삼(三)-군부사(君父師), 동방 삼(三)-동방(東方), 끝 삼(三)-종(終)〉 등의 뜻을 내지만 여기선 〈셋 삼(三)〉으로 여기고 새김이 마땅하다. 삼(三)은 삼(參)과 같다.

**일(日)** 〈나날 일(日)-별일(別日), 시기 일(日)-시기(時期), 기한 일(日)-기한(期限), 시일 일(日)-시일(時日), 해(태양) 일(日)-태양(太陽)-태양계중심(太陽系中心), 참 일(日)-실(實)-실정(實精), 볕 일(日)-양(陽)-양광(陽光), 불 일(日)-화(火), 임금의 모습 일(日)-군상(君象), 덕 일(日)-덕(德) {일자덕야(日者德也) 월자형야(月者刑也)}, 낮 일(日)-주(晝), 세월 일(日)-광음(光陰)〉 등의 뜻을 내지만 여기선 〈나날 일(日)〉로 여기고 새김이 마땅하다.

**후(後)** 〈뒤 후(後)-선지대(先之對), 늦을 후(後)-지(遲), 뒤처질 후(後)-낙후(落後), 뒤늦게 올 후(後)-지래(遲來), 사양할 후(後)-손(遜), 다가올(장래) 후(後)-장래(將來), 두 세대 후(後)-후세(後世), 일이 끝난 뒤 후(後)-사후필(事後畢), 자손 후(後)-자손(子孫), 뒤를 잇는 것 후(後)-후속자(後續者), 뒤에 말한 것 후(後)-하소언(下所言)〉 등의 뜻을 내지만 여기선 〈뒤 후(後)〉로 여기고 새김이 마땅하다.

---

註 간지야(艮止也) : 간은[艮 : ☶] 멈춤[止]이다[也]. 「설괘전(說卦傳)」 7단락(段落)

註 손위목(巽爲木) 위풍(爲風) 위장녀(爲長女) …… 태위택(兌爲澤) : 손은[巽 : ☴] 나무[木]이고[爲] 바람[風]이고[爲] 장녀(長女)이다[爲]. …… 태는[兌 : ☱] 못[澤]이다[爲].

「설괘전(說卦傳)」 11단락(段落)

## 2 효의 효상과 계사

初六 : 幹父之蠱하는 有子면 考无咎이다 厲해도 終吉하다
간부지고 유자 고무구 여 종길

九二 : 幹母之蠱니 不可貞이라
간모지고 불가정

九三 : 幹父之蠱니 小有悔나 无大咎리라
간부지고 소유회 무대구

六四 : 裕父之蠱니 往見吝하리라
유부지고 왕견린

六五 : 幹父之蠱니 用譽리라
간부지고 용예

上九 : 不事王侯하고 高尙其事로다
불사왕후 고상기사

초륙(初六) : 아버지의[父之] 일을[蠱] 바로잡는[幹] 아들이[子] 있다면[有] 그 아들의 선친에게는[考] 허물이[咎] 없어진다[无]. 힘들어도[厲] 끝내는[終] 행복하다[吉].

구이(九二) : 어머니의[母之] 일을[蠱] 바로잡음이니[幹] 강직할[貞] 수 없다[不可].

구삼(九三) : 아버지의[父之] 일을[蠱] 바로잡음에[幹] 경미하나마[小] 한스러움이[悔] 있으나[有] 크게[大] 허물은[咎] 없다[无].

육사(六四) : 아버지의[父之] 일들을[蠱] 너그럽게 여기지만[裕] 가보면[往] 부끄럽게만 된다[見吝].

육오(六五) : 아버지의[父之] 일을[蠱] 바로잡으니[幹] 그로써[用] 명예롭다[譽].

상구(上九) : 왕이나[王] 제후를[侯] 받들지 않고[不事] 자신의[其] 일을[事] 높이[高] 받든다[尙].

## 초륙(初六 : --)

初六 : 幹父之蠱하는 有子면 考无咎이다 厲해도 終吉하다
간부지고 유자 고무구 여 종길

초륙(初六) : 아버지의[父之] 일을[蠱] 바로잡는[幹] 아들이[子] 있다면[有] 그 아들의 선친에게는[考] 허물이[咎] 없어진다[无]. 힘들어도[厲] 끝내는[終] 행복하다[吉].

【초륙(初六)의 효상(爻象) 풀이】

고괘(蠱卦 : ䷑)의 초륙(初六 : --)은 이음거양(以陰居陽) 즉 음(陰 : --)으로써[以] 양(陽 : ─)의 자리에 있는지라[居] 정당한 자리에 있지 못하다. 초륙(初六 : --)과 구이(九二 : ─)는 음양(陰陽)의 사이인지라 비(比) 즉 이웃의 사귐[比]을 누린다. 그러나 초륙(初六 : --)과 육사(六四 : --)는 양음(兩陰) 즉 둘 다[兩] 음(陰 : --)인지라 부정응(不正應) 즉 정도를 따라[正] 서로 호응하지 못하는[不應] 사이이다. 초륙(初六 : --)은 고괘(蠱卦 : ䷑)의 맨 밑자리에 있어서 고괘(蠱卦 : ䷑)가 초효(初爻) 즉 초륙(初六 : --)으로 말미암아 성괘(成卦) 즉 괘를[卦] 이루기에[成] 비록 유순(柔順)한 초륙(初六 : --)이되 양강(陽剛)의 자리에 있는지라 외유내강(外柔內剛)한 모습이다.

> 고괘(蠱卦 : ䷑)의 초륙(初六 : --)이 초구(初九 : ─)로 변효(變爻)하면 초륙(初六 : --)은 고괘(蠱卦 : ䷑)를 26번째 대축괘(大畜卦 : ䷙)로 지괘(之卦)하게 한다. 따라서 고괘(蠱卦 : ䷑)의 초륙(初六 : --)은 대축괘(大畜卦 : ䷙)의 초구(初九 : ─)를 찾아가 살펴보게 한다.

【초륙(初六)의 계사(繫辭) 풀이】

### 幹父之蠱(간부지고) 有子(유자) 考无咎(고무구)

아버지의[父之] 일을[蠱] 바로잡는[幹] 아들이[子] 있다면[有] 그 아들의 선친에게는[考] 허물이[咎] 없어진다[无].

초륙(初六 : ⚋)의 변효(變爻)를 빌려 암시한 계사(繫辭)이다. 〈간부지고(幹父之蠱)의 부(父)〉와 〈유자(有子)의 자(子)〉는 초륙(初六 : ⚋)이 변효(變爻)하여 고괘(蠱卦 : ䷑)의 하체(下體) 손(巽 : ☴)이 건(乾 : ☰)으로 변괘(變卦)함을 암시한다. 「설괘전(說卦傳)」에 나오는 〈건은[乾 : ☰] 하늘[天]이라서[也故] 아버지라[乎父] 칭한다[稱]〉라는 내용이 여기 〈부(父)〉와 〈자(子)〉를 상기시킨다. 〈간부지고(幹父之蠱) 유자(有子)〉는 〈유간부지고지자(有幹父之蠱之子)〉에서 〈간부지고(幹父之蠱)〉가 전치(前置)된 것으로 여기고 〈아버지의[父之] 일을[蠱] 바로잡는[幹之] 아들이[子] 있다[有]〉라고 새겨볼 것이다. 〈간부지고(幹父之蠱)〉에서 〈부지고(父之蠱)의 고(蠱)〉는 아버지의[父之] 일생사(一生事)를 말한다. 누구나 여러 가지 일들을 남기고 자신의 일생을 마치고 아들은 선친(先親)의 선불선(善不善) 즉 좋거나[善] 궂은[不善] 일들을 물려받게 된다. 좋은 일은 선양(宣揚)하되 궂은 일은 숨기지 말고 바로잡아야 한다는 것이 〈간부지고(幹父之蠱)〉이다.

고괘(蠱卦 : ䷑)의 주제인 〈고(蠱)〉는 치고(治蠱) 곧 불선지사(不善之事) 즉 선하지 못한[不善之] 일들[事]을 다스려 바로잡음[治]을 포함한다. 선친(先親)의 혹사(惑事) 즉 미혹한[惑] 일[事], 난사(亂事) 즉 어지럽힌[亂] 일[事], 음사(淫事) 즉 이치에 어긋난[淫] 일[事], 탐사(貪事) 즉 탐욕스런[貪] 일[事] 등의 불선(不善)한 일들을 암시한다. 이러한 〈고(蠱)〉를 선친이 범했는지 살펴서 있다면 외면하지 말고, 아버지의[父之] 〈고(蠱)〉를 되풀이하지 말아야 한다는 가르침을 자식이 얻게 됨을 암시한 것이 〈간부지고(幹父之蠱)의 간(幹)〉이다. 여기 〈간(幹)〉은 교정(矯正) 즉 바로잡음[矯正]을 뜻한다. 가문(家門)의 역사의식이 정도(正道)를 걸어 당당하게 하는 아들이[子] 있음[有]을 깨우치게 하는 계사(繫辭)가 〈간부지고(幹父之蠱) 유자(有子) 고무구(考无咎)〉이다.

## 厲(여) 終吉(종길)

힘들어도[厲] 끝내는[終] 행복하다[吉].

〈간부지고(幹父之蠱)〉의 보람을 암시한 점사(占辭)이다. 〈여(厲) 종길(終吉)〉은 〈약기자려대부지고(若其子厲對父之蠱) 기자종길(其子終吉)〉의 줄임으로 여기고 〈만약[若] 그[其] 아들이[子] 아버지의[父之] 일들에[蠱] 대해서[對] 엄정하다면

[厲] 그[其] 아들은[子] 끝내는[終] 행복하다[吉]〉라고 새겨볼 것이다. 여기 〈려(厲)〉는 〈엄정할 엄(嚴)〉과 같다. 돌아가신 아버지가 남기고 간 일들을 아들이 살펴서 〈고(蠱)〉 즉 좋지 않은 일들[蠱]을 찾아내 아들 자신이 되풀이하지 않겠다고 〈간부지고(幹父之蠱)〉를 단행하여 다짐하기란 매우 어렵고 엄정해야 한다. 이러한 부자(父子)는 끝내는[終] 행복함[吉]을 깨닫게 하는 계사(繫辭)가 〈여(厲) 종길(終吉)〉이다.

【字典】

**간(幹)** 〈감내하여 맡을 간(幹)-감임(堪任), 바로잡을 간(幹)-정(正), 초목의 줄기 간(幹)-초목경(草木莖), 등마루 뼈 간(幹)-척골(脊骨), 본질(주체) 간(幹)-본질(本質)-주체(主體), 주재할 간(幹)-주(主), 재능 간(幹)-재능(才能), 출중할 간(幹)-출중(出衆), 곧고 바를 간(幹)-정(貞), 강할 간(幹)-강(强), 편안할 간(幹)-안(安), 도울 간(幹)-조(助)〉 등의 뜻을 내지만 여기선 〈감내하여 맡을 감임(堪任)〉으로 여기고 새기거나 〈바로잡을 정(正)〉과 같다 여기고 새김이 마땅하다.

**父** 〈부-보〉 두 가지로 발음되고, 〈아버지 부(父)-생아지인(生我之人), 금수 수컷의 우두머리 부(父)-금수웅성지친장(禽獸雄性之親長), 친족의 존장 부(父)-친족존장(親族尊長), 동성의 친족 부(父)-동성지친족(同姓之親族), 노인을 존경함을 나타낼 부(父)-존로지칭(尊老之稱), 사나이 부(父)-보(甫), 남자의 미칭 보(父)-남자지미칭(男子之美稱)〉 등의 뜻을 내지만 여기선 〈아버지 부(父)〉로 여기고 새김이 마땅하다. 살아계신 아버지는 부(父), 돌아가신 아버지는 고(考), 살아계신 어머니는 모(母), 돌아가신 어머니는 비(妣)라고 칭한다.

**지(之)** 〈그것(이것) 지(之)-피(彼)-시(是), 뜻 없는 허사(虛詞) 지(之), 갈 지(之)-왕(往)-행(行), 이를 지(之)-지(至), 주격-소유격-목적격 등의 토씨 지(之)〉 등의 뜻을 내지만 여기선 〈~의 지(之)〉로 여기고 새김이 마땅하다.

**고(蠱)** 〈일 고(蠱)-사(事), 미혹할 고(蠱)-혹(惑), 어지러울 고(蠱)-난(亂), 간사할(도리에 어긋날) 고(蠱)-음(淫), 탐할 고(蠱)-탐(貪), 기생충 고(蠱)-복중충(腹中蟲), 밤을 갉아먹는 벌레 고(蠱)-율소화지충(栗所化之蟲), 악귀를 좇고자 빌 고(蠱)-부주(符呪), 독물 고(蠱)-독물(毒物), 의심할 고(蠱)-의(疑), 벌레 먹은 그릇 고(蠱)-수고해지기(受蠱害之器)〉 등의 뜻을 내지만 여기선 〈일 사(事)〉와 같다 여기고 새김이 마땅하다.

**유(有)** 〈있을 유(有)-무지반(無之反), 혹 유(有)-혹(或), 많을 유(有)-다(多)-족(足), 부유할 유(有)-부(富), 얻을(가질) 유(有)-취(取), 간직할 유(有)-장(藏), 보호할 유(有)-보(保), 서로 친할 유(有)-상친(相親), 전일할 유(有)-전(專), 할 유(有)-위(爲), 어조사 유(有)〉 등의 뜻을 내지만 〈있을 유(有)〉로 여기고 새김이 마땅하다.

**자(子)** 〈아들 자(子)-남자(男子), 사내(남자를 일컫는 호칭) 자(子)-남자지통칭(男子之通稱), 존칭(덕 있는 사람의 칭호) 자(子)-유덕자지칭(有德者之稱), 존경받는 사람 자(子)-존자(尊者), 벼슬 자(子)-작(爵), 12지의 첫째 자(子), 음력 11월 자(子), 밤 11시에서 다음날 1시까지 자(子), 북쪽 방향 자(子)-북방(北方), 오행에서 물 자(子)-어오행속수(於五行屬水), 짐승에서 쥐 자(子)-어수위서(於獸爲鼠), 번성할 자(子)-자(滋), 뒤를 이어줄 자(子)-사(嗣)-식(息), 자녀 자(子)-자녀(子女), 자손 자(子)-자손(子孫), 만물 자(子)-만물(萬物), 씨앗(열매) 자(子)-종자(種子)-과실(果實), 누구(사람) 자(子)-인(人)-수자(誰子), 백성 자(子)-백성(百姓)〉 등의 뜻을 내지만 여기선 〈아들 자(子)〉로 여기고 새김이 마땅하다.

**고(考)** 〈오래 살 고(考)-노(老), 죽은 아비 고(考)-부사칭(父死稱), {덕(德)을} 이룰 고(考)-성(成), 마칠 고(考)-종(終), 오를 고(考)-등(登), 합할 고(考)-합(合), 상고할 고(考)-계(稽), 살필 고(考)-찰(察)-안(按), 볼 고(考)-관(觀), 본받을 고(考)-교(校)〉 등의 뜻을 내지만 여기선 〈죽은 아비 고(考)〉로 여기고 새김이 마땅하다.

**무(无)** 〈없을 무(无)-무(無), 허무지도 무(无)-허무지도(虛无之道), 으뜸 무(无)-원(元)〉 등의 뜻을 내지만 여기선 〈없을 무(無)〉와 같다 여기고 새김이 마땅하다.

**구(咎)** 〈허물 구(咎)-건(愆), 재앙 구(咎)-재(災), 미워할 구(咎)-구(仇)〉 등의 뜻을 내지만 여기선 〈허물 건(愆)〉과 같아 구건(咎愆)의 줄임말로 여기고 새김이 마땅하다.

**여(厲)** 〈엄정할 여(厲)-엄(嚴), 사나울 여(厲)-학(虐), 맑고 바를 여(厲)-청정(淸正), 위태할 여(厲)-위(危), 마찰할 여(厲)-마(磨), 막을 여(厲)-항(抗), 일어날 여(厲)-기(起), 지을 여(厲)-작(作), 병들 여(厲)-병(病), 낭떠러지 여(厲)-애(涯)〉 등의 뜻을 내지만 여기선 〈엄정할 엄(嚴)〉과 같다 여기고 새김이 마땅하다.

**종(終)** 〈끝내(끝날) 종(終)-이(已), 다할 종(終)-진(盡)-극(極)-궁(窮)-경(竟), 충분할 종(終)-충(充), 이룰 종(終)-성(成), 사망 종(終)-사(死), 끝 종(終)-시지대(始之對)〉 등의 뜻을 내지만 여기선 〈끝내 이(已)〉와 같다 여기고 새김이 마땅하다.

**길(吉)** 〈좋을(행복할) 길(吉)-선(善)-영(令) {영월길일(令月吉日)은 선월선일(善月善日)임.}, 복 길(吉)-실(實)-선실(善實)-복(福), 예의를 따라 상서로울 길(吉)-예의순상(禮義順祥), 삼갈 길(吉)-근(謹), 초하루 길(吉)-삭일(朔日) {삭망(朔望) 즉 초하루[朔]와 그믐날[望]}, 길례 길(吉)-길례(吉禮) {오례지일(五禮之一) 길흉빈군가(吉凶賓軍嘉)}, 갈 길(吉)-행(行)-길(趌)〉 등의 뜻을 내지만 여기선 〈행복할 길(吉)〉과 같다 여기고 새김이 마땅하다.

---

註 건천야(乾天也) 고(故) 칭호부(稱乎父) : 건은[乾 : ☰] 하늘[天]이다[也]. 그래서[故] 아버지라[乎父] 칭한다[稱].
「설괘전(說卦傳)」 10단락(段落)

## 구이(九二 : ⚊)

九二 : 幹母之蠱니 不可貞이라
간 모 지 고 　불 가 정

구이(九二) : 어머니의[母之] 일을[蠱] 바로잡음이니[幹] 강직할[貞] 수 없다[不可].

### 【구이(九二)의 효상(爻象) 풀이】

고괘(蠱卦 : ䷑)의 구이(九二 : ⚊)는 이양거음(以陽居陰) 즉 양(陽 : ⚊)으로써[以] 음(陰 : ⚋)의 자리에 있는지라[居] 정당한 자리에 있지 못하다. 구이(九二 : ⚊)와 초륙(初六 : ⚋)은 양음(陽陰)의 사이인지라 비(比) 즉 이웃의 사귐[比]을 누리지만, 구이(九二 : ⚊)와 구삼(九三 : ⚊)은 양양(兩陽) 즉 둘 다[兩] 양(陽 : ⚊)인지라 비(比)를 누리지 못하고 오히려 상충(相衝) 즉 서로[相] 부딪칠[衝] 사이이기 쉽다. 그러나 구이(九二 : ⚊)와 육오(六五 : ⚋)는 서로 부중정(不中正) 즉 중효이되[中] 정당한 자리에 있지 못하지만[不正] 정응(正應) 즉 서로 바르게[正] 호응하여[應] 득중(得中) 즉 정도를 따름을[中] 취하여[得] 매사(每事)를 마주할 수 있다. 따라서 강강(剛强)한 구이(九二 : ⚊)이지만 음위(陰位)에 있음을 깨닫고 강유(剛柔)를 융화(融和)해가는 모습이다.

고괘(蠱卦 : ䷑)의 구이(九二 : ⚊)가 육이(六二 : ⚋)로 변효(變爻)하면 구이(九二 : ⚊)는 고괘(蠱卦 : ䷑)를 52번째 간괘(艮卦 : ䷳)로 지괘(之卦)하게 한다. 따라서 고괘(蠱卦 : ䷑)의 구이(九二 : ⚊)는 간괘(艮卦 : ䷳)의 육이(六二 : ⚋)를 찾아가 살펴보게 한다.





【구이(九二)의 계사(繫辭) 풀이】

## 幹母之蠱(간모지고) 不可貞(불가정)

## 어머니의[母之] 일을[蠱] 바로잡음이니[幹] 강직할[貞] 수 없다[不可].

구이(九二 : ⚊)와 육오(六五 : ⚋)의 정응(正應)을 빌려 암시한 계사(繫辭)이다. 〈간모지고(幹母之蠱)〉는 〈구이간모지고(九二幹母之蠱)〉의 줄임으로 여기고 〈구이가[九二] 어머니의[母之] 일을[蠱] 바로잡는다[幹]〉라고 새겨볼 것이다. 구이(九二 : ⚊)와 육오(六五 : ⚋)가 다 같이 부정위(不正位)에 있는지라 비록 중정(中正)을 누리지는 못하지만 정응(正應) 즉 올바르게[正] 호응하고[應] 있는 모습인지라, 구이(九二 : ⚊)가 음양(陰陽)을 아우를 수 있음을 암시한 것이 〈간모지고(幹母之蠱)〉이다. 양강(陽剛)한 구이(九二 : ⚊)가 음유(陰柔)한 육오(六五 : ⚋)와 정응(正應)하는 바가 있어서 구이(九二 : ⚊)의 강강(剛强)한 재(才) 즉 재능[才]으로써 위에 있는 음유(陰柔)의 일들을[蠱] 바로잡아가기에[幹] 〈간모지고(幹母之蠱)〉라 한 것이다. 육오(六五 : ⚋)와 구이(九二 : ⚊)를 군신(君臣)의 관계로 보지 않고, 구이(九二 : ⚊)가 고괘(蠱卦 : ䷑)의 하체(下體) 손(巽 : ☴)의 중효(中爻)로서 처유(處柔) 즉 음(陰)의[柔] 자리에 있어서[處] 육오(六五 : ⚋)와 구이(九二 : ⚊)를 모자(母子)의 관계로 본 것이 〈간모지고(幹母之蠱)〉이다. 〈간모지고(幹母之蠱)의 모(母)〉는 육오(六五 : ⚋)를 나타낸다. 따라서 〈간모지고(幹母之蠱)의 간(幹)〉은 어머니의 일생을 규정(糾正) 즉 거두어[糾] 바로잡음[正]을 뜻함과 동시에 그 〈간(幹)〉을 감내하면서[堪] 맡음[任]을 뜻하기도 한다.

아버지로부터 내림한 인간사와는 달리 어머니로부터 내림한 인간사에 〈고(蠱)〉 즉 괴사(壞事)나 혹사(惑事)가 있을 경우가 별로 없음을 암시하면서 동시에 모자간(母子間)의 정리(情理)를 암시하는 것이 〈불가정(不可貞)〉이다. 〈불가정(不可貞)〉은 〈자불가정대간모지고(子不可貞對幹母之蠱)〉의 줄임으로 여기고 〈자식이

[子] 어머니의[母之] 일을[蠱] 바로잡음에[幹] 대하여[對] 강직할[貞] 수 없다[不可]〉라고 새겨볼 것이다. 여기 〈불가정(不可貞)의 정(貞)〉은 강직(剛直) 즉 마음이 꼿꼿하고[剛] 곧음[直]을 뜻한다. 〈불가정(不可貞)〉은 〈간모지고(幹母之蠱)의 간(幹)〉은 〈간부지고(幹父之蠱)의 간(幹)〉처럼 강직할 수 없다는 것이다. 아버지의 〈고(蠱)〉를 바로잡음[幹]에는 〈가정(可貞)〉 즉 강직할[貞] 수 있지만[可], 어머니의 〈고(蠱)〉를 바로잡음[幹]에는 강직할 수 없다는 것이 여기 〈불가정(不可貞)〉이다. 〈모지고(母之蠱)〉를 간(幹)함은 〈부지고(父之蠱)〉를 간(幹)함보다 더욱더 어려움을 암시한 점사(占辭)가 〈불가정(不可貞)〉이다.

아버지는 세간사(世間事)에 매달린 삶 탓으로 〈고(蠱)〉 즉 괴사(壞事)나 혹사(惑事)를 자식에게 남겨줄 수 있지만 육아와 가사에 정성을 다한 모정(母情)이 〈고(蠱)〉를 범할 까닭이 거의 없기 때문이다. 그러므로 〈간모지고(幹母之蠱)〉가 강직하기만 하다면 모자(母子)의 정을 상하게 할 수 있음을 밝힌 점사(占辭)가 또한 〈불가정(不可貞)〉이다. 모정(母情)을 상처 내면 천도(天道) 즉 자연의[天] 도리[道]를 어김이다. 천도(天道)를 어김은 〈간(幹)〉일 수 없다. 그러므로 〈간모지고(幹母之蠱)〉는 〈간부지고(幹父之蠱)〉처럼 감임(堪任) 즉 차마 못할 일을 참으면서[堪] 맡아야[任] 할 바로잡음[幹]이 아님을 헤아리게 하는 것이 〈불가정(不可貞)〉이다. 이는 구이(九二 : ━)가 중효(中爻)로서 득중(得中) 즉 정도를 따름을[中] 취해서[得] 양강(陽剛)이면서도 음유(陰柔)의 자리에 있는지라 양강에 치우치지 않고 강유(剛柔)를 더불어 구제하는 모습을 밝히는 계사(繫辭)가 〈간모지고(幹母之蠱) 불가정(不可貞)〉이다.

【字典】

**간(幹)** 〈감내하여 맡을 간(幹)-감임(堪任), 바로잡을 간(幹)-정(正), 초목의 줄기 간(幹)-초목경(草木莖), 등마루 뼈 간(幹)-척골(脊骨), 본질(주체) 간(幹)-본질(本質)-주체(主體), 주재할 간(幹)-주(主), 재능 간(幹)-재능(才能), 출중할 간(幹)-출중(出衆), 곧고 바를 간(幹)-정(貞), 강할 간(幹)-강(强), 편안할 간(幹)-안(安), 도울 간(幹)-조(助)〉 등의 뜻을 내지만 여기선 〈감내하여 맡을 감임(堪任)〉으로 여기고 새기거나 〈바로잡을 정(正)〉과 같다 여기고 새김이 마땅하다.

**모(母)** 〈어머니 모(母)-유자(乳子)-목(牧)-생아지인(生我之人), 늙은 여인의 통칭

모(母)-노부지통칭(老婦之通稱), 유모 모(母)-유모(乳母), 여자를 높여 일컬음 모(母)-여자존장지칭(女子尊長之稱), 금수의 암컷 모(母)-빈(牝), 땅 모(母)-지(地), 근원의 뜻 모(母)-근원지의(根源之意), 엄지손가락 모(母)-무(拇)-무지(拇指), 곤괘 모(母)-곤괘(坤卦), 음기 모(母)-음(陰), 크거나 무거운 물건 모(母)-대자중자위모(大者重者爲母)〉 등의 뜻을 내지만 여기선 〈어머니 모(母)〉로 여기고 새김이 마땅하다.

**지(之)** 〈그것(이것) 지(之)-피(彼)-시(是), 뜻 없는 허사(虛詞) 지(之), 갈 지(之)-왕(往)-행(行), 이를 지(之)-지(至), 주격-소유격-목적격 등의 토씨 지(之)〉 등의 뜻을 내지만 여기선 〈~의 지(之)〉로 여기고 새김이 마땅하다.

**고(蠱)** 〈일 고(蠱)-사(事), 미혹할 고(蠱)-혹(惑), 어지러울 고(蠱)-난(亂), 간사할(도리에 어긋날) 고(蠱)-음(淫), 탐할 고(蠱)-탐(貪), 기생충 고(蠱)-복중충(腹中蟲), 밤을 갉아먹는 벌레 고(蠱)-율소화지충(栗所化之蟲), 악귀를 좇고자 빌 고(蠱)-부주(符呪), 독물 고(蠱)-독물(毒物), 의심할 고(蠱)-의(疑), 벌레 먹은 그릇 고(蠱)-수고해지기(受蠱害之器)〉 등의 뜻을 내지만 여기선 〈일 사(事)〉와 같다 여기고 새김이 마땅하다.

**不** 〈불-부〉 등으로 발음되고, 〈않을(없을) 불(不)-부(不)-무(無), 아닐 불(不)-부(不)-비(非), 하지 말 불(不)-부(不)-막(莫)-금지(禁止), 정하지 않을 불(不)-부(不)-부(否)-미정(未定), 새가 날아올라 내려오지 않는 불(不)-부(不)-조비상불하래(鳥飛上不下來)〉 등의 뜻을 내지만 여기선 〈아닐 비(非)〉로 여기고 새김이 마땅하다.

**可** 〈가-극〉 두 가지로 발음되고, 〈~할 수 있을 가(可)-능(能), 마땅할 가(可)-의(宜)-당(當), 옳을 가(可)-부지대(否之對), 허락할 가(可)-허(許)-긍(肯), 착할 가(可)-선(善), 합의할 가(可)-합의(合意), 괜찮을 가(可)-미족지사(未足之辭), 족할 가(可)-족(足), 바 가(可)-소(所), 멈출 가(可)-지(止), 뜻을 이룰 가(可)-수의(遂意), 쓸 가(可)-용(用), 만큼 가(可)-정(程), 겨우 가(可)-근(僅), 오랑캐 극(可)〉 등의 뜻을 내지만 여기선 〈~할 수 있을 능(能)〉과 같다 여기고 새김이 마땅하다.

**정(貞)** 〈꼿꼿하고 곧을 정(貞)-강직(剛直), 거북점을 물을 정(貞)-복문(卜問), 역(易)의 내괘(內卦) 정(貞), 바를 정(貞)-정(正), 믿을 정(貞)-신(信), 마땅할 정(貞)-당(當), 정할 정(貞)-정(定), 순수할 정(貞)-전(專)-일(一)〉 등의 뜻을 내지만 여기선 〈꼿꼿하고 곧을 강직(剛直)〉으로 여기고 새김이 마땅하다.

## 구삼(九三 : ⚊)

**九三 : 幹父之蠱니 小有悔나 无大咎리라**
간부지고 소유회 무대구

구삼(九三) : 아버지의[父之] 일을[蠱] 바로잡음에[幹] 경미하나마[小] 한스러움이[悔] 있으나[有] 크게[大] 허물은[咎] 없다[无].

**【구삼(九三)의 효상(爻象) 풀이】**

고괘(蠱卦 : ䷑)의 구삼(九三 : ⚊)은 이양거양(以陽居陽) 즉 양(陽 : ⚊)으로써[以] 양(陽 : ⚊)의 자리에 있는지라[居] 정당한 자리에 있다. 구삼(九三 : ⚊)과 육사(六四 : ⚋)는 양음(陽陰)의 사이인지라 비(比) 즉 이웃의 사귐[比]을 누리지만, 구삼(九三 : ⚊)과 상구(上九 : ⚊)는 양양(兩陽) 즉 둘 다[兩] 양(陽 : ⚊)인지라 부정응(不正應) 즉 바르게[正] 호응하지 못한다[不應]. 구삼(九三 : ⚊)은 고괘(蠱卦 : ䷑)의 하체(下體) 손(巽 : ☴)의 중위(中位)를 벗어나 상위(上位)에 있기에 편강(偏剛) 즉 굳셈에[剛] 치우치지만[偏] 공순(恭順)한 손(巽 : ☴)의 상효(上爻)인지라 사친(事親) 즉 어버이를[親] 섬기는[事] 모습이다.

> 고괘(蠱卦 : ䷑)의 구삼(九三 : ⚊)이 육삼(六三 : ⚋)으로 변효(變爻)하면 구삼(九三 : ⚊)은 고괘(蠱卦 : ䷑)를 4번째 몽괘(蒙卦 : ䷃)로 지괘(之卦)하게 한다. 따라서 고괘(蠱卦 : ䷑)의 구삼(九三 : ⚊)은 몽괘(蒙卦 : ䷃)의 육삼(六三 : ⚋)을 찾아가 살펴보게 한다.

**【구삼(九三)의 계사(繫辭) 풀이】**

### 幹父之蠱(간부지고) 小有悔(소유회) 无大咎(무대구)

아버지의[父之] 일을[蠱] 바로잡음에[幹] 경미하나마[小] 한스러움이[悔] 있으나[有] 크게[大] 허물은[咎] 없다[无].

구삼(九三 : ⚊)의 효위(爻位)를 빌려 암시한 계사(繫辭)이다. 〈간부지고(幹父之蠱)〉는 〈구삼간부지고(九三幹父之蠱)〉의 줄임으로 여기고 〈구삼이[九三] 아버지의[父之] 일을[蠱] 바로잡는다[幹]〉라고 새겨볼 것이다. 구삼(九三 : ━)은 양(陽 : ━)이면서 양위(陽位)에 있는지라 편강(偏剛) 즉 굳셈이[剛] 지나치려 한다[偏]. 구삼(九三 : ━)이 〈부지고(父之蠱)〉를 〈간(幹)〉 즉 바로잡음[幹]에 굳셈이[剛] 지나치기[偏] 쉬움을 암시한 것이 〈소유회(小有悔)〉이다. 〈소유회(小有悔)〉는 〈구삼소유회관어간부지고(九三小有悔關於幹父之蠱)〉의 줄임으로 여기고 〈아버지의[父之] 일을[蠱] 바로잡음에[幹] 관해서[關於] 구삼에게[九三] 경미하나마[小] 후회함이[悔] 있다[有]〉라고 새겨볼 것이다. 무슨 일에서든 편과(偏過) 즉 치우쳐[偏] 지나치면[過] 후회하게[悔] 된다. 바로잡는[幹] 일일수록 치우쳐 지나치면 정도(正道)에 어긋나기 때문이다. 그러나 선친(先親)이 남기고 간 일들[蠱] 중에서 바로잡아[幹] 아버지의 불선지사(不善之事)를 치고(治蠱)하여 선친에 대한 민망함에 한스러움[悔]이 있다 할지라도, 물려받지 않아야 함을 깨닫게 되는 자식에게 크게[大] 허물은[咎] 없다[无]고 암시한 계사(繫辭)가 〈간부지고(幹父之蠱) 소유회(小有悔) 무대구(无大咎)〉이다.

【字典】

**간(幹)** 〈감내하여 맡을 간(幹)-감임(堪任), 바로잡을 간(幹)-정(正), 초목의 줄기 간(幹)-초목경(草木莖), 등마루 뼈 간(幹)-척골(脊骨), 본질(주체) 간(幹)-본질(本質)-주체(主體), 주재할 간(幹)-주(主), 재능 간(幹)-재능(才能), 출중할 간(幹)-출중(出衆), 곧고 바를 간(幹)-정(貞), 강할 간(幹)-강(强), 편안할 간(幹)-안(安), 도울 간(幹)-조(助)〉 등의 뜻을 내지만 여기선 〈감내하여 맡을 감임(堪任)〉으로 여기고 새기거나 〈바로잡을 정(正)〉과 같다 여기고 새김이 마땅하다.

**父** 〈부-보〉 두 가지로 발음되고, 〈아버지 부(父)-생아지인(生我之人), 금수 수컷의 우두머리 부(父)-금수웅성지친장(禽獸雄性之親長), 친족의 존장 부(父)-친족존장(親族尊長), 동성의 친족 부(父)-동성지친족(同姓之親族), 노인을 존경함을 나타낼 부(父)-존로지칭(尊老之稱), 사나이 부(父)-보(甫), 남자의 미칭 보(父)-남자지미칭(男子之美稱)〉 등의 뜻을 내지만 여기선 〈아버지 부(父)〉로 여기고 새김이 마땅하다. 살아계신 아버지는 부(父), 돌아가신 아버지는 고(考), 살아계신 어머니는 모(母), 돌아가신 어머니는 비(妣)라고 한다.

**지(之)** 〈그것(이것) 지(之)-피(彼)-시(是), 뜻 없는 허사(虛詞) 지(之), 갈 지(之)-왕

(往)-행(行), 이를 지(之)-지(至), 주격-소유격-목적격 등의 토씨 지(之)〉 등의 뜻을 내지만 여기선 〈~의 지(之)〉로 여기고 새김이 마땅하다.

**고(蠱)** 〈일 고(蠱)-사(事), 미혹할 고(蠱)-혹(惑), 어지러울 고(蠱)-난(亂), 간사할(도리에 어긋날) 고(蠱)-음(淫), 탐할 고(蠱)-탐(貪), 기생충 고(蠱)-복중충(腹中蟲), 밤을 갉아먹는 벌레 고(蠱)-율소화지충(栗所化之蟲), 악귀를 좇고자 빌 고(蠱)-부주(符呪), 독물 고(蠱)-독물(毒物), 의심할 고(蠱)-의(疑), 벌레 먹은 그릇 고(蠱)-수고해지기(受蠱害之器)〉 등의 뜻을 내지만 여기선 〈일 사(事)〉와 같다 여기고 새김이 마땅하다.

**소(小)** 〈경미할(작을) 소(小)-미(微), 음(陰)을 칭하는 소(小), 자잘할 소(小)-세(細), 짧을 소(小)-단(短), 좁을 소(小)-협(狹), 어릴 소(小)-유(幼), 천할 소(小)-천(賤), 첩 소(小)-첩(妾)〉 등의 뜻을 내지만 여기선 〈경미할 미(微)〉로 여기고 새김이 마땅하다.

**유(有)** 〈있을 유(有)-무지반(無之反), 혹 유(有)-혹(或), 많을 유(有)-다(多)-족(足), 부유할 유(有)-부(富), 얻을(가질) 유(有)-취(取), 간직할 유(有)-장(藏), 보호할 유(有)-보(保), 서로 친할 유(有)-상친(相親), 전일할 유(有)-전(專), 할 유(有)-위(爲), 어조사 유(有)〉 등의 뜻을 내지만 〈있을 유(有)〉로 여기고 새김이 마땅하다.

**회(悔)** 〈한스러울 회(悔)-한(恨), 거만할 회(悔)-만(慢), 뉘우칠 회(悔)-오(懊), 실패할 회(悔)-실(失), 후회할 회(悔)-후회(後悔), (잘못 등을) 고칠 회(悔)-개(改), 책망할 회(悔)-구(咎), 대성괘의 상체(上體) 회(悔)〉 등의 뜻을 내지만 여기선 〈한스러울 한(恨)〉과 같다 여기고 새김이 마땅하다. 대성괘(大成卦)의 하체(下體) 즉 내괘(內卦)를 〈정(貞)〉이라 일컫고, 상체(上體) 즉 외괘(外卦)를 〈회(悔)〉라고 일컫는다.

**무(无)** 〈없을 무(无)-무(無), 허무지도 무(无)-허무지도(虛无之道), 으뜸 무(无)-원(元)〉 등의 뜻을 내지만 여기선 〈없을 무(無)〉와 같다 여기고 새김이 마땅하다.

**대(大)** 〈큰 대(大)-소지대(小之對), 넓을 대(大)-광(廣), 두루 대(大)-편(徧), 통할 대(大)-통(通), 길 대(大)-장(長), (땅을) 걸게 할 대(大)-비(肥), 두터울 대(大)-후(厚), 많을 대(大)-다(多), 모두 대(大)-개(皆), 선할 대(大)-선(善), 무거울 대(大)-중(重), 거대할 대(大)-거(巨), 아름다울 대(大)-미(美)-장(壯), 부유할 대(大)-부(富), 늙을 대(大)-노(老), 지나칠 대(大)-과(過), 끝 대(大)-극(極), 대충 대(大)-조(組)-불세밀(不細密), 과대할 대(大)-과(誇)-긍벌(矜伐), 처음 대(大)-초(初), 하늘 대(大)-천(天), 건(乾)-양기(陽氣)-강효(剛爻) 대(大)〉 등의 뜻을 내지만 여기선 〈큰 대(大)〉로 여기고 새김이 마땅하다.

**구(咎)** 〈허물 구(咎)-건(愆), 재앙 구(咎)-재(災), 미워할 구(咎)-구(仇)〉 등의 뜻을 내지만 여기선 〈허물 건(愆)〉과 같아 구건(咎愆)의 줄임말로 여기고 새김이 마땅하다.

## 육사(六四 : --)

六四 : 裕父之蠱니 往見吝하리라
유부지고 왕견린

육사(六四) : 아버지의[父之] 일들을[蠱] 너그럽게 여기지만[裕] 가보면[往] 부끄럽게만 된다[見吝].

**【육사(六四)의 효상(爻象) 풀이】**

고괘(蠱卦 : ䷑)의 육사(六四 : --)는 이음거음(以陰居陰) 즉 음(陰 : --)으로써[以] 음(陰 : --)의 자리에 있는지라[居] 정당한 자리에 있다. 육사(六四 : --)와 구삼(九三 : ━)은 음양(陰陽)의 사이인지라 비(比) 즉 이웃의 사귐[比]을 누리지만, 육사(六四 : --)와 육오(六五 : --)는 양음(兩陰) 즉 둘 다[兩] 음(陰 : --)인지라 부정응(不正應) 즉 바르게[正] 호응하지 못한다[不應]. 육사(六四 : --)는 고괘(蠱卦 : ䷑)의 상체(上體) 간(艮 : ☶)의 초효(初爻)로서 정위(正位)에 있어서 관유(寬柔) 즉 너그럽고[寬] 부드러워[裕] 아버지의 일들[蠱]을 바로잡기 힘든 모습이다.

고괘(蠱卦 : ䷑)의 육사(六四 : --)가 구사(九四 : ━)로 변효(變爻)하면 육사(六四 : --)는 고괘(蠱卦 : ䷑)를 50번째 정괘(鼎卦 : ䷱)로 지괘(之卦)하게 한다. 따라서 고괘(蠱卦 : ䷑)의 육사(六四 : --)는 정괘(鼎卦 : ䷱)의 구사(九四 : ━)를 찾아가 살펴보게 한다.

**【육사(六四)의 계사(繫辭) 풀이】**

### 裕父之蠱(유부지고) 往見吝(왕견린)

아버지의[父之] 일들을[蠱] 너그럽게 여기지만[裕] 가보면[往] 부끄럽게만 된다[見吝].

육사(六四 : --)의 효위(爻位)를 빌려 암시한 계사(繫辭)이다. 〈유부지고(裕父之

蠱)〉는 〈육사유부지고(六四裕父之蠱)〉의 줄임으로 여기고 〈육사는[六四] 아버지의[父之] 일을[蠱] 너그럽게 여긴다[裕]〉라고 새겨볼 것이다. 〈유부지고(裕父之蠱)의 유(裕)〉는 육사(六四 : --)가 음(陰 : --)의 정위(正位)에 있어서 유순(柔順)할 뿐임을 암시한다. 자식으로서 제 아버지의 괴사(壞事)나 혹사(惑事)를 바로잡자면[幹] 강직(剛直)해야 한다. 그러나 육사(六四 : --)는 본바탕이 부드럽고[柔] 따르기[順]를 택하는지라 매사(每事)를 너그럽게[裕] 마주한다. 이러한 육사(六四 : --)가 제 아버지의 〈고(蠱)〉를 바로잡을[幹] 생각을 강직하게 감행하지 못함을 〈유부지고(裕父之蠱)의 유(裕)〉라고 암시한다. 〈유부지고(裕父之蠱)의 유(裕)〉는 〈너그러워 엄격하지 못할 관(寬)〉과 같다. 그렇기 때문에 〈왕견린(往見吝)〉이라고 점사한 것이다.

〈왕견린(往見吝)〉은 〈수륙사왕어부지고(雖六四往於父之蠱) 육사자견린어유부지고(六四自見吝於裕父之蠱)〉의 줄임으로 여기고 〈비록[雖] 육사가[六四] 아버지의[父之] 일들[蠱]에[於] 가보아도[往] 육사(六四) 스스로[自] 유부지고(裕父之蠱)에 의해서[於] 부끄럽게 된다[見吝]〉라고 새겨볼 것이다. 〈왕견린(往見吝)의 왕(往)〉은 아버지의 〈고(蠱)〉를 바로잡아[幹] 보려고 시도했음을 뜻하고, 〈견린(見吝)〉은 피동태로 〈부끄럽게 된다[見吝]〉고 새기면 된다. 여기 〈왕(往)〉은 지어부지고(至於父之蠱) 즉 아버지의[父之] 일들[蠱]에[於] 이르러 봄[至]을 암시한다. 따라서 육사(六四 : --)가 아버지의 〈고(蠱)〉를 살펴보고 설령 불선지사(不善之事) 즉 선하지 못한[不善之] 일들[事]을 찾았다 해도 태생(胎生)이 유순(柔順)하여 너그러울[裕] 뿐인지라 바로잡지[幹] 못해 부끄럽게 됨[見吝]을 암시한 계사(繫辭)가 〈유부지고(裕父之蠱) 왕견린(往見吝)〉이다.

【字典】

**유(裕)** 〈너그러울 유(裕)-관(寬), 넉넉할(여유로울) 유(裕)-요(饒), 흡족할 유(裕)-족(足), 늘어질 유(裕)-완(緩), 포용할 유(裕)-용(容), 열 유(裕)-개(開)〉 등의 뜻을 내지만 여기선 〈너그러울 관(寬)〉과 같아 유관(裕寬)의 줄임말로 여기고 새김이 마땅하다.

**父** 〈부-보〉 두 가지로 발음되고, 〈아버지 부(父)-생아지인(生我之人), 금수 수컷의 우두머리 부(父)-금수웅성지친장(禽獸雄性之親長), 친족의 존장 부(父)-친족존장(親族尊長), 동성의 친족 부(父)-동성지친족(同姓之親族), 노인을 존경함을 나타낼 부

(父)-존로지칭(尊老之稱), 사나이 부(父)-보(甫), 남자의 미칭 보(父)-남자지미칭(男子之美稱)〉 등의 뜻을 내지만 여기선 〈아버지 부(父)〉로 여기고 새김이 마땅하다. 살아계신 아버지는 부(父), 돌아가신 아버지는 고(考), 살아계신 어머니는 모(母), 돌아가신 어머니는 비(妣)라고 한다.

**지(之)** 〈그것(이것) 지(之)-피(彼)-시(是), 뜻 없는 허사(虛詞) 지(之), 갈 지(之)-왕(往)-행(行), 이를 지(之)-지(至), 주격-소유격-목적격 등의 토씨 지(之)〉 등의 뜻을 내지만 여기선 〈~의 지(之)〉로 여기고 새김이 마땅하다.

**고(蠱)** 〈일 고(蠱)-사(事), 미혹할 고(蠱)-혹(惑), 어지러울 고(蠱)-난(亂), 간사할(도리에 어긋날) 고(蠱)-음(淫), 탐할 고(蠱)-탐(貪), 기생충 고(蠱)-복중충(腹中蟲), 밤을 갉아먹는 벌레 고(蠱)-율소화지충(栗所化之蟲), 악귀를 좇고자 빌 고(蠱)-부주(符咒), 독물 고(蠱)-독물(毒物), 의심할 고(蠱)-의(疑), 벌레 먹은 그릇 고(蠱)-수고해지기(受蠱害之器)〉 등의 뜻을 내지만 여기선 〈일 사(事)〉와 같다 여기고 새김이 마땅하다.

**왕(往)** 〈이를 왕(往)-지(至), 갈 왕(往)-행(行)-지(之)-거(去), 향할 왕(往)-향(向), 옛 왕(往)-석(昔), 이따금 왕(往)-시시(時時), 뒤 왕(往)-후(後)〉 등의 뜻을 내지만 〈이를 지(至)〉와 같다 여기고 새김이 마땅하다.

**見** 〈견-현〉 두 가지로 발음되고, 〈미칠(당할) 견(見)-피(被)-당(當), 볼 견(見)-식(識)-시(視), 생각할 견(見)-사(思), 돌아볼 견(見)-고(顧), 만나볼 견(見)-회(會), 드러날 현(見)-노(露), 나타날 현(見)-현(顯), 있을 현(見)-재(在), 보일 현(見)-조(朝)〉 등의 뜻을 내지만 여기선 〈당할 피(被)〉와 같다 여기고 새김이 마땅하다. 여기 〈견린(見吝)의 견(見)〉은 동사 앞에 놓여 피동의 뜻을 내게 하는 구실을 한다. 〈한스럽다(吝)〉는 능동을 〈한스러워진다[見吝]〉는 피동으로 바뀌게 한다.

**인(吝)** 〈한스러울 인(吝)-한(恨), 부끄러울 인(吝)-치(恥)-수(羞), 아낄 인(吝)-석(惜), 인색할 인(吝)-색(嗇), 욕심낼 인(吝)-탐(貪)〉 등의 뜻을 내지만 여기선 〈한스러울 한(恨)〉과 같다 여기고 새김이 마땅하다. 〈吝〉이 맨 앞에 있을 때는 〈인〉으로 읽고, 가운데나 뒤에 있을 때는 〈린〉으로 읽는다.

# 육오(六五 : --)

六五：幹父之蠱니 用譽리라
간부지고 용예

육오(六五) : 아버지의[父之] 일을[蠱] 바로잡으니[幹] 그로써[用] 명예롭다[譽].

【육오(六五)의 효상(爻象) 풀이】

고괘(蠱卦 : ䷑)의 육오(六五 : --)는 이음거양(以陰居陽) 즉 음(陰 : --)으로써[以] 양(陽 : —)의 자리에 있는지라[居] 정당한 자리에 있지 못하다. 육오(六五 : --)와 육사(六四 : --)는 양음(兩陰) 즉 둘 다[兩] 양(陽 : —)인지라 비(比) 즉 이웃의 사귐[比]을 누리지 못하지만, 상구(上九 : —)와는 음양(陰陽)의 사이인지라 이웃의 사귐[比]을 누린다. 그리고 육오(六五 : --)와 구이(九二 : —)는 서로 부정위(不正位)에 있어서 중정(中正) 즉 중효로서[中] 정위에 있음[正]을 서로 누릴 수는 없지만 정응(正應) 즉 바르게[正] 호응하는[應] 사이이다. 육오(六五 : --)가 관유(寬柔)한 군왕(君王)이면서 강강(剛强)한 구이(九二 : —)를 아들로 두고 있어서 자랑스러운 모습이다.

고괘(蠱卦 : ䷑)의 육오(六五 : --)가 구오(九五 : —)로 변효(變爻)하면 육오(六五 : --)는 고괘(蠱卦 : ䷑)를 57번째 손괘(巽卦 : ䷸)로 지괘(之卦)하게 한다. 따라서 고괘(蠱卦 : ䷑)의 육오(六五 : --)는 손괘(巽卦 : ䷸)의 구오(九五 : —)를 찾아가 살펴보게 한다.

【육오(六五)의 계사(繫辭) 풀이】

## 幹父之蠱(간부지고) 用譽(용예)

아버지의[父之] 일을[蠱] 바로잡으니[幹] 그로써[用] 명예롭다[譽].

육오(六五 : --)의 효위(爻位)를 빌려 암시한 계사(繫辭)이다. 〈간부지고(幹父之蠱)〉는 〈육오간부지고(六五幹父之蠱)〉의 줄임으로 여기고 〈육오가[六五] 아버지의[父之] 일을[蠱] 바로잡는다[幹]〉라고 새겨볼 것이다. 군왕(君王)으로서 육오(六五 :

--)는 음(陰 : --)이면서 양위(陽位)에 있는지라 유강(柔剛) 즉 부드러움과[柔] 굳셈[剛]을 아우르려 하되 관유(寬柔)에 기울어지기 쉽다. 따라서 육오(六五 : --)가 강강(剛强)한 구이(九二 : ㅡ)와 모자(母子)로서 정응(正應)하니 부왕(父王)의 일들을[蠱] 바로잡음[幹]을 구이(九二 : ㅡ)에게 맡길 수 있다. 육오(六五 : --)가 유순(柔順)하여 창업(創業) 같은 대업을 감행하지는 못할지언정 구업(舊業)을 이어받아 선불선(善不善)을 바로잡아[幹] 선사(善事)를 취하고 불선(不善)한 일을 바로잡아갈 수는 있다. 따라서 육오(六五 : --)의 〈간부지고(幹父之蠱)의 부지고(父之蠱)〉는 곧 선왕(先王)의 〈고(蠱)〉이다. 임금의 〈고(蠱)〉란 비선정(非善政) 즉 선정이[善政] 아닌 것[非]을 말한다. 선정(善政)이 아닌 것을 바로잡아[幹] 계승자(繼承者)로서 육오(六五 : --)가 선정(善政)을 베풂을 암시한 것이 〈간부지고(幹父之蠱)〉이다. 육오(六五 : --)가 군왕(君王)이지만 유순(柔順)하여 중화(中和) 즉 서로 어울림을[和] 따르려는[中] 덕성을 품고 있어서 선왕(先王)의 〈고(蠱)〉를 바로잡음[幹]에 너그러울 수 있다. 그러나 육오(六五 : --)에게는 자식이면서 충직한 신하 구이(九二 : ㅡ)가 있다. 구이(九二 : ㅡ)는 강효(剛爻)로서 지기(志氣)가 강강(剛强) 즉 굳세고[剛] 강하면서도[强] 육오(六五 : --)와 바르게[正] 호응하여[應] 육오(六五 : --)가 〈부지고(父之蠱)〉를 바로잡도록[幹] 충성을 다해 돕기 때문에 성공을 거둘 수 있음을 암시한 것이 〈용예(用譽)〉이다.

〈용예(用譽)〉는 〈육오용간부지고(六五用幹父之蠱) 소이륙오예(所以六五譽)〉의 줄임으로 여기고 〈육오는[六五] 부왕의[父之] 일들을[蠱] 바로잡음을[幹] 활용한다[用] 그래서[所以] 육오가[六五] 명예롭다[譽]〉라고 새겨볼 것이다. 〈용예(用譽)의 용(用)〉은 여기선 〈써 이(以)〉와 같다. 육오(六五 : --)의 〈간부지고(幹父之蠱)〉가 명예로[譽] 통하게[用] 되었다는 것이 〈용예(用譽)〉이다. 〈용예(用譽)의 예(譽)〉는 육오(六五 : --)가 변효(變爻)한 경우를 환기시킨다. 육오(六五 : --)가 변효(變爻)하면 고괘(蠱卦 : ䷑)는 손하손상(巽下巽上)의 손괘(巽卦 : ䷸)가 된다. 그러면 변효(變爻)한 육오(六五 : --)가 손괘(巽卦 : ䷸)의 외호괘(外互卦)인 이(離 : ☲)가 됨을 상기하게 하는 것이 〈용예(用譽)의 예(譽)〉이다. 〈예(譽)〉란 명성(名聲)이 세상에 드러남이다. 「설괘전(說卦傳)」에 나오는 〈이(離 : ☲)란[也] 것은[者] 밝음[明]이다[也] 만물이[萬物] 모두[皆] 서로[相] 보인다[見]〉라는 내용을 〈용예(用譽)의 예

譽)〉가 상기시킨다. 〈용예(用譽)의 예(譽)〉란 온 세상에 알려지는 것인지라 세상의 모든 것들이[萬物] 그 명예를[譽] 모두[皆] 서로[相] 보게 된다[見]는 것이다. 따라서 군왕(君王)으로서 육오(六五 : ╌)가 자식으로서 현신(賢臣)인 구이(九二 : ━)와 함께 부왕(父王)의 일들을[蠱] 바로잡아[幹] 그로써[用] 명예롭게 됨[譽]을 암시한 계사(繫辭)가 〈간부지고(幹父之蠱) 용예(用譽)〉이다.

【字典】

**간(幹)** 〈감내하여 맡을 간(幹)-감임(堪任), 바로잡을 간(幹)-정(正), 초목의 줄기 간(幹)-초목경(草木莖), 등마루 뼈 간(幹)-척골(脊骨), 본질(주체) 간(幹)-본질(本質)-주체(主體), 주재할 간(幹)-주(主), 재능 간(幹)-재능(才能), 출중할 간(幹)-출중(出衆), 곧고 바를 간(幹)-정(貞), 강할 간(幹)-강(强), 편안할 간(幹)-안(安), 도울 간(幹)-조(助)〉 등의 뜻을 내지만 여기선 〈감내하여 맡을 감임(堪任)〉으로 여기고 새기거나 〈바로잡을 정(正)〉과 같다 여기고 새김이 마땅하다.

**父** 〈부-보〉 두 가지로 발음되고, 〈아버지 부(父)-생아지인(生我之人), 금수 수컷의 우두머리 부(父)-금수웅성지친장(禽獸雄性之親長), 친족의 존장 부(父)-친족존장(親族尊長), 동성의 친족 부(父)-동성지친족(同姓之親族), 노인을 존경함을 나타낼 부(父)-존로지칭(尊老之稱), 사나이 부(父)-보(甫), 남자의 미칭 보(父)-남자지미칭(男子之美稱)〉 등의 뜻을 내지만 여기선 〈아버지 부(父)〉로 여기고 새김이 마땅하다. 살아계신 아버지는 부(父), 돌아가신 아버지는 고(考), 살아계신 어머니는 모(母), 돌아가신 어머니는 비(妣)라고 한다.

**지(之)** 〈그것(이것) 지(之)-피(彼)-시(是), 뜻 없는 허사(虛詞) 지(之), 갈 지(之)-왕(往)-행(行), 이를 지(之)-지(至), 주격-소유격-목적격 등의 토씨 지(之)〉 등의 뜻을 내지만 여기선 〈~의 지(之)〉로 여기고 새김이 마땅하다.

**고(蠱)** 〈일 고(蠱)-사(事), 미혹할 고(蠱)-혹(惑), 어지러울 고(蠱)-난(亂), 간사할(도리에 어긋날) 고(蠱)-음(淫), 탐할 고(蠱)-탐(貪), 기생충 고(蠱)-복중충(腹中蟲), 밤을 갉아먹는 벌레 고(蠱)-율소화지충(栗所化之蟲), 악귀를 좇고자 빌 고(蠱)-부주(符咒), 독물 고(蠱)-독물(毒物), 의심할 고(蠱)-의(疑), 벌레 먹은 그릇 고(蠱)-수고해지기(受蠱害之器)〉 등의 뜻을 내지만 여기선 〈일 사(事)〉와 같다 여기고 새김이 마땅하다.

**용(用)** 〈써 용(用)-이(以), 쓸 용(用)-시(施), 쓰일(부릴) 용(用)-사(使), 맡길 용

(用)-임(任), 행할 용(用)-행(行), 위할 용(用)-위(爲), 갖출 용(用)-비(備)〉 등의 뜻을 내지만 여기선 〈써 이(以)〉와 같다 여기고 새김이 마땅하다.

**예(譽)** 〈가상할(칭찬할, 기릴) 예(譽)-칭양(稱揚), 이름날 예(譽)-성문(聲聞), 착할 예(譽)-선(善), 즐길 예(譽)-낙(樂)〉 등의 뜻을 내지만 여기선 〈가상할 칭양(稱揚)〉과 같다 여기고 새김이 마땅하다.

---

註 이야자명야(離也者明也) 만물개상견(萬物皆相見) : 이(離 : ☲)란[也] 것은[者] 밝음[明]이다[也]. 만물이[萬物] 모두[皆] 서로[相] 보인다[見]. 「설괘전(說卦傳)」 5단락(段落)





## 상구(上九 : ⚊)

上九 : 不事王侯하고 高尚其事로다
불사왕후 고상기사

상구(上九) : 왕이나[王] 제후를[侯] 받들지 않고[不事] 자신의[其] 일을[事] 높이[高] 받든다[尚].

**【상구(上九)의 효상(爻象) 풀이】**

고괘(蠱卦 : ䷑)의 상구(上九 : ⚊)는 이양거음(以陽居陰) 즉 양(陽 : ⚊)으로써[以] 음(陰 : ⚋)의 자리에 있는지라[居] 정당한 자리에 있지 못하다. 상구(上九 : ⚊)와 육오(六五 : ⚋)는 양음(陽陰)의 사이인지라 비(比) 즉 이웃의 사귐[比]을 누릴 수 있지만 상구(上九 : ⚊)는 아래와의 효연(爻緣)에 연연하지 않는다. 그리고 상구(上九 : ⚊)와 구삼(九三 : ⚊)은 양양(兩陽) 즉 둘 다[兩] 양(陽 : ⚊)이어서 부정응(不正應) 즉 바르게[正] 호응하지 못하는[不應] 사이이다. 따라서 상구(上九 : ⚊)는 고괘(蠱卦 : ䷑)의 주제인 〈고(蠱)〉의 시국을 벗어나 초연(超然)히 자신을 마주하는 모습이다.

고괘(蠱卦 : ䷑)의 상구(上九 : ━)가 상륙(上六 : --)으로 변효(變爻)하면 상구(上九 : ━)는 고괘(蠱卦 : ䷑)를 46번째 승괘(升卦 : ䷭)로 지괘(之卦)하게 한다. 따라서 고괘(蠱卦 : ䷑)의 상구(上九 : ━)는 승괘(升卦 : ䷭)의 상륙(上六 : --)을 찾아가 살펴보게 한다.

【상구(上九)의 계사(繫辭) 풀이】

## 不事王侯(불사왕후) 高尚其事(고상기사)

왕이나[王] 제후를[侯] 받들지 않고[不事] 자신의[其] 일을[事] 높이[高] 받든다[尙].

상구(上九 : ━)의 효위(爻位)를 빌려 암시한 계사(繫辭)이다. 〈불사왕후(不事王侯)〉는 〈상구불사왕혹후(上九不事王或侯)〉의 줄임으로 여기고 〈상구는[上九] 제후[候] 혹은[或] 임금을[王] 받들지 않는다[不事]〉라고 새겨볼 것이다. 상구(上九 : ━)는 이미 고괘(蠱卦 : ䷑)를 떠난 처지이다. 〈불사왕후(不事王侯)의 왕후(王侯)〉는 육오(六五 : --)를 말한다. 대성괘(大成卦)에서 오위(五位)는 존위(尊位)로서 왕(王)의 자리이기도 하고 제후(諸侯)의 자리이기도 하기에 고괘(蠱卦 : ䷑)의 육오(六五 : --)를 〈왕후(王侯)〉라고 일컬은 것이다. 임금이나[王] 제후를[侯] 받들지 않는다[不事] 함은 상구(上九 : ━)는 이미 〈고(蠱)〉의 시국에서 물러났음을 밝힘이 〈불사왕후(不事王侯)〉이다.

〈고상기사(高尙其事)〉는 〈상구고상기지사(上九高尙己之事)〉의 줄임으로 여기고 〈상구가[上九] 자기의[己之] 일을[事] 높이[高] 향상한다[尙]〉라고 새겨볼 것이다. 〈고상기사(高尙其事)〉는 상구(上九 : ━)가 변효(變爻)하여 고괘(蠱卦 : ䷑)가 지괘(之卦)한 승괘(升卦 : ䷭)의 상효(上爻)임을 암시한다. 〈고상기사(高尙其事)의 고상(高尙)〉이 승괘(升卦 : ䷭)의 주제인 〈승(升)〉 즉 향상함[升]을 떠올려주기 때문이다. 상구(上九 : ━)가 〈간고(幹蠱)〉 즉 온갖 괴사(壞事)나 혹사(惑事) 등을 바로잡아[幹] 온 일들을 거쳐 왔으니, 이제 〈기사(其事)〉 즉 자신의[其] 일들[事]을 반고[反顧] 즉 돌이켜[反] 살펴보되[顧] 〈고상(高尙)〉 즉 높게[高] 향상하겠다[尙]는 것이 〈고상기사(高尙其事)〉이다. 따라서 〈고상기사(高尙其事)의 기사(其事)〉는 상구(上九 : ━)가 고괘(蠱卦 : ䷑)를 두루 거치면서 상효(上爻)의 자리에 오르기 전까지 〈간고(幹蠱)〉를 시도했던 옛일들을 떠나 앞으로의 자신의 일을 말한다. 상구(上九 : ⚊)가 자신의 〈간(幹)〉 즉 바로잡음[幹]의 옳고 그름을 살펴 자신의 일을 〈고상(高尙)〉 즉 높이[高] 받들겠다[尙]는 것이 〈고상기사(高尙其事)의 고상(高尙)〉이다. 여기 〈고상(高尙)〉은 고괘(蠱卦 : ䷑)의 육사(六四 : ⚋)가 〈고(蠱)〉를 바로잡지[幹] 못하고 부끄럽게만 되었다[見吝]고 암시한 〈견린(見吝)〉과는 정반대인 것이다. 〈고(蠱)〉를 바로잡았음[幹]을 회고하면서 상구(上九 : ⚊) 자신의[其] 일을[事] 높이[高] 받든다[尙]고 함은 상구(上九 : ⚊)가 이제부터는 〈자승(自升)〉 즉 자신을[自] 향상시킬[升] 것임을 스스로 암시한 것이 〈고상기사(高尙其事)〉이다. 그러므로 상구(上九 : ⚊)가 〈고(蠱)〉의 시국을 맞아 〈간고(幹蠱)〉에 몰두했던 일들을 벗어나 자신이 존도(尊道) 즉 정도를[道] 받들고[尊] 귀덕(歸德) 즉 삶을 이롭게 함을[德] 받들어[歸], 상구(上九 : ⚊) 자신을 〈고상(高尙)〉 즉 높게[高] 받들고자[尙] 자성(自省) 즉 스스로[自] 살필[省] 것임을 암시한 계사(繫辭)가 〈불사왕후(不事王侯) 고상기사(高尙其事)〉이다.

【字典】

**不** 〈불-부〉 등으로 발음되고, 〈않을(없을) 불(不)-부(不)-무(無), 아닐 불(不)-부(不)-비(非), 하지 말 불(不)-부(不)-막(莫)-금지(禁止), 정하지 않을 불(不)-부(不)-부(否)-미정(未定), 새가 날아올라 내려오지 않는 불(不)-부(不)-조비상불하래(鳥飛上不下來)〉 등의 뜻을 내지만 여기선 〈않을 불(不)〉로 여기고 새김이 마땅하다.

**사(事)** 〈섬길 사(事)-봉(奉), 일(일할) 사(事)-동작(動作), 벼슬(일삼을) 사(事)-직(職), 큰일 사(事)-이변(異變), 다스릴 사(事)-치(治), 경영할 사(事)-영(營), 반역할 사(事)-반역(叛逆)〉 등의 뜻을 내지만 여기선 〈일할 동작(動作)〉과 같다 여기고 새김이 마땅하다. 계사(繫辭)에서 〈불사(不事)의 사(事)〉는 〈섬길 사(事)〉, 〈기사(其事)의 사(事)〉는 〈일할 사(事)〉이다.

**왕(王)** 〈임금 왕(王)-군(君), 천자(천자를 받들) 왕(王)-천자(天子)-사천자(事天子), 제후 왕(王)-제후(諸侯), 무리의 우두머리 왕(王)-동류중지수령(同類中之首領), 큰 왕(王)-대(大), 바로잡을 왕(王)-광정(匡正), 성대할 왕(王)-성(盛), 이길 왕(王)-승(勝), 흥할 왕(王)-흥(興)〉 등의 뜻을 내지만 〈임금 왕(王)〉으로 여기고 새김이 마땅하다.

**후(侯)** 〈제후 후(侯)-제후(諸侯), 작위를 지닌 자의 경칭 후(侯)-유작위자지경칭

(有爵位者之敬稱), 임금 후(侯)-군(君), 아름다울 후(侯)-미(美), 이에 후(侯)-내(乃), 어찌 후(侯)-하(何), 발어사 후(侯)-유(維)-유(惟)-이(伊)〉 등의 뜻을 내지만 여기선 〈제후 후(侯)〉로 여기고 새김이 마땅하다.

**고(高)** 〈높게(높은) 고(高)-숭(崇)-존(尊), 높을(높은 자리에 있는 것) 고(高)-재상자(在上者), 고상한 것 고(高)-상(尙)-불비속자(不卑俗者), 물가가 오를 고(高)-물가앙(物價昂), 최상을 말할(최상위의 것) 고(高)-언최상(言最上)-최상위자(最上位者), 큰 고(高)-대(大), 증대할 고(高)-증대(增大), 멀 고(高)-원(遠), 나이 많을 고(高)-연치로(年齒老), 존경할 고(高)-경(敬)-존귀지(尊貴之), 길러줄 고(高)-양(養), 우쭐할 고(高)-자대(自大), 세속을 초월한 은사 고(高)-초속지은사(超俗之隱士), 기름진(살찔) 고(高)-고(膏)〉 등의 뜻을 내지만 여기선 〈높게 고(高)〉로 여기고 새김이 마땅하다.

**상(尙)** 〈받들 상(尙)-숭(崇)-봉(奉), 강할(할 수 있을) 상(尙)-강(强), 고상할(높일) 상(尙)-존(尊), 가상할 상(尙)-가(嘉), 도울 상(尙)-조(助), 일찍 상(尙)-증(曾), 오히려 상(尙)-유(猶), 또 상(尙)-차(且), 반드시 상(尙)-필(必), 바랄 상(尙)-서기(庶幾)-심소희망(心所希望), 일찍 상(尙)-증(曾), 거의 상(尙)-서기(庶幾), 위 상(尙)-상(上), 더할 상(尙)-가(加), 꾸밀 상(尙)-식(飾), 오랠 상(尙)-구(久)〉 등의 뜻을 내지만 여기선 〈받들 숭(崇)-봉(奉)〉과 같다 여기고 새김이 마땅하다.

**기(其)** 〈그(그것) 기(其)-피(彼)-지(之), 그럴 기(其)-연(然), 어찌 기(其)-기(豈), 누를 기(其)-억(抑), 오히려 기(其)-상(尙)-서기(庶幾), ~의 기(其)-지(之), 이에 기(其)-내(乃), 만약 기(其)-약(若), 장차 기(其)-장(將), 어조사 기(其)-어조사(語助辭)〉 등의 뜻을 내지만 여기선 〈그 기(其)〉로 여기고 새김이 마땅하다.

임괘
臨卦

19

## 1 괘의 괘상과 계사

### 임괘(臨卦 : ䷒)

태하곤상(兌下坤上) : 아래는[下] 태(兌 : ☱), 위는[上] 곤(坤 : ☷).

지택림(地澤臨) : 땅과[地] 못은[澤] 임이다[臨].

臨은 元亨이고 利貞이나 至于八月이면 有凶하리라
임 원형 이정 지우팔월 유흉

가까이함은[臨] 으뜸이고[元] 통하며[亨] 이롭고[利] 진실로 미더우나[貞] 팔월(八月)에[于] 이르면[至] 흉함이[凶] 있으리라[有].

**【임괘(臨卦 : ䷒)의 괘상(卦象) 풀이】**

앞 고괘(蠱卦 : ䷑)의 〈고(蠱)〉는 괴사(壞事) 즉 무너져내리는[壞] 일[事]이다. 〈고(蠱)〉는 그냥 내버려둠이 아니라 바로잡아야[幹] 한다. 이 〈고(蠱)〉를 바로잡기[幹]를 게을리하면 난세를 자초하는 경우가 허다하다. 그래서 「서괘전(序卦傳)」에 〈고라는[蠱] 것은[者] 일[事]이다[也] 일이[事] 있은[有] 뒤에는[而後] 커질[大] 수 있다[可] 그래서[故] 임괘(臨卦 : ䷒)로써[以] 그것을[之] 받는다[受]〉라는 말이 나온다. 이는 고괘(蠱卦 : ䷑) 다음에 임괘(臨卦 : ䷒)가 있는 까닭을 암시한다. 임괘(臨卦 : ䷒)의 하체(下體)는 태(兌 : ☱)이고 상체(上體)는 곤(坤 : ☷)이다. 임괘(臨卦 : ䷒)의 괘상(卦象)은 초구(初九 : ⚊)와 구이(九二 : ⚊)의 양양(兩陽)이 상진(上進)하여 굳셈[剛]으로써 부드러움[柔]을 가까이하는[臨] 운세이다. 태택(兌澤) 즉 태(兌 : ☱)는 못[澤]이고, 곤지(坤地) 즉 곤(坤 : ☷)은 땅[地]이다. 그래서 임괘(臨卦 : ䷒)의 〈태하곤상(兌下坤上)〉이라는 괘상(卦象)은 택재지하(澤在地下) 즉 못이[澤] 땅[地] 아래에[下] 있다[在]는 것이다. 택변(澤邊) 즉 못의[澤] 변두리[邊] 땅[地]은 못보다 높은 것이 본래임을 빌려 임괘(臨卦 : ䷒)라 칭명(稱名)한다.

【임괘(臨卦 : ䷒)의 계사(繫辭) 풀이】

## 臨(임) 元亨(원형) 利貞(이정)

가까이함은[臨] 으뜸이고[元] 통하며[亨] 이롭고[利] 진실로 미덥다[貞].

〈임(臨) 원형리정(元亨利貞)〉은 임괘(臨卦 : ䷒)의 괘상(卦象)을 빌려 암시한 계사(繫辭)이다. 〈임(臨) 원형리정(元亨利貞)〉에서 〈임(臨)〉은 임괘(臨卦 : ䷒)의 주제인 〈임(臨)〉이 바로 양지림음(陽之臨陰) 즉 양(陽 : ⚊)이 음(陰 : ⚋)을 가까이함[臨]을 암시한다. 양지림음(陽之臨陰)이 곧 임괘(臨卦 : ䷒)의 주제인 〈임(臨)〉이다. 동(動) 즉 움직이는[動] 양(陽 : ⚊)이 정(靜) 즉 멈춰 있는[靜] 음(陰 : ⚋)을 가까이함[臨]이니, 임괘(臨卦 : ䷒)의 주제인 〈임(臨)〉은 역지도(易之道) 즉 역의[易之] 도리[道]를 따름이니 선(善)이다. 선(善)이란 역지도(易之道)를 이어받으니 이이불해(利而不害) 즉 이롭되[利而] 해치지 않는[不害] 천지도(天之道) 즉 자연의[天之] 도리[道]를 계승해 가까이함[臨]인지라, 음양상화(陰陽相和)의 정도(正道)를 따름이니 〈원형리정(元亨利貞)〉의 사덕(四德)으로써 임괘(臨卦 : ䷒)의 주제인 〈임(臨)〉을 암시한다. 64괘(卦) 중에서 건괘(乾卦 : ䷀)와 곤괘(坤卦 : ䷁)를 제외하고 〈원형리정(元亨利貞)〉의 사덕(四德)을 두루 갖춘 괘(卦)는 3번째 준괘(屯卦 : ䷂)-17번째 수괘(隨卦 : ䷐)-19번째 임괘(臨卦 : ䷒)-25번째 무망괘(无妄卦 : ䷘)-49번째 혁괘(革卦 : ䷰)밖에 없다. 〈원형리정(元亨利貞)〉은 역지도(易之道)를 계승하는 상선(上善)의 사덕(四德)이다. 역지도(易之道) 즉 온갖 변화의[易之] 이치[道]를 계승하는 선(善)이 곧 〈원형리정(元亨利貞)〉이다.

〈원형(元亨)의 원(元)〉은 원시(原始) 즉 맨 처음이고 호대(浩大) 즉 더없이 큼이고 지유지순(至柔至順) 즉 더없이 부드럽고 더없이 순응하여 관대(寬大)하다. 계절로 치면 〈원(元)〉은 봄이다. 봄에 천지가 베푸는 덕을 상기시킨다. 봄에 돋아나는 새싹보다 더한 으뜸[元]의 〈임(臨)〉이란 없고, 태어남의 으뜸보다 더 큰 것은 없다. 봄 같은 천지덕(天地德)을 〈원(元)〉이라 한다. 이에 임괘(臨卦 : ䷒)의 〈임(臨)〉 즉 가까이함[臨]은 음양(陰陽)이 상림(相臨)하고 상화(相和)하니, 임괘(臨卦 : ䷒)의 〈임(臨)〉이 더없이 크나크고 으뜸인 선(善)임을 암시한 것이 〈원형(元亨)의 원

(元)〉이다.

〈원형(元亨)의 형(亨)〉은 통달(通達) 즉 걸림 없이[達] 통함[通]이다. 지순(至順) 즉 지극하게[至] 따르면[順] 무엇 하나 걸릴 것이 없으니 통하게 마련이다. 계절로 치면 〈형(亨)〉은 여름이다. 여름에 천지가 베푸는 덕을 상기시킨다. 일신(日新) 즉 날마다[日] 새로[新] 자라 덕을 쌓는 여름철 초목보다 더 선하고 아름답게 걸림 없이 통함이란 없다. 이에 임괘(臨卦 : ䷒)의 〈임(臨)〉은 음양(陰陽)이 서로[相] 가까이하고[臨] 서로[相] 어울리니[和], 임괘(臨卦 : ䷒)의 〈임(臨)〉이 막힘없이 통하는 선(善)임을 암시한 것이 〈원형(元亨)의 형(亨)〉이다.

〈이정(利貞)의 이(利)〉는 사만물수생지덕(使萬物遂生之德) 즉 만물로[萬物] 하여금[使] 삶을[生] 이루어가게 하는[遂之] 덕(德)을 말한다. 계절로 치면 〈이(利)〉는 가을이다. 가을에 천지가 베푸는 덕을 상기시킨다. 춘작하장(春作夏長)을 거쳐 이룬 결실(結實)을 거두어들이니 이롭다[利]. 이보다 더 선하고 이롭게 거두는 보람이란 없다. 이에 임괘(臨卦 : ䷒)의 〈임(臨)〉은 음양(陰陽)이 서로[相] 가까이하고[臨] 서로[相] 어울리니[和], 임괘(臨卦 : ䷒)의 〈임(臨)〉은 만물에 두루 이로운 선(善)임을 암시한 것이 〈이정(利貞)의 이(利)〉이다.

〈이정(利貞)의 정(貞)〉은 성신(誠信) 즉 진실로 미더움이고 정확(正確) 즉 바르고 확실하며 경상(經常) 즉 늘 변함없이 경영해 변동이 없음이다. 계절로 치면 〈정(貞)〉은 겨울이다. 겨울에 천지가 베푸는 덕을 상기시킨다. 초목은 한해살이로 얻어낸 모든 보람인 생명을 이어줄 씨앗을 천지에 맡기고 봄을 기다림에 흐트러짐이 없다. 이에 임괘(臨卦 : ䷒)의 〈임(臨)〉은 음양(陰陽)이 상림(相臨)하여 상화(相和)하니, 임괘(臨卦 : ䷒)의 〈임(臨)〉이 만물에 두루 진실로 미덥고 공정(公正)한 선(善)임을 암시한 것이 〈이정(利貞)의 정(貞)〉이다.

이처럼 임괘(臨卦 : ䷒)의 〈임(臨)〉은 천지조화(天地造化)의 사덕(四德)을 두루 갖추고 있는지라 임괘(臨卦 : ䷒)의 〈임(臨)〉을 〈원형리정(元亨利貞)〉이라고 암시한 계사(繫辭)이다.

### 至于八月(지우팔월) 有凶(유흉)

팔월(八月)에[于] 이르면[至] 흉함이[凶] 있으리라[有].

〈지우팔월(至于八月) 유흉(有凶)〉이란 임괘(臨卦 : ䷒)에서 양지림음(陽之臨陰)이 끝남을 암시한 계사(繫辭)이다. 임괘(臨卦 : ䷒)의 하체(下體) 태(兌 : ☱)도 음괘(陰卦)이고 상체(上體) 곤(坤 : ☷)도 음괘이다. 소성괘(小成卦)에서 음(陰 : --)이 홀수이면 음괘(陰卦)이고 양(陽 : —)이 홀수이면 양괘(陽卦)이다. 음(陰 : —)은 월(月)이고 양(陽 : —)은 일(日)인지라, 음(陰 : —)의 대성괘(大成卦)는 육효(六爻)를 월(月)로서 여기고 양(陽 : —)의 대성괘(大成卦)는 일(日)로서 여기기 때문에, 임괘(臨卦 : ䷒)의 상하체(上下體)가 모두 음괘(陰卦)이어서 월(月)로서 여기고 양(陽 : —)의 상진(上進)을 암시한 것이 〈지우팔월(至于八月)〉이다. 〈지우팔월(至于八月) 유흉(有凶)〉은 〈약양지우팔월(若陽至于八月) 양유흉(陽有凶)〉의 줄임으로 여기고 〈만약[若] 양이[陽] 팔월에[于八月] 이르면[至] 양에게는[陽] 흉함이[凶] 있다[有]〉라고 새겨볼 것이다. 〈지우팔월(至于八月)의 팔월(八月)〉은 양(陽 : —)이 지중(地中)으로 들어가 쇠(衰)하고 음(陰 : --)이 지상(地上)으로 드러나 성(盛)하는 달이다. 이 〈팔월(八月)〉을 일러 유월(酉月)이라 한다. 〈지우이월(至于二月)의 이월(二月)〉은 음(陰 : --)이 지중(地中)으로 들어가 쇠(衰)하고 양(陽 : —)이 지상(地上)으로 드러나 성(盛)하는 달이다. 이 〈이월(二月)〉을 일러 묘월(卯月)이라 한다.

음력(陰曆) 12개월(個月)의 괘(卦)들 중에서 12월의 괘인 임괘(臨卦 : ䷒)가 음력 1월의 괘인 〈11번째 태괘(泰卦 : ䷊)〉를 거쳐, 2월의 괘인 〈34번째 대장괘(大壯卦 : ䷡)〉를 거치고, 3월의 괘인 〈43번째 쾌괘(夬卦 : ䷪)〉를 거치며, 4월의 괘인 〈첫번째 건괘(乾卦 : ䷀)〉를 거치고, 5월의 괘인 〈44번째 구괘(姤卦 : ䷫)〉를 거치며, 6월의 괘인 〈33번째 둔괘(遯卦 : ䷠)〉를 거치고, 7월의 괘인 〈12번째 비괘(否卦 : ䷋)〉를 거쳐, 8월의 괘인 〈20번째 관괘(觀卦 : ䷓)〉로 변화하게 됨을 암시한 것이다. 20번째 관괘(觀卦 : ䷓)는 19번째 임괘(臨卦 : ䷒)의 도괘(倒卦) 즉 뒤집힌[倒] 괘(卦)이다. 이처럼 임괘(臨卦 : ䷒)의 주제인 〈임(臨)〉 즉 가까이함[臨]이란 양(陽 : —)이 음(陰 : --)을 가까이하고자[臨] 상진(上進)하면 뒤이어 음(陰 : --)이 양(陽 : —)을 가까이하고자[臨] 뒤따름을 말한다. 일 년(一年)이란 음양상림(陰陽相臨) 즉 음양이 서로[相] 가까이함[臨]의 역(易) 즉 변화[易]이다.

임괘(臨卦 : ䷒)의 두 양효(陽爻)가 1년으로 변화해가다가 8월에[于八月] 이르면[至] 왜 〈유흉(有凶)〉 즉 흉함이[凶] 생긴다[有]는 것인가? 8월의 괘인 〈20번째 관괘(觀卦 : ䷓)〉를 보면 임괘(臨卦 : ䷒)의 초구(初九 : ─)와 구이(九二 : ─)가 줄곧 상진(上進)하다가 곧 사라질 처지에 돌입하기 때문이다. 임괘(臨卦 : ䷒)에서는 양(陽 : ─)이 성(盛)해가고 음(陰 : --)이 쇠(衰)해가 양길음흉(陽吉陰凶) 즉 양(陽 : ─)이 길(吉)하고 음(陰 : --)이 흉(凶)하다. 그러나 관괘(觀卦 : ䷓)에서는 음(陰 : --)이 성(盛)해가고 양(陽 : ─)이 쇠(衰)해가 음길양흉(陰吉陽凶) 즉 음(陰 : --)이 길(吉)하고 양(陽 : ─)이 흉(凶)함을 암시한 것이 여기 〈유흉(有凶)〉이다. 역지도(易之道)에서는 음양(陰陽)도 성쇠(盛衰)의 천도(天道) 즉 자연의[天] 도리[道]를 벗어나지 못한다. 변화의[易之] 도리[道]에서 성(盛)하면 길(吉)하고 쇠(衰)하면 흉(凶)하다. 임괘(臨卦 : ䷒)의 두 양효(陽爻)가 음효(陰爻)를 〈임(臨)〉 즉 가까이하고자[臨] 상진(上進)하면 끝내는 쇠(衰)하는 처지를 면할 수 없어 흉(凶)하게 됨을 암시한 계사(繫辭)가 〈지우팔월(至于八月) 유흉(有凶)〉이다.

【字典】

**임(臨)** 〈가까이할(마주할) 임(臨)-면대(面對), 다스릴 임(臨)-감(監)-치(治), 위에서 아래를 내려다볼 임(臨)-감(監)-유상시하(由上視下), 높이는 마음으로써 천한 것을 맞이할 임(臨)-이존적비(以尊適卑), 비출 임(臨)-조(照), 살필 임(臨)-견(見), 지킬 임(臨)-수(守), 행할 임(臨)-행(行), 미칠 임(臨)-급(及)〉 등의 뜻을 내지만 여기선 〈가까이할 면대(面對)〉와 같다 여기고 새김이 마땅하다. 〈臨〉이 맨 앞에 오면 〈임〉으로 발음되고, 중간이나 뒤에 오면 〈림〉으로 발음된다.

**원(元)** 〈선함의 으뜸 원(元)-선지장(善之長), 비롯할 원(元)-시(始)-단(端), 머리 원(元)-수(首)-두(頭), 근본 원(元)-본(本)-원(原), 어른 원(元)-장(長)-원장(元長), 하나 원(元)-일(一), 우두머리 원(元)-수장(首長), 임금 원(元)-원군(元君)-군(君), 큰 원(元)-대(大), 아름다울 원(元)-미(美), 위 원(元)-상(上), 하늘 원(元)-천(天), 하늘땅의 큰 덕 원(元)-천지지대덕(天地之大德)-원기(元氣)-기(氣), 기운의 시작 원(元)-기지시(氣之始)-원자(元者), 백성 원(元)-원원(元元)-백성(百姓)〉 등의 뜻을 내지만 여기선 〈선함의 으뜸 선지장(善之長)〉으로 여기고 새김이 마땅하다.

**亨** 〈향-형-팽〉 등으로 발음되고, 〈통할 형(亨)-통(通), 남을 형(亨)-여(餘), 드릴 향(亨)-헌(獻), 삶을 팽(亨)-자(煮)-팽(烹)〉 등의 뜻을 내지만 여기선 〈통할 통(通)〉과 같다 여기고 새김이 마땅하다.

**이(利)** 〈만물로 하여금 삶을 이루어가게 하는 덕(德)의 이로울 이(利)-사만물수생지덕(使萬物遂生之德), 날카로울 이(利)-예(銳)-섬(銛), 질병 이(利)-질(疾), 통할 이(利)-통(通)-순(順), 좋을 이(利)-길(吉)-의(宜), 편리할 이(利)-편(便), 마름해 만들어 이룰 이(利)-재성(裁成), 탐할 이(利)-탐(貪), 구할(취할) 이(利)-구(求)-취(取), 좋아할 이(利)-열애(悅愛), 이로울 이(利)-익(益), 기교 이(利)-교(巧), 보람 이(利)-공용(功用), 지세가 험하고 중요한 이(利)-험요(險要), 이길 이(利)-승(勝), 어질 이(利)-인(仁)〉 등의 뜻을 내지만 여기선 〈사만물수생지덕(使萬物遂生之德) 즉 만물로 하여금 삶을 이루어가게 하는 덕(德)의 이로움〉이라 새김이 마땅하다. 〈利〉가 맨 앞에 오면 〈이〉로 발음되고, 중간이나 뒤에 오면 〈리〉로 발음된다.

**정(貞)** 〈믿을 정(貞)-신(信), 바를 정(貞)-정(正), 거북점을 물을 정(貞)-복문(卜問), 역(易)의 내괘(內卦) 정(貞), 마땅할 정(貞)-당(當), 정할 정(貞)-정(定), 순수할 정(貞)-전(專)-일(一)〉 등의 뜻을 내지만 여기선 〈믿을 신(信), 바를 정(正)〉 등과 같다 여기고 새김이 마땅하다.

**지(至)** 〈도착할 지(至)-도(到)-래(來), 지극할 지(至)-지극(至極), 새가 높은 데서 날아 내려와 땅에 이를 지(至)-조비종고하지(鳥飛從高下至), 미칠(이를) 지(至)-급(及), 좋을 지(至)-선(善), 다할 지(至)-진(盡)-극(極), 무리 지(至)-중(衆), 큰 지(至)-대(大), 마땅할 지(至)-당(當), 이룰 지(至)-성(成), 실제 지(至)-실(實), 옳을 지(至)-시(是), 아래 지(至)-하(下), 동지하지 지(至)-동지하지(冬至夏至)〉 등의 뜻을 내지만 여기선 〈이를 도(到)〉와 같다 여기고 새김이 마땅하다.

**우(于)** 〈~에(부터) 우(于)-어(於), 갈 우(于)-왕(往), 써 우(于)-이(以), 할 우(于)-위(爲), 여기 우(于)-시(是), 도울 우(于)-조(助), 클 우(于)-대(大), 구할 우(于)-구(求), 자족하는 모습 우(于)-자족모(自足貌)〉 등의 뜻을 내지만 여기선 〈~에 어(於)〉와 같다 여기고 새김이 마땅하다.

**팔(八)** 〈여덟 번째 팔(八)-팔회(八回)-팔차(八次), 분별할 팔(八)-분(分)-별(別), 여덟 팔(八)-이지사배(二之四倍)-소음지수(少陰之數), 팔방 팔(八)-팔방(八方), 팔자 모양 팔(八)-팔자지형(八字之形)〉 등의 뜻을 내지만 여기선 〈여덟 번째 팔(八)〉로 여기고 새김이 마땅하다.

**월(月)** 〈달 월(月)-지구지위성(地球之衛星), 음 월(月)-음(陰), 물의 정수 월(月)-

수지정(水之精), 진의 쪽 월(月)-진지방위(辰之方位), 형벌 월(月)-형(刑), 세월(초하루부터 그믐까지) 월(月)-세월(歲月)-종삭지회(從朔至晦), 광음 월(月)-광음(光陰=歲月), 달빛 월(月)-월광(月光), 천자 옷의 하나 월(月)-천자복식지일(天子服飾之一), 달거리 월(月)-부인지월경(婦人之月經), 매달 월(月)-매월(每月)〉 등의 뜻을 내지만 여기선 〈달 월(月)〉로 여기고 새김이 마땅하다.

**유(有)** 〈있을 유(有)-무지반(無之反), 혹 유(有)-혹(或), 많을 유(有)-다(多)-족(足), 부유할 유(有)-부(富), 얻을(가질) 유(有)-취(取), 간직할 유(有)-장(藏), 보호할 유(有)-보(保), 서로 친할 유(有)-상친(相親), 전일할 유(有)-전(專), 할 유(有)-위(爲), 어조사 유(有)〉 등의 뜻을 내지만 〈있을 유(有)〉로 여기고 새김이 마땅하다.

**흉(凶)** 〈불행할(흉할) 흉(凶)-길지반(吉之反), 나쁠 흉(凶)-오(惡), 흉한 사람 흉(凶)-흉인(凶人), 재앙 흉(凶)-화(禍), 요사할 흉(凶)-요사(夭死), 걱정할 흉(凶)-우(憂)-구(懼), 악한 사람 흉(凶)-악인(惡人), 흉년 흉(凶)-연곡불숙(年穀不熟), 사나울 흉(凶)-포학(暴虐), 음기 흉(凶)-음기(陰氣), 북쪽 흉(凶)-북(北), 없을 흉(凶)-공(空), 송사 흉(凶)-송(訟), 거역할 흉(凶)-역(逆), 어그러질 흉(凶)-패(悖), 허물 흉(凶)-구(咎)〉 등의 뜻을 내지만 여기선 〈불행할 흉(凶)〉과 같다 여기고 새김이 마땅하다.

---

註 음력(陰曆) 월별괘(月別卦)

음력(陰曆) 11월(月) 24번째 복괘(復卦 : ䷗)
음력(陰曆) 12월(月) 19번째 임괘(臨卦 : ䷒)
음력(陰曆) 1월(月) 11번째 태괘(泰卦 : ䷊)
음력(陰曆) 2월(月) 34번째 대장괘(大壯卦 : ䷡) {묘월(卯月)}
음력(陰曆) 3월(月) 43번째 쾌괘(夬卦 : ䷪)
음력(陰曆) 4월(月) 1번째 건괘(乾卦 : ䷀)
음력(陰曆) 5월(月) 44번째 구괘(姤卦 : ䷫)
음력(陰曆) 6월(月) 33번째 둔괘(遯卦 : ䷠)
음력(陰曆) 7월(月) 12번째 비괘(否卦 : ䷋)
음력(陰曆) 8월(月) 20번째 관괘(觀卦 : ䷓) {유월(酉月)}
음력(陰曆) 9월(月) 23번째 박괘(剝卦 : ䷖)
음력(陰曆) 10월(月) 2번째 곤괘(坤卦 : ䷁)

註 묘모야(卯冒也) 이월만물모지이출(二月萬物冒地而出) 상개문지형(象開門之形) 고이월위천문(故二月爲天文) : 묘는[卯] 무릅씀[冒]이다[也]. 이월이면[二月] 온갖 것이[萬物] 땅을[地] 무

릅쓰고[冒而] 나온다[出]. 열린[開] 문의[門之] 모습을[形] 본떴다[象]. 고로[故] 이월은[二月] 천문(天文)이다[爲]. 『설문해자신해(說文解字新解)』 531묘(卯)

註 유취야(酉就也) 팔월서성(八月黍成) 가위주주(可爲酎酒) 상고문유지형야(象古文酉之形也) …… 묘위춘문(卯爲春門) 만물이출(萬物已出) 유위추문(酉爲秋門) 만물이입(萬物已入) : 유는[酉] 나아감[就]이다[也]. 팔월이면[八月] 기장이[黍] 자라서[成] 술을[酒] 빚을[酎] 수 있다[可爲]. 고문(古文) 유의[酉之] 모습을[形] 본뜬 것[象]이다[也]. …… 묘는[卯] 봄의[春] 문(門)이다[爲]. 만물은[萬物] (춘문으로) 이미[已] 나왔다[出]. 유는[酉] 가을의[秋] 문(門)이다[爲]. 만물이[萬物] (추문으로) 이미[已] 들어갔다[入]. 『설문해자신해(說文解字新解)』 537유(酉)

## 2 효의 효상과 계사

初九 : 咸臨이니 貞吉하다
함림 정길

九二 : 咸臨이니 吉하여 无不利하리라
함림 길 무불리

六三 : 甘臨이라 无攸利이나 旣憂之라 无咎하다
감림 무유리 기우지 무구

六四 : 至臨이니 无咎하다
지림 무구

六五 : 知臨이니 大君之宜라 吉하다
지림 대군지의 길

上六 : 敦臨이니 吉하고 无咎하다
돈림 길 무구

초구(初九) : 함께 감응해[咸] 가까이함이니[臨] 진실로 미더워[貞] 길하다[吉].

구이(九二) : 함께 감응해[咸] 가까이함이니[臨] 길하여[吉] 이롭지 않음이[不利] 없다[无].

육삼(六三) : 달콤하게[甘] 가까이함이니[臨] 이로울[利] 바[攸] 없으나[无] 이미[旣] 그것을[之] 걱정했기에[憂] 허물은[咎] 없다[无].

육사(六四) : 더없이[至] 가까이함이니[臨] 허물이[咎] 없다[无].

육오(六五) : 슬기롭게[知] 가까이함이니[臨] 대군의[大君之] 마땅함이라[宜] 길하다[吉].

상륙(上六) : 도탑게[敦] 가까이함이니[臨] 길하고[吉] 허물이[咎] 없다[无].

# 초구(初九 : ⚊)

初九 : 咸臨이니 貞吉하다
함림 정길

초구(初九) : 함께 감응해[咸] 가까이함이니[臨] 진실로 미더워[貞] 길하다[吉].

**【초구(初九)의 효상(爻象) 풀이】**

임괘(臨卦 : ䷒)의 초구(初九 : ⚊)는 이양거양(以陽居陽) 즉 양(陽 : ⚊)으로써[以] 양(陽 : ⚊)의 자리에 있는지라[居] 정당한 자리에 있다. 초구(初九 : ⚊)와 구이(九二 : ⚊)는 양양(兩陽) 즉 둘 다[兩] 양(陽 : ⚊)인지라 〈비(比)〉 즉 이웃의 사귐[比]을 누리지 못한다. 다른 대성괘(大成卦)에서라면 초구(初九 : ⚊)와 구이(九二 : ⚊)는 양양(兩陽)인지라 상충(相衝) 즉 서로[相] 부딪치는[衝] 처지이겠지만, 여기 임괘(臨卦 : ䷒)의 주제인 〈임(臨)〉의 시국에서는 상근(尙近) 즉 가까움을[近] 받듦[尙]이 도리인지라 서로 부딪치지 않는다. 초구(初九 : ⚊)와 육사(六四 : ⚋)는 서로 정위(正位)에 있고 음양(陰陽)의 사이인지라 정응(正應)을 누린다. 초구(初九 : ⚊)는 〈임(臨)〉 즉 가까이함[臨]을 시작하는 자리에 있고, 초구(初九 : ⚊) 홀로 위에 있는 네 음효(陰爻)를 가까이함[臨]이 아니라 구이(九二 : ⚊)와 함께 가까이함[臨]인지라, 구이(九二 : ⚊)와 서로 거슬리지 말아야 하고, 육사(六四 : ⚋)와 〈임(臨)〉의 뜻을 서로 함께하는 모습이다.

임괘(臨卦 : ䷒)의 초구(初九 : ⚊)가 초륙(初六 : ⚋)으로 변효(變爻)하면 초구(初九 : ⚊)는 임괘(臨卦 : ䷒)를 7번째 사괘(師卦 : ䷆)로 지괘(之卦)하게 한다. 따라서 임괘(臨卦 : ䷒)의 초구(初九 : ⚊)는 사괘(師卦 : ䷆)의 초륙(初六 : ⚋)을 찾아가 살펴보게 한다.

**【초구(初九)의 계사(繫辭) 풀이】**

咸臨(함림) 貞吉(정길)

함께 감응해[咸] 가까이함이니[臨] 진실로 미더워[貞] 길하다[吉].

초구(初九 : ━)의 효위(爻位)를 빌려 암시한 계사(繫辭)이다. 〈함림(咸臨)〉은 〈초구여구이함림우상위지사음효(初九與九二咸臨于上位之四陰爻)〉의 줄임으로 여기고 〈구이와[與九二] 초구는[初九] 위로 있는[上位之] 네[四] 음효에게로[于陰爻] 함께[咸] 가까이한다[臨]〉라고 새겨볼 것이다. 동시에 〈함림(咸臨)〉은 〈초구함림우륙사(初九咸臨于六四)〉의 줄임으로 여기고 〈초구는[初九] 감응하여[咸] 육사에게로[于六四] 가까이한다[臨]〉라고 새겨볼 것이다. 따라서 〈함림(咸臨)의 함(咸)〉은 초구(初九 : ━)와 구이(九二 : ━)가 함께하여[咸] 위로 네 음효(陰爻)를 가까이함[臨]을 암시하고, 동시에 초구(初九 : ━)와 육사(六四 : --)가 정응(正應) 즉 바르게[正] 호응하여[應] 가까이함[臨]을 암시한다.

〈정길(貞吉)〉은 〈초구정향구이여륙사(初九貞向九二與六四)〉의 줄임으로 여기고 〈초구는[初九] 육사와[與六四] 구이를[九二] 향해[向] 진실로 미덥다[貞]〉라고 새겨볼 것이다. 여기 〈정길(貞吉)의 정(貞)〉은 구이(九二 : ━)와 육사(六四 : --)가 초구(初九 : ━)를 부(孚) 즉 믿어주어야[孚] 초구(初九 : ━)가 〈함림(咸臨)〉을 누릴 수 있음을 암시한다. 상대의 믿음[孚]을 얻자면 먼저 자신이 〈정(貞)〉 즉 진실로 미더워야[貞] 함이 곧 천도(天道)이다. 따라서 초구(初九 : ━)가 〈함림(咸臨)〉 즉 네[四] 음효에게로[于陰爻] 가까이하여[臨] 서로 감응하자면[咸] 〈정(貞)〉 즉 진실로 미더워야[貞] 〈함림(咸臨)〉을 누려 행복할[吉] 수 있음을 암시한 계사(繫辭)가 〈함림(咸臨) 정길(貞吉)〉이다.

**【字典】**

**함(咸)** 〈함께(어울릴) 함(咸)-화(和), 감응할 함(咸)-감(感), 감통할 함(咸)-감통(感通), 같을 함(咸)-동(同), 본받을 함(咸)-법(法)-칙(則), 끌 함(咸)-인(引), 포용할 함(咸)-포용(包容), 모두 함(咸)-개(皆)-실(悉), 갉아먹을 함(咸)-설(齧), 빠질 함(咸)-함(陷)〉 등의 뜻을 내지만 여기선 〈함께 화(和), 감응할 감(感)〉 등으로 여기고 새김이 마땅하다.

**임(臨)** 〈가까이할(마주할) 임(臨)-면대(面對), 다스릴 임(臨)-감(監)-치(治), 위에서 아래를 내려다볼 임(臨)-감(監)-유상시하(由上視下), 높이는 마음으로써 천한 것을 맞이할 임(臨)-이존적비(以尊適卑), 비출 임(臨)-조(照), 살필 임(臨)-견(見), 지킬 임(臨)-수(守), 행할 임(臨)-행(行), 미칠 임(臨)-급(及)〉 등의 뜻을 내지만 여기선 〈가까이할 면대(面對)〉와 같다 여기고 새김이 마땅하다. 〈臨〉이 맨 앞에 오면 〈임〉으로 발음되고, 중간이나 뒤에 오면 〈림〉으로 발음된다.

**정(貞)** 〈믿을 정(貞)-신(信), 바를 정(貞)-정(正), 꿋꿋하고 곧을 정(貞)-강직(剛直), 거북점을 물을 정(貞)-복문(卜問), 역(易)의 내괘(內卦) 정(貞), 마땅할 정(貞)-당(當), 정할 정(貞)-정(定), 순수할 정(貞)-전(專)-일(一)〉 등의 뜻을 내지만 여기선 〈믿을 신(信), 바를 정(正)〉 등과 같다 여기고 새김이 마땅하다.

**길(吉)** 〈좋을(행복할) 길(吉)-선(善)-영(令) {영월길일(令月吉日)은 선월선일(善月善日)임.}, 복 길(吉)-실(實)-선실(善實)-복(福), 예의를 따라 상서로울 길(吉)-예의순상(禮義順祥), 삼갈 길(吉)-근(謹), 초하루 길(吉)-삭일(朔日) {삭망(朔望) 즉 초하루[朔]와 그믐날[望]}, 길례 길(吉)-길례(吉禮) {오례지일(五禮之一) 길흉빈군가(吉凶賓軍嘉)}, 갈 길(吉)-행(行)-길(趌)〉 등의 뜻을 내지만 여기선 〈좋을 선(善)-영(令)〉 즉 행복과 같다 여기고 새김이 마땅하다.

## 구이(九二 : ⚊)

九二 : 咸臨이니 吉하여 无不利하리라
함 림 길 무 불 리

구이(九二) : 함께 감응해[咸] 가까이함이니[臨] 길하여[吉] 이롭지 않음이[不利] 없다[无].

### 【구이(九二)의 효상(爻象) 풀이】

임괘(臨卦 : ䷒)의 구이(九二 : ⚊)는 이양거음(以陽居陰) 즉 양(陽 : ⚊)으로써[以] 음(陰 : ⚋)의 자리에 있는지라[居] 정당한 자리에 있지 못하다. 구이(九二 : ⚊)와 초구(初九 : ⚊)는 양양(兩陽) 즉 둘 다[兩] 양(陽 : ⚊)인지라 〈비(比)〉 즉 이웃의 사귐[比]을 누리지 못한다. 그러나 다른 대성괘(大成卦)에서라면 구이(九二 : ⚊)와 초구(初九 : ⚊)는 양양(兩陽)인지라 상충(相衝) 즉 서로[相] 부딪치는[衝] 처지이겠지만, 여기 임괘(臨卦 : ䷒)의 주제인 〈임(臨)〉의 시국에서는 상근(尙近) 즉 가까움을[近] 받듦[尙]이 도리인지라 서로 부딪치지 않는다. 구이(九二 : ⚊)와 육삼(六三 : ‐‐)은 양음(陽陰)의 사이인지라 이웃의 사귐[比]을 누린다. 그리고 구이(九二 : ━)와 육오(六五 : ‐‐)는 서로 부정위(不正位) 즉 바른[正] 자리에 있지 못하지만[不位] 중효(中爻)로서 양음(陽陰)의 사이인지라, 중정(中正) 즉 중효의[中] 정위[正]를 누리지는 못하지만 정응(正應) 즉 바르게[正] 호응함[應]을 누린다. 이러한 효연(爻緣)과 더불어 구이(九二 : ━)는 초구(初九 : ━)와 함께 임괘(臨卦 : ䷒)의 주제인 〈임(臨)〉 즉 가까이함[臨]을 함께[咸] 이루어가는 모습이다.

임괘(臨卦 : ䷒)의 구이(九二 : ━)가 육이(六二 : ‐‐)로 변효(變爻)하면 구이(九二 : ━)는 임괘(臨卦 : ䷒)를 24번째 복괘(復卦 : ䷗)로 지괘(之卦)하게 한다. 따라서 임괘(臨卦 : ䷒)의 구이(九二 : ━)는 복괘(復卦 : ䷗)의 육이(六二 : ‐‐)를 찾아가 살펴보게 한다.

### 【구이(九二)의 계사(繫辭) 풀이】

## 咸臨(함림) 吉(길) 无不利(무불리)

함께 감응해[咸] 가까이함이니[臨] 길하여[吉] 이롭지 않음이[不利] 없다[无].

구이(九二 : ━)의 효위(爻位)를 빌려 암시한 계사(繫辭)이다. 〈함림(咸臨)〉은 〈구이여초구함림우상위지사음효(九二與初九咸臨于上位之四陰爻)〉의 줄임으로 여기고 〈초구와[與初九] 구이는[九二] 위에 있는[上位之] 네[四] 음효에게로[于陰爻] 함께[咸] 가까이한다[臨]〉라고 새겨볼 것이다. 동시에 〈함림(咸臨)〉은 〈구이함림우륙오(九二咸臨于六五)〉의 줄임으로 여기고 〈구이는[九二] 감응하여[咸] 육오에게로[于六五] 가까이한다[臨]〉라고 새겨볼 것이다. 따라서 〈함림(咸臨)의 함(咸)〉은 구이(九二 : ━)와 초구(初九 : ━)가 함께하여[咸] 위로 네 음효(陰爻)를 가까이함[臨]을 암시하고, 동시에 구이(九二 : ━)와 육오(六五 : ‐‐)가 서로 부정위(不正位) 탓으로 중정(中正)을 나누지는 못하지만 정응(正應) 즉 바르게[正] 호응하여[應] 가까이함[臨]을 암시한다.

〈길(吉)〉은 〈구이여림괘지여제효길(九二與臨卦之餘諸爻吉)〉의 줄임으로 여기고 〈임괘의[臨卦之] 나머지[餘] 모든 효들과[與諸爻] 구이는[九二] 길하다[吉]〉라고 새겨볼 것이다. 여기 〈길(吉)〉은 구이(九二 : ━)와 초구(初九 : ━)가 함께하여[咸]

임괘(臨卦 : ䷒)의 네 음효(陰爻)를 가까이함[臨]이 양음상화(陽陰相和)로써 〈원형리정(元亨利貞)〉의 사덕(四德)을 누리기 때문임을 암시한다. 따라서 구이(九二 : ⚊)가 〈함림(咸臨)〉 즉 네[四] 음효에게로[于陰爻] 가까이하여[臨] 서로 감응하여[咸] 길함[吉]에는 이롭지 않음이[不利] 없음[无]을 암시한 계사(繫辭)가 〈함림(咸臨) 길(吉) 무불리(无不利)〉이다.

【字典】

**함(咸)** 〈함께(어울릴) 함(咸)-화(和), 감응할 함(咸)-감(感), 감통할 함(咸)-감통(感通), 같을 함(咸)-동(同), 본받을 함(咸)-법(法)-칙(則), 끌 함(咸)-인(引), 포용할 함(咸)-포용(包容), 모두 함(咸)-개(皆)-실(悉), 갉아먹을 함(咸)-설(齧), 빠질 함(咸)-함(陷)〉 등의 뜻을 내지만 여기선 〈함께 화(和), 감응할 감(感)〉 등으로 여기고 새김이 마땅하다.

**임(臨)** 〈가까이할(마주할) 임(臨)-면대(面對), 다스릴 임(臨)-감(監)-치(治), 위에서 아래를 내려다볼 임(臨)-감(監)-유상시하(由上視下), 높이는 마음으로써 천한 것을 맞이할 임(臨)-이존적비(以尊適卑), 비출 임(臨)-조(照), 살필 임(臨)-견(見), 지킬 임(臨)-수(守), 행할 임(臨)-행(行), 미칠 임(臨)-급(及)〉 등의 뜻을 내지만 여기선 〈가까이할 면대(面對)〉와 같다 여기고 새김이 마땅하다. 〈臨〉이 맨 앞에 오면 〈임〉으로 발음되고, 중간이나 뒤에 오면 〈림〉으로 발음된다.

**길(吉)** 〈좋을(행복할) 길(吉)-선(善)-영(令) {영월길일(令月吉日)은 선월선일(善月善日)임.}, 복 길(吉)-실(實)-선실(善實)-복(福), 예의를 따라 상서로울 길(吉)-예의순상(禮義順祥), 삼갈 길(吉)-근(謹), 초하루 길(吉)-삭일(朔日) {삭망(朔望) 즉 초하루[朔]와 그믐날[望]}, 길례 길(吉)-길례(吉禮) {오례지일(五禮之一) 길흉빈군가(吉凶賓軍嘉)}, 갈 길(吉)-행(行)-길(趌)〉 등의 뜻을 내지만 여기선 〈좋을 선(善)-영(令)〉 즉 행복과 같다 여기고 새김이 마땅하다.

**무(无)** 〈없을 무(无)-무(無), 허무지도 무(无)-허무지도(虛无之道), 으뜸 무(无)-원(元)〉 등의 뜻을 내지만 여기선 〈없을 무(無)〉와 같다 여기고 새김이 마땅하다.

**不** 〈불-부〉 등으로 발음되고, 〈않을(없을) 불(不)-부(不)-무(無), 아닐 불(不)-부(不)-비(非), 하지 말 불(不)-부(不)-막(莫)-금지(禁止), 정하지 않을 불(不)-부(不)-부(否)-미정(未定), 새가 날아올라 내려오지 않는 불(不)-부(不)-조비상불하래(鳥飛上不下來)〉 등의 뜻을 내지만 여기선 〈않을 불(不)〉로 여기고 새김이 마땅하다.

**이(利)** 〈만물로 하여금 삶을 이루어가게 하는 덕(德)의 이로울 이(利)-사만물수생지덕(使萬物遂生之德), 날카로울 이(利)-예(銳)-섬(銛), 질병 이(利)-질(疾), 통할 이(利)-통(通)-순(順), 좋을 이(利)-길(吉)-의(宜), 편리할 이(利)-편(便), 마름해 만들어 이룰 이(利)-재성(裁成), 탐할 이(利)-탐(貪), 구할(취할) 이(利)-구(求)-취(取), 좋아할 이(利)-열애(悅愛), 이로울 이(利)-익(益), 기교 이(利)-교(巧), 보람 이(利)-공용(功用), 지세가 험하고 중요한 이(利)-험요(險要), 이길 이(利)-승(勝), 어질 이(利)-인(仁)〉 등의 뜻을 내지만 여기선 〈이로울 이(利)〉로 새김이 마땅하다. 〈利〉가 맨 앞에 오면 〈이〉로 발음되고, 중간이나 뒤에 오면 〈리〉로 발음된다.

## 육삼(六三 : --)

六三 : 甘臨이라 无攸利이나 旣憂之라 无咎하다
감 림 무 유 리 기 우 지 무 구

육삼(六三) : 달콤하게[甘] 가까이함이니[臨] 이로울[利] 바[攸] 없으나[无] 이미[旣] 그것을[之] 걱정했기에[憂] 허물은[咎] 없다[无].

**【육삼(六三)의 효상(爻象) 풀이】**

임괘(臨卦 : ☷☱)의 육삼(六三 : --)은 이음거양(以陰居陽) 즉 음(陰 : --)으로써[以] 양(陽 : ―)의 자리에 있는지라[居] 정당한 자리에 있지 못하다. 육삼(六三 : --)과 구이(九二 : ―)는 음양(陰陽)의 사이인지라 〈비(比)〉 즉 이웃의 사귐[比]을 누리지만, 육삼(六三 : --)과 육사(六四 : --)는 양음(兩陰) 즉 둘 다[兩] 음(陰 : --)의 사이인지라 비(比)를 누리지 못한다. 그러나 다른 대성괘(大成卦)에서라면 육삼(六三 : --)과 육사(六四 : --)는 양음(兩陰)인지라 상충(相衝) 즉 서로[相] 부딪치는[衝] 처지이겠지만 여기 임괘(臨卦 : ☷☱)의 주제인 〈임(臨)〉의 시국에서는 상근(尙近) 즉 가까움을[近] 받듦[尙]이 도리인지라 서로 부딪치지 않는다. 육삼(六三 : --)과 상륙(上六 : --) 역시 양음(兩陰)인지라 불응(不應) 즉 서로 호응하지 못한다[不應]. 따라서 육삼(六三 : --)은 상체(上體)로 상승(上昇)하려는 뜻보다 오히려 바로 아래에 있는 구이(九二 : ⚊)와 사귐을 누리고자 하는 모습이다.

> 임괘(臨卦 : ䷒)의 육삼(六三 : ⚋)이 구삼(九三 : ⚊)으로 변효(變爻)하면 육삼(六三 : ⚋)은 임괘(臨卦 : ䷒)를 11번째 태괘(泰卦 : ䷊)로 지괘(之卦)하게 한다. 따라서 임괘(臨卦 : ䷒)의 육삼(六三 : ⚋)은 태괘(泰卦 : ䷊)의 구삼(九三 : ⚊)을 찾아가 살펴보게 한다.





**【육삼(六三)의 계사(繫辭) 풀이】**

## 甘臨(감림) 无攸利(무유리)

달콤하게[甘] 가까이함이니[臨] 이로울[利] 바[攸] 없다[无].

육삼(六三 : ⚋)의 효위(爻位)를 빌려 암시한 계사(繫辭)이다. 〈감림(甘臨)〉은 〈육삼감림향하구이(六三甘臨向下九二)〉의 줄임으로 여기고 〈육삼이[六三] 아래의[下] 구이를[九二] 향해[向] 달콤하게[甘] 가까이한다[臨]〉라고 새겨볼 것이다. 〈감림(甘臨)의 감(甘)〉은 육삼(六三 : ⚋)이 임괘(臨卦 : ䷒)의 하체(下體) 태(兌 : ☱)의 상효(上爻)임을 환기시킨다. 왜냐하면 〈감림(甘臨)의 감(甘)〉이 「설괘전(說卦傳)」에 나오는 〈태는[兌 : ☱] 기뻐함[說]이다[也]〉라는 내용을 떠올려주기 때문이다. 그러나 감열(甘悅) 즉 달콤한[甘] 기쁨[悅]이란 오래가지 못한다. 감고왕래(甘苦往來)가 천도(天道) 즉 자연의[天] 규율[道]인 까닭이다. 육삼(六三 : ⚋)이 임괘(臨卦 : ䷒)의 하체(下體) 태(兌 : ☱)의 주효(主爻)라고 해서 기쁨을 〈감(甘)〉 즉 달콤하게[甘] 사적으로 누리려 하면 그 〈감(甘)〉은 곧장 고(苦) 즉 쓴맛[苦]으로 되돌아오고 마는 것이 천도(天道)이다. 달콤하게[甘]라는 삿됨을 마다하지 않아 부정(不正)으로 이어지고 불선(不善)으로 이어진다.

따라서 임괘(臨卦 : ䷒)의 육삼(六三 : ⚋)이 구이(九二 : ⚊)와 비(比) 즉 이웃의 사귐[比]을 달콤하게[甘] 꾀하려다 배척받게 됨을 암시한 것이 〈무유리(无攸利)〉이다. 임괘(臨卦 : ䷒)의 하체(下體) 태(兌 : ☱)의 중효(中爻)로서 구이(九二 : ⚊)는 득중(得中) 즉 정도를 따름을[中] 취하여[得] 〈함림(咸臨)〉 즉 함께 감응해[咸] 가까이함[臨]에는 무사(無邪) 즉 간사함[邪]이란 없다[無]. 수중(守中) 즉 정도를 따름을[中] 지키는[守] 구이(九二 : ⚊)에게 달콤하게[甘] 가까이하려는[臨] 시도는 육삼(六三 : ⚋)에게 이로울[利] 바가[攸] 없음[无]을 암시한 계사(繫辭)가

〈감림(甘臨) 무유리(无攸利)〉이다.

## 旣憂之(기우지) 无咎(무구)

이미[旣] 그것을[之] 걱정했기에[憂] 허물은[咎] 없다[无].

육삼(六三 : --)의 깨침을 암시한 계사(繫辭)이다. 육삼(六三 : --)이 임괘(臨卦 : ䷒)의 삼효(三爻)로서 〈감림(甘臨)의 감(甘)〉을 누릴 수 없음을 구이(九二 : ─)와 〈감림(甘臨)〉하기 전에 간파했음을 암시한 것이 〈기우지(旣憂之)〉이다. 〈기우지(旣憂之)〉는 〈육삼기우기감림(六三旣憂其甘臨)〉의 줄임으로 여기고 〈육삼이[六三] 자신의[其] 감림을[甘臨] 이미[旣] 우려했다[憂]〉라고 새겨볼 것이다. 〈기우지(旣憂之)의 우(憂)〉는 〈두려워할 구(懼)〉와 같다. 이는 육삼(六三 : --) 자신의 〈감림(甘臨)〉이 바로 위에 있는 육사(六四 : --)와 육오(六五 : --)의 질시(嫉視) 즉 미워하는[嫉] 시선[視]을 불러오게 될 것임을 사전에 인지했음을 〈기우지(旣憂之)의 기(旣)〉가 암시한다. 육삼(六三 : --)과 육사(六四 : --)는 양음(兩陰) 즉 둘 다[兩] 음(陰 : --)인지라 이웃[比]은커녕 상충(相衝) 즉 서로[相] 부딪치는[衝] 사이임을 외면하고 동시에 구이(九二 : ─)와 육오(六五 : --) 사이의 정응(正應)을 무시하면서, 자신의 〈감림(甘臨)〉을 감행할 수 없음을 육삼(六三 : --)이 헤아려 깨달았음을 〈기우지(旣憂之)〉가 암시한다. 매사(每事)를 가까이함[臨]에 요행(徼幸)을 바라지 말고 육삼(六三 : --)의 〈기우지(旣憂之)〉를 본받는다면 임세(臨世) 즉 세상을[世] 가까이함[臨]에 허물[咎]을 짓지 않을 것임을 일깨워 깨우쳐주는 계사(繫辭)가 〈기우지(旣憂之) 무구(无咎)〉이다.

**【字典】**

**감(甘)** 〈바르지 않을 감(甘)-부정(不正), 달 감(甘)-첨(甛)-고지반(苦之反), 상쾌한 마음 감(甘)-쾌의(快意), 느릴 감(甘)-완(緩), 즐거울 감(甘)-낙(樂), 기뻐할 감(甘)-열(悅), 즐길 감(甘)-기(嗜), 만족할 감(甘)-만족(滿足), 맛의 바탕 감(甘)-미지본(味之本), 익을 감(甘)-숙(熟)〉 등의 뜻을 내지만 여기선 〈바르지 않을 부정(不正)〉으로 여기고 새김이 마땅하다.

**임(臨)** 〈가까이할(마주할) 임(臨)-면대(面對), 다스릴 임(臨)-감(監)-치(治), 위에서 아래를 내려다볼 임(臨)-감(監)-유상시하(由上視下), 높이는 마음으로써 천한 것을 맞이할 임(臨)-이존적비(以尊適卑), 비출 임(臨)-조(照), 살필 임(臨)-견(見), 지킬 임(臨)-수(守), 행할 임(臨)-행(行), 미칠 임(臨)-급(及)〉 등의 뜻을 내지만 여기선 〈가까이할 면대(面對)〉와 같다 여기고 새김이 마땅하다. 〈臨〉이 맨 앞에 오면 〈임〉으로 발음되고, 중간이나 뒤에 오면 〈림〉으로 발음된다.

**무(无)** 〈없을 무(无)-무(無), 허무지도 무(无)-허무지도(虛无之道), 으뜸 무(无)-원(元)〉 등의 뜻을 내지만 여기선 〈없을 무(無)〉와 같다 여기고 새김이 마땅하다.

**유(攸)** 〈바(곳) 유(攸)-소(所), 흘러가는 물 유(攸)-행수(行水), 아득할 유(攸)-장원(長遠)-유(悠), 닦을 유(攸)-수(修), 터득한 모습 유(攸)-자득모(自得貌), 빠를 유(攸)-숙(儵), 대롱거릴 유(攸)-현위모(懸危貌), 수심에 찬 모습 유(攸)-수모(愁貌)〉 등의 뜻을 내지만 여기선 〈바 소(所)〉와 같다 여기고 새김이 마땅하다.

**이(利)** 〈만물로 하여금 삶을 이루어가게 하는 덕(德)의 이로울 이(利)-사만물수생지덕(使萬物遂生之德), 날카로울 이(利)-예(銳)-섬(銛), 질병 이(利)-질(疾), 통할 이(利)-통(通)-순(順), 좋을 이(利)-길(吉)-의(宜), 편리할 이(利)-편(便), 마름해 만들어 이룰 이(利)-재성(裁成), 탐할 이(利)-탐(貪), 구할(취할) 이(利)-구(求)-취(取), 좋아할 이(利)-열애(悅愛), 이로울 이(利)-익(益), 기교 이(利)-교(巧), 보람 이(利)-공용(功用), 지세가 험하고 중요한 이(利)-험요(險要), 이길 이(利)-승(勝), 어질 이(利)-인(仁)〉 등의 뜻을 내지만 여기선 〈이로울 이(利)〉로 새김이 마땅하다. 〈利〉가 맨 앞에 오면 〈이〉로 발음되고, 중간이나 뒤에 오면 〈리〉로 발음된다.

**기(旣)** 〈이미 기(旣)-이(已), 다할 기(旣)-진(盡), 일이 끝날 기(旣)-사필(事畢), 작게 먹을 기(旣)-소식(小食), 마칠 기(旣)-종(終), 잃을 기(旣)-실(失), 어조사 기(旣)-야(也)〉 등의 뜻을 내지만 여기선 〈이미 이(已)〉와 같다 여기고 새김이 마땅하다.

**우(憂)** 〈두려워할 우(憂)-구(懼), 근심 우(憂)-수(愁)-환(患), 괴로울 우(憂)-고(苦)-병(病), 동정할 우(憂)-휼(恤), 욕되게 할 우(憂)-욕(辱), 막힐 우(憂)-액(阨)〉 등의 뜻을 내지만 여기선 〈두려워할 구(懼)〉와 같다 여기고 새김이 마땅하다.

**지(之)** 〈그것(이것) 지(之)-피(彼)-시(是), 뜻 없는 허사(虛詞) 지(之), 갈 지(之)-왕(往)-행(行), 이를 지(之)-지(至), 주격-소유격-목적격 등의 토씨 지(之)〉 등의 뜻을 내지만 여기선 〈그것 지(之)〉로 여기고 새김이 마땅하다.

**구(咎)** 〈허물 구(咎)-과(過)-건(愆), 재앙 구(咎)-재(災), 병될 구(咎)-병(病), 싫어

할 구(咎)-오(惡), 헐뜯을 구(咎)-방(謗)〉 등의 뜻을 내지만 여기선 〈허물 과(過)-건(愆)〉과 같다 여기고 새김이 마땅하다. 〈무구(无咎)〉는 〈면어구(免於咎)〉 즉 허물을[於咎] 면하다[免]와 같다.

---

註 태열야(兌說也) : 태는[兌 : ☱] 기뻐함[說]이다[也]. 「설괘전(說卦傳)」 7단락(段落)

## 육사(六四 : --)

六四 : 至臨이니 无咎하다
(지림 / 무구)

육사(六四) : 더없이[至] 가까이함이니[臨] 허물이[咎] 없다[无].

**【육사(六四)의 효상(爻象) 풀이】**

임괘(臨卦 : ䷒)의 육사(六四 : --)는 이음거음(以陰居陰) 즉 음(陰 : --)으로써[以] 음(陰 : --)의 자리에 있는지라[居] 정당한 자리에 있다. 다른 대성괘(大成卦)에서라면 육사(六四 : --)가 아래로 육삼(六三 : --)과 위로 육오(六五 : --)와는 제음(諸陰) 즉 모두 다[諸] 음(陰 : --)의 사이인지라 비(比)를 누리지 못해 오히려 상충(相衝) 서로[相] 부딪치는[衝] 처지이지만, 임괘(臨卦 : ䷒)의 주제인 〈임(臨)〉의 시국에서는 상근(尙近) 즉 가까움을[近] 받듦[尙]이 도리인지라 서로 부딪치지 않는다. 그러나 육사(六四 : --)와 초구(初九 : ㅡ)는 음양(陰陽)의 사이인지라 정응(正應) 즉 서로 바르게[正] 호응한다[應]. 따라서 육사(六四 : --)는 아래의 초구(初九 : ㅡ)와 간절히 가까이하고자[臨] 하는 모습이다.

임괘(臨卦 : ䷒)의 육사(六四 : --)가 구사(九四 : ㅡ)로 변효(變爻)하면 육사(六四 : --)는 임괘(臨卦 : ䷒)를 54번째 귀매괘(歸妹卦 : ䷵)로 지괘(之卦)하게 한다. 따라서 임괘(臨卦 : ䷒)의 육사(六四 : --)는 귀매괘(歸妹卦 : ䷵)의 구사(九四 : ㅡ)를 찾아가 살펴보게 한다.

【육사(六四)의 계사(繫辭) 풀이】

## 至臨(지림) 无咎(무구)

더없이[至] 가까이함이니[臨] 허물이[咎] 없다[无].

육사(六四 : --)의 효위(爻位)를 빌려 암시한 계사(繫辭)이다. 〈지림(至臨)〉은 〈육사지림향하초구(六四至臨向下初九)〉의 줄임으로 여기고 〈육사가[六四] 아래의[下] 초구를[初九] 향해[向] 지극하게[至] 가까이한다[臨]〉라고 새겨볼 것이다. 〈지림(至臨)의 지(至)〉는 육사(六四 : --)가 아래로는 초구(初九 : —)와의 정응(正應)을 지극하게[至] 함을 암시하며, 동시에 근군(近君)의 자리에 있으니 수정(守正) 즉 정도를[正] 지켜[守] 임도(臨道) 즉 가까이함의[臨] 도리[道]를 더없이 다함[至]을 암시한 것이 〈지림(至臨)〉이다.

〈무구(无咎)〉는 〈육사지지림무구(六四之至臨无咎)〉의 줄임으로 여기고 〈육사가[六四之] 더없이[至] 가까이함에는[臨] 허물이[咎] 없다[无]〉라고 새겨볼 것이다. 임도(臨道)를 따라 지극하게[至] 가까이함[臨]은 임괘(臨卦 : ䷒)의 주제인 〈임(臨)〉의 시국에서는 〈원형리정(元亨利貞)〉의 사덕(四德)을 누리는 선림(善臨)으로 이어짐인지라 〈무구(无咎)〉 즉 허물이[咎] 없음[无]을 암시한 계사(繫辭)가 〈지림(至臨) 무구(无咎)〉이다.

【字典】

**지(至)** 〈지극할 지(至)-지극(至極), 내려올 지(至), 새가 높은 데서 날아 내려와 땅에 이를 지(至)-조비종고하지(鳥飛從高下至), 도착할 지(至)-도(到)-래(來), 미칠(이를) 지(至)-급(及), 좋을 지(至)-선(善), 다할 지(至)-진(盡)-극(極), 무리 지(至)-중(衆), 큰 지(至)-대(大), 마땅할 지(至)-당(當), 이룰 지(至)-성(成), 실제 지(至)-실(實), 옳을 지(至)-시(是), 아래 지(至)-하(下), 동지하지 지(至)-동지하지(冬至夏至)〉 등의 뜻을 내지만 여기선 〈지극할 극(極)〉과 같다 여기고 새김이 마땅하다.

**임(臨)** 〈가까이할(마주할) 임(臨)-면대(面對), 다스릴 임(臨)-감(監)-치(治), 위에서 아래를 내려다볼 임(臨)-감(監)-유상시하(由上視下), 높이는 마음으로써 천한 것을 맞이할 임(臨)-이존적비(以尊適卑), 비출 임(臨)-조(照), 살필 임(臨)-견(見), 지킬 임(臨)-수(守), 행할 임(臨)-행(行), 미칠 임(臨)-급(及)〉 등의 뜻을 내지만 여기선 〈가까이할 면대(面對)〉와 같다 여기고 새김이 마땅하다. 〈臨〉이 맨 앞에 오면 〈임〉으로 발음되고, 중간이나 뒤에 오면 〈림〉으로 발음된다.

**무(无)** 〈없을 무(无)-무(無), 허무지도 무(无)-허무지도(虛无之道), 으뜸 무(无)-원(元)〉 등의 뜻을 내지만 여기선 〈없을 무(無)〉와 같다 여기고 새김이 마땅하다.

**구(咎)** 〈허물 구(咎)-과(過)-건(愆), 재앙 구(咎)-재(災), 병될 구(咎)-병(病), 싫어할 구(咎)-오(惡), 헐뜯을 구(咎)-방(謗)〉 등의 뜻을 내지만 여기선 〈허물 과(過)-건(愆)〉과 같다 여기고 새김이 마땅하다. 〈무구(无咎)〉는 〈면어구(免於咎)〉 즉 허물을[於咎] 면하다[免]와 같다.

## 육오(六五 : --)

六五 : 知臨이니 大君之宜라 吉하다
지 림 대 군 지 의 길

육오(六五) : 슬기롭게[知] 가까이함이니[臨] 대군의[大君之] 마땅함이라[宜] 길하다[吉].

**【육오(六五)의 효상(爻象) 풀이】**

임괘(臨卦 : ䷒)의 육오(六五 : --)는 이음거양(以陰居陽) 즉 음(陰 : --)으로써[以] 양(陽 : ─)의 자리에 있는지라[居] 정당한 자리에 있지 못하다. 다른 대성괘(大成卦)에서라면 육오(六五 : --)가 아래로 육사(六四 : --)와 위로 상륙(上六 : --)과는 제음(諸陰) 즉 모두 다[諸] 음(陰 : --)의 사이인지라 비(比)를 누리지 못해 오히려 상충(相衝) 서로[相] 부딪치는[衝] 처지이겠지만, 임괘(臨卦 : ䷒)의 주제인 〈임(臨)〉의 시국에서는 상근(尙近) 즉 가까움을[近] 받듦[尙]이 도리인지라 서로 부딪치지 않는다. 임괘(臨卦 : ䷒)에서 존위(尊位)에 있는 육오(六五 : --)는 구이(九二 : ─)와 서로 부정위(不正位)라 중정(中正) 즉 중효로서[中] 정위[正]를 누리지는 못하지만, 정응(正應) 즉 바르게[正] 서로 호응하면서[應] 득중(得中) 즉 정도를 따름을[中] 취한다[得]. 이에 육오(六五 : --)는 유순(柔順)한지라 강강(剛强)한 구이(九二 : ─)와 호응하는 모습이다.

임괘(臨卦 : ䷒)의 육오(六五 : --)가 구오(九五 : ㅡ)로 변효(變爻)하면 육오(六五 : --)는 임괘(臨卦 : ䷒)를 60번째 절괘(節卦 : ䷻)로 지괘(之卦)하게 한다. 따라서 임괘(臨卦 : ䷒)의 육오(六五 : --)는 절괘(節卦 : ䷻)의 구오(九五 : ㅡ)를 찾아가 살펴보게 한다.



【육오(六五)의 계사(繫辭) 풀이】

## 知臨(지림)

슬기롭게[知] 가까이함이다[臨].

육오(六五 : --)와 구이(九二 : ㅡ)와의 정응(正應)을 빌려 암시한 계사(繫辭)이다. 〈지림(知臨)〉은 〈육오지림향하구이(六五知臨向下九二)〉의 줄임으로 여기고 〈육오가[六五] 아래의[下] 구이를[九二] 향해[向] 슬기롭게[知] 가까이한다[臨]〉라고 새겨볼 것이다. 〈지림(知臨)의 지(知)〉는 육오(六五 : --)가 임괘(臨卦 : ䷒)의 하체(下體) 태(兌 : ☱)의 중효(中爻)인 구이(九二 : ㅡ)와의 정응(正應)을 지혜롭게[知] 누림을 암시한다. 〈지림(知臨)의 지(知)〉는 여기선 〈슬기로울 지(智)〉와 같다. 군위(君位)에 있는 육오(六五 : --)가 중효(中爻)이지만 정위(正位)에 있지 못하기에 더욱 관유(寬柔)함으로써 구이(九二 : ㅡ)와의 〈임(臨)〉 즉 가까이함[臨]을 지혜롭게[知] 함을 암시한 것이 〈지림(知臨)〉이다. 여기 〈지림(知臨)의 지(知)〉는 『노자(老子)』에 나오는 〈남을[人] 아는[知] 것은[者] 슬기이고[智] 자신을[自] 아는[知] 것은[者] 밝음이다[明]〉를 상기시킨다. 육오(六五 : --)의 〈지(知)〉 즉 명지(明智)란 관유(寬柔)하고 중허(中虛) 즉 심중에[中] 사심이 없는[虛] 육오(六五 : --)가 중위(中位)에 있어서, 구이(九二 : ㅡ)와의 정응(正應)을 득중(得中) 즉 정도를 따름을[中] 취하여[得] 누림을 밝힌다. 육오(六五 : --) 자신의 유약(柔弱)함과 구이(九二 : ㅡ)의 강강(剛强)함을 상융(相融) 즉 서로[相] 융합하여[融] 백성의 평안을 위해 제림(濟臨) 즉 가까이함을[臨] 다스리기[濟]를 깨닫게 하는 계사(繫辭)가 〈지림(知臨)〉이다.

## 大君之宜(대군지의) 吉(길)

대군의[大君之] 마땅함이라[宜] 길하다[吉].

육오(六五 : --)의 〈지림(知臨)〉을 풀이한 계사(繫辭)이다. 〈대군지의(大君之宜)〉는 〈육오지지림대군지의야(六五之知臨大君之宜也)〉의 줄임으로 여기고 〈육오의[六五之] 지림은[知臨] 왕의[大君之] 마땅함[宜]이다[也]〉라고 새겨볼 것이다. 군왕(君王)의 자리에 있는 육오(六五 : --)가 현령(縣令) 정도의 낮은 신하 자리에 있는 구이(九二 : --)와 지혜롭게[知] 가까이함[臨]을 의당하다[宜]고 암시한 것이 〈대군지의(大君之宜)의 의(宜)〉이다. 여기 〈의(宜)〉는 이존위귀비(以尊位貴卑) 즉 높은 자리[尊位]로써[以] 낮은 자리를[卑] 받드는[貴] 육오(六五 : --)의 〈지림(知臨)〉을 풀이한다. 이러한 〈의(宜)〉는 〈대군(大君)〉 즉 대왕(大王)의 수중(守中) 즉 정도를 따름을[中] 지키는[守] 왕도(王道)를 암시한다. 오로지 인간세(人間世)에서만 존비(尊卑)를 둘로 나누어 높은 것이[尊] 낮은 것을[卑] 다스린다[御]고 알고서 위세(威勢)를 떨 뿐이다. 천도(天道)를 알고[知] 그 앎을 따라 지행(志行)하는 〈군(君)〉을 왕(王)이라 한다. 본래 군왕(君王)이란 백성이 잘 살도록 자연의[天] 도리[道]를 따라 덕(德)을 행하는 자(者)이다. 따라서 〈대군지의(大君之宜)〉는 『맹자(孟子)』에 나오는 〈백성을[民] 보양하면서[保而] 왕노릇을 한다[王]〉라는 내용을 상기시킨다. 이에 〈대군지의(大君之宜)의 대군(大君)〉은 패(霸)의 군(君)이 아니라 왕(王)의 군(君)임을 말한다. 패(霸)란 힘[力]으로 다스리는 소군(小君)이고, 왕(王)이란 덕(德)으로 다스리는 대군(大君)이다. 〈대군(大君)의 대(大)〉는 『장자(莊子)』에 나오는 〈같지 않음[不同] 그것을[之] 같게 함[同]〉을 상기시킨다. 인간세에서는 왕과 신하가 같지 않지만[不同] 천도(天道)에서는 왕과 신하가 같음을[同] 알고[知] 육오(六五 : --)가 구이(九二 : —)와 〈지림(知臨)〉 즉 지혜롭게[知] 가까이하기[臨]에, 〈원형리정(元亨利貞)〉의 사덕(四德)을 누려 〈대군(大君)〉 즉 대왕(大王)으로서 육오(六五 : --)가 길함[吉]을 암시한 계사(繫辭)가 〈대군지의(大君之宜) 길(吉)〉이다.

**【字典】**

**지(知)** 〈지혜로울 지(知)-지(智), 알 지(知)-식(識)-득(得), 생각할 지(知)-각(覺)-유(喩), 분별해 말할 지(知)-별(別)-언별(言別), 기억할 지(知)-기억(記憶), 드러날 지(知)-현(見), 상교할 지(知)-상교(相交), 자기를 알 지(知)-지기(知己), 교유할 지(知)-교유(交游), 알릴 지(知)-고지(告知), 본래부터 알 지(知)-성식(性識), 주재할 지(知)-주

(主), 욕심낼 지(知)-욕(欲), 맞설 지(知)-필(匹)〉 등의 뜻을 내지만 여기선 〈지혜롭게 지(智)〉로 여기고 새김이 마땅하다.

**임(臨)** 〈가까이할(마주할) 임(臨)-면대(面對), 다스릴 임(臨)-감(監)-치(治), 위에서 아래를 내려다볼 임(臨)-감(監)-유상시하(由上視下), 높이는 마음으로써 천한 것을 맞이할 임(臨)-이존적비(以尊適卑), 비출 임(臨)-조(照), 살필 임(臨)-견(見), 지킬 임(臨)-수(守), 행할 임(臨)-행(行), 미칠 임(臨)-급(及)〉 등의 뜻을 내지만 여기선 〈가까이할 면대(面對)〉와 같다 여기고 새김이 마땅하다. 〈臨〉이 맨 앞에 오면 〈임〉으로 발음되고, 중간이나 뒤에 오면 〈림〉으로 발음된다.

**대(大)** 〈큰 대(大)-소지대(小之對), 넓을 대(大)-광(廣), 두루 대(大)-편(徧), 통할 대(大)-통(通), 길 대(大)-장(長), (땅을) 걸게 할 대(大)-비(肥), 두터울 대(大)-후(厚), 많을 대(大)-다(多), 모두 대(大)-개(皆), 선할 대(大)-선(善), 무거울 대(大)-중(重), 거대할 대(大)-거(巨), 아름다울 대(大)-미(美)-장(壯), 부유할 대(大)-부(富), 늙을 대(大)-노(老), 지나칠 대(大)-과(過), 끝 대(大)-극(極), 대충 대(大)-조(組)-불세밀(不細密), 과대할 대(大)-과(誇)-긍벌(矜伐), 처음 대(大)-초(初), 하늘 대(大)-천(天), 건(乾)-양기(陽氣)-강효(剛爻) 대(大)〉 등의 뜻을 내지만 여기선 〈큰 대(大)〉로 여기고 새김이 마땅하다.

**군(君)** 〈임금(천자-임금-제후) 군(君)-왕(王)-지존자(至尊者), 임금을 이을(세자) 군(君)-세자(世子), 여왕 군(君)-여군(女君), 어버이 군(君)-부모(父母), 돌아가신 임금-돌아가신 아버지-돌아가신 조상 군(君)-선군(先君)-선부(先父)-선조(先祖), 상대를 부르는 칭호 군(君)-칭호(稱號), 귀신을 받들어 부르는 칭호 군(君)-귀신지경칭(鬼神之敬稱), 맡아 다스릴 군(君)-주재(主宰), 하늘-건 군(君)-천(天)-건(乾), 양 군(君)-양(陽), 낮 군(君)-일(日), 중앙제단 군(君)-궁제단(宮祭壇), 흙 군(君)-토(土)〉 등의 뜻을 내지만 여기선 〈임금 왕(王)〉과 같다 여기고 새김이 마땅하다.

**지(之)** 〈그것(이것) 지(之)-피(彼)-시(是), 뜻 없는 허사(虛詞) 지(之), 갈 지(之)-왕(往)-행(行), 이를 지(之)-지(至), 주격-소유격-목적격 등의 토씨 지(之)〉 등의 뜻을 내지만 여기선 〈~의 지(之)〉로 여기고 새김이 마땅하다.

**의(宜)** 〈마땅할 의(宜)-당(當), 옳을 의(宜)-의(義)-의(誼), 잘해줄 의(宜)-선(善), 아름다울 의(宜)-미(美), 좋아할 의(宜)-호(好), 어울려 따를 의(宜)-화순(和順), 가까이할 의(宜)-태(殆), 어조사 의(宜)〉 등의 뜻을 내지만 여기선 〈마땅할 당(當)〉과 같아 의

당(宜當)의 줄임말로 여기고 새김이 마땅하다.

**길(吉)** 〈좋을(행복할) 길(吉)-선(善)-영(令) {영월길일(令月吉日)은 선월선일(善月善日)임.}, 복 길(吉)-실(實)-선실(善實)-복(福), 예의를 따라 상서로울 길(吉)-예의순상(禮義順祥), 삼갈 길(吉)-근(謹), 초하루 길(吉)-삭일(朔日) {삭망(朔望) 즉 초하루[朔]와 그믐날[望]}, 길례 길(吉)-길례(吉禮) {오례지일(五禮之一) 길흉빈군가(吉凶賓軍嘉)}, 갈 길(吉)-행(行)-길(趌)〉 등의 뜻을 내지만 여기선 〈좋을 선(善)-영(令)〉 즉 행복과 같다 여기고 새김이 마땅하다.

---

註 지인자지(知人者智) 자지자명(自知者明) : 남을[人] 아는[知] 것은[者] 슬기이고[智], 자신을[自] 아는[知] 것은[者] 밝음이다[明]. 『노자(老子)』 33장(章)

註 사민양생상사무감야(使民養生喪死無憾也) 양생상사무감(養生喪死無憾) 왕도지시야(王道之始也) : 백성으로[民] 하여금[使] 산 사람을[生] 잘 먹이게 하고[養] 죽은 사람을[死] 장사지냄에[喪] 유감이[憾] 없게 하는 것[無]이다[也]. 양생상사무감이[養生喪死無憾] 왕도의[王道之] 시작인 것[始]이다[也]. 『맹자(孟子)』「양혜왕장구(梁惠王章句)」 3단락(段落)

註 부도부재만물자야(夫道覆載萬物者也) 양양호대재(洋洋乎大哉) 군자불가이불고심언(君子不可以不刳心焉) …… 부동동지지위대(不同同之之謂大) : 무릇[夫] 도란[道] 만물을[萬物] 덮어주고[覆] 실어주는[載] 것[者]이다[也]. 넓고 넓어서[洋洋乎] 크도다[大哉]! 군자는[君子] {이 대(大)를} 본받아서[以] 마음을[心] 갈고닦지[刳] 않을[不] 수 없다[不可焉]. …… 같지 않음[不同] 그것을[之] 같게 함[同] 그것을[之] 큼이라[大] 한다[謂]. 『장자(莊子)』「천지(天地)」 1절(節)

## 상륙(上六 : --)

上六 : 敦臨이니 吉하고 无咎하다
돈 림 길 무 구

상륙(上六) : 도탑게[敦] 가까이함이니[臨] 길하고[吉] 허물이[咎] 없다[无].

**【상륙(上六)의 효상(爻象) 풀이】**

임괘(臨卦 : ䷒)의 상륙(上六 : --)은 이음거음(以陰居陰) 즉 음(陰 : --)으로써[以] 음(陰 : --)의 자리에 있는지라[居] 정당한 자리에 있다. 다른 대성괘(大成卦)에서라면 상륙(上六 : --)이 아래로 육오(六五 : --)와 양음(兩陰) 즉 둘 다[兩] 음

(陰 : --)의 사이인지라 비(比)를 누리지 못해 오히려 상충(相衝) 서로[相] 부딪치는[衝] 처지이겠지만, 임괘(臨卦 : ䷒)의 주제인 〈임(臨)〉의 시국에서는 상근(尙近) 즉 가까움을[近] 받듦[尙]이 도리인지라 서로 부딪치지 않는다. 상륙(上六 : --)과 육삼(六三 : --) 역시 양음(兩陰)인지라 부정응(不正應) 즉 바르게[正] 호응하지 못하는[不應] 사이이다. 이와 같이 효연(爻緣)은 없지만 임괘(臨卦 : ䷒)의 극위(極位)에 있고 유순(柔順)함이 지극한 상륙(上六 : --)인지라 아래로 구이(九二 : ㅡ)-초구(初九 : ㅡ)와 효연이 닿지 않아도 가까이함[臨]을 도탑게 하는 모습이다.

> 임괘(臨卦 : ䷒)의 상륙(上六 : --)이 상구(上九 : ㅡ)로 변효(變爻)하면 상륙(上六 : --)은 임괘(臨卦 : ䷒)를 41번째 손괘(損卦 : ䷨)로 지괘(之卦)하게 한다. 따라서 임괘(臨卦 : ䷒)의 상륙(上六 : --)은 손괘(損卦 : ䷨)의 상구(上九 : ㅡ)를 찾아가 살펴보게 한다.

**【상륙(上六)의 계사(繫辭) 풀이】**

## 敦臨(돈림)

도탑게[敦] 가까이함이다[臨].

상륙(上六 : --)의 효위(爻位)를 빌려 암시한 계사(繫辭)이다. 〈돈림(敦臨)〉은 〈상륙돈림향하구이여초구(上六敦臨向下九二與初九)〉의 줄임으로 여기고 〈상륙이[上六] 아래의[下] 초구와[與初九] 구이를[九二] 향해[向] 도탑게[敦] 가까이한다[臨]〉라고 새겨볼 것이다. 〈돈림(敦臨)의 돈(敦)〉은 임괘(臨卦 : ䷒)의 상륙(上六 : --)이 임괘(臨卦 : ䷒)의 극위(極位)일 뿐만 아니라 임괘(臨卦 : ䷒)의 상체(上體) 곤(坤 : ☷)의 상효(上爻)임도 환기시킨다. 곤(坤 : ☷)은 지(地) 즉 땅이다. 땅은 광후(廣厚) 즉 넓고[廣] 도타운지라[厚] 상륙(上六 : --)의 〈임(臨)〉을 〈돈(敦)〉으로써 풀이한다. 〈돈(敦)〉은 유심(唯心) 즉 오로지[唯] 마음[心]이 정직하고 진실함이다. 이 〈돈(敦)〉은 허심(虛心)하여 시비(是非)-상쟁(相爭)-욕구(欲求) 따위를 다 비운[虛] 마음[心]인지라 정진(正眞) 즉 곧아[正] 참하다[眞] 한다. 따라서 〈돈림(敦臨)의 돈(敦)〉은 『노자(老子)』에 나오는 〈치허극(致虛極) 수정독(守靜篤)〉을 환기시킨다. 〈돈(敦)〉을 곧아[正] 참하다[眞] 함은 먼저 스스로 치심(治心) 즉 마음을[心] 다스렸음[治]이다. 그런 치심(治心)을 허(虛) 즉 비움[虛]이라 한다. 말하자면 마음에서 온갖 시비-상쟁-욕구 따위를 모두 다 비워냈음을 치심(治心) 곧 허(虛)라 한다. 마음의 비움이[虛] 지극함으로[極] 돌아와야[致] 돈심(敦心)을 누린다. 마음속에 꿍꿍이셈이 있다면 거기에는 도타운[敦] 마음[心]이란 없다. 정진(正眞)한 허심(虛心)이라야 고요의[靜] 도타움을[篤] 지킨다[守]. 여기 〈돈림(敦臨)의 돈(敦)〉은 〈도타울 독(篤)〉과 같다.

온갖 가까이함[臨]을 거쳐 온 상륙(上六 : ⚋)이 고요의 도타움을[靜篤] 지키면서[守] 임괘(臨卦 : ䷒)의 하체(下體) 태(兌 : ☱)의 중효(中爻)인 구이(九二 : ⚊)와 초효(初爻)인 초구(初九 : ⚊)와의 가까이하기[臨]를 지극히 함을 암시한다. 다른 대성괘(大成卦)에서라면 극위(極位)에 있는 효(爻)는 아래와 효연(爻緣)을 버리고 떠날 채비를 하지만, 임괘(臨卦 : ䷒)에서만은 〈임(臨)〉 즉 가까이하는[臨] 시국인지라 지순(至順)한 음(陰 : ⚋)인 상륙(上六 : ⚋)이 〈임(臨)〉으로써 구이(九二 : ⚊)와 초구(初九 : ⚊)를 따른다. 나아가 〈돈림(敦臨)의 돈(敦)〉은 『장자(莊子)』에 나오는 〈유유자(兪兪者)〉 바로 그것이다. 도타움[敦]이란 다름 아닌 편안하고 즐거움[兪兪] 바로 그것이다. 그 편안하고 즐거움[兪兪]을 하염없이 누림을 〈돈(敦)〉이라 한다. 이처럼 극위(極位)에 이른 상륙(上六 : ⚋)이 온갖 시비-상쟁-욕구 따위를 다 비워버리고[虛] 도타움[敦]으로써 구이(九二 : ⚊)와 초구(初九 : ⚊)를 가까이함[臨]을 암시한 계사(繫辭)가 〈돈림(敦臨)〉이다.

## 吉(길) 无咎(무구)

### 길하고[吉] 허물이[咎] 없다[无].

〈길(吉)〉은 앞 〈돈림(敦臨)〉이 천복(天福)을 누리는 길(吉)임을 암시한다. 마음이 허정(虛靜) 즉 텅 비어[虛] 고요해[靜] 염담(恬淡) 즉 편안하고 조용해[恬] 담박함[淡]을 누리는 도타움[敦]에는 그 무엇에도 걸림 없어 오히려 적막(寂寞) 즉 고요함이[寂] 쓸쓸할[寞] 지경인 돈심(敦心)으로, 상륙(上六 : ⚋)이 구이(九二 : ⚊)와 초구(初九 : ⚊)를 가까이함[臨]을 〈원형리정(元亨利貞)〉의 사덕(四德)을 누리는 행복[吉]이라고 암시한 계사(繫辭)가 〈길(吉)〉이다.

〈무구(无咎)〉는 〈돈림(敦臨)〉이 누리게 하는 〈길(吉)〉을 거듭해 암시한 계사(繫辭)이다. 허정(虛靜)한 마음으로 도탑게[敦] 가까이함[臨]으로써 누리는 행복[吉]에는 온갖 시비-상쟁-욕구가 떠나게 된다. 이런 허심(虛心)의 도타움[敦]으로 누리는 상륙(上六 : --)의 〈길(吉)〉에는 과실도[咎] 허물도[咎] 없음[无]을 암시한 효사(爻辭)가 〈무구(无咎)〉이다. 그러므로 임괘(臨卦 : ䷒)의 극위(極位)에 있는 상륙(上六 : --)이 온갖 외물(外物)과 접촉하는 자궁(自躬) 즉 자신의[自] 몸뚱이[躬]를 떠나, 유심(唯心) 즉 오로지[唯] 마음[心]이 정직하고 진실하여 누리는 〈돈(敦)〉의 경지로써 구이(九二 : ㅡ)와 초구(初九 : ㅡ)를 가까이해[臨] 행복[吉]을 유유히 누림을 묶어서 암시한 계사(繫辭)가 〈돈림(敦臨) 길(吉) 무구(无咎)〉이다.

【字典】

**敦** 〈돈-대-퇴-단-조〉 등으로 발음되고, 〈{정진(正眞)이} 도타울 돈(敦)-후(厚), 성낼 돈(敦)-노(怒), 꾸짖을 돈(敦)-저(詆), 핍박할 돈(敦)-박(迫), 힘쓸 돈(敦)-면(勉), 누구 돈(敦)-수하(誰何), 클 돈(敦)-대(大), 뒤섞여 통하지 않는 모양 돈(敦)-혼돈불개통지모(渾敦不開通之貌), 막연한 모양 돈(敦)-혼돈지모(混沌之貌), 세울 돈(敦)-수(竪), 쪼을 퇴(敦)-탁(琢), 모을 퇴(敦)-취(聚), 다스릴 퇴(敦)-치(治), 끊을 퇴(敦)-단(斷), 성낼 퇴(敦)-노(怒), 옥쟁반 대(敦)-옥대반류(玉敦槃類), 서숙과 기장을 담는 그릇 대(敦)-성서직기(盛黍稷器), 모을 단(敦)-취(聚), 외조롱 달릴 단(敦)-고계만모(瓜繫蔓貌), 아로새길 조(敦)-조(彫), 그림 그린 활 조(敦)-화궁(畫弓)〉 등의 뜻을 내지만 여기선 〈도타울 후(厚)〉와 같다 여기고 새김이 마땅하다.

**임(臨)** 〈가까이할(마주할) 임(臨)-면대(面對), 다스릴 임(臨)-감(監)-치(治), 위에서 아래를 내려다볼 임(臨)-감(監)-유상시하(由上視下), 높이는 마음으로써 천한 것을 맞이할 임(臨)-이존적비(以尊適卑), 비출 임(臨)-조(照), 살필 임(臨)-견(見), 지킬 임(臨)-수(守), 행할 임(臨)-행(行), 미칠 임(臨)-급(及)〉 등의 뜻을 내지만 여기선 〈가까이할 면대(面對)〉와 같다 여기고 새김이 마땅하다. 〈臨〉이 맨 앞에 오면 〈임〉으로 발음되고, 중간이나 뒤에 오면 〈림〉으로 발음된다.

**길(吉)** 〈좋을(행복할) 길(吉)-선(善)-영(令) {영월길일(令月吉日)은 선월선일(善月善日)임.}, 복 길(吉)-실(實)-선실(善實)-복(福), 예의를 따라 상서로울 길(吉)-예의순상(禮義順祥), 삼갈 길(吉)-근(謹), 초하루 길(吉)-삭일(朔日) {삭망(朔望) 즉 초하루[朔]와 그믐날[望]}, 길례 길(吉)-길례(吉禮) {오례지일(五禮之一) 길흉빈군가(吉凶賓軍嘉)}, 갈 길(吉)-행(行)-길(趌)〉 등의 뜻을 내지만 여기선 〈좋을 선(善)-영(令)〉 즉 행복과 같다

여기고 새김이 마땅하다.

**무(无)** 〈없을 무(无)-무(無), 허무지도 무(无)-허무지도(虛无之道), 으뜸 무(无)-원(元)〉 등의 뜻을 내지만 여기선 〈없을 무(無)〉와 같다 여기고 새김이 마땅하다.

**구(咎)** 〈허물 구(咎)-과(過)-건(愆), 재앙 구(咎)-재(災), 병될 구(咎)-병(病), 싫어할 구(咎)-오(惡), 헐뜯을 구(咎)-방(謗)〉 등의 뜻을 내지만 여기선 〈허물 과(過)-건(愆)〉과 같다 여기고 새김이 마땅하다. 〈무구(无咎)〉는 〈면어구(免於咎)〉 즉 허물을[於咎] 면하다[免]와 같다.

---

註 치허극(致虛極) 수정독(守靜篤) : 비움의[虛] 지극함으로[極] 돌아와[致], 고요의[靜] 도타움을[篤] 지킨다[守]. 『노자(老子)』 16장(章)

註 무위즉유유(無爲則兪兪) 유유자우환불능처(兪兪者憂患不能處) : (조작하여) 하는 짓이[爲] 없다면[無] 곧[則] 편안하고 즐겁다[兪兪]. 편안하고 즐겁다[兪兪]면[者] 우환이란[憂患] 붙을[處] 수가 없다[不能]. 『장자(莊子)』 「천도(天道)」 1절(節)

# 관괘
# 觀卦

## 1 괘의 괘상과 계사

### 관괘(觀卦 : ䷓)

곤하손상(坤下巽上) : 아래는[下] 곤(坤 : ☷), 위는[上] 손(巽 : ☴).
풍지관(風地觀) : 바람과[風] 땅은[地] 관이다[觀].

觀은 盥而不薦이면 有孚하고 顒若하다
관 관이불천 유부 옹약

살핌은[觀] 손과 얼굴을 씻고서도[盥而] 진설하지 않으면[不薦] 미더움을 받음이[孚] 있고[有] 공손한[顒] 듯하다[若].

**【관괘(觀卦 : ䷓)의 괘상(卦象) 풀이】**

앞 임괘(臨卦 : ䷒)의 〈임(臨)〉은 가까이함[臨]이다. 〈임(臨)〉은 상근(尙近) 즉 가까움을[近] 받들어야[尙] 한다. 이 〈임(臨)〉의 도리(道理)를 다하면 〈원형리정(元亨利貞)〉의 사덕(四德)을 누릴 수 있으니 〈대(大)〉 즉 크다[大] 한다. 그래서 「서괘전(序卦傳)」에 〈임이란[臨] 것은[者] 큰 것[大]이다[也] 물건이[物] 커진[大] 뒤에는[而後] 살필[觀] 수 있다[可] 그래서[故] 관괘(觀卦 : ䷓)로써[以] 그것을[之] 받는다[受]〉라는 말이 나온다. 이는 임괘(臨卦 : ䷒) 다음에 관괘(觀卦 : ䷓)가 있는 까닭을 암시한다. 그리고 위에서 아래로 내려다보는 가까이함[臨]이 있으면 아래에서 위로 올려다보는 살펴봄[觀]이 뒤따름이 천도(天道)이기 때문에 임괘(臨卦 : ䷒) 다음에 관괘(觀卦 : ䷓)가 온 것이기도 하다. 여기 관괘(觀卦 : ䷓)의 〈관(觀)〉은 아래에 있는 군음(群陰) 즉 음기(陰氣)의 네 효(爻)가 위에 있는 양양(兩陽) 즉 두 양기(陽氣)의 효(爻)를 아래에서 위로 우러러 살핌[觀]을 뜻한다. 임괘(臨卦 : ䷒)의 〈임(臨)〉은 하시어상(下視於上) 즉 위에서[於上] 아래로 내려다[下] 보고[視] 가까이함[臨]이고, 관괘(觀卦 : ䷓)의 〈관(觀)〉은 상시어하(上視於下) 즉 아래에서[於

下] 위로 올려다[上] 보고[視] 살펴봄[觀]이다. 그래서 관괘(觀卦 : ䷓)는 임괘(臨卦 : ䷒)의 도괘(倒卦) 즉 뒤집힌[倒] 괘(卦)이다. 관괘(觀卦 : ䷓)의 하체(下體)는 곤(坤 : ☷)이고 상체(上體)는 손(巽 : ☴)이다. 곤(坤 : ☷)은 〈지(地)〉 즉 땅[地]이고 손(巽 : ☴)은 〈풍(風)〉 즉 바람[風]인지라, 관괘(觀卦 : ䷓)의 괘상(卦象)은 〈풍행지상(風行地上)〉 즉 바람이[風] 땅[地] 위로[上] 불어가는[行] 모습이다. 그리고 관괘(觀卦 : ䷓)의 내호괘(內互卦)는 곤(坤 : ☷)이고 외호괘(外互卦)는 간(艮 : ☶)이다. 「설괘전(說卦傳)」에 나오는 〈곤위지(坤爲地) …… 손위풍(巽爲風) …… 간위문궐(艮爲門闕)〉을 환기한다면, 관괘(觀卦 : ䷓)의 괘상(卦象)은 손(巽 : ☴)의 바람[風]이 곤(坤 : ☷)의 땅[地]에 있는 간(艮 : ☶)의 산(山) 위로 불어가면서 만상을 역람(歷覽) 즉 지나가면서[歷] 역력히 살펴보는[覽] 모습을 빌려 관괘(觀卦 : ䷓)라 칭명(稱名)한다.





**【관괘(觀卦 : ䷓)의 계사(繫辭) 풀이】**

### 觀(관) 盥而不薦(관이불천) 有孚(유부) 顒若(옹약)

살핌은[觀] 손과 얼굴을 씻고서도[盥而] 진설하지 않으면[不薦] 미더움을 받음이[孚] 있고[有] 공손한[顒] 듯하다[若].

〈관(觀)〉 즉 살핌[觀]이란 『노자(老子)』에 나오는 〈남을[人] 아는[知] 것은[者] 슬기이고[智] 자신을[自] 아는[知] 것은[者] 밝음이다[明]〉를 환기시킨다. 여기 〈관(觀)〉이란 바깥 사물을 살핌이 아니라 표의(表儀) 즉 행동거지를[儀] 드러냄[表]을 살핌[觀]이다. 자지(自知) 즉 자신을[自] 알아야[知] 자신이 밝아지기[明] 때문에 먼저 자신을 살피고[觀], 이어서 지인(知人) 즉 남을[人] 알아야[知] 자신이 슬기롭기[智] 때문에 뒤이어 남을[人] 살핌[觀]이 여기 〈관(觀)〉이다. 이러한 〈관(觀)〉은 어떤 야욕 때문에 엿봄이 아니라 서로 가까이함을[臨] 받들기[尙] 위함이다. 그래서 군자(君子)가 위에서 표의(表儀) 즉 마음가짐이 드러나는 몸가짐을[儀] 드러냄[表]을 초야백성(草野百姓)이 앙관(仰觀) 즉 우러러[仰] 살핌[觀]이 되기 때문에 군자(君子)의 표의(表儀)를 암시한 것이 〈관이불천(盥而不薦)〉이다. 〈관이불천(盥而不薦)의 관(盥)〉은 제(祭)를 올리기에 앞서 제사에 참여하는 사람들은 제단 아래에 서서 제사장(祭司長)이 제단에 올라 〈관수(盥手)〉 즉 손을[手] 씻음[盥]을 우러러봄을 들어 관괘(觀卦 : ䷓)의 〈관(觀)〉을 취상(取象)한 것이다. 관괘(觀卦 : ䷓)의 〈관(觀)〉은 이러한 〈관(盥)〉과 같다. 제주(祭主)가 관수(盥手)한 다음 땅에다 제주(祭酒)인 울창주(鬱鬯酒)를 뿌려 구신(求神)할 때의 마음가짐으로 〈관(觀)〉 즉 살펴보라[觀] 함이 〈관이불천(盥而不薦)〉이다. 〈관이불천(盥而不薦)의 천(薦)〉은 제물을 진설(陳設)함이니 여기 〈불천(不薦)〉은 신에게 제사를 올리기 전을 암시한다. 이러한 〈불천(不薦)〉의 마음가짐을 풀이한 것이 〈유부(有孚)〉이다.

〈유부(有孚)의 부(孚)〉는 수명(守命) 즉 자연의 뜻을[命] 지킴[守]으로써 남들로부터 성신(誠信) 즉 진실한[誠] 미더움[信]을 받음을 말하니, 〈부(孚)〉는 자신의 〈정(貞)〉으로 말미암아 남에게서 돌아오는 미더움[信]이다. 〈정(貞)〉 즉 자연이[天] 하라는 대로 함을[命] 지키면[守] 절로 세상으로부터 돌아오는 것이 〈부(孚)〉 즉 진실한 미더움[誠信]이다. 자기가 정(貞)하면 남들이 자기를 진실로 믿어줌이 〈부(孚)〉이다. 〈부(孚)〉는 자신의 〈정(貞)〉으로 말미암아 세상으로부터 나에게로 돌아오는 성신(誠信)이다. 내가 정(貞)하지 못하면 세상은 나에게 〈부(孚)〉 즉 미더움[孚]을 주지 않는다.

〈불천(不薦)〉의 마음가짐을 〈유부(有孚)〉로써 이어서 암시한 계사(繫辭)가 〈옹약(顒若)〉이다. 〈옹약(顒若)의 옹(顒)〉은 앙망(仰望) 즉 우러러[仰] 바라봄[望]이다. 여기 〈옹약(顒若)의 약(若)〉은 〈같을 여(如)〉와 같아 〈옹(顒)〉 즉 우러러봄[顒]을 강조한다. 제사장(祭司長)은 손을 깨끗이 씻고[盥] 제사를 올리기 전에[不薦] 진실로 정성을 다함을[孚] 간직하고[有] 천지와 조상신을 우러러 바라보는 모습과[顒] 같음[若]이 곧 관괘(觀卦 : ䷓)의 〈관(觀)〉임을 암시하는 계사(繫辭)가 〈관(觀) 관이불천(盥而不薦) 유부(有孚) 옹약(顒若)〉이다.

【字典】

**관(觀)** 〈살펴 자세히 볼 관(觀)-체시(諦視), 보일 관(觀)-시(示), 드러날 관(觀)-외현(外見), 몸가짐의 태도 관(觀)-의용(儀容), 대궐 관(觀)-궐(闕), 집 관(觀)-누관(樓觀), 놀 관(觀)-유(遊), 구경 관(觀)-장관(壯觀)-기관(奇觀)〉 등의 뜻을 내지만 여기선 〈살펴 자세히 볼 체시(諦視)〉로 여기고 새김이 마땅하다.

**관(盥)** 〈손 씻을 관(盥)-조수(澡手)-세수(洗手), 씻을 관(盥)-척(滌), 대야 관(盥)-

관기(盥器)〉 등의 뜻을 내지만 여기선 〈손 씻을 조수(澡手)〉와 같다 여기고 새김이 마땅하다.

**이(而)** 〈(말 이을) 그리고(그러나) 이(而)-승상전하(承上轉下), ~면 이(而)-약(若), 그럴 이(而)-연(然), 그러므로 이(而)-고(故), 이에 이(而)-내(乃), 곧 이(而)-즉(則), 그로써 이(而)-이(以), ~과 이(而)-여(與)-급(及), 그 이(而)-기(其), 어찌 이(而)-기(豈), 또 이(而)-차(且)-우(又), 오히려(조차) 이(而)-유(猶), 무릇 이(而)-부(夫), 이것 이(而)-차(此), 오직 이(而)-유(唯), 얼굴에 난 털 이(而)-협모(頰毛), 수염 이(而)-수(須), 너 이(而)-여(汝)-여(女), ~할 수 있을 이(而)-능(能), 어찌 이(而)-안(安)〉 등의 뜻을 내지만 여기선 〈그리고 이(而)〉로 여기고 새김이 마땅하다.

**不** 〈불-부〉 등으로 발음되고, 〈않을(없을) 불(不)-부(不)-무(無), 아닐 불(不)-부(不)-비(非), 하지 말 불(不)-부(不)-막(莫)-금지(禁止), 정하지 않을 불(不)-부(不)-부(否)-미정(未定), 새가 날아올라 내려오지 않는 불(不)-부(不)-조비상불하래(鳥飛上不下來)〉 등의 뜻을 내지만 여기선 〈않을 불(不)〉로 여기고 새김이 마땅하다.

**천(薦)** 〈바칠(드릴) 천(薦)-헌(獻)-진(進), 천거할 천(薦)-거(擧), 쑥 천(薦)-호(蒿), 짐승이 먹는 꼴 천(薦)-초(艸), 제사에 올릴 물건 천(薦)-진헌지물(進獻之物)〉 등의 뜻을 내지만 여기선 〈바칠 헌(獻)〉과 같다 여기고 새김이 마땅하다.

**유(有)** 〈있을 유(有)-무지반(無之反), 혹 유(有)-혹(或), 많을 유(有)-다(多)-족(足), 부유할 유(有)-부(富), 얻을(가질) 유(有)-취(取), 간직할 유(有)-장(藏), 보호할 유(有)-보(保), 서로 친할 유(有)-상친(相親), 전일할 유(有)-전(專), 할 유(有)-위(爲), 어조사 유(有)〉 등의 뜻을 내지만 〈있을 유(有)〉로 여기고 새김이 마땅하다.

**부(孚)** 〈믿을 부(孚)-신(信), 알에서 새끼가 껍질을 쪼아 나올 부(孚)-난화(卵化), 씨앗이 틀 부(孚)-부(稃), 덮어줄 부(孚)-복(覆), 붙을(의지할) 부(孚)-부(附)-부(付)〉 등의 뜻을 내지만 여기선 〈믿을 신(信)〉과 같다 여기고 새김이 마땅하다.

**옹(顒)** 〈우러러볼 옹(顒)-앙(仰), 공경할 옹(顒)-경(敬), 온공할 옹(顒)-온(溫), 엄정한 모양 옹(顒)-엄정지모(嚴正之貌), 따뜻한 모양 옹(顒)-온모(溫貌), 큰 모양 옹(顒)-대모(大貌)〉 등의 뜻을 내지만 여기선 〈우러러볼 앙(仰)〉과 같다 여기고 새김이 마땅하다.

**若** 〈약-야〉 두 가지로 발음되고, 〈너 약(若)-여(汝), 만약 약(若)-가사(假使), 같을 약(若)-여(如), 따를 약(若)-순(順), 착할 약(若)-선(善), 그 약(若)-기(其), 미칠 약

(若)-급(及)-지(至), 이 약(若)-차(此), 어말조사(語末助辭)로 ~듯 약(若), 반야(般若) 야(若)〉 등의 뜻을 내지만 여기선 어말조사(語末助辭)로서 〈~듯 약(若)〉으로 여기고 새김이 마땅하다.

---

註 지인자지(知人者智) 자지자명(自知者明) : 남을[人] 아는[知] 것은[者] 슬기이고[智], 자신을[自] 아는[知] 것은[者] 밝음이다[明]. 『노자(老子)』 33장(章)

## 2 효의 효상과 계사

初六 : 童觀이니 小人无咎하나 君子吝하다
동관 소인무구 군자린

六二 : 闚觀이니 利女貞하다
규관 이녀정

六三 : 觀我生하여 進退로다
관아생 진퇴

六四 : 觀國之光이니 利用賓于王하다
관국지광 이용빈우왕

九五 : 觀我生이니 君子无咎하다
관아생 군자무구

上九 : 觀其生이니 君子无咎하다
관기생 군자무구

초륙(初六) : 유치하게[童] 살핌이니[觀] 소인에게는[小人] 허물이[咎] 없으나[无] 군자에게는[君子] 부끄럽다[吝].

육이(六二) : 엿보아[闚] 살핌이니[觀] 여자가[女] 진실로 미더워야[貞] 이롭다[利].

육삼(六三) : 나의[我] 삶을[生] 살펴[觀] 나아가고[進] 물러난다[退].

육사(六四) : 나라의[國之] 빛남을[光] 살펴[觀] 임금에게[于王] 빈객으로[賓] 쓰이니[用] 이롭다[利].

구오(九五) : 나의[我] 삶을[生] 살펴[觀] 군자라면[君子] 허물이[咎] 없다[无].

상구(上九) : 그[其] 삶을[生] 살펴[觀] 군자라면[君子] 허물이[咎] 없다[无].

## 초륙(初六 : --)

初六 : 童觀이니 小人无咎하나 君子吝하다
동관 소인무구 군자린

초륙(初六) : 유치하게[童] 살핌이니[觀] 소인에게는[小人] 허물이[咎] 없으나[无] 군자에게는[君子] 부끄럽다[吝].

**【초륙(初六)의 효상(爻象) 풀이】**

관괘(觀卦 : ䷓) 초륙(初六 : --)은 이음거양(以陰居陽) 즉 음(陰 : --)으로써[以] 양(陽 : ―)의 자리에 있는지라[居] 정당한 자리에 있지 못하다. 초륙(初六 : --)은 육이(六二 : --)와는 양음(兩陰) 즉 둘 다[兩] 음(陰 : --)인지라 〈비(比)〉 즉 이웃의 사귐[比]을 누리지 못하고, 육사(六四 : --)와도 둘 다 음(陰 : --)인지라 불응(不應) 즉 서로 호응하지[應] 못하는[不] 처지인지라, 어디서 도움을 받을 수 없는 초보(初步)의 면모를 면치 못하면서 모든 살피기[觀]를 홀로 해가야 하는 모습이다.

관괘(觀卦 : ䷓)의 초륙(初六 : --)이 초구(初九 : ―)로 변효(變爻)하면 초륙(初六 : --)은 관괘(觀卦 : ䷓)를 42번째 익괘(益卦 : ䷩)로 지괘(之卦)하게 한다. 따라서 관괘(觀卦 : ䷓)의 초륙(初六 : --)은 익괘(益卦 : ䷩)의 초구(初九 : ―)를 찾아가 살펴보게 한다.

**【초륙(初六)의 계사(繫辭) 풀이】**

### 童觀(동관) 小人无咎(소인무구)

유치하게[童] 살핌이니[觀] 소인에게는[小人] 허물이[咎] 없다[无].

초륙(初六 : --)의 효위(爻位)를 빌려 암시한 계사(繫辭)이다. 〈동관(童觀)〉은 〈초륙동관구오(初六童觀九五)〉의 줄임으로 여기고 〈초륙이[初六] 구오를[九五] 유치하게[童] 살핀다[觀]〉라고 새겨볼 것이다. 대성괘(大成卦)에서 초효(初爻)는 무엇이든 처음 해보는 자리이다. 인생으로 치면 관괘(觀卦 : ䷓) 초륙(初六 : --)의 자리는 아이[童]의 단계와 같다. 〈동관(童觀)의 동(童)〉은 견식(見識)이 넓지 못해 불명사리(不明事理) 즉 사리에[事理] 밝지 못함[不明]을 암시한다. 사리에 밝지 못하면 감견(鑒見) 즉 사리에 맞는지 비추어[鑒] 살펴보지[見] 못하는 처지임을 여기 〈동관(童觀)〉이 암시한다. 〈동관(童觀)〉은 초륙(初六 : --)이 맨 아랫자리에 있어서 초륙(初六 : --)에게는 저 높이 있는 구오(九五 : ㅡ)가 아득히 멀게 보임[觀]을 암시하기도 한다. 작은[小] 초륙(初六 : --)이 큰[大] 구오(九五 : ㅡ)가 멀리 높이 있어서 찬찬히 살피면서 대도(大道)를 익힐 수가 없다. 이는 어떠한 견식도 없는 초륙(初六 : --)이 아래에서 위로 치어다보며 살피려[觀] 해도 유치함[童]을 벗어나지 못함을 암시한다.

아이는 제 입에 달면 삼키고 쓰면 뱉는다. 저에게 좋으면 좋다 하고 싫으면 싫다 한다. 아이가 이렇게 하는 것은 무슨 사욕이 있어서가 아니라 본성대로 따를 뿐이어서 그러하다. 아직 사리에 밝지 못해 견식 없이 본성대로 사는 어린 것에게 『논어(論語)』에 나오는 〈군자화이부동(君子和而不同) 소인동이불화(小人同而不和)〉와 같은 견식이 갖추어 있기를 기대할 수 없다. 그러니 저에게 좋으면 좋다 하고 싫으면 싫다 하는 어린 것의[童] 살핌[觀]에 무슨 허물[咎]이 있을 것인가를 헤아리게 하는 계사(繫辭)가 〈소인무구(小人无咎)〉이다. 『논어(論語)』에서 공자(孔子)가 엄대(嚴對) 즉 엄격하게[嚴] 대비하여[對] 군자(君子)의 살핌[觀]과 소인(小人)의 〈관(觀)〉을 견줄 수 없는 까닭을 헤아려보게 하는 계사(繫辭)가 〈동관(童觀) 소인무구(小人无咎)〉이다.

## 君子吝(군자린)

**군자에게는[君子] 부끄럽다[吝].**

군자(君子)의 〈동관(童觀)〉은 허용될 수 없음을 암시한 계사(繫辭)이다. 〈군자린(君子吝)〉은 〈군자지동관유린(君子之童觀有吝)〉의 줄임으로 여기고 〈군자의[君子之] 유치한[童] 살핌에는[觀] 부끄러움이[吝] 있다[有]〉라고 새겨볼 것이다. 여기 〈군자(君子)〉는 군자(君子)를 본받는 성인(成人)을 말한다. 지명(知命) 즉 하늘의[天] 시킴을[命] 알고[知] 순명(順命) 즉 그 시킴을[命] 따를[順] 줄 아는 사람을 일러 군자(君子)의 성인(成人)이라 한다. 여기 〈군자(君子)〉란 『논어(論語)』에 나오는

〈삼외(三畏)〉 즉 세 가지[三] 두려움[畏]을 아는 지명(知命)의 성인(成人)이다. 그러나 부지명(不知命) 즉 천명을[命] 모르는[不知] 성인(成人)은 몸집만 성인(成人)일 뿐이다. 성인(成人)이면서 아이[童]의 티를 벗어나지 못한다면 허물[咎]이 없을 수 없음을 에둘러 암시한 점사(占辭)가 〈군자린(君子吝)〉이다.

성인(成人) 즉 어른[成人]이라면서 패거리 지음[同]과 어울림[和]을 분별하는 견식이 없다면 그런 성인(成人)은 몸집만 다 컸지 마음가짐은 유치하기 때문에, 소인은[小人] 패거리 짓되[同而] 어울리지 못한다[不和]고 공자가 질타한 것이다. 어른이면서 저에게 좋으면 한패가 되고 저에게 싫으면 딴 패가 되어버리는 인간을 부끄러운 소인배(小人輩)라 한다. 따라서 〈군자린(君子吝)의 군자(君子)〉는 성인(聖人)을 본받아 천도(天道)를 따라 살아가는 성인(成人)이 아니라, 속은 소인배(小人輩)이면서 겉보기로 군자(君子)인 척하는 이른바 사이비(似而非) 즉 겉보기로는 군자 같은데[似而] 군자가 아닌[非]『논어(論語)』에 나오는 그런 소인(小人)을 말한다. 그러므로 관괘(觀卦 : ䷓) 초륙(初六 : ⚋)의 효상(爻象)을 본받아 사는 성인(成人)이라면, 비록 학식이 있다 해도 사리를 살필 줄 모르는 성인이라 부끄러운[吝] 인간임을 깨닫게 하는 계사(繫辭)가 〈군자린(君子吝)〉이다.

【字典】

**동(童)** 〈아이 동(童), 홀로 동(童)-독(獨), 무지한 동(童)-무지(無知), 뿔이 아직 나지 않은 우양(牛羊) 동(童), 산에 초목이 없는 동(童)-산무초목(山無草木), 적을 동(童)-과유(寡有), 노예(종) 동(童)-노(奴)〉 등의 뜻을 내지만 여기선 〈아이 동(童)〉으로 여기고 새김이 마땅하다.

**관(觀)** 〈살펴 자세히 볼 관(觀)-체시(諦視), 보일 관(觀)-시(示), 드러날 관(觀)-외현(外見), 몸가짐의 태도 관(觀)-의용(儀容), 대궐 관(觀)-궐(闕), 집 관(觀)-누관(樓觀), 놀 관(觀)-유(遊), 구경 관(觀)-장관(壯觀)-기관(奇觀)〉 등의 뜻을 내지만 여기선 〈살펴 자세히 볼 체시(諦視)〉로 여기고 새김이 마땅하다.

**소(小)** 〈경미할(작을) 소(小)-미(微), 음(陰)을 칭하는 소(小), 자잘할 소(小)-세(細), 짧을 소(小)-단(短), 좁을 소(小)-협(狹), 어릴 소(小)-유(幼), 천할 소(小)-천(賤), 첩 소(小)-첩(妾)〉 등의 뜻을 내지만 여기선 〈경미할 미(微)〉로 여기고 새김이 마땅하다.

**인(人)** 〈사람 인(人)-만물지최령자(萬物之最靈者), 백성 인(人)-민(民), 남 인(人)-

타인(他人), 아무개 인(人)-모인(某人), 도인 인(人)-도인(道人), 사람들 인(人)-인인(人人), 범인(소인) 인(人)-소인(小人)-범인(凡人), 인성 인(人)-인성(人性), 인위 인(人)-인위(人爲), 신하 인(人)-신하(臣下), 중서(민중) 인(人)-중서(衆庶)-민중(民衆), 건괘-진괘 인(人)-건위인(乾爲人)-진위인(震爲人), 어짊 인(人)-인(仁), 선인 인(人)-선인(先人), 서로 어여삐 여길 인(人)-상련(相憐)〉 등의 뜻을 내지만 〈사람 인(人)〉으로 여기고 새김이 마땅하다.

**무(无)** 〈없을 무(无)-무(無), 허무지도 무(无)-허무지도(虛无之道), 으뜸 무(无)-원(元)〉 등의 뜻을 내지만 여기선 〈없을 무(無)〉와 같다 여기고 새김이 마땅하다.

**구(咎)** 〈허물 구(咎)-과(過)-건(愆), 재앙 구(咎)-재(災), 앓을 구(咎)-병(病), 싫어할 구(咎)-오(惡), 헐뜯을 구(咎)-방(謗)〉 등의 뜻을 내지만 여기선 〈허물 과(過)-건(愆)〉과 같다 여기고 새김이 마땅하다. 〈무구(无咎)〉는 〈면어구(免於咎)〉 즉 허물을[於咎] 면하다[免]와 같다.

**군(君)** 〈임금(천자-임금-제후) 군(君)-왕(王)-지존자(至尊者), 임금을 이을(세자) 군(君)-세자(世子), 여왕 군(君)-여군(女君), 어버이 군(君)-부모(父母), 돌아가신 임금-돌아가신 아버지-돌아가신 조상 군(君)-선군(先君)-선부(先父)-선조(先祖), 상대를 부르는 칭호 군(君)-칭호(稱號), 귀신을 받들어 부르는 칭호 군(君)-귀신지경칭(鬼神之敬稱), 맡아 다스릴 군(君)-주재(主宰), 하늘-건 군(君)-천(天)-건(乾), 양 군(君)-양(陽), 낮 군(君)-일(日), 중앙제단 군(君)-궁제단(宮祭壇), 흙 군(君)-토(土)〉 등의 뜻을 내지만 여기선 〈임금 왕(王)〉과 같다 여기고 새김이 마땅하다.

**자(子)** 〈사내(남자를 일컫는 호칭) 자(子)-남자지통칭(男子之通稱), 존칭(덕 있는 사람의 칭호) 자(子)-유덕자지칭(有德者之稱), 존경받는 사람 자(子)-존자(尊者), 벼슬 자(子)-작(爵), 12지의 첫째 자(子), 음력 11월 자(子), 밤 11시에서 다음날 1시까지 자(子), 북쪽 방향 자(子)-북방(北方), 오행에서 물 자(子)-어오행속수(於五行屬水), 짐승에서 쥐 자(子)-어수위서(於獸爲鼠), 번성할 자(子)-자(滋), 뒤를 이어줄 자(子)-사(嗣)-식(息), 자녀 자(子)-자녀(子女), 자손 자(子)-자손(子孫), 만물 자(子)-만물(萬物), 씨앗(열매) 자(子)-종자(種子)-과실(果實), 누구(사람) 자(子)-인(人)-수자(誰子), 백성 자(子)-백성(百姓)〉 등의 뜻을 내지만 여기선 〈사내 자(子)〉로 여기고 새김이 마땅하다.

**인(吝)** 〈부끄러울 인(吝)-치(恥)-수(羞), 한할 인(吝)-한(恨), 아낄 인(吝)-석(惜),

인색할 인(吝)-색(嗇), 욕심낼 인(吝)-탐(貪)〉 등의 뜻을 내지만 여기선 〈부끄러울 치(恥)-수(羞)〉와 같다 여기고 새김이 마땅하다. 〈吝〉이 맨 앞에 오면 〈인〉으로 발음되고, 중간이나 뒤에 오면 〈린〉으로 발음된다.





---

註 군자화이부동(君子和而不同) 소인동이불화(小人同而不和) : 군자는[君子] 어울리되[和而] 패거리 짓지 않고[不同], 소인은[小人] 패거리 짓되[同而] 어울리지 못한다[不和].

『논어(論語)』「자로(子路)」 23장(章)

## 육이(六二 : --)

**六二 : 闚觀이니 利女貞하다**
규관 이녀정

육이(六二) : 엿보아[闚] 살핌이니[觀] 여자가[女] 진실로 미더워야[貞] 이롭다[利].

**【육이(六二)의 효상(爻象) 풀이】**

관괘(觀卦 : ䷓) 육이(六二 : --)는 이음거음(以陰居陰) 즉 음(陰 : --)으로써[以] 음(陰 : --)의 자리에 있는지라[居] 정당한 자리에 있다. 육이(六二 : --)는 아래의 초륙(初六 : --)과 위의 육삼(六三 : --)과는 모두 다 음(陰 : --)인지라 〈비(比)〉 즉 이웃의 사귐[比]을 누리지 못한다. 그러나 육이(六二 : --)와 구오(九五 : ―)는 중정(中正) 즉 중위(中位)와 정위(正位)를 누리면서 정응(正應) 즉 바르게[正] 호응하여[應], 득중(得中) 즉 정도를 따름을[中] 취하여[得] 매사(每事)를 살피면서[觀] 외괘(外卦)의 구오(九五 : ―)를 앙관(仰觀) 즉 치어다[仰] 보는[觀] 모습이다.

관괘(觀卦 : ䷓)의 육이(六二 : --)가 구이(九二 : ―)로 변효(變爻)하면 육이(六二 : --)는 관괘(觀卦 : ䷓)를 59번째 환괘(渙卦 : ䷺)로 지괘(之卦)하게 한다. 따라서 관괘(觀卦 : ䷓)의 육이(六二 : --)는 환괘(渙卦 : ䷺)의 구이(九二 : ―)를 찾아가 살펴보게 한다.

【육이(六二)의 계사(繫辭) 풀이】

## 闚觀(규관) 利女貞(이녀정)

**엿보아[闚] 살핌이니[觀] 여자가[女] 진실로 미더워야[貞] 이롭다[利].**





육이(六二 : --)의 효위(爻位)를 빌려 암시한 계사(繫辭)이다. 〈규관(闚觀)〉은 〈육이규관구오(六二闚觀九五)〉의 줄임으로 여기고 〈육이가[六二] 구오를[九五] 엿보아[闚] 살핀다[觀]〉라고 새겨볼 것이다. 〈규관(闚觀)의 규(闚)〉는 〈엿볼 규(窺)〉와 같다. 남들에게 들킬세라 남몰래[闚] 살핌[觀]이 여기 〈규관(闚觀)〉이다. 육이(六二 : --)의 위에 있는 육삼(六三 : --)과 육사(六四 : --)가 역시 군왕(君王) 즉 구오(九五 : —)의 관심을 사고자 하기 때문에, 육이(六二 : --)와 구오(九五 : —)가 중정(中正)-정응(正應)을 누리면서 서로 득중(得中) 즉 정도의 따름을[中] 취하여[得] 서로의 관심을 나눔을 육삼(六三 : --)과 육사(六四 : --)가 좋아할 리가 없다. 따라서 육이(六二 : --)는 구오(九五 : —)를 직관(直觀) 즉 곧바로[直] 살피지[觀] 못하고 육삼(六三 : --)과 육사(六四 : --)에게 들킬세라 남몰래[闚] 구오(九五 : —)를 살핀다[觀]는 것이 〈규관(闚觀)〉이다.

육이(六二 : --)의 이러한 〈규관(闚觀)〉의 까닭을 암시한 것이 〈이녀정(利女貞)〉이다. 〈이녀정(利女貞)의 여(女)〉는 관괘(觀卦 : ䷓)의 육이(六二 : --)를 말하고, 〈이녀정(利女貞)의 정(貞)〉은 육이(六二 : --)의 득중(得中)의 지행(志行)을 밝힌다. 육이(六二 : --)가 관괘(觀卦 : ䷓)의 하체(下體) 곤(坤 : ☷)의 중효(中爻)로서 정도의 따름을[中] 취하면서[得] 구오(九五 : —)와 서로의 관심을 나누고 있음인즉 관괘(觀卦 : ䷓)의 육이(六二 : --)를 〈여정(女貞)〉이라고 한 것이다. 육이(六二 : --)가 부정(不貞)으로써 구오(九五 : —)를 〈규관(闚觀)〉 즉 몰래 훔쳐[闚] 살핌[觀]이 아니라 중정(中正)과 정응(正應), 득중(得中)으로써 구오(九五 : —)를 살핌[觀]인지라, 육이(六二 : --)의 〈규관[闚觀]〉이 비록 절이관(竊而觀) 즉 훔쳐서 몰래[竊而] 살핌[觀]일지라도 여자(女子)로서 육이(六二 : --)의 마음가짐은 진실로 미더워[貞] 이로움[利]을 암시한 계사(繫辭)가 〈규관(闚觀) 이녀정(利女貞)〉이다.

【字典】

**규(闚)** 〈엿볼 규(闚)-규(窺)-소시(小視), 훔쳐볼(몰래 볼) 규(闚)-절시(竊視), 갸웃이 볼 규(闚)-한(閃)-경두문중시(傾頭門中視), 검열하며 볼 규(闚)-열간(閱看)〉 등의 뜻을 내지만 여기선 〈엿볼 규(窺)〉와 같다 여기고 새김이 마땅하다.

**관(觀)** 〈살펴 자세히 볼 관(觀)-체시(諦視), 보일 관(觀)-시(示), 드러날 관(觀)-외현(外見), 몸가짐의 태도 관(觀)-의용(儀容), 대궐 관(觀)-궐(闕), 집 관(觀)-누관(樓觀), 놀 관(觀)-유(遊), 구경 관(觀)-장관(壯觀)-기관(奇觀)〉 등의 뜻을 내지만 여기선 〈살펴 자세히 볼 체시(諦視)〉로 여기고 새김이 마땅하다.

**이(利)** 〈만물로 하여금 삶을 이루어가게 하는 덕(德)의 이로울 이(利)-사만물수생지덕(使萬物遂生之德), 날카로울 이(利)-예(銳)-섬(銛), 질병 이(利)-질(疾), 통할 이(利)-통(通)-순(順), 좋을 이(利)-길(吉)-의(宜), 편리할 이(利)-편(便), 마름해 만들어 이룰 이(利)-재성(裁成), 탐할 이(利)-탐(貪), 구할(취할) 이(利)-구(求)-취(取), 좋아할 이(利)-열애(悅愛), 이로울 이(利)-익(益), 기교 이(利)-교(巧), 보람 이(利)-공용(功用), 지세가 험하고 중요한 이(利)-험요(險要), 이길 이(利)-승(勝), 어질 이(利)-인(仁)〉 등의 뜻을 내지만 여기선 〈사만물수생지덕(使萬物遂生之德) 즉 만물로 하여금 삶을 이루어가게 하는 덕(德)의 이로움〉이라 새김이 마땅하다. 〈利〉가 맨 앞에 오면 〈이〉로 발음되고, 중간이나 뒤에 오면 〈리〉로 발음된다.

**여(女)** 〈여자(계집) 여(女)-여자(女子)-미혼부인(未婚婦人), 처자(처녀) 여(女)-처자(處子), 백성의 약한 자 여(女)-백성지약자(百姓之弱者), 딸 여(女)-자녀지녀(子女之女), 너 여(女)-여(汝), 음의 것 여(女)-음물(陰物), 부드럽고 순한 여(女)-유완(柔婉)〉 등의 뜻을 내지만 여기선 〈여자(女子)〉로 새김이 마땅하다. 〈女〉가 맨 앞에 있을 때는 〈여〉로 발음되고, 중간이나 뒤에 있을 때는 〈녀〉로 발음된다.

**정(貞)** 〈바를 정(貞)-정(正), 믿을 정(貞)-신(信), 거북점을 물을 정(貞)-복문(卜問), 역(易)의 내괘(內卦) 정(貞), 마땅할 정(貞)-당(當), 정할 정(貞)-정(定), 순수할 정(貞)-전(專)-일(一)〉 등의 뜻을 내지만 여기선 〈바를 정(正), 믿을 신(信)〉 등과 같다 여기고 새김이 마땅하다.

## 육삼(六三 : --)

六三 : 觀我生하여 進退로다
관 아 생 진 퇴

육삼(六三) : 나의[我] 삶을[生] 살펴[觀] 나아가고[進] 물러난다[退].

【육삼(六三)의 효상(爻象) 풀이】

관괘(觀卦 : ䷓) 육삼(六三 : --)은 이음거양(以陰居陽) 즉 음(陰 : --)으로써[以] 양(陽 : ㅡ)의 자리에 있는지라[居] 정당한 자리에 있지 못하다. 육삼(六三 : --)은 아래의 육이(六二 : --)와 위의 육사(六四 : --)와는 모두 다 음(陰 : --)인지라 〈비(比)〉 즉 이웃의 사귐[比]을 누리지 못한다. 그러나 육삼(六三 : --)과 상구(上九 : ㅡ)는 음양(陰陽)의 사이인지라 정응(正應) 즉 바르게[正] 호응함[應]을 누린다. 그러나 상구(上九 : ㅡ)는 관괘(觀卦 : ䷓)를 떠나갈 처지인지라 육삼(六三 : --)을 적극적으로 호응해줄 수 없기에 육삼(六三 : --)의 강력한 우군(友軍)이 되지 못해, 육삼(六三 : --)은 관괘(觀卦 : ䷓)의 하체(下體) 곤(坤 : ☷)의 중위(中位)를 벗어나 관괘(觀卦 : ䷓)의 상체(上體)와 접해 있고 비교적 구오(九五 : ㅡ)와 가깝기 때문에 자신의 뜻에 따라 상진(上進)할 기회를 살피는[觀] 모습이다.

관괘(觀卦 : ䷓)의 육삼(六三 : --)이 구삼(九三 : ㅡ)으로 변효(變爻)하면 육삼(六三 : --)은 관괘(觀卦 : ䷓)를 53번째 점괘(漸卦 : ䷴)로 지괘(之卦)하게 한다. 따라서 관괘(觀卦 : ䷓)의 육삼(六三 : --)은 점괘(漸卦 : ䷴)의 구삼(九三 : ㅡ)을 찾아가 살펴보게 한다.

【육삼(六三)의 계사(繫辭) 풀이】

### 觀我生(관아생) 進退(진퇴)

나의[我] 삶을[生] 살펴[觀] 나아가고[進] 물러난다[退].

육삼(六三 : --)의 효위(爻位)를 빌려 암시한 계사(繫辭)이다. 〈관아생(觀我生)〉은 〈육삼관아지소생(六三觀我之所生)〉의 줄임으로 여기고 〈육삼이[六三] 자신의

[我之] 살아가는[生] 바를[所] 살핀다[觀]〉라고 새겨볼 것이다. 〈관아생(觀我生)〉은 관괘(觀卦 : ䷓)의 주제인 〈관(觀)〉 즉 살핌[觀]의 시국에서 자신의 뜻에 따라 살핌[觀]을 암시한다. 〈관아생(觀我生)〉은 『대학(大學)』에 나오는 〈천자로부터[自天子] 백성에[於庶人] 이르기까지[以至] 하나같이[壹是] 모두[皆] 수신(修身)으로써[以] 근본을[本] 삼는다[爲] 그[其] 근본이[本] 어지러움에도[亂而] 다스리지 않는[未治] 것은[者] 안 되는 것[否]이다[矣]〉를 환기시키고, 동시에 『장자(莊子)』에 나오는 〈본성이[性] 닦이면[修] 상덕으로[德] 돌아가고[反] 덕을 닦으면[德] 시초 즉 자연에[於初] 이르러[至] 하나가 된다[同]〉를 불러일으킨다. 왜냐하면 〈관아생(觀我生)〉은 이미 살아온 〈아생(我生)〉이 아니라 앞으로 살아갈 〈아생(我生)〉을 살핌[觀]을 말하기 때문이다. 육삼(六三 : ╍)에게는 관괘(觀卦 : ䷓)의 하체(下體)에서 상체(上體)로 옮겨가야 할 미래가 있음을 헤아리게 하는 계사(繫辭)가 〈관아생(觀我生)〉임을 〈진퇴(進退)〉가 암시한다.

〈진퇴(進退)〉는 〈육삼진혹퇴어아생(六三進或退於我生)〉의 줄임으로 여기고 〈육삼은[六三] 자신의[我] 삶에서[於生] 나아가거나[進] 또는[或] 물러난다[退]〉라고 새겨볼 것이다. 여기 〈진퇴(進退)의 진(進)〉은 진행(進行)의 줄임이고 〈진퇴(進退)의 퇴(退)〉는 퇴지(退止)의 줄임이다. 〈진퇴(進退)의 진(進)〉은 육삼(六三 : ╍)이 변효(變爻)하여 점괘(漸卦 : ䷴)로 지괘(之卦)함을 암시한다. 왜냐하면 점괘(漸卦 : ䷴)의 주제인 〈점(漸)〉이 점진(漸進) 즉 차츰차츰[漸] 나아감[進]을 여기 〈진퇴(進退)의 진(進)〉이 상기시키기 때문이다. 〈진퇴(進退)의 퇴(退)〉는 육삼(六三 : ╍)이 관괘(觀卦 : ䷓)의 외호괘(外互卦) 간(艮 : ☶)의 초효(初爻)임을 암시한다. 왜냐하면 「설괘전(說卦傳)」에 나오는 〈간은[艮 : ☶] 멈춤[止]이다[爲]〉라는 내용을 〈진퇴(進退)의 퇴(退)〉가 상기시키기 때문이다. 관괘(觀卦 : ䷓)의 육삼(六三 : ╍)이 자신의 삶을[我生] 나아갈[進] 것인지 아니면 물러날[退] 것인지를 스스로 살핌[觀]을 암시함이 〈진퇴(進退)〉이다. 동시에 〈진퇴(進退)〉는 천도(天道)에 따라 나아갈 수 있으면 나아가고[進] 물러나라면 물러남[退]인지라 『중용(中庸)』에 나오는 〈군자(君子)로서[而] 때에[時] 알맞게 함[中]〉을 떠올리게 한다. 천도(天道) 즉 자연의[天] 도리[道]에는 자의(恣意) 즉 제멋대로 생각함[恣意]도 허락하지 않고, 기필(期必) 즉 꼭 되기를 기약함[期必]도 허락하지 않으며, 고집(固執)함도 허락하지 않고, 독

존(獨尊) 즉 잘났다고 나섬[獨尊]도 허락하지 않는다. 이에 천도(天道)를 따라 시중(時中) 즉 때에[時] 알맞게[中] 나아가거나[進] 물러남[退]을 여기 〈진퇴(進退)〉가 암시한다. 그러므로 관괘(觀卦 : ䷓)의 육삼(六三 : --)을 본받는 사람은 자신의 삶을 살핌[觀]에 자연의[天] 도리[道]를 어기지 않아야 함을 깨우치게 하는 계사(繫辭)가 〈관아생(觀我生) 진퇴(進退)〉이다.

【字典】

**관(觀)** 〈살펴 자세히 볼 관(觀)-체시(諦視), 보일 관(觀)-시(示), 드러날 관(觀)-외현(外見), 몸가짐의 태도 관(觀)-의용(儀容), 대궐 관(觀)-궐(闕), 집 관(觀)-누관(樓觀), 놀 관(觀)-유(遊), 구경 관(觀)-장관(壯觀)-기관(奇觀)〉 등의 뜻을 내지만 여기선 〈살펴 자세히 볼 체시(諦視)〉로 여기고 새김이 마땅하다.

**아(我)** 〈나(자기) 아(我)-기(己)-자위기신(自謂己身), 우리 아(我)-아배(我輩), 내 나라(자국) 아(我)-자칭기국(自稱其國), 내 것 아(我)-자기소유(自己所有), (자기 의견을) 고집할 아(我)-집(執)-고집기견(固執己見), 갑자기 아(我)-아(俄)〉 등의 뜻을 내지만 여기선 〈자기 기(己)〉로 여기고 새김이 마땅하다.

**생(生)** 〈삶(살) 생(生)-생활(生活), 낳을 생(生)-산(産), 날 생(生)-출(出), 나면서부터 생(生)-생래(生來), 살아있는 생(生)-활(活)-생존(生存), 날것 생(生)-미숙(未熟), 목숨 생(生)-생명(生命), 신선할 생(生)-신선(新鮮), 자랄 생(生)-생장(生長), 백성 생(生)-백성(百姓)-창생(蒼生), 생업 생(生)-생업(生業), 도리 생(生)-회생(懷生), 본성 생(生)-성(性), 만들 생(生)-조(造)-생물(生物), 발육할 생(生)-발육(發育), 일어날 생(生)-기(起)-발생(發生), 어미 생(生)-모(母), 생애 생(生)-일대(一代)-생애(生涯), 조사 생(生)-조사어어미(助詞於語尾)〉 등의 뜻을 내지만 여기서는 〈삶 생(生)〉으로 여기고 새김이 마땅하다.

**진(進)** 〈나아갈 진(進)-행(行), 오를 진(進)-등(登)-승(升), 앞으로 나아갈 진(進)-전(前), 움직일 진(進)-동(動 : 進退=動靜), 착할 진(進)-선(善), 악을 버리고 선을 취할 진(進)-거악취선(去惡就善), 뛰어날(이겨낼) 진(進)-승(勝), 천거할 진(進)-천(薦), 끌어 나아갈 진(進)-인이진(引而進), 바칠 진(進)-봉여지(奉與之), 뵐 진(進)-어견(御見), 본받을 진(進)-효(效), 더할 진(進)-가(加), 가까이할 진(進)-근(近)〉 등의 뜻을 내지만 〈나아갈 행(行)〉으로 여기고 새김이 마땅하다.

**퇴(退)** 〈물러날(물리칠) 퇴(退)-각(卻)-각(却)-둔(遁), 피할 퇴(退)-피(避), 갈 퇴(退)-거(去), 돌아갈 퇴(退)-귀(歸), 그칠(쉴) 퇴(退)-파(罷), 옮길 퇴(退)-천(遷), 자리로 돌아갈 퇴(退)-반위(反位), (뒷걸음으로) 겸손히 물러갈 퇴(退)-겸퇴(謙退), 두려워 거둘 퇴(退)-외축(畏縮), 쇠약할 퇴(退)-쇠(衰), 줄어들 퇴(退)-감(減), 행진이 더딜 퇴(退)-행지(行遲), 느슨할 퇴(退)-완(緩), 뉘우칠 퇴(退)-개회(改悔), 줄이고 덜 퇴(退)-감손(減損), 물러가게 할 퇴(退)-사지퇴(使之退), 멈출 퇴(退)-지(止), 부드럽게 어울릴 퇴(退)-유화(柔和)〉 등의 뜻을 내지만 여기선 〈물러날 각(卻)〉과 같다 여기고 새김이 마땅하다.

---

註 자천자이지어서인(自天子以至於庶人) 일시개이수신위본(壹是皆以修身爲本) 기본란이미치자부의(其本亂而未治者否矣) : 천자로부터[自天子] 백성에[於庶人] 이르기까지[以至] 하나같이[壹是] 모두[皆] 수신(修身)으로써[以] 근본을[本] 삼는다[爲]. 그[其] 근본이[本] 어지러움에도[亂而] 다스리지 않는[未治] 것은[者] 안 되는 것[否]이다[矣].

『대학(大學)』 본론(本論) 이(二) 3단락(段落)

註 성수반덕(性修反德) 덕지동어초(德至同於初) : 본성이[性] 닦이면[修] 상덕으로[德] 돌아가고[反] 덕을 닦으면[德] 시초 즉 자연에[於初] 이르러[至] 하나가 된다[同].

『장자(莊子)』「천지(天地)」 8절(節)

註 군자지중용야(君子之中庸也) 군자이시중야(君子而時中也) 소인지중용야(小人之中庸也) 소인이무기탄야(小人而無忌憚也) : 군자의[君子之] 중용(中庸)이란[也] 군자(君子)로서[而] 때에[時] 알맞게 함[中]이다[也]. 소인의[小人之] 중용(中庸)이란[也] 소인(小人)으로서[而] 거리낌 없이 행동함[無忌憚]이다[也].

『중용(中庸)』 주자장구(朱子章句) 2장(章)

## 육사(六四 : --)

六四 : 觀國之光이니 利用賓于王하다
관국지광 이용빈우왕

육사(六四) : 나라의[國之] 빛남을[光] 살펴[觀] 임금에게[于王] 빈객으로[賓] 쓰이니[用] 이롭다[利].

**【육사(六四)의 효상(爻象) 풀이】**

관괘(觀卦 : ䷓) 육사(六四 : --)는 이음거음(以陰居陰) 즉 음(陰 : --)으로써[以]

음(陰 : --)의 자리에 있는지라[居] 정당한 자리에 있다. 육사(六四 : --)는 육삼(六三 : --)과 양음(兩陰) 즉 둘 다[兩] 음(陰 : --)인지라 〈비(比)〉 즉 이웃의 사귐[比]을 누리지 못하지만, 구오(九五 : ㅡ)와는 음양(陰陽)의 사이인지라 이웃의 사귐[比]을 누린다. 그리고 육사(六四 : --)와 초륙(初六 : --)은 양음(兩陰)인지라 부정응(不正應) 즉 바르게[正] 서로 호응하지 못한다[不應]. 이에 육사(六四 : --)는 구오(九五 : ㅡ)를 바로 아래서 〈관(觀)〉 즉 살핌[觀]을 누리면서 양강중정(陽剛中正)의 구오(九五 : ㅡ)를 순종(順從)하며 보필하는 모습이다.

| 관괘(觀卦 : ䷓)의 육사(六四 : --)가 구사(九四 : ㅡ)로 변효(變爻)하면 육사(六四 : --)는 관괘(觀卦 : ䷓)를 12번째 비괘(否卦 : ䷋)로 지괘(之卦)하게 한다. 따라서 관괘(觀卦 : ䷓)의 육사(六四 : --)는 비괘(否卦 : ䷋)의 구사(九四 : ㅡ)를 찾아가 살펴보게 한다. |
|---|

**【육사(六四)의 계사(繫辭) 풀이】**

## 觀國之光(관국지광) 利用賓于王(이용빈우왕)

나라의[國之] 빛남을[光] 살펴[觀] 임금에게[于王] 빈객으로[賓] 쓰이니[用] 이롭다[利].

육사(六四 : --)의 효위(爻位)를 빌려 암시한 계사(繫辭)이다. 〈관국지광(觀國之光)〉은 〈육사관국지광(六四觀國之光)〉의 줄임으로 여기고 〈육사는[六四] 나라의[國之] 빛을[光] 살핀다[觀]〉라고 새겨볼 것이다. 〈관국지광(觀國之光)〉은 육사(六四 : --)가 구오(九五 : ㅡ)의 왕도(王道)를 우러러 살핌[觀]을 암시한다. 〈관국지광(觀國之光)의 국(國)〉은 관괘(觀卦 : ䷓)의 하체(下體) 곤(坤 : ☷)으로써 구오(九五 : ㅡ)를 취상(取象)한 것이고, 〈관국지광(觀國之光)의 광(光)〉은 양효(陽爻)인 구오(九五 : ㅡ)를 밝힌다. 양광음암(陽光陰暗) 즉 양(陽 : ㅡ)은 빛남[光]이고 음(陰 : --)은 어둠[暗]이다. 따라서 〈국지광(國之光)〉이란 구오(九五 : ㅡ)가 국왕(國王)으로서 나라의 문물을 빛냄[光]을 암시한다. 따라서 〈관국지광(觀國之光)〉은 육사(六四 : --)가 경대부(卿大夫)인 신하로서 국왕인 구오(九五 : ㅡ)의 왕도(王道)를 관견(觀見) 즉 살펴[觀] 보면서[見] 보좌함을 암시한 계사(繫辭)이다.

이어지는 〈이용빈우왕(利用賓于王)〉은 〈관국지광(觀國之光)〉의 까닭을 암시한다. 경대부(卿大夫)로서 육사(六四 : --)가 군왕(君王)인 구오(九五 : ─)의 〈광(光)〉 곧 국지문물(國之文物) 즉 나라의[國之] 문물을[文物] 살핀다[觀]고 함은 〈용빈우왕(用賓于王)〉으로 드러난다. 〈용빈우왕(用賓于王)의 용빈(用賓)〉은 구오(九五 : ─)가 육사(六四 : --)를 현신(賢臣) 즉 현명한[賢] 신하[臣]로서 맞이함을 뜻한다. 〈용빈(用賓)〉이란 왕(王)이 손님을[賓] 맞이함[用]을 뜻해, 현신(賢臣)을 모셔와 국사(國事)를 맡긴다는 뜻으로 이어진다. 따라서 여기 〈용빈(用賓)〉은 육사(六四 : --)에게는 출사(出仕) 즉 조정(朝廷)에 나아가[出] 벼슬하여[仕] 왕(王)을 보좌함을 뜻한다. 따라서 〈이용빈우왕(利用賓于王)〉은 관괘(觀卦 : ䷓)의 육사(六四 : --)가 경대부(卿大夫)로서 구오(九五 : ─)를 군왕(君王)으로 정성을 다하여 보좌하여 구오(九五 : ─)의 왕도(王道)를 온 세상에 넓혀 백성을 평안하게 함이니, 육사(六四 : --)의 〈관국지광(觀國之光)〉은 이롭다[利]고 암시한 계사(繫辭)가 〈이용빈우왕(利用賓于王)〉이다.

【字典】

**관(觀)** 〈살펴 자세히 볼 관(觀)-체시(諦視), 보일 관(觀)-시(示), 드러날 관(觀)-외현(外見), 몸가짐의 태도 관(觀)-의용(儀容), 대궐 관(觀)-궐(闕), 집 관(觀)-누관(樓觀), 놀 관(觀)-유(遊), 구경 관(觀)-장관(壯觀)-기관(奇觀)〉 등의 뜻을 내지만 여기선 〈살펴 자세히 볼 체시(諦視)〉로 여기고 새김이 마땅하다.

**국(國)** 〈나라 국(國)-방(邦), 천자가 도읍한 곳 국(國)-천자소도(天子所都), 제후의 나라 국(國)-제후국(諸侯國), 성안 국(國)-성중(城中)-교내(郊內), 고향 국(國)-고향(故鄕), 지방 국(國)-지방(地方), 도모할 국(國)-모(謀)〉 등의 뜻을 내지만 여기선 〈나라 방(邦)〉으로 여기고 새김이 마땅하다.

**지(之)** 〈그것(이것) 지(之)-피(彼)-시(是), 뜻 없는 허사(虛詞) 지(之), 갈 지(之)-왕(往)-행(行), 이를 지(之)-지(至), 주격-소유격-목적격 등의 토씨 지(之)〉 등의 뜻을 내지만 여기선 〈~의 지(之)〉로 여기고 새김이 마땅하다.

**광(光)** 〈문물의 아름다움 광(光)-문물지미(文物之美), 밝을 광(光)-명(明), 비칠 광(光)-조(照), 빛날 광(光)-색택(色澤), 영광 광(光)-영(榮), 명예로울 광(光)-예(譽), 위덕 광(光)-위덕(威德), 은총 광(光)-은총(恩寵), 화려하게 꾸밀 광(光)-화식(華飾), 해와 달과 별 광(光)-일월성(日月星), 기운 광(光)-기(氣), 넓을 광(光)-광(廣), 멀리 광(光)-원

(遠), 크나큰 광(光)-대(大), 가득할 광(光)-충(充)〉 등의 뜻을 내지만 여기선 〈문물의 아름다움 문물지미(文物之美)〉로 여기고, 〈명습국지예의(明習國之禮儀)〉 즉 나라를[國] 밝게[明] 익히게 해주는[習之] 예의(禮儀)라고 풀이함이 마땅하다.

**이(利)** 〈만물로 하여금 삶을 이루어가게 하는 덕(德)의 이로울 이(利)-사만물수생지덕(使萬物遂生之德), 날카로울 이(利)-예(銳)-섬(銛), 질병 이(利)-질(疾), 통할 이(利)-통(通)-순(順), 좋을 이(利)-길(吉)-의(宜), 편리할 이(利)-편(便), 마름해 만들어 이룰 이(利)-재성(裁成), 탐할 이(利)-탐(貪), 구할(취할) 이(利)-구(求)-취(取), 좋아할 이(利)-열애(悅愛), 이로울 이(利)-익(益), 기교 이(利)-교(巧), 보람 이(利)-공용(功用), 지세가 험하고 중요한 이(利)-험요(險要), 이길 이(利)-승(勝), 어질 이(利)-인(仁)〉 등의 뜻을 내지만 여기선 〈이로울 이(利)〉로 새김이 마땅하다. 〈利〉가 맨 앞에 오면 〈이〉로 발음되고, 중간이나 뒤에 오면 〈리〉로 발음된다.

**용(用)** 〈써 용(用)-이(以), 쓸 용(用)-시(施), 쓰일(부릴) 용(用)-사(使), 맡길 용(用)-임(任), 행할 용(用)-행(行), 위할 용(用)-위(爲), 갖출 용(用)-비(備)〉 등의 뜻을 내지만 여기선 〈써 이(以)〉와 같다 여기고 새김이 마땅하다.

**빈(賓)** 〈손님 빈(賓)-객(客), 받들 빈(賓)-경(敬), 인도할 빈(賓)-도(導), 복종할 빈(賓)-복(服), 엎드릴 빈(賓)-복(伏)〉 등의 뜻을 내지만 여기선 〈손님 객(客)〉과 같다 여기고 새김이 마땅하다.

**우(于)** 〈~에(부터) 우(于)-어(於), 갈 우(于)-왕(往), 써 우(于)-이(以), 할 우(于)-위(爲), 여기 우(于)-시(是), 도울 우(于)-조(助), 클 우(于)-대(大), 구할 우(于)-구(求), 자족하는 모습 우(于)-자족모(自足貌)〉 등의 뜻을 내지만 여기선 〈~에 어(於)〉와 같다 여기고 새김이 마땅하다.

**왕(王)** 임금 왕(王)-군(君), 천자(천자를 받들) 왕(王)-천자(天子)-사천자(事天子), 제후 왕(王)-제후(諸侯), 무리의 우두머리 왕(王)-동류중지수령(同類中之首領), 큰 왕(王)-대(大), 바로잡을 왕(王)-광정(匡正), 성대할 왕(王)-성(盛), 이길 왕(王)-승(勝), 흥할 왕(王)-흥(興)〉 등의 뜻을 내지만 〈임금 왕(王)〉으로 여기고 새김이 마땅하다.

## 구오(九五 : ━)

九五 觀我生이니 君子无咎하다
관아생 군자무구

구오(九五) : 나의[我] 삶을[生] 살펴[觀] 군자라면[君子] 허물이[咎] 없다[无].

**【구오(九五)의 효상(爻象) 풀이】**

관괘(觀卦 : ䷓) 구오(九五 : ━)는 이양거양(以陽居陽) 즉 양(陽 : ━)으로써[以] 양(陽 : ━)의 자리에 있는지라[居] 정당한 자리에 있다. 구오(九五 : ━)는 육사(六四 : --)와 음양(陰陽)의 사이인지라 〈비(比)〉 즉 이웃의 사귐[比]을 누리고, 상구(上九 : ━)와는 양양(兩陽) 즉 둘 다[兩] 양(陽 : ━)인지라 이웃의 사귐[比]을 나누지 못한다. 그러나 구오(九五 : ━)와 육이(六二 : --)는 중정(中正) 즉 서로 중위(中位)에 있고 정위(正位)에 있어 정응(正應) 즉 바르게[正] 호응하며[應], 득중(得中) 즉 정도를 따름을[中] 취하여[得] 매사(每事)를 마주하는지라 왕도(王道)를 취하려는 모습이다.

> 관괘(觀卦 : ䷓)의 구오(九五 : ━)가 육오(六五 : --)로 변효(變爻)하면 구오(九五 : ━)는 관괘(觀卦 : ䷓)를 23번째 박괘(剝卦 : ䷖)로 지괘(之卦)하게 한다. 따라서 관괘(觀卦 : ䷓)의 구오(九五 : ━)는 박괘(剝卦 : ䷖)의 육오(六五 : --)를 찾아가 살펴보게 한다.

**【구오(九五)의 계사(繫辭) 풀이】**

### 觀我生(관아생) 君子无咎(군자무구)

나의[我] 삶을[生] 살펴[觀] 군자라면[君子] 허물이[咎] 없다[无].

구오(九五 : ━)의 효위(爻位)를 빌려 암시한 계사(繫辭)이다. 〈관아생(觀我生)〉은 〈구오관아지소생(九五觀我之所生)〉의 줄임으로 여기고 〈구오가[九五] 자신의[我之] 살아가는[生] 바를[所] 살핀다[觀]〉라고 새겨볼 것이다. 〈관아생(觀我生)〉은 관괘(觀卦 : ䷓)의 주제인 〈관(觀)〉 즉 살핌[觀]의 시국에서 자신의 뜻에 따라 살핌[觀]을 암시한다. 관괘(觀卦 : ䷓) 육삼(六三 - -)의 〈관아생(觀我生)〉과 같이 여기 구오(九五 : ━)의 〈관아생(觀我生)〉 역시 앞서 밝혔듯이 『대학(大學)』에 나오는 〈천자로부터[自天子] 백성에[於庶人] 이르기까지[以至] 하나같이[壹是] 모두[皆] 수신(修身)으로써[以] 근본을[本] 삼는다[爲] 그[其] 근본이[本] 어지러움에도[亂而] 다스리지 않는[未治] 것은[者] 안 되는 것[否]이다[矣]〉를 환기시키고, 동시에 『장자(莊子)』에 나오는 〈본성이[性] 닦이면[修] 상덕으로[德] 돌아가고[反] 덕을 닦으면[德] 시초 즉 자연에[於初] 이르러[至] 하나가 된다[同]〉를 불러일으킨다. 왜냐하면 〈관아생(觀我生)〉은 이미 살아온 〈아생(我生)〉이 아니라 앞으로 살아갈 〈아생(我生)〉을 살핌[觀]을 말하기 때문이다. 관괘(觀卦 : ䷓)의 구오(九五 : ━)에게는 수신(修身)을 근본으로 삼아 치국(治國)의 왕도(王道)를 넓혀가야 할 미래가 있음을 헤아리게 하는 점사(占辭)가 〈관아생(觀我生)〉이다. 그래서 〈군자무구(君子无咎)〉라고 연이어 계사(繫辭)한 것이다.

〈군자무구(君子无咎)〉는 〈관아생(觀我生)〉 즉 자기[我] 삶의[生] 미래를 살펴[觀] 〈아생(我生)〉이 소인(小人)의 삶이 아니라 군자(君子)의 삶이 되게 이끌어갈 것임을 구오(九五 : ━)가 군왕(君王)으로서 다짐함을 암시한다. 그렇기 때문에 이어서 군자에게는[君子] 허물이[咎] 없다[无]고 암시한다. 〈무구(无咎)〉란 본래부터 허물이[咎] 없다[无]는 것이 아니라 허물을[咎] 면한다[免]는 말이다. 허물이란 수치(羞恥) 즉 부끄러운 것[羞恥]이다. 만일 〈아생(我生)〉을 관(觀)하여 군자(君子)의 삶이 아니라 소인(小人)의 삶으로 이어진다면 〈소인유구(小人有咎)〉 즉 소인에게는[小人] 허물이[咎] 있다[有]는 계사(繫辭)로 이어질 터이다. 따라서 여기 〈군자무구(君子无咎)〉는 『논어(論語)』에 나오는 〈군자는[君子] 작은 일을[小] 알지 못할 수 있다[不可知] 그러나 군자는[君子] 큰 일을[大] 맡을 수 있다[可受]〉라는 내용을 음미하게 한다. 군왕(君王)의 치국(治國)은 대사(大事) 중의 대사인지라 군자(君子)의 몫이지 소인(小人)의 것이 아니다. 관괘(觀卦 : ䷓)의 구오(九五 : ━)가 군왕(君王)으로서 득중(得中) 즉 정도를 따름을[中] 취함[得]이란 작은 일이 아니라 큰 일을 맡아 양민(養民)하고 보민(保民)하여 왕 노릇을 하므로, 군자(君子)가 되어 허물이[咎] 없음[无]을 암시한 계사(繫辭)가 〈관아생(觀我生) 군자무구(君子无咎)〉이다.

【字典】

**관(觀)** 〈살펴 자세히 볼 관(觀)-체시(諦視), 보일 관(觀)-시(示), 드러날 관(觀)-외현(外見), 몸가짐의 태도 관(觀)-의용(儀容), 대궐 관(觀)-궐(闕), 집 관(觀)-누관(樓觀), 놀 관(觀)-유(遊), 구경 관(觀)-장관(壯觀)-기관(奇觀)〉 등의 뜻을 내지만 여기선 〈살펴 자세히 볼 체시(諦視)〉로 여기고 새김이 마땅하다.

**아(我)** 〈나(자기) 아(我)-기(己)-자위기신(自謂己身), 우리 아(我)-아배(我輩), 내 나라(자국) 아(我)-자칭기국(自稱其國), 내 것 아(我)-자기소유(自己所有), (자기 의견을) 고집할 아(我)-집(執)-고집기견(固執己見), 갑자기 아(我)-아(俄)〉 등의 뜻을 내지만 여기선 〈자기 기(己)〉로 여기고 새김이 마땅하다.

**생(生)** 〈삶(살) 생(生)-생활(生活), 낳을 생(生)-산(産), 날 생(生)-출(出), 나면서부터 생(生)-생래(生來), 살아있는 생(生)-활(活)-생존(生存), 날것 생(生)-미숙(未熟), 목숨 생(生)-생명(生命), 신선할 생(生)-신선(新鮮), 자랄 생(生)-생장(生長), 백성 생(生)-백성(百姓)-창생(蒼生), 생업 생(生)-생업(生業), 도리 생(生)-회생(懷生), 본성 생(生)-성(性), 만들 생(生)-조(造)-생물(生物), 발육할 생(生)-발육(發育), 일어날 생(生)-기(起)-발생(發生), 어미 생(生)-모(母), 생애 생(生)-일대(一代)-생애(生涯), 조사 생(生)-조사어어미(助詞於語尾)〉 등의 뜻을 내지만 여기서는 〈삶 생(生)〉으로 여기고 새김이 마땅하다.

**군(君)** 〈임금(천자-임금-제후) 군(君)-왕(王)-지존자(至尊者), 임금을 이을(세자) 군(君)-세자(世子), 여왕 군(君)-여군(女君), 어버이 군(君)-부모(父母), 돌아가신 임금-돌아가신 아버지-돌아가신 조상 군(君)-선군(先君)-선부(先父)-선조(先祖), 상대를 부르는 칭호 군(君)-칭호(稱號), 귀신을 받들어 부르는 칭호 군(君)-귀신지경칭(鬼神之敬稱), 맡아 다스릴 군(君)-주재(主宰), 하늘-건 군(君)-천(天)-건(乾), 양 군(君)-양(陽), 낮 군(君)-일(日), 중앙제단 군(君)-궁제단(宮祭壇), 흙 군(君)-토(土)〉 등의 뜻을 내지만 여기선 〈임금 왕(王)〉과 같다 여기고 새김이 마땅하다.

**자(子)** 〈사내(남자를 일컫는 호칭) 자(子)-남자지통칭(男子之通稱), 존칭(덕 있는 사람의 칭호) 자(子)-유덕자지칭(有德者之稱), 존경받는 사람 자(子)-존자(尊者), 벼슬 자(子)-작(爵), 12지의 첫째 자(子), 음력 11월 자(子), 밤 11시에서 다음날 1시까지 자(子), 북쪽 방향 자(子)-북방(北方), 오행에서 물 자(子)-어오행속수(於五行屬水), 짐승에서 쥐 자(子)-어수위서(於獸爲鼠), 번성할 자(子)-자(滋), 뒤를 이어줄 자(子)-사(嗣)-식(息), 자녀 자(子)-자녀(子女), 자손 자(子)-자손(子孫), 만물 자(子)-만물(萬物), 씨앗(열매) 자(子)-종자(種子)-과실(果實), 누구(사람) 자(子)-인(人)-수자(誰子), 백성 자(子)-백성(百姓)〉 등의 뜻을 내지만 여기선 〈사내 자(子)〉로 여기고 새김이 마땅하다.





**무(无)** 〈없을 무(无)-무(無), 허무지도 무(无)-허무지도(虛无之道), 으뜸 무(无)-원(元)〉 등의 뜻을 내지만 여기선 〈없을 무(無)〉와 같다 여기고 새김이 마땅하다.

**구(咎)** 〈허물 구(咎)-과(過)-건(愆), 재앙 구(咎)-재(災), 앓을 구(咎)-병(病), 싫어할 구(咎)-오(惡), 헐뜯을 구(咎)-방(謗)〉 등의 뜻을 내지만 여기선 〈허물 과(過)-건(愆)〉과 같다 여기고 새김이 마땅하다. 〈무구(无咎)〉는 〈면어구(免於咎)〉 즉 허물을[於咎] 면하다[免]와 같다.

---

註 자천자이지어서인(自天子以至於庶人) 일시개이수신위본(壹是皆以修身爲本) 기본란이미치자부의(其本亂而未治者否矣) : 천자로부터[自天子] 백성에[於庶人] 이르기까지[以至] 하나같이[壹是] 모두[皆] 수신(修身)으로써[以] 근본을[本] 삼는다[爲]. 그[其] 근본이[本] 어지러움에도[亂而] 다스리지 않는[未治] 것은[者] 안 되는 것[否]이다[矣].

『대학(大學)』 본론(本論) 이(二) 3단락(段落)

註 성수반덕(性修反德) 덕지동어초(德至同於初) : 본성이[性] 닦이면[修] 상덕으로[德] 돌아가고[反] 덕을 닦으면[德] 시초 즉 자연에[於初] 이르러[至] 하나가 된다[同].

『장자(莊子)』「천지(天地)」 8절(節)

註 군자불가소지(君子不可小知) 이가대수야(而可大受也) 소인불가대수(小人不可大受) 이가소지야(而可小知也) : 군자는[君子] 작은 일을[小] 알지 못할 수 있다[不可知]. 그러나[而] (군자는) 큰 일을[大] 맡을 수 있는 것[可受]이다[也]. 소인은[小人] 큰 일을[大] 맡을 수 없다[不可受]. 그러나[而] (소인은) 작은 일을[小] 잘 알 수 있는 것[可知]이다[也].

『논어(論語)』「위령공(衛靈公)」 33장(章)

## 상구(上九 : ⚊)

上九 觀其生이니 君子无咎하다
관기생 군자무구

상구(上九) : 그[其] 삶을[生] 살펴[觀] 군자라면[君子] 허물이[咎] 없다[无].

【상구(上九)의 효상(爻象) 풀이】

관괘(觀卦 : ䷓) 상구(上九 : ㅡ)는 이양거음(以陽居陰) 즉 양(陽 : ㅡ)으로써[以] 음(陰 : --)의 자리에 있는지라[居] 정당한 자리에 있지 못하다. 상구(上九 : ㅡ)와 구오(九五 : ㅡ)는 양양(兩陽) 즉 둘 다[兩] 양(陽 : ㅡ)인지라 〈비(比)〉를 누리지 못하지만, 구오(九五 : ㅡ)는 군왕(君王)으로서 상구(上九 : ㅡ)를 상왕(上王)으로 모시고 상구(上九 : ㅡ)는 구오(九五 : ㅡ)를 군왕(君王)으로 모시는지라 이웃으로서 서로 관대한 모습이다. 그리고 상구(上九 : ㅡ)는 육삼(六三 : --)과 양음(陽陰)으로서 〈정응(正應)〉 즉 바르게[正] 서로 호응하는[應] 모습이나 관괘(觀卦 : ䷓)의 주제인 〈관(觀)〉의 시국에서 물러나 초연한 입장인지라, 제 자리에 구애받지 않고 현자(賢者)의 처지에 있어서 대범한 모습이다.

> 관괘(觀卦 : ䷓)의 상구(上九 : ㅡ)가 상륙(上六 : --)으로 변효(變爻)하면 상구(上九 : ㅡ)는 관괘(觀卦 : ䷓)를 8번째 비괘(比卦 : ䷇)로 지괘(之卦)하게 한다. 따라서 관괘(觀卦 : ䷓)의 상구(上九 : ㅡ)는 비괘(比卦 : ䷇)의 상륙(上六 : --)을 찾아가 살펴보게 한다.

【상구(上九)의 계사(繫辭) 풀이】

### 觀其生(관기생) 君子无咎(군자무구)

그[其] 삶을[生] 살펴[觀] 군자라면[君子] 허물이[咎] 없다[无].

상구(上九 : ㅡ)의 효위(爻位)를 빌려 암시한 계사(繫辭)이다. 〈관기생(觀其生)〉은 〈제음효관상구지소생(諸陰爻觀上九之所生)〉의 줄임으로 여기고 〈모든[諸] 음효들이[陰爻] 상구의[上九之] 살아가는[生] 바를[所] 살핀다[觀]〉라고 새겨볼 것이다. 〈관기생(觀其生)의 기(其)〉는 〈상구지(上九之)〉를 대신하는 관형사 노릇을 한다. 상구(上九 : ㅡ)는 군왕(君王)인 구오(九五 : ㅡ)의 위에 있다. 군왕(君王) 위에 있는 상구(上九 : ㅡ)는 현자(賢者)에 속한다. 아래의 제음효(諸陰爻)가 현자(賢者)인 상구(上九 : ㅡ)의 언행을 우러러 살핌을 암시하는 것이 〈관기생(觀其生)〉이다. 그러나 상구(上九 : ㅡ)에게는 앞으로 펼쳐야 할 〈아생(我生)〉이란 것이 없다. 이미 상구(上九 : ㅡ)에게는 이러저러 온갖 삶을 거쳐 온 삶의 흔적들만 쌓여 있을 뿐이다. 따라서 상구(上九 : ㅡ)의 삶이란 남들에 의해서 살핌을 당하는 처지에 있는 편임을 〈관기생(觀其生)〉이 암시하기도 한다.

〈군자무구(君子无咎)〉는 상구(上九 : ⚊)가 펼쳤던 삶이 천도(天道)를 따랐으면 군자(君子)로서 산 것이고, 자연의[天] 도리[道]를 어기며 살았다면 소인(小人)으로서 산 것임을 아울러 헤아려보게 한다. 그러므로 〈군자무구(君子无咎)〉가 상구(上九 : ⚊)의 삶이 군자(君子)의 삶이었기에 아래의 제음효(諸陰爻)로부터 비난받을 허물[咎]이란 없음[无]을 들어, 상구(上九 : ⚊)가 현자(賢者)임을 암시한 계사(繫辭)가 〈관기생(觀其生) 군자무구(君子无咎)〉이다.

【字典】

**관(觀)** 〈살펴 자세히 볼 관(觀)-체시(諦視), 보일 관(觀)-시(示), 드러날 관(觀)-외현(外見), 몸가짐의 태도 관(觀)-의용(儀容), 대궐 관(觀)-궐(闕), 집 관(觀)-누관(樓觀), 놀 관(觀)-유(遊), 구경 관(觀)-장관(壯觀)-기관(奇觀)〉 등의 뜻을 내지만 여기선 〈살펴 자세히 볼 체시(諦視)〉로 여기고 새김이 마땅하다.

**기(其)** 〈그것 기(其)-피(彼)-지(之), 그럴 기(其)-연(然), 어찌 기(其)-기(豈), 누를 기(其)-억(抑), 오히려 기(其)-상(尙)-서기(庶幾), 이에 기(其)-내(乃), 만약 기(其)-약(若), 장차 기(其)-장(將), 어조사 기(其)-어조사(語助辭)〉 등의 뜻을 내지만 여기선 〈그것 피(彼)〉와 같다 여기고 새김이 마땅하다.

**생(生)** 〈삶(살) 생(生)-생활(生活), 낳을 생(生)-산(產), 날 생(生)-출(出), 나면서부터 생(生)-생래(生來), 살아있는 생(生)-활(活)-생존(生存), 날것 생(生)-미숙(未熟), 목숨 생(生)-생명(生命), 신선할 생(生)-신선(新鮮), 자랄 생(生)-생장(生長), 백성 생(生)-백성(百姓)-창생(蒼生), 생업 생(生)-생업(生業), 도리 생(生)-회생(懷生), 본성 생(生)-성(性), 만들 생(生)-조(造)-생물(生物), 발육할 생(生)-발육(發育), 일어날 생(生)-기(起)-발생(發生), 어미 생(生)-모(母), 생애 생(生)-일대(一代)-생애(生涯), 조사 생(生)-조사어어미(助詞於語尾)〉 등의 뜻을 내지만 여기서는 〈삶 생(生)〉으로 여기고 새김이 마땅하다.

**군(君)** 〈임금(천자-임금-제후) 군(君)-왕(王)-지존자(至尊者), 임금을 이을(세자) 군(君)-세자(世子), 여왕 군(君)-여군(女君), 어버이 군(君)-부모(父母), 돌아가신 임금-돌아가신 아버지-돌아가신 조상 군(君)-선군(先君)-선부(先父)-선조(先祖), 상대를 부르는 칭호 군(君)-칭호(稱號), 귀신을 받들어 부르는 칭호 군(君)-귀신지경칭(鬼神之敬

稱), 맡아 다스릴 군(君)-주재(主宰), 하늘-건 군(君)-천(天)-건(乾), 양 군(君)-양(陽), 낮 군(君)-일(日), 중앙제단 군(君)-궁제단(宮祭壇), 흙 군(君)-토(土)〉 등의 뜻을 내지만 여기선 〈임금 왕(王)〉과 같다 여기고 새김이 마땅하다.



**자(子)** 〈사내(남자를 일컫는 호칭) 자(子)-남자지통칭(男子之通稱), 존칭(덕 있는 사람의 칭호) 자(子)-유덕자지칭(有德者之稱), 존경받는 사람 자(子)-존자(尊者), 벼슬 자(子)-작(爵), 12지의 첫째 자(子), 음력 11월 자(子), 밤 11시에서 다음날 1시까지 자(子), 북쪽 방향 자(子)-북방(北方), 오행에서 물 자(子)-어오행속수(於五行屬水), 짐승에서 쥐 자(子)-어수위서(於獸爲鼠), 번성할 자(子)-자(滋), 뒤를 이어줄 자(子)-사(嗣)-식(息), 자녀 자(子)-자녀(子女), 자손 자(子)-자손(子孫), 만물 자(子)-만물(萬物), 씨앗(열매) 자(子)-종자(種子)-과실(果實), 누구(사람) 자(子)-인(人)-수자(誰子), 백성 자(子)-백성(百姓)〉 등의 뜻을 내지만 여기선 〈사내 자(子)〉로 여기고 새김이 마땅하다.



**무(无)** 〈없을 무(无)-무(無), 허무지도 무(无)-허무지도(虛无之道), 으뜸 무(无)-원(元)〉 등의 뜻을 내지만 여기선 〈없을 무(無)〉와 같다 여기고 새김이 마땅하다.

**구(咎)** 〈허물 구(咎)-과(過)-건(愆), 재앙 구(咎)-재(災), 앓을 구(咎)-병(病), 싫어할 구(咎)-오(惡), 헐뜯을 구(咎)-방(謗)〉 등의 뜻을 내지만 여기선 〈허물 과(過)-건(愆)〉과 같다 여기고 새김이 마땅하다. 〈무구(无咎)〉는 〈면어구(免於咎)〉 즉 허물을[於咎] 면하다[免]와 같다.

# 서합괘 噬嗑卦

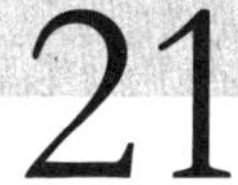

21

## 1 괘의 괘상과 계사

# 서합괘(噬嗑卦 : ䷔)

진하이상(震下離上) : 아래는[下] 진(震 : ☳), 위는[上] 이(離 : ☲).

화뢰서합(火雷噬嗑) : 불과[火] 우레는[雷] 서합이다[噬嗑].

噬嗑은 亨하니 利用獄하다
서 합 형 이 용 옥

씹어[噬] 합침은[嗑] 통하니[亨] 감옥을[獄] 사용함이[用] 이롭다[利].

**【서합괘(噬嗑卦 : ䷔)의 괘상(卦象) 풀이】**

앞 관괘(觀卦 : ䷓)의 〈관(觀)〉은 살핌[觀]이다. 〈관(觀)〉은 앙관(仰觀) 즉 우러러[仰] 살핌[觀]이다. 이 〈관(觀)〉의 도리(道理)를 다하면 선악(善惡)이 드러난다. 선(善)은 〈원형리정(元亨利貞)〉의 사덕(四德)을 누리게 하지만 악(惡)은 그 사덕(四德)을 저버리고 멀리한다. 그래서 「서괘전(序卦傳)」에 〈살필[觀] 수 있는[可] 뒤에는[而後] 합칠[合] 것이[所] 있다[有] 그래서[故] 서합괘(噬嗑卦 : ䷔)로써[以] 그것을[之] 받는다[受]〉라는 말이 나온다. 이는 관괘(觀卦 : ䷓) 다음에 서합괘(噬嗑卦 : ䷔)가 있는 까닭을 암시한다. 서합괘(噬嗑卦 : ䷔)의 괘체(卦體)는 진하이상(震下離上) 즉 하체(下體)는 진(震 : ☳)이고 상체(上體)는 이(離 : ☲)이다. 진(震 : ☳)은 〈뇌(雷)〉 즉 우레[雷]인지라 위세(威勢)이고 이(離 : ☲)는 〈화(火)〉 즉 불[火]인지라 밝음[明]이니, 서합괘(噬嗑卦 : ䷔)의 괘상(卦象)은 〈용옥(用獄)〉의 모습이다. 〈용옥(用獄)〉은 형극(刑克) 즉 형벌로[刑] 다스림[克]을 뜻한다. 형벌(刑罰)로써[以] 악(惡)을 제거함이 〈용옥(用獄)〉이니, 서합괘(噬嗑卦 : ䷔)의 괘상(卦象)을 이루는 뇌(雷 : ☳)와 화(火 : ☲)는 형벌로써 다스리는 모습이다. 우레[雷]는 위세(威勢)를 나타내고 불[火]은 밝음[明]이니, 위세로써 악(惡)을 밝힘을 서합괘(噬嗑卦 : ䷔)

의 괘상(卦象)이 보여준다. 이를 서합괘(噬嗑卦 : ䷔)의 여섯 효(爻)들로써 비유해 보자면 초구(初九 : ⚊)는 아랫입술이고 상구(上九 : ⚊)는 윗입술이며, 육이(六二 : ⚋)와 육삼(六三 : ⚋)은 아래 치열(齒列)의 모습이고 육오(六五 ⚋ : )는 위 치열의 모습이며, 구사(九四 : ⚊)는 상하치열(上下齒列)을 가로막는 장애물의 모습이다. 이러한 모습들을 빌려 서합괘(噬嗑卦 : ䷔)라 칭명(稱名)한다.





**【서합괘(噬嗑卦 : ䷔)의 계사(繫辭) 풀이】**

## 噬嗑(서합) 亨(형) 利用獄(이용옥)

씹어[噬] 합침은[嗑] 통하니[亨] 감옥을[獄] 사용함이[用] 이롭다[利].

서합괘(噬嗑卦 : ䷔)의 〈서합(噬嗑)〉은 형정(刑政)을 비유한다. 따라서 서합괘(噬嗑卦 : ䷔)의 괘상(卦象)은 초효(初爻)만 수형(受刑) 즉 형벌을[刑] 받는[受] 자리에 있고, 초효(初爻) 위의 각효(各爻)들은 저마다 용형(用刑) 즉 형벌을[刑] 실제로 처리하는[用] 자리에 있다. 〈서합(噬嗑)의 서(噬)〉는 〈씹을 설(齧)〉과 같고 〈서합(噬嗑)의 합(嗑)〉은 〈합할 합(合)〉과 같아, 입 안에 넣어 씹어서[噬] 합쳐버림[嗑]을 빌려 형정(刑政) 즉 형벌로[刑] 다스림[政]을 취상(取象)한 것이다. 이러한 〈서합(噬嗑)의 서(噬)〉는 난세(亂世)의 원인을 제거함을 암시하고, 〈서합(噬嗑)의 합(嗑)〉은 제악(濟惡) 즉 악을[惡] 다스려[濟] 천선(遷善) 즉 선으로[善] 옮겨[遷] 합침[嗑]을 암시한다. 따라서 여기 〈서합(噬嗑)〉은 『예기(禮記)』「악기(樂記)」에 나오는 〈대란지도(大亂之道)〉 즉 온 세상을 크게[大] 어지럽히는[亂之] 길[道]을 떠올려 생각하게 한다. 세상의 대란(大亂)을 제거하여 백성이 태평한 세상을 누리게 하려는 치도(治道) 즉 다스림의[治] 길[道]을 〈서합(噬嗑)〉이 암시한다. 이에 〈서합(噬嗑) 형(亨)〉 즉 〈서합은[噬嗑] 통한다[亨]〉라고 한 것이다.

〈서합(噬嗑) 형(亨)〉을 성취하기 위함을 암시한 것이 〈이용옥(利用獄)〉이다. 〈서합(噬嗑) 형(亨)〉을 이룩하기 위하여 〈용옥(用獄)〉 즉 감옥을[獄] 쓴다[用]는 것이다. 〈이용옥(利用獄)의 용옥(用獄)〉은 형극(刑克) 즉 형벌로[刑] 다스림[克]을 뜻한다. 이러한 〈이용옥(利用獄)〉은 『논어(論語)』에 나오는 〈형벌이[刑罰] 적중하지 못하면[不中]〉이라는 내용을 환기시키고, 동시에 『노자(老子)』에 나오는 〈늘[常]

천도를 잇는[善] 사람과[人] 함께한다[與]〉라는 내용을 떠올려 살펴 헤아리게 한다. 왜냐하면 〈용옥(用獄)〉이 세상을 가로막는 악(惡)들을 형벌로 제거함으로써 세상에 정도(正道)가 실현되는 것임을 제시하기 때문이다. 형정(刑政)이 부중(不中) 즉 적중하지 못하면[不中] 백성이 의지할 데가 없어지기 때문이다. 따라서 〈용옥(用獄)〉은 형벌을 가함이 적중해야 하고, 항상 정도를 따라 살려는 사람들 즉 선인(善人)들을 보호하고자 함이다. 이에 형벌로써 온갖 악(惡)을 제거하여 정도(正道)의 따름이 이루어져 밝은 세상이 성취될 수 있음을 암시한 계사(繫辭)가 〈서합(噬嗑) 형(亨) 이용옥(利用獄)〉이다.

【字典】

**서(噬)** 〈물어뜯을 서(噬)-설(齧), 씹을 서(噬)-담(啗), 미칠 서(噬)-체(逮)〉 등의 뜻을 내지만 여기선 〈물어뜯을 설(齧)〉과 같다 여기고 새김이 마땅하다.

**합(嗑)** 〈입 다물 합(嗑)-합(合), 먹을 합(嗑)-식(食), 말 많을 합(嗑)-다언(多言), 웃는 소리 합(嗑)-소성(笑聲)〉 등의 뜻을 내지만 여기선 〈입 다물 합(合)〉과 같다 여기고 새김이 마땅하다.

**亨** 〈향-형-팽〉 등 세 가지로 발음되고, 〈통할 형(亨)-통(通), 남을 형(亨)-여(餘), 드릴 향(亨)-헌(獻), 삶을 팽(亨)-자(煮)-팽(烹)〉 등의 뜻을 내지만 여기선 〈통할 통(通)〉과 같다 여기고 새김이 마땅하다.

**이(利)** 〈만물로 하여금 삶을 이루어가게 하는 덕(德)의 이로울 이(利)-사만물수생지덕(使萬物遂生之德), 날카로울 이(利)-예(銳)-섬(銛), 질병 이(利)-질(疾), 통할 이(利)-통(通)-순(順), 좋을 이(利)-길(吉)-의(宜), 편리할 이(利)-편(便), 마름해 만들어 이룰 이(利)-재성(裁成), 탐할 이(利)-탐(貪), 구할(취할) 이(利)-구(求)-취(取), 좋아할 이(利)-열애(悅愛), 이로울 이(利)-익(益), 기교 이(利)-교(巧), 보람 이(利)-공용(功用), 지세가 험하고 중요한 이(利)-험요(險要), 이길 이(利)-승(勝), 어질 이(利)-인(仁)〉 등의 뜻을 내지만 여기선 〈이로울 이(利)〉로 여기고 새김이 마땅하다. 〈利〉가 맨 앞에 오면 〈이〉로 발음되고, 중간이나 뒤에 오면 〈리〉로 발음된다.

**용(用)** 〈쓸(베풀) 용(用)-시(施)-행(行), 쓰일(부릴) 용(用)-사(使), 맡길 용(用)-임(任), 위할 용(用)-위(爲), 갖출 용(用)-비(備)〉 등의 뜻을 내지만 여기선 〈쓸 행(行)〉과 같다 여기고 새김이 마땅하다.

**옥(獄)** 〈감옥 옥(獄), 송사 옥(獄)-송(訟), 판결할 옥(獄)-판결(判決), 죄 옥(獄)-죄(罪)〉 등의 뜻을 내지만 여기선 〈감옥 옥(獄)〉으로 여기고 새김이 마땅하다.

---

註 경문(經文) 계사(繫辭)의 수사(修辭) : 팔괘(八卦)는 복희씨(伏羲氏)가 만들었다 하지만 『주역(周易)』 64괘(卦)의 계사(繫辭)는 문왕(文王)이 붙였고, 384효(爻)의 계사(繫辭)는 주공(周公)이 붙인 것으로 되어 있다. 문왕(文王)-주공(周公) 때는 지필묵(紙筆墨)이 없었던 때라 칼을 필(筆)로 삼아 간독(簡牘) 즉 대나무쪽[簡]이나 나무쪽[牘]에 글자를 새겼기에 글자를 적어 둘 자리가 매우 부족하였다. 따라서 앞의 내용을 미루어 보충될 수 있는 내용은 서슴없이 생략하면서 글자를 적게 된 것이 고문수사(古文修辭)인 셈이다. 『주역(周易)』의 계사(繫辭)들이야말로 고문수사(古文修辭)의 효시(嚆矢) 즉 맨 처음 것[嚆矢]이고 동시에 한문수사(漢文修辭)의 시원(始源)이다. 따라서 『주역(周易)』의 계사(繫辭)를 마주할 때면 괘상(卦象)과 효상(爻象)을 면밀히 살피면서 삭제-생략된 문자를 복원-보충시켜서 해독하려는 마음가짐이 필수적이다.

註 음양(陰陽)의 변효(變爻) : 양가음부(陽加陰負) 즉 양기는[陽] 더함[加 : +]이고 음기는[陰] 덜어냄[負 : -]이라 한다. 따라서 강효(剛爻)가 변효(變爻)해서 유효(柔爻)가 되면 부(負) 즉 덜어냄[負]이라 하고, 유효(柔爻)가 변효(變爻)해서 강효(剛爻)가 되면 더함[加]이라고 한다. 그리고 양실음허(陽實陰虛)라고도 한다. 따라서 강효(剛爻) 즉 양(陽 : ㅡ)이 변효(變爻)하여 유효(柔爻) 즉 음(陰 : --)이 되면 허(虛) 즉 비움[虛]이라 하고, 음(陰 : --)이 변효(變爻)하여 양(陽 : ㅡ)이 되면 실(實) 즉 채움[實]이라고 한다.

註 팔괘(八卦)의 음양(陰陽)과 방위(方位) : 팔괘(八卦)의 모습[象]에는 노양(老陽)-소양(少陽)-노음(老陰)-소음(少陰)의 모습이 있다. 건(乾 : ☰)은 노양(老陽)의 모습이고 진(震 : ☳)-감(坎 : ☵)-간(艮 : ☶) 등은 소양(少陽)의 모습으로 모두 양괘(陽卦)이고, 양괘(陽卦)의 방위는 모두 동북(東北)에 속한다. 곤(坤 : ☷)은 노음(老陰)의 모습이고 손(巽 : ☴)-이(離 : ☲)-태(兌 : ☱) 등은 소음(少陰)의 모습으로 모두 음괘(陰卦)이고, 음괘(陰卦)의 방위는 모두 서남(西南)이다. 그러므로 팔괘(八卦)에서 음기(陰氣 : --)가 홀수이면 음괘(陰卦 : ☷ ☴ ☲ ☱)가 되고, 양기(陽氣 : ㅡ)가 홀수이면 양괘(陽卦 : ☰ ☳ ☵ ☶)가 된다.

註 인화물야자(人化物也者) 멸천리이궁인욕자야(滅天理而窮人欲者也) 어시유패역사위지심(於是有悖逆詐僞之心) 유음일작란지사(有淫佚作亂之事) 시고(是故) 강자협약(强者脅弱) 중자포과(衆者暴寡) 지자사우(知者詐愚) 용자고겁(勇者苦怯) 질병불양(疾病不養) 노유고독부득기소(老幼孤獨不得其所) 차대란지도야(此大亂之道也) : 사람이[人] 물질로[物] 변화되는[化] 것이라는[也] 것은[者] 하늘의[天] 이치를[理] 없애버리고[滅而] 사람의[人] 욕심을[欲] 한없게 하는[窮] 것[者]이다[也]. 이에 따라[於是] 인륜을 어기고[悖逆] 사람을 속이는[詐僞] 마음이[之心] 생기고[有] 음란하고[淫佚] 소란스러운[作亂] 짓거리가[之事] 일어나게 된다[有]. 이러한[是] 까닭으로[故] 강한[强] 사람이[者] 약한 사람을[弱] 위협하고[脅] 수가 많은[衆] 쪽이[者] 수가 적은 쪽을[寡] 억압하

며[暴] 영악한[知] 사람이[者] 어리석은 사람을[愚] 속이고[詐] 용맹한[勇] 사람이[者] 겁쟁이를[怯] 괴롭히며[苦] 질병들을[疾病] 돌보지[養] 않고[不] 늙은이와[老] 어린것들과[幼] 의지할 곳 없는 이들은[孤獨] 그네들의[其] 거처를[所] 얻지 못한다[不得]. 이런 것들이[此] 큰[大] 혼란[亂]의[之] 이치인 것[道]이다[也]. 『예기(禮記)』「악기(樂記)」 8단락(段落)

註 형벌부중(刑罰不中) 즉민무소조수족(則民無所措手足) : 형벌이[刑罰] 적중하지 못하면[不中] 곧[則] 백성에게는[民] 손발을[手足] 둘[措] 데가[所] 없어진다[無].

『논어(論語)』「자로(子路)」 3장(章)

註 천도무친(天道無親) 상여선인(常與善人) : 자연의[天] 도리에는[道] (따로) 친애함이[親] 없고[無] 늘[常] 천도를 잇는[善] 사람과[人] 함께한다[與]. 『노자(老子)』 79장(章)

## 2 효의 효상과 계사

初九 : 屨校滅趾하니 无咎하다
구교멸지 무구

六二 : 噬膚滅鼻하니 无咎하다
서부멸비 무구

六三 : 噬腊肉하다 遇毒하여 小吝이나 无咎하다
서석육 우독 소린 무구

九四 : 噬乾胏하여 得金矢하나 利艱貞하니 吉하다
서건자 득금시 이간정 길

六五 : 噬乾肉하여 得黃金하니 貞厲해도 无咎하다
서건육 득황금 정려 무구

上九 : 何校滅耳하니 凶하다
하교멸이 흉

초구(初九) : 발에 고랑을[校] 차고[屨] 발꿈치를[趾] 없애니[滅] 허물이[咎] 없다[无].

육이(六二) : 살갗을[膚] 물어뜯고[噬] 콧등을[鼻] 없애니[滅] 허물이[咎] 없다[无].

육삼(六三) : 메마른[腊] 살점을[肉] 씹으려다[噬] 두툼한 살점을[毒] 만나[遇] 육삼이[小] 부끄러워하나[吝] 허물은[咎] 없다[无].

구사(九四) : 메마른[乾] 살이 붙은 뼈를[胏] 씹다가[噬] 구리화살촉을[金矢] 얻으나[得] 간고해도[艱] 진실로 미더워[貞] 이로우니[利] 길하다[吉].

육오(六五) : 메마른[乾] 살점을[肉] 씹다가[噬] 황금을[黃金] 얻으니[得] 정당하여[貞] 두려워도[厲] 허물이[咎] 없다[无].

상구(上九) : 목에 고랑을[校] 차고[何] 귀가[耳] 없어져[滅] 불운하다[凶].

# 초구(初九 : ⚊)

初九 : 屨校滅趾하니 无咎하다
구교멸지 무구

초구(初九) : 발에 고랑을[校] 차고[屨] 발끝치를[趾] 없애니[滅] 허물이[咎] 없다[无].

**【초구(初九)의 효상(爻象) 풀이】**

서합괘(噬嗑卦 : ䷔)의 초구(初九 : ⚊)는 이양거양(以陽居陽) 즉 양(陽 : ⚊)으로써[以] 양(陽 : ⚊)의 자리에 있는지라[居] 정당한 자리에 있다. 초구(初九 : ⚊)가 육이(六二 : ⚋)와 양음(陽陰)의 사이인지라 다른 대성괘(大成卦)에서라면 〈비(比)〉 즉 이웃의 사귐[比]을 누리겠지만, 서합괘(噬嗑卦 : ䷔)의 주제인 〈서합(噬嗑)〉의 시국에서는 오히려 수형(受刑)의 처지가 된다. 구사(九四 : ⚊)와는 양양(兩陽) 즉 둘 다[兩] 양(陽 : ⚊)인지라 불응(不應) 즉 서로 호응하지 못한다[不應]. 〈서합(噬嗑)〉의 시국에서는 이웃의 사귐[比]이 서로 선(善)할 때만 가능하다. 초구(初九 : ⚊)는 서합괘(噬嗑卦 : ䷔)에서 무위(無位) 즉 치세(治世)의 지위가 없는지라 수형(受刑) 즉 형벌을[刑] 받는[受] 자리에 있다. 초구(初九 : ⚊)의 자리는 지위가[位] 없는[無] 백성을 나타내는 자리이다. 백성은 수형(受刑) 즉 형벌을[刑] 받는[受] 측이지만 수형이란 불선자(不善者)에게만 해당된다. 수형이란 벌을 받아 천선(遷善) 즉 선으로[善] 옮겨가게[遷] 함을 뜻하므로 백성에 속하는 초구(初九 : ⚊)가 수형으로써 허물이[咎] 없어진[无] 모습이다.

서합괘(噬嗑卦 : ䷔)의 초구(初九 : ⚊)가 초륙(初六 : ⚋)으로 변효(變爻)하면 초구(初九 : ⚊)는 서합괘(噬嗑卦 : ䷔)를 35번째 진괘(晉卦 : ䷢)로 지괘(之卦)하게 한다. 따라서 서합괘(噬嗑卦 : ䷔)의 초구(初九 : ⚊)는 진괘(晉卦 : ䷢)의 초륙(初六 : ⚋)을 찾아가 살펴보게 한다.

【초구(初九)의 계사(繫辭) 풀이】

## 屨校滅趾(구교멸지) 无咎(무구)

발에 고랑을[校] 차고[屨] 발꿈치를[趾] 없애니[滅] 허물이[咎] 없다[无].

초구(初九 : ━)의 효위(爻位)를 빌려 암시한 계사(繫辭)이다. 〈구교멸지(屨校滅趾) 무구(无咎)〉는 〈초구수멸지여구교지형(初九受滅趾與屨校之刑) 인차초구무구(因此初九无咎)〉의 줄임으로 여기고 〈초구가[初九] 구교와[與屨校] 멸지의[滅趾之] 형을[刑] 받는다[受] 그래서[因此] 초구에게[初九] 허물이[咎] 없어진다[无]〉라고 새겨볼 것이다. 〈구교멸지(屨校滅趾)〉는 무위(無位) 즉 벼슬이 없는[無] 자리[位]에 있는 초구(初九 : ━)를 취상(取象)한 것이다. 서합괘(噬嗑卦 : ䷔)에서 초구(初九 : ━)와 상구(上九 : ━)는 무위(無位)의 자리여서 수형(受刑) 즉 형벌을[刑] 받는[受] 쪽이다. 대성괘(大成卦)의 육효(六爻)를 인체에 비출 때 초효(初爻)는 발에 해당하고 상효(上爻)는 머리에 해당한다. 따라서 초구(初九 : ━)가 수형자(受刑者)로서 징벌당함을 나타낸 것이 〈구교멸지(屨校滅趾)〉이다.

〈구교멸지(屨校滅趾)의 구(屨)〉는 발목[履]이고, 〈멸지(滅趾)의 지(趾)〉는 발꿈치[趾]로서 족(足) 즉 발[足]을 암시한다. 발목에 고랑을 채우는 형벌이 〈구교(屨校)〉이고, 발꿈치를 잘라버리는 형벌이 〈멸지(滅趾)〉이다. 〈구교(屨校)의 구(屨)〉는 〈신을 이(履)〉와 같고, 〈구교(屨校)의 교(校)〉는 여기선 형구(刑具)의 일종인 〈차꼬 계(械)〉와 같아 고랑을 나타낸다. 초구(初九 : ━)가 초범(初犯)일지라도 강강(剛强)하므로 발꿈치의 뼈를 잘라내는 형(刑)을 받는 것임을 〈멸지(滅趾)〉가 암시한다. 그리고 〈구교멸지(屨校滅趾)〉란 계사(繫辭)는 『서경(書經)』에 나오는 〈오형을[五刑] 실행토록 하라[有服]〉라는 내용을 환기시킨다. 〈멸지(滅趾)〉는 오형(五刑) 즉 묵(墨)-의(劓)-비(剕)-궁(宮)-대벽(大辟) 중에 비(剕) 즉 발을 베어버리는[剕] 형벌보다 훨씬 가벼운 형벌이다. 이런 오형(五刑)으로써 이미 순(舜)임금 때부터 발꿈치를[趾] 잘라내는[滅] 형벌이 있었음을 알 수 있듯이, 제악(除惡) 즉 선(善)한 삶을 부정하는 죄악을[惡] 제거함[除]에는 단호했음을 말한다. 초야(草野)의 백성일지라도 해민(害民) 즉 백성을[民] 해치는[害] 죄를 범하면 〈구교(屨校)〉

를 당하게 하고 〈멸지(滅趾)〉를 당하게 하여, 더는 죄를 범하지 못하게 하면 결과적으로 세상에 허물이[咎] 없어짐[无]을 암시한 계사(繫辭)가 〈구교멸지(屨校滅趾) 무구(无咎)〉이다.





【字典】

**구(屨)** 〈착용할 구(屨)-관(貫), 신을 구(屨)-이(履), 밟을 구(屨)-천이(踐履)〉 등의 뜻을 내지만 여기선 〈착용할 관(貫)〉과 같다 여기고 새김이 마땅하다.

**校** 〈교-효〉 두 가지로 발음되고, 〈{형구(刑具)인} 고랑(틀) 교(校)-계(械), {형구(刑具)인} 칼 교(校)-가(枷), 계교할 교(校)-계(計), 이를(알릴) 교(校)-보(報), 사냥할 교(校)-엽(獵), 잡도리할 교(校)-검(檢), 교정할 교(校)-정서(訂書), 싸움 어우러질 교(校)-전교(戰交), 학궁 효(校)-학궁(學宮)〉 등의 뜻을 내지만 여기선 〈고랑 계(械)〉와 같다 여기고 새김이 마땅하다.

**멸(滅)** 〈끊을 멸(滅)-절(絶), 다할 멸(滅)-진(盡), 없앨 멸(滅)-망(亡), 제거할 멸(滅)-제(除), 불 꺼질 멸(滅)-소(消), 빠질 멸(滅)-몰(沒), 보이지 않을 멸(滅)-불현(不見)〉 등의 뜻을 내지만 여기선 〈끊을 절(絶)〉과 같다 여기고 새김이 마땅하다.

**지(趾)** 〈발(발가락, 발꿈치) 지(趾)-족(足), 멈출 지(趾)-지(止)〉 등의 뜻을 내지만 여기선 〈발꿈치 족(足)〉과 같다 여기고 새김이 마땅하다.

**무(无)** 〈없을 무(无)-무(無), 허무지도 무(无)-허무지도(虛无之道), 으뜸 무(无)-원(元)〉 등의 뜻을 내지만 여기선 〈없을 무(無)〉와 같다 여기고 새김이 마땅하다.

**구(咎)** 〈재앙 구(咎)-재(災), 병될 구(咎)-병(病), 허물 구(咎)-건(愆)-과(過), 나쁠 구(咎)-오(惡)〉 등의 뜻을 내지만 여기선 〈허물 건(愆)-과(過)〉와 같다 여기고 새김이 마땅하다. 〈무구(无咎)〉는 〈면어구(免於咎)〉 즉 허물을[於咎] 면하다[免]와 같다.

---

註 제왈(帝曰) 고요(皐陶) 만이활하(蠻夷猾夏) 구적간귀(寇賊姦宄) 여작사(汝作士) 오형유복(五刑有服) : 순임금이[帝] 말했다[曰]. 고요여[皐陶] 오랑캐가[蠻夷] 중국을[夏] 어지럽히고[猾] 도둑떼가[寇賊] (나라 안 도둑들이) 도둑질을 하고[姦] (나라 밖에서 들어온 도둑들이) 도둑질을 한다[宄]. 그대를[汝] 사에[士] 임명하니[作] 오형을[五刑] 실행토록 하라[有服].

『서경(書經)』「우서(虞書)」 순전(舜典) 7단락(段落)

註 오형(五刑) : 〈묵(墨)-의(劓)-비(剕=刖)-궁(宮)-대벽(大辟)〉의 오형(五刑)에서 〈묵(墨)〉은 죄수(罪囚)의 얼굴에 죄명(罪名)을 먹물로 새겨 넣어 세상이 보게 하는 형벌(刑罰)이고, 〈의(劓)〉

는 코를 베어내 함몰시켜버리는 형벌이며, 〈비(剕)〉는 발을 잘라버리는 형벌로 〈월(刖)〉 즉 발꿈치를 자르는 형벌과 같고, 〈궁(宮)〉은 사내의 불알을 도려내는 형벌이며, 〈대벽(大辟)〉은 사형(死刑)에 처하는 형벌이다.

## 육이(六二 : --)

六二 : 噬膚滅鼻하니 无咎하다
서 부 멸 비 무 구

육이(六二) : 살갗을[膚] 물어뜯고[噬] 콧등을[鼻] 없애니[滅] 허물이[咎] 없다[无].

**【육이(六二)의 효상(爻象) 풀이】**

서합괘(噬嗑卦 : ䷔)의 육이(六二 : --)는 이음거음(以陰居陰) 즉 음(陰 : --)으로써[以] 음(陰 : --)의 자리에 있는지라[居] 정당한 자리에 있다. 육이(六二 : --)와 초구(初九 : ㅡ)는 음양(陰陽)의 사이인지라 〈비(比)〉 즉 이웃의 사귐[比]을 누리고, 육이(六二 : --)와 육삼(六三 : --)은 양음(兩陰) 즉 둘 다[兩] 음(陰 : --)인지라 〈비(比)〉 즉 이웃의 사귐[比]을 누리지 못한다. 육이(六二 : --)와 육오(六五 : --)도 둘 다[兩] 음(陰 : --)인지라 서로 중정(中正)은커녕 정응(正應)마저 누리지 못해 불응(不應)하는 처지인지라 도움을 받을 수 없는 모습이다. 그러나 육이(六二 : --)는 서합괘(噬嗑卦 : ䷔) 하체(下體)의 중효(中爻)로서 득중(得中) 즉 정도를 따름을[中] 취하여[得] 용형(用刑) 즉 형벌을[刑] 씀[用]에 단호하고 당당한 모습이다.

서합괘(噬嗑卦 : ䷔)의 육이(六二 : --)가 구이(九二 : ㅡ)로 변효(變爻)하면 육이(六二 : --)는 서합괘(噬嗑卦 : ䷔)를 38번째 규괘(睽卦 : ䷥)로 지괘(之卦)하게 한다. 따라서 서합괘(噬嗑卦 : ䷔)의 육이(六二 : --)는 규괘(睽卦 : ䷥)의 구이(九二 : ㅡ)를 찾아가 살펴보게 한다.

【육이(六二)의 계사(繫辭) 풀이】

## 噬膚滅鼻(서부멸비) 无咎(무구)

살갗을[膚] 물어뜯고[噬] 콧등을[鼻] 없애니[滅] 허물이[咎] 없다[无].

육이(六二 : --)의 효위(爻位)를 빌려 암시한 계사(繫辭)이다. 〈서부멸비(噬膚滅鼻) 무구(无咎)〉는 〈육이서초구지부(六二噬初九之膚) 이륙이멸초구지비(而六二滅初九之鼻) 연이륙이무구(然而六二无咎)〉의 줄임으로 여기고 〈육이가[六二] 초구의[初九之] 살갗을[膚] 물어뜯는다[噬] 그리고[而] 육이가[六二] 초구의[初九之] 코를[鼻] 없앤다[滅] 그러나[然而] 육이에게[六二] 허물이[咎] 없다[无]〉라고 새겨볼 것이다.

〈서부(噬膚)의 서(噬)〉와 〈멸비(滅鼻)의 멸(滅)〉은 용형(用刑) 즉 형벌의[刑] 이용[用]을 실행함을 말하고, 〈서부(噬膚)의 부(膚)〉와 〈멸비(滅鼻)의 비(鼻)〉는 그 실행의 정황을 말한다. 초구(初九 : ━)가 수형(受刑) 즉 벌을[刑] 받음[受]보다 육이(六二 : --)의 용형(用刑)이 강(强)함을 〈서부멸비(噬膚滅鼻)〉가 암시한다. 서합괘(噬嗑卦 : ䷔)에서 육이(六二 : --)부터 육오(六五 : --)까지는 용형(用刑)의 자리이고, 초구(初九 : ━)와 상구(上九 : ━)는 무위(無位)인지라 수형(受刑)의 자리이다. 〈서부멸비(噬膚滅鼻)〉는 육이(六二 : --)가 불선(不善)한 백성에게 용형(用刑) 즉 형벌을[刑] 쓸[用] 수 있음을 암시하고, 동시에 육이(六二 : --)가 용형(用刑)의 자리에 있음을 암시한다. 대성괘(大成卦)에서 이위(二位)는 백성을 다스리는 현령(縣令)의 자리이다. 육이(六二 : --)는 유순(柔順)하지만 현령으로서 단호하게 용형(用刑)함을 암시한 것이 〈서부멸비(噬膚滅鼻)〉이다. 〈서부(噬膚)〉와 〈멸비(滅鼻)〉는 관유(寬柔)한 육이(六二 : --)가 중정(中正) 즉 서합괘(噬嗑卦 : ䷔)의 하체(下體) 진(震 : ☳)의 중위의[中] 바른 자리[正]에 있어서 득중(得中) 즉 정도를 따름을[中] 취하여[得] 용형(用刑)함을 암시한다. 〈서부(噬膚)의 부(膚)〉와 〈멸비(滅鼻)의 비(鼻)〉는 견강(堅剛)한 뼈대가 아니다. 〈부(膚)〉는 유약(柔弱)한 살갗이고 〈비(鼻)〉는 유약한 연골인지라 육이(六二 : --)가 유약(柔弱)한 용형자(用刑者)이지만 난세를 예방하기 위하여 불선(不善)한 백성을 단호하게 〈서부(噬膚)-멸비(滅鼻)〉

의 형(刑)을 쓰기에, 육이(六二 : --)에게는 허물이[咎] 없음[无]을 암시한 계사(繫辭)가 〈서부멸비(噬膚滅鼻) 무구(无咎)〉이다.

【字典】

**서(噬)** 〈물어뜯을 서(噬)-설(齧), 씹을 서(噬)-담(啗), 미칠 서(噬)-체(逮)〉 등의 뜻을 내지만 여기선 〈물어뜯을 설(齧)〉과 같다 여기고 새김이 마땅하다.

**부(膚)** 〈살갗 부(膚)-혁외박피(革外薄皮), 거적자리 부(膚)-천석(薦席), 아름다울 부(膚)-미(美), 클 부(膚)-대(大), 돼지고기 부(膚)-시육(豕肉), 글말이 천박한 부(膚)-문사천박(文辭淺薄), 벗길 부(膚)-박(剝), 보낼 부(膚)-전(傳), 이끼 부(膚)-태(苔)〉 등의 뜻을 내지만 여기선 〈살갗 박피(薄皮)〉로 여기고 새김이 마땅하다.

**멸(滅)** 끊을 멸(滅)-절(絶), 다할 멸(滅)-진(盡), 없앨 멸(滅)-망(亡), 제거할 멸(滅)-제(除), 불 꺼질 멸(滅)-소(消), 빠질 멸(滅)-몰(沒), 보이지 않을 멸(滅)-불현(不見)〉 등의 뜻을 내지만 여기선 〈끊을 절(絶)〉과 같다 여기고 새김이 마땅하다.

**비(鼻)** 〈코 비(鼻), 비롯할 비(鼻)-시(始)〉 등의 뜻을 내지만 여기선 〈코 비(鼻)〉로 여기고 새김이 마땅하다.

**무(无)** 〈없을 무(无)-무(無), 허무지도 무(无)-허무지도(虛无之道), 으뜸 무(无)-원(元)〉 등의 뜻을 내지만 여기선 〈없을 무(無)〉와 같다 여기고 새김이 마땅하다.

**구(咎)** 〈재앙 구(咎)-재(災), 병될 구(咎)-병(病), 허물 구(咎)-건(愆)-과(過), 나쁠 구(咎)-오(惡)〉 등의 뜻을 내지만 여기선 〈허물 건(愆)-과(過)〉와 같다 여기고 새김이 마땅하다. 〈무구(无咎)〉는 〈면어구(免於咎)〉 즉 허물을[於咎] 면하다[免]와 같다.

## 육삼(六三 : --)

六三 : 噬腊肉하다 遇毒하여 小吝이나 无咎하다
서석육 우독 소린 무구

육삼(六三) : 메마른[腊] 살점을[肉] 씹으려다[噬] 두툼한 살점을[毒] 만나[遇] 육삼이[小] 부끄러워하나[吝] 허물은[咎] 없다[无].

**【육삼(六三)의 효상(爻象) 풀이】**

서합괘(噬嗑卦 : ䷔)의 육삼(六三 : --)은 이음거양(以陰居陽) 즉 음(陰 : --)으로써[以] 양(陽 : ㅡ)의 자리에 있는지라[居] 정당한 자리에 있지 못하다. 서합괘(噬嗑卦 : ䷔)의 하체(下體) 진(震 : ☳)의 중위(中位)를 벗어나 부정(不正)한 자리에 있는지라 결행을 주저하며 머뭇거린다. 육삼(六三 : --)은 구사(九四 : ㅡ)와는 음양(陰陽)의 사이인지라 〈비(比)〉 즉 이웃의 사귐[比]을 누릴 처지이지만, 구사(九四 : ㅡ)는 육오(六五 : --)와 비(比)를 누리고자 하기 때문에 외면당하는 처지이다. 육삼(六三 : --)과 상구(上九 : ㅡ)도 음양(陰陽)의 사이인지라 정응(正應) 즉 정도를 따라[正] 서로 호응할[應] 수 있지만 이미 강강(剛强)한 상구(上九 : ㅡ)는 서합괘(噬嗑卦 : ䷔)의 주제인 〈서합(噬嗑)〉의 시국을 벗어나 있기에 유약(柔弱)하면서 부정위(不正位)에 있는 육삼(六三 : --)이 강강(剛强)하면서 정위(正位)에 있는 상구(上九 : ㅡ)를 용형(用刑)의 상대로 취하기가 매우 벅찬지라 딱한 모습이다.

> 서합괘(噬嗑卦 : ䷔)의 육삼(六三 : --)이 구삼(九三 : ㅡ)으로 변효(變爻)하면 육삼(六三 : --)은 서합괘(噬嗑卦 : ䷔)를 30번째 이괘(離卦 : ䷝)로 지괘(之卦)하게 한다. 따라서 서합괘(噬嗑卦 : ䷔)의 육삼(六三 : --)은 이괘(離卦 : ䷝)의 구삼(九三 : ㅡ)을 찾아가 살펴보게 한다.

**【육삼(六三)의 계사(繫辭) 풀이】**

## 噬腊肉(서석육) 遇毒(우독)

메마른[腊] 살점을[肉] 씹으려다[噬] 두툼한 살점을[毒] 만난다[遇].

육삼(六三 : --)의 효위(爻位)를 빌려 암시한 계사(繫辭)이다. 〈서석육(噬腊肉) 우독(遇毒)〉은 〈육삼서석육(六三噬腊肉) 육삼우독육(六三遇毒肉)〉의 줄임으로 여기고 〈육삼이[六三] 메마른[腊] 살점을[肉] 씹다가[腊] 육삼이[六三] 두툼한[毒] 살점을[肉] 만난다[遇]〉라고 새겨볼 것이다. 〈서석육(噬腊肉)의 서(噬)〉는 용형(用刑) 즉 형벌의[刑] 이용[用]을 실행함을 말하고, 〈서석육(噬腊肉)의 석육(腊肉)〉은 그 실행의 정황을 말한다. 메마른[腊] 살점을[肉] 씹기[噬]란 강약(强弱)에서 약

(弱)한 쪽으로 기울어지는 용형(用刑)일 수 있다. 〈서석육(噬腊肉)〉은 육삼(六三 : --)이 불선(不善)한 상구(上九 : ―)에게 용형(用刑)함을 암시하고, 동시에 육삼(六三 : --) 역시 용형(用刑)의 자리에 있음을 암시한다. 육삼(六三 : --)은 서합괘(噬嗑卦 : ䷔)에서 대부(大夫)의 자리에 있는지라 상구(上九 : ―)와 정응(正應)의 사이지만 상구(上九 : ―)가 불선(不善)한 경우 당연히 용형(用刑)함이 〈서합(噬嗑)〉의 시국에서 정응(正應)임을 〈서석육(噬腊肉)〉이 암시한다. 〈서석육(噬腊肉)의 석육(腊肉)〉이란 건육(乾肉) 즉 마른[乾] 살[肉]이니 육포(肉脯)를 말한다. 따라서 〈서석육(噬腊肉)〉은 육삼(六三 : --)이 사나운 상구(上九 : ―)를 상대로 용형(用刑)을 감행해야 함을 비유적으로 암시한다. 〈서석육(噬腊肉)의 석육(腊肉)〉은 바로 육삼(六三 : --)이 응해주어야 하는 상구(上九 : ―)를 비유한다. 육삼(六三 : --)이 상구(上九 : ―)를 용형(用刑)하여 〈용옥(用獄)〉 즉 옥사(獄事)를 활용함[用]이 마치 마른[腊] 살갗을[肉] 씹는[噬] 꼴이라는 것이 〈서석육(噬腊肉)〉이다. 그러니 〈서석육(噬腊肉)〉은 육삼(六三 : --)이 대부(大夫)로서 옥송(獄訟)을 감행함을 암시한다.

이어서 육삼(六三 : --)이 〈서석육(噬腊肉)〉의 치옥(治獄)을 감행하면서 상구(上九 : ―)와의 〈정응(正應)〉을 외면할 수 없음을 암시한 점사(占辭)가 〈우독(遇毒)〉이다. 〈우독(遇毒)의 독(毒)〉은 여기선 〈두툼한 후(厚)〉와 같아 후육(厚肉)을 뜻해 〈우독(遇毒)〉은 〈우후석육(遇厚腊肉)〉 즉 두툼한[厚] 메마른[腊] 살점을[肉] 만나[遇] 결국 씹어 삼키지 못함을 암시해, 육삼(六三 : --)의 용형(用刑)이 용이하지 않음을 말한다. 유순(柔順)한 육삼(六三 : --)이 강한(强悍)한 즉 굳세고[强] 사나운[悍] 상구(上九 : ―)를 응해야 하는 처지야말로 육삼(六三 : --)에게는 벅차다. 유순한 육삼(六三 : --)이 강한한 상구(上九 : ―)를 용형(用刑)의 〈정응(正應)〉 즉 정도를 따라[正] 호응해야[應] 하는 처지야말로, 육삼(六三 : --)에게는 〈서석육(噬腊肉)〉의 꼴임을 〈우독(遇毒)〉이 겸하여 밝히는 셈이다. 이에 육삼(六三 : --)이 상구(上九 : ―)와의 〈정응(正應)〉을 용형(用刑)함이 말라버린[腊] 살갗을[肉] 씹는[噬] 것 같다 할지라도, 〈서합(噬嗑)〉의 시국에서는 육삼(六三 : --)이 상구(上九 : ―)를 징벌함이 정응(正應)임을 암시한 계사(繫辭)가 〈서석육(噬腊肉) 우독(遇毒)〉이다.

## 小吝(소린) 无咎(무구)

**육삼이[小] 부끄러워하나[吝] 허물은[咎] 없다[无].**

육삼(六三 : --)의 용형(用刑)이 딱함을 암시한 계사(繫辭)이다. 〈소린(小吝) 무구(无咎)〉는 〈육삼지우독석육린어륙삼(六三之遇毒腊肉吝於六三)〉의 줄임으로 여기고 〈육삼이[六三之] 두텁고[毒] 메마른[腊] 살점을[肉] 만남은[遇] 육삼에게[於六三] 부끄럽다[吝]〉라고 새겨볼 것이다. 〈소린(小吝)의 소(小)〉는 〈조금 소(小)〉로 새길 수 있겠지만, 여기 〈소(小)〉는 육삼(六三 : --)을 암시한다 여기고 새김이 마땅하다. 음(陰 : --)을 〈소(小)〉 즉 작다[小] 하고, 양(陽 : ―)을 〈대(大)〉 즉 크다[大] 한다. 메마르고[腊] 두꺼운[毒] 살점을[肉] 씹기가[噬] 어려워 육삼(六三 : --)이[小] 부끄러워함[吝]이 〈소린(小吝)〉이다. 그러나 강한(强悍)한 상구(上九 : ―)를 용형(用刑)함이 육삼(六三 : --)에게 지난(至難) 즉 더없이[至] 어려운[難] 일이지만, 〈서합(噬嗑)〉의 시국을 맞아 육삼(六三 : --)이 감행으로써 상구(上九 : ―)와의 정응(正應)을 삼았기에 육삼(六三 : --)에게 허물은[咎] 없다[无]고 암시한 계사(繫辭)가 〈소린(小吝) 무구(无咎)〉이다.

【字典】

**서(噬)** 〈물어뜯을 서(噬)-설(齧), 씹을 서(噬)-담(啗), 미칠 서(噬)-체(逮)〉 등의 뜻을 내지만 여기선 〈물어뜯을 설(齧)〉과 같다 여기고 새김이 마땅하다.

**석(腊)** 〈말린 살 석(腊)-건육(乾肉), 말린 물고기 석(腊)-건어물(乾魚物), 오래갈 석(腊)-구(久)〉 등의 뜻을 내지만 여기선 〈건육(乾肉)〉으로 여기고 새김이 마땅하다.

**肉** 〈육-유〉 두 가지로 발음되고, 〈살(고기) 육(肉)-기(肌), (과일의) 살 육(肉)-과육(果肉), 새고기 육(肉)-비조지육(飛鳥之肉), 목소리 육(肉)-가성(歌聲 : 絲不如竹 竹不如肉), 형벌 육(肉)-형(刑), 매우 가까울 육(肉)-육친(肉親)-극친밀(極親密), 변두리 유(肉)-변(邊), 살찔 유(肉)-비만(肥滿), 두터울 유(肉)-후(厚)〉 등의 뜻을 내지만 여기선 〈살 육(肉)〉으로 여기고 새김이 마땅하다.

**우(遇)** 〈만날 우(遇)-봉(逢), 길에서 우연히 만날 우(遇)-불기이어도로상봉(不期而於道路相逢)-불기이회(不期而會), 구할 우(遇)-구(求), 알아챌 우(遇)-지득(志得), 짝 우(遇)-우(偶)-우(隅), 시기 우(遇)-시기(時機)〉 등의 뜻을 내지만 여기선 〈만날 봉(逢)〉

과 같다 여기고 새김이 마땅하다.

**독(毒)** 〈두터울 독(毒)-후(厚)-불박(不薄), 몹시 싫은 것 독(毒)-고오지물(苦惡之物), 독할(악할) 독(毒)-악(惡), 해로울 독(毒)-해(害), 죽일 독(毒)-살(殺), 아플 독(毒)-통(痛)-고(苦), 미워할 독(毒)-오(惡)-증(憎), 한스러울 독(毒)-한(恨), 강포할 독(毒)-포(暴), 다스릴 독(毒)-치(治), 기를 독(毒)-육(育), 편안할 독(毒)-안(安), 햇볕 독(毒)-태양지열기(太陽之熱氣)〉 등의 뜻을 내지만 여기선 〈두터울 후(厚)〉와 같다 여기고 새김이 마땅하다.

**소(小)** 〈작을 소(小)-미(微), 음(陰)을 칭하는 소(小)-음(陰), 자잘할 소(小)-세(細), 짧을 소(小)-단(短), 좁을 소(小)-협(狹), 어릴 소(小)-유(幼), 천할 소(小)-천(賤), 첩 소(小)-첩(妾)〉 등의 뜻을 내지만 여기선 〈작을 소(小)〉로 여기고 새김이 마땅하다.

**인(吝)** 〈부끄러울 인(吝)-치(恥)-수(羞), 한할 인(吝)-한(恨), 아낄 인(吝)-석(惜), 인색할 인(吝)-색(嗇), 욕심낼 인(吝)-탐(貪)〉 등의 뜻을 내지만 여기선 〈부끄러울 치(恥)-수(羞)〉와 같다 여기고 새김이 마땅하다. 〈吝〉이 맨 앞에 있을 때는 〈인〉으로 읽고, 가운데나 뒤에 있을 때는 〈린〉으로 읽는다.

**무(无)** 〈없을 무(无)-무(無), 허무지도 무(无)-허무지도(虛无之道), 으뜸 무(无)-원(元)〉 등의 뜻을 내지만 여기선 〈없을 무(無)〉와 같다 여기고 새김이 마땅하다.

**구(咎)** 〈재앙 구(咎)-재(災), 병될 구(咎)-병(病), 허물 구(咎)-건(愆)-과(過), 나쁠 구(咎)-오(惡)〉 등의 뜻을 내지만 여기선 〈허물 건(愆)-과(過)〉와 같다 여기고 새김이 마땅하다. 〈무구(无咎)〉는 〈면어구(免於咎)〉 즉 허물을[於咎] 면하다[免]와 같다.

## 구사(九四 : ⚊)

九四 : 噬乾胏하여 得金矢하나 利艱貞하니 吉하다
서건자 득금시 이간정 길

구사(九四) : 메마른[乾] 살이 붙은 뼈를[胏] 씹다가[噬] 구리화살촉을[金矢] 얻으나[得] 간고해도[艱] 진실로 미더워[貞] 이로우니[利] 길하다[吉].

【구사(九四)의 효상(爻象) 풀이】

서합괘(噬嗑卦 : ䷔)의 구사(九四 : ━)는 이양거음(以陽居陰) 즉 양(陽 : ━)으로써[以] 음(陰 : ╍)의 자리에 있는지라[居] 정당한 자리에 있지 못하다. 구사(九四 : ━)와 육삼(六三 : ╍)은 양음(陽陰)의 사이인지라 〈비(比)〉를 누릴 사이지만, 구사(九四 : ━)는 육오(六五 : ╍)와 이웃의 사귐[比]을 돈독하고자 하기에 육삼(六三 : ╍)을 외면하려 한다. 구사(九四 : ━)와 초구(初九 : ━)는 양양(兩陽) 즉 둘 다[兩] 양(陽 : ━)인지라 서로 불응(不應)하는 처지이다. 이러한 구사(九四 : ━)는 서합괘(噬嗑卦 : ䷔)의 주제인 〈서합(噬嗑)〉의 시국에서 용형(用刑)할 자리에 있으면서도 용형할 상대가 없는 형편이다. 부정위(不正位)에 있지만 구사(九四 : ━)는 서합괘(噬嗑卦 : ䷔)의 상체(上體) 이(離 : ☲)의 초효(初爻)로서 편강(偏剛) 즉 굳셈에[剛] 치우칠[偏] 성질을 억제하면서 근군(近君)의 자리에 있음을 마음속으로 늘 새김하면서 용형(用刑)의 임무를 다하는 모습이다.

| 서합괘(噬嗑卦 : ䷔)의 구사(九四 : ━)가 육사(六四 : ╍)로 변효(變爻)하면 구사(九四 : ━)는 서합괘(噬嗑卦 : ䷔)를 27번째 이괘(頤卦 : ䷚)로 지괘(之卦)하게 한다. 따라서 서합괘(噬嗑卦 : ䷔)의 구사(九四 : ━)는 이괘(頤卦 : ䷚)의 육사(六四 : ╍)를 찾아가 살펴보게 한다. |
|---|

【구사(九四)의 계사(繫辭) 풀이】

## 噬乾胏(서건자)

메마른[乾] 살이 붙은 뼈를[胏] 씹다[噬].

구사(九四 : ━)의 효위(爻位)를 빌려 암시한 계사(繫辭)이다. 〈서건자(噬乾胏)〉는 〈구사서건자(九四噬乾胏)〉의 줄임으로 여기고 〈구사가[九四] 메마른[乾] 살이 붙은 뼈다귀를[胏] 씹는다[噬]〉라고 새겨볼 것이다. 〈서건자(噬乾胏)의 서(噬)〉는 용형(用刑) 즉 형벌의[刑] 이용[用]을 실행함을 말하고, 〈서건자(噬乾胏)의 건자(乾胏)〉는 그 실행이 강렬함을 말한다. 마른[乾] 살이 붙은 뼈다귀를[胏] 씹음[噬]이란 강렬하다. 서합괘(噬嗑卦 : ䷔)에서 구사(九四 : ━)는 상하치열(上下齒列)을 가로지르는 골경(骨梗) 즉 뼈대[骨梗]의 모습인지라 〈건자(乾胏)〉로써 취상한 것이다. 악(惡)의 장애물을 씹어서[噬] 제거하자면 즉 치옥(治獄)하자면 위아래 치열(齒列)의 씹기를[噬] 합해야[嗑] 함에 구사(九四 : ⚊)가 축(軸) 즉 굴대[軸] 구실을 하는 모습을 암시한 것이 〈서건자(噬乾胏)〉이다. 여기 〈서건자(噬乾胏)〉는 육삼(六三 : ⚋)의 〈서석육(噬腊肉)〉보다 치옥(治獄)하기가 더욱 어려움을 암시한다. 〈석육(腊肉)〉 즉 마른 살[腊肉]을 씹기보다 〈건자(乾胏)〉 즉 살이 붙은 마른 뼈다귀[乾胏]를 씹기가 훨씬 더 어려움을 들어, 구사(九四 : ⚊)의 용옥(用獄)이 육삼(六三 : ⚋)의 것보다 더 어려운 용옥임을 암시한다. 따라서 구사(九四 : ⚊)가 육오(六五 : ⚋) 즉 군왕(君王)을 보좌하면서 형옥(刑獄)을 엄정하고 극명하게 다스리는 경대부(卿大夫)임을 암시한 계사(繫辭)가 〈서건자(噬乾胏)〉이다.

## 得金矢(득금시)

구리화살촉을[金矢] 얻는다[得].

구사(九四 : ⚊)의 용형(用刑)이 엄정(嚴正)함을 암시한 계사(繫辭)이다. 〈득금시(得金矢)〉는 〈구사득금시어건자(九四得金矢於乾胏)〉의 줄임으로 여기고 〈구사가[九四] 메마른[乾] 살이 붙은 뼈다귀에서[於胏] 구리[金] 화살촉을[矢] 얻었다[得]〉라고 새겨볼 것이다. 〈득금시(得金矢)의 금시(金矢)〉는 구사(九四 : ⚊)가 서합괘(噬嗑卦 : ䷔)의 상체(上體) 이(離 : ☲)의 초효(初爻)임을 들어 구사(九四 : ⚊)를 취상(取象)한 것이다. 이(離 : ☲)는 불[火]이고 불은 빛남이고 단단함을 〈금(金)〉이 암시한다. 따라서 구사(九四 : ⚊)가 단행하는 〈서건자(噬乾胏)〉의 치옥(治獄)을 〈득금시(得金矢)〉라고 비유한 것이다. 〈득금시(得金矢)〉는 구사(九四 : ⚊)의 치옥(治獄)을 서합괘(噬嗑卦 : ䷔)의 상체(上體) 이(離 : ☲)를 빌려 암시하고, 동시에 구사(九四 : ⚊)가 경대부(卿大夫)로서 위엄을 지님을 암시한다. 〈득금시(得金矢)의 금시(金矢)〉는 구리의[金] 화살촉[矢]이다. 『주역(周易)』의 시대에는 구리를 금(金)이라 했다. 구사(九四 : ⚊)가 〈건자(乾胏)〉에 박혀 있던 〈금시(金矢)〉를 씹다가[噬] 얻었다[得] 함은 구사(九四 : ⚊)가 단행하는 용형(用刑)이 〈금시(金矢)의 금(金)〉처럼 견강(堅剛)하고 〈금시(金矢)의 시(矢)〉처럼 직핍(直逼)함을 암시하여, 구사(九四 : ⚊)의 용형(用刑)이 엄정(嚴正)함을 암시한 계사(繫辭)가 〈득금시(得金矢)〉이다.

## 利艱貞(이간정) 吉(길)

간고해도[艱] 진실로 미더워[貞] 이로우니[利] 길하다[吉].

구사(九四 : ⚊)가 펴는 용형(用刑)의 심지(心志)를 암시한 계사(繫辭)이다. 〈이간정(利艱貞)〉은 〈수연용형간구사(雖然用刑艱九四) 약구사정(若九四貞) 구사지용형유리(九四之用刑有利)〉의 줄임으로 여기고 〈형벌을[刑] 씀이[用] 구사를[九四] 어렵게 한다[艱] 해도[雖然] 만약[若] 구사가[九四] 진실로 미더우면[貞] 구사의[九四之] 용형은[用刑] 이로움이[利] 있다[有]〉라고 새겨볼 것이다. 구사(九四 : ⚊)의 용형(用刑)이 〈금시(金矢)〉 즉 단단하고[金] 곧을[矢]수록 용형을 감행해야 하는 구사(九四 : ⚊)의 심사(心事)는 〈간(艱)〉 즉 어려워 괴롭다[艱]는 것이다. 극명하고 단호하게 치옥(治獄)함이란 어렵고도 괴로운[艱] 일이다. 그러나 어렵고 괴로운[艱] 치옥(治獄)을 아무런 사심 없이 곧고 바르게만[貞] 감행한다면 악인(惡人)을 엄히 다스려 선인(善人)의 평안을 진흥(振興)하게 되므로 천하가 이롭게 되어 길(吉)함을 암시한 계사(繫辭)가 〈이간정(利艱貞) 길(吉)〉이다.

【字典】

**서(噬)** 〈물어뜯을 서(噬)-설(齧), 씹을 서(噬)-담(啗), 미칠 서(噬)-체(逮)〉 등의 뜻을 내지만 여기선 〈물어뜯을 설(齧)〉과 같다 여기고 새김이 마땅하다.

**건(乾)** 〈메마를 건(乾)-조(燥), (64괘의 하나) 건괘 건(乾)-건괘(乾卦 : ䷀), (팔괘의 하나) 건괘 건(乾)-건괘(乾卦 : ☰), 위에 나오는 건(乾)-상출(上出), 하늘 건(乾)-천(天), 양(남자) 건(乾)-양(陽)-남(男), 천자 건(乾)-천자(天子), 임금 건(乾)-군(君), 아버지(남편) 건(乾)-부(父)-부(夫), 서북 건(乾)-서북(西北), 굳셀 건(乾)-강(剛)-건(健), 메마를(생기 없을) 건(乾)-고갈(枯渴)-생기절(生氣絶), 표면(겉) 건(乾)-표면(表面), 이득 볼 건(乾)-득리(得利), 탈 없이 편안한 척할 건(乾)-무고이연(無故而然)〉 등의 뜻을 내지만 여기선 〈메마를 조(燥)〉와 같다 여기고 새김이 마땅하다.

**자(胏)** 〈뼈가 붙어 있는 마른 고기 자(胏)-육유골(肉有骨), 밥찌꺼기 자(胏)-식소유(食所遺), 저미어 말린 고기 자(胏)-포(脯), 마른 대자리 자(胏)-책(簀)〉 등의 뜻을 내지만 여기선 〈육유골(肉有骨)〉로 새김이 마땅하지만, 〈마른 대자리 책(簀)〉으로 새기자는 설(說)도 있다.

**득(得)** 〈얻어낼 득(得)-획(獲)-취(取), 탐할 득(得)-탐(貪), 깨달을 득(得)-효(曉)-오(悟), 만족할 득(得)-족(足), 마땅할 득(得)-당(當), 일의 마땅함을 터득할 득(得)-합(合)-득사지의(得事之宜), 이룰 득(得)-성(成), 알 득(得)-지(知), 가할 득(得)-가(可)-능(能), 편안할 득(得)-편(便), 가질 득(得)-치(値)-지(持), 득도할 득(得)-득도(得道)〉 등의 뜻을 내지만 여기선 〈얻어낼 획(獲)〉과 같다 여기고 새김이 마땅하다.

**金** 〈금-김〉 두 가지로 발음되고, 〈구리 금(金)-동(銅), 금속 금(金)-금속지총칭(金屬之總稱), 황금 금(金)-황금(黃金), 쇠 금(金)-철(鐵), 솥 금(金)-종정(鐘鼎), 한 근 금(金)-근(斤), 돈 금(金)-화(貨), 견고할 금(金)-강(剛), 좋아할 금(金)-보(寶), 진중할 금(金)-진중(珍重), 황주색 금(金)-황주색(黃朱色), 오행의 하나 금(金)-오행지일{五行之一 : 제사위(第四位)-서(西)-추(秋)-상(商)-경신(庚辛)}, 팔음의 하나 금(金)-악기(樂器), 형틀 금(金)-형구(刑具), 무기 금(金)-무기(武器)-도검(刀劍), 인장 금(金)-인장(印章), 금나라 금(金), 성씨 김(金)〉 등의 뜻을 내지만 〈구리 동(銅)〉으로 새김이 마땅하다.

**시(矢)** 〈화살 시(矢)-전(箭), 소리 내는 살 시(矢)-효시(嚆矢)-향전(響箭), 곧을 시(矢)-직(直), 베풀 시(矢)-시(施)-진(陳), 맹세할 시(矢)-서(誓), 똥 시(矢)-분(糞)〉 등의 뜻을 내지만 여기선 〈화살 전(箭)〉과 같다 여기고 새김이 마땅하다.

**간(艱)** 〈어려울 간(艱)-난(難)-불이(不易), 걱정할 간(艱)-우(憂), 괴로울 간(艱)-고(苦), 험할 간(艱)-험(險)〉 등의 뜻을 내지만 여기선 〈어려울 난(難), 괴로울 고(苦)〉의 뜻을 함께 한다 여기고 새김이 마땅하다.

**정(貞)** 〈바를 정(貞)-정(正), 믿을 정(貞)-신(信), 거북점을 물을 정(貞)-복문(卜問), 역(易)의 내괘(內卦) 정(貞), 마땅할 정(貞)-당(當), 정할 정(貞)-정(定), 순수할 정(貞)-전(專)-일(一)〉 등의 뜻을 내지만 여기선 〈바를 정(正), 믿을 신(信)〉 등을 합친 뜻과 같아 〈정신(正信)〉 즉 바르고[正] 미더움[信]으로 새김이 마땅하다.

**길(吉)** 〈좋을(행복할) 길(吉)-선(善)-영(令) {영월길일(令月吉日)은 선월선일(善月善日)임.}, 복 길(吉)-실(實)-선실(善實)-복(福), 예의를 따라 상서로울 길(吉)-예의순상(禮義順祥), 삼갈 길(吉)-근(謹), 초하루 길(吉)-삭일(朔日) {삭망(朔望) 즉 초하루[朔]와 그믐날[望]}, 길례 길(吉)-길례(吉禮) {오례지일(五禮之一) 길흉빈군가(吉凶賓軍嘉)}, 갈 길(吉)-행(行)-길(趌)〉 등의 뜻을 내지만 여기선 〈좋을 선(善)-영(令)〉 즉 행복과 같다 여기고 새김이 마땅하다.

## 육오(六五 : --)

六五 : 噬乾肉하여 得黃金하니 貞厲해도 无咎하다
서건육 득황금 정려 무구

육오(六五) : 메마른[乾] 살점을[肉] 씹다가[噬] 황금을[黃金] 얻으니[得] 정당하여[貞] 두려워도[厲] 허물이[咎] 없다[无].

**【육오(六五)의 효상(爻象) 풀이】**

서합괘(噬嗑卦 : ䷔)의 육오(六五 : --)는 이음거양(以陰居陽) 즉 음(陰 : --)으로써[以] 양(陽 : —)의 자리에 있는지라[居] 정당한 자리에 있지 못하다. 육오(六五 : --)는 위의 상구(上九 : —)와 아래의 구사(九四 : —)와는 음양(陰陽)의 사이인지라 〈비(比)〉 즉 이웃의 사귐[比]을 누린다. 육오(六五 : --)와 육이(六二 : --)는 양음(兩陰) 즉 둘 다[兩] 음(陰 : --)인지라 〈중정(中正)〉도 〈정응(正應)〉도 누리지 못한다. 존위(尊位)에 있는 육오(六五 : --)는 서합괘(噬嗑卦 : ䷔)의 상체(上體) 이(離 : ☲)의 중효(中爻)로서 매사(每事)를 득중(得中) 즉 정도를 따름을[中] 취하면서[得] 강강(剛强)한 구사(九四 : —)를 현신(賢臣)으로 맞이하여 서합괘(噬嗑卦 : ䷔)의 주제인 〈서합(噬嗑)〉의 시국을 관유(寬柔)하게 이끌어가는 모습이다.

서합괘(噬嗑卦 : ䷔)의 육오(六五 : --)가 구오(九五 : —)로 변효(變爻)하면 육오(六五 : --)는 서합괘(噬嗑卦 : ䷔)를 25번째 무망괘(无妄卦 : ䷘)로 지괘(之卦)하게 한다. 따라서 서합괘(噬嗑卦 : ䷔)의 육오(六五 : --)는 무망괘(无妄卦 : ䷘)의 구오(九五 : —)를 찾아가 살펴보게 한다.

**【육오(六五)의 계사(繫辭) 풀이】**

### 噬乾肉(서건육)

<u>메마른[乾] 살점을[肉] 씹다[噬].</u>

육오(六五 : --)의 효위(爻位)를 빌려 암시한 계사(繫辭)이다. 〈서건육(噬乾肉)〉

은 〈육오서건육(六五噬乾肉)〉의 줄임으로 여기고 〈육오가[六五] 메마른[乾] 살점을[肉] 씹는다[噬]〉라고 새겨볼 것이다. 〈서건육(噬乾肉)의 서(噬)〉는 용형(用刑) 즉 형벌의[刑] 이용[用]을 말하고, 〈서건육(噬乾肉)의 건육(乾肉)〉은 그 실행의 정황을 말한다. 육오(六五 : --)는 군왕(君王)인지라 아래의 제효(諸爻)는 모두 신하이면서 백성이다. 따라서 육오(六五 : --)가 행하는 용형(用刑)이란 예악형정(禮樂刑政)으로써 형벌을[刑] 쓰라는[用] 정령(政令)을 신하들에게 하명함이다. 예악(禮樂)의 예(禮)란 의(義)로써 권선(勸善)함이고, 악(樂)이란 인(仁)으로써 선(善)을 권장(勸奬)함이다. 형정(刑政)의 형(刑)이란 악(惡)을 가려내 형벌을 가함이고, 정(政)이란 선(善)을 권장하고 악(惡)을 다스려 백성의 안녕을 도모하려 함이다. 〈서건육(噬乾肉)〉은 육오(六五 : --)가 형정(刑政)의 용형(用刑)을 관유(寬柔)하게 행함을 암시한다.

〈서건육(噬乾肉)〉은 구사(九四 : ㅡ)의 〈서건자(噬乾胏)〉보다 단죄(斷罪)가 유약(柔弱)함을 암시한다. 마른 뼈다귀를[乾胏] 씹음[噬]보다 마른 살점을[乾肉] 씹음[噬]이 약한 용형(用刑)이다. 서합괘(噬嗑卦 : ䷔)에서 육오(六五 : --)가 존위거중(尊位居中) 즉 군왕의 자리에 있고[尊位] 득중(得中)의 자리에 있지만[居中] 언제나 육오(六五 : --)는 음효유화(陰爻柔和) 즉 음효(陰爻)로서 부드럽게 어울림[柔和]을 바탕으로 삼아 치세한다. 따라서 군왕(君王)으로서 육오(六五 : --)의 형정(刑政)은 옥송(獄訟)을 관유(寬柔) 즉 관대하고[寬] 부드럽게[柔] 처리하되 평준(平準) 즉 치우침이 없음[平準]을 암시한 것이 〈서건육(噬乾肉)〉이다. 앞서 구사(九四 : ㅡ)가 감행하는 치옥(治獄)을 〈서건자(噬乾胏)〉라고 암시한 것은 구사(九四 : ㅡ)가 양효강건(陽爻剛健) 즉 양효로서[陽爻] 굳세고 강하기[剛健] 때문에 〈건자(乾胏)〉로써 구사(九四 : ㅡ)의 치옥을 비유한 것이다. 〈서건자(噬乾胏)의 건자(乾胏)〉 즉 메마른[乾] 살이 붙은 뼈다귀[胏]가 암시하는 용형(用刑)은 강(强)하고, 〈서건육(噬乾肉)의 건육(乾肉)〉 즉 메마른[乾] 살점[肉]이 암시하는 용형(用刑)은 유(柔)하다. 육오(六五 : --)가 군왕(君王)일지라도 음효유약(陰爻柔弱) 즉 음효(陰爻)로서 부드럽고[柔] 약하게[弱] 용형(用刑)의 정사(政事)를 펼침을 암시한 계사(繫辭)가 〈서건육(噬乾肉)〉이다.

## 得黃金(득황금)

**황금을[黃金] 얻다[得].**

육오(六五 : --)가 군왕(君王)으로서 형정(刑政)을 베풂을 암시한 계사(繫辭)이다. 〈득황금(得黃金)〉은 〈육오득황금(六五得黃金)〉의 줄임으로 여기고 〈육오가[六五] 황금을[黃金] 획득한다[得]〉라고 새겨볼 것이다. 〈득황금(得黃金)의 황(黃)〉은 육오(六五 : --)가 군왕(君王)임을 암시한다. 〈황금(黃金)의 황(黃)〉은 땅의 색(色)이고 동시에 중앙(中央)을 나타내는 색인지라, 곧 군왕(君王)의 색이며 동시에 중용(中庸)의 도리[道]를 나타내는 색이다. 〈황금(黃金)의 금(金)〉은 육오(六五 : --)가 변효(變爻)하면 서합괘(噬嗑卦 : ䷔)는 무망괘(无妄卦 : ䷘)로 지괘(之卦)하여 무망괘(无妄卦 : ䷘)의 상체(上體)인 건(乾 : ☰)의 중효(中爻)가 됨을 암시한다. 〈득황금(得黃金)의 금(金)〉이 「설괘전(說卦傳)」에 나오는 〈건은[乾 : ☰] 금(金)이다[爲]〉라는 내용을 떠올려주기 때문이다. 이에 육오(六五 : --)가 형정(刑政)을 중용지도(中庸之道)로써 베풀어 군왕(君王)의 존위(尊位)를 확고하게 성취함을 암시한 계사(繫辭)가 〈득황금(得黃金)〉이다.

## 貞厲(정려) 无咎(무구)

**정당하여[貞] 두려워도[厲] 허물이[咎] 없다[无].**

육오(六五 : --)의 용형(用刑)하는 심지(心志)를 암시한 계사(繫辭)이다. 〈정려(貞厲) 무구(无咎)〉는 〈육오정관어용형(六五貞關於用刑) 이륙오려관어용형(而六五厲關於用刑) 연이륙오지치형무구(然而六五之治刑无咎)〉의 줄임으로 여기고 〈육오가[六五] 형벌을[刑] 씀에[用] 관해서[關於] 곧고 바르게 하면서도[貞而] 육오는[六五] 용형에[用刑] 관해서[關於] 두렵고 걱정스러워[厲]하나[然而] 육오의[六五之] 치형에는[治刑] 허물이[咎] 없다[无]〉라고 새겨볼 것이다. 중용(中庸)의 도리를 따라서 곧고 바르게[貞] 형정(刑政)을 이끌어간다고 해도 치옥(治獄)에는 〈여(厲)〉 곧 위구(危懼) 즉 위험과[危] 두려움[懼]이 따르게 마련임을 암시한 것이 〈정려(貞厲)〉이다. 〈정려(貞厲)의 정(貞)〉은 형정(刑政)을 공평무사(公平無私)하게 시행함을 암시하고, 〈정려(貞厲)의 여(厲)〉는 구척(懼惕) 즉 두렵고[懼] 걱정스럽게[惕]

치옥(治獄)함을 암시한다. 따라서 육오(六五 : --)가 군왕(君王)으로서 〈정(貞)〉 즉 공평무사(公平無私)하게 치형(治刑)하면서 〈여(厲)〉 즉 두렵고 걱정스럽게 용형(用刑)을 감행하므로 육오(六五 : --)의 형정(刑政)에는 허물이[咎] 없음[无]을 암시한 계사(繫辭)가 〈정려(貞厲) 무구(无咎)〉이다.

【字典】

**서(噬)** 〈물어뜯을 서(噬)-설(齧), 씹을 서(噬)-담(啗), 미칠 서(噬)-체(逮)〉 등의 뜻을 내지만 여기선 〈물어뜯을 설(齧)〉과 같다 여기고 새김이 마땅하다.

**건(乾)** 〈메마를 건(乾)-조(燥), (64괘의 하나) 건괘 건(乾)-건괘(乾卦 : ䷀), (팔괘의 하나) 건괘 건(乾)-건괘(乾卦 : ☰), 위에 나오는 건(乾)-상출(上出), 하늘 건(乾)-천(天), 양(남자) 건(乾)-양(陽)-남(男), 천자 건(乾)-천자(天子), 임금 건(乾)-군(君), 아버지(남편) 건(乾)-부(父)-부(夫), 서북 건(乾)-서북(西北), 굳셀 건(乾)-강(剛)-건(健), 메마를(생기 없을) 건(乾)-고갈(枯渴)-생기절(生氣絶), 표면(겉) 건(乾)-표면(表面), 이득 볼 건(乾)-득리(得利), 탈 없이 편안할 척할 건(乾)-무고이연(無故而然)〉 등의 뜻을 내지만 여기선 〈메마를 조(燥)〉와 같다 여기고 새김이 마땅하다.

**肉** 〈육-유〉 두 가지로 발음되고, 〈살(고기) 육(肉)-기(肌), (과일의) 살 육(肉)-과육(果肉), 새고기 육(肉)-비조지육(飛鳥之肉), 목소리 육(肉)-가성(歌聲 : 絲不如竹 竹不如肉), 형벌 육(肉)-형(刑), 매우 가까울 육(肉)-육친(肉親)-극친밀(極親密), 변두리 유(肉)-변(邊), 살찔 유(肉)-비만(肥滿), 두터울 유(肉)-후(厚)〉 등의 뜻을 내지만 여기선 〈살 육(肉)〉으로 여기고 새김이 마땅하다.

**득(得)** 〈얻어낼 득(得)-획(獲)-취(取), 탐할 득(得)-탐(貪), 깨달을 득(得)-효(曉)-오(悟), 만족할 득(得)-족(足), 마땅할 득(得)-당(當), 일의 마땅함을 터득할 득(得)-합(合)-득사지의(得事之宜), 이룰 득(得)-성(成), 알 득(得)-지(知), 가할 득(得)-가(可)-능(能), 편안할 득(得)-편(便), 가질 득(得)-치(値)-지(持), 득도할 득(得)-득도(得道)〉 등의 뜻을 내지만 여기선 〈얻어낼 획(獲)〉과 같다 여기고 새김이 마땅하다.

**황(黃)** 〈노란색(땅의 색) 황(黃)-지지색(地之色)-토색(土色), 중앙색 황(黃)-중앙색(中央色), 중앙 황(黃)-중앙(中央), 중화의 색 황(黃)-중화지색(中和之色), 임금의 옷색 황(黃)-군왕복지색(君王服之色), 밖으로 빛날 황(黃)-광(光), 두터울 황(黃)-후(厚)〉 등의 뜻을 내지만 여기선 〈노란색 황(黃)〉으로 새김이 마땅하다.

**金** 〈금-김〉 두 가지로 발음되고, 〈구리 금(金)-동(銅), 금속 금(金)-금속지총칭(金屬之總稱), 황금 금(金)-황금(黃金), 쇠 금(金)-철(鐵), 솥 금(金)-종정(鐘鼎), 한 근 금(金)-근(斤), 돈 금(金)-화(貨), 견고할 금(金)-강(剛), 좋아할 금(金)-보(寶), 진중할 금(金)-진중(珍重), 황주색 금(金)-황주색(黃朱色), 오행의 하나 금(金)-오행지일{五行之一 : 제사위(第四位)-서(西)-추(秋)-상(商)-경신(庚辛)}, 팔음의 하나 금(金)-악기(樂器), 형틀 금(金)-형구(刑具), 무기 금(金)-무기(武器)-도검(刀劍), 인장 금(金)-인장(印章), 금나라 금(金), 성씨 김(金)〉 등의 뜻을 내지만 여기선 〈구리 동(銅)〉과 같다 여기고 새김이 마땅하다.

**정(貞)** 〈바를 정(貞)-정(正), 믿을 정(貞)-신(信), 거북점을 물을 정(貞)-복문(卜問), 역(易)의 내괘(內卦) 정(貞), 마땅할 정(貞)-당(當), 정할 정(貞)-정(定), 순수할 정(貞)-전(專)-일(一)〉 등의 뜻을 내지만 여기선 〈바를 정(正), 믿을 신(信)〉 등을 합친 뜻과 같아 〈정신(正信)〉 즉 바르고[正] 미더움[信]으로 새김이 마땅하다.

**여(厲)** 〈엄정할 여(厲)-엄(嚴), 맑고 바를 여(厲)-청정(淸正), 위태할 여(厲)-위(危), 마찰할 여(厲)-마(磨), 막을 여(厲)-항(抗), 일어날 여(厲)-기(起), 지을 여(厲)-작(作), 사나울 여(厲)-학(虐), 병들 여(厲)-병(病), 낭떠러지 여(厲)-애(涯)〉 등의 뜻을 내지만 여기선 〈위태로울 위(危)〉와 같다 여기고 새김이 마땅하다.

**무(无)** 없을 무(无)-무(無), 허무지도 무(无)-허무지도(虛无之道), 으뜸 무(无)-원(元)〉 등의 뜻을 내지만 여기선 〈없을 무(無)〉와 같다 여기고 새김이 마땅하다.

**구(咎)** 〈재앙 구(咎)-재(災), 병될 구(咎)-병(病), 허물 구(咎)-건(愆)-과(過), 나쁠 구(咎)-오(惡)〉 등의 뜻을 내지만 여기선 〈허물 건(愆)-과(過)〉와 같다 여기고 새김이 마땅하다. 〈무구(无咎)〉는 〈면어구(免於咎)〉 즉 허물을[於咎] 면하다[免]와 같다.

## 상구(上九 : ━)

上九 : 何校滅耳니 凶하다
하 교 멸 이 흉

상구(上九) : 목에 고랑을[校] 차고[何] 귀가[耳] 없어져[滅] 불운하다[凶].

【상구(上九)의 효상(爻象) 풀이】

서합괘(噬嗑卦 : ䷔)의 상구(上九 : ⚊)는 이양거음(以陽居陰) 즉 양(陽 : ⚊)으로써[以] 음(陰 : ⚋) 자리에 있는지라[居] 정당한 자리에 있지 못하다. 상구(上九 : ⚊)와 육오(六五 : ⚋)는 양음(陽陰)의 사이인지라 〈비(比)〉 즉 이웃의 사귐[比]을 누릴 수 있는 처지이지만, 상구(上九 : ⚊)는 서합괘(噬嗑卦 : ䷔)를 벗어난 처지인지라 군왕(君王)인 육오(六五 : ⚋)에게 연연하지 않는다. 상구(上九 : ⚊)와 육삼(六三 : ⚋)은 서로 부정위(不正位)에 있지만 양음(陽陰)의 사이인지라 정응(正應) 즉 바르게[正] 호응함[應]이 서합괘(噬嗑卦 : ䷔)의 주제인 〈서합(噬嗑)〉의 시국에서는 육삼(六三 : ⚋)의 용형(用刑)과 상구(上九 : ⚊)의 수형(受刑)이 마주침으로 드러나 강유(剛柔)가 부딪쳐 불행한[凶] 모습이다.

| 서합괘(噬嗑卦 : ䷔)의 상구(上九 : ⚊)가 상륙(上六 : ⚋)으로 변효(變爻)하면 상구(上九 : ⚊)는 서합괘(噬嗑卦 : ䷔)를 51번째 진괘(震卦 : ䷲)로 지괘(之卦)하게 한다. 따라서 서합괘(噬嗑卦 : ䷔)의 상구(上九 : ⚊)는 진괘(震卦 : ䷲)의 상륙(上六 : ⚋)을 찾아가 살펴보게 한다. |
|---|

【상구(上九)의 계사(繫辭) 풀이】

## 何校滅耳(하교멸이) 凶(흉)

목에 고랑을[校] 차고[何] 귀가[耳] 없어져[滅] 불운하다[凶].

상구(上九 : ⚊)의 효위(爻位)를 빌려 암시한 계사(繫辭)이다. 〈하교멸이(何校滅耳) 흉(凶)〉은 〈상구수멸이여하교지형(上九受滅耳與何校之刑) 인차상구흉(因此上九凶)〉의 줄임으로 여기고 〈상구가[上九] 하교와[與何校] 멸이의[滅耳之] 형을[刑] 받는다[受] 그래서[因此] 상구가[上九] 불운하다[凶]〉라고 새겨볼 것이다. 〈하교멸이(何校滅耳)〉는 무위(無位) 즉 벼슬이 없는[無] 자리[位]에 있는 상구(上九 : ⚊)를 취상(取象)한 것이다. 서합괘(噬嗑卦 : ䷔)에서 상구(上九 : ⚊)와 초구(初九 : ⚊)는 무위(無位)여서 수형(受刑) 즉 형벌을[刑] 받는[受] 쪽이다. 초구(初九 : ⚊)는 초효(初爻)인지라 초범(初犯)을 상징하지만, 상구(上九 : ⚊)는 상효(上爻)인지라 누범(累犯)을 상징한다. 대성괘(大成卦)의 육효(六爻)를 인체에 비출 때 상효(上爻)는 머리에 해당하는지라 상구(上九 : ⚊)가 수형자(受刑者)로서 징벌당함을 나타낸 것이 〈하교멸이(何校滅耳)〉이다. 〈하교멸이(何校滅耳)의 하(何)〉는 〈질 부(負)〉와 같고, 〈멸이(滅耳)의 이(耳)〉는 두부(頭部)를 암시한다. 목에 칼을 씌움이 〈하교(何校)〉이고, 귀를 잘라버림이 〈멸이(滅耳)〉이다. 〈하교(何校)의 교(校)〉는 여기선 형구(刑具)의 일종인 〈칼 가(枷)〉와 같아 목 부위에다 칼[枷]이란 형구를 씌우는 징벌을 말한다. 〈멸이(滅耳)〉는 귀를[耳] 없애버려[滅] 청각을 빼앗는 징벌을 말한다. 이런 징벌은 수형자(受刑者)가 초범이 아니라 누범자(累犯者)임을 암시한다. 누범(累犯) 즉 범죄를[犯] 거듭함[累]을 부전악(不悛惡) 즉 죄악을[惡] 고치지 않음[不悛]이라 말한다. 죄악을 뉘우칠 줄 모르고 거듭하는 범법자(犯法者)는 더욱더 무거운 징벌을 받게 되고 세상에 나아가서도 감출 수 없는 형벌에 처해서 불운하게[凶] 함을 나타낸 계사(繫辭)가 〈하교멸이(何校滅耳) 흉(凶)〉이다.

【字典】

**하(何)** 〈멜 하(何)-담(擔)-하(荷), 어찌 하(何)-갈(曷), 누구 하(何)-숙(孰), ~인가(이뇨) 하(何), 어찌하지 못할까 하(何)-막감(莫敢), (시간이) 얼마 되지 않아서 하(何)-미다시(未多時), 꾸짖을 하(何)-견책(譴責)〉 등의 뜻을 내지만 여기선 〈멜(씌울) 하(荷)〉와 같다 여기고 새김이 마땅하다.

**校** 〈교-효〉 두 가지로 발음되고, 〈{형구(刑具)인} 칼 교(校)-가(枷), {형구(刑具)인} 틀 교(校)-계(械), 계교할 교(校)-계(計), 이를(알릴) 교(校)-보(報), 사냥할 교(校)-엽(獵), 잡도리할 교(校)-검(檢), 교정할 교(校)-정서(訂書), 싸움 어우러질 교(校)-전교(戰交), 학궁 효(校)-학궁(學宮)〉 등의 뜻을 내지만 여기선 〈칼 가(枷)〉와 같다 여기고 새김이 마땅하다.

**멸(滅)** 〈제거할 멸(滅)-제(除), 끊을 멸(滅)-절(絶), 다할 멸(滅)-진(盡), 없앨 멸(滅)-망(亡), 불 꺼질 멸(滅)-소(消), 빠질 멸(滅)-몰(沒), 보이지 않을 멸(滅)-불현(不見)〉 등의 뜻을 내지만 여기선 〈제거할(없앨) 제(除)〉와 같다 여기고 새김이 마땅하다.

**이(耳)** 〈귀 이(耳)-청각기관(聽覺器官), 들을(들릴) 이(耳)-문(聞), 고분고분할 이(耳)-유종(柔從), (균형 있게 양방에 붙어 있는) 조자리 이(耳)-부어물지양방(附於物之兩旁), (비 맞은 뒤 생긴 곡식의) 싹 이(耳)-곡물경우생아(穀物經雨生芽), 감괘 이(耳)-감(坎 : ☵), (말 그칠) ~뿐이다 이(耳)-어결사(語決辭)〉 등의 뜻을 내지만 여기선 〈귀 이(耳)〉로 여기고 새김이 마땅하다.

**흉(凶)** 〈흉한 사람 흉(凶)-흉인(凶人), 나쁠 흉(凶)-오(惡), 불행할(흉할) 흉(凶)-길지반(吉之反), 재앙 흉(凶)-화(禍), 요사할 흉(凶)-요사(夭死), 걱정할 흉(凶)-우(憂)-구(懼), 악한 사람 흉(凶)-악인(惡人), 흉년 흉(凶)-연곡불숙(年穀不熟), 사나울 흉(凶)-포학(暴虐), 음기 흉(凶)-음기(陰氣), 북쪽 흉(凶)-북(北), 없을 흉(凶)-공(空), 송사 흉(凶)-송(訟), 거역할 흉(凶)-역(逆), 어그러질 흉(凶)-패(悖), 허물 흉(凶)-구(咎)〉 등의 뜻을 내지만 여기선 〈불행할 흉(凶)〉으로 여기고 새김이 마땅하다.

# 비괘
# 賁卦

# 22

䷕

## 1 괘의 괘상과 계사

### 비괘(賁卦 : ䷕)

이하간상(離下艮上) : 아래는[下] 이(離 : ☲), 위는[上] 간(艮 : ☶).

산화비(山火賁) : 산과[山] 불은[火] 비이다[賁].

賁亨하니 小利하고 有攸往하다
비 형 소 리 유 유 왕

꾸밈은[賁] 통하니[亨] 갈[往] 바가[攸] 있다면[有] 조금[小] 이롭다[利].

**【비괘(賁卦 : ䷕)의 괘상(卦象) 풀이】**

앞 서합괘(噬嗑卦 : ䷔)의 〈서합(噬嗑)〉은 씹어[噬] 함침[嗑]을 뜻하고, 그 〈합(嗑)〉이란 용형(用刑) 즉 형벌을[刑] 처리함[用]으로써 이루어지는 합함[嗑]이다. 이 〈용형(用刑)〉의 도리를 다하면 권선징악(勸善懲惡) 즉 선(善)을 권장하고[勸] 악(惡)을 징벌하여[懲] 사람들이 평안히 모여[嗑] 사는 세상이 이루어진다. 이에 「서괘전(序卦傳)」에 〈서란[噬] 것은[者] 합함[合]이다[也] 그래서[故] 비괘(賁卦 : ䷕)로써[以] 그것을[之] 받는다[受]〉라는 말이 나온다. 악(惡)을 씹어[噬] 징벌하면 선(善)이 합하는[嗑] 세상이 이루어진다. 온갖 것들이 합하면[嗑] 〈비(賁)〉 즉 꾸밈[賁]이 있다. 춘하추동(春夏秋冬) 산천의 모습은 천지(天地)의 〈비(賁)〉이고, 하늘땅[天地]을 따라 본받은 예악문물(禮樂文物)은 인간세(人間世)의 꾸밈[賁]이다. 〈비(賁)〉는 문식(文飾) 즉 꾸밈[文飾]이다. 비괘(賁卦 : ䷕)의 하체(下體)는 이(離 : ☲)이고 상체(上體)는 간(艮 : ☶)이다. 간(艮 : ☶) 즉 산에는 온갖 초목들이 있고 그 간(艮 : ☶) 아래 이(離 : ☲)는 밝음[明]이니, 온 산천초목(山川草木)을 비추어 꾸며주는 모습을 빌려 비괘(賁卦 : ䷕)라 칭명(稱名)한다.

【비괘(賁卦 : ䷕)의 계사(繫辭) 풀이】

## 賁亨(비형) 小利(소리) 有攸往(유유왕)

꾸밈은[賁] 통하니[亨] 갈[往] 바가[攸] 있다면[有] 조금[小] 이롭다[利].

비괘(賁卦 : ䷕)의 주제인 〈비(賁)〉는 비괘(賁卦 : ䷕)의 하체(下體) 이(離 : ☲)로써 말미암은 것이다. 비괘(賁卦 : ䷕)의 〈비(賁)〉란 문(文) 즉 꾸밈[文]이다. 꾸밈[賁]이란 드러나는 것이다. 어떤 것이든 형(形) 즉 모양[形]으로써 그 실(實) 즉 실체[實]가 나타난다. 목숨을 가진 모든 것들은 저마다의 실(實)을 제대로 잘 드러내고자 모양[形]을 꾸밈[賁]을 암시함이 〈비형(賁亨)의 비(賁)〉이다. 생물은 살아가기 위해서 저마다 꾸미지[賁] 죽기 위한 〈비(賁)〉란 없다. 호랑나비가 왜 화려한 색깔로 치장하는가? 잡아먹지 말라는 경고로 제 몸을 치장하여 살아가려고 그러는 것이다. 색(塞) 즉 막힘[塞]은 죽음으로 이어지고 〈형(亨)〉 즉 통함[亨]은 삶으로 이어진다. 사람 역시 마음을 열어 통하게[亨] 해야 살아간다. 마음을 막아서는 살지 못한다. 그러므로 〈비형(賁亨)〉 즉 꾸밈은[賁] 통한다[亨]고 한 것이다.

인간에게 명심(明心)보다 더한 꾸밈[賁]이란 없음을 비괘(賁卦 : ䷕)의 하체(下體) 이(離 : ☲)로써 보여준다. 이(離 : ☲)라는 것은 건(乾 : ☰)의 중효(中爻)인 양효(陽爻)가 변효(變爻)해 음효(陰爻)가 된 것이다. 강강(剛强)한 양(陽 : ⚊) 사이에 유약(柔弱)한 음(陰 : ⚋)이 들어와[來入] 양(陽 : ⚊) 즉 굳센[剛] 기운을 부드럽게[柔] 꾸밈이 비괘(賁卦 : ䷕)의 하체(下體) 이(離 : ☲)의 모습이다. 대성괘(大成卦)에서 하체(下體)를 내(內) 즉 안[內]이라 하고 상체(上體)를 외(外) 즉 밖[外]이라 한다. 내(內)는 마음으로 통한다. 따라서 비괘(賁卦 : ䷕)의 하체(下體) 이(離 : ☲)는 내심(內心)의 광명(光明)을 상징해, 느끼고 생각함이 통함[亨]을 〈소리(小利)〉라고 암시한다. 〈형(亨)〉 즉 통함[亨]은 이롭다[利]. 〈소리(小利)〉는 〈이소대리(以小大利)〉의 줄임으로 여기고 〈작은 것[小]으로써[以] 큰 것이[大] 이롭다[利]〉라고 새겨볼 것이다. 왜냐하면 여기 〈소리(小利)〉는 비괘(賁卦 : ䷕)의 하체(下體) 이(離 : ☲)의 중효(中爻)인 음효(陰爻)를 풀이하기 때문이다. 음(陰 : ⚋)은 소(小)이고 양(陽 : ⚊)은 대(大)이다. 비괘(賁卦 : ䷕)의 하체(下體) 이(離 : ☲)는 음(陰 : ⚋) 하나가 양(陽 : ⚊) 둘을 부드럽게[柔] 꾸며주어[賁] 이(離 : ☲)의 두 양(陽 : ⚊)에게 이롭다[利]는 것이 〈소리(小利)〉이다.

〈유유왕(有攸往)〉은 〈유소지유왕어대(有小之攸往於大)〉의 줄임으로 여기고 〈작은 것이[小之] 큰 것에게[於大] 갈[往] 바가[攸] 있다[有]〉고 새겨볼 것이다. 〈유유왕(有攸往)〉은 〈유소왕(有所往) 즉 〈갈[往] 바가[所] 있다[有]〉는 것이다. 〈유유왕(有攸往)〉이란 비괘(賁卦 : ䷕)의 하체(下體) 이(離 : ☲)의 중효(中爻)인 육이(六二 : ⚋)를 암시하고, 〈유유왕(有攸往)의 유왕(攸往)〉 즉 갈[往] 바[攸]란 이(離 : ☲)의 초효(初爻 : ⚊)와 상효(上爻 : ⚊)를 비(比) 즉 이웃으로 사귐[比]으로써 육이(六二 : ⚋)가 초구(初九 : ⚊)와 구삼(九三 : ⚊)을 꾸밈[賁]을 암시한다. 이에 비괘(賁卦 : ䷕)의 괘상(卦象)을 비괘(賁卦 : ䷕)의 하체(下體)인 이(離 : ☲)를 중심으로 하여 풀이한 계사(繫辭)가 〈비형(賁亨) 소리(小利) 유유왕(有攸往)〉이다.

【字典】

**賁** 〈비-분-본〉 세 가지로 발음되고, 〈꾸밀 비(賁)-문(文)-식(飾), 변할 비(賁)-변(變), 불순한 빛깔 비(賁)-색불순(色不純), 무슨 빛깔인지 모를 비(賁)-무정색(無定色), 둘 비(賁)-치(置), 꾸밀 분(賁)-식(飾), 클 분(賁)-대(大), 큰북 분(賁)-대고(大鼓), 날쌜 본(賁)-용(勇)〉 등의 뜻을 내지만 여기선 〈꾸밀 문(文)〉과 같다 여기고 새김이 마땅하다.

**亨** 〈형-향-팽〉 등으로 발음되고, 〈통할 형(亨)-통(通), 남을 형(亨)-여(餘), 드릴 향(亨)-헌(獻), 삶을 팽(亨)-자(煮)-팽(烹)〉 등의 뜻을 내지만 여기선 〈통할 통(通)〉과 같다 여기고 새김이 마땅하다.

**소(小)** 〈작을 소(小)-미(微), 음(陰)을 칭하는 소(小)-음(陰), 자잘할 소(小)-세(細), 짧을 소(小)-단(短), 좁을 소(小)-협(狹), 어릴 소(小)-유(幼), 천할 소(小)-천(賤), 첩 소(小)-첩(妾)〉 등의 뜻을 내지만 여기선 〈작을 미(微)〉로 여기고 새겨도 마땅하고 〈음(陰)〉으로 여기고 새겨도 마땅하다.

**이(利)** 〈만물로 하여금 삶을 이루어가게 하는 덕(德)의 이로울 이(利)-사만물수생지덕(使萬物遂生之德), 날카로울 이(利)-예(銳)-섬(銛), 질병 이(利)-질(疾), 통할 이(利)-통(通)-순(順), 좋을 이(利)-길(吉)-의(宜), 편리할 이(利)-편(便), 마름해 만들어 이룰 이(利)-재성(裁成), 탐할 이(利)-탐(貪), 구할(취할) 이(利)-구(求)-취(取), 좋아할 이

(利)-열애(悅愛), 이로울 이(利)-익(益), 기교 이(利)-교(巧), 보람 이(利)-공용(功用), 지세가 험하고 중요한 이(利)-험요(險要), 이길 이(利)-승(勝), 어질 이(利)-인(仁)〉 등의 뜻을 내지만 여기선 〈이로울 이(利)〉로 여기고 새김이 마땅하다. 〈利〉가 맨 앞에 오면 〈이〉로 발음되고, 중간이나 뒤에 오면 〈리〉로 발음된다.

**유(有)** 〈없을 무(無)의 반대말로 있을 유(有), 혹 유(有)-혹(或), 많을 유(有)-다(多)-족(足), 부유할 유(有)-부(富), 얻을(가질) 유(有)-취(取), 간직할 유(有)-장(藏), 보호할 유(有)-보(保), 서로 친할 유(有)-상친(相親), 전일할 유(有)-전(專), 할 유(有)-위(爲), 어조사 유(有)〉 등의 뜻을 내지만 〈있을 유(有)〉로 여기고 새김이 마땅하다.

**유(攸)** 〈곳 유(攸)-소(所), 흘러가는 물 유(攸)-행수(行水), 아득할 유(攸)-장원(長遠)-유(悠), 닦을 유(攸)-수(修), 터득한 모습 유(攸)-자득모(自得貌), 빠를 유(攸)-숙(儵), 대롱거릴 유(攸)-현위모(懸危貌), 수심에 찬 모습 유(攸)-수모(愁貌)〉 등의 뜻을 내지만 여기선 〈곳 소(所)〉와 같다 여기고 새김이 마땅하다.

**왕(往)** 〈갈 왕(往)-행(行)-지(之)-거(去), 이를 왕(往)-지(至), 향할 왕(往)-향(向), 옛 왕(往)-석(昔), 이따금 왕(往)-시시(時時), 뒤 왕(往)-후(後)〉 등의 뜻을 내지만 〈갈 행(行)〉과 같다 여기고 새김이 마땅하다.

## 2 효의 효상과 계사

初九 : 賁其趾하며 舍車而徒로다
비기지 사거이도

六二 : 賁其須로다
비기수

九三 : 賁如 濡如 永貞하면 吉하다
비여 유여 영정 길

六四 : 賁如 皤如 白馬翰如라 匪寇이고 婚媾로다
비여 파여 백마한여 비구 혼구

六五 : 賁于丘園하다 束帛戔戔하여 吝하나 終吉하리
비우구원 속백전전 인 종길

上九 : 白賁니 无咎이다
백비 무구

초구(初九) : 제[其] 발을[趾] 꾸미며[賁] 수레를[車] 버리고서[舍而] 걸어간다[徒].

육이(六二) : 위의[其] 수염을[須] 꾸민다[賁].

구삼(九三) : 꾸밈[賁]이여[如] 윤택함[濡]이여[如] 길이길이[永] 진실로 미더울수록[貞] 길하리[吉].

육사(六四) : 꾸밈[賁]이여[如] 순백함[皤]이여[如] 백마가[白馬] 나는[翰] 듯하네[如]. 도둑이[寇] 아니라[匪] 구혼자이다[婚媾].

육오(六五) : 언덕과[丘] 동산을[于園] 꾸민다[賁]. 한 묶음의 비단 필을[束帛] 풀어 쌓아[戔戔] 부끄러우나[吝] 끝내는[終] 길하다[吉].

상구(上九) : 흰색으로[白] 꾸미니[賁] 허물이[咎] 없다[无].

## 초구(初九 : ⚊)

**初九 : 賁其趾하며 舍車而徒로다**
비기지 사거이도

초구(初九) : 제[其] 발을[趾] 꾸미며[賁] 수레를[車] 버리고서[舍而] 걸어간다[徒].

**【초구(初九)의 효상(爻象) 풀이】**

비괘(賁卦 : ䷕)의 초구(初九 : ⚊)는 이양거양(以陽居陽) 즉 양(陽 : ⚊)으로써[以] 양(陽 : ⚊)의 자리에 있는지라[居] 정당한 자리에 있다. 초구(初九 : ⚊)와 육이(六二 : ⚋)는 양음(陽陰)의 사이인지라 〈비(比)〉 즉 이웃의 사귐[比]을 누린다. 초구(初九 : ⚊)와 육사(六四 : ⚋)도 양음(陽陰)의 사이인지라 정응(正應) 즉 서로 바르게[正] 호응한다[應]. 이에 강강(剛强)한 초구(初九 : ⚊)는 맨 밑자리에 있음을 거리낌 없이 받아들이면서 자신의 뜻을 가다듬어 당당하게 매사를 순리대로 마주하는 초야(草野)의 군자(君子)다운 모습이다.

> 비괘(賁卦 : ䷕)의 초구(初九 : ⚊)가 초륙(初六 : ⚋)으로 변효(變爻)하면 초구(初九 : ⚊)는 비괘(賁卦 : ䷕)를 52번째 간괘(艮卦 : ䷳)로 지괘(之卦)하게 한다. 따라서 비괘(賁卦 : ䷕)의 초구(初九 : ⚊)는 간괘(艮卦 : ䷳)의 초륙(初六 : ⚋)을 찾아가 살펴보게 한다.

**【초구(初九)의 계사(繫辭) 풀이】**

### 賁其趾(비기지) 舍車而徒(사거이도)

제[其] 발을[趾] 꾸미며[賁] 수레를[車] 버리고서[舍而] 걸어간다[徒].

초구(初九 : ⚊)의 효위(爻位)를 빌려 암시한 계사(繫辭)이다. 〈비기지(賁其趾) 사거이도(舍車而徒)〉는 〈초구비기지(初九賁其趾) 이초구사거이도(而初九舍車而徒)〉의 줄임으로 여기고 〈초구가[初九] 자신의[其] 발을[趾] 꾸민다[賁] 그리고[而] 초구[初九]가 수레를[車] 버리고서[舍而] 걸어간다[徒]〉라고 새겨볼 것이다. 〈비기지(賁其趾)〉는 맨 밑자리에 있는 초구(初九 : ⚊)를 취상(取象)한 것이다. 비괘(賁卦 : ䷕)에서 초구(初九 : ⚊)의 자리는 백성을 암시한다. 대성괘(大成卦)의 여섯 효(爻)를 사람의 몸에 빗대면 초효(初爻)는 족지(足趾) 즉 발과[足] 뒤꿈치[趾]에 속한다. 따라서 초구(初九 : ⚊)의 효상(爻象)을 〈비기지(賁其趾)〉라고 한 것이다. 비괘(賁卦 : ䷕)의 초구(初九 : ⚊)는 정위(正位)에서 강강(剛强)하게 매사를 마주하며 낮은 자리에 있음을 저어하지 않음을 암시한 것이 〈비기지(賁其趾)〉 즉 제[其] 발을[趾] 꾸민다[賁]고 은유한 것이다. 『중용(中庸)』에 나오는 〈군자는[君子] 제[其] 자리를[位] 따라서[素而] 행하고[行] 자신의[其] 밖의 것을[乎外] 바라지 않는다[不願]〉라는 내용을 떠올리게 하는 것이 〈비기지(賁其趾)〉이다.

〈사거이도(舍車而徒)〉는 초구(初九 : ⚊)와 육사(六四 : ⚋)가 누리는 정응(正應)을 들어 초구(初九 : ⚊)의 심지(心志)를 취상(取象)한 것이다. 〈사거이도(舍車而徒)의 거(車)〉는 비괘(賁卦 : ䷕)의 내호괘(內互卦)인 감(坎 : ☵)을 들어 초구(初九 : ⚊)와 육사(六四 : ⚋)의 정응(正應)을 취상(取象)한 것이다. 왜냐하면 〈사거(舍車)의 거(車)〉가 〈감은[坎 : ☵] 궁륜(弓輪)이다[爲]〉라는 내용을 떠올려주기 때문이다. 옛날 백성은 수레[車]를 탈 수 없었고 걸어서[徒] 다녀야 했다. 〈사거이도(舍車而徒)의 도(徒)〉는 비괘(賁卦 : ䷕)의 외호괘(外互卦)인 진(震 : ☳)을 들어 초구(初九 : ⚊)와 육사(六四 : ⚋)의 정응(正應)을 취상(取象)한 것이다. 왜냐하면 〈사거(舍車)의 거(車)〉가 〈진은[震 : ☳] 큰[大] 길[塗]이다[爲]〉라는 내용을 떠올려주기 때문이다. 〈대도(大塗)〉는 대도(大途) 즉 큰[大] 길[途]과 같다. 따라서 수레를 타고자 벼슬에 연연하지 않는 초구(初九 : ⚊)가 백성으로서 강강(剛强)하게 삶을 마주하고 꾸밈[賁]을 암시한 계사(繫辭)가 〈비기지(賁其趾) 사거이도(舍車而徒)〉이다.

**【字典】**

**賁** 〈비-분-본〉 세 가지로 발음되고, 〈꾸밀 비(賁)-문(文)-식(飾), 변할 비(賁)-변(變), 불순한 빛깔 비(賁)-색불순(色不純), 무슨 빛깔인지 모를 비(賁)-무정색(無定色), 둘 비(賁)-치(置), 꾸밀 분(賁)-식(飾), 클 분(賁)-대(大), 큰북 분(賁)-대고(大鼓), 날쌜 본(賁)-용(勇)〉 등의 뜻을 내지만 여기선 〈꾸밀 문(文)〉과 같다 여기고 새김이 마땅하다.

**기(其)** 〈그것 기(其)-피(彼)-지(之), 그럴 기(其)-연(然), 어찌 기(其)-기(豈), 누

를 기(其)-억(抑), 오히려 기(其)-상(尙)-서기(庶幾), 이에 기(其)-내(乃), 만약 기(其)-약(若), 장차 기(其)-장(將), 어조사 기(其)-어조사(語助辭)〉 등의 뜻을 내지만 여기선 〈그것 피(彼)〉와 같다 여기고 새김이 마땅하다.

**지(趾)** 〈발(뒤꿈치) 지(趾)-족(足), 멈출 지(趾)-지(止)〉 등의 뜻을 내지만 여기선 〈뒤꿈치 족(足)〉과 같다 여기고 새김이 마땅하다.

**사(舍)** 〈버릴 사(舍)-기(棄)-사(捨), 집 사(舍)-가(家), 쉴 사(舍)-지식(止息), 그만둘 사(舍)-폐(廢), 제할 사(舍)-제(除), 풀 사(舍)-석(釋), 놓을 사(舍)-종(縱)-방(放)〉 등의 뜻을 내지만 여기선 〈버릴 기(棄)〉와 같다 여기고 새김이 마땅하다.

**車** 〈거-차〉 두 가지로 발음되고, 〈수레 거(車)-노(輅), 그물 거(車)-복거(覆車)-망(網), 수레 차(車), 성씨 차(車)〉 등의 뜻을 내지만 여기선 〈수레 노(輅)〉와 같다 여기고 새김이 마땅하다.

**도(徒)** 〈걸어갈 도(徒)-보행(步行), 보병 도(徒)-보병(步兵), 무리 도(徒)-배(輩), 다만 도(徒)-단(但), 종 도(徒)-예(隸), 제자 도(徒)-제자(弟子), 형벌의 이름 도(徒)-형명(刑名)〉 등의 뜻을 내지만 여기선 〈걸어갈 보행(步行)〉으로 여기고 새김이 마땅하다.

---

註 군자소기위이행(君子素其位而行) 불원호기외(不願乎其外) : 군자는[君子] 제[其] 자리를[位] 따라서[素而] 행하고[行] 자신의[其] 밖의 것을[乎外] 바라지 않는다[不願].

『중용(中庸)』「주자장구(朱子章句)」 14장(章)

註 감위궁륜(坎爲弓輪) : 감은[坎 : ☵] 궁륜(弓輪)이다[爲]. 「설괘전(說卦傳)」 11단락(段落)

註 진위대도(震爲大塗) : 진은[震 : ☳] 큰[大] 길[塗]이다[爲]. 「설괘전(說卦傳)」 11단락(段落)

## 육이(六二 : --)

**六二 : 賁其須로다**
비 기 수

육이(六二) : 위의[其] 수염을[須] 꾸민다[賁].

**【육이(六二)의 효상(爻象) 풀이】**

비괘(賁卦 : ䷕)의 육이(六二 : --)는 이음거음(以陰居陰) 즉 음(陰 : --)으로써

[以] 음(陰 : --)의 자리에 있는지라[居] 정당한 자리에 있다. 육이(六二 : --)와 구삼(九三 : —)은 음양(陰陽)의 사이인지라 〈비(比)〉 즉 이웃의 사귐[比]을 누린다. 그러나 육이(六二 : --)와 육오(六五 : --)는 양음(兩陰) 즉 둘 다[兩] 음(陰 : --)인지라 정응(正應)을 누리지 못한다. 육이(六二 : --) 자신은 중정(中正) 즉 비괘(賁卦 : ䷕)의 하체(下體) 이(離 : ☲)의 가운데 있고[中] 동시에 바른 자리에 있어서[正], 득중(得中) 즉 정도를 따름을[中] 취하여[得] 구삼(九三 : —)과의 비(比) 즉 이웃의 사귐[比]을 꾸미는[賁] 모습이다.

비괘(賁卦 : ䷕)의 육이(六二 : --)가 구이(九二 : —)로 변효(變爻)하면 육이(六二 : --)는 비괘(賁卦 : ䷕)를 26번째 대축괘(大畜卦 : ䷙)로 지괘(之卦)하게 한다. 따라서 비괘(賁卦 : ䷕)의 육이(六二 : --)는 대축괘(大畜卦 : ䷙)의 구이(九二 : —)를 찾아가 살펴보게 한다.

**【육이(六二)의 계사(繫辭) 풀이】**

## 賁其須(비기수)

위의[其] 수염을[須] 꾸민다[賁].

육이(六二 : --)의 효위(爻位)를 빌려 암시한 계사(繫辭)이다. 〈비기수(賁其須)〉는 〈육이비상지수(六二賁上之須)〉의 줄임으로 여기고 〈육이가[六二] 위의[上之] 수염을[須] 꾸민다[賁]〉라고 새겨볼 것이다. 〈비기수(賁其須)의 기(其)〉는 〈상지(上之)〉를 대신하는 관형사 노릇을 하고, 〈비기수(賁其須)의 수(須)〉는 〈수염 수(鬚)〉와 같다. 유약(柔弱)한 육이(六二 : --)가 강강(剛强)한 구삼(九三 : —)을 받들어 비괘(賁卦 : ䷕)의 하체(下體) 이(離 : ☲)의 중효(中爻)로서 〈비(賁)〉 즉 꾸밈[賁]을 암시한 것이 〈비기수(賁其須)〉이다. 비괘(賁卦 : ䷕)의 하체(下體) 이(離 : ☲)는 문명(文明) 즉 꾸며[文] 밝힘[明]을 상징한다. 육이(六二 : --)는 그 문명(文明)을 적극적으로 꾸며나간다. 왜냐하면 육이(六二 : --)가 이(離 : ☲)의 중효(中爻)이면서 동시에 비괘(賁卦 : ䷕) 하체(下體)의 중효(中爻)이기 때문이다. 중효(中爻)는 득중(得中) 즉 정도를 따름을[中] 취하여[得] 할 바를 다하는 효(爻)이다. 따라서 육이(六二 : --)는 중효(中爻)로서 꾸며[文] 밝힘[明]을 다한다.

이러한 육이(六二 : --)가 비괘(賁卦 : ䷕)에서 문명(文明)의 구실을 제대로 하자면 위로 강건(剛健)한 구삼(九三 : ━)을 받들어 도움을 얻어내야 꾸밈을[文] 밝히는[明] 제구실을 다할 수가 있다. 비괘(賁卦 : ䷕)의 괘상(卦象)에서 육이(六二 : ╍)에게 구삼(九三 : ━)은 상순(上脣) 즉 윗입술[上脣]에 해당된다. 〈비기수(賁其須)의 기수(其須)〉란 윗입술의 턱에 난 〈수(須)〉 즉 위의[其] 수염[須]으로써 구삼(九三 : ━)을 취상(取象)한 것이다. 따라서 육이(六二 : ╍)가 구삼(九三 : ━)과 누리는 비(比) 즉 이웃의 사귐[比]을 〈비(賁)〉 즉 꾸밈[賁]을 다하여, 상체(上體)인 간(艮 : ☶)의 백물(百物)을 더욱더 밝게 상조(上照) 즉 위로[上] 비춤[照]을 암시한 계사(繫辭)가 〈비기수(賁其須)〉이다.

【字典】

**賁** 〈비-분-본〉 세 가지로 발음되고, 〈꾸밀 비(賁)-문(文)-식(飾), 변할 비(賁)-변(變), 불순한 빛깔 비(賁)-색불순(色不純), 무슨 빛깔인지 모를 비(賁)-무정색(無定色), 둘 비(賁)-치(置), 꾸밀 분(賁)-식(飾), 클 분(賁)-대(大), 큰북 분(賁)-대고(大鼓), 날쌜 본(賁)-용(勇)〉 등의 뜻을 내지만 여기선 〈꾸밀 문(文)〉과 같다 여기고 새김이 마땅하다.

**기(其)** 〈그것 기(其)-피(彼)-지(之), 그럴 기(其)-연(然), 어찌 기(其)-기(豈), 누를 기(其)-억(抑), 오히려 기(其)-상(尙)-서기(庶幾), 이에 기(其)-내(乃), 만약 기(其)-약(若), 장차 기(其)-장(將), 어조사 기(其)-어조사(語助辭)〉 등의 뜻을 내지만 여기선 〈그것 피(彼)〉와 같다 여기고 새김이 마땅하다.

**수(須)** 〈아래턱 수염 수(須)-이하모(頤下毛), 얼굴에 난 털 수(須)-수(鬚)-면모(面毛), 기다릴 수(須)-대(待), 멈출 수(須)-지(止)-식(息), 생선 아가미로 벌떡거릴 수(須), 구할 수(須)-구(求), 재료(거리) 수(須)-자(資)-용(用), 잠깐 수(須)-유(臾)-소시(少時), 응할 수(須)-응(應)-의(宜), 이것 수(須)-시(是), 스스로 수(須)-자(自), 바를 수(須)-정(正), 모름지기 수(須)-필(必), 풀 이름 수(須)〉 등의 뜻을 내지만 여기선 〈아래턱 수염 이하모(頤下毛)〉로 여기고 새김이 마땅하다.

# 구삼(九三 : ⚊)

**九三 : 賁如 濡如 永貞하면 吉하다**
비여 유여 영정 길

구삼(九三) : 꾸밈[賁]이여[如] 윤택함[濡]이여[如] 길이길이[永] 진실로 미더울수록[貞] 길하리[吉].

**【구삼(九三)의 효상(爻象) 풀이】**

비괘(賁卦 : ䷕)의 구삼(九三 : ⚊)은 이양거양(以陽居陽) 즉 양(陽 : ⚊)으로써[以] 양(陽 : ⚊)의 자리에 있는지라[居] 정당한 자리에 있다. 구삼(九三 : ⚊)과 상구(上九 : ⚊)는 양양(兩陽) 즉 둘 다[兩] 양(陽 : ⚊)인지라 〈부정응(不正應)〉 즉 바르게[正] 서로 호응하지 못한다[不應]. 그러나 구삼(九三 : ⚊)은 아래로 육이(六二 : ⚋)와 위로 육사(六四 : ⚋)와는 양음(陽陰)의 사이인지라 〈비(比)〉 즉 이웃의 사귐[比]을 누린다. 비괘(賁卦 : ䷕)의 주제인 〈비(賁)〉의 시국에 맞추어 구삼(九三 : ⚊)이 이웃과의 사귐[比]을 꾸밈으로[賁] 강화하는 모습이다.

> 비괘(賁卦 : ䷕)의 구삼(九三 : ⚊)이 육삼(六三 : ⚋)으로 변효(變爻)하면 구삼(九三 : ⚊)은 비괘(賁卦 : ䷕)를 27번째 이괘(頤卦 : ䷚)로 지괘(之卦)하게 한다. 따라서 비괘(賁卦 : ䷕)의 구삼(九三 : ⚊)은 이괘(頤卦 : ䷚)의 육삼(六三 : ⚋)을 찾아가 살펴보게 한다.

**【구삼(九三)의 계사(繫辭) 풀이】**

### 賁如(비여) 濡如(유여) 永貞(영정) 吉(길)

꾸밈[賁]이여[如] 윤택함[濡]이여[如] 길이길이[永] 진실로 미더울수록[貞] 길하리[吉].

구삼(九三 : ⚊)의 효위(爻位)를 빌려 암시한 계사(繫辭)이다. 〈비여(賁如) 유여(濡如) 영정(永貞) 길(吉)〉은 〈구삼비여(九三賁如) 구삼지비유여(九三之賁濡如) 약구삼영정관어비(若九三永貞關於賁) 구삼길(九三吉)〉의 줄임으로 여기고 〈구삼이[九三] 꾸미네[賁如] 구삼의[九三之] 꾸밈이[賁] 윤택하네[濡] 만약[若] 구삼이[九三] 꾸밈에[賁] 관하여[關於] 영영[永] 정하다면[貞] 구삼은[九三] 길하리라[吉]〉라고 새겨볼 것이다. 〈비여(賁如) 유여(濡如)의 여(如)〉는 어조사 노릇을 해 어조(語調)를 살림이지 뜻은 없고, 〈유여(濡如)의 유(濡)〉는 윤택(潤澤) 즉 물기에 빛살이 비쳐 빛남[潤澤]과 같다. 〈비여(賁如) 유여(濡如)〉는 구삼(九三 : ⚊)이 아래의 육이(六二 : ⚋)와 위의 육사(六四 : ⚋)와 나누는 비(比) 즉 이웃의 사귐[比]을 빌려 구삼(九三 : ⚊)을 취상(取象)한 것이다. 구삼(九三 : ⚊)이 위아래로 이웃의 사귐을 바탕 삼아 비괘(賁卦 : ䷕)의 하체(下體) 이(離 : ☲)의 상효(上爻)로서 〈비(賁)〉 즉 꾸밈[賁]을 윤택하게[濡] 함을 암시한 것이 〈비여(賁如) 유여(濡如)〉이다. 따라서 〈비여(賁如)〉는 육이(六二 : ⚋)와 육사(六四 : ⚋)와의 사귐[比]을 구삼(九三 : ⚊)이 꾸밈[賁]을 암시한다. 〈유여(濡如)〉 역시 육이(六二 : ⚋)와 육사(六四 : ⚋)와의 사귐[比]을 구삼(九三 : ⚊)이 빛나게[濡] 함을 암시한다. 〈유여(濡如)의 유(濡)〉는 정위(正位)에 있는 강양(剛陽)한 구삼(九三 : ⚊)이 두 유음(柔陰)과의 사귐[比]을 남김없이 받아서 〈비(賁)〉를 이행함에 부족함이 없음이다. 〈유여(濡如)〉는 구삼(九三 : ⚊)이 꾸밈[賁]에 윤택(潤澤)함이다. 〈유여(濡如)의 유(濡)〉는 윤택(潤澤) 즉 넉넉히 빛남[潤澤]을 뜻한다.

구삼(九三 : ⚊)이 꾸밈[賁]의 윤택함[濡]에 도취되어 엇나가지 않아야 함을 암시한 것이 〈영정(永貞)〉이다. 〈영정(永貞)의 정(貞)〉은 성신(誠信) 즉 진실로[誠] 미더움[信]이다. 만사(萬事)를 행함에 〈정(貞)〉은 진실로[誠] 미더워[信] 오로지 공정(公正)하므로 언제 어디서나 상대에게 이로울[利] 뿐인지라 항상 막힘없이 통한다[亨]. 〈정(貞)〉이란 득중(得中) 즉 정도를 따름을[中] 취함[得]을 잃지 않는 마음가짐으로 이어진다. 이러한 〈정(貞)〉으로써 변함없이[永] 구삼(九三 : ⚊)이 육이(六二 : ⚋)와 육사(六四 : ⚋)와의 사귐을[比] 꾸밈[賁]이 윤택함[濡]으로 말미암아 〈길(吉)〉 즉 행운을 누린다[吉]고 암시한 계사(繫辭)가 〈비여(賁如) 유여(濡如) 영정(永貞) 길(吉)〉이다.

**【字典】**

**賁** 〈비-분-본〉 세 가지로 발음되고, 〈꾸밀 비(賁)-문(文)-식(飾), 변할 비(賁)-변(變), 불순한 빛깔 비(賁)-색불순(色不純), 무슨 빛깔인지 모를 비(賁)-무정색(無

定色), 둘 비(賁)-치(置), 꾸밀 분(賁)-식(飾), 클 분(賁)-대(大), 큰북 분(賁)-대고(大鼓), 날쌜 본(賁)-용(勇)〉 등의 뜻을 내지만 여기선 〈꾸밀 문(文)〉과 같다 여기고 새김이 마땅하다.

**여(如)** 〈그럴 여(如)-연(然), 따를 여(如)-종수(從隨), 갈 여(如)-왕(往)-행(行), 같을 여(如)-사(似)-동(同), 맞먹을 여(如)-비(比), 무리 여(如)-등(等), 미칠 여(如)-급(及), 이에 여(如)-내(乃), 어떠할 여(如)-여하(如何), 첩 여(如)-여부인(如婦人), 이월 여(如)-이월(二月)〉 등의 뜻을 내지만 여기선 〈그럴 연(然)〉과 같은 어조(語調)를 띄게 하는 조사(助詞)로 〈이여 여(如)〉 정도로 새김이 마땅하다.

**유(濡)** 〈넉넉할 유(濡)-윤택(潤澤), 적실 유(濡)-지(漬)-윤(潤)-질(洷)-습(濕), 은택 유(濡)-은택(恩澤), 은덕 유(濡)-은덕(恩德), 유화 유(濡)-유화(柔和), 빠질 유(濡)-익(溺), 참아낼 유(濡)-함인(含忍), 막힐 유(濡)-체(滯)〉 등의 뜻을 내지만 여기선 〈넉넉할 윤택(潤澤)〉으로 여기고 새김이 마땅하다.

**영(永)** 〈오랠 영(永)-구(久), 길 영(永)-장(長), 멀 영(永)-원(遠), 끌 영(永)-인(引), 깊은 영(永)-심(深), 읊을 영(永)-영(詠)-영(咏), 헤엄칠 영(永)-영(泳)〉 등의 뜻을 내지만 여기선 〈오랠 구(久)〉와 같다 여기고 새김이 마땅하다. 〈영정(永貞)〉은 영구정정(永久貞正)의 줄임으로 〈오래오래[永久] 곧고 바르다[貞正]〉라고 새긴다.

**정(貞)** 〈믿을 정(貞)-신(信), 바를 정(貞)-정(正), 거북점을 물을 정(貞)-복문(卜問), 역(易)의 내괘(內卦) 정(貞), 마땅할 정(貞)-당(當), 정할 정(貞)-정(定), 순수할 정(貞)-전(專)-일(一)〉 등의 뜻을 내지만 여기선 〈바를 정(正), 믿을 신(信)〉 등과 같다 여기고 새김이 마땅하다.

**길(吉)** 〈좋을(행복할) 길(吉)-선(善)-영(令) {영월길일(令月吉日)은 선월선일(善月善日)임.}, 복 길(吉)-실(實)-선실(善實)-복(福), 예의를 따라 상서로울 길(吉)-예의순상(禮義順祥), 삼갈 길(吉)-근(謹), 초하루 길(吉)-삭일(朔日) {삭망(朔望) 즉 초하루[朔]와 그믐날[望]}, 길례 길(吉)-길례(吉禮) {오례지일(五禮之一) 길흉빈군가(吉凶賓軍嘉)}, 갈 길(吉)-행(行)-길(趌)〉 등의 뜻을 내지만 여기선 〈좋을 선(善)-영(令)〉 즉 행복과 같다 여기고 새김이 마땅하다.

## 육사(六四 : --)

六四 : 賁如 皤如 白馬翰如라 匪寇이고 婚媾로다
비 여 파 여 백 마 한 여 비 구 혼 구

육사(六四) : 꾸밈[賁]이여[如] 순백함[皤]이여[如] 백마가[白馬] 나는[翰] 듯하네[如]. 도둑이[寇] 아니라[匪] 구혼자이다[婚媾].

**【육사(六四)의 효상(爻象) 풀이】**

비괘(賁卦 : ䷕)의 육사(六四 : --)는 이음거음(以陰居陰) 즉 음(陰 : --)으로써[以] 음(陰 : --)의 자리에 있는지라[居] 정당한 자리에 있다. 육사(六四 : --)가 아래 구삼(九三 : ―)과는 음양(陰陽)의 사이인지라 비(比) 즉 이웃의 사귐[比]을 누리지만, 위로 육오(六五 : --)와는 양음(兩陰) 즉 둘 다[兩] 음(陰 : --)인지라 이웃의 사귐[比]을 누리지 못한다. 그러나 육사(六四 : --)는 멀리 있는 초구(初九 : ―)와 음양(陰陽)인지라 〈정응(正應)〉 즉 바르게[正] 서로 호응함[應]을 누린다. 이에 육사(六四 : --)는 구삼(九三 : ―)과 이웃의 사귐[比]보다 멀리 있는 초구(初九 : ―)와 정응(正應)으로써 서로 꾸미기[賁]를 바라는 모습이다.

비괘(賁卦 : ䷕)의 육사(六四 : --)가 구사(九四 : ―)로 변효(變爻)하면 육사(六四 : --)는 비괘(賁卦 : ䷕)를 30번째 이괘(離卦 : ䷝)로 지괘(之卦)하게 한다. 따라서 비괘(賁卦 : ䷕)의 육사(六四 : --)는 이괘(離卦 : ䷝)의 구사(九四 : ―)를 찾아가 살펴보게 한다.

**【육사(六四)의 계사(繫辭) 풀이】**

### 賁如(비여) 皤如(파여) 白馬翰如(백마한여)

꾸밈[賁]이여[如] 순백함[皤]이여[如] 백마가[白馬] 나는[翰] 듯하네[如].

육사(六四 : --)의 효위(爻位)를 빌려 암시한 계사(繫辭)이다. 〈비여(賁如) 파여(皤如) 백마한여(白馬翰如)〉는 〈육사비여(六四賁如) 육사지비파여(六四之賁皤如)

육사지비향초구여백마지한(六四之賁向初九如白馬之翰)〉의 줄임으로 여기고 〈육사가[六四] 꾸미네[賁如] 육사의[六四之] 꾸밈이[賁] 순백하네[皤如] 육사가[六四之] 초구를[初九] 향한[向] 꾸밈이[賁] 백마가[白馬之] 날아가는 것[翰] 같네[如]〉라고 새겨볼 것이다. 〈비여(賁如) 파여(皤如)의 여(如)〉는 어조사 노릇을 해 어조(語調)를 살림이지 뜻은 없다. 〈비여(賁如) 파여(皤如)〉는 육사(六四 : --)와 초구(初九 : —)가 정응(正應) 즉 정도를 따라[正] 호응함[應]이란 곧 음양(陰陽)의 상화(相和)로 이어짐을 암시한다. 따라서 〈비여(賁如)〉는 육사(六四 : --)와 구삼(九三 : —) 사이의 상비(相賁) 즉 서로[相] 꾸밈[賁]을 암시한다. 그리고 〈파여(皤如)〉는 육사(六四 : --)가 비괘(賁卦 : ䷕)의 하체(下體) 이(離 : ☲)를 벗어나 상체(上體) 간(艮 : ☶)으로 올라와 간(艮 : ☶)의 초효(初爻)로서, 육사(六四 : --)의 효상(爻象)이 이제 이(離 : ☲)에서 행했던 〈비(賁)〉 즉 문식(文飾)을 다하고 멈춘[止] 모습임을 암시한다. 〈파여(皤如)의 파(皤)〉는 백발(白髮)이다. 육사(六四 : --)를 〈파(皤)〉 즉 흰 머리[皤]로 취상(取象)한 것이다. 이는 육사(六四 : --)가 늙은 할미가 아니라 순정(純淨) 즉 티 없이[純] 깨끗함[淨]을 암시한다. 이(離 : ☲)에서 문식(文飾)을 다하고 이제 간(艮 : ☶)의 초효(初爻)로서 정지(靜止) 즉 고요히[靜] 멈춰 있는[止] 육사(六四 : --)는 순정(純淨)하다. 「설괘전(說卦傳)」에 〈이(離 : ☲)는 밝음[明]〉으로 나오고 〈간(艮 : ☶)은 멈춤[止]〉으로 나온다. 꾸밈을[賁] 다함[盡]이니 육사(六四 : --) 역시 물극즉반(物極則反) 즉 어떤 일이든[物] 다하면[極] 곧[則] 처음으로 돌아오는[反] 천도(天道)를 벗어날 수 없다. 육사(六四 : --)의 〈비(賁)〉 즉 꾸밈[賁]의 시(始)는 소(素) 즉 그냥 그대로[素] 무채(無彩)의 흼[白]이다. 육사(六四 : --)가 자연의[天] 도리[道]를 따르는 모습을 〈파여(皤如)〉라고 암시한다. 따라서 육사(六四 : --)의 효상(爻象)은 문식(文飾)의 온갖 색채를 벗어나 소질(素質) 즉 흰색의[素] 바탕[質]으로 돌아와 멈춘 순정(純淨)한 모습인 〈비여(賁如) 파여(皤如)〉이다.

이어 〈백마한여(白馬翰如)〉 즉 백마가[白馬] 나는[翰] 듯하다[如] 함은 육사(六四 : --)의 순정(純淨)한 모습을 거듭해 암시한다. 〈백마한여(白馬翰如)의 백마(白馬)〉는 비괘(賁卦 : ䷕)의 외호괘(外互卦) 진(震 : ☳)으로써 그 진(震 : ☳)의 중효(中爻)인 육사(六四 : --)를 취상(取象)한 것이다. 「설괘전(說卦傳)」에 나오는 〈진

(震 : ☳) 그것을[其] 말로 말한다[於馬]면[也] 흰[的] 이마[顙]이다[爲]〉를 〈백마한여(白馬翰如)의 백마(白馬)〉가 상기시키기 때문이다. 〈백마한여(白馬翰如)의 한(翰)〉은 〈날아갈 비(飛)〉와 같다. 따라서 순정(純靜)한 육사(六四 : --)가 비괘(賁卦 : ䷕)의 상체(上體) 간(艮 : ☶)의 초효(初爻)로서 정지(靜止) 즉 고요히[靜] 멈춰[止] 순정(純淨)한 모습으로 정응(正應)의 〈비(賁)〉 즉 꾸밈[賁]을 감행함을 암시한 계사(繫辭)가 〈비여(賁如) 파여(皤如) 백마한여(白馬翰如)〉이다.

## 匪寇(비구) 婚媾(혼구)

**도둑이[寇] 아니라[匪] 구혼자이다[婚媾].**

육사(六四 : --)와 초구(初九 : —) 사이의 정응(正應)을 거듭해 암시한 계사(繫辭)이다. 〈비구(匪寇) 혼구(婚媾)〉는 〈초구비구급륙사(初九匪寇給六四) 초구혼구급륙사(初九婚媾給六四)〉의 줄임으로 여기고 〈초구는[初九] 육사(六四)에게[給] 도둑이[寇] 아니다[匪] 초구는[初九] 육사(六四)에게[給] 구혼자이다[婚媾]〉라고 새겨볼 것이다. 육사(六四 : --)와 초구(初九 : —)가 각각 정위(正位)에서 음양(陰陽)으로서 정응(正應) 즉 바르게[正] 서로 호응함[應]을 〈비구(匪寇) 혼구(婚媾)〉가 암시한다. 이는 순정(純淨)하여 수줍음을 타는 육사(六四 : --)인지라 육사(六四 : --)가 초구(初九 : —)와의 강유배합(剛柔配合) 즉 굳셈과[剛] 부드러움[柔] 곧 사내와 처녀가 서로 짝[配]이 될 수 있는지 아닌지 헤아려볼 수밖에 없음을 암시한 것이 〈비구(匪寇) 혼구(婚媾)〉이다. 그런 다음 육사(六四 : --)에게 초구(初九 : —)가 육사(六四 : --)의 순정(純淨)을 훔쳐가려는 도둑이[寇] 아니라[匪] 혼인할 짝[婚媾]이라고 육사(六四 : --)와 초구(初九 : —) 사이의 〈정응(正應)〉을 은유한 계사(繫辭)가 〈비구(匪寇) 혼구(婚媾)〉이다.

【字典】

**賁** 〈비-분-본〉 세 가지로 발음되고, 〈꾸밀 비(賁)-문(文)-식(飾), 변할 비(賁)-변(變), 불순한 빛깔 비(賁)-색불순(色不純), 무슨 빛깔인지 모를 비(賁)-무정색(無定色), 둘 비(賁)-치(置), 꾸밀 분(賁)-식(飾), 클 분(賁)-대(大), 큰북 분(賁)-대고(大鼓), 날쌜 본(賁)-용(勇)〉 등의 뜻을 내지만 여기선 〈꾸밀 문(文)〉과 같다 여기고 새김이 마땅하다.

**여(如)** 〈따를 여(如)-종수(從隨), 갈 여(如)-왕(往)-행(行), 같을 여(如)-사(似)-동(同), 맞먹을 여(如)-비(比), 그럴 여(如)-연(然), 무리 여(如)-등(等), 미칠 여(如)-급(及), 이에 여(如)-내(乃), 어떠할 여(如)-여하(如何), 첩 여(如)-여부인(如婦人), 이월 여(如)-이월(二月)〉 등의 뜻을 내지만 여기선 〈그럴 연(然)〉과 같은 어조(語調)를 띄게 하는 조사(助詞)로 〈이여 여(如)〉 정도로 새김이 마땅하다.

**파(皤)** 〈흰 파(皤)-백(白)-소(素), 머리가 흰 노인 파(皤)-노인백(老人白), 배 불룩할 파(皤)-대복(大腹), 백발 파(皤)-백발(白髮)〉 등의 뜻을 내지만 여기선 〈흰 백(白)〉으로 여기고 새김이 마땅하다.

**백(白)** 〈흰 백(白)-오색지일(五色之一)-소색(素色), 서방색 백(白)-서방색(西方色), 가을색 백(白)-추색(秋色), 오행의 금 백(白)-오행위금(五行爲金), 역(易)의 진(震)-손(巽) 백(白), 백색 백(白)-백색(白色), 깨끗할 백(白)-결(潔), 밝고 밝을 백(白)-창명(彰明), 현명하고 청정할 백(白)-현명청정(賢明淸正), 가르쳐 인도할 백(白)-계(啓), 알릴 백(白)-고어(告語), 공백 백(白)-공백(空白), 도(道) 백(白)-허실생백(虛室生白=虛室生道)〉 등의 뜻을 내지만 여기선 〈흰 백(白)〉으로 여기고 새김이 마땅하다.

**마(馬)** 〈짐승 이름 말 마(馬)-동물명(動物名), 야생마 마(馬)-야마(野馬), 역(易)에서 건(乾)-곤(坤)-진(震)-감(坎)의 모습을 나타내는 마(馬)-역당건곤진감지상(易當乾坤震坎之象), 달(달의 정기) 마(馬)-월(月)-월정(月精), 큰 마(馬)-대(大), 꾸짖을 마(馬)-매(罵)〉 등의 뜻을 내지만 여기선 〈말 마(馬)〉로 여기고 새김이 마땅하다.

**한(翰)** 〈날 한(翰)-비(飛), 흰색 한(翰)-백색(白色), 높을 한(翰)-고(高), 백마 한(翰)-백마(白馬), 깃털이 긴 한(翰)-익모지장(羽毛之長), 하늘닭 한(翰)-천계(天鷄), 휙휙 날아갈 한(翰)-비지질(飛之疾), 길 한(翰)-장(長), 줄기 한(翰)-간(幹), 붓 한(翰)-필(筆), 편지글 한(翰)-서사(書詞)〉 등의 뜻을 내지만 여기선 〈날아갈 비(飛)〉로 여기고 새김이 마땅하다.

**匪** 〈비-분〉 등으로 발음되고, 〈아닌 것 비(匪)-비(非), 악할 비(匪)-악(惡), 대나무로 만든 상자 비(匪), 어조사 저 비(匪)-피(彼), 멈춤 없이 가는 모양 비(匪)-행부지모(行不止貌), 나눌 분(匪)-분(分)〉 등의 뜻을 내지만 여기선 〈아닌 것 비(非)〉와 같다 여기고 새김이 마땅하다.

**구(寇)** 〈도둑 구(寇)-적(賊)-도(盜), 해칠 구(寇)-해(害), 사나울 구(寇)-포(暴), 원

수 구(寇)-구(仇), 겁주어 뺏을 구(寇)-겁취(劫取)〉 등의 뜻을 내지만 여기선 〈도둑 적(賊)〉과 같다 여기고 새김이 마땅하다.

**혼(婚)** 〈시집갈 혼(婚)-부가(婦家), 며느리의 친정아버지(며느리의 친정) 혼(婚)-부지부(婦之父)-부지당(婦之黨), 혼례를 행할 혼(婚)-행혼례(行婚禮)〉 등의 뜻을 내지만 여기선 〈시집갈 부가(婦家)〉로 새김이 마땅하다. 혼구(婚媾)는 혼인(婚姻) 즉 남녀가 예(禮)를 갖추어 부부(夫婦)가 됨을 뜻한다.

**구(媾)** 〈교접할 구(媾)-정교(情交), 화친할 구(媾)-화친(和親), 사랑할 구(媾)-애(愛), 거듭해 결혼할 구(媾)-중혼(重婚), 인척 구(媾)-인척(姻戚), 합할 구(媾)-합(合), 총애할 구(媾)-총애(寵愛), 어울려 좋아할 구(媾)-화호(和好), 만날 구(媾)-구(姤), 조우할 구(媾)-조우(遭遇)〉 등의 뜻을 내지만 여기선 〈교접할 정교(情交)〉와 같다 여기고 새김이 마땅하다.

---

註 진(震) …… 기어마야(其於馬也) …… 위적상(爲的顙) : 진(震 : ☳) …… 그것을[其] 말로 말한다[於馬]면[也] …… 흰[的] 이마[顙]이다[爲]. 「설괘전(說卦傳)」 11단락(段落)

## 육오(六五 : --)

六五 : 賁于丘園하다 束帛戔戔하여 吝하나 終吉하리
비우구원 속백전전 인 종길

육오(六五) : 언덕과[丘] 동산을[于園] 꾸민다[賁]. 한 묶음의 비단 필을[束帛] 풀어 쌓아[戔戔] 부끄러우나[吝] 끝내는[終] 길하다[吉].

**【육오(六五)의 효상(爻象) 풀이】**

비괘(賁卦 : ䷕)의 육오(六五 : --)는 이음거양(以陰居陽) 즉 음(陰 -- : )으로써[以] 양(陽 : ━)의 자리에 있는지라[居] 정당한 자리에 있지 못하다. 육오(六五 : --)와 육이(六二 : --)는 비괘(賁卦 : ䷕) 상하체(上下體)의 중효(中爻)이지만 양음(兩陰) 즉 둘 다[兩] 음(陰 : --)인지라 〈중정(中正)〉 즉 중위[中]와 정위[正]를 서로 누리지 못하며, 동시에 〈부정응(不正應)〉 즉 바르게[正] 호응하지 못한다[不應].

육오(六五 : --)는 육사(六四 : --)와도 양음(兩陰)인지라 〈비(比)〉 즉 이웃의 사귐[比]을 누리지 못한다. 그러나 육오(六五 : --)와 상구(上九 : —)는 음양(陰陽)인지라 서로 이웃의 사귐[比]을 누릴 수 있지만 상구(上九 : —)가 비괘(賁卦 : ䷕)의 주제인 〈비(賁)〉의 시국을 벗어나 초연(超然)한지라 육오(六五 : --)가 상구(上九 : —)와의 비(比) 즉 이웃의 사귐[比]을 꾸미고자[賁] 정성을 다하는 모습이다.

비괘(賁卦 : ䷕)의 육오(六五 : --)가 구오(九五 : —)로 변효(變爻)하면 육오(六五 : --)는 비괘(賁卦 : ䷕)를 37번째 가인괘(家人卦 : ䷤)로 지괘(之卦)하게 한다. 따라서 비괘(賁卦 : ䷕)의 육오(六五 : --)는 가인괘(家人卦 : ䷤)의 구오(九五 : —)를 찾아가 살펴보게 한다.

**【육오(六五)의 계사(繫辭) 풀이】**

## 賁于丘園(비우구원)

언덕과[丘] 동산을[于園] 꾸민다[賁].

육오(六五 : --)의 효위(爻位)를 빌려 암시한 계사(繫辭)이다. 〈비우구원(賁于丘園)〉은 〈육오비우구여원(六五賁于丘與園)〉의 줄임으로 여기고 〈육오가[六五] 동산과[與園] 언덕을[于丘] 꾸민다[賁]〉라고 새겨볼 것이다. 〈비우구원(賁于丘園)의 구원(丘園)〉은 육오(六五 : --)가 비괘(賁卦 : ䷕)의 상체(上體) 간(艮 : ☶)의 중효(中爻)임을 암시하며 동시에 상구(上九 : —)를 암시한다. 〈간(艮 : ☶)〉은 산(山)이고 지(止)이다. 그 〈간(艮 : ☶)〉의 중효(中爻)인 육오(六五 : --)는 음(陰 : --)인지라 부드럽고[柔] 산(山)을 닮은지라 고요하다[止]. 이러한 육오(六五 : --)가 꾸미는[賁] 〈구원(丘園)〉은 산구원림(山丘園林)의 줄임이다. 〈구원(丘園)〉이란 성외(城外)에 있다. 육오(六五 : --)는 군왕(君王)이니 성내(城內)에 있고 비괘(賁卦 : ䷕)를 벗어날 상구(上九 : —)는 성외(城外)에 있으니, 〈비우구원(賁于丘園)의 구원(丘園)〉은 상구(上九 : —)를 취상(取象)한 것이다. 동시에 〈구원(丘園)〉은 은거지(隱居地) 즉 은사(隱士)가 사는[居] 곳[地]이다. 육오(六五 : --)가 위세(威勢)를 앞세우지 않고 순정(純靜) 즉 순수하고[純] 조용한[靜] 군왕(君王)으로서 득중(得中) 즉 정도를 따름을[中] 취하여[得] 조용히 상구(上九 : —)와의 〈비(比)〉 즉 이웃의 사귐[比]을 정성껏 꾸미고자[賁] 함을 암시한 계사(繫辭)가 〈비우구원(賁于丘園)〉이다.

## 束帛戔戔(속백전전) 吝(인) 終吉(종길)

한 묶음의 비단 필을[束帛] 풀어 쌓아[戔戔] 부끄러우나[吝] 끝내는 [終] 길하다[吉].

육오(六五 : --)가 상구(上九 : ㅡ)와의 비(比)를 〈비(賁)〉함을 암시한 계사(繫辭)이다. 〈속백전전(束帛戔戔)〉은 〈속백피전이피전(束帛被戔而被戔)〉의 줄임으로 여기고 〈속백이[束帛] 잘려 마름질되고[被戔而] 잘려 마름질된다[被戔]〉라고 새겨볼 것이다. 〈속백전전(束帛戔戔)의 속백(束帛)〉은 다섯 필의 명주비단을[帛] 묶어둔[束] 것을 말하고, 〈속백전전(束帛戔戔)의 전전(戔戔)〉은 전재(翦裁) 즉 잘라서[翦] 마름질해[裁] 위적모(委積貌) 즉 쌓아 둔 모양[委積貌]을 뜻한다. 〈속백전전(束帛戔戔)〉에서 〈속백(束帛)의 백(帛)〉은 지극히 유연(柔軟)한 것인지라 육오(六五 : --)를 취상(取象)한 것이다. 명주비단[帛]이야말로 유연(柔軟)한 육오(六五 : --)의 모습이다. 〈속백(束帛)의 속(束)〉은 정결(整結) 즉 가지런히[整] 묶어 둠[結]을 뜻한다. 가지런히 묶어 둔[束] 명주비단을[帛] 잘라서 마름해 쌓아 둠[戔戔]이란 육오(六五 : --)의 〈비(賁)〉 즉 상구(上九 : ㅡ)와 이웃의 사귐[比]을 꾸밈[賁]을 암시한다. 동시에 〈구원(丘園)〉을 〈비(賁)〉 즉 꾸밈[賁]을 활기차게 추진함이 아니라, 정지(靜止) 즉 고요히[靜] 멈추듯[止] 꾸밈[賁]을 〈속백전전(束帛戔戔)의 전전(戔戔)〉이라고 취상(取象)한 것이다.

빙문지예물(聘問之禮物) 즉 예(禮)를 갖춘[聘] 방문의[問之] 물건[物]으로 삼는 것이 〈속백(束帛)〉이다. 따라서 육오(六五 : --)가 군왕(君王)의 임무를 정지(靜止) 즉 조용히[靜] 멈춘[止] 듯해도, 왕사(王事)를 득중(得中) 즉 정도를 따름을[中] 취하여[得] 다함을 암시한 것이 〈속백전전(束帛戔戔)〉이다. 그러나 상구(上九 : ㅡ)와의 비(比) 즉 이웃의 사귐[比]을 꾸미기[賁] 위한 〈전전(戔戔)〉은 군왕(君王)인 육오(六五 : --)에게 〈인(吝)〉 즉 부끄럽게[吝] 보일 수 있지만 군자(君子)는 자비(自卑) 즉 자신을[自] 낮추고[卑] 존인(尊人) 즉 남을[人] 높임[尊]을 예의로 삼기에, 오히려 끝내는[終] 상구(上九 : ㅡ)와의 비(比)의 꾸밈[賁]을 성취하므로 육오(六五 : --)가 행운을 누림[吉]을 암시한 계사(繫辭)가 〈속백전전(束帛戔戔) 인(吝) 종길(終吉)〉이다.

【字典】

**賁** 〈비-분-본〉 세 가지로 발음되고, 〈꾸밀 비(賁)-문(文)-식(飾), 변할 비(賁)-변(變), 불순한 빛깔 비(賁)-색불순(色不純), 무슨 빛깔인지 모를 비(賁)-무정색(無定色), 둘 비(賁)-치(置), 꾸밀 분(賁)-식(飾), 클 분(賁)-대(大), 큰북 분(賁)-대고(大鼓), 날쌜 본(賁)-용(勇)〉 등의 뜻을 내지만 여기선 〈꾸밀 문(文)〉과 같다 여기고 새김이 마땅하다.

**우(于)** 〈~에서(~부터, ~으로) 우(于)-어(於), 갈 우(于)-왕(往), 써 우(于)-이(以), 할 우(于)-위(爲), 여기 우(于)-시(是), 도울 우(于)-조(助), 클 우(于)-대(大), 구할 우(于)-구(求), 자족하는 모습 우(于)-자족모(自足貌)〉 등의 뜻을 내지만 여기선 〈~에서 어(於)〉와 같다 여기고 새김이 마땅하다.

**구(丘)** 〈절로 이루어진 언덕 구(丘)-부(阜)-자연형성지고토(自然形成之高土), 클 구(丘)-거(巨)-대(大), 모을 구(丘)-취(聚), 높을 구(丘)-고(高), 네 고을 구(丘)-사읍(四邑), 옛터 구(丘)-허(墟), 공자의 이름 구(丘)〉 등의 뜻을 내지만 여기선 〈높을 고(高)〉와 같다 여기고 새김이 마땅하다.

**원(園)** 〈동산 원(園)-포지번(圃之樊), 과수원 원(園)-과원(果園), 꽃밭 원(園)-화원(花園), 울타리 원(園)-번(樊), 절 원(園)-불계(佛界), 초목이 우거진 곳 원(園)-유번(有蕃)〉 등의 뜻을 내지만 여기선 〈동산 원(園)〉으로 새김이 마땅하다.

**속(束)** 〈가지런히 맬 속(束)-정결(整結), 묶을 속(束)-박(縛), 줄로 맬 속(束)-반지(絆之), 모을 속(束)-취(聚), 물건 10개 속(束)-물십개(物十個), 화살 12개 속(束)-시십이지(矢十二支), 화살 50개 속(束)-시오십지(矢五十支), 화살 100개 속(束)-시백지(矢百支), 메말라 줄어들 속(束)-위축(萎縮), 좁고 좁을 속(束)-협애(狹隘)〉 등의 뜻을 내지만 여기선 〈가지런히 맬 정결(整結)〉로 여기고 새김이 마땅하다.

**백(帛)** 〈명주(비단) 백(帛)-견(絹)-증(繒), 예물의 비단 백(帛)-폐(幣), 옥색 비단 백(帛)-벽색증(璧色繒), 흰 생명주 백(帛)-겸소(縑素)〉 등의 뜻을 내지만 여기선 〈예물의 비단 폐(幣)〉와 같다 여기고 새김이 마땅하다.

**戔** 〈전-잔〉 두 가지로 발음되고, 〈쌓을 전(戔)-위적모(委積貌), 해할 잔(戔)-적(賊), 상할 잔(戔)-상(傷), 남을 잔(戔)-여(餘), 자를 잔(戔)-전(剪)〉 등의 뜻을 내지만 여기선 〈쌓아 둘 위적모(委積貌)〉로 여기고 새김이 마땅하다.

**인(吝)** 〈부끄러울 인(吝)-치(恥)-수(羞), 굴욕스러울 인(吝)-굴욕(屈辱), 한할 인(吝)-한(恨), 아낄 인(吝)-석(惜), 인색할 인(吝)-색(嗇), 욕심낼 인(吝)-탐(貪)〉 등의 뜻을 내지만 여기선 〈부끄러울 치(恥)-수(羞)〉와 같다 여기고 새김이 마땅하다. 〈吝〉이 맨 앞에 오면 〈인〉으로 발음되고, 중간이나 뒤에 오면 〈린〉으로 발음된다.

**종(終)** 〈다할 종(終)-진(盡)-극(極)-궁(窮)-경(竟), 끝날(끝내) 종(終)-이(已), 충분할 종(終)-충(充), 이룰 종(終)-성(成), 사망 종(終)-사(死), 끝 종(終)-시지대(始之對)〉 등의 뜻을 내지만 여기선 〈끝내 이(已)〉와 같다 여기고 새김이 마땅하다.

**길(吉)** 〈좋을(행복할) 길(吉)-선(善)-영(令) {영월길일(令月吉日)은 선월선일(善月善日)임.}, 복 길(吉)-실(實)-선실(善實)-복(福), 예의를 따라 상서로울 길(吉)-예의순상(禮義順祥), 삼갈 길(吉)-근(謹), 초하루 길(吉)-삭일(朔日) {삭망(朔望) 즉 초하루[朔]와 그믐날[望]}, 길례 길(吉)-길례(吉禮) {오례지일(五禮之一) 길흉빈군가(吉凶賓軍嘉)}, 갈 길(吉)-행(行)-길(趌)〉 등의 뜻을 내지만 여기선 〈좋을 선(善)-영(令)〉 즉 행복과 같다 여기고 새김이 마땅하다.

## 상구(上九 : ⚊)

上九 : 白賁니 无咎이다
백비 무구

상구(上九) : 흰색으로[白] 꾸미니[賁] 허물이[咎] 없다[无].

**【상구(上九)의 효상(爻象) 풀이】**

비괘(賁卦 : ䷕)의 상구(上九 : ⚊)는 이양거음(以陽居陰) 즉 양(陽 : ⚊)으로써[以] 음(陰 : ⚋)의 자리에 있는지라[居] 정당한 자리에 있지 못하다. 구삼(九三 : ⚊)과는 양양(兩陽) 즉 둘 다[兩] 양(陽 : ⚊)인지라 〈부정응(不正應)〉 즉 서로 바르게[正] 호응하지 못한다[不應]. 다만 아래의 육오(六五 : ⚋)와는 양음(陽陰)인지라 서로 이웃의 사귐[比]을 누릴 수 있지만 상구(上九 : ⚊)는 비괘(賁卦 : ䷕)의 주제인 〈비(賁)〉의 시국을 벗어나 비괘(賁卦 : ䷕)의 상체(上體) 간(艮 : ☶) 즉 산(山)의 마루에 있는지라, 밖으로 현란한 꾸밈[賁]을 벗어나 자신의 내면을 평정하게 누림을 꾸밈[賁]으로 삼아 초연(超然)한 모습이다.





> 비괘(賁卦 : ䷕)의 상구(上九 : ━)가 상륙(上六 : --)으로 변효(變爻)하면 상구(上九 : ━)는 비괘(賁卦 : ䷕)를 36번째 명이괘(明夷卦 : ䷣)로 지괘(之卦)하게 한다. 따라서 비괘(賁卦 : ䷕)의 상구(上九 : ━)는 명이괘(明夷卦 : ䷣)의 상륙(上六 : --)을 찾아가 살펴보게 한다.

**【상구(上九)의 계사(繫辭) 풀이】**

## 白賁(백비) 无咎(무구)

## 흰색으로[白] 꾸미니[賁] 허물이[咎] 없다[无].

육오(六五 : --)의 효위(爻位)를 빌려 암시한 계사(繫辭)이다. 〈백비(白賁) 무구(无咎)〉는 〈상구백비자신(上九白賁自身) 인차상구무구(因此上九无咎)〉의 줄임으로 여기고 〈상구가[上九] 자신을[自身] 순백으로[白] 꾸민다[賁] 그러니[因此] 상구에게[上九] 허물이[咎] 없다[无]〉라고 새겨볼 것이다. 〈백비(白賁)〉 즉 흰색으로[白] 꾸밈[賁]이란 온갖 빛깔로써 현란하게 꾸밈을 넘어선 무색지비(無色之賁) 즉 색깔 없는[無色之] 꾸밈[賁]의 경지를 말한다. 꾸밈이[賁] 없는[無] 꾸밈[賁]을 밝힘이 〈백비(白賁)의 백(白)〉이다. 따라서 〈백비(白賁)〉는 온갖 꾸밈[賁]을 벗어난 비무비(賁無賁) 즉 꾸밈이[賁] 없는[無] 꾸밈[賁]의 경지로써 극위(極位)에 있는 상구(上九 : --)를 취상(取象)한 것이다. 이러한 〈백비(白賁)〉는 『노자(老子)』에 나오는 〈그냥 그대로를[素] 살피고[見] 그냥 그대로를[樸] 지킨다면[抱] 제 몫을[私] 적게 하고[少] 욕망을[欲] 적게 한다[寡]〉라는 내용을 상기시킨다. 나아가 『장자(莊子)』에 나오는 〈빈 방이[虛室] 밝음을[白] 낳는다[生]〉라는 내용을 떠올려준다. 그냥 그대로를[素] 살피고[見] 그냥 그대로를[樸] 품고서[抱] 〈생백(生白)〉 즉 밝음을[白] 낳는[生] 빈 마음의 꾸밈이 곧 〈백비(白賁)의 백(白)〉이다.

비괘(賁卦 : ䷕)의 상구(上九 : ━)는 더 오를 데 없는 산마루에 있는지라 상승하고자 이러구러 더 꾸밀 바가 없다. 이리저리 꾸미려 함을 다 버린 상구(上九 : ━)의 꾸밈[賁]은 무사(無私)하고 무욕(無欲)한 현자(賢者)를 상징한다. 이는 곧 꾸밈의[賁] 멈춤[止]이니 〈백비(白賁)〉란 비괘(賁卦 : ䷕)의 상체(上體) 간(艮 : ☶)의 상효(上爻)인 상구(上九 : ━)의 허정(虛靜)인지라, 상구(上九 : --)의 〈백비(白賁)〉에는 어떠한 사심도 없으니 상구(上九 : ━)에게 허물이[咎] 있을 리 없음[无]을 암시한 계사(繫辭)가 〈백비(白賁) 무구(无咎)〉이다.

【字典】

**백(白)** 〈흰 백(白)-오색지일(五色之一)-소색(素色), 서방색 백(白)-서방색(西方色), 가을색 백(白)-추색(秋色), 오행의 금 백(白)-오행위금(五行爲金), 역(易)의 진(震)-손(巽) 백(白), 백색 백(白)-백색(白色), 깨끗할 백(白)-결(潔), 밝고 밝을 백(白)-창명(彰明), 현명하고 청정할 백(白)-현명청정(賢明淸正), 가르쳐 인도할 백(白)-계(啓), 알릴 백(白)-고어(告語), 공백 백(白)-공백(空白), 도(道) 백(白)-허실생백(虛室生白=虛室生道)〉 등의 뜻을 내지만 여기선 〈흰 백(白)〉으로 여기고 새김이 마땅하다.

**賁** 〈비-분-본〉 세 가지로 발음되고, 〈꾸밀 비(賁)-문(文)-식(飾), 변할 비(賁)-변(變), 불순한 빛깔 비(賁)-색불순(色不純), 무슨 빛깔인지 모를 비(賁)-무정색(無定色), 둘 비(賁)-치(置), 꾸밀 분(賁)-식(飾), 클 분(賁)-대(大), 큰북 분(賁)-대고(大鼓), 날쌜 본(賁)-용(勇)〉 등의 뜻을 내지만 여기선 〈꾸밀 문(文)〉과 같다 여기고 새김이 마땅하다.

**무(无)** 〈없을 무(无)-무(無), 허무지도 무(无)-허무지도(虛无之道), 으뜸 무(无)-원(元)〉 등의 뜻을 내지만 여기선 〈없을 무(無)〉와 같다 여기고 새김이 마땅하다.

**구(咎)** 〈재앙 구(咎)-재(災), 병될 구(咎)-병(病), 허물 구(咎)-건(愆)-과(過), 나쁠 구(咎)-오(惡)〉 등의 뜻을 내지만 여기선 〈허물 건(愆)-과(過)〉와 같다 여기고 새김이 마땅하다. 〈무구(无咎)〉는 〈면어구(免於咎)〉 즉 허물을[於咎] 면하다[免]와 같다.

---

註 견소포박(見素抱樸) 소사과욕(少私寡欲) : 그냥 그대로를[素] 살피고[見] 그냥 그대로를[樸] 지킨다면[抱], 제 몫을[私] 적게 하고[少] 욕망을[欲] 적게 한다[寡]. 『노자(老子)』 19장(章)

註 첨피궐자(瞻彼闕者) 허실생백(虛室生白) : 저[彼] 빈[闕] 것을[者] 보라[瞻]. 빈 방이[虛室] 밝음을[白] 낳는다[生]. 『장자(莊子)』「인간세(人間世)」 1절(節)

# 박괘 剝卦

# 23

## 1 괘의 괘상과 계사

### 박괘(剝卦 : ䷖)

곤하간상(坤下艮上) : 아래는[下] 곤(坤 : ☷), 위는[上] 간(艮 : ☶).

산지박(山地剝) : 산과[山] 땅은[地] 박이다[剝].

剝은 不利有攸往하다
박 불리유유왕

떨어져 나감은[剝] 갈[往] 곳이[攸] 있으면[有] 이롭지 못하다[不利].

**【박괘(剝卦 : ䷖)의 괘상(卦象) 풀이】**

앞 비괘(賁卦 : ䷕)의 〈비(賁)〉는 꾸밈[賁] 즉 문식(文飾)이다. 꾸며[賁] 통함[亨]도 비진(賁盡) 즉 꾸밈이[賁] 다하면[盡] 막힌다[塞]. 이에 「서괘전(序卦傳)」에 〈꾸밈을[飾] 다한[致] 뒤에는[然後] 통함이[亨] 곧[則] 다하는 것[盡]이다[也] 그래서[故] 박괘(剝卦 : ䷖)로써[以] 그것을[之] 받는다[受]〉라는 말이 나온다. 이는 비괘(賁卦 : ䷕) 뒤에 박괘(剝卦 : ䷖)가 오는 까닭을 암시한다. 박괘(剝卦 : ䷖)의 괘체(卦體)는 곤하간상(坤下艮上) 즉 하체(下體)는 곤(坤 : ☷)이고 상체(上體)는 간(艮 : ☶)이다. 박괘(剝卦 : ䷖)는 음(陰 : --)이 아래로부터 들어와 점점 성(盛)하여 극(極)에 이르러 군음(群陰)이 양(陽 : ─)을 박탈(剝脫)해간다. 이를 박괘(剝卦 : ䷖)의 상하체(上下體)로써 본다면 아래의 곤(坤 : ☷)은 지(地)이고 위의 간(艮 : ☶)은 산(山)이다. 땅[地] 위에 산(山)이 있어 산이 땅보다 높지만 결국 산의 토석(土石)은 올라가지 못하고 오로지 아래로 〈박(剝)〉 즉 떨어져내린다[剝]. 결국 산의 토석(土石)은 지상(地上)으로 떨어져[剝] 지면(地面)이 되어버릴 것임을 빌려 박괘(剝卦 : ䷖)라 칭명(稱名)한다.

【박괘(剝卦 : ䷖)의 계사(繫辭) 풀이】

## 剝(박) 不利有攸往(불리유유왕)

**떨어져 나감은[剝] 갈[往] 곳이[攸] 있으면[有] 이롭지 못하다[不利].**





박괘(剝卦 : ䷖)의 주제인 〈박(剝)〉 즉 떨어져 나감[剝]은 박괘(剝卦 : ䷖)의 상체(上體) 간(艮 : ☶)으로써 말미암은 것이다. 〈박(剝) 불리유유왕(不利有攸往)〉은 〈박유유왕월래월다(剝有攸往越來越多) 박불리(剝不利)〉의 줄임으로 여기고 〈박에[剝] 갈[往] 바가[攸] 있을[有]수록[越來越多] 박은[剝] 이롭지 못하다[不利]〉라고 새겨볼 것이다. 박괘(剝卦 : ䷖)의 〈박(剝)〉이란 박탈(剝脫) 즉 떨어져 나감[剝脫]이다. 박괘(剝卦 : ䷖)의 괘체(卦體)는 곤하간상(坤下艮上) 즉 하체(下體)는 곤(坤 : ☷)이고 상체(上體)는 간(艮 : ☶)이다. 곤(坤 : ☷)은 지(地)이고 간(艮 : ☶)은 산(山)이다. 땅[地] 위에 산(山)이 있는 모습이 박괘(剝卦 : ䷖)의 모습이다. 산은 땅보다 높지만 결국 산의 토석(土石)은 올라가지 못하고 오로지 아래로 떨어져내린다. 결국 산은 몰락(沒落) 즉 내림이[落] 다하여[沒] 땅이 되고 말 박괘(剝卦 : ䷖)의 괘상(卦象)을 〈박(剝) 불리유유왕(不利有攸往)〉이라고 암시한다. 〈박(剝) 불리유유왕(不利有攸往)〉은 박괘(剝卦 : ䷖)의 상체(上體)인 간(艮 : ☶)을 위주로 암시한 것이다. 〈박(剝)〉 즉 떨어져 나감[剝]이란 위에서 아래로 떨어져내림이다.

〈불리유유왕(不利有攸往)의 유왕(攸往)〉은 간(艮 : ☶)의 산(山)에 있는 토석(土石)이 곤(坤 : ☷)의 땅[地]으로 떨어져나감[剝]을 암시한다. 떨어져내림이 〈유유왕(有攸往)〉이다. 갈[往] 데가[攸] 있을[有]수록 산(山)은 그만큼 더 영락(零落) 즉 다 떨어지고 말 것[零落]이니, 간(艮 : ☶)에게는 〈불리(不利)〉 즉 이롭지 않다[不利]. 물론 박괘(剝卦 : ䷖)의 괘상(卦象)은 간(艮 : ☶)만으로써 이루어지는 것은 아니다. 대성괘(大成卦)의 괘상(卦象)은 상하체(上下體)로써 이루어지기 때문이다. 따라서 〈불리유유왕(不利有攸往)〉은 박괘(剝卦 : ䷖)의 상체(上體)로써 밝혀서 박괘(剝卦 : ䷖)의 괘상(卦象) 역시 천도(天道)를 따름을 유추하게 한다. 한쪽이 불리하면 다른 쪽이 유리함이 천도(天道) 즉 자연의[天] 규율[道]이다. 따라서 산(山)이 몰락하여[剝] 〈불리(不利)〉함을 겪을수록 땅[地]은 두터워져 유리(有利)해짐을 살펴 헤아리게 하는 계사(繫辭)가 〈박(剝) 불리유유왕(不利有攸往)〉이다.

【字典】

**박(剝)** 〈갉아 떨어질 박(剝)-박탈(剝脫)-낙(落), 찢을 박(剝)-열(裂), 깎아낼 박(剝)-괄(刮), 떨어질 박(剝)-이(離), 상해를 입힐 박(剝)-상해(傷害), 벗어질 박(剝)-탈(脫), 쌓일 박(剝)-축(畜), 어지러울 박(剝)-난(亂), 불리할 박(剝)-불리(不利), 두드릴 박(剝)-격(擊)〉 등의 뜻을 내지만 여기선 〈갉아 떨어질 박탈(剝脫)〉로 새김이 마땅하다.

**不** 〈불-부〉 등으로 발음되고, 〈않을(없을) 불(不)-부(不)-무(無), 아닐 불(不)-부(不)-비(非), 하지 말 불(不)-부(不)-막(莫)-금지(禁止), 정하지 않을 불(不)-부(不)-부(否)-미정(未定), 새가 날아올라 내려오지 않는 불(不)-부(不)-조비상불하래(鳥飛上不下來)〉 등의 뜻을 내지만 여기선 〈않을 불(不)〉로 여기고 새김이 마땅하다.

**이(利)** 〈만물로 하여금 삶을 이루어가게 하는 덕(德)의 이로울 이(利)-사만물수생지덕(使萬物遂生之德), 날카로울 이(利)-예(銳)-섬(銛), 질병 이(利)-질(疾), 통할 이(利)-통(通)-순(順), 좋을 이(利)-길(吉)-의(宜), 편리할 이(利)-편(便), 마름해 만들어 이룰 이(利)-재성(裁成), 탐할 이(利)-탐(貪), 구할(취할) 이(利)-구(求)-취(取), 좋아할 이(利)-열애(悅愛), 이로울 이(利)-익(益), 기교 이(利)-교(巧), 보람 이(利)-공용(功用), 지세가 험하고 중요한 이(利)-험요(險要), 이길 이(利)-승(勝), 어질 이(利)-인(仁)〉 등의 뜻을 내지만 여기선 〈이로울 이(利)〉로 여기고 새김이 마땅하다. 〈利〉가 맨 앞에 오면 〈이〉로 발음되고, 중간이나 뒤에 오면 〈리〉로 발음된다.

**유(有)** 〈없을 무(無)의 반대말로 있을 유(有), 혹 유(有)-혹(或), 많을 유(有)-다(多)-족(足), 부유할 유(有)-부(富), 얻을(가질) 유(有)-취(取), 간직할 유(有)-장(藏), 보호할 유(有)-보(保), 서로 친할 유(有)-상친(相親), 전일할 유(有)-전(專), 할 유(有)-위(爲), 어조사 유(有)〉 등의 뜻을 내지만 〈있을 유(有)〉로 여기고 새김이 마땅하다.

**유(攸)** 〈곳 유(攸)-소(所), 흘러가는 물 유(攸)-행수(行水), 아득할 유(攸)-장원(長遠)-유(悠), 닦을 유(攸)-수(修), 터득한 모습 유(攸)-자득모(自得貌), 빠를 유(攸)-숙(倏), 대롱거릴 유(攸)-현위모(懸危貌), 수심에 찬 모습 유(攸)-수모(愁貌)〉 등의 뜻을 내지만 여기선 〈곳 소(所)〉와 같다 여기고 새김이 마땅하다.

**왕(往)** 〈갈 왕(往)-행(行)-지(之)-거(去), 이를 왕(往)-지(至), 향할 왕(往)-향(向), 옛 왕(往)-석(昔), 이따금 왕(往)-시시(時時), 뒤 왕(往)-후(後)〉 등의 뜻을 내지만 〈갈 행(行)〉과 같다 여기고 새김이 마땅하다.

## 2 효의 효상과 계사

初六 : 剝牀以足이라 蔑貞이면 凶하다
박상이족 멸정 흉

六二 : 剝牀以辨이라 蔑貞이면 凶하다
박상이변 멸정 흉

六三 : 剝之하나 无咎니라
박지 무구

六四 : 剝牀以膚이라 凶하다
박상이부 흉

六五 : 貫魚하여 以宮人寵이니 无不利하다
관어 이궁인총 무불리

上九 : 碩果不食이다 君子得輿하고 小人剝廬한다
석과불사 군자득여 소인박려

초륙(初六) : 평상다리[足]로써[以] 평상을[牀] 박탈한다[剝]. 올곧음이[貞] 없다면[蔑] 흉하다[凶].

육이(六二) : 평상허리[辨]로써[以] 평상을[牀] 박탈한다[剝]. 올곧음이[貞] 없다면[蔑] 흉하다[凶].

육삼(六三) : 박탈하나[剝之] 허물이[咎] 없다[无].

육사(六四) : 거적자리[膚]로써[以] 평상을[牀] 박탈한다[剝]. 흉하다[凶].

육오(六五) : 물고기를[魚] 꿰어[貫] 궁인의[宮人] 총애로[寵] 삼으니[以] 이롭지[利] 않음이[不] 없다[无].

상구(上九) : 큰[碩] 과일은[果] 먹히지 않는다[不食]. 군자는[君子] 수레를[輿] 얻고[得] 소인은[小人] 집을[廬] 헐린다[剝].

# 초륙(初六 : --)

初六 : 剝牀以足이라 蔑貞이면 凶하다
박상이족 멸정 흉

초륙(初六) : 평상다리[足]로써[以] 평상을[牀] 박탈한다[剝]. 올곧음이[貞] 없다면[蔑] 흉하다[凶].

**【초륙(初六)의 효상(爻象) 풀이】**

박괘(剝卦 : ䷖)의 초륙(初六 : --)은 이음거양(以陰居陽) 즉 음(陰 : --)으로써[以] 양(陽 : —)의 자리에 있는지라[居] 정당한 자리에 있지 못하다. 초륙(初六 : --)과 육이(六二 : --)는 양음(兩陰) 즉 둘 다[兩] 음(陰 : --)인지라 〈비(比)〉 즉 이웃의 사귐[比]을 누리지 못한다. 초륙(初六 : --)과 육사(六四 : --)도 양음(兩陰)인지라 〈부정응(不正應)〉 즉 서로 바르게[正] 호응하지 못한다[不應]. 박괘(剝卦 : ䷖)의 초륙(初六 : --)은 박괘(剝卦 : ䷖)의 주제인 〈박(剝)〉 즉 탈락[剝]이 시작되는 자리에 있는지라 평상[牀]으로 치면 평상의 다리[足]에 속하는 모습이다.

박괘(剝卦 : ䷖)의 초륙(初六 : --)이 초구(初九 : —)로 변효(變爻)하면 초륙(初六 : --)은 박괘(剝卦 : ䷖)를 27번째 이괘(離卦 : ䷚)로 지괘(之卦)하게 한다. 따라서 박괘(剝卦 : ䷖)의 초륙(初六 : --)은 이괘(離卦 : ䷚)의 초구(初九 : —)를 찾아가 살펴보게 한다.

**【초륙(初六)의 계사(繫辭) 풀이】**

## 剝牀以足(박상이족) 蔑貞(멸정) 凶(흉)

평상다리[足]로써[以] 평상을[牀] 박탈한다[剝]. 올곧음이[貞] 없다면[蔑] 흉하다[凶].

초륙(初六 : --)의 효위(爻位)를 빌려 암시한 계사(繫辭)이다. 〈박상이족(剝牀以足)〉은 〈초륙박상이상지족(初六剝牀以牀之足)〉의 줄임으로 여기고 〈초륙이[初六] 평상의[牀之] 다리[足]로써[以] 평상을[牀] 박탈한다[剝]〉라고 새겨볼 것이다. 〈박상이족(剝牀以足)의 이족(以足)〉은 〈이상지족(以牀之足)〉의 줄임이다. 박괘(剝卦 : ䷖)에서 초륙(初六 : --)이 〈이족(以足)〉 즉 평상의 다리[足]로써[以] 〈박상(剝牀)〉 즉 평상을[牀] 갉아먹는[剝] 모습이다. 〈상(牀)〉이란 사람이 편안히 쉬게 하는 평상(平床)을 말한다. 대성괘(大成卦)에서 초효(初爻)의 자리는 인체로 치면 발[足]에 속한다. 따라서 박괘(剝卦 : ䷖)의 초륙(初六 : --)은 평상의[牀] 다리를[足] 갉아먹기[剝] 시작하는 모습으로 취상(取象)된 것이다.

〈멸정(蔑貞) 흉(凶)〉은 〈약초륙멸정대박상이족(若初六蔑貞對剝牀以足) 초륙흉(初六凶)〉의 줄임으로 여기고 〈만약[若] 초륙에게[初六] 박상이족에[剝牀以足] 대한[對] 올곧음이[貞] 없다면[蔑] 초륙은[初六] 흉하다[凶]〉라고 새겨볼 것이다. 평상의 다리가 갉아먹혀 삭게 되면 평상이 주저앉아 쓸모없게 됨을 개의치 않는 마음가짐을 암시한 것이 〈멸정(蔑貞)〉이다. 여기 〈멸정(蔑貞)의 멸(蔑)〉은 〈없앨 멸(滅)〉과 같고, 〈멸정(蔑貞)의 정(貞)〉은 〈올곧을 정(正)〉과 같다. 따라서 〈멸정(蔑貞)〉이란 바름을[正] 없애고[滅] 삿됨[邪]을 취함을 암시한다. 박괘(剝卦 : ䷖)의 기저(基底)인 초륙(初六 : --)이 올곧음을[貞] 저버린다면[蔑] 시작부터 사(邪) 즉 삿됨[邪]만 남을 터이니 흉(凶)할 수밖에 없음을 암시한 계사(繫辭)가 〈박상이족(剝牀以足) 멸정(蔑貞) 흉(凶)〉이다.

【字典】

**박(剝)** 〈갉아 떨어질 박(剝)-박탈(剝脫)-낙(落), 찢을 박(剝)-열(裂), 깎아낼 박(剝)-괄(刮), 떨어질 박(剝)-이(離), 상해를 입힐 박(剝)-상해(傷害), 벗어질 박(剝)-탈(脫), 쌓일 박(剝)-축(畜), 어지러울 박(剝)-난(亂), 불리할 박(剝)-불리(不利), 두드릴 박(剝)-격(擊)〉 등의 뜻을 내지만 여기선 〈갉아 떨어질 박탈(剝脫)〉과 같다 여기고 새김이 마땅하다.

**상(牀)** 〈사람이 앉거나 눕는 가구(몸을 편안하게 하는 의자) 상(牀)-인소좌와지구(人所坐臥之具)-안신지궤좌(安身之几坐), 평상 상(牀)-와탑(臥榻), 살평상 상(牀)-책(簀), 우물 난간 상(牀)-정간(井幹), 마루 상(牀)-인소좌와(人所坐臥), 걸상 상(牀)-과상(跨床)〉 등의 뜻을 내지만 여기선 〈사람이 앉거나 눕는 가구 인소좌와지구(人所坐臥之具)〉로 여기고 새김이 마땅하다.

**이(以)** 〈써 이(以)-용(用), 본받을 이(以)-법(法), 할 이(以)-위(爲), 생각할 이(以)-

사(思), 거느릴 이(以)-솔(率), 그만둘 이(以)-이(已), 때문에 이(以)-인(因) {까닭 이(以)로 명사(名詞) 노릇도 하는데 주로 유이(有以) 무이(無以) 꼴일 때가 대부분임.}, 더불어 이(以)-여(與), 하여금 이(以)-사(使), 이미 이(以)-이(已)〉 등의 뜻을 내고 이 외에도 전후문맥(前後文脈)에 따라 다양한 뜻을 자유롭게 내며 〈그래서 이(以)-소이(所以)-인이(因以)〉처럼 계사(繫詞) 노릇마저도 한다. 여기선 〈써 용(用)〉으로 여기고 새김이 마땅하다.

**足** 〈족-주〉 두 가지로 발음되고, 〈발 족(足)-지(趾), 넉넉할 족(足)-착(浞)-득(得), 산록 족(足)-산록(山麓)-산족(山足), 밟을 족(足)-답(踏), 갈 족(足)-행(行)-주(走), (만족하여) 그칠 족(足)-지(止), 흡족할 족(足)-만(滿), 편안히 제 분수를 지킬 족(足)-안분(安分), 더할 주(足)-익(益), 아당할 주(足)-주공(足恭)〉 등의 뜻을 내지만 여기선 〈발 지(趾)〉로 여기고 새김이 마땅하다.

**멸(蔑)** 〈업신여길 멸(蔑)-경이(輕易)-경모(輕侮), 없을 멸(蔑)-무(無), 작을 멸(蔑)-미(微), 깎을 멸(蔑)-삭(削), 버릴 멸(蔑)-기(棄)〉 등의 뜻을 내지만 여기선 〈업신여길 경모(輕侮)〉와 같다 여기고 새김이 마땅하다.

**정(貞)** 〈믿을 정(貞)-신(信), 올곧을(바를) 정(貞)-정(正), 거북점을 물을 정(貞)-복문(卜問), 역(易)의 내괘(內卦) 정(貞), 마땅할 정(貞)-당(當), 정할 정(貞)-정(定), 순수할 정(貞)-전(專)-일(一)〉 등의 뜻을 내지만 여기선 〈바를 정(正), 믿을 신(信)〉 등과 같다 여기고 새김이 마땅하다.

**흉(凶)** 〈불행할(흉할) 흉(凶)-길지반(吉之反), 흉한 사람 흉(凶)-흉인(凶人), 나쁠 흉(凶)-오(惡), 재앙 흉(凶)-화(禍), 요사할 흉(凶)-요사(夭死), 걱정할 흉(凶)-우(憂)-구(懼), 악한 사람 흉(凶)-악인(惡人), 흉년 흉(凶)-연곡불숙(年穀不熟), 사나울 흉(凶)-포학(暴虐), 음기 흉(凶)-음기(陰氣), 북쪽 흉(凶)-북(北), 없을 흉(凶)-공(空), 송사 흉(凶)-송(訟), 거역할 흉(凶)-역(逆), 어그러질 흉(凶)-패(悖), 허물 흉(凶)-구(咎)〉 등의 뜻을 내지만 여기선 〈불행할 흉(凶)〉으로 여기고 새김이 마땅하다.

## 육이(六二 : --)

六二 : 剝牀以辨이라 蔑貞이면 凶하다
박상이변 멸정 흉

육이(六二) : 평상허리[辨]로써[以] 평상을[牀] 박탈한다[剝]. 올곧음이[貞] 없다면[蔑] 흉하다[凶].

**【육이(六二)의 효상(爻象) 풀이】**

박괘(剝卦 : ䷖)의 육이(六二 : --)는 이음거음(以陰居陰) 즉 음(陰 : --)으로써[以] 음(陰 : --)의 자리에 있는지라[居] 정당한 자리에 있다. 육이(六二 : --)는 아래로 초륙(初六 : --)과 위로 육삼(六三 : --)과는 모두 음(陰 : --)의 사이인지라 〈비(比)〉 즉 이웃의 사귐[比]을 누리지 못한다. 육이(六二 : --)와 육오(六五 : --)도 양음(兩陰) 즉 둘 다[兩] 음(陰 : --)인지라 중정(中正)을 서로 나누어 누리지 못하고 〈부정응(不正應)〉 즉 서로 바르게[正] 호응하지 못한다[不應]. 따라서 박괘(剝卦 : ䷖)의 육이(六二 : --)는 중효(中爻)이지만 박괘(剝卦 : ䷖)의 주제인 〈박(剝)〉 즉 탈락[剝]의 시국을 맞아 탈락하려는[剝] 힘을 점점 더 점증(漸增)하려 하므로 득중(得中) 즉 정도를 따름을[中] 취함[得]이 허물어질 수 있기에 현명한 길잡이나 올곧게 도와줄 동료가 필요한 모습이다.

박괘(剝卦 : ䷖)의 육이(六二 : --)가 구이(九二 : —)로 변효(變爻)하면 육이(六二 : --)는 박괘(剝卦 : ䷖)를 4번째 몽괘(蒙卦 : ䷃)로 지괘(之卦)하게 한다. 따라서 박괘(剝卦 : ䷖)의 육이(六二 : --)는 몽괘(蒙卦 : ䷃)의 구이(九二 : —)를 찾아가 살펴보게 한다.

**【육이(六二)의 계사(繫辭) 풀이】**

### 剝牀以辨(박상이변) 蔑貞(멸정) 凶(흉)

평상허리[辨]로써[以] 평상을[牀] 박탈한다[剝]. 올곧음이[貞] 없다면[蔑] 흉하다[凶].

육이(六二 : --)의 효위(爻位)를 빌려 암시한 계사(繫辭)이다. 〈박상이변(剝牀以辨)〉은 〈육이박상이상지변(六二剝牀以牀之辨)〉의 줄임으로 여기고 〈육이가[六二] 평상의[牀之] 허리[辨]로써[以] 평상을[牀] 박탈한다[剝]〉라고 새겨볼 것이다. 〈박상이변(剝牀以辨)의 이변(以辨)〉은 〈이상지변(以牀之辨)〉의 줄임이다. 박괘(剝卦 : ䷖)에서 육이(六二 : --)가 〈이변(以辨)〉 즉 평상의 허리[辨]로써[以] 〈박상(剝牀)〉 즉 평상을[牀] 갉아먹는[剝] 모습이다. 박괘(剝卦 : ䷖)의 육이(六二 : --)가 평상의[牀] 허리를[辨] 갉아먹는[剝] 모습으로 취상(取象)된 것이다.

〈멸정(蔑貞) 흉(凶)〉은 〈약륙이멸정대박상이변(若六二蔑貞對剝牀以辨) 육이흉(六二凶)〉의 줄임으로 여기고 〈만약[若] 육이에게[六二] 박상이변에[剝牀以辨] 대한[對] 올곧음이[貞] 없다면[蔑] 육이는[六二] 흉하다[凶]〉라고 새겨볼 것이다. 평상의 허리가 갉아먹혀 삭게 되면 평상이 주저앉아 쓸모없게 됨을 개의치 않는 마음가짐을 암시한 것이 〈멸정(蔑貞)〉이다. 여기 〈멸정(蔑貞)의 멸(蔑)〉은 〈없앨 멸(滅)〉과 같고, 〈멸정(蔑貞)의 정(貞)〉은 〈올곧을 정(正)〉과 같다. 따라서 〈멸정(蔑貞)〉이란 바름을[正] 없애고[滅] 삿됨[邪]을 취함을 암시한다. 박괘(剝卦 : ䷖) 하체(下體)의 중효(中爻)인 육이(六二 : --)가 올곧음을[貞] 저버린다면[蔑] 시작부터 사(邪) 즉 삿됨[邪]만 남을 터이니 흉(凶)할 수밖에 없음을 암시한 계사(繫辭)가 〈박상이변(剝牀以辨) 멸정(蔑貞) 흉(凶)〉이다.

【字典】

**박(剝)** 〈갉아 떨어질 박(剝)-박탈(剝脫)-낙(落), 찢을 박(剝)-열(裂), 깎아낼 박(剝)-괄(刮), 떨어질 박(剝)-이(離), 상해를 입힐 박(剝)-상해(傷害), 벗어질 박(剝)-탈(脫), 쌓일 박(剝)-축(畜), 어지러울 박(剝)-난(亂), 불리할 박(剝)-불리(不利), 두드릴 박(剝)-격(擊)〉 등의 뜻을 내지만 여기선 〈갉아 떨어질 박탈(剝脫)〉과 같다 여기고 새김이 마땅하다.

**상(牀)** 〈사람이 앉거나 눕는 가구(몸을 편안하게 하는 의자) 상(牀)-인소좌와지구(人所坐臥之具)-안신지궤좌(安身之几坐), 평상 상(牀)-와탑(臥榻), 살평상 상(牀)-책(簀), 우물 난간 상(牀)-정간(井幹), 마루 상(牀)-인소좌와(人所坐臥), 걸상 상(牀)-과상(跨床)〉 등의 뜻을 내지만 여기선 〈사람이 앉거나 눕는 가구 인소좌와지구(人所坐臥之具)〉로 여기고 새김이 마땅하다.

**이(以)** 〈써 이(以)-용(用), 본받을 이(以)-법(法), 할 이(以)-위(爲), 생각할 이(以)-사(思), 거느릴 이(以)-솔(率), 그만둘 이(以)-이(已), 때문에 이(以)-인(因) {까닭 이(以)로 명사(名詞) 노릇도 하는데 주로 유이(有以) 무이(無以) 꼴일 때가 대부분임.}, 더불어 이(以)-여(與), 하여금 이(以)-사(使), 이미 이(以)-이(已)〉 등의 뜻을 내고 이 외에도 전후문맥(前後文脈)에 따라 다양한 뜻을 자유롭게 내며 〈그래서 이(以)-소이(所以)-인이(因以)〉처럼 계사(繫詞) 노릇마저도 한다. 여기선 〈써 용(用)〉으로 여기고 새김이 마땅하다.

**변(辨)** 〈사이를 나타낼 변(辨)-지간(指間), 분명히 할 변(辨)-별(別), 가름할 변(辨)-이(離), 다스릴 변(辨)-치(治)-이(理)〉 등의 뜻을 내지만 〈사이를 나타낼 지간(指間)〉으로 여기고 새김이 마땅하다.

**멸(蔑)** 〈업신여길 멸(蔑)-경이(輕易)-경모(輕侮), 없을 멸(蔑)-무(無), 작을 멸(蔑)-미(微), 깎을 멸(蔑)-삭(削), 버릴 멸(蔑)-기(棄)〉 등의 뜻을 내지만 여기선 〈업신여길 경모(輕侮)〉와 같다 여기고 새김이 마땅하다.

**정(貞)** 〈믿을 정(貞)-신(信), 올곧을(바를) 정(貞)-정(正), 거북점을 물을 정(貞)-복문(卜問), 역(易)의 내괘(內卦) 정(貞), 마땅할 정(貞)-당(當), 정할 정(貞)-정(定), 순수할 정(貞)-전(專)-일(一)〉 등의 뜻을 내지만 여기선 〈바를 정(正), 믿을 신(信)〉 등과 같다 여기고 새김이 마땅하다.

**흉(凶)** 〈불행할(흉할) 흉(凶)-길지반(吉之反), 흉한 사람 흉(凶)-흉인(凶人), 나쁠 흉(凶)-오(惡), 재앙 흉(凶)-화(禍), 요사할 흉(凶)-요사(夭死), 걱정할 흉(凶)-우(憂)-구(懼), 악한 사람 흉(凶)-악인(惡人), 흉년 흉(凶)-연곡불숙(年穀不熟), 사나울 흉(凶)-포학(暴虐), 음기 흉(凶)-음기(陰氣), 북쪽 흉(凶)-북(北), 없을 흉(凶)-공(空), 송사 흉(凶)-송(訟), 거역할 흉(凶)-역(逆), 어그러질 흉(凶)-패(悖), 허물 흉(凶)-구(咎)〉 등의 뜻을 내지만 여기선 〈불행할 흉(凶)〉으로 여기고 새김이 마땅하다.

# 육삼(六三 : --)

六三 : 剝之하나 无咎니라
박지 무구

육삼(六三) : 박탈하나[剝之] 허물이[咎] 없다[无].

【육삼(六三)의 효상(爻象) 풀이】

박괘(剝卦 : ䷖)의 육삼(六三 : --)은 이음거양(以陰居陽) 즉 음(陰 : --)으로써[以] 양(陽 : —)의 자리에 있는지라[居] 정당한 자리에 있지 못하다. 육삼(六三 : --)은 육이(六二 : --)와 육사(六四 : --)와도 모두 다 음(陰 : --)의 사이인지라 〈비(比)〉 즉 이웃의 사귐[比]을 누리지 못한다. 그러나 육삼(六三 : --)과 상구(上九 : —)는 음양(陰陽)의 사이인지라 〈정응(正應)〉 즉 바르게[正] 서로 호응할[應] 수 있다. 따라서 육삼(六三 : --)은 박괘(剝卦 : ䷖)의 다른 음효(陰爻 : --)들과는 달리 박괘(剝卦 : ䷖)에서 유일하게 상구(上九 : —)와 상화(相和) 즉 서로[相] 어울릴[和] 수 있어서, 소인(小人)들과 함께하기를 마다하고 극위(極位)에 있는 현자(賢者)와 함께하기를 택하는 모습이다.

> 박괘(剝卦 : ䷖)의 육삼(六三 : --)이 구삼(九三 : —)으로 변효(變爻)하면 육삼(六三 : --)은 박괘(剝卦 : ䷖)를 52번째 간괘(艮卦 : ䷳)로 지괘(之卦)하게 한다. 따라서 박괘(剝卦 : ䷖)의 육삼(六三 : --)은 간괘(艮卦 : ䷳)의 구삼(九三 : —)을 찾아가 살펴보게 한다.

【육삼(六三)의 계사(繫辭) 풀이】

## 剝之(박지) 无咎(무구)

박탈하나[剝之] 허물이[咎] 없다[无].

육삼(六三 : --)의 효위(爻位)를 빌려 암시한 계사(繫辭)이다. 〈박지(剝之) 무구(无咎)〉는 〈수륙삼박지음(雖六三剝之陰) 육삼무구(六三无咎)〉의 줄임으로 여기고 〈비록[雖] 육삼이[六三] 박탈하는[剝之] 음일지라도[陰] 육삼에게는[六三] 허물이

[咎] 없다[无]〉라고 새겨볼 것이다. 여기 〈박지(剝之)의 지(之)〉는 〈상(牀)〉을 나타내는 지시어가 아니라 〈박(剝)〉을 동사이게 해주는 허사(虛詞) 즉 아무런 뜻이 없는 지(之)이다. 위로 육사(六四 : --)와 아래로 초륙(初六 : --)-육이(六二 : --) 등 음효(陰爻 : --)들이 〈상(牀)〉 즉 평상[牀]을 갉아먹어[剝] 평상[牀]으로 취상(取象)된 상구(上九 : ―)를 몰락하게[剝] 하려 하지만, 육삼(六三 : --)만은 상구(上九 : ―)를 갉아먹는[剝] 상하(上下)의 삼음(三陰)과는 달리 상구(上九 : ―)와 정도를 따라[正] 호응하여[應] 상화(相和) 즉 서로[相] 어울린다[和].

이렇기 때문에 육삼(六三 : --)이 비록 상구(上九 : ―)를 갉아먹는[剝] 삼음(三陰)과 같은 무리의 음(陰 : --)일지라도 육삼(六三 : --)은 〈박상(剝牀)〉을 범하지 않음을 암시하는 것이 여기 〈무구(无咎)〉이다. 박괘(剝卦 : ䷖)의 주제인 〈박(剝)〉의 시국은 소(小) 즉 음(陰 : --)들이 대(大) 즉 양(陽 : ―) 하나를 갉아먹는[剝] 불선(不善)의 시국이다. 불선(不善)의 시국은 〈유구(有咎)〉 즉 허물이[咎] 있을[有] 뿐이다. 그런데 박괘(剝卦 : ䷖)의 시국에서 왜 육삼(六三 : --)에게는 〈무구(无咎)〉 즉 허물이[咎] 없다[无]는 것인가? 여기 〈무구(无咎)〉가 육삼(六三 : --)이 변효(變爻)하여 박괘(剝卦 : ䷖)를 간괘(艮卦 : ䷳)로 지괘(之卦)하게 하여 육삼(六三 : --) 자신이 간괘(艮卦 : ䷳)의 하체(下體) 간(艮 : ☶)의 상효(上爻)가 되었음을 암시한다. 「설괘전(說卦傳)」에 〈간은[艮 : ☶] 멈춤[止]이다[也]〉라는 내용이 나온다. 이는 육삼(六三 : --)이 비록 박괘(剝卦 : ䷖)에서 박탈하는[剝] 음(陰 : --)의 무리에 들지만 박괘(剝卦 : ䷖)에서 유일한 대자(大者)인 상구(上九 : ―)와 정응(正應)을 누리기에, 박탈하기를[剝之] 멈추어[止] 허물이[咎] 없음[无]을 암시한 계사(繫辭)가 〈박지(剝之) 무구(无咎)〉이다.

【字典】

**박(剝)** 〈갉아 떨어질 박(剝)-박탈(剝脫)-낙(落), 찢을 박(剝)-열(裂), 깎아낼 박(剝)-괄(刮), 떨어질 박(剝)-이(離), 상해를 입힐 박(剝)-상해(傷害), 벗어질 박(剝)-탈(脫), 쌓일 박(剝)-축(畜), 어지러울 박(剝)-난(亂), 불리할 박(剝)-불리(不利), 두드릴 박(剝)-격(擊)〉 등의 뜻을 내지만 여기선 〈갉아 떨어질 박탈(剝脫)〉과 같다 여기고 새김이 마땅하다.

**지(之)** 〈뜻 없는 허사(虛詞) 지(之), 그것(이것) 지(之)-피(彼)-시(是), 갈 지(之)-

왕(往)-행(行), 이를 지(之)-지(至), 주격-소유격-목적격 등의 토씨 지(之)〉 등의 뜻을 내지만 여기선 허사(虛詞) 〈지(之)〉로 여기고 새김이 마땅하다. 여기 〈박지(剝之)의 지(之)〉는 〈박(剝)〉을 동사화하는 허사(虛詞)의 〈지(之)〉이다.

**무(无)** 〈없을 무(无)-무(無), 허무지도 무(无)-허무지도(虛无之道), 으뜸 무(无)-원(元)〉 등의 뜻을 내지만 여기선 〈없을 무(無)〉와 같다 여기고 새김이 마땅하다.

**구(咎)** 〈재앙 구(咎)-재(災), 병될 구(咎)-병(病), 허물 구(咎)-건(愆)-과(過), 나쁠 구(咎)-오(惡)〉 등의 뜻을 내지만 여기선 〈허물 건(愆)-과(過)〉와 같다 여기고 새김이 마땅하다. 〈무구(无咎)〉는 〈면어구(免於咎)〉 즉 허물을[於咎] 면하다[免]와 같다.

---

註 간지야(艮止也) : 간은[艮 : ☶] 멈춤[止]이다[也]. 「설괘전(說卦傳)」 7단락(段落)

## 육사(六四 : --)

六四 : 剝牀以膚이라 凶하다
박 상 이 부 흉

육사(六四) : 거적자리[膚]로써[以] 평상을[牀] 박탈한다[剝]. 흉하다[凶].

**【육사(六四)의 효상(爻象) 풀이】**

박괘(剝卦 : ䷖)의 육사(六四 : --)는 이음거음(以陰居陰) 즉 음(陰 : --)으로써[以] 음(陰 : --)의 자리에 있는지라[居] 정당한 자리에 있다. 육사(六四 : --)는 육삼(六三 : --)과 육오(六五 : --)와도 모두 다 음(陰 : --)의 사이인지라 〈비(比)〉 즉 이웃의 사귐[比]을 누리지 못하고 오히려 상충(相衝) 즉 서로[相] 부딪치는[衝] 사이이다. 육사(六四 : --)와 초륙(初六 : --)도 양음(兩陰) 즉 둘 다[兩] 음(陰 : --)인지라 〈부정응(不正應)〉 즉 서로 바르게[正] 호응하지 못한다[不應]. 이러한 육사(六四 : --)가 평상[牀]에 누워 있는 사람에게까지 이르러서 사정은 점점 더 나빠진 모습이다.

박괘(剝卦 : ䷖)의 육사(六四 : --)가 구사(九四 : ㅡ)로 변효(變爻)하면 육사(六四 : --)는 박괘(剝卦 : ䷖)를 35번째 진괘(晉卦 : ䷢)로 지괘(之卦)하게 한다. 따라서 박괘(剝卦 : ䷖)의 육사(六四 : --)는 진괘(晉卦 : ䷢)의 구사(九四 : ㅡ)를 찾아가 살펴보게 한다.

【육사(六四)의 계사(繫辭) 풀이】

## 剝牀以膚(박상이부) 凶(흉)

거적자리[膚]로써[以] 평상을[牀] 박탈한다[剝]. 흉하다[凶].

육사(六四 : --)의 효위(爻位)를 빌려 암시한 계사(繫辭)이다. 〈박상이부(剝牀以膚)〉는 〈육사박상이상지부(六四剝牀以牀之膚)〉의 줄임으로 여기고 〈육사가[六四] 평상의[牀之] 거적자리[膚]로써[以] 평상을[牀] 박탈한다[剝]〉라고 새겨볼 것이다. 〈박상이부(剝牀以膚)의 이부(以膚)〉는 〈이상지부(以牀之膚)〉의 줄임이고, 여기 〈부(膚)〉는 〈거적자리 천석(薦席)〉과 같다. 박괘(剝卦 : ䷖)에서 육사(六四 : --)가 〈이부(以膚)〉 즉 평상의 거적자리[膚]로써[以] 〈박상(剝牀)〉 즉 평상을[牀] 갉아먹는[剝] 모습이다. 박괘(剝卦 : ䷖)의 육사(六四 : --)가 평상의[牀] 거적자리를[膚] 갉아먹는[剝] 모습으로 취상(取象)된 것이다. 평상의[牀] 거적자리[膚]를 취하여 육사(六四 : --)의 효상(爻象)을 비유함은 사람이 앉거나 눕는 평상의 천석(薦席) 즉 거적자리[薦席]를 갉아먹는 데까지 육사(六四 : --)가 이르렀음을 암시한다. 〈상(牀)〉의 천석(薦席)을 〈부(膚)〉로 비유한다. 따라서 〈부(膚)〉란 평상의[牀] 판(板) 즉 바닥[板]에 깔린 거적자리[薦席]에 해당되어 아래의 다른 음효(陰爻 : --)들이 평상[牀] 자체를 갉아먹기[剝]를 다해버린 셈이어서, 육사(六四 : --)가 평상의[牀] 거적자리라도[膚] 갉아먹어[剝] 평상 구실을 못하게 하여 상구(上九 : ㅡ)를 몰락시킴[剝]을 〈부(膚)〉가 암시한다. 평상의 바닥에 깔린 〈부(膚)〉 즉 천석(薦席)마저 갉아 삭아버리면 결국 〈상(牀)〉이 몰락하게[剝] 되고 그러면 결국 육사(六四 : --)가 상구(上九 : ㅡ)를 몰락시키는[剝] 마지막 박자(剝者)가 되고 말 터이니, 육사(六四 : --)를 흉하다[凶]고 암시한 계사(繫辭)가 〈박상이부(剝牀以膚) 흉(凶)〉이다.

【字典】

**박(剝)** 〈갉아 떨어질 박(剝)-박탈(剝脫)-낙(落), 찢을 박(剝)-열(裂), 깎아낼 박(剝)-괄(刮), 떨어질 박(剝)-이(離), 상해를 입힐 박(剝)-상해(傷害), 벗어질 박(剝)-탈(脫), 쌓일 박(剝)-축(畜), 어지러울 박(剝)-난(亂), 불리할 박(剝)-불리(不利), 두드릴 박(剝)-격(擊)〉 등의 뜻을 내지만 여기선 〈갉아 떨어질 박탈(剝脫)〉과 같다 여기고 새김이 마땅하다.

**상(牀)** 〈사람이 앉거나 눕는 가구(몸을 편안하게 하는 의자) 상(牀)-인소좌와지구(人所坐臥之具)-안신지궤좌(安身之几坐), 평상 상(牀)-와탑(臥榻), 살평상 상(牀)-책(簀), 우물 난간 상(牀)-정간(井幹), 마루 상(牀)-인소좌와(人所坐臥), 걸상 상(牀)-과상(跨床)〉 등의 뜻을 내지만 여기선 〈사람이 앉거나 눕는 가구 인소좌와지구(人所坐臥之具)〉로 여기고 새김이 마땅하다.

**이(以)** 〈써 이(以)-용(用), 본받을 이(以)-법(法), 할 이(以)-위(爲), 생각할 이(以)-사(思), 거느릴 이(以)-솔(率), 그만둘 이(以)-이(已), 때문에 이(以)-인(因) {까닭 이(以)로 명사(名詞) 노릇도 하는데 주로 유이(有以) 무이(無以) 꼴일 때가 대부분임.}, 더불어 이(以)-여(與), 하여금 이(以)-사(使), 이미 이(以)-이(已)〉 등의 뜻을 내고 이 외에도 전후문맥(前後文脈)에 따라 다양한 뜻을 자유롭게 내며 〈그래서 이(以)-소이(所以)-인이(因以)〉처럼 계사(繫詞) 노릇마저도 한다. 여기선 〈써 용(用)〉으로 여기고 새김이 마땅하다.

**부(膚)** 〈거적자리 부(膚)-천석(薦席), 살갗 부(膚)-혁외박피(革外薄皮), 아름다울 부(膚)-미(美), 클 부(膚)-대(大), 돼지고기 부(膚)-시육(豕肉), 글말이 천박한 부(膚)-문사천박(文辭淺薄), 벗길 부(膚)-박(剝), 보낼 부(膚)-전(傳), 이끼 부(膚)-태(苔)〉 등의 뜻을 내지만 여기선 〈거적자리 천석(薦席)〉으로 여기고 새김이 마땅하다.

**흉(凶)** 〈불행할(흉할) 흉(凶)-길지반(吉之反), 흉한 사람 흉(凶)-흉인(凶人), 나쁠 흉(凶)-오(惡), 재앙 흉(凶)-화(禍), 요사할 흉(凶)-요사(夭死), 걱정할 흉(凶)-우(憂)-구(懼), 악한 사람 흉(凶)-악인(惡人), 흉년 흉(凶)-연곡불숙(年穀不熟), 사나울 흉(凶)-포학(暴虐), 음기 흉(凶)-음기(陰氣), 북쪽 흉(凶)-북(北), 없을 흉(凶)-공(空), 송사 흉(凶)-송(訟), 거역할 흉(凶)-역(逆), 어그러질 흉(凶)-패(悖), 허물 흉(凶)-구(咎)〉 등의 뜻을 내지만 여기선 〈불행할 흉(凶)〉으로 여기고 새김이 마땅하다.

# 육오(六五 : --)

六五：貫魚하여 以宮人寵이니 无不利하다
관어 이궁인총 무불리

육오(六五) : 물고기를[魚] 꿰어[貫] 궁인의[宮人] 총애로[寵] 삼으니[以] 이롭지[利] 않음이[不] 없다[无].

**【육오(六五)의 효상(爻象) 풀이】**

박괘(剝卦 : ䷖)의 육오(六五 : --)는 이음거양(以陰居陽) 즉 음(陰 : --)으로써[以] 양(陽 : ㅡ)의 자리에 있는지라[居] 정당한 자리에 있지 못하다. 육오(六五 : --)와 육사(六四 : --)는 양음(兩陰)인지라 〈비(比)〉 즉 이웃의 사귐[比]을 누리지 못하고 오히려 서로 부딪치는 모습이다. 육오(六五 : --)와 육이(六二 : --)도 양음(兩陰) 즉 둘 다[兩] 음(陰 : --)인지라 〈부정응(不正應)〉 즉 서로 바르게[正] 호응하지 못하는[不應] 사이이다. 그러나 육오(六五 : --)와 상구(上九 : ㅡ)는 음양(陰陽)으로서 이웃의 사귐[比]을 누리면서, 육오(六五 : --)는 부정위(不正位)에 있지만 상구(上九 : ㅡ)는 정위에 있는지라 양창음수(陽倡陰隨) 즉 양기가[陽] 부르니[倡] 음기가[陰] 따라가는[隨] 모습일 뿐만 아니라, 존위(尊位)의 자리에서 박괘(剝卦 : ䷖)의 상체(上體) 간(艮 : ☶)의 중효(中爻)로서 정지(靜止) 즉 고요히[靜] 멈춰[止] 득중(得中) 즉 정도를 따름을[中] 취하여[得] 박괘(剝卦 : ䷖)의 주제인 박(剝)의 시국을 종지(終止)시키는 모습이다.

박괘(剝卦 : ䷖)의 육오(六五 : --)가 구오(九五 : ㅡ)로 변효(變爻)하면 육오(六五 : --)는 박괘(剝卦 : ䷖)를 20번째 관괘(觀卦 : ䷓)로 지괘(之卦)하게 한다. 따라서 박괘(剝卦 : ䷖)의 육오(六五 : --)는 관괘(觀卦 : ䷓)의 구오(九五 : ㅡ)를 찾아가 살펴보게 한다.

【육오(六五)의 계사(繫辭) 풀이】

## 貫魚(관어) 以宮人寵(이궁인총) 无不利(무불리)

물고기를[魚] 꿰어[貫] 궁인의[宮人] 총애로[寵] 삼으니[以] 이롭지[利] 않음이[不] 없다[无].

육오(六五 : --)의 효위(爻位)를 빌려 암시한 계사(繫辭)이다. 〈관어(貫魚) 이궁인총(以宮人寵)〉은 〈육오관어(六五貫魚) 소이륙오총궁인(所以六五寵宮人)〉의 줄임으로 여기고 〈육오가[六五] 물고기를[魚] 꿰었다[貫] 그리하여[所以] 육오는[六五] 궁인들을[宮人] 총애한다[寵]〉라고 새겨볼 것이다. 군왕(君王)인 육오(六五 : --)는 박괘(剝卦 : ䷖)에서 제음(諸陰)의 상위(上位)에 있음을 암시하고, 동시에 제음(諸陰)이 군왕(君王)에게 순복(順服)함을 취상(取象)한 것이 〈관어(貫魚)〉이다. 이는 박괘(剝卦 : ䷖)의 주제인 〈박(剝)〉의 시국이 군왕(君王)의 자리에 이르러 극(極)에 달하니 박탈[剝]의 흉(凶)함을 벗어나 박괘(剝卦 : ䷖)의 제음(諸陰)이 육오(六五 : --)를 받드는 〈궁인(宮人)〉으로 탈바꿈되었음을 암시한다. 이는 소인천선(小人遷善) 즉 소인들이[小人] 선함으로[善] 옮겨옴[遷]을 암시하고, 동시에 〈박(剝)〉을 일삼던 제음(諸陰)을 〈궁인(宮人)〉으로 순복(順服)시켜 육오(六五 : --)가 상구(上九 : —)를 이웃으로 받들게 되었음이다. 이로써 상구(上九 : —)의 피박(被剝) 즉 갉아먹힘[被剝]이 멈추게 되었음을 암시한 것이 〈관어(貫魚) 이궁인총(以宮人寵)〉이다.

〈관어(貫魚)의 관(貫)〉은 육오(六五 : --)가 변효(變爻)하여 박괘(剝卦 : ䷖)의 상체(上體) 간(艮 : ☶)이 손(巽 : ☴)으로 변괘(變卦)됨을 암시한다. 왜냐하면 〈관어(貫魚)의 관(貫)〉이 「설괘전(說卦傳)」에 나오는 〈손은[巽 : ☴] 줄의[繩] 곧음[直]이다[爲]〉라는 내용을 환기시키기 때문이다. 〈관어(貫魚)의 어(魚)〉는 수족(水族)이다. 수족(水族)은 수성(水性)이고 수성(水性)은 음(陰 : --)인지라, 〈관어(貫魚)의 어(魚)〉는 육오(六五 : --) 아래에 있는 초륙(初六 : --)-육이(六二 : --)-육삼(六三 : --)-육사(六四 : --)를 취상(取象)한 것이다. 〈이궁인총(以宮人寵)의 이(以)〉는 앞의 내용과 뒤의 내용을 이어주는 연사(連辭)로서 〈그래서 소이(所以)〉의 줄임이다. 〈이궁인총(以宮人寵)의 궁인(宮人)〉 역시 음(陰 : --)이니 초륙(初六 :

--)-육이(六二 : --)-육삼(六三 : --)-육사(六四 : --)를 취상(取象)한 것이고, 육오(六五 : --)가 박괘(剝卦 : ䷖)의 상체(上體) 간(艮 : ☶)의 중효(中爻)임을 들어 취상(取象)된 것이다. 왜냐하면 〈이궁인총(以宮人寵)의 궁인(宮人)〉이 「설괘전(說卦傳)」에 나오는 〈간은[艮 : ☶] 궁궐의 문[門闕]이다[爲]〉라는 내용을 환기시키기 때문이다. 〈궁인(宮人)〉이란 궁궐의 문[門闕] 안의 궁녀(宮女)와 내시(內侍)들로서 여기의 〈궁인(宮人)〉은 초륙(初六 : --)-육이(六二 : --)-육삼(六三 : --)-육사(六四 : --)를 취상(取象)한 것이다.

군왕(君王)으로서 육오(六五 : --)가 초륙(初六 : --)-육이(六二 : --)-육사(六四 : --)가 자행(恣行)하던 〈박(剝)〉 즉 박탈하는[剝] 짓을 멈추게 하여 〈궁인(宮人)〉으로 순복(順服)시켜 육오(六五 : --) 자신과 함께 현자(賢者)로서 상위(上位)에 있는 상구(上九 : —)를 이웃으로 받들게 하기에 〈무불리(无不利)〉라고 한 것이다. 〈무불리(无不利)〉는 〈복괘지제효무불리(復卦之諸爻无不利)〉의 줄임으로 여기고 〈복괘의[復卦之] 모든[諸] 효에게[爻] 이롭지 않음이란[不利] 없다[无]〉라고 새겨볼 것이다. 그러므로 육오(六五 : --)는 박괘(剝卦 : ䷖)의 시국인 성(盛)한 음(陰 : --)이 쇠(衰)한 양(陽 : —)을 〈박(剝)〉 즉 박탈하기[剝]를 멈추게 한 것이다. 오히려 군왕(君王)으로서 육오(六五 : --)가 음효(陰爻)의 무리를 견인(牽引) 즉 끌어당겨서[牽引] 상구(上九 : —)를 받들어 따르게 함으로써 〈박(剝)〉이라는 불선(不善)의 시국을 종언시켜 박괘(剝卦 : ䷖)의 시국을 천선(遷善)의 시국으로 변화시킨 셈이라, 육오(六五 : --)와 더불어 박괘(剝卦 : ䷖)의 제효(諸爻)에게 불리함이[不利] 없음[无]을 암시한 계사(繫辭)가 〈관어(貫魚) 이궁인총(以宮人寵) 무불리(无不利)〉이다.

**【字典】**

**관(貫)** 〈(꿰미에) 꿸 관(貫)-천(串)-연천(連穿), 엽전꾸러미 관(貫)-전곶(錢串), 이을 관(貫)-속(續)-연(連), 맞힐(적중) 관(貫)-중(中), 묶을 관(貫)-누(累), 포갤 관(貫)-적(積), 나설 관(貫)-출(出), 갈 관(貫)-관행(貫行), 같을 관(貫)-동(同)-일관(一貫), 깨우칠 관(貫)-효(曉)-오(悟), 행동 관(貫)-행(行), 본관 관(貫)-본관(本貫), 벼리 관(貫)-조리(條理), 일 관(貫)-사(事), 익힐 관(貫)-습(習)〉 등의 뜻을 내지만 여기선 〈꿸 천(串)〉과 같다 여기고 새김이 마땅하다.

**어(魚)** 〈물고기 어(魚)-수생동물지일(水生動物之一)-수충(水蟲), 고리눈말 어(魚)-환안마(環眼馬), 나 어(魚)-오(吾)〉 등의 뜻을 내지만 여기선 〈물고기 수충(水蟲)〉으로 여기고 새김이 마땅하다.

**이(以)** 〈써 이(以)-용(用), 본받을 이(以)-법(法), 할 이(以)-위(爲), 생각할 이(以)-사(思), 거느릴 이(以)-솔(率), 그만둘 이(以)-이(已), 때문에 이(以)-인(因) {까닭 이(以)로 명사(名詞) 노릇도 하는데 주로 유이(有以) 무이(無以) 꼴일 때가 대부분임.}, 더불어 이(以)-여(與), 하여금 이(以)-사(使), 이미 이(以)-이(已)〉 등의 뜻을 내고 이 외에도 전후문맥(前後文脈)에 따라 다양한 뜻을 자유롭게 내며 여기선 〈그래서 이(以)-소이(所以)-인이(因以)〉처럼 계사(繫詞) 노릇으로 여기고 새김이 마땅하다.

**궁(宮)** 〈집 궁(宮)-가(家), 담장 궁(宮)-장원(牆垣), 궁궐 궁(宮)-왕지소거(王之所居), 조상을 모시는 사당 궁(宮)-묘(廟), 신령을 모시는 사당 궁(宮)-신사(神祠), 학교 궁(宮)-학교(學校), 임금 궁(宮)-군(君), 가운데 궁(宮)-중(中), 마음 궁(宮)-심(心), 품을(머금을) 궁(宮)-용(容)-함(含), 궁형 궁(宮)-음형(淫刑)〉 등의 뜻을 내지만 여기 〈궁인(宮人)〉은 궁녀(宮女) 즉 음효(陰爻 : --)들을 뜻한다.

**인(人)** 〈사람 인(人)-만물지최령자(萬物之最靈者), 백성 인(人)-민(民), 남 인(人)-타인(他人), 아무개 인(人)-모인(某人), 도인 인(人)-도인(道人), 사람들 인(人)-인인(人人), 범인(소인) 인(人)-소인(小人)-범인(凡人), 인성 인(人)-인성(人性), 인위 인(人)-인위(人爲), 신하 인(人)-신하(臣下), 중서(민중) 인(人)-중서(衆庶)-민중(民衆), 건괘-진괘 인(人)-건위인(乾爲人)-진위인(震爲人), 어짊 인(人)-인(仁), 선인 인(人)-선인(先人), 서로 어여삐 여길 인(人)-상련(相憐)〉 등의 뜻을 내지만 〈사람 인(人)〉으로 여기고 새김이 마땅하다.

**총(寵)** 〈사랑할 총(寵)-애(愛), 임금의 사랑을 받는 총(寵)-군왕지애(君王之愛), 괼 총(寵)-귀(貴), 첩 총(寵)-첩(妾), 용 총(寵)-용(龍)〉 등의 뜻을 내지만 여기선 〈사랑할 애(愛)〉로 여기고 새김이 마땅하다.

**무(无)** 〈없을 무(无)-무(無), 허무지도 무(无)-허무지도(虛无之道), 으뜸 무(无)-원(元)〉 등의 뜻을 내지만 여기선 〈없을 무(無)〉와 같다 여기고 새김이 마땅하다.

**不** 〈불-부〉 등으로 발음되고, 〈않을(없을) 불(不)-부(不)-무(無), 아닐 불

(不)-부(不)-비(非), 하지 말 불(不)-부(不)-막(莫)-금지(禁止), 정하지 않을 불(不)-부(不)-부(否)-미정(未定), 새가 날아올라 내려오지 않는 불(不)-부(不)-조비상불하래(鳥飛上不下來)〉 등의 뜻을 내지만 여기선 〈않을 불(不)〉로 여기고 새김이 마땅하다.

**이(利)** 〈만물로 하여금 삶을 이루어가게 하는 덕(德)의 이로울 이(利)-사만물수생지덕(使萬物遂生之德), 날카로울 이(利)-예(銳)-섬(銛), 질병 이(利)-질(疾), 통할 이(利)-통(通)-순(順), 좋을 이(利)-길(吉)-의(宜), 편리할 이(利)-편(便), 마름해 만들어 이룰 이(利)-재성(裁成), 탐할 이(利)-탐(貪), 구할(취할) 이(利)-구(求)-취(取), 좋아할 이(利)-열애(悅愛), 이로울 이(利)-익(益), 기교 이(利)-교(巧), 보람 이(利)-공용(功用), 지세가 험하고 중요한 이(利)-험요(險要), 이길 이(利)-승(勝), 어질 이(利)-인(仁)〉 등의 뜻을 내지만 여기선 〈이로울 이(利)〉로 여기고 새김이 마땅하다. 〈利〉가 맨 앞에 오면 〈이〉로 발음되고, 중간이나 뒤에 오면 〈리〉로 발음된다.

---

註 손위승직(巽爲繩直) : 손은[巽 : ☴] 줄의[繩] 곧음[直]이다[爲]. 「설괘전(說卦傳)」 11단락(段落)

註 간위문궐(艮爲門闕) : 간은[艮 : ☶] 궁궐의 문[門闕]이다[爲]. 「설괘전(說卦傳)」 11단락(段落)

## 상구(上九 : ⚊)

上九 : 碩果不食이다 君子得輿하고 小人剝廬한다
석과불사 군자득여 소인박려

상구(上九) : 큰[碩] 과일은[果] 먹히지 않는다[不食]. 군자는[君子] 수레를[輿] 얻고[得] 소인은[小人] 집을[廬] 헐린다[剝].

**【상구(上九)의 효상(爻象) 풀이】**

박괘(剝卦 : ䷖)의 상구(上九 : ⚊)는 이양거음(以陽居陰) 즉 양(陽 : ⚊)으로써[以] 음(陰 : ⚋)의 자리에 있는지라[居] 정당한 자리에 있지 못하다. 상구(上九 : ⚊)와 육오(六五 : ⚋)는 양음(陽陰)의 사이인지라 〈비(比)〉 즉 이웃의 사귐[比]을 누린다. 그리고 상구(上九 : ⚊)와 육삼(六三 : ⚋)도 양음(陽陰)의 사이인지라 〈정응(正應)〉 즉 바르게[正] 서로 호응한다[應]. 상구(上九 : ⚊)는 박괘(剝卦 : ䷖)의 주제인 〈박(剝)〉의 시국에서 음효(陰爻)에게 〈피박(被剝)〉 즉 박탈당하지[被剝] 않고 상체(上體) 간(艮 : ☶)의 산마루에서 정지(靜止) 즉 고요히[靜] 멈춰[止] 초연(超然)하고 강강(剛强)한 모습이다.

박괘(剝卦 : ䷖)의 상구(上九 : ⚊)가 상륙(上六 : ⚋)으로 변효(變爻)하면 상구(上九 : ⚊)는 박괘(剝卦 : ䷖)를 2번째 곤괘(坤卦 : ䷁)로 지괘(之卦)하게 한다. 따라서 박괘(剝卦 : ䷖)의 상구(上九 : ⚊)는 곤괘(坤卦 : ䷁)의 상륙(上六 : ⚋)을 찾아가 살펴보게 한다.

**【상구(上九)의 계사(繫辭) 풀이】**

## 碩果不食(석과불사)

큰[碩] 과일은[果] 먹히지 않는다[不食].

상구(上九 : ⚊)의 효위(爻位)를 빌려 암시한 계사(繫辭)이다. 〈석과불사(碩果不食)〉는 〈석과불피사(碩果不被食)〉의 줄임으로 여기고 〈석과는[碩果] 먹히지[被食] 않는다[不]〉라고 새겨볼 것이다. 〈석과불사(碩果不食)의 석과(碩果)〉는 상구(上九 : ⚊)를 취상(取象)한 것이다. 양효(陽爻)는 속건(屬乾) 즉 건(乾 : ☰)에 속한다[屬]. 대성괘(大成卦)의 모든 양효(陽爻)란 건(乾 : ☰)의 권속(眷屬)이다. 여기 〈석과(碩果)〉가 「설괘전(說卦傳)」에 나오는 〈건은[乾 : ☰] 나무의[木] 열매[果]이다[爲]〉라는 내용을 상기시킨다. 따라서 박괘(剝卦 : ䷖)의 상구(上九 : ⚊)도 〈건위목과(乾爲木果)의 목과(木果)〉 즉 나무열매[木果]에 속하니 상구(上九 : ⚊)를 〈석과(碩果)〉로써 취상(取象)한 것이다. 박괘(剝卦 : ䷖)에서 양기(陽氣 : ⚊) 즉 양효(陽爻)들은 음효(陰爻)에 의해서 박소(剝消) 즉 갉아먹혀[剝] 없어지고[消] 딱 하나 남은 상구(上九 : ⚊)가 발견되지 않아 따먹히지 않고 나무에 달려 있어 익을 대로 익은 〈석과(碩果)〉 즉 큰 열매가 되어, 많은 씨앗을 담고 상구(上九 : ⚊)를 뒤이을 것임을 〈불사(不食)〉가 암시한다. 〈석과(碩果)〉가 열매로 남게 되어 땅에 떨어지고 씨앗을 틔워 생명의 종(種)을 잇게 하는 천도(天道) 즉 자연의[天] 도리[道]로 드러나듯, 상구(上九 : ⚊)가 박괘(剝卦 : ䷖)를 벗어나면 상구(上九 : ⚊)를 뒤잇는 양(陽 : ⚊)이 들어와 박괘(剝卦 : ䷖)를 밀어내고 복괘(復卦 : ䷗)가 비롯됨을 암시하기도 하는 계사(繫辭)가 〈석과불사(碩果不食)〉이다.

## 君子得輿(군자득여) 小人剝廬(소인박려)

**군자는[君子] 수레를[輿] 얻고[得] 소인은[小人] 집을[廬] 헐린다[剝].**

〈군자득여(君子得輿)의 군자(君子)〉는 상구(上九 : ━)를 말한다. 양(陽 : ━)은 군자(君子)를 나타내고 음(陰 : ╍)은 소인(小人)을 나타낸다. 〈군자득여(君子得輿)의 여(輿)〉는 상구(上九 : ━)가 변효(變爻)하여 박괘(剝卦 : ䷖)의 상체(上體) 간(艮 : ☶)이 곤(坤 : ☷)으로 변괘(變卦)함을 암시한다. 왜냐하면 〈군자득여(君子得輿)의 여(輿)〉가 「설괘전(說卦傳)」에 나오는 〈곤은[坤 : ☷] 큰[大] 수레[輿]이다[爲]〉라는 내용을 상기시키기 때문이다. 따라서 〈군자득여(君子得輿)의 여(輿)〉는 상구(上九 : ━)가 군자(君子)이기에 양효(陽爻)를 박탈한[剝] 박괘(剝卦 : ䷖)의 음효(陰爻)들을 내치지 않고, 오히려 큰 수레[輿]로 그 음효(陰爻)들을 태워주는 모습으로 취상(取象)된 것이다.

〈소인박려(小人剝廬)의 소인(小人)〉은 박괘(剝卦 : ䷖)의 음효(陰爻)들을 취상(取象)한 것이고, 〈소인박려(小人剝廬)의 박려(剝廬)〉는 박괘(剝卦 : ䷖)가 하나의 오두막집[廬]이라면 상구(上九 : ━)는 지붕에 해당되고 아래 음효(陰爻)들은 집채에 해당함을 암시해, 소인(小人)들이 집채를[廬] 박탈하여[剝] 제 집을 허물어지게 하는 어리석음을 스스로 범하는 소인(小人)의 불선(不善)한 우둔(愚鈍)을 헤아려 깨닫게 하는 계사(繫辭)가 〈군자득여(君子得輿) 소인박려(小人剝廬)〉이다.

【字典】

**석(碩)** 〈큰 석(碩)-대(大), 충실할 석(碩)-충실(充實), 머리가 큰 석(碩)-두대(頭大), 씩씩하고 예쁜 모습 석(碩)-장교(壯佼), 멀 석(碩)-원(遠), 견고할 석(碩)-견(堅)-석(石), 도약할 석(碩)-도약(跳躍)〉 등의 뜻을 내지만 여기선 〈큰 대(大)〉와 같다 여기고 새김이 마땅하다.

**과(果)** 〈열매 과(果)-목실(木實), 믿을 과(果)-신(信), 온전할 과(果)-완(完), 이룰 과(果)-성(成)-제(濟), 결단할 과(果)-결(決), 할 수 있는 과(果)-능(能)-극(克), 이겨낼 과

(果)-승(勝), 정할 과(果)-정(定), 끝내 과(果)-종(終), 이룰 과(果)-수(遂), 과연 과(果)-과연(果然), 아름다울 과(果)-미(美), 본받을 과(果)-효(效), 만약 과(果)-약(若), 모실 과(果)-시(侍), 벌레 이름 과(果)-충명(蟲名)-과(蜾)〉 등의 뜻을 내지만 여기선 〈나무열매 과(果)〉로 여기고 새김이 마땅하다.

**不** 〈불-부〉 등으로 발음되고, 〈않을(없을) 불(不)-부(不)-무(無), 아닐 불(不)-부(不)-비(非), 하지 말 불(不)-부(不)-막(莫)-금지(禁止), 정하지 않을 불(不)-부(不)-부(否)-미정(未定), 새가 날아올라 내려오지 않는 불(不)-부(不)-조비상불하래(鳥飛上不下來)〉 등의 뜻을 내지만 여기선 〈않을 불(不)〉로 여기고 새김이 마땅하다.

**食** 〈사-식-이〉 세 가지로 발음되고, 〈먹일(먹힐) 사(食)-사(飤)-반(飯), 먹을 거리(양식) 사(食)-양(糧), 길러줄 사(食)-양(養), (부모를 매장한 뒤에 올리는 제사) 우제 사(食)-우제(虞祭), 밥 식(食), 먹을 식(食)-여(茹), 씹을 식(食)-담(啗), 모든 음식물 식(食)-식용(食用)-음식물(飮食物), 헛말할 식(食)-식언(食言), 사람 이름 이(食)〉 등의 뜻을 내지만 〈먹힐 사(飤)〉로 여기고 새김이 마땅하다.

**군(君)** 〈지극히 높은 사람(천자-임금-제후) 군(君)-지존자(至尊者), 임금을 이을(세자) 군(君)-세자(世子), 여왕 군(君)-여군(女君), 어버이 군(君)-부모(父母), 돌아가신 임금-돌아가신 아버지-돌아가신 조상 군(君)-선군(先君)-선부(先父)-선조(先祖), 상대를 부르는 칭호 군(君)-칭호(稱號), 귀신을 받들어 부르는 칭호 군(君)-귀신지경칭(鬼神之敬稱), 맡아 다스릴 군(君)-주재(主宰), 하늘-건 군(君)-천(天)-건(乾), 양 군(君)-양(陽), 낮 군(君)-일(日), 중앙제단 군(君)-궁제단(宮祭壇), 흙 군(君)-토(土)〉 등의 뜻을 내지만 〈군자(君子)〉는 〈재덕겸구지인(才德兼具之人)〉 즉 재주와[才] 덕을[德] 아울러[(兼] 갖춘[具之] 사람[人]을 칭하는 술어(術語)로 여기고 새김이 마땅하다.

**자(子)** 〈존칭(덕 있는 사람의 칭호) 자(子)-유덕자지칭(有德者之稱), 존경받는 사람 자(子)-존자(尊者), 벼슬 자(子)-작(爵), 12지의 첫째 자(子), 음력 11월 자(子), 밤 11시에서 다음날 1시까지 자(子), 북쪽 방향 자(子)-북방(北方), 오행에서 물 자(子)-어오행속수(於五行屬水), 짐승에서 쥐 자(子)-어수위서(於獸爲鼠), 번성할 자(子)-자(滋), 뒤를 이어줄 자(子)-사(嗣)-식(息), 자녀 자(子)-자녀(子女), 자손 자(子)-자손(子孫), 남자를 일컫는 호칭 자(子)-남자지통칭(男子之通稱), 만물 자(子)-만물(萬物), 씨앗(열매) 자(子)-종자(種子)-과실(果實), 누구(사람) 자(子)-인(人)-수자(誰子), 백성 자(子)-백성(百

姓)〉 등의 뜻을 내지만 여기선 〈덕 있는 사람 유덕자(有德者)〉로 여기고 새김이 마땅하다.

**득(得)** 〈얻어낼 득(得)-획(獲)-취(取), 탐할 득(得)-탐(貪), 깨달을 득(得)-효(曉)-오(悟), 만족할 득(得)-족(足), 마땅할 득(得)-당(當), 일의 마땅함을 터득할 득(得)-합(合)-득사지의(得事之宜), 이룰 득(得)-성(成), 알 득(得)-지(知), 가할 득(得)-가(可)-능(能), 편안할 득(得)-편(便), 가질 득(得)-치(値)-지(持), 득도할 득(得)-득도(得道)〉 등의 뜻을 내지만 여기선 〈얻어낼 획(獲)〉과 같다 여기고 새김이 마땅하다.

**여(輿)** 〈수레 여(輿)-거(車), 무리 여(輿)-중(衆)-다(多), 멜(들) 여(輿)-강(扛)-항(抗), 실을 여(輿)-재(載), 기운 어릴 여(輿)-가기(佳氣), 천지 여(輿)-천지총명(天地總名), 비롯할 여(輿)-시(始)〉 등의 뜻을 내지만 여기선 〈수레 거(車)〉로 여기고 새김이 마땅하다.

**소(小)** 〈작을 소(小)-미(微), 자잘할 소(小)-세(細), 짧을 소(小)-단(短), 좁을 소(小)-협(狹), 어릴 소(小)-유(幼), 천할 소(小)-천(賤), 첩 소(小)-첩(妾), 음(陰)을 칭하는 소(小)〉 등의 뜻을 내지만 여기선 〈작을 소(小)〉로 여기고 새김이 마땅하다.

**인(人)** 〈사람 인(人)-만물지최령자(萬物之最靈者), 백성 인(人)-민(民), 남 인(人)-타인(他人), 아무개 인(人)-모인(某人), 도인 인(人)-도인(道人), 사람들 인(人)-인인(人人), 범인(소인) 인(人)-소인(小人)-범인(凡人), 인성 인(人)-인성(人性), 인위 인(人)-인위(人爲), 신하 인(人)-신하(臣下), 중서(민중) 인(人)-중서(衆庶)-민중(民衆), 건괘-진괘 인(人)-건위인(乾爲人)-진위인(震爲人), 어짊 인(人)-인(仁), 선인 인(人)-선인(先人), 서로 어여삐 여길 인(人)-상련(相憐)〉 등의 뜻을 내지만 〈사람 인(人)〉으로 여기고 새김이 마땅하다.

**박(剝)** 〈갉아 떨어질 박(剝)-박탈(剝脫)-낙(落), 찢을 박(剝)-열(裂), 깎아낼 박(剝)-괄(刮), 떨어질 박(剝)-이(離), 상해를 입힐 박(剝)-상해(傷害), 벗어질 박(剝)-탈(脫), 쌓일 박(剝)-축(畜), 어지러울 박(剝)-난(亂), 불리할 박(剝)-불리(不利), 두드릴 박(剝)-격(擊)〉 등의 뜻을 내지만 여기선 〈갉아 떨어질 박탈(剝脫)〉과 같다 여기고 새김이 마땅하다.

**여(廬)** 〈집 여(廬)-사(舍), 농막 여(廬)-전중옥(田中屋), 무덤 옆 초막 여(廬)-축어묘측소옥(築於墓側小屋), 오두막집(초옥) 여(廬)-초옥(草屋), 머물 여(廬)-기지(寄止), 살여(廬)-거(居), 강독하는 곳 여(廬)-강독지사(講讀之舍), 숙직실 여(廬)-숙직지소(宿直之所), 배 위의 집 여(廬)-주상옥(舟上屋)〉 등의 뜻을 내지만 여기선 〈집 사(舍)〉와 같다 여기고 새김이 마땅하다. 〈廬〉가 맨 앞일 때는 〈여〉로 발음되고, 가운데나 뒤일 때는 〈려〉로 발음된다.

---

註 건위목과(乾爲木果) : 건은[乾 : ☰] 나무의[木] 열매[果]이다[爲].

「설괘전(說卦傳)」 11단락(段落)

註 곤위대여(坤爲大輿) : 곤은[坤 : ☷] 큰[大] 수레[輿]이다[爲].

「설괘전(說卦傳)」 11단락(段落)

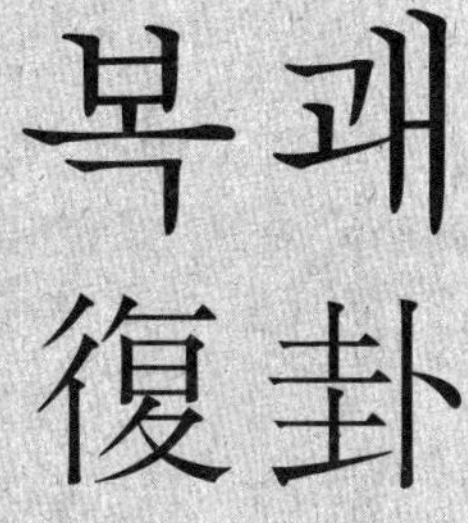
복괘
復卦

24

## 1 괘의 괘상과 계사

### 복괘(復卦 : ䷗)

진하곤상(震下坤上) : 아래는[下] 진(震 : ☳), 위는[上] 곤(坤 : ☷).

지뢰복(地雷復) : 땅과[地] 우레는[雷] 복이다[復].

復亨이라 出入无疾하고 朋來无咎하다 反復其道하여
복 형 출 입 무 질 붕 래 무 구 반 복 기 도
七日來復하니 利有攸往하다
칠 일 래 복 이 유 유 왕

되돌아오니[復] 통하리라[亨]. 나고[出] 듦에[入] 해가[疾] 없고[无], 한패가[朋] 와도[來] 허물이[咎] 없다[无]. 그[其] 도리를[道] 반복하여[反復] 이레 만에[七日] 다시[復] 오니[來] 갈[往] 바가[攸] 있다면[有] 이롭다[利].

**【복괘(復卦 : ䷗)의 괘상(卦象) 풀이】**

앞 박괘(剝卦 : ䷖)의 〈박(剝)〉은 박탈함[剝]이다. 박탈함이[剝] 다하면[盡] 막힌 것이 트인다. 이에 「서괘전(序卦傳)」에 〈박이란[剝] 것은[者] 박탈[剝]이다[也] 물건은[物] 그로써[以] 끝내[終] 다해질[盡] 수 없다[不可] 박탈함이[剝] 위에서[上] 다하면[窮] 아래로[下] 되돌아온다[反] 그래서[故] 복괘(復卦 : ䷗)로써[以] 그것을[之] 받는다[受]〉라는 말이 나온다. 이는 박괘(剝卦 : ䷖) 뒤에 복괘(復卦 : ䷗)가 오는 까닭을 암시한다. 복괘(復卦 : ䷗)는 박괘(剝卦 : ䷖)의 도괘(倒卦) 즉 박괘(剝卦 : ䷖)가 뒤집힌[倒] 괘(卦)이다. 복괘(復卦 : ䷗)의 괘체(卦體)는 진하곤상(震下坤上) 즉 하체(下體)는 진(震 : ☳)이고 상체(上體)는 곤(坤 : ☷)이다. 복괘(復卦 : ䷗)는 양(陽 : ⚊)이 아래로부터 들어오기 시작한다. 점점 양(陽 : ⚊)을 박탈(剝脫)하던 음(陰 : ⚋)은 양(陽 : ⚊)에 의해서 밀려날 조짐이 보이기 시작함이 복괘(復卦 : ䷗)이다. 복괘(復卦 : ䷗)의 하체(下體) 진(震 : ☳)은 우레[雷]이고 상체(上體) 곤

(坤 : ☷)은 땅[地]이다. 땅[地]속에 우레[雷] 즉 양기(陽氣)가 있는 모습이 복괘(復卦 : ䷗)의 괘상(卦象)이다.

복괘(復卦 : ䷗)는 바로 앞 박괘(剝卦 : ䷖)와 연관시켜 보아야 한다. 흥망성쇠(興亡盛衰)는 따로 있음이 아니라 서로 반복함을 박괘(剝卦 : ䷖)와 복괘(復卦 : ䷗)가 살펴 헤아리게 하기 때문이다. 쇠락(衰落)이 다하면 성대(盛大)가 이어받고 성대함이 다하면 쇠락함이 이어받음이 천도(天道)이다. 이 두 괘(卦)가 한번 쇠(衰)하면 한번 성(盛)하고 한번 흥(興)하면 한번 망(亡)하는 것이 자연의[天] 규율[道]임을 깨닫게 한다. 이에 박괘(剝卦 : ䷖)와 복괘(復卦 : ䷗)는『노자(老子)』에 나오는 〈되돌아오는[反] 것이[者] 상도(常道)의[道之] 움직임이다[動]〉라는 내용을 상기시킨다. 되돌아오는[反] 것이[者] 상도의[道之] 움직임[動]임을 따라 박괘(剝卦 : ䷖) 다음에 복괘(復卦 : ䷗)가 온 것이다. 이렇다 하여 박괘(剝卦 : ䷖)가 선(先)이고 복괘(復卦 : ䷗)가 후(後)라는 것은 아니다. 흥망성쇠(興亡盛衰)의 반자(反者)는 환(環) 즉 고리[環]와 같다. 그래서『장자(莊子)』에 〈처음과[始] 끝은[卒] 고리와[環] 같다[若]〉라는 말이 나온다. 처음과[始] 끝은[卒] 고리와[環] 같아[若] 어느 쪽이 먼저고[先] 뒤인지[後] 알 수 없다. 박괘(剝卦 : ䷖)는 넘어가는 해처럼 양(陽 : ⚊)이 나가니 음장양쇠(陰長陽衰)의 괘(卦)이고, 복괘(復卦 : ䷗)는 떠오르는 해처럼 양(陽 : ⚊)이 들어오니 양장음쇠(陽長陰衰)의 괘(卦)이다. 이는 흥성(興盛)과 쇠망(衰亡)의 선후순서(先後順序)가 정해진 것이 아니라는 말이다. 다만 쇠(衰) 뒤에는 성(盛)이 오고 성(盛) 뒤에는 쇠(衰)가 옴이 역지도(易之道) 즉 변화의[易之] 도리[道]임을 따라 복괘(復卦 : ䷗)라 칭명(稱名)한다.

**【복괘(復卦 : ䷗)의 계사(繫辭) 풀이】**

### 復亨(복형)

되돌아오니[復] 통하리라[亨].

복괘(復卦 : ䷗)의 주제인 〈복(復)〉 즉 되돌아옴[復]은 복괘(復卦 : ䷗)의 하체(下體) 진(震 : ☳)으로써 말미암은 것이다. 〈복형(復亨)〉은 〈복괘지복형(復卦之復亨)〉의 줄임으로 여기고 〈복괘의[復卦之] 되돌아옴은[復] 통한다[亨]〉라고 새겨볼 것이다. 〈복형(復亨)의 복(復)〉은 복괘(復卦 : ䷗)의 주제인 〈복(復)〉을 밝힘과 동시에, 복괘(復卦 : ䷗)의 초구(初九 : ─)가 박괘(剝卦 : ䷖)에서 복괘(復卦 : ䷗)의 초효(初爻) 자리로 돌아옴[復]을 말한다. 이는 박괘(剝卦 : ䷖)의 〈박(剝)〉이란 불선(不善)함이 가고 〈복(復)〉이란 선(善)함이 되돌아옴[復]이니, 여기 〈복(復)〉 즉 되돌아옴은[復] 통한다[亨]. 이에 불선(不善) 즉 천도(天道)를 어기는 악(惡)은 항상 색(塞) 즉 막히고[塞], 자연의[天] 도리[道]를 계승하여 따르는 선(善)은 항상 통함[亨]을 일깨워 깨우치게 하는 계사(繫辭)가 〈복형(復亨)〉이다.

## 出入无疾(출입무질)

나고[出] 듦에[入] 해가[疾] 없다[无].

〈출입무질(出入无疾)〉은 복괘(復卦 : ䷗)의 초구(初九 : ─)를 빌려 복괘(復卦 : ䷗)의 〈복(復)〉을 암시한 계사(繫辭)이다. 대성괘(大成卦)의 하체(下體)를 〈내(內)〉라 하고 상체(上體)를 〈외(外)〉라 한다. 안[內]을 경유해서 밖[外]으로 감[往]을 〈출(出)〉이라 하고, 외(外)를 경유하여 내(內)로 돌아옴[反]을 〈입(入)〉이라 한다. 그러므로 〈출입무질(出入无疾)의 출입(出入)〉은 박괘(剝卦 : ䷖)의 상구(上九 : ─)라는 양기(陽氣)가 박괘(剝卦 : ䷖)의 상체(上體) 즉 〈외(外)〉에서 나와서[出] 곤괘(坤卦 : ䷁)의 초효(初爻) 자리로 들어오고[來入], 곤괘(坤卦 : ䷁)의 상륙(上六 : --)은 곤괘(坤卦 : ䷁)를 나가[出] 복괘(復卦 : ䷗)가 되었음을 밝힌다. 그러므로 〈출입무질(出入无疾)의 출입(出入)〉은 음기(陰氣 : --)가 아래에서 위로 올라가면서 음장양소(陰長陽消) 즉 음기(陰氣 : --)는 성장하고[長] 양기(陽氣 : ─)는 쇠락했던[消] 박괘(剝卦 : ䷖)가 물러가고, 음소양장(陰消陽長) 즉 음기(陰氣 : --)가 쇠락하고[消] 양기(陽氣 : ─)가 성장하는[長] 복괘(復卦 : ䷗)로 반복한 것을 암시한다. 〈출입무질(出入无疾)의 출입(出入)〉이 천도(天道) 즉 자연의[天] 도리[道]를 따름인지라 이러한 〈출입(出入)〉에는 해가 될 것이[疾] 없음[无]을 암시한 계사(繫辭)가 〈출입무질(出入无疾)〉이다.

## 朋來无咎(붕래무구)

한패가[朋] 와도[來] 허물이[咎] 없다[无].

〈붕래무구(朋來无咎)〉는 〈초구지붕래무구(初九之朋來无咎)〉의 줄임으로 여기고 〈초구의[初九之] 한패가[朋] 와도[來] 허물이[咎] 없다[无]〉라고 새겨볼 것이다. 〈붕래무구(朋來无咎)의 붕(朋)〉이란 동문(同門) 즉 한패[同門]를 말한다. 양(陽 : ⚊)의 〈붕(朋)〉은 양(陽 : ⚊)이고 음(陰 : ⚋)의 〈붕(朋)〉은 음(陰 : ⚋)이다. 〈붕래무구(朋來无咎)의 붕래(朋來)〉란 복괘(復卦 : ䷗)의 초구(初九 : ⚊)를 뒤이어 양(陽 : ⚊)이 들어와 양장음소(陽長陰消) 즉 양(陽 : ⚊)은 불어나고[長] 음(陰 : ⚋)이 줄어들어[消], 복괘(復卦 : ䷗)의 초구(初九 : ⚊)가 구이(九二 : ⚊)로 올라가고 이어서 또 양기(陽氣 : ⚊)가 들어와 초구(初九 : ⚊)가 되어 복괘(復卦 : ䷗)가 임괘(臨卦 : ䷒)로 되어도 이는 대순(大順) 즉 천도를[大] 따름[順]인지라 허물이[咎] 없다[无]고 암시한 계사(繫辭)가 〈붕래무구(朋來无咎)〉이다.

## 反復其道(반복기도)

그[其] 도리를[道] 반복한다[反復].

〈반복기도(反復其道)〉는 〈양반복양지도(陽反復陽之道)〉의 줄임으로 여기고 〈양이[陽] 양의[陽之] 길을[道] 반복한다[反復]〉라고 새겨볼 것이다. 〈반복기도(反復其道)〉에서 〈기도(其道)의 기(其)〉는 〈양지(陽之)〉를 대신하는 〈그 기(其)〉이니 〈기도(其道)〉를 〈양의[陽之] 길[道]〉이라고 새기면 마땅하고, 여기 〈기도(其道)〉를 대성괘(大成卦) 그 자체를 말한다고 여겨도 된다. 대성괘(大成卦)란 음양(陰陽)이 들어와서[來] 나가는[出] 길[道]이다. 이에 복괘(復卦 : ䷗) 역시 다른 대성괘(大成卦)들과 마찬가지로 음양(陰陽)이 들어왔다[來] 나가는[出] 길[道]과 같음을 깨우치게 하는 계사(繫辭)가 〈반복기도(反復其道)〉이다.

## 七日來復(칠일래복)

이레 만에[七日] 다시[復] 온다[來].

〈칠일래복(七日來復)〉은 〈칠일연후초효래복어초효지위(七日然後初爻來復於初爻之位)〉의 줄임으로 여기고 〈이레[七日] 뒤면[然後] 초효는[初爻] 초효의[初爻之] 자리로[於位] 다시[復] 들어온다[來]〉라고 새겨볼 것이다. 〈칠일래복(七日來復)의 칠일(七日)〉은 복괘(復卦 : ䷗)가 양괘(陽卦)이기 때문에 육효(六爻)가 자하지상(自

下至上) 즉 아래[下]로부터[自] 위[上]까지[至] 상진(上進)하였다가 그 상진을 시작했던 자리로 되돌아옴[來復]이 대성괘(大成卦) 육효(六爻)의 입출주기(入出週期)이다. 이는 대성괘(大成卦) 즉 복괘(復卦 : ䷗)에서 들어오는 길만 한없이 반복된다는 것은 아님을 암시한 것이 〈칠일래복(七日來復)〉이다. 육일(六日)이 지나고 〈칠일(七日)〉째이면 들어옴이[來] 다시[復] 시작된다는 것이 〈칠일래복(七日來復)〉이다. 〈칠일래복(七日來復)의 내복(來復)〉은 「계사전(繫辭傳)」에 나오는 〈날마다[日] 새로움[新] 그것을[之] 덕을[德] 쌓음이라[盛] 한다[謂] 나고[生] 남[生] 그것을[之] 역이라[易] 한다[謂]〉라는 내용을 환기시킨다.

만약 〈칠일래복(七日來復)의 내복(來復)〉이 〈칠일(七日)〉 지나서도 내내 양래(陽來) 즉 양기(陽氣 : ⚊)가 오는[來] 것이라면 줄곧 〈건괘(乾卦 : ䷀)〉로 이어질 것이다. 그렇게 〈건괘(乾卦 : ䷀)〉로만 이어진다면 그런 〈내복(來復)〉이란 생기고[生] 생기는[生] 역(易)의 도리[道]가 부정(否定)된다. 이는 곧 천도(天道)에 어긋남이다. 따라서 〈육일(六日)〉이 지나 〈칠일(七日)〉이란 대성괘(大成卦) 육위(六位)가 순추(順推) 즉 순차로[順] 옮겨가[推] 극위(極位)에 엿새 만에 이른 상효(上爻)는 대성괘(大成卦)를 벗어나고, 다시[復] 대성괘의 초효(初爻) 자리로 음(陰 : ⚋)이든 양(陽 : ⚊)이든 들어와[來] 새로운 대성괘가 이루어져, 끊임없이 변화[易]가 이루어짐을 암시한 계사(繫辭)가 〈칠일래복(七日來復)〉이다.

## 利有攸往(이유유왕)

갈[往] 바가[攸] 있다면[有] 이롭다[利].

〈이유유왕(利有攸往)〉은 〈이유음양지유왕(利有陰陽之攸往)〉의 줄임으로 여기고 〈음양이[陰陽之] 왕래할[往] 바가[攸] 있어서[有] 이롭다[利]〉라고 새겨볼 것이다. 이는 곧 음양(陰陽)의 성쇠(盛衰)가 생생(生生)의 역지도(易之道)를 따름인지라 이롭다[利]고 암시한 것이다. 복괘(復卦 : ䷗)의 상체(上體) 곤(坤 : ☷)의 땅속에[地中] 하체(下體) 진(震 : ☳)의 기운이[雷] 있어[在] 땅 위로 올라와 봄[春]이 대지(大地)로 복시(復始) 즉 돌아오기[復] 시작함[始]을 암시하기도 하고, 양성음쇠(陽盛陰衰) 즉 양기(陽氣 : ⚊)가 성(盛)하고 음기(陰氣 : ⚋)가 쇠(衰)하기 시작함을 암시하기도 한다. 이러한 복괘(復卦 : ䷗)의 효상(爻象)을 본받아[以] 선왕(先王)은 동짓날에 이르면[至日] 관문을[關] 닫고[閉] 행상하는 상인들도[商旅] 길을 나서지 않았으며[不行] 임금도[后] 나라 사방을[方] 살피지 않았음[不省]을 일깨워, 봄이 와 양기(陽氣 : ㅡ)가 더욱 성장하기를 기다림의 뜻도 암시된 계사(繫辭)가 〈이유유왕(利有攸往)〉이다.



【字典】

**復** 〈복-부〉 두 가지로 발음되고, 〈갔다 올 복(復)-왕래(往來), 돌아올 복(復)-반(返)-환(還)-반(反), 돌 복(復)-주(周)-선(旋), 갚을 복(復)-보(報), 증명할 복(復)-험(驗), 실천할 복(復)-천(踐), 맡길(의지할) 복(復)-인(因), 아뢸 복(復)-백(白), 다시(또) 부(復)〉 등의 뜻을 내지만 여기선 〈돌아올 반(返)〉과 같다 여기고 새김이 마땅하다.

**亨** 〈향-형-팽〉 세 가지로 발음되고, 〈통할 형(亨)-통(通), 남을 형(亨)-여(餘), 드릴 향(亨)-헌(獻), 삶을 팽(亨)-자(煮)-팽(烹)〉 등의 뜻을 내지만 여기선 〈통할 통(通)〉과 같다 여기고 새김이 마땅하다.

**出** 〈출-추〉 두 가지로 발음되고, 〈(안에서 밖으로) 날 출(出)-진(進), 드러날 출(出)-현(見), 특출할 출(出)-특(特), 치솟을 출(出)-상용(上湧), 위로 향할 출(出)-향상(向上), 낳을 출(出)-생(生), 멀 출(出)-원(遠)-거(去)-행(行), 관직에 부임할 출(出)-관부임(官赴任), 나타날 출(出)-현(現), 변천할 출(出)-추(推), 게울 출(出)-토(吐), 밖에 나갈 출(出)-외(外), 도망갈 출(出)-도(逃), 표할 출(出)-표(表), 갈릴 출(出)-이(離), 안에서 밖으로 내보낼 추(出)-자내이외(自內而外)〉 등의 뜻을 내지만 여기선 〈안에서 밖으로 나갈 진(進)〉으로 여기고 새김이 마땅하다.

**입(入)** 〈들 입(入)-자외지내(自外至內), 돌아올 입(入)-환(還), 안(속) 입(入)-내(內), 올(이를) 입(入)-내(來)-치(致), 함께 입(入)-여(與), 따를 입(入)-수(隨), 아래로 갈(내려갈) 입(入)-하(下), 가운데 입(入)-중(中), 벼슬할 입(入)-사관(仕官)-입조(入朝), 죽음 입(入)-사(死), 받을 입(入)-수(受)-입수(入受), 시집갈 입(入)-납(納)-가(嫁)-입자(入子=嫁女), 던져 넣을 입(入)-투(投)-투입(投入), 채울 입(入)-충(充), 구덩이 입(入)-감(坎)〉 등의 뜻을 내지만 여기선 〈들 입(入)〉으로 여기고 새김이 마땅하다.

**무(无)** 〈없을 무(无)-무(無), 허무지도 무(无)-허무지도(虛无之道), 으뜸 무(无)-원(元)〉 등의 뜻을 내지만 여기선 〈없을 무(無)〉와 같다 여기고 새김이 마땅하다.

**질(疾)** 〈병들 질(疾)-병(病)-환(患), 괴로울 질(疾)-고(苦), 아파할 질(疾)-통(痛),

원망할 질(疾)-원(怨), 미워할 질(疾)-질(嫉), 성낼 질(疾)-노(怒), 아닐 질(疾)-비(非), 싫어할 질(疾)-오(惡), 빠를 질(疾)-신(迅)-속(速), 다툴 질(疾)-쟁(爭)〉 등의 뜻을 내지만 여기선 〈병될 병(病)〉과 같다 여기고 새김이 마땅하다.

**붕(朋)** 〈무리 붕(朋)-군(羣), 벗 붕(朋)-우(友), 제자 붕(朋), 한패 붕(朋)-당(黨), 견줄 붕(朋)-비(比), 두 단지 붕(朋)-양준(兩樽)〉 등의 뜻을 내지만 여기선 〈무리 군(羣)〉과 같다 여기고 새김이 마땅하다.

**來** 〈내-래〉 두 가지로 발음되고, 〈올 내(來)-지(至), 앞으로 내(來)-장래(將來)-미래(未來), 초치할 내(來)-초치(招致), ~부터 내(來)-자(自)-유(由), 남음이 있을 내(來)-유여(有餘), 어세를 더해주려는 조사 래(來), 구중(句中)-구말(句末)의 조사 래(來)〉 등의 뜻을 내지만 여기선 〈올 지(至)〉와 같다 여기고 새김이 마땅하다.

**구(咎)** 〈재앙 구(咎)-재(災), 병될 구(咎)-병(病), 허물 구(咎)-건(愆)-과(過), 나쁠 구(咎)-오(惡)〉 등의 뜻을 내지만 여기선 〈허물 건(愆)-과(過)〉와 같다 여기고 새김이 마땅하다. 〈무구(无咎)〉는 〈면어구(免於咎)〉 즉 허물을[於咎] 면하다[免]와 같다.

**반(反)** 〈돌아올 반(反)-환(還), 덮을(엎을) 반(反)-복(覆), 갚을 반(反)-보(保)-응(應), 갔다가 다시 돌아올 반(反)-거이복래(去而復來), 다시 반(反)-경(更), 상반 반(反)-상반(相反), 반성할 반(反)-반성(反省)-회(悔), 돌아볼 반(反)-내성(內省), 생각할 반(反)-사(思), 듬직할 반(反)-신중(愼重), 이치에 뒤칠 반(反)-번(翻), 변할 반(反)-변(變), 제법 반(反)-과(果), 그런데 반(反)-연사(然辭)〉 등의 뜻을 내지만 여기선 〈돌아올 환(還)〉과 같다 여기고 새김이 마땅하다.

**기(其)** 〈그것 기(其)-피(彼)-지(之), 그럴 기(其)-연(然), 어찌 기(其)-기(豈), 누를 기(其)-억(抑), 오히려 기(其)-상(尙)-서기(庶幾), 이에 기(其)-내(乃), 만약 기(其)-약(若), 장차 기(其)-장(將), 어조사 기(其)-어조사(語助辭)〉 등의 뜻을 내지만 여기선 〈그것 피(彼)〉와 같다 여기고 새김이 마땅하다.

**도(道)** 〈길 도(道)-노(路), 만물의 근원 도(道)-만물지시(萬物之始), 갈 도(道)-행(行)-소행도(所行道), 이치 도(道)-이(理), 시비(是非)의 벼리 도(道)-시비지기(是非之紀), 묘용 도(道)-묘용지도(妙用之道), 주의사상 도(道)-주의사상(主義思想), 예악 도(道)-예악(禮樂), 인의덕행 도(道)-인의덕행(仁義德行), 정령 도(道)-정령(政令), 제도 도(道)-제도(制度), 방향 도(道)-방(方), 통할 도(道)-통(通), 따를 도(道)-순(順), 큰 도(道)-

대(大), 알(깨달을) 도(道)-지(知)-각(覺), 말씀할 도(道)-언(言), 다스릴 도(道)-치(治), 말미암을 도(道)-유(由), 따를 도(道)-종(從), 인도할 도(道)-도(導), 끌 도(道)-인(引), 가르칠 도(道)-훈(訓), 마음으로 도울 도(道)-여(勴), 이를 도(道)-달(達)〉 등의 뜻을 내지만 여기선 〈길 노(路)〉로 여기고 새김이 마땅하다.

**칠(七)** 〈일곱 칠(七)-수명(數名), 양수 칠(七)-양수(陽數), 천지인사시의 시작 칠(七)-천지인사시지시(天地人四時之始), 서방 칠(七)-서방(西方), 진괘의 수 칠(七)-진괘지수(震卦之數)〉 등의 뜻을 내지만 여기선 〈일곱 칠(七)〉로 여기고 새김이 마땅하다.

**일(日)** 〈나날 일(日)-별일(別日), 시기 일(日)-시기(時期), 기한 일(日)-기한(期限), 시일 일(日)-시일(時日), 해(태양) 일(日)-태양(太陽)-태양계중심(太陽系中心), 참 일(日)-실(實)-실정(實精), 볕 일(日)-양(陽)-양광(陽光), 불 일(日)-화(火), 임금의 모습 일(日)-군상(君象), 덕 일(日)-덕(德) {일자덕야(日者德也) 월자형야(月者刑也)}, 낮 일(日)-주(晝), 세월 일(日)-광음(光陰)〉 등의 뜻을 내지만 여기선 〈나날 일(日)〉로 여기고 새김이 마땅하다.

**이(利)** 〈만물로 하여금 삶을 이루어가게 하는 덕(德)의 이로울 이(利)-사만물수생지덕(使萬物遂生之德), 날카로울 이(利)-예(銳)-섬(銛), 질병 이(利)-질(疾), 통할 이(利)-통(通)-순(順), 좋을 이(利)-길(吉)-의(宜), 편리할 이(利)-편(便), 마름해 만들어 이룰 이(利)-재성(裁成), 탐할 이(利)-탐(貪), 구할(취할) 이(利)-구(求)-취(取), 좋아할 이(利)-열애(悅愛), 이로울 이(利)-익(益), 기교 이(利)-교(巧), 보람 이(利)-공용(功用), 지세가 험하고 중요한 이(利)-험요(險要), 이길 이(利)-승(勝), 어질 이(利)-인(仁)〉 등의 뜻을 내지만 여기선 〈이로울 이(利)〉로 여기고 새김이 마땅하다. 〈利〉가 맨 앞에 오면 〈이〉로 발음되고, 중간이나 뒤에 오면 〈리〉로 발음된다.

**유(有)** 〈없을 무(無)의 반대말로 있을 유(有), 혹 유(有)-혹(或), 많을 유(有)-다(多)-족(足), 부유할 유(有)-부(富), 얻을(가질) 유(有)-취(取), 간직할 유(有)-장(藏), 보호할 유(有)-보(保), 서로 친할 유(有)-상친(相親), 전일할 유(有)-전(專), 할 유(有)-위(爲), 어조사 유(有)〉 등의 뜻을 내지만 〈있을 유(有)〉로 여기고 새김이 마땅하다.

**유(攸)** 〈곳 유(攸)-소(所), 흘러가는 물 유(攸)-행수(行水), 아득할 유(攸)-장원(長遠)-유(悠), 닦을 유(攸)-수(修), 터득한 모습 유(攸)-자득모(自得貌), 빠를 유(攸)-숙(儵), 대롱거릴 유(攸)-현위모(懸危貌), 수심에 찬 모습 유(攸)-수모(愁貌)〉 등의 뜻을 내지만 여기선 〈곳 소(所)〉와 같다 여기고 새김이 마땅하다.

**왕(往)** 〈갈 왕(往)-행(行)-지(之)-거(去), 이를 왕(往)-지(至), 향할 왕(往)-향(向), 옛 왕(往)-석(昔), 이따금 왕(往)-시시(時時), 뒤 왕(往)-후(後)〉 등의 뜻을 내지만 〈갈 행(行)〉과 같다 여기고 새김이 마땅하다.

---

註 반자도지동(反者道之動) : 되돌아오는[反] 것이[者] 상도(常道)의[道之] 움직임이다[動].

『노자(老子)』 41장(章)

註 만물개종야(萬物皆種也) 이부동형상선(以不同形相禪) 시졸약환(始卒若環) 막득기륜(莫得其倫) 시위천균(是謂天均) 천균자천예야(天均者天倪也) : 만물은[萬物] 모두[皆] 씨앗이 있는 것[種]이다[也]. 같지 않은[不同] 모습[形]으로써[以] 서로[相] 물려준다[禪]. 처음과[始] 끝이[卒] 고리[環] 같아서[若] 그[其] 순서를[倫] 알 수 없다[莫得]. 이를[是] 자연의[天] 균등이라[均] 한다[謂]. 천균이란[天均] 것은[者] 자연과[天] 하나가 됨[倪]이다[也]. 『장자(莊子)』「우언(寓言)」 1절(節)

註 일신지위성덕(日新之謂盛德) 생생지위역(生生之謂易) : 날마다[日] 새로움[新] 그것을[之] 덕을[德] 쌓음[盛]이라 한다[謂]. 나고[生] 남[生] 그것을[之] 역이라[易] 한다[謂].

「계사전상(繫辭傳上)」 5단락(段落)

註 칠일래복(七日來復)의 칠일(七日) : 대성괘(大成卦)에서 한 효(爻)가 초효(初爻)에서 오르기를 시작하여 상효(上爻)에 이르러 상효(上爻)가 대성괘(大成卦)를 나감[出]을 말한다. 여기 〈칠일(七日)〉은 대성괘(大成卦)가 양괘(陽卦)이면 각효(各爻)를 일(日) 즉 날[日]로써 치고, 대성괘(大成卦)가 음괘(陰卦)이면 각효(各爻)를 월(月)로써 친다. 〈칠일래복(七日來復)의 칠일(七日)〉이란 복괘(復卦 : ䷗)가 양괘(陽卦)임을 말한다. 대성괘에서 음양(陰陽)의 작은 쪽에서 음(陰 : --)이 홀수면 음괘(陰卦)가 되고 양(陽 : —)이 홀수면 양괘(陽卦)가 된다. 천운(天運)으로써 보면 일월(日月)은 따로 있음이 아니라 함께하는 것이다. 대성괘(大成卦)의 육효(六爻)는 음괘(陰卦)면 각효(各爻)는 달[月]을 나타내고 양괘(陽卦)면 각효(各爻)가 하루[日]를 나타낸다. 음력으로 한해의 시작은 11월 즉 동짓달이다. 양기(陽氣 : —)가 10월의 곤괘(坤卦 : ䷁)에 내입(來入)하여 11월의 복괘(復卦 : ䷗)가 되는 것이 음력으로 한해의 시작이다. 음력으로 한해(열두 달) 동안 음양의 성쇠를 나타냄을 〈칠일래복(七日來復)〉이라 한 것이고, 그 성쇠로써 음력 1년을 나타내면 아래와 같다.

열한 번째 달(동짓달) : (24) 복괘(復卦 : ䷗) 진하곤상(震下坤上) (양력 12월)

열두 번째 달(섣달) : (19) 임괘(臨卦 : ䷒) 태하곤상(兌下坤上) (양력 1월)

첫 번째 달(정월) : (11) 태괘(泰卦 : ䷊) 건하곤상(乾下坤上) (양력 2월)

두 번째 달(이월) : (34) 대장괘(大壯卦 : ䷡) 건하진상(乾下震上) (양력 3월)

세 번째 달(삼월) : (43) 쾌괘(夬卦 : ䷪) 건하태상(乾下兌上) (양력 4월)

네 번째 달(사월) : (1) 건괘(乾卦 : ䷀) 건하건상(乾下乾上) (양력 5월)

다섯 번째 달(오월) : (44) 구괘(姤卦 : ䷫) 손하건상(巽下乾上) (양력 6월)

여섯 번째 달(유월) : (33) 둔괘(遯卦 : ䷠) 간하건상(艮下乾上) (양력 7월)

일곱 번째 달(칠월) : (12) 비괘(否卦 : ䷋) 곤하건상(坤下乾上) (양력 8월)

여덟 번째 달(팔월) : (20) 관괘(觀卦 : ䷓) 곤하손상(坤下巽上) (양력 9월)

아홉 번째 달(구월) : (23) 박괘(剝卦 : ䷖) 곤하간상(坤下艮上) (양력 10월)

열 번째 달(시월) : (2) 곤괘(坤卦 : ䷁) 곤하곤상(坤下坤上) (양력 11월)

## 2 효의 효상과 계사

初九 : 不遠復이다 无祇悔니 元吉하다
불원복 무지회 원길

六二 : 休復이니 吉하다
휴복 길

六三 : 頻復이니 厲하나 无咎하다
빈복 여 무구

六四 : 中行하되 獨復이라
중행 독복

六五 : 敦復이니 无悔하다
돈복 무회

上六 : 迷復이니 凶하다 有災眚하여 用行師면 終有大敗라 以其國君凶하여 至于十年不克征하리라
미복 흉 유재생 용행사 종유대패 이기국군흉 지우십년불극정

초구(初九) : 머지않아[不遠] 돌아왔다[復]. 크게[祇] 후회함이[悔] 없으니[无] 으뜸이고[元] 길하다[吉].

육이(六二) : 아름답게[休] 돌아오니[復] 행복하다[吉].

육삼(六三) : 빈번하게[頻] 돌아오니[復] 위태로우나[厲] 허물은[咎] 없다[无].

육사(六四) : 정도를 따라서[中] 행하되[行] 홀로[獨] 돌아온다[復].

육오(六五) : 도탑게[敦] 돌아오니[復] 후회할 것이[悔] 없다[无].

상륙(上六) : 헷갈리어[迷] 돌아오니[復] 나쁘다[凶]. 천재와[災] 화근이[眚] 생겨[有], 군사를[師] 동원함을[行] 쓴다면[用] 끝내[終] 대패가[大敗] 있다[有]. 그로써[以其] 나라의[國] 임금이[君] 흉하여[凶] 십년에[于十年] 이르러도[至] 정복할[征] 수 없다[不克].

## 초구(初九 : ⚊)

**初九 : 不遠復이다 无祇悔니 元吉하다**
불원복 무지회 원길

초구(初九) : 머지않아[不遠] 돌아왔다[復]. 크게[祇] 후회함이[悔] 없으니 [无] 으뜸이고[元] 길하다[吉].

**【초구(初九)의 효상(爻象) 풀이】**

복괘(復卦 : ䷗)의 초구(初九 : ⚊)는 이양거양(以陽居陽) 즉 양(陽 : ⚊)으로써 [以] 양(陽 : ⚊)의 자리에 있는지라[居] 정당한 자리에 있다. 초구(初九 : ⚊)와 육이(六二 : ⚋)는 양음(陽陰)의 사이인지라 〈비(比)〉 즉 이웃의 사귐[比]을 누린다. 초구(初九 : ⚊)와 육사(六四 : ⚋)도 양음(陽陰)인지라 〈정응(正應)〉 즉 서로 바르게[正] 호응한다[應]. 이에 맨 아랫자리에서도 강강(剛强)한 초구(初九 : ⚊)는 장대(長大)해져서 불선(不善)한 무리를 몰아내기 시작하는 모습이다.

> 복괘(復卦 : ䷗)의 초구(初九 : ⚊)가 초륙(初六 : ⚋)으로 변효(變爻)하면 초구(初九 : ⚊)는 복괘(復卦 : ䷗)를 2번째 곤괘(坤卦 : ䷁)로 지괘(之卦)하게 한다. 따라서 복괘(復卦 : ䷗)의 초구(初九 : ⚊)는 곤괘(坤卦 : ䷁)의 초륙(初六 : ⚋)을 찾아가 살펴보게 한다.

**【초구(初九)의 계사(繫辭) 풀이】**

### 不遠復(불원복) 无祇悔(무지회) 元吉(원길)

머지않아[不遠] 돌아왔다[復]. 크게[祇] 후회함이[悔] 없으니[无] 으뜸이고[元] 길하다[吉].

초구(初九 : ⚊)의 효위(爻位)를 빌려 암시한 계사(繫辭)이다. 〈불원복(不遠復)〉은 〈초구불원복(初九不遠復)〉의 줄임으로 여기고 〈초구는[初九] 멀지 않게[不遠] 돌아왔다[復]〉라고 새겨볼 것이다. 〈불원복(不遠復)〉은 초구(初九 : ⚊)가 박괘(剝卦 : ䷖)의 상효(上爻) 자리를 벗어나 복괘(復卦 : ䷗)의 초효(初爻) 자리로 돌아온

[復] 지 얼마 되지 않았음을 말한다. 박괘(剝卦 : ䷖)의 〈박(剝)〉은 음(陰 : --)이 양(陽 : ㅡ)을 박탈함[剝]인지라 소인(小人)이 군자(君子)를 갉음[剝]이고 어둠[暗]이 밝음[明]을 갉음이다. 음(陰 : --)은 소인(小人)이고 암(暗)이며, 양(陽 : ㅡ)은 군자(君子)이고 명(明)이다. 암(暗)은 불선(不善)으로 드러나고 명(明)은 선(善)으로 드러난다. 복괘(復卦 : ䷗)의 초구(初九 : ㅡ)는 불선지암(不善之暗) 즉 불선한[不善之] 어둠[暗]의 음(陰 : --)들을 몰아내고, 선지명(善之明) 즉 선의[善之] 밝음[明]을 머지않아[不遠] 회복시킬[復] 것임을 암시한 계사(繫辭)가 〈불원복(不遠復)〉이다.

〈무지회(无祗悔)〉는 〈초구무지회(初九无祗悔)〉의 줄임으로 여기고 〈초구에게는[初九] 후회함에[悔] 이름이[祗] 없다[无]〉라고 새겨볼 것이다. 여기 〈무지회(无祗悔)의 지(祗)〉는 〈이를 지(至)〉와 같다. 물론 〈무지회(无祗悔)의 지(祗)〉를 〈크게 대(大)〉와 같다 여기고 〈무지회(无祗悔)〉를 〈크게[祗] 후회함은[悔] 없다[无]〉라고 새기는 쪽도 있고, 〈무지회(无祗悔)의 지(祗)〉를 〈만날 적(適)〉과 같다 여기고 〈무지회(无祗悔)〉를 〈후회함을[悔] 만남이[祗] 없다[无]〉라고 새기는 쪽도 있다. 그러나 초구(初九 : ㅡ)가 〈박(剝)〉 즉 박탈하는[剝] 음효(陰爻)들을 몰아내기 시작하는 처지인지라, 소소하게 잘못 처리한 일들이 초구(初九 : ㅡ)에게 빚어질 수도 있음을 암시한 것이 〈무지회(无祗悔)〉라고 여김이 마땅하다. 왜냐하면 여기 〈무지회(无祗悔)〉가 〈능유미회(能有微悔)〉 즉 미미한[微] 후회는[悔] 있을 수도 있음[能有]을 암시하기 때문이다. 불선(不善)의 어둠[暗]을 몰아내는 일이란 중대한 일이다. 중대한 일을 시작함에는 사소한 후회[悔]는 있을 수 있지만 크게[祗] 후회할[悔] 것이란 없음[无]을 암시한 계사(繫辭)가 〈무지회(无祗悔)〉이다. 이에 온 세상을 선(善)하게 밝힐[明] 초구(初九 : ㅡ)가 복괘(復卦 : ䷗)로 돌아왔으니[復] 초구(初九 : ㅡ)는 으뜸이고[元] 행복하다[吉]고 암시한 계사(繫辭)가 〈불원복(不遠復) 무지회(无祗悔) 원길(元吉)〉이다.

【字 典】

**不** 〈불-부〉 등으로 발음되고, 〈않을(없을) 불(不)-부(不)-무(無), 아닐 불(不)-부(不)-비(非), 하지 말 불(不)-부(不)-막(莫)-금지(禁止), 정하지 않을 불(不)-부(不)-부(否)-미정(未定), 새가 날아올라 내려오지 않는 불(不)-부(不)-조비상불하래(鳥飛上不下來)〉 등의 뜻을 내지만 여기선 〈않을 불(不)〉로 여기고 새김이 마땅하다.

**원(遠)** 〈멀 원(遠)-요(遼)-요(遙)-하(遐), 깊어 멀 원(遠)-심원(深遠), 오랠 원(遠)-구원(久遠), 많을 원(遠)-다(多), 무궁할 원(遠)-무궁(無窮), 다할 원(遠)-극(極), 눈귀가 미치지 않을 원(遠)-비이목지소급(非耳目之所及), 선조 원(遠)-선조(先祖), 하늘 원(遠)-천(天), 사이가 멀어질 원(遠)-이(離)-소(疎), 가벼이 여기지 않을 원(遠)-불압(不狎), 갈 원(遠)-거(去), 어긋날 원(遠)-위(違)〉 등의 뜻을 내지만 여기선 〈멀 요(遼)〉와 같다 여기고 새김이 마땅하다.

**復** 〈복-부〉 두 가지로 발음되고, 〈갔다 올 복(復)-왕래(往來), 돌아올 복(復)-반(返)-환(還)-반(反), 돌 복(復)-주(周)-선(旋), 갚을 복(復)-보(報), 증명할 복(復)-험(驗), 실천할 복(復)-천(踐), 맡길(의지할) 복(復)-인(因), 아뢸 복(復)-백(白), 다시(또) 부(復)〉 등의 뜻을 내지만 여기선 〈돌아올 반(返)〉과 같다 여기고 새김이 마땅하다.

**무(无)** 〈없을 무(无)-무(無), 허무지도 무(无)-허무지도(虛无之道), 으뜸 무(无)-원(元)〉 등의 뜻을 내지만 여기선 〈없을 무(無)〉와 같다 여기고 새김이 마땅하다.

**祇** 〈기-지〉 두 가지로 발음되고, 〈이를 지(祗)-지(至), 만날 지(祗)-지(抵)-적(適), 크게(클) 기(祗)-대(大), 편안할 기(祗)-안(安), 공경할 기(祗)-경(敬), 땅 귀신 기(祗)-지지신(地之神), 조사(助詞) 지(祗), 부질없이(다만) 지(祗)-단(但), 편안할 지(祗)-안(安)〉 등의 뜻을 내지만 여기선 〈이를 지(至)〉와 같다 여기고 새김이 마땅하다.

**회(悔)** 〈뉘우칠 회(悔)-한(恨), 허물할 회(悔)-구(咎), 업신여길 회(悔)-만(慢)〉 등의 뜻을 내지만 여기선 〈뉘우칠 한(恨)〉으로 여기고 새김이 마땅하다.

**원(元)** 〈선함의 으뜸 원(元)-선지장(善之長), 크나큰 원(元)-대(大), 비롯할 원(元)-시(始)-단(端), 머리 원(元)-수(首)-두(頭), 근본 원(元)-본(本)-원(原), 어른 원(元)-장(長)-원장(元長), 하나 원(元)-일(一), 우두머리 원(元)-수장(首長), 임금 원(元)-원군(元君)-군(君), 아름다울 원(元)-미(美), 위 원(元)-상(上), 하늘 원(元)-천(天), 하늘땅의 큰 덕 원(元)-천지지대덕(天地之大德)-원기(元氣)-기(氣), 기운의 시작 원(元)-기지시(氣之始)-원자(元者), 백성 원(元)-원원(元元)-백성(百姓)〉 등의 뜻을 내지만 여기선 〈으뜸 원(元)〉으로 여기고 새김이 마땅하다.

**길(吉)** 〈좋을(행복할) 길(吉)-선(善)-영(令) {영월길일(令月吉日)은 선월선일(善月善日)임.}, 복 길(吉)-실(實)-선실(善實)-복(福), 예의를 따라 상서로울 길(吉)-예의순상(禮義順祥), 삼갈 길(吉)-근(謹), 초하루 길(吉)-삭일(朔日) {삭망(朔望) 즉 초하루[朔]와 그믐날[望]}, 길례 길(吉)-길례(吉禮) {오례지일(五禮之一) 길흉빈군가(吉凶賓軍嘉)}, 갈 길(吉)-행(行)-길(趌)〉 등의 뜻을 내지만 여기선 〈좋을 선(善)-영(令)〉 즉 행복과 같다 여기고 새김이 마땅하다.



## 육이(六二 : --)

六二 : 休復이니 吉하다
　　　휴 복　　길

육이(六二) : 아름답게[休] 돌아오니[復] 행복하다[吉].

**【육이(六二)의 효상(爻象) 풀이】**

복괘(復卦 : ䷗)의 육이(六二 : --)는 이음거음(以陰居陰) 즉 음(陰 : --)으로써[以] 음(陰 : --)의 자리에 있는지라[居] 정당한 자리에 있다. 육이(六二 : --)와 초구(初九 : ㅡ)는 음양(陰陽)의 사이인지라 〈비(比)〉 즉 이웃의 사귐[比]을 누리지만, 육삼(六三 : --)과는 양음(兩陰) 즉 둘 다[兩] 음(陰 : --)인지라 상충(相衝) 즉 서로[相] 부딪치는[衝] 사이이다. 육이(六二 : --)와 육오(六五 : --)는 양음(兩陰)인지라 부정응(不正應) 즉 바르게[正] 서로 호응하지 못한다[不應]. 그러나 육이(六二 : --)는 복괘(復卦 : ䷗)의 하체(下體) 진(震 : ☳)의 중효(中爻)로서 유순중정(柔順中正) 즉 부드럽게[柔] 따르면서[順] 중효로서[中] 바른 자리에 있어[正] 항상 득중(得中) 즉 정도를 따름을[中] 취하려는[得] 모습이다.

> 복괘(復卦 : ䷗)의 육이(六二 : --)가 구이(九二 : ㅡ)로 변효(變爻)하면 육이(六二 : --)는 복괘(復卦 : ䷗)를 19번째 임괘(臨卦 : ䷒)로 지괘(之卦)하게 한다. 따라서 복괘(復卦 : ䷗)의 육이(六二 : --)는 임괘(臨卦 : ䷒)의 구이(九二 : ㅡ)를 찾아가 살펴보게 한다.

**【육이(六二)의 계사(繫辭) 풀이】**

休復(휴복) 吉(길)

아름답게[休] 돌아오니[復] 행복하다[吉].

육이(六二 : --)의 효위(爻位)를 빌려 암시한 계사(繫辭)이다. 〈휴복(休復)〉은 〈육이휴복어초구(六二休復於初九)〉의 줄임으로 여기고 〈육이가[六二] 초구에게로[於初九] 아름답게[休] 돌아온다[復]〉라고 새겨볼 것이다. 〈휴복(休復)의 휴(休)〉는 여기선 선미(善美) 즉 아름다움[善美]이다. 〈휴복(休復)〉 즉 아름답게[休] 돌아옴[復]이란 어둠을 벗어나 밝음으로 돌아왔음이다. 여기 〈휴복(休復)〉은 육이(六二 : --)가 초구(初九 : ―)와 이웃의 사귐[比]을 누리는 모습을 암시한다. 음(陰 : --)은 밤 즉 어둠을 상징하고, 양(陽 : ―)은 낮 즉 밝음을 상징한다. 건(乾 : ䷀)의 양효(陽爻 : ―)들은 모두 밝음을 상징하고, 곤(坤 : ䷁)의 음효(陰爻 : --)들은 모두 어둠을 상징한다. 여기 〈휴복(休復)의 휴(休)〉는 초구(初九 : ―)를 암시하며, 『예기(禮記)』「악기(樂記)」에 나오는 〈종천(從天) 즉 하늘을[天] 따르고[從] 종지(從地) 즉 땅을[地] 따른다[從]〉라는 내용을 상기시킨다.

대성괘(大成卦)의 음효(陰爻)는 모두 곤(坤 : ☷)의 권속(眷屬) 즉 겨레붙이[眷屬]이고, 양효(陽爻)는 모두 건(乾 : ☰)의 겨레붙이이다. 육이(六二 : --)에게 초구(初九 : ―)는 하늘[天]이고 인(仁)이며 악(樂)이고 밝음[明]인 까닭이다. 〈휴복(休復)의 휴(休)〉는 땅[地]이고 의(義)이며 예(禮)이고 어둠[暗]인 육이(六二 : --)가 초구(初九 : ―)와 비(比) 즉 이웃으로 사귀어[比] 내려옴을 암시하니 〈아름다울 휴(休)〉이다. 육이(六二 : --)에게 초구(初九 : ―)는 〈휴(休)〉 즉 아름답다[美]. 선(善)을 바라고 악(樂)을 바라며 인(仁)을 바라고 밝음[明]을 바람이 아름다움[美]이다. 이에 육이(六二 : --)가 초구(初九 : ―)에게로 아름답게[休] 돌아와[復] 행복함[吉]을 암시한 계사(繫辭)가 〈휴복(休復) 길(吉)〉이다.

【字典】

**휴(休)** 〈아름다울 휴(休)-미(美)-선(善), 그칠(쉴) 휴(休)-식(息)-지(止), 검소할 휴(休)-검(儉), 경하할 휴(休)-경(慶), 복록 휴(休)-복록(福祿), 기쁠 휴(休)-희(喜), 관대할 휴(休)-관(寬), 용서할 휴(休)-유(宥)〉 등의 뜻을 내지만 여기선 〈아름다울 미(美)-선(善)〉과 같다 여기고 새김이 마땅하다.

**復** 〈복-부〉 두 가지로 발음되고, 〈갔다 올 복(復)-왕래(往來), 돌아올 복(復)-반(返)-환(還)-반(反), 돌 복(復)-주(周)-선(旋), 갚을 복(復)-보(報), 증명할 복(復)-험(驗), 실천할 복(復)-천(踐), 맏길(의지할) 복(復)-인(因), 아뢸 복(復)-백(白), 다시(또) 부

(復)〉 등의 뜻을 내지만 여기선 〈돌아올 반(返)〉과 같다 여기고 새김이 마땅하다.

**길(吉)** 〈좋을(행복할) 길(吉)-선(善)-영(令) {영월길일(令月吉日)은 선월선일(善月善日)임.}, 복 길(吉)-실(實)-선실(善實)-복(福), 예의를 따라 상서로울 길(吉)-예의순상(禮義順祥), 삼갈 길(吉)-근(謹), 초하루 길(吉)-삭일(朔日) {삭망(朔望) 즉 초하루[朔]와 그믐날[望]}, 길례 길(吉)-길례(吉禮) {오례지일(五禮之一) 길흉빈군가(吉凶賓軍嘉)}, 갈 길(吉)-행(行)-길(趌)〉 등의 뜻을 내지만 여기선 〈좋을 선(善)-영(令)〉 즉 행복과 같다 여기고 새김이 마땅하다.





---

註 춘작하장인야(春作夏長仁也) 추렴동장의야(秋斂冬藏義也) 인근어악(仁近於樂) 의근어례(義近於禮) 악자돈화솔신이종천(樂者敦和率神而從天) 예자별의거귀이종지(禮者別宜居鬼而從地) : 봄이면[春] 싹이 트고[作] 여름이면[夏] 자람이[長] 인(仁)이고[也], 가을이면[秋] 거두어들이고[斂] 겨울이면[冬] 저장함이[藏] 의(義)이다[也]. 인은[仁] 악에[於樂] 가깝고[近], 의는[義] 예에[於禮] 가깝다[近]. 악이란[樂] 것은[者] 어울림을[和] 돈독히하여[敦] 천신을[神] 좇아서[率而] 하늘을[天] 따름이고[從], 예란[禮] 것은[者] 마땅함을[宜] 분별하여[別] 지신을[鬼] 좇아서[居而] 땅을[地] 따름이다[從]. 『예기(禮記)』「악기(樂記)」 18단락(段落)

## 육삼(六三 : --)

六三 : 頻復이니 厲하나 无咎하다
빈 복 여 무 구

육삼(六三) : 빈번하게[頻] 돌아오니[復] 위태로우나[厲] 허물은[咎] 없다[无].

**【육삼(六三)의 효상(爻象) 풀이】**

복괘(復卦 : ䷗)의 육삼(六三 : --)은 이음거양(以陰居陽) 즉 음(陰 : --)으로써[以] 양(陽 : —)의 자리에 있는지라[居] 정당한 자리에 있지 못하다. 육삼(六三 : --)은 아래의 육이(六二 : --)와 위의 육사(六四 : --)와는 모두 서로 음(陰 : --)의 사이인지라 〈비(比)〉 즉 이웃의 사귐[比]을 누리지 못하고 오히려 맞서 부딪치는 사이이다. 그리고 육삼(六三 : --)은 상륙(上六 : --)과도 양음(兩陰)인지라 〈부정응(不正應)〉 즉 바르게[正] 서로 호응하지 못한다[不應]. 이런 육삼(六三 :

--)은 부중부정(不中不正) 즉 중효도 아니고[不中] 정위에 있지도 않아[不正] 조바심을 내는 실수를 범하기 쉬워 위태로울 수 있으니 조심해야 하는 모습이다.





복괘(復卦 : ䷗)의 육삼(六三 : --)이 구삼(九三 : ―)으로 변효(變爻)하면 육삼(六三 : --)은 복괘(復卦 : ䷗)를 36번째 명이괘(明夷卦 : ䷣)로 지괘(之卦)하게 한다. 따라서 복괘(復卦 : ䷗)의 육삼(六三 : --)은 명이괘(明夷卦 : ䷣)의 구삼(九三 : ―)을 찾아가 살펴보게 한다.

【육삼(六三)의 계사(繫辭) 풀이】

## 頻復(빈복) 厲(여) 无咎(무구)

빈번하게[頻] 돌아오니[復] 위태로우나[厲] 허물은[咎] 없다[无].

육삼(六三 : --)의 효위(爻位)를 빌려 암시한 계사(繫辭)이다. 〈빈복(頻復) 여(厲)〉는 〈육삼빈복어초구(六三頻復於初九) 연이륙삼려(然而六三厲)〉의 줄임으로 여기고 〈육삼이[六三] 초구에게로[於初九] 빈번하게[頻] 돌아온다[復] 그러나[然而] 육삼은[六三] 위태하다[厲]〉라고 새겨볼 것이다. 〈빈복(頻復)의 빈(頻)〉은 육삼(六三 : --)이 초구(初九 : ―)와 이웃으로 몹시 사귀고자 함을 암시하고, 여기 〈여(厲)〉는 육삼(六三 : --)과 초구(初九 : ―) 사이에 육이(六二 : --)가 끼어 있기에 쉽사리 육삼(六三 : --)이 초구(初九 : ―)의 밝음으로 돌아오기[復] 어려움을 암시한다. 육삼(六三 : --)이 복괘(復卦 : ䷗)의 하체(下體) 진(震 : ☳)의 상효(上爻)가 되어버려 이미 초구(初九 : ―)에게로 돌아갈 기회가 멀어졌지만, 초구(初九 : ―)에게로 돌아오기[復]를 육삼(六三 : --)이 포기하지 않음을 〈빈복(頻復)의 빈(頻)〉이 암시한다. 〈빈복(頻復)의 빈(頻)〉은 〈축(蹙)〉 즉 재촉해 봐도 일이 되지 않아 찡그리는 모습[蹙]을 나타낸다고 새기는 경우도 있지만, 여기 〈빈(頻)〉을 〈자주 자주 삭(數)〉과 같다 여기고 새김이 마땅하다. 육삼(六三 : --)이 초구(初九 : ―)의 밝음으로 돌아오고자[復] 하지만 이미 육삼(六三 : --)은 육이(六二 : --)에 비해서 멀리 떨어져 있다. 육삼(六三 : --)은 이미 복괘(復卦 : ䷗)의 하체(下體) 진(震 : ☳)의 중위(中位)를 벗어나 있고 또한 육삼(六三 : --)의 자리[位]가 정당하지 못해[不正] 육삼(六三 : --)이 초구(初九 : ―)의 밝음으로 돌아오기를[復] 자주 하다가[頻] 과실이 생길 수도 있음을 암시한 것이 〈여(厲)〉 즉 위태로움[厲]이다.

그러나 육삼(六三 : --)이 초구(初九 : —)의 밝음으로 돌아오려고[復] 위태함[厲]을 무릅씀에는 허물이[咎] 없음[无]을 암시한 계사(繫辭)가 〈빈복(頻復) 여(厲) 무구(无咎)〉이다.

【字典】

**빈(頻)** 〈자주 빈(頻)-삭(數)-급(急), 대지를 빈(頻)-축(蹙), 물가 빈(頻)-수애(水厓), 연이을 빈(頻)-연(連)-비(比), 혼란할 빈(頻)-난(亂), 가까울 빈(頻)-근(近)〉 등의 뜻을 내지만 여기선 〈자주 삭(數)〉과 같다 여기고 새김이 마땅하다.

**復** 〈복-부〉 두 가지로 발음되고, 〈갔다 올 복(復)-왕래(往來), 돌아올 복(復)-반(返)-환(還)-반(反), 돌 복(復)-주(周)-선(旋), 갚을 복(復)-보(報), 증명할 복(復)-험(驗), 실천할 복(復)-천(踐), 맡길(의지할) 복(復)-인(因), 아뢸 복(復)-백(白), 다시(또) 부(復)〉 등의 뜻을 내지만 여기선 〈돌아올 반(返)〉과 같다 여기고 새김이 마땅하다.

**여(厲)** 엄정할 여(厲)-엄(嚴), 맑고 바를 여(厲)-청정(淸正), 위태할 여(厲)-위(危), 마찰할 여(厲)-마(磨), 막을 여(厲)-항(抗), 일어날 여(厲)-기(起), 지을 여(厲)-작(作), 사나울 여(厲)-학(虐), 병들 여(厲)-병(病), 낭떠러지 여(厲)-애(涯)〉 등의 뜻을 내지만 여기선 〈위태로울 위(危)〉와 같다 여기고 새김이 마땅하다.

**무(无)** 〈없을 무(无)-무(無), 허무지도 무(无)-허무지도(虛无之道), 으뜸 무(无)-원(元)〉 등의 뜻을 내지만 여기선 〈없을 무(無)〉와 같다 여기고 새김이 마땅하다.

**구(咎)** 〈재앙 구(咎)-재(災), 병될 구(咎)-병(病), 허물 구(咎)-건(愆)-과(過), 나쁠 구(咎)-오(惡)〉 등의 뜻을 내지만 여기선 〈허물 건(愆)-과(過)〉와 같다 여기고 새김이 마땅하다. 〈무구(无咎)〉는 〈면어구(免於咎)〉 즉 허물을[於咎] 면하다[免]와 같다.

## 육사(六四 : --)

六四 : 中行하되 獨復이라
중행 독복

육사(六四) : 정도를 따라서[中] 행하되[行] 홀로[獨] 돌아온다[復].

【육사(六四)의 효상(爻象) 풀이】

복괘(復卦 : ䷗)의 육사(六四 : --)는 이음거음(以陰居陰) 즉 음(陰 : --)으로써[以] 음(陰 : --)의 자리에 있는지라[居] 정당한 자리에 있다. 육사(六四 : --)는 아래의 육삼(六三 : --)과 위의 육오(六五 : --)와는 모두 서로 음(陰 : --)의 사이인지라 〈비(比)〉 즉 이웃의 사귐[比]을 누리지 못하고 오히려 맞서 부딪치는 사이이다. 그러나 육사(六四 : --)는 초구(初九 : —)와는 음양(陰陽)의 사이인지라 〈정응(正應)〉 즉 바르게[正] 서로 호응한다[應]. 이런 육사(六四 : --)는 군음(群陰)의 중위(中位)에서 홀로 복어초구(復於初九) 즉 초구로[於初九] 돌아오는[復] 모습이다.

> 복괘(復卦 : ䷗)의 육사(六四 : --)가 구사(九四 : —)로 변효(變爻)하면 육사(六四 : --)는 복괘(復卦 : ䷗)를 51번째 진괘(震卦 : ䷲)로 지괘(之卦)하게 한다. 따라서 복괘(復卦 : ䷗)의 육사(六四 : --)는 진괘(震卦 : ䷲)의 구사(九四 : —)를 찾아가 살펴보게 한다.

【육사(六四)의 계사(繫辭) 풀이】

## 中行(중행) 獨復(독복)

정도를 따라서[中] 행하되[行] 홀로[獨] 돌아온다[復].

육사(六四 : --)의 효위(爻位)를 빌려 암시한 계사(繫辭)이다. 〈중행(中行) 독복(獨復)〉은 〈육사중도이행어초구(六四中道而行於初九) 이륙사독복어초구(而六四獨復於初九)〉의 줄임으로 여기고 〈육사가[六四] 정도를[道] 따라서[中而] 초구에게로[於初九] 간다[行] 그리고[而] 육사는[六四] 홀로[獨] 초구에게로[於初九] 돌아온다[復]〉라고 새겨볼 것이다. 〈중행(中行)의 중(中)〉은 육사(六四 : --)가 복괘(復卦 : ䷗)에서 중음(衆陰)의 중위(中位)에 있음을 암시함과 동시에 『노자(老子)』에 나오는 〈정도를 따름을[中] 지킨다[守]〉라는 내용을 환기시킨다. 복괘(復卦 : ䷗)에서 육사(六四 : --)와 초구(初九 : —)의 정응(正應)은 역(易)의 정도(正道)를 서로 따름[中]이다. 육사(六四 : --)가 그 따름[中]을 지킴을 암시함이 〈중행(中行)의 행(行)〉이다.

〈독복(獨復)〉이란 〈중행(中行)〉 즉 〈중도이행(中道而行)〉을 거듭해 밝힌다. 〈중행(中行)〉 즉 정도를 따라[中] 행함[行]이란 본래 독행(獨行) 즉 홀로[獨] 행하는[行]

것이다. 복괘(復卦 : ䷗)의 초구(初九 : ⚊)는 음력 동짓달의 시운(時運)을 타고 있다. 동지(冬至)란 춘작지시(春作之始) 즉 봄에[春] 싹트기가[作之] 시작함[始]이다. 복괘(復卦 : ䷗)의 초구(初九 : ⚊)가 곧 춘작(春作)의 시작(始作)인 셈이다. 육사(六四) : ⚋)가 군음(群陰)의 중위(中位)에 있으므로 정도를 따름을[中] 행한다[行]는 것이다. 중위(中位)란 중도지위(中道之位)를 말한다. 중위(中位)에 있다고 함은 정도를[道] 따르는[中之] 자리[位]에 있어서 불의(不倚) 즉 치우치거나 기울지 않음[不倚]을 뜻한다. 그래서 육사(六四 : ⚋)가 정도를 따름을[中] 행해서[行] 홀로[獨] 초구(初九 : ⚊)에게로 돌아옴[復]을 암시한 계사(繫辭)가 〈중행(中行) 독복(獨復)〉이다.

【字典】

**중(中)** 〈따를 중(中)-순(順), 안(속) 중(中)-내(內), 사방의 중앙 중(中)-사방지중(四方之中), 정신 중(中)-심중(心中), 정도 중(中)-정도(正道), 바를 중(中)-정(正), 고를 중(中)-평(平)-균(均), 어울릴 중(中)-화(和), 이룰 중(中)-성(成), 간직할 중(中)-장(藏), 적당할 중(中)-당(當)-적(適), 합할 중(中)-합(合), 화살이 맞힐 중(中)-시지적(矢至的), 응할 중(中)-응(應), 다칠 중(中)-상(傷), 부딪칠 중(中)-격(擊), 중요할 중(中)-요(要), 가득 찰 중(中)-만(滿)〉 등의 뜻을 내지만 여기선 〈따를 순(順)〉과 같다 여기고 새김이 마땅하다.

**行** 〈행-항〉 두 가지로 발음되고, 〈갈 행(行)-왕(往), 쓸 행(行)-용(用), 다닐 행(行)-보(步), 나아갈 행(行)-전진(前進), 길 귀신 행(行)-노신(路神), 오행 행(行)-오행(五行), 길 행(行)-도로(道路), 순행할 행(行)-순행(巡行), 행실 행(行)-신지소행(身之所行), 운반할 행(行)-운(運), 항오 항(行)-열(列), 시장 항(行)-시장(市長), 항렬 항(行)-등배(等輩), 굳셀 항(行)-강강(剛强)〉 등의 뜻을 내지만 여기선 〈갈 왕(往)과 쓸 용(用)〉의 두 뜻을 아울러 낸다고 여기고 새김이 마땅하다.

**독(獨)** 〈홀로 독(獨)-단(單)-소(少), 사람들과 다를 독(獨)-여인이(與人異), 다만 독(獨)-단(但)-전(專), 외로울 독(獨)-고(孤), 자식 없는 늙은이 독(獨)-노이무자(老而無子), 겨우 독(獨)-근(僅), 누구 독(獨)-숙(孰)-하(何), 그 독(獨)-기(其)〉 등의 뜻을 내지만 여기선 〈홀로 단(單)〉과 같다 여기고 새김이 마땅하다.

**復** 〈복-부〉 두 가지로 발음되고, 〈갔다 올 복(復)-왕래(往來), 돌아올 복(復)-

반(返)-환(還)-반(反), 돌 복(復)-주(周)-선(旋), 갚을 복(復)-보(報), 증명할 복(復)-험(驗), 실천할 복(復)-천(踐), 맡길(의지할) 복(復)-인(因), 아뢸 복(復)-백(白), 다시(또) 부(復)〉 등의 뜻을 내지만 여기선 〈돌아올 반(返)〉과 같다 여기고 새김이 마땅하다.





---

註 다언수궁(多言數窮) 불여수중(不如守中) : 말이[言] 많아질수록[多] (백성을 다스림은) 이치가[數] 궁색해지니[窮], 상도를 따라[中] 지킴만[守] 못하다[不如]. 『노자(老子)』 5장(章)

## 육오(六五 : --)

六五 : 敦復이니 无悔하다
돈 복 무 회

육오(六五) : 도탑게 [敦] 돌아오니 [復] 후회할 것이 [悔] 없다 [无].

**【육오(六五)의 효상(爻象) 풀이】**

복괘(復卦 : ䷗)의 육오(六五 : --)는 이음거양(以陰居陽) 즉 음(陰 : --)으로써[以] 양(陽 : ─)의 자리에 있는지라[居] 정당한 자리에 있지 못하다. 육오(六五 : --)는 육사(六四 : --)와 상륙(上六 : --)과는 모두 음(陰 : --)의 사이인지라 이웃의 사귐[比]을 누리지 못해 오히려 상충(相衝) 즉 서로[相] 부딪치는[衝] 사이이다. 육오(六五 : --)와 육이(六二 : --)도 양음(兩陰) 즉 둘 다[兩] 음(陰 : --)인지라 〈부정응(不正應)〉 즉 바르게[正] 서로 호응하지 못한다[不應]. 비록 육오(六五 : --)가 주변의 도움을 받지 못하지만 육오(六五 : --)는 복괘(復卦 : ䷗)의 상체(上體) 곤(坤 : ☷)의 중효(中爻)이면서 동시에 복괘(復卦 : ䷗)의 존위(尊位)에 있는지라 득중(得中) 즉 정도를 따름을[中] 취하는[得] 모습이다.

복괘(復卦 : ䷗)의 육오(六五 : --)가 구오(九五 : ─)로 변효(變爻)하면 육오(六五 : --)는 복괘(復卦 : ䷗)를 3번째 준괘(屯卦 : ䷂)로 지괘(之卦)하게 한다. 따라서 복괘(復卦 : ䷗)의 육오(六五 : --)는 준괘(屯卦 : ䷂)의 구오(九五 : ─)를 찾아가 살펴보게 한다.

【육오(六五)의 계사(繫辭) 풀이】

## 敦復(돈복) 无悔(무회)

도탑게[敦] 돌아오니[復] 후회할 것이[悔] 없다[无].

육오(六五 : --)의 효위(爻位)를 빌려 암시한 계사(繫辭)이다. 〈돈복(敦復) 무회(无悔)〉는 〈육오중도이행어초구(六五中道而行於初九) 이륙오돈복어초구(而六五敦復於初九)〉의 줄임으로 여기고 〈육오가[六五] 정도를[道] 따라서[中而] 초구에게로[於初九] 간다[行] 그리고[而] 육오는[六五] 도탑게[敦] 초구에게로[於初九] 돌아온다[復]〉라고 새겨볼 것이다. 〈돈복(敦復)의 돈(敦)〉은 육오(六五 : --)가 복괘(復卦 : ䷗)의 상체(上體) 곤(坤 : ☷)의 중효(中爻)임을 암시한다. 〈돈복(敦復)의 돈(敦)〉은 육오(六五 : --)가 곤(坤 : ☷)의 중효(中爻)로서 심중(心中)으로 중정(中正) 즉 정도를[正] 따름[中]을 암시한다. 〈돈복(敦復)의 돈(敦)〉은 19번째 임괘(臨卦 : ䷒) 상륙(上六 : --)의 효사(爻辭) 〈돈림(敦臨)의 돈(敦)〉을 연상시킨다. 왜냐하면 여기 〈돈복(敦復)의 돈(敦)〉은 〈돈림(敦臨)의 돈(敦)〉과 같기 때문이다. 〈돈복(敦復)〉은 육오(六五 : --)가 박괘(剝卦 : ䷖)에서 〈박(剝)〉 즉 양(陽 : —)의 밝음을[明] 박탈하던[剝] 음(陰 : --)의 짓을 버리고, 〈돈복(敦復)〉 즉 정진(正眞)의 마음[敦]으로써 양명(陽明)으로 돌아옴[復]을 암시한다. 〈돈(敦)〉은 유심(唯心) 즉 오로지[唯] 마음[心]이 누리는 경지인지라 〈돈(敦)〉이란 정진(正眞) 즉 정직(正直)하고 진실(眞實)하여 허심(虛心) 즉 시비(是非)-상쟁(相爭)-욕구(欲求) 따위를 다 비운[虛] 마음[心]으로 통함을 말하고, 이를 일러 도탑다[敦]고 하는 것이다. 따라서 〈돈복(敦復)의 돈(敦)〉은 『노자(老子)』에 나오는 〈고요하고[靜] 도타움을[篤] 지킨다[守]〉라는 내용을 환기시킨다.

〈돈(敦)〉이란 치심(治心) 즉 자신의 마음을[心] 스스로 다스렸음[治]이다. 그런 치심(治心)을 정독(靜篤)이라 한다. 말하자면 마음에서 온갖 시비-상쟁-욕구 따위를 허(虛) 즉 모두 다 비워냈음[虛]이 〈돈(敦)〉 즉 정독(靜篤)이다. 마음의 비움이[虛] 지극함으로[極] 돌아와야[致] 돈심(敦心)을 누린다. 마음속에 꿍꿍이셈이 있다면 거기에 돈심(敦心)은 없다. 정직하고 진실한 허심(虛心)이라야 고요의[靜] 도타움을[篤] 지킨다[守]. 〈돈복(敦復)의 돈(敦)〉이 양명(陽明)으로 돌아옴[復]을 육오(六

五 : --)가 고요의 도타움[靜篤]으로써 지켜[守] 누림을 암시한다. 이러한 〈돈복(敦復)의 돈(敦)〉은 『장자(莊子)』에 나오는 〈유유자(兪兪者)〉 즉 편안하고 즐거움[兪兪] 바로 그것으로 이어진다. 그 편안하고 즐거움[兪兪]을 하염없이 누림을 〈돈(敦)〉이라 한다. 〈돈복(敦復)의 돈(敦)〉은 바로 수정독(守靜篤)으로 누리는 유유(兪兪) 즉 편안하고 즐거움[兪兪]인지라 〈돈복(敦復)〉은 편안하고 즐겁게 육오(六五 : --)가 양명(陽明)으로 돌아옴[復]이다. 물론 『대학(大學)』에 나오는 〈지지이후유정(知止而后有定) 정이후능정(定而后能靜)〉 역시 이러한 〈돈복(敦復)의 돈(敦)〉을 누리는 길을 밝힌다. 멈춤을[止] 안[知] 뒤에야[而后] 마음의 안정을[定] 얻고[有], 안정한[定] 뒤에야[而后] 고요할[靜] 수 있음[能] 역시 치심(治心)하여 허(虛)한 마음가짐인 〈돈복(敦復)의 돈(敦)〉이다. 이처럼 존위(尊位)에 있는 육오(六五 : --)가 온갖 시비-상쟁-욕구 따위를 다 비워버리고[虛] 고요함의 도타움을 누리는 치심(治心)으로써 양(陽 : —)의 밝음[明]으로 돌아와[復] 복괘(復卦 : ䷗)의 주제인 〈복(復)〉 즉 선(善)한 밝음[明]을 따르며 왕 노릇을 함이 〈돈복(敦復)〉이다.

〈무회(无悔)〉는 〈유어돈복륙오무회(由於敦復六五无悔)〉의 줄임으로 여기고 〈돈복(敦復) 덕으로[由於] 육오에게는[六五] 후회할 것이[悔] 없다[无]〉라고 새겨볼 것이다. 〈무회(无悔)〉는 육오(六五 : --)가 〈돈복(敦復)〉을 누리기 때문이다. 허정(虛靜)한 마음으로[敦] 양명(陽明)을 따라 돌아옴[復]에는 온갖 시비-상쟁-욕구가 떠나, 오로지 허심(虛心)으로 돌아오는[復] 육오(六五 : --)에게 마음가짐이 〈돈(敦)〉 즉 정진(正眞)이 도타워[敦] 후회할 것이[悔] 없음[无]을 암시한 것이 〈무회(无悔)〉이다.

그러므로 복괘(復卦 : ䷗)의 존위(尊位)에 있는 육오(六五 : --)가 온갖 외물(外物)과 접촉하는 자궁(自躬) 즉 자신의[自] 몸뚱이[躬]를 떠나 유심(唯心) 즉 오로지[唯] 마음[心]이 정직하고 진실하여 누리는 〈돈(敦)〉의 경지로써 유유(兪兪) 즉 편안하고 즐겁게[兪兪] 양(陽 : —)의 밝음[明] 곧 선함[善]을 따라 돌아오니[復] 육오(六五 : --)에게 후회할 것이[悔] 없다[无]고 암시한 계사(繫辭)가 〈돈복(敦復) 무회(无悔)〉이다.

**【字典】**

**敦** 〈돈-대-퇴-단-조〉 등으로 발음되고, 〈{정진(正眞)이} 도타울 돈(敦)-후

(厚), 성낼 돈(敦)-노(怒), 꾸짖을 돈(敦)-저(詆), 핍박할 돈(敦)-박(迫), 힘쓸 돈(敦)-면(勉), 누구 돈(敦)-수하(誰何), 클 돈(敦)-대(大), 뒤섞여 통하지 않는 모양 돈(敦)-혼돈불개통지모(渾敦不開通之貌), 막연한 모양 돈(敦)-혼돈지모(混沌之貌), 세울 돈(敦)-수(竪), 쪼을 퇴(敦)-탁(琢), 모을 퇴(敦)-취(聚), 다스릴 퇴(敦)-치(治), 끊을 퇴(敦)-단(斷), 성낼 퇴(敦)-노(怒), 옥쟁반 대(敦)-옥대반류(玉敦槃類), 서숙과 기장을 담는 그릇 대(敦)-성서직기(盛黍稷器), 모을 단(敦)-취(聚), 외조롱 달릴 단(敦)-고계만모(瓜繫蔓貌), 아로새길 조(敦)-조(彫), 그림 그린 활 조(敦)-화궁(畫弓)〉 등의 뜻을 내지만 여기선 〈도타울 후(厚)〉와 같다 여기고 새김이 마땅하다.

**復** 〈복-부〉 두 가지로 발음되고, 〈돌아올 복(復)-반(返)-환(還)-반(反), 갔다 올 복(復)-왕래(往來), 돌 복(復)-주(周)-선(旋), 갚을 복(復)-보(報), 증명할 복(復)-험(驗), 실천할 복(復)-천(踐), 맡길(의지할) 복(復)-인(因), 아뢸 복(復)-백(白), 다시(또) 부(復)〉 등의 뜻을 내지만 여기선 〈돌아올 반(返)〉과 같다 여기고 새김이 마땅하다.

**무(无)** 〈없을 무(无)-무(無), 허무지도 무(无)-허무지도(虛无之道), 으뜸 무(无)-원(元)〉 등의 뜻을 내지만 여기선 〈없을 무(無)〉와 같다 여기고 새김이 마땅하다.

**회(悔)** 〈후회할(뉘우칠) 회(悔)-한(恨), 허물할 회(悔)-구(咎), 업신여길 회(悔)-만(慢)〉 등의 뜻을 내지만 여기선 〈후회할 한(恨)〉과 같아 회한(悔恨)의 줄임으로 여기고 새김이 마땅하다.

---

註 치허극(致虛極) 수정독(守靜篤) : 비움의[虛] 지극함으로[極] 돌아와[致], 고요의[靜] 도타움을[篤] 지킨다[守]. 『노자(老子)』 16장(章)

註 무위즉유유(無爲則兪兪) 유유자우환불능처(兪兪者憂患不能處) : (조작하여) 하는 짓이[爲] 없다면[無] 곧[則] 편안하고 즐겁다[兪兪]. 편안하고 즐거운[兪兪] 것에[者] 우환이란[憂患] 붙을[處] 수가 없다[不能]. 『장자(莊子)』 「천도(天道)」 1절(節)

註 지지이후유정(知止而后有定) 정이후능정(定而后能靜) 정이후능안(靜而后能安) 안이후능려(安而后能慮) 여이후능득(慮而后能得) : 머묾을[止] 안[知] 뒤에야[而后] 안정함이[定] 있고[有], 안정한[定] 뒤에야[而后] 고요할[靜] 수 있고[能], 고요한[靜] 뒤에야[而后] 편안할[安] 수 있고[能], 편안한[安] 뒤에야[而后] 하염없이 생각할[慮] 수 있으며[能], 하염없이 생각한[慮] 뒤에야[而后] (마음의 즐거움을) 얻을[得] 수 있다[能]. 『대학(大學)』 첫 번째 문단(文段)

## 상륙(上六 : --)

上六 : 迷復이니 凶하다 有災眚하여 用行師면 終有大
미복 흉 유재생 용행사 종유대

敗라 以其國君凶하여 至于十年不克征하리라
패 이기국군흉 지우십년불극정

상륙(上六) : 헷갈리어[迷] 돌아오니[復] 나쁘다[凶]. 천재와[災] 화근이[眚] 생겨[有], 군사를[師] 동원함을[行] 쓴다면[用] 끝내[終] 대패가[大敗] 있다[有]. 그로써[以其] 나라의[國] 임금이[君] 흉하여[凶] 십년에[于十年] 이르러도[至] 정복할[征] 수 없다[不克].

**【상륙(上六)의 효상(爻象) 풀이】**

복괘(復卦 : ䷗)의 상륙(上六 : --)은 이음거음(以陰居陰) 즉 음(陰 : --)으로써[以] 음(陰 : --)의 자리에 있는지라[居] 정당한 자리에 있다. 상륙(上六 : --)과 육오(六五 : --)는 양음(兩陰) 즉 둘 다[兩] 음(陰 : --)인지라 이웃의 사귐[比]을 누리지 못해 오히려 상충(相衝) 즉 서로[相] 부딪치는[衝] 처지이다. 상륙(上六 : --)과 육삼(六三 : --)도 양음(兩陰)인지라 부정응(不正應) 즉 바르게[正] 서로 호응하지 못한다[不應]. 이처럼 상륙(上六 : --)은 주변의 도움을 받지 못할 뿐만 아니라 자신이 유약(柔弱)한 데다 복괘(復卦 : ䷗)의 극위(極位)에 있어 초구(初九 : ㅡ)와 가장 멀리 떨어져 있기에, 초구(初九 : ㅡ)에게로 돌아가려 해도 늘 헷갈리게[迷] 되고 말아 몹시 불행한 모습이다.

복괘(復卦 : ䷗)의 상륙(上六 : --)이 상구(上九 : ㅡ)로 변효(變爻)하면 상륙(上六 : --)은 복괘(復卦 : ䷗)를 27번째 이괘(頤卦 : ䷚)로 지괘(之卦)하게 한다. 따라서 복괘(復卦 : ䷗)의 상륙(上六 : --)은 이괘(頤卦 : ䷚)의 상구(上九 : ㅡ)를 찾아가 살펴보게 한다.

【상륙(上六)의 계사(繫辭) 풀이】

## 迷復(미복) 凶(흉)

헷갈리어[迷] 돌아오니[復] 나쁘다[凶].

상륙(上六 : --)의 효위(爻位)를 빌려 암시한 계사(繫辭)이다. 〈미복(迷復) 흉(凶)〉은 〈상륙미복어초구(上六迷復於初九) 인이상륙유흉(因以上六有凶)〉의 줄임으로 여기고 〈상륙이[上六] 초구에게로[於初九] 헷갈리게[迷] 돌아온다[復] 그래서[因以] 상륙에게[上六] 흉함이[凶] 있다[有]〉라고 새겨볼 것이다. 〈미복(迷復)〉은 상륙(上六 : --)이 복괘(復卦 : ䷗)의 상체(上體) 곤(坤 : ☷)의 상효(上爻)이면서 동시에 복괘(復卦 : ䷗)의 상효(上爻)임을 암시한다. 상효(上爻)란 아래의 효(爻)들로부터 도움을 받지 못하는 처지에 놓이면 〈흉(凶)〉 즉 불행할[凶] 수밖에 없다. 상륙(上六 : --)이 유약(柔弱)한 음(陰 : --)으로서 극위(極位)에 있어 상륙(上六 : --)과 초구(初九 : —)가 너무 멀리 떨어져 있어서, 강강(剛强)한 초구(初九 : —)의 밝음[明]으로 돌아오고자[復] 해도 번번이 헷갈리고[迷] 말아 〈흉(凶)〉 즉 불행하다[凶]고 암시한 계사(繫辭)가 〈미복(迷復) 흉(凶)〉이다.

## 有災眚(유재생)

천재와[災] 화근이[眚] 생긴다[有].

상륙(上六 : --)이 겪는 〈흉(凶)〉을 거듭해 암시한 계사(繫辭)이다. 복괘(復卦 : ䷗) 상륙(上六 : --)의 〈흉(凶)〉을 〈유재생(有災眚)〉이라고 암시한다. 〈유재생(有災眚)〉은 〈상륙유재(上六有災) 이상륙유생(而上六有眚)〉의 줄임으로 여기고 〈상륙에게는[上六] 재가[災] 있다[有] 그리고[而] 상륙에게는[上六] 생이[眚] 있다[有]〉라고 새겨볼 것이다. 〈유재생(有災眚)의 재(災)〉란 하늘이 내리는 불행 즉 천재(天災)를 말하고, 〈유재생(有災眚)의 생(眚)〉은 인간이 빚어내는 과실(過失)로 말미암은 불행을 말한다. 유약(柔弱)한 상륙(上六 : --)이 극위(極位)에 있어서 〈재(災)〉 즉 스스로 어쩔 수 없는 불행[災]을 겪어야 하고, 하효(下爻)들로부터 도움을 받지 못하기 때문에 스스로 초구(初九 : —)에게로 돌아오다[復] 겪는 헷갈림[迷]으로 말미암은 불행[眚]을 겪어야 함을 암시한 계사(繫辭)가 〈유재생(有災眚)〉이다.

## 用行師(용행사) 終有大敗(종유대패) 以其國君凶(이기국군흉) 至于十年不克征(지우십년불극정)

군사를[師] 동원함을[行] 쓴다면[用] 끝내[終] 대패가[大敗] 있다[有]. 그로써[以其] 나라의[國] 임금이[君] 흉하여[凶] 십년에[于十年] 이르러도[至] 정복할[征] 수 없다[不克].

상륙(上六 : --)이 겪는 〈재생(災眚)〉을 물리치고자 함을 암시한 계사(繫辭)이다. 〈용행사(用行師)〉는 〈상륙용사(上六用師) 인이상륙행사(因以上六行師)〉의 줄임으로 여기고 〈상륙이[上六] 군사를[師] 쓴다[用] 그래서[因以] 상륙은[上六] 군사를[師] 행사한다[行]〉라고 새겨볼 것이다. 〈용사(用師)〉는 왕권(王權)에 속하고 〈행사(行師)〉도 왕권에 속한다. 상륙(上六 : --)이 복괘(復卦 : ䷗)의 상체(上體) 곤(坤 : ☷)의 상효(上爻)이고 곤(坤 : ☷)은 국토(國土)를 상징하기 때문에 상륙(上六 : --)을 국왕(國王)으로 취상(取象)한 것임을 〈용행사(用行師)〉가 암시한다.

〈종유대패(終有大敗)〉는 〈종상륙유대패(終上六有大敗)〉의 줄임으로 여기고 〈끝내[終] 상륙에게는[上六] 대패가[大敗] 있다[有]〉라고 새겨볼 것이다. 〈미복(迷復)〉 즉 양명(陽明)으로 돌아옴에도[復] 헷갈리는[迷] 국왕(國王)이 군사를[師] 써[用] 행사한다면[行] 끝내[終] 〈대패(大敗)〉 즉 크게[大] 패망하는[敗] 것임을 〈종유대패(終有大敗)〉가 암시한다.

〈이기국군흉(以其國君凶)〉은 〈이기대패국군지상륙흉(以其大敗國君之上六凶)〉의 줄임으로 여기고 〈그[其] 대패(大敗) 때문에[以] 나라의[國] 임금인[君之] 상륙은[上六] 흉하다[凶]〉라고 새겨볼 것이다. 복괘(復卦 : ䷗)의 상체(上體) 곤(坤 : ☷)은 국토(國土)이고 그 곤(坤 : ☷)의 상효(上爻) 곧 상륙(上六 : --)은 군왕(君王)인지라 〈재생(災眚)〉을 물리쳐 나라를 보전하려고 〈용행사(用行師)〉를 감행했지만 끝내[終] 크게[大] 패하여[敗] 상륙(上六 : --)이 〈흉(凶)〉 즉 불행할[凶] 수밖에 없는 것임을 〈이기국군흉(以其國君凶)〉이 암시한다. 〈이기국군흉(以其國君凶)〉에서 〈이기(以其)의 이(以)〉는 〈때문에 인이(因以)〉의 줄임이고, 〈이기(以其)의 기(其)〉는 앞의 〈대패(大敗)〉를 대신하는 지시어이다. 〈이기국군흉(以其國君凶)의 국군(國君)〉은 〈국군지상륙(國君之上六)〉의 줄임이다.

그 대패(大敗) 때문에[以] 나라의[國] 임금인[君之] 상륙이[上六] 처한 불행을[凶] 십년이[十年] 지나가도[至于] 정복할[征] 수 없음[不克]을 암시한 것이 〈지우십년불극정(至于十年不克征)〉이다. 〈지우십년(至于十年)〉은 딱 십년(十年)까지[至于]라는 말이 아니라 오랜 세월이 지나가도라는 뜻이고, 〈불극(不克)〉은 〈불능(不能)〉과 같다. 그러니 복괘(復卦 : ䷗)의 상륙(上六 : --)이 〈미복(迷復)의 재생(災眚)〉을 결코 정벌할[征] 수 없는[不克] 불행[凶]을 묶어서 암시한 계사(繫辭)가 〈용행사(用行師) 종유대패(終有大敗) 이기국군흉(以其國君凶) 지우십년불극정(至于十年不克征)〉이다.

【字典】

**미(迷)** 〈사로잡혀 미혹에서 벗어나지 못할 미(迷)-심취일사이적혹불반(心醉一事而積惑不反), 반할(혹할) 미(迷)-혹(惑), 바랐던 바를 잃고 망동할 미(迷)-범실소욕이망행자(凡失所欲而妄行者), 모호해 밝지 못한 미(迷)-모호불명(模糊不明), 어지러울 미(迷)-난(亂)〉 등의 뜻을 내지만 여기선 〈사로잡혀 미혹에서 벗어나지 못하는 심취일사이적혹불반(心醉一事而積惑不反)〉으로 새김이 마땅하다.

**復** 〈복-부〉 두 가지로 발음되고, 〈갔다 올 복(復)-왕래(往來), 돌아올 복(復)-반(返)-환(還)-반(反), 돌 복(復)-주(周)-선(旋), 갚을 복(復)-보(報), 증명할 복(復)-험(驗), 실천할 복(復)-천(踐), 맡길(의지할) 복(復)-인(因), 아뢸 복(復)-백(白), 다시(또) 부(復)〉 등의 뜻을 내지만 여기선 〈돌아올 반(返)〉과 같다 여기고 새김이 마땅하다.

**흉(凶)** 〈불행할(흉할) 흉(凶)-길지반(吉之反), 걱정할 흉(凶)-우(憂)-구(懼), 흉한 사람 흉(凶)-흉인(凶人), 나쁠 흉(凶)-오(惡), 재앙 흉(凶)-화(禍), 요사할 흉(凶)-요사(夭死), 악한 사람 흉(凶)-악인(惡人), 흉년 흉(凶)-연곡불숙(年穀不熟), 사나울 흉(凶)-포학(暴虐), 음기 흉(凶)-음기(陰氣), 북쪽 흉(凶)-북(北), 없을 흉(凶)-공(空), 송사 흉(凶)-송(訟), 거역할 흉(凶)-역(逆), 어그러질 흉(凶)-패(悖), 허물 흉(凶)-구(咎)〉 등의 뜻을 내지만 여기선 〈불행할 길지반(吉之反)〉과 같다 여기고 새김이 마땅하다.

**유(有)** 〈없을 무(無)의 반대말로 있을 유(有), 혹 유(有)-혹(或), 많을 유(有)-다(多)-족(足), 부유할 유(有)-부(富), 얻을(가질) 유(有)-취(取), 간직할 유(有)-장(藏), 보호할 유(有)-보(保), 서로 친할 유(有)-상친(相親), 전일할 유(有)-전(專), 할 유(有)-위(爲), 어조사 유(有)〉 등의 뜻을 내지만 여기선 〈얻을 취(取)〉로 여기고 새김이 마땅하다.

**재(災)** 〈천벌 재(災)-천화(天禍), 횡액 재(災)-화해(禍害), 어렵게 할 재(災)-난(難), 덜 재(災)-손(損), 패할 재(災)-패(敗), 위태할 재(災)-위(危)〉 등의 뜻을 내지만 여기선 〈천화(天禍)〉 즉 천벌로 여기고 새김이 마땅하다.

**생(眚)** 〈과실(모르고 짓는 죄) 생(眚)-과(過), 재화[妖]와 복록[祥] 생(眚)-요상(妖祥), 백태가 낄 생(眚)-생예(生翳), 질병 생(眚)-병(病), 파리할 생(眚)-수(瘦), 치워버릴 생(眚)-생(省), 용서할 생(眚)-사(赦)〉 등의 뜻을 내지만 여기선 〈과실(모르고 짓는 죄) 과(過)〉와 같다 여기고 새김이 마땅하다.

**용(用)** 〈쓸(시행할) 용(用)-이(以)-시(施)-행(行), 쓰일(부릴) 용(用)-사(使), 맡길 용(用)-임(任), 위할 용(用)-위(爲), 갖출 용(用)-비(備)〉 등의 뜻을 내지만 여기선 〈시행 시(施)〉와 같다 여기고 새김이 마땅하다.

**行** 〈행-항〉 두 가지로 발음되고, 〈쓸 행(行)-용(用), 갈 행(行)-왕(往), 다닐 행(行)-보(步), 나아갈 행(行)-전진(前進), 길 귀신 행(行)-노신(路神), 오행 행(行)-오행(五行), 길 행(行)-도로(道路), 순행할 행(行)-순행(巡行), 행실 행(行)-신지소행(身之所行), 운반할 행(行)-운(運), 항오 항(行)-열(列), 시장 항(行)-시장(市長), 항렬 항(行)-등배(等輩), 굳셀 항(行)-강강(剛强)〉 등의 뜻을 내지만 여기선 〈쓸 용(用)〉과 같다 여기고 새김이 마땅하다.

**사(師)** 〈군사 사(師)-군(軍)-군여(軍旅)-군대(軍隊), 군대를 출동하여 정벌할 사(師)-출사정벌(出師征伐), 춘추시대 필법 사(師)-춘추지필법(春秋之筆法), 괘명 사(師)-육십사괘지일(六十四卦之一), 사람들(무리) 사(師)-인(人)-중(衆), 주나라 때 교민지관 사(師)-주대교민지관(周代教民之官), 사람의 모범 사(師)-인지모범(人之模範), 악관 사(師)-악관(樂官), 관리 사(師)-관리(官吏), 본받을 사(師)-칙(則)-법(法)-효(效), 따를 사(師)-순(順), 법률 사(師)-법률(法律), 근심스러울 사(師)-우(憂)〉 등의 뜻을 내지만 여기선 〈군사 군(軍)〉과 같다 여기고 새김이 마땅하다.

**종(終)** 〈다할 종(終)-진(盡)-극(極)-궁(窮)-경(竟), 끝날(끝내) 종(終)-이(已), 충분할 종(終)-충(充), 이룰 종(終)-성(成), 사망 종(終)-사(死), 끝 종(終)-시지대(始之對)〉 등의 뜻을 내지만 여기선 〈끝내 이(已)〉와 같다 여기고 새김이 마땅하다.

**유(有)** 〈없을 무(無)의 반대말로 있을 유(有), 혹 유(有)-혹(或), 많을 유(有)-다(多)-족(足), 부유할 유(有)-부(富), 얻을(가질) 유(有)-취(取), 간직할 유(有)-장(藏), 보호

할 유(有)-보(保), 서로 친할 유(有)-상친(相親), 전일할 유(有)-전(專), 할 유(有)-위(爲), 어조사 유(有)〉 등의 뜻을 내지만 여기선 〈얻을 취(取)〉로 여기고 새김이 마땅하다.

**대(大)** 〈큰 대(大)-소지대(小之對), 넓을 대(大)-광(廣), 두루 대(大)-편(徧), 통할 대(大)-통(通), 길 대(大)-장(長), (땅을) 걸게 할 대(大)-비(肥), 두터울 대(大)-후(厚), 많을 대(大)-다(多), 모두 대(大)-개(皆), 선할 대(大)-선(善), 무거울 대(大)-중(重), 거대할 대(大)-거(巨), 아름다울 대(大)-미(美)-장(壯), 부유할 대(大)-부(富), 늙을 대(大)-노(老), 지나칠 대(大)-과(過), 끝 대(大)-극(極), 대충 대(大)-조(組)-불세밀(不細密), 과대할 대(大)-과(誇)-긍벌(矜伐), 처음 대(大)-초(初), 하늘 대(大)-천(天), 건(乾)-양기(陽氣)-강효(剛爻) 대(大)〉 등의 뜻을 내지만 여기선 〈큰 대(大)〉로 여기고 새김이 마땅하다.

**패(敗)** 〈싸움에 질 패(敗)-전불승(戰不勝), 헐어질 패(敗)-훼(毁), 무너질 패(敗)-괴(壞), 깨어질 패(敗)-파(破), 줄어들 패(敗)-손(損), 상처 입을 패(敗)-상(傷), 몰락할 패(敗)-몰(沒), 썩을 패(敗)-부(腐), 조락할 패(敗)-조락(凋落), 멸망할 패(敗)-멸망(滅亡), 일이 이루어지지 못할 패(敗)-사불성(事不成)〉 등의 뜻을 내지만 여기선 〈싸움에 질 전불승(戰不勝)〉으로 여기고 새김이 마땅하다.

**이(以)** 〈써 이(以)-용(用), 본받을 이(以)-법(法), 할 이(以)-위(爲), 생각할 이(以)-사(思), 거느릴 이(以)-솔(率), 그만둘 이(以)-이(已), 때문에 이(以)-인(因) {까닭 이(以)로 명사(名詞) 노릇도 하는데 주로 유이(有以) 무이(無以) 꼴일 때가 대부분임.}, 더불어 이(以)-여(與), 하여금 이(以)-사(使), 이미 이(以)-이(已)〉 등의 뜻을 내고 이 외에도 전후문맥(前後文脈)에 따라 다양한 뜻을 자유롭게 내며 〈그래서 이(以)-소이(所以)-인이(因以)〉처럼 계사(繫詞) 노릇마저도 한다. 여기선 〈써 용(用)〉으로 여기고 새김이 마땅하다.

**기(其)** 〈그것 기(其)-피(彼)-지(之), 그럴 기(其)-연(然), 어찌 기(其)-기(豈), 누를 기(其)-억(抑), 오히려 기(其)-상(尙)-서기(庶幾), 이에 기(其)-내(乃), 만약 기(其)-약(若), 장차 기(其)-장(將), 어조사 기(其)-어조사(語助辭)〉 등의 뜻을 내지만 여기선 〈그것 피(彼)〉와 같다 여기고 새김이 마땅하다.

**국(國)** 〈나라 국(國)-방(邦), 천자가 도읍한 곳 국(國)-천자소도(天子所都), 제후의 나라 국(國)-제후국(諸侯國), 성 안 국(國)-성중(城中)-교내(郊內), 고향 국(國)-고향(故鄕), 지방 국(國)-지방(地方), 도모할 국(國)-모(謀)〉 등의 뜻을 내지만 여기선 〈나라

방(邦)〉으로 여기고 새김이 마땅하다.

**군(君)** 〈임금(지극히 높은 사람 : 천자-임금-제후) 군(君)-지존자(至尊者), 임금을 이을(세자) 군(君)-세자(世子), 여왕 군(君)-여군(女君), 어버이 군(君)-부모(父母), 돌아가신 임금-돌아가신 아버지-돌아가신 조상 군(君)-선군(先君)-선부(先父)-선조(先祖), 상대를 부르는 칭호 군(君)-칭호(稱號), 귀신을 받들어 부르는 칭호 군(君)-귀신지경칭(鬼神之敬稱), 맡아 다스릴 군(君)-주재(主宰), 하늘-건 군(君)-천(天)-건(乾), 양 군(君)-양(陽), 낮 군(君)-일(日), 중앙제단 군(君)-궁제단(宮祭壇), 흙 군(君)-토(土)〉 등의 뜻을 내지만 여기선 〈임금 군(君)〉으로 여기고 새김이 마땅하다.

**흉(凶)** 〈불행할(흉할) 흉(凶)-길지반(吉之反), 걱정할 흉(凶)-우(憂)-구(懼), 흉한 사람 흉(凶)-흉인(凶人), 나쁠 흉(凶)-오(惡), 재앙 흉(凶)-화(禍), 요사할 흉(凶)-요사(夭死), 악한 사람 흉(凶)-악인(惡人), 흉년 흉(凶)-연곡불숙(年穀不熟), 사나울 흉(凶)-포학(暴虐), 음기 흉(凶)-음기(陰氣), 북쪽 흉(凶)-북(北), 없을 흉(凶)-공(空), 송사 흉(凶)-송(訟), 거역할 흉(凶)-역(逆), 어그러질 흉(凶)-패(悖), 허물 흉(凶)-구(咎)〉 등의 뜻을 내지만 여기선 〈불행할(흉할) 흉(凶)〉으로 여기고 새김이 마땅하다.

**지(至)** 〈이를(도착할) 지(至)-도(到)-래(來), 지극할 지(至)-지극(至極), 새가 높은 데서 날아 내려와 땅에 이를 지(至)-조비종고하지(鳥飛從高下至), 미칠(이를) 지(至)-급(及), 좋을 지(至)-선(善), 다할 지(至)-진(盡)-극(極), 무리 지(至)-중(衆), 큰 지(至)-대(大), 마땅할 지(至)-당(當), 이룰 지(至)-성(成), 실제 지(至)-실(實), 옳을 지(至)-시(是), 아래 지(至)-하(下), 동지하지 지(至)-동지하지(冬至夏至)〉 등의 뜻을 내지만 여기선 〈이를 도(到)〉와 같다 여기고 새김이 마땅하다.

**우(于)** 〈~에(부터) 우(于)-어(於), 갈 우(于)-왕(往), 써 우(于)-이(以), 할 우(于)-위(爲), 여기 우(于)-시(是), 도울 우(于)-조(助), 클 우(于)-대(大), 구할 우(于)-구(求), 자족하는 모습 우(于)-자족모(自足貌)〉 등의 뜻을 내지만 여기선 〈~에 어(於)〉와 같다 여기고 새김이 마땅하다.

**십(十)** 〈많을(모두, 전부) 십(十)-십분(十分)-전부(全部), 갖춘 수 십(十)-수지구(數之具), 열 번 십(十)-십차(十次), 완전 십(十)-완전(完全)〉 등의 뜻을 내지만 여기선 〈모두 전부(全部)〉로 여기고 새김이 마땅하다.

**연(年)** 〈세월 연(年)-세(歲), 오곡이 익을 연(年)-오곡숙(五穀熟), 곡물 연(年)-곡

물(穀物), 나이 연(年)-수령(壽齡), 때 연(年)-시(時), 아첨할 연(年)-영(佞)〉 등의 뜻을 내지만 여기선 〈세월 연(年)〉으로 여기고 새김이 마땅하다. 〈年〉이 맨 앞에 오면 〈연〉으로 발음되고, 중간이나 뒤에 오면 〈년〉으로 발음된다.

**不** 〈불-부〉 등으로 발음되고, 〈못할(않을) 불(不)-부(不), 아닐 불(不)-부(不)-비(非), 없을 불(不)-부(不)-무(無), 하지 말 불(不)-부(不)-막(莫)-금지(禁止), 정하지 않을 불(不)-부(不)-부(否)-미정(未定), 새가 날아올라 내려오지 않는 불(不)-부(不)-조비상불하래(鳥飛上不下來)〉 등의 뜻을 내지만 여기선 〈못할 불(不)〉로 여기고 새김이 마땅하다.

**극(克)** 〈할 수 있을 극(克)-능(能)-유능력(有能力), 견딜 극(克)-견(肩)-감(堪), 이룰 극(克)-성(成), 다스릴 극(克)-치(治), 이길 극(克)-승(勝), 꾸짖을 극(克)-책(責)〉 등의 뜻을 내지만 여기선 〈할 수 있을 능(能)〉과 같다 여기고 새김이 마땅하다. 여기 〈불극(不克)〉은 〈불능(不能)〉과 같다.

**정(征)** 〈바르게 갈 정(征)-정행(正行), 칠 정(征)-토(討)-벌(伐), 날 정(征)-비(飛), 멀리 갈 정(征)-원(遠), 취할 정(征)-취(取), 세금 매길 정(征)-세(稅)-부(賦)〉 등의 뜻을 내지만 여기선 〈칠 벌(伐)〉로 새김이 마땅하다.

# 무망괘
# 无妄卦

# 25

## 1 괘의 괘상과 계사

### 무망괘(无妄卦 : ䷘)

진하건상(震下乾上) : 아래는[下] 진(震 : ☳), 위는[上] 건(乾 : ☰).

천뢰무망(天雷无妄) : 하늘과[天] 우레는[雷] 무망이다[无妄].

无妄은 元亨利貞하니 其匪正이면 有眚이니 不利有攸往하다
무망 원형리정 기비정 유생 불리유유왕

망념이[妄] 없음은[无] 으뜸이고[元] 통하며[亨] 이롭고[利] 미더우니[貞] 그[其] 정도가[正] 아닌 것이면[匪] 재앙이[眚] 있으니[有] 갈[往] 바가[攸] 있어도[有] 이롭지 않다[不利].

**【무망괘(无妄卦 : ䷘)의 괘상(卦象) 풀이】**

앞 복괘(復卦 : ䷗)의 〈복(復)〉은 돌아옴[復]이다. 어둠에서[暗] 밝음으로[明] 돌아옴[復]이다. 이에 「서괘전(序卦傳)」에 〈돌아오면[復] 곧[則] 망령되지 않음[不妄]이다[也] 그래서[故] 무망괘(无妄卦 : ䷘)로써[以] 그것을[之] 받는다[受]〉라는 말이 나온다. 이는 복괘(復卦 : ䷗) 뒤에 무망괘(无妄卦 : ䷘)가 오는 까닭을 암시한다. 천지에 있는 그 무엇이든[物] 밝음의[明] 선미(善美)로 돌아오면[復] 망념[妄]이란 없으니 복괘(復卦 : ䷗) 다음에 무망괘(无妄卦 : ䷘)가 온 것이다. 무망괘(无妄卦 : ䷘)의 괘체(卦體)는 진하건상(震下乾上) 즉 하체(下體)는 진(震 : ☳)이고 상체(上體)는 건(乾 : ☰)인지라, 하늘[天] 아래 우레[雷]가 있다. 건(乾 : ☰)은 하늘[天]이고 진(震 : ☳)은 우레[雷]이다. 그러니 천하(天下)에 양(陽 : ⚊) 즉 양기(陽氣)가 충만하여 만물이 생기를 얻는 모습은 사람이 예상(預想) 즉 미리 간여하여[預] 생각해볼[想] 수 없다. 천지조화(天地造化)의 창생(創生)에 망념은[妄] 없음[无]인지라 무망괘(无妄卦 : ䷘)라 칭명(稱名)한다.

【무망괘(无妄卦 : ䷘)의 계사(繫辭) 풀이】

## 无妄(무망) 元亨利貞(원형리정)

망념이[妄] 없음은[无] 으뜸이고[元] 통하며[亨] 이롭고[利] 진실로 미덥다[貞].

무망괘(无妄卦 : ䷘)의 주제인 〈무망(无妄)〉 즉 망념이[妄] 없음[无]은 천지조화(天地造化)의 창생(創生)을 헤아리게 한다. 〈무망(无妄)〉은 〈천지도무인지망(天之道无人之妄)〉의 줄임으로 여기고 〈자연의[天之] 도리에는[道] 인간의[人之] 망념이[妄] 없다[无]〉라고 새겨볼 것이다. 〈무망(无妄)〉에는 인간의 욕망 따위는 없다. 때문에 무망괘(无妄卦 : ䷘)의 〈무망(无妄)〉은 먼저 『중용(中庸)』에 나오는 〈정성이라는[誠] 것은[者] 자연의[天之] 도(道)이고[也] 정성됨이라는[誠之] 것은[者] 사람의[人之] 도(道)이다[也]〉를 환기시킨다. 무망괘(无妄卦 : ䷘)의 〈무망(无妄)〉은 바로 천지지성(天地至誠) 즉 하늘땅의[天地] 더없는[至] 미더움[誠]이다. 정성이라는[誠] 것은[者] 자연의[天之] 도리[道]이므로 천도(天道)에는 〈무망(无妄)〉 즉 망념이란[妄] 없다[无]. 물론 이 〈지성(至誠)〉은 〈성지지(誠之至)〉의 줄임이다. 미더움의[誠之] 지극함[至]이 무망괘(无妄卦 : ䷘)의 〈무망(无妄)〉이다. 그러니 〈무망(无妄)〉은 곧 중도(中道) 즉 자연의 도리를[道] 따름[中]이라 망념이[妄] 없다[无]. 이런 〈무망(无妄)〉을 거듭해 풀이한 것이 〈원형리정(元亨利貞)〉이다.

〈원형리정(元亨利貞)〉은 〈무망원(无妄元) 이무망형(而无妄亨) 이무망리(而无妄利) 이무망정(而无妄貞)〉의 줄임으로 여기고 〈무망은[无妄] 으뜸이다[元] 그리고[而] 무망은[无妄] 통한다[亨] 그리고[而] 무망은[无妄] 이롭다[利] 그리고[而] 무망은[无妄] 진실로 미덥다[貞]〉라고 새겨볼 것이다. 이 〈원형리정(元亨利貞)〉의 천덕(天德)을 인간이 어기는 탓으로 길흉화복(吉凶禍福)의 왕래(往來)가 천도(天道) 즉 자연의[天] 규율[道]을 따름일 뿐이지, 인간의 뜻에 따라 오고가거나 이러고저러고 엮이지 않는다. 망념(妄念)이란 인간이 짓는 탐욕의 어리석음이지 천도(天道)에는 〈망(妄)〉이라는 것이 없으니, 〈무망(无妄)〉이란 〈원형리정(元亨利貞)〉의 자연의[天之] 사덕(四德)이다. 그래서 무망괘(无妄卦 : ䷘)의 〈무망(无妄)〉을 〈원형리정(元亨利貞)〉이라 한다. 〈원형리정(元亨利貞)〉 이 사덕(四德)을 지닌 괘(卦)는 『주역

(周易)』 64괘(卦) 중에서 단 일곱 괘(卦)밖에 없다. 그 중의 하나가 무망괘(无妄卦 : ䷘)이다. 〈원형(元亨)〉은 춘작하장(春作夏長)이라는 춘하(春夏)의 덕(德)이고, 〈이정(利貞)〉은 추렴동장(秋斂冬藏)이라는 추동(秋冬)의 덕(德)이다. 봄이면[春] 싹틈[作]이 원(元)이라는 덕(德)이고, 여름이면[夏] 자람[長]이 형(亨)이라는 덕(德)이며, 가을이면[秋] 거두어들임[斂]이 이(利)라는 덕(德)이고, 겨울이면[冬] 저장해 간직함[藏]이 정(貞)이라는 덕(德)이다.

## 其匪正(기비정) 有眚(유생) 不利有攸往(불리유유왕)

그[其] 정도가[正] 아닌 것이면[匪] 재앙이[眚] 있으니[有] 갈[往] 바가[攸] 있어도[有] 이롭지 않다[不利].

〈기비정(其匪正) 유생(有眚)〉은 〈비원형리정지정도유생(匪元亨利貞之正道有眚)〉의 줄임으로 여기고 〈원형리정의[元亨利貞之] 정도가[正道] 아닌 것에는[匪] 재앙이[眚] 있다[有]〉라고 새겨볼 것이다. 〈기비정(其匪正) 유생(有眚)〉은 인간이 천도(天道) 즉 자연의[天] 도리[道]라는 정도(正道)를 따르지 않으면 〈원형리정(元亨利貞)〉의 사덕(四德)을 누릴 수 없음을 암시한다. 여기 〈기비정(其匪正)의 기(其)〉는 〈원형리정지(元亨利貞之)〉를 지시하는 〈그 기(其)〉이고, 〈기비정(其匪正)의 비정(匪正)〉은 〈비정도(匪正道)〉의 줄임으로 〈정도가[正道] 아닌 것[匪]〉을 뜻한다. 〈비정(匪正)의 비(匪)〉는 〈아닌 것 비(非)〉와 같다. 따라서 원형리정(元亨利貞)의 정도(正道)가 아닌 것이라면[匪] 〈유생(有眚)〉 즉 인간에 의한 재앙이[眚] 생긴다[有]고 경고한 것이 〈기비정(其匪正) 유생(有眚)〉이다. 〈유생(有眚)의 생(眚)〉은 인간에 의해서 빚어질 수 있는 재앙을 말한다. 인간의 소행이 〈비정(匪正)〉 즉 정도가[正] 아닌 것[匪]이면 인간 탓으로 재앙이[妖] 생기고[有], 〈유정(由正)〉 즉 정도를[正] 따른 것[由]이면 인간에게 행운이[祥] 생긴다[有]는 것이 〈기비정(其匪正) 유생(有眚)〉이다.

〈불리유유왕(不利有攸往)〉은 인간이 〈비정(匪正)〉의 소행을 버리지 못하고 어떠한 짓들을 감행한다면 언제나 불행이[眚] 있게[有] 되고 말 터임을 암시한다. 인간의 소행이 〈비정(匪正)〉이라면 어디를 가더라도[攸往] 이롭지 않다[不利]는 것이다. 그러므로 무망괘(无妄卦 : ䷘)의 〈무망(无妄)〉이 누리게 하는 〈원형리정(元亨

利貞)〉은 천도(天道) 즉 자연의[天] 도리[道]를 따라야 함을 묶어서 암시한 계사(繫辭)가 〈무망(无妄) 원형리정(元亨利貞) 기비정(其匪貞) 유생(有眚) 불리유유왕(不利有攸往)〉이다.

【字典】

**무(无)** 〈없을 무(无)-무(無), 허무지도 무(无)-허무지도(虛无之道), 으뜸 무(无)-원(元)〉 등의 뜻을 내지만 여기선 〈없을 무(無)〉와 같다 여기고 새김이 마땅하다.

**망(妄)** 〈성실하지 않을 망(妄)-불성실(不誠實), 잊을 망(妄)-망(忘), 어지러울 망(妄)-난(亂), 사실을 굽혀 말한 망(妄)-허무(虛誣)-부실(不實), 법에 어긋날 망(妄)-위법(違法)-불법(不法), 범상할 망(妄)-범(凡), (거짓으로 남을) 속일 망(妄)-망(罔)-탄(誕)-위(僞)〉 등의 뜻을 내지만 여기선 〈성실하지 않을 불성실(不誠實)〉 또는 〈{천뢰(天籟)를} 잊어버릴 망(忘)〉 등으로 여기고 새김이 마땅하다.

**원(元)** 〈선함의 으뜸 원(元)-선지장(善之長), 크나큰 원(元)-대(大), 비롯할 원(元)-시(始)-단(端), 머리 원(元)-수(首)-두(頭), 근본 원(元)-본(本)-원(原), 어른 원(元)-장(長)-원장(元長), 하나 원(元)-일(一), 우두머리 원(元)-수장(首長), 임금 원(元)-원군(元君)-군(君), 아름다울 원(元)-미(美), 위 원(元)-상(上), 하늘 원(元)-천(天), 하늘땅의 큰 덕 원(元)-천지지대덕(天地之大德)-원기(元氣)-기(氣), 기운의 시작 원(元)-기지시(氣之始)-원자(元者), 백성 원(元)-원원(元元)-백성(百姓)〉 등의 뜻을 내지만 여기선 〈으뜸 원(元)〉으로 여기고 새김이 마땅하다.

**亨** 〈향-형-팽〉 세 가지로 발음되고, 〈드릴 향(亨)-헌(獻), 통할 형(亨)-통(通), 남을 형(亨)-여(餘), 삶을 팽(亨)-자(煮)-팽(烹)〉 등의 뜻을 내지만 여기선 〈통할 통(通)〉과 같다 여기고 새김이 마땅하다.

**이(利)** 〈만물로 하여금 삶을 이루어가게 하는 덕(德)의 이로울 이(利)-사만물수생지덕(使萬物遂生之德), 날카로울 이(利)-예(銳)-섬(銛), 질병 이(利)-질(疾), 통할 이(利)-통(通)-순(順), 좋을 이(利)-길(吉)-의(宜), 편리할 이(利)-편(便), 마름해 만들어 이룰 이(利)-재성(裁成), 탐할 이(利)-탐(貪), 구할(취할) 이(利)-구(求)-취(取), 좋아할 이(利)-열애(悅愛), 이로울 이(利)-익(益), 기교 이(利)-교(巧), 보람 이(利)-공용(功用), 지세가 험하고 중요한 이(利)-험요(險要), 이길 이(利)-승(勝), 어질 이(利)-인(仁)〉 등의 뜻을 내지만 여기선 〈사만물수생지덕(使萬物遂生之德) 즉 만물로 하여금 삶을 이루어가게 하는 덕(德)의 이로움〉이라 새김이 마땅하다. 〈利〉가 맨 앞에 오면 〈이〉로 발음되고, 중간이나 뒤에 오면 〈리〉로 발음된다.

**정(貞)** 〈바를 정(貞)-정(正), 믿을 정(貞)-신(信), 거북점을 물을 정(貞)-복문(卜問), 역(易)의 내괘(內卦) 정(貞), 마땅할 정(貞)-당(當), 정할 정(貞)-정(定), 순수할 정(貞)-전(專)-일(一)〉 등의 뜻을 내지만 여기선 〈바를 정(正), 믿을 신(信)〉 등을 합친 뜻과 같아 〈정신(正信)〉 즉 바르고[正] 미더움[信]으로 새김이 마땅하다.

**기(其)** 〈그것 기(其)-피(彼)-지(之), 그럴 기(其)-연(然), 어찌 기(其)-기(豈), 누를 기(其)-억(抑), 오히려 기(其)-상(尙)-서기(庶幾), 이에 기(其)-내(乃), 만약 기(其)-약(若), 장차 기(其)-장(將), 어조사 기(其)-어조사(語助辭)〉 등의 뜻을 내지만 여기선 〈그것 피(彼)〉와 같다 여기고 새김이 마땅하다.

**匪** 〈비-분〉 등으로 발음되고, 〈아닌 것 비(匪)-비(非), 악할 비(匪)-악(惡), 대나무로 만든 상자 비(匪), 어조사 저 비(匪)-피(彼), 멈춤 없이 가는 모양 비(匪)-행부지모(行不止貌), 나눌 분(匪)-분(分)〉 등의 뜻을 내지만 여기선 〈아닌 것 비(非)〉와 같다 여기고 새김이 마땅하다.

**정(正)** 〈정도 정(正)-정도(正道), 옳을 정(正)-시(是)-수일(守一), 치우치지 않을 정(正)-불경사(不傾斜), 갖출 정(正)-비(備), 좋을(착할) 정(正)-선(善), 방정할 정(正)-방(方), 고를 정(正)-평(平), 알맞을 정(正)-중(中), 순일할 정(正)-순일(純一), 정할 정(定)-결(決), 일의 옳고 그름을 물어볼 정(正)-문사시비(問事是非), 다스릴 정(正)-치(治)-정(政), 고칠 정(正)-개(改), 멈출 정(正)-지(止), 예기할 정(正)-예기(預期), 들어줄 정(正)-청(聽), 임금 정(正)-주(主)-군(君)〉 등의 뜻을 내지만 여기선 〈정도(正道)〉로 여기고 새김이 마땅하다.

**유(有)** 〈얻을(가질) 유(有)-취(取), 없을 무(無)의 반대말로 있을 유(有), 혹 유(有)-혹(或), 많을 유(有)-다(多)-족(足), 부유할 유(有)-부(富), 간직할 유(有)-장(藏), 보호할 유(有)-보(保), 서로 친할 유(有)-상친(相親), 전일할 유(有)-전(專), 할 유(有)-위(爲), 어조사 유(有)〉 등의 뜻을 내지만 〈유생(有眚)의 유(有)〉는 〈얻을 취(取)〉와 같다 여기고, 〈유유왕(有攸往)의 유(有)〉는 〈있을 유(有)〉로 여기고 새김이 마땅하다.

**생(眚)** 〈과실(모르고 짓는 죄) 생(眚)-과(過), 재화[妖]와 복록[祥] 생(眚)-요상(妖祥), 백태가 낄 생(眚)-생예(生翳), 질병 생(眚)-병(病), 파리할 생(眚)-수(瘦), 치워버릴 생(眚)-생(省), 용서할 생(眚)-사(赦)〉 등의 뜻을 내지만 여기선 〈과실(모르고 짓는 죄) 과(過)〉와 같다 여기고 새김이 마땅하다.

**不** 〈불-부〉 등으로 발음되고, 〈않을(없을) 불(不)-부(不)-무(無), 아닐 불(不)-부(不)-비(非), 하지 말 불(不)-부(不)-막(莫)-금지(禁止), 정하지 않을 불(不)-부(不)-부(否)-미정(未定), 새가 날아올라 내려오지 않는 불(不)-부(不)-조비상불하래(鳥飛上不下來)〉 등의 뜻을 내지만 여기선 〈않을 불(不)〉로 여기고 새김이 마땅하다.

**유(攸)** 〈곳 유(攸)-소(所), 흘러가는 물 유(攸)-행수(行水), 아득할 유(攸)-장원(長遠)-유(悠), 닦을 유(攸)-수(修), 터득한 모습 유(攸)-자득모(自得貌), 빠를 유(攸)-숙(倏), 대롱거릴 유(攸)-현위모(懸危貌), 수심에 찬 모습 유(攸)-수모(愁貌)〉 등의 뜻을 내지만 여기선 〈곳 소(所)〉와 같다 여기고 새김이 마땅하다.

**왕(往)** 〈갈 왕(往)-행(行)-지(之)-거(去), 이를 왕(往)-지(至), 향할 왕(往)-향(向), 옛 왕(往)-석(昔), 이따금 왕(往)-시시(時時), 뒤 왕(往)-후(後)〉 등의 뜻을 내지만 〈갈 행(行)〉과 같다 여기고 새김이 마땅하다.

---

註 성자(誠者) 천지도야(天之道也) 성지자(誠之者) 인지도야(人之道也) 불면이중(不勉而中) 불사이득(不思而得) 종용중도(從容中道) : 정성이라는[誠] 것은[者] 자연의[天之] 도(道)이고[也], 정성됨이라는[誠之] 것은[者] 사람의[人之] 도(道)이다[也]. (정성된 사람은) 힘쓰지 않아도[不勉而] {그 천지도(天之道)에} 알맞고[中] 생각하지 않아도[不思而] {그 천지도(天之道)를} 얻어서[得] 태연하고 찬찬히[從容] 정도를[道] 따른다[中]. 『중용(中庸)』「주자장구(朱子章句)」 20장(章)

註 『주역(周易)』 64괘(卦) 중에서 〈원형리정(元亨利貞)〉의 천지사덕(天地四德)을 다 갖춘 괘상(卦象)을 지닌 괘(卦)는 아래와 같다.

1. 건괘(乾卦 : ䷀) : 건하건상(乾下乾上) 건위천(乾爲天)
2. 곤괘(坤卦 : ䷁) : 곤하곤상(坤下坤上) 곤위지(坤爲地)
3. 준괘(屯卦 : ䷂) : 진하감상(震下坎上) 수뢰준(水雷屯)
17. 수괘(隨卦 : ䷐) : 진하태상(震下兌上) 택뢰수(澤雷隨)
19. 임괘(臨卦 : ䷒) : 태하곤상(兌下坤上) 지택림(地澤臨)
25. 무망괘(无妄卦 : ䷘) : 진하건상(震下乾上) 천뢰무망(天雷无妄)
49. 혁괘(革卦 : ䷰) : 이하태상(離下兌上) 택화혁(澤火革)

## 2 효의 효상과 계사

初九 : 无妄이니 往吉하다
무망 왕길

六二 : 不耕穫하고 不菑畬니 則利有攸往하다
불경확 불치여 즉리유유왕

六三 : 无妄之災이니 或繫之牛를 行人之得함은 邑人之災이다
무망지재 혹계지우 행인지득 읍인지재

九四 : 可貞이니 无咎리라
가정 무구

九五 : 无妄之疾이니 勿藥有喜리라
무망지질 물약유희

上九 : 无妄이라 行有眚이니 无攸利리라
무망 행유생 무유리

초구(初九) : 망념이[妄] 없으니[无] 가도[往] 길하다[吉].

육이(六二) : 밭 갈면서[耕] 수확을 생각하지 않고[不穫] 첫해 밭을 일구면서[菑] 삼 년 뒤에 좋은 밭이 되리라 여기지 않으니[不畬] 곧[則] 갈[往] 바가[攸] 있어[有] 이롭다[利].

육삼(六三) : 망념이[妄] 없는[无之] 재앙이니[災] 어떤 이가[或] 매어둔[繫之] 소를[牛] 길손이[行人之] 얻음은[得] 고을사람의[邑人之] 재앙이다[災].

구사(九四) : 가히[可] 미더우니[貞] 허물이[咎] 없다[无].

구오(九五) : 망념이[妄] 없는[无之] 병이니[疾] 약을 쓰지[藥] 말아야[勿] 기쁨이[喜] 있다[有].

상구(上九) : 망념이[妄] 없다[无]. 행동하면[行] 환난만[眚] 있으니[有] 이로울[利] 바가[攸] 없다[无].

# 초구(初九 : ⚊)

初九 : 无妄이니 往吉하다
무망 왕길

초구(初九) : 망념이[妄] 없으니[无] 가도[往] 길하다[吉].

**【초구(初九)의 효상(爻象) 풀이】**

무망괘(无妄卦 : ䷘)의 초구(初九 : ⚊)는 이양거양(以陽居陽) 즉 양(陽 : ⚊)으로써[以] 양(陽 : ⚊)의 자리에 있는지라[居] 정당한 자리에 있다. 초구(初九 : ⚊)와 육이(六二 : ⚋)는 양음(陽陰)인지라 〈비(比)〉 즉 이웃의 사귐[比]을 누린다. 초구(初九 : ⚊)와 구사(九四 : ⚊)는 양양(兩陽) 즉 둘 다[兩] 양(陽 : ⚊)인지라 〈부정응(不正應)〉 즉 바르게[正] 서로 호응하지 못한다[不應]. 그러나 초구(初九 : ⚊)는 강강(剛强)한 양(陽 : ⚊)으로서 정위(正位) 즉 바른[正] 자리[位]에 있는지라 망념[妄] 없이 갈 길을 가는 모습이다.

무망괘(无妄卦 : ䷘)의 초구(初九 : ⚊)가 초륙(初六 : ⚋)으로 변효(變爻)하면 초구(初九 : ⚊)는 무망괘(无妄卦 : ䷘)를 12번째 비괘(否卦 : ䷋)로 지괘(之卦)하게 한다. 따라서 무망괘(无妄卦 : ䷘)의 초구(初九 : ⚊)는 비괘(否卦 : ䷋)의 초륙(初六 : ⚋)을 찾아가 살펴보게 한다.

**【초구(初九)의 계사(繫辭) 풀이】**

## 无妄(무망) 往吉(왕길)

망념이[妄] 없으니[无] 가도[往] 길하다[吉].

초구(初九 : ⚊)의 효위(爻位)를 빌려 암시한 계사(繫辭)이다. 〈무망(无妄) 왕길(往吉)〉은 〈초구무망(初九无妄) 인이초구상왕(因以初九上往) 초구길(初九吉)〉의 줄임으로 여기고 〈초구에게는[初九] 망념이[妄] 없다[无] 그래서[因以] 초구가[初九] 올라가도[上往] 초구는[初九] 길하다[吉]〉라고 새겨볼 것이다. 〈무망(无妄)의 망(妄)〉은 불성(不誠) 즉 성실치 못함[不誠]의 뜻이기도 하고, 동시에 망성(忘誠)

즉 성실함을[誠] 잊어버림[忘]을 뜻하기도 한다. 불성(不誠)이란 중도(中道) 즉 정도를[道] 따름[中]을 저버림이다. 무망괘(无妄卦 : ䷘)의 초구(初九 : ⚊)는 정위(正位)에 있기에 자신이 할 바를 정성을 다한다. 초구(初九 : ⚊)는 〈무망(无妄)〉으로써 자신의 할 바를 완수해가니 어디를 가든 행복할 수밖에 없음을 암시한 계사(繫辭)가 〈무망(无妄) 왕길(往吉)〉이다.

【字典】

**무(无)** 〈없을 무(无)-무(無), 허무지도 무(无)-허무지도(虛无之道), 으뜸 무(无)-원(元)〉 등의 뜻을 내지만 여기선 〈없을 무(無)〉와 같다 여기고 새김이 마땅하다.

**망(妄)** 〈성실하지 않을 망(妄)-불성실(不誠實), 잊을 망(妄)-망(忘), 어지러울 망(妄)-난(亂), 사실을 굽혀 말한 망(妄)-허무(虛誣)-부실(不實), 법에 어긋날 망(妄)-위법(違法)-불법(不法), 범상할 망(妄)-범(凡), (거짓으로 남을) 속일 망(妄)-망(罔)-탄(誕)-위(僞)〉 등의 뜻을 내지만 여기선 〈성실하지 않을 불성실(不誠實)〉 또는 〈{천뢰(天籟)를} 잊어버릴 망(忘)〉 등으로 여기고 새김이 마땅하다.

**왕(往)** 〈갈 왕(往)-행(行)-지(之)-거(去), 이를 왕(往)-지(至), 향할 왕(往)-향(向), 옛 왕(往)-석(昔), 이따금 왕(往)-시시(時時), 뒤 왕(往)-후(後)〉 등의 뜻을 내지만 〈갈 행(行)〉과 같다 여기고 새김이 마땅하다.

**길(吉)** 〈좋을(행복할) 길(吉)-선(善)-영(令) {영월길일(令月吉日)은 선월선일(善月善日)임.}, 복 길(吉)-실(實)-선실(善實)-복(福), 예의를 따라 상서로울 길(吉)-예의순상(禮義順祥), 삼갈 길(吉)-근(謹), 초하루 길(吉)-삭일(朔日) {삭망(朔望) 즉 초하루[朔]와 그믐날[望]}, 길례 길(吉)-길례(吉禮) {오례지일(五禮之一) 길흉빈군가(吉凶賓軍嘉)}, 갈 길(吉)-행(行)-길(趌)〉 등의 뜻을 내지만 여기선 〈좋을 선(善)-영(令)〉 즉 행복과 같다 여기고 새김이 마땅하다.

# 육이(六二 : --)

六二 : 不耕穫하고 不菑畬니 則利有攸往하다
불경확 불치여 즉리유유왕

육이(六二) : 밭 갈면서[耕] 수확을 생각하지 않고[不穫] 첫해 밭을 일구면서[菑] 삼 년 뒤에 좋은 밭이 되리라 여기지 않으니[不畬] 곧[則] 갈[往] 바가[攸] 있어[有] 이롭다[利].

**【육이(六二)의 효상(爻象) 풀이】**

무망괘(无妄卦 : ䷘)의 육이(六二 : --)는 이음거음(以陰居陰) 즉 음(陰 : --)으로써[以] 음(陰 : --)의 자리에 있는지라[居] 정당한 자리에 있다. 육이(六二 : --)와 초구(初九 : ─)는 음양(陰陽)인지라 〈비(比)〉 즉 이웃의 사귐[比]을 누린다. 육이(六二 : --)와 육삼(六三 : --)은 양음(兩陰) 즉 둘 다[兩] 음(陰 : --)인지라 상충(相衝) 즉 서로[相] 부딪치는[衝] 사이이기 쉽다. 그러나 육이(六二 : --)와 구오(九五 : ─)는 서로 중정(中正) 즉 가운데 자리에 있고[中] 정당한 자리에 있으면서[正] 정응(正應) 즉 바르게[正] 호응하여[應] 득중(得中) 즉 정도를 따름을[中] 취하는[得] 모습이다.

무망괘(无妄卦 : ䷘)의 육이(六二 : --)가 구이(九二 : ─)로 변효(變爻)하면 육이(六二 : --)는 무망괘(无妄卦 : ䷘)를 10번째 이괘(履卦 : ䷉)로 지괘(之卦)하게 한다. 따라서 무망괘(无妄卦 : ䷘)의 육이(六二 : --)는 이괘(履卦 : ䷉)의 구이(九二 : ─)를 찾아가 살펴보게 한다.

**【육이(六二)의 계사(繫辭) 풀이】**

## 不耕穫(불경확) 不菑畬(불치여) 則利有攸往(즉리유유왕)

밭 갈면서[耕] 수확을 생각하지 않고[不穫] 첫해 밭을 일구면서[菑] 삼 년 뒤에 좋은 밭이 되리라 여기지 않으니[不畬] 곧[則] 갈[往] 바가[攸] 있어[有] 이롭다[利].

육이(六二 : --)의 효위(爻位)를 빌려 암시한 계사(繫辭)이다. 〈불경확(不耕穫)〉은 〈육이경이불확(六二耕而不穫)〉의 줄임으로 여기고 〈육이는[六二] 밭갈이하면서[耕而] 수확을 생각하지 않는다[不穫]〉라고 새겨볼 것이다. 〈불치여(不菑畬)〉는 〈육이치이불여(六二菑而不畬)〉의 줄임으로 여기고 〈육이는[六二] 첫해 밭을 일구면서[菑而] 삼 년 뒤에 좋은 밭이 되리라 여기지 않는다[不畬]〉라고 새겨볼 것이다. 〈불경확(不耕穫) 불치여(不菑畬)〉는 육이(六二 : --)가 무망괘(无妄卦 : ䷘)의 하체(下體) 진(震 : ☳)의 중효(中爻)이면서 중허(中虛) 즉 마음이[中] 허정(虛靜)한 지라[虛] 망념[妄] 부림이 없음을 암시한다. 본래 망념(妄念)됨이란[妄] 탐욕에서 비롯한다. 정위(正位)이면서 중위(中位)에 있는 음효(陰爻)는 허효(虛爻) 즉 무욕(無欲)의 효(爻)이다. 여기 육이(六二 : --)가 바로 무욕(無欲)하여 허심(虛心)한 중효(中爻)이다. 허심(虛心)에는 망념(妄念)이란 없으니 〈무망(无妄)〉이다. 세상의 잡사(雜事)란 〈경확(耕穫)〉 즉 논밭을 갈아[耕] 씨를 뿌리고 길러 거두어들일[穫] 것들이 생기고 수확이 많을수록 이롭다고 탐(貪)하는 것이 인간의 세상이다. 육이(六二 : --)는 이런 탐욕을 부리지 않아 밭갈이할[耕] 때면 밭갈이만을 정성을 다하고 황무지(荒蕪地)를 밭으로 일굼에는 그 일굼에만 정성을 다할 뿐임을 암시한 것이 〈불경확(不耕穫) 불치여(不菑畬)〉이다.

〈불치여(不菑畬)의 치(菑)〉는 황무지를 개간한 지 1년 된 밭을 말하고, 〈불치여(不菑畬)의 여(畬)〉는 밭으로 일군 지 3년 된 밭을 말한다. 한해 걸려 일군 밭이 삼 년 지나면 좋은 밭이 되리라는 기대를 걸고 밭을 일굼이 아니라는 것이 여기 〈불치여(不菑畬)〉이고, 동시에 밭갈이하는[耕] 밭이 묵은 밭이[菑] 아니라[不] 새 밭[畬]이라 함은 남이 이미 개간했던 묵은 밭[菑]을 다시 경작하는 것이 아니라 황무지를 스스로 개간하여 새 밭[畬]을 일구면서 삼 년이 지나면 옥전(沃田) 즉 비옥한[沃] 밭[田]이 되리라는 기대의 욕망을 육이(六二 : --)는 부리지 않는다는 것이 〈불경확(不耕穫) 불치여(不菑畬)〉이다. 이는 육이(六二 : --)가 손수 새 밭을 일구어 밭갈이하여 농사를 짓되 수확량을 많이 얻고자 탐욕하지 않고 천도(天道)를 오로지 따라 천지(天地)가 주는 것만큼 거두어들이는 허심(虛心)한 농부를 빌려 취상(取象)된 것이다.

〈이유유왕(利有攸往)〉은 〈육이유유유왕(六二愈有攸往) 육이유리(六二愈利)〉의 줄임으로 여기고 〈육이가[六二] 갈[往] 바가[攸] 있을[有]수록[愈] 그만큼[愈] 육이가[六二] 이롭다[利]〉라고 새겨볼 것이다. 중허(中虛) 즉 마음이[中] 허정한[虛] 육이(六二 : --)가 중효(中爻)로서 득중(得中) 즉 정도를 따름을[中] 취하기에[得] 무슨 일을 하든지 육이(六二 : --)에게 이로울[利] 뿐임을 묶어서 암시한 계사(繫辭)가 〈불경확(不耕穫) 불치여(不菑畬) 즉리유유왕(則利有攸往)〉이다.





【字典】

**不** 〈불-부〉 등으로 발음되고, 〈않을(없을) 불(不)-부(不)-무(無), 아닐 불(不)-부(不)-비(非), 하지 말 불(不)-부(不)-막(莫)-금지(禁止), 정하지 않을 불(不)-부(不)-부(否)-미정(未定), 새가 날아올라 내려오지 않는 불(不)-부(不)-조비상불하래(鳥飛上不下來)〉 등의 뜻을 내지만 여기선 〈않을 불(不)〉로 여기고 새김이 마땅하다.

**경(耕)** 〈밭 갈 경(耕)-이(犂), 씨 뿌릴 경(耕)-종(種), 밭매기 경(耕)-치전(治田), 가지런할 경(耕)-제(齊), 힘을 다해 농사지을 경(耕)-치력어농사(致力於農事), 힘을 다하되 태만하지 않을 경(耕)-치력불태(致力不怠)〉 등의 뜻을 내지만 여기선 〈밭 갈 이(犂)〉와 같다 여기고 새김이 마땅하다.

**穫** 〈확-호〉 두 가지로 발음되고, 〈곡식 거둘 확(穫)-예곡(刈穀), 거두어들일 확(穫)-수(收), 얻을 확(穫)-득(得), 땅 이름 호(穫)〉 등의 뜻을 내지만 여기선 〈거두어들일 수(收)〉와 같다 여기고 새김이 마땅하다.

**菑** 〈치-재〉 두 가지로 발음되고, 〈묵밭 치(菑)-황전(荒田), 따비밭 치(菑)-초경일년지전(初耕一年之田), 갈아엎을 치(菑)-경(耕)-반초(反草), 재앙으로 초목을 죽일 치(菑)-재살초목(災殺草木), 무성한 풀 치(菑)-무초(茂草), 재앙 재(菑)-재(災), 나무가 선 채로 죽을 재(菑)-목립사(木立死)〉 등의 뜻을 내지만 여기선 〈묵밭 황전(荒田)〉으로 여기고 새김이 마땅하다.

**畬** 〈여-사〉 두 가지로 발음되고, 〈개간한 지 이삼 년 된 밭 여(畬)-개간경이세혹삼세지전(開墾經二歲或三歲之田), 밭 개간할 여(畬)-치전(治田), 밭 흙을 부드럽게 할 여(畬)-전지화유(田地和柔), 화전 사(畬)-화종전(火種田)〉 등의 뜻을 내지만 〈개간한 지 이삼 년 된 밭 이삼세지전(二三歲之田)〉으로 여기고 새김이 마땅하다.

**則** 〈칙-즉〉 두 가지로 발음되고, 〈곧 즉(則)-즉(卽), 법(원칙) 칙(則)-법(法), 항상 칙(則)-상(常), 본받을 칙(則)-효(效), 묶을 칙(則)-약(約), 이에 즉(則)-내(乃), 어조

사 즉(則)-이(而), 이 즉(則)-시(是), 무릇 즉(則)-부(夫)〉 등의 뜻을 내지만 여기선 〈곧 즉(卽)〉과 같다 여기고 새김이 마땅하다.

**이(利)** 〈만물로 하여금 삶을 이루어가게 하는 덕(德)의 이로울 이(利)-사만물수생지덕(使萬物遂生之德), 날카로울 이(利)-예(銳)-섬(銛), 질병 이(利)-질(疾), 통할 이(利)-통(通)-순(順), 좋을 이(利)-길(吉)-의(宜), 편리할 이(利)-편(便), 마름해 만들어 이룰 이(利)-재성(裁成), 탐할 이(利)-탐(貪), 구할(취할) 이(利)-구(求)-취(取), 좋아할 이(利)-열애(悅愛), 이로울 이(利)-익(益), 기교 이(利)-교(巧), 보람 이(利)-공용(功用), 지세가 험하고 중요한 이(利)-험요(險要), 이길 이(利)-승(勝), 어질 이(利)-인(仁)〉 등의 뜻을 내지만 여기선 〈이로울 이(利)〉로 여기고 새김이 마땅하다. 〈利〉가 맨 앞에 오면 〈이〉로 발음되고, 중간이나 뒤에 오면 〈리〉로 발음된다.

**유(有)** 〈없을 무(無)의 반대말로 있을 유(有), 혹 유(有)-혹(或), 많을 유(有)-다(多)-족(足), 부유할 유(有)-부(富), 얻을(가질) 유(有)-취(取), 간직할 유(有)-장(藏), 보호할 유(有)-보(保), 서로 친할 유(有)-상친(相親), 전일할 유(有)-전(專), 할 유(有)-위(爲), 어조사 유(有)〉 등의 뜻을 내지만 〈있을 유(有)〉로 여기고 새김이 마땅하다.

**유(攸)** 〈곳 유(攸)-소(所), 흘러가는 물 유(攸)-행수(行水), 아득할 유(攸)-장원(長遠)-유(悠), 닦을 유(攸)-수(修), 터득한 모습 유(攸)-자득모(自得貌), 빠를 유(攸)-숙(儵), 대롱거릴 유(攸)-현위모(懸危貌), 수심에 찬 모습 유(攸)-수모(愁貌)〉 등의 뜻을 내지만 여기선 〈곳 소(所)〉와 같다 여기고 새김이 마땅하다.

**왕(往)** 〈갈 왕(往)-행(行)-지(之)-거(去), 이를 왕(往)-지(至), 향할 왕(往)-향(向), 옛 왕(往)-석(昔), 이따금 왕(往)-시시(時時), 뒤 왕(往)-후(後)〉 등의 뜻을 내지만 〈갈 행(行)〉과 같다 여기고 새김이 마땅하다.

# 육삼(六三 : --)

六三 : 无妄之災이니 或繫之牛를 行人之得함은 邑人之災이다
무망지재 혹계지우 행인지득 읍인지재

육삼(六三) : 망념이[妄] 없는[无之] 재앙이니[災] 어떤 이가[或] 매어둔[繫之] 소를[牛] 길손이[行人之] 얻음은[得] 고을사람의[邑人之] 재앙이다[災].

【육삼(六三)의 효상(爻象) 풀이】

무망괘(无妄卦 : ䷘)의 육삼(六三 : --)은 이음거양(以陰居陽) 즉 음(陰 : --)으로써[以] 양(陽 : —)의 자리에 있는지라[居] 정당한 자리에 있지 못하다. 육삼(六三 : --)과 구사(九四 : —)는 음양(陰陽)인지라 〈비(比)〉 즉 이웃의 사귐[比]을 누린다. 육삼(六三 : --)과 상구(上九 : —)도 음양(陰陽)인지라 서로 〈정응(正應)〉 즉 바르게[正] 호응한다[應]. 그러나 육삼(六三 : --)은 무망괘(无妄卦 : ䷘)의 하체(下體) 진(震 : ☳)의 상효(上爻)로서 극위(極位)에 있으면서 부정위(不正位) 즉 정당하지 못한[不正] 자리[位]에 있는지라 행운을 누리지 못하는 모습이다.

무망괘(无妄卦 : ䷘)의 육삼(六三 : --)이 구삼(九三 : —)으로 변효(變爻)하면 육삼(六三 : --)은 무망괘(无妄卦 : ䷘)를 13번째 동인괘(同人卦 : ䷌)로 지괘(之卦)하게 한다. 따라서 무망괘(无妄卦 : ䷘)의 육삼(六三 : --)은 동인괘(同人卦 : ䷌)의 구삼(九三 : —)을 찾아가 살펴보게 한다.

【육삼(六三)의 계사(繫辭) 풀이】

## 无妄之災(무망지재)

망념이[妄] 없는[无之] 재앙이다[災].

육삼(六三 : --)의 효위(爻位)를 빌려 암시한 계사(繫辭)이다. 〈무망지재(无妄之災)〉는 〈수연륙삼무망(雖然六三无妄) 육삼유재(六三有災)〉의 줄임으로 여기고 〈육삼에게[六三] 망념이[妄] 없음[无]에도 불구하고[雖然] 육삼에게[六三] 재앙이

[災] 있다[有]〉라고 새겨볼 것이다. 무망괘(无妄卦 : ䷘)의 주제인 〈무망(无妄)〉 즉 망념이[妄] 없는[无] 시국에서 〈무망(无妄)〉을 누리자면 강(剛) 즉 굳세어야[剛] 하고 정위(正位) 즉 정당한[正] 자리[位]에 있어야 하며 무응(无應) 즉 사사로운 호응이[應] 없어야[无] 한다. 육삼(六三 : --)은 유(柔) 즉 부드럽고[柔] 정위(正位)에 있지 못하며 상구(上九 : ─)와 호응(互應)함에 육삼(六三 : --)이 유망(有妄) 즉 망념을[妄] 간직할[有] 터인데, 왜 육삼(六三 : --)에게는 〈무망(无妄)〉 즉 망념이[妄] 없다[无]고 하는가? 육삼(六三 : --)이 위로 강강(剛强)한 구사(九四 : ─)를 비(比) 즉 이웃으로 사귀고[比] 동시에 강실무사(剛實無私) 즉 굳세고[剛] 성실하며[實] 사욕이[私] 없는[无] 상구(上九 : ─)와 정응(正應) 즉 바르게[正] 호응해[應] 감화되어 망념[妄]을 부리지 않을 수 있기에, 육삼(六三 : --)에게는 〈무망(无妄)〉 즉 망념이[妄] 없다[无]고 한 것이다. 그러나 육삼(六三 : --)은 무망괘(无妄卦 : ䷘)의 하체(下體) 진(震 : ☳)의 중위(中位)를 벗어나 정당한 자리에 있지 못한 탓으로 자신에게 〈재(災)〉 즉 재앙[災]이 닥칠 수 있는지라 〈무망지생(无妄之眚)〉이라 않고 〈무망지재(无妄之災)〉라고 한 것이다. 〈재(災)〉는 세상으로 말미암아 입는 재앙이고, 〈생(眚)〉은 자신으로 말미암아 입는 재앙이다. 육삼(六三 : --)이 구사(九四 : ─)와 상구(上九 : ─)로부터 감화되어 〈무망(无妄)〉을 누림에도 불구하고 중위(中位)를 벗어나 부정위(不正位)의 극위(極位)에 있는 탓으로 세상으로부터 빚어진 재앙[災]이 닥치고 말 것임을 암시한 계사(繫辭)가 〈무망지재(无妄之災)〉이다.

### 或繫之牛(혹계지우) 行人之得(행인지득) 邑人之災(읍인지재)

어떤 이가[或] 매어둔[繫之] 소를[牛] 길손이[行人之] 얻음은[得] 고을사람의[邑人之] 재앙이다[災].

육삼(六三 : --)이 무망괘(无妄卦 : ䷘)의 하체(下體)인 진(震 : ☳)을 떠나가야 함을 암시한 계사(繫辭)이다. 〈혹계지우(或繫之牛) 행인지득(行人之得)〉은 〈행인득읍지혹인지계우(行人得邑之或人之繫牛)〉로 여기고 〈길 가는[行] 사람이[人] 고을의[邑之] 어떤 이가[或人之] 매어둔[繫] 소를[牛] 얻었다[得]〉라고 새겨볼 것이다. 〈혹계지우(或繫之牛)〉는 〈혹계우(或繫牛)〉에 아무런 뜻이 없는 어조사 〈지(之)〉를 더해 어조(語調)를 돕는 것으로 여기면 되고, 여기 〈혹(或)〉은 〈어떤 사람

수(誰)〉와 같다. 육삼(六三 : ⚋)은 곤(坤 : ☷)의 권속(眷屬) 즉 겨레붙이이다. 대성괘(大成卦)의 음효(陰爻)는 곤(坤 : ☷)에 속한다. 〈혹계지우(或繫之牛)〉는 육삼(六三 : ⚋)을 취상(取象)한 것이다. 왜냐하면 〈혹계지우(或繫之牛)의 우(牛)〉가 「설괘전(說卦傳)」에 나오는 〈곤은[坤 : ☷] 소[牛]이다[爲]〉라는 내용을 상기시키기 때문이다. 〈혹계지우(或繫之牛)의 계지(繫之)〉는 무망괘(无妄卦 : ䷘)의 내호괘(內互卦)인 간(艮 : ☶)과 외호괘(外互卦)인 손(巽 : ☴)을 들어 취해진 것이다. 왜냐하면 여기 〈계지(繫之)〉가 「설괘전(說卦傳)」에 나오는 〈간은[艮 : ☶] 손[手]이다[爲]〉라는 내용을 환기시키고, 〈손은[巽 : ☴] 줄의[繩] 곧음[直]이다[爲]〉라는 내용을 떠올려주기 때문이다. 무엇을 매자면[繫] 손[手]과 줄[繩直]이 있어야 한다. 따라서 〈혹계지우(或繫之牛)의 계(繫)〉는 무망괘(无妄卦 : ䷘)의 내호괘(內互卦) 간(艮 : ☶)의 〈수(手)〉와 외호괘(外互卦) 손(巽 : ☴)의 〈승직(繩直)〉을 들어 취한 것이다.

〈행인지득(行人之得)의 행인(行人)〉은 무망괘(无妄卦 : ䷘)의 하체(下體) 진(震 : ☳)의 상효(上爻)인 육삼(六三 : ⚋)을 취상(取象)한 것이다. 왜냐하면 〈행인(行人)의 행(行)〉이 「설괘전(說卦傳)」에 나오는 〈진은[震 : ☳] 다리를[足] 움직임[作]이다[爲]〉라는 내용을 떠올려주기 때문이다. 길 가는 사람이[行人] 매어둔 소를[之] 취한다[得] 함은 고을사람[邑人] 누군가가 소도둑이란 누명을 뒤집어쓰는 억울한 재앙[災]을 당하게 됨을 암시함이 〈읍인지재(邑人之災)〉이다. 〈읍인지재(邑人之災)의 읍인(邑人)〉은 떠나지 않고 남은 고을사람이다. 그러니 〈읍인지재(邑人之災)〉를 〈행인지득(行人之得) 시위읍인지재(是爲邑人之災)〉로 여기고 〈행인의[行人之] 취득[得] 이것은[是] 고을사람의[邑人之] 재앙[災]이다[爲]〉라고 새겨볼 것이다. 이는 한쪽이 득(得)을 보면 다른 한쪽은 실(失)을 보게 되는 천도(天道) 즉 자연의[天] 도리[道]가 빚어내는 〈재(災)〉 즉 재앙[災]임을 암시한 계사(繫辭)가 〈혹계지우(或繫之牛) 행인지득(行人之得) 읍인지재(邑人之災)〉이다.

【字典】

**무(无)** 〈없을 무(无)-무(無), 허무지도 무(无)-허무지도(虛无之道), 으뜸 무(无)-원(元)〉 등의 뜻을 내지만 여기선 〈없을 무(無)〉와 같다 여기고 새김이 마땅하다.

**망(妄)** 〈성실하지 않을 망(妄)-불성실(不誠實), 잊을 망(妄)-망(忘), 어지러울 망(妄)-난(亂), 사실을 굽혀 말한 망(妄)-허무(虛誣)-부실(不實), 법에 어긋날 망(妄)-위법

(違法)-불법(不法), 범상할 망(妄)-범(凡), (거짓으로 남을) 속일 망(妄)-망(罔)-탄(誕)-위(僞)〉 등의 뜻을 내지만 여기선 〈성실하지 않을 불성실(不誠實)〉 또는 〈{천뢰(天籟)를} 잊어버릴 망(忘)〉 등으로 여기고 새김이 마땅하다.

**지(之)** 〈허사 지(之)-허사(虛詞), 이것(그것) 지(之), 갈 지(之)-왕(往), 이를 지(之)-지(至), 주격-소유격-목적격 등의 토씨 지(之)〉 등의 뜻을 내지만 여기선 허사(虛詞) 〈지(之)〉로 여기고 새김이 마땅하다.

**재(災)** 〈천벌 재(災)-천화(天禍), 횡액 재(災)-화해(禍害), 어렵게 할 재(災)-난(難), 덜 재(災)-손(損), 패할 재(災)-패(敗), 위태할 재(災)-위(危)〉 등의 뜻을 내지만, 여기선 〈천화(天禍)〉 즉 천벌로 여기고 새김이 마땅하다.

**혹(或)** 〈어떤 이 혹(或)-수(誰), 때때로 혹(或)-간(間), 의심할 혹(或)-의(疑), 아마도 혹(或), 괴이할 혹(或)-괴(怪), 있을 혹(或)-유(有)〉 등의 뜻을 내지만 여기선 〈어떤 이 수(誰)〉와 같다 여기고 새김이 마땅하다.

**계(繫)** 〈맬(밧줄) 계(繫)-유(維), 묶을(언약하여 정할) 계(繫)-약속(約束), 머물러 쌓일 계(繫)-유체(留滯), 엮을 계(繫)-속(屬), 이을 계(繫)-속(續), 매달 계(繫)-현(懸), 죄수 계(繫)-수(囚)〉 등의 뜻을 내지만 여기선 〈맬 유(維)〉와 같다 여기고 새김이 마땅하다.

**우(牛)** 〈소 우(牛)-동물명(動物名), 무릅쓸 우(牛)-모(冒)〉 등의 뜻을 내지만 여기선 〈소 우(牛)〉로 여기고 새김이 마땅하다. 『설문해자(說文解字)』에 우사야리야(牛事也理也) 사야자(事也者) 위능사기사야(謂能事其事也) 우임경(牛任耕) 이야자(理也者) 〈소는[牛] 일함[事]이고[也] 도리[理]이다[也]. (소의) 일이라는[事也] 것은[者] 제[其] 일을[事] 해낼 수 있음을[能事] 일컬음[謂]이다[也]. 소는[牛] 밭갈이를[耕] 맡아 한다[任]. (이것이 소의) 도리라는[理也] 것이다[者].〉라고 풀이되어 있다.

**行** 〈행-항〉 두 가지로 발음되고, 〈쓸 행(行)-용(用), 갈 행(行)-왕(往), 다닐 행(行)-보(步), 나아갈 행(行)-전진(前進), 길 귀신 행(行)-노신(路神), 오행 행(行)-오행(五行), 길 행(行)-도로(道路), 순행할 행(行)-순행(巡行), 행실 행(行)-신지소행(身之所行), 운반할 행(行)-운(運), 항오 항(行)-열(列), 시장 항(行)-시장(市長), 항렬 항(行)-등배(等輩), 굳셀 항(行)-강강(剛强)〉 등의 뜻을 내지만 여기선 〈쓸 용(用)〉과 같다 여기고 새김이 마땅하다.

**인(人)** 〈사람 인(人)-만물지최령자(萬物之最靈者), 백성 인(人)-민(民), 남 인(人)-

타인(他人), 아무개 인(人)-모인(某人), 도인 인(人)-도인(道人), 사람들 인(人)-인인(人人), 범인(소인) 인(人)-소인(小人)-범인(凡人), 인성 인(人)-인성(人性), 인위 인(人)-인위(人爲), 신하 인(人)-신하(臣下), 중서(민중) 인(人)-중서(衆庶)-민중(民衆), 건괘-진괘 인(人)-건위인(乾爲人)-진위인(震爲人), 어짊 인(人)-인(仁), 선인 인(人)-선인(先人), 서로 어여삐 여길 인(人)-상련(相憐)〉 등의 뜻을 내지만 〈사람 인(人)〉으로 여기고 새김이 마땅하다.

**득(得)** 〈가질 득(得)-치(値)-지(持), 얻어낼 득(得)-획(獲)-취(取), 탐할 득(得)-탐(貪), 깨달을 득(得)-효(曉)-오(悟), 만족할 득(得)-족(足), 마땅할 득(得)-당(當), 일의 마땅함을 터득할 득(得)-합(合)-득사지의(得事之宜), 이룰 득(得)-성(成), 알 득(得)-지(知), 가할 득(得)-가(可)-능(能), 편안할 득(得)-편(便), 득도할 득(得)-득도(得道)〉 등의 뜻을 내지만 〈가질 치(値)〉와 같다 여기고 새김이 마땅하다.

**읍(邑)** 〈고을(도읍) 읍(邑)-이(里)-도읍(都邑), 흑흑 느낄 읍(邑)-기결(氣結), 답답할 읍(邑)-우울(憂鬱)〉 등의 뜻을 내지만 여기선 〈도읍(都邑)〉 정도로 여기고 새김이 마땅하다. 고팔가위린(古八家爲鄰) 삼린위붕(三鄰爲朋) 삼붕위리(三朋爲里) 오리위읍(五里爲邑) 십읍위도(十邑爲都) 십도위사(十都爲師) : 옛날에는[古] 여덟 가구가[八家] 인이[鄰] 되고[爲], 삼린이[三鄰] 붕이[朋] 되며[爲], 삼붕이[三朋] 이가[里] 되고[爲], 오리가[五里] 읍이[邑] 되며[爲], 십읍이[十邑] 도가[都] 되고[爲], 십도가[十都] 사가[師] 된다[爲].

---

註 곤위우(坤爲牛) : 곤은[坤 : ☷] 소[牛]이다[爲]. 「설괘전(說卦傳)」 8단락(段落)

註 간위수(艮爲手) : 간은[艮 : ☶] 손[手]이다[爲]. 「설괘전(說卦傳)」 9단락(段落)

註 손위승직(巽爲繩直) : 손은[巽 : ☴] 줄의[繩] 곧음[直]이다[爲]. 「설괘전(說卦傳)」 11단락(段落)

註 진위작족(震爲作足) : 진은[震 : ☳] 다리를[足] 움직임[作]이다[爲]. 「설괘전(說卦傳)」 11단락(段落)

# 구사(九四 : ⚊)

九四 : 可貞이니 无咎리라
가정 무구

구사(九四) : 가히[可] 미더우니[貞] 허물이[咎] 없다[无].

【구사(九四)의 효상(爻象) 풀이】

무망괘(无妄卦 : ䷘)의 구사(九四 : ⚊)는 이양거음(以陽居陰) 즉 양(陽 : ⚊)으로써[以] 음(陰 : ⚋)의 자리에 있는지라[居] 정당한 자리에 있지 못하다. 구사(九四 : ⚊)와 구오(九五 : ⚊)는 양양(兩陽) 즉 둘 다[兩] 양(陽 : ⚊)인지라 〈비(比)〉 즉 이웃의 사귐[比]을 누리지 못한다. 구사(九四 : ⚊)와 초구(初九 : ⚊) 역시 양양(兩陽)인지라 부정응(不正應) 즉 바르게[正] 서로 호응하지 못한다[不應]. 이처럼 구사(九四 : ⚊)는 주변의 도움을 얻지 못하는 모습이다. 그러나 강강(剛强)한 구사(九四 : ⚊)는 무망괘(无妄卦 : ䷘)의 상체(上體) 건(乾 : ☰)의 시위(始位) 즉 첫[始] 자리[位]에 있는지라 스스로 강실(剛實) 즉 굳세고[剛] 성실하여[實] 〈망(妄)〉 즉 망념(妄念)됨이 없는 모습이다.

무망괘(无妄卦 : ䷘)의 구사(九四 : ⚊)가 육사(六四 : ⚋)로 변효(變爻)하면 구사(九四 : ⚊)는 무망괘(无妄卦 : ䷘)를 42번째 익괘(益卦 : ䷩)로 지괘(之卦)하게 한다. 따라서 무망괘(无妄卦 : ䷘)의 구사(九四 : ⚊)는 익괘(益卦 : ䷩)의 육사(六四 : ⚋)를 찾아가 살펴보게 한다.

【구사(九四)의 계사(繫辭) 풀이】

## 可貞(가정) 无咎(무구)

가히[可] 미더우니[貞] 허물이[咎] 없다[无].

구사(九四 : ⚊)의 효위(爻位)를 빌려 암시한 계사(繫辭)이다. 〈가정(可貞) 무구(无咎)〉는 〈구사가정(九四可貞) 인이구사무구(因以九四无咎)〉의 줄임으로 여기고 〈구사는[九四] 가히[可] 미덥다[貞] 그래서[因以] 구사에게는[九四] 허물이[咎] 없다[无]〉라고 새겨볼 것이다. 〈가정(可貞)〉은 무엇을 바라고 〈정(貞)〉 즉 진실로 미더운[貞] 심지(心志)를 갖춘다는 것이 아니다. 그래서 〈가정(可貞)〉은 〈이정(利貞)〉과 다르다. 〈미더우면[貞] 이롭다[利]〉라고 함은 〈정(貞)〉이 이로움[利]으로 드러난다. 그러나 〈미더울[貞] 수 있다[可]〉라고 함은 이불리(利不利)를 떠나 미더움[貞]으로 드러나니, 구사(九四 : ━) 자신이 음위(陰位)에 있음을 유념(留念)하면서 편강(偏剛) 즉 굳셈에[剛] 치우침[偏] 없이 스스로 강실(剛實) 즉 굳세고[剛] 성실함[實]을 바르게 지키면서 망념(妄念)을 내지 않음을 암시한 것이 〈가정(可貞)〉이다. 이에 구사(九四 : ━)가 스스로[自] 미더울[貞] 수 있음[可]에는 〈무망(无妄)〉 즉 망념됨이[妄] 없으니[无] 허물이란[咎] 없다[无]고 암시한 계사(繫辭)가 〈가정(可貞) 무구(无咎)〉이다.

【字典】

**可** 〈가-극〉 두 가지로 발음되고, 〈마땅할 가(可)-의(宜)-당(當), ~할 수 있을 가(可)-능(能), 옳을 가(可)-부지대(否之對), 허락할 가(可)-허(許)-긍(肯), 착할 가(可)-선(善), 합의할 가(可)-합의(合意), 괜찮을 가(可)-미족지사(未足之辭), 족할 가(可)-족(足), 바 가(可)-소(所), 멈출 가(可)-지(止), 뜻을 이룰 가(可)-수의(遂意), 쓸 가(可)-용(用), 만큼 가(可)-정(程), 겨우 가(可)-근(僅), 오랑캐 극(可)〉 등의 뜻을 내지만 여기선 〈마땅할 당(當)〉과 같다 여기고 새김이 마땅하다.

**정(貞)** 〈믿을 정(貞)-신(信), 바를 정(貞)-정(正), 거북점을 물을 정(貞)-복문(卜問), 역(易)의 내괘(內卦) 정(貞), 마땅할 정(貞)-당(當), 정할 정(貞)-정(定), 순수할 정(貞)-전(專)-일(一)〉 등의 뜻을 내지만 여기선 〈믿을 신(信)〉과 같다 여기고 새김이 마땅하다.

**무(无)** 〈없을 무(无)-무(無), 허무지도 무(无)-허무지도(虛无之道), 으뜸 무(无)-원(元)〉 등의 뜻을 내지만 여기선 〈없을 무(無)〉와 같다 여기고 새김이 마땅하다.

**구(咎)** 재앙 구(咎)-재(災), 병될 구(咎)-병(病), 허물 구(咎)-건(愆)-과(過), 나쁠 구(咎)-오(惡)〉 등의 뜻을 내지만 여기선 〈허물 건(愆)-과(過)〉와 같다 여기고 새김이 마땅하다.

# 구오(九五 : ━)

九五：无妄之疾이니 勿藥有喜리라
무망지질 물약유희

구오(九五) : 망념이[妄] 없는[无之] 병이니[疾] 약을 쓰지[藥] 말아야[勿] 기쁨이[喜] 있다[有].

【구오(九五)의 효상(爻象) 풀이】

무망괘(无妄卦 : ䷘)의 구오(九五 : ━)는 이양거양(以陽居陽) 즉 양(陽 : ━)으로써[以] 양(陽 : ━)의 자리에 있는지라[居] 정당한 자리에 있다. 구오(九五 : ━)와 구사(九四 : ━) 그리고 상구(上九 : ━)는 제양(諸陽) 즉 모두 다[諸] 양(陽 : ━)인지라 〈비(比)〉 즉 이웃의 사귐[比]을 누리지 못한다. 그러나 구오(九五 : ━)는 육이(六二 : ╍)와는 중정(中正) 즉 가운데 자리[中]이면서 바른 자리[正]에 있으며 정응(正應) 즉 바르게[正] 서로 호응한다[應]. 이에 구오(九五 : ━)는 강강(剛强)한 중효(中爻)로서 득중(得中) 즉 정도를 따름을[中] 취하여[得] 군왕(君王)의 위의(威儀)를 망념(妄念)됨 없이 펴가는 모습이다.

무망괘(无妄卦 : ䷘)의 구오(九五 : ━)가 육오(六五 : ╍)로 변효(變爻)하면 구오(九五 : ━)는 무망괘(无妄卦 : ䷘)를 21번째 서합괘(噬嗑卦 : ䷔)로 지괘(之卦)하게 한다. 따라서 무망괘(无妄卦 : ䷘)의 구오(九五 : ━)는 서합괘(噬嗑卦 : ䷔)의 육오(六五 : ╍)를 찾아가 살펴보게 한다.

【구오(九五)의 계사(繫辭) 풀이】

无妄之疾(무망지질) 勿藥有喜(물약유희)

망념이[妄] 없는[无之] 병이니[疾] 약을 쓰지[藥] 말아야[勿] 기쁨이[喜] 있다[有].

구오(九五 : ━)의 효위(爻位)를 빌려 암시한 계사(繫辭)이다. 〈무망지질(无妄

之疾) 물약유희(勿藥有喜)〉는 〈구오유무망지질(九五有无妄之疾) 물용약어무망지질(勿用藥於无妄之疾) 무망지질유구오지희(无妄之疾有九五之喜)〉의 줄임으로 여기고 〈구오에게는[九五] 무망의[无妄之] 병이[疾] 있다[有] 무망의[无妄之] 병에[於疾] 약을[藥] 쓰지[用] 말라[勿] 무망의[无妄之] 병에는[疾] 구오의[九五之] 기쁨이[喜] 있다[有]〉라고 새겨볼 것이다. 〈무망지질(无妄之疾)〉은 무망괘(无妄卦 : ䷘)의 구오(九五 : ⚊)가 강실(剛實)하면서 중정(中正) 즉 중효이면서[中] 정당한 자리에서[正] 매사(每事)를 득중(得中) 즉 정도를 따름을[中] 취하여[得] 임하는지라 〈망(妄)〉 즉 망념[妄]이란 조금도 없음을 강조한다. 구오(九五 : ⚊)는 중정(中正)으로써 존위(尊位)에 있고 아래의 육이(六二 : ⚋)가 구오(九五 : ⚊)를 중정(中正)으로써 순응하는 모습인지라 지극히 〈무망(无妄)〉 즉 망념[妄] 따위란 없어[无] 강건(剛健)하고 충실(充實)하여, 오히려 〈무망(无妄)〉이 구오(九五 : ⚊)에게 〈질(疾)〉 즉 질병[疾] 같다는 것이다.

〈무망지질(无妄之疾)의 질(疾)〉은 구오(九五 : ⚊)가 변효(變爻)하여 무망괘(无妄卦 : ䷘)가 21번째 서합괘(噬嗑卦 : ䷔)로 지괘(之卦)하여 서합괘(噬嗑卦 : ䷔)의 외호괘(外互卦) 감(坎 : ☵)의 상효(上爻)가 되었음을 암시한다. 왜냐하면 「설괘전(說卦傳)」에 나오는 〈감(坎 : ☵) …… 그것을[其] 사람으로[人] 친다면[於也] 근심을[憂] 더함[加]이고[爲] 마음의[心] 병(病)이다[爲]〉라는 내용을 〈무망지질(无妄之疾)의 질(疾)〉이 떠올려주기 때문이다. 나아가 〈무망지질(无妄之疾)〉은 『장자(莊子)』에 나오는 〈작위함이[爲] 없으면[無] 곧[則] 편안하고 즐겁다[兪兪] 편안하고 즐겁다면[兪兪者] 우환은[憂患] 마음속에 있을[處] 수 없다[不能]〉라는 내용을 떠올려 살펴 헤아리게도 한다. 대성괘(大成卦)에서 각효(各爻)는 저마다 변효(變爻)할 수 있는 천명(天命)을 띠고 있다. 그러므로 구오(九五 : ⚊)가 무망괘(无妄卦 : ䷘)의 오효(五爻)로서 정위(正位)에 있어 그 심지(心志)가 강건정실(剛健情實) 즉 굳세고[剛] 건강하며[健] 참되고[情] 성실하여[實] 정도를 따름을[中] 취하는지라[得] 천심(天心)을 누리고 있어서 군왕(君王)의 위의(威儀)가 당당함을 암시한 것이 〈무망지질(无妄之疾)〉이다.

〈물약(勿藥)의 약(藥)〉은 무망괘(无妄卦 : ䷘)의 내호괘(內互卦)와 외호괘(外互卦)를 들어 구오(九五 : ⚊)를 취상(取象)한 것이다. 무망괘(无妄卦 : ䷘)의 내호괘는 간(艮 : ☶)이고 외호괘는 손(巽 : ☴)이다. 왜냐하면 〈물약(勿藥)의 약(藥)〉이 「설괘전(說卦傳)」에 나오는 〈간은[艮 : ☶] 작은 돌[小石]이다[爲]〉와 〈손은[巽 : ☴] 나무[木]이다[爲]〉라는 내용을 상기시키기 때문이다. 약(藥)이란 금석초목(金石草木)으로 만든다. 여기 〈물약(勿藥)〉은 〈무망지질(无妄之疾)〉을 앓으면 앓을수록 심신(心身)이 아울러 건강해짐을 암시한다. 〈무망지질(无妄之疾)〉 즉 무망(无妄)이 병(病)이라면 그런 병(病)은 앓을수록 좋을 것이니 오히려 심정(心正)의 지극함을 반어법으로 암시한 셈이다. 따라서 〈물약(勿藥)〉 즉 약을 쓰지[藥] 말아야[勿] 기쁨을 누리지[有喜], 병(病)이 없는데 약을 쓴다면 오히려 화(禍)를 자초하여 기쁨을 잃고 만다. 천도(天道)에는 호사다마(好事多魔)가 없다. 좋은[好] 일에[事] 마귀가[魔] 많다[多] 함은 인간의 탐욕 탓이다. 자연의[天] 규율[道]에는 탐욕이란 없음을 헤아려 깨우치게 하는 계사(繫辭)가 〈무망지질(无妄之疾) 물약유희(勿藥有喜)〉이다.

【字典】

**무(无)** 〈없을 무(无)-무(無), 허무지도 무(无)-허무지도(虛无之道), 으뜸 무(无)-원(元)〉 등의 뜻을 내지만 여기선 〈없을 무(無)〉와 같다 여기고 새김이 마땅하다.

**망(妄)** 〈성실하지 않을 망(妄)-불성실(不誠實), 잊을 망(妄)-망(忘), 어지러울 망(妄)-난(亂), 사실을 굽혀 말한 망(妄)-허무(虛誣)-부실(不實), 법에 어긋날 망(妄)-위법(違法)-불법(不法), 범상할 망(妄)-범(凡), (거짓으로 남을) 속일 망(妄)-망(罔)-탄(誕)-위(僞)〉 등의 뜻을 내지만 여기선 〈성실하지 않을 불성실(不誠實)〉 또는 〈[천뢰(天籟)를] 잊어버릴 망(忘)〉 등으로 여기고 새김이 마땅하다.

**지(之)** 〈허사 지(之)-허사(虛詞), 이것(그것) 지(之), 갈 지(之)-왕(往), 이를 지(之)-지(至), 주격-소유격-목적격 등의 토씨 지(之)〉 등의 뜻을 내지만 여기선 허사(虛詞) 〈지(之)〉로 여기고 새김이 마땅하다.

**질(疾)** 〈병(병들) 질(疾)-병(病)-환(患), 억지로 애쓸(힘쓸) 질(疾)-면력(勉力), 괴로울 질(疾)-고(苦), 아파할 질(疾)-통(痛), 원망할 질(疾)-원(怨), 미워할 질(疾)-질(嫉), 성낼 질(疾)-노(怒), 아닐 질(疾)-비(非), 싫어할 질(疾)-오(惡), 빠를 질(疾)-신(迅)-속(速), 다툴 질(疾)-쟁(爭), 씩씩할(멋질) 질(疾)-장(壯)-미(美), 직행할 질(疾)-추(趨), 다툴 질(疾)-쟁(爭)〉 등의 뜻을 내지만 여기선 〈질병(疾病) 질(疾)〉로 여기고 새김이 마땅하다.

**물(勿)** 〈하지 말 물(勿)-막(莫), 없을 물(勿)-무(無)-무(毋), 아닌 것 물(勿)-비(非),

아니할 물(勿)-불(不)〉 등의 뜻을 내지만 여기선 〈하지 말 막(莫)〉과 같다 여기고 새김이 마땅하다.

**약(藥)** 〈약을 쓸(약) 약(藥)-금석초목제개왈약(金石草木劑皆曰藥), 약초 약(藥)-치병초(治病草), 신심에 유익한 것 약(藥)-대신심유익지물(對身心有益之物), 의료 약(藥)-의료(醫療), 열이 있는 모습 약(藥)-열모(熱貌), 오미의 어울림 약(藥)-오미지화(五味之和)〉 등의 뜻을 내지만 여기선 〈약을 쓸 약(藥)〉으로 여기고 새김이 마땅하다.

**유(有)** 〈없을 무(無)의 반대말로 있을 유(有), 혹 유(有)-혹(或), 많을 유(有)-다(多)-족(足), 부유할 유(有)-부(富), 얻을(가질) 유(有)-취(取), 간직할 유(有)-장(藏), 보호할 유(有)-보(保), 서로 친할 유(有)-상친(相親), 전일할 유(有)-전(專), 할 유(有)-위(爲), 어조사 유(有)〉 등의 뜻을 내지만 〈있을 유(有)〉로 여기고 새김이 마땅하다.

**희(喜)** 〈기뻐할(즐거워할) 희(喜)-낙(樂)-열(悅), 행복할 희(喜)-복(福), 좋아할 희(喜)-호(好)-애(愛), 아름다울 희(喜)-미(美), 양기 희(喜)-양기(陽氣), 아주 버썩 성할 희(喜)-치성(熾盛)〉 등의 뜻을 내지만 여기선 〈기뻐할 열(悅)〉과 같다 여기고 새김이 마땅하다.

---

註 감(坎) …… 기어인야(其於人也) 위가우(爲加憂) 위심병(爲心病) 위이통(爲耳痛) 위혈괘(爲血卦) : 감(坎 : ☵) …… 그것을[其] 사람으로[人] 친다면[於也] 근심을[憂] 더함[加]이고[爲], 마음의[心] 병(病)이며[爲], 귀의[耳] 통증[痛]이고[爲], 피의[血] 괘(卦)이다[爲].

「설괘전(說卦傳)」 11단락(段落)

註 무위즉유유(無爲則兪兪) 유유자(兪兪者) 우환불능처(憂患不能處) : 작위함이[爲] 없으면[無] 곧[則] 편안하고 즐겁다[兪兪]. 편안하고 즐겁다면[兪兪者] 우환은[憂患] 마음속에 있을[處] 수 없다[不能]. 『장자(莊子)』「천도(天道)」 1절(節)

註 손위목(巽爲木) : 손은[巽 : ☴] 나무[木]이다[爲]. 「설괘전(說卦傳)」 11단락(段落)

註 간위소석(艮爲小石) : 간은[艮 : ☶] 작은 돌[小石]이다[爲]. 「설괘전(說卦傳)」 11단락(段落)

# 상구(上九 : ⚊)

上九 : 无妄이라 行有眚이니 无攸利리라
무망 행유생 무유리

상구(上九) : 망념이[妄] 없다[无]. 행동하면[行] 환난만[眚] 있으니[有] 이로울[利] 바가[攸] 없다[无].

【상구(上九)의 효상(爻象) 풀이】

무망괘(无妄卦 : ䷘)의 상구(上九 : ⚊)는 이양거음(以陽居陰) 즉 양(陽 : ⚊)으로써[以] 음(陰 : ⚋) 자리에 있는지라[居] 정당한 자리에 있지 못하다. 상구(上九 : ⚊)와 구오(九五 : ⚊)는 양양(兩陽) 즉 둘 다[兩] 양(陽 : ⚊)인지라 〈비(比)〉 즉 이웃의 사귐[比]을 누리지 못한다. 그러나 상구(上九 : ⚊)와 육삼(六三 : ⚋)은 양음(陽陰)인지라 〈정응(正應)〉 즉 바르게[正] 서로 호응하는[應] 모습이다. 그러나 상구(上九 : ⚊)는 무망괘(无妄卦 : ䷘)의 상효(上爻)로서 극위(極位)에 있는지라 결국 시세(時勢)가 막다름에 있으니 무엇보다 시의(時宜)를 따라야 하는 모습이다.

| 무망괘(无妄卦 : ䷘)의 상구(上九 : ⚊)가 상륙(上六 : ⚋)으로 변효(變爻)하면 상구(上九 : ⚊)는 무망괘(无妄卦 : ䷘)를 17번째 수괘(隨卦 : ䷐)로 지괘(之卦)하게 한다. 따라서 무망괘(无妄卦 : ䷘)의 상구(上九 : ⚊)는 수괘(隨卦 : ䷐)의 상륙(上六 : ⚋)을 찾아가 살펴보게 한다. |
|---|

【상구(上九)의 계사(繫辭) 풀이】

无妄(무망) 行有眚(행유생) 无攸利(무유리)
망념이[妄] 없다[无]. 행동하면[行] 환난만[眚] 있으니[有] 이로울[利] 바가[攸] 없다[无].

상구(上九 : ⚊)의 효위(爻位)를 빌려 암시한 계사(繫辭)이다. 〈무망(无妄) 행유생(行有眚) 무유리(无攸利)〉는 〈상구무망(上九无妄) 인차상구욕행사(因此上九欲行事) 상구무유리(上九无攸利)〉의 줄임으로 여기고 〈상구에게는[上九] 망념이[妄]

없다[无] 그러므로[因此] 상구가[上九] 일을[事] 행하고자 하면[欲行] 상구에게[上九] 이로울[利] 바가[攸] 없다[无]〉라고 새겨볼 것이다. 여기 〈무망(无妄)〉은 무망괘(无妄卦 : ䷘)의 상구(上九 : ⚊)가 〈무망(无妄)〉의 극한(極限)에 있는 자(者)임을 암시한다. 상구(上九 : ⚊)는 강건정실(剛健情實) 즉 굳세고[剛] 건실하며[健] 참되고[情] 성실하여[實] 허망(虛妄)한 심기(心機)가 없음을 암시한 것이 〈무망(无妄)〉이다. 상구(上九 : ⚊)의 자리가 정당하지 못할지라도 육삼(六三 : ⚋)과 〈정응(正應)〉 즉 정도를 따라[正] 서로 호응[應]하니 설령 궁색한 처지일지라도 상구(上九 : ⚊)에게는 망념[妄]의 허망함이란 없다. 〈무망(无妄)〉 즉 망념이[妄] 없다[无] 함은 경거망동(輕擧妄動)이 없는지라 탈 날 것이 없음을 말한다.

그러나 이러한 상구(上九 : ⚊)가 극위(極位)에 있음을 잊고 행동한다면[行] 재앙이[眚] 따라붙게[有] 됨을 암시한 것이 〈행유생(行有眚)〉이다. 〈행유생(行有眚)의 생(眚)〉은 과실인 줄 모르고 범하는 허물을 말하고, 〈행유생(行有眚)의 행(行)〉은 여기선 〈갈 왕(往)〉과 같다. 상구가[上九之] 감에[行] 과실이[眚] 있다[有] 함은 시운(時運)이 궁색함에도 상구(上九 : ⚊)가 행동을 취함을 뜻한다. 이에 상구(上九 : ⚊)는 시의(時宜) 즉 마땅한[宜] 때[時]를 맞추어 나아갈 때면 나아가고 물러설 때면 물러서야지 함부로 행동하면 재앙[眚]을 자초한다는 것이 〈행유생(行有眚)〉이다.

이에 상구(上九 : ⚊)가 함부로 행동하면[行] 자신에게 해로울 뿐 이로울 것이 없음을 암시한 것이 〈무유리(无攸利)〉 즉 이로울[利] 바가[攸] 없다[无]는 것이다. 이 역시 상구(上九 : ⚊)가 무망괘(无妄卦 : ䷘)의 극위(極位)에 있음을 암시한다. 상극(上極) 즉 마루까지[極] 올랐다면[上] 하강(下降) 즉 아래로[下] 내려옴[降]이 천도(天道)이다. 극위(極位)에서 상구(上九 : ⚊)가 누리는 〈무망(无妄)〉은 상구(上九 : ⚊)가 떠나서는 누릴 수 없다는 것 또한 천도(天道)이다. 떠나야 할 상구(上九 : ⚊)이기에 불행[眚]을 스스로 불러올 수도 있는 일을 범하지 말아야 함을 헤아려 깨닫게 하는 계사(繫辭)가 〈무망(无妄) 행유생(行有眚) 무유리(无攸利)〉이다.

【字典】

**무(无)** 〈없을 무(无)-무(無), 허무지도 무(无)-허무지도(虛无之道), 으뜸 무(无)-원(元)〉 등의 뜻을 내지만 여기선 〈없을 무(無)〉와 같다 여기고 새김이 마땅하다.

**망(妄)** 〈성실하지 않을 망(妄)-불성실(不誠實), 잊을 망(妄)-망(忘), 어지러울 망(妄)-난(亂), 사실을 굽혀 말한 망(妄)-허무(虛誣)-부실(不實), 법에 어긋날 망(妄)-위법(違法)-불법(不法), 범상할 망(妄)-범(凡), (거짓으로 남을) 속일 망(妄)-망(罔)-탄(誕)-위(僞)〉 등의 뜻을 내지만 여기선 〈성실하지 않을 불성실(不誠實)〉 또는 〈{천뢰(天籟)를} 잊어버릴 망(忘)〉 등으로 여기고 새김이 마땅하다.

**行** 〈행-항〉 두 가지로 발음되고, 〈갈 행(行)-왕(往), 다닐 행(行)-보(步), 나아갈 행(行)-전진(前進), 길 귀신 행(行)-노신(路神), 오행 행(行)-오행(五行), 길 행(行)-도로(道路), 쓸 행(行)-용(用), 순행할 행(行)-순행(巡行), 행실 행(行)-신지소행(身之所行), 운반할 행(行)-운(運), 항오 항(行)-열(列), 시장 항(行)-시장(市長), 항렬 항(行)-등배(等輩), 굳셀 항(行)-강강(剛强)〉 등의 뜻을 내지만 여기선 〈갈 왕(往)〉과 같다 여기고 새김이 마땅하다.

**유(有)** 〈얻을(가질) 유(有)-취(取), 없을 무(無)의 반대말로 있을 유(有), 혹 유(有)-혹(或), 많을 유(有)-다(多)-족(足), 부유할 유(有)-부(富), 간직할 유(有)-장(藏), 보호할 유(有)-보(保), 서로 친할 유(有)-상친(相親), 전일할 유(有)-전(專), 할 유(有)-위(爲), 어조사 유(有)〉 등의 뜻을 내지만 〈얻을 취(取)〉와 같다 여기고 새김이 마땅하다.

**생(眚)** 〈과실(모르고 짓는 죄) 생(眚)-과(過), 재화[妖]와 복록[祥] 생(眚)-요상(妖祥), 백태가 낄 생(眚)-생예(生翳), 질병 생(眚)-병(病), 파리할 생(眚)-수(瘦), 치워버릴 생(眚)-생(省), 용서할 생(眚)-사(赦)〉 등의 뜻을 내지만 여기선 〈과실(모르고 짓는 죄) 과(過)〉와 같다 여기고 새김이 마땅하다.

**유(攸)** 〈곳 유(攸)-소(所), 흘러가는 물 유(攸)-행수(行水), 아득할 유(攸)-장원(長遠)-유(悠), 닦을 유(攸)-수(修), 터득한 모습 유(攸)-자득모(自得貌), 빠를 유(攸)-숙(倏), 대롱거릴 유(攸)-현위모(懸危貌), 수심에 찬 모습 유(攸)-수모(愁貌)〉 등의 뜻을 내지만 여기선 〈곳 소(所)〉와 같다 여기고 새김이 마땅하다.

**이(利)** 〈만물로 하여금 삶을 이루어가게 하는 덕(德)의 이로울 이(利)-사만물수생지덕(使萬物遂生之德), 날카로울 이(利)-예(銳)-섬(銛), 질병 이(利)-질(疾), 통할 이(利)-통(通)-순(順), 좋을 이(利)-길(吉)-의(宜), 편리할 이(利)-편(便), 마름해 만들어 이룰 이(利)-재성(裁成), 탐할 이(利)-탐(貪), 구할(취할) 이(利)-구(求)-취(取), 좋아할 이(利)-열애(悅愛), 이로울 이(利)-익(益), 기교 이(利)-교(巧), 보람 이(利)-공용(功用), 지

세가 험하고 중요한 이(利)-험요(險要), 이길 이(利)-승(勝), 어질 이(利)-인(仁)〉 등의 뜻을 내지만 여기선 〈이로울 이(利)〉로 여기고 새김이 마땅하다. 〈利〉가 맨 앞에 오면 〈이〉로 발음되고, 중간이나 뒤에 오면 〈리〉로 발음된다.

# 대축괘
# 大畜卦

## 26

## 1 괘의 괘상과 계사

### 대축괘(大畜卦 : ䷙)

건하간상(乾下艮上) : 아래는[下] 건(乾 : ☰), 위는[上] 간(艮 : ☶).

산천대축(山天大畜) : 산과[山] 하늘은[天] 대축이다[大畜].

大畜은 利貞하다 不家食하여 吉하고 利涉大川하리라
대축 이정 불가식 길 이섭대천

크게[大] 축적함은[畜] 미더워[貞] 이롭다[利]. 한 가솔만[家] 먹음이[食] 아니어서[不] 길하고[吉] 큰[大] 내를[川] 건너도[涉] 이롭다[利].

**【대축괘(大畜卦 : ䷙)의 괘상(卦象) 풀이】**

앞 무망괘(无妄卦 : ䷘)의 〈무망(无妄)〉은 망념이[妄] 없음[无]이다. 이에 「서괘전(序卦傳)」에 〈무망이[无妄] 있은[有] 뒤에야[然後] 축적할[畜] 수 있다[可] 그래서[故] 대축괘(大畜卦 : ䷙)로써[以] 그것을[之] 받는다[受]〉라는 말이 나온다. 이는 무망괘(无妄卦 : ䷘) 뒤에 대축괘(大畜卦 : ䷙)가 오는 까닭을 암시한다. 대축괘(大畜卦 : ䷙)는 무망괘(无妄卦 : ䷘)의 도괘(倒卦) 즉 뒤집힌[倒] 괘(卦)이다. 대축괘(大畜卦 : ䷙)는 9번째 소축괘(小畜卦 : ䷈)의 주제인 〈소축(小畜)〉을 연상시킨다. 소축괘(小畜卦 : ䷈)의 주제인 〈소축(小畜)의 소(小)〉는 음(陰 : ⚋)을 말하고 〈소축(小畜)의 축(畜)〉은 〈길러줄 양(養)〉과 같아 축양(畜養)을 암시하며, 대축괘(大畜卦 : ䷙)의 주제인 〈대축(大畜)의 대(大)〉는 제양(諸陽)을 말하고 〈대축(大畜)의 축(畜)〉은 〈모일 취(聚)〉와 같아 축취(畜聚)를 암시한다. 이에 여기 〈대축(大畜)〉은 〈대축괘지제양축어간지중(大畜卦之諸陽畜於艮之中)〉의 줄임으로 여기고 〈대축괘의[大畜卦之] 모든[諸] 양효들이[陽] 간(艮 : ☶)의[之] 가운데에[於中] 모인다[畜]〉라고 새겨볼 수 있다.

대축괘(大畜卦 : ䷙)의 괘체(卦體)는 건하간상(乾下艮上) 즉 하체(下體)는 건(乾 : ☰)이고 상체(上體)는 간(艮 : ☶)인지라, 산중(山中)에 하늘[天]이 있는 모습이다. 건(乾 : ☰)은 하늘[天]이고 크고[大] 양(陽 : ⚊)이고, 간(艮 : ☶)은 산(山)이고 역시 양(陽 : ⚊)이며 멈춤[止]이다. 그러니 산중(山中)에 양기(陽氣)가 모이고[畜] 멈추어[止] 온갖 초목조수(草木鳥獸)가 생기(生氣)를 얻어 결실하는 모습이다. 대축괘(大畜卦 : ䷙)의 〈대축(大畜)의 대(大)〉는 양(陽 : ⚊)을 말한다. 〈대축(大畜)〉은 양(陽 : ⚊)이 〈축(畜)〉 즉 축적되어야[畜] 산에 사는 온갖 금수초목(禽獸草木)들이 춘작하장(春作夏長)하여 추렴동장(秋斂冬藏)의 결실을 이룬다. 이런 결실로써 대축괘(大畜卦 : ䷙)의 〈대축(大畜)〉 즉 양기의[大] 축적[畜]이 드러나는 모습인지라 대축괘(大畜卦 : ䷙)라 칭명(稱名)한다.

**【대축괘(大畜卦 : ䷙)의 계사(繫辭) 풀이】**

## 大畜(대축) 利貞(이정)

**크게[大] 축적함은[畜] 미더워[貞] 이롭다[利].**

대축괘(大畜卦 : ䷙)의 주제인 〈대축(大畜)〉 즉 크게[大] 축적함[畜]은 천지조화(天地造化)의 축취(畜聚) 즉 모으고[畜] 모음[聚]을 헤아리게 한다. 여기 〈대축(大畜)〉은 〈양지축(陽之畜)〉으로 여기고 양기의[陽之] 모음[畜]이라고 새겨볼 것이다. 대축괘(大畜卦 : ䷙)의 〈대축(大畜)〉에는 인간의 욕망 따위는 없다. 건(乾 : ☰)의 천(天)이 간(艮 : ☶) 즉 산(山)의 멈춤[止]에 있으니 이는 곧 양(陽 : ⚊)의 멈춤[止]이 〈대축(大畜)〉으로 이어진다. 건(乾 : ☰) 즉 양(陽 : ⚊)이 산중(山中)에 머물수록[止] 양(陽 : ⚊)이 축적되므로[畜] 멈춤[止]으로써 〈대축(大畜)〉이 이루어진다. 인간의 뜻 밖에 있는 천(天)의 양(陽 : ⚊)과 산(山)의 지(止)가 만물로 하여금 결실하게 한 것들을 〈축(畜)〉 즉 간직해 모아줌[畜]이 〈대축(大畜)〉이다. 대축괘(大畜卦 : ䷙)의 〈대축(大畜)〉에서 〈대(大)〉란 여기선 양(陽 : ⚊)의 기운을 말하며 동시에 크면서도 많다는 뜻이다. 볍씨 하나가 근 300개의 낟알이 달린 이삭을 일구어 냄도 곧 〈대축(大畜)〉 즉 양기(陽氣)가 축적(畜積)된 덕(德)이다. 이처럼 양(陽 : ⚊)이 생기(生氣)로서 쌓여야[畜] 온갖 것들도 〈대축(大畜)〉을 누린다.

이러한 대축괘(大畜卦 : ䷙)의 〈대축(大畜)〉을 〈이정(利貞)〉 즉 미더워[貞] 이롭다[利]고 암시한다. 정(貞)하여 이롭다[利] 하는 〈이정(利貞)의 정(貞)〉은 대축괘(大畜卦 : ䷙)가 음력으로 팔월임을 환기시킨다. 팔월은 유월(酉月)이다. 십이지(十二支)에서 유(酉)는 지문(地門) 즉 땅의[地] 문(門)이니 음력 팔월의 신명(辰名)이고 동시에 닫힘[閉]을 뜻한다. 〈이정(利貞)〉이란 지문(地門)이 닫혀[閉] 만물이 춘작하장(春作夏長)의 결실을 팔월부터는 수렴저장(收斂貯藏) 즉 거두어져[收斂] 간직되기[貯藏] 시작함을 환기시킨다. 이런 〈정(貞)〉은 항상 의(義)와 함께 하는지라 사욕이나 사벽(邪僻) 즉 간사하여[邪] 치우치는[僻] 짓이 없어 공평무사(公平無邪)함인지라 정직하여 의롭다고 한다. 양(陽 : ⚊)이 생기(生氣)로서 결실하게 하는 양기의[大] 축적[畜]은 천지덕(天地德)인지라, 이는 곧 〈정(貞)〉이고 만물에 두루 이로움[利]을 암시한 계사(繫辭)가 〈대축(大畜) 이정(利貞)〉이다.

## 不家食(불가식) 吉(길)

### 한 가솔만[家] 먹음이[食] 아니어서[不] 길하다[吉].

〈불가식(不家食)〉은 앞 〈대축(大畜)〉을 거듭해 풀이한다. 〈불가식(不家食)〉은 〈대축불일가지식(大畜不一家之食)〉의 줄임으로 여기고 〈대축은[大畜] 한 가솔이[一家之] 먹는 것이[食] 아니다[不]〉라고 새겨볼 것이다. 여기 〈불가식(不家食)의 불(不)〉은 〈아닌 것 비(非)〉와 같다. 〈불가식(不家食)의 가식(家食)〉은 대축괘(大畜卦 : ䷙)의 내호괘(內互卦) 태(兌 : ☱)를 빌려 〈대축(大畜)〉을 취상(取象)한 것이다. 〈불가식(不家食)의 가식(家食)〉이 「설괘전(說卦傳)」에 나오는 〈태는[兌 : ☱] 입이요[口] 혀[舌]이다[爲]〉라는 내용을 떠올려주기 때문이다. 〈구설(口舌)〉이란 천하의 인구수(人口數)를 말함은 물론이고 나아가 초목금수(草木禽獸)마저 포함함을 상기한다면, 〈불가식(不家食)〉이 일가(一家)의 식량[食]이 아니라 온 세상 모든 목숨들이 먹고 살아갈 식량[食]임을 암시한다. 〈대축(大畜)〉 즉 양기가[大] 축적되어[畜] 온갖 목숨들이 먹고 살아갈 식량이 광대하게 비축되는 것보다 더한 행복이란 없으니 〈길(吉)〉 즉 온 세상 모든 목숨이 행복하다[吉]고 암시한 계사(繫辭)가 〈불가식(不家食) 길(吉)〉이다.

## 利涉大川(이섭대천)

### 큰[大] 내를[川] 건너도[涉] 이롭다[利].

〈이섭대천(利涉大川)〉이란 큰물[大川]을 건널 수 있는 방책이 마련되었음을 암시한다. 뗏목이나 배가 마련됨이 없이 큰물을[大川] 건넘[涉]이란 위험하고 무모한 짓인지라 이롭다[利] 할 수가 없다. 〈이섭대천(利涉大川)의 대천(大川)〉은 대축괘(大畜卦 : ䷙)의 내호괘(內互卦) 태(兌 : ☱)를 빌려 취상(取象)한 것이다. 태(兌 : ☱)는 택(澤)인지라 물[水]이다. 〈이섭대천(利涉大川)의 이(利)〉는 대축괘(大畜卦 : ䷙)의 주제인 〈대축(大畜)〉을 암시한다. 양기의[大] 축적[畜]이 온 세상 목숨들로 하여금 〈대천(大川)〉을 안전하게 건널 수 있게 해주는 뗏목이나 배의 구실을 해줌을 헤아려 깨우치게 하는 계사(繫辭)가 〈이섭대천(利涉大川)〉이다.

【字典】

**대(大)** 〈건(乾)-양기(陽氣)-강효(剛爻) 대(大), 큰 대(大)-소지대(小之對), 넓을 대(大)-광(廣), 두루 대(大)-편(徧), 통할 대(大)-통(通), 길 대(大)-장(長), (땅을) 걸게 할 대(大)-비(肥), 두터울 대(大)-후(厚), 많을 대(大)-다(多), 모두 대(大)-개(皆), 선할 대(大)-선(善), 무거울 대(大)-중(重), 거대할 대(大)-거(巨), 아름다울 대(大)-미(美)-장(壯), 부유할 대(大)-부(富), 늙을 대(大)-노(老), 지나칠 대(大)-과(過), 끝 대(大)-극(極), 대충 대(大)-조(組)-불세밀(不細密), 과대할 대(大)-과(誇)-긍벌(矜伐), 처음 대(大)-초(初), 하늘 대(大)-천(天)〉 등의 뜻을 내지만 여기선 〈양기 대(大)〉로 여기고 새김이 마땅하다.

**畜** 〈축-휵-휴-추〉 네 가지로 발음되고, 〈쌓을 축(畜)-적(積)-취(聚), 가축 축(畜)-가축(家畜), 그칠 축(畜)-지(止), 기를 휵(畜)-양(養), 용납할 휵(畜)-용(容), 집에서 기름직한 짐승 휴(畜), 집에서 기르는 짐승 추(畜)〉 등의 뜻을 내지만 여기선 〈쌓을 적(積)〉으로 여기고 새김이 마땅하다.

**이(利)** 〈만물로 하여금 삶을 이루어가게 하는 덕(德)의 이로울 이(利)-사만물수생지덕(使萬物遂生之德), 날카로울 이(利)-예(銳)-섬(銛), 질병 이(利)-질(疾), 통할 이(利)-통(通)-순(順), 좋을 이(利)-길(吉)-의(宜), 편리할 이(利)-편(便), 마름해 만들어 이룰 이(利)-재성(裁成), 탐할 이(利)-탐(貪), 구할(취할) 이(利)-구(求)-취(取), 좋아할 이(利)-열애(悅愛), 이로울 이(利)-익(益), 기교 이(利)-교(巧), 보람 이(利)-공용(功用), 지

세가 험하고 중요한 이(利)-험요(險要), 이길 이(利)-승(勝), 어질 이(利)-인(仁)〉 등의 뜻을 내지만 여기선 〈사만물수생지덕(使萬物遂生之德) 즉 만물로 하여금 삶을 이루어 가게 하는 덕(德)의 이로움〉이라 새김이 마땅하다. 〈利〉가 맨 앞에 오면 〈이〉로 발음되고, 중간이나 뒤에 오면 〈리〉로 발음된다.

**정(貞)** 〈바를 정(貞)-정(正), 믿을 정(貞)-신(信), 거북점을 물을 정(貞)-복문(卜問), 역(易)의 내괘(內卦) 정(貞), 마땅할 정(貞)-당(當), 정할 정(貞)-정(定), 순수할 정(貞)-전(專)-일(一)〉 등의 뜻을 내지만 여기선 〈바를 정(正), 믿을 신(信)〉 등을 합친 뜻과 같아 〈정신(正信)〉 즉 바르고[正] 미더움[信]으로 새김이 마땅하다.

**不** 〈불-부〉 등으로 발음되고, 〈않을(없을) 불(不)-부(不)-무(無), 아닐 불(不)-부(不)-비(非), 하지 말 불(不)-부(不)-막(莫)-금지(禁止), 정하지 않을 불(不)-부(不)-부(否)-미정(未定), 새가 날아올라 내려오지 않는 불(不)-부(不)-조비상불하래(鳥飛上不下來)〉 등의 뜻을 내지만 여기선 〈아닌 것 비(非)〉로 여기고 새김이 마땅하다.

**가(家)** 〈일가(가정-가족) 가(家)-가정(家庭)-가족(家族), 살(거주할) 가(家)-거(凥)-가인소거(家人所居), 방안 가(家)-실(室), 지아비 가(家)-부(夫)-아내는 남편을 가장이라 부른다[妻謂夫曰家], 집사람 가(家)-처(妻)-남편은 아내를 집사람이라 부른다[夫謂妻曰家], 머물러 살 가(家)-주거(住居), 도성 가(家)-도성(都城), 조정 가(家)-조정(朝廷), 천자 가(家)-천자(天子)-천하위가(天下爲家), 태자 가(家)-황족(皇族), 경대부 가(家)-경대부(卿大夫), 채지(식읍) 가(家)-채지(采地)-식읍(食邑), 학자 가(家)-유전문지학문자(有專門之學問者), 어미조사(語尾助詞) 가(家)〉 등의 뜻을 내지만 여기선 〈일가(一家)〉로 여기고 새김이 마땅하다.

**食** 〈사-식-이〉 세 가지로 발음되고, 〈먹을 식(食)-여(茹), 먹일(먹힐) 사(食)-사(飤)-반(飯), 먹을거리(양식) 사(食)-양(糧), 길러줄 사(食)-양(養), (부모를 매장한 뒤에 올리는 제사) 우제 사(食)-우제(虞祭), 밥 식(食), 씹을 식(食)-담(啗), 모든 음식물 식(食)-식용(食用)-음식물(飮食物), 헛말할 식(食)-식언(食言), 사람 이름 이(食)〉 등의 뜻을 내지만 〈먹을 식(食)-여(茹)〉와 같다 여기고 새김이 마땅하다.

**길(吉)** 〈좋을(행복할) 길(吉)-선(善)-영(令) {영월길일(令月吉日)은 선월선일(善月善日)임.}, 복 길(吉)-실(實)-선실(善實)-복(福), 예의를 따라 상서로울 길(吉)-예의순상(禮義順祥), 삼갈 길(吉)-근(謹), 초하루 길(吉)-삭일(朔日) {삭망(朔望) 즉 초하루[朔]와 그믐날[望]}, 길례 길(吉)-길례(吉禮) {오례지일(五禮之一) 길흉빈군가(吉凶賓軍嘉)}, 갈 길(吉)-행(行)-길(趌)〉 등의 뜻을 내지만 여기선 〈좋을 선(善)-영(令)〉 즉 행복과 같다 여기고 새김이 마땅하다

**섭(涉)** 〈물 건널 섭(涉)-도(渡), 물이 흘러가는 섭(涉)-수류(水流), 헤엄쳐 갈 섭(涉)-유행(游行), 서로 교류할 섭(葉)-상교(相交), 경력 섭(涉)-경력(經歷), 깊이 들어갈 섭(涉)-심입(深入)〉 등의 뜻을 내지만 여기선 〈물 건널 도(渡)〉와 같다 여기고 새김이 마땅하다.

**대(大)** 〈큰 대(大)-소지대(小之對), 넓을 대(大)-광(廣), 두루 대(大)-편(徧), 통할 대(大)-통(通), 길 대(大)-장(長), (땅을) 걸게 할 대(大)-비(肥), 두터울 대(大)-후(厚), 많을 대(大)-다(多), 모두 대(大)-개(皆), 선할 대(大)-선(善), 무거울 대(大)-중(重), 거대할 대(大)-거(巨), 아름다울 대(大)-미(美)-장(壯), 부유할 대(大)-부(富), 늙을 대(大)-노(老), 지나칠 대(大)-과(過), 끝 대(大)-극(極), 대충 대(大)-조(組)-불세밀(不細密), 과대할 대(大)-과(誇)-긍벌(矜伐), 처음 대(大)-초(初), 하늘 대(大)-천(天), 건(乾)-양기(陽氣)-강효(剛爻) 대(大)〉 등의 뜻을 내지만 여기선 〈큰 대(大)〉로 여기고 새김이 마땅하다.

**천(川)** 〈시내 천(川)-천(巛)-관천통류수(貫穿通流水), 수류의 총칭 천(川)-수류지총칭(水流之總稱), 흐르는 물의 시작 천(川)-수류지시(水流之始), 산천의 신 천(川)-산천지신(山川之神), 구덩이 천(川)-갱(坑)〉 등의 뜻을 내지만 여기선 〈땅을 뚫어내고 흐르는 물 즉 시내 관천통류수(貫穿通流水)〉로 여기고 새김이 마땅하다. 〈대천(大川)〉이란 강물을 뜻한다.

---

註 태위구설(兌爲口舌) : 태는[兌 : ☱] 입이요[口] 혀[舌]이다[爲]

「설괘전(說卦傳)」 11단락(段落)

## 2 효의 효상과 계사

初九：有厲하여 利已니라
유려 이이

九二：與說輹이로다
여탈복

九三：良馬逐이라 利艱貞하다 日閑輿衛면 利有攸往하리라
양마축 이간정 일한여위 이유유왕

六四：童牛之牿이니 元吉하다
동우지곡 원길

六五：豶豕之牙니 吉하다
분시지아 길

上九：何天之衢니라 亨하리라
하천지구 형

초구(初九) : 위태함이[厲] 있어서[有] 그침이[已] 이롭다[利].

구이(九二) : 수레가[輿] 바퀴살을[輹] 벗겼다[說].

구삼(九三) : 좋은[良] 말이[馬] 뒤좇는다[逐]. 어려워도[艱] 미더워야[貞] 이롭다[利]. 날마다[日] 수레몰기와[輿] 방어하기를[衛] 익히면[閑] 갈[往] 바가[攸] 있어서[有] 이롭다[利].

육사(六四) : 목메기의[童牛之] 쇠뿔에 멍에를 씌우니[牿] 으뜸으로[元] 길하다[吉].

육오(六五) : 거세한[豶] 돼지의[豕之] 이빨이니[牙] 운이 좋다[吉].

상구(上九) : 하늘의[天之] 길을[衢] 맡았구나[何]. 통하리라[亨].

# 초구(初九 : ━)

初九 : 有厲하여 利已니라
유려 이이

초구(初九) : 위태함이[厲] 있어서[有] 그침이[已] 이롭다[利].

【초구(初九)의 효상(爻象) 풀이】

대축괘(大畜卦 : ䷙)의 초구(初九 : ━)는 이양거양(以陽居陽) 즉 양(陽 : ━)으로써[以] 양(陽 : ━)의 자리에 있는지라[居] 정당한 자리에 있다. 초구(初九 : ━)와 구이(九二 : ━)는 양양(兩陽) 즉 둘 다[兩] 양(陽 : ━)인지라 〈비(比)〉 즉 이웃의 사귐[比]을 누리지 못하고 상충(相衝) 즉 서로[相] 부딪치는[衝] 처지이다. 그러나 초구(初九 : ━)와 육사(六四 : ╍)는 양음(陽陰)인지라 〈정응(正應)〉 즉 바르게[正] 서로 호응한다[應]. 초구(初九 : ━)는 기효(奇爻) 즉 양효(陽爻)로서 시위(始位) 즉 첫 출발하는[始] 자리[位]에 있는지라, 진취(進取)하고자 대축괘(大畜卦 : ䷙)의 주제인 〈대축(大畜)〉의 시국에서는 양지(陽止) 즉 양(陽 : ━)이 멈춤[止]을 지켜야 하는 모습이다.

대축괘(大畜卦 : ䷙)의 초구(初九 : ━)가 초륙(初六 : ╍)으로 변효(變爻)하면 초구(初九 : ━)는 대축괘(大畜卦 : ䷙)를 18번째 고괘(蠱卦 : ䷑)로 지괘(之卦)하게 한다. 따라서 대축괘(大畜卦 : ䷙)의 초구(初九 : ━)는 고괘(蠱卦 : ䷑)의 초륙(初六 : ╍)을 찾아가 살펴보게 한다.

【초구(初九)의 계사(繫辭) 풀이】

有厲(유려) 利已(이이)

위태함이[厲] 있어서[有] 그침이[已] 이롭다[利].

초구(初九 : ━)의 효위(爻位)를 빌려 암시한 계사(繫辭)이다. 〈유려(有厲) 이이(利已)〉는 〈초구유려(初九有厲) 이이초구지총상진(利已初九之匆上進)〉의 줄임으로 여기고 〈초구에게는[初九] 위태함이[厲] 있다[有] 초구가[初九之] 성급히[匆] 위로[上] 나아가려 함을[進] 그치면[已] 이롭다[利]〉라고 새겨볼 것이다. 여기 〈유려(有厲)의 여(厲)〉는 대축괘(大畜卦 : ䷙)의 주제인 〈대축(大畜)〉의 시국을 어기려 함을 암시한다. 건(乾 : ☰)은 진취(進取) 즉 나아가려[進取] 함이 그 속성이다. 그러나 대축괘(大畜卦 : ䷙)의 하체(下體)로서 건(乾 : ☰)은 간(艮 : ☶) 아래에 있다. 간(艮 : ☶)은 산(山)이고 산은 멈춤[止]이다. 여기 〈이이(利已)의 이(已)〉는 멈춤[止]이다. 따라서 대축괘(大畜卦 : ䷙)의 하체(下體) 건(乾 : ☰)의 세 효(爻)는 산중(山中)에 피지(被止) 즉 멈춰져 있음[被止]이 〈대축(大畜)〉의 시국이다. 이에 초구(初九 : ⚊)가 이 시국을 따르지 않으려 함을 〈유려(有厲)의 여(厲)〉가 암시한다. 왜냐하면 시위(始位)에 있는 초구(初九 : ⚊)는 양(陽 : ⚊)의 속성이 강하기 때문에 한사코 상진(上進)하고자 한다. 그러나 양기(陽氣 : ⚊)의 진취는 상체(上體) 간(艮 : ☶) 즉 산(山)으로 가로막혀 있다. 물론 육사(六四 : ⚋)와 〈정응(正應)〉을 누리지만 존위(尊位)에 있는 육오(六五 : ⚋)의 위세(威勢)에 눌려 육사(六四 : ⚋)가 초구(初九 : ⚊)의 진취를 도와줄 수 없는 처지이다. 대축괘(大畜卦 : ䷙)의 시국에서는 〈대축(大畜)〉 즉 양기의[大] 축적[畜]은 알맞은 때까지 〈이(已)〉 즉 멈춰서[止] 진중(鎭重)해야 안다. 이를 참지 못하고 성급히 진취를 고집한다면 위기가 따를 뿐임을 암시한 것이 〈유려(有厲)〉이다. 여기 〈유려(有厲)의 여(厲)〉는 〈대(大)〉 즉 양기(陽氣 : ⚊)가 아직 비축되지[畜] 못해 〈대축(大畜)〉이 이루어지지 못하는 위기를 암시한다. 따라서 초구(初九 : ⚊)가 진중하게 멈춰서 때를 기다리지 않고 위로 서둘러 나아가려 함은 위태하니 이어서 나아가려는 뜻을 멈추고, 〈대축(大畜)〉의 기간 동안 섣부른 상진(上進)은 〈여(厲)〉 즉 위태하다[厲]는 것이다. 대축괘(大畜卦 : ䷙)의 시국에서는 이러한 〈여(厲)〉는 그침이[已] 오히려 이롭다[利]는 것을 헤아려 깨우치게 하는 계사(繫辭)가 〈유려(有厲) 이이(利已)〉이다.

【字典】

**유(有)** 〈없을 무(無)의 반대말로 있을 유(有), 얻을(가질) 유(有)-취(取), 혹 유(有)-혹(或), 많을 유(有)-다(多)-족(足), 부유할 유(有)-부(富), 간직할 유(有)-장(藏), 보호할 유(有)-보(保), 서로 친할 유(有)-상친(相親), 전일할 유(有)-전(專), 할 유(有)-위(爲), 어조사 유(有)〉 등의 뜻을 내지만 〈있을 유(有)〉로 여기고 새김이 마땅하다.

**여(厲)** 〈엄정할 여(厲)-엄(嚴), 맑고 바를 여(厲)-청정(淸正), 위태할 여(厲)-위

(危), 마찰할 여(厲)-마(磨), 막을 여(厲)-항(抗), 일어날 여(厲)-기(起), 지을 여(厲)-작(作), 사나울 여(厲)-학(虐), 병들 여(厲)-병(病), 낭떠러지 여(厲)-애(涯)〉 등의 뜻을 내지만 여기선 〈위태로울 위(危)〉와 같다 여기고 새김이 마땅하다.



**이(利)** 〈만물로 하여금 삶을 이루어가게 하는 덕(德)의 이로울 이(利)-사만물수생지덕(使萬物遂生之德), 날카로울 이(利)-예(銳)-섬(銛), 질병 이(利)-질(疾), 통할 이(利)-통(通)-순(順), 좋을 이(利)-길(吉)-의(宜), 편리할 이(利)-편(便), 마름해 만들어 이룰 이(利)-재성(裁成), 탐할 이(利)-탐(貪), 구할(취할) 이(利)-구(求)-취(取), 좋아할 이(利)-열애(悅愛), 이로울 이(利)-익(益), 기교 이(利)-교(巧), 보람 이(利)-공용(功用), 지세가 험하고 중요한 이(利)-험요(險要), 이길 이(利)-승(勝), 어질 이(利)-인(仁)〉 등의 뜻을 내지만 여기선 〈이로울 이(利)〉로 여기고 새김이 마땅하다. 〈利〉가 맨 앞에 오면 〈이〉로 발음되고, 중간이나 뒤에 오면 〈리〉로 발음된다.



**이(已)** 〈그칠 이(已)-지(止), 마칠 이(已)-흘(訖), 이룰 이(已)-성(成), 병이 낳을 이(已)-병유(病癒), 심할 이(已)-심(甚), 반드시 이(已)-필(必), 물러갈 이(已)-거(去), 버릴 이(已)-기(棄), 불허할 이(已)-불허(不許), 이것 이(已)-차(此), 또 이(已)-우(又), 어조사 이(已)-이(耳)〉 등의 뜻을 내지만 여기선 〈그칠 이(已)〉로 여기고 새김이 마땅하다.

## 구이(九二 : ―)

九二 : 輿說輹이로다
여 탈 복

구이(九二) : 수레가[輿] 바퀴살을[輹] 벗겼다[說].

### 【구이(九二)의 효상(爻象) 풀이】

대축괘(大畜卦 : ䷙)의 구이(九二 : ―)는 이양거음(以陽居陰) 즉 양(陽 : ―)으로써[以] 음(陰 : --)의 자리에 있는지라[居] 정당한 자리에 있지 못하다. 구이(九二 : ―)는 아래의 초구(初九 : ―)와 위의 구삼(九三 : ―)과는 모두 다 양(陽 : ―)인지라 〈비(比)〉 즉 이웃의 사귐[比]을 누리지 못하고 오히려 상충(相衝) 즉 서로[相] 부딪치는[衝] 처지이다. 그러나 구이(九二 : ―)와 육오(六五 : --)는 서로 중효[中]

이지만 정위[正]에 있지 못해 중정(中正)을 누리지 못하지만, 양음(陽陰)의 사이인 지라 〈정응(正應)〉 즉 바르게[正] 서로 호응한다[應]. 그러나 구이(九二 : ⚊)는 대축괘(大畜卦 : ䷙)의 하체(下體) 건(乾 : ☰)의 중효(中爻)로서 득중(得中) 즉 정도를 따름을[中] 취하여[得] 〈대축(大畜)〉의 시국을 따라 진취(進取)하지 않는 모습이다.





> 대축괘(大畜卦 : ䷙)의 구이(九二 : ⚊)가 육이(六二 : ⚋)로 변효(變爻)하면 구이(九二 : ⚊)는 대축괘(大畜卦 : ䷙)를 22번째 비괘(賁卦 : ䷕)로 지괘(之卦)하게 한다. 따라서 대축괘(大畜卦 : ䷙)의 구이(九二 : ⚊)는 비괘(賁卦 : ䷕)의 육이(六二 : ⚋)를 찾아가 살펴보게 한다.

【구이(九二)의 계사(繫辭) 풀이】

## 輿說輹(여탈복)

수레가[輿] 바퀴살을[輹] 벗겼다[說].

구이(九二 : ⚊)의 효위(爻位)를 빌려 암시한 계사(繫辭)이다. 〈여탈복(輿說輹)〉은 〈구이지여탈기복(九二之輿說其輹)〉의 줄임으로 여기고 〈구이의[九二之] 수레가[輿] 제[其] 바퀴살을[輹] 벗겼다[說]〉라고 새겨볼 것이다. 여기 〈여탈복(輿說輹)의 탈(說)〉은 〈벗길 탈(脫)〉과 같다. 구이(九二 : ⚊)가 대축괘(大畜卦 : ䷙)의 하체(下體)인 건(乾 : ☰)의 중효(中爻)로서 수레[輿]바퀴의 살이[輹] 빠져나간[說] 처지와 같음을 암시한 것이 〈여탈복(輿說輹)〉이다. 〈여탈복(輿說輹)〉은 대축괘(大畜卦 : ䷙)의 하체(下體) 건(乾 : ☰)과 대축괘(大畜卦 : ䷙)의 내호괘(內互卦) 태(兌 : ☱)를 들어 구이(九二 : ⚊)를 취상(取象)한 것이다. 왜냐하면 〈여탈복(輿說輹)의 여(輿)와 복(輹)〉이 「설괘전(說卦傳)」에 나오는 〈건은[乾 : ☰] 말[馬]이다[爲] …… 건은[乾 : ☰] 둥긂[圜]이다[爲]〉라는 내용을 상기시키고, 〈여탈복(輿說輹)의 탈(說)〉은 「설괘전(說卦傳)」에 나오는 〈태는[兌 : ☱] 헐어[毁] 부러짐[折]이다[爲]〉라는 내용을 떠올려주기 때문이다. 수레의[輿] 바퀴살이[輹] 빠져버려[說] 수레가 굴러갈 수 없다 함은 구이(九二 : ⚊)가 대축괘(大畜卦 : ䷙)의 주제인 〈대축(大畜)〉의 시국을 따름을 암시한다. 여기 〈여탈복(輿說輹)〉은 산중(山中)에 있는 수레의[輿] 바퀴살이[輹] 벗겨졌다[說]고 함인지라 구이(九二 : ⚊)가 상진(上進)하는 양(陽 : ⚊)이면서도 〈대축(大畜)〉의 시국을 맞아 따름을 말한다. 이에 구이(九二 : ⚊)가 대축괘(大畜卦 : ䷙)의 하체(下體) 건(乾 : ☰)의 중효(中爻)로서 〈대축(大畜)〉 즉 양기가[大] 축적되는[畜] 시국을 득중(得中) 즉 정도를 따름을[中] 취하여[得] 지킴으로써 온 세상 온갖 목숨들이 살아갈 수 있다는 천덕(天德)을 일깨워 깨우쳐주는 계사(繫辭)가 〈여탈복(輿說輹)〉이다.

【 字 典 】

**여(輿)** 〈수레 여(輿)-거(車), 무리 여(輿)-중(衆)-다(多), 멜(들) 여(輿)-강(扛)-항(抗), 실을 여(輿)-재(載), 기운 어릴 여(輿)-가기(佳氣), 천지 여(輿)-천지총명(天地總名), 비롯할 여(輿)-시(始)〉 등의 뜻을 내지만 여기선 〈수레 거(車)〉와 같다 여기고 새김이 마땅하다.

**說** 〈설-열-세-탈〉 네 가지로 발음되고, 〈벗길(빠져나갈) 탈(說)-탈(脫), 고할 설(說)-고(告), 말씀 설(說)-사(辭), 기꺼울 열(說)-열(悅), 달랠 세(說)-유(誘), 쉴 세(說)-사(舍), 풀릴 탈(說)-해(解)〉 등의 뜻을 내지만 여기선 〈벗길 탈(脫)〉과 같다 여기고 새김이 마땅하다.

**복(輹)** 〈바퀴통 복(輹), 바퀴테 복(輹)〉 등의 뜻을 내지만 여기선 〈바퀴통 복(輹)〉으로 새김이 마땅하다.

---

註 건위마(乾爲馬) : 건은[乾 : ☰] 말[馬]이다[爲]. 「설괘전(說卦傳)」 8단락(段落)

註 건위환(乾爲圜) : 건은[乾 : ☰] 둥긂[圜]이다[爲]. 「설괘전(說卦傳)」 11단락(段落)

註 태위훼절(兌爲毁折) : 태는[兌 : ☱] 헐어[毁] 부러짐[折]이다[爲]. 「설괘전(說卦傳)」 11단락(段落)

## 구삼(九三 : ⚊)

**九三 : 良馬逐**이라 **利艱貞**하다 **日閑輿衛**면 **利有攸往**하리라
(양마축 / 이간정 / 일한여위 / 이유유왕)

구삼(九三) : 좋은[良] 말이[馬] 뒤좇는다[逐]. 어려워도[艱] 미더워야[貞] 이롭다[利]. 날마다[日] 수레몰기와[輿] 방어하기를[衛] 익히면[閑] 갈[往] 바가[攸] 있어서[有] 이롭다[利].

**【구삼(九三)의 효상(爻象) 풀이】**

대축괘(大畜卦 : ䷙)의 구삼(九三 : ━)은 이양거양(以陽居陽) 즉 양(陽 : ━)으로써[以] 양(陽 : ━)의 자리에 있는지라[居] 정당한 자리에 있다. 구삼(九三 : ━)은 육사(六四 : --)와는 양음(陽陰)인지라 〈비(比)〉 즉 이웃의 사귐[比]을 누린다 해도, 육사(六四 : --)는 대축괘(大畜卦 : ䷙)의 상체(上體) 간(艮 : ☶)의 초효(初爻)인지라 산중(山中)에서 멈춤[止]을 벗어나 상진(上進)하고자 하는 구삼(九三 : ━)을 도우려 들지 않는다. 그러나 상구(上九 : ━)와는 양양(兩陽) 즉 둘 다[兩] 양(陽 : ━)이어서 다른 대성괘(大成卦)에서라면 〈부정응(不正應)〉 즉 바르게[正] 서로 호응하지 못할[不應] 처지이지만, 대축괘(大畜卦 : ䷙)에서만은 산중(山中)에 모임[畜]의 멈춤[止]에서 벗어나 상진(上進)하려는 제양(諸陽)의 뜻을 상구(上九 : ━)가 수긍하는지라 구삼(九三 : ━)은 상진의 뜻을 어려워도 이루고자 조심스럽게 준비하는 모습이다.

> 대축괘(大畜卦 : ䷙)의 구삼(九三 : ━)이 육삼(六三 : --)으로 변효(變爻)하면 구삼(九三 : ━)은 대축괘(大畜卦 : ䷙)를 41번째 손괘(損卦 : ䷨)로 지괘(之卦)하게 한다. 따라서 대축괘(大畜卦 : ䷙)의 구삼(九三 : ━)은 손괘(損卦 : ䷨)의 육삼(六三 : --)을 찾아가 살펴보게 한다.

**【구삼(九三)의 계사(繫辭) 풀이】**

## 良馬逐(양마축) 利艱貞(이간정)

좋은[良] 말이[馬] 뒤좇는다[逐]. 어려워도[艱] 미더워야[貞] 이롭다[利].

구삼(九三 : ━)의 효위(爻位)를 빌려 암시한 계사(繫辭)이다. 〈양마축(良馬逐)〉은 〈구삼지양마축상구(九三之良馬逐上九)〉의 줄임으로 여기고 〈구삼의[九三之] 양마가[良馬] 상구를[上九] 좇는다[逐]〉라고 새겨볼 것이다. 〈양마축(良馬逐)의 축(逐)〉은 〈좇을 박(迫)〉과 같다. 〈양마축(良馬逐)의 양마(良馬)〉는 대축괘(大畜卦 : ䷙)의 하체(下體) 건(乾 : ☰)을 빌려 구삼(九三 : ━)을 취상(取象)한 것이다. 〈양마축(良馬逐)의 양마(良馬)〉가 「설괘전(說卦傳)」에 나오는 〈건은[乾 : ☰] 좋은[良] 말[馬]이다[爲]〉라는 내용을 떠올려주는 까닭이다. 〈양마축(良馬逐)〉 즉 좋은[良]

말이[馬] 좇는다[逐]고 함은 구삼(九三 : ⚊)이 대축괘(大畜卦 : ䷙)의 하체(下體)를 떠나 상체(上體) 간(艮 : ☶)의 상효(上爻)인 상구(上九 : ⚊)를 향해 상진(上進)하고자 함을 암시한 계사(繫辭)이다.

구삼(九三 : ⚊)인 〈양마(良馬)〉가 대축괘(大畜卦 : ䷙)의 상체(上體)인 간(艮 : ☶) 즉 산(山)으로 상진(上進)하자면 상체(上體)의 상효(上爻)인 상구(上九 : ⚊)의 협력을 얻어내야 한다. 그러나 구삼(九三 : ⚊)과 상구(上九 : ⚊)는 양양(兩陽) 즉 둘 다[兩] 양기(陽氣 : ⚊)인지라 서로 〈불응(不應)〉의 처지이지만, 상구(上九 : ⚊)의 협력을 얻어내야 양마(良馬)의 좇기[逐]가 이루어질 처지임을 암시한다. 〈이간정(利艱貞)〉은 〈수양마지축간(雖良馬之逐艱) 구삼정향상구(九三貞向上九) 구삼유리어축상구(九三有利於逐上九)〉의 줄임으로 여기고 〈비록[雖] 양마의[良馬之] 좇음이[逐] 어렵다라도[艱] 구삼이[九三] 상구(上九)에게[向] 미더워야[貞] 구삼이[九三] 상구를[上九] 좇아감에[於逐] 이롭다[有利]〉라고 새겨볼 것이다. 〈이간정(利艱貞)의 간(艱)〉은 구삼(九三 : ⚊)과 상구(上九 : ⚊)가 양양(兩陽) 즉 둘 다[兩] 양(陽 : ⚊)이면서 그 둘 사이에 육사(六四 : ⚋)와 육오(六五 : ⚋)가 가로막고 있음을 암시한다. 구삼(九三 : ⚊)은 상진(上進)하려는 양성(陽性)이 육사(六四 : ⚋)와 육오(六五 : ⚋)의 정지(靜止)하려는 음성(陰性)과 부딪치기에 어려움[艱]을 겪어야 함을 암시함이 〈이간정(利艱貞)의 간(艱)〉이다. 〈이간정(利艱貞)의 정(貞)〉은 진실한 미더움[貞]으로써 상구(上九 : ⚊)의 협력을 얻어내면서, 서둘지 않고 〈대축(大畜)의 축(畜)〉이 무르녹을 때까지 곧고 바른 마음가짐[貞]으로 상진(上進)의 시운(時運)을 맞이해야 구삼(九三 : ⚊)에게 이로움[利]을 헤아려 깨닫게 하는 계사(繫辭)가 〈이간정(利艱貞)〉이다.

## 日閑輿衛(일한여위) 利有攸往(이유유왕)

날마다[日] 수레몰기와[輿] 방어하기를[衛] 익히면[閑] 갈[往] 바가[攸] 있어서[有] 이롭다[利].

구삼(九三 : ⚊)의 상진(上進)이 어려워도[艱] 상진의 뜻을 버릴 수 없음을 암시한 계사(繫辭)이다. 〈일한여위(日閑輿衛)〉는 〈유어기간(由於其艱) 구삼일한여이일한위(九三日閑輿而日閑衛)〉의 줄임으로 여기고 〈그[其] 어려움[艱] 때문에[由

於] 구삼은[九三] 매일[日] 수레몰기를[輿] 익히면서[閑而] 매일[日] 방어하기도[衛] 익힌다[閑]〉라고 새겨볼 것이다. 〈일한여위(日閑輿衛)의 한(閑)〉은 〈익힐 습(習)〉과 같다. 〈일한여위(日閑輿衛)의 여위(輿衛)〉는 구삼(九三 : ⚊)이 대축괘(大畜卦 : ䷙)의 하체(下體) 건(乾 : ☰)의 상효(上爻)임을 들어 구삼(九三 : ⚊)을 취상(取象)한 것이다. 왜냐하면 〈일한여위(日閑輿衛)의 여위(輿衛)〉가 「설괘전(說卦傳)」에 나오는 〈건은[乾 : ☰] 쇠붙이[金]이다[爲]〉라는 내용을 상기시키기 때문이다. 쇠붙이[金]란 금혁병기(金革兵器) 즉 병장기(兵仗器)를 뜻하고, 〈일한여위(日閑輿衛)의 여위(輿衛)〉는 이러한 병장기를 암시한다. 이처럼 구삼(九三 : ⚊)이 상진(上進)하려는 뜻을 매일 연마하고 있기에 어느 땐가 〈유유왕(有攸往)〉 즉 상진(上進)할[往] 바가[攸] 있을[有] 터인지라 구삼(九三 : ⚊)에게 이로움[利]을 암시한 계사(繫辭)가 〈일한여위(日閑輿衛) 이유유왕(利有攸往)〉이다.

【字典】

**양(良)** 〈뛰어날 양(良)-현(賢)-준(駿), 좋을(착할) 양(良)-선(善), 자못(조금) 양(良)-파(頗), 길 양(良)-장(長), 아름다울 양(良)-미(美), 길할 양(良)-길(吉), 정교할 양(良)-정교(精巧), 안정되고 부드러워 가혹하지 않을 양(良)-안유불가(安柔不苛), 유능할 양(良)-능(能), 깊을 양(良)-심(深), 두터울 양(良)-심(甚), 머리 양(良)-수(首)〉 등의 뜻을 내지만 여기선 〈뛰어날 준(駿)〉과 같다 여기고 새김이 마땅하다.

**마(馬)** 〈말 마(馬)-동물명(動物名), 야생마 마(馬)-야마(野馬), 역(易)에서 건(乾)-곤(坤)-진(震)-감(坎)의 모습 마(馬)-역당건곤진감지상(易當乾坤震坎之象), 달(달의 정기) 마(馬)-월(月)-월정(月精), 큰 마(馬)-대(大), 꾸짖을 마(馬)-매(罵)〉 등의 뜻을 내지만 여기선 〈말 마(馬)〉로 여기고 새김이 마땅하다. 양마(良馬)는 준마(駿馬)와 같다.

**逐** 〈축-적〉 두 가지로 발음되고, 〈좇을 축(逐)-박(迫), (말을) 몰아갈 축(逐)-구(驅), 물리칠 축(逐)-척(斥), 풀어놓을 축(逐)-방(放), 따라갈 축(逐)-종(從), 구할 축(逐)-구(求), 달릴 축(逐)-주(走), 질병 축(逐)-병(病)-질(疾), 달리는 모양 적(逐)-치(馳)-분(奔)〉 등의 뜻을 내지만 여기선 〈좇을 박(迫)〉과 같다 여기고 새김이 마땅하다.

**이(利)** 〈만물로 하여금 삶을 이루어가게 하는 덕(德)의 이로울 이(利)-사만물수생지덕(使萬物遂生之德), 날카로울 이(利)-예(銳)-섬(銛), 질병 이(利)-질(疾), 통할 이(利)-통(通)-순(順), 좋을 이(利)-길(吉)-의(宜), 편리할 이(利)-편(便), 마름해 만들어 이룰 이(利)-재성(裁成), 탐할 이(利)-탐(貪), 구할(취할) 이(利)-구(求)-취(取), 좋아할 이(利)-열애(悅愛), 이로울 이(利)-익(益), 기교 이(利)-교(巧), 보람 이(利)-공용(功用), 지세가 험하고 중요한 이(利)-험요(險要), 이길 이(利)-승(勝), 어질 이(利)-인(仁)〉 등의 뜻을 내지만 여기선 〈이로울 이(利)〉로 여기고 새김이 마땅하다. 〈利〉가 맨 앞에 오면 〈이〉로 발음되고, 중간이나 뒤에 오면 〈리〉로 발음된다.

**간(艱)** 〈어려울 간(艱)-난(難)-불이(不易), 걱정할 간(艱)-우(憂), 괴로울 간(艱)-고(苦), 험할 간(艱)-험(險)〉 등의 뜻을 내지만 여기선 〈어려울 난(難), 괴로울 고(苦)〉 등의 뜻을 함께 한다 여기고 새김이 마땅하다.

**정(貞)** 〈바를 정(貞)-정(正), 믿을 정(貞)-신(信), 거북점을 물을 정(貞)-복문(卜問), 역(易)의 내괘(內卦) 정(貞), 마땅할 정(貞)-당(當), 정할 정(貞)-정(定), 순수할 정(貞)-전(專)-일(一)〉 등의 뜻을 내지만 여기선 〈바를 정(正), 믿을 신(信)〉 등을 합친 뜻과 같아 〈정신(正信)〉 즉 바르고[正] 미더움[信]으로 새김이 마땅하다.

**일(日)** 〈나날 일(日)-별일(別日), 시기 일(日)-시기(時期), 기한 일(日)-기한(期限), 시일 일(日)-시일(時日), 해(태양) 일(日)-태양(太陽)-태양계중심(太陽系中心), 참 일(日)-실(實)-실정(實精), 별 일(日)-양(陽)-양광(陽光), 불 일(日)-화(火), 임금의 모습 일(日)-군상(君象), 덕 일(日)-덕(德) {일자덕야(日者德也) 월자형야(月者刑也)}, 낮 일(日)-주(晝), 세월 일(日)-광음(光陰)〉 등의 뜻을 내지만 여기선 〈나날 일(日)〉로 여기고 새김이 마땅하다.

**한(閑)** 〈익힐 한(閑)-습(習), 가로막을(난간) 한(閑)-난(闌), 방어할 한(閑)-방(防)-어(禦), 문 잠글 한(閑)-애(閡), 막을 한(閑)-차(遮), 한정할 한(閑)-법(法), 바를 한(閑)-정(正), 클 한(閑)-대(大), 고요할 한(閑)-정(靜), 한가할(놀라지 않을) 한(閑)-한가(閒假)-불경(不驚), 고을 한(閑)-아(雅)-여(麗)〉 등의 뜻을 내지만 여기선 〈익힐 습(習)〉과 같다 여기고 새김이 마땅하다.

**여(輿)** 〈수레 여(輿)-거(車), 무리 여(輿)-중(衆)-다(多), 멜(들) 여(輿)-강(扛)-항(抗), 실을 여(輿)-재(載), 기운 어릴 여(輿)-가기(佳氣), 천지 여(輿)-천지총명(天地總名), 비롯할 여(輿)-시(始)〉 등의 뜻을 내지만 여기선 〈수레를 몰 거(車)〉와 같다 여기고 새김이 마땅하다.

**위(衛)** 〈방호할 위(衛)-방호(防護), 호위할 위(衛)-호(護)-숙위(宿衛)-대위(待衛),

핏기운 위(衛)-혈기(血氣)〉 등의 뜻을 내지만 여기선 〈방호(防護)〉로 여기고 새김이 마땅하다.

**유(有)** 〈없을 무(無)의 반대말로 있을 유(有), 혹 유(有)-혹(或), 많을 유(有)-다(多)-족(足), 부유할 유(有)-부(富), 얻을(가질) 유(有)-취(取), 간직할 유(有)-장(藏), 보호할 유(有)-보(保), 서로 친할 유(有)-상친(相親), 전일할 유(有)-전(專), 할 유(有)-위(爲), 어조사 유(有)〉 등의 뜻을 내지만 〈있을 유(有)〉로 여기고 새김이 마땅하다.

**유(攸)** 〈곳 유(攸)-소(所), 흘러가는 물 유(攸)-행수(行水), 아득할 유(攸)-장원(長遠)-유(悠), 닦을 유(攸)-수(修), 터득한 모습 유(攸)-자득모(自得貌), 빠를 유(攸)-숙(儵), 대롱거릴 유(攸)-현위모(懸危貌), 수심에 찬 모습 유(攸)-수모(愁貌)〉 등의 뜻을 내지만 여기선 〈곳 소(所)〉와 같다 여기고 새김이 마땅하다.

**왕(往)** 〈갈 왕(往)-행(行)-지(之)-거(去), 이를 왕(往)-지(至), 향할 왕(往)-향(向), 옛 왕(往)-석(昔), 이따금 왕(往)-시시(時時), 뒤 왕(往)-후(後)〉 등의 뜻을 내지만 〈갈 행(行)〉과 같다 여기고 새김이 마땅하다.

---

註 건위량마(乾爲良馬) : 건은[乾: ☰] 좋은[良] 말[馬]이다[爲]. 「설괘전(說卦傳)」 11단락(段落)

註 건위금(乾爲金) : 건은[乾 : ☰]은 쇠붙이[金]이다[爲]. 「설괘전(說卦傳)」 11단락(段落)

## 육사(六四 : --)

六四 : 童牛之牿이니 元吉하다
동 우 지 곡 원 길

육사(六四) : 목메기의[童牛之] 쇠뿔에 멍에를 씌우니[牿] 으뜸으로[元] 길하다[吉].

**【육사(六四)의 효상(爻象) 풀이】**

대축괘(大畜卦 : ☶)의 육사(六四 : --)는 이음거음(以陰居陰) 즉 음(陰 : --)으로써[以] 음(陰 : --)의 자리에 있는지라[居] 정당한 자리에 있다. 육사(六四 : --)는 구삼(九三 : —)과 음양(陰陽)의 사이인지라 다른 대성괘(大成卦)에서라면 비

(比) 즉 이웃의 사귐[比]을 누리겠지만, 대축괘(大畜卦 : ☶)에서만은 하체(下體)의 구삼(九三 : ⚊)이 상진(上進)하려 함을 막아야 하는 처지인지라 이웃의 사귐을 누리기 어렵다. 육오(六五 : ⚋)와는 양음(兩陰) 즉 둘 다[兩] 음(陰 : ⚋)인지라 이웃의 사귐[比]을 누리지 못한다. 육사(六四 : ⚋)와 초구(初九 : ⚊)는 음양(陰陽)인지라 〈정응(正應)〉 즉 바르게[正] 서로 호응한다[應]. 초구(初九 : ⚊)와의 정응(正應)을 빌미로 최하위에 있는 초구(初九 : ⚊)가 미미한 양(陽 : ⚊)인지라 초기에 초구(初九 : ⚊)의 상진(上進)을 육사(六四 : ⚋)가 제어하기 쉬운 모습이다.

> 대축괘(大畜卦 : ☶)의 육사(六四 : ⚋)가 구사(九四 : ⚊)로 변효(變爻)하면 육사(六四 : ⚋)는 대축괘(大畜卦 : ☶)를 14번째 대유괘(大有卦 : ☲)로 지괘(之卦)하게 한다. 따라서 대축괘(大畜卦 : ☶)의 육사(六四 : ⚋)는 대유괘(大有卦 : ☲)의 구사(九四 : ⚊)를 찾아가 살펴보게 한다.

**【육사(六四)의 계사(繫辭) 풀이】**

## 童牛之牿(동우지곡) 元吉(원길)

**목메기의[童牛之] 쇠뿔에 멍에를 씌우니[牿] 으뜸으로[元] 길하다[吉].**

육사(六四 : ⚋)의 효위(爻位)를 빌려 암시한 계사(繫辭)이다. 〈동우지곡(童牛之牿)〉은 〈육사시동우지곡대초구(六四是童牛之牿對初九)〉의 줄임으로 여기고 〈육사는[六四] 초구에[初九] 대하여[對] 동우지곡(童牛之牿)이다[是]〉라고 새겨볼 것이다. 〈동우지곡(童牛之牿)의 동우(童牛)〉는 대축괘(大畜卦 : ☶)의 상체(上體) 간(艮 : ☶)의 초효(初爻)이면서 곤(坤 : ☷)의 권속(眷屬)인 음(陰 : ⚋)임을 들어 육사(六四 : ⚋)를 취상(取象)한 것이다. 왜냐하면 여기 〈동우(童牛)의 우(牛)〉가 「설괘전(說卦傳)」에 나오는 〈곤은[坤 : ☷] 소[牛]이다[爲]〉라는 내용을 상기시키기 때문이다. 〈동우지곡(童牛之牿)〉 즉 목메기의[童牛之] 쇠뿔에 댄 멍에[牿]는 육사(六四 : ⚋)가 초구(初九 : ⚊)와의 정응(正應)을 빌미로 삼아 초구(初九 : ⚊)의 상진(上進)을 막아 대축괘(大畜卦 : ☶)의 주제인 〈대축(大畜)〉을 이룩해야 할 임무가 육사(六四 : ⚋)에게 있음을 암시한다.

육사(六四 : ⚋)는 대축괘(大畜卦 : ☶)에서 정위(正位)에 있기에 정도(正道)로써 하위(下位)에 있는 양효(陽爻)들의 상진(上進)을 제어하여, 양기(陽氣)의 축지

(畜止) 즉 모여[畜] 멈춤[止]을 상해(傷害) 없이 달성해야 하는 대신(大臣)의 자리에 있음을 〈동우지곡(童牛之牿)의 곡(牿)〉이 암시한다. 〈동우지곡(童牛之牿)의 곡(牿)〉은 송아지가 뿔이 자라나 목메기가 되었음을 말하고, 뿔치기를 못하게 쇠뿔 사이에 차꼬[牿]를 끼워두는 목메기로 자랐음을 암시한다. 겁 없이 날뛰는 동우(童牛)에게 〈곡(牿)〉 즉 멍에를[械] 매달아 둠[繫]이란 육사(六四 : ⚋)가 상해(相害) 없이 대축괘(大畜卦 : ䷙)의 하체(下體) 양효(陽爻)들의 상진(上進)을 막아, 양기(陽氣)의 축지(畜止) 즉 모여[畜] 멈추게[止] 하여 산중(山中)의 온 목숨들이 삶의 결실을 누리게 함을 암시한다. 이로써 육사(六四 : ⚋)가 으뜸으로[元] 행복함[吉]을 누릴 수 있음을 암시한 계사(繫辭)가 〈동우지곡(童牛之牿) 원길(元吉)〉이다.

【字典】

**동(童)** 〈홀로 동(童)-독(獨), 뿔이 아직 나지 않은 우양(牛羊) 동(童), 아이 동(童), 무지한 동(童)-무지(無知), 산에 초목이 없는 동(童)-산무초목(山無草木), 적을 동(童)-과유(寡有), 노예(종) 동(童)-노(奴)〉 등의 뜻을 내지만 여기선 〈뿔이 아직 나지 않은 우양(牛羊) 동(童)〉으로 여기고 새김이 마땅하다.

**우(牛)** 〈소 우(牛)-동물명(動物名), 무릅쓸 우(牛)-모(冒)〉 등의 뜻을 내지만 여기선 〈소 우(牛)〉로 여기고 새김이 마땅하다. 『설문해자(說文解字)』에 우사야리야(牛事也理也) 사야자(事也者) 위능사기사야(謂能事其事也) 우임경(牛任耕) 이야자(理也者) 〈소는[牛] 일함[事]이고[也] 도리[理]이다[也]. (소의) 일이라는[事也] 것은[者] 제[其] 일을[事] 해낼 수 있음을[能事] 일컬음[謂]이다[也]. 소는[牛] 밭갈이를[耕] 맡아 한다[任]. (이것이 소의) 도리라는[理也] 것이다[者].〉라고 풀이되어 있다.

**지(之)** 〈주격-소유격-목적격 등의 토씨 지(之), 허사 지(之)-허사(虛詞), 이것(그것) 지(之)-시(是), 갈 지(之)-왕(往), 이를 지(之)-지(至)〉 등의 뜻을 내지만 여기선 〈~의 지(之)〉로 여기고 새김이 마땅하다.

**곡(牿)** 〈멍에 씌울 곡(牿)-곡(梏), 뿔 곡(牿)-각(角), 소뿔의 끝 곡(牿)-우각첨단(牛角尖端), 우리 곡(牿)-뇌(牢)〉 등의 뜻을 내지만 여기선 〈멍에 씌울 곡(牿)〉으로 여기고 새김이 마땅하다.

**원(元)** 〈선함의 으뜸 원(元)-선지장(善之長), 크나큰 원(元)-대(大), 비롯할 원(元)-시(始)-단(端), 머리 원(元)-수(首)-두(頭), 근본 원(元)-본(本)-원(原), 어른 원(元)-

장(長)-원장(元長), 하나 원(元)-일(一), 우두머리 원(元)-수장(首長), 임금 원(元)-원군(元君)-군(君), 아름다울 원(元)-미(美), 위 원(元)-상(上), 하늘 원(元)-천(天), 하늘땅의 큰 덕 원(元)-천지지대덕(天地之大德)-원기(元氣)-기(氣), 기운의 시작 원(元)-기지시(氣之始)-원자(元者), 백성 원(元)-원원(元元)-백성(百姓)〉 등의 뜻을 내지만 여기선 〈으뜸 원(元)〉으로 여기고 새김이 마땅하다.

**길(吉)** 〈좋을(행복할) 길(吉)-선(善)-영(令) {영월길일(令月吉日)은 선월선일(善月善日)임.}, 복 길(吉)-실(實)-선실(善實)-복(福), 예의를 따라 상서로울 길(吉)-예의순상(禮義順祥), 삼갈 길(吉)-근(謹), 초하루 길(吉)-삭일(朔日) {삭망(朔望) 즉 초하루[朔]와 그믐날[望]}, 길례 길(吉)-길례(吉禮) {오례지일(五禮之一) 길흉빈군가(吉凶賓軍嘉)}, 갈 길(吉)-행(行)-길(趌)〉 등의 뜻을 내지만 여기선 〈좋을 선(善)-영(令)〉 즉 행복과 같다 여기고 새김이 마땅하다.

---

註 곤위우(坤爲牛) : 곤은[坤 : ☷] 소[牛]이다[爲]. 「설괘전(說卦傳)」 8단락(段落)

## 육오(六五 : --)

六五 : 豶豕之牙니 吉하다
(분 시 지 아 길)

육오(六五) : 거세한[豶] 돼지의[豕之] 이빨이니[牙] 운이 좋다[吉].

### 【육오(六五)의 효상(爻象) 풀이】

대축괘(大畜卦 : ䷙)의 육오(六五 : --)는 이음거양(以陰居陽) 즉 음(陰 : --)으로써[以] 양(陽 : —)의 자리에 있는지라[居] 정당한 자리에 있지 못하다. 육오(六五 : --)는 육사(六四 : --)와는 양음(兩陰) 즉 둘 다[兩] 음(陰 : --)인지라 〈비(比)〉 즉 이웃의 사귐[比]을 누리지는 못하지만, 상구(上九 : —)와는 음양(陰陽)인지라 비(比)를 누리는 모습이다. 육오(六五 : --)와 구이(九二 : —)는 중정(中正) 즉 중위에 있되[中] 정위에 있지[正] 못하지만 음양(陰陽)인지라 〈정응(正應)〉 즉 바르게[正] 호응하는[應] 사이이다. 이에 육오(六五 : --)는 군왕(君王)으로서 득중(得中) 즉 정도를 따름을[中] 취하여[得] 〈대축(大畜)〉의 시국을 축지(畜止)의 선(善)으로 이끌어가는 모습이다.





> 대축괘(大畜卦 : ䷙)의 육오(六五 : --)가 구오(九五 : ㅡ)로 변효(變爻)하면 육오(六五 : --)는 대축괘(大畜卦 : ䷙)를 9번째 소축괘(小畜卦 : ䷈)로 지괘(之卦)하게 한다. 따라서 대축괘(大畜卦 : ䷙)의 육오(六五 : --)는 소축괘(小畜卦 : ䷈)의 구오(九五 : ㅡ)를 찾아가 살펴보게 한다.

**【육오(六五)의 계사(繫辭) 풀이】**

## 豶豕之牙(분시지아) 吉(길)

**거세한[豶] 돼지의[豕之] 이빨이니[牙] 운이 좋다[吉].**

육오(六五 : --)의 효위(爻位)를 빌려 암시한 계사(繫辭)이다. 〈분시지아(豶豕之牙)〉는 〈육오령구이주분시지아(六五令九二做豶豕之牙)〉의 줄임으로 여기고 〈육오가[六五] 구이로[九二] 하여금[令] 분시지아로[豶豕之牙] 되게 했다[做]〉라고 새겨볼 것이다. 여기 〈분시지아(豶豕之牙)〉에서 〈분시(豶豕)의 시(豕)〉는 대축괘(大畜卦 : ䷙)의 하체(下體) 건(乾 : ☰)의 중효(中爻)인 구이(九二 : ㅡ)를 암시하고, 〈분시(豶豕)의 분(豶)〉은 육오(六五 : --)와 구이(九二 : ㅡ) 사이의 정응(正應)을 암시한다. 대축괘(大畜卦 : ䷙)의 주제인 〈대축(大畜)〉의 시국에서 대축괘(大畜卦 : ䷙)의 양효(陽爻)들의 축지(畜止) 즉 모여[畜] 멈춤[止]은 선(善)이고, 그 축지(畜止)를 어기고 양효(陽爻)들이 양(陽 : ㅡ)의 속성을 앞세워 상진(上進)하려고 함은 악(惡)이다.

대축괘(大畜卦 : ䷙)의 하체(下體) 건(乾 : ☰)의 세 양효(陽爻) 중에서 구이(九二 : ㅡ)가 가장 강력하기에 상진(上進)의 뜻도 그만큼 강한 구이(九二 : ㅡ)를 저돌적(豬突的)인 〈시(豕)〉로써 취상(取象)한 것이다. 여기 〈분시지아(豶豕之牙)〉는 『노자(老子)』에 나오는 〈부드럽고[柔] 연약함이[弱] 굳세고[剛] 강함을[强] 부려 쓴다[勝]〉라는 내용을 환기시킨다. 〈분시(豶豕)의 분(豶)〉은 불알을 제거함[豶]이니, 〈분시(豶豕)의 시(豕)〉는 웅시(雄豕) 즉 수퇘지[雄豕]의 생식과 저돌성을 제거하여 순하게 길들임을 암시한다. 따라서 〈분시지아(豶豕之牙)의 아(牙)〉는 유약(柔弱)한 육오(六五 : --)가 정도를 따름을[中] 취하여[得] 군왕(君王) 노릇을 함을 암시한다. 수퇘지의 어금니[牙]는 저돌성을 발휘하는 흉기이다. 그 흉기를 뽑지 않고 저돌성의 본성을 제거하여 어금니가 흉기로 돌변할 근인(根因)을 없애버리는 슬기로움을 육오(六五 : --)가 펼치고 있어서 군왕(君王)으로서 자신과 더불어 세상을 행복함[吉]으로 이끌어감을 헤아려 깨우치게 하는 계사(繫辭)가 〈분시지아(豶豕之牙) 길(吉)〉이다.

【字典】

**분(豶)** 〈불깐 돼지 분(豶)-분(豶)-개시(犗豕), 양 이름 분(豶)-양명(羊名)〉 등의 뜻을 내지만 여기선 〈불깐 돼지 분(豶)〉으로 여기고 새김이 마땅하다.

**시(豕)** 〈돼지 시(豕)-돈(豚)〉으로 새김이 마땅하다. 수퇘지는 가시(豭豕)라 하고 암퇘지는 빈시(牝豕)라 한다.

**지(之)** 〈주격-소유격-목적격 등의 토씨 지(之), 허사 지(之)-허사(虛詞), 이것(그것) 지(之)-시(是), 갈 지(之)-왕(往), 이를 지(之)-지(至)〉 등의 뜻을 내지만 여기선 〈~의 지(之)〉로 여기고 새김이 마땅하다.

**아(牙)** 〈어금니 아(牙)-장치(壯齒) {앞니는 치(齒), 어금니는 아(牙)임.}, 사람을 해치는 예리한 기구 아(牙)-상인지리구(傷人之利具), 중인 아(牙)-아쾌(牙儈)〉 등의 뜻을 내지만 여기선 〈어금니 장치(壯齒)〉로 새김이 마땅하다.

**길(吉)** 〈좋을(행복할) 길(吉)-선(善)-영(令) {영월길일(令月吉日)은 선월선일(善月善日)임.}, 복 길(吉)-실(實)-선실(善實)-복(福), 예의를 따라 상서로울 길(吉)-예의순상(禮義順祥), 삼갈 길(吉)-근(謹), 초하루 길(吉)-삭일(朔日) {삭망(朔望) 즉 초하루[朔]와 그믐날[望]}, 길례 길(吉)-길례(吉禮) {오례지일(五禮之一) 길흉빈군가(吉凶賓軍嘉)}, 갈 길(吉)-행(行)-길(趌)〉 등의 뜻을 내지만 여기선 〈좋을 선(善)-영(令)〉 즉 행복과 같다 여기고 새김이 마땅하다.

---

註 유약승강강(柔弱勝剛强) : 부드럽고[柔] 연약함이[弱] 굳세고[剛] 강함을[强] 부려 쓴다[勝].
『노자(老子)』 38장(章)

# 상구(上九 : ⚊)

上九 : 何天之衢니라 亨하리라
하천지구 형

상구(上九) : 하늘의[天之] 길을[衢] 말았구나[何]. 통하리라[亨].

【상구(上九)의 효상(爻象) 풀이】

대축괘(大畜卦 : ䷙)의 상구(上九 : ⚊)는 이양거음(以陽居陰) 즉 양(陽 : ⚊)으로써[以] 음(陰 : ⚋)의 자리에 있는지라[居] 정당한 자리에 있지 못하다. 상구(上九 : ⚊)와 육오(六五 : ⚋)는 양음(陽陰)인지라 〈비(比)〉 즉 이웃의 사귐[比]을 누리는 모습이다. 그러나 상구(上九 : ⚊)와 구삼(九三 : ⚊)은 양양(兩陽) 즉 둘 다[兩] 양(陽 : ⚊)인지라 〈불응(不應)〉 즉 서로 호응하지 못하지만[不應], 구삼(九三 : ⚊)의 상진(上進)을 가로막지 않고 상진의 길을 터주는 모습이다.

> 대축괘(大畜卦 : ䷙)의 상구(上九 : ⚊)가 상륙(上六 : ⚋)으로 변효(變爻)하면 상구(上九 : ⚊)는 대축괘(大畜卦 : ䷙)를 11번째 태괘(泰卦 : ䷊)로 지괘(之卦)하게 한다. 따라서 대축괘(大畜卦 : ䷙)의 상구(上九 : ⚊)는 태괘(泰卦 : ䷊)의 상륙(上六 : ⚋)을 찾아가 살펴보게 한다.

【상구(上九)의 계사(繫辭) 풀이】

## 何天之衢(하천지구) 亨(형)

하늘의[天之] 길을[衢] 말았구나[何]. 통하리라[亨].

상구(上九 : ⚊)의 효위(爻位)를 빌려 암시한 계사(繫辭)이다. 〈하천지구(何天之衢)〉는 〈상구하천지구(上九何天之衢) 상구형(上九亨)〉의 줄임으로 여기고 〈상구가[上九] 하늘의[天之] 길을[衢] 말았구나[何] 상구는[上九] 통한다[亨]〉라고 새겨볼 것이다. 〈천지구(天之衢)의 구(衢)〉는 〈길 노(路)〉와 같다. 〈하천지구(何天之衢)〉에서 〈천지구(天之衢)의 천(天)〉은 상구(上九 : ⚊)가 대축괘(大畜卦 : ䷙)의 극위(極位)에 있고 양(陽 : ⚊)인지라 상구(上九 : ⚊)를 취상(取象)한 것이다. 왜냐하면

〈천지구(天之衢)의 천(天)〉이 「설괘전(說卦傳)」에 나오는 〈건은[乾 : ☰] 하늘[天]이다[爲]〉라는 내용을 환기시키기 때문이다. 모든 대성괘(大成卦)에 있는 양효(陽爻)는 건(乾 : ☰)의 권속(眷屬) 즉 겨레붙이[眷屬]이다. 〈천지구(天之衢)의 구(衢)〉는 상구(上九 : ⚊)가 대축괘(大畜卦 : ䷙)의 상체(上體) 간(艮 : ☶)의 상효(上爻)임을 들어 상구(上九 : ⚊)를 취상(取象)한 것이다. 왜냐하면 〈천지구(天之衢)의 구(衢)〉가 「설괘전(說卦傳)」에 나오는 〈간은[艮 : ☶] 지름길[徑路]이다[爲]〉라는 내용을 떠올려주기 때문이다. 대축괘(大畜卦 : ䷙)의 극위(極位)에 있는 상구(上九 : ⚊)는 대축괘(大畜卦 : ䷙)의 주제인 〈대축(大畜)〉의 시국을 다 거쳐 벗어나 있다. 이미 〈대축(大畜)〉 즉 양기가[大] 모여[畜] 멈춤[止]의 시국을 벗어나 있으니 걸림 없이 상진(上進)할 수 있는 〈천지구(天之衢)〉 즉 하늘의[天之] 길[衢]을 맡고[何] 있는 셈이다. 무엇이든 극(極)에 달하면 변화한다. 〈대축(大畜)〉의 시국에서 양기가[大] 모여[畜] 머묾이[止] 끝나는[極] 자리에 있는 상구(上九 : ⚊) 앞에 걸림 없이 상진(上進)할 수 있는 길이 열려 있음을 암시한 것이 〈천지구(天之衢)〉이다. 〈천지구(天之衢)〉 즉 하늘의[天之] 길[衢]이란 허공(虛空)의 길[衢]이다. 바람도 가고 구름도 가고 새도 날아가는 〈천지구(天之衢)〉에는 막힘없이 통할[亨] 뿐인지라 상구(上九 : ⚊)가 대축괘(大畜卦 : ䷙)를 떠나갈 처지에 있음을 암시한 계사(繫辭)가 〈하천지구(何天之衢) 형(亨)〉이다.

【字典】

**하(何)** 〈맡을(멜) 하(何)-당(當)-담(擔)-하(荷), 정말(어찌) 하(何)-갈(曷), 누구 하(何)-숙(孰), ~인가(뇨) 하(何), 어찌하지 못할까 하(何)-막감(莫敢), (시간이) 얼마 되지 않아서 하(何)-미다시(未多時), 꾸짖을 하(何)-견책(譴責)〉 등의 뜻을 내지만 여기선 〈맡을 하(何)〉로 여기고 새김이 마땅하다.

**천(天)** 〈하늘(온갖 별이 떠 있는 허공) 천(天)-제성라열지공간(諸星羅列之空間), 더없이 높을 천(天)-전(巓)-지고무상(至高無上), 평평할 천(天)-탄(坦), 천체 천(天)-천체(天體), 태양 천(天)-태양(太陽), 조화의 신(천신) 천(天)-조화지신(造化之神)-천신(天神), 자연 천(天)-자연(自然), 임금 천(天)-군(君)-왕(王)-제(帝), 아버지 천(天)-부(父)-자지천(子之天), 치어다 보이는 모든 것 천(天)-범소앙뢰자개왈천(凡所仰賴者皆曰天), 시절 천(天)-시절(時節)-계후(季候), 낮 천(天)-일(日), 양기 천(天)-양(陽), 건괘 천(天)-

건(乾), 크나큰 천(天)-대(大), 경우 천(天)-경우(境遇), 명운(자연의 분수) 천(天)-명운(命運)-자연지분(自然之分), 본성 천(天)-성(性), 얼굴에 먹물 먹일 형 천(天)-경액지형(黥額之刑)〉 등의 뜻을 내지만 여기선 〈하늘 천(天)〉으로 새김이 마땅하다.

**지(之)** 〈주격-소유격-목적격 등의 토씨 지(之), 허사 지(之)-허사(虛詞), 이것(그것) 지(之)-시(是), 갈 지(之)-왕(往), 이를 지(之)-지(至)〉 등의 뜻을 내지만 여기선 〈~의 지(之)〉로 여기고 새김이 마땅하다.

**구(衢)** 〈길 구(衢)-노(路), 네거리 구(衢)-사달지로(四達之路), 갈림길 구(衢)-기로(岐路), 나뭇가지가 네 갈래로 교차한 것 구(衢)-목지지교호사출자(木枝之交互四出者)〉 등의 뜻을 내지만 〈길 노(路)〉와 같다 여기고 새김이 마땅하다.

**亨** 〈향-형-팽〉 세 가지로 발음되고, 〈통할 형(亨)-통(通), 남을 형(亨)-여(餘), 드릴 향(亨)-헌(獻), 삶을 팽(亨)-자(煮)-팽(烹)〉 등의 뜻을 내지만 여기선 〈통할 통(通)〉과 같다 여기고 새김이 마땅하다.

---

註 건위천(乾爲天) : 건은[乾 : ☰] 하늘[天]이다[爲]. 「설괘전(說卦傳)」 11단락(段落)

註 간위경로(艮爲徑路) : 간은[艮 : ☶] 지름길[徑路]이다[爲]. 「설괘전(說卦傳)」 11단락(段落)

# 이괘 頤卦

# 27

## 1 괘의 괘상과 계사

# 이괘(頤卦 : ䷚)

진하간상(震下艮上) : 아래는[下] 진(震 : ☳), 위는[上] 간(艮 : ☶).

산뢰이(山雷頤) : 산과[山] 우레는[雷] 이이다[頤].

頤는 貞하면 吉하다 觀頤하여 自求口實하라
이　정　길　관이　자구구실

구양이[頤] 미더우면[貞] 행복하다[吉]. 구양을[頤] 살펴[觀] 스스로[自] 입속의[口] 먹을거리를[實] 추구하라[求].

**【이괘(頤卦 : ䷚)의 괘상(卦象) 풀이】**

앞 대축괘(大畜卦 : ䷙)의 〈대축(大畜)〉은 양기의[大] 모임[畜]이다. 이에 「서괘전(序卦傳)」에 〈물건들이[物] 모인[畜] 뒤에야[然後] 구양할[養] 수 있다[可] 그래서[故] 이괘(頤卦 : ䷚)로써[以] 그것을[之] 받는다[受]〉라는 말이 나온다. 이는 대축괘(大畜卦 : ䷙) 뒤에 이괘(頤卦 : ䷚)가 오는 까닭을 암시한다. 이괘(頤卦 : ䷚)의 〈이(頤)〉란 위아래 턱의 속을 나타내는 〈함(頷)〉 즉 입속을 이루어주는 턱을 나타내는 자(字)이지만, 여기 이괘(頤卦 : ䷚)의 〈이(頤)〉는 보육하기 위하여 구양(求養) 즉 영양을[養] 구하여[求] 심신(心身) 즉 마음과 더불어 몸의 구양(求養)을 뜻한다. 따라서 이괘(頤卦 : ䷚)의 〈이(頤)〉는 턱을 나타내는 이름씨가 아니라 입안의 음식물을 씹어먹게 한다는 움직씨 노릇을 한다. 이괘(頤卦 : ䷚)의 괘체(卦體)는 진하간상(震下艮上) 즉 하체(下體)는 진(震 : ☳)이고 상체(上體)는 간(艮 : ☶)인지라, 우레[雷]가 산중(山中)으로 퍼지는 모습이다. 그리고 이괘(頤卦 : ䷚)의 초구(初九 : ⚊) 즉 양효(陽爻)가 아래턱의 입술[脣] 같고, 상구(上九 : ⚊)는 위턱의 입술[脣] 같고, 중간의 우효(耦爻) 즉 음효(陰爻)들은 상하의 치열(齒列)같이 보인다. 이괘(頤卦 : ䷚)의 하체(下體) 진(震 : ☳)은 우레[雷]이고 움직임[動]이며 양(陽 : ⚊)이다. 이괘(頤卦 : ䷚)의 상체(上體) 간(艮 : ☶)은 산(山)이고 역시 양(陽 : ⚊)이며 멈춤[止]이다. 그러니 산중(山中)에 우레[雷]가 멈춤[止]이 마치 〈이(頤)〉 즉 위턱과 아래턱[頤] 사이의 구강(口腔) 즉 입안[口腔]에서 음식물이 씹히고 섞이며 요동치는 모습과 같음을 빌려 이괘(頤卦 : ䷚)라 칭명(稱名)한다.

**【이괘(頤卦 : ䷚)의 계사(繫辭) 풀이】**

## 頤(이) 貞(정) 吉(길)

구양이[頤] 미더우면[貞] 행복하다[吉].

이괘(頤卦 : ䷚)의 주제인 〈이(頤)〉는 위아래의 턱을 나타내지만 여기선 심신(心身)의 구양(求養)을 뜻한다. 이괘(頤卦 : ䷚)의 〈이(頤)〉에는 인간의 욕망이 넘칠 수 있다. 그러나 이괘(頤卦 : ䷚)의 하체(下體) 진(震 : ☳) 즉 우레[雷]의 동(動)이 상체(上體) 간(艮 : ☶) 즉 산(山)의 멈춤[止]에 있으니, 욕망의 절제가 〈이(頤)〉 즉 구양의 정도(正道)임을 암시한다. 모든 목숨의 〈이(頤)〉 즉 구양은 턱의 움직임으로 시작된다. 턱이 움직여 음식물을 씹어먹지 않고서는 심신(心身)이 살아갈 수 없다. 이에 〈이(頤)〉가 구양(求養)한다는 뜻을 갖게 된 것이다. 옛 사람들은 먹고 마셔야 살아갈 수 있음을 이양(頤養)이라고 했다. 이양(頤養)을 요샛말로 하면 영양(營養) 즉 자양분을[養] 다스려야[營] 목숨이 살아갈 수 있다. 이미 다섯 번째 수괘(需卦 : ䷄)에서 양신(養身) 즉 몸을[身] 길러냄[養]을 살폈었다. 그러나 여기 이괘(頤卦 : ䷚)의 〈이(頤)〉는 음식(飮食) 즉 마시고[飮] 먹는[食] 쪽만을 뜻함이 아니라 심제(心齊) 즉 마음을[心] 깨끗이 다스림[齊] 쪽도 함께한다.

〈이(頤) 정(貞) 길(吉)〉은 〈이정(頤貞) 연후기이길(然後其頤吉)〉의 줄임으로 여기고 〈구양은[頤] 미더운[貞] 뒤에야[然後] 그[其] 구양이[頤] 행복하다[吉]〉라고 새겨볼 것이다. 〈이정(頤貞)〉은 자양지심(慈養之心) 즉 자애로[慈] 먹여 키우려는[養之] 구양(求養)의 마음[心]을 뜻한다. 〈이정(頤貞)의 정(貞)〉은 구양[頤]이 심신(心身)에 두루 미침을 암시한다. 따라서 〈이(頤)〉는 몸보신만을 위한 자양(滋養)을 구함이 아니라 마음과 몸을 자애(慈愛)로써 동시에 길러내는 자양의 구함을 뜻한다. 이렇기 때문에 여기 〈정(貞)〉은 『노자(老子)』에 나오는 〈제 몫을[私] 줄이고[少] 욕망을[欲] 줄인다[寡]〉라는 내용을 환기시킨다. 〈정(貞)〉이란 공평무사(公平無私)하여 절로 성심(誠心) 즉 천도(天道)를 따르는[誠] 마음[心]이기 때문이다. 미더운[貞] 구양[頤]보다 더한 구양의[頤] 행복[吉]은 없음을 암시한 계사(繫辭)가 〈이(頤) 정(貞) 길(吉)〉이다.





## 觀頤(관이) 自求口實(자구구실)

구양을[頤] 살펴[觀] 스스로[自] 입속의[口] 먹을거리를[實] 추구하라[求].

〈관이(觀頤)〉는 〈관정지이혹비정지이(觀貞之頤或非貞之頤)〉의 줄임으로 여기고 〈미더운[貞之] 구양인지[頤] 미더운[貞之] 구양이[頤] 아닌지를[或非] 살펴라[觀]〉라고 새겨볼 것이다. 성심을 다한[貞] 구양[頤]인지 아닌지를 살펴보라[觀] 함이 〈관이(觀頤)〉이다. 나만이 아니라 우리 모두의 심신(心身)에 두루 좋은 슬기로운 구양(求養)인지[頤] 아닌지 살펴보라[觀] 함이다. 이는 곧 소사과욕(少私寡欲)의 〈이(頤)〉인지 아닌지 살펴보라[觀] 함이다. 흥청망청 마시고[飮] 먹는[食] 〈이(頤)〉라면 〈정(貞)〉의 〈이(頤)〉일 리가 없다. 유정심지행(由正心至行) 즉 올바른[正] 마음으로[心] 말미암아[由] 행동에[行] 다다른[至] 구양[頤]인지 살펴보라[觀]는 것이다. 따라서 비정(非貞) 즉 정이[貞] 아닌 것[非]이면 구양[頤]의 심행(心行)이 좋을 리가 없다. 왜 『맹자(孟子)』에 〈한[一] 대그릇의[簞] 먹을거리와[食] 한[一] 표주박의[瓢] 마실 것[飮]〉이라는 내용이 나오겠는가? 〈이정(頤貞)의 이(頤)〉인지 아닌지를 살펴보라[觀]는 계사(繫辭)가 〈관이(觀頤)〉이다.

〈자구구실(自求口實)〉은 〈자추구구강지실(自追求口腔之實)〉의 줄임으로 여기고 〈스스로[自] 입속의[口腔之] 실박함을[實] 추구하라[追求]〉라고 새겨볼 것이다. 〈이정(頤貞)〉으로써 먹고 마시면서 자신의 심신(心身)을 구양(求養)하는지 자문하고 살펴보라 함이다. 흥청망청 먹고 마시는 〈이(頤)〉가 아니라 〈구실(口實)〉 즉 입의[口] 실박함[實]을 〈자구(自求)〉 즉 스스로[自] 추구하라[求] 함이다. 소인(小人)은 맛으로 먹을거리[食]를 밝히며 지껄이기를 좋아한다. 그러나 군자(君子)는 소사(疏食) 즉 심신의 구양으로 통하는[疏] 먹을거리[食]를 만족하며 눌언(訥言) 즉 말을[言] 아끼고 삼가며[訥] 〈구실(口實)〉을 살핀다. 이괘(頤卦 : ䷚)의 〈이(頤)〉가 지혜로운 자양(慈養)이라 함은 입놀림을 삼가고[愼] 절제해야[節] 세치 혀가 탈이라는 흉(凶)을 면할 수 있음을 깨닫게 해주는 계사(繫辭)가 〈자구구실(自求口實)〉이다.

【字典】

**이(頤)** 〈구양할(기를) 이(頤)-양(養), 위아래 턱 이(頤)-악(顎)-함(頷), 잔치 이(頤)-연(宴), 깊을 이(頤)-심(深), 턱 끄덕거릴 이(頤)-이지(頤指)-이사(頤使), 늙은이 이(頤)-노(老)-기이(期頤)〉 등의 뜻을 내지만 〈기를 양(養)〉으로 여기고 새김이 마땅하고, 여기 이괘(頤卦 : ䷚)의 〈이(頤)〉를 구양(求養) 즉 먹이고 기름을[養] 구한다[求]는 뜻으로 새김이 마땅하다.

**정(貞)** 〈바를 정(貞)-정(正), 마땅할 정(貞)-당(當), 믿을 정(貞)-신(信), 거북점을 물을 정(貞)-복문(卜問), 역(易)의 내괘(內卦) 정(貞), 정할 정(貞)-정(定), 순수할 정(貞)-전(專)-일(一)〉 등의 뜻을 내지만 여기선 〈바를 정(正), 마땅할 당(當)〉 등과 같다 여기고 새김이 마땅하다.

**길(吉)** 〈좋을(행복할) 길(吉)-선(善)-영(令) {영월길일(令月吉日)은 선월선일(善月善日)임.}, 복 길(吉)-실(實)-선실(善實)-복(福), 예의를 따라 상서로울 길(吉)-예의순상(禮義順祥), 삼갈 길(吉)-근(謹), 초하루 길(吉)-삭일(朔日) {삭망(朔望) 즉 초하루[朔]와 그믐날[望]}, 길례 길(吉)-길례(吉禮) {오례지일(五禮之一) 길흉빈군가(吉凶賓軍嘉)}, 갈 길(吉)-행(行)-길(趌)〉 등의 뜻을 내지만 여기선 〈좋을 선(善)-영(令)〉 즉 행복과 같다 여기고 새김이 마땅하다.

**관(觀)** 〈살펴 자세히 볼 관(觀)-체시(諦視), 보일 관(觀)-시(示), 드러날 관(觀)-외현(外見), 몸가짐의 태도 관(觀)-의용(儀容), 대궐 관(觀)-궐(闕), 집 관(觀)-누관(樓觀), 놀 관(觀)-유(遊), 구경 관(觀)-장관(壯觀)-기관(奇觀)〉 등의 뜻을 내지만 여기선 〈살펴 자세히 볼 체시(諦視)〉로 여기고 새김이 마땅하다.

**자(自)** 〈스스로(자기) 자(自)-기(己), ~너머로(~부터) 자(自)-종(從)-유(由), 비롯할 자(自)-시(始), 쓸 자(自)-용(用), 만약 자(自)-약(若), 저절로 자(自)-연(然)〉 등의 뜻을 내지만 여기선 〈스스로 자(自)〉로 여기고 새김이 마땅하다.

**구(求)** 〈취할 구(求)-취(取)-득(得), 구할(찾을) 구(求)-멱(覓), 찾을 구(求)-색(索),

물을 구(求)-문(問), 요구할 구(求)-책(責), 애쓸 구(求)-무(務), 탐할 구(求)-탐(貪), 구걸할 구(求)-걸(乞), 초래할 구(求)-초래(招來), 선택할 구(求)-택(擇), 짝 구(求)-등(等), 찾아 가질 구(求)-색취(索取)〉 등의 뜻을 내지만 여기선 〈취할 득(得)〉과 같다 여기고 새김이 마땅하다.

**구(口)** 〈입 구(口)-인오관지일(人五官之一)-음식언어지기관(飮食言語之器官), 새부리 구(口)-조탁(鳥啄), 언어 구(口)-언어(言語), 음식 구(口)-음식(飮食), 인구 구(口)-계인지단위(計人之單位), 칼끝과 칼날 구(口)-도검지봉인(刀劍之鋒刃)〉 등의 뜻을 내지만 여기선 〈입 구(口)〉로 여기고 새김이 마땅하다.

**실(實)** 〈실박할 실(實)-박(樸), 이룰 실(實)-성(成), 부유할 실(實)-부(富), 가득할 실(實)-만(滿)-충(充), 쌓을 실(實)-성(盛), 꽃이 필 실(實)-영(榮), 재물 실(實)-재(財), 열매 실(實)-과실(果實), 보람 실(實)-공(功), 아름다울 실(實)-미(美), 밝을 실(實)-명(明), 땅 실(實)-지(地), 성실할 실(實)-성(誠)-진(盡), 진실할 실(實)-진(眞), 알맞을 실(實)-적(適), 마칠 실(實)-종(終), (수학에서) 실수 실(實)-구수(具數), 어조사 실(實)〉 등의 뜻을 내지만 여기선 〈실박할 박(樸)〉과 같다 여기고 새김이 마땅하다.

---

註 견소포박(見素抱樸) 소사과욕(少私寡欲) : 그냥 그대로를[素] 살피고[見] 그냥 그대로를[樸] 지킨다면[抱], 제 몫을[私] 적게 하고[少] 욕망을[欲] 적게 한다[寡]. 『노자(老子)』 19장(章)

註 안자당란세(顔子當亂世) 거어누항(居於陋巷) 일단사(一簞食) 일표음(一瓢飮) 인불감기우(人不堪其憂) 안자불개기락(顔子不改其樂) : 안회는[顔子] 난세를[亂世] 당하여[當] 누추한[陋] 골목에서[於巷] 살면서[居] 한[一] 대그릇의[簞] 먹을거리로 살았고[食], 한[一] 표주박의[瓢] 물을 마시면서 살았다[飮]. 사람들은[人] 그런[其] 걱정을[憂] 감내하지 못하지만[不堪] 안회는[顔子] 그[其] 즐거움을[樂] 고치지 않았다[不改]. 『논어(論語)』「이루장구하(離婁章句下)」 29장(章)

## 2 효의 효상과 계사

初九：舍爾靈龜하고 觀我하여 朶頤니 凶하다
사 이 령 귀 관 아 타 이 흉

六二：顚頤라 拂經이니 于丘頤하여 征하면 凶하리
전 이 불 경 우 구 이 정 흉

六三：拂頤라 貞해도 凶하다 十年勿用이니 无攸利하다
불 이 정 흉 십 년 물 용 무 유 리

六四：顚頤나 吉하다 虎視耽耽에 其欲逐逐해도 无咎니라
전 이 길 호 시 탐 탐 기 욕 축 축 무 구

六五：拂經이나 居貞吉하다 不可涉大川이니라
불 경 거 정 길 불 가 섭 대 천

上九：由頤라 厲吉하다 利涉大川이니라
유 이 여 길 이 섭 대 천

초구(初九)：너의[爾] 신령스러운[靈] 거북을[龜] 버리고[舍] 자신을[我] 살피려[觀] 턱을[頤] 들다니[朶] 흉하다[凶].

육이(六二)：거꾸로[顚] 양육을 구하니[頤] 정상을[經] 어김이라[拂] 언덕[丘]에게[于] 양육을 구한다면[頤] 그럴수록[征] 불운하다[凶].

육삼(六三)：양육의 구함을[頤] 어김이니[拂] 미더워도[貞] 불행하다[凶]. 끝내[十年] 쓰지[用] 말 것이니[勿] 이로울[利] 바가[攸] 없다[无].

육사(六四)：거꾸로[顚] 양육을 구하나[頤] 행복하다[吉]. 호랑이가[虎] 노려보며[視] 기회를 엿보니[耽耽] 그[其] 욕망을[欲] 좇고[逐] 좇아도[逐] 허물이[咎] 없다[无].

육오(六五)：상도를[經] 어김이나[拂] 미더움으로[貞] 처신하면[居] 좋을 것이다[吉]. 큰[大] 내를[川] 건널[涉] 수 없다[不可].

상구(上九)：말미암아[由] 구양함이라[頤] 위태함에도[厲] 행복하다[吉]. 큰[大] 내를[川] 건너도[涉] 이롭다[利].

## 초구(初九 : ⚊)

初九 : 舍爾靈龜하고 觀我하여 朶頤니 凶하다
사이령귀 관아 타이 흉

초구(初九) : 너의[爾] 신령스러운[靈] 거북을[龜] 버리고[舍] 자신을[我] 살피려[觀] 턱을[頤] 들다니[朶] 흉하다[凶].

**【초구(初九)의 효상(爻象) 풀이】**

이괘(頤卦 : ䷚)의 초구(初九 : ⚊)는 이양거양(以陽居陽) 즉 양(陽 : ⚊)으로써[以] 양(陽 : ⚊)의 자리에 있는지라[居] 정당한 자리에 있다. 초구(初九 : ⚊)와 육이(六二 : ⚋)는 양음(陽陰)인지라 〈비(比)〉 즉 이웃의 사귐[比]을 누린다. 나아가 초구(初九 : ⚊)와 육사(六四 : ⚋)도 양음(陽陰)이라 〈정응(正應)〉 즉 바르게[正] 서로 호응하는[應] 처지이다. 이괘(頤卦 : ䷚)의 초구(初九 : ⚊)에게 이렇듯 상보(相補) 즉 서로[相] 돕는[補] 처지가 오히려 유약(柔弱)한 음효(陰爻)들과 상화(相和)하기보다는 자신의 강건(剛健)함으로만 기울어져, 제 강강(剛强)만을 믿고 서슴없이 상진(上進)만을 탐하려는 모습이다.

> 이괘(頤卦 : ䷚)의 초구(初九 : ⚊)가 초륙(初六 : ⚋)으로 변효(變爻)하면 초구(初九 : ⚊)는 이괘(頤卦 : ䷚)를 23번째 박괘(剝卦 : ䷖)로 지괘(之卦)하게 한다. 따라서 이괘(頤卦 : ䷚)의 초구(初九 : ⚊)는 박괘(剝卦 : ䷖)의 초륙(初六 : ⚋)을 찾아가 살펴보게 한다.

**【초구(初九)의 계사(繫辭) 풀이】**

### 舍爾靈龜(사이령귀)

너의[爾] 신령스러운[靈] 거북을[龜] 버린다[舍].

초구(初九 : ⚊)의 효위(爻位)를 빌려 암시한 계사(繫辭)이다. 〈사이령귀(舍爾靈龜)〉는 〈초구사기지령귀(初九舍己之靈龜)〉의 줄임으로 여기고 〈초구는[初九] 자기의[己之] 신령한[靈] 거북을[龜] 버린다[舍]〉라고 새겨볼 것이다. 〈사이령귀(舍爾

靈龜)의 사(舍)〉는 〈버릴 사(捨)〉와 같고, 〈이령귀(爾靈龜)의 이(爾)〉는 초구(初九 : ⚊)를 나타내는 〈그 기(其)〉와 같다. 〈이령귀(爾靈龜)의 귀(龜)〉는 이괘(頤卦 : ䷚)의 가운데 네 음효(陰爻) 모두는 중허(中虛)의 효(爻)인지라 허효(虛爻) 넷을 포갠다면[疊] 하나의 허효(虛爻) 즉 음효(陰爻)로 융화될 수 있으니, 이괘(頤卦 : ䷚)의 모습이 이(離 : ☲)의 모습으로 회상(繪像) 즉 그림으로[繪] 닮아[像] 보임을 빌려 초구(初九 : ⚊)를 취상(取象)한 것이다. 왜냐하면 「설괘전(說卦傳)」에 나오는 〈이는[離 : ☲] 거북[龜]이다[爲]〉라는 내용을 〈이령귀(爾靈龜)의 귀(龜)〉가 환기시키기 때문이다.

〈이령귀(爾靈龜)의 영귀(靈龜)〉는 신령명착지귀(神靈明鑿之龜)〉의 줄임이다. 정신을[神靈] 밝혀[明] 꿰뚫어주는[鑿之] 거북[龜]을 〈영귀(靈龜)〉라 하고, 이러한 〈영귀(靈龜)〉는 명덕(明德)을 비유한다. 이에 〈사이령귀(舍爾靈龜)〉를 〈초구사기지명덕(初九舍己之明德)〉으로 여기고 〈초구는[初九] 자기의[己之] 명덕을[明德] 버린다[舍]〉라고 새겨도 될 것이다. 〈영귀(靈龜)〉 즉 거북[龜]은 오랫동안 먹지 않고서도 살 수 있는 영물(靈物)이다. 이괘(頤卦 : ䷚)의 주제인 〈이(頤)〉의 시국에서 〈이(頤)〉는 심신(心身)의 구양(求養)을 뜻한다. 자신의 심신을 구양할 뿐만 아니라 모두를 구양하려는 덕을 쌓아가기 위하여 〈관이(觀頤)〉 즉 구양을[頤] 살피라[觀] 함이다. 이러한 〈관이(觀頤)〉를 〈이령귀(爾靈龜)의 영귀(靈龜)〉로써 비유한다. 따라서 초구(初九 : ⚊)가 이괘(頤卦 : ䷚)의 주제인 〈이(頤)〉 즉 구양(求養)의 지혜를 살피는[觀] 정신의 덕을 버렸음[舍]을 암시한 계사(繫辭)가 〈사이령귀(舍爾靈龜)〉이다.

## 觀我(관아) 朶頤(타이) 凶(흉)

**자신을[我] 살피려[觀] 턱을[頤] 들다니[朶] 흉하다[凶].**

〈관아(觀我) 타이(朶頤)〉는 초구(初九 : ⚊)가 〈사이령귀(舍爾靈龜)〉로 말미암아 이괘(頤卦 : ䷚)의 〈관이(觀頤)〉를 버림[舍]이니 〈이(頤)〉 즉 구양(求養)의 명덕(明德)을 저버린[舍] 초구(初九 : ⚊)의 모습을 보다 더 분명하게 암시한다. 〈관아(觀我) 타이(朶頤)〉는 〈초구관자아(初九觀自我) 이초구타기지이(而初九朶己之頤)〉의 줄임으로 여기고 〈초구가[初九] 자신을[自我] 살피면서[觀而] 초구가[初九] 자기의

[己之] 턱을[頤] 놀린다[朶]〉라고 새겨볼 것이다. 〈관아(觀我) 타이(朶頤)〉는 이괘(頤卦 : ䷚)의 괘상(卦象)인 〈관이(觀頤) 자구구실(自求口實)〉을 초구(初九 : ⚊)가 저버림을 암시한다. 〈관아(觀我)의 아(我)〉는 초구(初九 : ⚊) 자신을 말한다. 초구(初九 : ⚊)가 자신을[我] 어떻게 살피는가[觀]? 이에 대한 해답을 암시한 것이 〈타이(朶頤)〉이다. 초구(初九 : ⚊)가 자신을[我] 살핌[觀]이 다름 아닌 〈타이(朶頤)〉라는 것이다. 〈타이(朶頤)〉란 턱을[頤] 놀려[朶] 욕식지모(欲食之貌) 즉 먹고[食] 싶어 하는[欲之] 모습[貌]을 나타냄이니, 초구(初九 : ⚊)가 자신의 내면을 살피지 않고 자신의 식욕만 살핌을 암시한다. 따라서 초구(初九 : ⚊)의 〈타이(朶頤)〉는 이괘(頤卦 : ䷚)의 괘상(卦象)인 〈관이(觀頤)〉를 저버림을 단언한 점사(占辭)이다. 말하자면 초구(初九 : ⚊)가 저만을 위한 욕식(欲食)을 충족시키고자 탐물(貪物) 즉 바깥 것들을[物] 탐한다[貪]는 것이 〈타이(朶頤)〉이다. 그러니 초구(初九 : ⚊)의 〈관아(觀我) 타이(朶頤)〉는 소인배(小人輩)의 짓이다. 군자(君子)가 지키는 음식(飮食)의 덕(德)으로 이어지는 〈자구구실(自求口實)〉을 저버림이란 곧『논어(論語)』에 나오는 〈군자식무구포(君子食無求飽)〉를 팽개친 욕식(欲食)이니, 초구(初九 : ⚊)가 자신의 강강(剛强)만을 믿고 육신을 위한 식욕(食慾)에 치우침인지라 흉(凶)하다고 묶어 암시한 계사(繫辭)가 〈사이령귀(舍爾靈龜) 관아(觀我) 타이(朶頤) 흉(凶)〉이다.

【字典】

**사(舍)** 〈버릴 사(舍)-기(棄)-사(捨), 집 사(舍), 쉴 사(舍)-지식(止息), 그만둘 사(舍)-폐(廢), 제할 사(舍)-제(除), 풀 사(舍)-석(釋), 놓을 사(舍)-종(縱)-방(放)〉 등의 뜻을 내지만 여기선 〈버릴 기(棄)〉와 같다 여기고 새김이 마땅하다.

**이(爾)** 〈그 이(爾)-기(其), 너 이(爾)-여(汝)-이(尒)-너희들(爾汝), 가까울 이(爾)-근(近), 오직(뿐) 이(爾)-유(唯), 그럴 이(爾)-연(然), 어조사 이(爾), ~뿐이다 이(爾)-이이(而已)〉 등의 뜻을 내지만 여기선 〈그 기(其)〉와 같다 여기고 새김이 마땅하다.

**영(靈)** 〈신령 영(靈)-신(神), 천신 영(靈)-천신(天神), 설신 영(靈)-설신(雪神), 신통할 영(靈)-신지정명(神之精明), 좋을 영(靈)-선(善), (죽은 이의) 혼백 영(靈)-혼백(魂魄), 정기 영(靈)-정기(精氣)-원기(元氣), 생민 영(靈)-생민(生民), 정성을 다한 삼갈 영(靈)-정계(精誡), 알려 시킬 영(靈)-명(命)-영(令), 걸출한 것 영(靈)-걸출자(傑出者), 응험할 영(靈)-응험(應驗), 광휘 영(靈)-광휘(光輝), 복 영(靈)-복(福), (하늘땅이) 도울 영(靈)-우(祐), 새벽(깨달을) 영(靈)-효(曉)〉 등의 뜻을 내지만 여기선 〈신령 신(神)〉과 같다 여기고 새김이 마땅하다.

**龜** 〈귀-균-구〉 세 가지로 발음되고, 〈거북 귀(龜)-갑충지장외골내육(甲蟲之長外骨內肉), 점칠(의문을 푸는 것) 귀(龜)-복(卜)-결의지물(決疑之物), 본뜰 귀(龜)-귀감(龜鑑), 인장 끈 귀(龜)-인수(印綬), 화폐 귀(龜)-화(貨)-화폐(貨幣 : 古以龜甲爲貨幣), 나아갈 귀(龜)-진(進), 오랠 귀(龜)-구(久), 별 이름 귀(龜)-성명(星名)-천귀(天龜), 손 얼어 터질 균(龜), 나라 이름 구(龜)〉 등의 뜻을 내지만 〈거북 귀(龜)〉로 여기고 새김이 마땅하다.

**관(觀)** 〈살펴 자세히 볼 관(觀)-체시(諦視), 보일 관(觀)-시(示), 드러날 관(觀)-외현(外見), 몸가짐의 태도 관(觀)-의용(儀容), 대궐 관(觀)-궐(闕), 집 관(觀)-누관(樓觀), 놀 관(觀)-유(遊), 구경 관(觀)-장관(壯觀)-기관(奇觀)〉 등의 뜻을 내지만 여기선 〈살펴 자세히 볼 체시(諦視)〉로 여기고 새김이 마땅하다.

**아(我)** 〈나(자기) 아(我)-기(己)-자위기신(自謂己身), 우리 아(我)-아배(我輩), 내 나라(자국) 아(我)-자칭기국(自稱其國), 내 것 아(我)-자기소유(自己所有), (자기 의견을) 고집할 아(我)-집(執)-고집기견(固執己見), 갑자기 아(我)-아(俄)〉 등의 뜻을 내지만 여기선 〈자기 기(己)〉로 여기고 새김이 마땅하다.

**타(朶)** 〈턱 놀릴 타(朶)-이수하동(頤垂下動), 나뭇가지 휘늘어질 타(朶)-목상수(木上垂), 꽃떨기 타(朶)-화총(花叢), 손으로 움켜쥘 타(朶)-이수착물(以手捉物)〉 등의 뜻을 내지만 여기선 〈턱 놀릴 이수하동(頤垂下動)〉으로 여기고 새김이 마땅하다. 타(朶)와 타(朵)는 같은 자(字)이다. 〈타이(朶頤)〉는 욕식지모(欲食之貌) 즉 먹고자 하는[欲食之] 모습[貌]이다.

**이(頤)** 〈위아래 턱 이(頤)-악(顎)-함(頷), 구양할(기를) 이(頤)-양(養), 잔치 이(頤)-연(宴), 깊을 이(頤)-심(深), 턱 끄덕거릴 이(頤)-이지(頤指)-이사(頤使), 늙은이 이(頤)-노(老)-기이(期頤)〉 등의 뜻을 내지만 〈턱 이(頤)〉로 여기고 새김이 마땅하다.

**흉(凶)** 〈불행할(흉할) 흉(凶)-길지반(吉之反), 걱정할 흉(凶)-우(憂)-구(懼), 흉한 사람 흉(凶)-흉인(凶人), 나쁠 흉(凶)-오(惡), 재앙 흉(凶)-화(禍), 요사할 흉(凶)-요사(夭死), 악한 사람 흉(凶)-악인(惡人), 흉년 흉(凶)-연곡불숙(年穀不熟), 사나울 흉(凶)-포학

(暴虐), 음기 흉(凶)-음기(陰氣), 북쪽 흉(凶)-북(北), 없을 흉(凶)-공(空), 송사 흉(凶)-송(訟), 거역할 흉(凶)-역(逆), 어그러질 흉(凶)-패(悖), 허물 흉(凶)-구(咎)〉 등의 뜻을 내지만 여기선 〈불행할 길지반(吉之反)〉으로 여기고 새김이 마땅하다.



---

註 이위귀(離爲龜) : 이는[離 : ☲] 거북[龜]이다[爲]. 「설괘전(說卦傳)」 11단락(段落)

註 영귀(靈龜)의 영(靈) : 신령명착(神靈明鑿)의 줄임이다. 〈영귀(靈龜)의 영(靈)〉은 정신을[神靈] 밝혀[明] 꿰뚫어줌[鑿]을 그냥 한 자(字)로 묶어둔 것인지라, 〈영귀(靈龜)〉란 정신을 밝혀 꿰뚫어주는[靈] 거북[龜]이라는 낱말로서 이는 〈명덕(明德)〉을 비유한다. 명덕(明德)은 광명지덕(光明之德)의 줄임이다. 안팎으로 빛나는[光明之] 덕(德)이 명덕(明德)이다. 정신이 천도(天道)를 따라 밝음을 명(明)이라 하고, 밖으로 드러나는 행동이 자연의[天] 도리[道]를 따라 빛남을 광(光)이라 하여, 이를 광명지덕(光明之德)이라 하고 줄여 명덕(明德)이라 한다. 이러한 명덕(明德)이 앞서야 친민(親民)하고 지어지선(止於至善)할 수 있음을 『대학(大學)』이 첫머리에 밝힌다. 대학지도(大學之道) 재명명덕(在明明德) 재친민(在親民) 재지어지선(在止於至善). 대학의[大學之] 도리는[道] 명덕을[明德] 밝힘에[明] 있고[在] 백성을[民] 친애함에[親] 있으며[在] 지극하게[至] 자연의 도리를 따르면서[於善] 살아감에[止] 있다[在]. 『대학(大學)』 첫머리

註 군자식무구포(君子食無求飽) 거무구안(居無求安) 민어사이신어언(敏於事而愼於言) : 군자에게는[君子] 배불리[飽] 먹기를[食] 바람이[求] 없고[無], 편안히[安] 살기를[居] 바람이[求] 없으며[無], 일함에[於事] 재빠르되[敏而] 말함에는[於言] 삼간다[愼].

『논어(論語)』 「학이(學而)」 14장(章)

## 육이(六二 : ⚋)

六二 : 顚頤라 拂經이니 于丘頤하여 征하면 凶하리
　　　전이　　불경　　　우구이　　　정　　　흉

육이(六二) : 거꾸로[顚] 양육을 구하니[頤] 정상을[經] 어김이라[拂] 언덕[丘]에게[于] 양육을 구한다면[頤] 그럴수록[征] 불운하다[凶].

**【육이(六二)의 효상(爻象) 풀이】**

이괘(頤卦 : ䷚)의 육이(六二 : ⚋)는 이음거음(以陰居陰) 즉 음(陰 : ⚋)으로써[以] 음(陰 : ⚋)의 자리에 있는지라[居] 정당한 자리에 있다. 육이(六二 : ⚋)와 초

구(初九 : ━)는 다른 대성괘(大成卦)에서라면 음양(陰陽)의 사이인지라 비(比) 즉 이웃의 사귐[比]을 누릴 수 있지만, 이괘(頤卦 : ䷚)의 주제인 〈이(頤)〉 즉 구양(求養)의 시국에서는 이상양하(以上養下) 즉 위[上]로써[以] 아래를[下] 양육함[養]이 〈이(頤)〉의 정도(正道)인지라 이웃의 사귐[比]을 누리기 어렵다. 육이(六二 : --)와 육삼(六三 : --)은 양음(兩陰)인지라 서로 이웃하지 못한다. 육이(六二 : --)와 육오(六五 : --)도 둘 다[兩] 음(陰 : --)인지라 〈불응(不應)〉 즉 서로 응하지 못하는[不應] 모습이다. 다른 대성괘에서라면 육이(六二 : --)는 중효(中爻)이기에 득중(得中) 즉 정도를 따름을[中] 취하여[得] 매사를 마주할 수 있지만 〈이(頤)〉의 시국에서는 음효(陰爻)가 양효(陽爻)로부터 구양(求養)을 받아야 할 처지인지라 중효(中爻)이면서도 구양받기가 어려워 불운한[凶] 모습이다.

| 이괘(頤卦 : ䷚)의 육이(六二 : --)가 구이(九二 : ━)로 변효(變爻)하면 육이(六二 : --)는 이괘(頤卦 : ䷚)를 41번째 손괘(損卦 : ䷨)로 지괘(之卦)하게 한다. 따라서 이괘(頤卦 : ䷚)의 육이(六二 : --)는 손괘(損卦 : ䷨)의 구이(九二 : ━)를 찾아가 살펴보게 한다. |
|---|

**【육이(六二)의 계사(繫辭) 풀이】**

## 顚頤(전이) 拂經(불경)

**거꾸로[顚] 양육을 구하니[頤] 정상을[經] 어김이다[拂].**

육이(六二 : --)의 효위(爻位)를 빌려 암시한 계사(繫辭)이다. 〈전이(顚頤) 불경(拂經)〉은 〈육이지전이자불이지경상자야(六二之顚頤者拂頤之經常者也)〉의 줄임으로 여기고 〈육이가[六二之] 거꾸로[顚] 양육을 구한다는[頤] 것은[者] 구양의[頤之] 경상을[經常] 어기는[拂] 것[者]이다[也]〉라고 새겨볼 것이다. 〈전이(顚頤)의 전(顚)〉은 〈거꾸로 도(倒)〉와 같다. 〈불경(拂經)의 불(拂)〉은 〈어길 위(違)〉와 같고, 〈불경(拂經)의 경(經)〉은 〈정상 상(常)〉과 같아 경상(經常)의 줄임말로 여기면 된다. 〈전이(顚頤)〉는 육이(六二 : --)가 초구(初九 : ━)에게 〈이(頤)〉 즉 양육을 구함[頤]을 암시한다. 구양(求養)의 정도(正道)는 이상양하(以上養下) 즉 위[上]로써[以] 아래를[下] 양육함[養]이다. 그런데 육이(六二 : --)가 초구(初九 : ━)에게 양육을 구한다면 〈이(頤)〉의 정도(正道)를 어김임을 암시한 것이 〈불경(拂經)〉이다.

이괘(頤卦 : ䷚)의 〈이(頤)〉 즉 구양(求養)하기[頤]란 음(陰 : --)이 양(陽 : ㅡ)에게 구(求)함이다. 유약(柔弱)한 음효(陰爻)가 강건(剛健)한 양효(陽爻)에게 구양(求養)하는 것이다. 그리하여 음양이 상화(相和)하고 상응(相應)하여 『노자(老子)』에 나오는 말대로 〈셋이[三] 만물을[萬物] 낳는다[生]〉는 것이 이루어져 구양(求養) 즉 〈이(頤)〉로써 양육(養育)하기가 이루어진다.

거듭 밝히지만 이괘(頤卦 : ䷚)의 〈이(頤)〉는 그냥 턱을 뜻하는 〈이(頤)〉가 아니라 음양(陰陽)이 서로[相] 화합한 것이[三] 낳은[生] 온갖 목숨을[萬物] 양육하기[養育] 위하여 구양(求養)함을 뜻한다. 육이(六二 : --)가 이괘(頤卦 : ䷚)의 이러한 〈이(頤)〉를 성취하자면 반드시 양기(陽氣 : ㅡ)와 함께 해야지 홀로 할 수 없다. 그런데 이괘(頤卦 : ䷚)에는 양기(陽氣 : ㅡ)가 초구(初九 : ㅡ)와 상구(上九 : ㅡ) 둘밖에 없다. 육이(六二 : --)는 초구(初九 : ㅡ)와 음양(陰陽)이니 〈비(比)〉 즉 이웃으로 사귈[比] 수는 있지만 육이(六二 : --)가 자신을 위하여 초구(初九 : ㅡ)에게 구양(求養)할 수 없다. 대성괘(大成卦)에서 이효(二爻)의 자리는 현감(縣監)에 해당되고 초효(初爻)의 자리는 백성에 해당된다. 현감이 자기를 위하여 백성에게 〈이(頤)〉 즉 구양(求養)하기를 구한다면 부패한 신하가 되고 만다. 이괘(頤卦 : ䷚)의 육이(六二 : --)는 그러한 부패를 범할 리 없다. 왜냐하면 육이(六二 : --)는 이괘(頤卦 : ䷚)의 하체(下體)인 진(震 : ☳)의 중효(中爻)로서 득중(得中) 즉 정도를 따라[中] 매사를 취하려[得] 하기 때문이다. 음유(陰柔)하지만 이러한 육이(六二 : --)는 양(陽 : ㅡ)에게 〈이(頤)〉 즉 양육을 구해야[頤] 하는 처지이다. 이에 만약 육이(六二 : --)가 〈전이(顚頤)〉 즉 아래의 초구(初九 : ㅡ)에게 양육을 구한다면 〈이(頤)〉의 정도(正道)가 거꾸로[顚] 됨과 같으므로, 〈이(頤)〉의 정도를 어김이 됨을 암시한 계사(繫辭)가 〈전이(顚頤) 불경(拂經)〉이다.

## 于丘頤(유구이) 征(정) 凶(흉)

**언덕[丘]에게[于] 양육을 구한다면[頤] 그럴수록[征] 불운하다[凶].**

〈우구이(于丘頤)〉는 육이(六二 : --)가 상구(上九 : ㅡ)에게 〈이(頤)〉 즉 구양(求養)함을 암시한 계사(繫辭)이다. 〈우구이(于丘頤)〉는 〈육이구이우구(六二求頤于丘)〉의 줄임으로 여기고 〈육이가[六二] 높은 것[丘]에게[于] 양육을[頤] 구한다

[求]〉라고 새겨볼 것이다. 〈우구이(于丘頤)의 구(丘)〉는 고자(高者) 즉 높은[高] 것[者]이니, 여기 〈구(丘)〉는 상구(上九 : ⚊)를 취상(取象)한 것이다. 육이(六二 : ⚋)는 양(陽 : ⚊)에게 〈이(頤)〉를 구할 수밖에 없다. 이괘(頤卦 : ䷚)에는 양(陽 : ⚊)이 아래로 초구(初九 : ⚊)와 위로 상구(上九 : ⚊)밖에 없다. 〈이(頤)〉의 정도(正道)가 이상양하(以上養下) 즉 위[上]로써[以] 아래를[下] 양육함[養]인지라 육이(六二 : ⚋)가 초구(初九 : ⚊)에게 〈이(頤)〉를 구함은 비도(非道)이고, 상구(上九 : ⚊)에게 구함이 정도(正道)이다. 따라서 육이(六二 : ⚋)가 상구(上九 : ⚊)에게 구양(求養)하기를 앙망(仰望)하는 모습이 〈우구이(于丘頤)〉이다. 〈우구이(于丘頤)의 우구(于丘)〉는 육이(六二 : ⚋)가 이괘(頤卦 : ䷚)의 상체(上體) 간(艮 : ☶) 즉 산(山) 밖의 아래에 있고, 동시에 상구(上九 : ⚊)는 산정(山頂) 즉 산꼭대기[山頂]에 있음을 말한다. 동시에 높은 곳[丘] 사이에 가장 가까이 육오(六五 : ⚋)가 있고, 그 다음으로 육사(六四 : ⚋)와 육삼(六三 : ⚋)이 있어서 육이(六二 : ⚋)가 맨 끝에 있음을 암시하는 것이 〈우구(于丘)〉이다.

〈정(征) 흉(凶)〉은 육이(六二 : ⚋)가 상구(上九 : ⚊)에게 구이(求頤)할 수 없음을 암시한 계사(繫辭)이다. 〈정(征) 흉(凶)〉은 〈육이유정우상구(六二愈征于上九) 육이유흉(六二愈凶)〉의 줄임으로 여기고 〈육이가[六二] 상구(上九)에게[于] 다가갈[征]수록[愈] 육이는[六二] 그만큼 더[愈] 흉해진다[凶]〉라고 새겨볼 것이다. 여기 〈정(征)〉은 〈멀리 갈 원(遠)〉과 같아 육이(六二 : ⚋)가 멀리 있는[征] 상구(上九 : ⚊)에게 구양(求養)할 것을[頤] 요구함[征]을 뜻한다. 육이(六二 : ⚋)와 상구(上九 : ⚊) 사이에는 아무런 효연(爻緣)이 없는지라 상구(上九 : ⚊)가 육오(六五 : ⚋)와 육사(六四 : ⚋), 육삼(六三 : ⚋)을 건너뛰어 사사로이 육이(六二 : ⚋)를 〈이(頤)〉 즉 구양(求養)할 리가 없다. 그럼에도 불구하고 육이(六二 : ⚋)가 멀리 높은 곳에[于丘] 있는 상구(上九 : ⚊)가 구양해주기[頤]를 바라면 바랄수록 흉(凶)해질 수밖에 없음을 암시한 계사(繫辭)가 〈정(征) 흉(凶)〉이다.

**【字典】**

**전(顚)** 〈거꾸로 전(顚)-도(倒), 뒤집어질 전(顚)-부(仆), 이마 전(顚)-정(頂), 산꼭대기 전(顚)-산정(山頂), 끝 전(顚)-말(末), 나무 끝 전(顚)-목초(木梢), 머리 전(顚)-수(首), 근본 전(顚)-본(本)〉 등의 뜻을 내지만 여기선 〈거꾸로 도(倒)〉로 여기고 새김이 마땅하다.

**이(頤)** 〈구양할(기를) 이(頤)-양(養), 위아래 턱 이(頤)-악(顎)-함(頷), 잔치 이(頤)-연(宴), 깊을 이(頤)-심(深), 턱 끄덕거릴 이(頤)-이지(頤指)-이사(頤使), 늙은이 이(頤)-노(老)-기이(期頤)〉 등의 뜻을 내지만 〈구양할 이(頤)〉로 여기고 새김이 마땅하다.

**拂** 〈불-필〉 두 가지로 발음되고, 〈어길 불(拂)-역(逆)-위(違), 떨칠 불(拂)-과격(過擊), 씻어버릴 불(拂)-제(除)-거(去), 쓸어버릴 불(拂)-추(帚), 닦아 깨끗하게 할 불(拂)-식(拭), 먼지떨이 불(拂)-불진지구(拂塵之具), 뺄 불(拂)-발(拔), 넘어질 불(拂)-폐(弊), 도울 필(拂)-보(輔)〉 등의 뜻을 내지만 여기선 〈어길 역(逆)〉과 같다 여기고 새김이 마땅하다.

**경(經)** 〈상도 경(經)-상도(常道), 다스릴 경(經)-치(治), (베 짤 때 세로로 놓는 실줄) 날 경(經)-종(縱), 남북 경(經)-남북(南北) {동서(東西)는 위(緯)}, 지날 경(經)-유(由)-경(徑), 벼리 경(經)-기(紀)-강(綱), 떳떳할 경(經)-상(常), 법 경(經)-법(法), 글(경서) 경(經)-서(書), 지경 경(經)-계(界), 곧을 경(經)-직(直), 목맬 경(經)-액(縊)〉 등의 뜻을 내지만 여기선 〈상도(常道)〉로 여기고 새김이 마땅하다. 〈불경(拂經)〉은 불역상경(拂逆常經)의 줄임이고 〈상경(常經)〉은 상도(常道)와 같으니, 〈불경(拂經)〉은 상도를[常道] 어김[拂]을 뜻한다.

**우(于)** 〈~에서(부터) 우(于)-어(於), 갈 우(于)-왕(往), 써 우(于)-이(以), 할 우(于)-위(爲), 여기 우(于)-시(是), 도울 우(于)-조(助), 클 우(于)-대(大), 구할 우(于)-구(求), 자족하는 모습 우(于)-자족모(自足貌)〉 등의 뜻을 내지만 여기선 〈~에서 어(於)〉와 같다 여기고 새김이 마땅하다.

**구(丘)** 〈절로 이루어진 언덕 구(丘)-부(阜)-자연형성지고토(自然形成之高土), 클 구(丘)-거(巨)-대(大), 모을 구(丘)-취(聚), 높을 구(丘)-고(高), 네 고을 구(丘)-사읍(四邑), 옛터 구(丘)-허(墟), 공자의 이름 구(丘)〉 등의 뜻을 내지만 여기선 〈높을 고(高)〉와 같다 여기고 새김이 마땅하다.

**정(征)** 〈바르게 갈 정(征)-정행(正行), 칠 정(征)-토(討)-벌(伐), 날 정(征)-비(飛), 멀리 갈 정(征)-원(遠), 취할 정(征)-취(取), 세금 매길 정(征)-세(稅)-부(賦)〉 등의 뜻을 내지만 여기선 〈멀리 갈 원(遠)〉으로 새김이 마땅하다.

**흉(凶)** 〈불행할(흉할) 흉(凶)-길지반(吉之反), 걱정할 흉(凶)-우(憂)-구(懼), 흉한

사람 흉(凶)-흉인(凶人), 나쁠 흉(凶)-오(惡), 재앙 흉(凶)-화(禍), 요사할 흉(凶)-요사(夭死), 악한 사람 흉(凶)-악인(惡人), 흉년 흉(凶)-연곡불숙(年穀不熟), 사나울 흉(凶)-포학(暴虐), 음기 흉(凶)-음기(陰氣), 북쪽 흉(凶)-북(北), 없을 흉(凶)-공(空), 송사 흉(凶)-송(訟), 거역할 흉(凶)-역(逆), 어그러질 흉(凶)-패(悖), 허물 흉(凶)-구(咎)〉 등의 뜻을 내지만 여기선 〈불행할 길지반(吉之反)〉으로 여기고 새김이 마땅하다.

---

註 〈전이(顚頤)〉를 〈반양어하(反養於下)〉 즉 아래로[於下] 돌아와[反] 양육한다[養]라고 새기는 쪽도 있다. 이렇게 새김은 〈불봉어상(不奉於上)〉 즉 위로부터[於上] 봉양을 받지 못하기[不奉] 때문이라고 그 까닭을 암시한다. 〈반양어하(反養於下)의 하(下)〉는 이괘(頤卦 : ䷚) 하체(下體)의 초구(初九 : ⚊)를 뜻하고, 〈불봉어상(不奉於上)의 상(上)〉은 이괘(頤卦 : ䷚) 상체(上體)의 상구(上九 : ⚊)를 뜻한다. 그러나 상구(上九 : ⚊)가 육이(六二 : ⚋)와 양육하지[頤] 않는다는 것이 아니라, 육이(六二 : ⚋)의 순차가 처음이 아니라 끝이라는 것뿐이다. 따라서 〈전이(顚頤)의 전(顚)〉은 육이(六二 : ⚋)가 그 순차를 어기려 함으로 여기고, 〈전이(顚頤)의 전(顚)〉을 〈거꾸로 도(倒)〉와 같다 여기어, 초구(初九 : ⚊)에게 구양함[頤]은 비정상(非正常)임을 암시하는 것으로 여기고 풀이함이 마땅하다.

註 도생일(道生一) 일생이(一生二) 이생삼(二生三) 삼생만물(三生萬物) : 상도는[道] 하나를[一] 낳고[生] 하나는[一] 둘을[二] 낳고[生] 둘은[二] 셋을[三] 낳고[生] 셋이[三] 만물을[萬物] 낳는다[生].

『노자(老子)』 42장(章)

## 육삼(六三 : ⚋)

**六三 : 拂頤라 貞해도 凶하다 十年勿用이니 无攸利하다**
불이 정 흉 십년물용 무유리

육삼(六三) : 양육의 구함을[頤] 어김이니[拂] 미더워도[貞] 불행하다[凶]. 끝내[十年] 쓰지[用] 말 것이니[勿] 이로울[利] 바가[攸] 없다[无].

【육삼(六三)의 효상(爻象) 풀이】

이괘(頤卦 : ䷚)의 육삼(六三 : ⚋)은 이음거양(以陰居陽) 즉 음(陰 : ⚋)으로써[以] 양(陽 : ⚊)의 자리에 있는지라[居] 정당한 자리에 있지 못하다. 육삼(六三 : ⚋)과 육사(六四 : ⚋)는 양음(兩陰) 즉 둘 다[兩] 음(陰 : ⚋)인지라 〈비(比)〉 즉 이웃의 사귐[比]을 누리지 못해 상충(相衝) 즉 서로[相] 부딪치는[衝] 모습이다. 육삼(六三 : --)과 상구(上九 : ㅡ)는 음양(陰陽)인지라 상응(相應) 즉 서로[相] 호응하는[應] 모습이다. 그러나 육삼(六三 : --)은 이괘(頤卦 : ䷚)의 하체(下體) 진(震 : ☳)의 상효(上爻)로서 음기(陰氣 : --)임에도 양(陽 : ㅡ)의 자리에 있어서 뇌동(雷動)하는 모습이다.





이괘(頤卦 : ䷚)의 육삼(六三 : --)이 구삼(九三 : ㅡ)으로 변효(變爻)하면 육삼(六三 : --)은 이괘(頤卦 : ䷚)를 22번째 비괘(賁卦 : ䷕)로 지괘(之卦)하게 한다. 따라서 이괘(頤卦 : ䷚)의 육삼(六三 : --)은 비괘(賁卦 : ䷕)의 구삼(九三 : ㅡ)을 찾아가 살펴보게 한다.

【육삼(六三)의 계사(繫辭) 풀이】

## 拂頤(불이) 貞(정) 凶(흉) 十年勿用(십년물용) 无攸利(무유리)

양육의 구함을[頤] 어김이니[拂] 미더워도[貞] 불행하다[凶]. 끝내[十年] 쓰지[用] 말 것이니[勿] 이로울[利] 바가[攸] 없다[无].

육삼(六三 : --)의 효위(爻位)를 빌려 암시한 계사(繫辭)이다. 〈불이(拂頤) 정흉(貞凶)〉은 〈육삼지불이지정도자종사기이지정륙삼지흉자야(六三之拂頤之正道者縱使其頤之貞六三之凶者也)〉의 줄임으로 여기고 〈육삼이[六三之] 양육을 구함의[頤之] 정도를[正道] 어긴다는[拂] 것은[者] 그[其] 구양이[頤之] 미덥다[貞]해도[縱使] 육삼은[六三之] 불행한[凶] 것[者]이다[也]〉라고 새겨볼 것이다. 〈불이(拂頤)의 불(拂)〉은 〈어길 역(逆)〉과 같다. 여기 〈불이(拂頤)〉는 〈패이(悖頤)〉와 같다. 즉 육삼(六三 : --)이 양육의 구함을[頤] 거슬린다[悖]는 것이 〈불이(拂頤)〉이다. 따라서 〈불이(拂頤)의 불(拂)〉은 육삼(六三 : --)이 부중부정(不中不正)의 극위(極位)에 있음을 환기시킨다. 육삼(六三 : --)과 상구(上九 : ㅡ)는 상응하는 사이인지라 다른 음효(陰爻)들과는 달리 육삼(六三 : --)이 상구(上九 : ㅡ)에게 우선해서 〈이(頤)〉 즉 구양(求養)을 요구할 처지이다. 그러나 육삼(六三 : --)은 상구(上九 : ㅡ)와의 정응(正應)을 빌미로 구양을 요구할 수 있을지라도 육삼(六三 : --)은 〈부중부정(不中不正)〉 즉 중위도 아니고[不中] 정위도 아니어서[不正] 부드럽되 간사하고 정도(正道)에 어긋나기까지 하여 〈이(頤)〉의 정도(正道)를 어긴다[拂]는 것이

〈불이(拂頤)〉이다. 정도를 거슬러[拂] 구양함[頤]은 비록 육삼(六三 : --)이 상구(上九 : ㅡ)에게 진실로 미덥게[貞] 구양한다[頤] 할지라도 육삼(六三 : --)은 불행하다[凶]는 것이 〈정(貞) 흉(凶)〉이다.

〈십년물용(十年勿用)〉은 〈불이(拂頤)〉를 결코 범하지 말라 함이다. 〈십년물용(十年勿用)〉은 〈십년물용불이지정도(十年勿用拂頤之正道)〉의 줄임으로 여기고 〈끝끝내[十年] 구양의[頤之] 정도를[正道] 어김을[拂] 행하지[用] 말라[勿]〉라고 새겨볼 것이다. 〈십년물용(十年勿用)의 십년(十年)〉은 10년 동안을 뜻하는 〈열 십(十)〉이 아니고 〈완전(完全)한 십(十)〉을 뜻하니, 여기 〈십년(十年)〉은 항상(恒常) 즉 언제든지를 뜻한다. 이에 〈이(頤)〉의 정도를 거슬려[拂] 〈이(頤)〉 즉 양육하기[頤]를 구해서는 결코 이로울[利] 바가[攸] 없다[无]고 단언한 계사(繫辭)가 〈무유리(无攸利)〉이다.

**【字典】**

**拂** 〈불-필〉 두 가지로 발음되고, 〈어길 불(拂)-역(逆)-위(違), 떨칠 불(拂)-과격(過擊), 씻어버릴 불(拂)-제(除)-거(去), 쓸어버릴 불(拂)-추(帚), 닦아 깨끗하게 할 불(拂)-식(拭), 먼지떨이 불(拂)-불진지구(拂塵之具), 뺄 불(拂)-발(拔), 넘어질 불(拂)-폐(斃), 도울 필(拂)-보(輔)〉 등의 뜻을 내지만 여기선 〈어길 역(逆)〉과 같다 여기고 새김이 마땅하다.

**이(頤)** 〈구양할(기를) 이(頤)-양(養), 위아래 턱 이(頤)-악(顎)-함(頷), 잔치 이(頤)-연(宴), 깊을 이(頤)-심(深), 턱 끄덕거릴 이(頤)-이지(頤指)-이사(頤使), 늙은이 이(頤)-노(老)-기이(期頤)〉 등의 뜻을 내지만 〈기를 양(養)〉으로 여기고 새김이 마땅하고, 여기 〈이(頤)〉를 구양(求養) 즉 기름을[養] 구한다[求]는 뜻으로 새김이 마땅하다.

**정(貞)** 〈바를 정(貞)-정(正), 마땅할 정(貞)-당(當), 믿을 정(貞)-신(信), 거북점을 물을 정(貞)-복문(卜問), 역(易)의 내괘(內卦) 정(貞), 정할 정(貞)-정(定), 순수할 정(貞)-전(專)-일(一)〉 등의 뜻을 내지만 여기선 〈바를 정(正), 마땅할 당(當)〉 등과 같다 여기고 새김이 마땅하다.

**흉(凶)** 〈불행할(흉할) 흉(凶)-길지반(吉之反), 걱정할 흉(凶)-우(憂)-구(懼), 흉한 사람 흉(凶)-흉인(凶人), 나쁠 흉(凶)-오(惡), 재앙 흉(凶)-화(禍), 요사할 흉(凶)-요사(夭死), 악한 사람 흉(凶)-악인(惡人), 흉년 흉(凶)-연곡불숙(年穀不熟), 사나울 흉(凶)-포학

(暴虐), 음기 흉(凶)-음기(陰氣), 북쪽 흉(凶)-북(北), 없을 흉(凶)-공(空), 송사 흉(凶)-송(訟), 거역할 흉(凶)-역(逆), 어그러질 흉(凶)-패(悖), 허물 흉(凶)-구(咎)〉 등의 뜻을 내지만 여기선 〈불행할 길지반(吉之反)〉으로 여기고 새김이 마땅하다.



**십(十)** 〈모두(전부, 많을) 십(十)-십분(十分)-전부(全部), 갖춘 수 십(十)-수지구(數之具), 열 번 십(十)-십차(十次), 완전 십(十)-완전(完全)〉 등의 뜻을 내지만 〈모두 전부(全部)〉로 여기고 새김이 마땅하다.

**연(年)** 〈해 연(年)-세(歲), 오곡이 익을 연(年)-오곡숙(五穀熟), 곡물 연(年)-곡물(穀物), 나이 연(年)-치(齒)-수령(壽齡), 때 연(年)-시(時), 새해 연(年)-신년(新年), 아첨할 연(年)-영(佞)〉 등의 뜻을 내지만 여기선 〈해 세(歲)〉와 같다 여기고 새김이 마땅하다. 〈年〉은 앞에 있으면 〈연〉으로 발음되고, 중간이나 뒤에 있으면 〈년〉으로 발음된다.

**물(勿)** 〈하지 말 물(勿)-막(莫), 없을 물(勿)-무(無)-무(毋), 아닌 것 물(勿)-비(非), 아니할 물(勿)-불(不)〉 등과 같지만 여기선 〈하지 말 막(莫)〉과 같다 여기고 새김이 마땅하다.

**용(用)** 〈쓸(시행할) 용(用)-이(以)-시(施)-행(行), 쓰일(부릴) 용(用)-사(使), 맡길 용(用)-임(任), 위할 용(用)-위(爲), 갖출 용(用)-비(備)〉 등의 뜻을 내지만 여기선 〈시행 시(施)〉와 같다 여기고 새김이 마땅하다.

**무(无)** 〈없을 무(无)-무(無), 허무지도 무(无)-허무지도(虛无之道), 으뜸 무(无)-원(元)〉 등의 뜻을 내지만 여기선 〈없을 무(無)〉와 같다 여기고 새김이 마땅하다.

**유(攸)** 〈바(곳) 유(攸)-소(所), 흘러가는 물 유(攸)-행수(行水), 아득할 유(攸)-장원(長遠)-유(悠), 닦을 유(攸)-수(修), 터득한 모습 유(攸)-자득모(自得貌), 빠를 유(攸)-숙(倏), 대롱거릴 유(攸)-현위모(懸危貌), 수심에 찬 모습 유(攸)-수모(愁貌)〉 등의 뜻을 내지만 여기선 〈바 소(所)〉와 같다 여기고 새김이 마땅하다.

**이(利)** 〈만물로 하여금 삶을 이루어가게 하는 덕(德)의 이로울 이(利)-사만물수생지덕(使萬物遂生之德), 날카로울 이(利)-예(銳)-섬(銛), 질병 이(利)-질(疾), 통할 이(利)-통(通)-순(順), 좋을 이(利)-길(吉)-의(宜), 편리할 이(利)-편(便), 마름해 만들어 이룰 이(利)-재성(裁成), 탐할 이(利)-탐(貪), 구할(취할) 이(利)-구(求)-취(取), 좋아할 이(利)-열애(悅愛), 이로울 이(利)-익(益), 기교 이(利)-교(巧), 보람 이(利)-공용(功用), 지세가 험하고 중요한 이(利)-험요(險要), 이길 이(利)-승(勝), 어질 이(利)-인(仁)〉 등의 뜻을 내지만 여기선 〈이로울 이(利)〉로 여기고 새김이 마땅하다. 〈利〉가 맨 앞에 오면 〈이〉로 발음되고, 중간이나 뒤에 오면 〈리〉로 발음된다.





## 육사(六四 : --)

六四 : 顚頤나 吉하다 虎視耽耽에 其欲逐逐해도 无咎니라
전이 길 호시탐탐 기욕축축 무구

육사(六四) : 거꾸로[顚] 양육을 구하나[頤] 행복하다[吉]. 호랑이가[虎] 노려보며[視] 기회를 엿보니[耽耽] 그[其] 욕망을[欲] 좇고[逐] 좇아도[逐] 허물이[咎] 없다[无].

**【육사(六四)의 효상(爻象) 풀이】**

이괘(頤卦 : ䷚)의 육사(六四 : --)는 이음거음(以陰居陰) 즉 음(陰 : --)으로써[以] 음(陰 : --)의 자리에 있는지라[居] 정당한 자리에 있다. 육사(六四 : --)와 육오(六五 : --)는 양음(兩陰) 즉 둘 다[兩] 음(陰 : --)인지라 〈비(比)〉 즉 이웃의 사귐[比]을 누리지 못해 상충(相衝) 즉 서로[相] 부딪치는[衝] 모습이다. 그러나 육사(六四 : --)와 초구(初九 : —)는 음양(陰陽)인지라 정응(正應) 즉 바르게[正] 호응하는[應] 모습이다. 그리고 육사(六四 : --)는 이괘(頤卦 : ䷚)의 상체(上體) 간(艮 : ☶)의 초효(初爻)이지만 백성을 다스리는 경대부(卿大夫)의 자리에 있기 때문에 백성을 가르치고 양육하는 직책을 다해야 한다. 육사(六四 : --)가 경대부라는 최고의 집정관(執政官)일지라도 저 홀로 양민(養民)할 수는 없다. 따라서 백성들로 하여금 〈이(頤)〉 즉 구양하는[頤] 정도(正道)를 넓혀가도록 육사(六四 : --)가 독려해야 하는 모습이다.

이괘(頤卦 : ䷚)의 육사(六四 : --)가 구사(九四 : —)로 변효(變爻)하면 육사(六四 : --)는 이괘(頤卦 : ䷚)를 21번째 서합괘(噬嗑卦 : ䷔)로 지괘(之卦)하게 한다. 따라서 이괘(頤卦 : ䷚)의 육사(六四 : --)는 서합괘(噬嗑卦 : ䷔)의 구사(九四 : —)를 찾아가 살펴보게 한다.

【육사(六四)의 계사(繫辭) 풀이】

## 顚頤(전이) 吉(길)

거꾸로[顚] 양육을 구하나[頤] 행복하다[吉].

육사(六四 : --)의 효위(爻位)를 빌려 암시한 계사(繫辭)이다. 〈전이(顚頤) 길(吉)〉은 〈육사지전이자륙사지길자야(六四之顚頤者六四之吉者也)〉의 줄임으로 여기고 〈육사가[六四之] 거꾸로[顚] 양육을 구한다는[頤] 것은[者] 육사의[六四之] 행복인[吉] 것[者]이다[也]〉라고 새겨볼 것이다. 〈전이(顚頤)의 전(顚)〉은 〈거꾸로 도(倒)〉와 같다. 여기 육사(六四 : --)의 〈전이(顚頤)〉는 육이(六二 : --)의 〈전이(顚頤)〉와는 상반된다. 육이(六二 : --)의 〈전이(顚頤)〉는 순차(順次)의 도리(道理)를 거슬러[顚] 초구(初九 : —)에게 육이(六二 : --) 자신을 구양(求養)하게 하는 〈전이(顚頤)〉이지만, 육사(六四 : --)의 〈전이(顚頤)〉는 서로 정응(正應)을 누리는 초구(初九 : —)로 하여금 구양(求養)하도록 다스리려는 〈전이(顚頤)〉이다. 대성괘(大成卦)에서 초위(初位)는 백성이고 사위(四位)는 경대부(卿大夫)이다. 경대부의 자리에 있는 육사(六四 : --)는 정위(正位)에 있기에 사욕없이 자애로써 친민(親民) 즉 백성을[民] 친애하며[親] 백성의 구양[頤]을 독려하고자 〈전이(顚頤)〉 즉 거꾸로[顚] 양육을 구함[頤]인지라, 이러한 〈전이(顚頤)〉가 육사(六四 : --)를 행복하게[吉] 함을 암시한 계사(繫辭)가 〈전이(顚頤) 길(吉)〉이다.

## 虎視耽耽(호시탐탐) 其欲逐逐(기욕축축) 无咎(무구)

호랑이가[虎] 노려보며[視] 기회를 엿보니[耽耽] 그[其] 욕망을[欲] 좇고[逐] 좇아도[逐] 허물이[咎] 없다[无].

〈호시탐탐(虎視耽耽)〉은 〈육사욕전이이륙사호시탐탐(六四欲顚頤而六四虎視耽耽)〉의 줄임으로 여기고 〈육사가[六四] 전이를[顚頤] 하고 싶어서[欲而] 육사는[六四] 호시탐탐한다[虎視耽耽]〉라고 새겨볼 것이다. 〈호시탐탐(虎視耽耽)의 호(虎)〉는 육사(六四 : --)가 이괘(頤卦 : ䷚)의 상체(上體) 간(艮 : ☶)의 초효(初爻)임을 빌려 육사(六四 : --)를 취상(取象)한 것이다. 왜냐하면 〈호시탐탐(虎視耽耽)〉에서 〈호시(虎視)의 호(虎)〉가 「설괘전(說卦傳)」에 나오는 〈간은[艮 : ☶] 검은[黔] 부리의[喙之] 무리[屬]이다[爲]〉라는 내용을 환기시키기 때문이다. 호표(虎豹) 즉 호랑이와[虎] 표범[豹]이 주둥이가[喙] 검은[黔] 산짐승이다. 〈호시탐탐(虎視眈眈)〉에서 〈호시(虎視)의 시(視)〉는 이괘(頤卦 : ䷚)의 가운데 네 음효(陰爻) 모두는 중허(中虛)의 효(爻)인지라 허효(虛爻) 넷을 포갠다면[疊] 하나의 허효(虛爻) 즉 음효(陰爻)로 융화될 수 있으니, 이괘(頤卦 : ䷚)의 모습이 이(離 : ☲)의 모습으로 회상(繪像) 즉 그림으로[繪] 닮아[像] 보임을 빌려 육사(六四 : ⚋)를 취상(取象)한 것이다. 왜냐하면 「설괘전(說卦傳)」에 나오는 〈이는[離 : ☲] 눈[目]이다[爲]〉라는 내용을 여기 〈시(視)〉가 떠올려주기 때문이다. 위하(爲下)의 〈이(頤)〉 즉 백성을[下] 위하여[爲] 구양(求養)하기 위해서라면 육사(六四 : ⚋)가 위엄을 갖추고 엄격하게 백성을 위한 구양[頤]을 공평무사(公平無私)하게 실행함을 암시한 계사(繫辭)가 〈호시탐탐(虎視眈眈)〉이다.

〈기욕축축(其欲逐逐) 무구(无咎)〉는 〈육사욕축전이이유축축전이(六四欲逐顚頤而愈逐逐顚頤) 육사무구(六四无咎)〉의 줄임으로 여기고 〈육사가[六四] 전이를[顚頤] 좇기를[逐] 욕망해서[欲而] 전이를[顚頤] 좇으면[逐] 좇을[逐]수록[愈] 육사에게는[六四] 허물이[咎] 없다[无]〉라고 새겨볼 것이다. 이는 육사(六四 : ⚋)가 아래의 초구(初九 : ⚊)를 〈이(頤)〉 즉 구양(求養)하려는 욕망이 위엄을 갖추면서도 간절함을 암시한다. 〈기욕축축(其欲逐逐)의 기욕(其欲)〉은 육사(六四 : ⚋)가 초구(初九 : ⚊)를 구양(求養)하기를 소망함이고, 〈기욕축축(其欲逐逐)의 축축(逐逐)〉은 육사(六四 : ⚋)가 축구돈실(逐求敦實)하여 애씀을 나타낸다. 추구함을[求] 좇음이[逐] 도탑고[敦] 진실한[實] 모습이 〈축축(逐逐)〉이다. 육사(六四 : ⚋)의 이러한 〈축축(逐逐)〉은 자신을 위해서가 아니라 오로지 천하백성(天下百姓)을 구양(求養)하는 대사(大事)이므로, 그것을 추구하는 육사(六四 : ⚋)에게 허물이[咎] 없음[无]을 암시한 계사(繫辭)가 〈기욕축축(其欲逐逐) 무구(无咎)〉이다.

【字典】

**전(顚)** 〈거꾸로 전(顚)-도(倒), 뒤집어질 전(顚)-부(仆), 이마 전(顚)-정(頂), 산꼭대기 전(顚)-산정(山頂), 끝 전(顚)-말(末), 나무 끝 전(顚)-목초(木梢), 머리 전(顚)-수(首), 근본 전(顚)-본(本)〉 등의 뜻을 내지만 여기선 〈거꾸로 도(倒)〉와 같다 여기고 새김이 마땅하다.

**이(頤)** 〈구양할(기를) 이(頤)-양(養), 위아래 턱 이(頤)-악(顎)-함(頷), 잔치 이(頤)-연(宴), 깊을 이(頤)-심(深), 턱 끄덕거릴 이(頤)-이지(頤指)-이사(頤使), 늙은이 이(頤)-노(老)-기이(期頤)〉 등의 뜻을 내지만 〈기를 양(養)〉으로 여기고 새김이 마땅하고, 여기 〈이(頤)〉를 구양(求養) 즉 기름을[養] 구한다[求]는 뜻으로 새김이 마땅하다.

**길(吉)** 〈좋을(행복할) 길(吉)-선(善)-영(令) {영월길일(令月吉日)은 선월선일(善月善日)임.}, 복 길(吉)-실(實)-선실(善實)-복(福), 예의를 따라 상서로울 길(吉)-예의순상(禮義順祥), 삼갈 길(吉)-근(謹), 초하루 길(吉)-삭일(朔日) {삭망(朔望) 즉 초하루[朔]와 그믐날[望]}, 길례 길(吉)-길례(吉禮) {오례지일(五禮之一) 길흉빈군가(吉凶賓軍嘉)}, 갈 길(吉)-행(行)-길(趌)〉 등의 뜻을 내지만 여기선 〈좋을 선(善)-영(令)〉 즉 행복과 같다 여기고 새김이 마땅하다.

**호(虎)** 〈호랑이 호(虎)-동물명(動物名), 위무 용맹 호(虎)-위무(威武)-용맹(勇猛), 잔인하고 포악할 호(虎)-잔포(殘暴), 바둑의 호구 호(虎)-기법(棋法)〉 등의 뜻을 내지만 여기선 〈호랑이 호(虎)〉로 새김이 마땅하다.

**시(視)** 〈볼 시(視)-첨(瞻), 밝을 시(視)-요(瞭), 서로 살필 시(視)-상찰(相察), 돌아볼 시(視)-고(顧), 대접 시(視)-간대(看待), 본받을 시(視)-효(效), 견줄 시(視)-비(比), 가르칠 시(視)-교(敎)〉 등의 뜻을 내지만 여기선 〈볼 첨(瞻)〉과 같다 여기고 새김이 마땅하다.

**탐(眈)** 〈웅크리고 볼 탐(眈)-호시모(虎視貌), 귀 축 처질 탐(耽)-이대수(耳大垂), 즐길 탐(耽)-기(嗜)-낙(樂), 지나치게 즐길 탐(耽)-과락(過樂), 깊고 멀 탐(耽)-심원(深遠), 그릇될 탐(耽)-오(誤)〉 등의 뜻을 내지만 여기선 〈웅크리고 볼 호시모(虎視貌)〉로 여기고 새김이 마땅하다.

**기(其)** 〈그것 기(其)-피(彼)-지(之), 그럴 기(其)-연(然), 어찌 기(其)-기(豈), 누를 기(其)-억(抑), 오히려 기(其)-상(尙)-서기(庶幾), 이에 기(其)-내(乃), 만약 기(其)-약(若), 장차 기(其)-장(將), 어조사 기(其)-어조사(語助辭)〉 등의 뜻을 내지만 여기선 〈그것 피(彼)〉와 같다 여기고 새김이 마땅하다.

**욕(欲)** 〈하고자 할 욕(欲)-기원(期願), 탐욕 욕(欲)-탐욕(貪欲), 사랑할 욕(欲)-애(愛), 장차(앞으로) 욕(欲)-장(將), 물욕 욕(欲)-물욕(物欲), 너그러울 욕(欲)-유(裕), 색을 밝힐 욕(欲)-요색(樂色), 욕심(욕정) 욕(欲)-욕정(慾情), 빨리할 욕(欲)-삭(數)〉 등의 뜻을 내지만 여기선 〈하고자 할 기원(期願)〉으로 여기고 새김이 마땅하다.

**逐** 〈축-적〉 두 가지로 발음되고, 〈구할 축(逐)-구(求), (말을) 몰아갈 축(逐)-구(驅), 좇을 축(逐)-박(迫), 물리칠 축(逐)-척(斥), 풀어놓을 축(逐)-방(放), 따라갈 축(逐)-종(從), 달릴 축(逐)-주(走), 질병 축(逐)-병(病)-질(疾), 달리는 모양 적(逐)-치(馳)-분(奔)〉 등의 뜻을 내지만 여기선 〈구할 구(求)〉와 같다 여기고 새김이 마땅하다.

**무(无)** 〈없을 무(无)-무(無), 허무지도 무(无)-허무지도(虛无之道), 으뜸 무(无)-원(元)〉 등의 뜻을 내지만 여기선 〈없을 무(無)〉와 같다 여기고 새김이 마땅하다.

**구(咎)** 〈재앙 구(咎)-재(災), 병될 구(咎)-병(病), 허물 구(咎)-건(愆)-과(過), 나쁠 오(惡)〉 등의 뜻을 내지만 여기선 〈허물 건(愆)-과(過)〉와 같다 여기고 새김이 마땅하다. 〈무구(无咎)〉는 〈면어구(免於咎)〉 즉 허물을[於咎] 면하다[免]와 같다.

---

註 간위검훼지속(艮爲黔喙之屬) : 간은[艮 : ☶] 검은[黔] 부리의[喙之] 무리[屬]이다[爲].
「설괘전(說卦傳)」 11단락(段落)

註 이위목(離爲目) : 이는[離 : ☲] 눈[目]이다[爲]. 「설괘전(說卦傳)」 11단락(段落)

## 육오(六五 : --)

**六五 : 拂經이나 居貞吉하다 不可涉大川이니라**
불경 거정길 불가섭대천

육오(六五) : 상도를[經] 어김이나[拂] 미더움으로[貞] 처신하면[居] 좋을 것이다[吉]. 큰[大] 내를[川] 건널[涉] 수 없다[不可].

### 【육오(六五)의 효상(爻象) 풀이】

이괘(頤卦 : ䷚)의 육오(六五 : --)는 이음거양(以陰居陽) 즉 음(陰 : --)으로써[以] 양(陽 : —)의 자리에 있는지라[居] 정당한 자리에 있지 못하다. 육오(六五 : --)와 상구(上九 : —)는 음양(陰陽)의 사이인지라 〈비(比)〉 즉 이웃의 사귐[比]을 누린다. 육오(六五 : --)와 육이(六二 : --)는 양음(兩陰) 즉 둘 다[兩] 음(陰 : --)인지라 〈중정(中正)〉도 누리지 못하고 〈정응(正應)〉도 누리지 못해 서로 통하지 못한다. 육오(六五 : --)가 군왕(君王)의 자리에 있지만 유약(柔弱)해 자신의 구양[頤]을 상구(上九 : —)에게 구(求)하면서도 득중(得中) 즉 정도를 따름을[中] 취하면서[得] 백성을 저버리지 않는 모습이다.



> 이괘(頤卦 : ䷚)의 육오(六五 : --)가 구오(九五 : —)로 변효(變爻)하면 육오(六五 : --)는 이괘(頤卦 : ䷚)를 42번째 익괘(益卦 : ䷩)로 지괘(之卦)하게 한다. 따라서 이괘(頤卦 : ䷚)의 육오(六五 : --)는 익괘(益卦 : ䷩)의 구오(九五 : —)를 찾아가 살펴보게 한다.



**【육오(六五)의 계사(繫辭) 풀이】**

## 拂經(불경) 居貞吉(거정길)

**상도를[經] 어김이나[拂] 미더움으로[貞] 처신하면[居] 좋을 것이다[吉].**

육오(六五 : --)의 효위(爻位)를 빌려 암시한 계사(繫辭)이다. 〈불경(拂經)〉은 〈육오불이민지경상(六五拂頤民之經常)〉의 줄임으로 여기고 〈육오가[六五] 백성을[民] 구양하는[頤之] 경상을[經常] 어긴다[拂]〉라고 새겨볼 것이다. 〈불경(拂經)의 불(拂)〉은 〈어길 역(逆)-패(悖)〉와 같아 〈불경(拂經)〉은 〈패경(悖經)〉과 같다. 육오(六五 : --)가 군왕(君王)으로서 백성을 구양해야[頤] 하는 왕사(王事)를 다함이 군왕의 정도(正道)이다. 그렇지 않고 육오(六五 : --)가 상구(上九 : —)에게 자기를 구양함[頤]을 바라고 사귐[比]에 기울어진다면 군왕(君王)으로서 왕도(王道)에 어긋남을 암시한 것이 〈불경(拂經)〉이다.

〈거정길(居貞吉)〉은 〈약륙오거정(若六五居貞) 육오길(六五吉)〉의 줄임으로 여기고 〈만약[若] 육오가[六五] 미더움으로[貞] 처신하면[居] 육오는[六五] 좋을 것이다[吉]〉라고 새겨볼 것이다. 〈거정(居貞)의 거(居)〉는 육오(六五 : --)와 상구(上九 : —)의 비(比) 즉 이웃으로 사귐[比]을 암시한다. 〈불경(拂經)의 불(拂)〉을 육오(六五 : --) 자신의 뜻에 어긋나지만 어쩔 수 없이 군왕의 도리를 어김[拂]일지라도, 백성을 위해서 상구(上九 : —)의 강강(剛强)에 의지함을 암시하는 것이 〈거정(居貞)의 거(居)〉이다. 상구(上九 : —)는 이괘(頤卦 : ䷚)의 주제인 〈이(頤)〉 즉 구양하는[頤] 시국을 다 겪어온 현자(賢者)이다. 육오(六五 : --)가 자신의 능력이 부족함을 자인(自認)하고 상구(上九 : —)의 슬기로움을 진실로 미덥게[貞] 따름인지라, 육오(六五 : ⚋)가 〈불경(拂經)의 불(拂)〉을 마지못해 겪음을 알아챌 수 있다. 〈정(貞)〉은 성신(誠信) 즉 진실로[誠] 미더움[信]인지라 경상(經常) 즉 늘 변함없이[常] 경영해[經] 변동이 없음을 뜻한다. 만사(萬事)를 행함에 〈정(貞)〉은 진실로[誠] 미더워[信] 오로지 공정(公正)하므로 언제 어디서나 상대에게 이로울[利] 뿐인지라 항상 막힘없이 통한다[亨]. 이러한 〈정(貞)〉이란 득중(得中) 즉 정도를 따름을[中] 취함[得]을 잃지 않는 마음가짐으로 이어지는지라, 육오(六五 : ⚋)가 사심 없이 백성의 구양[頤]을 펼치겠다는 심지(心志)를 암시함이 〈거정(居貞)의 정(貞)〉이다. 육오(六五 : ⚋)의 이러한 〈정(貞)〉이 행운을 가져다줌을 암시한 계사(繫辭)가 〈거정길(居貞吉)〉이다.

## 不可涉大川(불가섭대천)

### 큰[大] 내를[川] 건널[涉] 수 없다[不可].

〈불가섭대천(不可涉大川)〉은 〈육오불가섭대천(六五不可涉大川)〉의 줄임으로 여기고 〈육오는[六五] 큰[大] 내를[川] 건널[涉] 수 없다[不可]〉라고 새겨볼 것이다. 〈불가섭대천(不可涉大川)〉은 이괘(頤卦 : ䷚)의 괘상(卦象)을 빌려 육오(六五 : ⚋)를 취상(取象)한 것이고, 동시에 육오(六五 : ⚋)가 변효(變爻)하여 이괘(頤卦 : ䷚)의 상체(上體) 간(艮 : ☶)이 손(巽 : ☴)으로 변괘(變卦)함을 빌려 육오(六五 : ⚋)를 취상(取象)한 것이다. 이괘(頤卦 : ䷚)는 중허(中虛)인지라 그 괘상(卦象)이 구강(口腔)의 모습으로도 보이지만 허주(虛舟) 즉 빈[虛] 배[舟]로도 보여 육오(六五 : ⚋)를 허주(虛舟)로써 취상(取象)할 수 있고, 육오(六五 : ⚋)가 변효(變爻)한다면 이괘(頤卦 : ䷚)의 상체(上體) 간(艮 : ☶)이 손(巽 : ☴)으로 변괘(變卦)될 수도 있으니 육오(六五 : ⚋)를 풍(風) 즉 바람[風]으로써 취상할 수도 있다. 왜냐하면 「설괘전(說卦傳)」에 〈손은[巽 : ☴] 바람[風]이다[爲]〉라는 내용이 나오기 때문이다. 육오(六五 : ⚋)가 변효(變爻)하면 허주(虛舟) 즉 빈[虛] 배[舟]와 같고 동시에 바람[風]과 같아 빈 배는 풍파(風波)를 헤치고 큰물을[大川] 건널 수가 없는 모습인지라, 군왕(君王)으로서 육오(六五 : ⚋)가 만백성의 구양[頤]을 위하여 함부로 경거망동(輕擧妄動)을 감행할 수 없음을 헤아려 깨우치게 하는 계사(繫辭)가 〈불가섭대천(不可涉大川)〉이다.

【字典】

**拂** 〈불-필〉 두 가지로 발음되고, 〈어길 불(拂)-역(逆)-위(違), 떨칠 불(拂)-과격(過擊), 씻어버릴 불(拂)-제(除)-거(去), 쓸어버릴 불(拂)-추(帚), 닦아 깨끗하게 할 불(拂)-식(拭), 먼지떨이 불(拂)-불진지구(拂塵之具), 뺄 불(拂)-발(拔), 넘어질 불(拂)-폐(弊), 도울 필(拂)-보(輔)〉 등의 뜻을 내지만 여기선 〈어길 역(逆)〉과 같다 여기고 새김이 마땅하다.

**경(經)** 〈상도 경(經)-상도(常道), 다스릴 경(經)-치(治), (베 짤 때 세로로 놓는 실줄) 날 경(經)-종(縱), 남북 경(經)-남북(南北) {동서(東西)는 위(緯)}, 지날 경(經)-유(由)-경(徑), 벼리 경(經)-기(紀)-강(綱), 떳떳할 경(經)-상(常), 법 경(經)-법(法), 글(경서) 경(經)-서(書), 지경 경(經)-계(界), 곧을 경(經)-직(直), 목맬 경(經)-액(縊)〉 등의 뜻을 내지만 여기선 〈상도(常道)〉로 여기고 새김이 마땅하다.

**居** 〈거-기〉 두 가지로 발음되고, 〈멈출 거(居)-지(止), 모을 거(居)-준(蹲), 쌓아둘 거(居)-축(蓄), 앉을 거(居)-좌(坐), 머물 거(居)-처(處)-주(住), 마땅할 거(居)-당(當), 움직이지 않을 거(居)-안(安)-부동(不動), 정도를 고요히 생각할 거(居)-정이사도(靜而思道), 안주하여 오래 양육할 거(居)-안주장양(安住長養), 법 거(居)-법(法), 다스릴 거(居)-치(治), 이유 거(居)-고(故), 의문어조사 ~인가 기(居), 뜻 없는 어조사 기(居)〉 등의 뜻을 내지만 여기선 〈멈출 지(止)〉와 같다 여기고 새김이 마땅하다.

**정(貞)** 〈바를 정(貞)-정(正), 믿을 정(貞)-신(信), 거북점을 물을 정(貞)-복문(卜問), 역(易)의 내괘(內卦) 정(貞), 마땅할 정(貞)-당(當), 정할 정(貞)-정(定), 순수할 정(貞)-전(專)-일(一)〉 등의 뜻을 내지만 여기선 〈바를 정(正), 믿을 신(信)〉 등을 합친 뜻과 같아 〈정신(正信)〉으로 여기고 새김이 마땅하다.

**길(吉)** 〈좋을(행복할) 길(吉)-선(善)-영(令) {영월길일(令月吉日)은 선월선일(善月善日)임.}, 복 길(吉)-실(實)-선실(善實)-복(福), 예의를 따라 상서로울 길(吉)-예의순상(禮義順祥), 삼갈 길(吉)-근(謹), 초하루 길(吉)-삭일(朔日) {삭망(朔望) 즉 초하루[朔]와 그믐날[望]}, 길례 길(吉)-길례(吉禮) {오례지일(五禮之一) 길흉빈군가(吉凶賓軍嘉)}, 갈 길(吉)-행(行)-길(趌)〉 등의 뜻을 내지만 여기선 〈좋을 선(善)-영(令)〉 즉 행복과 같다 여기고 새김이 마땅하다.

**不** 〈불-부〉 등으로 발음되고, 〈않을(없을) 불(不)-부(不)-무(無), 아닐 불(不)-

부(不)-비(非), 하지 말 불(不)-부(不)-막(莫)-금지(禁止), 정하지 않을 불(不)-부(不)-부(否)-미정(未定), 새가 날아올라 내려오지 않는 불(不)-부(不)-조비상불하래(鳥飛上不下來)〉 등의 뜻을 내지만 여기선 〈아닌 것 비(非)〉로 여기고 새김이 마땅하다.

**可** 〈가-극〉 두 가지로 발음되고, 〈~할 수 있을 가(可)-능(能), 마땅할 가(可)-의(宜)-당(當), 옳을 가(可)-부지대(否之對), 허락할 가(可)-허(許)-긍(肯), 착할 가(可)-선(善), 합의할 가(可)-합의(合意), 괜찮을 가(可)-미족지사(未足之辭), 족할 가(可)-족(足), 바 가(可)-소(所), 멈출 가(可)-지(止), 뜻을 이룰 가(可)-수의(遂意), 쓸 가(可)-용(用), 만큼 가(可)-정(程), 겨우 가(可)-근(僅), 오랑캐 극(可)〉 등의 뜻을 내지만 여기선 〈~할 수 있을 능(能)〉과 같다 여기고 새김이 마땅하다.

**섭(涉)** 〈물 건널 섭(涉)-도(渡), 물이 흘러가는 섭(涉)-수류(水流), 헤엄쳐 갈 섭(涉)-유행(游行), 서로 교류할 섭(葉)-상교(相交), 경력 섭(涉)-경력(經歷), 깊이 들어갈 섭(涉)-심입(深入)〉 등의 뜻을 내지만 여기선 〈물 건널 도(渡)〉와 같다 여기고 새김이 마땅하다.

**대(大)** 〈큰 대(大)-소지대(小之對), 넓을 대(大)-광(廣), 두루 대(大)-편(徧), 통할 대(大)-통(通), 길 대(大)-장(長), (땅을) 걸게 할 대(大)-비(肥), 두터울 대(大)-후(厚), 많을 대(大)-다(多), 모두 대(大)-개(皆), 선할 대(大)-선(善), 무거울 대(大)-중(重), 거대할 대(大)-거(巨), 아름다울 대(大)-미(美)-장(壯), 부유할 대(大)-부(富), 늙을 대(大)-노(老), 지나칠 대(大)-과(過), 끝 대(大)-극(極), 대충 대(大)-조(粗)-불세밀(不細密), 과대할 대(大)-과(誇)-긍벌(矜伐), 처음 대(大)-초(初), 하늘 대(大)-천(天), 건(乾)-양기(陽氣)-강효(剛爻) 대(大)〉 등의 뜻을 내지만 여기선 〈큰 대(大)〉로 여기고 새김이 마땅하다.

**천(川)** 〈시내 천(川)-천(巛)-관천통류수(貫穿通流水), 수류의 총칭 천(川)-수류지총칭(水流之總稱), 흐르는 물의 시작 천(川)-수류지시(水流之始), 산천의 신 천(川)-산천지신(山川之神), 구덩이 천(川)-갱(坑)〉 등의 뜻을 내지만 여기선 〈땅을 뚫어내고 흐르는 물 즉 시내 관천통류수(貫穿通流水)〉로 여기고 새김이 마땅하다. 〈대천(大川)〉이란 강물을 뜻한다.

---

註 손위풍(巽爲風) : 손은[巽 : ☴] 바람[風]이다[爲]. 「설괘전(說卦傳)」 11단락(段落)

## 상구(上九 : ⚊)

上九 : 由頤라 厲吉하다 利涉大川이니라
유이 여길 이섭대천

상구(上九) : 말미암아[由] 구양함이라[頤] 위태함에도[厲] 행복하다[吉]. 큰[大]물을[川] 건너도[涉] 이롭다[利].

**【상구(上九)의 효상(爻象) 풀이】**

이괘(頤卦 : ䷚)의 상구(上九 : ⚊)는 이양거음(以陽居陰) 즉 양(陽 : ⚊)으로써[以] 음(陰 : ⚋)의 자리에 있는지라[居] 정당한 자리에 있지 못하다. 상구(上九 : ⚊)와 육오(六五 : ⚋)는 양음(陽陰)인지라 〈비(比)〉 즉 이웃의 사귐[比]을 누리는 사이이지만, 군왕(君王)인 육오(六五 : ⚋)의 뜻에 따라야 하는 처지이다. 상구(上九 : ⚊)와 육삼(六三 : ⚋)도 양음(陽陰)의 사이인지라 정응(正應) 즉 바르게[正] 서로 호응하는[應] 사이이지만, 상구(上九 : ⚊)가 어느 한 음효(陰爻 : ⚋)에 치우쳐 〈이(頤)〉 즉 구양(求養)하기[頤] 어렵기 때문에 순차에 따라 제음(諸陰) 즉 모든[諸] 음효(陰爻)들을 고루 구양[頤]하고자 하여 슬기로운 모습이다.

이괘(頤卦 : ䷚)의 상구(上九 : ⚊)가 상륙(上六 : ⚋)으로 변효(變爻)하면 상구(上九 : ⚊)는 이괘(頤卦 : ䷚)를 24번째 복괘(復卦 : ䷗)로 지괘(之卦)하게 한다. 따라서 이괘(頤卦 : ䷚)의 상구(上九 : ⚊)는 복괘(復卦 : ䷗)의 상륙(上六 : ⚋)을 찾아가 살펴보게 한다.

**【상구(上九)의 계사(繫辭) 풀이】**

### 由頤(유이) 厲吉(여길)

말미암아[由] 구양함이라[頤] 위태함에도[厲] 행복하다[吉].

상구(上九 : ⚊)의 효위(爻位)를 빌려 암시한 계사(繫辭)이다. 〈유이(由頤)〉는 〈유기지양상구이제음거군왕지지(由己之陽上九頤諸陰據君王之志)〉의 줄임으로 여기고 〈자신의[己之] 양기로[陽] 말미암아[由] 상구가[上九] 군왕의[君王之] 뜻을

[志] 따라[據] 모든[諸] 음효를[陰] 구양한다[頤]〉라고 새겨볼 것이다. 여기 〈유이(由頤)〉는 상구(上九 : ─)의 모습을 암시한다. 이괘(頤卦 : ䷚)의 제음(諸陰) 즉 네 음효(陰爻 : --)들이 저마다 양기(陽氣 : ─)로 말미암아[由] 〈이(頤)〉 즉 구양(求養)받을 수 있음을 암시한다. 물론 양기(陽氣 : ─)로서 초구(初九 : ─)도 있지만 이상양하(以上養下) 즉 위[上]로써[以] 아래를[下] 구양함[養]이 〈이(頤)〉의 정도(正道)인지라, 상구(上九 : ─)가 군왕(君王)인 육오(六五 : --)의 뜻에 따라 이괘(頤卦 : ䷚)의 제음(諸陰)을 〈이(頤)〉 즉 구양함을 암시한 계사(繫辭)가 〈유이(由頤)〉이다.

〈여길(厲吉)〉은 〈제음지이려상구지심(諸陰之頤厲上九之心) 연이상구길(然而上九吉)〉의 줄임으로 여기고 〈제음을[諸陰之] 구양함은[頤] 상구의[上九之] 마음을[心] 위태하게 한다[厲] 그러나[然而] 상구는[上九] 행복하다[吉]〉라고 새겨볼 것이다. 〈여길(厲吉)의 여(厲)〉는 〈위태할 위(危)〉와 같다. 〈여길(厲吉)의 여(厲)〉는 상구(上九 : ─)가 대인(大人)임을 암시한다. 이괘(頤卦 : ䷚)의 주제인 〈이(頤)〉의 시국에서 소인(小人)의 〈이지정도(頤之正道)〉는 일가(一家)의 부모처자(父母妻子)를 구양하여[頤] 한 가정의 평안을 온 가솔(家率)이 함께 두루 누리게 하는 도리(道理)가 될 것이다. 그러나 상구(上九 : ─)는 소인(小人)이 아니라 대인(大人)이다. 대인(大人)의 〈이지정도(頤之正道)〉란 온 백성을 보육하여 만민이 평안을 누리게 하는 구양(求養)의 도리가 될 것이다. 이렇기 때문에 상구(上九 : ─)의 〈이(頤)〉는 그 책임이 막중하기 짝이 없음을 〈유이(由頤)〉가 암시한다. 그러나 상구(上九 : ─)가 정도(正道)에 따라 〈유이(由頤)〉를 이행한다 할지라도 시운(時運)을 따라야 한다. 이 시운은 상구(上九 : ─)의 뜻대로 되는 것이 아니다. 시운은 오로지 천도(天道) 즉 자연의[天] 규율[道]이기 때문에 상구(上九 : ─)의 〈유이(由頤)〉가 설령 풍년을 맞이했다 할지라도 흉년을 생각하면서 삼가 절검(節儉)해야 함을 잊지 말라 함을 암시한 점사(占辭)가 〈여길(厲吉)〉이다. 〈여길(厲吉)의 여(厲)〉는 구양(求養)함에 풍년만 있는 것이 아니라 흉년도 있음을 항상 마주하라 함이다. 구양(求養)함에는 항상 위기가 닥칠 수 있음을 경계로 삼으라 함이 〈여길(厲吉)의 여(厲)〉이다. 〈여(厲)〉 즉 위기[厲]를 경계하여 대비한다면 위태함이 흉(凶)한 것이 아니라 오히려 길(吉)함을 암시한 계사(繫辭)가 〈여길(厲吉)〉이다.

## 利涉大川(이섭대천)

<u>큰[大]물을[川] 건너도[涉] 이롭다[利].</u>

상구(上九 : ━)의 〈이(頤)〉가 〈여(厲)〉이면서도 〈길(吉)〉한 까닭을 헤아려 깨닫게 하는 계사(繫辭)가 〈이섭대천(利涉大川)〉이다. 〈이섭대천(利涉大川)〉은 상구(上九 : ━)가 이괘(頤卦 : ䷚)를 떠날 처지에 있다 해도 〈유이(由頤)〉를 외면하지 않음을 암시한다. 앞서 살핀 육오(六五 : ╍)가 변효(變爻)하면 허주(虛舟)와 같아 풍파(風波)를 만나 위태롭게 되기 때문에 온 백성의 보육을 저버리는 꼴이 될 수 있지만, 이괘(頤卦 : ䷚)의 상구(上九 : ━)가 변효(變爻)해도 상구(上九 : ━)의 〈이(頤)〉 즉 구양지정도(求養之正道)가 오히려 허주(虛舟)가 순풍(順風)을 만나 큰물을[大川] 건너게[涉] 하여 위기를 만나지 않음을 암시하는 계사(繫辭)가 〈섭대천(涉大川)〉이다. 상구(上九 : ━)가 변효(變爻)하여 이괘(頤卦 : ䷚)의 상체(上體) 간(艮 : ☶)이 곤(坤 : ☷)으로 변하면 간(艮 : ☶)의 상효(上爻)인 이괘(頤卦 : ䷚)의 상구(上九 : ━)가 곤(坤 : ☷)의 상효(上爻)인 24번째 복괘(復卦 : ䷗)의 상륙(上六 : ╍)이 되어, 허주(虛舟)와 같은 이괘(頤卦 : ䷚)가 순풍(順風)을 만나도 큰물을[大川] 건너갈[涉] 수 있는 괘(卦)의 상효(上爻)가 될 수 있다. 곤(坤 : ☷)은 순음(純陰)인지라 지유지순(至柔至順) 즉 지극히[至] 부드럽고[柔] 지극히[至] 순하여[順] 배의 돛에 순풍을 불어줌과 같아 상구(上九 : ━)의 〈유이(由頤)〉를 순풍에 돛단배와 같게 함을 암시한 계사(繫辭)가 〈이섭대천(利涉大川)〉이다.

【字典】

**유(由)** 〈말미암을(인할) 유(由)-인(因), ~부터 유(由)-자(自)-종(從), 통하여 유(由)-경유(經由), 따를 유(由)-종(從), 갈 유(由)-행(行)-적(徂), 싹틀 유(由)-맹(萌), 까닭 유(由)-사유(事由), 같을 유(由)-유(猶), 오히려 유(由)-상(尙)〉 등의 뜻을 내지만 여기선 〈말미암을 인(因)〉과 같다 여기고 새김이 마땅하다.

**이(頤)** 〈구양할(기를) 이(頤)-양(養), 위아래 턱 이(頤)-악(顎)-함(頷), 잔치 이(頤)-연(宴), 깊을 이(頤)-심(深), 턱 끄덕거릴 이(頤)-이지(頤指)-이사(頤使), 늙은이 이(頤)-노(老)-기이(期頤)〉 등의 뜻을 내지만 〈기를 양(養)〉의 뜻으로 여기고 새김이 마땅하고, 여기 〈이(頤)〉를 구양(求養) 즉 기름을[養] 구한다[求]는 뜻으로 새김이 마땅하다.

**여(厲)** 〈위태할 여(厲)-위(危), 엄정할 여(厲)-엄(嚴), 맑고 바를 여(厲)-청정(淸正), 마찰할 여(厲)-마(磨), 막을 여(厲)-항(抗), 일어날 여(厲)-기(起), 지을 여(厲)-작(作), 사나울 여(厲)-학(虐), 병들 여(厲)-병(病), 낭떠러지 여(厲)-애(涯)〉 등의 뜻을 내지만 여기선 〈위태할 위(危)〉와 같다 여기고 새김이 마땅하다.

**길(吉)** 〈좋을(행복할) 길(吉)-선(善)-영(令) {영월길일(令月吉日)은 선월선일(善月善日)임.}, 복 길(吉)-실(實)-선실(善實)-복(福), 예의를 따라 상서로울 길(吉)-예의순상(禮義順祥), 삼갈 길(吉)-근(謹), 초하루 길(吉)-삭일(朔日) {삭망(朔望) 즉 초하루[朔]와 그믐날[望]}, 길례 길(吉)-길례(吉禮) {오례지일(五禮之一) 길흉빈군가(吉凶賓軍嘉)}, 갈 길(吉)-행(行)-길(趌)〉 등의 뜻을 내지만 여기선 〈좋을 선(善)-영(令)〉 즉 행복과 같다 여기고 새김이 마땅하다.

**이(利)** 〈만물로 하여금 삶을 이루어가게 하는 덕(德)의 이로울 이(利)-사만물수생지덕(使萬物遂生之德), 날카로울 이(利)-예(銳)-섬(銛), 질병 이(利)-질(疾), 통할 이(利)-통(通)-순(順), 좋을 이(利)-길(吉)-의(宜), 편리할 이(利)-편(便), 마름해 만들어 이룰 이(利)-재성(裁成), 탐할 이(利)-탐(貪), 구할(취할) 이(利)-구(求)-취(取), 좋아할 이(利)-열애(悅愛), 이로울 이(利)-익(益), 기교 이(利)-교(巧), 보람 이(利)-공용(功用), 지세가 험하고 중요한 이(利)-험요(險要), 이길 이(利)-승(勝), 어질 이(利)-인(仁)〉 등의 뜻을 내지만 여기선 〈이로울 이(利)〉로 여기고 새김이 마땅하다. 〈利〉가 맨 앞에 오면 〈이〉로 발음되고, 중간이나 뒤에 오면 〈리〉로 발음된다.

**섭(涉)** 〈물 건널 섭(涉)-도(渡), 물이 흘러가는 섭(涉)-수류(水流), 헤엄쳐 갈 섭(涉)-유행(游行), 서로 교류할 섭(葉)-상교(相交), 경력 섭(涉)-경력(經歷), 깊이 들어갈 섭(涉)-심입(深入)〉 등의 뜻을 내지만 여기선 〈물 건널 도(渡)〉와 같다 여기고 새김이 마땅하다.

**대(大)** 〈큰 대(大)-소지대(小之對), 넓을 대(大)-광(廣), 두루 대(大)-편(徧), 통할 대(大)-통(通), 길 대(大)-장(長), (땅을) 걸게 할 대(大)-비(肥), 두터울 대(大)-후(厚), 많을 대(大)-다(多), 모두 대(大)-개(皆), 선할 대(大)-선(善), 무거울 대(大)-중(重), 거대할 대(大)-거(巨), 아름다울 대(大)-미(美)-장(壯), 부유할 대(大)-부(富), 늙을 대(大)-노(老), 지나칠 대(大)-과(過), 끝 대(大)-극(極), 대충 대(大)-조(粗)-불세밀(不細密), 과대할 대(大)-과(誇)-긍벌(矜伐), 처음 대(大)-초(初), 하늘 대(大)-천(天), 건(乾)-양기(陽氣)-강효

(剛爻) 대(大)〉 등의 뜻을 내지만 여기선 〈큰 대(大)〉로 여기고 새김이 마땅하다.

**천(川)** 〈시내 천(川)-천(巛)-관천통류수(貫穿通流水), 수류의 총칭 천(川)-수류지총칭(水流之總稱), 흐르는 물의 시작 천(川)-수류지시(水流之始), 산천의 신 천(川)-산천지신(山川之神), 구덩이 천(川)-갱(坑)〉 등의 뜻을 내지만 여기선 〈땅을 뚫어내고 흐르는 물 즉 시내 관천통류수(貫穿通流水)〉로 여기고 새김이 마땅하다. 〈대천(大川)〉이란 강물을 뜻한다.

# 대과괘
# 大過卦

# 28

## 1 괘의 괘상과 계사

### 대과괘(大過卦 : ䷛)

손하태상(巽下兌上) : 아래는[下] 손(巽 : ☴), 위는[上] 태(兌 : ☱).

택풍대과(澤風大過) : 못과[澤] 바람은[風] 대과이다[大過].

大過는 棟橈니 利有攸往하여 亨한다
대과 동요 이유유왕 형

크게[大] 지나침은[過] 마룻대가[棟] 꺾임이니[橈] 갈[往] 데가[攸] 있어야[有] 이롭고[利] 통한다[亨].

**【대과괘(大過卦 : ䷛)의 괘상(卦象) 풀이】**

앞 이괘(頤卦 : ䷚)의 〈이(頤)〉는 음(陰 : ⚋)이 양(陽 : ⚊)에게 구양(求養)함이다. 이에 「서괘전(序卦傳)」에 〈이란[頤] 것은[者] 구양함[養]이다[也] 구양하지 못하면[不養] 곧[則] 움직일[動] 수 없다[不可] 그래서[故] 대과괘(大過卦 : ䷛)로써[以] 그것을[之] 받는다[受]〉라는 말이 나온다. 이는 이괘(頤卦 : ䷚) 뒤에 대과괘(大過卦 : ䷛)가 오는 까닭을 암시한다. 대과괘(大過卦 : ䷛)의 〈대과(大過)〉란 크게[大] 지나침[過]을 뜻하지만, 여기선 음(陰 : ⚋)에 비해서 양(陽 : ⚊)이 지나치게[過] 많은 모습을 암시하기도 한다. 음양(陰陽)을 대소(大小)로써 밝히기도 한다. 양(陽 : ⚊)을 대(大)라고도 하고 음(陰 : ⚋)을 소(小)라고도 한다. 대과괘(大過卦 : ䷛)의 괘체(卦體)는 손하태상(巽下兌上) 즉 하체(下體)는 손(巽 : ☴)이고 상체(上體)는 태(兌 : ☱)이다. 손(巽 : ☴)과 진(震 : ☳)은 음양이 섞바뀌고 태(兌 : ☱)와 간(艮 : ☶) 역시 음양이 섞바뀐지라, 대과괘(大過卦 : ䷛)는 이괘(頤卦 : ䷚)의 대립되는 대성괘(大成卦)이다. 이괘(頤卦 : ䷚)의 음효(陰爻 : ⚋) 자리에 양효(陽爻 : ⚊)가 자리하고 이괘(頤卦 : ䷚)의 양효(陽爻 : ⚊) 자리에 음효(陰爻 : ⚋)가 자리하여,

대과괘(大過卦 : ☱)의 육효(六爻)는 이괘(頤卦 : ☶)의 육효(六爻)와 서로 상반된 모습이다. 이처럼 대과괘(大過卦 : ☱)에는 사양이음(四陽二陰)이라 양(陽 : ─)이 음(陰 : --)보다 배(倍) 즉 곱절[倍]인지라 대과괘(大過卦 : ☱)라 칭명(稱名)한다.





【대과괘(大過卦 : ☱)의 계사(繫辭) 풀이】

## 大過(대과) 棟橈(동요)

크게[大] 지나침은[過] 마룻대가[棟] 꺾임이다[橈].

대과괘(大過卦 : ☱)의 주제인 〈대과(大過)〉는 크게[大] 지나침[過]을 나타내지만 여기선 양(陽 : ─)이 음(陰 : --)보다 배(倍) 즉 곱절[倍]임을 뜻한다. 소과(小過) 즉 음이[小] 지나친[過] 이괘(頤卦 : ☶) 다음에 대과(大過) 즉 양이[大] 지나친[過] 대과괘(大過卦 : ☱)가 오는 것은 천도(天道) 즉 자연의[天] 도리[道]이다. 이괘(頤卦 : ☶)의 가운데[中]에는 양기(陽氣 : ─)가 없고, 대과괘(大過卦 : ☱)의 가운데[中]에는 음기(陰氣 : --)가 없다. 소과(小過) 즉 유약(柔弱)한 음기(陰氣 : --)가 과다해도 서로 구양(求養)하고자 해 지나칠 것이 없지만, 대과(大過) 즉 강강(剛强)한 양기(陽氣 : ─)가 과다하면 행동이 지나칠 수 있다. 구양(求養)하고자 하는 이괘(頤卦 : ☶) 다음에 행동으로 치닫는 대과괘(大過卦 : ☱)가 온 것이다. 모든 목숨은 길러주어야 움직임이 활발해진다.

〈대과(大過) 동요(棟橈)〉는 대과괘(大過卦 : ☱)에서는 강대한 양기(陽氣 : ─)가 약소(弱小)한 음기(陰氣 : --)보다 두 배나 많아서 비롯되는 상황을 암시한다. 육효(六爻)로 이루어지는 대성괘(大成卦)에서 음양(陰陽)이 각각 세 자리를 차지해야 음양의 배합이 균형을 이룬다. 그러나 여기 대과괘(大過卦 : ☱)에서는 그 균형이 깨져버린 〈대과(大過)〉의 시국을 〈동요(棟橈)〉 즉 마룻대가[棟] 꺾인다[橈]고 취상(取象)한 것이다. 앞 이괘(頤卦 : ☶)의 중(中) 즉 속[中]은 비었으나[虛] 외(外) 즉 바깥[外]은 강강(剛强)한 양효(陽爻 : ─)가 에워싸, 비록 소과(小過) 즉 음효(陰爻 : --)가 양효(陽爻 : ─)의 두 배로 과다하여도 이괘(頤卦 : ☶)의 괘상(卦象)은 튼튼하다. 그러나 대과괘(大過卦 : ☱)의 속은 실해도[實] 즉 강강(剛强)한 양효(陽爻 : ─)가 가득 찼어도, 바깥은 유약(柔弱)한 음효(陰爻 : --)가 에워싸 대과괘(大

過卦 : ䷛)의 모습은 취약(脆弱)하다. 음(陰 : --)을 허(虛)라 하고 양(陽 : ㅡ)을 실(實)이라 하여, 음양(陰陽)을 일러 허실(虛實)이라 한다. 대과괘(大過卦 : ䷛)의 이러한 괘상(卦象)을 암시한 것이 〈동요(棟橈)〉이다. 대과괘(大過卦 : ䷛)의 네 양효(陽爻 : ㅡ)를 〈동(棟)〉 즉 지붕의 마룻대[棟]로 취유(取喩)한 것이고, 〈동요(棟橈)〉는 그 마룻대들이[棟] 굽어 부러져 꺾임[橈]을 뜻한다. 대과괘(大過卦 : ䷛) 바깥의 두 유약(柔弱)한 음효(陰爻)가 속의 네 강강(剛强)한 양효(陽爻)들을 받쳐줄 수 없음을 암시한 계사(繫辭)가 〈대과(大過) 동요(棟橈)〉이다.





## 利有攸往(이유유왕) 亨(형)

갈[往] 데가[攸] 있어야[有] 이롭고[利] 통한다[亨].

〈이유유왕(利有攸往) 형(亨)〉은 〈동요(棟橈)〉의 위기를 벗어나야 함을 암시한 계사(繫辭)이다. 마룻대[棟]를 받치는 주(柱) 즉 기둥[柱]이 튼튼해야 하는데 대과괘(大過卦 : ䷛)의 모습은 유약(柔弱)한 두 기둥이 강강(剛强)한 마룻대 넷을 받치고 있으니 〈동요(棟橈)〉 즉 마룻대가[棟] 꺾인다[橈]는 것이다. 마룻대가[棟] 꺾어지면[橈] 집의 지붕이 무너져 내리고 만다. 지붕의 마룻대가 꺾어져 집이 주저앉게 되면 집을 새로 지어야지 주저앉는 집에 연연하여 머물러 있어서는 안 된다. 지붕의 마룻대가 굽어 부러지는 집에서는 빨리 빠져나와야 하는 것임을 암시한 계사(繫辭)가 〈이유유왕(利有攸往)〉이다. 갈[往] 데가[攸] 있으면[有] 이롭다[利]고 함은 무너질 집을 버리고 나와야 함을 행동으로 옮길수록 이롭고[利] 다행으로 통한다[亨] 함이니, 〈동요(棟橈)〉의 집을 연연하지 않고 즉 〈대과(大過)〉를 고집하지 않고 저버림을 암시한 것이 〈이유유왕(利有攸往) 형(亨)〉이다.

**【字典】**

**대(大)** 〈큰 대(大)-소지대(小之對), 건(乾)-양기(陽氣)-강효(剛爻) 대(大), 넓을 대(大)-광(廣), 두루 대(大)-편(徧), 통할 대(大)-통(通), 길 대(大)-장(長), (땅을) 걸게 할 대(大)-비(肥), 두터울 대(大)-후(厚), 많을 대(大)-다(多), 모두 대(大)-개(皆), 선할 대(大)-선(善), 무거울 대(大)-중(重), 거대할 대(大)-거(巨), 아름다울 대(大)-미(美)-장(壯), 부유할 대(大)-부(富), 늙을 대(大)-노(老), 지나칠 대(大)-과(過), 끝 대(大)-극(極), 대충 대(大)-조(組)-불세밀(不細密), 과대할 대(大)-과(誇)-긍벌(矜伐), 처음 대(大)-초(初), 하

늘 대(大)-천(天)〉 등의 뜻을 내지만 여기선 〈큰 대(大), 양기 대(大)〉로 여기고 새김이 마땅하다.

**과(過)** 〈지나칠 과(過)-월(越)-초(超), 말이 문을 나오는 모양 과(過)-틈(闖), 이길 과(過)-승(勝), 남을 과(過)-여(餘), 많을 과(過)-다(多), 심할 과(過)-심(甚), 끊을 과(過)-절(絶), 매우 심할 과(過)-태심(太甚)-과도(過度), 잘못할 과(過)-오(誤)-실도(失度), 실수할 과(過)-무심지실(無心之失) {유심지실(有心之失)은 악(惡)}, 과실(잘못) 과(過)-실오(失誤), 죄 과(過)-죄(罪), 꾸짖을 과(過)-책(責), 건널 과(過)-도(渡), 지날 과(過)-경(經), 넘을 과(過)-유(踰), 이를 과(過)-지어(至於), 찾아갈 과(過)-방(訪)-견(見), 갈 과(過)-거(去), 고루 미칠 과(過)-편(遍)〉 등의 뜻을 내지만 여기선 〈지나칠 월(越)-초(超)〉와 같다 여기고 새김이 마땅하다.

**동(棟)** 〈마룻대 동(棟)-옥척(屋脊), 쪼구미(동자기둥) 동(棟)-옥지중량(屋之中樑), 주춧돌 동(棟)-주석(柱石), 별 이름 동(棟)-동성(棟星)〉 등의 뜻을 내지만 여기선 〈마룻대 옥척(屋脊)〉으로 여기고 새김이 마땅하다.

**요(橈)** 〈굽어 부러질 요(橈)-곡절(曲折), 구부정한 나무 요(橈)-곡목(曲木), 굽을 요(橈)-왕(枉)-굴곡(屈曲), 움직여 굽을 요(橈)-동곡(動曲), 약할 요(橈)-약(弱), 어지러울 요(橈)-난(亂), 꺾을 요(橈)-최절(摧折), 헤칠 요(橈)-산(散), 짧은 노 요(橈)-단도(短櫂)〉 등의 뜻을 내지만 여기선 〈굽어 부러질 곡절(曲折)〉과 같다 여기고 새김이 마땅하다.

**이(利)** 〈만물로 하여금 삶을 이루어가게 하는 덕(德)의 이로울 이(利)-사만물수생지덕(使萬物遂生之德), 날카로울 이(利)-예(銳)-섬(銛), 질병 이(利)-질(疾), 통할 이(利)-통(通)-순(順), 좋을 이(利)-길(吉)-의(宜), 편리할 이(利)-편(便), 마름해 만들어 이룰 이(利)-재성(裁成), 탐할 이(利)-탐(貪), 구할(취할) 이(利)-구(求)-취(取), 좋아할 이(利)-열애(悅愛), 이로울 이(利)-익(益), 기교 이(利)-교(巧), 보람 이(利)-공용(功用), 지세가 험하고 중요한 이(利)-험요(險要), 이길 이(利)-승(勝), 어질 이(利)-인(仁)〉 등의 뜻을 내지만 여기선 〈이로울 이(利)〉로 여기고 새김이 마땅하다. 〈利〉가 맨 앞에 오면 〈이〉로 발음되고, 중간이나 뒤에 오면 〈리〉로 발음된다.

**유(有)** 〈없을 무(無)의 반대말로 있을 유(有), 혹 유(有)-혹(或), 많을 유(有)-다(多)-족(足), 부유할 유(有)-부(富), 얻을(가질) 유(有)-취(取), 간직할 유(有)-장(藏), 보호

할 유(有)-보(保), 서로 친할 유(有)-상친(相親), 전일할 유(有)-전(專), 할 유(有)-위(爲), 어조사 유(有)〉 등의 뜻을 내지만 〈있을 유(有)〉로 여기고 새김이 마땅하다.

**유(攸)** 〈곳 유(攸)-소(所), 흘러가는 물 유(攸)-행수(行水), 아득할 유(攸)-장원(長遠)-유(悠), 닦을 유(攸)-수(修), 터득한 모습 유(攸)-자득모(自得貌), 빠를 유(攸)-숙(儵), 대롱거릴 유(攸)-현위모(懸危貌), 수심에 찬 모습 유(攸)-수모(愁貌)〉 등의 뜻을 내지만 여기선 〈곳 소(所)〉와 같다 여기고 새김이 마땅하다.

**왕(往)** 〈갈 왕(往)-행(行)-지(之)-거(去), 이를 왕(往)-지(至), 향할 왕(往)-향(向), 옛 왕(往)-석(昔), 이따금 왕(往)-시시(時時), 뒤 왕(往)-후(後)〉 등의 뜻을 내지만 〈갈 행(行)〉과 같다 여기고 새김이 마땅하다.

**亨** 〈향-형-팽〉 등 세 가지로 발음되고, 〈통할 형(亨)-통(通), 남을 형(亨)-여(餘), 드릴 향(亨)-헌(獻), 삶을 팽(亨)-자(煮)-팽(烹)〉 등의 뜻을 내지만 여기선 〈통할 통(通)〉과 같다 여기고 새김이 마땅하다.

## 2 효의 효상과 계사

初六：藉用白茅니 无咎하다
자용백모 무구

九二：枯楊生稊하니 老夫得其女妻라 无不利하다
고양생제 노부득기녀처 무불리

九三：棟橈이니 凶하다
동요 흉

九四：棟隆이니 吉하다 有它면 吝하다
동융 길 유타 인

九五：枯楊生華하니 老婦得其士夫라 无咎하나 无譽리라
고양생화 노부득기사부 무구 무예

上六：過涉滅頂이니 凶하나 无咎하다
과섭멸정 흉 무구

초륙(初六)：깔개로[藉] 흰[白] 띠풀을[茅] 쓰니[用] 허물이[咎] 없다[无].

구이(九二)：말라 야윈[枯] 버드나무가[楊] 새싹을[稊] 틔우니[生] 늙은[老] 사내가[夫] 그[其] 여자를[女] 아내로[妻] 취한다[得]. 이롭지 못할 것이[不利] 없다[无].

구삼(九三)：마룻대가[棟] 꺾이니[橈] 흉하다[凶].

구사(九四)：마룻대가[棟] 성대하니[隆] 길하다[吉]. 다른 것이[它] 있다면[有] 부끄럽다[吝].

구오(九五)：말라 야윈[枯] 버드나무가[楊] 꽃을[華] 피우니[生] 늙은[老] 아낙이[婦] 제[其] 사내를[士夫] 얻는다[得]. 허물도[咎] 없지만[无] 영예도[譽] 없다[无].

상륙(上六)：과하게[過] 물을 건너다[涉] 머리를[頂] 잠겼으니[滅] 불행하나[凶] 허물은[咎] 없다[无].

## 초륙(初六 : --)

**初六 : 藉用白茅니 无咎하다**
자용백모 무구

초륙(初六) : 깔개로[藉] 흰[白] 띠풀을[茅] 쓰니[用] 허물이[咎] 없다[无].

**【초륙(初六)의 효상(爻象) 풀이】**

대과괘(大過卦 : ䷛)의 초륙(初六 : --)은 이음거양(以陰居陽) 즉 음(陰 : --)으로써[以] 양(陽 : —)의 자리에 있는지라[居] 정당한 자리에 있지 못하다. 초륙(初六 : --)과 구이(九二 : —)는 음양(陰陽)인지라 〈비(比)〉 즉 이웃의 사귐[比]을 누린다. 초륙(初六 : --)과 구사(九四 : —)도 음양(陰陽)인지라 〈정응(正應)〉 즉 바르게[正] 서로 호응하는[應] 처지이다. 대과괘(大過卦 : ䷛)의 초륙(初六 : --)에게 이렇듯 상보(相補) 즉 서로[相] 돕는[補] 처지임에도 오히려 유약(柔弱)한 초륙(初六 : --)이 스스로 겸하(謙下)함을 보이는 모습이다.

> 대과괘(大過卦 : ䷛)의 초륙(初六 : --)이 초구(初九 : —)로 변효(變爻)하면 초륙(初六 : --)은 대과괘(大過卦 : ䷛)를 43번째 쾌괘(夬卦 : ䷪)로 지괘(之卦)하게 한다. 따라서 대과괘(大過卦 : ䷛)의 초륙(初六 : --)은 쾌괘(夬卦 : ䷪)의 초구(初九 : —)를 찾아가 살펴보게 한다.

**【초륙(初六)의 계사(繫辭) 풀이】**

### 藉用白茅(자용백모) 无咎(무구)

깔개로[藉] 흰[白] 띠풀을[茅] 쓰니[用] 허물이[咎] 없다[无].

초륙(初六 : --)의 효위(爻位)를 빌려 암시한 계사(繫辭)이다. 〈자용백모(藉用白茅)〉는 〈이기지자초륙용백모(以己之藉初六用白茅)〉의 줄임으로 여기고 〈자기의[己之] 깔개[藉]로[以] 초륙은[初六] 하얀[白] 띠풀을[茅] 쓴다[用]〉라고 새겨볼 것이다. 〈자용백모(藉用白茅)의 자(藉)〉는 앉기도 하고 눕기도 하는 깔개 즉 방석자리이다. 〈자(藉)〉 즉 깔개[藉]를 들어 맨 아랫자리에 있는 유약(柔弱)한 초륙(初六 :

--)이 자신을 겸손하게 낮추는 모습을 취유(取喩)한 것이다. 〈자(藉)〉란 늘 그 무엇의 재하(在下) 즉 아래에[下] 있음[在]을 말한다. 초륙(初六 : --)의 효상(爻象)을 비유한 〈자(藉)〉를 〈백모(白茅)〉라고 묘사한 것은 「설괘전(說卦傳)」에 나오는 〈손은[巽 : ☴] 흼[白]이다[爲]〉라는 내용을 상기시킨다. 〈백모(白茅)의 모(茅)〉는 유약(柔弱)한 초륙(初六 : --)을 취상(取象)한 것이다.

초륙(初六 : --)이 대과괘(大過卦 : ䷛)의 하체(下體) 손(巽 : ☴)의 초효(初爻)인지라 초륙(初六 : --)의 효상(爻象)을 〈하얀[白] 띠풀[茅]〉로 취상(取象)하고, 초륙(初六 : --)을 삘기로[茅] 써서 만든[用] 방석자리[藉]라고 묘사한 것이다. 대과괘(大過卦 : ䷛)의 초륙(初六 : --)은 유약(柔弱)한 음기(陰氣 : --)인지라 대과괘(大過卦 : ䷛)의 〈대과(大過)〉 즉 양기(陽氣 : —)들의[大] 지나침[過]을 조장할 수도 없고 견제할 수도 없으니 자하(自下) 즉 스스로를[自] 낮추는지라[下] 초륙(初六 : --)을 〈백모(白茅)〉로 만들어진[用] 방석[藉]이라고 비유하고, 그 방석을 깔고 앉거나 누워서 헐어진다고 한들 초륙(初六 : --)에게는 허물이[咎] 없다[无]고 암시한 점사(占辭)가 〈자용백모(藉用白茅) 무구(无咎)〉이다.

**【字典】**

**藉** 〈자-적〉 두 가지로 발음되고, 〈깔개 자(藉)-천(薦)-좌와기상(坐臥其上), 제사 자(藉)-제(祭), (깔개에 놓은) 무늬 자(藉)-조(藻), 빌릴 자(藉)-차(借), 핑계댈(기댈) 자(藉)-빙(憑), 유래(연유) 자(藉)-인(因), 산란할 자(藉)-산란(散亂), 관대하고 박식해 여유로운 자(藉)-관박유여(寬博有餘), 돌아볼 적(藉)-고(顧), 밟을 적(藉)-도(蹈), 욕될 적(藉)-욕(辱), 어수선할 적(藉)-잡란(雜亂), 매우 성할 적(藉)-심성(甚盛), 드릴 적(藉)-공헌(貢獻), 임금이 가는 밭 적(藉)-적전(藉田)〉 등의 뜻을 내지만 여기선 〈깔개(방석) 천(薦)-좌와기상(坐臥其上)〉으로 여기고 새김이 마땅하다.

**용(用)** 〈쓸 용(用)-시(施)-행(行), 쓰일(부릴) 용(用)-사(使), 맡길 용(用)-임(任), 위할 용(用)-위(爲), 갖출 용(用)-비(備)〉 등의 뜻을 내지만 여기선 〈쓸 시(施)〉와 같다 여기고 새김이 마땅하다.

**백(白)** 〈흰 백(白)-오색지일(五色之一)-소색(素色), 서방색 백(白)-서방색(西方色), 가을색 백(白)-추색(秋色), 오행의 금 백(白)-오행위금(五行爲金), 역(易)의 진(震)-손(巽) 백(白), 백색 백(白)-백색(白色), 깨끗할 백(白)-결(潔), 밝고 밝을 백(白)-창명(彰

明), 현명하고 청정할 백(白)-현명청정(賢明淸正), 가르쳐 인도할 백(白)-계(啓), 알릴 백(白)-고어(告語), 공백 백(白)-공백(空白), 도(道) 백(白)-허실생백(虛室生白=虛室生道)〉 등의 뜻을 내지만 여기선 〈흰 백 소색(素色)〉으로 여기고 새김이 마땅하다.

**모(茅)** 〈띠(골풀) 모(茅)-관(菅), 표기 모(茅)-전모(前茅)-정지(旌識)〉 등의 뜻을 내지만 여기선 〈띠 관(菅)〉과 같다 여기고 새김이 마땅하다.

**무(无)** 〈없을 무(无)-무(無), 허무지도 무(无)-허무지도(虛无之道), 으뜸 무(无)-원(元)〉 등의 뜻을 내지만 여기선 〈없을 무(無)〉와 같다 여기고 새김이 마땅하다.

**구(咎)** 〈재앙 구(咎)-재(災), 병될 구(咎)-병(病), 허물 구(咎)-건(愆)-과(過), 나쁠 구(咎)-오(惡)〉 등의 뜻을 내지만 여기선 〈허물 건(愆)-과(過)〉와 같다 여기고 새김이 마땅하다. 〈무구(无咎)〉는 〈면어구(免於咎)〉 즉 허물을[於咎] 면하다[免]와 같다.

---

註 손위백(巽爲白) : 손은[巽 : ☴] 흼[白]이다[爲]. 「설괘전(說卦傳)」 11단락(段落)

## 구이(九二 : ⚊)

九二 : 枯楊生稊하니 老夫得其女妻라 无不利하다
고양생제 노부득기녀처 무불리

구이(九二) : 말라 야윈[枯] 버드나무가[楊] 새싹을[稊] 틔우니[生] 늙은[老] 사내가[夫] 그[其] 여자를[女] 아내로[妻] 취한다[得]. 이롭지 못할 것이[不利] 없다[无].

### 【구이(九二)의 효상(爻象) 풀이】

대과괘(大過卦 : ䷛)의 구이(九二 : ⚊)는 이양거음(以陽居陰) 즉 양(陽 : ⚊)으로써[以] 음(陰 : ⚋)의 자리에 있는지라[居] 정당한 자리에 있지 못하다. 구이(九二 : ⚊)가 아래의 초륙(初六 : ⚋)과는 양음(陽陰)의 사이인지라 비(比) 즉 이웃의 사귐[比]을 누린다. 그러나 구이(九二 : ⚊)와 구삼(九三 : ⚊)은 양양(兩陽) 즉 둘 다[兩] 양(陽 : ⚊)인지라 〈비(比)〉 즉 이웃의 사귐[比]을 누리지 못하고 상충(相衝) 즉 서로[相] 부딪치는[衝] 사이이다. 나아가 구이(九二 : ⚊)와 구오(九五

: ⚊) 역시 양양(兩陽)인지라 〈중정(中正)〉도 누리지 못하면서 불응(不應) 즉 서로 호응하지 못하는[不應] 처지이다. 이런 처지의 구이(九二 : ⚊)는 초륙(初六 : ⚋)과 더욱 밀착하는 모습이다.

| 대과괘(大過卦 : ䷛)의 구이(九二 : ⚊)가 육이(六二 : ⚋)로 변효(變爻)하면 구이(九二 : ⚊)는 대과괘(大過卦 : ䷛)를 31번째 함괘(咸卦 : ䷞)로 지괘(之卦)하게 한다. 따라서 대과괘(大過卦 : ䷛)의 구이(九二 : ⚊)는 함괘(咸卦 : ䷞)의 육이(六二 : ⚋)를 찾아가 살펴보게 한다. |
|---|

**【구이(九二)의 계사(繫辭) 풀이】**

## 枯楊生稊(고양생제)

말라 야윈[枯] 버드나무가[楊] 새싹을[稊] 틔운다[生].

구이(九二 : ⚊)의 효위(爻位)를 빌려 암시한 계사(繫辭)이다. 〈고양생제(枯楊生稊)〉는 구이(九二 : ⚊)와 초륙(初六 : ⚋)이 누리는 비(比) 즉 이웃의 사귐[比]을 취유(取喩)한 것이다. 구이(九二 : ⚊)가 대과괘(大過卦 : ䷛)의 하체(下體) 손(巽 : ☴)의 중효(中爻)임을 들어 구이(九二 : ⚊)를 〈고양(枯楊)〉이라고 취상(取象)함이고, 〈고양(枯楊)〉은 여위어가는[枯] 메버들[楊]이다. 〈고양(枯楊)의 고(枯)〉는 대과괘(大過卦 : ䷛)의 주제인 〈대과(大過)〉의 시국에서 양(陽 : ⚊)의[大] 지나침[過]을 암시한다. 물가에서 잘 사는 버드나무[楊]를 들어 구이(九二 : ⚊)를 취상한 것은 대과괘(大過卦 : ䷛)가 감(坎 : ☵)의 모습으로 회상(繪像) 즉 그림으로[繪] 닮아[像] 보일 수 있는 까닭이다. 대과괘(大過卦 : ䷛)의 가운데 네 양효(陽爻) 모두 실(實)의 효(爻)인지라 실효(實爻) 넷을 포갠다면[疊] 하나의 실효(實爻) 즉 양효(陽爻)로 융합될 수 있으니 대과괘(大過卦 : ䷛)의 모습이 감(坎 : ☵)의 모습으로 회상될 수 있음과 아울러, 구이(九二 : ⚊)가 대과괘(大過卦 : ䷛)의 하체(下體) 손(巽 : ☴)의 중효(中爻)임을 빌려 구이(九二 : ⚊)를 취상(取象)한 것이 〈고양생제(枯楊生稊)의 고양(枯楊)〉이다. 왜냐하면 여기 〈고양(枯楊)〉이 「설괘전(說卦傳)」에 나오는 〈손은[巽 : ☴] 나무[木]이다[爲]〉라는 내용과 〈감은[坎 : ☵] 물[水]이다[爲]〉라는 내용을 떠올려주기 때문이다. 갖가지 나무 중에서 물가에서 잘 사는 나무가 버드나무[楊]인지라 구이(九二 : ⚊)를 〈양(楊)〉으로써 취상(取象)한 것이다. 〈고양생제(枯楊生稊)의 생제(生稊)〉는 구이(九二 : ⚊)와 초륙(初六 : ⚋)이 서로 누리는 비(比) 즉 이웃의 사귐[比]을 암시한다. 즉 새싹을[稊] 피운다[生]고 암시한 까닭이 드러난다. 왜냐하면 여기 〈생제(生稊)〉가 여위어가던[枯] 버드나무[楊]가 감(坎 : ☵)의 수기(水氣)를 받아 되살아남을 나타내기 때문이다. 〈고양생제(枯楊生稊)〉에서 〈생제(生稊)의 제(稊)〉는 〈양지수(楊之秀)〉 즉 버드나무의[楊之] 새싹[秀]을 뜻한다.





## 老夫得其女妻(노부득기녀처) 无不利(무불리)

**늙은[老] 사내가[夫] 그[其] 여자를[女] 아내로[妻] 취한다[得]. 이롭지 못할 것이[不利] 없다[无].**

〈고양생제(枯楊生稊)의 생제(生稊)〉라고 까닭을 암시한 점사(占辭)가 〈노부득기녀처(老夫得其女妻)〉이다. 〈노부득기녀처(老夫得其女妻)〉는 구이(九二 : ⚊)와 초륙(初六 : ⚋)이 양음(陽陰)으로서 비(比) 즉 이웃으로 사귀어[比] 상화(相和) 즉 서로[相] 어울림[和]을 암시한다. 〈노부득기녀처(老夫得其女妻)의 노부(老夫)〉는 구이(九二 : ⚊)가 〈고양(枯楊)〉으로 취유(取喩)됐으니 다시 양(陽 : ⚊)인 구이(九二 : ⚊)를 〈노부(老夫)〉라고 취상(取象)한 것이고, 〈노부득기녀처(老夫得其女妻)의 기녀(其女)〉는 초륙(初六 : ⚋)을 말한다. 〈기녀(其女)〉는 〈구이지녀(九二之女)〉의 줄임으로 구이의[九二之] 여자[女]란 곧 초륙(初六 : ⚋)을 암시한다. 그러므로 구이(九二 : ⚊)가 초륙(初六 : ⚋)을 취했음[得]을 암시한 계사(繫辭)가 〈노부득기녀(老夫得其女)〉이다. 구이(九二 : ⚊)가 초륙(初六 : ⚋)을 어떻게 취했다[得]는 것인가? 이에 점사(占辭)가 〈처(妻)〉라고 답하고 있다. 여기 〈처(妻)〉는 〈구이이초륙위처(九二以初六爲妻)〉를 한 자(字)로 줄인 것으로 여기고 새기면 된다. 구이가[九二] 초륙(初六)으로써[以] 아내로[妻] 삼았다[爲]는 것이 〈처(妻)〉이다. 이로써 지나침의[過] 양(陽 : ⚊)과 그에 미치지 못하는[不及] 음(陰 : ⚋)이 상화(相和) 즉 서로[相] 어울림[和]으로써 구이(九二 : ⚊)와 초륙(初六 : ⚋)이 부부가 되었는지라 이롭지 않음이[不利] 없다[无]고 계사(繫辭)한 것이 〈고양생제(枯楊生稊) 노부득기녀처(老夫得其女妻) 무불리(无不利)〉이다.

【字典】

**고(枯)** 〈몸이 여윌 고(枯)-신약(身弱), 마를 고(枯)-건(乾), 마른 나무 고(枯)-고목(槀木)〉 등의 뜻을 내지만 여기선 〈몸이 여윌 신약(身弱)〉으로 여기고 새김이 마땅하다.

**양(楊)** 〈메버들 양(楊)-포류(蒲柳), 왕버들 양(楊)-엽장청류(葉長靑柳), 회양나무 양(楊)-황류(黃柳)〉 등의 뜻을 내지만 여기선 〈메버들 포류(蒲柳)〉로 여기고 새김이 마땅하다.

**생(生)** 〈낳을 생(生)-산(產), 삶(살) 생(生)-생활(生活), 날 생(生)-출(出), 나면서부터 생(生)-생래(生來), 살아있는 생(生)-활(活)-생존(生存), 날것 생(生)-미숙(未熟), 목숨 생(生)-생명(生命), 신선할 생(生)-신선(新鮮), 자랄 생(生)-생장(生長), 백성 생(生)-백성(百姓)-창생(蒼生), 생업 생(生)-생업(生業), 회생할 생(生)-회생(懷生), 본성 생(生)-성(性), 만들 생(生)-조(造)-생물(生物), 발육할 생(生)-발육(發育), 일어날 생(生)-기(起)-발생(發生), 어미 생(生)-모(母), 생애 생(生)-일대(一代)-생애(生涯), 조사 생(生)-조사어미〉 등의 뜻을 내지만 여기서는 〈낳을 생(生)〉 즉 〈틔울 생(生)〉으로 여기고 새김이 마땅하다.

**제(稊)** 〈메버들 꽃 제(稊)-양지수(楊之秀), 돌피 제(稊)-제(稊), 가라지(강아지풀) 제(稊), 삘기의 어린 싹 제(稊)-이(荑)〉 등의 뜻을 내지만 여기선 〈메버들 꽃 양지수(楊之秀)〉로 여기고 새김이 마땅하다.

**노(老)** 〈나이든(늙을) 노(老)-연장자(年長者), 장수할 노(老)-수(壽)-구(久), 쇠할 노(老)-쇠(衰)-후(朽), 피로할 노(老)-피(疲), 벼슬에서 물러날 노(老)-치사(致仕)-고로자(告老者), 받들어 높일 노(老)-존경(尊敬)-노로(老老), 천자의 상공 노(老)-천자지상공(天子之上公), 대부의 총칭 노(老)-대부지총명(大夫之總名), 어르신 노(老)-장자지존칭(長者之尊稱), 선인 노(老)-선인(先人), 노련할 노(老)-노련(老練)-창고(蒼古)-연달(練達), 연공 노(老)-연공(年功), 근기가 깊은 노(老)-근기심원지의(根基深遠之義), 사망할 노(老)-종로(終老)〉 등의 뜻을 내지만 여기선 〈나이든 연장자(年長者)〉로 여기고 새김이 마땅하다. 〈老〉가 앞에 있으면 〈노〉로 발음되고, 중간이나 뒤에 있으면 〈로〉로 발음된다.

**부(夫)** 〈사내(남자) 부(夫)-장부(丈夫)-남자지통칭(男子之通稱), 지아비 부(夫)-배필(配匹), 대부 부(夫)-전상(傳相)-조정보좌지대신(朝廷輔佐之大臣), 병사 부(夫)-병(兵),

도울 부(夫)-부(扶), 백 이랑의 밭 부(夫)-백무지전(百畝之田), 무릇 부(夫)-범(凡)-중(衆), 이에 부(夫)-내(乃), {구중(句中) 또는 구말(句末)에서 어조사} ~인가(~인저) 부(夫)-호(乎), 이것(저것) 부(夫)-차(此)-피(彼), ~면 부(夫)-약(若), (뜻 없는) 발어사 부(夫)-발어사(發語詞)〉 등의 뜻을 내지만 여기선 〈사내 부(夫)〉로 여기고 새김이 마땅하다.

**득(得)** 〈얻어낼 득(得)-획(獲)-취(取), 탐할 득(得)-탐(貪), 깨달을 득(得)-효(曉)-오(悟), 만족할 득(得)-족(足), 마땅할 득(得)-당(當), 일의 마땅함을 터득할 득(得)-합(合)-득사지의(得事之宜), 이룰 득(得)-성(成), 알 득(得)-지(知), 가할 득(得)-가(可)-능(能), 편안할 득(得)-편(便), 가질 득(得)-치(値)-지(持), 득도할 득(得)-득도(得道)〉 등의 뜻을 내지만 〈얻어낼 획(獲)〉과 같다 여기고 새김이 마땅하다.

**기(其)** 〈그것 기(其)-피(彼)-지(之), 그럴 기(其)-연(然), 어찌 기(其)-기(豈), 누를 기(其)-억(抑), 오히려 기(其)-상(尙)-서기(庶幾), 이에 기(其)-내(乃), 만약 기(其)-약(若), 장차 기(其)-장(將), 어조사 기(其)-어조사(語助辭)〉 등의 뜻을 내지만 여기선 〈그것 피(彼)〉와 같다 여기고 새김이 마땅하다.

**여(女)** 〈여자(계집) 여(女)-여자(女子)-미혼부인(未婚婦人), 처자(처녀) 여(女)-처자(處子), 백성의 약한 자 여(女)-백성지약자(百姓之弱者), 딸 여(女)-자녀지녀(子女之女), 너 여(女)-여(汝), 음의 것 여(女)-음물(陰物), 부드럽고 순한 여(女)-유완(柔婉)〉 등의 뜻을 내지만 여기선 〈여자(女子)〉로 새김이 마땅하다. 〈女〉가 앞에 있으면 〈여〉로 발음되고, 중간이나 뒤에 있으면 〈녀〉로 발음된다.

**처(妻)** 〈아내(부인) 처(妻)-부(婦)-실인(室人), 갖출 처(妻)-제(齊), 시집보낼 처(妻)-가인(嫁人), 배필(짝) 처(妻)-배(配), 태괘(兌卦 : ☱) 처(妻)-태(兌), 손괘(巽卦 : ☴) 처(妻)-손(巽)〉 등의 뜻을 내지만 여기선 〈아내 부(婦)〉로 여기고 새김이 마땅하다.

**무(无)** 〈없을 무(无)-무(無), 허무지도 무(无)-허무지도(虛无之道), 으뜸 무(无)-원(元)〉 등의 뜻을 내지만 여기선 〈없을 무(無)〉와 같다 여기고 새김이 마땅하다.

**不** 〈불-부〉 등으로 발음되고, 〈않을(없을) 불(不)-부(不)-무(無), 아닐 불(不)-부(不)-비(非), 하지 말 불(不)-부(不)-막(莫)-금지(禁止), 정하지 않을 불(不)-부(不)-부(否)-미정(未定), 새가 날아올라 내려오지 않는 불(不)-부(不)-조비상불하래(鳥飛上不下來)〉 등의 뜻을 내지만 여기선 〈않을 불(不)〉로 여기고 새김이 마땅하다.

**이(利)** 〈만물로 하여금 삶을 이루어가게 하는 덕(德)의 이로울 이(利)-사만물수생지덕(使萬物遂生之德), 날카로울 이(利)-예(銳)-섬(銛), 질병 이(利)-질(疾), 통할 이(利)-통(通)-순(順), 좋을 이(利)-길(吉)-의(宜), 편리할 이(利)-편(便), 마름해 만들어 이룰 이(利)-재성(裁成), 탐할 이(利)-탐(貪), 구할(취할) 이(利)-구(求)-취(取), 좋아할 이(利)-열애(悅愛), 이로울 이(利)-익(益), 기교 이(利)-교(巧), 보람 이(利)-공용(功用), 지세가 험하고 중요한 이(利)-험요(險要), 이길 이(利)-승(勝), 어질 이(利)-인(仁)〉 등의 뜻을 내지만 여기선 〈이로울 이(利)〉로 여기고 새김이 마땅하다. 〈利〉가 맨 앞에 오면 〈이〉로 발음되고, 중간이나 뒤에 오면 〈리〉로 발음된다.

---

註 손위목(巽爲木) : 손은[巽 : ☴] 나무[木]이다[爲]. 「설괘전(說卦傳)」 11단락(段落)

註 감위수(坎爲水) : 감은[坎 : ☵] 물[水]이다[爲]. 「설괘전(說卦傳)」 11단락(段落)

## 구삼(九三 : ⚊)

九三 : 棟橈이니 凶하다
(동요 흉)

구삼(九三) : 마룻대가[棟] 꺾이니[橈] 흉하다[凶].

**【구삼(九三)의 효상(爻象) 풀이】**

대과괘(大過卦 : ䷛)의 구삼(九三 : ⚊)은 이양거양(以陽居陽) 즉 양(陽 : ⚊)으로써[以] 양(陽 : ⚊)의 자리에 있는지라[居] 정당한 자리에 있다. 구삼(九三 : ⚊)과 구사(九四 : ⚊)는 양양(兩陽) 즉 둘 다[兩] 양(陽 : ⚊)인지라 〈비(比)〉 즉 이웃의 사귐[比]을 누리지 못하고 상충(相衝) 즉 서로[相] 부딪치는[衝] 사이이다. 구삼(九三 : ⚊)과 상륙(上六 : ⚋)은 양음(陽陰)이라 〈정응(正應)〉 즉 바르게[正] 서로 호응하여[應] 의지하려 하지만, 유약(柔弱)한 상륙(上六 : ⚋)이 구오(九五 : ⚊)와의 비(比)를 외면하고 구삼(九三 : ⚊)을 받쳐줄 리 없다. 그러나 강강(剛强)한 구삼(九三 : ⚊)은 양(陽 : ⚊)으로서 정위(正位)에 있음을 빌미로 지나치게 굳셈을 앞세워 부러지기 쉬워 위험한 모습이다.

대과괘(大過卦 : ䷛)의 구삼(九三 : ⚊)이 육삼(六三 : ⚋)으로 변효(變爻)하면 구삼(九三 : ⚊)은 대과괘(大過卦 : ䷛)를 47번째 곤괘(困卦 : ䷮)로 지괘(之卦)하게 한다. 따라서 대과괘(大過卦 : ䷛)의 구삼(九三 : ⚊)은 곤괘(困卦 : ䷮)의 육삼(六三 : ⚋)을 찾아가 살펴보게 한다.





### 【구삼(九三)의 계사(繫辭) 풀이】

## 棟橈(동요) 凶(흉)

**마룻대가[棟] 꺾이니[橈] 흉하다[凶].**

구삼(九三 : ⚊)의 효위(爻位)를 빌려 암시한 계사(繫辭)이다. 〈동요(棟橈)의 동(棟)〉은 구삼(九三 : ⚊)과 구사(九四) : ⚊)가 대과괘(大過卦 : ䷛)의 중앙에 있음을 빌려 구삼(九三 : ⚊)과 구사(九四) : ⚊)를 〈동(棟)〉 즉 지붕의 마룻대[棟]로 취상(取象)한 것이다. 〈동요(棟橈)의 요(橈)〉는 구삼(九三 : ⚊)이 양(陽 : ⚊)으로서 정위(正位)에 있음으로 말미암아 빚어지는 편강(偏剛) 즉 굳셈에[剛] 치우침[偏]을 암시한다. 마치 무쇠가 강강(剛强)함을 앞세우다 부러져 꺾임[橈]을 당하는 꼴과 같음이 구삼(九三 : ⚊)의 편강이다. 따라서 대과괘(大過卦 : ䷛)에서 구삼(九三 : ⚊)은 구사(九四 : ⚊)와 함께 〈대과(大過)〉 즉 양(陽 : ⚊)이 크게[大] 지나친[過] 시국에서 그 중심에 있다. 강강한 구삼(九三 : ⚊)이 양(陽 : ⚊)의 정위(正位)에 있어서 편강으로써 완고하여 자신의 강강함을 고집하다 부러져 꺾이는[橈] 마룻대[棟]와 같은 지경을 면하기 어려워 흉(凶)할 뿐이라고 계사(繫辭)한 것이 〈동요(棟橈) 흉(凶)〉이다.

**【字典】**

**동(棟)** 〈마룻대 동(棟)-옥척(屋脊), 쪼구미(동자기둥) 동(棟)-옥지중량(屋之中樑), 주춧돌 동(棟)-주석(柱石), 별 이름 동(棟)-동성(棟星)〉 등의 뜻을 내지만 여기선 〈마룻대 옥척(屋脊)〉으로 여기고 새김이 마땅하다.

**요(橈)** 〈굽어 부러질 요(橈)-곡절(曲折), 구부정한 나무 요(橈)-곡목(曲木), 굽을 요(橈)-왕(枉)-굴곡(屈曲), 움직여 굽을 요(橈)-동곡(動曲), 약할 요(橈)-약(弱), 어지러울 요(橈)-난(亂), 꺾을 요(橈)-최절(摧折), 헤칠 요(橈)-산(散), 짧은 노 요(橈)-단도(短櫂)〉 등의 뜻을 내지만 여기선 〈굽어 부러질 곡절(曲折)〉과 같다 여기고 새김이 마땅하다.

**흉(凶)** 〈불행할(흉할) 흉(凶)-길지반(吉之反), 걱정할 흉(凶)-우(憂)-구(懼), 흉한 사람 흉(凶)-흉인(凶人), 나쁠 흉(凶)-오(惡), 재앙 흉(凶)-화(禍), 요사할 흉(凶)-요사(夭死), 악한 사람 흉(凶)-악인(惡人), 흉년 흉(凶)-연곡불숙(年穀不熟), 사나울 흉(凶)-포학(暴虐), 음기 흉(凶)-음기(陰氣), 북쪽 흉(凶)-북(北), 없을 흉(凶)-공(空), 송사 흉(凶)-송(訟), 거역할 흉(凶)-역(逆), 어그러질 흉(凶)-패(悖), 허물 흉(凶)-구(咎)〉 등의 뜻을 내지만 여기선 〈불행할 길지반(吉之反)〉으로 여기고 새김이 마땅하다.

## 구사(九四 : ─)

九四 : 棟隆이니 吉하다 有它면 吝하다
동융 길 유타 인

구사(九四) : 마룻대가[棟] 성대하니[隆] 길하다[吉]. 다른 것이[它] 있다면[有] 부끄럽다[吝].

**【구사(九四)의 효상(爻象) 풀이】**

대과괘(大過卦 : ䷛)의 구사(九四 : ─)는 이양거음(以陽居陰) 즉 양(陽 : ─)으로써[以] 음(陰 : --)의 자리에 있는지라[居] 정당한 자리에 있지 못하다. 구사(九四 : ─)는 아래의 구삼(九三 : ─)과 위의 구오(九五 : ─)와는 제양(諸陽) 즉 모두[諸] 양(陽 : ─)인지라 〈비(比)〉 즉 이웃의 사귐[比]을 누리지 못하고 상충(相衝) 즉 서로[相] 부딪치는[衝] 사이이다. 구사(九四 : ─)와 초륙(初六 : --)은 양음(陽陰)이라 〈정응(正應)〉 즉 바르게[正] 서로 호응하여[應] 의지하는 모습이다. 따라서 강강(剛强)한 구사(九四 : ─)이지만 음(陰 : --)의 자리에 있기에 강유(剛柔)의 어울림으로써 대과괘(大過卦 : ䷛)의 주제인 〈대과(大過)〉를 스스로 범하지 않는 슬기로움을 간직한 모습이다.

대과괘(大過卦 : ䷛)의 구사(九四 : ─)가 육사(六四 : --)로 변효(變爻)하면 구사(九四 : ─)는 대과괘(大過卦 : ䷛)를 48번째 정괘(井卦 : ䷯)로 지괘(之卦)하게 한다. 따라서 대과괘(大過卦 : ䷛)의 구사(九四 : ─)는 정괘(井卦 : ䷯)의 육사(六四 : --)를 찾아가 살펴보게 한다.

【구사(九四)의 계사(繫辭) 풀이】

## 棟隆(동융) 吉(길)

**마룻대가[棟] 성대하니[隆] 길하다[吉].**

구사(九四 : ⚊)의 효위(爻位)를 빌려 암시한 계사(繫辭)이다. 〈동융(棟隆)의 동(棟)〉은 구사(九四 : ⚊)와 구삼(九三 : ⚊)이 대과괘(大過卦 : ䷛)의 중앙에 있음을 빌려 구사(九四 : ⚊)와 구삼(九三 : ⚊)을 〈동(棟)〉 즉 지붕의 마룻대[棟]로 취상(取象)한 것이다. 따라서 대과괘(大過卦 : ䷛)에서 구사(九四 : ⚊)는 구삼(九三 : ⚊)과 함께 〈대과(大過)〉 즉 양(陽 : ⚊)이[大] 지나친[過] 시국에서 그 중심에 있다. 〈동융(棟隆)의 융(隆)〉은 구사(九四 : ⚊)가 양(陽 : ⚊)으로서 음(陰 : ⚋)의 자리[位]에 있음으로 말미암아 아래의 구삼(九三 : ⚊)과 달리 편강(偏剛) 즉 굳셈의[剛] 치우침[偏]을 극복하고, 강유(剛柔)의 상화(相和) 즉 서로[相] 어울림[和]으로써 매사를 마주함을 암시한다. 마치 구리가 강유(剛柔)의 상화(相和)로써 부러지지 않음과 같음을 암시함이 〈동융(棟隆)의 융(隆)〉이다. 여기 〈융(隆)〉은 〈성대할 성(盛)〉과 같다. 따라서 〈동융(棟隆)의 융(隆)〉은 대과괘(大過卦 : ䷛)의 구사(九四 : ⚊)가 음위(陰位)에 있기 때문에 음양(陰陽)의 속성을 아울러 갖추고 있어서 〈대과(大過)〉의 시국에서 양기(陽氣 : ⚊)의[大] 지나침[過]이 빚어내는 화(禍)를 범하지 않음을 암시한다. 구사(九四 : ⚊)가 구삼(九三 : ⚊)과는 달리 굳셈에[剛] 치우치지[偏] 않아 〈요(橈)〉 즉 꺾여 부러지는[橈] 경우를 당하지 않을 뿐 아니라, 자립함으로써 행복[吉]을 스스로 누릴 수 있음을 암시한 계사(繫辭)가 〈동융(棟隆) 길(吉)〉이다.

## 有它(유타) 吝(인)

**다른 것이[它] 있다면[有] 부끄럽다[吝].**

구사(九四 : ⚊) 자신이 강유(剛柔)의 상화(相和)를 스스로 확립해가야 함을 암시한 계사(繫辭)이다. 〈유타(有它) 인(吝)〉은 〈약구사유타(若九四有它) 유어기타구사린(由於其它九四吝)〉의 줄임으로 여기고 〈만약[若] 구사에게[九四] 다른 것이[它] 있다면[有] 그[其] 다른 것[它] 탓으로[由於] 구사가[九四] 부끄러워진다[吝]〉

라고 새겨볼 것이다. 여기 〈유타(有它)의 타(它)〉는 〈다른 것 타(他)〉와 같다. 〈유타(有它)의 타(它)〉는 구사(九四 : ━)가 정응(正應)을 누릴 수 있는 초륙(初六 : --)을 말한다. 초륙(初六 : --)은 대과괘(大過卦 : ䷛)에서 맨 밑자리에 있기에 최약자(最弱者)이다. 이에 〈유타(有它)〉는 구사(九四 : ━)가 음양(陰陽)의 양성(兩性)을 상화(相和)의 균형으로 스스로 잡지 못하고 정응(正應)의 관계인 초륙(初六 : --)에 의지하려 한다면 오히려 강유(剛柔)의 상화를 스스로 확립해가려는 의지가 나약해짐을 면할 수 없음을 암시한다. 구사(九四 : ━) 자신이 음양상화(陰陽相和)로써 강유(剛柔)의 조화를 이룩할 수 있기 때문에 최약자인 초륙(初六 : --)에게 도움을 청할 것이 없음을 암시함이 〈인(吝)〉이다. 부끄러운[吝] 짓이면 〈흉(凶)〉이 되고 마는 것이 천도(天道) 즉 자연의[天] 규율[道]이다. 그러니 〈인(吝)〉은 〈동융(棟隆)의 융(隆)〉을 스스로 업신여기게 하여 〈흉(凶)〉으로 이어짐을 살펴 헤아리게 하는 계사(繫辭)가 〈유타(有它) 인(吝)〉이다.

【 字 典 】

**동(棟)** 〈마룻대 동(棟)-옥척(屋脊), 쪼구미(동자기둥) 동(棟)-옥지중량(屋之中樑), 주춧돌 동(棟)-주석(柱石), 별 이름 동(棟)-동성(棟星)〉 등의 뜻을 내지만 여기선 〈마룻대 옥척(屋脊)〉으로 여기고 새김이 마땅하다.

**융(隆)** 〈드높을 융(隆)-고(高), 성할 융(隆)-성(盛), 풍성하고 클 융(隆)-풍대(豊大), 풍성하고 두터울 융(隆)-풍후(豊厚), 장대할 융(隆)-장대(長大), 많을 융(隆)-다(多), 갖출 융(隆)-비(備), 산 가운데가 높을 융(隆)-산중앙고(山中央高)〉 등의 뜻을 내지만 여기선 〈드높을 고(高)〉와 같다 여기고 새김이 마땅하다.

**길(吉)** 〈좋을(행복할) 길(吉)-선(善)-영(令) {영월길일(令月吉日)은 선월선일(善月善日)임.}, 복 길(吉)-실(實)-선실(善實)-복(福), 예의를 따라 상서로울 길(吉)-예의순상(禮義順祥), 삼갈 길(吉)-근(謹), 초하루 길(吉)-삭일(朔日) {삭망(朔望) 즉 초하루[朔]와 그믐날[望]}, 길례 길(吉)-길례(吉禮) {오례지일(五禮之一) 길흉빈군가(吉凶賓軍嘉)}, 갈 길(吉)-행(行)-길(趌)〉 등의 뜻을 내지만 여기선 〈좋을 선(善)-영(令)〉 즉 행복과 같다 여기고 새김이 마땅하다.

**유(有)** 〈없을 무(無)의 반대말로 있을 유(有), 혹 유(有)-혹(或), 많을 유(有)-다(多)-족(足), 부유할 유(有)-부(富), 얻을(가질) 유(有)-취(取), 간직할 유(有)-장(藏), 보호

할 유(有)-보(保), 서로 친할 유(有)-상친(相親), 전일할 유(有)-전(專), 할 유(有)-위(爲), 어조사 유(有)〉 등의 뜻을 내지만 〈있을 유(有)〉로 여기고 새김이 마땅하다.

**타(它)** 〈다른 타(它)-타(他), 뱀 타(它)-사(蛇), 아닌 것 타(它)-비(非), 다를 타(它)-이(異), 저 타(它)-피(彼)〉 등의 뜻을 내지만 여기선 〈다른 타(他)〉로 여기고 새김이 마땅하다.

**인(吝)** 〈부끄러울 인(吝)-치(恥)-수(羞), 한할 인(吝)-한(恨), 아낄 인(吝)-석(惜), 인색할 인(吝)-색(嗇), 욕심낼 인(吝)-탐(貪)〉 등의 뜻을 내지만 여기선 〈부끄러울 치(恥)-수(羞)〉와 같다 여기고 새김이 마땅하다. 〈吝〉이 맨 앞에 있을 때는 〈인〉으로 읽고, 가운데나 뒤에 있을 때는 〈린〉으로 읽는다.





## 구오(九五 : ㅡ)

**九五：枯楊生華**하니 **老婦得其士夫**라 **无咎**하나 **无譽**리라
고양생화 노부득기사부 무구 무예

구오(九五) : 말라 야윈[枯] 버드나무가[楊] 꽃을[華] 피우니[生] 늙은[老] 아낙이[婦] 제[其] 사내를[士夫] 얻는다[得]. 허물도[咎] 없지만[无] 영예도[譽] 없다[无].

### 【구오(九五)의 효상(爻象) 풀이】

대과괘(大過卦 : ䷛)의 구오(九五 : ㅡ)는 이양거양(以陽居陽) 즉 양(陽 : ㅡ)으로써[以] 양(陽 : ㅡ)의 자리에 있는지라[居] 정당한 자리에 있다. 구오(九五 : ㅡ)와 상륙(上六 : --)은 양음(陽陰)의 사이인지라 〈비(比)〉 즉 이웃의 사귐[比]을 누린다. 구오(九五 : ㅡ)와 구이(九二 : ㅡ)는 양양(兩陽) 즉 둘 다[兩] 양(陽 : ㅡ)인지라 중정(中正) 즉 중효로서[中] 정위를[正] 서로 누리지 못하고 정응(正應) 즉 바르게[正] 호응하지[應] 못하는 모습이다. 대과괘(大過卦 : ䷛) 구오(九五 : ㅡ)의 효상(爻象)은 존위(尊位)에 있지만 〈대과(大過)〉의 극위(極位) 즉 양(陽 : ㅡ)의[大] 지나침[過]을 다 거쳐 맨 윗자리[極位]에 있게 되어 군왕(君王)으로서 위엄을 행사하지 못하는 모습이다.

> 대과괘(大過卦 : ䷛)의 구오(九五 : ⚊)가 육오(六五 : ⚋)로 변효(變爻)하면 구오(九五 : ⚊)는 대과괘(大過卦 : ䷛)를 32번째 항괘(恒卦 : ䷟)로 지괘(之卦)하게 한다. 따라서 대과괘(大過卦 : ䷛)의 구오(九五 : ⚊)는 항괘(恒卦 : ䷟)의 육오(六五 : ⚋)를 찾아가 살펴보게 한다.

【구오(九五)의 계사(繫辭) 풀이】

## 枯楊生華(고양생화)

### 말라 야윈[枯] 버드나무가[楊] 꽃을[華] 피운다[生].

구오(九五 : ⚊)의 효위(爻位)를 빌려 암시한 계사(繫辭)이다. 〈고양생화(枯楊生華)〉는 구오(九五 : ⚊)와 상륙(上六 : ⚋)이 누리는 비(比) 즉 이웃의 사귐[比]을 취유(取喩)한 것이다. 구오(九五 : ⚊)가 대과괘(大過卦 : ䷛)의 상체(上體) 태(兌 ☱)의 중효(中爻)임을 들어 구오(九五 : ⚊)를 〈고양(枯楊)〉이라고 취상(取象)함이고, 〈고양(枯楊)〉이란 여위어가는[枯] 메버들[楊]이다. 〈고양(枯楊)의 고(枯)〉는 대과괘(大過卦 : ䷛)의 주제인 〈대과(大過)〉의 시국에서 양(陽 : ⚊)의[大] 지나침[過]을 암시한다. 물가에서 잘 사는 버드나무[楊]를 들어 구오(九五 : ⚊)를 취상한 것은 대과괘(大過卦 : ䷛)가 감(坎 : ☵)의 모습으로 회상(繪像) 즉 그림으로[繪] 닮아[像] 보일 수 있는 까닭이다. 대과괘(大過卦 : ䷛)의 가운데 네 양효(陽爻) 모두 실(實)의 효(爻)인지라 실효(實爻) 넷을 포갠다면[疊] 하나의 실효(實爻) 즉 양효(陽爻)로 융합될 수 있으니 대과괘(大過卦 : ䷛)의 모습이 감(坎 : ☵)의 모습으로 회상될 수 있음과 아울러, 구오(九五 : ⚊)가 대과괘(大過卦 : ䷛)의 상체(上體) 태(兌 : ☱)의 중효(中爻)임을 빌려 구오(九五 : ⚊)를 취상(取象)한 것이 〈고양생화(枯楊生華)의 고양(枯楊)〉이다. 왜냐하면 여기 〈고양(枯楊)〉이 「설괘전(說卦傳)」에 나오는 〈손은[巽 : ☴] 나무[木]이다[爲]〉라는 내용과 〈감은[坎 : ☵] 물[水]이다[爲]〉라는 내용을 떠올려주기 때문이다. 갖가지 나무 중에서 물가에 잘 사는 나무가 버드나무[楊]인지라 구오(九五 : ⚊)를 〈양(楊)〉으로써 취상(取象)한 것이다. 〈고양생화(枯楊生華)의 생화(生華)〉 즉 꽃을[華] 피운다[生]고 함은 구오(九五 : ⚊)와 상륙(上六 : ⚋)이 서로 누리는 비(比) 즉 이웃의 사귐[比]을 암시한다. 왜냐하면 여기 〈생화(生華)〉가 여위어가던[枯] 버드나무[楊]가 감(坎 : ☵)의 수기(水氣)를 받아 꽃을 피움을 나타내기 때문이다. 〈고양생화(枯楊生華)〉에서 〈생화(生華)의 화(華)〉는 〈양지화(楊之花)〉 즉 버드나무의[楊之] 꽃[花]을 뜻한다. 〈화(華)〉는 〈꽃 화(花)〉와 같다.





## 老婦得其士夫(노부득기사부) 无咎(무구) 无譽(무예)

**늙은[老] 아낙이[婦] 제[其] 사내를[士夫] 얻는다[得]. 허물도[咎] 없지만[无] 영예도[譽] 없다[无].**

〈고양생화(枯楊生華)의 생화(生華)〉라고 까닭을 암시한 계사(繫辭)가 〈노부득기사부(老婦得其士夫)〉이다. 〈노부득기사부(老婦得其士夫)〉는 구오(九五 : ㅡ)와 상륙(上六 : --)이 양음(陽陰)으로서 비(比) 즉 이웃으로 사귀어[比] 상화(相和) 즉 서로[相] 어울림[和]을 암시한다. 〈노부득기사부(老婦得其士夫)의 노부(老婦)〉는 상륙(上六 : --)을 암시한다. 상륙(上六 : --)은 음(陰 : --)이니 여(女)이나 극위(極位)에 있는지라 늙은[老] 부인[婦]으로 비유한 것이다. 대성괘(大成卦)에서 초효(初爻)의 자리는 유년(幼年)-장년(壯年)을 나타내고, 상효(上爻)의 자리는 장년(長年)-노년(老年)을 나타낸다. 〈노부득기사부(老婦得其士夫)의 사부(士夫)〉는 구오(九五 : ㅡ)를 암시한다. 구오(九五 : ㅡ)는 양(陽 : ㅡ)이니 남자[男]이고 상륙(上六 : --)의 아래에 있으니 젊은 사내[士夫]로 비유한 것이다. 〈사부득기노부(士夫得其老婦)〉가 아니고 〈노부득기사부(老婦得其士夫)〉라고 한 것을 주목하게 된다. 따라서 〈노부득기사부(老婦得其士夫)〉는 〈상륙득구오(上六得九五)〉 즉 〈상륙이[上六] 구오를[九五] 취한다[得]〉라는 것을 암시한다. 이처럼 대과괘(大過卦 : ䷛)에 영향력을 미치지 못하는 상륙(上六 : --)이 군왕(君王)의 자리에 있는 구오(九五 : ㅡ)를 취한다[得]고 암시한 것은 〈대과(大過)〉 즉 양(陽 : ㅡ)이[大] 지나친[過] 시국이 구오(九五 : ㅡ)에서 그치고 말았음을 암시한다. 이어 〈무구(无咎)〉는 〈대과(大過)〉 즉 양(陽 : ㅡ)의[大] 지나침[過]이 끝났음을 거듭해 암시한다. 지나침[過]이 끝남이니 구오(九五 : ㅡ)에게 허물이[咎] 없는[无] 것이지만, 군왕(君王)인 구오(九五 : ㅡ)의 선치(善治)로써 〈대과(大過)〉가 그친 것도 아니고 또한 극위(極位)에 있는 〈노부(老婦)〉 즉 상륙(上六 : --)에게 구오(九五 : ㅡ)가 끌림은 영예로울 것도[譽] 없음[无]을 암시한 계사(繫辭)가 〈무구(无咎) 무예(无譽)〉이다.

【字典】

**고(枯)** 〈몸이 여윌 고(枯)-신약(身弱), 마를 고(枯)-건(乾), 마른 나무 고(枯)-고목(槀木)〉 등의 뜻을 내지만 여기선 〈몸이 여윌 신약(身弱)〉으로 여기고 새김이 마땅하다.

**양(楊)** 〈메버들 양(楊)-포류(蒲柳), 왕버들 양(楊)-엽장청류(葉長靑柳), 회양나무 양(楊)-황류(黃柳)〉 등의 뜻을 내지만 여기선 〈메버들 포류(蒲柳)〉로 여기고 새김이 마땅하다.

**생(生)** 〈낳을 생(生)-산(産), 삶(살) 생(生)-생활(生活), 날 생(生)-출(出), 나면서부터 생(生)-생래(生來), 살아있는 생(生)-활(活)-생존(生存), 날것 생(生)-미숙(未熟), 목숨 생(生)-생명(生命), 신선할 생(生)-신선(新鮮), 자랄 생(生)-생장(生長), 백성 생(生)-백성(百姓)-창생(蒼生), 생업 생(生)-생업(生業), 회생할 생(生)-회생(懷生), 본성 생(生)-성(性), 만들 생(生)-조(造)-생물(生物), 발육할 생(生)-발육(發育), 일어날 생(生)-기(起)-발생(發生), 어미 생(生)-모(母), 생애 생(生)-일대(一代)-생애(生涯), 조사 생(生)-조사어미〉 등의 뜻을 내지만 여기서는 〈낳을 생(生)〉 즉 〈틔울 생(生)〉으로 여기고 새김이 마땅하다.

**화(華)** 〈꽃 화(華)-영(榮)-삼영(蔘榮) {삼영(蔘榮)은 초목(草木)이 피우는 모든 꽃의 총칭(總稱)임.}, 빛날 화(華)-색(色), 황색 화(華)-황색(黃色), 섞일 화(華)-분(紛), 바깥으로 빛날 화(華)-광(光), 광택 화(華)-광택(光澤), 허황될 화(華)-허부(虛浮), 문덕 화(華)-문덕(文德), 매우 아름다울 화(華)-선미(鮮美), 재주가 뛰어날 화(華)-재학(才學), 지명-산명 화(華)-지명(地名)-산명(山名)〉 등의 뜻을 내지만 여기선 〈꽃 영(榮)〉으로 새김이 마땅하다.

**노(老)** 〈나이든(늙을) 노(老)-연장자(年長者), 장수할 노(老)-수(壽)-구(久), 쇠할 노(老)-쇠(衰)-후(朽), 피로할 노(老)-피(疲), 벼슬에서 물러날 노(老)-치사(致仕)-고로자(告老者), 받들어 높일 노(老)-존경(尊敬)-노로(老老), 천자의 상공 노(老)-천자지상공(天子之上公), 대부의 총칭 노(老)-대부지총명(大夫之總名), 어르신 노(老)-장자지존칭(長者之尊稱), 선인 노(老)-선인(先人), 노련할 노(老)-노련(老練)-창고(蒼古)-연달(練達), 연공 노(老)-연공(年功), 근기가 깊은 노(老)-근기심원지의(根基深遠之義), 사망할 노(老)-종로(終老)〉 등의 뜻을 내지만 여기선 〈나이든 연장자(年長者)〉로 여기고 새김이 마땅하다. 〈老〉가 앞에 있으면 〈노〉로 발음되고, 중간이나 뒤에 있으면 〈로〉로 발음된다.

**부(婦)** 〈아낙(시집간 여자) 부(婦)-여자이가(女子已嫁), 아내 부(婦)-배(配)-처(妻), 며느리 부(婦)-자지처(子之妻), 손괘(☴) 부(婦)-손(巽), 이괘(☲) 부(婦)-이(離)〉 등의 뜻을 내지만 여기선 〈아낙 부(婦)〉로 여기고 새김이 마땅하다.

**득(得)** 〈얻어낼 득(得)-획(獲)-취(取), 탐할 득(得)-탐(貪), 깨달을 득(得)-효(曉)-오(悟), 만족할 득(得)-족(足), 마땅할 득(得)-당(當), 일의 마땅함을 터득할 득(得)-합(合)-득사지의(得事之宜), 이룰 득(得)-성(成), 알 득(得)-지(知), 가할 득(得)-가(可)-능(能), 편안할 득(得)-편(便), 가질 득(得)-치(値)-지(持), 득도할 득(得)-득도(得道)〉 등의 뜻을 내지만 〈얻어낼 획(獲)〉과 같다 여기고 새김이 마땅하다.

**기(其)** 〈그것 기(其)-피(彼)-지(之), 그럴 기(其)-연(然), 어찌 기(其)-기(豈), 누를 기(其)-억(抑), 오히려 기(其)-상(尙)-서기(庶幾), 이에 기(其)-내(乃), 만약 기(其)-약(若), 장차 기(其)-장(將), 어조사 기(其)-어조사(語助辭)〉 등의 뜻을 내지만 여기선 〈그것 피(彼)〉와 같다 여기고 새김이 마땅하다.

**사(士)** 〈아내를 아직 취하지 못한 사내 사(士)-미취처지남(未娶妻之男), 일 사(士)-사(事), 신하(일을 맡은 사람) 사(士)-임사자(任事者 : 天子諸侯之臣), 경대부 통칭 사(士)-경대부통칭(卿大夫通稱), (천자의 신하로서) 제후 사(士)-제후(諸侯), (공경대부의 신하로서) 가신 사(士)-가신(家臣), 전사 사(士)-전사(戰士), 옥관 사(士)-옥관(獄官), 읍재 사(士)-읍재(邑宰=州里之長), 천자의 원자 사(士)-천자지원자(天子之元子), 선비 사(士)-유덕행학식지인(有德行學識之人), 천자를 대하는 제후의 대부 사(士)-제후지대부대천자지자칭(諸侯之大夫對天子之自稱), 도예를 전문으로 닦는 자 사(士)-수전문도예자지칭(修專門道藝者之稱), 사내의 미칭 사(士)-남자지미칭(男子之美稱), 결혼 못한 사내 사(士)-미혼남자지칭(未婚男子之稱=處女莫不願得以爲士=未娶妻之稱), 여자의 미칭 사(士)-여사(女士), 제자 사(士)-제자(弟子), 살필 사(士)-찰(察), 벼슬할 사(士)-사(仕)〉 등의 뜻을 내지만 여기선 〈아내를 아직 취하지 못한 사내 미취처지남(未娶妻之男)〉으로 여기고 새김이 마땅하다.

**부(夫)** 〈사내(남자) 부(夫)-장부(丈夫)-남자지통칭(男子之通稱), 지아비 부(夫)-배필(配匹), 대부 부(夫)-전상(傳相)-조정보좌지대신(朝廷輔佐之大臣), 병사 부(夫)-병(兵), 도울 부(夫)-부(扶), 백 이랑의 밭 부(夫)-백무지전(百畝之田), 무릇 부(夫)-범(凡)-중

(衆), 이에 부(夫)-내(乃), {구중(句中) 또는 구말(句末)에서 어조사} ~인가(~인저) 부(夫)-호(乎), 이것(저것) 부(夫)-차(此)-피(彼), ~면 부(夫)-약(若), (뜻 없는) 발어사 부(夫)-발어사(發語詞)〉 등의 뜻을 내지만 여기선 〈사내 부(夫)〉로 여기고 새김이 마땅하다.

**무(无)** 〈없을 무(无)-무(無), 허무지도 무(无)-허무지도(虛无之道), 으뜸 무(无)-원(元)〉 등의 뜻을 내지만 여기선 〈없을 무(無)〉와 같다 여기고 새김이 마땅하다.

**구(咎)** 〈재앙 구(咎)-재(災), 병될 구(咎)-병(病), 허물 구(咎)-건(愆)-과(過), 나쁠 구(咎)-오(惡)〉 등의 뜻을 내지만 여기선 〈허물 건(愆)-과(過)〉와 같다 여기고 새김이 마땅하다. 〈무구(无咎)〉는 〈면어구(免於咎)〉 즉 허물을[於咎] 면하다[免]와 같다.

**예(譽)** 〈이름날 예(譽)-성문(聲聞), 기릴 예(譽)-칭양(稱揚), 착할 예(譽)-선(善), 즐길 예(譽)-낙(樂)〉 등의 뜻을 내지만 여기선 〈이름날 성문(聲聞)〉으로 여기고 새김이 마땅하다.

## 상륙(上六 : --)

上六 : 過涉滅頂이니 凶하나 无咎하다
과섭멸정 흉 무구

상륙(上六) : 과하게[過] 물을 건너다[涉] 머리를[頂] 잠겼으니[滅] 불행하나[凶] 허물은[咎] 없다[无].

**【상륙(上六)의 효상(爻象) 풀이】**

대과괘(大過卦 : ䷛)의 상륙(上六 : --)은 이음거음(以陰居陰) 즉 음(陰 : --)으로써[以] 음(陰 : --)의 자리에 있는지라[居] 정당한 자리에 있다. 상륙(上六 : --)과 구오(九五 : ━)는 음양(陰陽)의 사이인지라 〈비(比)〉 즉 이웃의 사귐[比]을 누린다. 상륙(上六 : --)과 구삼(九三 : ━)도 음양(陰陽)의 사이인지라 정응(正應) 즉 바르게[正] 호응하는[應] 모습이지만 멀리 떨어져 있어서 밀착(密着)될 수 없는 편이고, 〈대과(大過)〉를 거쳐 온 구오(九五 : ━)가 바로 아래의 이웃이라 사귐[比]을 누리는 편이지만, 대과괘(大過卦 : ䷛)의 끝에 다다라 유약(柔弱)함이 너무나 심해 마치 헤엄칠 힘이 없어 물속으로 빠져버린 지경의 모습이다.

대과괘(大過卦 : ䷛)의 상륙(上六 : --)이 상구(上九 : —)로 변효(變爻)하면 상륙(上六 : --)은 대과괘(大過卦 : ䷛)를 44번째 구괘(姤卦 : ䷫)로 지괘(之卦)하게 한다. 따라서 대과괘(大過卦 : ䷛)의 상륙(上六 : --)은 구괘(姤卦 : ䷫)의 상구(上九 : —)를 찾아가 살펴보게 한다.

【상륙(上六)의 계사(繫辭) 풀이】

## 過涉滅頂(과섭멸정) 凶(흉) 无咎(무구)

과하게[過] 물을 건너다[涉] 머리를[頂] 잠겼으니[滅] 불행하나[凶] 허물은[咎] 없다[无].

상륙(上六 : --)의 효위(爻位)를 빌려 암시한 계사(繫辭)이다. 〈과섭멸정(過涉滅頂)〉은 〈상륙과섭천(上六過涉川) 인차상륙멸기지정(因此上六滅己之頂)〉의 줄임으로 여기고 〈상륙이[上六] 과하게[過] 큰물을[川] 건넌다[涉] 이[此] 때문에[因] 상륙은[上六] 제[己之] 머리를[頂] 잠겼다[滅]〉라고 새겨볼 것이다. 상륙(上六 : --)의 속셈을 나타낸 것이 〈과섭멸정(過涉滅頂)〉이다. 〈과섭(過涉)〉은 상륙(上六 : --)의 속셈이 큰물을 과하게[過] 건넘[涉]과 같다는 것이다. 대성괘(大成卦)에서 상효(上爻)의 자리에 있는 음효(陰爻)는 노약(老弱)함을 나타낸다. 대과괘(大過卦 : ䷛)의 주제인 〈대과(大過)〉 즉 양(陽 : —)이[大] 지나친[過] 시국에서 나약(懦弱)한 상륙(上六 : --)에게는 정상(頂上)에 머물기가 너무나 벅차다. 상륙(上六 : --)의 이러한 벅참을 암시한 것이 〈과섭멸정(過涉滅頂)〉이다.

〈과섭(過涉)〉은 『중용(中庸)』에 나오는 〈소인은[小人] 위험을[險] 감행함[行]으로써[以] 요행을[幸] 바란다[徼]〉라는 내용을 떠올려준다. 〈과섭(過涉)〉은 행험(行險)이다. 행험(行險)은 화(禍)를 불러옴을 군자(君子)는 알아 화(禍)를 면하고, 소인(小人)은 그러함을 무시하고 위험을[險] 감행하다[行] 화(禍)를 스스로 불러오고 마는 것임을 암시한 것이 〈멸정(滅頂)〉이다. 〈멸정(滅頂)〉은 큰물을 건넘을 감행하다 힘이 모자라 스스로 익사(溺死)하는 화(禍)를 당함을 암시한다. 이는 소인(小人)이 부지천명(不知天命) 즉 자연의[天] 가르침을[命] 몰라서[不知] 당하는 〈흉(凶)〉 즉 불행(不幸)이고, 이런 〈흉(凶)〉은 소인(小人)이 천명(天命)을 몰라 범하는 짓이기에 허물을[咎] 탓할 것은 없음[无]을 헤아려 깨우치게 하는 계사(繫辭)가 〈과섭멸정

(過涉滅頂) 흉(凶) 무구(无咎)〉이다.

【字典】

**과(過)** 〈지나칠 과(過)-월(越)-초(超), 말이 문을 나오는 모양 과(過)-틈(闖), 이길 과(過)-승(勝), 남을 과(過)-여(餘), 많을 과(過)-다(多), 심할 과(過)-심(甚), 끊을 과(過)-절(絶), 매우 심할 과(過)-태심(太甚)-과도(過度), 잘못할 과(過)-오(誤)-실도(失度), 실수할 과(過)-무심지실(無心之失) {유심지실(有心之失)은 악(惡)}, 과실(잘못) 과(過)-실오(失誤), 죄 과(過)-죄(罪), 꾸짖을 과(過)-책(責), 건널 과(過)-도(渡), 지날 과(過)-경(經), 넘을 과(過)-유(踰), 이를 과(過)-지어(至於), 찾아갈 과(過)-방(訪)-견(見), 갈 과(過)-거(去), 고루 미칠 과(過)-편(遍)〉 등의 뜻을 내지만 여기선 〈지나칠 월(越)-초(超)〉와 같다 여기고 새김이 마땅하다.

**섭(涉)** 〈물 건널 섭(涉)-도(渡), 물이 흘러가는 섭(涉)-수류(水流), 헤엄쳐 갈 섭(涉)-유행(游行), 서로 교류할 섭(葉)-상교(相交), 경력 섭(涉)-경력(經歷), 깊이 들어갈 섭(涉)-심입(深入)〉 등의 뜻을 내지만 여기선 〈물 건널 도(渡)〉와 같다 여기고 새김이 마땅하다.

**멸(滅)** 〈빠질 멸(滅)-몰(沒), 끊을 멸(滅)-절(絶), 다할 멸(滅)-진(盡), 없앨 멸(滅)-망(亡), 제거할 멸(滅)-제(除), 불 꺼질 멸(滅)-소(消), 보이지 않을 멸(滅)-불현(不見)〉 등의 뜻을 내지만 여기선 〈빠질 몰(沒)〉과 같다 여기고 새김이 마땅하다.

**정(頂)** 〈정수리 정(頂)-두지최상부(頭之最上部), 물건이 제일 위에 있을 정(頂)-범물지재최상자(凡物之在最上者), 머리로써 물건을 일 정(頂)-이수재물(以首載物), 이것으로 저것을 대신할 정(頂)-이차대피(以此代彼)-대체(代替)〉 등의 뜻을 내지만 여기선 〈정수리 두지최상부(頭之最上部)〉로 여기고 새김이 마땅하다.

**흉(凶)** 〈불행할(흉할) 흉(凶)-길지반(吉之反), 걱정할 흉(凶)-우(憂)-구(懼), 흉한 사람 흉(凶)-흉인(凶人), 나쁠 흉(凶)-오(惡), 재앙 흉(凶)-화(禍), 요사할 흉(凶)-요사(夭死), 악한 사람 흉(凶)-악인(惡人), 흉년 흉(凶)-연곡불숙(年穀不熟), 사나울 흉(凶)-포학(暴虐), 음기 흉(凶)-음기(陰氣), 북쪽 흉(凶)-북(北), 없을 흉(凶)-공(空), 송사 흉(凶)-송(訟), 거역할 흉(凶)-역(逆), 어그러질 흉(凶)-패(悖), 허물 흉(凶)-구(咎)〉 등의 뜻을 내지만 여기선 〈불행할 길지반(吉之反)〉으로 여기고 새김이 마땅하다.

**무(无)** 〈없을 무(无)-무(無), 허무지도 무(无)-허무지도(虛无之道), 으뜸 무(无)-원

(元)〉 등의 뜻을 내지만 여기선 〈없을 무(無)〉와 같다 여기고 새김이 마땅하다.

**구(咎)** 〈재앙 구(咎)-재(災), 병될 구(咎)-병(病), 허물 구(咎)-건(愆)-과(過), 나쁠 구(咎)-오(惡)〉 등의 뜻을 내지만 여기선 〈허물 건(愆)-과(過)〉와 같다 여기고 새김이 마땅하다. 〈무구(无咎)〉는 〈면어구(免於咎)〉 즉 허물을[於咎] 면하다[免]와 같다.

---

註 군자거이이사명(君子居易以俟命) 소인행험이요행(小人行險以徼幸) : 군자는[君子] 평이하게[易] 처신함[居]으로써[以] 천명을[命] 기다리고[俟], 소인은[小人] 위험을[險] 감행함[行]으로써[以] 요행을[幸] 바란다[徼]. 『중용(中庸)』「주자장구(朱子章句)」 14장(章)

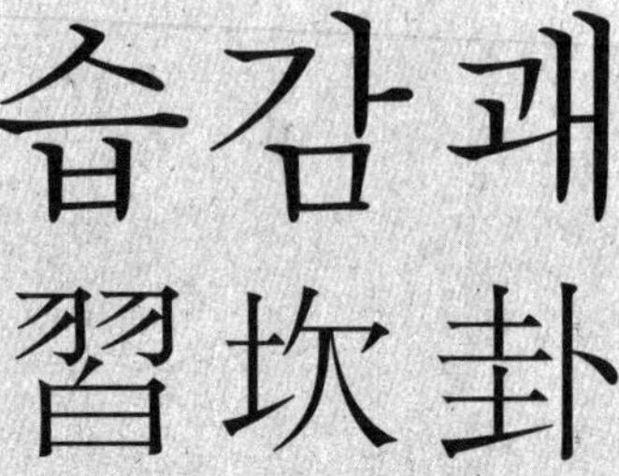


# 29

## 1 괘의 괘상과 계사

### 습감괘(習坎卦 : ䷜)

감하감상(坎下坎上) : 아래도[下] 감(坎 : ☵), 위도[上] 감(坎 : ☵).

감위수(坎爲水) : 감은[坎] 물[水]이다[爲].

習坎은 有孚니 維心亨하여 行有尙이다
습감 유부 유심형 행유상

거듭된[習] 어둠에는[坎] 믿어줌이[孚] 있으니[有] 심정과[心] 맺으면[維] 통하여[亨] 행실에도[行] 가상함이[尙] 있다[有].

**【습감괘(習坎卦 : ䷜)의 괘상(卦象 )풀이】**

앞 대과괘(大過卦 : ䷛)의 〈대과(大過)〉는 양(陽 : ⚊)의[大] 지나침[過]이다. 이에 「서괘전(序卦傳)」에 〈물건은[物] 끝끝내[終] 지나칠[過] 수 없다[不可以] 그래서[故] 습감괘(習坎卦 : ䷜)로써[以] 그것을[之] 받는다[受]〉라는 말이 나온다. 이는 대과괘(大過卦 : ䷛) 뒤에 습감괘(習坎卦 : ䷜)가 오는 까닭을 암시한다. 습감괘(習坎卦 : ䷜)의 〈습감(習坎)〉은 감이[坎] 반복됨[習]을 말한다. 〈습감(習坎)의 감(坎)〉은 〈함(陷)〉 즉 구덩이[陷]를 말한다. 이에 〈습감(習坎)〉이란 중함(重陷) 즉 거듭되는[重] 구덩이[陷]를 말한다. 중함(重陷) 즉 겹으로[重] 구덩이[陷]가 있음이 습감괘(習坎卦 : ䷜)이다. 팔괘(八卦) 즉 소성괘(小成卦) 중의 하나가 감괘(坎卦 : ☵)이므로 그 혼란을 피하기 위해서 대성괘(大成卦)로서의 감괘(坎卦 : ䷜)를 습감괘(習坎卦 : ䷜)라고 칭한 셈이다. 따라서 습감괘(習坎卦 : ䷜)는 감괘(坎卦 : ☵)가 거듭됨[習]을 말한다. 습감괘(習坎卦 : ䷜)란 아래도 수(水)이고 위도 물[水]인 괘(卦)이다. 〈습감(習坎)〉은 중복되는[習] 물[水]이니 깊은 물이다. 검푸른 깊은 물은 험난하다. 따라서 〈감(坎)〉은 두 음(陰 : ⚋) 사이로 밝음[明]의 양(陽 : ⚊)이 빠져버리는[陷] 괘상(卦象)임을 빌려 습감괘(習坎卦 : ䷜)라 칭명(稱名)한다.

**【습감괘(習坎卦 : ䷜)의 계사(繫辭) 풀이】**

## 習坎(습감) 有孚(유부)

## 거듭된[習] 어둠에는[坎] 믿어줌이[孚] 있다[有].

습감괘(習坎卦 : ䷜)의 주제인 〈습감(習坎)〉은 거듭되는[習] 어둠[坎]을 나타내지만, 여기선 음(陰 : --)이 양(陽 : —)보다 배(倍) 즉 곱절[倍]임을 암시한다. 양(陽 : —)이 음(陰 : --)보다 곱절인 대과괘(大過卦 : ䷛) 다음에 음(陰 : --)이 양(陽 : —)보다 곱절인 습감괘(習坎卦 : ䷜)가 오는 것 역시 천도(天道) 즉 자연의[天] 도리[道]이다. 〈습감유부(習坎有孚)의 습감(習坎)〉은 거듭되는[習] 구덩이[坎]인지라 중함(重陷) 즉 거듭되는[重] 함정[陷]으로 통하고, 중함(重陷)은 중암(重暗) 즉 거듭되는[重] 어둠[暗]으로 이어진다. 〈습감(習坎)〉은 중암(重暗) 즉 거듭되는[重] 어둠[暗]이니 중험(重險) 즉 거듭되는[重] 위험[險]이다. 따라서 〈습감(習坎)〉은 〈함어험(陷於險)〉 즉 험난함에[於險] 빠짐[陷]을 암시한다.

〈습감유부(習坎有孚)의 유부(有孚)〉는 〈습감(習坎)〉을 마주하는 마음가짐을 암시한다. 〈유부(有孚)의 부(孚)〉란 수명(守命) 즉 자연의 가르침을[命] 지킴[守]으로써 남들로부터 성신(誠信) 즉 진실한[誠] 미더움[信]을 받음을 말한다. 〈부(孚)〉는 자신의 〈정(貞)〉으로 말미암아 남으로부터 자신에게로 돌아오는 미더움[信]이다. 〈습감(習坎)〉 즉 거듭되는[習] 위험[坎]일수록 〈유부(有孚)〉 즉 믿어줌이[孚] 있어야[有] 한다. 여기 〈유부(有孚)〉는 『노자(老子)』에 나오는 〈갓난애로[於嬰兒] 돌아가라[復歸]〉라는 내용을 상기시킨다. 갓난애의[嬰兒] 마음 같은 마음가짐이 곧 더없는 정(貞)이다. 거듭되는[習] 위험[坎]일수록 진실한 미더움[貞]을 갖춰야 〈부(孚)〉 즉 남들이 진실로 믿어줌[孚]을 암시한 계사(繫辭)가 〈습감(習坎) 유부(有孚)〉이다.

## 維心亨(유심형) 行有尙(행유상)

심정과[心] 맺으면[維] 통하여[亨] 행실에도[行] 가상함이[尙] 있다[有].

〈유심형(維心亨)〉은 앞 〈유부(有孚)〉의 까닭을 암시한다. 〈유심형(維心亨)〉은 〈약습감유부지심(若習坎維孚之心) 기습감형(其習坎亨)〉의 줄임으로 여기고 〈만약[若] 습감이[習坎] 진실로 믿어주는[孚之] 마음과[心] 맺는다면[維] 그[其] 습감은[習坎] 통한다[亨]〉라고 새겨볼 것이다. 진실로 믿어주는[孚之] 마음과[心] 맺는다[維] 함은 〈습감(習坎)〉을 마주하는 마음가짐이 정(貞) 즉 천명(天命)에 진실로 미더워[貞] 주변으로부터 거듭되는[習] 위험[坎]을 극복해갈 수 있는 힘을 얻을 수 있음을 암시하는 것이 〈유심형(維心亨)의 형(亨)〉이다. 〈습감(習坎)〉을 형통한다[亨] 함은 깊은 물에 빠진다[坎] 할지라도 물 밖으로 나올 수 있음을 헤아리게 하는 계사(繫辭)가 〈유심형(維心亨)〉이다.

〈행유상(行有尙)〉은 〈유부(有孚)〉를 따라 행동함을 암시한다. 〈행유상(行有尙)〉은 〈행부지심자유고상(行孚之心者有高尙)〉의 줄임으로 여기고 〈진실로 믿어주는[孚之] 마음을[心] 실행하는[行] 것에는[者] 고상함이[高尙] 있다[有]〉라고 새겨볼 것이다. 여기 〈행유상(行有尙)의 행(行)〉이 『중용(中庸)』에 나오는 〈군자는[君子] 평이하게[易] 처신함[居]으로써[以] 천명을[命] 기다린다[俟]〉라는 내용을 환기시킨다. 습감괘(習坎卦 : ䷜)의 주제인 〈습감(習坎)〉의 시국을 겪을지라도 거듭되는[習] 험난함[坎]을 두고 조바심을 내거나 모험하려 하지 않고 사명(俟命) 즉 천명을[命] 기다리며[俟] 남들로부터 진실로 미더움[孚]을 사는 행동이[行] 고상함[尙]을 암시한 계사(繫辭)가 〈행유상(行有尙)〉이다.

【字典】

**습(習)** 〈거듭 습(習)-복(復)-중(重), 쌓일 습(習)-적(積), 익을(버릇) 습(習)-관(慣), (새가) 날기를 익힐 습(習)-조수비(鳥數飛), 익힐 습(習)-송(誦)-강(講), 배울 습(習)-학(學), 닦을 습(習)-수(修), 깨달을 습(習)-효(曉), 익숙할(함부로 할) 습(習)-압(狎), 습성 습(習)-성(性), 전부터 전해올 습(習)-인(因), 조절할 습(習)-조절(調節)〉 등의 뜻을 내지만 여기선 〈거듭 복(復)-중(重)〉으로 여기고 새김이 마땅하다.

**감(坎)** 〈빠질 감(坎)-함(陷), 험할 감(坎)-험(險), 어두운 감(坎)-암(暗), 구덩이 감(坎)-혈(穴), 송장을 묻을 구덩이 감(坎)-광혈(壙穴), 팔괘(八卦) 중의 하나 감(坎), 육십사괘(六十四卦) 중의 하나인 습감괘 감(坎)-습감괘(習坎卦), 메울 감(坎)-전(塡), 아래 감(坎)-하(下), 무리 감(坎)-중(衆), 힘들 감(坎)-노(勞), 근심할 감(坎)-감(惂)-우(憂), 술그릇 감(坎)-주기(酒器)〉 등의 뜻을 내지만 여기선 〈빠질 함(陷)〉과 같다 여기고 새김이 마땅하다.

**유(有)** 〈없을 무(無)의 반대말로 있을 유(有), 혹 유(有)-혹(或), 많을 유(有)-다(多)-족(足), 부유할 유(有)-부(富), 얻을(가질) 유(有)-취(取), 간직할 유(有)-장(藏), 보호할 유(有)-보(保), 서로 친할 유(有)-상친(相親), 전일할 유(有)-전(專), 할 유(有)-위(爲), 어조사 유(有)〉 등의 뜻을 내지만 〈있을 유(有)〉로 여기고 새김이 마땅하다.

**부(孚)** 〈믿을 부(孚)-신(信), 알에서 새끼가 껍질을 쪼아 나올 부(孚)-난화(卵化), 씨앗이 틀 부(孚)-부(稃), 덮어줄 부(孚)-복(覆), 붙을(의지할) 부(孚)-부(附)-부(付)〉 등의 뜻을 내지만 여기선 〈믿을 신(信)〉과 같다 여기고 새김이 마땅하다.

**유(維)** 〈맺을 유(維)-연결(連結), 오직 유(維)-독(獨)-개(豈), 맬(이을) 유(維)-계(係), 벼리 유(維)-강(綱), 모퉁이 유(維)-방우(方隅), 이 유(維)-차(此), 개혁 유(維)-신(新), 끌어갈 유(維)-지(持), 바 유(維), 어조사 유(維)〉 등의 뜻을 내지만 여기선 〈맺을 연결(連結)〉과 같다 여기고 새김이 마땅하다.

**심(心)** 〈마음(신명과 신체의 주) 심(心)-신명여신체지주(神明與身體之主), 의지 심(心)-의지(意志)-욕지소생(欲之所生), 뜻(의미) 심(心)-의미(意味)-의의(意義), 심기 심(心)-심기(心氣), 오장의 하나 심(心)-오장지일(五臟之一), 지혜의 집 심(心)-지지사(智之舍), 감정 심(心)-감정(感情), 도의 본원 심(心)-도지본원(道之本原), 가슴 심(心)-흉(胸), 중앙 심(心)-중앙(中央), 나무의 가시 심(心)-목지첨자(木之尖刺), 28수의 하나 심(心)-이십팔수지일(二十八宿之一)〉 등의 뜻을 내지만 여기선 〈마음 심(心)〉으로 여기고 새김이 마땅하다.

**亨** 〈향-형-팽〉 세 가지로 발음되고, 〈통할 형(亨)-통(通), 남을 형(亨)-여(餘), 드릴 향(亨)-헌(獻), 삶을 팽(亨)-자(煮)-팽(烹)〉 등의 뜻을 내지만 여기선 〈통할 통(通)〉과 같다 여기고 새김이 마땅하다.

**行** 〈행-항〉 두 가지로 발음되고, 〈갈 행(行)-왕(往), 다닐 행(行)-보(步), 나아

갈 행(行)-전진(前進), 길 귀신 행(行)-노신(路神), 오행 행(行)-오행(五行), 길 행(行)-도로(道路), 쓸 행(行)-용(用), 순행할 행(行)-순행(巡行), 행실 행(行)-신지소행(身之所行), 운반할 행(行)-운(運), 항오 항(行)-열(列), 시장 항(行)-시장(市長), 항렬 항(行)-등배(等輩), 굳셀 항(行)-강강(剛强)〉 등의 뜻을 내지만 여기선 〈갈 왕(往)〉과 같다 여기고 새김이 마땅하다.

**상(尙)** 〈고상할(높일) 상(尙)-고(高)-존(尊), 오랠 상(尙)-구(久), 받들 상(尙)-숭(崇)-봉(奉), 강할(할 수 있을) 상(尙)-강(强), 가상할 상(尙)-가(嘉), 도울 상(尙)-조(助), 일찍 상(尙)-증(曾), 오히려 상(尙)-유(猶), 또 상(尙)-차(且), 반드시 상(尙)-필(必), 바랄 상(尙)-서기(庶幾)-심소희망(心所希望), 일찍 상(尙)-증(曾), 거의 상(尙)-서기(庶幾), 위 상(尙)-상(上), 더할 상(尙)-가(加), 꾸밀 상(尙)-식(飾)〉 등의 뜻을 내지만 여기선 〈고상할 고(高)〉와 같다 여기고 새김이 마땅하다.

---

註 상덕불리(常德不離) 복귀어영아(復歸於嬰兒) : 상덕이[常德] 떠나지 않고[不離] 갓난애로[於嬰兒] 되[復]돌아온다[歸]. 『노자(老子)』 28장(章)

註 군자거이이사명(君子居易以俟命) 소인행험이요행(小人行險以徼幸) : 군자는[君子] 평이하게[易] 처신함[居]으로써[以] 천명을[命] 기다리고[俟], 소인은[小人] 위험을[險] 감행함[行]으로써[以] 요행을[幸] 바란다[徼]. 『중용(中庸)』「주자장구(朱子章句)」 14장(章)

註 대성괘(大成卦)의 각효(各爻)는 변효(變爻) 곧 일음일양(一陰一陽)의 역지도(易之道) 즉 변화의[易之] 도리[道]를 따르는 운명을 지닌다. 예를 들자면 습감괘(習坎卦 : ䷜)의 각효(各爻)가 모두 변효(變爻)하면 이괘(離卦 : ䷝)가 된다. 어둠에 빠지는 습감괘(習坎卦 : ䷜)가 밝음에 붙는 이괘(離卦 : ䷝)로 변화한다. 수여암(水與暗) 즉 어둠과[與暗] 물[水]의 감(坎 : ☵)은 달[月]을 대신하고, 화여명(火與明) 즉 밝음과[與明] 불[火]의 이(離 : ☲)는 해[日]를 대신한다. 해[日]를 태양(太陽)이라 하고 태양은 순양(純陽)이 아니라 양(陽 : ⚊) 안에 음(陰 : ⚋)이 있음을 뜻해, 일(日)을 나타내는 이(離 : ☲)가 곧 태양(太陽)의 모습이다. 달[月]을 태음(太陰)이라 하고 태음 역시 순음(純陰)이 아니라 음(陰 : ⚋) 안에 양(陽 : ⚊)이 있음을 뜻해, 월(月)을 나타내는 감(坎 : ☵)이 곧 태음(太陰)의 모습이다. 그 무엇이든 만휴(滿虧) 즉 차면[滿] 이지러지고[虧] 휴만(虧滿) 즉 이지러지면[虧] 참[滿]의 환(環) 즉 고리[環]를 벗어날 수 없음이 천도(天道)이다. 음양(陰陽) 역시 천도(天道)의 이러한 고리를 벗어날 수 없다.

## 2 효의 효상과 계사

初六 : 習坎에 入于坎窞하니 凶하다
습감 입우감담 흉

九二 : 坎有險하니 求小得하리라
감유험 구소득

六三 : 來之坎坎하여 險且枕하고 入于坎窞이니 勿用하라
내지감감 험저침 입우감담 물용

六四 : 樽酒와 簋貳를 用缶하여 納約自牖해도 終无咎하다
준주 궤이 용부 납약자유 종무구

九五 : 坎不盈이라 祗旣平이니 无咎하다
감불영 지기평 무구

上六 : 係用徽纆하여 寘于叢棘하니 三歲不得이면 凶하다
계용휘묵 치우총극 삼세부득 흉

초륙(初六) : 거듭되는[習] 어둠에도[坎] 구덩이의[坎] 구덩이[窞]로[于] 들어가니[入] 흉하다[凶].

구이(九二) : 어둠에[坎] 위험이[險] 있으니[有] 작음을[小] 추구하여[求] 얻는다[得].

육삼(六三) : 오든[來] 가든[之] 어둡고[坎] 어두워[坎] 위험하니[險] 곧장[且] 멈추고[枕], 구덩이의[坎] 구덩이[窞]로[于] 들어가니[入] 행하지[用] 말라[勿].

육사(六四) : 한 단지의[樽] 술과[酒] 제수를 담은 대그릇을[簋] 둘째로[貳] 담은 옹기를[缶] 이용해[用] 노끈으로 묶어[約] 들창[牖] 너머로[自] 헌납해도[納] 끝끝내[終] 허물이[咎] 없다[无].

구오(九五) : 물구덩이가[坎] 넘치지 못해[不盈] 이미[旣] 평평함에[平] 이르니[祗] 허물이[咎] 없다[无].

상륙(上六) : 세 겹 노끈과[徽] 두 겹 노끈을[纆] 써서[用] 묶어[係] 가시[棘] 덤불[叢]에다[于] 처박아 두니[寘] 삼 년만에[三歲] 풀려나지 못하면[不得] 흉하다[凶].

## 초륙(初六 : --)

**初六 : 習坎에 入于坎窞하니 凶하다**
습감 입우감담 흉

초륙(初六) : 거듭되는[習] 어둠에도[坎] 구덩이의[坎] 구덩이[窞]로[于] 들어가니[入] 흉하다[凶].

**【초륙(初六)의 효상(爻象) 풀이】**

습감괘(習坎卦 : ䷜)의 초륙(初六 : --)은 이음거양(以陰居陽) 즉 음(陰 : --)으로써[以] 양(陽 : ㅡ)의 자리에 있는지라[居] 정당한 자리에 있지 못하다. 초륙(初六 : --)과 구이(九二 : ㅡ)는 음양(陰陽)인지라 〈비(比)〉 즉 이웃의 사귐[比]을 누린다. 초륙(初六 : --)과 육사(六四 : --)는 양음(兩陰) 즉 둘 다[兩] 음(陰 : --)인지라 〈불응(不應)〉 즉 서로 호응하지 못하는[不應] 처지이다. 습감괘(習坎卦 : ䷜)의 초륙(初六 : --)은 유약(柔弱)한데다 거듭되는[習] 어둠[坎]의 맨 아랫자리에 있어서 스스로 어둠[坎]에서 빠져나올 수 없어 불행한 모습이다.

습감괘(習坎卦 : ䷜)의 초륙(初六 : --)이 초구(初九 : ㅡ)로 변효(變爻)하면 초륙(初六 : --)은 습감괘(習坎卦 : ䷜)를 60번째 절괘(節卦 : ䷻)로 지괘(之卦)하게 한다. 따라서 습감괘(習坎卦 : ䷜)의 초륙(初六 : --)은 절괘(節卦 : ䷻)의 초구(初九 : ㅡ)를 찾아가 살펴보게 한다.

**【초륙(初六)의 계사(繫辭) 풀이】**

### 習坎(습감) 入于坎窞(입우감담) 凶(흉)

거듭되는[習] 어둠에도[坎] 구덩이의[坎] 구덩이[窞]로[于] 들어가니[入] 흉하다[凶].

초륙(初六 : --)의 효위(爻位)를 빌려 암시한 계사(繫辭)이다. 〈습감(習坎) 입우감담(入于坎窞)〉은 〈수연습감(雖然習坎) 초륙입우감지담(初六入于坎之窞)〉의 줄임으로 여기고 〈거듭되는[習] 어둠에도[坎] 불구하고[雖然] 초륙은[初六] 구덩이의

[坎之] 구덩이[窞]로[于] 들어간다[入]〉라고 새겨볼 것이다. 〈습감(習坎)의 습(習)〉은 〈거듭 복(復)〉과 같다. 〈습감(習坎)의 감(坎)〉은 암(暗) 즉 캄캄함[暗]을 뜻하면서 함(陷) 즉 구덩이[陷]를 뜻하고 동시에 험(險) 즉 험난함[險]도 뜻한다. 〈습감(習坎)의 감(坎)〉은 암(暗)으로 새김이 뒤의 〈감담(坎窞)〉과 상통하게 되어 마땅하다.

〈감담(坎窞)의 감(坎)〉은 혈(穴) 즉 구덩이[穴]이고, 〈감담(坎窞)의 담(窞)〉은 소혈(小穴) 즉 작은[小] 구덩이[穴]를 뜻한다. 이에 〈감담(坎窞)〉은 구덩이[坎] 안에 있는 작은 구덩이[窞]를 뜻하니, 초륙(初六 : - -)이 습감괘(習坎卦 : ䷜)의 맨 아랫자리에 있음을 들어 초륙(初六 : - -)의 처지를 취상(取象)한 것이다. 초륙(初六 : - -)은 습감괘(習坎卦 : ䷜)의 맨 아랫자리라 캄캄함이[坎] 거듭됨[習]을 〈감담(坎窞)〉 즉 구덩이[坎] 속의 작은 구덩이[窞]로써 비유해, 초륙(初六 : - -)이 이런 지경에 처해도 그 자신은 유약(柔弱)하기에 습감괘(習坎卦 : ䷜)의 주제인 〈습감(習坎)〉의 시국을 스스로 헤쳐나갈 수 없으니 불행하다[凶]고 암시한 계사(繫辭)가 〈습감(習坎) 입우감담(入于坎窞) 흉(凶)〉이다.

【字典】

**습(習)** 〈거듭 습(習)-복(復)-중(重), 쌓일 습(習)-적(積), 익을(버릇) 습(習)-관(慣), (새가) 날기를 익힐 습(習)-조수비(鳥數飛), 익힐 습(習)-송(誦)-강(講), 배울 습(習)-학(學), 닦을 습(習)-수(修), 깨달을 습(習)-효(曉), 익숙할(함부로 할) 습(習)-압(狎), 습성 습(習)-성(性), 전부터 전해올 습(習)-인(因), 조절할 습(習)-조절(調節)〉 등의 뜻을 내지만 여기선 〈거듭 복(復)-중(重)〉으로 여기고 새김이 마땅하다.

**감(坎)** 〈어두운 감(坎)-암(暗), 구덩이 감(坎)-혈(穴), 빠질 감(坎)-함(陷), 험할 감(坎)-험(險), 송장을 묻을 구덩이 감(坎)-광혈(壙穴), 팔괘(八卦) 중의 하나 감(坎), 육십사괘(六十四卦) 중의 하나인 습감괘 감(坎)-습감괘(習坎卦), 메울 감(坎)-전(塡), 아래 감(坎)-하(下), 무리 감(坎)-중(衆), 힘들 감(坎)-노(勞), 근심할 감(坎)-감(惂)-우(憂), 술그릇 감(坎)-주기(酒器)〉 등의 뜻을 내지만 여기선 〈어두운 암(暗), 구덩이 혈(穴)〉과 같다 여기고 새김이 마땅하다. 습감(習坎)의 감(坎)은 〈어두운 암(暗)〉과 같고, 감담(坎窞)의 감(坎)은 〈구덩이 혈(穴)〉과 같다.

**입(入)** 〈(밖에서 안으로) 들 입(入)-자외지내(自外至內), 돌아올 입(入)-환(還), 안(속) 입(入)-내(內), 올(이를) 입(入)-내(來)-치(致), 함께 입(入)-여(與), 따를 입(入)-수

(隨), 아래로 갈(내려갈) 입(入)-하(下), 가운데 입(入)-중(中), 벼슬할 입(入)-사관(仕官)-입조(入朝), 죽음 입(入)-사(死), 받을 입(入)-수(受)-입수(入受), 시집갈 입(入)-납(納)-가(嫁)-입자(入子=嫁女), 던져 넣을 입(入)-투(投)-투입(投入), 채울 입(入)-충(充), 구덩이 입(入)-감(坎)〉 등의 뜻을 내지만 여기선 〈들 입(入)〉으로 여기고 새김이 마땅하다.

**우(于)** 〈~에서(~부터, ~으로) 우(于)-어(於), 갈 우(于)-왕(往), 써 우(于)-이(以), 할 우(于)-위(爲), 여기 우(于)-시(是), 도울 우(于)-조(助), 클 우(于)-대(大), 구할 우(于)-구(求), 자족하는 모습 우(于)-자족모(自足貌)〉 등의 뜻을 내지만 여기선 〈~으로 어(於)〉와 같다 여기고 새김이 마땅하다.

**담(窞)** 〈구덩이 속의 작은 구덩이(구덩이의 맨 밑) 담(窞)-감중소감(坎中小坎), 옆으로 들어감 담(窞)-방입(旁入), 구덩이 담(窞)-갱(坑)〉 등의 뜻을 내지만 여기선 〈구덩이의 맨 밑 감중소감(坎中小坎)〉으로 여기고 새김이 마땅하다.

**흉(凶)** 〈불행할(흉할) 흉(凶)-길지반(吉之反), 걱정할 흉(凶)-우(憂)-구(懼), 흉한 사람 흉(凶)-흉인(凶人), 나쁠 흉(凶)-오(惡), 재앙 흉(凶)-화(禍), 요사할 흉(凶)-요사(夭死), 악한 사람 흉(凶)-악인(惡人), 흉년 흉(凶)-연곡불숙(年穀不熟), 사나울 흉(凶)-포학(暴虐), 음기 흉(凶)-음기(陰氣), 북쪽 흉(凶)-북(北), 없을 흉(凶)-공(空), 송사 흉(凶)-송(訟), 거역할 흉(凶)-역(逆), 어그러질 흉(凶)-패(悖), 허물 흉(凶)-구(咎)〉 등의 뜻을 내지만 여기선 〈불행할 길지반(吉之反)〉과 같다 여기고 새김이 마땅하다.

## 구이(九二 : ⚊)

九二 : 坎有險하니 求小得하리라
감 유 험 구 소 득

구이(九二) : 어둠에[坎] 위험이[險] 있으니[有] 작음을[小] 추구하여[求] 얻는다[得].

**【구이(九二)의 효상(爻象) 풀이】**

습감괘(習坎卦 : ䷜)의 구이(九二 : ⚊)는 이양거음(以陽居陰) 즉 양(陽 : ⚊)으로써[以] 음(陰 : ⚋)의 자리에 있는지라[居] 정당한 자리에 있지 못하다. 구이

(九二 : ━)와 초륙(初六 : --) 그리고 구이(九二 : ━)와 육삼(六三 : --)은 양음(陽陰)의 사이인지라 〈비(比)〉 즉 이웃의 사귐[比]을 누린다. 구이(九二 : ━)와 구오(九五 : ━)는 양양(兩陽) 즉 둘 다[兩] 양(陽 : ━)인지라 중효[中]이지만 정위[正]에 있지 못한지라 중정(中正)을 누리지 못하며, 〈정응(正應)〉 즉 바르게[正] 호응함[應]을 누리지 못하는 처지이다. 습감괘(習坎卦 : ䷜)의 구이(九二 : ━)가 강강(剛强)한 양기(陽氣 : ━)라 할지라도 두 음기(陰氣 : --) 사이에 빠져버린[坎] 처지인지라 위험한 처지이다. 그러나 구이(九二 : ━)는 습감괘(習坎卦 : ䷜)의 하체(下體) 감(坎 : ☵)의 중효(中爻)로서 득중(得中) 즉 정도를 따름을[中] 취하기[得] 때문에, 강실(剛實) 즉 강건하면서도[剛] 독실하여[實] 제정신을 가다듬어 험난함을 탈출하고자 마음을 가다듬는 모습이다.

| 습감괘(習坎卦 : ䷜)의 구이(九二 : ━)가 육이(六二 : --)로 변효(變爻)하면 구이(九二 : ━)는 습감괘(習坎卦 : ䷜)를 8번째 비괘(比卦 : ䷇)로 지괘(之卦)하게 한다. 따라서 습감괘(習坎卦 : ䷜)의 구이(九二 : ━)는 비괘(比卦 : ䷇)의 육이(六二 : --)를 찾아가 살펴보게 한다. |
|---|

**【구이(九二)의 계사(繫辭) 풀이】**

## 坎有險(감유험) 求小得(구소득)

어둠에[坎] 위험이[險] 있으니[有] 작음을[小] 추구하여[求] 얻는다[得].

구이(九二 : ━)의 효위(爻位)를 빌려 암시한 계사(繫辭)이다. 〈감유험(坎有險) 구소득(求小得)〉은 〈유어감유험(由於坎有險) 구이구소(九二求小) 인차구이득기구(因此九二得其求)〉의 줄임으로 여기고 〈어둠에는[坎] 위험이[險] 있기[有] 때문에[由於] 구이는[九二] 작음을[小] 추구한다[求] 그래서[因此] 구이는[九二] 그[其] 추구함을[求] 성취한다[得]〉라고 새겨볼 것이다. 〈감유험(坎有險)의 감(坎)〉은 〈암(暗)〉 즉 어둠[暗]을 뜻한다. 〈감유험(坎有險)의 감(坎)〉은 구이(九二 : ━)가 구덩이에 빠진[坎] 모습을 암시한다. 구덩이에 빠졌으니 빛이 차단되어 어둡고 그 어두움은 〈험(險)〉 즉 험난함[險]이 뒤따름을 암시한 계사(繫辭)가 〈감유험(坎有險)〉이다.

〈구소(求小)〉는 구이(九二 : ━)가 〈유험(有險)〉을 마주하는 모습을 암시한다. 〈구소(求小)〉는 〈구소심(求小心)〉의 줄임으로 여기고 새김이 마땅하다. 소심(小心)은 근신(謹愼)하는 마음가짐이다. 〈구소(求小)〉 즉 작은[小] 마음을[心] 추구한다[求] 함은 〈유험(有險)〉 즉 처한 험난함[有險]을 근신(謹愼) 즉 삼가면서 경계한다[謹愼]는 구이(九二 : ━)의 마음가짐을 암시한다. 강강(剛强)한 구이(九二 : ━)는 중효(中爻)로서 음(陰 : --)의 자리에 있기에 득중(得中) 즉 정도를 따름을[中] 취하는지라[得] 모험을 감행하여 요행을 바라지 않고, 험난함을 극복할 수 있는 길을 근신하면서 찾아내려 함을 암시한 것이 〈구소(求小)〉이다. 〈득(得)〉은 〈구소(求小)〉의 마음가짐을 구이(九二 : ━)가 실천으로 옮겼음을 암시한다. 이에 모험을 감행하지 않고 구덩이에서 탈출하는 길을 구이(九二 : ━)가 스스로 획득함[得]을 암시한 계사(繫辭)가 〈감유험(坎有險) 구소득(求小得)〉이다.

**【 字 典 】**

**감(坎)** 〈어두운 감(坎)-암(暗), 구덩이 감(坎)-혈(穴), 빠질 감(坎)-함(陷), 험할 감(坎)-험(險), 송장을 묻을 구덩이 감(坎)-광혈(壙穴), 팔괘(八卦) 중의 하나 감(坎), 육십사괘(六十四卦) 중의 하나인 습감괘 감(坎)-습감괘(習坎卦), 메울 감(坎)-전(塡), 아래 감(坎)-하(下), 무리 감(坎)-중(衆), 힘들 감(坎)-노(勞), 근심할 감(坎)-감(惂)-우(憂), 술그릇 감(坎)-주기(酒器)〉 등의 뜻을 내지만 여기선 〈어두운 암(暗)〉과 같다 여기고 새김이 마땅하다.

**유(有)** 〈(없을 무(無)의 반대말로) 있을 유(有)-존(存), 혹 유(有)-혹(或), 많을 유(有)-다(多)-족(足), 부유할 유(有)-부(富), 얻을(가질) 유(有)-취(取), 간직할 유(有)-장(藏), 보호할 유(有)-보(保), 서로 친할 유(有)-상친(相親), 전일할 유(有)-전(專), 할 유(有)-위(爲), 어조사 유(有)〉 등의 뜻을 내지만 〈있을 존(存)〉으로 여기고 새김이 마땅하다.

**험(險)** 〈어려울 험(險)-조(阻)-난(難)-간(艱), 높을 험(險)-고(高), 멀 험(險)-원(遠), 위험할 험(險)-악(惡)-위(危), 상처 입을 험(險)-상(傷)〉 등의 뜻을 내지만 여기선 〈어려울 난(難)-간(艱)〉과 같다 여기고 새김이 마땅하다.

**구(求)** 〈구할 구(求)-멱(覓), 찾을 구(求)-색(索), 물을 구(求)-문(問), 요구할 구(求)-책(責), 애쓸 구(求)-무(務), 취할 구(求)-취(取)-득(得), 탐할 구(求)-탐(貪), 구걸할

구(求)-걸(乞), 초래할 구(求)-초래(招來), 선택할 구(求)-택(擇), 짝 구(求)-등(等), 찾아 가질 구(求)-색취(索取)〉 등의 뜻을 내지만 여기선 〈구할 멱(覓)〉과 같다 여기고 새김이 마땅하다.



**소(小)** 〈작을 소(小)-미(微), 자잘할 소(小)-세(細), 짧을 소(小)-단(短), 좁을 소(小)-협(狹), 어릴 소(小)-유(幼), 천할 소(小)-천(賤), 첩 소(小)-첩(妾), 음(陰)을 칭하는 소(小)〉 등의 뜻을 내지만 여기선 〈작을 미(微)〉로 여기고 새김이 마땅하다.



**득(得)** 〈얻어낼 득(得)-획(獲)-취(取), 탐할 득(得)-탐(貪), 깨달을 득(得)-효(曉)-오(悟), 만족할 득(得)-족(足), 마땅할 득(得)-당(當), 일의 마땅함을 터득할 득(得)-합(合)-득사지의(得事之宜), 이룰 득(得)-성(成), 알 득(得)-지(知), 가할 득(得)-가(可)-능(能), 편안할 득(得)-편(便), 가질 득(得)-치(値)-지(持), 득도할 득(得)-득도(得道)〉 등의 뜻을 내지만 〈얻어낼 획(獲)〉과 같다 여기고 새김이 마땅하다.

## 육삼(六三 : --)

六三 : 來之坎坎하여 險且枕하고 入于坎窞이니 勿用하라
(내지감감 험저침 입우감담 물용)

육삼(六三) : 오든[來] 가든[之] 어둡고[坎] 어두워[坎] 위험하니[險] 곧장[且] 멈추고[枕], 구덩이의[坎] 구덩이[窞]로[于] 들어가니[入] 행하지[用] 말라[勿].

**【육삼(六三)의 효상(爻象) 풀이】**

습감괘(習坎卦 : ䷜)의 육삼(六三 : --)은 이음거양(以陰居陽) 즉 음(陰 : --)으로써[以] 양(陽 : —)의 자리에 있는지라[居] 정당한 자리에 있지 못하다. 육삼(六三 : --)과 구이(九二 : —)는 음양(陰陽)의 사이인지라 비(比) 즉 이웃의 사귐[比]을 누릴 것 같지만 이미 중위(中位)를 떠난 육삼(六三 : --)인지라 구이(九二 : —)와는 멀어진 셈이고, 위의 육사(六四 : --)와는 양음(兩陰) 즉 둘 다[兩] 음(陰 : --)인지라 이웃의 사귐[比]을 누리지 못한다. 상륙(上六 : --)과도 양음(兩陰)인지라 〈불응(不應)〉 즉 서로 호응하지 못한다[不應]. 이처럼 육삼(六三 : --)은 거부중부정(居不中不正) 즉 거처가[居] 중위도[中] 아니고[不] 정위도[正] 아니어서[不], 있는 자리가 정당하지 못해 육삼(六三 : ⚋)의 진퇴(進退)가 불선(不善) 즉 좋지 않은[不善] 모습이다.

> 습감괘(習坎卦 : ䷜)의 육삼(六三 : ⚋)이 구삼(九三 : ⚊)으로 변효(變爻)하면 육삼(六三 : ⚋)은 습감괘(習坎卦 : ䷜)를 48번째 정괘(井卦 : ䷯)로 지괘(之卦)하게 한다. 따라서 습감괘(習坎卦 : ䷜)의 육삼(六三 : ⚋)은 정괘(井卦 : ䷯)의 구삼(九三 : ⚊)을 찾아가 살펴보게 한다.

**【육삼(六三)의 계사(繫辭) 풀이】**

### 來之坎坎(내지감감) 險且枕(험저침)

오든[來] 가든[之] 어둡고[坎] 어두워[坎] 위험하니[險] 곧장[且] 멈추어라[枕].

육삼(六三 : ⚋)의 효위(爻位)를 빌려 암시한 계사(繫辭)이다. 〈내지감감(來之坎坎)〉은 〈육삼하래감(六三下來坎) 혹륙삼상지감(或六三上之坎)〉의 줄임으로 여기고 〈육삼이[六三] 아래로[下] 와도[來] 어둡고[坎] 혹은[或] 육삼이[六三] 위로[上] 가도[之] 어둡다[坎]〉라고 새겨볼 것이다. 〈내지감감(來之坎坎)의 내지(來之)〉는 〈내이지(來而之)의 줄임으로 〈내지(來之)의 지(之)〉는 〈갈 지(之)〉로서 〈갈 왕(往)〉과 같다. 따라서 여기 〈내지(來之)〉는 내왕(來往) 즉 오고[來] 감[往]을 뜻한다. 자내이외(自內而外) 즉 안에서[自內] 밖으로 나감[而外]이 〈지(之)〉 즉 나가는 것[之]이고, 자외이내(自外而內) 즉 밖에서[自外] 안으로 듦[而內]이 〈내(來)〉 즉 오는 것[來]이다. 대성괘(大成卦)에서 하체(下體)를 내(來) 또는 정(貞)이라 칭하기도 하고 상체(上體)를 왕(往) 또는 회(悔)라고도 부르기도 함을 상기한다면, 〈내지(來之)의 내(來)〉는 습감괘(習坎卦 : ䷜)의 하체(下體)인 감(坎 : ☵)을 뜻하고 〈내지(來之)의 지(之)〉는 습감괘(習坎卦 : ䷜)의 상체(上體)인 감(坎 : ☵)을 뜻함을 알아챌 수 있다. 나아가 〈내지감감(來之坎坎)의 감감(坎坎)〉 역시 습감괘(習坎卦 : ䷜)의 상하체(上下體)가 모두 감(坎 : ☵)인지라 오든[來] 가든[之] 다 감(坎 : ☵)에 다다름을 〈감감(坎坎)〉이라 한 것이다. 따라서 습감괘(習坎卦 : ䷜) 하체(下體)의 감(坎 : ☵)과 상체(上體)의 감(坎 : ☵)이 만나는 어름의 자리에 있는 육삼(六三 : ⚋)이 아래로 오든[來] 위로 가든[之] 감(坎 : ☵) 즉 어둠[暗]을 맞닥침을 암시한 계사(繫辭)가 〈내지감감(來之坎坎)〉이다.

〈험저침(險且枕)〉은 〈육삼지래지자험(六三之來之者險) 저침기래지(且枕其來之)〉의 줄임으로 여기고 〈육삼의[六三之] 오고감이라는[來之] 것은[者] 위험하니[險] 곧장[且] 그[其] 오고감을[來之] 멈추어라[枕]〉라고 새겨볼 것이다. 〈험저침(險且枕)〉은 육삼(六三 : --)이 〈내지감감(來之坎坎)〉의 지경에 있음을 거듭해 암시한다. 〈험(險)〉은 〈위험할 위(危)〉와 같고, 〈침(枕)〉은 〈멈출 지(止)〉와 같다. 여기 〈험(險)〉은 습감괘(習坎卦 : ䷜)의 상하체(上下體)가 모두 감(坎 : ☵)이니 육삼(六三 : --)이 위험하다[險]는 것이다. 〈저침(且枕)의 저(且)〉는 여기선 〈말투를 강하게 하려는 어조사〉 노릇을 해 〈곧 저(且)〉 정도로 새김이 마땅하다. 〈저침(且枕)의 침(枕)〉은 육삼(六三 : --)이 멈추어도[枕] 감(坎 : ☵)의 어둠[暗]에 멈춤[枕]이니 역시 위험함을 암시한 계사(繫辭)가 〈험저침(險且枕)〉이다.

## 入于坎窞(입우감담) 勿用(물용)

구덩이의[坎] 구덩이[窞]로[于] 들어가니[入] 행하지[用] 말라[勿].

〈입우감담(入于坎窞) 물용(勿用)〉은 〈육삼입우감중지담(六三入于坎中之窞) 육삼혜(六三兮) 물용기래지(勿用其來之)〉의 줄임으로 여기고 〈육삼이[六三] 구덩이[坎] 속의[中之] 작은 구덩이[窞]로[于] 들어가니[入] 육삼(六三)이여[兮] 그[其] 오고감을[來之] 행하지[用] 말라[勿]〉라고 새겨볼 것이다. 〈물용(勿用)의 용(用)〉은 〈행할 행(行)〉과 같다. 습감괘(習坎卦 : ䷜)의 하체(下體) 감(坎 : ☵)의 상효(上爻)인 육삼(六三 : --)이 위로 올라간들 역시 습감괘(習坎卦 : ䷜)의 상체(上體) 감(坎 : ☵)이니 구덩이[坎]에서 작은 구덩이[窞]로[于] 들어가는[入] 지경을 암시한 것이 〈입우감담(入于坎窞)〉이다. 육삼(六三 : --)의 효위(爻位)가 거부중부정(居不中不正) 즉 거처가[居] 중위도[中] 아니고[不] 정위도[正] 아닌[不] 지경이니, 함부로 습감괘(習坎卦 : ䷜)에서의 〈내지(來之)〉 즉 오고감[來之]을 행하지[用] 말고[勿] 침착하게 때를 기다림이 상책임을 암시한 계사(繫辭)가 〈입우감담(入于坎窞) 물용(勿用)〉이다.

**【字典】**

**來** 〈내-래〉 두 가지로 발음되고, 〈올 내(來)-지(至), 앞으로 내(來)-장래(將來)-미래(未來), 초치할 내(來)-초치(招致), ~부터 내(來)-자(自)-유(由), 남음이 있을 내(來)-유여(有餘), 어세를 더해주는 조사 래(來), 구중(句中)-구말(句末)의 조사(助詞) 래(來)〉 등의 뜻을 내지만 여기선 〈올 지(至)〉와 같다 여기고 새김이 마땅하다.

**지(之)** 〈갈 지(之)-왕(往), 그것(이것) 지(之)-피(彼)-시(是), 이를 지(之)-지(至), 주격-소유격-목적격 등의 토씨 지(之)〉 등의 뜻을 내지만 여기선 〈갈 왕(往)〉과 같다 여기고 새김이 마땅하다.

**감(坎)** 〈어두운 감(坎)-암(暗), 구덩이 감(坎)-혈(穴), 빠질 감(坎)-함(陷), 험할 감(坎)-험(險), 송장을 묻을 구덩이 감(坎)-광혈(壙穴), 팔괘(八卦) 중의 하나 감(坎), 육십사괘(六十四卦) 중의 하나인 습감괘 감(坎)-습감괘(習坎卦), 메울 감(坎)-전(塡), 아래 감(坎)-하(下), 무리 감(坎)-중(衆), 힘들 감(坎)-노(勞), 근심할 감(坎)-감(慆)-우(憂), 술그릇 감(坎)-주기(酒器)〉 등의 뜻을 내지만 여기선 〈어두운 암(暗), 구덩이 혈(穴)〉과 같다 여기고 새김이 마땅하다. 감감(坎坎)의 감(坎)은 〈어두운 암(暗)〉과 같고, 감담(坎窞)의 감(坎)은 〈구덩이 혈(穴)〉과 같다.

**험(險)** 〈위험할 험(險)-악(惡)-위(危), 묶일 험(險)-약(約)-검(檢), 어려울 험(險)-조(阻)-난(難)-간(艱), 높을 험(險)-고(高), 멀 험(險)-원(遠), 상처 입을 험(險)-상(傷), 치우칠 험(險)-경(傾)-측(側), 더럽고 천할 험(險)-오박(汚薄), 평탄치 못할 험(險)-불평(不平), 치우쳐 덮을 험(險)-편엄(偏弇)〉 등의 뜻을 내지만 여기선 〈위험할 위(危)〉로 여기고 새김이 마땅하다

**且** 〈차-저〉 두 가지로 발음되고, 〈말투를 강하게 하려는 어조사 저(且), 나아가지 않을 저(且)-행부진(行不進), 많을 저(且)-다(多), 파초 저(且)-파초(芭蕉), 공손할 저(且)-공(恭), 또 차(且)-우(又), 갈 차(且)-조(徂)-왕(往), 그 위에 차(且)-가지(加之), 바야흐로 차(且)-장차(將次), 거의 차(且)-기(幾), 어구(語句) 뒤에 오는 조사(助詞) 차(且)〉 등의 뜻을 내지만 여기선 〈말투를 강하게 하려는 어조사 저(且)〉로 여기고 새김이 마땅하다.

**침(枕)** 〈멈출 침(枕)-지(止), 베개 침(枕)-수구(首具)-와소이천수(臥所以薦首), 수레 뒤에 가로댄 나무 침(枕)-거후횡목(車後橫木), 소말뚝 침(枕)-계우익(繫牛杙)〉 등의

뜻을 내지만 여기선 〈멈출 지(止)〉와 같다 여기고 새김이 마땅하다.

**입(入)** 〈(밖에서 안으로) 들 입(入)-자외지내(自外至內), 돌아올 입(入)-환(還), 안(속) 입(入)-내(內), 올(이를) 입(入)-내(來)-치(致), 함께 입(入)-여(與), 따를 입(入)-수(隨), 아래로 갈(내려갈) 입(入)-하(下), 가운데 입(入)-중(中), 벼슬할 입(入)-사관(仕官)-입조(入朝), 죽음 입(入)-사(死), 받을 입(入)-수(受)-입수(入受), 시집갈 입(入)-납(納)-가(嫁)-입자(入子=嫁女), 던져 넣을 입(入)-투(投)-투입(投入), 채울 입(入)-충(充), 구덩이 입(入)-감(坎)〉 등의 뜻을 내지만 여기선 〈들 입(入)〉으로 여기고 새김이 마땅하다.

**우(于)** 〈~에서(~부터, ~으로) 우(于)-어(於), 갈 우(于)-왕(往), 써 우(于)-이(以), 할 우(于)-위(爲), 여기 우(于)-시(是), 도울 우(于)-조(助), 클 우(于)-대(大), 구할 우(于)-구(求), 자족하는 모습 우(于)-자족모(自足貌)〉 등의 뜻을 내지만 여기선 〈~으로 어(於)〉와 같다 여기고 새김이 마땅하다.

**담(窞)** 〈구덩이 속의 작은 구덩이(구덩이의 맨 밑) 담(窞)-감중소감(坎中小坎), 옆으로 들어감 담(窞)-방입(旁入), 구덩이 담(窞)-갱(坑)〉 등의 뜻을 내지만 여기선 〈구덩이의 맨 밑 감중소감(坎中小坎)〉으로 여기고 새김이 마땅하다.

**물(勿)** 〈하지 말 물(勿)-막(莫), 없을 물(勿)-무(無)-무(毋), 아닌 것 물(勿)-비(非), 아니할 물(勿)-불(不)〉 등과 같지만 여기선 〈하지 말 막(莫)〉과 같다 여기고 새김이 마땅하다.

**용(用)** 〈시행할 용(用)-이(以)-시(施)-행(行), 쓰일(부릴) 용(用)-사(使), 맡길 용(用)-임(任), 위할 용(用)-위(爲), 갖출 용(用)-비(備)〉 등의 뜻을 내지만 여기선 〈시행할 행(行)〉과 같다 여기고 새김이 마땅하다.

# 육사(六四 : --)

六四 : 樽酒와 簋貳를 用缶하여 納約自牖해도 終无咎하다
준주 궤이 용부 납약자유 종무구

육사(六四) : 한 단지의[樽] 술과[酒] 제수를 담은 대그릇을[簋] 둘째로[貳] 담은 옹기를[缶] 이용해[用] 노끈으로 묶어[約] 들창[牖] 너머로[自] 헌납해도[納] 끝끝내[終] 허물이[咎] 없다[无].

【육사(六四)의 효상(爻象) 풀이】

습감괘(習坎卦 : ䷜)의 육사(六四 : --)는 이음거음(以陰居陰) 즉 음(陰 : --)으로써[以] 음(陰 : --)의 자리에 있는지라[居] 정당한 자리에 있다. 육사(六四 : --)와 구오(九五 : ─)는 음양(陰陽)의 사이인지라 〈비(比)〉 즉 이웃의 사귐[比]을 누린다. 육사(六四 : --)와 초륙(初六 : --)은 양음(兩陰) 즉 둘 다[兩] 음(陰 : --)인지라 〈불응(不應)〉 즉 서로 호응하지 못한다[不應]. 유순(柔順)한 육사(六四 : --)는 정위(正位)에 있는 음효(陰爻)로서 험난한 때에 군왕(君王)인 구오(九五 : ─)를 모시는 경대부 노릇을 정성껏 다하는 모습이다.

습감괘(習坎卦 : ䷜)의 육사(六四 : --)가 구사(九四) : ─)로 변효(變爻)하면 육사(六四 : --)는 습감괘(習坎卦 : ䷜)를 47번째 곤괘(困卦 : ䷮)로 지괘(之卦)하게 한다. 따라서 습감괘(習坎卦 : ䷜)의 육사(六四 : --)는 곤괘(困卦 : ䷮)의 구사(九四 : ─)를 찾아가 살펴보게 한다.

【육사(六四)의 계사(繫辭) 풀이】

## 樽酒(준주) 簋貳(궤이) 用缶(용부)

한 단지의[樽] 술과[酒] 제수를 담은 대그릇을[簋] 둘째로[貳] 담은 옹기를[缶] 이용한다[用].

육사(六四 : --)의 효위(爻位)를 빌려 암시한 계사(繫辭)이다. 〈준주(樽酒) 궤이(簋貳) 용부(用缶)〉는 〈육사용준주여궤이만적부(六四用樽酒與簋貳滿的缶)〉의 줄

임으로 여기고 〈육사가[六四] 궤이와[與簋貳] 준주를[樽酒] 담은[滿的] 옹기를[缶] 이용했다[用]〉라고 새겨볼 것이다. 〈준주(樽酒)의 준(樽)〉은 술 단지이고, 〈준주(樽酒)의 주(酒)〉는 제주(祭酒) 즉 제사[祭] 술[酒]을 말한다. 〈궤이(簋貳)의 궤(簋)〉는 제수(祭需) 즉 제사의[祭] 음식들[需]을 담은 죽기(竹器) 즉 대[竹]그릇[器]을 말하고, 〈궤이(簋貳)의 이(貳)〉는 옹기[缶]에 담은 순서를 밝힌다. 앞의 〈준주(樽酒)〉를 〈준주일(樽酒壹)〉로 여기어, 첫째로[壹] 제주의[酒] 단지[樽]를 담고 두 번째로[貳] 대그릇[簋]을 담았음을 암시하는 것이 〈준주(樽酒) 궤이(簋貳)〉이다.

〈준주(樽酒) 궤이(簋貳) 용부(用缶)〉는 습감괘(習坎卦 : ䷜)의 주제인 〈습감(習坎)〉 즉 어둠이[坎] 거듭되고[習] 위험이[坎] 거듭되는[習] 시국임을 암시한다. 태평한 시국이라면 격식을 갖추고 성찬(盛饌)으로써 예(禮)를 갖추어 군왕(君王)께 제물을 올릴 터이다. 그러나 〈습감(習坎)〉의 시국인지라 경대부(卿大夫)로서 육사(六四 : --)가 검약하게 제물을 마련했음을 암시한 것이 〈준주(樽酒) 궤이(簋貳) 용부(用缶)〉이다. 〈용부(用缶)〉는 준주(樽酒)와 궤(簋)를 담은 옹기를[缶] 이용했음[用]을 암시한다. 여기 〈부(缶)〉는 검소함을 암시한다. 이에 유순(柔順)한 육사(六四 : --)가 경대부(卿大夫)로서 군왕(君王)인 구오(九五 : —)에게 옹기를[缶] 이용하여[用] 제물을 봉납(奉納) 즉 받들어[奉] 바쳐[納] 군왕(君王)을 정성껏 섬기는 모습을 암시한 계사(繫辭)가 〈준주(樽酒) 궤이(簋貳) 용부(用缶)〉이다.

## 納約自牖(납약자유) 終无咎(종무구)

노끈으로 묶어[約] 들창[牖] 너머로[自] 헌납해도[納] 끝끝내[終] 허물이[咎] 없다[无].

〈납약자유(納約自牖)〉는 〈육사약기부(六四約其缶) 연후륙사납기부자유(然後六四納其缶自牖)〉의 줄임으로 여기고 〈육사가[六四] 그[其] 옹기를[缶] 줄로 묶고[約] 그 다음에[然後] 육사가[六四] 그[其] 옹기를[缶] 들창[牖] 너머로[自] 봉납했다[納]〉라고 새겨볼 것이다. 〈납약자유(納約自牖)〉는 경대부(卿大夫)로서 육사(六四 : --)가 군왕(君王)인 구오(九五 : —)에게 궁궐 안으로 제물을 들여보냈음을 암시한다. 〈납약자유(納約自牖)〉에서 〈자유(自牖)의 유(牖)〉는 습감괘(習坎卦 : ䷜)의 외호괘(外互卦)인 간(艮 : ☶)을 빌려 육사(六四 : --)를 취상(取象)한 것이다. 왜냐하면 〈자유(自牖)의 유(牖)〉가 「설괘전(說卦傳)」에 나오는 〈간은[艮 : ☶] 대궐문[門闕]이다[爲]〉라는 내용을 상기시키기 때문이다. 이는 경대부(卿大夫)로서 육사(六四 : --)가 군왕(君王)인 구오(九五 : ━)에게 제물을 〈습감(習坎)〉의 시국을 따라 간소하게[約] 바치는[納] 모습을 〈자유(自牖)〉 즉 〈들창[牖] 너머로[自]〉로써 취유(取喩)한 것이다.

태평한 시국이라면 〈자문궐(自門闕)〉 즉 대궐문[門闕]으로[自] 육사(六四 : --)가 군왕(君王)께 봉납(奉納)할 터이다. 〈문궐(門闕)〉은 〈유(牖)〉로 전의(轉義)될 수 있다. 〈문궐(門闕)〉은 궁궐의 대문(大門)이고, 〈자유(自牖)의 유(牖)〉는 궁궐 벽의 창문(窓門)이기 때문이다. 여기 〈자유(自牖)〉가 『논어(論語)』에 나오는 〈공자가 들창[牖] 너머로[自] 백우의[其] 손을[手] 잡았다[執]〉라는 내용을 연상시키기도 한다. 여기 〈자유(自牖)〉는 〈습감(習坎)〉의 시국을 은유한 것이지 사실을 말함은 아니다. 왜냐하면 경대부(卿大夫)로서 육사(六四 : --)가 군왕(君王)인 구오(九五 : ━)에게 제물인 〈준주(樽酒)-궤이(簋貳)〉를 아무리 검소하게[約] 바친다[納]고 할지라도 문자 그대로인 〈자유(自牖)〉 즉 벽을 뚫어낸 들창[牖] 너머로[自] 바칠 수는 없기 때문이다. 습감괘(習坎卦 : ䷜)의 육사(六四 : --)가 군왕(君王)인 구오(九五 : ━)에게 제물을 정성을 다하여 봉납(奉納)하기에 들창[牖] 너머로[自] 바친다 한들[納] 끝내[終] 허물이[咎] 없는[无] 것이라고 암시한 계사(繫辭)가 〈납약자유(納約自牖) 종무구(終无咎)〉이다.

【字典】

**준(樽)** 〈술 단지 준(樽)-주기(酒器), 그칠(그만둘) 준(樽)-지(止), 수풀의 나무들이 무성한 모습 준(樽)-임목성모(林木盛貌)〉 등의 뜻을 내지만 여기선 〈술 단지 주기(酒器)〉로 여기고 새김이 마땅하다.

**주(酒)** 〈술 주(酒)-곡국소양(穀麴所釀), 냉수 주(酒)-현주(玄酒)-명수(明水), 술 마실 주(酒)-음주(飮酒)〉 등의 뜻을 내지만 여기선 〈곡물과 누룩으로 빚어낸 술 곡국소양(穀麴所釀)〉으로 여기고 새김이 마땅하다.

**궤(簋)** 〈반찬을 담는 제기 궤(簋)-성효찬지기(盛肴饌之器), 제기(祭器) 이름 궤(簋)〉 등의 뜻을 내지만 여기선 〈반찬을 담는 제기(祭器)〉로 여기고 새김이 마땅하다. 제기(祭器)를 보궤(簠簋)라 한다. 겉은 네모지고 음식을 담는 안쪽은 둥근 제기(祭器)를 보(簠)라 하고, 겉은 둥글고 음식을 담는 안쪽은 네모진 제기(祭器)를 궤(簋)라 한다.

**이(貳)** 〈두 이(貳)-이(二), 버금 이(貳)-부(副), 더할 이(貳)-익(益), 거듭할 이(貳)-중(重), 다시 이(貳)-복(復)-재(再), 아우를 이(貳)-병(竝), 대적할 이(貳)-적(敵), 의심할 이(貳)-의(疑), 이별할 이(貳)-별(別)-이(離), 두 마음 이(貳)-이심(二心), 변심할 이(貳)-변심(變心), 대신 이(貳)-대(代)〉 등의 뜻을 내지만 〈두 이(二)〉로 여기고 새김이 마땅하다.

**용(用)** 〈쓸 용(用)-시(施), 행할 용(用)-행(行), 쓰일(부릴) 용(用)-사(使), 맡길 용(用)-임(任), 위할 용(用)-위(爲), 갖출 용(用)-비(備)〉 등의 뜻을 내지만 여기선 〈쓸 시(施)〉와 같다 여기고 새김이 마땅하다.

**부(缶)** 〈주둥이는 작고 배가 불룩한 옹기항아리 부(缶)-와기(瓦器), (용량의 단위로서) 사곡 부(缶)-사곡(四斛), 16말 부(缶)-십륙두(十六斗)〉 등의 뜻을 내지만 여기선 〈옹기항아리 와기(瓦器)〉로 여기고 새김이 마땅하다.

**납(納)** 〈바칠 납(納)-헌(獻), 취할 납(納)-취(取), 보낼 납(納)-치(致), 받을 납(納)-수(受), 드릴 납(納)-입(入)-인(引), 돌아올 납(納)-귀(歸)〉 등의 뜻을 내지만 여기선 〈바칠 헌(獻)〉으로 여기고 새김이 마땅하다.

**約** 〈약-요〉 두 가지로 발음되고, 〈맺을 약(約)-결(結), 검소할 약(約)-검(儉), 간략할 약(約)-간(簡), 나긋나긋할 약(約)-순(淳)-유약(柔弱), 단속할 약(約)-박(縛)-검(檢), 맹세할 약(約)-서(誓), 기약할 약(約)-기(期), 덜 약(約)-감(減), 가난할 약(約)-빈궁(貧窮), 약속할 요(約)-계(契), 미쁠 요(約)-신(信)〉 등의 뜻을 내지만 여기선 〈맺을 결(結)〉과 같다 여기고 새김이 마땅하다.

**자(自)** 〈~너머로(~부터) 자(自)-종(從)-유(由), 스스로(자기) 자(自)-기(已), 비롯할 자(自)-시(始), 쓸 자(自)-용(用), 만약 자(自)-약(若), 저절로 자(自)-연(然)〉 등의 뜻을 내지만 여기선 〈~너머로(~부터) 유(由)〉로 여기고 새김이 마땅하다.

**유(牖)** 〈엇살창 유(牖)-천벽이목위교창(穿壁以木爲交窓), 남쪽으로 난 창 유(牖)-남창(南窓), 들창(바라지) 유(牖)-벽창(壁窓), 향할 유(牖)-향(向), 밝을(깨우칠) 유(牖)-개명(開明), 인도할 유(牖)-도(導)〉 등의 뜻을 내지만 여기선 〈남창(南窓)〉으로 여기고 새김이 마땅하다.

**종(終)** 〈다할 종(終)-진(盡)-극(極)-궁(窮)-경(竟), 끝날(끝내) 종(終)-이(已), 충분할 종(終)-충(充), 이룰 종(終)-성(成), 사망 종(終)-사(死), 끝 종(終)-시지대(始之對)〉 등

의 뜻을 내지만 여기선 〈끝내 이(已)〉와 같다 여기고 새김이 마땅하다.

**무(无)** 〈없을 무(无)-무(無), 허무지도 무(无)-허무지도(虛无之道), 으뜸 무(无)-원(元)〉 등의 뜻을 내지만 여기선 〈없을 무(無)〉와 같다 여기고 새김이 마땅하다.

**구(咎)** 〈재앙 구(咎)-재(災), 병될 구(咎)-병(病), 허물 구(咎)-건(愆)-과(過), 나쁠 구(咎)-오(惡)〉 등의 뜻을 내지만 여기선 〈허물 건(愆)-과(過)〉와 같다 여기고 새김이 마땅하다. 〈무구(无咎)〉는 〈면어구(免於咎)〉 즉 허물을[於咎] 면하다[免]와 같다.

---

註 간위문궐(艮爲門闕) : 간은[艮 : ☶] 대궐문[門闕]이다[爲]. 「설괘전(說卦傳)」 11단락(段落)

註 백우유질(伯牛有疾) 자문지(子問之) 자유집기수(自牖執其手) : 백우가[伯牛] 병이 들어[有疾] 공자가[子] 백우에게[之] 문병을 가서[問] 들창[牖] 너머로[自] 백우의[其] 손을[手] 잡았다[執]. 백우(伯牛)는 안연(顔淵)과 함께 덕(德)이 높아 공자(孔子)가 아꼈던 제자이다.

『논어(論語)』「옹야(雍也)」 8장(章)

## 구오(九五 : ⚊)

九五 : 坎不盈이라 祗旣平이니 无咎리라
감 불 영 지 기 평 무 구

구오(九五) : 물구덩이가[坎] 넘치지 못해[不盈] 이미[旣] 평평함에[平] 이르니[祗] 허물이[咎] 없다[无].

### 【구오(九五)의 효상(爻象) 풀이】

습감괘(習坎卦 : ䷜)의 구오(九五 : ⚊)는 이양거양(以陽居陽) 즉 양(陽 : ⚊)으로써[以] 양(陽 : ⚊)의 자리에 있는지라[居] 정당한 자리에 있다. 구오(九五 : ⚊)는 아래의 육사(六四 : ⚋)와 위의 상륙(上六 : ⚋)과는 양음(陽陰)의 사이인지라 〈비(比)〉 즉 이웃의 사귐[比]을 누린다. 그러나 구오(九五 : ⚊)와 구이(九二 : ⚊)는 양양(兩陽) 즉 둘 다[兩] 양(陽 : ⚊)인지라 불응(不應) 즉 서로 호응하지 못하는[不應] 처지이다. 그러나 강강(剛强)한 구오(九五 : ⚊)는 중효(中爻)로서 득중(得中) 즉 정도를 따름을[中] 취하여[取] 군왕(君王)의 일을 다하는 모습이다.

습감괘(習坎卦 : ䷜)의 구오(九五 : ━)가 육오(六五 : ╍)로 변효(變爻)하면 구오(九五 : ━)는 습감괘(習坎卦 : ䷜)를 7번째 사괘(師卦 : ䷆)로 지괘(之卦)하게 한다. 따라서 습감괘(習坎卦 : ䷜)의 구오(九五 : ━)는 사괘(師卦 : ䷆)의 육오(六五 : ╍)를 찾아가 살펴보게 한다.

【구오(九五)의 계사(繫辭) 풀이】

## 坎不盈(감불영)

### 물구덩이가[坎] 넘치지 못한다[不盈].

구오(九五 : ━)의 효위(爻位)를 빌려 암시한 계사(繫辭)이다. 〈감불영(坎不盈)〉은 〈구오지감불영수(九五之坎不盈水)〉의 줄임으로 여기고 〈구오의[九五之] 구덩이는[坎] 물을[水] 채우지 않는다[不盈]〉라고 새겨볼 것이다. 〈감불영(坎不盈)〉은 구오(九五 : ━)가 습감괘(習坎卦 : ䷜)의 상체(上體)인 감(坎 : ☵)의 중효(中爻)인지라 물 흐름의 중류(中流)에 자리하므로, 구덩이[坎]를 물이 채워 흘러넘치기 전에 물이 흘러가 물구덩이가 넘치지 못함[不盈]을 말한다. 〈감불영(坎不盈)의 영(盈)〉은 〈넘칠 일(溢)〉과 같다. 여기 〈감불영(坎不盈)의 불영(不盈)〉은『서경(書經)』에 나오는 〈그[厥] 정도를 따름을[中] 진실로[允] 지켜야 한다[執]〉라는 내용을 환기시킨다. 〈불영(不盈)〉 즉 채우지 않음[不盈]이란 중(中) 즉 정도를 따름[中]이라 욕심내지 않고 〈미대(未大)〉 즉 지나침이[大] 없음[未]을 암시한다. 이에 중효(中爻)로서 구오(九五 : ━)가 득중(得中) 즉 정도를 따름을[中] 취하여[得] 지나침이 없음을 암시한 계사(繫辭)가 〈감불영(坎不盈)〉이다.

## 祗旣平(지기평) 无咎(무구)

### 이미[旣] 평평함에[平] 이르니[祗] 허물이[咎] 없다[无].

〈지기평(祗旣平)〉은 〈감지기평어기변(坎祗旣平於其邊)〉의 줄임으로 여기고 〈구덩이는[坎] 이미[旣] 그[其] 주변과[於邊] 평평함에[平] 이르렀다[祗]〉라고 새겨볼 것이다. 〈지기평(祗旣平)의 지(祗)〉는 24번째 복괘(復卦 : ䷗) 초효(初爻)의 효사(爻辭)인 〈무지회(无祗悔)〉의 〈지(祗)〉와 같아 〈이를 지(至)〉로 새김이 마땅하다. 감(坎 : ☵)의 중효(中爻) 자리는 흘러가는 물의 중류(中流)와 같다. 중류(中流)에는 물의 고임이 없어 넘쳐날[盈] 일이 없음을 거듭해 암시한 것이 〈지기평(祗旣平)〉이다. 흐르는 물이 중류(中流)인지라 구덩이[坎]를 채워 넘치려는 순간 물이 흘러가버려 넘쳐날 위험이 없다. 따라서 아무리 험난한 경우를 당할지라도 득중(得中)한다면 항상 극복할 수 있는 기회가 있음을 깨닫게 하고, 나아가 이는 위기에 처할수록 절망하지 말라 함을 일깨워주는 계사(繫辭)가 〈지기평(祗旣平)〉이다. 순명(順命)만 한다면 하늘이 무너져도 솟아날 구멍은 있다. 물구덩이[坎]에 빠진 구오(九五：⚊) 같은 지경일지라도 득중(得中) 즉 정도를 따름을[中] 취함[得]으로써 이미[旣] 평평함[平]을 누릴 수 있음을 암시한 계사(繫辭)가 〈지기평(祗旣平)〉이다. 〈지기평(祗旣平)의 평(平)〉은 여기선 어려운 일[事]일지라도 이겨낼 수 있음을 암시한다. 물구덩이[坎]에 빠졌다 할지라도 구오(九五：⚊)처럼 득중(得中) 즉 정도를 따름을[中] 취함[得]을 잃지 않는다면 허물이[咎] 없음[无]을 암시한 계사(繫辭)가 〈지기평(祗旣平) 무구(无咎)〉이다.

【字典】

**감(坎)** 〈구덩이 감(坎)-혈(穴), 어두운 감(坎)-암(暗), 빠질 감(坎)-함(陷), 험할 감(坎)-험(險), 송장을 묻을 구덩이 감(坎)-광혈(壙穴), 팔괘(八卦) 중의 하나 감(坎), 육십사괘(六十四卦) 중의 하나인 습감괘 감(坎)-습감괘(習坎卦), 메울 감(坎)-전(塡), 아래 감(坎)-하(下), 무리 감(坎)-중(衆), 힘들 감(坎)-노(勞), 근심할 감(坎)-감(惂)-우(憂), 술그릇 감(坎)-주기(酒器)〉 등의 뜻을 내지만 여기선 〈구덩이 혈(穴)〉과 같다 여기고 새김이 마땅하다.

**不** 〈불-부〉 등으로 발음되고, 〈않을(없을) 불(不)-부(不)-무(無), 아닐 불(不)-부(不)-비(非), 하지 말 불(不)-부(不)-막(莫)-금지(禁止), 정하지 않을 불(不)-부(不)-부(否)-미정(未定), 새가 날아올라 내려오지 않는 불(不)-부(不)-조비상불하래(鳥飛上不下來)〉 등의 뜻을 내지만 여기선 〈않을 불(不)〉로 여기고 새김이 마땅하다.

**영(盈)** 〈넘칠 영(盈)-일(溢), 찰 영(盈)-만(滿), 그릇을 채울 영(盈)-만기(滿器), 충분할 영(盈)-충(充), 길 영(盈)-장(長), 뜻을 채울 영(盈)-지만(志滿), 나아갈 영(盈)-진(進), 노할 영(盈)-노(怒), 많을 영(盈)-다(多)〉 등의 뜻을 내지만 여기선 〈넘칠 일(溢)〉과 같다 여기고 새김이 마땅하다.

**祗** 〈기-지〉 두 가지로 발음되고, 〈이를 지(祗)-지(至), 편안할 지(祗)-안(安),

클 기(祇)-대(大), 편안할 기(祇)-안(安), 공경할 기(祇)-경(敬), 땅 귀신 기(祇)-지지신(地之神), 조사 지(祇), 만날 지(祇)-적(適), 부질없이(다만) 지(祇)-단(但)〉 등의 뜻을 내지만 여기선 〈이를 지(至)〉와 같다 여기고 새김이 마땅하다.

**기(旣)** 〈이미 기(旣)-이(已), 다할 기(旣)-진(盡), 일이 끝날 기(旣)-사필(事畢), 적게 먹을 기(旣)-소식(小食), 마칠 기(旣)-종(終), 잃을 기(旣)-실(失), 어조사 기(旣)-야(也)〉 등의 뜻을 내지만 여기선 〈이미 이(已)〉와 같다 여기고 새김이 마땅하다.

**平** 〈평-편〉으로 발음되고, 〈평탄할(가지런할) 평(平)-탄(坦)-제(齊), 무사할 평(平)-무사(無事), 정직할(기울지 않을) 평(平)-정직(正直)-불경(不傾), 고요할 평(平)-정(靜), 어울릴 평(平)-화(和), 물과 흙을 다스릴 평(平)-수토치(水土治), 바를 평(平)-정(正), 다스릴 평(平)-치(治), 고를 평(平)-균(均), 화합하되 동맹하지 않을 평(平)-화이불맹(和而不盟), 쉬울 평(平)-이(易), 공변될 평(平)-공(公), 분명히 할 편(平)-변(辨)〉 등의 뜻을 내지만 여기선 〈무사할 무사(無事)〉와 같다 여기고 새김이 마땅하다.

**무(无)** 〈없을 무(无)-무(無), 허무지도 무(无)-허무지도(虛无之道), 으뜸 무(无)-원(元)〉 등의 뜻을 내지만 여기선 〈없을 무(無)〉와 같다 여기고 새김이 마땅하다.

**구(咎)** 〈재앙 구(咎)-재(災), 병될 구(咎)-병(病), 허물 구(咎)-건(愆)-과(過), 나쁠 구(咎)-오(惡)〉 등의 뜻을 내지만 여기선 〈허물 건(愆)-과(過)〉와 같다 여기고 새김이 마땅하다. 〈무구(无咎)〉는 〈면어구(免於咎)〉 즉 허물을[於咎] 면하다[免]와 같다.

---

註 인심유위(人心惟危) 도심유미(道心惟微) 유정유일(惟精惟一) 윤집궐중(允執厥中) : 사람의[人] 마음은[心] 매우[惟] 위태롭고[危] 정도를 지키는[道] 마음은[心] 매우[惟] 희미하니[微], 오직[惟] 정신 차리고[精] 오직[惟] (마음을) 하나로 하여[一] 그[厥] 정도를 따름을[中] 진실로[允] 지켜야 하오[執].
『서경(書經)』「대우모(大禹謨)」 2, 6단락(段落)

# 상륙(上六 : --)

**上六 : 係用徽纆하여 寘于叢棘하니 三歲 不得이면 凶하다**
계용휘묵 치우총극 삼세부득 흉

상륙(上六) : 세 겹 노끈과[徽] 두 겹 노끈을[纆] 써서[用] 묶어[係] 가시[棘] 덤불[叢]에다[于] 처박아 두니[寘] 삼 년만에[三歲] 풀려나지 못하면[不得] 흉하다[凶].

【상륙(上六)의 효상(爻象) 풀이】

습감괘(習坎卦 : ䷜)의 상륙(上六 : --)은 이음거음(以陰居陰) 즉 음(陰 : --)으로써[以] 음(陰 : --)의 자리에 있는지라[居] 정당한 자리에 있지만 맨 윗자리인지라 좋을 리가 없다. 상륙(上六 : --)과 구오(九五 : ㅡ)는 음양(陰陽)의 사이인지라 비(比) 즉 이웃의 사귐[比]을 누릴 처지이지만, 군왕(君王)인 구오(九五 : ㅡ)는 아래의 다수가 겪는 험난함[坎]을 돌보기에도 벅차 도움을 바랄 수 없는 처지이다. 상륙(上六 : --)과 육삼(六三 : --)은 양음(兩陰) 즉 둘 다[兩] 음(陰 : --)의 사이인지라 〈불응(不應)〉 즉 서로 호응하지 못한다[不應]. 따라서 습감괘(習坎卦 : ䷜)의 상륙(上六 : --)은 유약(柔弱)하고 무능한 탓에 〈습감(習坎)〉 즉 험하고 험한[習坎] 상황을 대처하지 못해 딱하기가 이를 데 없는 모습이다.

> 습감괘(習坎卦 : ䷜)의 상륙(上六 : --)이 상구(上九 : ㅡ)로 변효(變爻)하면 상륙(上六 : --)은 습감괘(習坎卦 : ䷜)를 59번째 환괘(渙卦 : ䷺)로 지괘(之卦)하게 한다. 따라서 습감괘(習坎卦 : ䷜)의 상륙(上六 : --)은 환괘(渙卦 : ䷺)의 상구(上九 : ㅡ)를 찾아가 살펴보게 한다.

【상륙(上六)의 계사(繫辭) 풀이】

### 係用徽纆(계용휘묵) 寘于叢棘(치우총극)

세 겹 노끈과[徽] 두 겹 노끈을[纆] 써서[用] 묶어[係] 가시[棘] 덤불[叢]에다[于] 처박아 두다[寘].

상륙(上六 : ⚋)의 효위(爻位)를 빌려 암시한 계사(繫辭)이다. 〈계용휘묵(係用徽纆) 치우총극(寘于叢棘)〉은 〈상륙여치우총극몰입계용휘묵(上六如寘于叢棘沒入係用徽纆)〉의 줄임으로 여기고 〈상륙은[上六] 계용휘묵(係用徽纆) 채로[沒入] 치우총극과[寘于叢棘] 같다[如]〉라고 새겨볼 것이다. 〈계용휘묵(係用徽纆)〉은 습감괘(習坎卦 : ䷜)의 외호괘(外互卦)인 간(艮 : ☶) 그리고 상륙(上六 : ⚋)이 변효(變爻)하면 습감괘(習坎卦 : ䷜)의 상체(上體)인 감(坎 : ☵)은 손(巽 : ☴)이 될 수 있음을 들어 상륙(上六 : ⚋)의 모습을 취상한 것이다. 왜냐하면 〈계용휘묵(係用徽纆)의 계용(係用)〉이 「설괘전(說卦傳)」에 나오는 〈간은[艮 : ☶] 손[手]이다[爲]〉라는 내용을 상기시키고, 〈계용휘묵(係用徽纆)의 휘묵(徽纆)〉이 「설괘전(說卦傳)」에 나오는 〈손은[巽 : ☴] 곧은[直] 줄[繩]이다[爲]〉라는 내용을 떠올려주기 때문이다. 〈계용(係用)〉은 손[手]이 있어야 가능하고, 〈휘묵(徽纆)〉은 〈승직(繩直)〉 즉 곧은[直] 줄[繩]을 연상시킨다. 〈휘(徽)〉는 세 겹의 검정 노끈[黑索]이고, 〈묵(纆)〉은 두 겹의 검정 노끈[黑索]이다. 이런 〈휘묵(徽纆)〉으로써[用] 〈계(係)〉 즉 묶인[係] 모습이 습감괘(習坎卦 : ䷜)의 상륙(上六 : ⚋)과 같다는 계사(繫辭)가 〈계용휘묵(係用徽纆)〉이다.

〈치우총극(寘于叢棘)〉 역시 습감괘(習坎卦 : ䷜) 상륙(上六 : ⚋)의 모습을 암시한다. 상륙(上六 : ⚋)이 〈치우총극(寘于叢棘)〉의 모습과 같다고 점사(占辭)한다. 상륙(上六 : ⚋)을 〈치우총극(寘于叢棘)〉으로 암시함은 〈치우총극(寘于叢棘)의 총극(叢棘)〉이 「설괘전(說卦傳)」에 나오는 〈{감(坎 : ☵)이란} 그것을[其] 나무에 견준다[於木]면[也] 단단하고[堅] 속심이[心] 많은 것[多]이다[爲]〉라는 내용을 상기시킨다. 습감괘(習坎卦 : ䷜)의 괘체(卦體)인 감(坎 : ☵)은 단단하면서[堅] 속뼈가[心] 많은[多] 나무[木]를 나타냄을 빌려 상륙(上六 : ⚋)을 취상(取象)한 것이 〈총극(叢棘)〉임을 간파할 수 있다. 〈치우총극(寘于叢棘)의 치(寘)〉는 여기선 〈둘 치(置)〉와 통한다. 〈치우총극(寘于叢棘)의 총극(叢棘)〉이란 빙 둘러서 가시나무가 빽빽이 심겨진 뇌옥(牢獄) 즉 가시나무 울타리의[牢] 감옥[獄]을 말하니, 〈총극(叢棘)〉이란 〈구집죄인지처(拘縶罪人之處)〉 즉 죄인을[罪人] 잡아다[拘] 묶어둔[縶之] 곳[處]인 형옥(刑獄)을 뜻한다. 〈휘묵(徽纆)〉으로써[用] 묶인[係] 채로 가시울타리에[于叢棘] 감금된[寘] 모습이 상륙(上六 : ⚋)의 처지와 같음을 암시한 계사(繫辭)

가 〈치우총극(寘于叢棘)〉이다.

## 三歲不得(삼세부득) 凶(흉)

**삼 년만에[三歲] 풀려나지 못하면[不得] 흉하다[凶].**

〈삼세부득(三歲不得) 흉(凶)〉 역시 상륙(上六 : --)이 습감괘(習坎卦 : ䷜)의 극위(極位)에 있음을 암시한 계사(繫辭)이다. 상륙(上六 : --)의 극위(極位)란 중죄(重罪)를 받은 자리와 같다는 것이 〈삼세부득(三歲不得)〉이다. 〈삼세부득(三歲不得)〉을 〈약상륙삼세부득방면(若上六三歲不得放免) 상륙불가영영피방면(上六不可永永被放免)〉의 줄임으로 여기고 〈만약[若] 상륙이[上六] 삼 년에[三歲] 방면을[放免] 얻지 못하면[不得] 상륙은[上六] 영영[永永] 방면될[被放免] 수 없다[不可]〉라고 새겨볼 것이다. 삼 년이 지나도[三歲] 풀려남을[放免] 획득하지 못함[不得]은 중죄를 범했음이다. 『주역(周易)』의 시대에 〈삼세부득(三歲不得)〉은 중죄를 범한 것이다. 습감괘(習坎卦 : ䷜)의 극위(極位)에 있는 상륙(上六 : --)의 처지가 이와 같은지라 〈흉(凶)〉 즉 불운하다[凶]고 암시한 계사(繫辭)가 〈삼세부득(三歲不得) 흉(凶)〉이다.

【字典】

**계(係)** 〈묶을 계(係)-박(縛)-속지(束之), 매달릴 계(係)-계(繫)-계속(繫屬), 이을 계(係)-계(繼), 끌 계(係)-예(曳)〉 등의 뜻을 내지만 여기선 〈묶을 박(縛)〉과 같다 여기고 새김이 마땅하다.

**용(用)** 〈쓸 용(用)-이(以)-시(施)-행(行), 쓰일(부릴) 용(用)-사(使), 맡길 용(用)-임(任), 위할 용(用)-위(爲), 갖출 용(用)-비(備)〉 등의 뜻을 내지만 여기선 〈쓸 이(以)-시(施)〉와 같다 여기고 새김이 마땅하다.

**휘(徽)** 〈세 겹 노끈 휘(徽)-삼규승(三糾繩), 동아줄 휘(徽)-색(索)-승색(繩索), 가야금 줄 휘(徽)-금현(琴絃), 북이나 가야금 매는 줄 휘(徽)-고금순현(鼓琴循弦), 아름다울(좋을) 휘(徽)-미(美)-선(善), 지휘할 휘(徽)-휘(揮)〉 등의 뜻을 내지만 여기선 〈세 겹 노끈 삼규승(三糾繩)〉으로 여기고 새김이 마땅하다.

**묵(纆)** 〈두 겹 노끈 묵(纆)-이합색(二合索)-이합승(二合繩)〉의 뜻을 낸다.

**치(寘)** 〈둘 치(寘)-치(置), 보일 치(寘)-시(示), 들일 치(寘)-납지(納之), 멈출 치

(寘)-지(止), 폐할 치(寘)-폐(廢), 가득 찰 치(寘)-만(滿), 이를 치(寘)-치(致), 쉴 치(寘)-사(舍)〉 등의 뜻을 내지만 여기선 〈둘 치(置)〉와 같다 여기고 새김이 마땅하다.

**우(于)** 〈~에서(부터) 우(于)-어(於), 갈 우(于)-왕(往), 써 우(于)-이(以), 할 우(于)-위(爲), 여기 우(于)-시(是), 도울 우(于)-조(助), 클 우(于)-대(大), 구할 우(于)-구(求), 자족하는 모습 우(于)-자족모(自足貌)〉 등의 뜻을 내지만 여기선 〈~에서 어(於)〉와 같다 여기고 새김이 마땅하다.

**총(叢)** 〈모을 총(叢)-취(聚)-집(集), 모두(잡다할) 총(叢)-총(總)-잡다(雜多), 풀 우거질 총(叢)-초망(草莽), 거두어들일 총(叢)-수(收), 관목이 무성할 총(叢)-번무지관목(繁茂之灌木), 무리 총(叢)-중(衆), 잘게 부술 총(叢)-세쇄(細碎), 갑자기 총(叢)-거(遽)〉 등의 뜻을 내지만 여기선 〈총극(叢棘)〉의 뜻을 따라 〈구집죄인지처(拘縶罪人之處)〉 즉 죄인을[罪人] 잡아[拘] 묶어둔[縶之] 곳[處]으로 새김이 마땅하다.

**극(棘)** 〈죄수를 잡아둔 곳 극(棘)-집수지처(執囚之處), 가시나무 극(棘)-소극총생(小棘叢生), 가시 싹이 있는 풀나무 극(棘)-유망자지초목(有芒刺之草木), 강 이름 극(棘)-수명(水名), (변방 부족의 하나인) 이적 이름 극(棘)-이적명(夷狄名)〉 등의 뜻을 내지만 여기선 〈죄수를 잡아둔 곳 집수지처(執囚之處)〉로 여기고 새김이 마땅하다.

**삼(三)** 〈셋(세 번, 석 삼) 삼(三)-이지가일(二之加一), 다수를 나타낼 삼(三)-다수지칭(多數之稱), 삼재의 수 삼(三)-천지인지수(天地人之數), 임금-아버지-스승 삼(三)-군부사(君父師), 동방 삼(三)-동방(東方), 끝 삼(三)-종(終)〉 등의 뜻을 내지만 여기선 〈셋 삼(三)〉으로 여기고 새김이 마땅하다. 삼(三)은 삼(參)과 같다.

**세(歲)** 〈일생 세(歲)-일생(一生), 목성 세(歲)-목성(木星), 해 세(歲)-년(年), 새해 세(歲)-신년(新年), 상망한 해 세(歲)-졸령(卒齡)〉 등의 뜻을 내지만 여기선 〈한해 세(歲)〉로 여기고 새김이 마땅하다.

**不** 〈불-부〉 등으로 발음되고, 〈않을(없을) 불(不)-부(不)-무(無), 아닐 불(不)-부(不)-비(非), 하지 말 불(不)-부(不)-막(莫)-금지(禁止), 정하지 않을 불(不)-부(不)-부(否)-미정(未定), 새가 날아올라 내려오지 않는 불(不)-부(不)-조비상불하래(鳥飛上不下來)〉 등의 뜻이지만 여기선 〈않을 불(不)〉로 여기고 새김이 마땅하다. 〈不〉이 자음 〈ㄷ, ㅈ〉의 앞에 있으면 〈부〉로 발음되고, 그 외의 자음 앞에 있으면 〈불〉로 발음된다.

**득(得)** 〈얻어낼 득(得)-획(獲)-취(取), 탐할 득(得)-탐(貪), 깨달을 득(得)-효(曉)-

오(悟), 만족할 득(得)-족(足), 마땅할 득(得)-당(當), 일의 마땅함을 터득할 득(得)-합(合)-득사지의(得事之宜), 이룰 득(得)-성(成), 알 득(得)-지(知), 가할 득(得)-가(可)-능(能), 편안할 득(得)-편(便), 가질 득(得)-치(値)-지(持), 득도할 득(得)-득도(得道)〉 등의 뜻을 내지만 〈얻어낼 획(獲)〉과 같다 여기고 새김이 마땅하다.

**흉(凶)** 〈불행할(흉할) 흉(凶)-길지반(吉之反), 걱정할 흉(凶)-우(憂)-구(懼), 흉한 사람 흉(凶)-흉인(凶人), 나쁠 흉(凶)-오(惡), 재앙 흉(凶)-화(禍), 요사할 흉(凶)-요사(夭死), 악한 사람 흉(凶)-악인(惡人), 흉년 흉(凶)-연곡불숙(年穀不熟), 사나울 흉(凶)-포학(暴虐), 음기 흉(凶)-음기(陰氣), 북쪽 흉(凶)-북(北), 없을 흉(凶)-공(空), 송사 흉(凶)-송(訟), 거역할 흉(凶)-역(逆), 어그러질 흉(凶)-패(悖), 허물 흉(凶)-구(咎)〉 등의 뜻을 내지만 여기선 〈불행할 길지반(吉之反)〉과 같다 여기고 새김이 마땅하다.

---

註 간위수(艮爲手) : 간은[艮 : ☶] 손[手]이다[爲]. 「설괘전(說卦傳)」 9단락(段落)

註 손위승직(巽爲繩直) : 손은[巽 : ☴] 곧은[直] 줄[繩]이다[爲]. 「설괘전(說卦傳)」 11단락(段落)

註 기어목야(其於木也) 위견다심(爲堅多心) : {감(坎 : ☵)이란} 그것을[其] 나무에 견준다[於木]면[也] 단단하고[堅] 속심이[心] 많은 것[多]이다[爲]. 「설괘전(說卦傳)」 11단락(段落)

# 이괘 離卦

30

䷝

# 1 괘의 괘상과 계사

## 이괘(離卦 : ䷝)

이하이상(離下離上) : 아래도[下] 이(離 : ☲), 위도[上] 이(離 : ☲).

이위화(離爲火) : 이는[離] 불[火]이다[爲].

離는 利貞이라 亨하니 畜牝牛하면 吉하다
이 이정 형 휵빈우 길

이는[離] 미더움이[貞] 이로운지라[利] 통하니[亨] 암소를[牝牛] 키우면[畜] 길하리라[吉].

**【이괘(離卦 : ䷝)의 괘상(卦象) 풀이】**

앞 습감괘(習坎卦 : ䷜)의 〈습감(習坎)〉은 음(陰 : --)의[小] 지나침[過]이라 반복되는[習] 어둠[坎]이다. 이에 「서괘전(序卦傳)」에 〈감(坎)이란 것은[者] 빠지는 것[陷]이다[也] 빠짐에는[陷] 반드시[必] 붙을[麗] 데가[所] 있다[有] 그래서[故] 이괘(離卦 : ䷝)로써[以] 그것을[之] 받는다[受]〉라는 말이 나온다. 이는 습감괘(習坎卦 : ䷜) 뒤에 이괘(離卦 : ䷝)가 오는 까닭을 암시한다. 이괘(離卦 : ䷝)의 〈이(離)〉란 여(麗) 즉 붙음[麗]을 말한다. 여기 〈여(麗)〉는 〈붙을 부(附)-착(着)〉과 같다. 앞 습감괘(習坎卦 : ䷜)의 〈습감(習坎)〉 즉 반복되는[習] 구덩이[坎]마다에는 바닥이 있음을 〈이(離)〉 즉 〈여(麗)〉가 암시한다. 이괘(離卦 : ䷝)는 앞 습감괘(習坎卦 : ䷜)의 음(陰 : --)은 양(陽 : —)으로 변효(變爻)하고 양(陽 : —)은 음(陰 : --)으로 변효(變爻)하여, 습감괘(習坎卦 : ䷜)와 대립(對立)되는 대성괘(大成卦)이다. 감(坎 : ☵)은 무엇에나 스며드는[濡] 물[水]이고 어둠[暗]이며, 이(離 : ☲)는 무엇에나 붙는[麗] 불[火]이고 밝음[明]이다. 그래서 이(離 : ☲)를 「설괘전(說卦傳)」에서 〈이(離 : ☲)라는[也] 것은[者] 밝음[明]이다[也] 만물이[萬物] 모두[皆] 서로[相] 드러난다

[見]〉라고 풀이한다. 온갖 것이[萬物] 모두[皆] 서로[相] 드러남[見]은 밝음[明] 때문이다. 일월(日月)은 천(天) 즉 하늘에 붙었고[麗] 인간을 포함해 모든 군생(群生) 즉 초목금수(草木禽獸)는 지(地) 즉 땅에 붙어[麗] 있음에, 천지(天地)가 밝아 온갖 것이 다 드러나 보임을 빌려 이괘(離卦 : ䷝)라 칭명(稱名)한다.

【이괘(離卦 : ䷝)의 계사(繫辭) 풀이】

## 離(이) 利貞(이정) 亨(형)

이는[離] 미더움이[貞] 이로운지라[利] 통한다[亨].

이괘(離卦 : ䷝)의 주제인 〈이(離)〉는 여(麗) 즉 붙음[麗]도 암시하고 명(明) 즉 밝음[明]도 암시한다. 앞 습감괘(習坎卦 : ䷜)에서는 음(陰 : --)이 양(陽 : —)보다 배(倍) 즉 곱절[倍]이었지만, 이괘(離卦 : ䷝)에서는 양(陽 : —)이 음(陰 : --)보다 곱절[倍]이다. 음(陰 : --)이 곱절인 습감괘(習坎卦 : ䷜) 다음에 양(陽 : —)이 곱절인 이괘(離卦 : ䷝)가 오는 것 역시 성쇠(盛衰)의 천도(天道) 즉 자연의[天] 도리[道]이다. 어둠[暗]이 다하면 밝음[明]이, 명(明)이 다하면 암(暗)이 온다.

〈이(離) 이정(利貞) 형(亨)〉은 〈이기연정(離旣然貞) 기리리(其離利) 인차기리형(因此其離亨)〉의 줄임으로 여기고 〈붙음이[離] 진실로 미덥기[貞] 때문에[旣然] 그[其] 붙음은[離] 이롭다[利] 그래서[因此] 그[其] 붙음은[離] 통한다[亨]〉라고 새겨볼 것이다. 만물(萬物)치고 천지(天地)에 붙지[麗] 않음이 없다. 허공에 떠 있다 해도 바람에 붙어[麗] 있다. 물론 〈이(離)〉가 명(明) 즉 밝음[明]이기도 한다. 왜냐하면 「설괘전(說卦傳)」에 나오는 〈이(離 : ☲)는 붙음[麗]이고[爲] 밝음[明]이다[爲]〉라는 내용이 상기되기 때문이다. 그 붙음과 밝음이 〈정(貞)〉인지라 이롭다[利]는 것이 〈이정(利貞)〉이다. 〈이정(利貞)의 정(貞)〉은 성신(誠信) 즉 정성스럽고[誠] 미더워[信] 공정(公正)함이다. 공정(公正) 즉 모든 것을 아울러 하나같이[公] 바르게 함[正]이 〈정(貞)〉이다. 무사(無私) 즉 사사로움이[私] 없고[無] 무편(無偏) 즉 치우침이[偏] 없음[無]이 〈정(貞)〉이다. 따라서 이(離 : ☲)의 〈명(明)〉 즉 밝음[明]에만 치우치지 않고 감(坎 : ☵)의 〈암(暗)〉 즉 어둠[暗]도 내치지 않고, 명암(明暗)을 공평(公平)하고 무사(無私)하게 상화(相和)하려는 진실한[誠] 미더움[信]이 〈정(貞)〉이다. 만사(萬事)를 마주함에 정(貞)하다면 이로울[利] 뿐인지라 막힘없이 통한다[亨]. 이괘(離卦 : ䷝)의 〈이(離)〉 즉 붙음[麗]과 밝음[明]이 만사를 통하게[亨] 하여 번성하게 하고 순탄하게 함을 암시한 계사(繫辭)가 〈이(離) 이정(利貞) 형(亨)〉이다.



## 畜牝牛(휵빈우) 吉(길)

### 암소를[牝牛] 키우면[畜] 길하리라[吉].

〈휵빈우(畜牝牛) 길(吉)〉은 이괘(離卦 : ䷝)의 〈이(離)〉가 왜 〈이정(利貞) 형(亨)〉인지 그 까닭을 암시한 계사(繫辭)이다. 〈휵빈우(畜牝牛) 길(吉)〉은 〈이휵빈우(離畜牝牛) 인차리길(因此離吉)〉의 줄임으로 여기고 〈이는[離] 암소를[牝牛] 먹여 키운다[畜] 그래서[因此] 이는[離] 길하다[吉]〉라고 새겨볼 것이다. 〈휵빈우(畜牝牛) 길(吉)〉은 56번째 여괘(旅卦 : ䷷) 상구(上九 : ⚊)의 계사(繫辭)로 나오는 〈상우우역(喪牛于易) 흉(凶)〉을 상기시킨다. 〈휵우(畜牛)〉라면 〈길(吉)〉로 이어지지만 〈상우(喪牛)〉 즉 소를[牛] 잃는다면[喪] 〈흉(凶)〉으로 이어지는 까닭을 살펴 헤아리게 하는 까닭이다. 〈휵빈우(畜牝牛)의 빈우(牝牛)〉는 이괘(離卦 : ䷝)의 상하체(上下體) 〈이(離 : ☲)〉가 음괘(陰卦)이므로 취상(取象)된 것이다.

소성괘(小成卦)의 삼효(三爻) 중에서 양(陽 : ⚊)이 하나이면 그 소성괘는 양괘(陽卦)가 되고, 음(陰 : ⚋)이 하나이면 그 소성괘는 음괘(陰卦)가 된다. 음(陰 : ⚋)이면 모두 곤(坤 : ☷)의 권속(眷屬)인지라 곤(坤 : ☷)의 속성을 닮는다. 이에 〈휵빈우(畜牝牛)의 빈우(牝牛)〉가 「설괘전(說卦傳)」에 나오는 〈곤은[坤 : ☷] 소[牛]이다[爲]〉라는 내용을 환기시킨다. 우성(牛性) 즉 소의[牛] 본성[性]은 순(順)하고 〈빈우(牝牛)의 빈(牝)〉은 암컷[牝]이니 더없는 순덕(順德)을 암시함인지라, 〈휵빈우(畜牝牛)〉는 〈지양순덕(至養順德)〉 즉 덕의 따름을[順德] 더없이[至] 길러냄[養]을 암시한다. 이에 〈휵빈우(畜牝牛)〉는 『장자(莊子)』에 나오는 〈본성이[性] 닦이면[脩] 덕으로[德] 돌아간다[反]〉라는 내용을 상기시킨다. 〈반덕(反德)〉은 매사에 치우침을 범하지 말라 함이다. 음양상화(陰陽相和)야말로 지덕(至德) 즉 지극한[至] 덕(德)이다. 이에 〈휵빈우(畜牝牛)〉는 「설괘전(說卦傳)」에 나오는 〈이(離 : ☲)는 불[火]이다[爲]〉라는 내용을 상기시킨다. 이(離 : ☲)의 화성(火性)이 지나치면 만물을 조연(燥燃) 즉 메마르게 하여[燥] 태우기도[燃] 한다. 이괘(離卦 : ☲)의 〈이(離)〉가 불[火] 즉 양성(陽性)에 치우친다면 〈궁(窮)〉 즉 막힘[窮]을 면할 수 없다. 그러면 〈이(離)〉의 붙음[麗]이 〈이정(利貞) 형(亨)〉의 천덕(天德)을 상실하고 만다. 따라서 〈휵빈우(畜牝牛)〉가 〈양휵음(陽畜陰)〉으로 헤아려져 양강(陽剛)과 음유(陰柔)가 상화(相和) 즉 서로[相] 어울려야[和], 〈이정(利貞) 형(亨)〉의 천덕(天德)을 이괘(離卦 : ☲)의 〈이(離)〉가 누릴 수 있어서 그 〈이(離)〉가 행복으로 이어짐[吉]을 암시한 계사(繫辭)가 〈휵빈우(畜牝牛) 길(吉)〉이다.

【字典】

**이(離)** 〈붙을(기댈) 이(離)-여(麗)-부(附)-착(著), 쪼갤 이(離)-할(割), 끊을 이(離)-절(絕), 나눌 이(離)-별(別), 멀 이(離)-원(遠), 갈 이(離)-거(去), 피할 이(離)-피(避), 잃을 이(離)-실(失), 흩어질 이(離)-산(散), 나열할 이(離)-나열(羅列), 지날 이(離)-역(歷), 밝을 이(離)-명(明)〉 등의 뜻을 내지만 여기선 〈붙을 부(附)-여(麗)〉와 같다 여기고 새김이 마땅하다.

**이(利)** 〈이로울 이(利)-익(益), 좋을(마땅할) 이(利)-길(吉)-의(宜), 만물로 하여금 삶을 이루어가게 하는 덕(德)의 이로울 이(利)-사만물수생지덕(使萬物遂生之德), 날카로울 이(利)-예(銳)-섬(銛), 질병 이(利)-질(疾), 통할 이(利)-통(通)-순(順), 편리할 이(利)-편(便), 마름해 만들어 이룰 이(利)-재성(裁成), 탐할 이(利)-탐(貪), 구할(취할) 이(利)-구(求)-취(取), 좋아할 이(利)-열애(悅愛), 기교 이(利)-교(巧), 보람 이(利)-공용(功用), 지세가 험하고 중요한 이(利)-험요(險要), 이길 이(利)-승(勝), 어질 이(利)-인(仁)〉 등의 뜻을 내지만 여기선 〈이로울 익(益) 또는 좋을(마땅할) 의(宜)〉 등과 같다 여기고 새김이 마땅하다. 〈利〉가 맨 앞에 오면 〈이〉로 발음되고, 중간이나 뒤에 오면 〈리〉로 발음된다.

**정(貞)** 바를 정(貞)-정(正), 믿을 정(貞)-신(信), 거북점을 물을 정(貞)-복문(卜問), 역(易)의 내괘(內卦) 정(貞), 마땅할 정(貞)-당(當), 정할 정(貞)-정(定), 순수할 정(貞)-전(專)-일(一)〉 등의 뜻을 내지만 여기선 〈바를 정(正), 믿을 신(信)〉 등을 합친 뜻과 같아 〈정신(正信)〉으로 여기고 새김이 마땅하다.

**亨** 〈향-형-팽〉 등 세 가지로 발음되고, 〈통할 형(亨)-통(通), 남을 형(亨)-여(餘), 드릴 향(亨)-헌(獻), 삶을 팽(亨)-자(煮)-팽(烹)〉 등의 뜻을 내지만 여기선 〈통할 통

(通)〉으로 여기고 새김이 마땅하다.

**畜** 〈축-휵-휴-추〉 네 가지로 발음되고, 〈기를 휵(畜)-양(養), 가축 축(畜)-가축(家畜), 육축 축(畜)-우마양계견시위륙축(牛馬羊鷄犬豕謂六畜), 쌓을 축(畜)-적(積)-취(聚), 그칠 축(畜)-지(止), 개간한 밭 축(畜)-개간지전(開墾之田), 용납할 휵(畜)-용(容)-허(許), 방목할 휵(畜)-사(飼)-방목(放牧), 일어날 휵(畜)-기(起), {덕교(德敎)를} 따를 휵(畜)-순어덕교(順於德敎), 효도할 휵(畜)-효(孝), 집에서 기름직한 짐승 휴(畜), 집에서 기르는 짐승 추(畜)〉 등의 뜻을 내지만 여기선 〈기를 양(養)〉으로 여기고 새김이 마땅하다.

**빈(牝)** 〈암컷 빈(牝)-자(雌), 길러주는 어머니 빈(牝)-휵모(畜母), 양성의 반대 즉 음 빈(牝)-양성지반대(陽性之反對)-음(陰), 오른쪽 빈(牝)-우(右), 계곡 빈(牝)-계곡(谿谷), 땅 빈(牝)-지(地), 곤 빈(牝)-곤(坤)〉 등의 뜻을 내지만 여기선 〈암컷 자(雌)〉와 같다 여기고 새김이 마땅하다.

**우(牛)** 〈소 우(牛)-동물명(動物名), 무릅쓸 우(牛)-모(冒)〉 등의 뜻을 내지만 여기선 〈소 우(牛)〉로 여기고 새김이 마땅하다. 『설문해자(說文解字)』에 우사야리야(牛事也理也) 사야자(事也者) 위능사기사야(謂能事其事也) 우임경(牛任耕) 이야자(理也者) 〈소는[牛] 일함[事]이고[也] 도리[理]이다[也]. (소의) 일이라는[事也] 것은[者] 제[其] 일을[事] 해낼 수 있음을[能事] 일컬음[謂]이다[也]. 소는[牛] 밭갈이를[耕] 맡아 한다[任]. (이것이 소의) 도리라는[理也] 것이다[者].〉라고 풀이되어 있다.

**길(吉)** 〈좋을(행복할) 길(吉)-선(善)-영(令) {영월길일(令月吉日)은 선월선일(善月善日)임.}, 복 길(吉)-실(實)-선실(善實)-복(福), 예의를 따라 상서로울 길(吉)-예의순상(禮義順祥), 삼갈 길(吉)-근(謹), 초하루 길(吉)-삭일(朔日) {삭망(朔望) 즉 초하루[朔]와 그믐날[望]}, 길례 길(吉)-길례(吉禮) {오례지일(五禮之一) 길흉빈군가(吉凶賓軍嘉)}, 갈 길(吉)-행(行)-길(趌)〉 등의 뜻을 내지만 여기선 〈좋을 선(善)-영(令)〉 즉 행복과 같다 여기고 새김이 마땅하다.

---

註 이야자명야(離也者明也) 만물개상현(萬物皆相見) : 이(離 : ☲)라는[也] 것은[者] 밝음[明]이다[也]. 만물이[萬物] 모두[皆] 서로[相] 드러난다[見]. 「설괘전(說卦傳)」 5단락(段落)

註 곤위자모우(坤爲子母牛) …… 이위화(離爲火) : 곤은[坤 : ☷] 새끼 달린[子] 어미[母] 소[牛]이다[爲]. …… 이는[離 : ☲] 불[火]이다[爲]. 「설괘전(說卦傳)」 11단락(段落)

註 성수반덕(性脩反德) 덕지동어초(德至同於初) : 본성이[性] 닦이면[脩] 덕으로[德] 돌아가고[反], 덕이[德] 지극하면[至] 태초와[於初] 같아진다[同]. 『장자(莊子)』「천지(天地)」 8절(節)

註 대성괘(大成卦)의 각효(各爻)는 변효(變爻) 곧 일음일양(一陰一陽)의 역지도(易之道) 즉 변화의[易之] 도리[道]를 따르는 운명을 지닌다. 예를 들면 습감괘(習坎卦 : ䷜)의 각효(各爻)가 모두 변효(變爻)하면 이괘(離卦 : ䷝)가 된다. 어둠에 빠지는 습감괘(習坎卦 : ䷜)가 밝음에 붙는 이괘(離卦 : ䷝)로 변화한다. 수여암(水與暗) 즉 어둠과[與暗] 물[水]의 감(坎 : ☵)은 달[月]을 대신하고, 화여명(火與明) 즉 밝음과[與明] 불[火]의 이(離 : ☲)는 해[日]를 대신한다. 해[日]를 태양(太陽)이라 하고 태양은 순양(純陽)이 아니라 양(陽 : ⚊) 안에 음(陰 : ⚋)이 있음을 뜻해, 일(日)을 나타내는 이(離 : ☲)가 곧 태양(太陽)의 모습이다. 달[月]을 태음(太陰)이라 하고 태음(太陰) 역시 순음(純陰)이 아니라 음(陰 : ⚋) 안에 양(陽 : ⚊)이 있음을 뜻해, 월(月)을 나타내는 감(坎 : ☵)이 곧 태음(太陰)의 모습이다. 그 무엇이든 만휴(滿虧) 즉 차면[滿] 이지러지고[虧] 휴만(虧滿) 즉 이지러지면[虧] 참[滿]의 환(環) 즉 고리[環]를 벗어날 수 없음이 곧 천도(天道)이다. 음양(陰陽) 역시 천도(天道)의 이러한 고리[環]를 벗어날 수 없다.

註 팔괘(八卦) 〈건(乾 : ☰)-태(兌 : ☱)-이(離 : ☲)-진(震 : ☳)-손(巽 : ☴)-감(坎 : ☵)-간(艮 : ☶)-곤(坤 : ☷)〉 중에서 주요괘(主要卦)가 〈건(乾 : ☰)-곤(坤 : ☷)-감(坎 : ☵)-이(離 : ☲)〉 사괘(四卦)이다. 건(乾 : ☰)은 순양(純陽)이고 해[日]이며, 곤(坤 : ☷)은 순음(純陰)이고 달[月]이다. 감(坎 : ☵)은 음(陰 : ⚋) 속에 양(陽 : ⚊)이 있고 물[水]이며, 이(離 : ☲)는 양(陽 : ⚊) 속에 음(陰 : ⚋)이 있고 불[火]이다. 이 사괘(四卦)가 주요괘이기 때문에 『주역(周易)』 상경(上經) 맨 앞에 〈건(乾 : ☰)-곤(坤 : ☷)〉이 있고, 맨 뒤에 〈감(坎 : ☵)-이(離 : ☲)〉가 있다. 『주역(周易)』 64괘(卦)를 양분(兩分)하여 앞 30괘(卦)를 상경(上經)이라 하고, 뒤 34괘(卦)를 하경(下經)이라 한다. 일월수화(日月水火) 이 넷이 가장 중요하고 뚜렷한 자연현상이다. 이런 자연현상을 인생에 적용함이 음양사상(陰陽思想)의 기저이다.

## 2 효의 효상과 계사

初九 : 履錯然하다 敬之하니 无咎리라
이 착 연 경 지 무 구

六二 : 黃離니 元吉하다
황 리 원 길

九三 : 日昃之離니 不鼓缶而歌면 則大耋之嗟라 凶하다
일 측 지 리 불 고 부 이 가 즉 대 질 지 차 흉

九四 : 突如其來如라 焚如며 死如고 棄如니라
돌 여 기 래 여 분 여 사 여 기 여

六五 : 出涕沱若하고 戚嗟若이나 吉하다
출 체 타 약 척 차 약 길

上九 : 王用出征하니 有嘉이다 折首하고 獲匪其醜하니
왕 용 출 정 유 가 절 수 획 비 기 추

无咎하다
무 구

초구(初九) : 발걸음 떼기가[履] 혼란스럽다[錯然]. 발걸음을[之] 삼가니[敬] 허물이[无] 없다[无].

육이(六二) : 누런[黃] 밝음이니[離] 으뜸으로[元] 행복하다[吉].

구삼(九三) : 해가[日] 기우는[昃之] 밝음이니[離] 단지를[缶] 치지 않고서 [不鼓而] 노래만 하면[歌] 곧[則] 지나치게[大] 늙었음을[耋之] 슬퍼함이니 [嗟] 불행하다[凶].

구사(九四) : 갑자기인[突] 듯[如] 그것이[其] 오는[來] 듯하고[如] 불사르는 [焚] 듯하며[如] 죽는[死] 듯하고[如] 버리는[棄] 듯하다[如].

육오(六五) : 흐르는[出] 눈물이[涕] 쏟아지는[沱] 듯하고[若] 슬퍼[戚] 탄식 하는[嗟] 듯해도[若] 행복하다[吉].

상구(上九) : 임금이[王] 등용해[用] 정벌을[征] 나아감에[出] 가상함이[嘉] 있다[有]. 우두머리를[首] 베고[折] 그[其] 무리가[醜] 아니면[匪] 거두니 [獲] 허물이[咎] 없다[无].

## 초구(初九 : ⚊)

初九 : 履錯然하다 敬之하니 无咎리라
이착연 경지 무구

초구(初九) : 발걸음 띄기가[履] 혼란스럽다[錯然]. 발걸음을[之] 삼가니[敬] 허물이[无] 없다[无].

【초구(初九)의 효상(爻象) 풀이】

이괘(離卦 : ䷝)의 초구(初九 : ⚊)는 이양거양(以陽居陽) 즉 양(陽 : ⚊)으로써[以] 양(陽 : ⚊)의 자리에 있는지라[居] 정당한 자리에 있다. 초구(初九 : ⚊)와 육이(六二 : ⚋)는 양음(陽陰)인지라 〈비(比)〉 즉 이웃의 사귐[比]을 누린다. 초구(初九 : ⚊)와 구사(九四 : ⚊)는 양양(兩陽) 즉 둘 다[兩] 양(陽 : ⚊)인지라 〈불응(不應)〉 즉 서로 호응하지 못하는[不應] 처지이다. 이괘(離卦 : ䷝)의 초구(初九 : ⚊)는 강건(剛健)하다. 그러나 맨 밑자리에 있는지라 상진(上進)을 시작하는 처지이어서 앞을 짐작할 수 없어 나아감이 혼란스러운 모습이다.

이괘(離卦 : ䷝)의 초구(初九 : ⚊)가 초륙(初六 : ⚋)으로 변효(變爻)하면 초구(初九 : ⚊)는 이괘(離卦 : ䷝)를 56번째 여괘(旅卦 : ䷷)로 지괘(之卦)하게 한다. 따라서 이괘(離卦 : ䷝)의 초구(初九 : ⚊)는 여괘(旅卦 : ䷷)의 초륙(初六 : ⚋)을 찾아가 살펴보게 한다.

【초구(初九)의 계사(繫辭) 풀이】

### 履錯然(이착연)

발걸음 띄기가[履] 혼란스럽다[錯然].

초구(初九 : ⚊)의 효위(爻位)를 빌려 암시한 계사(繫辭)이다. 〈이착연(履錯然)〉은 〈초구지리착연(初九之履錯然)〉의 줄임으로 여기고 〈초구의[初九之] 발걸음이[履] 혼란스럽다[錯然]〉라고 새겨볼 것이다. 〈이착연(履錯然)의 이(履)〉는 초구(初九 : ⚊)가 이괘(離卦 : ䷝)의 맨 밑자리에 있는지라 상진(上進)을 시작하는 자리에 있음을 암시한다. 시작은 항상 앞을 예측하기 어렵다. 「설괘전(說卦傳)」에 나오는 〈이(離 : ☲)라는[也] 것은[者] 밝음[明]이다[也] {그 명(明)으로써} 온갖 것들이[萬物] 모두[皆] 서로[相] 드러난다[見]〉라는 내용을 상기한다면, 초구(初九 : ⚊)가 자신의 앞을 〈착연(錯然)〉 즉 혼란스러워[錯然] 함을 헤아릴 수 있다. 초구(初九 : ⚊) 앞에 만물이 모두 이(離 : ☲)의 밝음[明]으로써 형형색색(形形色色)으로 드러나니[見] 상진(上進)하려는 초구(初九 : ⚊)의 첫발은 혼란스럽기 마련임을 암시한 계사(繫辭)가 〈이착연(履錯然)〉이다.

## 敬之(경지) 无咎(무구)
## 발걸음을[之] 삼가니[敬] 허물이[咎] 없다[无].

〈경지(敬之) 무구(无咎)〉는 초구(初九 : ⚊)가 대인(大人)의 품성(稟性) 즉 타고난[稟] 성품[性]을 간직함을 암시한 계사(繫辭)이다. 〈경지(敬之)〉란 〈초구경기리(初九敬己履)〉의 줄임으로 여기고 〈초구는[初九] 자신의[己] 발걸음을[履] 삼간다[敬]〉라고 새겨볼 것이다. 〈경지(敬之)의 경(敬)〉은 〈삼갈 신(愼)〉과 같고, 〈경지(敬之)의 지(之)〉는 〈이(履)〉 즉 발걸음[履]을 나타내는 지시어 노릇을 한다. 〈경지(敬之)의 경(敬)〉 즉 삼감[敬]이란 소인(小人)에게는 없는 것이다. 소인(小人)은 부지천명(不知天命) 즉 자연의[天] 가르침을[命] 몰라서[不知] 행험(行險) 즉 모험을[險] 감행하지[行] 삼가기[敬]를 멀리한다.

초구(初九 : ⚊)는 이괘(離卦 : ䷝)의 맨 밑자리에 있는지라 인생의 초보자와 같다. 초보자의 첫 발걸음[履]이란 〈착연(錯然)〉 즉 혼란스럽기[錯然] 마련이다. 이에 삼가지 않고 행동거지를 섣불리 가볍게 하면 첫 발걸음[履]부터 〈착연(錯然)〉 즉 혼란스럽게[錯然] 된다. 그러나 첫걸음을 내딛기 전에 마음가짐을 〈경지(敬之)〉 즉 발걸음을[之] 삼간다면[敬] 상진(上進)하는 발걸음의[履] 혼란스러움[錯然]을 극복해갈 수 있다. 이에 강강(剛强)한 초구(初九 : ⚊)가 상진(上進)의 뜻을 실행함에 삼가는[敬] 마음이 앞서기에 초구(初九 : ⚊)에게 허물이[咎] 없음[无]을 암시한 계사(繫辭)가 〈경지(敬之) 무구(无咎)〉이다.

【字典】

**이(履)** 〈예 이(履)-예(禮), 밟을 이(履)-천(踐), 생가죽신 이(履)-혜(鞵), 신발을 신

을 이(履)-이리가족(以履加足), 걸을 이(履)-보(步), 갈 이(履)-행(行), 경력 이(履)-경력(經歷), 괘 이름 이(履)-이괘(履卦), 갖출 이(履)-구(具), 자리에 오를 이(履)-등(登), 복 이(履)-복(福), 녹봉 이(履)-녹(祿)〉 등의 뜻을 내지만 여기선 〈예(禮)〉로 여기고 새김이 마땅하다. 〈履〉가 앞에 오면 〈이〉로 발음되고, 중간이나 뒤에 오면 〈리〉로 발음된다.

**錯** 〈착-조〉 두 가지로 발음되고, 〈혼란스러울(버무릴) 착(錯)-난(亂)-혼(混), 성실하고 삼가는 모습 착연(錯然)-경신모(敬愼貌), 섞일 착(錯)-잡(雜)-착(造), 어그러질 착(錯)-괴(乖), 어길(차이 날) 착(錯)-위(違)-차(差), 그르칠 착(錯)-오(誤), 나눌 착(錯)-분(分), 차례 착(錯)-차(次), 서로 착(錯)-호(互), 남을 착(錯)-여(餘), 맷돌 착(錯)-마(磨), 다스릴 착(錯)-치(治), 그만둘 조(錯)-지(止), 둘 조(錯)-치(置), 간직할 조(錯)-장(藏), 머물 조(錯)-처(處), 시행할 조(錯)-시행(施行), 옛 돈 조(錯)-고전(古錢)〉 등의 뜻을 내지만 여기선 〈혼란스러운 난(亂)〉과 같다 여기고 새김이 마땅하다. 〈착연(錯然)〉은 착란지모(錯亂之貌) 즉 혼란스러운[錯亂之] 모습[貌]이다.

**연(然)** 〈그럴(그렇다 할) 연(然)-시(是)-언여시(言如是), 사를 연(然)-소(燒), 밝을 연(然)-명(明), 이룰 연(然)-성(成), 이에 연(然)-내(揮), 마땅할 연(然)-의(宜), 응사 연(然)-응사(應詞), 허가할 연(然)-허가(許可), 그리고 연(然)-이(而), 그러나 연(然)-사지전(詞之轉), 그래서 연(然)-연이(然而), 곧 연(然)-즉(則)-연즉(然則), 또 연(然)-차(且)-우차(又且)〉 등의 뜻을 내지만 여기선 〈그럴(그렇다 할) 시(是)-언여시(言如是)〉와 같다 여기고 새김이 마땅하다.

**경(敬)** 〈삼갈 경(敬)-신(愼), 섬길(공손할) 경(敬)-공(恭), 엄숙할 경(敬)-숙(肅), 경계할(타이를) 경(敬)-경(警), 감히 업신여기지 못할 경(敬)-불감만(不敢慢), 사귐에 엄숙하고 바를 경(敬)-접우숙정(接遇肅正)〉 등의 뜻을 내지만 여기선 〈삼갈 신(愼)〉과 같다 여기고 새김이 마땅하다.

**지(之)** 〈그것(이것) 지(之)-피(彼)-시(是), 갈 지(之)-왕(往), 이를 지(之)-지(至), 주격-소유격-목적격 등의 토씨 지(之), 뜻 없는 허사(虛詞) 지(之)〉 등의 뜻을 내지만 여기선 〈그것 지(之)〉로 여기고 새김이 마땅하다.

**무(无)** 〈없을 무(无)-무(無), 허무지도 무(无)-허무지도(虛无之道), 으뜸 무(无)-원(元)〉 등의 뜻을 내지만 여기선 〈없을 무(無)〉와 같다 여기고 새김이 마땅하다.

**구(咎)** 〈재앙 구(咎)-재(災), 병될 구(咎)-병(病), 허물 구(咎)-건(愆)-과(過), 나쁠

구(咎)-오(惡)〉 등의 뜻을 내지만 여기선 〈허물 건(愆)-과(過)〉와 같다 여기고 새김이 마땅하다. 〈무구(无咎)〉는 〈면어구(免於咎)〉 즉 허물을[於咎] 면하다[免]와 같다.

---

註 이야자명야(離也者明也) 만물개상현(萬物皆相見) : 이(離 : ☲)라는[也] 것은[者] 밝음[明]이다[也]. {그 명(明)으로써} 온갖 것들이[萬物] 모두[皆] 서로[相] 드러난다[見].

「설괘전(說卦傳)」 5단락(段落)



## 육이(六二 : --)

六二 : 黃離니 元吉하다
황리 원길

육이(六二) : 누런[黃] 밝음이니[離] 으뜸으로[元] 행복하다[吉].

### 【육이(六二)의 효상(爻象) 풀이】

이괘(離卦 : ䷝)의 육이(六二 : --)는 이음거음(以陰居陰) 즉 음(陰 : --)으로써[以] 음(陰 : --)의 자리에 있는지라[居] 정당한 자리에 있다. 육이(六二 : --)는 아래의 초구(初九 : ─)와 위의 구삼(九三 : ─)과는 음양(陰陽)의 사이인지라 〈비(比)〉 즉 이웃의 사귐[比]을 누린다. 그러나 육이(六二 : --)와 육오(六五 : --)는 양음(兩陰) 즉 둘 다[兩] 음(陰 : --)인지라 불응(不應) 즉 서로 호응하지 못한다[不應]. 그러나 육이(六二 : --)는 정위(正位)에서 상하(上下)의 강건(剛健)한 양효(陽爻 : ─)와 이웃의 사귐을 누리면서 정도를 따름을[中] 취하여[得] 매사를 마주하는 모습이다.

이괘(離卦 : ䷝)의 육이(六二 : --)가 구이(九二 : ─)로 변효(變爻)하면 육이(六二 : --)는 이괘(離卦 : ䷝)를 14번째 대유괘(大有卦 : ䷍)로 지괘(之卦)하게 한다. 따라서 이괘(離卦 : ䷝)의 육이(六二 : --)는 대유괘(大有卦 : ䷍)의 구이(九二 : ─)를 찾아가 살펴보게 한다.

【육이(六二)의 계사(繫辭) 풀이】

## 黃離(황리) 元吉(원길)

누런[黃] 밝음이니[離] 으뜸으로[元] 행복하다[吉].

육이(六二 : --)의 효위(爻位)를 빌려 암시한 계사(繫辭)이다. 〈황리(黃離)〉는 〈육이황리(六二黃離)〉의 줄임으로 여기고 〈육이는[六二] 누런[黃] 밝음이다[離]〉라고 새겨볼 것이다. 육이(六二 : --)가 황색으로[黃] 밝다[離]는 것이 〈황리(黃離)〉이다. 〈황리(黃離)의 황(黃)〉은 육이(六二 : --)를 취상(取象)한 것이다. 64괘에 있는 모든 음효(陰爻)는 곤(坤 : ☷)의 권속(眷屬)인지라 속성(屬性) 즉 그 무리의[屬] 성질[性]을 갖는다. 64괘(卦)에 있는 모든 양효(陽爻 : ─) 역시 건(乾 : ☰)의 권속인지라 그 무리의 성질을 갖는다. 「설괘전(說卦傳)」에 나오는 〈곤은[坤 : ☷] 땅[地]이다[爲]〉라는 내용을 상기한다면, 왜 육이(六二 : --)를 〈황리(黃離)의 황(黃)〉으로 취상(取象)한 것인지 알아챌 수 있다. 오방색(五方色) 즉 금목토수화(金木土水火) 중에서 중앙(中央)의 토(土)는 황색(黃色)인지라, 육이(六二 : --)가 곤(坤 : ☷)의 권속(眷屬)이니 〈황리(黃離)의 황(黃)〉으로 취상(取象)한 것이다. 따라서 중앙색(中央色)인 〈황(黃)〉으로써 육이(六二 : --)가 이괘(離卦 : ䷝)의 하괘(下卦) 이(離 : ☲)의 중효(中爻)임을 암시한다. 중효(中爻)란 득중(得中) 즉 정도를 따름을[中] 취하는[得] 효(爻)를 말한다. 정도를 따름을 취한다고 함은 매사를 무사무편(無私無偏) 즉 사사로움이[私] 없고[無] 치우침이[偏] 없어[無] 공정(公正)함을 지킴을 뜻한다. 〈황리(黃離)의 이(離)〉는 육이(六二 : --)가 처어명(處於明) 즉 밝음에[於明] 있음[處]을 암시한다. 육이(六二 : --)의 처어명(處於明) 곧 이(離 : ☲)의 〈명(明)〉이란 만물개상현(萬物皆相見) 즉 온갖 것들이[萬物] 모두[皆] 서로[相] 드러남[見]을 뜻한다. 이 만물개상현(萬物皆相見)을 일러 문명(文明)이라 한다. 따라서 〈황리(黃離)의 이(離)〉는 처어문명(處於文明) 즉 문명을[於文明] 누리고 있음[處]을 뜻한다. 문명(文明)이란 문장광명(文章光明)의 줄임이다. 문장(文章)의 문(文)은 적청(赤靑)의 정색(正色)을 말하고 문장(文章)의 장(章)은 적백(赤白)의 정색(正色)을 말하여, 만색(萬色)의 시원(始原)으로서 문명(文明)을 육이(六二 : --)가 치우침 없이 밝힘을 암시한 계사(繫辭)가 〈황리(黃離)〉이다.

〈원길(元吉)〉은 앞 〈황리(黃離)〉를 거듭 풀이한 계사(繫辭)이다. 〈육이원길(六二元吉)〉의 줄임으로 여기고 〈육이는[六二] 으뜸으로[元] 행복하다[吉]〉라고 새겨볼 것이다. 〈원길(元吉)의 원(元)〉이란 원시(原始) 즉 맨 처음이고, 호대(浩大) 즉 더없이 큼이며, 지유지순(至柔至順) 즉 더없이 부드럽고 더없이 순응하여 관대함이다. 계절로 치면 〈원(元)〉은 봄이다. 〈원길(元吉)의 원(元)〉은 봄에 천지가 베푸는 덕을 상기시킨다. 봄에 돋아나는 새싹보다 더한 으뜸[元]이란 없고 태어남의 으뜸보다 더 큰[元] 것은 없다. 이에 봄 같은 천지덕(天地德)을 〈원(元)〉이라 한다. 이러한 〈원(元)〉으로써 〈황리(黃離)〉의 육이(六二 : ⚋)가 이괘(離卦 : ䷝)의 하괘(下卦) 이(離 : ☲)의 중효(中爻)로서 정위(正位)에서 정도를 따름을[中] 취하여[得], 〈원(元)〉 즉 봄과 같은 천덕(天德)으로써 행복을 누림[吉]을 암시한 계사(繫辭)가 〈원길(元吉)〉이다.

【字典】

**황(黃)** 〈땅의 색 황(黃)-지지색(地之色)-토색(土色), 중앙색 황(黃)-중앙색(中央色), 중앙 황(黃)-중앙(中央), 중화의 색 황(黃)-중화지색(中和之色), 임금 옷의 색 황(黃)-군왕복지색(君王服之色), 밖으로 빛날 황(黃)-광(光), 두터울 황(黃)-후(厚)〉 등의 뜻을 내지만 여기선 〈토색(土色)〉 즉 황토색(黃土色)의 황색(黃色)으로 새김이 마땅하다.

**이(離)** 〈붙을(기댈) 이(離)-여(麗)-부(附)-착(著), 쪼갤 이(離)-할(割), 끊을 이(離)-절(絶), 나눌 이(離)-별(別), 멀 이(離)-원(遠), 갈 이(離)-거(去), 피할 이(離)-피(避), 잃을 이(離)-실(失), 흩어질 이(離)-산(散), 나열할 이(離)-나열(羅列), 지날 이(離)-역(歷), 밝을 이(離)-명(明)〉 등의 뜻을 내지만 여기선 〈밝을 명(明)〉과 같다 여기고 새김이 마땅하다.

**원(元)** 〈크나큰 원(元)-대(大), 선함의 으뜸 원(元)-선지장(善之長), 비롯할 원(元)-시(始)-단(端), 머리 원(元)-수(首)-두(頭), 근본 원(元)-본(本)-원(原), 어른 원(元)-장(長)-원장(元長), 하나 원(元)-일(一), 우두머리 원(元)-수장(首長), 임금 원(元)-원군(元君)-군(君), 아름다울 원(元)-미(美), 위 원(元)-상(上), 하늘 원(元)-천(天), 하늘땅의 큰 덕 원(元)-천지지대덕(天地之大德)-원기(元氣)-기(氣), 기운의 시작 원(元)-기지시(氣之始)-원자(元者), 백성 원(元)-원원(元元)-백성(百姓)〉 등의 뜻을 내지만 여기선 〈크나큰 대(大)〉로 여기고 새김이 마땅하다.

**길(吉)** 〈좋을(행복할) 길(吉)-선(善)-영(令) {영월길일(令月吉日)은 선월선일(善月

善日)임.}, 복 길(吉)-실(實)-선실(善實)-복(福), 예의를 따라 상서로울 길(吉)-예의순상(禮義順祥), 삼갈 길(吉)-근(謹), 초하루 길(吉)-삭일(朔日) {삭망(朔望) 즉 초하루[朔]와 그믐날[望]}, 길례 길(吉)-길례(吉禮) {오례지일(五禮之一) 길흉빈군가(吉凶賓軍嘉)}, 갈 길(吉)-행(行)-길(趌)〉 등의 뜻을 내지만 여기선 〈좋을 선(善)-영(令)〉 즉 행복과 같다 여기고 새김이 마땅하다.

---

註 곤위지(坤爲地) : 곤은[坤 : ☷] 땅[地]이다[爲]. 「설괘전(說卦傳)」 11단락(段落)

## 구삼(九三 : ⚊)

九三 : 日昃之離니 不鼓缶而歌면 則大耋之嗟라 凶하다
일측지리 불고부이가 즉대질지차 흉

구삼(九三) : 해가[日] 기우는[昃之] 밝음이니[離] 단지를[缶] 치지 않고서[不鼓而] 노래만 하면[歌] 곧[則] 지나치게[大] 늙었음을[耋之] 슬퍼함이니[嗟] 불행하다[凶].

**【구삼(九三)의 효상(爻象) 풀이】**

이괘(離卦 : ䷝)의 구삼(九三 : ⚊)은 이양거양(以陽居陽) 즉 양(陽 : ⚊)으로써[以] 양(陽 : ⚊)의 자리에 있는지라[居] 정당한 자리에 있다. 구삼(九三 : ⚊)과 구사(九四 : ⚊)는 양양(兩陽) 즉 둘 다[兩] 양(陽 : ⚊)인지라 〈비(比)〉 즉 이웃의 사귐[比]을 누리지 못한다. 구삼(九三 : ⚊)과 상구(上九 : ⚊)도 양양(兩陽))인지라 〈불응(不應)〉 즉 서로 호응하지 못하는[不應] 처지이다. 구삼(九三 : ⚊)이 정당하게 자리를 잡고 있지만 이괘(離卦 : ䷝)의 하체(下體) 이(離 : ☲)의 중위(中位)를 벗어난 상효(上爻)이니 상체(上體)로 올라가려 하지만, 구사(九四 : ⚊)와 중강(重剛) 즉 강렬함이[剛] 겹쳐[重] 구삼(九三 : ⚊)은 서쪽으로 지는 해의 자리에 있고 구사(九四 : ⚊)는 동쪽에서 뜨는 해의 자리에 있어서 구삼(九三 : ⚊)은 기우는 해와 같은 모습이다.

이괘(離卦 : ䷝)의 구삼(九三 : ⚊)이 육삼(六三 : ⚋)으로 변효(變爻)하면 구삼(九三 : ⚊)은 이괘(離卦 : ䷝)를 21번째 서합괘(噬嗑卦 : ䷔)로 지괘(之卦)하게 한다. 따라서 이괘(離卦 : ䷝)의 구삼(九三 : ⚊)은 서합괘(噬嗑卦 : ䷔)의 육삼(六三 : ⚋)을 찾아가 살펴보게 한다.

**【구삼(九三)의 계사(繫辭) 풀이】**

## 日昃之離(일측지리)

해가[日] 기우는[昃之] 밝음이다[離].

구삼(九三 : ⚊)의 효위(爻位)를 빌려 암시한 계사(繫辭)이다. 〈일측지리(日昃之離)〉는 〈구삼일측지리(九三日昃之離)〉의 줄임으로 여기고 〈구삼은[九三] 해가[日] 기우는[昃之] 밝음이다[離]〉라고 새겨볼 것이다. 〈일측지리(日昃之離)의 일측(日昃)〉은 구삼(九三 : ⚊)이 이괘(離卦 : ䷝)의 하체(下體) 이(離 : ☲)의 상효(上爻)임을 암시한 계사(繫辭)이다. 이괘(離卦 : ䷝)는 상하체(上下體)가 모두 이(離 : ☲)이다. 「설괘전(說卦傳)」에 나오는 〈이는[離 : ☲] 해[日]이다[爲]〉라는 내용을 상기한다면 이괘(離卦 : ䷝)의 하체(下體) 이(離 : ☲)는 〈일측(日昃)〉 즉 서쪽으로 넘어가는[昃] 해[日]이고, 상체(上體) 이(離 : ☲)는 〈욱일(旭日)〉 즉 동쪽에서 떠오르는[旭] 해[日]이다. 대성괘(大成卦)의 상하체(上下體)를 동서남북(東西南北)으로 나타낼 때는 하체(下體)는 서북(西北)이 되고 상체(上體)는 동남(東南)이 된다. 그러니 구삼(九三 : ⚊)은 이괘(離卦 : ䷝)의 하체(下體) 이(離 : ☲)의 상효(上爻) 즉 서쪽으로 기우는[昃] 해[日]가 되니, 구삼(九三 : ⚊)의 이러한 처지를 암시한 계사(繫辭)가 〈일측지리(日昃之離)〉이다.

## 不鼓缶而歌(불고부이가) 則大耋之嗟(즉대질지차) 凶(흉)

단지를[缶] 치지 않고서[不鼓而] 노래만 하면[歌] 곧[則] 지나치게[大] 늙었음을[耋之] 슬퍼함이니[嗟] 불행하다[凶].

〈불고부이가(不鼓缶而歌) 즉대질지차(則大耋之嗟) 흉(凶)〉은 앞의 〈일측(日昃)〉을 인생으로 비유해 암시한 계사(繫辭)이다. 〈불고부이가(不鼓缶而歌) 즉대질지차(則大耋之嗟) 흉(凶)〉은 〈구삼불고부이구삼가(九三不鼓缶而九三歌) 즉시구삼차기지대질야(則是九三嗟己之大耋也) 인차구삼흉(因此九三凶)〉의 줄임으로 여기고 〈구삼이[九三] 단지를[缶] 북삼아 치지 않고서[不鼓而] 구삼이[九三] 노래 부르니[歌] 이는[是] 곧[則] 구삼이[九三] 자신의[己之] 엄청[大] 늙었음을[耋] 차탄하는 것[嗟]이다[也] 그래서[因此] 구삼은[九三] 불행하다[凶]〉라고 새겨볼 것이다. 고대(古代)는 〈일측(日昃)〉 즉 서쪽으로 기우는[昃] 해[日]를 늙음으로, 욱일(旭日) 즉 동쪽에서 떠오르는[旭] 해[日]를 젊음으로 비유했다. 〈불고부이가(不鼓缶而歌)〉는 흥겹지 않음을 암시한다. 흥겹다면 주부(酒缶) 즉 술[酒] 단지[缶]를 북삼아 치면서[鼓而] 노래를 부르는[歌] 것이 옛 풍속이었다. 그러나 구삼(九三 : ⚊)은 해가[日] 서쪽으로 기우는[昃之] 처지이니 이는 늙음인지라 웅기단지를[缶] 북삼아 치면서[鼓而] 노래 부르지 않고[不歌] 많이[大] 늙었음을[耋之] 구슬퍼 차탄함[嗟]이니, 이는 곧 구삼(九三 : ⚊)의 딱하[凶] 모습임을 암시한 계사(繫辭)가 〈불고부이가(不鼓缶而歌) 즉대질지차(則大耋之嗟) 흉(凶)〉이다.

【字典】

**일(日)** 〈해(태양) 일(日)-태양(太陽)-태양계중심(太陽系中心), 참 일(日)-실(實)-실정(實精), 볕 일(日)-양(陽)-양광(陽光), 불 일(日)-화(火), 임금의 모습 일(日)-군상(君象), 덕 일(日)-덕(德) {일자덕야(日者德也) 월자형야(月者刑也)}, 낮 일(日)-주(晝), 세월 일(日)-광음(光陰), 시기 일(日)-시기(時期), 기한 일(日)-기한(期限), 시일 일(日)-시일(時日), 나날 일(日)-별일(別日)〉 등의 뜻을 내지만 여기선 〈태양(太陽)〉으로 여기고 새김이 마땅하다.

**측(昃)** 〈기울 측(昃)-측(仄), 해가 서쪽으로 기울 측(昃)-일서경(日西傾), 한낮 측(昃)-일중(日中), 오후 측(昃)-오후(午後), 오후 두시경 측(昃)-오후이시경(午後二時頃), 오후 네시경 측(昃)-오후사시경(午後四時頃)〉 등의 뜻을 내지만 여기선 〈기울 측(仄)〉과 같다 여기고 새김이 마땅하다.

**지(之)** 〈그것(이것) 지(之)-피(彼)-시(是), 갈 지(之)-왕(往), 이를 지(之)-지(至), 주격-소유격-목적격 등의 토씨 지(之), 뜻 없는 허사(虛詞) 지(之)〉 등의 뜻을 내지만 여기선 〈~의 지(之)〉로 여기고 새김이 마땅하다.

**이(離)** 〈밝을 이(離)-명(明), 붙을(기댈) 이(離)-여(麗)-부(附)-착(著), 쪼갤 이(離)-할(割), 끊을 이(離)-절(絶), 나눌 이(離)-별(別), 멀 이(離)-원(遠), 갈 이(離)-거(去), 피할

이(離)-피(避), 잃을 이(離)-실(失), 흩어질 이(離)-산(散), 나열할 이(離)-나열(羅列), 지날 이(離)-역(歷)〉 등의 뜻을 내지만 여기선 〈밝을 명(明)〉과 같다 여기고 새김이 마땅하다. 〈離〉가 맨 앞이면 〈이〉로 발음하고, 중간이나 뒤이면 〈리〉로 발음한다.

**不** 〈불-부〉 등으로 발음되고, 〈않을(없을) 불(不)-부(不)-무(無), 아닐 불(不)-부(不)-비(非), 하지 말 불(不)-부(不)-막(莫)-금지(禁止), 정하지 않을 불(不)-부(不)-부(否)-미정(未定), 새가 날아올라 내려오지 않는 불(不)-부(不)-조비상불하래(鳥飛上不下來)〉 등의 뜻을 내지만 여기선 〈않을 불(不)〉로 여기고 새김이 마땅하다.

**고(鼓)** 〈북(북 칠) 고(鼓)-악기혁음(樂器革音), 가죽 고(鼓)-피(皮), 맥박 고(鼓)-맥박고동(脈搏鼓動), 열두 섬 고(鼓)-십이석(十二石), 저울 무게 단위 고(鼓)-사백팔십근(四百八十斤)〉 등의 뜻을 내지만 여기선 〈북 칠 고(鼓)〉로 여기고 새김이 마땅하다.

**부(缶)** 〈주둥이는 작고 배가 불룩한 옹기항아리 부(缶)-와기(瓦器), (용량의 단위로서) 사곡 부(缶)-사곡(四斛), 16말 부(缶)-십륙두(十六斗)〉 등의 뜻을 내지만 여기선 〈옹기단지 와기(瓦器)〉 곧 〈술단지〉로 여기고 새김이 마땅하다.

**이(而)** 〈(말 이을) 그리고-그러나 이(而)-승상전하(承上轉下), 얼굴에 난 털 이(而)-협모(頰毛), 수염 이(而)-수(須), 너 이(而)-여(汝)-여(女), ~면 이(而)-약(若), 그럴 이(而)-연(然), 그러므로 이(而)-고(故), 이에 이(而)-내(乃), 곧 이(而)-즉(則), 그로써 이(而)-이(以), ~과 이(而)-여(與)-급(及), 그 이(而)-기(其), 어찌 이(而)-기(豈), 또 이(而)-차(且)-우(又), 오히려(조차) 이(而)-유(猶), 무릇 이(而)-부(夫), 이것 이(而)-차(此), 오직 이(而)-유(唯), ~할 수 있을 이(而)-능(能), 어찌 이(而)-안(安)〉 등의 뜻을 내지만 여기선 〈그리고 이(而)〉로 여기고 새김이 마땅하다.

**가(歌)** 〈노래 부를 가(歌)-창(唱)-성음(聲音), 읊조릴 가(歌)-영(詠), 장단 맞출 가(歌)-곡합락(曲合樂), 시 짓기 가(歌)-작시(作詩), 새 지저귈 가(歌)-조전(鳥囀)〉 등의 뜻을 내지만 〈노래 부를 창(唱)〉과 같다 여기고 새김이 마땅하다.

**則** 〈칙-즉〉 두 가지로 발음되고, 〈곧 즉(則)-즉(卽)-내(乃), 원칙(법) 칙(則)-법(法), 항상 칙(則)-상(常), 본받을 칙(則)-효(效), 묶을 칙(則)-약(約), 이에 즉(則)-내(乃), 어조사 즉(則)-이(而), 이 즉(則)-시(是), 무릇 즉(則)-부(夫)〉 등의 뜻을 내지만 여기선 〈곧 즉(卽)〉과 같다 여기고 새김이 마땅하다.

**대(大)** 〈지나칠 대(大)-과(過), 늙을 대(大)-노(老), 큰 대(大)-소지대(小之對), 건

(乾)-양기(陽氣)-강효(剛爻) 대(大), 넓을 대(大)-광(廣), 두루 대(大)-편(徧), 통할 대(大)-통(通), 길 대(大)-장(長), (땅을) 걸게 할 대(大)-비(肥), 두터울 대(大)-후(厚), 많을 대(大)-다(多), 모두 대(大)-개(皆), 선할 대(大)-선(善), 무거울 대(大)-중(重), 거대할 대(大)-거(巨), 아름다울 대(大)-미(美)-장(壯), 부유할 대(大)-부(富), 끝 대(大)-극(極), 대충 대(大)-조(粗)-불세밀(不細密), 과대할 대(大)-과(誇)-긍벌(矜伐), 처음 대(大)-초(初), 하늘 대(大)-천(天)〉 등의 뜻을 내지만 여기선 〈지나칠 과(過)〉로 여기고 새김이 마땅하다.

**질(耋)** 〈늙은이 질(耋)-대질(大耋), 예순-일흔-여든 살 질(耋)-연육십(年六十)-연칠십(年七十)-연팔십(年八十)〉 등의 뜻을 내지만 여기선 〈늙은이[大耋]〉로 여기고 새김이 마땅하다. 질애(耋艾)는 늙은이[耋]와 젊은이[艾]이다.

**차(嗟)** 〈탄식할 차(嗟)-탄(歎), 슬플 차(嗟)-자(咨), 한숨소리 차(嗟)-탄식성(歎息聲), 가엾을 차(嗟)-석(惜), 잠깐 동안 차(嗟)-순간(瞬間)〉 등의 뜻을 내지만 여기선 〈탄식할 탄(歎)〉과 같다 여기고 새김이 마땅하다.

**흉(凶)** 〈불행할(흉할) 흉(凶)-길지반(吉之反), 흉한 사람 흉(凶)-흉인(凶人), 나쁠 흉(凶)-오(惡), 재앙 흉(凶)-화(禍), 요사할 흉(凶)-요사(夭死), 걱정할 흉(凶)-우(憂)-구(懼), 악한 사람 흉(凶)-악인(惡人), 흉년 흉(凶)-연곡불숙(年穀不熟), 사나울 흉(凶)-포학(暴虐), 음기 흉(凶)-음기(陰氣), 북쪽 흉(凶)-북(北), 없을 흉(凶)-공(空), 송사 흉(凶)-송(訟), 거역할 흉(凶)-역(逆), 어그러질 흉(凶)-패(悖), 허물 흉(凶)-구(咎)〉 등의 뜻을 내지만 여기선 〈불행할 길지반(吉之反)〉으로 여기고 새김이 마땅하다.

## 구사(九四 : ━)

九四：突如其來如라 焚如며 死如고 棄如니라
돌 여 기 래 여 　 분 여 　 사 여 　 기 여

구사(九四) : 갑자기인[突] 듯[如] 그것이[其] 오는[來] 듯하고[如] 불사르는[焚] 듯하며[如] 죽는[死] 듯하고[如] 버리는[棄] 듯하다[如].

**【구사(九四)의 효상(爻象) 풀이】**

이괘(離卦 : ䷝)의 구사(九四 : ━)는 이양거음(以陽居陰) 즉 양(陽 : ━)으로써

[以] 음(陰 : --)의 자리에 있는지라[居] 정당한 자리에 있지 못하다. 구사(九四 : —)와 육오(六五 : --)는 양음(陽陰)의 사이인지라 〈비(比)〉 즉 이웃의 사귐[比]을 누린다. 그러나 구사(九四 : —)와 초구(初九 : —)는 양양(兩陽) 즉 둘 다[兩] 양(陽 : —)인지라 〈불응(不應)〉 즉 서로 호응하지 못하는[不應] 모습이다. 특히 구사(九四 : —)와 구삼(九三 : —)은 양양(兩陽) 즉 둘 다[兩] 양(陽 : —)이어서 상충(相衝) 즉 서로[相] 부딪치는[衝] 모습이다.

| 이괘(離卦 : ䷝)의 구사(九四 : —)가 육사(六四 : --)로 변효(變爻)하면 구사(九四 : —)는 이괘(離卦 : ䷝)를 22번째 비괘(賁卦 : ䷕)로 지괘(之卦)하게 한다. 따라서 이괘(離卦 : ䷝)의 구사(九四 : —)는 비괘(賁卦 : ䷕)의 육사(六四 : --)를 찾아가 살펴보게 한다. |
|---|

**【구사(九四)의 계사(繫辭) 풀이】**

## 突如其來如(돌여기래여)

갑자기인[突] 듯[如] 그것이[其] 오는[來] 듯하다[如].

구사(九四 : —)의 효위(爻位)를 빌려 암시한 계사(繫辭)이다. 〈돌여기래여(突如其來如)〉는 〈돌여구사래여(突如九四來如)〉의 줄임으로 여기고 〈돌연히[突如] 구사가[九四] 오는[來] 듯하다[如]〉라고 새겨볼 것이다. 여기 〈여(如)〉는 어조사로서 〈~ 듯할 여(如)〉로 여기고 새기면 된다. 〈기래여(其來如)〉 즉 〈그것이[其] 오는[來] 듯함[如]〉이 〈돌여(突如)〉 즉 〈갑자기인[突] 듯하다[如]〉 함은 구사(九四 : —)가 이괘(離卦 : ䷝)의 상체(上體) 이(離 : ☲)의 초효(初爻)이면서 동시에 이괘(離卦 : ䷝)의 내호괘(內互卦) 손(巽 : ☴)의 상효(上爻)임을 빌려 구사(九四 : —)를 취상(取象)한 것임을 직감하게 한다. 왜냐하면 이 계사(繫辭)가 「설괘전(說卦傳)」에 나오는 〈이는[離 : ☲] 불[火]이다[爲]〉라는 내용과 〈손은[巽 : ☴] 바람[風]이다[爲]〉라는 내용을 함께 떠올려주기 때문이다.

구사(九四 : —)를 〈돌여(突如)〉로써 취상(取象)함은 구사(九四 : —)가 내호괘(內互卦) 손(巽 : ☴)의 상효(上爻) 즉 극위(極位)에 있는지라 편강(偏强) 즉 강함에[强] 치우친[偏] 바람[風] 즉 돌풍(突風)의 성질이 있음을 살펴 헤아리게 한다. 이에 〈돌여기래여(突如其來如)의 돌여(突如)〉는 『노자(老子)』에 나오는 〈돌개바람은

[飄風] 반나절을[朝] 마치지 못한다[不終]〉라는 내용을 연상시킨다. 〈돌여(突如)〉란 반나절도[朝] 마치지 못하는[不終] 돌개바람[飄風] 같아 경만(輕慢) 즉 경솔하고[輕] 오만스럽다[慢] 함이다. 인간이 이(離 : ☲)의 밝음[明]을 본받아 총명하다면 그 총명이 순풍(淳風) 같아야지, 구사(九四 : ━)와 같이 돌풍(突風) 즉 돌개바람[飄風] 같다면 이(離 : ☲)의 밝음[明]도 주체 못할 불길[火] 같아 제 몸을 제가 망쳐버리는 어리석음을 범하게 됨을 〈돌여기래여(突如其來如)〉가 깨닫게 한다. 본래 대성괘(大成卦)에서 사위(四位)에 있는 양(陽 : ━)은 부정부중(不正不中) 즉 정당한 자리에 있지 못하면서[不正] 정도를 따르지 않아[不中], 편강(偏剛) 즉 굳셈에만[剛] 지나쳐[偏] 정도(正道)를 외면하는 경우를 구사(九四 : ━)가 범함을 암시한 계사(繫辭)가 〈돌여기래여(突如其來如)〉이다.

## 焚如(분여) 死如(사여) 棄如(기여)

### 불사르는[焚] 듯하며[如] 죽는[死] 듯하고[如] 버리는[棄] 듯하다[如].

〈분여(焚如) 사여(死如) 기여(棄如)〉는 구사(九四 : ━)의 편강(偏剛)을 암시한 계사(繫辭)이다. 「설괘전(說卦傳)」에 나오는 앞에서의 내용과 더불어 〈손은[巽 : ☴] 나무[木]이다[爲]〉라는 내용을 떠올린다면 구사(九四 : ━)는 불[火]이면서 바람[風]이고 동시에 나무[木]로 취상(取象)될 수 있음을 알 수 있다. 구사(九四 : ━)의 편강(偏剛)이 빚어냄이 〈분여(焚如)〉이고 〈사여(死如)〉이며 〈기여(棄如)〉이다. 돌개바람과 더불어 오는 불길이 나무를[木] 태워버림[焚]을 생각해보라 함이 여기 〈분여(焚如)〉이다. 이에 〈분여(焚如)〉를 〈이화여풍구사여분목(以火與風九四如焚木)〉의 줄임으로 여기고 〈바람과[與風] 불[火]로써[以] 구사가[九四] 나무를[木] 태우는[焚] 듯하다[如]〉라고 새겨볼 것이다. 이는 곧 〈인간이여 편강(偏剛)하지 말라〉라는 가르침이다.

〈사여(死如)〉는 〈이화여풍기목여사(以火與風其木如死)〉의 줄임으로 여기고 〈바람과[與風] 불[火]로써[以] 그[其] 나무는[木] 죽은[死] 듯하다[如]〉라고 새겨볼 것이다. 이 역시 〈인간이여 굳셈에[剛] 치우치지[偏] 말라〉라는 가르침이다. 〈기여(棄如)〉는 〈이화여풍기목여기(以火與風其木如棄)〉의 줄임으로 여기고 〈바람과[與風] 불[火]로써[以] 그[其] 나무는[木] 버려진[棄] 듯하다[如]〉라고 새겨볼 것이다. 이 또한 〈인간이여 굳셈에[剛] 치우치지[偏] 말라〉라는 가르침이다. 이와 같이 그 누구이든 무엇이든 구사(九四 : ⚊)의 편강(偏剛)을 좇는다면 돌개바람과 불길을 만나 타서[焚] 죽어[死] 버려지는[棄] 불행을 면하기 어려움을 헤아려 깨우치게 하는 계사(繫辭)가 〈분여(焚如) 사여(死如) 기여(棄如)〉이다.

【字典】

**돌(突)** 〈갑작스런 돌(突)-졸(猝), 별안간 나타날 돌(突)-잠출(蹔出), 개가 구멍에서 불쑥 나타날 돌(突)-견종혈중잠출(犬從穴中蹔出), 부닥칠 돌(突)-충(衝)-촉(觸), 우뚝할 돌(突)-출모(出貌), 좋지 않은 말 돌(突)-악마(惡馬), 미끄러질 돌(突)-활(滑), 뚫을 돌(突)-천(穿), 막힐 돌(突)-질(窒), 속일 돌(突)-기(欺)〉 등의 뜻을 내지만 여기선 〈갑작스런 졸(猝) 또는 별안간 나타날 잠출(蹔出)〉 등과 같다 여기고 새김이 마땅하다.

**여(如)** 〈그럴(~듯한) 여(如)-연(然), 따를 여(如)-종수(從隨), 갈 여(如)-왕(往)-행(行), 같을 여(如)-사(似)-동(同), 맞먹을 여(如)-비(比), 무리 여(如)-등(等), 미칠 여(如)-급(及), 이에 여(如)-내(乃), 어떠할 여(如)-여하(如何), 첩 여(如)-여부인(如婦人), 이월 여(如)-이월(二月)〉 등의 뜻을 내지만 여기선 〈그럴(~듯한) 연(然)〉과 같다 여기고 새김이 마땅하다.

**기(其)** 〈그것 기(其)-피(彼)-지(之), 그럴 기(其)-연(然), 어찌 기(其)-기(豈), 누를 기(其)-억(抑), 오히려 기(其)-상(尙)-서기(庶幾), 이에 기(其)-내(乃), 만약 기(其)-약(若), 장차 기(其)-장(將), 어조사 기(其)-어조사〉 등의 뜻을 내지만 여기선 〈그것 피(彼)〉와 같다 여기고 새김이 마땅하다.

**래(來)** 〈올 래(來)-지(至), 앞으로 래(來)-장래(將來)-미래(未來), 초치할 래(來)-초치(招致), ~부터 래(來)-자(自)-유(由), 남음이 있을 래(來)-유여(有餘), 어세를 더해주려는 조사(助詞) 래(來), 구중(句中)-구말(句末)의 조사(助詞) 래(來)〉 등의 뜻을 내지만 여기선 〈올 지(至)〉와 같다 여기고 새김이 마땅하다.

**분(焚)** 〈불사를(태울) 분(焚)-소(燒), 불로 지질 형벌 분(焚)-포락형지류(炮烙刑之類), 메마를 분(焚)-건(乾), 쓰러질(넘어질) 분(焚)-강(僵)-분(僨)〉 등의 뜻을 내지만 여기선 〈불사를 소(燒)〉로 여기고 새김이 마땅하다.

**사(死)** 〈죽을 사(死)-망(亡)-인물실기생명(人物失其生命), 죽은 사람(것) 사(死)-사자(死者), 젊은이(서른 살 이전)의 죽음 사(死)-소자지졸(少者之卒) {늙은이의 죽음 노자지종(老者之終)}, 서민의 죽음 사(死)-서민지졸(庶民之卒), 벌을 내려 죽일 사(死)-형살(刑殺)〉 등의 뜻을 내지만 여기선 〈죽을 망(亡)〉과 같다 여기고 새김이 마땅하다.

**기(棄)** 〈버릴 기(棄)-연(捐), 잃어버릴 기(棄)-거(去), 그만둘 기(棄)-폐(廢), 멀리할 기(棄)-소(疎), 좇아낼 기(棄)-방축(放逐), 잊어버릴 기(棄)-망(忘)〉 등의 뜻을 내지만 여기선 〈버릴 연(捐)〉과 같다 여기고 새김이 마땅하다.

---

註 이위화(離爲火) : 이는[離 : ☲] 불[火]이다[爲]. 「설괘전(說卦傳)」 11단락(段落)

註 손위풍(巽爲風) : 손은[巽 : ☴] 바람[風]이다[爲]. 「설괘전(說卦傳)」 11단락(段落)

註 표풍부종조(飄風不終朝) 취우부종일(驟雨不終日) : 돌개바람은[飄風] 아침 짬도[朝] 못 마치고[不終], 소나기는[驟雨] 한낮을[日] 못 마친다[不終]. 『노자(老子)』 23장(章)

註 손위목(巽爲木) : 손은[巽 : ☴] 나무[木]이다[爲]. 「설괘전(說卦傳)」 11단락(段落)

註 대성괘(大成卦)에는 두 가지의 호괘(互卦)가 있다. 내호괘(內互卦)-외호괘(外互卦)가 그것이다. 두 호괘(互卦)를 묶어서 내외호괘(內外互卦)라고 칭하기도 한다. 이 내외호괘(內外互卦)는 대성괘(大成卦)의 초효(初爻)와 상효(上爻)를 제외하고 〈2효(爻)-3효(爻)-4효(爻)-5효(爻)〉 네 효(爻)가 상접(相接)의 자리[位]에 따라 상합(相合) 즉 서로[相] 합하여[合] 이루어지는 소성괘(小成卦)를 말한다. 〈2효(爻)-3효(爻)-4효(爻)〉의 상합(相合)을 내호괘(內互卦)라 하고, 〈3효(爻)-4효(爻)-5효(爻)〉의 상합(相合)을 외호괘(外互卦)라 한다. 대성괘(大成卦) 이괘(離卦 : ䷝)의 내호괘(內互卦)는 손(巽 : ☴)이고, 이괘(離卦 : ䷝)의 외호괘(外互卦)는 태(兌 : ☱)이다.

## 육오(六五 : --)

**六五 : 出涕沱若하고 戚嗟若이나 吉하다**
출체타약 척차약 길

육오(六五) : 흐르는[出] 눈물이[涕] 쏟아지는[沱] 듯하고[若] 슬퍼[戚] 탄식하는[嗟] 듯해도[若] 행복하다[吉].

**【육오(六五)의 효상(爻象) 풀이】**

이괘(離卦 : ䷝)의 육오(六五 : --)는 이음거양(以陰居陽) 즉 음(陰 : --)으로써[以] 양(陽 : —)의 자리에 있는지라[居] 정당한 자리에 있지 못하다. 육오(六五 : --)와 상구(上九 : —)는 음양(陰陽)인지라 〈비(比)〉 즉 이웃의 사귐[比]을 누리지만, 상왕(上王)인 상구(上九 : ⚊)를 육오(六五 : ⚋)가 받들 처지이지 도움을 받기는 어렵다. 육오(六五 : ⚋)와 구사(九四 : ⚊)는 음양(陰陽)인지라 〈비(比)〉를 누릴 처지이지만, 구사(九四 : ⚊)의 편강(偏剛) 즉 굳셈에[剛] 치우치는[偏] 탓으로 일을 맡기기 어렵다. 육오(六五 : ⚋)와 육이(六二 : ⚋)는 양음(兩陰) 즉 둘 다[兩] 음(陰 : ⚋)인지라, 중부정(中不正) 즉 중위에 있지만[中] 정당한 자리에 있지 못한[不正] 육오(六五 : ⚋)가 육이(六二 : ⚋)와 불응(不應) 즉 서로 호응하지 못한다[不應]. 이처럼 군왕(君王)으로서 육오(六五 : ⚋)가 신하들의 도움을 받지는 못하지만 유순(柔順)하고 득중(得中) 즉 정도를 따름을[中] 취하므로[得] 스스로 강유(剛柔)의 상화(相和)를 다하고자 하는 모습이다.

> 이괘(離卦 : ䷝)의 육오(六五 : ⚋)가 구오(九五 : ⚊)로 변효(變爻)하면 육오(六五 : ⚋)는 이괘(離卦 : ䷝)를 13번째 동인괘(同人卦 : ䷌)로 지괘(之卦)하게 한다. 따라서 이괘(離卦 : ䷝)의 육오(六五 : ⚋)는 동인괘(同人卦 : ䷌)의 구오(九五 : ⚊)를 찾아가 살펴보게 한다.

**【육오(六五)의 계사(繫辭) 풀이】**

## 出涕沱若(출체타약)

흐르는[出] 눈물이[涕] 쏟아지는[沱] 듯하다[若].

육오(六五 : ⚋)의 효위(爻位)를 빌려 암시한 계사(繫辭)이다. 〈출체타약(出涕沱若)〉은 〈육오지출체타약(六五之出涕沱若)〉의 줄임으로 여기고 〈육오가[六五之] 흘리는[出] 눈물이[涕] 쏟아지는[沱] 듯하다[若]〉라고 새겨볼 것이다. 〈출체타약(出涕沱若)〉은 육오(六五 : ⚋)가 이괘(離卦 : ䷝)의 상체(上體) 이(離 : ☲)의 중효(中爻)임을 들어 육오(六五 : ⚋)를 취상(取象)한 것이다. 왜냐하면 〈출체타약(出涕沱若)의 출체(出涕)〉 즉 흐르는[出] 눈물[涕]이 「설괘전(說卦傳)」에 나오는 〈이는[離 : ☲] 눈[目]이다[爲]〉라는 내용을 떠올려주기 때문이다. 군왕(君王)으로서 육오(六五 : ⚋)가 유순(柔順)함과 득중(得中)함으로써 총명(聰明)한 선정(善政)을 펴고자 하지만, 강강(剛强)한 양효(陽爻)들 사이에서 몸부림만 칠 뿐 뜻대로 되지 않아 억울해하는 모습이 흐르는[出] 눈물이[涕] 쏟아지는[沱] 듯하다[若]고 비유한 계사(繫辭)가 〈출체타약(出涕沱若)〉이다.

## 戚嗟若(척차약) 吉(길)

**슬퍼[戚] 탄식하는[嗟] 듯해도[若] 행복하다[吉].**

〈척차약(戚嗟若) 길(吉)〉은 〈육오지척차약(六五之戚嗟若) 연이륙오길(然而六五吉)〉의 줄임으로 여기고 〈육오가[六五之] 슬퍼함이[戚] 탄식하는[嗟] 듯하다[若] 그러나[然而] 육오는[六五] 행복하다[吉]〉라고 새겨볼 것이다. 〈척차약(戚嗟若)〉은 육오(六五 : ⚋)가 이괘(離卦 : ☲)의 외호괘(外互卦) 태(兌 : ☱)의 상효(上爻)임을 들어 육오(六五 : ⚋)를 취상(取象)한 것이다. 왜냐하면 〈척차약(戚嗟若)의 차(嗟)〉 즉 〈탄식[嗟]〉이 「설괘전(說卦傳)」에 나오는 〈태는[兌 : ☱] 입[口]이다[爲]〉라는 내용을 떠올려주기 때문이다. 군왕(君王)으로서 육오(六五 : ⚋)가 득중(得中) 즉 정도를 따름을[中] 취하여[得] 선정(善政)을 베풀고자 하지만 뜻대로 되지 않아 탄식하는[嗟] 것이다. 믿고 소임(所任)을 맡길 수 있는 신하가 육오(六五 : ⚋)에게는 없기 때문이다. 백성을 직접 다스리는 현감(縣監)인 육이(六二 : ⚋)와는 양음(兩陰) 즉 둘 다[兩] 음(陰 : ⚋)인지라 호응함을 나눌 수 없고, 대부(大夫)인 구삼(九三 : ⚊)은 자신의 늙음만을 탄식하는 소인배(小人輩) 같고, 경대부(卿大夫)인 구사(九四 : ⚊)는 편강(偏剛) 즉 굳셈에만[剛] 치우쳐[偏] 불길 같기 때문에 군왕(君王)으로서 육오(六五 : ⚋)가 바라는 관유(寬柔)한 치국(治國)이 이루어지지 못함을 슬퍼해[戚] 탄식하지만[嗟], 군왕(君王)으로서 선정(善政)을 베풀고자 몸부림침이니 불행하지[凶] 않고 오히려 행복하다[吉]라고 암시한 계사(繫辭)가 〈척차약(戚嗟若) 길(吉)〉이다.

**【字典】**

**出** 〈출-추〉 두 가지로 발음되고, 〈보일 출(出)-현(見), 안에서 밖으로 날 출(出)-진(進), 특출할 출(出)-특(特), 치솟을 출(出)-상용(上湧), 위로 향할 출(出)-향상(向上), 낳을 출(出)-생(生), 멀 출(出)-원(遠), 갈 출(出)-거(去)-행(行), 관직에 부임할 출(出)-관부임(官赴任), 나타날 출(出)-현(現), 변천할 출(出)-추(推), 게울 출(出)-토(吐), 밖에 나갈 출(出)-외(外), 도망갈 출(出)-도(逃), 표할 출(出)-표(表), 갈릴 출(出)-이(離), 안에서 밖으로 내보낼 추(出)-자내이외(自內而外)〉 등의 뜻을 내지만 여기선 〈보일 현(見)〉으로 여기고 새김이 마땅하다.

**체(涕)** 〈눈물 흘릴 체(涕)-누(淚), 울 체(涕)-읍(泣), 콧물 체(涕)-비액(鼻液)〉 등의 뜻을 내지만 〈눈물 흘릴 누(淚)〉와 같다 여기고 새김이 마땅하다.

**타(沱)** 〈눈물 흘릴 타(沱)-누(淚)-체수모(涕垂貌), 물 이름 타(沱)-수명(水名), 양자강 지류 타(沱)-장강지류(長江支流), 큰 비 타(沱)-대우(大雨), 물 타(沱)-수(水), 파도를 따라가는 모습 타(沱)-수파모(隨波貌)〉 등의 뜻을 내지만 여기선 〈눈물 흘릴 누(淚)〉와 같다 여기고 새김이 마땅하다. 〈체타(涕沱)-체냉(涕冷)-유루(流淚)-낙루(落淚)〉는 모두 〈눈물 흘린다〉는 뜻이다.

**若** 〈약-야〉 두 가지로 발음되고, 〈{어말조사(語末助辭)로} ~듯 약(若), 너 약(若)-여(汝), 만약 약(若)-가사(假使), 같을 약(若)-여(如), 따를 약(若)-순(順), 착할 약(若)-선(善), 그 약(若)-기(其), 미칠 약(若)-급(及)-지(至), 이 약(若)-차(此), 반야(般若) 야(若)〉 등의 뜻을 내지만 여기선 어말조사(語末助辭)로서 〈~듯 약(若)〉으로 여기고 새김이 마땅하다.

**척(戚)** 〈걱정할 척(戚)-우(憂), 도끼 척(戚)-월(鉞), 두려워할 척(戚)-척(惕), 성낼 척(戚)-분에(憤恚), 가까울 척(戚)-근(近)-친(親), 친족 척(戚)-친족(親族)〉 등의 뜻을 내지만 〈걱정할 우(憂)〉와 같다 여기고 새김이 마땅하다.

**차(嗟)** 〈탄식할 차(嗟)-탄(歎), 슬플 차(嗟)-자(咨), 한숨소리 차(嗟)-탄식성(歎息聲), 가엾을 차(嗟)-석(惜), 잠깐 동안 차(嗟)-순간(瞬間)〉 등의 뜻을 내지만 여기선 〈탄식할 탄(歎)〉과 같다 여기고 새김이 마땅하다.

**길(吉)** 〈좋을(행복할) 길(吉)-선(善)-영(令) {영월길일(令月吉日)은 선월선일(善月善日)임.}, 복 길(吉)-실(實)-선실(善實)-복(福), 예의를 따라 상서로울 길(吉)-예의순상(禮義順祥), 삼갈 길(吉)-근(謹), 초하루 길(吉)-삭일(朔日) {삭망(朔望) 즉 초하루[朔]와 그믐날[望]}, 길례 길(吉)-길례(吉禮) {오례지일(五禮之一) 길흉빈군가(吉凶賓軍嘉)}, 갈 길(吉)-행(行)-길(趌)〉 등의 뜻을 내지만 여기선 〈좋을 선(善)-영(令)〉 즉 행복과 같다 여기고 새김이 마땅하다.

---

註 이위목(離爲目) : 이는[離 : ☲] 눈[目]이다[爲]. 「설괘전(說卦傳)」 11단락(段落)

註 태위구(兌爲口) : 태는[兌 : ☱] 입[口]이다[爲]. 「설괘전(說卦傳)」 9단락(段落)

# 상구(上九 : ⚊)

上九 : 王用出征하니 有嘉이다 折首하고 獲匪其醜하니 无咎하다
왕용출정 유가 절수 획비기추 무구

상구(上九) : 임금이[王] 등용해[用] 정벌을[征] 나아감에[出] 가상함이[嘉] 있다[有]. 우두머리를[首] 베고[折] 그[其] 무리가[醜] 아니면[匪] 거두니[獲] 허물이[咎] 없다[无].

**【상구(上九)의 효상(爻象) 풀이】**

이괘(離卦 : ䷝)의 상구(上九 : ⚊)는 이양거음(以陽居陰) 즉 양(陽 : ⚊)으로써[以] 음(陰 : ⚋)의 자리에 있는지라[居] 정당한 자리에 있지 못하다. 상구(上九 : ⚊)와 육오(六五 : ⚋)는 양음(陽陰)인지라 〈비(比)〉 즉 이웃의 사귐[比]을 누리므로 군왕(君王)인 육오(六五 : ⚋)를 도울 수 있다. 상구(上九 : ⚊)와 구삼(九三 : ⚊)은 양양(兩陽) 즉 둘 다[兩] 양(陽 : ⚊)의 사이인지라 〈불응(不應)〉 즉 서로 호응하지 못한다[不應]. 그러나 강강(剛强)한 상구(上九 : ⚊)는 이괘(離卦 : ䷝)의 주제인 〈이(離)〉 즉 밝음[離]의 시국에서 그 밝음의 맨 윗자리에서 세상을 살펴 사악(邪惡)함을 제거할 수 있는 현자(賢者)의 모습이다.

| 이괘(離卦 : ䷝)의 상구(上九 : ⚊)가 상륙(上六 : ⚋)으로 변효(變爻)하면 상구(上九 : ⚊)는 이괘(離卦 : ䷝)를 55번째 풍괘(豐卦 : ䷶)로 지괘(之卦)하게 한다. 따라서 이괘(離卦 : ䷝)의 상구(上九 : ⚊)는 풍괘(豐卦 : ䷶)의 상륙(上六 : ⚋)을 찾아가 살펴보게 한다. |
|---|

**【상구(上九)의 계사(繫辭) 풀이】**

### 王用出征(왕용출정) 有嘉(유가)

임금이[王] 등용해[用] 정벌을[征] 나아감에[出] 가상함이[嘉] 있다[有].

상구(上九 : ⚊)의 효위(爻位)를 빌려 암시한 계사(繫辭)이다. 〈왕용출정(王用出征) 유가(有嘉)〉는 〈왕즉륙오용상구(王卽六五用上九) 인차상구출정(因此上九出征) 상구지정유가(上九之征有嘉)〉의 줄임으로 여기고 〈임금[王] 즉[卽] 육오가[六五] 상구를[上九] 등용했다[用] 그래서[因此] 상구가[上九] 정벌을[征] 나아갔다[出] 상구의[上九之] 정벌에는[征] 가상함이[嘉] 있다[有]〉라고 새겨볼 것이다. 〈왕용출정(王用出征)〉은 유순(柔順)하여 나약한 군왕(君王)인 육오(六五 : ⚋)가 단행하지 못하는 〈출정(出征)〉을 현자(賢者)이면서도 강강(剛强)한 상구(上九 : ⚊)가 왕명(王命)을 받고 정벌에[征] 나섬[出]을 암시한다. 〈왕용출정(王用出征)〉에서 〈왕용(王用)의 용(用)〉은 〈등용할 등(登)〉과 같아 등용(登用)의 줄임말로 여기고 새기면 된다. 〈왕용출정(王用出征)〉은 상구(上九 : ⚊)가 이괘(離卦 : ䷝)의 상체(上體) 이(離 : ☲)의 상효(上爻)임을 들어 상구(上九 : ⚊)를 취상(取象)한 것이다. 왜냐하면 〈왕용출정(王用出征)의 출정(出征)〉 즉 정벌을[征] 나아감[出]이 「설괘전(說卦傳)」에 나오는 〈이는[離 : ☲] 갑옷[甲冑]이고[爲] …… 창과[戈] 병졸[兵]이다[爲]〉라는 내용을 떠올려주기 때문이다. 이에 〈왕용출정(王用出征)〉은 군왕(君王)이지만 유순(柔順)한 육오(六五 : ⚋)가 감행하지 못할 〈출정(出征)〉을 강강(剛强)하면서도 현명한 상구(上九 : ⚊)가 하명을 받아 수행함을 암시한 계사(繫辭)가 〈왕용출정(王用出征)〉이다.

〈유가(有嘉)〉는 상구(上九 : ⚊)의 〈출정(出征)〉을 풀이한 계사(繫辭)이다. 〈유가(有嘉)〉는 〈상구지출정유가(上九之出征有嘉)〉의 줄임으로 여기고 〈상구의[上九之] 출정에는[出征] 가상함이[嘉] 있다[有]〉라고 새겨볼 것이다. 선미락(善美樂) 즉 선하고[善] 아름다워[美] 즐거움[樂]을 한 자(字)로 묶어둔 것이 곧 〈가(嘉)〉이다. 왕명(王命)을 받은 상구(上九 : ⚊)가 영토를 넓히고자 군사를 동원해 나아감[出征]이 아니라 나라를 어지럽히는 역도(逆徒)를 토벌하기 위한 〈출정(出征)〉이기 때문에 그 〈출정(出征)〉을 〈유가(有嘉)〉라고 암시한다. 여기 〈유가(有嘉)의 가(嘉)〉는 강강(剛强)하되 선미(善美)한 상구(上九 : ⚊)를 가리킨다. 강강하면서도 선미한 양(陽 : ⚊)의 성미(性味)를 일러 〈가(嘉)〉라고 칭(稱)하기도 한다. 이괘(離卦 : ䷝)의 상구(上九 : ⚊)가 바로 그런 양(陽 : ⚊)의 현자(賢者)임을 암시한 계사(繫辭)가 〈유가(有嘉)〉이다.

## 折首(절수) 獲匪其醜(획비기추) 无咎(무구)

우두머리를[首] 베고[折] 그[其] 무리가[醜] 아니면[匪] 거두니[獲] 허물이[咎] 없다[无].

〈절수(折首) 획비기추(獲匪其醜) 무구(无咎)〉는 상구(上九 : ━)의 〈출정(出征)〉이 〈유가(有嘉)〉인 까닭을 암시한 계사(繫辭)이다. 〈절수(折首)〉는 〈상구절란국지수(上九折亂國之首)〉의 줄임으로 여기고 〈상구가[上九] 나라를[國] 어지럽히는[亂之] 수괴를[首] 베었다[折]〉라고 새겨볼 것이다. 상구(上九 : ━)의 〈출정(出征)〉으로써 나라를 어지럽히는 무리의 우두머리를[首] 잡아 머리를 잘라[折] 혼란의 근원을 없앴음을 암시하는 것이 〈절수(折首)〉이다.

〈획비기추(獲匪其醜)〉는 〈이유설수상구획비지수추(以唯折首上九獲匪之首醜)〉의 줄임으로 여기고 〈오직[唯] 우두머리만[首] 벰[折]으로써[以] 상구가[上九] 수괴의[首] 무리가[醜] 아닌 것을[匪之] 거두었다[獲]〉라고 새겨볼 것이다. 여기 〈비기추(匪其醜)의 추(醜)〉는 〈무리 유(類)〉와 같다. 〈절수(折首)〉 즉 우두머리의[首] 머리만을 자름[折]으로써 마침내 국난(國亂)을 빚어낸 우두머리의[首] 무리가[醜] 아닌 것을[匪] 거두었다[獲] 함은 국난을 일으킨 우두머리를[首] 따랐던 무리[醜]를 양민(良民)으로 되돌아오게 했음을 암시한다. 〈획비기추(獲匪其醜)〉에서 〈기추(其醜)의 기(其)〉는 〈절수지수(折首之首)〉을 나타내는 지시어인지라 〈기추(其醜)〉는 〈절수지수지추(折首之首之醜)〉 즉 머리를[首] 잘린[折之] 우두머리의[首之] 무리[醜]를 줄인 것이다. 상구(上九 : ━)의 〈출정(出征)〉으로써 나라를 혼란하게 하는 무리[其醜]를 제압하여 이괘(離卦 : ䷝)의 주제인 〈이(離)〉의 시국을 밝게 한 것이니 상구(上九 : ━)의 〈출정(出征)〉으로써 선정(善政)을 되찾았음인지라 앞에서의 〈왕용출정(王用出征)〉을 〈유가(有嘉)〉라고 암시한 까닭이 여기서 간파된다. 인간사(人間事)에서도 〈획비기추(獲匪其醜)〉보다 더 선미(善美)함[嘉]은 없으니, 온 백성이 그 〈가(嘉)〉의 선미락(善美樂)을 누리게 되어 상구(上九 : ━)에게 허물[咎]이란 없음[无]을 살펴 헤아리게 하는 계사(繫辭)가 〈획비기추(獲匪其醜) 무구(无咎)〉이다.

【字典】

**왕(王)** 〈임금 왕(王)-군(君), 제후 왕(王)-제후(諸侯), 무리의 우두머리 왕(王)-동류중지수령(同類中之首領), 큰 왕(王)-대(大), 천자를 받들 왕(王)-사천자(事天子), 바로잡을 왕(王)-광정(匡正), 성대할 왕(王)-성(盛), 이길 왕(王)-승(勝), 흥할 왕(王)-흥(興)〉 등의 뜻을 내지만 〈임금 군(君)〉과 같다 여기고 새김이 마땅하다.

**용(用)** 〈행할 용(用)-행(行), 쓸 용(用)-시(施), 쓰일(부릴) 용(用)-사(使), 맡길 용(用)-임(任), 위할 용(用)-위(爲), 갖출 용(用)-비(備)〉 등의 뜻을 내지만 여기선 〈행할 행(行)〉과 같다 여기고 새김이 마땅하다.

**出** 〈출-추〉 두 가지로 발음되고, 〈안에서 밖으로 나아갈 출(出)-진(進), 드러날 출(出)-현(見), 특출할 출(出)-특(特), 치솟을 출(出)-상용(上湧), 위로 향할 출(出)-향상(向上), 낳을 출(出)-생(生), 멀 출(出)-원(遠), 갈 출(出)-거(去)-행(行), 관직에 부임할 출(出)-관부임(官赴任), 나타날 출(出)-현(現), 변천할 출(出)-추(推), 게울 출(出)-토(吐), 밖에 나갈 출(出)-외(外), 도망갈 출(出)-도(逃), 표할 출(出)-표(表), 갈릴 출(出)-이(離), 안에서 밖으로 내보낼 추(出)-자내이외(自內而外)〉 등의 뜻을 내지만 여기선 〈나아갈 진(進)〉으로 여기고 새김이 마땅하다.

**정(征)** 〈칠 정(征)-벌(伐)-토(討), 갈 정(征)-행(行), 순행할 정(征)-순행(巡行), 멀 정(征)-원(遠), 취할 정(征)-벌(伐)-취(取), 세금 매길 정(征)-부세(賦稅)-징세(徵稅)〉 등의 뜻을 내지만 여기선 〈칠 벌(伐)〉과 같다 여기고 새김이 마땅하다.

**유(有)** 〈없을 무(無)의 반대말로 있을 유(有), 얻을(가질) 유(有)-취(取), 혹 유(有)-혹(或), 많을 유(有)-다(多)-족(足), 부유할 유(有)-부(富), 간직할 유(有)-장(藏), 보호할 유(有)-보(保), 서로 친할 유(有)-상친(相親), 전일할 유(有)-전(專), 할 유(有)-위(爲), 어조사 유(有)〉 등의 뜻을 내지만 〈있을 유(有)〉로 여기고 새김이 마땅하다.

**가(嘉)** 〈기릴 가(嘉)-포(褒), 착할 가(嘉)-선(善), 아름다울 가(嘉)-미(美), 즐겁게 할 가(嘉)-낙(樂), 기꺼울 가(嘉)-경(慶), 맛있는 가(嘉)-미(味), 양기 가(嘉)-양(陽)〉 등의 뜻을 내지만 여기선 〈기릴 포(褒)〉와 같다 여기고 새김이 마땅하다.

**折** 〈절-제-설〉 세 가지로 발음되고, 〈절단할 절(折)-단지(斷之), 꺾을 절(折)-요(拗), 알맞을 절(折)-중(中), 휠 절(折)-곡(曲), 굽힐 절(折)-굴(屈), 윽박지를 절(折)-좌(挫), 훼손할 절(折)-훼(毁), 천천히 할 제(折)-안서모(安徐貌), 단절할 설(折)-단

절(斷切)〉 등의 뜻을 내지만 여기선 〈절단할 단지(斷之)〉로 새김이 마땅하다.

**수(首)** 〈우두머리 수(首)-수령(首領), 머리 수(首)-두(頭), 비롯할(처음) 수(首)-시(始), 목덜미의 앞부분 수(首)-경(頸), 첫 생일 수(首)-인지초생(人之初生), 임금 수(首)-군(君), 향할 수(首)-향(嚮), 괴수 수(首)-괴수(魁帥), 둥그런 칼 수(首)-도환(刀環), 근본 수(首)-본(本), 요령 수(首)-요령(要領), 표시할 수(首)-표표(標表), 머리를 두드릴 수(首)-고(叩), 곧을 수(首)-직(直), 양기 수(首)-양(陽), 시 한 편 수(首)-편(篇), 굴복할 수(首)-복(服)〉 등의 뜻을 내지만 여기선 〈우두머리 수령(首領)〉으로 새김이 마땅하다.

**獲** 〈획-확〉 두 가지로 발음되고, 〈얻어낼 획(獲)-득(得)-취득(取得), 겨루어 취할 획(獲)-쟁취(爭取), 시의를 얻을 획(獲)-득시지의(得時之宜), 전쟁이 얻어낸 포로 획(獲)-전쟁소득지부(戰爭所得之俘), 노비(종) 획(獲)-노비(奴婢), 실심한 모습 확(獲)-실지모(失志貌), 더럽힐 확(獲)-오욕(汚辱)〉 등의 뜻을 내지만 여기선 〈얻어낼 득(得)〉으로 여기고 새김이 마땅하다.

**匪** 〈비-분〉 두 가지로 발음되고, 〈아닌 것 비(匪)-비(非), 악할 비(匪)-악(惡), 대나무로 만든 상자 비(匪), 발어사(發語詞) 비(匪)-피(彼), 멈춤 없이 가는 모양 비(匪)-행부지모(行不止貌), 나눌 분(匪)-분(分)〉 등의 뜻을 내지만 여기선 〈아닌 것 비(非)〉와 같다 여기고 새김이 마땅하다.

**기(其)** 〈그 기(其)-관형사(冠形詞), 그것 기(其)-피(彼)-지(之), 그럴 기(其)-연(然), 어찌 기(其)-기(豈), 누를 기(其)-억(抑), 오히려 기(其)-상(尙)-서기(庶幾), 이에 기(其)-내(乃), 만약 기(其)-약(若), 장차 기(其)-장(將), 어조사 기(其)-어조사(語助辭)〉 등의 뜻을 내지만 여기선 관형사(冠形詞)로서 〈그 기(其)〉로 여기고 새김이 마땅하다.

**추(醜)** 〈무리 추(醜)-유(類)-등(等), 창피할 추(醜)-괴(愧)-욕(辱), 싫어할 수 있는 추(醜)-가오(可惡), 싫은 냄새 추(醜)-취(臭)-예(穢), 모양이 비루한 추(醜)-모루(貌陋), 싫어할 추(醜)-오지(惡之), 싫음 추(醜)-오(惡), 더러울 추(醜)-예(穢), 무리 추(醜)-중(衆), 괴이한 일 추(醜)-괴이지사(怪異之事), 부끄러울 추(醜)-수(羞)-치(恥), 성날 추(醜)-노(怒)〉 등의 뜻을 내지만 여기선 〈무리 유(類)〉로 여기고 새김이 마땅하다.

**무(无)** 〈없을 무(无)-무(無), 허무지도 무(无)-허무지도(虛无之道), 으뜸 무(无)-원(元)〉 등의 뜻을 내지만 여기선 〈없을 무(無)〉와 같다 여기고 새김이 마땅하다.

**구(咎)** 〈허물 구(咎)-건(愆)-과(過), 재앙 구(咎)-재(災), 병될 구(咎)-병(病), 나쁠

구(咎)-오(惡)〉 등의 뜻을 내지만 여기선 〈허물 건(愆)-과(過)〉와 같다 여기고 새김이 마땅하다. 〈무구(无咎)〉는 〈면어구(免於咎)〉 즉 허물을[於咎] 면하다[免]와 같다.

주역

펴낸곳 | 동학사
펴낸이 | 유재영
글쓴이 | 윤재근

기획·편집 | 이화진
교정·교열 | 박기화
디자인 | 임수미

1판 1쇄 | 2023년 11월 10일
1판 2쇄 | 2023년 12월 15일

출판등록 | 1987년 11월 27일 제10-149

주소 | 04083 서울 마포구 토정로 53 (합정동)
전화 | 324-6130, 324-6131 · 팩스 | 324-6135
E-메일 | dhsbook@hanmail.net
홈페이지 | www.donghaksa.co.kr
www.green-home.co.kr



ISBN 978-89-7190-869-3 03140
ISBN 978-89-7190-872-3 04140 (전3권)